本书为教育部哲学社会科学研究后期资助项目（课题编号:21JHQ075）的最终成果。

DeStW 德国刑事法译丛　　江溯/主编

德国
刑事诉讼法
教科书（第15版）

Strafprozessrecht
15. Auflage

Werner Beulke
&
Sabine Swoboda

〔德〕维尔纳·薄逸克
〔德〕萨比娜·斯沃博达　　著

程捷　　　　　　　　　　译

北京大学出版社
PEKING UNIVERSITY PRESS

图书在版编目(CIP)数据

德国刑事诉讼法教科书：第15版／（德）维尔纳·薄逸克，（德）萨比娜·斯沃博达著；程捷译. —北京：北京大学出版社，2024.3
ISBN 978-7-301-34813-0

Ⅰ.①德… Ⅱ.①维… ②萨… ③程… Ⅲ.①刑事诉讼法—德国—教材 Ⅳ.①D951.652

中国国家版本馆CIP数据核字(2024)第014963号

Strafprozessrecht, 15. Auflage, by Werner Beulke und Sabine Swoboda
ⓒ 2020 C. F. Müller GmbH, Waldhofer Straße 100, 69123 Heidelberg

书　　　名	德国刑事诉讼法教科书（第15版） DEGUO XINGSHI SUSONGFA JIAOKESHU（DI 15 BAN）
著作责任者	〔德〕维尔纳·薄逸克（Werner Beulke） 〔德〕萨比娜·斯沃博达（Sabine Swoboda）　著 程　捷　译
责 任 编 辑	林婉婷　方尔琦
标 准 书 号	ISBN 978-7-301-34813-0
出 版 发 行	北京大学出版社
地　　　址	北京市海淀区成府路205号　100871
网　　　址	http://www.pup.cn　http://www.yandayuanzhao.com
电 子 邮 箱	编辑部 yandayuanzhao@pup.cn　总编室 zpup@pup.cn
新 浪 微 博	@北京大学出版社　@北大出版社燕大元照法律图书
电　　　话	邮购部 010-62752015　发行部 010-62750672　编辑部 010-62117788
印 刷 者	涿州市星河印刷有限公司
经 销 者	新华书店
	650毫米×980毫米　16开本　52.25印张　759千字
	2024年3月第1版　2024年3月第1次印刷
定　　　价	179.00元

未经许可，不得以任何方式复制或抄袭本书之部分或全部内容。
版权所有，侵权必究
举报电话：010-62752024　电子邮箱：fd@pup.cn
图书如有印装质量问题，请与出版部联系，电话：010-62756370

"德国刑事法译丛"编委会

主　编：江　溯

副主编：唐志威　王芳凯

编委会：(以姓氏音序排列)

蔡　仙　陈尔彦　陈昊明　陈　璇　程　捷
邓卓行　何庆仁　黄　河　敬力嘉　李　倩
刘　畅　吕翰岳　石家慧　王　钢　王华伟
徐凌波　徐万龙　喻浩东　袁国何　张正昕
张正宇　张志钢　赵书鸿　赵雪爽　郑　童

作者简介：

维尔纳.薄逸克（Werner Beulke），德国著名刑事法学者，生于1945年，自1964年先后在德国柏林自由大学、图宾根大学和哥廷根大学攻读法学，并在下萨克森州通过第一、二次国家司法考试。1974年在德国哥廷根大学获得法学博士学位（论文题目：《未成年人与肯成年人的财产犯罪》，1974年出版），1978年在哥廷根大学完成教授资格论文（论文题目：《刑事诉讼中辩护人的功能与地位》，1980年出版）。1979年—1980年曾在德国康斯坦茨大学任教。1980年—2011年3月在德国帕绍大学担任刑法、刑事诉讼法与犯罪学讲席教授直至退休。薄逸克教授研究领域涉及刑法、刑事诉讼法、少年刑法与经济刑法，著作等身，他自1994年撰写的《刑事诉讼法教科书》数十年来畅销不衰，已被翻译成日语、俄语、乌兹别克语等译本。2003年他接手了韦塞尔斯（Johannes Wessels）教授创作的著名教科书《刑法总论》，从第28版赓续至2023年第53版，并被翻译成西班牙语、葡萄牙语、韩语、俄语、格鲁吉亚语多个译本，如今由其弟子查致格（Helmut Satzger）教授接续。他撰写的三卷本《刑事法案例研习》系列深受德国学生青睐，其徒孙齐默曼（Frank Zimmermann）教授自2019年第9版参与续写。他与其弟子斯沃博达（Sabine Swoboda）教授合著的《少年刑法学》是德国少年司法领域的重要文献。此外，他还发表学术论文、判例评释等一百多篇，参与撰写《Löwe/Rosenberg刑诉法评注》以及《S/S/W刑诉法评注》。薄逸克教授退休后合伙开办了一家律所并经常在法律审诉讼中担任鉴定人，他创立了"刑事辩护实务丛书"并担任主编（该丛书已出版四十多本专著），2019年德国刑事辩护人协会颁授其Max-Alsberg奖，以表彰其在被告人权利维护方面的贡献。2020年他被德国哈勒-维滕贝格大学授予荣誉博士学位。

萨比娜·斯沃博达（Sabine Swoboda），生于1975年，1994年开始就读于德国帕绍大学法学院，于2000年和2003年分别通过第一、二次国家司法考试。2002年在维尔纳·薄逸克教授指导下获得法学博士学位（论文题目：《论刑事程序中的视讯技术》，2002年在Duncker & Humblot出版社出版）。2004—2011年在帕绍大学担任薄逸克教授的学术助理，并在此期间完成教授资格论文(论文题目:《论联合国特设法庭的程序策略与证明策略——以准备程序阶段为中心》,2013年在Nomos出版社出版)。之后曾短暂执教德国图宾根大学法学院,2013年至今担任德国波鸿鲁尔大学法学院刑法、刑事诉讼法与国际刑法讲席教授。斯沃博达教授的研究领域包括刑法总论、刑事诉讼法、国际刑法以及少年刑法,目前与薄逸克教授合著有《刑事诉讼法教科书》(自2018年第14版成为续写者)与《少年刑法学》(自2014年第15版成为续写者)。

译者简介:

　　程捷,1980年7月生,湖北武汉人,武汉大学法学学士、法学硕士,中国人民大学法学博士,现任中国社会科学院大学法学院副教授、硕士生导师,中国社会科学院法学所岗位副研究员。2015年3月至2016年3月获国家留学基金委公派访问学者项目资助在德国慕尼黑大学从事研究。曾主持教育部、最高人民检察院、中国法学会研究课题多项,2013年入选北京高等学校青年英才计划,在《法学评论》、《中国刑事法杂志》等期刊上发表论文二十余篇。

总　目　录

"德国刑事法译丛"总序	001
荐　序	001
译者序	001
中文版序言	001
第15版前言	001
第1版前言	001
译词说明	001
德文缩语表	001
详　目	001
第一章　刑事诉讼法导论、刑事程序之目的	001
第二章　刑事诉讼的原则	038
第三章　法院的组织和管辖	056
第四章　法官绝对回避和申请法官回避	076
第五章　检察官	088
第六章　警察：检察官的辅助者	106
第七章　被追诉人、对其之讯问（原理）及其权利和义务	116
第八章　禁止性讯问方法	140
第九章　辩护人	153
第十章　证据	198
第十一章　羁押	223
第十二章　其他重要的强制性措施（基本权干预）	238
第十三章　诉讼要件	295
第十四章　诉讼行为	312

第十五章	侦查程序	321
第十六章	基于裁量性理由的程序终止	344
第十七章	强制起诉程序	360
第十八章	中间程序	364
第十九章	第一审庭审活动的准备与进行	373
第二十章	法庭证据调查(一般原则)	423
第二十一章	法庭证据调查的直接性	429
第二十二章	庭审活动中的证据申请	461
第二十三章	证据使用禁止	476
第二十四章	判决的作成与效力	519
第二十五章	诉讼中的犯罪概念	533
第二十六章	特别程序	546
第二十七章	救济审总论	553
第二十八章	事实审上诉	562
第二十九章	法律审上诉	569
第三十章	抗告	586
第三十一章	再审	592
第三十二章	自诉程序、附加控诉程序和附带民事程序以及被害人的其他权利	598
第三十三章	诉讼费用	610
第三十四章	刑事诉讼案例研习指导	613

参考文献(缩写表) …… 620

附录:2017年以来《德国刑事诉讼法》修正条文选译 …… 639

中德词条对照索引 …… 679

"德国刑事法译丛"总序

在过去的二十多年里,随着刑事法治的初步确立和不断完善,我国刑事法学经历了一场深刻的知识转型。毫无疑问,在这场知识转型的过程中,德国刑事法学译著发挥着不可估量的推动作用。据不完全统计,迄今为止,我国已经出版了三十多部德国刑事法学译著(包括教科书、专著和文集),这些译著为我国刑事法学界广泛引用,成为我们学习和借鉴德国刑事法学,并在此基础上建构中国刑事法学体系的重要参考文献。对于那些不计个人得失、辛勤地翻译引介这些德国刑事法学著作的学者,我们在此致以深深的敬意和谢意。

近年来,中德刑事法学交流不断深入,已经有超过一百位中国学者和学生曾经或正在德国留学,他们通过阅读德语原始文献,研习原汁原味的德国刑事法学。在这个大背景之下,德国刑事法学著作的引介是否仍有必要?我认为,在未来相当长的时期内,我们仍然需要翻译大量德国刑事法学著作,这是因为,一方面,现有的德国刑事法学译著在数量上还非常有限,远远无法满足绝大多数尚不具备阅读德语原始文献能力的读者的需求;另一方面,我国刑事法学界和司法实务界对德国刑事法学的需求已经不再局限于掌握其基本理论学说,而是开始朝专题化、纵深化和精细化的方向发展。有鉴于此,我们联合了一批曾留学德国的志同道合的刑事法学人,共同设立"德国刑事法译丛",希望通过长期翻译出版德国刑事法学著作,为推动我国刑事法学的发展尽一点微薄之力。

这套"德国刑事法译丛"的编选,我们希望遵循以下原则:

第一,兼顾基础理论与前沿话题的引介。从目前国内引介的德国刑事法学著作来看,大多属于基础理论类的著作,这些著作对于我们把握德国刑事法学的总体状况大有裨益。当然,在坚持引介德国刑事法学基础理论著作的同时,我们希望能挑选一些与前沿主题例如网络犯罪、人工智能犯罪、医疗刑法等相关的著作。

第二,贯彻整体刑法学的思想。由于种种复杂的原因,目前国内引介的德国刑事法学著作大多局限于刑法教义学,德国刑事程序法、刑事制裁法、少年刑法等相关的著作仍非常稀少。我们希望通过这套译丛,破除刑事法学界内部的藩篱,实现真正的刑事一体化。

第三,兼顾教科书与专著的引介。在德语法学界,顶尖学者往往会出版高水平的教科书,一部高水平的教科书往往是一位学者毕生研究成果的集大成之作。对于我国来说,引介高水平的教科书是学习德国刑事法学的一条捷径。但是,我们还不能止步于此。随着我国刑事法学研究水平的不断提升,高水平专著的引介必然会成为一个趋势。

第四,平衡总论与分论的引介。刑法教义学是德国刑事法学的核心,过去我们比较注重对德国刑法总论著作的引介,而没有翻译过德国刑法分论的著作。随着我国学界对分论具体罪名研究的深入,我们对德国刑法分论著作的需求甚至超过了刑法总论著作,因此我们希望今后能更多引介德国刑法分论的著作,以便保持"营养均衡"。

本套译丛的出版得到了北京大学出版社副总编蒋浩先生和北京大学出版社第五图书事业部副主任杨玉洁老师的大力支持,在图书出版市场竞争日益激烈的今天,没有他们的慷慨应允,这套译丛是不可能问世的,在此我代表编委会全体成员向两位老师致以最诚挚的谢意!

江　溯

2021 年 8 月 18 日

荐　序

所有的知识都源自于比较,法学领域尤然!借由锲而不舍的比较法研究,继受法才能掌握法治制度的精髓,逐步在本土生根。翻译经典法学著作,聚沙成塔,可谓其中之重中之重,但旷日废时,加上体制差异、文化隔阂和专业门坎,知易行难。非有深厚的专业功力和坚定的恒心毅力,闭关数年,难以成就一部兼具"信、雅、达"的法学经典翻译著作。当然,翻译素材的选择,是经典翻译的前提条件。

欣见程捷博士受笔者启发,持之以恒翻译 Beulke 和 Swoboda 合著《德国刑事诉讼法教科书》,终于问世。就掌握德国刑事诉讼法的体系性知识而言,这本教科书可谓最佳素材:它是德国最畅销的刑事诉讼法教科书,以其系统性、全面性和深度性而闻名,为读者提供了一个掌握德国刑事诉讼法的便捷管道。它的写作风格化繁为简,浅显易懂,且辅以实例说明,把抽象、深奥的法律变成具体、生动的图像;它的叙述面向也兼具立法、学说与实务的重要与最新发展,协助读者理解德国刑事诉讼法领域的法律原则与实践应用,值得大力推荐。

在当代法治国家,刑事诉讼法作为"宪法的测震仪",可谓"应用之宪法",尤其是宪法基本权保障,刑事诉讼法相较于其他法领域,具有更紧密的关连性,这也造就了刑事诉讼法的重要性及领域特性。这令人想起冈田朝太郎在百年前的真知灼见,在此引述,与译者及读者共勉:

"一国司法制度之良否,关系于实体法(刑法、民法)者半,关系于形式法(民、刑诉讼法)者亦半。法国学者有言曰:'实体法不完备,良民不至于受害。'诉讼法不完备,良民必受其害。故学者常谓,刑诉为最危险之法律。…中国不欲改良司法制度则已,如欲改良,则编制法及诉讼法,尤先务也!"(冈田朝太郎 京师法律学堂笔记 演词)。

林钰雄

2023 年 12 月 25 日于台北

译者序

德国法素以体系严密与学理精妙著称于世,近三十年来,我国在民法、刑法乃至民事诉讼法等重要的部门法领域,参酌德国法文献已蔚然成风。此一景象之背后,既有中国学术精英对逻辑力量、智识乐趣之追求,亦有中国法治日益注重法律技术之需求。何况在国际交融的时代,观察别人便是考察自己,德国法资源应能为考察本国制度联系提供更加系统的维度。

在德国法学文献中,法学教科书又占据着主流位置。不同于国内多数法学教科书仍停留于介绍基本法律内容的阶段,德国法学教科书除了对法律条分缕析外,更通过法教义学重新建构出整部法律的一般原则与理论体系,并在此基础上为具体法律适用问题提供指引。所以,德国的法学教科书不仅是德国学者展现理论自洽的媒介,也有防止立法恣意与司法擅断的法治功能。翻译德国法学教科书,最能通盘了解其知识结构、学说全貌与实务发展。举凡重要部门法领域,如今均有若干本德国教科书作为重要参考文献。然刑事诉讼法领域,迄今唯有一本德国刑诉法教科书被译成中文。亦即,由德国刑事法大儒克劳斯·罗科信(Claus Roxin)教授所著,并由中国台湾地区学者吴丽琪女士所译的《刑事诉讼法》(第24版)。该书虽于2003年由法律出版社出版,但其德文底本(第24版)却在德国出版于1995年。译者目光所及,目前大多数国内刑事诉讼法学文献在引证德国法作为论据时,仍在引用这本早已不足反映当今德国法实况的教科书。伟大的罗科信教授想必当年也无法料定2009年刑事程序协商会正式入法并于2013年被宣告合宪,更无法预判已有一百多年传统的德国刑诉法典如何在欧盟刑事法整合、数字化技术无远弗届的今天调适腾挪。另外,该教科书囿于作者研究兴趣而在内容上有所取舍,且其德语原文学究味浓厚,外加吴丽琪女士因系中国台湾地区学者,翻译时难以照顾大陆法律用语之习惯,致使阅读体验颇觉晦涩,易滋生误解。至于其他有关德国刑诉法的中文译著，皆译自德国学者用英文撰写之论文集或讲座课件，其体系性、准确性与及时性或有不足。

如今呈现于读者面前的这本书是第一本由中国大陆学者独立翻译的德国刑诉法教科书。翻译本书的念头发想于2015年译者以访问学者身份公派留学于德国慕尼黑大学期间。当年，译者因熟读台湾大学林钰雄教授的两卷本《刑事诉讼法》教科书而于法教义学方面受益甚多，对林书中引用率颇高的维尔纳·薄逸克（Werner Beulke）教授所著的这本教科书印象深刻。多年的好友，现执教于台北大学法学院的王士帆教授也曾在译者赴德之前极力推荐该书作为学习理解德国刑诉法的不二选择。译者于留德期间也观察到，无论是慕尼黑大学法学院，还是其他大学法学院的刑诉法课程，教授们在第一节课均首推薄逸克教授的这本教科书作为学生阅读的参考文献（德国大学法学院没有官方统一指定教科书之说）。同时，本书不仅是各刑诉法评注、教授资格论文以及学术文章无法绕开的文献，更是最受德国大学生青睐的刑诉法教科书！自1994年面世以来，本书以几乎每两年再版一次的频率冠居同类教科书之首（截至2023年已更新至第16版），亦足证其成功。

在译者阅读完本书并比较其他德国刑诉法教科书后，决意不揣浅陋而译介此书之原因有三：其一，由于本书的目标读者是德国法学院的学生，故每章均以案例提问方式切入，知识点分布巨细靡遗，并以两种字体区分重点与延展内容，便于不同需求之读者量身选择，于理论抽象或规范复杂处，迭配以判例或知识图表辅助澄清，这种颇为友好的撰写方式同样适合原本不熟悉德国法的中国读者。其二，对于争议问题（例如非法定之证据使用禁止、协商后放弃救济审之合法性等），本书对不同的实务见解与学说抱持开放吸纳的态度，脚注足以覆盖所有最新且重要的德国法文献，作者在详尽介绍通说的同时，也每每提出异于通说的"正确且有力"之见解，方便中国读者把握某一议题的德国学术全景。其三，本书较好地描绘了德国刑诉法的实务面貌，作者在拓展相关法律问题时，对德国司法实务挣脱立法的现象也不惜笔墨，其中的正反经验或能引起中国读者几多共鸣与反思。

译者起初认为留德时间稍裕，自信对大陆法系刑事诉讼原理知之较稔，预计本书最多一年便能译成，其间甚至婉拒朋友协力合作的好意，执意单打独斗，以求译法与文风的前后统一。哪想艰难之处远超出当初的预期与能力，相较于近年来德国刑诉法的学理发展与实务变迁，译者留德前对德国法的了解实属皮毛，整个翻译过程如同"一山翻过一山拦"。译者曾为厘清相近概念（例如 VE、V-Leute、Informanten）的困惑，详读文献到天明；也曾为揣摩或许普通德国人都不宜辨明的用语差别（例如 zureichend, ausreichend 和 hinreichend），斟酌沉吟至暗夜；甚至因坚守原意与照顾习惯之两难（例如 Vernehmung des Zeugen 要不要迁就中文习惯翻译成询问证人的问题），数度谋定又推翻，或许这也算"求仁得仁"。2016年回国后诸事所羁，翻译进度一拖再拖，本书德语底本竟已从最初翻译的第13版更新至第16版，尤其是从第14版起，薄逸克教授之高徒，现任教德国波鸿鲁尔大学法学院的萨比娜·斯沃博达（Sabine Swoboda）教授成为本书的续写者以后，更新幅度与速度均大幅提升，而在2017年至2020年间，德国刑事诉讼法典也频繁修正，内容涉及科技干预处分、强制辩护以及证据申请等诸多重要的变革，为了最大限度保证本书对国内的参考价值，译者又于2022年春专心对照本书第15版全盘重译，如今才终偿夙愿。

　　留学德国期间令译者印象深刻的是，法学院学生们上课必携带法条，课堂上随着教授的提示，他们会迅速查阅对应条文辅助理解，而聚焦成文法开展教义学上的讨论也是德国鉴定式案例教学的特色。本书作者薄逸克教授同样也是德国刑事法案例教学的大师级人物，其所撰写的三卷本《刑事法案例研习》（Klausurenkurs Ⅰ，Ⅱ，Ⅲ）被德国学生誉为"薄逸克三部曲"。注重言必有据，强调精准的风格也贯穿于本教科书之中，对某个论断经常会精确引用某条某款某句之前半句或后半句为据，甚至还要连同其他条款一并得出。这种严谨至极的思考习惯，或许也是德国法教义学昌盛的法文化基础。近一百七十年的法典化发展，德国刑诉法条文结构极其繁复，苟无一本法条方便对照查阅，对希望精准理解德国制度的读者或许较为困难。译者囿于精力所限，暂时无法重译德国刑事诉讼法典全文，幸好该法已有多个中文译本出版，其中个人最为推荐的版本当系元照出版公司2016年出版的《德国刑事诉讼法》（连孟琦译）。然这些中译本法典均以2016年之前的德国刑诉法条文为底本，故译者选译了2017年以来所有被修正的德国刑事诉讼法典条文（截至2022年年底），作为本书附录，以飨读者。

　　2016年春季，在即将结束慕尼黑大学访学回国前的两周，译者向合作导师赫尔穆特·查致格（Helmut Satzger）教授表达希望前往帕绍拜会他的老师薄逸克教授的愿望。当薄逸克教授接到查致格教授的邮件后,立即邀请译者前往帕绍餐叙。当时的薄逸克教授虽年过七旬,却精神矍铄,步履矫健,言谈间慈眉善目,极具涵养。他听闻翻译计划后颇感喜悦,并希望译者尽可能选择最新版作为底本。嗣后,在北大出版社与德国 C. F. Müller 出版社的相关版权事宜中,薄逸克教授屡次居间协调,助力甚多。对于译者翻译过程中遇到的困惑,每能迅速给予极其详尽的邮件回复,令人倍感幸运与感动。薄逸克教授曾于 2016 年、2017 年和 2019 年共三次到访北京参加学术活动并举行讲座。即便在过去的疫情三年,他也多次以线上会议的方式参与中德学术交流。他对中国历史与当今发展的钦佩溢于言表,犹记译者陪同他登临慕田峪长城时,他真诚地说道:"Herr CHENG,你有一个伟大的祖国!"时历数年,此情此景,犹如昨日,附记于此,以供纪念。

除了薄逸克教授,在德期间,合作导师查致格教授自然是为译者答疑解惑最多的人,况且,没有他当年的接纳,译者也没有机会前往德国访学,甚至难以决心学习德语,故译者感念他为本作品提供的"不可想象其不存在"之作用。台北大学王士帆教授始终关心本书的翻译进程,并为许多制度概念的中文处理提供了宝贵建议,上述附录的法条中也收录了他 2021 年发表于《法令月刊》中的十几个与科技侦查相关的条文译本,对他一路无私的鼓励与帮助不胜感激。2015 年盛夏,适逢北大江溯兄到访慕尼黑,译者尽地主之谊陪其游览宝马博物馆之际,小憩间聊及翻译本书之念想,他当即坚定鼓励,回国后便热心联系北京大学出版社敲定出版计划,如今欣逢其在北京大学出版社策划"德国刑事法译丛"之大业,并将本书收入其中,由衷感谢他的付出。2021 年 12 月底,本书还有幸获得教育部哲学社会科学研究后期资助,在此对项目匿名评审专家的肯定与支持深表谢忱。

此外,本书的出版离不开北京大学出版社蒋浩先生的大力支持,图书策划杨玉洁女士的耐心宽容与精心策划以及林婉婷、方尔埼等各位审稿编辑的敬业负责,于此致以诚挚感谢。中国社会科学院大学法学院诉讼法专业的硕士生林玉东、徐超逸、舒璐瑶、宋朗和博士生王燕芳等诸君协助校阅原稿并提供意见,也一并表示感谢。最后,还要感谢译者父母对本书的关注以及内子多年来对"无用功"的理解和支持。

程捷

2023 年 6 月 5 日于　北京

中文版序言

刑事诉讼法素来是各自国家宪法的一面镜子。从某种程度上而言，任何一国的刑事诉讼法都是独一无二的，它体现着该国如何理解公正以及如何协调公正与有效打击犯罪之关系。是以，各国的刑事诉讼法典仅能在有限的程度上加以比较，即便是在各国法制协调整合的欧洲，亦无不同。然而，尽管意识形态基本导向不同，刑事程序中必须解决的问题却是一致的。法院如何实现最有效的运作？应该规定哪些法律救济保障？是否应当建立某种独立的起诉机构，尤其是以检察机关的组织形式？刑事程序究竟应以实体真实为目标，还是尽量在公平游戏的规划下去追求程序真实呢？应该遵守哪些公正的要求？应该保障哪些辩护权以及如何构建依法听审的原则？是否应当奉行不自证己罪原则，亦即不得强迫被追诉人自我归罪？被追诉人有获得律师帮助的权利吗？以及符合何种条件时，应该为之提供诉讼费用援助？羁押应该满足哪些要件？是否可以考虑在程序中引入协商的因素以取代国家机关发现真实？例如以某种辩诉交易的方式或者允许通过自白去简化法庭证据调查。判决何时发生确定力以及确定力的范围若何？究竟是对整个被作出判决的犯罪产生确定力，抑或仅对法院在法律上评价成犯罪并宣告有罪的行为产生确定力呢？生效的判决是否还有再审之机会？若有，再审程序又应如何建构？

或许某一国的程序法针对这些问题从自身历史出发所提供的方案殊难被移植到其他的法秩序之中，但了解其他国家的做法，评估其优势和问题，并推动未来制定自己的法律规则，实深具意义。

近年来，中德两国的法律学者和司法实务家开展了热络的学术交往。笔者在过去几年间也多次受邀赴中国参加有关刑法、刑事诉讼法和少年刑法的研讨会，并与中国同仁交流心得经验。许多中国学者曾经在德国从事研究，并且深入地研究德国的刑法和刑事诉讼法。为了富有成效的对话，我们萌生了翻译两国有关刑法和刑事诉讼法的文献，从而进一步深化两国学术交往的想法。我们非常高兴地看到,程捷教授一直以来致力于上述学术交流并独立完成了这本德国刑事诉讼法教科书的翻译。对他的勠力付出,我们深表谢忱。

中国和德国的法律人在思想交流方面已经取得了丰硕的成果,我们由衷地相信,本书中文版的出版是强化这一交流的重要一步。

维尔纳·薄逸克(Werner Beulke)
萨比娜·斯沃博达(Sabine Swoboda)
2023年5月19日 于帕绍和波鸿

第 15 版前言

本书第 15 版新增了截至 2020 年 8 月的最新立法、实务见解和学术文献的内容。在最新立法中,尤其参照了《关于在刑事程序中转化欧盟指令(EU)2016/680 以及根据欧盟规则(EU)2016/679 调整数据保护规定之法案》(2019)、《刑事程序现代化法案》(2019),以及《关于在民事程序法、破产程序法和刑事程序法中减少 COVID-19 大流行所生影响的法案》(2020)的内容。

为使本书中的题材保持整体明了,我们尽可能地压缩了新增的内容,所以必然会略过许多判决和学术论文。本书历次修订版本均未调整过边码,然而伴随着大量的立法修改,我们在本版中不得不对之重新编码。由此给某些读者带来的困扰,敬请谅解。

本版也参考了本书第 14 版的细心读者发送给我们的建议,在此深表谢忱。未来将一如既往地欢迎读者通过电子邮箱向我们赐教和批评,来信请寄到 beulke@ strafrecht-beulke. de 或者 Sabine. Swoboda@ ruhr-uni-bochum. de,我们将努力做到来信必回(但根据经验,或许难免延迟,对此我们先行致歉!)。

以下几点,须向读者说明:

——如同"专业重点"系列的所有教科书一样,本书的内容致力于聚焦**"核心知识"**。

——若某些读者仍觉得本书内容过于繁多,可以略过楷体字印刷的内容,同时通过**标准化考试问题**了解知识梗概。

——为了**复习**或者**快速地归纳学习**,读者也可以聚焦**72 个案例问题**及其解答。通过查阅解答中参考提示所指明的书中段落,读者可以查漏补缺。根据我们的经验,即便是如此的阅读方式,本书也可以让学生掌握到**最重要的考试问题**,通常而言足以涵盖有关刑事诉讼部分的考试要求。

如果读者希望进一步提升刑事诉讼案例解题的能力,可以参考本书最后在边码914所列的习题书和杂志上的练习案例。尤其可以参考维尔纳·薄逸克(Werner Beulke)编写的"刑事法案例研习"系列。在该系列的第三册(《国家考试案例和复习专册》,目前最新的是2018年第5版)也涵盖了国家考试中最热门的一些考查问题。读者也可以利用马尔科·曼斯杜尔菲尔(Marco Mansdörfer)教授所编写的《刑事诉讼案例研习》一书中的经典案例完成进阶训练。

我们由衷感谢帕绍大学和波鸿大学的学术助理们,他们为本书第15版助力甚巨,备极投入。这里尤其要感谢帕绍大学的学生助理登尼兹·岳兹卡(Deniz Özkan)、桑德拉·阿查兹(Sandra Achatz)、卡塔琳娜·格拉德(Katharina Gradl)、金理安·哈尔维格(Kilian Hallweger)、卡塔琳娜·薛塔(Katharina Schoetta)和马尔科·金特勒(Marco Zintl),以及多年来令人信赖的秘书办公室主任奥尔干·库尔斯(Olga Kuhls)。我们在此一并感谢波鸿大学的教席团队,尤其是学术助理马尼拉·卡尔森(Marina Carlsen)和克里斯蒂安·吕斯(Christian Rühs),以及学生助理安德洛马歇尔·克仑兹克(Andromache Krenzek)、菲利普·金乌皮斯(Philipp Kiuppis)、玛丽亚·卡拉金安尼迪(Maria Karagiannidi)、凯·布德尔曼(Kai Budelmann)和马仑·博尔戈(Maren Borg)。

维尔纳·薄逸克(Werner Beulke)
萨比娜·斯沃博达(Sabine Swoboda)
2020年8月 于帕绍和波鸿

第 1 版前言

呈现在大家面前的这本书,是为那些正在学习刑事诉讼法或者准备第一次国家考试的法律系学生所构思的,它也是我常年讲授刑事诉讼法的某种纪念。尽管本书在口授课程基础上深化和补充了许多内容,然而为了聚焦更重要的核心问题,本书还是刻意作出了一些舍弃。根据由来已久且已经被《法学教育法》(Justizausbildungsordnung)所固化的考试实务,刑事诉讼法在考场上通常仅围绕"基础知识点"予以考查。所以,我想本书的上述缺憾或许也有其合理之处。由此,我放弃了对刑事诉讼文献蜻蜓点水式地罗列,而在阐释法律规范以及描述司法判例时也尽量做到简明扼要。

本书创作良久,乃至于我的好几代助理都曾参与其中。我的很多常年助理都已经离开了我,我没法在这里一一列出他们的姓名,仅向以学术助理马尔库斯·多尔纳赫(Markus Dornach)博士、托马斯·特雷佩尔(Thomas Trepper)博士、学术助理格雷戈尔·巴赫曼(Gregor Bachmann)博士、赫尔穆特·查致格(Helmut Satzger)博士,以及学生事务助理卡洛琳娜·布兰特(Carolina Brandt)女士和埃克·斯罗尔(Eike Schröer)先生为代表的全体助理们表达谢忱,感谢他们为本书孜孜不倦地坚守到"最后一小时",并贡献出许多难能可贵的建议。我还要向帕绍大学法律系的十位试读本书的学生深表感谢,他们向我提供了许多勉励和改进的建议。同时,我也要向我的秘书乌尔苏娜·库巴(Ursula Kuba)女士致以诚挚谢意,她不遗余力的工作热情为本书的最终完成贡献良多。

维尔纳·薄逸克(Werner Beulke)
1994 年 3 月　于帕绍

译词说明

德语是一门以逻辑性和分析性见长的语言,而中文思维却偏重"得意而忘言",故两种语言对法律术语的表达方式和内容巨细各有特点。此外,在刑事诉讼领域,德文术语的中译词不太统一,尤其是一些德文术语具有独特的法制背景,贸然直译或者仅从中文字面理解恐生困惑与误解,故特此对本书中出现频率较多或颇为重要的翻译选词聊作说明:

一、应该、应当和可以

(一) 应该、必须、须(muss, hat…zu tun, erfordlich)

在德语文献中,表述毫无裁量空间的规定,即在表述应该如何或不应该如何的义务要求时,经常会使用情态动词"muss",或者动词短语"etwas zu tun haben",或者通过形容词"erfordlich"后跟从句的方式去表达。在本书中,"应该""必须"和"须"均表达一种强义务性要求,原则上没有区别。

(二) 应当/理应(soll, sollte, dürfte, müsste)

德国法中还有一种偏弱的义务性语气,即当为性规定,例如德国《少年法院法》第35条第1款第2句规定"选任少年参审法官时,应当(soll)男女数量相等"。这类当为性规定容忍部分的裁量空间,即在例外情形下,可以不按照法定要求而行为。

当法律未作明确要求时,一些德语学术文献也经常从法教义学或者应然法出发,推导出对国家机关的义务性要求,此时通常使用虚拟语气词"solte""dürfte"或者"müsste"去表达。本书将这类助词也翻译成"应当"或者"理应",从而在语气强度上区别于上述"应该"的用语。

值得注意的是,根据中国全国人民代表大会常务委员会法制工作委员会印发的《立法技术规范(试行)(一)》(法工委发〔2009〕62号)的规定,"应当"与"必须"的含义没有实质区别,且中国法律在表述义务性规范时,一般用"应当"而不用"必须"。但是在本书用语中,"应当"与"应该/必须"在语气上有区别,特此说明。

(三) 可以(得)

可以(Kann-Vorschrift)固然很好理解,通常表示的是一种裁量性规定。但是,在中国的一些规范性文件中,偶尔在"义务性规定"中也会使用"可以"①,其仅指履行义务之方式可供选择之意,所以本书也经常使用"得"的译法,彰显可供裁量之意。

二、刑事追究和刑事追究机关

Strafverfolgung 一词有时也被翻译成"刑事追诉",但是中国法语境下的"刑事追诉"通常不包括法院的审理行为在内,而特指与辩护职能相对应的侦查、起诉和出庭支持公诉等职能活动。而德语文献中的 Strafverfolgung 则通常指包括对犯罪的侦查、起诉、中间程序和审判在内的全部活动,所以本书译为"刑事追究"。例如本文边码 46 中的"国家依职权追究原则"(Grundsatz der Strafverfolgung von Amts wegen)当然也适用于审判阶段。再如,德国《刑事诉讼法》第 153 条及以下数条规定的程序终止制度中,检察官和法院均可以判断犯罪是否存在"追究的公共利益"(Verfolgungsinteresse)并作出是否终止程序的决定。所以,翻译成"刑事追究"更合理。

同理,刑事追究机关(die Strafverfolgungsbehörden)不仅包括检察官(检察机关)和作为其侦查辅助人员的警察,特定语境下也经常包括法院在内(如本书边码 715、718 中的"刑事追究机关"明显包括法院在内)。

三、被追诉人、被起诉人、被告人和受怀疑人

德国刑诉法和中国刑诉法一样,根据诉讼阶段的不同赋予刑事追究对象不同的称谓,以便明确其具有的不同地位和权利。其中,被追诉人(Beschuldigte)是最广义的称呼(上位概念),泛指在整个刑事程序(侦查、

---

① 例如《关于适用〈中华人民共和国刑事诉讼法〉的解释》(法释〔2021〕1 号)第 170 条,"被逮捕的被告人具有下列情形之一的,人民法院应当立即释放;必要时,可以依法变更强制措施",这里的"可以"其实是一种义务性规定,而不是授权法院可不予变更之意。

起诉、审判阶段)中受到刑事追究的特定人。被追诉人又可被分为被起诉人(Angeschuldigte)和被告人(Angeklagte),前者是被追诉人在中间程序阶段(自起诉书到达管辖法院直至该法院作出是否开启审理之裁定)的称谓,后者是被追诉人在裁定开启审判程序以后的称谓。

值得注意的是,受怀疑人(Verdächtigte)和中国刑事诉讼法中的"犯罪嫌疑人"不是一个概念。在德国法中,判断某人是否具有被追诉人的身份具有格外重要的意义,因为伴随着被追诉人身份的是一系列特殊的权利。具备犯罪的初始嫌疑是某人获得被追诉人地位的前提,若怀疑某人犯罪却又达不到具备初始嫌疑的程度,则仅能称其为"受怀疑人"。从这个意义上,受怀疑人与中国刑事程序正式启动以前的初查对象类似。所以,译者特意不将其翻译成犯罪嫌疑人,以免产生误解。

四、检察官和检察机关

与中国刑事诉讼法一样,德国刑事诉讼法的条文中很少出现检察官(Staatsanwalt),而通常使用检察机关(Staatsanwaltschaft)的用语,根据德国《法院组织法》第150条,德国的检察机关是独立于法院的、按照阶层方式组建的司法组织。但是,根据德国《法院组织法》第144条,检察机关实行首长负责制,而具体的检察官对外代表首长执行职务。所以,检察官和检察机关在多数语境下是通用的,甚至翻译成检察官,更能通顺反映德国检察权的实践方式,所以本书通常使用检察官这一表述。如果特定语境更强调组织特征,则会翻译成检察机关。

五、通说、学界通说/文献通说和实务见解

"通说"(herrschende Meinung/Ansicht)直译是具有支配性地位的见解,即不仅在学界得到多数人的认同,而且也被实务界采纳的理论或学说。若某个见解仅为多数学者采纳,但却通常不被实务界接纳的,则被称作"学界通说"(herrschende Lehre),例如刑法学中的"客观归责理论"在德国的处境。反之,若通常在实务中颇具影响,但却往往不被学界认可的,则被称为实务见解(Rechtsprechung),典型的如本书边码708中的"异议方案"。有的中文译作将Rechtsprechung翻译成"裁判",本书译者不采,理由是,文献中经常还出现ständige Rechtsprechung,即一贯的实务见解,若翻译成"稳定的或一贯的裁判",将令人感到不知所云。

值得注意的是,不宜将某个观点或学说是"通说"或"学界通说"作为其正确性的直接依据,因为在德语文献中,经常还会看到堪称"以一挡百"的"少数却有力的见解"(starke Mindermeinung)。

六、重罪、轻罪、微罪、重大犯罪和情节严重之犯罪

德国《刑法典》将犯罪分为重罪(Verbrechen)和轻罪(Vergehen),根据其第 12 条的规定,重罪指的是最轻判处 1 年或 1 年以上有期徒刑之犯罪;轻罪是指最轻判处 1 年以下有期徒刑或罚金的犯罪。

微罪(Bagatelldelikt)指非常轻微的犯罪。它本不是一个立法用语,但却在德语文献中经常能看到,尤其被用来指称德国《刑事诉讼法》第 153 条规定的轻罪且罪责轻微的典型情形(例如盗窃金额不足 50 欧元)。另外,微罪案件的事实审上诉通常应先经过受理审查。

重大犯罪(Kapitaldelikt)也被称作重罪(Schwerkriminalität),在历史上曾经专指可能判处死刑(砍头)的严重罪行,由于如今的欧洲已经普遍废除死刑,所以该词指代重大犯罪,例如谋杀、强奸、伤害、剥夺自由等造成被害人死亡的犯罪。就刑事诉讼而言,该用语主要涉及刑事陪审法庭管辖制度以及重罪羁押制度。

情节严重之犯罪(Straftat von erheblicher Bedeutung)是德国刑事诉讼法中的一个常见概念,很多德国《刑事诉讼法》条文(尤其在科技侦查制度中)都使用了情节严重犯罪的用语。不过,情节严重犯罪又是一种不确定的法律概念,按照德国文献观点,其系指"显著地侵害到法和平"或"严重侵害国民法律感情"的行为。[①] 所以情节严重之犯罪不一定是重罪,也可能是例如性侵害案件中的轻罪。

八、绝对回避和申请回避

若按照直译,Ausschließung 应该翻译成"排除",Ablehnung 为"拒绝"。在德国法中,前者指司法人员因具备特定事由而当然不得参与案件办理的规则,后者指经程序参与人申请后才不得参与案件办理的规则。为了配合中文已有的对应制度术语"回避",减少沟通障碍,本书采取意译

---

① Vgl. Rolf Hannich (Hrsg.), Karlsruhe Kommentar-StPO, 7. Aufl., 2013, § 81g, Rn. 1.

方案,直接将 Ausschließung 翻译成"绝对回避",Ablehnung 翻译成"申请回避"。

九、初始嫌疑/充分的事实依据、充足的嫌疑、重大嫌疑和(犯罪)已经被证实

zureichend、hinreichend 和 ausreichend 三个近似的德语形容词翻译成中文都是"充足,充分,足够"的意思,无论是在德语还是中文的日常用语习惯中,三个形容词彼此很难区分。但是德语法律文献表述嫌疑程度时,却有较为固定的搭配和明确的使用场景,德国刑事侦查的启动依据是存在犯罪的初始嫌疑(Anfangsverdacht),亦即存在实施了犯罪的充分事实依据(zureichenden tatsächlichen Anhaltspunkte)。之所以选择"充分"(zureichend)的译法,旨在表示一种低度的盖然性程度。而"充足"从语气上比"充分"更强烈,所以本书将起诉的根据翻译成"充足的嫌疑"(hinreichender Verdacht)。重大嫌疑(dringender Verdacht)是核准羁押的标准,即标示一种"很高的可能性"的嫌疑程度。至于定罪的标准,则须达到"相信已被证实"(Erachtung für erwiesen)的程度。

各阶段嫌疑程度示意图①

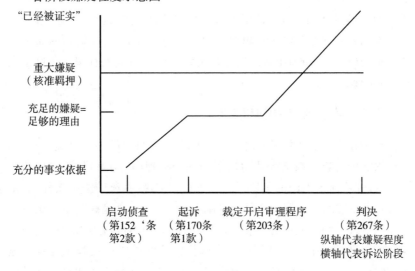

————————

① 本表参考 Schröder/Verrel, Strafprozessrecht, 8. Aufl., 2022, Rn 64,但是各阶段的嫌疑程度以及彼此之间的高低关系,在德国文献中也有争议。

十、讯问和发问

中国刑事诉讼法独具特色地区分了"（针对犯罪嫌疑人和被告人的）讯问"和"（针对证人或鉴定人的）询问"，似乎证人和鉴定人在程序地位上要有别于被追诉人。可是，中国刑诉法不仅对被追诉人规定了面对办案机关的如实回答义务，证人和鉴定人面对办案机关也同样依法负有真实义务且违反真实义务时应承担相应的法律责任。所以，区分询问和讯问似乎没有规范上的实益。例如，我国台湾地区"刑事诉讼法"就没有作这种区分。

德国法也将刑事追究机关以问答模式要求相对人就案情进行陈述的行为统一称为"讯问"（Vernehmung）。形式意义上的 Vernehmung 体现为外观上可辨的职权形态，即问话者以公职务形态出现在被问话人面前，并且以此身份要求被问话人答复。① 这种职权性外观特征为立法规制讯问活动提供了重要的抓手，从而使相对人能享有相应的地位和权利保障（例如拒绝陈述权或拒绝作证权），就此而言，相对人系证人还是被追诉人并无不同。另外，Vernehmung 一词在德语中原本的意思是"觉察"，即一种内心的感觉。刑事追究机关根据职权原则通过问答方式形成内心对被追诉人、证人和鉴定人可信性和信用的判断，刚好符合中文"讯问"一词的本意。

发问人外观上非出于公职地位的问话，本书翻译为发问（Befragung）或者提问（Fragen zu stellen），例如被追诉人或其辩护人有权在法庭上向证人发问。

十一、羁押、逮捕、拘捕和抓获

作为在判决前较长时间剥夺被追诉人人身自由的强制措施，中国刑事诉讼法中的逮捕制度大致对应于德国的羁押（U-Haft）制度。而德语 Festnahme 殆同于中国的拘留或者公民扭送制度，在英美法中被称为 Arrest，我国以往的外国刑诉法翻译文献都将之翻译为"逮捕"，本书仍然维持了这一几近约定成俗的译法。但仍须强调，切不可将本书中的逮捕一词与中国刑诉法中的逮捕混同。中国拘留的期限要远远长于德国的逮捕，在德国，逮捕后应该在一天内将被逮捕人带到主管羁押事项的法院面

---

① 参见王士帆：《不自证己罪原则》，春风煦日学术基金 2007 年版，第 149 页。

前，由后者作出释放或者核准羁押的决定。在实务中，多数被追诉人通常在确认身份后就被释放。如果核准羁押，法院会立即向被追诉人宣告。

德国的逮捕不是羁押的必经程序，如果法院已经对某名被追诉人核发了羁押令状，警察可以凭羁押令直接前往被追诉人居所执行拘捕(Verhaftung)，而不再被称作逮捕。拘捕通常在清晨进行，这一方面起到突击效果，另一方面，拘捕以后通常就可以就案情进行讯问，"睡懵了的状态有利于让被拘捕人回答问题"。抓获(Ergreifung)就是具体完成拘捕的动作，抓获之时是计算将被拘捕人带至羁押令核准法院之期间的起点，而抓获地是确定管辖法院的连接点之一。

十二、卧底警探、便衣警探、长期卧底线民和一般线民

德国刑诉法文献中有四类从事"地下工作"的侦查人员，他们适用不同的合法性要件，须按照其工作方式严格区别，不宜直译：

卧底警探(Verdeckter Ermittler/VE)指长期使用更换的身份(化名)从事侦查的警察人员，其法律依据是德国《刑事诉讼法》第110a条第2款第1句。如果不是长期使用化名，仅短时间内假冒其他身份从事秘密侦查活动的警察，则被称为便衣警探(Nicht öffentlich ermittelnde Polizeibeamte/NÖP)，例如毒品犯罪侦查中警方冒充的"买家"。德语中的V-Leute(=Vertrauensperson)适合翻译成"长期卧底线民"，系指愿意长期配合刑事办案机关为调查犯罪提供协助的人员，他们的身份原则上也会被保密，类似于中国的"朝阳民众"。而一般线民(Informanten)系指愿意在个案中为刑事追究机关提供情报的人员，刑事追究机关也会为他们提供保密承诺。

十三、审判程序和庭审活动

"Hauptverfahren"和"Hauptverhandlung"两个词在多数中文译作中都被翻译成"主审程序"，这是错误的。Hauptverfahren应该被翻译成审判程序，是指从作出开启审判程序的裁定(中间程序终了)至作出判决(不需要产生确定力)的过程。其中又可以被分为为庭审作准备的活动(Vorbereitung der Hauptverhandlung)和庭审活动(Hauptverhandlung)。例如，在审判程序阶段，可以在庭审外作出有关羁押问题的裁判，且参审员也不得参与在庭审外作出的裁判。但是判决通常必须在庭审的基础上作出。另外，以往中文文献将Hauptverhandlung翻译成主审，也会制造理解障碍，即

难道还有辅审？抑或该词仅指第一审？翻译成庭审活动就能避免这种疑惑，庭审活动不仅存在于第一审，事实上诉审和法律上诉审一样也要进行庭审活动。当然，第一审、事实上诉审和法律上诉审也都有不经庭审而作出裁判的例外（详见各章）。

十四、（具体的）调取证据、（抽象的）收集证据 、法庭证据调查和证据申请

（具体的）调取证据（Beweiserhebung）通常是指刑事追究机关的具体取证措施，例如讯问某个证人、讯问某个被追诉人、寻找某个凶器、保全某个血迹和痕迹、对某通电话进行监听、搜查某处住宅等。该词在德国《刑事诉讼法》中经常出现，例如第136条第1款第5句（告知被追诉人有权申请调取有利于他的具体证据）、第202条（法院可以要求调取具体的证据）、第244条第3款第1句（恳请法院调取某个具体的证据时证据申请的要求）等。本书也经常将调取证据指称为刑事追究机关的具体措施，当然，辩护人同样也有调取证据权。

（抽象的）收集证据（Beweisermittlung），字面意义和调取证据（Beweiserhebung）基本上差不多，但前者更多地是从概括性角度使用的，总的说来，就是收集（sammeln）证据的意思，如德国《刑事诉讼法》第163条第1款（警察应该立即对犯罪开展调查）。按照德国的实务见解，法院也有权在庭审外收集证据，甚至没有义务提前通知辩方。但是，在德国的实务中，这种情况并不多见。

法庭证据调查（Beweisaufnahme）专指庭审活动中将证据提交法庭，并由事实审法院对证据进行审查判断的活动。根据德国《刑事诉讼法》第244条第1款，在对被告人就案件事实讯问以后，便开始法庭证据调查。即使法院在庭外具体调取了某个证据，也必须对该证据按照严格证明的方式开展法庭证据调查。法院应凭借法庭证据调查的结论，根据全部审理的内容而自由形成的内心确信去裁判（自由心证原则）。所以，德国的法庭证据调查与中国的法庭调查大致是对应的。

证据申请（Beweisantrag）是德国证据法中非常重要的制度，指申请者要求利用**特定的证据**对（与定罪和量刑相关的）**特定的事实主张**加以证明。证据申请制度在"两个特定化"的要求的基础之上，配套了一系列驳回证据申请的规则，解决了哪些事实属于法庭澄清义务的范围以及哪些证据可以进入法庭调查这两类问题。所以,证据申请与中国的举证申请并不完全对应。我国台湾地区有的文献将其意译成"证据调查申请",似乎也不足以涵盖其"特定事实主张"的要素,反而会将之误解成要求法院抽象地在庭外调查证据(Beweisermittelungsantrag)。本书的译者也没有想出更好、更简洁且精确的意译方案,索性将之直译为"证据申请"。

十五、停止审理、休庭和终止程序

停止审理(Aussetzung)和中国的中止审理不同,前者是指审理被中断且嗣后必须重新从头审理。休庭(Unterbrechung)是指庭审虽然被中断但后续会在之前的审理基础上继续审理。庭审活动中断以后,之所以有的案件必须重新审理,主要的原因是中断审理的时间已经超过了德国《刑事诉讼法》第229条允许的上限,为了确保集中审理原则和贯彻"判决本于庭审印象而作出"的精神,必须重新审理。除此之外,如果审理还没有取得什么实质成果就被中断的,即使没有超过法律允许的中断上限就恢复了庭审,法院也有权裁定停止审理而重新开始。在德国,需要持续数日甚至数周的庭审活动原则上应连续不断地进行,休庭是有时长限制的,否则就会"前功尽弃"。类似中国的中止审理或较长的延期审理制度(庭审中断了很长时间却可以继续审理)在德国是不存在的。

德国的终止程序(Einstellung)可以对应为中国的不起诉制度和终止审理制度。亦即,终止程序会起到终止整个刑事程序的法律效果。有的译作将Einstellung翻译成停止程序,但本书译者认为,这容易将该制度混淆为停止审理、休庭或者中止程序。所以本书翻译成终止程序,强调其形式上的确定力。但要强调的是,德国的法院也可以基于裁量原则而终止程序,详见本书第16章。

十六、本书引注与附录中所译法条文本中的数字

读者在阅读中会发现,德国教科书格外注重对法律规范的引述与提示,经常会精准引用某一条某一款某一项的某一句,甚至前半句或后半句,作为论证的依据。这种"精准主义"的法文化,也体现在德国法条数字的标示规范中,若某一款(项)法条由多个句子组成,每句前上方会标示阿拉伯数字作为序号。故译者在翻译法条时,也保留了这些数字,方便读者核查与引用。

德文缩语表

德文缩写	中译
A.	Auflage 版本
aA	Andere Ansicht 不同观点,其他观点
aaO	am angegebenen Ort 前引的文献
abgedr.	Abgedruckt 刊载的
abl.	ablehnend 反对的
ABl	Amtsblatt der EG/EU 欧洲共同体/欧盟公报
ABMG	Autobahnmautgesetz für schwere Nutzfahrzeuge《重型车辆高速公路收费法》
Abschn.	Abschnitt 章(法条用语)
abw.	abweichend 不同的
aE	am Ende 最后
AEUV	Vertrag über die Arbeitsweise der Union (Vertrag von Lissabon)《欧盟运作条约》(里斯本条约)
aF	alte Fassung 旧版
AG	Amtsgericht 基层法院
Alt.	Alternative 情形,类型(法条用语)
Anl.	Anlage 附件
Anm.	Anmerkung 评释
AnwBl	Anwaltsblatt《律师杂志》(期刊)
AO	Abgabenordnung《租税通则》
AöR	Archiv des öffentlichen Rechts《公法档案》(期刊)

(续表)

德文缩写	中译
ArbGG	Arbeitsgerichtgesetz《劳动法院法》
arg.	argumentum 论证,解释
Art.	Artikel 条
ausf.	ausführlich 详尽的
Az	Aktenzeichen 案卷编号
BA	Blutalkohol《血液酒精》(期刊)
BAK	Blutalkoholkonzentration 酒精血液浓度
BayAGGVG	Gesetz zur Ausführung des Gerichtsverfassungsgesetzes und von Verfahrensgesetzen des Bundes in Bayern《巴伐利亚州关于执行联邦法院组织法和程序法的法案》
BayGerOrgG	Gesetz über die Organisation der ordentlichen Gerichte im Freistaat Bayern《巴伐利亚自由州常设法院组织法》
BayObLG	Bayerisches Oberstes Landesgericht 巴伐利亚州最高地方法院
BayObLGAuflG	Gesetz zur Auflösung des Bayerischen Obersten Landesgerichts und der Staatsanwaltschaft bei diesem Gericht (Gerichtsauflösungsgesetz)《关于解散巴伐利亚州最高地方法院及其附设检察院之法案》(《法院解散法》)
BayObLGSt	Entscheidungen des Bayerischen Obersten Landesgerichtes in Strafsachen《巴伐利亚州最高地方法院的刑事裁判汇编》
BayPOG	Gesetz über die Organisation der Bayerischen Staatlichen Polizei《巴伐利亚州警察组织法》
BayRS	Bayerische Rechtssammlung《巴伐利亚法律汇编》
BayVerf	Verfassung des Freistaates Bayern《巴伐利亚自由州宪法》
BB	Betriebsberater《商业顾问》(杂志)
BBG	Bundesbeamtengesetz《联邦公务员法》
BbgVerfG	Brandenburgisches Verfassungsgericht 勃兰登堡宪法法院
Bd.	Band 卷
BDSG	Bundesdatenschutzgesetz《联邦个人信息保护法》

(续表)

德文缩写	中译
BeamtStG	Gesetz zur Regelung des Statusrechts der Beamtinnen und Beamten in den Ländern《公务员身份法》
ber.	berichtigt 更正的
BerlVerfGH	Verfassungsgerichtshof des Landes Berlin 柏林州宪法法院
Beschl.	Beschluss 裁定
BFStrMG	Bundesfernstraßenmautgesetz《联邦公路收费法》
BGB	Bürgerliches Gesetzbuch《民法典》
BGBl I, II, III	Bundesgesetzblatt Teil I, Teil II, Teil III《联邦法律公报》第1, 2, 3卷
BGH	Bundesgerichtshof 联邦最高法院
BGHR BGH	BGA - Rechtsprechung Strafsachen, hrsg. von Richtern des Bundes gerichtshofs 由联邦最高法院法官编撰的《刑事裁判》
BGHSt	Entscheidungen des Bundesgerichtshofes in Strafsachen《联邦最高法院刑事裁判汇编》
BGH<B>	Becker, Aus der Rechtsprechung des BGH zum Strafverfahrensrecht 贝克（Becker）:《联邦最高法院关于刑事程序法裁判整理》
BGH<Pf/M>	Pfeiffer/Miebach, Aus der Rechtsprechung des BGH zum Strafverfahrensrecht 佩福尔、米巴赫（Pfeiffer/Miebach）:《联邦最高法院刑事程序法裁判整理》
BKA	Bundeskriminalamt 联邦刑事调查局
BKAG	BKA-Gesetz《联邦刑事调查局法》
BMJV	Bundesministerium der Justiz und für Verbraucherschutz 联邦司法及消费者保护部（德国联邦司法部）
BRAK	Bundesrechtsanwaltkammer 联邦律师协会
BRAK-RS	Rundschreiben des Strafrechtsauschusses der Bundesrechtsanwaltskammer《联邦律师协会刑事专业委员会公告》
BRAO	Bundesrechtsanwaltsordnung《联邦律师法》
BrandOLG	Brandenburgisches Oberlandesgericht 勃兰登堡州高等法院

（续表）

德文缩写	中译
BR-Drucks.	Drucksache des Bundesrates《联邦参议院公报》
BtMG	Betäubungsmittelgesetz《麻醉品管理法》
BVerfG	Bundesverfassungsgericht 联邦宪法法院
BVerfGE	Entscheidungen des Bundesverfassungsgerichtes《联邦宪法法院裁判汇编》
BVerfGG	Bundesverfassungsgerichtsgesetz《联邦宪法法院法》
BVerwG	Bundesverwaltungsgericht 联邦行政法院
BVerwGE	Entscheidungen des Bundesverwaltungsgerichtes《联邦行政法院裁判汇编》
CCC	Constitutio Criminalis Carolina《卡洛琳娜法典》(1532年)
CCZ	Corporate Compliance Zeitschrift《企业合规杂志》(期刊)
CR	Computer und Recht《计算机和法律》(期刊)
DAR	Deutsches Autorecht《德国汽车法》(期刊)
DAV	Deutscher Anwaltverein 德国律师联合会
ders.	derselbe 同一（男性）作者的
D-F-T	Deutsch-französische Strafrechtstagung 德法刑事法论坛
diff.	differenzierend 区分类型的，区分式的
Diss.	Dissertation 论文
DJT	Deutscher Juristentag 德国法律人大会
DNA-IFG	DNA-Identitätsfeststellungsgesetz mit Änderungsgesetz《DNA身份鉴识法及其修正法案》
DÖV	Die Öffentliche Verwaltung《公共行政》(期刊)
DRiG	Deutsches Richtergesetz《德国法官法》
DRiZ	Deutsche Richterzeitung《德国法官杂志》(期刊)
DRZ	Deutsche Rechtszeitschrift《德国法杂志》(期刊)
DS-GVO	Datenschutzgrundverordnung《欧盟通用数据保护指令》

(续表)

德文缩写	中译
Dt.	Deutsch 德语的，德国的
DuD	Datenschutz und Datensicherheit《数据保护和数据安全》(期刊)
EAG	Europäische Atomgemeinschaft 欧洲原子能共同体(EURATOM)
ebd.	ebenda 同上
EG	Europäische Gemeinschaft 欧洲共同体
EGGVG	Einführungsgesetz zum GVG《法院组织法施行法》
EGKS	Europäische Gemeinschaft für Kohle und Stahl 欧洲煤炭和钢铁共同体
EGMR	Europäischer Gerichtshof für Menschenrechte 欧洲人权法院
EGStPO	Einführungsgesetz zur Strafprozessordnung《刑事诉讼法施行法》
EGV	Vertrag zur Gründung der Europäischen Gemeinschaft《欧共体条约》
Einl.	Einleitung 导论
einschr.	einschränkend 限缩性的
EMöGG	Gesetz über die Erweiterung der Medienöffentlichkeit in Gerichtsverfahren《关于在司法程序中扩大媒体公开的法案》
EMRK	Europäische Konvention zum Schutz der Menschenrechte und Grundfreiheiten《欧洲保障人权和基本自由公约》(欧洲人权公约)
EU	Europäische Union 欧盟
EuCLR	European Criminal Law Review《欧洲刑事法评论》(期刊)
EuGH	Gerichtshof der Europäischen Gemeinschafben 欧盟法院
EuGRZ	Europäische Grundrechte, Zeitschrift《欧洲基本权利杂志》(期刊)

(续表)

德文缩写	中译
EuHbG	Gesetz zur Umsetzung des Rahmenbeschlusses über den Europäischen Haftbefehl und die Übergabeverfahren zwischen den Mitgliedstaaten der Europäischen Union(Europäisches Haftbefehlsgesetz – EuHbG)《旨在落实〈欧盟逮捕令和欧盟成员国之间移交程序的框架协议〉的法案》（欧盟逮捕令法）
EuR	Europarecht(Zeitschrift)《欧洲法》(期刊)
EUV	Vertrag über die Europäische Union《欧盟条约》
EuZW	Europäische Zeitschrift für Wirtschaftsrecht《欧洲经济法杂志》(期刊)
EV	Einigungsvertrag(Vertrag zwischen der Bundesrepublik Deutschland und der Deutschen Demokratischen Republik über die Herstellung der Einheit Deutschlands)《欧盟宪法条约》
FAZ	Frankfurter Allgemeine Zeitung《法兰克福报》(报纸)
FG	Finanzgericht 金融法院
Fn	Fußnote 脚注
FS/FG	Festschrift/Festgabe/Freundesgabe 祝寿/祝贺/庆祝文集
FS	Forum Strafvollzug《刑事执行论坛》(杂志)
G10	Gesetz zur Beschränkung des Brief-, Post- und Fernmeldegeheimnisses《限制通讯秘密、邮件秘密和远程通讯秘密法》(《有关基本法第10条的法律》)
GA	Goltdammer's Archiv für Strafrecht《Goltdammer刑事法文档》(期刊)
GBl	Gesetzblatt《法律公报》
GEA	Gesetz zur Einführung der elektronischen Akte in der Justiz und zur weiteren Förderung des elektronischen Rechtsverkehrs《关于在司法中实行电子卷宗以及进一步促进法律往来电子化的法案》
GedSchr	Gedächtnisschrift 纪念文集

(续表)

德文缩写	中译
GepA	Gesetz zur effektiveren und praxistauglicheren Ausgestaltung des Strafverfahrens《旨在更加有效且更适合实践地设计刑事程序的法案》
GKG	Gerichtskostengesetz《法院费用法》
GmbH	Gesellschaft mit beschränkter Haftung 有限责任公司
GmbHG	Gesetz betreffend die Gesellschaften mit beschränkter Haftung《有限责任公司法》
GNZmP	Gesetz zur Neuregelung des Schutzes von Geheimnissen bei der Mitwirkung Dritter an der Berufsausübung schweigepflichtiger Personen《关于重新规定第三方主体参与具有保密义务的人员之业务时应该如何保密问题的法案》
GrK	Große Kammer 大审判庭
GrS	Großer Senat 大法庭
GSdVdB	Gesetz zur Stärkung der Verfahrensrechte von Beschuldigten im Strafverfahren《旨在强化被追诉人的刑事程序权利法案》
2. GSdVdB	Zweites Gesetz zur Stärkung der Verfahrensrechte von Beschuldigten im Strafverfahren und zur Änderung des Schöffenrechts《第二次旨在强化被追诉人刑事程序权利和修改参审员法的法案》
GVBl	Gesetzes- und Verordnungsblatt《法律和命令公报》
GVG	Gerichtsverfassungsgesetz《法院组织法》
GwG	Gesetz über das Aufspüren von Gewinnen aus schweren Straftaten《旨在追索严重犯罪之收益的法案》
hA	herrschende Ansicht 通说、实务见解和学界通说
HansOLG	Hanseatisches Oberlandesgericht 汉堡自由汉萨同盟城市的州高等法院
HFR	Höchstrichterliche Finanzrechtsprechung《最高法院金融法裁判》(期刊)
hL	herrschende Lehre 主流学说、学界通说

(续表)

德文缩写	中译
hM	herrschende Meinung 通说,占支配地位的观点
HRR/HRRS	Online-Zeitschrift für Höchstrichterliche Rechtsprechung im Strafrecht《最高法院刑事裁判在线杂志》(期刊)
Hrsg	Herausgeber 主编
hrsg.	herausgegeben 由……主编
HS	Halbsatz 半句
HumVR	Humanitäres Völkerrecht《国际人道法杂志》(期刊)
ICLR	International Criminal Law Review《国际刑事法评论》(期刊)
idF	in der Fassung ……的版本
idR	in der Regel 通常,经常
iE	im Ergebnis 在结论上
ieS	im engeren Sinn 狭义的
iF	im Fall 在……的情况下
IPBPR	Internationaler Pakt über bürgerliche und politische Rechte《公民权利与政治权利国际公约》
iRd	im Rahmen der (des) 在……的范围内
IRG	Gesetz über die internationale Rechtshilfe in Strafsachen《国际刑事司法协助法》
iSd	im Sinne der 在……意义下
IStGH	Internationaler Strafgerichtshof 国际刑事法院
iSv	im Sinne von 由……所称的
iÜ	im Übrigen 另外
iVm	in Verbindung mit 连同……
iwS	im weiteren Sinn 广义的
JA	Juristische Arbeitsblätter《法学丛刊》(期刊)
JA-R	Juristische Arbeitsblätter Rechtsprechung《法学丛刊-裁判》

(续表)

德文缩写	中译
JBl	Juristische Blätter《法学丛刊》(奥地利期刊)
JGG	Jugendgerichtsgesetz《少年法院法》
JICJ	Journal of International Criminal Justice《国际刑事司法杂志》
JK	Jura Kartei《法学教育小卡片》(出版物)
JKomG	Gesetz über die Verwendung elektronischer Kommunikationsformen in der Justiz《关于在司法中应用电子通讯方式的法案》(《司法通讯法》)
JMBl	Justizministerialblatt《司法部公报》
JR	Juristische Rundschau《法学纵览》(期刊)
JSt	Journal für Strafrecht《刑事法杂志》(奥地利期刊)
JuMoG	Erstes Gesetz zur Modernisierung der Justiz《第一次司法现代化法案》
Jura	Juristische Ausbildung《法学教育》(期刊)
JuS	Juristische Schulung《法学教室》(期刊)
Justiz	Dic Justiz Amtsblatt des Justizministeriums Baden-Württemberg《巴登符腾堡州司法部的司法公报》
JW	Juristische Wochenschrift《法律周刊》
JZ	Juristenzeitung《法律人报》(期刊)
Kap.	Kapitel 章
KG	Kammergericht (Berlin) 高级法院(柏林)
KIS	Konstanzer Inventar Sanktionsforschung (Heinz; online abrufbar)《康斯坦茨制裁研究报告》海恩兹(Heinz)教授主持;可在线下载)
KOM	Dokument der Kommission der EU 欧盟委员会文件
K & R	Kommunikation & Recht《通讯与法》(期刊)
Kriminalistik	Kriminalistik《刑事侦查学》(期刊)
Krim. Journal	Kriminologisches Journal《犯罪学杂志》(期刊)

（续表）

德文缩写	中译
krit.	kritisch 批评性的，批判性的
KronzG	Gesetz zur Änderung des Strafgesetzbuches, der Strafprozessordnung und des Versammlungsgesetzes und zur Einführung einer Kronzeugenregelung bei terroristischen Straftaten《关于修正刑法、刑事诉讼法和集会法并对恐怖主义犯罪增设污点证人规则之法案》
KunstUrhG	Gesetz betreffend das Urheberrecht an Werken der bildenden Künste und der Photographie《美术与摄影作品著作权法》
LG	Landgericht 州地方法院
lit.	litera 款（法条用语）
LKA	Landeskriminalamt 州刑事调查局
LM	Entscheidungen des Bundesgerichtshofes Ein Nachschlagewerk von Lindenmaier/Möhring《联邦最高法院裁判》（由Lindenmaier/Möhring编著的参考书）
LMJ	Landesminister der Justiz 州司法部
LPartG	Lebenspartnerschaftsgesetz《生活伴侣法》
ltd.	leitende 担任领导的，担任首长的
MDR	Monatsschrift für Deutsches Recht《德国法月刊》
MDR<D>	Dallinger, Aus der Rechtsprechung des BGH in Strafsachen 达林格尔（Dallinger）:《联邦最高法院刑事裁判整理》
MDR<H>	Holtz, Aus der Rechtsprechung des BGH in Strafsachen 霍尔茨（Holtz）:《联邦最高法院刑事裁判整理》
MschrKrim	Monatsschrift für Kriminologie und Strafrechtsreform《犯罪学和刑事法改革月刊》（期刊）
MuSchG	Mutterschutzgesetz《孕妇保护法》
mwN	mit weiteren Nachweisen 更多的说明
NJ	Neue Justiz《新司法》（期刊）
NJECL	New Journal of European Criminal Law《新欧洲刑事法杂志》（期刊）

(续表)

德文缩写	中译
NJOZ	Neue Juristische Online-Zeitschrift《新法学网刊》(期刊)
NJVollzG	Niedersächsisches Justizvollzugsgesetz《下萨克森州刑事执行法》
NJW	Neue Juristische Wochenschrift《新法学周刊》
NJW-RR	NJW-Rechtsprechungs-Report《新法学周刊—裁判—报告》
NK	Neue Kriminalpolitik《新刑事政策》(期刊)
NOEP	nichtöffentlich ermittelnde Polizeibeamte 从事不公开侦查任务的警察,便衣警察
NStZ	Neue Zeitschrift für Strafrecht《新刑事法杂志》(期刊)
NStZ<M>	Miebach, Aus der (vom BGH nicht veröffentlichten) Rechtsprechung des BGH in Strafsachen zum Verfahrensrecht 米巴赫(Miebach):《联邦最高法院(未公开的)有关程序法的刑事裁判整理》
NStZ<Pae>	NStZ<Paeffgen>, Rechtsprechungsübersicht in U-Haft-Sachen 佩夫根(Paeffgen):《羁押案件裁判概览》
NStZ<Pf>	Pfeiffer, Aus der Rechtsprechung des BGH in Strafsachen 派菲尔(Pfeiffer):《联邦最高法院刑事裁判整理》
NStZ<Pf/M>	Pfeiffer/Miebach, Aus der (vom BGH nicht veröffentlichten) Rechtsprechung des BGH in Strafsachen zum Verfahrensrecht 派菲尔、米巴赫(Pfeiffer/Miebach):《联邦最高法院(未公开的)有关程序法的刑事裁判整理》
NStZ-RR	NStZ-Rechtsprechungs-Report《新刑事法杂志-裁判-报告》
NVwZ	Neue Zeitschrift für Verwaltungsrecht《新行政法杂志》(期刊)
Nwe	Nachweise 说明,例证
NZWiSt	Neue Zeitschrift für Wirtschafts-, Steuer- und Unternehmensstrafrecht《新经济刑法、税务刑法和公司刑法杂志》(期刊)
NZV	Neue Zeitschrift für Verkehrsrecht《新交通法杂志》

(续表)

德文缩写	中译
OBG	Ordnungsbehördengesetz Nordrhein-Westfalen idF vom 13.5.1980 1980年5月13日颁发的《北莱茵威斯特法伦州秩序机关法》
ÖAnwBl	Österreichisches Anwaltsblatt《奥地利律师公报》
ÖJZ	Österreichische Juristen-Zeitung《奥地利法律人报》（期刊）
ÖstVerfGH	Österreichischer Verfassungsgerichtshof 奥地利宪法法院
OHG	offene Handelsgesellschaft 无限责任商事公司,普通商事合伙企业
OLG	Oberlandesgericht 州高等法院
1. OpfRRG	Gesetz zur Verbesserung der Rechte von Verletzten im Strafverfahren《旨在改善被害人在刑事程序中的权利之法案》
2. OpfRRG	Gesetz zur Stärkung der Rechte von Verletzten und Zeugen im Strafverfahren《旨在加强被害人和证人在刑事程序中的权利之法案》
3. OpfRRG	Gesetz zur Stärkung der Opferrechte im Strafverfahren《旨在加强刑事程序中的被害人权利法案》
OrgKG	Gesetz zur Bekämpfung des illegalen Rauschgifthandels und anderer Erscheinungsformen der Organisierten Kriminalität《旨在打击非法毒品教义和其他有组织表现形式犯罪的法案》
OWiG	Gesetz über Ordnungswidrigkeiten《秩序违反法》
PflVG	Gesetz über die Pflichtversicherung für Kraftfahrzeughalter《机动车保有人强制保险法》
PJZS	Polizeiliche und Justitielle Zusammenarbeit der EU 欧盟范围内的警务和司法合作
RAVSStärkG	Gesetz zur Stärkung des Schutzes von Vertrauensverhältnissen zu Rechtsanwälten《强化保障对律师信赖关系的法案》
RB	Rahmenbeschluss der EU 欧盟的框架协议
Rechtstheorie	Rechtstheorie《法学理论》（期刊）
RG	Reichsgericht 帝国法院

（续表）

德文缩写	中译
RGBl	Reichsgesetzblatt《帝国法律公报》
RGSt	Entscheidungen des Reichsgerichtes in Strafsachen《帝国法院刑事裁判汇编》
RiStBV	Richtlinien für das Strafverfahren und das Bußgeldverfahren《刑事程序与罚金程序指令》
Rn	Randnummer 边码
RPflEntlG	Gesetz zur Entlastung der Rechtspflege, geändert durch 3. VerjährungsG《司法减负法案》，经第三次《追诉时效法案》修正
Rs.	Rechtssache 法律事务
Rspr	Rechtsprechung 实务见解,裁判
RuP	Recht und Politik《法和政策》(期刊)
RW	Rechtswissenschaft, Zeitschrift für rechtswissenschaftliche Forschung《法学研究》(期刊)
SchlHA	Schleswig-Holsteinische Anzeigen《石勒苏益格-荷尔斯泰因州司法公报》
SDÜ	Schengener Durchführungsübereinkommen《申根协定》
Slg	Rechtsprechungssammlung des EuGH《欧盟法院裁判汇编》
st.	ständige(r) 一贯的,持续的
StA	Staatsanwalt/Staatsanwaltschaft 检察官/检察机关/检察署
StGB	Strafgesetzbuch《刑法典》
StPÄG	Gesetz zur Änderung der Strafprozessordnung und des Gerichtsverfassungsgesetzes《刑事诉讼法和法院组织法修正法案》
StPO	Strafprozessordnung《刑事诉讼法》
str.	strittig 有争议的
StraFo	Strafverteidiger Forum《刑事辩护论坛》(期刊)
StrÄndG	Strafrechtsänderungsgesetz idF vom 16.7.1979 1979年7月16日《刑法改革法案》

(续表)

德文缩写	中译
STRAUDA	Strafrechtsausschuss der Bundesrechtsanwaltskammer 联邦律师协会刑事专业委员会
StrEG	Gesetz über die Entschädigung für Strafverfolgungsmaßnahmen idF vom 8. 3. 1971 1971年3月8日版的《刑事追究措施赔偿法》
StRR	Strafrechtsreport (Zitiert nach Jahr und Seite)《刑事法报告》(期刊)
StudZR	Studentische Zeitschrift für Rechtswissenschaft《学生法学杂志》(期刊)
StUG	Stasi-Unterlagen-Gesetz《斯塔西记录法》
StV	Strafverteidiger (Zitiert nach Jahr und Seite)《刑事辩护人》(期刊)
StVÄG 1987	Strafverfahrensänderungsgesetz 1987 1987《刑事程序修正法案》
StVÄG 1999	Strafverfahrensänderungsgesetz 1999 1999《刑事程序修正法案》
StVerfVerstG	GesetzzurRegelungderVerständigungimStrafverfahren《关于规范刑事程序中协商的法案》
StVG	Straßenverkehrsgesetz《道路交通法》
SVR	Straßenverkehrsrecht《道路交通法杂志》
Symp	Symposium 研讨会
TKG	Telekommunikationsgesetz《电信法》
TKÜAndG	Gesetz zur Neuregelung der Telekommunikationsüberwachung und anderer verdeckter Ermittlungsmaßnahmen《旨在重新规范电信通讯监察和其他秘密侦查措施的法案》
UHaftRÄndG	Gesetz zur Änderung des Untersuchungshaftrechts《羁押法修正法案》
UWG	Gesetz gegen den unlauteren Wettbewerb《反不正当竞争法》
Var.	Variante 类型(法条用语)
VE	Verdeckter Ermittler 卧底警探
VerbrBekG	Verbrechensbekämpfungsgesetz《犯罪防治法》

(续表)

德文缩写	中译
Verh.	Verhandlung 审理活动
vert.	vertiefend 深入的
VG	Verwaltungsgericht 行政法院
VN	Vereinte Nationen 联合国
VN-AntiFolter-Übk.	Übereinkommen gegen Folter und andere grausame, unmenschliche, oder erniedrigende Behandlung oder Strafe《联合国反酷刑公约》
VO	Verordnung der EG/EU 欧盟或者欧共同体制定的规则
Vor.	Vorbemerkung 初步意见
VRS	Verkehrsrechts-Sammlung《交通法汇编》
VStGB	Völkerstrafgesetzbuch《(德国)国际刑法典》
VVG	Versicherungsvertragsgesetz《保险合同法》
wistra	Zeitschrift für Wirtschafts- und Steuerstrafrecht《经济刑法和税务刑法杂志》(期刊)
WÜK	Wiener Konsularrechtsübereinkommen《维也纳领事关系公约》
ZD	Zeitschrift für Datenschutz《数据保护杂志》(期刊)
ZEuS	Zeitschrift für Europarechtliche Studien《欧洲法研究杂志》(期刊)
ZfJ	Zentralblatt für Jugendrecht《少年法要报》(期刊)
ZfStrVo	Zeitschrift für Strafvollzug und Straffälligenhilfe《刑事执行与犯罪人帮教杂志》(期刊)
ZIS	Zeitschrift für Internationale Strafrechtsdogmatik (http://www.zis-online.com)《国际刑事法教义学杂志》(网刊)
ZJS	Zeitschrift für das Juristische Studium (http://www.zjs-online.com)《法学学习杂志》(网刊)
ZPO	Zivilprozessordnung《民事诉讼法》
ZRP	Zeitschrift für Rechtspolitik《法律政策杂志》
ZSchG	Zeugenschutzgesetz《证人保护法》

(续表)

德文缩写	中译
ZStrR	Schweizerische Zeitschrift für Strafrecht《瑞士刑事法杂志》（期刊）
ZStW	Zeitschrift für die gesamte Strafrechtswissenschaft《整体刑事法杂志》
zT	zum Teil 部分的
ZUM	Zeitschrift für Urheber- und Medienrecht《著作权和媒体法杂志》（期刊）
zust.	zustimmend 赞同的，肯定性的
ZWH	Zeitschrift für Wirtschaftsstrafrecht und Haftung im Unternehmen《经济刑法和企业责任杂志》（期刊）

详　目

第一章　刑事诉讼法导论、刑事程序之目的 ………… 001
　一、刑事诉讼法的法源 ………………………………… 002
　二、刑事诉讼程序具体阶段概览 ……………………… 002
　三、刑事程序参与人 …………………………………… 003
　四、刑事程序之目的 …………………………………… 003
　　（一）确定和实现国家刑罚权（Strafanspruch）…… 004
　　（二）保障法治国程序 ………………………………… 005
　　（三）法和平功能 ……………………………………… 005
　五、刑事诉讼法和刑事实体法 ………………………… 006
　六、国际维度 …………………………………………… 007
　　（一）欧洲人权公约（《欧洲人权公约》）………… 007
　　（二）欧盟法 …………………………………………… 011
　　（三）国际法 …………………………………………… 031

第二章　刑事诉讼的原则 ……………………………… 038
　一、职权原则（《刑诉法》第152条第1款）………… 039
　二、法定原则（《刑诉法》第152条第2款、第170条第1款）… 041
　三、控审分离原则（《刑诉法》第151条）…………… 042
　四、调查原则（《刑诉法》第244条第2款）………… 043
　五、法官自由心证原则（《刑诉法》第261条）……… 044
　六、言词原则（《刑诉法》第261条）………………… 045
　七、直接原则（《刑诉法》第226条第1款、第250、261条）… 045
　八、无罪推定与罪疑惟轻原则 ………………………… 046
　九、迅速原则（《基本法》第20条第3款、《欧洲人权公约》
　　　第6条第1款）……………………………………… 047
　十、公开原则（《法院组织法》第169条第1款第1句、《欧洲

人权公约》第 6 条第 1 款第 1、2 句) ················· 051
  十一、公平刑事程序原则(《基本法》第 20 条第 3 款、《欧洲
　　人权公约》第 6 条第 1 款) ······················· 052
  十二、法定法官原则(《基本法》第 101 条) ··············· 053
  十三、依法听审原则(《基本法》第 103 条第 1 款) ·········· 054
第三章　法院的组织和管辖 ··························· 056
  一、法官的中立性 ································· 056
  二、法定法官原则 ································· 058
  三、管辖种类 ···································· 059
　　(一) 事物管辖(sachliche Zuständigkeit) ··············· 059
　　(二) 地域管辖(örtliche Zuständigkeit) ··············· 060
　　(三) 功能管辖(funktionelle Zuständigkeit) ············ 060
  四、第一审管辖及审判组织之组成 ····················· 060
　　(一) 基层法院(das Amtsgericht) ···················· 060
　　(二) 州地方法院(Landgericht) ····················· 062
　　(三) 州高等法院 ······························· 064
　　(四) "机动管辖"(die bewegliche Zuständigkeit)问题 ······ 065
　　(五) 合并管辖(Verbindung) ······················· 066
  五、救济审(Rechtsmittel)的管辖 ······················ 067
　　(一) 州地方法院的救济审 ························· 067
　　　1. 事实审上诉(《刑诉法》第 312 条及以下数条) ······· 067
　　　2. 抗告(《刑诉法》第 304 条以下) ················ 068
　　(二) 州高等法院的救济审 ························· 068
　　(三) 联邦最高法院的上诉审 ······················· 069
  六、地域管辖(die örtliche Zustandigkeit) ················ 072
　　(一) 固有审判籍 ······························· 072
　　　1. 行为地(《刑诉法》第 7 条) ··················· 072
　　　2. 住所以及居所(《刑诉法》第 8 条) ·············· 072
　　　3. 抓获地(《刑诉法》第 9 条) ··················· 072
　　　4. 多重审判籍 ······························· 072
　　(二) 特殊审判籍 ······························· 073
　　　1. 关联审判籍 ······························· 073

  2. 指定审判籍 ·· 073
第四章　法官绝对回避和申请法官回避 ······················· 076
 一、法官的绝对回避(《刑诉法》第22、23条) ················ 076
 二、因偏颇之虞的申请回避(《刑诉法》第24条第2款) ······ 078
  (一) 偏颇的定义 ·· 078
  (二) 特殊情形 ··· 081
   1. 法院与被追诉人之紧张关系 ························ 081
   2. 辩护人与法院之紧张关系 ··························· 081
   3. 参与过先决裁判 ······································ 081
 三、程序 ··· 083
第五章　检察官 ·· 088
 一、检察官的职权 ·· 088
  (一) 侦查程序之职权 ······································· 088
  (二) 参与法庭审理与提起救济审之职权 ················ 090
  (三) 刑罚执行、案件登记系统、告知义务 ··············· 090
 二、检察官的组织 ·· 091
 三、检察官发挥功能的方式 ······································ 093
  (一) 每名检察官的法定代表权(gesetzliche Vertretung) ···· 093
  (二) 职务收取权与职务移转权 ··························· 093
  (三) 指令权 ·· 094
   1. 原理 ··· 094
   2. 指令权之界限 ··· 094
 四、检察官的地位 ·· 096
  (一) 徘徊于行政与司法之间的检察官 ·················· 096
  (二) 司法先例对检察机关的拘束效力 ·················· 097
  (三) 对"职务外"获知的犯罪有起诉义务吗? ········· 099
  (四) 申请检察官回避 ······································· 100
   1. 申请回避权的实质理据 ····························· 100
   2. 证人检察官 ·· 102
   3. 行使申请回避权的程序合法性 ···················· 103
第六章　警察:检察官的辅助者 ··································· 106
 一、指挥权的原理 ·· 106

二、警察的角色 ... 108
三、警察的强制权 ... 113

第七章　被追诉人、对其之讯问（原理）及其权利和义务 ... 116
　一、被追诉人之概念 ... 116
　二、对被追诉人之讯问（原理） ... 121
　　（一）程序阶段 ... 121
　　（二）讯问之概念 ... 121
　　（三）讯问之流程 ... 122
　三、未依《刑诉法》第136条予以晓谕 ... 123
　　（一）未依据《刑诉法》第136条第1款第2句阐明拒绝
　　　　陈述权以及咨询辩护人的权利 ... 123
　　（二）指控事项的告知范围——《刑诉法》第136条第1款
　　　　第1句 ... 126
　　（三）自发性陈述与探听消息 ... 128
　　（四）"加重晓谕"（qualifizierte Belehrung）问题 ... 129
　四、被追诉人的其他权利 ... 129
　五、被追诉人的义务 ... 137

第八章　禁止性讯问方法 ... 140
　一、法律依据——《刑诉法》第136a条 ... 140
　二、禁止性讯问的类型 ... 141
　　（一）疲劳 ... 141
　　（二）施用药物 ... 142
　　（三）折磨、胁迫 ... 142
　　（四）欺骗 ... 144
　　　1. 概说 ... 144
　　　2. 刑事侦查策略 ... 145
　　　3. 无意间的欺骗 ... 146
　　　4. 监听陷阱与骗取声音 ... 146
　　　5. 派遣长期卧底线民 ... 148
　　（五）强制 ... 148
　　（六）承诺法律上未规定的利益 ... 149
　　（七）其他的禁止性讯问方法 ... 150

三、违反《刑诉法》第136a条的法律后果 ………………………… 150
第九章　辩护人 ………………………………………………………… 153
　一、作为被追诉人帮助者的辩护人 ………………………………… 154
　二、作为司法单元的辩护人 ………………………………………… 156
　　（一）单元理论 …………………………………………………… 156
　　（二）当事人利益代理人理论 …………………………………… 158
　　（三）宪法性诉讼理论 …………………………………………… 159
　　（四）Lüderssen 和 Jahn 的契约理论 …………………………… 159
　三、辩护人和当事人之间的信赖关系 ……………………………… 160
　　（一）事务管理契约和独立性 …………………………………… 160
　　（二）辩护人和被追诉人之间的保密范围 ……………………… 161
　　（三）联络权 ……………………………………………………… 161
　四、辩护人的权利 …………………………………………………… 164
　　（一）在场权 ……………………………………………………… 165
　　（二）证据申请 …………………………………………………… 167
　　（三）调查 ………………………………………………………… 167
　　（四）意见表达权 ………………………………………………… 167
　　（五）阅卷权——《刑诉法》第147条 ………………………… 169
　　　1. 当被追诉人有辩护人时的阅卷 …………………………… 169
　　　2. 被追诉人没有辩护人时的阅卷权 ………………………… 173
　　（六）提起救济审 ………………………………………………… 173
　五、辩护人的义务 …………………………………………………… 174
　六、必要辩护——义务辩护 ………………………………………… 174
　　（一）概念 ………………………………………………………… 174
　　（二）必要辩护的范围 …………………………………………… 174
　　（三）指派义务辩护人 …………………………………………… 177
　　（四）更换辩护人 ………………………………………………… 186
　　（五）"保全性辩护人" …………………………………………… 188
　七、辩护人的逐出 …………………………………………………… 189
　八、共同辩护 ………………………………………………………… 190
　九、辩护人的刑事可罚性 …………………………………………… 191
　　（一）阻扰刑罚罪 ………………………………………………… 191

（二）洗钱 ··· 193
（三）其他的犯罪构成 ··· 194

第十章　证据 ··· 198
一、证据的形式 ··· 198
二、严格证明程序和自由证明程序 ··· 199
三、证人证据——《刑诉法》第 48 条及以下数条 ···················· 200
（一）证人的概念 ··· 200
（二）其他程序参与者作为证人？ ······································ 201
（三）证人的义务 ··· 203
（四）对法官、公务员等人员之作证义务的限制 ·················· 205
（五）拒绝作证权 ··· 206
（六）证人讯问的过程 ·· 211
（七）证人保护 ·· 213
四、鉴定证据——《刑诉法》第 72 条及以下数条 ···················· 215
（一）概说 ··· 215
（二）鉴定人的委任和指挥 ··· 216
（三）鉴定人鉴定意见之制作 ·· 217
（四）鉴定意见的评价 ·· 218
五、文书证据——《刑诉法》第 249 条以下数条 ······················ 219
六、勘验证据——尤其是《刑诉法》第 86 条及以下数条、
第 225 条 ·· 220

第十一章　羁押 ··· 223
一、羁押的目的 ··· 223
二、核准羁押的实质要件 ··· 224
（一）犯罪嫌疑重大——《刑诉法》第 112 条第 1 款第 1 句
第 1 种要件 ·· 224
（二）羁押理由——《刑诉法》第 112 条第 1 款第 1 句第 2 种
要件 ·· 225
1. 逃跑或逃跑之虞 ·· 225
2. 案情晦暗之虞 ··· 226
3. 涉嫌重大犯罪——《刑诉法》第 112 条第 3 款 ············ 226
4. 再犯之虞——《刑诉法》第 112a 条 ·························· 227

      5. 候审羁押——《刑诉法》第127b条 ………………………… 228
      6. 被告人不到场——《刑诉法》第230条第2款 ………… 228
    (三) 比例原则 ………………………………………………………… 228
    (四) 自诉型犯罪 …………………………………………………… 228
    (五) 告诉乃论型犯罪 ……………………………………………… 228
  三、核准羁押的形式要件与羁押令的执行 ……………………………… 229
    (一) 书面的羁押令状 ……………………………………………… 229
    (二) 签发羁押令的管辖 …………………………………………… 229
    (三) 拘捕被追诉人 ………………………………………………… 230
    (四) 羁押法院的其他事务 ………………………………………… 230
    (五) 重复羁押 ……………………………………………………… 231
  四、羁押令状的救济 ………………………………………………………… 231
    (一) 羁押抗告 ……………………………………………………… 231
    (二) 申请羁押审查 ………………………………………………… 231
  五、撤销羁押令状 …………………………………………………………… 232
    (一) 依据《刑诉法》第120条第1款撤销羁押令 ……………… 232
    (二) 依据《刑诉法》第120条第3款撤销羁押令 ……………… 232
    (三) 依据《刑诉法》第121条撤销羁押令 ……………………… 233
  六、停止执行羁押 …………………………………………………………… 234
  七、羁押之执行 ……………………………………………………………… 234
    (一) 基本规范 ……………………………………………………… 234
    (二) 羁押执行中的权利保障 ……………………………………… 235
      1. 新版《刑诉法》第119条规定（旨在实现羁押目的）的
         限制性处分 …………………………………………………… 236
      2. 州法规定（旨在维护羁押场所秩序和安全）的限制处分 … 236

第十二章 其他重要的强制性措施（基本权干预） …………………………… 238
  一、概述 ……………………………………………………………………… 239
    (一) 其他重要强制措施一览 ……………………………………… 239
    (二) 对拒绝作证权主体采取侦查措施 …………………………… 242
      1. 职业秘密保守者——《刑诉法》第53条 …………………… 242
      2. 家属证人——《刑诉法》第52条 …………………………… 243
    (三) 假设替代干预 ………………………………………………… 244

二、长期监视——《刑诉法》第 163f 条连同第 101 条 ·············· 246
三、暂时性逮捕——《刑诉法》第 127 条、第 127b 条 ············ 247
 （一）"任何人"的逮捕权——《刑诉法》第 127 条第 1 款
    第 1 句 ·· 247
  1. 要件 ··· 247
  2. 逮捕权的范围 ·· 249
 （二）检察官和警察依据《刑诉法》第 127 条第 2 款的
    逮捕权 ··· 249
 （三）检察官和警察依据《刑诉法》第 127b 条第 1 款的
    逮捕权 ··· 250
 （四）拘传到法官面前 ·· 250
四、对被追诉人的留置观察——《刑诉法》第 81 条 ·············· 250
五、身体检查、验血——《刑诉法》第 81a 条 ······················ 251
六、DNA 分析——《刑诉法》第 81e—f；DNA 身份辨识和存储
  DNA 辨识样本——《刑诉法》第 81g 条；群组性基因筛
  查——《刑诉法》第 81h 条 ···································· 254
 （一）问题状况 ·· 254
 （二）适用于进行中刑事程序的规定 ·························· 254
 （三）适用于未来刑事程序的规定 ····························· 256
七、照相和采集指纹——《刑诉法》第 81b 条 ······················ 257
八、检查第三人——《刑诉法》第 81c 条 ···························· 258
九、保全、扣押——《刑诉法》第 94 条及以下数条、第 111b 条及
  以下数条 ·· 259
 （一）体系 ·· 259
 （三）没收对象的保全 ··· 264
十、与电信通讯相关的强制干预——《刑诉法》第 100a、100d、100e、
  100g、100i、100j、101 条 ······································· 264
 （一）体系 ·· 264
 （二）现代通信方式所衍生的特殊问题 ······················· 265
  1. 语音留言 ··· 265
  2. 电子邮件 ··· 266
 （三）《刑诉法》第 100a 条中的要件 ·························· 269

（四）调取电信资料 ··· 270
　　（五）使用国际移动设备识别码（IMSI）捕捉手机 ··········· 273
　　（六）电信业务基础信息查询 ··· 273
十一、线上搜查——《刑诉法》第 100b、100d、100e、101 条 ········ 273
十二、搜查——《刑诉法》第 102 条及以下数条 ······················ 276
　　（一）搜查的目标与客体 ··· 276
　　　1. 搜查被怀疑人——《刑诉法》第 102 条 ··················· 276
　　　2. 搜查其他人——《刑诉法》第 103 条 ······················· 277
　　（二）搜查的决定与执行 ··· 278
　　　1. 搜查决定的明确性 ··· 280
　　　2. 违反《刑诉法》第 105 条第 1 款第 1 句会导致证据
　　　　 使用禁止？ ·· 280
　　　3. 搜查禁止？ ··· 281
　　　4. 偶然发现 ·· 282
十三、身份辨识——《刑诉法》第 163b、163c 条 ···················· 282
十四、通缉——《刑诉法》第 131 条及以下数条 ······················ 282
十五、设置关卡检查站——《刑诉法》第 111 条 ······················ 283
十六、拖网式侦缉——《刑诉法》第 163d 条 ·························· 283
十七、网格化侦缉——《刑诉法》第 98a、98b、101 条 ············ 284
十八、运用科技手段——《刑诉法》第 100c—100f、100h、
　　　101 条 ·· 284
　　（一）照相（《刑诉法》第 100h 条第 1 款第 1 句第 1 项） ········· 284
　　（二）专为监视采取的其他科技手段（《刑诉法》第 100h 条
　　　　 第 1 款第 1 句第 2 项） ·· 285
　　（三）窃听和记录非公开性谈话（《刑诉法》第 100c、
　　　　 100d、100f 条） ·· 286
　　　1. "小"监听——《刑诉法》第 100f、101 条 ················ 286
　　　2. "大"监听——《刑诉法》第 100c、100d、100e、101 条 ········ 287
十九、道路收费卫星探测系统 ·· 290
二十、派遣卧底警探——《刑诉法》第 110a 条及其以下数条
　　　连同第 101 条 ·· 290

第十三章　诉讼要件 ························ 295
一、概说 ······························ 295
二、重要的诉讼要件各论 ······················ 297
　（一）德国拥有司法管辖权 ···················· 297
　（二）符合《法院组织法》第 13 条规定的诉讼途径 ········ 297
　（三）法院对案件的事物管辖权和地域管辖权 ··········· 297
　（四）达到刑事责任年龄 ···················· 297
　（五）就审能力 ························ 297
　（六）不存在缓诉权 ······················ 298
　（七）案件没有系属在其他法院 ················· 298
　（八）不存在阻碍性的确定力 ·················· 298
　（九）未罹于刑事追诉时效 ··················· 299
　（十）案件未经赦免 ······················ 299
　（十一）刑事告诉、授权和处罚请求（《刑法典》第 77 条及
　　　　　以下数条） ······················ 299
　（十二）有效的开启审理裁定 ·················· 300
　　1. 补作原本不存在的（或者有严重错误的）开启审理裁定 ······ 300
　　2. 消除开启审理裁定中的"轻度"错误 ··············· 301
　（十三）有效的起诉 ······················ 301
　（十四）作为程序障碍的被告人死亡 ··············· 303
　（十五）诉讼程序过分冗长是诉讼障碍乎？ ············ 303
　（十六）以警察圈套实施犯罪挑唆构成程序障碍乎？ ······· 303
　（十七）命不久已是诉讼障碍乎？ ················ 306
　（十八）因违反比例原则成立诉讼障碍乎？ ············ 307
　（十九）以刑讯相威胁成立诉讼障碍？ ·············· 307
　（二十）公平程序作为诉讼障碍的理由？ ············· 307
三、欠缺诉讼要件的后果 ······················ 308
　（一）侦查阶段 ························ 308
　（二）中间程序阶段 ······················ 308
　（三）审判程序阶段 ······················ 309

第十四章　诉讼行为 ························ 312
一、概念 ······························ 312

二、有效要件 ··· 313
 (一) 诉讼主体方面的要件 ··· 313
 (二) 诉讼行为的内容 ··· 313
 (三) 诉讼行为的可撤回性 ··· 314
 (四) 不存在表意瑕疵 ··· 315
 (五) 诉讼行为之形式 ··· 316
三、期间 ··· 317
 (一) 概念和概说 ··· 317
 (二) 期间耽误的后果 ··· 317
 (三) 程序回复原状——《刑诉法》第 44 条及以下数条 ······················ 318
  1. 申请之合法性 ··· 318
  2. 申请须有理由 ··· 318

第十五章 侦查程序 ··· 321
一、侦查程序的启动 ··· 321
 (一) 通过刑事告发或刑事告诉而启动 ······································· 321
 (二) 依职权启动侦查程序 ··· 322
 (三) 初始嫌疑 ··· 323
二、侦查程序的实施 ··· 325
 (一) 讯问被追诉人——《刑诉法》第 163a 条 ································ 325
 (二) 讯问证人和鉴定人——《刑诉法》第 161a 条第 1 款、
   第 163 条第 3 款第 1 句、第 73 条 ···································· 325
 (三) 其他侦查的实施 ··· 326
 (四) 侦查法官的介入 ··· 326
  1. 强制性措施 ··· 327
  2. 证据保全 ··· 328
  3. 法官的审查权限 ··· 328
三、侦查程序的终结 ··· 329
 (一) 提起公诉 ··· 329
 (二) 程序终止 ··· 330
  1. 依据《刑诉法》第 170 条第 2 款的缺少犯罪嫌疑 ························ 330
  2. 依据《刑诉法》第 153 条及以下数条规定的裁量性理由 ·················· 331
四、侦查程序中的权利救济 ··· 331

（一）针对侦查程序本身的权利救济 ·· 331
（二）针对侦查程序中强制性措施的权利救济 ····································· 332
　　1. 强制性措施尚未执行或正在执行的 ·· 333
　　2. 强制性措施已被执行的 ·· 334
　　3. 秘密性侦查措施场景下《刑诉法》第 101 条第 7 款的
　　　 特别规定 ··· 337
（三）对其他措施的权利救济 ··· 341
　　1. 检察机关的新闻发布行为 ··· 341
　　2. 依据《刑诉法》第 81b 条的鉴识性措施 ······································· 341
　　3.《刑诉法》第 96 条的封存要求 ··· 341

第十六章　基于裁量性理由的程序终止 ·· 344
一、概说 ·· 344
二、依据《刑诉法》第 153 条之程序终止：罪责轻微且不存在
　　公共利益 ··· 345
（一）由检察官决定的程序终止——《刑诉法》第 153 条
　　　 第 1 款 ··· 345
（二）由法院决定的程序终止——《刑诉法》第 153 条第 2 款 ······· 347
三、依据《刑诉法》第 153a 条的程序终止：罪责不严重且就
　　公益损失提供报偿的情形 ··· 349
（一）检察官决定的程序终止——《刑诉法》第 153a 条第 1 款 ··· 349
（二）法院决定的程序终止——《刑诉法》第 153a 条第 2 款 ······· 353
四、依据《刑诉法》第 154 条的程序终止或者存在多个犯罪
　　时依据第 154a 条对刑事追究的限制 ··· 353
（一）基本观念 ··· 353
（二）排除追究的犯罪作为从重处罚的理由？ ··································· 355
五、其他的程序终止的方式 ·· 356
六、污点证人 ·· 356

第十七章　强制起诉程序 ·· 360
一、强制起诉程序的任务 ·· 360
二、要件 ·· 361
（一）申请 ··· 361
（二）被害人的身份 ··· 361

（三）限制 ………………………………………………… 362
　三、程序 ……………………………………………………… 362
　四、职务监督的抗告 ………………………………………… 363

第十八章　中间程序 ……………………………………………… 364
　一、中间程序的意义和目的 ………………………………… 364
　二、中间程序的过程 ………………………………………… 365
　三、中间程序中的确定性裁判 ……………………………… 367
　　（一）管辖 ………………………………………………… 367
　　（二）开启审理裁定的作成——《刑诉法》第 203 条及以下
　　　　　数条 ………………………………………………… 367
　　　1. 开启审理的要件 ……………………………………… 367
　　　2. 开启审理裁定的内容 ………………………………… 368
　　　3. 开启审理裁定的救济 ………………………………… 368
　　　4. 开启审理裁定的拘束效力 …………………………… 369
　　　5. 欠缺开启审理裁定 …………………………………… 369
　　　6. 开启审理裁定有瑕疵 ………………………………… 369
　　（三）不予开启审判程序——《刑诉法》第 204 条 ……… 370
　　　1. 要件 …………………………………………………… 370
　　　2. 不予开启裁定的内容 ………………………………… 370
　　　3. 不予开启裁定的救济 ………………………………… 370
　　　4. 不予开启裁定的确定力 ……………………………… 371
　　（四）暂时终止刑事程序 ………………………………… 371
　　（五）基于裁量性的理由终止程序 ……………………… 372

第十九章　第一审庭审活动的准备与进行 …………………… 373
　一、庭审的准备——《刑诉法》第 212 条及以下规定 …… 374
　　（一）确定开庭期日——《刑诉法》第 213 条 …………… 374
　　（二）签发传票——《刑诉法》第 214 条第 1 款 ………… 375
　　（三）送达开启审理之裁定 ……………………………… 375
　　（四）对法庭组成的异议 ………………………………… 375
　　（五）嘱托讯问、勘验 …………………………………… 375
　二、庭审流程概览 …………………………………………… 376
　三、庭审活动进行的若干问题 ……………………………… 379

（一）审判长的诉讼指挥权 379
 1. 初步裁决权 379
 2. 请求法庭复议 379
（二）庭审活动的公开性——《法院组织法》第 169 条 381
 1. 原则 381
 2. 限制 381
 3. 公开之例外 382
 4. 录音、录像以及笔录 383
 5. 违反有关审理公开规定的法律后果 386
（三）休庭与停止审理 386
（四）诉讼参与人的必要在场 388
（五）法庭的照料义务 389
（六）《刑诉法》第 265 条第 1、2 款规定的释明/《刑诉法》
 第 266 条规定的补充起诉 389
（七）发问权 392
 1. 原理 392
 2. 具体问题的驳回 392
 3. 整体剥夺发问权 393
 4. 交叉诘问 393
（八）发表意见权 393
（九）总结陈述 393
（十）庭审笔录 394

四、刑事程序中的协商 396
（一）原理 396
（二）反对协商的理由 397
（三）协商的立法规制 398
 1. 立法者的制度决定与合宪性 398
 2. 协商的核心规则——《刑诉法》第 257c 条 400
 3. 围绕刑事程序状态的商讨——《刑诉法》第 160b、202a、
  212、257b 条 406
 4. 告知义务和记录义务 406
 5. 放弃救济审 409

6. 少年刑事程序 ································· 410
　　7. 为指控第三人的协商 ························· 411
　（四）协商的拘束力——《刑诉法》第257c条第4款 ··· 411
　（五）协商落空或滥行协商的后果 ··················· 413
　　1.《刑诉法》第257c条第4款第1句规定的撤回 ··· 413
　　2. 事实上诉审/法律上诉审 ······················ 414
　　3. 未达成合意 ································· 416
　　4. 私下（非正式地）达成合意 ···················· 417
　　5. 为达成协商而施加不容许的压力 ··············· 418
五、庭审活动的新形态——庭审在侦查程序中的前置 ······ 419

第二十章　法庭证据调查（一般原则） ··············· 423
一、证据调查的一般原则 ··························· 423
二、法官澄清义务原则——《刑诉法》第244条第2款 ··· 424
三、言词原则——《刑诉法》第261条 ················· 426

第二十一章　法庭证据调查的直接性 ················· 429
一、原则 ··· 430
二、法院亲自讯问原则的突破 ······················· 430
　（一）宣读对证人、鉴定人或共同被追诉人的讯问
　　　　笔录——《刑诉法》第251条 ················· 430
　（二）证人或鉴定人作证情形下的支持回忆与消除
　　　　前后矛盾——《刑诉法》第253条 ············· 433
　（三）对被告人宣读自白与消除前后矛盾——《刑诉法》
　　　　第254条 ··································· 434
　（四）官方证明和鉴定报告、医生诊断证明——《刑诉法》
　　　　第256条第1款 ····························· 435
三、在庭审活动中才行使拒绝作证权的证人的证言——
　　《刑诉法》第252条 ····························· 435
四、对证 ··· 441
五、传闻证人 ····································· 442
六、长期卧底线民的问题 ··························· 444
　（一）概念 ····································· 444
　（二）使用之合法性 ····························· 444

（三）保密利益与直接原则 ·· 448
　（四）官方封存 ·· 448
　（五）庭审中的侦查协助人员 ·· 449
七、证人讯问中的录像 ··· 451
　（一）庭审中证人讯问之视频直播（视频会议）····················· 451
　（二）讯问证人的录像及其使用 ··· 454

第二十二章　庭审活动中的证据申请 ···································· 461
一、导论 ·· 461
二、"证据申请"的概念及其与取证申请概念的区别 ················· 462
　（二）任何一项证据申请均应该同时具备三项要素：················ 463
　　1. 事实主张 ·· 463
　　2. 具体指明的证据 ·· 463
　　3. 关联性 ··· 464
三、提出证据申请的时点和方式 ··· 465
四、证据申请的驳回 ·· 466
　（一）驳回理由的体系化 ·· 466
　（二）《刑诉法》第244条第3款第2、3句规定的驳回理由 ······ 466
　　1. 证据的取得不合法 ··· 466
　　2. 待证事实众所周知 ··· 466
　　3. 待证事实没有重要性 ·· 466
　　4. 事实已获证实 ··· 467
　　5. 证据完全不合适 ·· 467
　　6. 证据无法得到 ··· 468
　　7. 待证事实被假定为真 ·· 469
　（三）鉴定人证据申请的其他特殊驳回事由——
　　　　《刑诉法》第244条第4款 ·· 469
　（四）勘验证据/身处外国的证人/源文件的宣读 ····················· 470
　（五）在庭的证据 ··· 470
　　1. 在庭证据的概念 ·· 470
　　2.《刑诉法》第245条第1款 ··· 472
　　3.《刑诉法》第245条第2款 ··· 472
五、证据申请的裁定 ·· 472

第二十三章　证据使用禁止 …………………………………… 476
一、基本原理 …………………………………………………… 477
　（一）证据禁止的功能 ……………………………………… 477
　（二）分类 …………………………………………………… 478
　　1. 证据取得禁止（Beweiserhebungsverbote）………… 478
　　2. 证据使用禁止 ………………………………………… 478
　（三）法定的证据使用禁止 ………………………………… 478
　（四）非法定的证据使用禁止 ……………………………… 479
　　1. 基本原理 ……………………………………………… 479
　　2. 确定证据使用禁止的标准 …………………………… 480
　　3. 权利领域理论 ………………………………………… 481
　　4. 联邦最高法院判例所发展出的证据使用禁止的重要
　　　 类型一览： …………………………………………… 482
二、与拒绝作证权和拒绝回答权有关的证据使用禁止——
　　《刑诉法》第 52 条及以下数条、第 252 条 ……………… 486
　（一）未依《刑诉法》第 52 条第 3 款晓谕亲属拒绝作证权 …… 486
　（二）享有拒绝作证权人（《刑诉法》第 53 条）触犯刑法
　　　（《刑法典》第 203 条）……………………………… 487
　（三）违反《刑诉法》第 97 条第 1 款规定的扣押禁止 …… 488
　（四）未依《刑诉法》第 55 条晓谕拒绝回答权 …………… 488
　（五）庭审中的拒绝作证权——《刑诉法》第 252 条 …… 489
　　1.《刑诉法》第 52—53a 条 ……………………………… 489
　　2.《刑诉法》第 55 条 …………………………………… 489
三、保护被追诉人不被强制自我指控——"不自证己罪"原则 …… 490
　（一）《刑诉法》第 136a 条 ………………………………… 491
　（二）未依《刑诉法》第 136 条第 1 款第 2 句晓谕权利 …… 491
　（三）未允许咨询律师 ……………………………………… 492
四、私密领域的保护——有关基本权的证据使用禁止 ……… 493
　（一）联邦宪法法院的领域理论及其在刑事诉讼法中的
　　　 贯彻 …………………………………………………… 493
　（二）监听 …………………………………………………… 495
　（三）长期监视——《刑诉法》第 163f 条 ………………… 496

（四）日记的记载 …… 496
（五）拍照、摄像、录影 …… 497
五、电信通讯监察——《刑诉法》第100a、100d、100e、101条 …… 498
（一）不具备核发要件（清单列举之犯罪/形式核准） …… 498
（二）偶然发现 …… 499
六、身体检查——《刑诉法》第81a条 …… 500
七、DNA身份辨识——《刑诉法》第81g条 …… 501
八、私人以违法方式取得证据之效果 …… 501
（二）但是，此原则尚有一些重要的例外： …… 502
九、秘密侦查方法中的具体证据使用禁止 …… 506
（一）派遣卧底警探的证据使用禁止 …… 506
1. 不具备派遣卧底警探的一般性要件 …… 506
2. 派遣卧底警探的偶然发现 …… 508
3. 卧底警探之具体调查措施中的错误 …… 508
（二）派遣长期卧底线人的证据使用禁止 …… 509
（三）其他的旁听情形 …… 511
（四）整体考察（公平审判） …… 513
十、证据使用禁止的射程范围（毒树之果理论） …… 514

第二十四章　判决的作成与效力 …… 519
一、判决的概念 …… 519
二、作成判决的原则 …… 520
（一）判决受到起诉与开启审理裁定的限制 …… 520
（二）法官自由证据评价原则 …… 520
1. 原理 …… 520
2. 法官自由评价证据（自由心证）的界限 …… 521
3. 先决问题的权限 …… 525
三、评议和表决 …… 525
四、宣告判决 …… 526
五、刑事判决的内容 …… 526
（一）摘要 …… 526
（二）主文 …… 527
（三）判决理由 …… 527

（四）签名 527
　六、判决的确定力 527
　　（一）形式确定力与实质确定力 527
　　（二）确定力的消灭 529
　　（三）无效之判决和非判决 529
　　（四）判决之更正 530
　　（五）不再补行起诉 531
　七、《联邦中央登记法》 531
第二十五章　诉讼中的犯罪概念 533
　一、刑事诉讼法中犯罪概念的意义 533
　二、概念界定 534
　三、具体案件类型 535
　　（一）想像竞合时构成《刑诉法》第264条规定的一个犯罪 535
　　（二）实质竞合时构成《刑诉法》第264条规定的多个独立的犯罪 536
　　（三）尽管实质竞合却仍构成《刑诉法》第264条规定的一个犯罪 536
　　（四）不法内涵完全误判时仍构成一个犯罪？ 539
　　（五）行为历程的择一性 540
　　（六）接续犯 542
第二十六章　特别程序 546
　一、处刑令程序 546
　　（一）合法性 546
　　（二）救济与确定力 548
　二、速审程序 549
　　（一）要件 549
　　（二）速审程序的特点 550
　　　1. 省略中间程序（包括开启审理的裁定） 550
　　　2. 无须书面的起诉 550
　　　3. 有限的法律后果决定权 551
　　　4. 毋庸传唤被追诉人到庭且缩短传唤的期限 551

5. 庭审活动的特殊性 ·················· 551
　　6. 暂时性逮捕/候审羁押 ············· 551
　　7. 速审程序中的必要辩护 ············ 551

第二十七章　救济审总论 ·············· 553
一、概述 ···································· 553
　（一）法律救济的形式 ················ 553
　（二）移审效与阻断效 ················ 554
　（三）救济审的功能 ··················· 554
二、救济审的共通原则 ················· 555
　（一）通常的合法要件 ················ 555
　　1. 容许性（Statthaftigkeit） ········ 555
　　2. 不服的利益 ···················· 555
　　3. 声明不服的权属 ················ 556
　　4. 提起救济审的其他合法要件 ····· 557
　（二）禁止不利益变更 ················ 557
　　1. 原则 ··························· 557
　　2. 限制 ··························· 558
　　3. 部分声明不服 ·················· 558

第二十八章　事实审上诉 ··············· 562
一、事实审上诉的容许性及其功能 ······ 562
二、事实审上诉的例外 ··················· 562
三、管辖 ································· 563
四、提起事实审上诉 ····················· 563
五、裁定 ································· 564
　（一）第一审法院对上诉及时性的审查 ···· 564
　（二）事实上诉审法院的预审 ············ 564
　（三）受理事实审上诉的裁定 ············ 564
　（四）（于庭审前的）终止程序 ··········· 565
　（五）事实审上诉之庭审程序 ············ 565
　（六）被告人和/或其辩护人不在场——《刑诉法》
　　　　第329条 ·························· 565
　（七）事实上诉审法院在庭审基础上作出的裁判 ···· 567

第二十九章　法律审上诉 … 569
一、法律审上诉的容许性及其功能 … 569
二、管辖 … 570
三、提起法律审上诉 … 571
四、法律审上诉的说理 … 571
五、法律审上诉的理由 … 573
　（一）判决违法 … 573
　（二）程序不服 … 574
　　1. 程序违法 … 574
　　2. 法律审上诉理由的相对化 … 575
　　3. 绝对的法律审上诉理由 … 577
　（三）实体不服 … 578
六、裁判 … 579
　（一）原审法院的预审 … 579
　（二）法律审上诉法院的预审 … 579
　　1. 对不合法救济审的裁判 … 579
　　2. 因为显无理由被驳回——《刑诉法》第349条第2款 … 580
　　3. 以裁定方式撤销判决 … 580
　　4. 终止程序 … 580
　（三）法律上诉审法院的庭审活动 … 581
　（四）法律上诉审法院根据庭审作成的裁判 … 581
　（五）上诉有理由时的发回重审 … 581
　（六）法律上诉审对共同被告人的扩张——《刑诉法》第357条 … 583

第三十章　抗告 … 586
一、抗告的容许性、功能和抗告权 … 586
二、不得抗告的裁决 … 587
三、抗告的管辖 … 589
四、抗告的提出 … 589
五、裁决 … 589
　（一）原审法官的裁决 … 589
　（二）抗告法院的裁决 … 589

六、即时抗告 ··· 590
七、再抗告——《刑诉法》第310条 ································· 590

第三十一章 再审 ··· 592
一、意义 ··· 592
二、再审理由 ·· 593
三、再审程序 ·· 595
　（一）依据《刑诉法》第366—368条审查再审申请的合法性 ··· 595
　（二）依据《刑诉法》第369、370条审查再审申请是否有理由 ·· 596
　（三）依据《刑诉法》第370条第2款、第373条重新开庭审理 ··· 597

第三十二章 自诉程序、附加控诉程序和附带民事程序以及被害人的其他权利 ·· 598
一、自诉程序 ·· 598
　（一）自诉之罪 ·· 598
　（二）自诉的发动和进行 ··· 598
二、附加控诉程序 ·· 600
　（一）概念和功能 ··· 600
　（二）加入权 ··· 601
　（三）附加控诉人的权利 ··· 602
三、附带民事程序 ·· 604
　（一）概念和意义 ··· 604
　（二）附带民事程序的要件——《刑诉法》第403条 ··········· 604
　（三）诉讼效力/程序 ·· 604
　（四）法院的裁判 ··· 605
　　1. 不予裁判 ·· 605
　　2. 认可性裁判 ··· 606
四、被害人的其他权利 ·· 606
　（一）概述 ·· 606
　（二）被害人最重要的特别权利 ······································· 607
　（三）其他的平复损害制度 ·· 609

第三十三章　诉讼费用 ……………………………………………… 610
一、费用的概念 …………………………………………………… 610
二、费用承担者 …………………………………………………… 611
（一）被判决有罪的人作为费用承担者 ……………………… 611
（二）国家作为费用承担者 …………………………………… 611
（三）救济审程序的费用 ……………………………………… 612

第三十四章　刑事诉讼案例研习指导 ……………………………… 613
一、法律审上诉 …………………………………………………… 613
（一）合法性 …………………………………………………… 613
（二）说理性 …………………………………………………… 615
（三）附带问题 ………………………………………………… 617
二、其他救济途径的特殊性 ……………………………………… 618
三、进阶训练案例索引 …………………………………………… 618
（一）第一次国家考试的案例练习书 ………………………… 618
（二）期刊论文(略) …………………………………………… 619

参考文献(缩写表) …………………………………………………… 620
附录：2017年以来《德国刑事诉讼法》修正条文选译 …………… 639
中德词条对照索引 ………………………………………………… 679

第一章 刑事诉讼法导论、刑事程序之目的

案例1：已罹患严重癌症之H因实施多起杀人行为（在柏林墙开枪射杀他人）而被起诉。搁置所有宪法问题不论，单就刑事程序之意义和目的而言，若H很有可能活不到程序终结之日，是否仍得启动并继续开展针对H之刑事程序？（边码39）

案例2：22岁的S是街头墙壁涂鸦爱好者，并且在过去多次被警察发现有相关的毁损财产行为。如今他涉嫌对十所私人房屋外的立面实施大面积涂鸦。在对他开展第一次讯问时，警察晓谕他有权咨询他选任的辩护人[德国《刑事诉讼法》（以下简称《刑诉法》）第163a条第4款第2句、第136条第1款第2句]。S表示，他很想咨询辩护人，但是他不认识律师。P一言不发地递给了S一本行业登记簿。S尽管很聪明，但却没接触过这类纸质登记簿，也从未和律师打过交道，完全不知道当下应该如何找到并咨询适合他的辩护人。经过良久无助地翻看登记簿之后，他绝望地放弃了寻找律师的努力，并坦白罪行后得以离开警局。该自白可以在刑事程序中被使用吗？（边码40）

案例3：A曾经作为党卫军（SS-Mann）成员，于1945年春季在某个集中营亲手杀害数百名犹太囚徒。二战结束后，A隐姓埋名生活，直到1990年刑事追究机关才发现他。此时仍得按《德国刑法典》（以下简称《刑法典》）第211条之谋杀罪对其提起公诉吗？提示：根据行为发生时的1945年法律，谋杀罪追诉时效系20年。（旧《刑法典》第67条）。照此规定，A之谋杀行为先前已罹于时效。其后，追诉时效先经过延长，并且立法机关于1979年，将谋杀行为规定为永不罹于时效（参见现行《刑法典》第78条第2款）。在此需要说明的是，上述新颁布之规定亦适用于颁布前实施之犯罪。（关于本处法律修正之简要说明详见 BGH NJW 1995,1297。）（边码41）

一、刑事诉讼法的法源

刑事诉讼法之法源极为分散,尤其值得关注的是:

——作为主要法源的《刑诉法》(StPO),其制定于1877年2月1日,现行文本颁布于1987年;

——《法院组织法》(GVG),其制定于1877年1月27日,现行文本颁布于1975年。其规定了如事物管辖(见《刑诉法》第1条连同《法院组织法》第24、74、120条)、法庭人员组成以及检察院之设置(见《法院组织法》第141条);

——宪法,如《基本法》(GG)第20条第3款之法治国与社会国原则(Rechtsstaats-und Sozialstaatsprinzip)以及《基本法》第92条以下关于司法权的规定,与本处尤为相关的系《基本法》第103、104条。

——《欧洲保障人权和基本自由公约》(EMRK,以下简称《欧洲人权公约》)。其制定于1950年11月4日,现行文本颁布于2010年(其已位列德意志联邦法律体系之中),尤其是《公约》第6条关于被告人权利之规定。

——《法院组织法施行法》(EGGVG),其制定于1877年1月27日。其中规定了如司法行政处分下的权利保护;

——《少年法院法》(JGG),其现今文本系1974年颁布生效,并且其中规范了针对未成年人和甫成年人*之刑事程序的特点,比如设置特别的少年法院(见《少年法院法》第33条以下);

——《刑法典》(StGB),其现行文本颁布于1998年,尤其包括了刑事追诉权之规定(《刑法典》第77条及其后数条)。

二、刑事诉讼程序具体阶段概览

根据《刑诉法》之规划,刑事程序将经历如下各阶段①:

(1)它发端于**侦查程序**,该阶段需查明,是否有足够的嫌疑,表明某个特定的被追诉人实施了某个构成犯罪的行为。侦查程序由检察官主导。侦查阶段通过《刑诉法》第170条第2款或第153条之程序终止(Einstel-

---

* 甫成年人系指在行为当时已满十八岁,却未满二十一岁之人(见德国《少年法院法》第1条第2款)。关于德国少年刑事责任年龄的规定,详见〔德〕维尔纳·薄逸克:《少年刑法中的年龄界限问题》,程捷译,载《预防青少年犯罪研究》2020年第3期。——译者注

① 颇为优秀的概览见 Krböpil, JuS 2015, 213。

lung),或者通过《刑诉法》第 170 条第 1 款之提起公诉(Erhebung der öffentlichen Klage)来结束。

(2)案件以向法院送达起诉书之形式被提起公诉后,接续进入**中间程序**(Zwischenverfahren)(《刑诉法》第 199 条及其后数条)。由负责审判程序之法院在此加以审查,决定是否为之开启审判程序。若法院认为,被追诉人就起诉书指摘之犯罪具备充分嫌疑,则宣告开启审理之裁定(《刑诉法》第 203、207 条),若无充分犯罪嫌疑者,则不予宣告开启审理裁定(《刑诉法》第 204 条)。

(3)**审判程序**(Hauptverfahren)随法院宣告开启审理之裁定而启动(《刑诉法》第 212 条及其后数条),其又可细分为庭审活动(Hauptverhandlung)之准备(《刑诉法》第 212 条以下)和庭审活动之进行(《刑诉法》第 226 条及其后数条)。审判程序通常以判决终结(《刑诉法》第 260 条)。

(4)第一审程序得由某个**救济审程序**(Rechtsmittelverfahren)(《刑诉法》第 296 条及其后数条)接续之。

(5)一旦判决发生确定力,必要时,案件随后进入**执行程序**(Vollstreckungsverfahren)(《刑诉法》第 449 条及其后数条),该程序由检察官负责(《刑诉法》第 451 条第 1 款)。

三、刑事程序参与人

所有经《刑诉法》被分配特定诉讼角色之人(亦包括证人、鉴定人和口译员),均属于广义的**程序参与人**(Verfahrensbeteiligte)。但凡被赋予自主性程序权利,并得凭借自己之诉讼主张参与程序之人,通常被称作**诉讼主体**(Prozesssubjekt)或**狭义的程序参与人**。① 此尤指被追诉人及其辩护人和检察官。被害人有附带诉讼原告人或自诉人之身份时,其绝对当属诉讼主体。②

四、刑事程序之目的

刑事诉讼法之目的系综合之整体,然于个别场合下甚或出现彼此冲突,故需相互权衡而不可偏废。

---

① *Kühne*, § 4 Rn 101; *Meyer-Goßner*, Einl Rn 71; *Roxin/Schünemann*, § 17 Rn 1.
② 具体情形下有争议,深入论述:LR-*Kühne*, Einl. Abschn. J, Rn 1 ff u.122; Radtke/Hohmann-*Radtke*, Einl. Rn 38 ff。

(一) 确定和实现国家刑罚权(Strafanspruch)

8　　刑事程序的主要任务之一在于**确定**和**实现**在具体案件中具有正当性的**国家刑罚权**。① 国家刑罚权应当通过实体上**正确**且**公正**的裁判产生。所以,**真实性**(Wahrheit)和**公正性**(Gerechtigkeit)便成为程序法之指导准则。② 因此对刑事犯罪人科以公正的刑罚,是**功能良善(有效)的刑事司法**(funktionstüchtige Strafrechtspflege)之任务③。

在早前法制中,报复恶行系被害人或其家人之任务,而如今仅由国家负责惩罚犯罪人。此种**国家对刑罚权的独占**与受侵害公民的**司法保障请求权**(Justizgewährleistungsanspruch)相对应。尽管犯罪的潜在被害人没有被宪法赋予作为第三人的刑事追究请求权,但是,若犯罪系侵害最高专属人格法益之严重罪行,一旦放弃有效追究,可能会动摇公民对国家独占权之信赖以及破坏法安定性之氛围,则潜在被害人也例外地享有请求有效刑事追究的权利。一旦公职人员在履行国家高权性任务时被指控犯罪,也会产生上述动摇公民信赖的风险。故在这种情形下,也可以考虑赋予被害人对有效刑事追究的请求权④。

9　　　　犯罪行为的受害人参与刑事程序的权限限于告诉乃论之罪(比如《刑法典》第229、230条之过失致人伤害罪)中的刑事告诉权、自诉权(《刑诉法》第374—394条)和附带诉讼提起权(《刑诉法》第395—402条)。此外,在符合特定前提的条件下,得主张损害赔偿(《刑诉法》第403—406c条)。受害人仅系拥有些许自身权利之证人,纵然其凭借刑事告诉权(《刑诉法》

---

① BVerfGE 20, 45, 49; BGH NJW 2007, 3010; 亦见 *Hauck*, S. 117; 批评意见: *Weigend*, Deliktsopfer und Strafverfahren, 1989, S. 191 ff。

② *Krőpil*, JR 2013, 14, 553; *Murmann*, GA 2004, 65, 68; *Radtke*, GA 2012, 187; *Stuckenberg*, GA 2016, 689。

③ BVerfGE 34, 238, 248 f; 80, 367, 375; BVerfG StV 2015, 413; BGH NStZ 2016, 551 连同 *Schneider* 的裁判评释; *Landau*, NStZ 2007, 121。

④ BVerfG NJW 2015, 150 (*Gorch Fock* 案)连同 *Vahle* 的裁判评释, Kriminalistik 2015, 191; BVerfG JZ 2015, 890 连同 *Hörnle* 和 *Gärditz* 的裁判评释; BVerfG StV 2017, 373 (*Kunduz* 案) 连同 *Esser/Lubrich* 的裁判评释, StV 2017, 418; OLG Bremen StV 2018, 268; S/S/W-StPO-*Beulke*, Einl. Rn 6; *Dölling*, Brugger-FS, S. 649; *Giehring*, Ostendorf-FS, S. 353; 尤其当被害人与国家之间有特别权利关系,并且国家负有特别的照料义务时,更会产生有效刑事追究的请求权; BVerfG NJW 2020, 675。

第 158 条),亦得参与刑事程序,然查明案情仍系国家机关之责任(《刑诉法》第 160 条第 1 款)。近年来,立法者在刑事程序的多个层面上均强化了被害人权利,故堪称补偿观念之复兴。① 详见后述边码 303、476、532 及其后数段,边码 886 及其后数段。

(二) 保障法治国程序

上述刑事司法之目的,即对犯罪人适用公正的刑罚,在法治国里并非绝对的任务,因为"**不得不惜一切代价实现公正**"②。由于刑事追究机关深切地干预到每一名被假定系犯罪人的公民的生活与权利,故应该对过度的、不合比例的干预加以有效防御。③ 这种防御是不可或缺的,盖因,一方面得以借此在程序中昭示被追诉人的无辜;另一方面,行政机关(die Exekutive)一直都有借助刑法或刑事诉讼法之外观,滥行所掌权力手段(Machtmittel)之危险。所以,**实现合乎刑事诉讼法要求的裁判**便成为刑事程序法进一步的任务,其与**有效刑事追究的需求乃同等重要**。④ 但是这两项任务有时会明显彼此不协调,此种可预见的冲突充斥于整个程序法之中。一部分冲突已经由法律自行解决(如《基本法》第 104 条、《刑诉法》第 112 条及其后数条规定的羁押);另一部分冲突则应借助于判例和学理,如通过承认证据使用禁止(Beweisverwertungsverbot)的观点以解决(详见后述边码 700 及其后数段)。

(三) 法和平功能

最后,刑事程序应该通向能**实现法和平性**(Rechtfrieden)之裁判。此目标亦适用于前述程序功能之间相较不下之情形。⑤ 例如,当判决之正确性于后续受到质疑时,重启程序也是合理的,另外,刑事问题不得长期悬而未决,此既关乎社会公众之利益,也关系被追诉人的利益;故诉讼法配备**确定力**(Rechtskraft)制度而辅之运行(参见后述边码 771 及其后数段,边码 785 及其后数段)。

10

11

---

① 详见 S/S/W-StPO-*Beulke*, Einl. Rn 135; *Helmken*, StV 2016, 456 (为自身利益而追究的公平性); *Pollähne*, StV 2016, 671; *Safferling*, ZStW 122 (2010), 87; *Weigend*, RW 1 (2010), 39。
② BVerfG JZ 2011, 249, 250; BGHSt 38, 215, 219 f; BGH NStZ 2013, 604 Rn 25.
③ BVerfG NJW 2018, 2385 (Rn 68, 97); BGH JR 2015, 338.
④ *Wohlers*, Eisenberg-FS II, S. 593, 596.
⑤ 各项程序目标之详细论述见 *Rath*, Küper-FS, S. 455, 466。

12   维持具有既判力的裁判将导致极端不公正者,则可通过启动再审(Wiederaufnahme)以**突破确定力**(《刑诉法》第 359 条及其后数条;参见后述边码 878 及其后数段)。因此,裁判安定性原则是常态,立法者依据法治国之理由加以限制系属例外。①

五、刑事诉讼法和刑事实体法

13   不同于很多其他国家,德国《刑法典》基本上只规定实体刑法。而其他很多国家的刑法,尤其是早前时代的刑法典,不仅包括实体刑法,尚有形式刑法在内。比如下列立法例:

——1532 年制定的卡洛琳娜法典(CCC),它因当时在位的国王卡尔五世(Kaiser Karl.V)而得名;

——1620 年和 1721 年的普鲁士邦法(das Preußische Landrecht)。

但是《刑法典》并非仅有实体刑法性质的规定,如《刑法典》第 77 条的**刑事告诉权**(Strafantragsrecht)规定,即属**形式法**范畴。②

此外,有些法律制度,尤其是**追诉时效**(Verjährung)(见《刑法典》第 78 条及其后数条)的法律属性存在争议。根据《基本法》第 103 条第 2 款、《刑法典》第 1 条和第 2 条,关于实体法上之行为可罚性,应该适用行为时法。③ 按行为时法,犯罪行为此时已罹于时效,然该法此时确已失效,倘再适用判决时法,是否抵触实体刑法关注之**回溯禁止要求**(Rückwirkungsverbot),亦不无疑问。此问题对纳粹犯罪以及前东德时期犯罪审判尤为重要。④

少数见解认为,于犯罪后延长追诉时效期限并不合法。随着时间流逝,实体上的处罚根据就会减弱,所以追诉时效属于某个**实体法**规范,即消除刑罚事由(Strafaufhebungsgrund)。故于裁判时应适用行为时之追诉时效规定。⑤

占支配地位的观点却认为,追诉时效期限得于犯罪后延长。理由在

---

① BGHSt 45, 37, 38.
② BGHSt 46, 315.
③ 富有启发性的文献见 *Brodowski*, JuS 2012, 892; *Leite*, GA 2014, 220; *Reichling/Winsel*, JR 2014, 331。
④ 有关第 1、2、3 项追诉时效法案亦见 BGBl 1993 I, S. 392, 1657; 1997, S. 3223。
⑤ RGSt 12, 434; *Maiwald*, GA 1970, 33, 38; 亦见 *Pieroth/Kingreen*, NJW 1993, 385。

于,追诉时效属于**诉讼障碍事由**(Prozesshindernis),亦即**形式法**规范,溯及禁止之要求原则上与之无关(特定法院之管辖权等制度,皆同此理)。① 追诉时效于行为后被重新规定的,应适用裁判时之法律。② 此乃妥当之见解,因为追诉时效制度显然将证据(Beweismittel)之易逝性作为其根据。没有人会认为,这种纯粹出于诉讼考虑的要件应一成不变。继续适用以前的追诉时效期限,不被认为有任何值得保护的利益。

六、国际维度

(一)欧洲人权公约(《欧洲人权公约》)③

近年来国际法对德国刑事程序法之影响与日俱增,此应归功于**《欧洲保障人权和基本自由公约》**的适用,并且该公约所保障的权利有机会向位于斯特拉斯堡的**欧洲人权法院**(EGMR)主张。④《欧洲人权公约》作为国际公约,于1950年11月4日,在**欧洲高峰会**(Europarat)层面被缔结,并在德国借助**转换法案**(Transformationsgesetz)⑤成为内国法。因此,《欧洲人权公约》在形式上**具有法律位阶**(《基本法》第59条第2款)。问题出现在,基本权保障若按照《基本法》之标准,较之按《欧洲人权公约》之标准,会在评价结果上有所不同。于此情形下,为免冲突,对基本权之解释应该与《欧洲人权公约》以及欧洲人权法院判例相一致,即符合国际法之基本权解释。此种**与公约相一致的解释方法**(konventionskonforme Auslegung)⑥导致《欧洲人权公约》相较于德国法,具有**事实上的优先性**⑦,然而按照德国联邦宪法法院的判例,倘有抵触"承载宪法之根基"之虞者,则例

---

① BGHSt 53, 64, 67; 深入论述见 *Satzger*, Jura 2012, 433, 442; 亦参见 BGH JR 2010, 493 连同 *Beck* 的裁判评释;批评意见:*Jahn*, in: Gesetzlichkeit und Strafrecht, S. 223, 231 f。

② BVerfGE 25, 269; RGSt 76, 159。

③ 深入论述见 *Ambos*, ZStW 115 (2003), 583; *Esser*, Auf dem Weg zu einem europäischen Strafverfahrensrecht, 2002; ders, LR, Bd. 11; Ahlbrecht/ua-*Esser*, Rn 1 ff; *Hecker*, § 3 Rn 18 ff; *Jung*, GA 2003, 191; Penkuhn/Brill, JuS 2016, 682; *Renzikowski*, in: Höland, S. 25; *Satzger*, Jura 2009, 759; SK-StPO-*Meyer*, Art. 1 ff EMRK; *Safferling*, § 13; *Swoboda*, in: Höland, S. 83。

④ 对此参见 *Böse*, ZRP 2001, 402; *Eisele*, JA 2000, 424; *Kühl*, ZStW 100 (1988), 406, 601; *Uerpmann-Wittzack*, Jura 2014, 916; 亦参见 *Esser/Gäde/Tsambikakis*, NStZ 2011, 78 u. 140; *Heuchemer*, AnwBl 2014, 411; *Vogel*, in: *Jahn/Nack* III, S. 23。

⑤ BGBl 1952 II, S. 685; 重新颁布于 BGBl 2002 II, S. 1054。

⑥ BVerfGE 74, 358; BGHSt 46, 93。

⑦ *Schweitzer/Dederer*, Rn. 1172; 亦见 *Limbach*, NJW 2001, 2913; *I.Roxin*, DAV-FS, S. 1070; *Satzger*, International, § 11 Rn 10 ff; *Weigend*, StV 2000, 384; *Zehetgruber*, ZJS 2016, 52。

外地不存在此种优先性。①

15 　　根据《欧洲人权公约》，个人得以主张下列权利②：

——禁止刑讯、不人道和侮辱性刑罚或待遇(《欧洲人权公约》第 3 条③)；

——自由与安全之权利，尤其被逮捕人有权要求被及时送交法官审查剥夺其人身自由之措施(《欧洲人权公约》第 5 条第 3 款④)，并有权要求之后的法官羁押审查(《欧洲人权公约》第 5 条第 4 款⑤)；

——公平程序权利(公平审判原则，《欧洲人权公约》第 6 条第 1 款)，尤其也包括程序迅速要求(见后述边码 56)(其他示例参见后述边码 59)；

——被告人有权以能理解的语言被及时地告知起诉方式(即犯罪构成)与理由(即案件的生活事实)(《欧洲人权公约》第 6 条第 3 款第 a 项⑥)；

——获得辩护人帮助权(《欧洲人权公约》第 6 条第 3 款第 c 项⑦)；

——向控方证人发问或被提问的权利(《欧洲人权公约》第 6

---

① BVerfGE 111, 307 (Fall *Görgülü*)；深入论述见 *Kilian*, in: Höland, S. 119。
② 图示见 *Esser*, Europäisch, § 9 Rn 127 u. 133 ff。
③ EGMR NJW 2001, 2694; NStZ 2008, 699 (Gäfgen/BRD)；有关《欧洲人权公约》第 3 款之程序性内容，参见 EGMR EuGRZ 2018, 142 (Hentschel und Stark/BRD)。
④ EGMR NJW 2001, 51；亦见 *Esser/S. Fischer*, JR 2010, 513；*Morgenstern*, ZIS 2011, 240。
⑤ EGMR NJOZ 2010, 1903, 1911 ff；亦见 *Stuckenberg*, JZ 2009, 85。
⑥ OLG Düsseldorf StV 2010, 512；*Frister*, StV 1998, 159。
⑦ 关于审查的方法见 EGMR HRRS 2017 Nr 272 (*Ibrahim ua/Großbritannien*) 连同 *Castorf* 的裁判评释，HRRS 2017, 169; EGMR Beschwerde Nr 71409/10 (Große Kammer)-Urt. v. 9. November 2018 (*Beuze/Belgien*) Celiksoy 的批判性评释，NJECL 2019, 342；背离以往的欧洲人权法院的审查方法，见 HRRS 2008 Nr 1145 (*Salduz/Türkei*) 连同 *Herrmann* 的评释，StRR 2009, 97; EGMR NStZ 2013, 350 (*Neziraj/BRD*), *Renzikowski*, Roxin Ⅱ-FS, S. 1341; *Schlegel/Wohlers*, StV 2012, 307, 308 ff；详细回顾见 *Vetter*, Verteidigerkonsultation im Ermittlungsverfahren, 2018, S. 404 ff。

条第 3 款第 d 项①,亦见后述边码 190);

——免费获得口译人员帮助的权利(《欧洲人权公约》第 6 条第 3 款第 e 项②);

——罪刑法定原则(《欧洲人权公约》第 7 条第 1 款③);

——废除死刑(《欧洲人权公约》第 6 议定书和第 13 议定书,均已被德意志联邦共和国批准);

——尊重隐私权、住宅不受侵犯权(《欧洲人权公约》第 8 条④)。

《欧洲人权公约》第 6 条系刑事程序法之核心规范,它囊括了诉讼程序,尤其是刑事诉讼程序中参与者之诸多权利。若具体列举,其包括:第 6 条第 1 款之 7 项司法基本权,第 6 条第 2 款之无罪推定,以及第 6 条第 3 款之其他 8 项基本权。不过,欧洲人权法院却认为,第 6 款第 1 款之公平程序权(Recht auf ein faires Verfahren)最具决定性意义,且构成其他权利之来源。故通常而言,欧洲人权法院运用公平审判原则之实质标准在于,从整体上去评价某一程序。⑤   16

若欧洲人权法院判定,《欧洲人权公约》所承认之基本权被**侵犯**,人权法院没有撤销内国法院判决之权限,然却得根据《欧洲人权公约》第 41 条,就不可弥补之损害,判决权利受害人受"公正之赔偿"。另外,倘被指摘   17

---

① EGMR JR 2006, 289 与 *Gaede* 的裁判评释; EGMR NStZ 2007, 103 *(Monika Haas/BRD)*; BGHSt 51, 150 连同 *Eisele* 的裁判评释, JR 2007, 303 以及 *Mosbacher* 的裁判评释, JuS 2007, 726; 关于欧洲人权法院的审查步骤见 EGMR StV 2017, 213 *(Schatschaschwili/BRD)* 连同 *Thörnich* 的裁判评释, ZIS 2017, 39; 欧洲人权法院诉讼 Nr 26766/05 und 22228/06 (Große Kammer)的结果-Urt. v. 15. Dezember 2011 *(Al-Khawaja und Tahery/Großbritannien)* = HRRS 2012 Nr 1 Rn 131 ff。联邦最高法院令人疑虑地采纳了欧洲人权法院对萨卡什维利案的裁判见解,见 JR 2018, 205 u. 207 连同 *Lohse* 的裁判评释, JR 2018, 183 以及 *Esser* 的批评意见, NStZ 2017, 604; Schumann, HRRS 2017, 354; *Swoboda*, Eisenberg-FS Ⅱ, S. 539, 541 ff; 完整内容参见 *Müssig*, Kindhäuser-FS, 1029, 1034 ff。认定权利人放弃《欧洲人权公约》第 6 条第 3 款第 d 项权利的要求,参见 EGMR NJOZ 2019, 1057 *(Murtazaliyeva/Russland)*。

② EGMR EuGRZ 1979, 34; BGHSt 46, 178; LR-*Esser*, Art. 6 EMRK Rn 828 ff.

③ 有关欧洲人权法院对刑之概念的界定,参见 EGMR NJW 2010, 2495 (*M* 诉德国); EGMR NJOZ 2019, 1445, 1451 ff. *(Ilnseher/Deutschland)*。

④ EGMR StV 2006, 561 连同 *Dörr* 的裁判评释, JuS 2007, 369; EGMR NJW 2010, 2109 u. 2111。

⑤ LR-*Esser*, Art. 6 EMRK Rn 179; *Hecker*, § 3 Rn 53 ff; *Satzger*, JA 2002, 838; *Schroeder*, GA 2003, 293.

之内国判决违反公约,受害人即得根据《刑诉法》第 359 条第 6 项,以欧洲人权法院确认违反公约为由,在德国请求启动**再审程序**。① 此外,《欧洲人权公约》第 46 条规定,任何作为系争案件一方当事人之成员国,应该服从欧洲人权法院之判决(有关《欧洲人权公约》位阶问题亦可参见边码 14)。原则上,判决在系争案件所涉的人、事、空间界限之内,仅对被诉国发生效力。然而,纵系针对其他成员国作成之判决,对本国亦有重要性,因判决将会就此发挥扩展性的实际影响。若本国法律规定与欧洲人权法院之要求不相一致,任何成员国均应预见到欧洲人权法院所纠正的类似情形。② 欧洲人权法院之一贯见解甚至发挥着某种规范引导功能,各国必须对之看齐。③

18　　　　欧洲人权法院的法官由现在的 47 个成员国中各选拔出一位(目前代表德国的是:*Anja Seibert-Fohr*)而组成,他们被分配到不同的部分和庭室。欧洲人权法院既可以接受成员国(**成员国依据《欧洲人权公约》第 33 条申诉**),也可以接受单个自然人或法人(**个人依据《欧洲人权公约》第 34 条申诉**④)声称其基本权被某个成员国侵害而提起的诉讼。按照《欧洲人权公约》第 35 条,申诉只有在内国司法最终裁决作出后四个月内提出,且案件已经穷尽内国法律途径后,始得准许之。此尚且包括,案件应该先向德国联邦宪法法院提出宪法诉愿(Verfassungsbeschwerde)之要求。⑤ 欧洲人权法院的庭审是公开的,使用官方语言英语或法语中的一种,依照对抗式诉讼流程开展。

　　　　仅当**被指摘之作为或不作为可归责于被诉国**者,申诉方才有成功的希望。原则上,每个公约成员国仅就自己违反公约之行为负责(见《欧洲人权公约》第 1 条)。理由是,《欧洲人权公

---

① 这仅适用于国家曾经作出了有罪判决而违反了公约的情形,如果没有判决,仅国家单方面承认自己违反了公约的情形不构成再审的理由。关于该问题,参见 EGMR StV 2019, 589 (*Dridi/Deutschland*) 以及 *Arif/Sonnen* 的肯定性裁判评释;对联邦宪法法院的反应,见 EuGRZ 2019, 147。

② *Kühne*, StV 2001, 73;亦见 *Jäger*, DRiZ 2006, 176。

③ BVerwG NVwZ 2002, 87; BGH JR 2016, 83 连同 *Jahn/Kudlich* 的裁判评释, JR 2016, 54; *Grabenwarter/Pabel*, § 16 Rn 8 f; *Zehetgruber*, ZJS 2016, 52, 56 ff。

④ 允许个人向欧洲人权法院提起诉讼的审查步骤见 *Esser*, Europäisch, § 9 Rn 40;实务说明见 *Heuchemer*, NZWiSt 2016, 231; *Meyer-Mews*, NJW 2018, 213。

⑤ *Meyer-Ladewig/ua-Meyer-Ladewig/Peters*, Art. 35 Rn 12; Karpenstein/Mayer/*Schäfer*, Art. 35 Rn 25。

约》之规定尚未创设统一的、脱离于具体成员国程序法典之外之程序法。① 在领航判决(Piloturteil)中*,可以判定国家结构性或制度性地违反公约之行为,并要求国家应消除结构性问题且提供有效的权利救济,向所有国内法上的被害人加以赔偿。②

2018年8月生效之《欧洲人权公约》第16号附加议定书使得参加国之最高法院在裁判法律案件之际,倘若该案在解释或适用《欧洲人权公约》上存有疑问,得请求欧洲人权法院启动对话程序(Dialogverfahren)。符合前置程序之要件者,欧洲人权法院将提供咨询性意见(advisory opinion)。然此项意见不具有拘束力,因德国迄今为止尚未批准第16号议定书,目前德国法院尚不得利用此种对话程序。尽管如此,经欧洲人权法院公布的鉴定意见,则必须为德国法院所遵守。相较于欧洲人权法院的判决,这种鉴定意见对于适用《欧洲人权公约》具有事实上的指引效力。③

(二) 欧盟法④

凭借着拥有欧洲基本自由之内部市场的形成、经济和货币统合以及欧盟内部迄今27个成员国之间的边境开放,欧洲一体化进程不断推进。但是,普遍的全球化浪潮、无远弗届的科技进步以及与日俱增的人口流动

---

① BGHSt 55, 70; 57, 1 连同 *Stiebig* 的裁判评释, JR 2012, 257; LR-*Esser*, Art. 1 EMRK Rn 21; *Mosbacher*, JuS 2010, 689, 693; *Schramm*, HRRS 2011, 156; *Zöller*, ZJS 2010, 441; 深入论述见 *Renzikowski*, Achenbach-FS, S. 373。

* 领航裁判是欧洲人权法院解决"重复性案件"的一种裁判技术。当欧洲人权法院接到的许多诉讼都是同一个原因导致的,那么它便会挑选一个或多个案件作为领航诉讼加以优先处理。在领航裁判中,人权法院的任务不仅要逐案判断是否违反《欧洲人权公约》,还要特定化造成这种违反公约行为的结构性问题,并且对成员国政府作出明确的指示,要求他们去解决这些问题。——译者注

② 如果做不到这一点,基于同一个结构性问题导致的诉讼将会从人权法院的书记处删除,并立即提交给部长委员会,有部长委员会负责监督领航裁判的转化,见 EGMR NJW 2019, 27 (*Burmych ua/Ukraine*)。

③ *Gundel*, EuR 2019, 421, 423, 432; *Klein/Treppschuh*, KritV 2019, 253, 257。

④ 刑事法欧洲化的一般原理见 BVerfG 123, 267, 271–281; *Ambos*, International, §§ 9 ff; *Gless*, ZStW 114 (2002), 636; *dies.*, ZStW 125 (2013), 573; *Hecker*, Europäisches Strafrecht; *ders.*, in: Ambos, S. 14; *Kühne*, Rn 43 ff; *Landau*, NStZ 2011, 537; *Perron*, Küper-FS, S. 429; *Rosenau*, ZIS 2008, 9; *Satzger*, International, §§ 7 ff; *Safferling*, §§ 9 ff; *Safferling*, NStZ 2014, 545; *Schröder*, NStZ 2006, 669; *Schünemann*, GA 2002, 501; *Vogel*, GA 2003, 314; 概述见 *Brodowski*, ZIS 2010, 376 u. 749; 2011, 940。

为国际间犯罪分子创造了新的契机,并使犯罪行为愈加有可能朝向有组织化和跨国化方向发展。同时,刑事法在传统上有别于其他法律门类,它扎根于一国文化土壤之中,并长期坚守"国家主权化身"之定位①,在相当大程度上不受欧洲法的影响。但是伴随着"犯罪欧洲化"②的来势汹汹,欧洲层面也发起了一场以创制欧洲刑事法(制定欧洲的犯罪构成和设置欧洲的刑事追究机构),或者协调各成员国间刑事法律为内容的犯罪抗制运动。

20　　目前为止关于欧洲一体化进程的最重要的文件系2009年12月1日生效的《里斯本条约》(Vertrag von Lissabon)。③ 它不同于2004年的《欧盟宪法条约》④*,在内容上不包括任何宪法性纲领,即它没有废除现有各项条约,代之以某个统一的"宪法性条约",而是建立在先前的《欧盟条约》(EUV)和《欧共体条约》(EGV)*的框架之上。自2009年12月1日开始,《欧共体条约》现已更名为《欧盟运作条约》。**欧盟**取代了欧共体的地位,成为了后者的权利承继者,并拥有了**自身的法律人格**(Rechtspersönlichkeit)。**《里斯本条约》赋予了欧盟一项义务,即欧盟必须加入《欧洲人权公约》(见《里斯本条约》第6条第2款)。然而,欧盟在短期内尚无法期待加入⑤,因为欧盟法院在2014年12月的鉴定报告

---

① *Perron*, in: Dörr/Dreher (Hrsg), Europa als Rechtsgemeinschaft, 1997, S. 135.
② *Satzger*, S. 7.
③ ABl 2007 C 306/1; 很好的概述见 *Mayer*, JuS 2010, 189。
④ ABl 2004 C 310/1; *Streinz-LB*, Rn 56 ff.
＊ 根据《马斯特里赫特条约》,欧共体是欧盟三大支柱之第一支柱。尽管属于欧盟的一部分,但作为第一支柱的欧共体在事实上游离于欧盟之外,具有自己的法律人格、有自己的立法权能。欧盟却并不具有自己的法律人格,在第二支柱外交和防务政策和第三支柱司法和内务合作领域也没有立法权能,它只不过是政府间会议和政治妥协的历史产物。《阿姆斯特丹条约》则让欧共体和欧盟之间的关系更加错综复杂,但两者之间的壁垒已然松动。到了《里斯本条约》生效后,《欧共体条约》被更名为《欧盟运作条约》,欧盟完全取代欧共体,欧盟法和欧共体法的差异也就不存在了。——译者注
＊＊ 2001年的《莱肯宣言》为欧盟明确提出了起草欧洲宪法的任务,其目的是为清晰界定欧盟的权能,简化欧盟法律文件,增强欧盟决策的透明性、民主性和效率,改善欧盟三大机构的组织制度及其运行能力。2004年6月18日在布鲁塞尔的欧盟政府间会议上通过了《欧盟宪法条约》。但作为欧盟创始成员国的法国和荷兰在2005年的各自举行的全民公决中否定了《欧盟宪法条约》,而后欧盟首脑会议发表声明,宣布冻结还没有批准的《欧盟宪法条约》的欧盟成员国的批准程序。最终决定改革架构以2009年的《里斯本条约》代替《欧盟宪法条约》,并得到了27个成员国的批准。——译者注
⑤ *Satzger*, International, § 11 Rn 7, 14.

中,令人意外地表达出反对加入《欧洲人权公约》的疑虑。① 《欧盟基本权宪章》(Die Charta der Grundrechte der Europäischen Union,GRC)于 2009 年 12 月 1 日连同《欧盟条约》和《欧盟运作条约》一并生效,并依循《欧盟条约》第 6 条第 1 款,成为具有法律拘束力之欧盟一级法(Primärrecht)②*。

就刑事程序方面而言,《欧盟运作条约》第 82 条第 1、2 款赋予了欧盟通过发布指令的方式,制定最低限度条款之权限。但是,此权限应受辅助性原则**和比例原则***之限制(见《欧盟运作条约》第 5 条第 1、3、4 款)。此种欧盟二级法举措所滋生之较大困扰在于,需要在网络上查询法律举措的各种有效版本。③

此外,《欧盟运作条约》第 82 条第 3 款和第 83 条第 3 款还规定了所谓的"紧急刹车机制"(Notbrems-Mechanismen)。若成员国认为,欧盟拟定的整合方案将触碰该国"刑事法制之根本面"者,得借助刹车机制,阻挡该立法程序,并从该整合方案中退出。④ 按照德国联邦宪法法院之要求,紧急刹车机制惟有取得德国立法机关同意后,始得启用之(详见 Wessels/Beulke/Satzger, Strafrecht-Allgemeiner Teil, 2020, Rn 120)。

---

① EuGH BeckRS 2015, 80256, insb. Rn 153 ff; 参见 *Breuer*, EuR 2015, 330; *Brodowski*, ZIS 2016, 106; *Masiero*, EuCLR 2019, 222, 228 ff; *Wendel*, NJW 2015, 921。

② 《欧洲基本权宪章》在波兰适用时存在效力限制(所谓的事后退出保留);参见 *Herrmann*, Jura 2010, 161, 166; 批评性观点见 *Schwerdtfeger*, in: Meyer/Hölscheidt, GRC, Art. 51 Rn 63 f; *Streinz-LB*, Rn 760。捷克共和国最初打算退出,如今已经放弃退出。

* 欧盟法可分为一级法(Primärrcht)和二级法(Sekundärrecht)。欧盟一级法包括《欧盟条约》《欧盟运作条约》及其附件、议定书在内的欧盟基础性条约、欧盟法的一般原则,还有《欧盟基本权利宪章》等。从形成来源来看,欧盟一级法系成员国经由签订和批准条约,而在各国间适用的国际法规。欧盟二级法(亦称次级法)乃欧盟之机关在一级法授权的前提下制定的法规,其最重要的形式莫过于"欧盟规则"和"欧盟指令"。欧盟规则得直接适用于所有成员国,其效力等同于法律;欧盟指令原则上尚须会员国(于规定期限内)加以转化,始具有本国法之效力。参见〔德〕赫尔穆特·查致格:《国际刑法与欧洲刑法》,王士帆译,北京大学出版社 2017 年版,第 86—89 页。——译者注

** 所谓辅助性原则系指,没有纳入欧盟专属职能范围内之事项,惟有欲实现之欧盟行动目标无法由成员国自主地贯彻,借助欧盟层面的措施将更利于其贯彻者,欧盟始得采取措施为之。——译者注

*** 所谓比例原则系指,欧盟的活动范围和所行使的职权不得超出实现欧盟宪法目标需要之范围。——译者注

③ 颇为实用的相关数据库有 *eurocrim*, www.eurocrim.org。

④ *Satzger*, International and European Criminal Law, 2nd Ed. 2018, § 7 para. 47 et seqq.

21 　　《里斯本条约》在德国的批准程序完成于 2009 年 9 月 25 日。但是，**德国联邦宪法法院在"里斯本—判决"**①中，通过援引以《基本法》第 38 条第 1 款为根据的(刑事)立法之民主正当性、国家主权之保留、构成宪法认同(Verfassungsidentität)核心领域且被《基本法》第 79 条第 3 款之永久保障条款(Ewigkeitsgarantie)所确保的规范立脚点之保留，拓展了它针对欧盟法的审查条件，即欧盟既不得以"改变权限的权限"(Kompetenz-Kompetenz)的方式自肥，也不得破坏《基本法》的宪法认同。② 在包括刑事司法在内的公民核心生活领域，必须将最终立法决定权(Letztentscheidungsgewalt)留给内国国会。德国联邦宪法法院从此处的"刑事法特别关照原则"③出发，发展出针对欧盟的刑法—刑事程序法整合职能的限制性解释要求，即欧盟行使整合职权要有"特别的正当事由"(besondere Rechtfertigung)。犯罪构成的整合应该尽可能地针对单个犯罪样态，而不是整个犯罪类别。故而，苟非能充分证明，欧盟层面既定目标事实上存在严重执行不力，且必须仰仗刑法手段加以威慑者，欧盟不得动用刑事法附属(立法)职权。

22 　　在《里斯本条约》生效以前，欧盟曾拥有两种促进整合的行动方法：一者，若《欧共体条约》按有限具体授权原则分配了欧盟相应的权限，则可于**超国家法**、**欧共体法**层面发布法律措施；另者，得在《欧盟条约》的内政和司法合作框架下，开展**政府间行动**。此两种不同的权力，缘于被形容为**庙殿或支柱模式**(Tempel-oder-Säulen-Modell)的当时欧盟组成结构。据此，欧盟犹如一座庙殿，《欧盟条约》第 1—7 条就好比是庙顶，结尾规定相当于庙基。整个庙殿建立在三根支柱之上。第一支柱由起初为三个，其后仅剩两个的超国家性欧洲共同体组织(即"欧共体"和"欧洲原子能共同体"；2002 年 7 月 23 日之前还有"欧洲煤炭钢铁共同体")所构成；第二支柱系欧洲共同外交和安全政策

---

① BVerfG NJW 2009, 2267, 2287 ff 连同 *Ambos/Rackow* 的裁判评释, ZIS 2009, 397; *Böse*, ZIS 2010, 76; *Mansdörfer*, HRRS 2010, 16; *F. Meyer*, NStZ 2009, 657; *Zimmermann*, Jura 2009, 844; 另见 *Polzin*, JuS 2012, 1; *Schorkopf*, in: Ambos, S. 111。

② 对此也可以参见 *Gärditz/Hillgrube*, JZ 2009, 874; *Sauer*, ZRP 2009, 195。

③ *Satzger*, 166 ff; *ders.*, International, § 9 Rn 9; Sieber/ua-*Satzger*, § 9 Rn 8 ff.

(GASP);最后的**第三支柱**系刑事案件的**警务和司法合作**(**PJZS**)。后两根支柱的共同之处在于,它们只是政府间合作,换言之,在此基础上所创制的法律,即"**欧盟次级法**"(Unionssekundärrecht),原则上仅具国际法拘束力或国与国之间的约束力。① 为强化上开超国家理念,此根根的结构业已经《**里斯本条约**》所改变。作为第三支柱的警务和司法合作,被《欧盟运作条约》第61—69条"收编"并配以崭新的决议程序,即如今也得由欧盟理事会予以多数决。但是,在上述两个超国家性领域(欧共体与司法警务合作)以外,还存在一个非超家性领域,即共同外交与安全政策。②

在《里斯本条约》生效以前(见前述边码20),实务见解和学界通说俱认为,欧共体于欧共体法(第一支柱)层面**不享有创制刑法或刑事程序法的权限**。③ 纵使对旨在保护欧盟财政利益而抗制诈骗犯罪领域而言,亦然。即便将《欧共体条约》第280条第4款视作可能之法律基础,在其第2段中仍规定了基于成员国利益之普遍刑法保留(Strafrechtsvorbehalt)内容。④ 由于在新的《欧盟运作条约》第325条第4款不再有此限制,故在《里斯本条约》生效以后,欧盟于旨在保护欧盟财政利益之诈骗犯罪抗制领域,不仅可以颁布指令(Richtlinie),行刑事法整合之权限,更得为制定跨国性犯罪构成⑤而颁布欧盟规则(Verordnung)。⑥

23

欧共体法素来对内国法有重要的影响,其中**优先适用欧盟法**(Anwendungsvorrang)之普遍原则最足以表现此种影响。即

24

---

① *Streinz-LB*, Rn 4 f, 48, 531 ff; 有关庙殿模式: *Ambos/Rackow*, Jura 2006, 505; *Schweitzer/Dederer*, Rn 26。
② 亦见 *Fischer*, 深入论述见 rag von Lissabon, S. 82。
③ 有关争议参见 *Satzger*, NK 2007, 93; *ders*., International, § 8 Rn 20 ff。
④ 有争议; 详见 *Fromm*, ZIS 2007, 26。
⑤ 参见 *Satzger*, International and European Criminal Law, 2nd Ed. 2018, § 6。
⑥ *Ambos*, International, § 9 Rn 22; *Krüger*, HRRS 2012, 311; *Mansdörfer*, HRRS 2010, 18; *Noltenius*, ZStW 122 (2010), 604, 618; *Zimmermann*, Jura 2009, 846; 对其他公约规范的详尽论述见 *Satzger*, International, § 8 Rn 21, 28 f; *ders*., in: Streinz, § 325 AEUV Rn 26; *Heger*, ZIS 2009, 406; *Grünewald*, JR 2015, 245, 251 f; *L. Neumann*, Das US-amerikanische Strafrechtssystem, S. 175 ff; *Vogel*, in: Ambos, S. 41, 47。

内国机关与法院遇到本国法和欧盟法有冲突时,不得适用本国法。① 因此,内国机关被赋予拒绝适用(和欧盟法)有冲突之本国法的职权。欧盟法的重要性亦体现于**合乎欧盟法之解释原则**(unionsrechtskonforme Auslegung)②,该原则要求内国法院有义务按照欧盟法的精神去解释和适用本国法律规范。另外,为保障欧共体法的效力,**在欧共体指示权能范围内**,曾经成员国还有对违反欧共体法之行为施加制裁之义务,制裁对象包括所有行为方式与违法类型。欧共体也曾经利用附属(立法)职权,致力于刑事程序法之整合。③ 曾经对内国法影响甚巨的还有从忠诚义务(Loyalitätspflicht)(如今规定在《欧盟条约》第 4 条第 3 款,以及就财政利益专门规定于《欧盟运作条约》第 325 条第 2 款)派生出来的吸收原则(Assimilierungsprinzip)。欧盟法院判例④素来要求,各成员国应当采用有效的、合比例的、具有吓阻性的措施,俾使欧盟法保护法益得到与本国法保护法益同等程度之保护。

25   在欧盟以前的**第三支柱**——警务和司法合作层面,于过去颁布了大量旧版《欧盟条约》第 34 条第 2 款规定下的法律举措(欧盟次级法),无论如何它们都曾影响刑法和刑事程序法甚久,直至此等 2009 年 12 月 1 日以前制定的法律文件在《里斯本条约》之下被转换成新的法律形式。旧版《欧盟条约》第 34 条第 2 款所规定的举措形式中,大部分框架决定(Rahmenbeschluss)(《欧盟条约》旧文本第 34 条第 2 款 b 项)和**协定**(Übereinkommen)⑤被挑

---

① EuGH Rs 6/64 *(Costa/ENEL)* Slg 1964, 1251; EuGH NJW 1984, 1291 *(Prantl)*; *Ambos*, International, § 11 Rn 44 ff; *Borchardt*, Rn 141 ff; *Streinz-LB*, Rn 225, 267.

② EuGH NJW 1984, 2021 *(von Colson und Kamann)*; *Wessels/Beulke/Satzger*, AT Rn 77, 117; *Schröder, Ch.*, Europäische Richtlinien und deutsches Strafrecht, 2002; *Streinz*, Otto-FS, S. 1029.

③ EuGH Rs 176/03 *(Kommission/Rat)*, EuZW 2005, 632 (环境污染); EuGH Rs C-440/05 *(Kommission/Rat)*, NStZ 2008, 703 (海洋污染);深入论述见 *Hecker*, § 8 Rn 2 ff。

④ EuGH NJW 1990, 2245 (希腊玉米丑闻);参见 *Hecker*, § 7 Rn 16 ff。

⑤ 如《刑事司法协助的协定》(Übereinkommen über die Rechtshilfe in Strafsachen), Abl 2000 C 197/1。

选保留。① 旧版《欧盟条约》第 32、34 条所颁布的协定中,直至今日仍尤为重要的系《欧盟逮捕令框架协议》②和依据《申根协定》第 41—43 条制定的《跨境追捕权框架协定》③。

内国法院于作出某项裁判时,若就**欧盟法**对**本国法**之影响存有疑问者,**得斟酌**依据《欧盟运作条约》第 267 条以及《欧盟条约》第 19 条第 3 款 b 项,将案件通过**先决裁判程序**(Vorabentscheidungsverfahren)提交欧盟法院④。若欧盟法本身就优先适用的,则不存在这种疑问(见前述边码 24)。倘内国法院**不能确定**如何适用欧盟法者,其仅得就欧盟法**解释**问题和以欧盟一级法为准据的次级法律措施**有效性**问题,向欧盟法院提出裁判相关性问题,但却不得就如何解释本国法以及如何协调本国法和欧盟法提问,仅得抽象询问,是否根据本国法作成之裁判属于被欧盟法所禁止的措施。

26

就先决裁判程序而言,应区分案件**提交权**和案件**提交义务**。苟非最后审级之法院,则享有案件提交权(《欧盟运作条约》第 267 条第 2 款以及《欧盟条约》第 19 条第 3 款 b 项);反之,负责案件审理的法院即将作出的裁判根据本国法不会再有救济机会时,则有**案件提交义务**(Vorlagepflicht)(《欧盟运作条约》第 267 条第 3 款)。即便是下级法院,若其即将作出的裁判已无上诉可能性者,同样负有案件提交义务。⑤ 故无联邦最高法院垄断案件提交权之谓也。欧盟法院惟一承认的提交义务之例外是:法律

27

---

① 有关框架协议的解释参见 EuGH NJW 2005, 2839 (*Pupino*) 连同 *Gärditz/Gusy* 的裁判评释, GA 2006, 225; BGHSt 54, 216, 223 ff; *Wehnert*, NJW 2005, 3760; *Folz*, ZIS 2009, 428 f; *Rackow*, ZIS 2008, 526; EuGH NJW 2017, 457 (*Ognyanov*) 连同 *Böhm* 的裁判评释; *Mujuzi*, EuCLR 2017, 289。
② RB 2002/584/JI, ABl 2002 L 190/1, 经 RB 2009/299/JI 修订, ABl 2009 L 91/24, S. 26。
③ *Ligocka*, Die polizeiliche Nacheile über die deutsch-polnische Grenze, 2018, S. 13.
④ 有关先决裁判程序,详见 *Hecker*, § 6 Rn 2 ff; *Sieber/ua-Böse*, § 54 Rn 5 ff; *Streinz-LB*, Rn 693 ff。
⑤ 自"遗忘权一号裁判"(BVerfG NJW 2020, 300)和"遗忘权二号裁判"(BVerfG NJW 2020, 314)以来,联邦宪法法院已经完全依循《欧盟基本权宪章》的标准去审查欧盟法规定的事项,因此,遇到《欧盟基本权宪章》解释不明之处,便有义务提交欧盟法院。参见 BVerfG NJW 2020, 314 (320); *Karpenstein/Kottmann*, EuZW 2020, 185, 187; *Wendel*, JZ 2020, 157, 165 f。那么,位于最后审级的专门法院究竟是否因此不再负有相应的提交义务,联邦宪法法院未作说明。

问题业已澄清，或正确的答复已不言自明，以至于"毫无合理疑问存在之余地"的情形①*。然而从更高的法安定性思量，欧盟法院此种"法律明确准则"（acte-clair-Doktrin）在刑事法领域的运用未见其可也。②

28 若内国法院认为，某个欧盟法律措施与较其**更上位之欧盟法**（höherrangiges Unionsrecht）有违，此时不像欧盟法优先适用于本国法的情况那样（见边码24），内国法院对该欧盟法律措施没**有废止权**（Verwerfungskompetenz）。应该循先决裁判程序提交欧盟法院解决，因为欧盟法院旨在维护欧盟法之统一性而拥有对欧盟法的废除独占权（Verwerfungsmonopol）。③

在《里斯本条约》生效以前，欧盟第三支柱，即警务和司法合作领域，欧盟法院充其量仅得提供有瑕疵的**个人权利保护**。如今，该领域内的法律措施均受到普遍权利保护制度之约束。④ 尤其《欧盟运作条约》第263条第1款第2句、第4款为受到欧盟机构或单位行为直接侵害的个人，开启了提起诉讼（**无效之诉**，Nichtigkeitsklage）的可能。然而一直以来，对于成员国的警察或其他刑事追究机关所采取的措施，或成员国公共秩序保留范围以及内政安全事项的执行措施（《欧盟运作条约》第72条所谓的"实质保留"），欧盟法院都没有审查其有效性或合比例性的管辖权。

29 为德国刑事法带来重大改变的是**相互承认法院裁判原则**（die Grundsatz der gegenseitigen Anerkennung gerichtlicher Entscheidungen），该原则缘于1999年10月15—16日于坦佩雷（Tampere）召开的欧盟特别峰会所达

---

① EuGH NJW 1983, 1257 *(CILFIT/Ministero della sanità)*; BVerfG JZ 2007, 87 mit Anm. Päfgen.

* 欧盟法院在 *C.I.L.F.I.T* 案中创设了明确原则的例外，即如果实质相同的欧盟法问题已经被欧盟法院之前的其他先决裁判审理过了，成员国法院就没有义务再提出申请了。或者欧盟法的适用已经非常清晰明白，以至于不存在任何有意义的疑问，那么也没有义务再申请欧盟法院的先决裁判。此举是既减少了欧盟法院的负担，也让成员国有更多解释和适用欧盟法的责任。——译者注

② *Satzger*, S. 663；深入论述见 zur Vorlagepflicht *Schröder*, EuR 2011, 808。
③ EuGH NJW 1988, 1451 *(Foto-Frost)*；*Streinz*-LB, Rn 727 ff.
④ *Esser*, StRR 2010, 133；参见 Sieber/ua-*Böse*, § 54 Rn 25 ff.

成的结论。① 自《里斯本条约》(见边码 20)以来,"自由、安全和法治区域"的理念被规定于《欧盟运行条约》第 67 条第 1 款,并且在《欧盟运行条约》第 67 条第 3 款规定了相互承认原则。该原则最早出自欧共体的内部市场法,并在刑事法方面表现为,由某个成员国依法作成之司法裁判应受另一个成员国同等承认。② 其前提系,"成员国就他们各自的刑事司法制度彼此信任且每个成员国均接受,纵使案件适用其本国法会得出不同之结论,亦同意适用其他成员国之现行刑事法"。③ 为促进此等信任,《欧盟运作公约》第 82 条第 2 款授权欧盟理事会和欧洲议会*,循通常立法程序,通过**指令**形式发布旨在整合刑事程序法之最低限度条款,尤其在不同成员国间的证据合法性议题以及被追诉人和被害人权利议题方面着力甚多(参见边码 31)。

---

① 强烈的批评意见: zum gesamten Konzept Noltenius, Die Europäische Idee der Freiheit und die Etablierung eines Europäischen Strafrechts, 2017。

② *Ahlbrecht*, StV 2005, 40; *Fuchs*, ZStW, 116 (2004), 368; *Gless*, ZStW 116 (2004), 353; 深入论述见 *Böse*, in: Ambos, S. 57 ff; *Harms/Knaus*, Roxin Ⅱ-FS, S. 1479; *Mylonopoulos*, ZStW 123 (2011), 633, 640 ff; *Roger*, Grund und Grenzen transnationaler Strafrechtspflege, 2016, S. 217 ff。

③ EuGH NJW 2003, 1173 (*Gözütok* und *Brügge*)。

* 中国读者对欧盟机构相对陌生,现就欧盟高峰会、欧盟理事会、欧盟议会,这欧盟四大组织加以说明,以便后文理解:

欧盟高峰会(Europäischer Rat):由欧盟所有成员国之国家元首或行政首长以及欧盟执行委员会主席共同参加的首脑会议。它并非欧盟的最高决策机构,主要职责乃订定欧洲统合方针与定调欧盟的共同外交与安全政策。各国的外长和欧盟委员也会出席欧盟高峰会。

欧盟理事会(Rat der EU):由各成员国对口部长所组成,故亦被称作"部长理事会"。欧盟议会和欧盟理事会联合拥有对欧盟的共同立法权。欧盟理事会相当于欧盟事实上的两院制立法机关的上议院。由来自 27 个欧盟成员国各国政府部长所组成的理事会,与欧洲议会同为欧盟的主要决策机构。每一个国家在理事会中都有一名理事,但代表不同国家的理事所拥有的投票票数不同。欧盟理事会主要任务是帮助整合欧洲共同体各个国家间事务,制定欧盟法律和法规。在预算方面,它和欧洲议会共同拥有决策权。

欧盟议会(Europäisches Parlament):位于法国斯特拉斯堡,是欧盟组织中惟一由成员国公民民选组成的组织,欧盟成员国公民每 5 年有权以直选方式票选出下一届欧盟议会的议员。英国脱欧以后,欧盟议会将有 705 个席位。由于德国系欧盟中人口最多的国家,因此拥有最多的席位(96 席)。议会与欧盟理事会联合拥有对欧盟的共同立法权。同时,欧盟议会也负责控制欧盟在哪些地方、以何种方式使用资金。除此之外,欧盟议会还负责选出欧盟委员会的主席。

欧盟委员会(Europäische Kommission):欧盟委员会是欧盟常设执行机构,总部设在布鲁塞尔,负责完成类似政府机关的行政管理工作,并且这个机构是惟一几乎在所有领域都拥有立法动议权的组织。——译者注

相互承认原则尤其体现于《**欧盟逮捕令框架协议**》①之中。若某人因犯有 32 项犯罪清单中之罪行（如网络犯罪、破坏犯罪等②）而受查缉，且无符合少许例外要件之情形（如在受请求国曾因同一罪行受确定之有罪判决③）时，欧盟逮捕令一经某个成员国的司法机关签发后，执行国**原则上毋庸其他审查，必须同意移交被查缉人**。前述犯罪清单覆盖范围广泛且部分犯罪的表述甚为模糊。德国曾于贯彻逮捕令方面出师不利。第一部《欧盟逮捕令法案》（EuHbG）④曾被联邦宪法法院宣告无效，理由是该法对受《基本法》第 16 条第 2 款第 2 句保障的引渡自由以及《基本法》第 19 条第 4 款规定的诉讼途径保障（Rechtswegguarantie）构成不合比例的干预。2006 年德国以《**国际刑事司法协助法**》第 78 条及以下数条的形式，通过了第二部《欧盟逮捕令法案》⑤，于满足宪法法院的要求下⑥，落实了《欧盟逮捕令框架协议》。

欧盟逮捕令在实践中一再使得相互承认原则受到检讨。就以欧盟逮捕令为依据而发出的引渡请求，**德国联邦宪法法院**第二庭于 2015 年 12 月 15 日作成特具引爆争议的裁判为例。⑦ 该案涉及将一名美国人从德国引渡到意大利，该名美国人在缺席的状态下，被意大利处以 30 年自由刑之有罪确定判决（没有事实审上诉的机会）。联邦宪法法院表明了其自

---

① RB 2002/584/JI, ABl 2002 L 190/1, geändert durch RB 2009/299/JI, ABl 2009 L 91/24, S. 26; zu dessen Auslegung: EuGH NJW 2008, 3201 u. 2010, 283; zur Vereinbarkeit mit Art. 34 II 2 lit. b EUV: EuGH NJW 2007, 2237 连同 *Braum* 的裁判评释, wistra 2007, 401。

② 此见 *Satzger*, International, § 10 Rn 39 ff; sowie *Ambos/Bock*, JuS 2012, 437 (Übungsklausur)。

③ 见 Art. 83 Nr 1 IRG; EuGH NJW 2011, 983, 985 (*Gätano Mantello*) 连同 *Böse* 的裁判评释, HRRS 2012, 19, *Brodowski*, ZIS 2010, 749, 758。

④ BGBl 2004 I, S. 1748.该法案全称为《转化欧盟逮捕令框架协议暨欧盟成员国间移交程序之法案》。——译者注

⑤ BGBl 2006 I, S. 1721; 深入论述见 *Böhm*, NJW 2006, 2592; *Hackner/Schomburg/Lagodny/Gless*, NStZ 2006, 663; *Heger*, ZIS 2007, 221; *Mitsch*, JA 2006, 448; *Sinn/Wörner*, ZIS 2007, 204。关于实践中依旧存在的合比例性的问题, 见 *Haggenmüller, Der Europäische Haftbefehl und die Verhältnismäßigkeit seiner Anwendung in der Praxis*, 2018, S. 128 ff。

⑥ 批评意见：*Lagodny*, StV 2005, 515; *Ranft*, wistra 2005, 361。

⑦ BVerfGE 140, 317 (= StV 2016, 220) 连同 *Brodowski* 的裁判评释, JR 2016, 415, *Kühne*, StV 2016, 299; *F. Meyer*, HRRS 2016, 332; *Nettesheim*, JZ 2016, 424; *Satzger*, NStZ 2016, 514; *Sauer*, NJW 2016, 1134; *Schönberger*, JZ 2016, 422。

"Solange案"裁判*以来一直持有的纠正性态度:不同于"Solange二号案件"①的裁判立场,第二庭坚持在审查欧盟逮捕令时进行宪法一致性监督**,确保在个案中坚守宪法的核心中,不能因为法律整合而牺牲这种要求。宪法一致性尤其体现在《基本法》第1条第1款所规定的、构成宪法永远不容变动的维护人性尊严原则之中。并且,德国立法者不具备的修宪权亦不得经《基本法》第23条第1款第3句***便让渡于欧盟。② 故联邦

---

* 欧盟法曾经在其形成初期(尤其是欧共体法时期)聚焦于欧洲共同市场目标和共同体功能的发挥,较少考量人权保障议题。欧洲人民权利一旦受到欧共体法的干预,无法循欧盟法院程序得到救济,便往往转向本国的宪法法院寻求保障。德国宪法法院便接获不少此类案件。其中最为有名的是两起"Solange"案(中文翻译得称为"只要"案),最能体现因欧盟法违反本国宪法保障之基本权利而引发的两套法律体系间的冲突。第一起"Solange"案发生在20世纪70年代,德国行政法院将"国际商业公司案"提交欧盟法院予以先行裁决,是否欧共体规则所要求的出口许可证保证金制度违反了德国宪法的比例原则而应归于无效。欧盟法院拒绝根据成员国任何层级的法律去评判欧共体法案的效力,仅指出尊重人权系欧共体的一般法律原则,从而维护欧共体法的至高性原则。欧盟法院的这种态度不能让德国行政法院满意,后者于是向联邦宪法法院提出诉愿。德国宪法法院指出:"只要"欧共体尚无普遍民主选举组成之议会和尚未制定有符合宪法特征的基本权利典章,德国宪法法院将保留审查欧共体法是否符合德国宪法的监督权。若欧共体法与德国宪法保障的基本权利发生冲突,德国将不执行欧共体法。该判例出台之后,欧共体以及欧盟法院恐于各成员国群起效仿,从而颠覆"欧共体法之至高性和安定性",于是大幅改进保障人权的立场,并于1979年落实了欧盟议会议员的直接普选制度,代表基层欧洲民意的欧盟议会也努力敦促欧共体加入《欧洲人权公约》(尽管该提议后来因为各种技术问题至今被搁置)。鉴于欧共体对保障基本人权水准的改进,德国宪法法院开始软化了其对抗欧共体法的立场,在1986年的第二起"Solange"案中声明,"只要"欧共体保持目前的人权保障水准,德国宪法法院不再审查欧共体次级法是否抵触德国宪法。值得强调的是,两起Solange案中,德国宪法法院都持一种附条件的立场,即"只要"欧共体法的人权保障水准不够,德国就会保留对其监督权。参见王玉叶:《欧洲联盟法研究》,元照出版公司2015年版,第78—82页。——译者注

① BVerfGE 73, 339.

** "宪法一致性"是德国宪法实践和宪法学在欧洲整合趋势下发展出来的重要概念。德国联邦宪法法院曾在"里斯本判决"中清楚强调,基本法秩序在许多和民主意志形成息息相关的领域,系不受欧洲法之整合的。因为这些领域牵涉德国人民的文化、历史和语言传统等具有一致性认知的事项,惟有德国人民始得决定如何规定。从这种"宪法一致性"的观念中,联邦宪法法院推导出宪法不容改变的核心内涵,从而为欧洲整合性立法划定了界限,确保德国基本法的核心内容不受外来法的干扰。参见Christoph Schönberger, Anmerkungen zu Karlsruhe, in Jestädt/Lepsius/Möllers/Schönberger, Das entgrenzte Gericht: Eine kritische Bilanz nach sechzig Jahren Bundesverfassungsgericht, 2011, S.57.——译者注

*** 该句原文为"关于欧盟的成立和修改欧盟基础性条约及类似规定,那依照其内容,构成或可能构成对本基本法修改或补充之规定,均适用本法第79条第2款和第3款之规定。"而《基本法》第79条第2、3款是有关修宪权主体、门槛和内容限制的规定。——译者注

② BVerfGE 140, 317, 336 ff; im Anschluss an BVerfGE 123, 267, 340 ff.

宪法法院借此回应了欧盟法院所持的立场,后者认为,成员国规定的基本权和《欧洲人权公约》规定的基本权应处在包括《欧盟基本权宪章》在内的其他欧盟法之下。① 欧盟法院曾经着眼于成员国之间相互信任和彼此承认的立场而主张,苟无《欧盟逮捕令框架协议》第3、4、4a 条所穷尽列举的驳回事由,则欧盟逮捕令之执行请求国原则上有义务移交相关人员。② 德国联邦宪法法院却持相悖立场,即坚持保有对未来欧盟逮捕令的一致性监督权。③ 欧盟法院在之后的判决中修正了它以往的见解,并认为,当存在"非常情形"时,如被羁押人在逮捕令签发国可能将遭受《欧盟基本权宪章》第4条所规定的不人道或有辱人格之待遇时,受请求国无论如何均得援引《欧盟基本权宪章》为依据附条件地推迟引渡,或在逮捕令签发国提供保证以前④拒绝引渡。⑤ 德国联邦宪法法院于2016年9月6日在一项裁定中,依据《基本法》第23条第1款第3句连同第79条第3

---

① 参见 EuGH BeckRS 2015, 80256,尤其在 Rn 153 ff;《欧盟基本权宪章》和内国基本法秩序之间的关系亦见 *Jähnke/Schramm*, Europäisch, Kap. 9 Rn 41 ff; *F. Meyer*, ZStW 128 (2016), 1089; 包括《宪章》和《欧洲人权公约》之间的关系的详尽内容见 *Ahlbrecht/ua-Böhm*, Rn 1410 ff; *Swoboda*, ZIS 2018, 276 ff。

② EuGH NJW 2013, 1145 (*Radu*); EuGH NJW 2013, 1215 (*Melloni*); 批判性观点见 *Ahlbrecht/ua-Böhm*, Rn 1418 ff。

③ 但是,这种"同一性监督"的威慑力却随着后续的"遗忘权"一号和二号裁判(BVerfG NJW 2020, 300 bzw. NJW 2020, 314)的出台被抵消了。因为联邦宪法法院如今也在欧盟法决定的法律领域(如欧盟逮捕令)中依照《欧盟基本权宪章》的标准去行使自己的审查权,在非由欧盟法决定的领域内则继续依照基本法的标准去审查。自此,"一致性监督"的威慑被替换成围绕《基本权宪章》的内容展开对话;*Karpenstein/Kottmann*, EuZW 2020, 185, 188。

④ *Gazeas*, GA 2018, 277, 281 ff; *Rung*, Grundrechtsschutz in der Europäischen Strafkooperation, 2019, S. 420 ff。

⑤ EuGH NStZ 2016, 542 (*Aranyosi u. Căldăraru*) 连同 *Böhm* 的裁判评释, NJW 2016, 1709; *Ruffert*, JuS 2016, 853; *Schwarz*, EuR 2016, 421; 对此亦见 *Brodowski*, JR 2016, 415; *Kaiafa-Gbandi*, EuCLR 2017, 219, 235 et seqq; *Satzger*, NStZ 2016, 514, 519 f; 有关受请求国审查义务的范围的具体说明,参见 *EuGH NJW 2018, 3161 (ML) Böhm* 的批判性评释; *EuGH EuGRZ 2019, 498 (Dorobantu)*。若签发国司法的法治化和独立性有理由受到质疑,按照欧盟法院的裁判见解,也可以成为被请求国正当地拒绝(或推迟)引渡的"非常情形"。前提是,首先,这种签发国司法体制的制度性缺陷被客观、可靠、准确和实际的信息所证实;其次,要在个案中有事实足以证明,甚至在某些情况下从向签发国征求到的信息中能够检验出待引渡之人存在着"确实的危险",即这种制度性缺陷会在具体刑事程序中使其遭受的不利,使得其依据《欧盟基本权宪章》第47条第2款为标准享有的公平诉讼基本权达到被根本性侵犯的程度, EuGH EuGRZ 2018, 396, 401 f (*LM*) 连同 *Bárd/van Ballegooij* 的批判性评论, NJECL 2018, 353; *Hummer*, EuR 2018, 653, 659 ff; *Payandeh*, JuS 2019, 919; *Simonelli*, NJECL 2019, 329, 333 ff; *Wendel*, EuR 2019, 111; 关于证明责任问题 *Id*., 118 f; 关于审查基准的转化,参见 OLG Karlsruhe BeckRS 2020, 1720。

款对欧盟逮捕令实施了一致性审查,但认为其与《基本权》第 1 条第 1 款无违。① 于 2017 年 12 月 19 日之裁定中,德国联邦宪法法院再次含蓄地表达了对欧盟法院的预先信赖立场。而欧盟逮捕令下的引渡请求再次成为切入点。本案中,尽管《欧盟基本权宪章》第 4 条的具体保障内容(羁押性留置措施中的人权保障最低标准)不甚明确,但汉堡的州高等法院仍裁定,请求国会遵守了宪章规定的人权标准。然而,德国联邦宪法法院却认为,欧盟法院有关《欧盟基本权宪章》第 4 条与羁押条件的见解仍不尽完善,此项不足尤见于 Aranyosi 案和 Căldăraru 案,故汉堡州高等法院应当将不明之问题提交欧盟法院以澄清(依据《欧盟运行条约》第 267 条第 3 款)。但是,汉堡州高等法院却舍此不为,故德国联邦宪法法院认为,其裁判与《基本法》第 101 条第 1 款第 2 句规定的法定法官之权利有违。②

此外,德国联邦宪法法院在"遗忘权一号"裁判③和"遗忘权二号"裁判④中进一步扩大了它对《欧盟基本权宪章》(GRC)的审查职权:若待审查的事项已经按照欧盟法标准被统一化了,联邦宪法法院仅得依《欧盟基本权宪章》的标准去审查内国采取的措施。对此,囿于权限的缘故,对《宪章》的最终解释权应该归属于欧盟法院。⑤ 凭借着扩张的审查权限,联邦宪法法院在适用《欧盟基本权宪章》时,便成为了最终审级法院及《欧盟运行条约》第 267 条第 3 款中负有提交义务的法院。⑥ 同时,在这类案件中,一旦违反了《欧盟基本权宪章》,也可以通过宪法诉讼的方式声明不服。⑦ 如今,这种审查不再限于专门性法院是否故意违反了《基本法》第 101 条第 1 款第 2 句规定的提交欧盟法院义务的问题,也包括准确运用

---

① BVerfG JZ 2016, 1113 连同 *Gärditz* 的裁判评释,亦参见 *Esser* 的裁判评释, StV 2017, 241.有关欧盟法院和德国联邦宪法法院相关实务见解的总体发展,见 *Böhm*, NStZ 2017, 77, 78 f; *Brodowski*, JR 2016, 415, 424; *Jähnke/Schramm*, Europäisch, Kap. 6 Rn 17 f; *Kromrey/Morgenstern*, ZIS 2017, 106; *F. Meyer*, ZStW 128 (2016), 1089, 1096 ff。

② BVerfG NJW 2018, 686 连同 *Böhm* 的裁判评释, NStZ 2018, 197, 199; *Edenharter*, JZ 2018, 313。

③ BVerfG NJW 2020, 300。

④ BVerfG NJW 2020, 314。

⑤ BVerfG NJW 2020, 314, 316 ff; *Karpenstein/Kottmann*, EuZW 2020, 185, 186 f。

⑥ BVerfG NJW 2020, 314 (320); *Karpenstein/Kottmann*, EuZW 2020, 185, 187; *Wendel*, JZ 2020, 157, 165 f.位于最后审级的专门法院究竟是否因此不再负有相应的提交义务,联邦宪法法院未作说明。

⑦ BVerfG NJW 2020, 314, 319; *Karpenstein/Kottmann*, EuZW 2020, 185, 188 f; *Wendel*, JZ 2020, 157, 160。

《欧盟基本权宪章》中实体性基本权保障的问题。

相反,对于成员国拥有形塑空间的事项,即无须完全按照欧盟法确定的事项,原则上以《基本法》中的基本权作为审查国内措施的标准。通过适用由联邦宪法法院创设的原则性推定,通常应该会一并符合基本权宪章的保护水准,且在审查内国基本权时也应该兼顾基本权宪章的保护内容。① 在不全赖欧盟法所决定的领域,内国基本权秩序具有优先地位的理由是,《欧盟基本权宪章》第51条第1款相应地限缩了基本权宪章的适用范围。

30 　　因恐与"最大限度制裁原则"相混同②,加之对欧洲刑事程序法朝最低标准方向同化的疑虑③,德语文献对刑事法领域内的相互承认原则普遍持批评态度。* 更有甚者,欧盟法院尚未制定出具有普遍适性的欧洲公共秩序保留条款,即在要求相互承认原则下的承认与执行义务之余,却未订立基本权的最低保障标准。此种对基本权客观重要性的认识不明在方法论上系属衡量错估(Abwägungsfehleinschätzung)。④**

尤值一提的是2014年5月生效的《欧盟侦查令指令》(Richtlinie über die Europäische Ermittlungsanordnung)。⑤ 它取代了当时被废除的旨在获取为刑事程序所需的物品、文件以及资料的《欧盟证据令框架协议》(Rahmenbeschluss über die Europäische Beweisanordnung)。⑥ 该项指令以欧盟

---

① BVerfG NJW 2020, 300, 301, 303 ff; *Karpenstein/Kottmann*, EuZW 2020, 185, 187; *Wendel*, JZ 2020, 157, 161, 165.

② *Nestler*, ZStW 116 (2004), 332; *Schünemannn*, GA 2004, 193 u. ZIS 2007, 528; aA *Deiters*, ZRP 2003, 359.

③ *Kühne*, Rn 48; vgl. auch *Kirsch*, StraFo 2008, 449; *Zeder*, ÖJZ 2009, 996 mwN.

* 就《欧盟证据令状框架决议》而言,证据令签发国能取得其他会员国(证据令的执行国)的文书,并得在本国作为证据使用,如此一来,对不自证己罪原则保障程度较低的执行国之规定,将在欧盟证据令的辅助下,潜移默化到签发国的刑事程序,权利受干预从而让人失去保障。——译者注

④ 有关相互承认原则中的权衡错估问题,参见 *Kloska*, Das Prinzip der gegenseitigen Anerkennung im Europäischen Strafrecht, 2016, S. 621 ff, insbes. 626 ff; 对欧盟法院制定出欧盟公共秩序的前景持乐观态度的,见 *Schumann*, Anerkennung und ordre public, 2016, S. 310。

** 欧盟为了实现整合化的目标,在行使权限时具有一定的形成自由。但是应该权衡目标实现过程中可能受到影响的各项公益和私益,即利益衡量。为了确保衡量的结果合乎事理,德国法学方法论发展出利益衡量的瑕疵理论作为标准,因有瑕疵而违法的利益衡量包括:未予衡量或怠于衡量、衡量不足(即在判断个别利益是否纳入衡量时,轻忽其重要程度,以致忽略应予衡量的利益)、衡量错误(对于相关利益重要性之判断有误)和衡量不成比例(被牺牲的利益与欲实现的利益间显不相当)。——译者注

⑤ RL 2014/41/EU, ABl 2014 L 130/1; 对此见 *Knytel*, EuCLR 2020, 66 ff; *Schuster*, StV 2015, 393; *F. Zimmermann*, ZStW 127 (2015), 143。

⑥ RB 2008/978/JI, ABl 2008 L 350/72; 经 VO 2016/95, ABl 2016, 26/9 撤销。

证据立法方式，首次创设了一套统一的法律框架，不仅适用于原先已受《欧盟证据令框架协议》规范的移交证据，尚得用以收集证据①*。德国立法者已经将该指令内容转换为《国际刑事司法协助法》第91a条及其后数条的规定。③ 按照《国际刑事司法协助法》第103条，负责接受司法请求的机关自2017年5月22日以后收受的司法协助请求，均适用新法规定。

欧盟委员会曾通过**绿皮书和白皮书**的形式，公布了旨在整合内国刑事程序法的动议，如《欧盟内刑事诉讼之程序保障的绿皮书》④《关于刑事程序中职权冲突与**一事不再理原则**的绿皮书》⑤以及《于剥夺自由事项中适用欧盟刑事法规定的绿皮书》⑥。当时此类动议被置于"五年计划"⑦，即2004年制定的旨在强化欧盟自由、安全和法治的**"海牙计划"**中进行优先研议⑧。其内容强调可利用性原则（Grundsatz der Verfügbarkeit）。据此，成员国刑事追诉机关所知晓的资料，应于同等便利条件下供其他成员国

31

---

① *Satzger*, International, § 10 Rn 48.
* 《欧盟证据令框架协议》依其意旨，乃将执行国已经取得的物品、文件和资料于相互承认的基础上移转到证据令签发国，并得于签发国之刑事程序中加以使用。就位于执行国主权范围内却尚未取得之证据而言，签发国则无法透过《欧盟证据令框架协议》实现跨国取证。例如，签发国不得要求执行国的机关询问某一证人。故《欧盟证据令框架协议》显有阙漏，须另行擘画新制，以期能就各种取证措施、执行请求之期限及拒绝事由等跨境取证事项作成完整规范。2014年4月通过的《欧盟侦查令指令》，一者，基于相互承认原则而适用于各类证据形式（包括犯罪嫌疑人与证人的陈述、监控银行帐户、对通讯的窃听，以及更进一步的分析资料，如DNA采样和指纹等）。二者，就取证方式而言，下令国得要求执行国遵循下令国指示的形式和程序履行取证措施，以防执行国依其本国法收集之证据与下令国立法有违而无法使用。详见〔德〕赫尔穆特·查致格：《国际刑法与欧洲刑法》，王士帆译，北京大学出版社2017年版，第191—193页。——译者注
③ BGBl 2017 I, S. 31; 对此亦见 *Ahlbrecht*, StV 2018, 601; *Böhm*, NJW 2017, 1512; *Brahms/Gut*, NStZ 2017, 388; *Oehmichen/Weißenberger*, StraFo 2017, 316; *Rackow*, KriPoZ 2017, 79。
④ KOM (2003) 75; 此见 *Ahlbrecht/Lagodny*, StraFo 2003, 329; *Vogel/Matt*, StV 2007, 206。
⑤ KOM (2005) 696; 亦见 die Ratsvorschläge zu Rahmenbeschlüssen Ratsdok. 8535/09 u. 11119/09。
⑥ KOM (2011) 327。
⑦ 欧盟迄今制定的四项全面刑事政策计划中，最新的一项系2014年6月由欧盟高峰会达成之"布鲁塞尔计划"，其内容参见 s. *Brodowski*, ZIS 2015, 79。亦可见 *Esser*, in Joerden/Szwarc: Europäisierung des Strafrechts, S. 233。
⑧ ABl 2005 C 53/1; 亦见

作警务和刑事目的之用。① 欧洲刑事记录信息系统（Europäische Strafregisterinformationssystem,ECRIS）对此贡献甚多。② 2009年12月由欧盟高峰会通过的"斯特哥尔摩计划"③，包含了一项六步式《旨在刑事诉讼中强化嫌疑人或被追诉人之程序权利的计划表》，其规定，将渐进式地采取保障被追诉人的特定举措。④ 此间颁布了更多的指令，其主题分别涉及获得口译与书面翻译的权利⑤、受晓谕权⑥、得到法律帮助权⑦、诉讼费用援助⑧、少年嫌疑人和少年被告人之程序保障⑨和刑事程序中加强无罪推定以及审理在场权⑩。此外，在旨在强化被害人权利和保护的所谓"布达佩斯时刻表"（Budapest-Fahrplan）⑪的框架下，还颁布了《确立被害人权利最低标准的指令》⑫。任何专为转化指令要求到内国法的规范或与转化相关的规范，均务必采与指令相一致的解释。⑬

---

① 见 RB 2006/960/JI, ABl 2006 L 386/89; RB 2009/315 JI, ABl 2009 L 93/23; *Braum*, 批评意见 V 2008, 82; *F. Meyer*, NStZ 2008, 188; *Zöller*, ZIS 2011, 64; 深入论述见 *Böse*, Der Grundsatz der Verfügbarkeit von Informationen in der strafrechtlichen Zusammenarbeit der Europäischen Union, 2007。

② RB 2009/316/JI, ABl 2009 L 93/33; *Sollmann*, NStZ 2012, 253。

③ ABl 2010 C 115/1; 此见 KOM (2010), 171 (有关转化的工作计划); *Beukelmann*, NJW 2010, 2081, 2083; *Brodowski*, ZIS 2010, 376, 377 f; *Zeder*, EuR 2012, 34; 也参见欧议会于 2014年4月2日通过的关于斯特歌尔摩计划的中期倡议报告（2013/2024 (INI)），此见 *Brodowski*, ZIS 2015, 79, 80。

④ ABl 2009 C 295/1; 对此参见 *Dettmers/Dimter*, DRiZ 2011, 402; *C. Gatzweiler*, StraFo 2011, 293; 批评意见；*Meysmann*, EuCLR 2016, 187, 199 ff。

⑤ RL 2010/64/EU vom 20.10.2010, ABl 2010 L 280/1; 此见 *Dettmers/Dimter*, SchlHA 2011, 349; 因为有辩护人的参与就免于提供口译服务，这是违反指令要求的，但是对此却有不同观点，如 BGH NStZ-RR 2018, 57; 指令不要求翻译生效的判决，BGH NJW 2018, 3790 连同 *Oğlakcıoğlu* 的肯定性评释；*Kühne*, StV 2019, 599。

⑥ RL 2012/13/EU vom 22.05.2012, ABl 2012 L 142/1; 参见 *Esser*, Wolter-FS, S. 1328; 亦参见 *Spronken*, An EU-Wide Letter of Rights, 2010。

⑦ RL 2013/48/EU vom 05.11.2013, ABl 2013 L 294/1; s. BGBl 2017 I, S. 3295。

⑧ RL 2016/1919/EU vom 26.10.2016, ABl 2016 L 297/1; s. BGBl 2019 I, S. 2128。

⑨ RL 2016/800/EU vom 11.5.2016, ABl 2016 L 123/1; s. BGBl 2019 I, S. 2146。

⑩ RL 2016/343/EU vom 9.3.2016, ABl 2016 L 65/1; s. BGBl 2018 I, S. 2571。

⑪ ABl 2011 C 187/1。

⑫ RL 2012/29/EU vom 25.10.2012, ABl 2012 L 315/57; 对此参见 *Göhler*, Strafprozessuale Rechte des Verletzten in der Europäischen Union, 2019, S. 112 ff。

⑬ 关于欧盟规范与欧盟法律文件拥有多种官方语言文体以及各文本具有同等效力的背景下应如何解释的问题，参见 *Langheld*, EuCLR 2016, 39; 深入论述见 *ders.*, Vielsprachige Normenverbindlichkeit im Europäischen Strafrecht, 2016。

诸司法基本权中最为重要者,乃规定于《欧盟基本权宪章》第 50 条和 32
《申根协定》第 54 条的禁止(跨国性)双重处罚要求(亦称一事不再理,见
边码 434)。① 按照《申根协定》第 54 条之规定,在签约国已受有罪确定判
决之人,其所受之制裁已执行完毕、正在执行中或依判决国之法律不得再
予执行者,其他签约国不得再就该人之同一犯罪另予追究②。某项终局性
的司法裁判是否构成一项《申根协定》第 54 条所谓的,对其他签约国重新
进行刑事追究具有排斥性的"确定之有罪判决",欧盟法院分两步判决之:
第一步,根据犯罪之最先追究国的法律,该裁判是否会导致诉讼程序在没
有新的证据出现以前不会再被启动;第二步,该裁判建立在"事实审查"的
基础上作成。③ 欧盟法院判例见解认为,如《刑诉法》第 153a 条第 1 款
(附带指示和负担下的不予追究)的程序终止有刑事起诉穷竭之效果,理
由系,此决定在没有法院参与的情况下,却构成了对同一罪行开展刑事追
究的终局性程序障碍。④ 此类程序终止性裁判无须表现出制裁的属性,即
可归入《申根协定》第 54 条之情形。⑤《申根协定》第 54 条以及《欧盟基
本权宪章》第 50 条所称的"同一犯罪",乃系一种从时空角度和行为目的
上相互密不可分的具体事实集合体。它独立于内国法上的法律评价和法
保护利益,而应被看作一种具有关联性的生活事实⑥(有关德国法诉讼上

---

① 参见 EuGH NStZ 2007, 408 (*Gasparini*);深入论述见 *Anagnostopoulos*, Hassemer-FS, S. 1121; *Hackner*, NStZ 2011, 425; *Hecker*, JuS 2014, 845; *Hochmayr* (Hrsg.), „Ne bis in idem" in Europa, 2015; *Satzger*, Roxin Ⅱ-FS, S. 1515; *Stein*, Zum europäischen ne bis in idem, 2004; *Zöller*, Krey-FS, S. 501。
② Überblick über die einzelnen Merkmale bei *Esser*, Europäisch, § 7 Rn 12 ff。
③ EuGH NJW 2016, 2939 (*Kossowski*) 连同 *Gäde* 的裁判评释; Bespr. *Hecker*, JuS 2016, 1133; *Wegner*, HRRS 2016, 396;übernommen in BGH NJW 2016, 3044;关于确定力标准的深入论述,参见 *Jähnke/Schramm*, Europäisch, Kap. 9 Rn 67 ff。
④ EuGH JZ 2003, 303 (*Gözütok* u. *Brügge*) 连同 *Kühne* 的裁判评释和 *Böse* 的裁判评释, GA 2003, 744; EuGH NStZ-RR 2009, 109; *Vogel/Norouzi*, JuS 2003, 1059;亦见 EuGH NJW 2005, 1337 (*Miraglia*); OLG Nürnberg StV 2010, 233; *Satzger*, International, § 10 Rn 82。
⑤ EuGH NJW 2016, 2939 (*Kossowski*) 连同 *Wegner* 的裁判评释, HRRS 2016, 396;亦参见 *Esser*, Europäisch, § 7 Rn 19。
⑥ Für Art. 54 SDÜ s. EuGH JZ 2006, 1018 (*van Esbroeck*) 连同 *Kühne* 的裁判评释和 *Radtke* 的裁判评释, NStZ 2008, 162; EuGH JZ 2007, 245 (*van Straaten*)连同 *Kühne* 的裁判评释; EuGH NStZ 2008, 164 (*Kraaijenbrink*); BGH NJW 2008, 2931 连同 *Kische* 的裁判评释, wistra 2009, 161 u. *Kretschmer*, JR 2009, 390[对此还有 EuGH NJW 2007, 3412 (*Kretzinger*)的中间裁判]; BGH StV 2019, 593; *Esser*, Europäisch, § 7 Rn 27; *Hochmayr*, in Pechstein/ua, Frankfurter Kommentar zu EUV, GRC und AEUV, 2017, Art. 50 GRC Rn 12 f;完整详尽内容见 *Radtke*, Seebode-FS, S. 297。有关《基本权宪章》第 50 条见 BGH StV 2017, 245; *Esser*, Europäisch, § 7 Rn 38。

的犯罪概念,见边码785及其后数段)。最后,先行有罪判决的执行性要素要求,制裁已经被执行、正在执行中或依判决国法,不得再予以执行。按照有待商榷之见解,《申根协定》第54条规定的此项限制,亦适用于《欧盟基本权宪章》第50条。理由系,根据《欧盟基本权宪章》第52条第1款,《申根协定》第54条应系对《欧盟基本权宪章》第50条之合法的限制。① 《欧盟基本权宪章》第50条所规定的深远的原则性保障,也受到判例见解的回拢。申根签约国在面对《申根协定》第54条所作的对《欧盟基本权宪章》第50条之合法限制,是否亦得加以保留?该问题迄今尚被欧盟法院所搁置。② 另应注意的是,《欧盟基本权宪章》第50条亦适用于类似刑法的违反秩序处罚和惩戒处分。③

33   以**制度层面**观之,过去的欧盟三支柱体制在刑事司法领域已有许多机制安排。如1999年7月1日以来便独立运行的,位

---

① EuGH NJW 2014, 3010 (*Spasic*), Rn 55 ff 连同 *Burchard* 的裁判评释, HRRS 2015, 26; *Eckstein*, JR 2015, 421; *Gaede*, NJW 2014, 2990; 另外参见 BGHSt 56, 11, 15 连同 *Hecker* 的评释, JuS 2012, 261 (gebilligt durch BVerfG NJW 2012, 1202); BGHSt 59, 120, 159 连同 *Hecker* 的裁判评释, StV 2014, 461 u. *Zehetgruber*, JR 2015, 184; ebenso LG Aachen StV 2010, 237 连同 *Reichling* 的裁判评释; *Burchard/Brodowski*, StraFo 2010, 179 u. *Koch/Dorn*, Jura 2011, 690; *Satzger*, International, § 10 Rn 66 ff, 83 ff; *Vogel*, StRR 2011, 135, 137; aA *Böse*, GA 2011, 504; *Eser/Kubiciel*, in: Meyer/Hölscheidt, GRC, Art. 50 Rn 15; *Heger*, ZIS 2009, 408; *Merkel/Scheinfeld*, ZIS 2012, 206; *Schomburg/Suominen-Picht*, NJW 2012, 1190, 1191; *Swoboda*, JICJ 2011, 243; differenzierend *Duesberg*, ZIS 2017, 66; 完整内容详见 *Esser*, Europäisch § 7 Rn 28 ff und 39 ff; *Jähnke/Schramm*, Europäisch, Kap. 9 Rn 59 ff.

② EuGH NJW 2016, 2939 (*Kossowski*) 连同 *Gäde* 的裁判评释; 对此亦见 *Brodowski*, ZIS 2017, 11, 12; *Hecker*, JuS 2016, 1133, 1135; *Wegner*, HRRS 2016, 396; 联邦最高法院认为这个问题对裁判没有显著性影响,故未提交给欧盟法院,见 StraFo 2017, 324, 328。

③ *Eser/Kubiciel*, in: Meyer/Hölscheidt, GRC, Art. 50 Rn 9; *Esser*, Europäisch, § 7 Rn 38; 但是,如今欧盟法院的制裁概念已经扩张得如此之宽,以至于欧盟法院后来认为,有必要通过《欧盟基本权宪章》第52条第1款从必要性审查的角度对该宪章第50条规定的免受双重追究的保障再度加以限制。因此,如果对于有效震慑犯罪有其必要,即便刑事追究措施和制裁措施或许会从不同侧面针对同一行为为之,但只要它们之间具有互补的目的,便允许双重追究或者允许将追究措施和刑事法特征的制裁叠加在一起。另外,制裁的叠加整体上不得有违合比例的要求。参见 EuGH EuGRZ 2018, 181 (*Menci*) und EuGH EuGRZ 2018, 187 (*Garlsson Real Estate SA ua*); 批判性见解参见 *Wegner*, HRRS 2018, 205; 对于审查方法的批判性见解参见 *El-Ghazi*, JZ 2020, 115, 120 f; *Kloska*, Das Prinzip der gegenseitigen Anerkennung im Europäischen Strafrecht, 2016, S. 649, 两篇文献都借助这种纯粹的合比例性审查批判一事不再理的禁止性要求内容空洞。《欧盟基本权宪章》第49条第3款就规定了,制裁不得高过与罪责相当的程度。但是,欧盟法院却追随欧洲人权法院对《欧洲人权公约》第4附加议定书的审查方法,如参见 EGMR NJOZ 2018, 1462 (*A. und B./Norwegen*)。

于荷兰海牙的欧洲警务机关("**欧盟警察署**"/Europol)。① 该组织尤其对几乎涵盖所有形式的有组织以及重大跨境犯罪开展情报分析、信息收集以及内国侦查机关间的合作(见《欧盟运作条约》第88条第1款)。然而,它仍然欠缺包括特殊执行权能在内的独立侦查管辖权(见《欧盟运作条约》第88条第3款)。② 2002年,作为欧盟警察署之司法对应单位的欧盟司法合作组织(Eurojust)开始上路。③ 它系集咨询功能、文件资料功能和沟通功能于一身的中央常设机构,旨在保障各成员国检察机关相互合作。欧盟司法合作组织自《里斯本条约》生效以来,借《欧盟运作条约》第85条而获得欧盟一级法的法律基础。如今,依据该规范制定的有关欧盟司法合作组织的欧盟规则已经取代了最初的欧盟理事会决议而成为其法律基础。④ 在最早建议的一揽子措施中便被致力组建的**欧盟检察署**(EuStA),按理说,应当依据《欧盟运作条约》第86条第1款第1段,于欧盟合作组织基础上设置⑤,如今凭借独立颁布的规则而获得法律基础。⑥ 欧盟检察署的核心任务乃抗制侵害欧盟财政利益之犯罪⑦(见《欧盟运作条约》第86条第1款第1、2段)。另就远期目标而言,该

---

① 欧盟警察署的新的法律依据是 die VO 2016/794 vom 11.5.2016, ABl 2016 L 135/53; 德国有关欧盟警察署的法案修改参见 BGBl 2017 I, S. 1882; 有关欧盟警察署的深入论述见 Ahlbrecht/ua-*Ahlbrecht*, Rn 1472 ff; *Ambos*, International, § 13 Rn 7 ff。

② *Dannecker*, in: Streinz, Art. 88 AEUV Rn 19 ff; ausf. *Hauck*, ZStW 124 (2012), 473; *Wolter/Schenke/Hilger/ua*, Alternativentwurf Europol und europäischer Datenschutz, 2008; vgl. auch *Nestler*, GA 2010, 645.

③ ABl 2002 L 63/1 u. ABl 2009 L 138/14; Eurojust-Gesetz, BGBl 2004 I, S. 902; vgl. auch BR-Drs. 850/11; zu Eurojust: *Esser*, GA 2004, 711; *Kretschmer*, Jura 2007, 169; *Noltenius*, ZStW 122 (2010), 604, 614 f; *Trentmann*, ZStW 129 (2017), 108, 116 ff; zum sog. Eurojust-Plus-Modell: *Weyembergh*, NJECL 2 (2011), 75.

④ VO 2018/1727, ABl 2018 L 295/138; 为了执行指令,在内国法层面颁布了一部新的关于欧盟司法合作组织的法案(EJG); BGBl 2019 I, S. 2010。

⑤ KOM (2013) 534; 对此亦见 *Esser*, StV 2014, 494, 496 ff; *Magnus*, ZRP 2015, 181; *Trentmann*, ZStW 129 (2017), 108, 127 ff; *Zeder*, StraFo 2014, 239; *Zerbes*, ZIS 2015, 145; 有关欧盟检察署(颁布后续指令之前的视角)亦参见 *Grünewald*, HRRS 2013, 508; *Nürnberger*, ZJS 2009, 494; *Radtke*, GA 2004, 1; *Satzger*, NStZ 2013, 206; *Schramm*, JZ 2014, 749; *Zerbes*, ZIS 2015, 145。

⑥ VO 2017/1939, ABl 2017 L 283/1; 对此亦见 *Brodowski*, StV 2017, 684; *Magnus*, HRRS 2018, 143。

⑦ 参见 RL 2017/1371/EU, ABl 2017 L 198/29 (PIF-Richtlinie)。

机关将被扩建为打击严重跨境犯罪之中央刑事追究机关(《欧盟运作条约》第86条第4款)。欧盟检察署由中央(欧盟的)与非中央(成员国的)的二维层面组成,后者以派驻欧盟检察官的形式存在。派驻检察官遵照所在国本国刑事诉讼法开展侦查,并接受欧盟检察署中央的监督和指示(参见边码137)。惟有赞同《欧盟运作条约》第86条第1款第3段、第326条及其后数条所规定的强化合作的欧盟成员国,方可加入欧盟检察署。欧盟检察署定位为独立机关,并与欧盟司法合作组织以及其他欧盟机关,尤其是欧盟欺诈犯罪防制局(见下文)和欧盟警察署保持密切合作。① 欧盟检察署将最早于2020年底开展工作。②

欧盟打击欺诈犯罪的机关——**欧盟欺诈犯罪防制局**(OLAF,Office Europeen de Lutte Anti-Fraude)担负着保护欧盟财政利益的职责。③ 欧盟欺诈犯罪防制局的任务是,打击欺诈、腐败以及其他所有损害欧盟财政利益的违法行为。欧盟欺诈犯罪防制局在实现该任务时,与各成员国主管部门紧密合作且完全独立地开展内部和外部调查,并有能力通过资讯通报的方式,在成员国层面启动这些刑事追究措施。

34 内国刑事追究机关当然继续负有通过内国的刑事追究保护欧盟财政利益的义务,甚至为有效地达成目的,还应取消内国的追诉时效的规定。欧盟法院将此当作诉讼制度,即便它在内国法中被归为实体法规定。④ 为了化解内国宪法性要求和欧盟法有效保护要求之间的冲突,欧盟法院在塔里科(Taricco)判决的后续性裁判中要求,在意大利属于刑事实体法规范且应遵守宪

---

① 完整内容:*Magnus*, HRRS 2018, 143; *Satzger/von Maltitz*, Jura 2018, 153。
② 参见 Art. 120 Ⅱ UA 3 der VO 2017/1939。
③ 参见欧盟理事会的成立决议 ABl 1999 L 136/20;有关其侦查权限见 VO 883/2013, ABl 2013 L 248/1 经过 VO 2016/2030, ABl 2016 L 317/1 修订;关于欧盟欺诈犯罪防治局的完整内容见 Ahlbrecht/ua-*Ahlbrecht*, Rn 1445 ff; *Ambos*, International, § 13 Rn 2 ff。
④ EuGH wistra 2016, 65 (*Taricco*)和 *Gaede* 的批判性评释, wistra 2016, 89 以及 *Hochmayr* 的评论, HRRS 2016, 239; *Viganò*, EuCLR 2017, 103. *F. Meyer*, ZStW 128 (2016), 1089, 1133 (Fn 214)。尤其在边码137段引用欧洲人权法院的裁判——EGMR, 9.1.2013-21722/11 (*Volkov/Ukraine*)批判欧盟法院的在 Taricco 案中的裁判,即该裁判漠视了从《欧洲人权公约》第6条第1款推导出的应该充分明确追诉时效规定的公平要求。这种明确性要求与追诉时效制度究竟在内国层面属于实体法抑或程序法制度无关。

法上罪刑法定原则和禁止溯及既往要求的追诉时效规定可以暂时继续有效,但是在转化了《有关刑事打击诈骗欧盟财政利益行为的欧盟指令》以后,就必须与该指令保持一致,追诉时效制度将当作诉讼规范且不再适用禁止溯及既往,即追诉时效一旦妨碍了欧盟利益,可能不被适用。①尽管欧盟法院解决了实体法上的法定性要求和禁止溯及既往问题,但却低估了对程序公平性所带来的其他问题。因为必须让被追诉人能在诉讼上预见,究竟何时会适用这种特殊方案,何时欧盟法规定会排斥内国法。②

由于《申根协定》第54条和《欧盟基本权宪章》第50条的要求,案件因罹于时效而在某国被终结程序的事实应该被其他内国法院注意到,于是对于这些内国法院而言便提出了后续性问题,某个违反《欧盟运行条约》第325条却被认为已过追诉时效的犯罪,在其他成员国是否不得再被追究?换言之,依据《欧盟运行条约》第325条,为有效保护欧盟财政利益,就绝对不能违反《申根协定》第54条和《欧盟基本权宪章》第50条的要求对该罪行再次判决吗?③

(三) 国际法④

2002年,**国际刑事法院**(IStGH, ICC)⑤的成立系国际刑事法发展之里程碑,并对内国刑事(诉讼)法亦有影响。国际刑事法院乃国际间为谴责和制裁最严重侵害人权行径而长期努力的成果。此类诉讼实践肇

---

① EuGH JZ2018, 300 (*M.A.S. und M.B.* alias *Taricco* II).
② 见 *F. Meyer* 的批判性裁判评释 JZ 2018, 304。关于欧盟法院在 M.A.S 和 M.B 裁判中的矛盾之处见 *Burchardt*, Verfassungsblog v. 7.12.2017, https://verfassungsblog.de/belittling-the-primacy-of-eu-law-in-taricco-ii/ 以及 *Wegner*, wistra 2018, 107 这两份文献之间的讨论;*Lochmann*, EuR 2019, 61;位于罗马的意大利宪法法院裁判的完整内容见 EuGRZ 2018, 685 连同 *Staffler* 在 S. 613 ff 的评释;对此亦见 *ders.*, ZStW 130 (2018), 1147, 1165 ff;有关解释内国宪法权和解释欧盟法权限之间的冲突,见 *Swoboda*, ZIS 2018, 276, 280 f, 284 f, 290 ff。M.A.S 和 *M.B* 案的裁判得到了欧盟法院的认可,in EuGRZ 2018, 649 (Kolev u.a.)。
③ 否定意见:LG Mannheim wistra 2019, 515;同样的见解:*Bürger*, wistra 2019, 473。
④ 关于国际法的概述:*Ambos*, Der Allgemeine Teil des Völkerstrafrechts, 2. A. 2003; *ders.*, Internationales Strafrecht, § § 5 ff; *Engelhart*, Jura 2004, 734; Ahlbrecht/ua-*Eckelmans*, Rn 1891 ff; *Safferling*, § § 4 ff; *Satzger*, International, § § 12 ff; *Stuckenberg*, GA 2007, 80; *Weigend*, GA 2018, 297; *Werle/Jeßberger*, Völkerstrafrecht, 5. A. 2020。
⑤ www.icc-cpi.int.

始于纽伦堡和东京的国际军事法庭。经历了数十年停顿之后,随着在海牙和阿鲁沙成立了旨在制裁发生在前南斯拉夫和卢旺达的战争和人权犯罪的**特设法庭**(Ad-hoc-Tribunalen)①,即前南国际法庭(JStGH/ICTY)②和卢旺达国际法庭(RStGH/ICTR)③,此种实践又得到了进一步发展。有别于此类凭借联合国安理会决议而具有维和措施属性的审判机构,国际刑事法院系独立于联合国的、具有自主性的国际法主体,其法律基础是作为国际公约,并于2002年7月1日生效的《**国际刑事法院罗马规约**》(Römisches Statut)④。其目前(截至2016年2月)已经得到123个国家的批准加入。勿将国际刑事法院和国际法院(IGH)相混淆,后者发挥着联合国中央裁判机关之职能,而前者系常设法院,并负责审理《罗马公约》所列举之罪行,即灭绝种族罪(第6条)⑤、危害人类罪(第7条)⑥、战争罪(第8条)和侵略罪(第8条之二)⑦等。惟以罪行系签约国公民所犯者,或于签约国境内实施者为限(《罗马公约》第12条),但案件系联合国安理会交办者除外(《罗马公约》第13条第b项)。《罗马规约》首次规定了一套国际刑事实体法的总则,并为国际刑事法院的诉讼规定了一套"小型国际刑事诉讼法"⑧,对国际刑事诉讼法的协调与发展良有贡献。⑨ 按德国与国际刑事法院之间的合作而言:根据《基本法》的国际法友好性原则(Grundsatz der Völkerrechtsfreundlichkeit)以及裁判应受实定法与自然法之约束原则(《基本法》第20条第3款连同第59条第2款),并以《基本法》第16条第2款为法律依据,**在解释德国宪法中的基本权时,德国负有参照对该事项有管辖权之国际性法院或裁判机构之判例的宪法性义务**。⑩

---

① *Kreß*, JZ 2006, 981; *Swoboda*, ZIS 2010, 100; *Werle*, in: Schmid/Krzymianowska, S. 170.
② www.un.org/icty.
③ www.ictr.org.
④ 深入论述见 *Triffterer/Ambos*, passim。
⑤ 深入论述见 *Neubacher*, Jura 2007, 848; *Neubacher/Klein*, passim; *Werle*, Küper-FS, S. 675。
⑥ *Werle/Burghardt*, ZIS 2012, 271; *Ambos/Pirmurat*, JZ 2007, 822; *Mikolajczyk/Mosa*, ZIS 2007, 307.
⑦ 国际刑事法院对于侵略犯罪的司法管辖权规定于2017年12月,于2018年7月17日生效, *Kreß*, JICJ 2018, 1。
⑧ *Geiger*, Büllesbach-FG, S. 334.
⑨ *Stahn*, HumVR 2004, 170.
⑩ BVerfG StV 2008, 1, 3 连同 *Burchard* 的裁判评释, JZ 2007, 891; *Kreß*, GA 2007, 296; *Walter, T.*, JR 2007, 99.

国际刑事法院和公约成员国之间的管辖权分配则适用**补充性原则**(《罗马规约》第 17 条),据此,惟当签约国无意或无法就系争罪行自行予以追究者,国际刑事法院始得管辖之。补充性原则亦体现出《罗马规约》和各特设法庭之章程有别。后者适用优先性原则,即此类裁判机构得吸收签约国开展的程序。① 国际刑事法院之刑事程序更融合了普通法和欧洲大陆法的刑事诉讼模式之要素。②

  目前在国际刑事法院宣誓就任的法官共计 18 位,其中德国籍法官系前联邦最高法院法官贝特汉·斯密特(*Bertram Schmitt*)。早期的国际刑事法院专注于非洲(如民主刚果共和国、马里、苏丹、中非共和国)的局势③,并已就一些由此发生的刑事程序作成了判决。④ 如今世界其他各洲之局势,既包括亚洲(如阿富汗、菲律宾)和南美洲(如委内瑞拉),也包括欧洲(乌克兰、格鲁吉亚)⑤,同受国际刑事法院之起诉机构所关注。 36

  于《罗马规约》生效之际,德国同步颁布了一部本国的《国际刑法典》(*Völkerstrafgesetzbuch*)⑥,供德国就国际法罪行开展刑事程序时,作为法律依据之用。按照补充性原则(《罗马规约》第 17 条),根据《国际刑法典》开展的本国刑事追究要优先于根据《罗马规约》所开展的行动。《国 37

---

 ① 深入论述见 *Eser*, Trechsel-FS, S. 223; *Lafleur*, Der Grundsatz der Komplementarität, 2010。
 ② 深入论述见 *Ambos*, International, § 8 Rn 18 ff。
 ③ 由此产生的国际刑事法庭的正当性问题见 *Stefanopoulou*, ZIS 2018, 103。
 ④ ICC, Situation in the Democratic Republic of Congo, *Prosecutor v. Thomas Lubanga Dyilo*, Case No. ICC-01/04-01/06-2842, 14 March 2012; ICC, Situation in the Democratic Republic of Congo, *Prosecutor v. Germain Katanga*, Case No. ICC-01/04-01/07-3436-tENG, 07 March 2014; ICC, Situation in the Central African Republic, *Prosecutor v. Jean-Pierre Bemba Gombo*, Case No. ICC-01/05-01/08-3343, 21 March 2016; ICC, Situation in the Republic of Mali, *Prosecutor v. Ahmad Al Faqi Al Mahdi*, Case No. ICC-01/12-01/15-171, 27 September 2016.
 ⑤ 目前已经启动的情况和之前已经完成的初步审查情况可以浏览国际刑事法庭的主页(https://www.icc-cpi.int/pages/situation.aspx; https://www.icc-cpi.int/pages/pe.aspx);有关上述局势的最新发展报告见 *Chaitidou*, ZIS 2017, 733 (Part 1), ZIS 2018, 23 (Part 2) und ZIS 2018, 73 (Part 3)。
 ⑥ 更多参见 *Jeßberger/Geneuss*(Hrsg), Zehn Jahre Völkerstrafgesetzbuch-Bilanz und Perspektiven eines „deutschen Völkerstrafrechts", 2013; *Kreß*, ZIS 2007, 515; *Safferling/Kirsch*, JA 2012, 481; *Werle*, JZ 2012, 373; *ders./Vormbaum*, JZ 2017, 12; *Wessels/Beulke/Satzger*, AT, Rn 103 ff;强烈批评的意见 *Burghardt*, KJ 51 (2018), 21。

际刑法典》第 1 条规定了**世界法原则**(Weltrechtsgrundsatz,亦称普遍原则)。① 依《国际刑法典》第 1 条第 1 句,该法适用于灭绝种族罪、危害人类罪和广义战争罪,即该法放弃将正当的内国联结因素作为适用的前提*。但是,依据《国际刑法典》第 1 条第 2 句,于侵略罪之情形下,惟犯罪人系德国人或犯罪系对德意志共和国而为者,始得独立于犯罪地法而适用《国际刑法典》第 13 条之规定**。德国刑事追究机关的此等范围极广的追究义务,借由《刑诉法》第 153f 条,得以于诉讼上有所限制。即由检察官保有相对宽松的程序终结权,并于必要时,尤其当某国际法罪行不存在本国因素时,将案件转交于国际刑事法院办理(分级式优先管辖权)。② 然而,此种终结程序之裁量权却再度受到**预先司法协助原则**(antizipierte Rechtshilfe)之限制:纵使其他国家或国际刑事法院享有优先管辖权,导致某国际法罪行最终受德国法院裁判之概率不高,但若德国未来可能就该罪行被请求司法协助,德国机关原则上仍有义务自行侦查,尤以保全证据为要。德国刑事追究机关不得仅以该国际法罪行未显示与德国关联的因素,或以未接获司法协助请求为由,拒绝启动侦查程序。尤其当国际法罪行的证据情况复杂,且待到犯罪地国或国际刑事法院彻底启动刑事程序通常逾一年之久时,最能体现预先司法协助之必要。为使优

---

① 参见 Wessels/Beulke/Satzger, AT, Rn 92。

* 在德国《国际刑法典》生效之前,灭绝种族罪曾被规定于德国《刑法典》第 220a 条,并被《刑法典》第 6 条第 1 款规定为适用世界法原则的罪名。但是,德国联邦最高法院实务见解却持限缩性解释,即罪行必须具有"正当内国连接因素",始得由德国追究之。如今,德国《刑法典》的上揭规定已经删除,不当的实务见解也经由《国际刑法典》第 1 条得到纠正。参见〔德〕赫尔穆特·查致格:《国际刑法与欧洲刑法》,王士帆译,北京大学出版社 2017 年版,第 442 页。——译者注

** 《国际刑法典》第 13 条系军事指挥官或高级文职人员出于故意或者过失而未对由其指挥、管辖或实际控制的部属实行适当监督的罪行。——译者注

② BVerfG NStZ 2011, 353; 详见 LR-Mavany, §§ 153c, 153f;关于对 Abu Ghuraib 案依据《刑诉法》第 153f 条终止程序的情况,参见 2005 年 2 月 10 日联邦总检察长作出的裁定,JZ 2005, 312; OLG Stuttgart JZ 2006, 208 连同 Singelnstein/Stolle 的裁判评释, ZIS 2006, 118; Gierhake, ZStW 120 (2008), 375; 依据《刑诉法》第 170 条第 2 款对 Klein 上校案终止程序的情况见 2010 年 4 月 16 日联邦总检察长作出的裁定, 3 BJs 6/10-4; Basak, HRRS 2010, 513; Jeßberger, HRRS 2013, 119; Safferling/Kirsch, JA 2010, 81;因为德国人在巴基斯坦被美国无人机袭击身亡的案件的程序终止参见 2013 年 6 月 20 日联邦总检察长的裁定, 3 BJs 7/12-4 连同 Ambos 的裁判评释, NStZ 2013, 634; Löffelmann, JR 2013, 496。

先管辖之机关待诸程序启动之时不再旷时费力,务必提早保全证据。① 此外,经由《基本法》(第16条第2款第2句)之修订,德国国民亦得被移交国际刑事法院。

第一件以《国际刑法典》为依据作成的有罪判决,系2015年9月28日针对一名卢旺达籍公民在卢旺达帮助"解放卢旺达民主力量"实施战争罪(《国际刑法典》第8条及以下)的判决。② 最近以来,根据《国际刑法典》开展的本国刑事程序主要针对发生在叙利亚和伊拉克的战争行为相关罪行,以及所谓"伊斯兰国"成员的罪行。目前已经作成了第一件依据《国际刑法典》第8条的战争罪有罪判决。③ 除其他针对个人的刑事程序之外,联邦总检察长还针对叙利亚和伊拉克发生的事件,开展了"结构性诉讼"。这些程序皆为保全证据,既可能供未来在德国开展侦查程序之用,也可能借由预先司法协助机制,留作未来他国司法机关或国际刑事法院开展诉讼之用。总之,以《国际刑法典》为依据开展的刑事诉讼方兴未艾。④

另值得一提的是1966年通过的《公民权利和政治权利国际公约》,其内容如第14条第3款第7项明确规定的禁止强迫自我归罪(详见边码191)。⑤

38

案例1(边码1)之解答:

39

若被追诉人殆同确定无法存活至程序终结之日,或有观点认为,**于个案中确认和实现国家刑罚请求权**之诉讼目的将不能实现,因为刑事程序不得以自我为目的,继续进行将失去正当依据(BerlVerfGH NJW 1993, 515, 517; 1994, 436, 440)。但此种见

---

① BT-Drucks. 14/8524, S. 37 f; *Kreß*, ZIS 2007, 515, 517; *Werle*, JZ 2012, 373, 378; *ders./Vormbaum*, JZ 2017, 12, 13 f.

② OLG Stuttgart, Urt. v. 28.9.2015, Az 53 StE 6/10; 关于这个案件参见 *Safferling/Kirsch*, JA 2012, 481, 485 f; *Keller*, in: *Jeßberger/Geneuss* (Hrsg.), Völkerstrafgesetzbuch, S. 148 ff.

③ OLG Frankfurt a.M. BeckRS 2016, 19047 以及联邦最高法院的支持性裁判(BGH NJW 2017, 3667)以及 *Werle/Epik* 的裁判评释, JZ 2018, 261; 否定性评论 *Ambos* NJW 2017, 3672; KG BeckRS 2017, 108262;有关解释方法的批评意见;*Berster*, ZIS 2017, 264; *Bock/Bülte*, HRRS 2018, 100。

④ 完整内容见 *Büngener*, ZIS 2017, 755; *Frank/Schneider-Glockzin*, NStZ 2017, 1; 有关"伊斯兰国"对雅兹迪教徒的犯罪,见 *Epik*, KJ 51 (2018), 33。

⑤ 详见 LR-*Esser*, Bd. 11, S. 1199 ff。

解未免过分低估共同体(甚至被告人)于事实查明上的利益。发现真实首要在于**澄清事实经过**。该诉讼目的从纳粹大审中犹见其意义重大。查明严重的罪行乃法治国共同体的核心任务之一(BVerfGE 77, 65, 77),至少于被告人过世之前,其必要性不依赖于被告人预计生命之久暂。H被指控犯有重罪,故但凡其尚在人世,继续对其开展诉讼便与刑事程序之意义和目的无违。柏林州宪法法院所作成的相反见解裁判有违宪之虞[仅见 *Rozek, AöR* 119 (1994), 450],不宜追随(诚如下列文献之正确结论: *Fahl*, ZJS 2011, 229, 233; *Kindhäuser/Schumann*, § 14 Rn 22; *Meurer*, JR 1993, 89; *Schoreit*, NJW 1993, 881; abw. SK-*Paeffgen*, Anhang § 206a Rn 10; *Prittwitz*, StV 2010, 648, 654; *Murmann*, GA 2004, 77)。与之截然不同的问题系:是否仍许其被采取强制措施(如羁押,见边码318及其后数段之内容)?抑或,若H甚至不具备诉讼能力(参见边码431)或继续开展诉讼将危及被追诉人生命或身体健康,得否继续进行程序?(否定性见解见BVerfG NJW 2002, 51; BVerfG EuGRZ 2009, 645;深入完整论述见 *Beck*, HRRS 2010, 156)(详见前文边码7及其以下数段)。

40　　**案例2(边码2)之解答:**

这不属于必要辩护的情形,P并无依职权指派义务辩护人的义务(《刑诉法》第141条)。但是,结合告知被追诉人咨询辩护人权利的晓谕义务(第136条第1款第2句第2种情形),《刑诉法》第136条第1款和第4款也明确规定了促成第一次联系辩护人的义务。P违反了该义务。在本案这类特殊情形下,P不仅有提供行业登记簿的义务,除此之外,尚有促成被追诉人联系辩护人,以获得"第一时间的帮助"之义务。尤其当被追诉人试图联系辩护人时,更不能造成这种毫无帮助的印象。如果A无法从行业登记簿中选择律师,P应当先告知其求助值班律师。本案反映了刑事司法有效性原则与实现国家刑罚请求权过程中的法治国要求之间的冲突。着眼于有效性的刑事司法必然要在刑事程序中使用自白。但是在刑事程序中**发现真实不能不择手段**。所以,上述对《刑诉法》第136条第1款第3、4句的违反造成证据使用禁止。但是,就个案而言,这是有争议的,并且面对特别严重犯罪时,也可能因为《刑诉法》第141条及以下数条有关义务辩护规定的特殊性而导致完全不同的结论。有关公平性的理念见边码10,有关被追诉人权利的内容见边码179、224、279、704及以下数段。

案例3(边码3)之解答:

按行为时法,该罪行已于1990年罹于时效;按起诉时法,罪行却尚未罹于《刑法典》第78条的时效。一种少数说主张,追诉时效系一项实体性刑罚消灭事由,依据《基本法》第103条第2款、《刑法典》第1、2条,法律效果应以适用行为时法为断。故A不得再受处罚,即亦不得对其起诉。

占绝对支配地位且允当之见解认为,追诉时效仅为一项**形式法问题**(罹于时效系诉讼障碍),其应适用裁判时法。1945年犯下的谋杀在1990年按照新法规定已无追诉时效(符合犯罪未罹于时效之诉讼要件),得对之起诉(详见前文边码13)。

41

第二章　刑事诉讼的原则

42　　**案例 4**：
　　刑事程序中最重要的基本原则有哪些？（边码 62）

43　　**案例 5**：
　　政客 A 与妻子 E 发生争吵，A 出于杀人意图（Tötungsabsicht）在众目睽睽之下用餐刀扎伤了妻子 E 的脖子。警察接获 A 的邻居报警后赶到现场发现 E 的伤口经过自行处理已无大碍。E 为了"家丑不外扬"，请求警察将此事交由她自己私了。请问如此处理合适吗？（边码 63）

44　　**案例 6**：
　　A 曾经于 1993 年以房地产交易为名诈骗多名买家。被害人于 1996 年告发此事。1997 年对 A 启动了相应的刑事程序，2000 年 A 被第一次讯问，2004 年 A 被起诉，但是直到 2009 年才进行庭审活动。

　　（1）法院在对起诉指控的查证中认为 A 没有太严重的罪责，但是在 2011 年年底之前不可能作出判决，法院就是否应该继续进行诉讼犹豫不决。法院有必要终止程序吗？

　　（2）在诉讼进行了七年之后，到了 2017 年底，法院大概是希望以事实为理由对 A 作出无罪判决，而不顾诉讼延宕已久。但是，这项判决预计在 2018 年春季以后才会作出。A 要求其辩护人 B 作出判断，他能否因为诉讼延宕获得"痛苦赔偿金"。B 应该如何回答？（边码 64）

45　　刑事诉讼的原则系指在过去的百年传统中所形成的，并在深刻干预公民权利之刑事诉讼程序中彼此协力，以捍卫刑事诉讼程序之法治国属性的那些程序法上的基本准则。这些指导性原则不仅体现在《刑诉法》之中，也体现在如《法院组织法》等其他相关法律之中，或者直接由《基本法》派生而来。①

总体而言,刑事诉讼的原则包括:

——职权原则(das Offizialprinzip),见《刑诉法》第 152 条第 1 款。

——法定原则(das Legalitätsprinzip),见《刑诉法》第 152 条第 2 款。

——控审分离原则(der Anklagegrundsatz),见《刑诉法》第 151 条。

——调查原则(der Ermittlungsgrundsatz),见《刑诉法》第 244 条第 2 款。

——法官自由心证原则(der Grundsatz der freien richterlichen Beweiswürdigung),见《刑诉法》第 261 条。

——言词原则(das Mündlichkeitsprinzip),见《刑诉法》第 261 条。

——直接原则(der Grundsatz der Unmittelbarkeit),见《刑诉法》第 226 条第 1 款、第 250、261 条。

——无罪推定(die Unschuldsvermutung)与罪疑惟轻原则(in dubio pro reo),见《刑诉法》第 261 条;《欧洲人权公约》第 6 条第 2 款。

——程序迅速原则(das Beschleunigungsgebot),见《基本法》第 20 条第 3 款,《欧洲人权公约》第 6 条第 1 款第 1 句。

——公开原则(der Grundsatz der Öffentlichkeit),见《法院组织法》第 169 条第 1 句;《欧洲人权公约》第 6 条第 1 款第 1、2 句。

——公平审判原则(das Gebot des fairen Strafverfahrens),见《基本法》第 20 条第 3 款;《欧洲人权公约》第 6 条第 1 款第 1 句。

——法定法官原则(der Grundsatz des gesetzlichen Richters),见《基本法》第 101 条。

——听审原则(der Grundsatz des rechtlichen Gehörs),见《基本法》第 103 条第 1 款。

一、职权原则(《刑诉法》第 152 条第 1 款)

(一)依据《刑诉法》第 152 条第 1 款,由**检察官负责提起公诉**。因此,发动和实施刑事程序是国家的任务,不取决于公民个人(如犯罪被害人)。旨在实现国家实体上的刑罚请求权(Strafanspruch)之刑事追究活动乃由国家机关本于职权去实施,此亦被称作"**国家起诉独占**"(Anklagemo-

---

① 进一步内容见 Weigend, ZStW 113 (2001), 271;还可参见 Buhlmann, Die Berücksichtigung des Täter-Opfer-Ausgleichs als Verfahrensgrundsatz?, 2005。

nopol des Staates）。

职权原则，即"**国家依职权追究原则**"（Grundsatz der Strafverfolgung von Amts wegen），此系刑事诉讼法有别于民事诉讼法根本之处。在民事诉讼中，程序的启动与续行仰赖公民个人之决断，即**处分原则**（Dispositionsmaxime）。该原则亦使现代刑事诉讼法有别于古代的刑事诉讼法。如在罗马法中就有公众追究的制度（人人均得起诉犯罪），再如日耳曼法要求刑事追究须由被害人或被害人的家族成员为之。

（二）《刑诉法》第 374 条所规定的自诉制度是**职权原则的例外**。对于某些犯罪，如侵犯住宅安宁罪、侮辱罪等**自诉犯罪**（Privatklagedelikte），被害人得自行对犯罪人起诉，不必事先请求检察官为追诉。其理由是，自诉犯罪都不太严重，且对公共利益影响甚微，故依据《刑诉法》第 385 条赋予被害人类似于检察官的地位。但是，一旦案件涉及公益，检察官有权依据《刑诉法》第 376 条提起公诉。依据《刑诉法》第 377 条第 2 款第 1 句之规定，检察官在案件发生确定力以前，得随时有权承接刑事追诉。

（三）对职权原则的**限制**包括**告诉乃论之罪**（Antragsdelikte）和**授权乃论之罪**（Ermächtigungsdelikte）的场合。前者如《刑法典》第 123 条第 2 款；后者如《刑法典》第 90 条第 4 款。*

1.在**绝对告诉乃论之罪**（《刑法典》第 77 条及以下数条）的场合下，即便不存在被害人的刑事告诉，刑事追究机关也可以发动侦查（《刑诉法》第 127 条第 3 款）。但是，要对案件作出有罪判决，须以存在有效的刑事告诉为前提。直到最后仍没有有效的刑事告诉的，必须以欠缺诉讼要件为由终止刑事程序。

2.与绝对告诉乃论之罪不同的是**相对告诉乃论之罪**。这种情况系指，案件关系到特别的公共利益，刑事追究机关可以"克服"没有刑事告诉

---

* 《刑法典》第 123 条是有关侵犯住宅安宁罪的规定，其中第 2 款要求，追究该犯罪必须经由被害人提出告诉。第 90 条是诋毁联邦总统罪的规定，其第 4 款规定，惟当取得联邦总统之批准，始得追究犯罪。也有日本学者将"授权乃论之罪"直译为"授权犯"，参见黒澤睦：《親告罪・私人訴追犯罪・職権訴追犯罪としての著作権法違反(1)——TPP をめぐる著作権等侵害罪の一部非親告罪化の動きを踏まえたドイツ・スイス・オーストリア・リヒテンシュタインとの比較法制史の考察》，载《法律論叢》第 89 卷第 6 号，第 90 页。——译者注

的瑕疵去追究犯罪(如《刑法典》第 230 条第 1 款*)。在这类犯罪中,即便被害人没有提起刑事告诉,刑事程序也不会终止,而由有管辖权之检察官审查判断,案件是否存在特别的公共利益。如果最终认为存在此等利益的,检察官便会就这类犯罪①提起公诉。

3.最后应注意的是**授权乃论之罪**,即刑事追究应取决于特定人的授权批准,例如,诋毁联邦总统的犯罪需要获得联邦总统的授权始得被追究(《刑法典》第 90 条)。

二、法定原则(《刑诉法》第 152 条第 2 款、第 170 条第 1 款)

(一)体现在《刑诉法》第 152 条第 2 款、第 170 条第 1 款的**法定原则**要求检察官在案件有初始嫌疑(Anfangsverdacht)(其定义参见边码 171 及以下数段,边码 479)时**有义务**发动侦查,并且当犯罪嫌疑得到证实时,**有义务**提起公诉,故也被称为"**侦查与起诉强制主义**"(Ermittlungs-und Anklagezwang)或"**刑事追究强制主义**"(Verfolgungszwang)。警察参加侦查的(《刑诉法》第 163 条),同样受到法定原则的约束。

法定原则似乎是**呼应**前述起诉独占主义的必然结果。既然国家有义务实现国家实体刑罚请求权,则无论案件当事人的地位与声望为何,国家均应该同等对待一切犯罪嫌疑人,这也体现了《基本法》第 3 条第 1 款规定的平等原则。②

从法治国原则(《基本法》第 20 条第 3 款)可以推导出由宪法保障的有效刑事司法之要求(Gebot einer funktionstüchtigen Strafrechtspflege)(见边码 8)。遇有检察官不作为时,被害人可以借助**强制起诉程序**(Klageerzwingungsverfahren)(《刑诉法》第 172 条及以下数条)诉诸法院而落实该要求(见边码 532 及以下数段)。非案件直接利害关系人则不享有受基本法保障的"**第三人之刑事追究请求权**"(Anspruch auf Strafverfolgung Dritter)。但是,联邦宪法法院的裁判见解却认为,任何人对于针对生命、身体完整性、性自主以及个人自由之情节严重的犯罪,或者公务员犯

---

* 《刑法典》第 230 条第 1 款规定,《刑法典》第 233 条规定的故意伤害罪和第 229 条规定的过失伤害罪惟有告诉才追究,除非刑事追究事关特别的公共利益,刑事追究机关才应该依职权追究。故意伤害罪致被害人死亡的,告诉权由其亲属继承之。——译者注

① BGHSt 19, 377; OLG Oldenburg StraFo 2008, 510 (另行起诉的情形)。
② BGH NJW 2018, 322。

罪，或者那些被害人处于"特别公共权力照顾关系"之下的犯罪，如果已经穷尽了宪法诉讼以外的一切权利救济的途径，还可额外地享有从《基本法》推导而来的有效刑事追究请求权（Anspruch auf effective Strafverfolgung），但是该请求权只能以提出宪法诉讼的途径去行使（《基本法》第 93 条第 4a 款）。① 欧洲人权法院也提出了类似的准则，并且针对特定的严重犯罪，承认了由《欧洲人权公约》第 2 条连同第 1 条所推导出来的请求权，即保证依职权对犯罪发动有效侦查并惩罚犯罪人的请求权。②

（二）与法定原则**相对应**的是所谓**裁量原则**（Opportunitätsprinzip）。根据裁量原则，是否追究特定犯罪行为或是否放弃对特定行为人之惩罚，端赖检察官自由决断。裁量原则在德国刑事诉讼中经常作为例外规定出现。即便案件具备了提起公诉要求的充分犯罪嫌疑，检察官仍得从合目的性的角度去终结刑事程序（详见边码 513 及以下数段）。③

三、控审分离原则（《刑诉法》第 151 条）

48 　　《刑诉法》第 151 条规定，**起诉**是法院对案件开启审理的前提。负责起诉的是独立于法院的职能机关。依据《刑诉法》负责起诉的机关系检察官（《刑诉法》第 152 条），他应该首先调查案件事实（《刑诉法》第 160 条第 1 款）。当侦查已经为提起公诉奠定了足够的根据时，检察官便通过向管辖法院提交起诉书（《刑诉法》第 170 条第 1 款）或者处刑令申请书（《刑诉法》第 407 条第 1 款第 1 句）的方式起诉。

　　控审分离原则要求法院仅仅应该审理检察官已经起诉的行为。④ 因此，法院的审理和作出有罪判决的权限限于被起诉的犯罪（参见《刑诉法》第 151、155 条）。所以，作出判决的对象仅为被起诉的犯罪。但是，犯罪的形态则由本于庭审活动的审理结果去表述，即"程序意义之犯罪概念"，参见边码 50。

---

① BVerfG NJW 2015, 150 (*Gorch Fock* 案) m. Bespr. *Kröpil*, Jura 2015, 1283 u. *Sachs*, JuS 2015, 376。

② EGMR (GrK), Urt. v. 27.9.1995-18984/91 (*McCann u.a./United Kingdom*); EGMR (GrK) NJW 2001, 1991 (*Ogur/Türkei*) sowie EGMR NJW 2001, 1989 (*Grams/BRD*) m. Anm. *Dörr*, JuS 2001, 1219; S/S/W-StPO-*Satzger*, Art. 2 EMRK Rn 11.

③ LR-*Beulke*, § 152 Rn 8; *Nestler*, JA 2012, 88; *Pommer*, Jura 2007, 662.

④ 更深入的内容参见 *Ambos*, Jura 2008, 586; *Haas*, Strafbegriff, Staatsverständnis und Prozessstruktur, 2008, S. 7 ff（连同 *Neumann* 高明的赞赏, ZIS 2009, 190）; *Huber*, JuS 2008, 779。

控审分离原则的反义词系**纠问原则**(Inquisitionsprinzip),该原则将侦查者、起诉者和裁判者集于一人,并曾影响德国刑事诉讼法逾百年之久。但这种诉讼方式包含着某种在实践中经常被实现的危险,即法院基于纠问式的职业活动会生成偏见。当国家机关(国王、侯爵等)影响刑事程序的进程且法官沦为政府手足的延伸时,这种偏见便尤其可怕。于是,将刑事追究任务交由两个彼此独立的职能机关去承担,即一方面让检察官作为控诉机关,另一方面让法院负责作出最终裁判,这是德国1848年以后仿效法国蓝本才得以实现的自由主义刑事诉讼(der liberale Strafprozess)中最为重要的成就之一。

被起诉之诉讼内容由**起诉书**准确地界定。起诉书尤其应记载被起诉人、被指控之犯罪、实施犯罪的时间和地点、犯罪的法定构成要件以及拟适用的刑法规定[即**"起诉要旨"**(Anklagesatz),见《刑诉法》第200条第1款第1句;详见边码544]。49

问题在于,如果庭审进行中才发现被告人还犯有其他罪行,法院依《刑诉法》第265条第1款践行**法律提示**(Rechtlicher Hinweis)之后,能否不受起诉的约束对之下判呢?抑或必须待到依据《刑诉法》第266条第1款**补充起诉**(Nachtragsanklage)之后才能下判呢?这取决于新发现的犯罪依据《刑诉法》第264条是否仍然属于**诉讼意义上被起诉的犯罪**(die angeklagte Tat im prozessualen Sinne)。若是,才能一并判决被告人之"新"的犯罪。因此,诉讼意义上的犯罪概念系刑事诉讼法上的**核心概念**之一,且有别于实体法中竞合论意义上的犯罪概念。50

诉讼意义上的犯罪不能被理解成某个具体的实体法上的犯罪构成,而应该被理解为"**被追诉人的整体行为举止,它是由刑事追究机关(在起诉中)按照生活观念描述的历史事件构成的某个完整经过。**"①(详见边码785及以下数段)

四、调查原则(《刑诉法》第244条第2款)

调查原则系指刑事追究机关有义务**本于职权**(von Amts wegen)探究和澄清案件事实(《刑诉法》第155条第2款、第160条第2款、第244条第2款)。亦称"**职权探知原则**"(Untersuchungsgrundsatz)或"**审问原则**"51

---

① BGHSt 45, 211, 212; BGH NStZ 2014, 46.

(Instruktionsprinzip)

该原则有时也被习惯性地称作纠问原则(Inquisitionsprinzip)。但是,这种表述应该专指侦查者与裁判者完全不分的诉讼形态(见边码48)。相反,调查原则仅仅意味着警察和检察官应该澄清全部案件事实,且当程序支配权转移给法院(提交起诉书)以后,法院应该全面调查事实。在刑事诉讼中,个人的自由请求权与国家刑罚请求权之间是有冲突的。按照联邦宪法法院的裁判见解,这两种利益应该相互权衡。这种权衡不仅体现在对干预措施给予实体性的限制,还反映在诉讼法制度之上。从比例原则可以推导出,由于可能剥夺人身自由措施的期限越来越长,**程序法上要求法官充分澄清事实具有宪法**意义。①

调查原则的**对应词**是通常适用在民事诉讼法中的**处分原则**(Verhandlungsmaxime)[当事人主张原则(Beibringungsgrundsatz)]。该原则要求,哪些案件事实希望提交法院裁判以及哪些事实需要证明乃诉讼双方自行决定的事务(**形式真实原则**);②相反,刑事诉讼中虚假的被告人自白不能约束法院。何况,是否收集无罪证据不依赖于被告人是否向法院提出了证据申请。

五、法官自由心证原则(《刑诉法》第261条)

52　　(一)法院本于其在审理中自由形成的内心确信给出法庭证据调查的结论,见《刑诉法》第261条。

一项事实有无被证明究竟应该依据何种要件去判断,原则上没有任何规定可以去约束法官。纵使刑事审判中需要认定其他部门法领域的先决问题,也同样**不套牢**于**证据规则**(Abkehr von Beweisregeln)(见《刑诉法》第262条)。联想到日耳曼法刑事诉讼中的神明裁判以及加洛林纳法典中的规则——苟无口供者,出自"两名证人之嘴才能担保真相"(参见《加洛林纳法典》第67、69条)③,便知法官自由心证原则乃一项重要的历史性进步。

(二)但是,刑事法中却**例外地**存在着一些**证据规则**:例如,违反庭审活动的重要程序性要求的,仅能靠庭审笔录去证明,见《刑诉法》第274

---

① BVerfG NStZ-RR 2013, 115; 亦见 *Anders*, ZStW 129 (2017), 82; *Jahn*, GA 2014, 588。
② 有关这种对比:*Trüg*, Lösungskonvergenzen trotz Systemdivergenzen im deutschen und US-amerikanischen Strafverfahren, 2003, S. 201 ff; *Weigend*, Rissing-van Saan-FS, S. 749。
③ 进一步内容参见 *Hauck*, S. 102 ff, 123。

条。还有一项法定证据规则存在于《刑法典》第190条*。

除了法律明确规定的证据规定以外，还有一些对法官自由心证的限制，这些限制来自于对其他程序规范的解读。其中最典型的乃由一整套实务见解和学说发展出的**证据使用禁止**(Beweisverwertungsverbot)(参见边码454及以下数段)。①

以下对法官自由心证原则的限制在实务中也非常重要：行使特定权利的机会不会让被告人遭受不利，即不能将行使权利的方式或方法作为对被告人不利的推断的理由(参见边码760)。

联邦最高法院裁判(BGHSt 34,324,326)：如果被追诉人行使了自己的拒绝陈述权，在证据评价中就不能因此使其遭受不利。**联邦最高法院裁判**(BGHSt 41,153,154)：声称自己在案发时不在场，纵使该表述是虚假的，也是一种合法的辩护手段。因此，即便被告人未能有效证明自己不在场也不构成其就是犯罪人的间接证据。

六、言词原则(《刑诉法》第261条)

法院本于其在整个(言词的)审理活动中产生的内心确信作出法庭证据调查的结论，见《刑诉法》第261条。**言词原则**系指，诉讼资料应该在庭审活动中完全用言语的方式讨论。判决仅能以法院、被告人、辩护人、检察官以及听众曾听到的内容为根据。因此，法治国时代公开的刑事诉讼与之前普通法时代的秘密书面审理是相互对立的。本规定最重要的意义在于，让被追诉人更好地理解诉讼的内容以及让公众得以对刑事司法开展有效监督。即便是**借助文书的证明**也会适用言词原则，因为《刑诉法》第249条第1款规定，文书(包括电子文件形式在内)应该在庭审中被宣读(但是例外规定见《刑诉法》第249条第2款、第257a、420条)。②

53

七、直接原则(《刑诉法》第226条第1款、第250、261条)

直接原则仅仅适用于**庭审活动**(Hauptverhandlung)，指法庭应该尽

54

---

* 德国《刑法典》第190条规定了侮辱罪的客观处罚条件，其规定"被宣称或散布的事实系犯罪的，被侮辱的人已因该犯罪受确定之有罪判决，则该事实应被视作已证明为真实。反之，若被侮辱的人在宣称或散布行为之前便被宣告无罪，则该事实没有证明为真实。"——译者注

① 与此处论述相同的有 *Arzt*, Peters-FS, S. 231。
② 批评性观点见 *Krahl*, GA 1998, 329。

可能地获得对案件事实的直接的印象(《刑诉法》第 261 条)。为此,依据《刑诉法》第 226 条第 1 款,法庭成员首先必须在整个庭审过程中**不间断地在场**(ununterbrochen anwesend)。其次,一旦某位法官在庭审活动中退出,则整个庭审应该重新进行。因此,在比较复杂的案件中都会指派"**备位法官**"(Ergänzungsrichter)(《法院组织法》第 192 条第 2 款)。

法院在重建案件事实的过程中,**应当尽可能地使用最为接近事实的证据**(tatnächstes Beweismittel)。尤其是当通过讯问证人开展法庭证据调查时,这项要求格外重要;若在一个案件中存在多名证人,则应该尽可能地讯问直接经历过案情的证人。如果证人只能汇报道听途说的内容(间接证人或**传闻证人**),则次之。但是,倘若该证人作证的事项就是其究竟听说到了什么,那么他就是直接证人。若直接证人和间接证人均可随时传唤到庭,根据直接原则应该优先使用直接证人。然而,该原则在德国刑事诉讼法中的运用情况并非无可指责,即只要法院不违反其澄清义务(《刑诉法》第 244 条第 2 款),其可以自行选择"近的"或"远的"证人(详见边码 648)。①

相应地,直接原则也体现在人证(Personalbeweis)(如讯问证人)和文书证据(宣读先前讯问证人之笔录)之间的关系上:若以证人感知到的内容去证明案情,应该于庭审中讯问证人。讯问证人不得以宣读先前制作的讯问笔录或者其他书面陈述的方式代为之,见《刑诉法》第 250 条。但是,《刑诉法》第 251 条及以下数条却对该原则突破甚多,见边码 631 及以下数段。

八、无罪推定与罪疑惟轻原则

55 当被告人存疑时,**罪疑惟轻原则**有两层意涵:只应当对有罪责的被告人施加刑罚(罪责原则),且罪责应当在遵循刑事诉讼法要求的程序中被查证属实(法治国原则,见《基本法》第 20 条第 3 款)。因此,罪疑惟轻原则兼具实体法和程序法的双重属性。罪疑惟轻原则的法律依据可诉诸《欧洲人权公约》第 6 条第 2 款规定的无罪推定(Unschuldsvermutung)以

---

① BGH NStZ 2004, 50 连同 *Winkler* 的评论, JA 2004, 276。

及《刑诉法》第 261 条，即使这些规定没有明文提到罪疑惟轻。① 依据《刑诉法》第 261 条，法院认定被告人有罪时，应该形成**内心确信**，存疑时则应该作出无罪判决。然而，存疑法则(Zweifelssatz)不能作如下理解：由于法院在客观上应该对行为人的罪责秉持怀疑的态度，因此无论如何都要作出无罪判决。只有当审理法院实际上持有相应的怀疑时，被告人才应该被宣告无罪(见边码 754)。存疑法则也适用于与量刑相关的情节事实。②

除了罪责和刑罚问题以外，罪疑惟轻原则在诉讼法上还有哪些适用范围存在争议：

基本上，**诉讼要件**(Prozessvoraussetzung)(边码 426 及以下数段)应该适用罪疑惟轻。但是通说认为，其他程序错误不适用存疑法则。③（亦见边码 179、218、285）。

九、迅速原则(《基本法》第 20 条第 3 款、《欧洲人权公约》第 6 条第 1 款)

(一)刑事程序迅速进行的要求源于《基本法》第 2 条第 2 款第 2 句的规定连同法治国原则，见《基本法》第 20 条第 3 款。④ 法治国原则要求，被追诉人有权在合理的期间内知晓对他的指控。所以，被告人应该在"合理的期间内"(innerhalb einer angemessenen Frist)负责审理案件的法院应该"在合理的期限内"听取被告人意见(《欧洲人权公约》第 6 条第 1 款第 1 句)。这个期间始于被追诉人被正式地告知侦查，止于诉讼程序被确定终结。⑤ 期间的合理性应该考虑被指控罪行的严重程度和方式、诉讼程序的

---

① 进一步内容见 EGMR StV 2016, 1 (*Cleve/BRD*) 连同 *Stuckenberg* 的裁判评释以及 *Satzger* 的评论, Jura 2016, 111; BGH StV 2016, 781 (Mollath 案) 连同 *Grosse-Wilde/Stuckenberg* 的裁判评释; BGH JR 2017, 226 连同 *Stuckenberg* 的裁判评释; HK-*Gercke/Temming*, Einl Rn 25; LR-*Esser*, Art. 6 EMRK Rn 307 ff; *Kotsoglou*, ZStW 127 (2015), 334; *Nieva Fenoll*, ZIS 2016, 138; SK-*Paeffgen*, Art. 6 EMRK Rn 175 ff; *Eisenberg*, Rn 116; *Pollähne*, Schlothauer-FS, S. 53; *Stuckenberg*, Untersuchungen zur Unschuldsvermutung, 1998; *Zopfs, J.*, Der Grundsatz „in dubio pro reo", 1999。

② EGMR NJW 2019, 2013 (*Bikas/BRD*); BGH StV 2000, 556; S/S/W-StPO-*Beulke*, Einl Rn 62; *Huber*, JuS 2015, 596。

③ BGHSt 16, 164, 166。

④ BVerfG NJW 2001, 2707; 进一步内容见 *Laue*, GA 2005, 648; *Liebhart*, NStZ 2017, 254; *Mansdörfer*, GA 2010, 153; *Paeffgen*, GA 2014, 276; *Sowada*, HRRS 2015, 16。

⑤ EGMR StV 2001, 489 (*Metzger/BRD*) 连同 *I. Roxin* 以及 *Kühne* 的评释, StV 2001, 529; EGMR NJW 2006, 1645; BGH NStZ-RR 2001, 294; Brandbg. OLG StV 2012, 78, 79。

范围与复杂程度、侦查的形式和方式,以及与诉讼持续时间相关的被告人之负担的大小。① **尤其是**,在**核发羁押令状**的场合,迅速原则要求迅速地将案件提交法院裁决(亦见边码342)。② 非由国家机关造成的延宕③,即因**第三人**(Dritte)尤其是辩护人,或者系被追诉人自己造成的延宕(Verzögerung)不构成违反法治国要求之诉讼迟延。④ 但是,新的(值得商榷的)实务见解主张,被追诉方造成的诉讼延宕可能会累积成为限制个人程序性权利的事由,根据诉讼迅速原则的精神,滥用诉讼权利者,应该限制其行使具体的程序权(参见边码194、227、694)。⑤

(二)主流的实务见解认为,**诉讼持续时间过长**原则上不构成程序障碍事由。因此,过于冗长的刑事程序就不能立即适用《刑诉法》第260条第3款而被终止。以往的做法是,法院会将程序持续过久作为**量刑情节**予以考虑⑥。但自从联邦最高法院(大刑事庭)判例(BGHSt52,124)⑦作成以来,实务见解采取所谓的**"执行方案"**(Vollstreckungslösung),即程序延宕根据一般原则仍然在量刑中予以考虑⑧,但是,国家的过错行为却留到刑罚执行环节通过折抵待执行刑罚的方式去加以补偿。这与羁押折抵刑罚执行的情形类似,见《刑法典》第51条第1款第1句、第4款第2句。所以,这其实是一种不依赖于不法、罪责以及刑罚额度的独立的判断流程,因为它旨在补偿造成程序延宕的那些违反法治国的事由。⑨ 在测算折

---

① BGH NStZ 2003, 384; 2004, 504.
② BVerfG NJW 2006, 677; StraFo 2013, 160; *Knauer*, StraFo 2007, 309; *Pieroth/Hartmann*, StV 2008, 276.
③ 对此见 BGH StV 2009, 693。
④ BVerfG NStZ-RR 2005, 346; BGH wistra 2006, 25; KG StV 2009, 534; BGH JR 2020, 336 连同 *Wohlers* 的批判性评释。
⑤ 例如: BVerfG StV 2007, 366; KG StV 2009, 577 连同 *Schlothauer* 的批判性评释;同样持批判意见的有 *Degener*, Dencker-FS, S. 23; *Krüger*, AnwBl 2010, 565; *Kudlich*, Gutachten, C 86; *Kühne*, JZ 2010, 821; *B. Schmitt*, StraFo 2008, 313, 317; *Tepperwien*, NStZ 2009, 1, 5; *Wohlers*, NJW 2010, 2470。
⑥ BGHSt 24, 239; 35, 137, 141; BGH StV 1999, 206.
⑦ 连同 *Gaede* 的批判性评释, JZ 2008, 422; BGH NJW 2018, 2062; 亦参见 *Ignor/Bertheau*, NJW 2008, 2209; *Kraatz*, JR 2008, 189; *Leipold*, DAV-FS, S. 636; *Pohlit*, Rissing-van Saan-FS, S. 453; *I. Roxin*, StV 2008, 14; *dies.*, Volk-FS, S. 617; *Salditt*, StraFo 2007, 513; *Scheffler*, ZIS 2008, 269; *Schlothauer*, StraFo 2011, 459, 467; *Streng*, JZ 2008, 979; *Ziegert*, StraFo 2008, 321。
⑧ BGH StV 2015, 154 u. 172; wistra 2018, 77.
⑨ 具有指导性的裁判: BGH HRRS 2011 Nr 255; BGH wistra 2011, 297 连同 *Brüning* 的评释, ZJS 2011. 409。

抵刑罚的部分时,则应该考虑延宕的范围、可能造成延宕之过错行为的比重以及延宕对被告人所造成的影响。尽管如此,实务见解却一直都认为可能存在**极端的情形**,即程序延宕特别严重,严重到剥夺了被告人依据法治国原则在刑事追诉中享有的且值得承认的利益,并且根据法治国原则已经不能再容忍刑事诉讼继续进行下去,此时应承认此等延宕构成**程序障碍事由**。① 在显著延宕的情形中,也可以依据《刑诉法》第153条第2款②,或者第153a条第2款③,或者第206a条第1款④终止程序。至于违反迅速原则不太严重的情形,在判决书的说理中明确地认定程序延宕违反了法治国原则,则补偿为已足⑤。

在被判决无罪的案件中,究竟如何补偿诉讼期间过长所造成的非物质性损害,德国以前缺乏充分的法律规定,于是,欧洲人权法院依据《欧洲人权公约》第41条判决支持损害赔偿金请求权。⑥ 此外,欧洲人权法院基于《欧洲人权公约》第13条(有效救济权),一再地督促成员国:无论出于预防,抑或出于起码的惩罚性效用,都要创建程序过长的救济机制。⑦

在2011年,立法者通过《**对过长的司法程序以及刑事侦查程序提供权利救济的法案**》(Gesetz über den Rechtsschutz bei überlangen Gerichtsverfahren und strafrechtlichen Ermittlungsverfahren)⑧落实了该项要求。《法院组织法》第198条第1、2款作为新的核心规则,规定了旨在补偿因程序过长而造成的**物质性**和**非物质性损害**(如增高辩护成本、失去预期利益等)的**特别国家赔偿法之请求权**(Staatshaftungsrechtlicher Anspruch sui generis)。而《法院组织法》第199条第1、2款将上述规定延伸适用到刑事

---

① BVerfG NStZ 1984, 128; BVerfG NJW 2003, 2897; BGHSt 46, 159, 171 f; 对此参见 *Kempf*, StV 2001, 134; BayObLG StV 2003, 375 连同 *I. Roxin* 的评释; OLG Saarl. StV 2007, 178; OLG Koblenz StraFo 2018, 23; LG Bremen StV 2014, 334; 亦见 *Hillenkamp*, NJW 1989, 2841; *I. Roxin*, S. 243。

② BGHSt 46, 159, 169 连同 *Ostendorf/Radke* 的评释, JZ 2001, 1091; BGH NStZ 1996, 506; 亚琛的州地方法院已经在案裁定中如此处理, JZ 1971, 507。

③ LG Frankfurt NJW 1997, 1994.

④ OLG Düsseldorf StV 1995, 400; OLG Rostock StV 2011, 220.

⑤ EGMR StV 2005, 475 (*R.U./BRD*); BGHSt (GrS) 52, 124, 146; BGH StV 2008, 633, 635 连同 *Scheffler* 的评论, StV 2009, 719; BGH NStZ 2012, 653; 批判性观点见 *Gaede*, Fezer-FG HRRS, S. 21, 40; *I. Roxin*, GA 2010, 425, 426。

⑥ EGMR StV 2009, 519 (*Ommer/BRD*).

⑦ EGMR NJW 2006, 2389 (*Sürmeli/BRD*); NJW 2010, 3355 (*Rumpf/BRD*).

⑧ BGBl. 2011 I, 2302; 2011年12月3日生效。

侦查程序和审判程序。非财产性损害依法可以基于程序过长的事实被推定得出,但该推定允许被反证推翻。依据《法院组织法》第198条第1、2款第3句,通常的赔偿额为每延宕一年按1200欧元计算。《法院组织法》第198条第2款第4句还允许负责审理赔偿的法院在个案中偏离上述额度作出判决。但是,《法院组织法》第198条第2款第2句规定被追诉人行使赔偿请求权的前提是,他没有从其他渠道获得过损害补偿。依据《法院组织法》第199条第3款,所谓**从其他渠道获得的损害补偿**,尤指被刑事法院实施过**执行方案**的情形。所以就刑事程序而言,惟当被判处无罪或案件因为程序过长以外的理由被终止的,才可以获得非物质损害的赔偿请求权。

《法院组织法》第198条第1款和第2款并没有将检察官或法院对过于冗长之程序负有过错作为赔偿请求权的前提基础。因此,长期以来司法负荷过重等结构性问题不应减损赔偿请求权人的利益;是否赔偿的关键仅在于,造成程序延宕的因素是否发生在司法领域。但是,**程序延宕异议**(Verzögerungsrüge)(《法院组织法》第198条第3款)则是**获得赔偿请求权的必要前提**,即国家除了依职权主动通过执行方案进行补偿以外,不会依职权主动保障经济赔偿。但不能依据新的规定就得出:未来只有提出了延宕的异议,审理原因案件的法院才会按照执行方案给予补偿。① 其实,程序延宕异议并非一种新的救济机制,它只不过被设计为被告人的一种对己义务(Obliegenheit)*。② 提出异议不会启动某种独立的程序,也不会让审理原因案件的法院承担对

---

① Gercke/Heinisch, NStZ 2012, 300, 304; Graf, NZWiSt 2012, 121, 127; 其他观点见 LG Düsseldorf NStZ 2018, 623; Sommer, StV 2012, 107, 110。

* 所谓"对己义务"来自于德国债法关系"与有过失"的原理,它是指被害人在面对加害人之加害行为所造成的损失时,应该尽可能地采取措施警告,防止并降低损害到最低的程度。这种被害人的对己义务又称为不真正义务,即相对于真正义务(Pflicht)而言,它是被害人的一种对自己利益的责任,即被害人违反对己义务时,不会对他人承担赔偿责任,但是他人也没有义务要去承担被害人违反对己义务之"自害行为"而造成的损害。参见王泽鉴:《民法学说与判例研究(第四册)》,北京大学出版社2009年版,第73页。德国公法理论将此概念扩及公法上赔偿或补偿关系之中,即人民受到国家权力侵权时,在损害赔偿或损害补偿中,负有及时采取救济手段以适度降低自己将受到之损害的义务。Vgl. Detterbeck/Windthorst/Sproll, Staatshaftungsrecht, 2000, § 10, Rn 72.——译者注

② BT-Drs. 17/3802, S. 16 u. 21.

异议作出形式性裁判的义务。被告人对程序延宕提出了异议是否会构成审理原因案件的法院审查补偿可能性的理由(所谓的"警示功能")？这在实践中颇有争议，因为异议本身不具有拘束性。① 从原因案件诉讼程序分离出来的损害赔偿之诉应该指控州或联邦，州或联邦被当作办理原因案件程序的法院或侦查机关的权利承担者(参见《法院组织法》第 200 条)。

(三)此外，迅速原则在庭审活动中通过**集中审理原则**(Konzentrationsmaxime)的形式而日益受到重视。全部法庭审理活动应该被当作一个整体。相应地，庭审**中断的可能性**(Unterbrechungsmöglichkeit)乃受到限制(《刑诉法》第 228 条第 1 款第 1 句第 2 种情形、第 229 条第 1 款)。如果休庭过久就必须**停止程序**(Aussetzung des Verfahrens)(《刑诉法》第 228 条第 1 款第 1 句第 1 种情形、第 229 条第 4 款)。程序停止的，庭审活动必须完全重新进行(边码 581)。

(四)《欧洲人权公约》和欧洲人权法院对程序过分冗长的议题从欧洲条约法的角度提出了特别的要求，这些要求让执行补偿模式具有了正当性。然鉴于执行补偿模式的特殊功能，不应该将该模式泛化为其他程序违法事项(如违反晓谕义务)的法律效果(亦见边码 719)。②

十、公开原则(《法院组织法》第 169 条第 1 款第 1 句、《欧洲人权公约》第 6 条第 1 款第 1、2 句)

公开原则系指在以言词方式进行的庭审活动中—原则上任何人都可以莅临，由此保障公众对诉讼程序的监督。

为了保护隐私、防止危害国家安全、保障公序良俗或证人有值得保护的隐私或有相类似的理由，公开原则存在大量的例外(详见《法院组织法》第 169 条第 1 款第 2 句、第 177 条以下以及本书边码 576 及以下数段)。

---

① 进一步内容见 *Baumanns*, Der Beschleunigungsgrundsatz im Strafverfahren, 2011, S. 413 ff; *Falk/Sch*ü*tz*, Rössner-FS, S. 753; *Kolleck-Feser*, Verfahrensverzögerungen im Strafverfahren und die Untätigkeitsbeschwerde der Staatsanwaltschaft, 2015, S. 146 f。

② BGHSt 52, 110, 118 f; BGH wistra 2011, 386.

十一、公平刑事程序原则(《基本法》第20条第3款、《欧洲人权公约》第6条第1款)

59　　实务见解在论证刑事程序主体的权利和义务时,越来越倾向于直接诉诸"公平审判"原则(Grundsatz des „fair trial"),即公平刑事程序的要求。正如联邦最高法院所言①,这个原则可以被视作法治国原则的必然结果,也可以将《基本法》第1条第1款、第2条第2款第2句、第20条第3款、第101条第1款第2句、第103条第1款以及《欧洲人权公约》第6条第1款第1句整体概括为该原则的立法基础。②

但迄今为止,该诉讼法原则的适用范围完全是开放的,尤其是该原则在哪些情形中要求特定的诉讼举止? 以及在个案中能得出何种程序性后果? 这些问题均无定论。如今,联邦最高法院正确地给出警示:滥用这种模糊的程序法原则会松动实证法的约束力并且会纵容破坏法律适用的安定性的行为。③ 因此,违反该项原**一般不能成为程序障碍**的理由(详见边码448)。④

仅有些许裁判表明,可以从公平审判原则中推导出具体的法律后果⑤:

> **联邦最高法院判例**(BGH StV 2010,285):禁止欺骗被追诉人其被逮捕的真实理由;(BGHSt 53,294):在看守所会见室对夫妻之间的对话进行窃听,会导致证据使用禁止。**联邦宪法法院判例**(BVerfG StV 2008,1):被追诉人作为诉讼主体,应该确保其具有通过行使权利对刑事诉讼过程和结果产生影响的现实机会;(BVerfG39,238,243):被追诉人在刑事程序中有权选择信赖

---

① BGHSt 32, 345, 350; 37, 10, 13.
② BVerfG NJW 2001, 2245; vert. *Brunhöber*, ZIS 2010, 761; *Moosbacher*, GA 2018, 195; *Jahn*, ZStW 127 (2015), 549; *F.-C. Schroeder*, in: Roth, S. 183; SK-StPO-*Rogall*, Vor § 133 Rn 101 ff.
③ BGHSt 40, 211, 217 f.
④ BGHSt 42, 191, 193; 对此参见 *Beulke/Satzger*, JuS 1997, 1074。
⑤ 进一步内容见 *Gaede*, Fairness als Teilhabe, 2007; MüKo-StPO-*Gaede*, Art. 6 EMRK Rn 97 ff; *Hörnle*, Rechtstheorie 35 (2004), 175; *Mosbacher*, GA 2018, 195; *Renzikowski*, Lampe-FS, S. 791; *Rzepka, D.*, Zur Fairness im deutschen Strafverfahren, 2000; *Schünemann*, GA 2018, 181 (186 ff)。

的律师为自己辩护。**欧洲人权法院判例**（EGMR StV 2003, 257）（*Allan* 诉英国）：禁止国家透过让卧底警探扮作牢友的方式对被追诉人探话①；**联邦宪法法院判例**（BVerfG NStZ 1995 555）；**联邦最高法院判例**（BGHSt 38, 214, 220）；**联邦最高法院判例**（BGH NStZ 2013,604）：被追诉人之沉默权；**欧洲人权法院判例**（EGMR StV 1997,617）（*van Mechelen* 诉荷兰）：被告人享有对于担任卧底线民的证人尽可能地能够直接发问的权利。**欧洲人权法院判例**（EGMR NJOZ 2017, 544）：欲将不能到庭之证人的证言作为不利被告人的证据去使用的，须审查（1）证人不到庭是否有充分合理的理由；（2）是否该证言系认定有罪的惟一的或关键性的根据；（3）是否为侵犯被告人的庭审对质诘问权提供了弥补（详见边码 190, 648）。**联邦最高法院判例**（BGHSt 60, 276）：由刑事追究机关的成员或者受他们操纵的第三人以违反法治国的方式挑唆犯罪，通常会产生程序障碍的效果（颇有争议，详见边码 444）；**联邦最高法院判例**（BGHSt 46,93,100）：侦查阶段没有聘请辩护人的被追诉人有必要为其指派义务辩护人，当侦查法官讯问对其不利的证人时，义务辩护人可以（代替不在场的被追诉人）代为发问。欧洲人权法院判例（EGMR NJW 2004,43）（*Böhmer* 诉德国）：未经确定之判决认定新的犯罪，不得以犯有新的犯罪为由撤销缓刑。

十二、法定法官原则（《基本法》第 101 条）

特别法庭（Ausnahmegericht）是违法的。任何人都不可被剥夺其法定之法官。负责特别事项领域的法院仅能依法设置，见《基本法》第 101 条。**法定法官原则**要求，法院的管辖权应该适用客观且普遍性的规定。② 案件的裁判权应当一开始就被确定，从而排除在此事项上的人为操弄③。因此，《刑诉法》和《法院组织法》规定了**地域**、**事物**以及**功能**管辖权等（边码

60

---

① 连同 *Gaede* 的裁判评释；对此亦见 *Esser*, JR 2004, 98; 也可以参见 EGMR NJW 2010, 213（*Bykov/RUS*）。
② BVerfGE 95, 322, 327.
③ 进一步内容见 *Sowada*, S. 136。

69及以下数段)。

十三、依法听审原则(《基本法》第103条第1款)

61   任何人都有**请求在法院面前依法听审的权利**(Anspruch auf rechtliches Gehör),见《基本法》第103条第1款。此项请求权的内涵是,应该赋予涉案人针对不利于己的指控向法院表达意见、提出请求以及详予申辩的机会,且法院应该听取其申辩并且加以考量。① 依法听审原则体现在一系列《刑诉法》条文之中:应当绝对赋予被告人最后陈述权,见《刑诉法》第258条第2款。如果被判决有罪的人在法律审上诉程序中被侵害了依法听审权,他有权以**听证异议**(Anhörungsrüge)的形式对生效判决寻求特别救济,见《刑诉法》第356a条。② (其他相关条文如《刑诉法》第33、33a、115、116、136条,第136a条第1款、第201条、第243条第4款、第257、265条)。对此详见边码184、481。

案例4(边码42)之解答:

62   答案参见Rn 45的列举。

案例5(边码43)之解答:

63   对A之侦查程序的启动不取决于其妻子E。警察有义务将其所知晓的情况告知有管辖权之检察官(《刑诉法》第163条)。该行为(谋杀或杀人未遂)必须被追究(**法定原则**)(《刑诉法》第152条第2款)(见边码47)。

案例6(边码44)之解答:

64   (1) A得知针对自己进行的刑事程序已经持续12年(1997—2009年)了。鉴于法院本来已经否定了严重的有罪指控,本案严重违反了迅速原则(《基本法》第20条第3款)。根据当前的实务见解,对程序过于冗长的补偿原则上只能通过**执行方案去实现**。但是极端情形下,也可以依据法治国原则例外地完全禁止程序继续进行。在另外一起案件中,州地方法院曾经

---

① BVerfGE 6, 19, 20; 64, 135, 144; BVerfG NJW 2004, 1519; BVerfG BeckRS 2018, 20553; KG StV 2016, 545.

② 进一步内容见 *Eschelbach/Geipel/Weiler*, StV 2010, 325; *Lohse*, StraFo 2010, 433; *Wohlers*, JZ 2011, 78。

正确地认为已经达到了这种例外的界限并且认为程序应该被终止。联邦最高法院判例(BGHSt46,159)在极其例外的特别情形中曾经同意过这样的处理方案(关于在诉讼上实现终止审理,参见边码443、449及以下数段)(详见边码56)。

(2)在刑事程序结束以后(参见《法院组织法》第201条第3款第2句),A可以向州高等法院(《法院组织法》第201条第1款)以单独的民事诉讼方式提起损害赔偿之诉,并且原则上可以主张每延宕一年(这不等同于程序进行期间!)赔偿非财产性损害1200欧元的数额(《法院组织法》第198条第1、2款)。鉴于目前诉讼期间已经特别冗长且超过了10年,《法院组织法》第199条第3款也允许州高等法院采用更高的赔偿标准,比如按照欧洲人权法院判例的标准,每年赔偿1500欧元。由于被判处无罪的案件中,被告人无法从其他途径获得充分的补偿(《法院组织法》第199条第3款),法院又无法通过执行方案去考量不合理的程序期间[见案例6之(1)],并且在如此极端的程序过长的情形下,仅仅在无罪判决中认定程序延宕是不足以补偿的。不过,被告人获得损害赔偿请求权的前提是曾经在刑事程序中对程序延宕提出过异议(《法院组织法》第198条第3款)。如果A希望后续保有主张损害赔偿请求权的机会,他(例如,由B代理)必须在程序进行中就提出**程序延宕异议**(《法院组织法》第198条第3款)(详见边码57)。

第三章 法院的组织和管辖

案例7：
(1) 请简要叙述刑事案件审判中主要的事物管辖。
(2) 刑事诉讼中由谁对判决的救济审作出裁判？（边码101）

案例8：
A因为入室盗窃罪（《刑法典》第242条、第243条第1款第1项）应受到刑罚处罚。检察官预计其将被判处两年以下有期徒刑，并向独任刑事法官起诉。独任刑事法官对案件作出了与检察官相一致的预估，并裁定开启审判程序（《刑诉法》第203条）。法官在庭审中却发现，A曾多次因同种罪行受过处罚，因此该独任法官认为他的刑期至少会达到3年有期徒刑。此时该独任刑事法官是应作出相应裁判，还是应将案件移交给参审法庭呢？（边码102）

案例9：
A被一个由三名职业法官和两名参审员共同组成的刑事法庭宣告羁押，但其中两名职业法官对此表示反对（《刑诉法》第112条、第125条第2款）。在案件审理休庭的数日期间（《刑诉法》第229条），这两名职业法官敦促撤销羁押，因为他们认为，至少此时不再符合羁押的要件（《刑诉法》第120条）。那么，此时可以在没有参审员参与下裁定撤销羁押吗？提示：撤销羁押乃由刑事法庭决定（《刑诉法》第126条）。撤销羁押采取绝对多数决吗？（《法院组织法》第196条第1款）。（边码103）

一、法官的中立性

民主法治国家将国家权力划分为三种：立法权、行政权和司法权。最后一种权力赋予法官行使，见《基本法》第92条。

刑事法院(联邦的法院以及各州的刑事法院,即州高等法院、州地方法院和基层法院)由职业法官(具有法官资格且被任命为法官的完全法律人,见《德国法官法》第 5 条、第 8 条及以下数条)并附带一部分参审员(外行法官,见《刑诉法》第 31 条第 1 款;《法院组织法》第 30 条及以下数条)共同组成。

最迟自宣告开启审判程序之裁定起(见边码 5),直到审判程序终结为止,法院对程序下一步如何进行担负着主要责任。检察官要受制于指令(《法院组织法》第 146 条,见边码 142 及以下数段),尽管他们负有客观义务(《刑诉法》第 160 条第 2 款,参见边码 132),但终究在程序中更倾向于提出指控性的因素,辩护人仅会从有利于被追诉人角度而行为(对此见边码 224 及以下数段),而法官则是"中立的裁判者"。[①] 其中立性尤其通过下列措施得以保障:

——法官是独立的(unabhängig)且仅服从于法律,见《基本法》第 97 条第 1 款。独立可以分为事务独立和身份独立。事务独立(sachliche Unabhängigkeit)首先体现在彻底与行政机关分离,且与之相伴地免受指令的拘束。[②] 法官仅受到一般性法律(例如,法官不得事后修改庭审笔录中的判决主文,否则会触犯《刑法典》第 267 条的伪造文书罪[③])和个别特殊的程序规定的限制(例如,法官应受协商的约束,见《刑诉法》第 257c 条第 1、4 款,参见边码 598;或者法律审裁判对下级法院具有拘束力,见《刑诉法》第 358 条,参见边码 863)。最后,法官还受到枉法裁判罪犯罪构成的特别限制,见《刑法典》第 339 条。同样重要的还有身份独立(persönliche Unabhängigkeit),它保障法官免于被解雇、调离以及撤职(参见《基本法》第 97 条第 2 款、第 98 条;《法院组织法》第 16 条及以下数条)。

——法官原则上应由法律决定,见《基本法》第 101 条(详见边码 60、69 及以下)。

——法官是不偏不倚的(unparteilich)[④]。不偏不倚的要求受到有关法官绝对回避和申请法官回避之规定的保障(《刑诉法》第 22 条及以下数

[①] Zaczyk, Beulke-FS, S. 69; i.d.S. auch BVerfG NJW 1981, 912, 913; Bosch, Jura, 2015, 56.
[②] BVerfG NJW 1956, 137.
[③] BGH wistra 2015, 439.
[④] BVerfG NJW 1967, 1123.

条;参见边码106及以下数段)。①

——法官应该在秉持个人在**意识形态和宗教上的中立性**(weltanschaulich-religiöse Neutralität)并且应该价值中立地履职。例如,在履行法官职责时,不得利用着装彰显自己皈依于某个特定的宗教。② 若法官加入了某个追求违宪目标的政党,纵使该政党(尚且)没有依据《基本法》第21条被禁止,他也可能严重违反了公职义务。③

二、法定法官原则

69　　依据《基本法》第101条第1款第2句,任何人不得被剥夺其法定法官地位。所谓"**法定法官**"(gesetzlicher Richter)系根据法律和旨在补充法律的法院事务分配细则,以普遍且预先的方式加以明确的法官。即《基本法》第101条第1款第2句提供了一个**类似于基本权的请求权**(der grundrechtsähnliche Anspruch)④,国家应该透过刑事诉讼法和法院组织法预先地、**抽象地**去规定,所有可能发生的案件究竟应该归于哪一个法院办理(另参见《法院组织法》第16条第2句)。

70　　德国的《法院组织法》对此采取了极具差别化的基准(如罪质、可能判处的刑罚、案件的重要性),然而,这些基准难以数理般绝对精确地回答案件管辖的问题。如果可能有其他的管辖方案,究竟应如何去认定刑事追究机关(尤其是作为起诉机关的检察官)的错误评估违反了法定法官原则,则有疑义。按照占绝对支配地位的见解,如果是出于**纯粹的诉讼认识错误**(bloßer Verfahrensirrtum)而确定了不符合法律要求的审判组织,则不违反《基本法》第101条第1款第2句。惟以**客观恣意**的方法确定审判组织的,即纯粹基于不合事理的盘算,才属于剥夺法定法官情形⑤。

法定法官也可以诉诸诉讼法本身以外的规定。

---

① 亦见 *Bockemühl*, 40. Strafverteidigertag, S. 253。
② BVerfG NJW 2020, 1049 连同 *Classen* 的批判性评释, JZ 2020, 417;此外,《法院组织法》第176条第2款的禁止蒙面要求也适用于法院, *Mitsch*, KriPoZ 2020, 99, 100。
③ 关于《法院组织法》第51条规定的解除参审员职务,见 OLG Hamm NStZ 2020, 104。
④ BVerfGE 40, 356, 360 f; BVerfG StV 2005, 1;有关法官轮换制度见 *Lesch*, Kindhäuser-FS, S. 1005。
⑤ BVerfGE 30, 165, 167; BVerfG StV 2009, 673; BGHSt 43, 53, 55 连同 *Renzikowski* 的裁判评释, JR 1999, 166; BGHSt 47, 116, 119; BGH StV 2016, 622 连同 *Kudlich* 的评论文章, JA 2016, 551。

举例[根据联邦最高法院判例(BGHSt 61, 296)]:州地方法院审理的刑事案件中,法庭证据调查令人意外地持续数月之久。在庭审中断期间(《刑诉法》第229条,边码581),陪席法官R诞下一名孩子。在孩子诞生两周以后,案件在R的参与下宣告判决。

答案:根据《德国孕妇保护法》(连同相关的州法),在孩子出生后的八周内不得让妇女工作。本案由该名女法官参加审理的做法使得合议庭组成违法。被追诉人被剥夺了他的法定法官。可以此为由对判决发动法律审上诉(《刑诉法》第338条第1款,边码854)。①

三、管辖种类②

(一) 事物管辖(sachliche Zuständigkeit)

事物管辖关乎**哪一类法院**(如基层法院、州地方法院)**负责第一审案件**的问题。如果法院内部设有多个各自都能进行第一审的**审判组织**(具体部门),且这些审判组织还拥有不同的**法律后果处分权**(如在基层法院设置的独任刑事法官和陪审法庭),那么事物管辖还涉及,由其中哪一个审判组织来管辖的问题。依据《刑诉法》第6条,在程序进行的任何阶段都应该依职权查明案件的事物管辖。但是,依据《刑诉法》第269条,法院不得以案件属于较低级别法院管辖为由而主张自己没有管辖权,除非较高级别的法院毫无事物管辖权的依据(恣意的界限,见前述边码70)。当案件被起诉以后,如果法院认为案件之事物管辖应该属于比自己更高级别的法院,那么在决定开启审判程序之前应该依据《刑诉法》209条第2款进行相应的处理;如果案件处于审判程序却尚未开庭,应该依据《刑诉法》第225a条第1款处理;* 如果案件已于庭审中,则应该根据《刑诉法》第270条第1款处理。**

---

① 赞同性观点见 *Jäger*, JA 2017, 312; *Jahn*, JuS 2017, 277; *Norouzi*, v. Heintschel-Heinegg-FS, S. 349; *Wolf-Doettinchem*, JA 2018, 432。

② 概览见 *Satzger*, Jura 2016, 621。

* 依据该两项规定,均应128通过转交检察官的方式将案卷提交给相应法院去办理。——译者注

** 根据该项规定,应裁定将该案件转交有管辖权的法院。——译者注

(二) 地域管辖 (örtliche Zuständigkeit)

72 　　地域管辖（《刑诉法》第 7 条及以下数条）是指在多个拥有事物管辖的法院之中再按照地域的角度进行选定。依据《刑诉法》第 16 条，地域管辖应该在决定开启审判程序之前依职权查明。之后，法院仅能基于被告人之异议宣称自己没有地域管辖，而且该异议最迟不得晚于庭审程序就事实展开讯问之前提出。

(三) 功能管辖 (funktionelle Zuständigkeit)

73 　　功能管辖一词未被法律所明确，它是指所有不能通过事物管辖或地域管辖解决的有关管辖的问题。例如：

　　——救济审法院之管辖①
　　——拥有相同刑罚裁决权的不同审判组织之间的管辖分配，例如，普通审判庭与经济刑事法庭之间的管辖分配。②（对此参见《刑诉法》第 6a 条）
　　——审判组织内部之任务分工（例如，审判长依据《刑诉法》第 238 条第 1 款享有的审理指挥权）。
　　——侦查程序中侦查法官的管辖权（如《刑诉法》第 125 条有关核发羁押令状的事项）。

四、第一审管辖及审判组织之组成

74 　　法院的事物管辖由《法院组织法》规定（《刑诉法》第 1 条）。

(一) 基层法院 (das Amtsgericht)

75 　　依据《法院组织法》第 24 条第 1 款，案件苟无下列情形之一者，由基层法院管辖：
　　——属于陪审法庭（Schwurgericht）或者国家安全法庭（Staatsschutzkammer）或者州高等法院（Oberlandesgericht）强制管辖的案件（第 1 项）
　　——可能判处 4 年有期徒刑以上刑罚的案件（第 2 项）
　　——检察官出于对作证的犯罪被害人的**特别保护义务**、**事项范围特殊**

---

① BGHSt 25, 51, 53; LR-*Erb*, Vor § 1 Rn 9.
② BGH StV 2009, 509; KK-*Scheuten*, § 1 Rn 4; 其他观点见 M-G/*Schmitt*, Vor § 1 Rn 4.

或者**特殊的意义**,将案件起诉到州高等法院的(第3项)。①

基层法院的审判组织有**独任刑事法官**(Strafrichter)和**参审法庭**(Schöffengericht)。这些审判组织仅有一审案件管辖权。

1.独任刑事法官作为独任法官裁判较轻的犯罪,即根据《法院组织法》第24条第1款第1—3项之情形＊完全由基层法院管辖的案件。此外,依据《法院组织法》第25条,较轻的犯罪还包括具有下列情形之一的**轻罪**(Vergehen):

——按照**自诉**(Privatklage)途径追诉的(见《刑诉法》第374条);

——仅可能判处2年以下自由刑的。

具体案件的刑期预估可能与实际判处刑期存在出入,由此,独任刑事法官的刑罚处置权限便可能达到**4年**有期徒刑,见《法院组织法》第24条第2款。独任刑事法官仅有这一种情形可以管辖判处较高刑罚(不超过4年自由刑)的案件。一旦独任刑事法官已经裁定开启审判程序(见边码5和边码548),即使先前错误地认为案件仅需判处轻微的刑罚,之后也不得再移送给参审法庭;反之,如果直到庭审中才发现案件系**重罪**(Verbrechen),则应将案件移交给参审法庭(负责最高可判处4年自由刑的案件)或者州地方法院(超过4年自由刑的案件)②。

2.依据《法院组织法》第29条第1款,**参审法庭**由一名职业法官和两名外行法官组成(即参审员③,关于其选任详见《法院组织法》第31条以下)。从应然法的角度,以参审员的形式坚持让不懂法律的人参与司法是有争议的。④ 当案件涉及特别的罪名范围时,通常在检察官的申请下,会

76

---

① 深入内容见 *Heghmanns*, DRiZ 2005, 288。

＊ 《法院组织法》第24条第1款规定,刑事案件苟无下列情形之一者,由基层法院管辖：1.属于州地方法院依据第74条第2款或第74a条管辖的案件,或者州高等法院依据第120条或第120b条管辖的案件;2.个案可能会判处4年以上有期徒刑,或可能以单处或并处的方式将被追诉人留置在精神病医院,或者可能会判处保安处分(《刑法典》第66—66b条)的;3.检察机关考虑到可能作为证人的犯罪被害人有特殊的保护需求、案件事实的特殊范围或者案件的特殊意义向州地方法院起诉的。第3项第1句第3种情形所谓的特殊保护需求系指被害人会因为讯问承受特殊的压力,所以应当避免多次讯问的情形。——译者注

② S/S/W-StPO-*Spiess*, § 25 GVG Rn 3; a.A *Pschorr*, JR 2017, 391.

③ 有关参审员的选任见 *Metz*, JA 2019, 861。

④ *Börner*, StraFo 2012, 434; *Duttge*, JR 2006, 358; *Hillenkamp*, Kaiser-FS, S. 1437; *Jäger*, DFT, S. 251; *Lilie*, Rieß-FS, S. 303; *Rönnau*, JuS 2016, 500; *ders*., Schlothauer-FS, S. 367;日本的情况见 *Kato*, in: Entwicklungslinien, S. 139; *Kato, Hokei Ronshu*, The Journal of the Faculty of Law, Aichi University, Nr 170, Februar 2006, S. 1。

再延揽其他的职业法官参与审判,见《法院组织法》第 29 条第 2 款,即"**扩大参审庭**"(das erweiterte Schöffeugericht)。但参审员不得参与在庭审活动外作成的裁判,见《法院组织法》第 30 条第 2 款。至于参审员是否享有阅卷权的问题,请参阅边码 626。

参审法庭审理中等程度之犯罪。这一事物管辖没有被直接规定,而是基于《法院组织法》第 28 条的**反向界定**(negative Abgrenzung)。因为,基层法院对《法院组织法》第 24 条第 1 款第 1—3 项规定的案件肯定有管辖权(尤其是可能判处 4 年以下有期徒刑刑罚的案件),**此外,独任法官不得管辖**《法院组织法》第 25 条规定的案件(尤其是可能判处 2 年以上有期徒刑刑罚的)。

若一开始就认为案件最高会判处 2 年以下有期徒刑,那么诉至参审法庭就属于肆意(参见前述边码 70)。

简而言之,通常**独任刑事法官**审理可能判处 2 年以下有期徒刑刑罚的轻罪,参审法庭审理可能判处2—4 年有期徒刑的轻罪以及可能判处4 年以下有期徒刑刑罚之重罪。

(二) 州地方法院(Landgericht)

77　1.州地方法院之审判组织称为**刑事庭**(Strafkammer)。由**大刑事庭**(große Strafkammer)负责**第一审裁判**。依据《法院组织法》第 76 条第 1 款第 1 句,大刑事庭由三名职业法官和两名参审员组成。参审员不得参与庭审活动之外的裁判(《法院组织法》第 76 条第 1 款第 2 句)。法庭应该在开启审判程序之时(《法院组织法》第 76 条第 2 款第 1 句)或者最迟不晚于确定庭审活动的期日之前(《法院组织法》第 76 条第 2 款第 2 句)就**庭审活动**(仅此期间)中的法庭究竟如何组成作出裁定(由于该裁定不经过庭审,所以没有参审员参加,由**全部三名职业法官**在场作出)。① 通常可以由简化的法庭,即仅由**两名职业法官**去审理(《法院组织法》第 76 条第 4 款)。惟在《法院组织法》第 76 条第 2 款第 1—3 项所穷尽列举的情形下,法庭才必须要求由三人组成。另外,当刑事陪审法庭担当大刑庭时(见后述边码 79),犯罪人有可能被命令采取保安处分(Sicherungsverwahrung)予以留置的,或者**根据案件的审理范围或复杂程度采取三人合议庭显有必要**的,应该由三名职业法官组成合议庭。依据《法院组织法》

---

① BGHSt 60, 248.

第76条第3款,前述最后一种情形通常是指庭审活动预计会持续超过10天的或者案件由经济审判庭作为大刑庭负责审理(见后述边码79)的情形。再者,法院对于合议庭之组成享有广泛的**裁量空间**,除非**在客观上表现出恣意妄为**(objektiv willkürlich),否则就没有超越这种裁量。① 针对法庭组成的裁定不得被单独声明不服,惟有通过《刑诉法》第338条第1项(连同第222a、222b条)规定的(法律审上诉中的)程序不服救济之。最迟应不晚于庭审开始前告知法庭的组成,但是也可以经审判长命令,在庭审前便践行告知(《刑诉法》第222a条第1款第1、2句)。《刑诉法》第222a条规定的告知划定了提出第222b条*第1款规定的法庭组成异议的期间。由事实审法院就异议是否有理由作出裁决。若事实审法院认为异议无理由的,须将该异议提交(由《法院组织法》第121条第1款第4项和第135条第2款第3项确定的)救济审法院裁决②,见《刑诉法》第222b条第3款第1句。不服法庭组成的异议也应该通过这种所谓的先决裁判程序在庭审结束以前被最终裁决。如此规定的目的是,尽量避免因为法庭组成违法导致判决被撤销以及程序延宕。③《法院组织法》第76条第4、5款就事后更改合议庭组成裁定的问题,以及当法律上诉审法院发回后重新就法庭组成裁决乃至重新庭审的问题作出了规定。

当审理旷日持久时,审判长可以决定征召备位法官(也包括备位参审员),他们在审理中列席,并且当某个法官遇到阻碍时,可以替代其上场(《法院组织法》第192条第2、3款)。但是,仅能由符合法定人数的法官参加裁判(《法院组织法》第192条第1款)。

2.大刑庭的事物管辖主要包括下列案件:

——所有的既不由基层法院也不由州高等法院管辖的重罪(《法院组织法》第74条第1款第1句),尤其是可能判处4年以上有期徒刑刑罚的重罪(《法院组织法》第74条第1款第1句连同第24条第1款第2项)。

——所有其他的可能判处4年以上有期徒刑的犯罪(主要是轻罪)

---

① BGHSt 44, 328, 334 f; BGH StV 2010, 228; NStZ 2011, 52; *Kissel/Mayer*, § 76 Rn 5.
* 最新版条文参见本书附录。——译者注
② 根据立法理由,纵使先决裁判程序的管辖上可能与法律审管辖有别,但是先决裁判的程序应该按照法律审上诉程序践行之,BT-Drs. 19/14747, S. 29。
③ BT-Drs. 19/14747, S. 29;有关其推定违宪的问题,见Lantermann, HRRS 2020, 19;因不来梅的州高等法院改变法庭组成而提起异议的容许性,见NStZ 2020,565。

(《法院组织法》第 74 条第 1 款第 2 句第 1 种情形)。

——检察官根据担任证人时犯罪被害人的特别保护需求、案情范围特殊以及特别的重要性而向州地方法院起诉的案件(《法院组织法》第 74 条第 1 款第 2 句第 2 种情形连同第 24 条第 1 款第 3 项)。

"特别的重要性"是指，基于事实或者法律上的原因而比多数普通案件更显突出的案件。① 这些原因包括违法性程度、犯罪的影响后果以及着眼于媒体或公开性之考量②、被告人之显赫的职业地位③和使案件尽快得到联邦最高法院阐释的必要性。④ 但是，检察官或负责裁定开启审判程序的法院对于案件重要性问题非出于恣意的判断错误不会成为法律审上诉的理由(参见前述边码 70)。⑤

79　　3. 与通常的大刑庭不同的是**特殊(大)刑庭**，它负责审理特定的犯罪类型，但是在组成和刑罚处罚权限上和通常的大刑庭没有区别。

(1)第一种特殊大刑庭是**刑事陪审法庭**⑥，其负责审理《法院组织法》第 74 条第 2 款所列举的重大犯罪(如谋杀/故意杀人罪、身体伤害罪、非法拘禁罪、强奸罪，以及其他以死亡结果为构成要件之犯罪)，也会有两名外行法官作为"参审员"参与审理。⑦

(2)依据《法院组织法》第 74c 条，**经济刑事法庭**(Wirtschaftsstrafkammer)负责经济类刑事案件的审理。⑧ 多个州地方法院辖区内的经济刑事案件可以由一个经济刑事法庭一并负责审理(《法院组织法》第 74c 条第 3 款)。

(3)最后，依据《法院组织法》第 74a 条，如果某个州地方法院的辖区包含州高等法院所在地，则应该由该地方法院设置的(特别)刑事庭总揽州高等法院辖区内的**危害国家安全犯罪**的审理。

(三) 州高等法院

80　　州高等法院[柏林的最高法院称为高级法院(Kammergericht)]的刑

---

① 全面的内容见 Sowada, S. 527 ff.
② BGHSt 44, 34, 36; OLG Jena NStZ 2016, 375.
③ OLG Zweibrücken StraFo 2003, 242 连同 Michel 的裁判评释。
④ BGHSt 43, 53, 58 以及就此加以批评的 Renzikowski 的评释, JR 1999, 168 以及 Bernsmann 的裁判评释, JZ 1998, 631。
⑤ 对此持赞同性意见：BGHSt 57, 3 连同 F.C. Schroeder 的评释, JR 2012, 266。
⑥ M. Huber, JuS 2009, 406.
⑦ 1972 年"陪审员"的称谓被取消了，参见 Jänicke/Peters, Jura 2016, 17。
⑧ 深入内容见 Bock, Ad Legendum 2014, 9。

事陪审法庭称为**审判庭**(Senat)。州高等法院的第一审案件由三名或者五名职业法官裁判(详见《法院组织法》第 122 条第 2 款)。州高等法院(仅指那些辖区包含州政府所在地的州高等法院)的第一审案件管辖权包括：当联邦总检察长因为刑事追究具有特别重要的意义而接管的所有《法院组织法》第 120 条第 1 款所列举的**危害国家安全犯罪**，《法院组织法》第 120 条第 2 款所称的案件[例如，确定且足以危害德意志联邦共和国存续的谋杀罪或纵火罪，**极右翼主义犯罪**(rechtsextremistische Tat)也属于此类犯罪]，即所谓**提级管辖权**(Evokationsbefugnis)①。

巴伐利亚州曾经依据《法院组织法施行法》第 9 条之特别规定设置的**巴伐利亚州最高法院**(BayObLG)一度被撤销了，但是如今却又重新设置了。

前文所述有关告知法庭组成以及不服法庭组成的异议的原则规定也适用于州高等法院。

（四）"**机动管辖**"(die bewegliche Zuständigkeit)问题

正如前面已经强调的那样(边码 69)，尽管在任何案件中应该预先且客观地确定该案的"法定法官"(《基本法》第 101 条第 1 款)，然另一方面，我们的诉讼法亦赋予了检察官在有限的范围内选择审判组织起诉的权利。这主要②体现在下列情形之中：

依据《法院组织法》第 24 条第 1 款第 3 项，第 74 条第 1 款第 2 句，检察官可因案件具有特殊重要性，将应由基层法院管辖的案件改向州地方法院(大刑事庭)起诉(见前述边码 78)。

对于《法院组织法》第 74a 条规定的危害国家安全犯罪以及其他一些严重的犯罪，州高等法院的一审管辖权取决于联邦总检察长是否因为追究具有"特殊重要性"而接管案件(参见前述边码 80)。

81

---

① BGHSt 46, 238, 250 f (*Eggesin* 案)连同 *Schroeder* 的评论文章，JR 2001, 391 以及 *Welp* 的评论文章，NStZ 2002, 1；BGHSt 53, 128, 140；BGH NStZ 2008, 146 连同 *Jahn* 的评论文章，JuS 2008, 274。

② 其他内容见 *Ignor*, Schlothauer-FS, S. 117。

另外，聚讼不已的是，上述选择权究竟是否符合《基本法》第 101 条第 1 款第 2 句以及《法院组织法》第 16 条第 2 句(法定法官)的精神？德国联邦宪法法院①认为这种管辖权规则是合宪的。②

其论证理由如下：

——检察官没有裁量权。一旦满足特定要件，检察官就有义务向更高级别法院起诉，因此毫无"选择权"可言。

——依据《刑事诉讼法》第 209 条，检察官的决定处在不受限制的法院审查之下(检察官没有裁量空间！)，收到起诉的法院通过这种审查，亦得在较低层级的法院开启审判程序或者将案件提交较高层级的法院。

《法院组织法》第 30 条第 2 款、第 76 条第 1 款第 2 句规定，可以在没有参审员参与下不经庭审作出裁判(见边码 76)，这不属于"**机动管辖**"。因为《基本法》第 101 条第 1 款第 2 句要求，负责审理案件的法官应该不依赖于主观评价而预先确定③，所以《法院组织法》第 30 条第 2 款、第 76 条第 1 款第 2 句应该相应地予以合宪性解释，一旦开始审判程序之后，法院就无权自由决定，究竟是经过庭审还是不经过庭审去裁判案件。而且，**通常应该在庭审中**对案件作出裁判，除非有不经过庭审作出裁判的强制性理由(如极其紧迫之需求)。④ 但是，根据相反之见解，也是近来实务中的主流见解，可以不经过庭审作出决定或中止羁押裁判。⑤

（五）合并管辖(Verbindung)

82　　相互之间存在关联却各自分属不同级别法院管辖的案件，可以一并

---

① BVerfGE 9, 223, 226; 22, 254, 260.

② 批评性观点见 *Eisenberg*, NStZ 1996, 265; *Hellmann*, Rn 389; *Sowada*, S. 590; *Theile*, Heinz-FS, S. 892.

③ BVerfGE 95, 322, 330.

④ BGHSt 43, 91 连同 *Dehn* 的评释, NStZ 1997, 607; OLG Koblenz StV 2010, 36 und 37 *Sowada* 的肯定性评释; KG StV 2016, 171; *Katholnigg*, § 30 Rn 3; *Kunisch*, StV 1998, 687; *Schlothauer*, StV 1998, 144; *Müller, R*., Zur Frage der richterlichen Zuständigkeit bei Entscheidungen zwischen Beginn und Ende der strafprozessualen Hauptverhandlung, 2003; 关于审理程序开始以后参审员参与羁押裁定的绝对义务见 *Helm*, JA 2006, 302; *Sowada*, NStZ 2001, 169。

⑤ BVerfG NJW 1998, 2962; BGH JR 2011, 361 连同 *Krüger* 的赞同性裁判评释, NStZ 2012, 342; OLG Hamburg NJW 1998, 2988; OLG Köln NStZ 2009, 589 连同 *Krüger* 和 *Sowada* 的裁判评释, StV 2010, 37; OLG Thür. StV 2010, 34; LG Berlin StV 2014, 403; *Börner*, ZStW 122 (2010), 157, 193 f; *Kissel/Mayer*, § 30 Rn 16; 不同的观点见 LR-*Hilger*, § 125 Rn 16a; *Mosbacher*, JuS 2011, 713。

系属于有**较高级别管辖权**的法院(《刑诉法》第 2 条第 1 款)。当不同刑事案件同属于一个法院或同级别法院管辖时,则更可合并管辖。

合并管辖所必要的**关联性**(Zusammenhang)包括:

——**人**之关联性,即一人犯数罪(《刑诉法》第 3 条第 1 种情形)。

——**事物**关联性,即数人构成某一罪的正犯、共犯或者犯有与本罪有关之包庇得利、阻碍刑罚或窝藏赃物等罪。

——**混合**关联性,即该种关联性未被《刑诉法》第 3 条所明确规定,然而却能从规范目的中被推知。①

例如:A 因犯故意杀人罪且 B 因构成 A 之帮助犯而被起诉到陪审法庭(事物关联性),与前述犯罪无关,A 还单独犯有普通盗窃罪,亦得基于人之关联性而被起诉至陪审法庭。

相互之间合并处理的案件,亦得基于合目的性的理由,随时再次分离(《刑诉法》第 2 条第 2 款)。但被分离出去的事实部分必须始终为程序意义上独立之犯罪行为(见边码 50 以及后述边码 785)。②

五、救济审(Rechtsmittel)的管辖

(一) 州地方法院的救济审

1. 事实审上诉(《刑诉法》第 312 条及以下数条)

不服基层法院(独任法官和参审法庭)所作出的(当然是第一审)判决,可以提起事实审上诉(《刑诉法》第 312 条),但是,若不服轻微案件(Bagatelle)的判决,须经过事实上诉审法院的**受理**(《刑诉法》第 313 条)。事实审上诉由州地方法院裁判。

事实审上诉由州地方法院的所谓"**小刑事庭**"(kleine Strafkammer)管辖(《法院组织法》第 74 条第 3 款连同第 76 条第 1 款第 1 句)。该庭由一名职业法官和两名参审员组成。③ 自 1993 年开始,小刑事庭也管辖不

83

---

① 例子见 M-G/Schmitt, § 3 Rn 4。
② BGH NStZ 2002, 105; 深入论述见 Rotsch/Sahan, JA 2005, 801。
③ 尚未被任命成终身职的候补法官也可以担任小刑事庭的代理审判长, OLG Rostock NStZ 2020, 242。

服参审法庭所作判决的事实审上诉。不服扩大参审庭(《法院组织法》第29条第2款;见边码76)所作判决的事实审上诉,则应该延揽第二名职业法官进入小刑事庭(《法院组织法》第76条第6款第1句),该职业法官犹如参审员一样(《法院组织法》第76条第1款第2句),不参与案件在庭审以外的裁判,见《法院组织法》第76条第6款第2句。

刑事庭作为事实上诉审法庭所能判处的最高刑罚与基层法院一致(4年自由刑,见边码75及以下)①。

2. 抗告(《刑诉法》第304条以下)

84　　依据《法院组织法》第76条第1款连同第73条,不服基层法院的法官的指令以及基层法院(独任法官或参审法庭)的裁定而提出的抗告,一概由州地方法院之大刑事庭(große Strafkammer)裁判。② 由于系不经庭审对抗告作出裁判,所以外行法官不会参与其中(《法院组织法》第76条第1款第2句)。

(二) 州高等法院的救济审

85　　1.当州高等法院审理法律审上诉或者抗告时,由三名职业法官组成的**审判庭**(《法院组织法》第122条第1款)裁判(《法院组织法》第116条第1款)。

86　　2.对事实审上诉的判决需要得到救济时,由州高等法院负责管辖**法律审上诉**(Revision)(《法院组织法》第121条第1款第1b项)。

此外,州高等法院还管辖不服**基层法院**之第一审**判决**而提起的**飞跃上诉**(**到法律审**)(Sprungrevision)(《刑诉法》第335条第2款、《法院组织法》第74条第3款、第121条第1款第1b项)。

　　当大刑事庭第一审判决仅仅因为违反州法而被启动救济审时,例外地由州高等法院管辖法律审上诉(《法院组织法》第121条第1款第1c项)。

87　　3.先决裁判程序适用《刑诉法》第222b条第3款:当事实审法院不予纠正错误时,应该将不服法庭组成的异议提交救济审法院。大刑事庭的

---

① OLG Celle StraFo 2018, 120.
② M-G/Schmitt, § 76 GVG Rn 16.

案件应该由州高等法院作为救济审法院(《法院组织法》第121条第1款第4项;参见边码77)。

4.另外,州高等法院负责对不服州地方法院之裁判而提起的普通抗告(einfache Beschwerde)(《刑诉法》第304条)、即时抗告(sofortige Beschwerde)(《刑诉法》第311条)以及再抗告(weitere Beschwerde)(《刑诉法》第310条)的审查(《法院组织法》第121条第1款第2项;关于抗告管辖权详见《法院组织法》第121条第1款第3项)。

5.如果州高等法院在裁判时希望采取不同于其他州高等法院或者联邦最高法院的见解,它应该在《法院组织法》第121条第2款规定的范围内,将案件提交联邦最高法院。① 统一的实务见解借助于该"提交义务"(Vorlagepflicht)得以保障。

88

89

(三) 联邦最高法院的上诉审

1.联邦最高法院的审判组织称为**审判庭**(《法院组织法》第130条)。审判庭由五名成员组成并对法律审上诉作出裁判(《法院组织法》第139条第1款)。

90

2.依据《法院组织法》第135条第1款,联邦最高法院主要是管辖不服州高等法院第一审判决(危害国家安全犯罪等,参见前述边码80)所提起的**法律审**上诉。另外,依据《法院组织法》第135条第1款连同第121条第1款第1c项,不服州地方法院大刑事庭第一审判决提起的法律审上诉,苟非专以违反州法为理由的,由联邦最高法院管辖。尤其是《刑法典》《刑诉法》都是德意志联邦法律,所以,联邦最高法院对不服大刑事庭判决提起的法律审上诉一般均有管辖权。

91

值得注意的是,**严重的犯罪**在第一审裁判以后,仅能得到**一次**由联邦最高法院予以法律监督的机会,而**较之轻微的犯罪**则可经历三个审级和两次事实审。由于大刑事庭由三名职业法官组成并且必须有辩护人参与(《刑诉法》第140条第1款第1项),所以案件事实查明尤为值得信赖,所以,这种制度设计也是合理的。实际上,案件有机会上诉到联邦最高法院进行法律审,已足以保证法律适用上的统一性。但是,很多案件表明,仅

---

① BGHSt 61, 166. 被提交的法律问题须具有裁判上的重要性, BGH NStZ-RR 2019, 60。

能开展一次事实审的限制是很成问题的。另一方面,对于许多事实庞杂的案件,确保其进行二次事实审可能不切实际,而对较轻的犯罪多启动一次审级也不绝对会引起诉讼延宕。完全反向的效应是:基层法院考虑到必要时可能会启动第二次事实审,经常以"降低诉讼成本"为由,迅速直接作出裁判,而这种裁判多半也为程序参与者所接受。尤其是,不服独任法官所作判决的事实审上诉的比例很小。①

另外,依据《法院组织法》第 135 条第 2 款第 1、2 项,联邦最高法院还管辖特定的**抗告**。由三名成员组成的审判庭裁决(《法院组织法》第 139 条第 2 款)。

适用于先决裁判程序的规则是:符合《刑诉法》第 222b 条第 3 款第 1 句的情形时,对州高等法院法庭组成提出的异议由联邦最高法院裁决(《法院组织法》第 135 条第 2 款第 3 项;参见边码 77)。

92　　3. 联邦最高法院可以为刑事案件组建**大法庭**(Großer Senat)(《法院组织法》第 132 条第 1 款)。大法庭通常由联邦最高法院院长以及从每个刑事审判庭抽选的两名成员共同组成(《法院组织法》第 132 条第 5 款)。当某个刑事审判庭希望采取不同于其他审判庭或大法庭先前裁判的见解时,则依据《法院组织法》第 132 条第 2 款专门交由大法庭裁判之。②

93　　此外,联邦最高法院还有一种**联合大法庭**(die Vereinigten Großen Senate),它由联邦最高法院院长以及刑事大法庭和民事大法庭的成员共同组成(《法院组织法》第 132 条第 5 款第 3 句)。当某个刑事审判庭希望采取不同于民事审判庭、民事大法庭的或者联合大法庭本身的裁判时,依据《法院组织法》第 132 条第 2 款,须由联合大法庭决定。

---

① Vert. Sch*ü*nemann, Geppert-FS, S. 649, 661 ff.
② 关于联邦最高法院内部各审判庭的划分:BGH JR 2018, 149; *Fischer*, Schlothauer-FS, S. 471; *Lorenz*, JR 2018, 128。

第三章 法院的组织和管辖 071

图表1：刑事案件的法庭组成（适用于成人刑法）

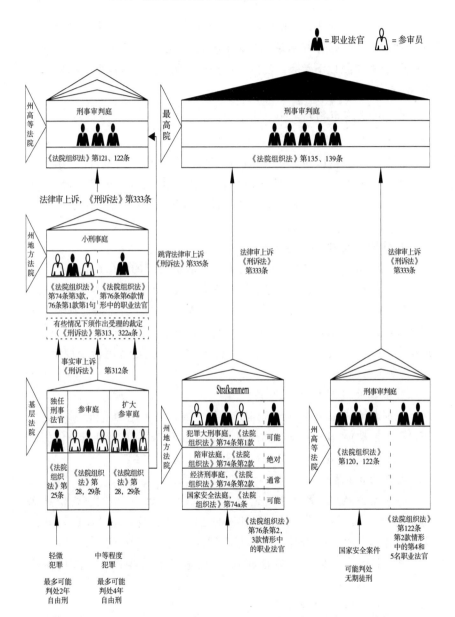

六、地域管辖(die örtliche Zuständigkeit)

94　　为了明确(《基本法》第 101 条第 1 款第 2 句的)"法定法官"原则,地域管辖之规范[所谓**审判籍**(Gerichtsstand)]也是必不可少的。这见于《刑诉法》第 7 及以下数条。法院可以凭借不同的连接点以确定案件的审判籍,兹分述如下:

　　(一) 固有审判籍

　　1. 行为地(《刑诉法》第 7 条)

95　　法院的审判籍以犯罪在其辖区内被实施为根据,见《刑诉法》第 7 条第 1 款。**犯罪地**(Tatort)至少为犯罪行为实施地,或者结果发生地,或者(在未遂犯的场合下)根据行为人犯罪计划结果应该发生地中的任何一处(《刑法典》第 9 条第 1 款)。

　　2. 住所以及居所(《刑诉法》第 8 条)

96　　法院的审判籍亦得根据被起诉人于被起诉之际的**住所**(Wohnsitz)所在的法院辖区确定,见《刑诉法》第 8 条第 1 款。依《刑诉法》第 8 条第 2 款,若被起诉人在《刑诉法》的效力范围之内没有住所,也可根据其经常之**居所**(Aufenthaltsort)确定。若不知其经常之居所,审判籍依其最后的住所确定,见《刑诉法》第 8 条第 2 款。德国驻外官员则适用特别规定(见《刑诉法》第 11 条)。

　　3. 抓获地(《刑诉法》第 9 条)

97　　以**抓获地**(Ergreifungsort)确定审判籍主要针对不能确定行为地(如驾车过程中抢劫)或者犯罪地在国外的情形。"抓获"既包括任何有理由的逮捕,也包括以刑事追究为目的的私人扭送(见《刑诉法》第 127 条)。①

　　4. 多重审判籍

98　　一个案件经常具备多个上述所列的审判籍。此时,检察官得依其**裁量**到其中一个或另一个有地域管辖权的法院起诉。这并不违反《基本法》第 101 条第 2 款,因为检察官的裁量必须以实质准则为引导。②

　　案件已经在不同的地方被起诉的,由**最早启动调查**的法院优先管

---

① *M-G/Schmitt*, § 9 Rn 4.

② BGHSt 9, 367, 369; OLG Hamm StV 1999, 240 连同 *Heghmanns* 的评论文章, StV 2000, 277; *Rotsch*, ZIS 2006, 17。

辖,见《刑诉法》第 12 条第 1 款。所谓"启动调查"通常系指作出开启审判程序之裁定(《刑诉法》第 203 条)。①

(二) 特殊审判籍

1. 关联审判籍

对于《刑诉法》第 3 条规定的相互关联的各个刑事案件(见边码 82),或者依据《刑诉法》第 7 条及以下数条的规定各自归不同的法院管辖的案件,任何对其中之一的案件享有管辖权的法院都对其他所有的案件拥有共同审判籍,见《刑诉法》第 13 条第 1 款。如果单个案件已经系属于不同的法院,则可以(由参与诉讼的检察官提出相应申请)通过法院之间的协商予以合并管辖,见《刑诉法》第 13 条第 2 款第 1 句。若各个相关法院无法达成一致的,则由检察官或者被起诉人提出申请,由共同上级法院对合并管辖作出裁断,见《刑诉法》第 13 条第 2 款第 2 句。

99

2. 指定审判籍

(1)若依据《刑诉法》第 7—11 条仍无法确定地域管辖时,由联邦最高法院指定的法院管辖(《刑诉法》第 13a 条②)。例如,当行为人在国外实施过犯罪且不知他究竟居住在德国哪个地方,所以没有法定的管辖规定可堪适用。

100

(2)遇到不同法院之间管辖权发生冲突(Kompetenzkonflikt)时,由共同上级法院就管辖事项裁决之(《刑诉法》第 14 条)。

(3)如果管辖法院基于事实上的原因(如疾病)或法律上的原因(例如《刑诉法》第 22 条及以下数条规定的回避,参见边码 106 及以下数段)而不能行使职务,或者审判会引发危及公共安全之虞的(如受到恐怖袭击威胁③),则由其上一级法院指定管辖(《刑诉法》第 15 条)。

案例 7(边码 65)的解答:

101

(1)刑事案件中的事物管辖简述如下:

由**基层法院**的刑事法官担任独任法官审理较轻的犯罪的案件,即可能判处两年以下有期徒刑的轻罪(《法院组织法》第 24

---

① 关于例外见 M-G/*Schmitt*, § 12 Rn 3; Radtke/Hohmann/*Kronthaler*, § 12 Rn 8 ff.
② 联邦宪法法院裁判(BVerfGE 20, 336)认为,该制度与《基本法》第 101 条第 1 款第 2 句无违。
③ 参见 BGH JR 2002, 432 连同 *Best* 的裁判评释。

条第1款、第25条第2项);参审法庭审理中等程度之犯罪,即可能判处4年以下有期徒刑的犯罪(《法院组织法》第24条第1款第2项)。参审法庭通常由一名职业法官和两名参审员组成(《法院组织法》第29条第1款)。

对于较为严重的或最严重的犯罪,即可能判处4年以上有期徒刑的犯罪或重大犯罪的第一审由**州地方法院**的大刑事庭审理(《法院组织法》第74条)。其中《法院组织法》第76条第2款第1—3项所穷尽式列举的情形下,大刑事庭由三名职业法官和两名参审员组成,其他情形下仅由两名职业法官所组成(参见《法院组织法》第76条第4款)。若由陪审法庭作为刑事审判庭时,或者案件涉案面广、复杂疑难情形(参见《法院组织法》第76条第2款第3句第3项、第3款),在庭审活动中必须由三名成员组成(参见《法院组织法》第76条第2款第3句第1项、《法院组织法》第74条第2款规定的重大犯罪)。不经庭审的裁判均由三名职业法官组成的大刑事庭作出裁判,参审员不参与(《法院组织法》第76条第1款第2句)。

州高等法院审理危害国家安全犯罪以及其他一些有特殊重要性,而由联邦总检察长承担追诉的严重犯罪的第一审(《法院组织法》第120条)。审判庭由三或五名职业法官组成(《法院组织法》第122条第2款)。

(2)若不服**始终由基层法院**(独任法官或参审法庭)作出的**第一审判决**,依据《刑诉法》第312条以下的标准,可以通过**事实审上诉**获得救济,并由州地方法院的刑事审判庭裁判(《法院组织法》第74条第3款)。该刑事审判庭通常由一名职业法官和两名参审员组成,即所谓"小刑事庭"(《法院组织法》第76条第1款第1句)。

若不服**州地方法院**(大刑事庭)或**州高等法院**的第一审判决,则只能透过**法律审上诉**实现救济(《刑诉法》第333条),并通常由联邦最高法院五名职业法官组成的审判庭(《法院组织法》第139条第1款)裁判(《法院组织法》第135条第1款)。

不服**州地方法院**(小刑事庭)的第二审判决同样可以通过**法律审上诉**(《刑诉法》第333条)寻求救济。不服基层法院第一审判决时,也可以不提事实审上诉,直接提起法律审上诉,即**飞跃上诉**(《刑诉法》第 335 条)。法律审上诉由州高等法院的三名职业法官组成审判庭(《法院组织法》第 122 条第 1 款)裁判(《法院组织法》第 121 条第 1 款第 1 项)。

(详见边码 71 及以下数段)

案例 8(边码 66)之解答:检察官此时预测案件会判处 2 年以下有期徒刑时,理应将案件起诉至独任刑事法官(《法院组织法》第 24 条第 1 款第 2 项、第 25、28 条)。相应的开启审判程序的裁定也是合法的。但是,开启审判程序以后,一旦出现新的刑罚加重事由,独任刑事法官有权在四年以下有期徒刑的量刑幅度内作出判决(《法院组织法》第 24 条第 2 款)。因此,不得依据《刑诉法》第 270 条第 1 款的规定将案件移送给参审法庭(详见边码 71、74)。

102

案例 9(边码 67)之解答:依据《法院组织法》第 76 条第 1 款第 1 句,在庭审活动中由参审员参与裁判。因此,两名职业法官没有形成多数。参审员不参与不经庭审作出的裁判(《法院组织法》第 76 条第 1 款第 2 句),于是,两名"反对羁押者"可能会通过多数票否定他们的其他同事观点。主流观点认为,羁押问题的裁判通常是不经庭审而作出的。因此,撤销羁押令状亦得如此为之。相反,更恰当的观点却认为,与羁押相关的裁判也应该经过庭审,即在参审员的参与下作出,因为并不存在以其他方式作出这类裁判的强制性理由(详见边码 81)。

103

第四章　法官绝对回避和申请法官回避

案例 10：
（a）A 因为诈骗有限责任公司 X 而被起诉到参审法庭。作为参审员之一的 G 系被侵害的有限责任公司的法人代表，同时也是惟一的企业负责人。A 可以反对 G 参与诉讼吗？

（b）如果诈骗行为针对的是一家股份有限公司，G 系股份有限公司之股东，那么上述情形又应如何处理？（边码 126）

案例 11：
A 被（职业法官 R 参与的）刑事庭判决有罪。A 提起法律审上诉之后，此案被发回到另一个刑事庭重新审理，此时 R 已经成为该刑事庭之审判长。在重新进行的庭审程序中，A 希望反对 R 参与本案，能成功吗？（边码 127）

存有偏见的法官参与审理是真实且公正判决的危害。于是法律规定，存有偏颇之虞的人不得担任法官（亦见《基本法》第 101 条第 1 款第 2 句）。对此应区别**法官的绝对回避**（Ausschließung von Richter）（《刑诉法》第 22 条和第 23 条）和**申请法官回避**（Richterablehnung）（《刑诉法》第 24 条）。绝对回避依法直接适用，而申请回避则以相应的回避请求为前提。《刑诉法》第 22 条及以下数条规定的法官既包括**职业法官**，也包括**参审法官**（《刑诉法》第 31 条第 1 款）。

一、法官的绝对回避（《刑诉法》第 22、23 条）

（一）在法律所列举的**法官绝对回避**情形中，偏见之虞已经如此明显，乃至于立法者已确信，一旦在任何程序中出现这些情形，普遍会与法官职务行为相抵触。若依法应该回避的法官参与了程序，或许是他没意识到具有绝对回避事由，则符合《刑诉法》第 338 条第 2 项的"**绝对的法律审上诉理由**"（der absolute Revisionsgrund）

(二)绝对回避情形具体如下:

1.**法官自己受到侵害的**(《刑诉法》第 22 条第 1 项),即法官受到犯罪的侵害,该犯罪正好是该法官在程序中必须裁判的对象。此处之侵害,必须是由犯罪行为**直接**造成的侵害,否则一切诉讼都将会陷于极大的不确定性。①

针对**法人**(有限责任公司、股份公司、有权利能力之社团等)实施的财产犯罪中,若**只有法人本身遭受了直接侵害**,(法官)作为法人之成员(经理)仅系间接相关人的,不构成《刑诉法》第 22 条第 1 项的绝对回避事由。② 即便该法人成员(显著地)参与了法人意志的形成,例如,担任监事会成员,亦无不同。③

反之,针对**合伙企业**(民事合伙、商事普通合伙、有限合伙)的财产犯罪之中,法律状态则有所不同。一旦这样的企业受到损害,其**企业主也就直接受害了**,纵使企业财产整体结合到一起经营,但仍然属于企业主个人之财产。④ 于是结果便是:(法官是)受侵害的有限责任公司的惟一法人代表、支配企业的经理人的,依法不构成应回避之法官;若是公开募资的有限合伙公司的股东,纵使对公司财产贡献极少且从不参与公司经营的,却会因此回避。这个让人觉得不太合理的结论可以借助下列理由释怀:因犯罪行为受到间接损害的法官,还可以依据《刑诉法》第 24 条第 2 款申请其回避(见后文边码 111)。⑤

2.法官与被追诉人或被害人具有**紧密的家庭关系的**(如配偶、生活伴侣、父母、子女)(《刑诉法》第 22 条第 2、3 项)⑥。

3.法官**曾参与案件的办理**,见《刑诉法》第 22 条第 4 项和第 5 项、第

---

① BGH NStZ 2009, 342; *Volkmer*, NStZ 2009, 371; 批评观点见 *Roxin/Schünemann*, § 8 Rn 2。

② RGSt 37, 414, 415; 69, 219, 220; BGHSt 1, 298, 299; Radtke/Hohmann-*Alexander*, § 22 Rn 16。

③ RGSt 67, 219, 220。

④ RGSt 37, 414, 415。

⑤ 亦见 BGHSt 43, 16 连同 *Laubenthal/Baier* 的裁判评释, JR 1998, 299; BGHSt 51, 100, 109。

⑥ *Ellbogen/Schneider*, JR 2012, 188 (主张理应扩张适用到检察官)。

23 条。"案件"的概念应作广义解释。① 案件的同一性可以借助刑事诉讼的同一性或者犯罪行为的同一性去判断。② 准此,同一个案件指的是,法官在某个以特定犯罪行为为对象的同一个程序(包括裁判和执行程序)中履行过某个法律规定的职能(《刑诉法》第 22 条第 4 项、第 23 条;主要情形:参与过下级审)或者曾作为证人或鉴定人被讯问过的情形(《刑诉法》第 22 条第 5 项,亦见边码 287)。

二、因偏颇之虞的申请回避(《刑诉法》第 24 条第 2 款)

111　　法官也可以因有偏颇之虞而被申请回避(《刑诉法》第 24 条第 1 款第 2 种情形)。如果存在足以使人对法官之公正性产生怀疑的适当理由,可以基于偏颇之虞而申请回避(《刑诉法》第 24 条第 2 款)。

　　基于《刑诉法》第 24 条第 1 款,既可以针对"绝对被回避"之法官,也可以针对"有偏颇的"法官行使请求回避权。由此可见,立法者将绝对回避与因偏颇之虞的申请回避置于相同的层面。绝对回避事由实际上是偏颇事由的缩略版,对之再个案检验是否存在偏颇就多此一举了,因为立法者已经对其提前判断了。③

(一) 偏颇的定义

112　　尽管《刑诉法》第 24 条第 2 款的法律定义表明了偏颇的应然参照点(即中立性),但却没规定偏颇的着眼点应系于何处。被申请回避的法官经常自认其没有偏见,所以,事实上的成见往往很难被认定,故不必确认其是否存在④。因为只要足以对中立性产生"不信赖",便满足了《刑诉法》第 24 条第 2 款的事由,所以应该立足"受众的角度"(Empfängerperspektive),通常是被告人的立场。关键在于,是否有令人不信赖的根据。但是,偏颇之虞的门槛不能设置得过低,以免凭借任何可疑言行均能申请回避,所以,被告人不得明显地过于敏感。应以如下角度去判断:当我们把**通常的观察者**设

---

① BGH NStZ 2011, 106; BGH NStZ 2014, 44; Joecks, StPO, § 22 Rn 7.
② BGH NStZ 2007, 711; BGH StV 2019, 151.
③ Arzt, G., Der befangene Strafrichter, 1969, S. 17 f; Herzog, StV 1999, 457.
④ BGHSt 24, 336, 338; OLG Karlsruhe NJW 1995, 2503.

想为被告人时,经过**理性评估当下的情势**,是否仍能产生法官有成见的嫌疑。① 所以,"理智的思考者"以及"理性的"或"审慎的"被告人是判断的模板。②

下列判例均构成偏见之虞③:

联邦最高法院判例(BGH MDR 1958,741):在一起谋杀案中,法官和被告人说,但愿他"夜夜看到自己的亡妻"。

联邦最高法院判例(BGH StV 1986,369):法官和被告人一起去打网球并随后共同用餐。

巴伐利亚州最高法院判例(BayObLG NJW 1993,2948):审判长和被告人说:"根据案卷情况,您说谎还恬不知耻"。

州高等法院判例(OLG Frankfurt StV 2001,496):在该案的中间程序中,法院在没有事先听取被起诉人意见的情况下颁布了临时职业禁令。这种情况已经逾越了从可以容忍的程序错误(可以对之声明不服或者可以成为救济审的理由)到严重程序错误之间的界限。存在严重程序错误时,裁判者继续参与案件审理似乎是不能接受的。不遵守程序法中的保障性规定而干预重大基本权或者表现出**恣意妄为**的操作(这两种情形在法兰克福的州高等法院的案件中都存在),应该符合裁判者的偏见之虞。④

州高等法院判例(OLG Brandenburg StV 1997,455):审判长在裁定驳回辩护人的申请时说道:"辩护人先生,这是您的第一个败局。"

州地方法院判例(LG Mainz StV 2004,531):法官在电话里

---

① 参见 BGHSt 1, 34, 39; BGH StV 2015, 737; *Klemke/Elbs*, Rn 770; *Malek*, Rn 128。

② BGHSt 43, 16, 18; BGH NStZ 2016, 218 连同 *Kudlich* 的评论文章, JA 2016, 395; OLG Celle StV 2015, 210 连同 *Barton* 的批评性评释; *Fahl*, JA 1998, 187; *Ignor*, ZIS 2012, 228, 231 f。

③ KMR-StPO-*Bockemühl*, § 24 Rn 10 ff; *Zwiehoff*, Der Befangenheitsantrag im Strafverfahren, 2. A. 2013。

④ BGH NStZ 2010, 342 连同 *Jahn* 的评论文章中合理的批判性观点, JuS 2010, 270; BGH StV 2015, 5; 深入内容见 KMR-StPO-*Bockemühl*, § 24 Rn 25; *Meyer-Goßner*, 50 Jahre BGH-Prax-FS, S. 635; *Semmler, W.*, Prozeßverhalten des Richters unter dem Aspekt des § 24 II StPO, 1994。

跟辩护人说道,被告人在庭审中的答辩很"蠢",并且对鉴定人说,"你要做好在庭审中挨批的准备",因为该名鉴定人已经在准备好的书面鉴定意见中支持了被告人的说法。

柏林最高法院判例(KG StV 2005, 490):当被告人试图对犯罪指控作出辩解时,审判长驳斥道:"我想给您解释一下,这就是您干的。"

联邦最高法院判例(BGH StV 2006, 59):辩护人围绕被告人无刑事责任能力提出了多项证据申请,于是审理将要中断一个小时。辩护人提示道,暂停的时间可能太短了。这时审判长则答曰:"按您的意思,我们可以快点拒绝这些申请啰?"

联邦最高法院判例(BGH NStZ 2016, 218)[①]:担任刑事庭审判长的法官在脸书上发布了一张图片,图片中他身穿 T 恤衫上面写着"我们让您未来有个家——监狱"。并且在该图下面审判长还评论留言"我认为,你要是出得来,我就退休了"。

联邦最高法院判例(BGH StraFo 2018, 188):"在之前程序的判决中,当前程序的被告人曾经是之前某个判决的证人,而当前程序的审判长也曾经参与了之前的判决,在之前的判决中证人被列为'不可信'"。

联邦最高法院判例(BGH NStZ 2019, 223):一起案件中有多名被告人,他们可能在(已经被招认的)犯罪中构成团伙。法官与其中一名被告人的辩护人就曾经和未来的陈述开展了讨论,并且承诺,如果就起诉供认(同时要供认对所有被告人的指控)的话,可以仅给这名被告人显著从宽量刑。

联邦最高法院判例(BGH StV 2019, 154):参审员打断被告人的辩解道"胡扯"。

案例见 *Beulke*, Klausurenkurs Ⅲ, 边码 58a。[②]

[①] 赞同性见解见 *Eibach/Wölfel*, Jura 2016, 907; *Ihwas*, StV 2016, 539; *Kudlich*, JA 2016, 395; 亦见 *Mosbacher*, JuS 2016, 706, 709。

[②] 更多案例见 BGH NStZ 2016, 58; 批判性观点见 *Höltkemeier/Henft*, Jura 2016, 529; *Jäger*, JA 2015, 949; 赞同性观点见 *Satzger*, Jura 2016, 112; BVerfG StV 2019, 188。

(二) 特殊情形

1. 法院与被追诉人之紧张关系

法院与被追诉人之间的紧张关系是不中立之虞的典型情形。对此应注意的是,被追诉人不得故意盘算将法官排挤出程序之外。① 因此,如果被追诉人对审判长使用侮辱性言词,不足以说明法官存有偏见。② 除非被侮辱的法官对此等侮辱反应过激,才可以被申请回避。例如,被告人对法官骂"放屁",法官随后称被告人为"无赖"。③

2. 辩护人与法院之紧张关系

实务见解通常不把辩护人和法院之间的紧张关系视为存在偏见的理由,因为一名理性的被告人绝对不会仅凭辩护人和法官之间的紧张关系就推论为有不利于自己的偏见。④ 新近的实务见解则倾向于把法官和辩护人之间发生激烈争吵⑤,或者法官对辩护人行为反应过激⑥等这些让被告人"危如累卵"的情形视为偏见的理由。⑦

3. 参与过先决裁判

法官仅当具有《刑诉法》第 23 条规定的严格要件时才依法回避案件的后续审理(尤其是曾经参与过该案的下级审;参见边码 110)。有疑问的是,对于没有被《刑诉法》第 23 条列举的情形,能否以第 24 条规定的偏颇为由行使申请回避权(Recht der Ablehnung),从而让曾参与**同一案件**法官必然导致被申请回避的效果呢? 然而,这种方案被实务见解否定。一个有理性思维的被告人没有道理多虑,因为参与前审的法官也有义务让自己不受先前裁判的影响,他应该会仅凭当下新的程序中的证据作出

114

115

116

---

① KK-*Scheuten*, § 24 Rn 6; KMR-StPO-*Bockemühl*, § 24 Rn 11.
② KG JR 1966, 229: "您脑子有病"(原话)。
③ AG Oldenburg StV 1990, 259.
④ BGH StV 1986, 281; OLG Hamm JR 2006, 437,对此参见 *Zwiehoff*, JR 2006, 415; 批评性观点见 *Latz*, Richter II -FS, S. 357。
⑤ BGH StV 1988, 417.
⑥ OLG Braunschweig StraFo 1997, 76.
⑦ LG Frankfurt StV 1990, 258: "律师,我想知道你在哪里学的法律?"(原话); BGH NStZ 1993, 339: "厚颜无耻"(原话); BGH wistra 2005, 109: "不可理喻"; OLG Brandbg StV 2007, 121: "我五岁的儿子都比你懂事"(原话); 不算偏见的例子: BGH wistra 2011, 71: "您别端着了"(原话); 详见 *Beulke*, S. 211。

裁判："程序参与者可以信赖此义务被忠实地贯彻。"①所以，法官是否曾参与过侦查程序的临时性决断或者曾经本于庭审参与下判，均无关紧要。

先前曾参与案件审理却被实务见解认为**没有偏见之虞**的情形有：

——曾经作为**侦查法官**（Ermittlungsrichter）依据《刑诉法》第112、125条核发过羁押令状的。②

——曾作为法官作出**开启审判程序裁定**（Eröffnungsbeschluss）的。③

——曾作为法官拒绝被追诉人依据《刑诉法》第153、153a条的终止程序申请的。④

——曾作为法官参加过同一犯罪的另一名被告人在分离程序中的判决的。⑤

——作为曾经的法官参与被法律审所撤销并依据《刑诉法》第354条第2款发回重审的判决⑥，除非，被撤销的判决明显反映了该法官的见解且该见解会让该法官的中立性存疑，例如，该法官曾经根据以往的判决对被告人人格有负面的判断（关于发回重审参见边码863）。⑦

117　　对参与过**先前判决形成**的情形持限缩性立场的实务见解殊难令人赞同。因为此等实务见解没有认识到，《刑诉法》第22、23条所列举的绝对回避事由不过是被突出强调的回避事由而已。所以，不构成绝对回避并不必然意味着不能申请回避。即便是一名"理性"或"清醒"的被告人，当他再次坐到曾经在同一个案件的庭审中已经对其作出过最终裁判的法官

---

① RGSt 59, 409, 410; BGH StraFo 2018, 188（如果是实质不合理的价值判断，则另当别论）。

② RGSt 61, 415; BGHSt 9, 233; anders aber: EGMR EuGRZ 1993, 122 ff（*Hausschildt/Dänemark* 案）。

③ BVerfGE 30, 149, 155; 否定性观点见 *Wohlers*, Roxin Ⅱ-FS, S. 1313。

④ OLG Düsseldorf StraFo 1999, 347。

⑤ BGHSt 50, 216, 221; EGMR NJW 2011, 3633（*Kriegisch/Deutschland* 案）；也可以参见 BGH NStZ 2011, 44; BGH HRRS 2012, Nr 292。

⑥ BGHSt 21, 142, 145; BGH wistra 2007, 426; 不同观点见 KMR-StPO-*Bockemühl*, § 23 Rn 2。

⑦ BGHSt 24, 336, 338。

对面时,多半还是会对后者的中立性抱持疑虑。要求一名法官绝对区分两次审理活动中的事件和印象且仅凭新的审理活动下判,这在心理上也是强人所难的。①

反之,实务见解认为,在**中间裁判**(Zwischenentscheidung)中因为提前掌握案情而产生预断的则应另当别论,如曾在起诉之后核准羁押的或曾作出开启审理裁定的情形。此时法官仅认可了特定的嫌疑程度且不排除后续加以"修正",法官对被告人的内心确信度尚不具有终局性的特征。相反,如果出现特殊的情形,例如当裁判存在着偏差甚至表现出恣意妄为时,或者法院感情用事地指责被告人②,或者法官在庭审前的表现令人怀疑他已经确信了被告人的罪责,对案件难以保持中立的,那么依据《刑诉法》第 24 条第 2 款,对先前中间裁判的参与也会例外地构成偏颇之虞。③

案例见 *Beulke*, Klausurenkurs Ⅲ, 边码 57。

三、程序

(一)当遇到法官依法应绝对回避履职的情形时,也可以偏颇之虞为由申请其回避,见《刑诉法》第 24 条第 1 款。回避申请应该向法官所属的法院提出,见《刑诉法》第 26 条第 1 款。有权申请回避的主体除被追诉人之外,还有检察官和自诉人(参见《刑诉法》第 24 条第 3 款第 1 句)。 118

(二)但凡依据《刑诉法》第 22、23 条应**绝对回避**的法官仍在参与案件的审理,原则上可以随时申请其回避,不受时间的限制。④ 但是,根据《刑诉法》第 26 条*第 1 款第 2 句,法院可以要求申请人就庭审中(口头)表达的回避请求在合理的期限内以书面方式说明理由。 119

---

① 深入论述见 KMR-StPO-*Bockemühl*, § 24 Rn 23; *Tsambikakis*, Schlothauer-FS, S. 171。
② BGH StV 2019, 152 连同 *Ventzke* 的赞同性评释, NStZ 2018, 483。
③ 参见 BGHSt 48, 4, 8。
④ *M-G/Schmitt*, § 25 Rn 1。
* 最新版条文参见本书附录。——译者注

法官因为**偏颇之虞**而被申请回避的,如果申请回避的人此时已经知晓申请回避的理由,最迟应该在第一审程序中开始对第一名被告人开展人别讯问*之前申请;在事实上诉审或法律上诉审的庭审中,则最迟应该在报告制作人(Berichterstatter)**发言以前申请,见《刑诉法》第25条***第1款第1句。若已经在庭审以前就告知法庭组成的(《刑诉法》第222a条第1款第2句),应毫不迟延地提出回避请求,见《刑诉法》第25条第1款第2句。在其他情形下,应该在知晓申请回避事由后毫不迟延地提出申请(《刑诉法》第25条第2款第1句),此处的"及时"应比照民法解释为"不存在有过错的延宕"。① 但是,即使法官的言论不足以立即成为申请回避的理由,这种事件也可让后来的基本合理的回避请求变得更有力度。② 当被告人已经完成最后陈述后便不得再申请回避了,见《刑诉法》第25条第1款第3句。

120　　(三)申请回避应该(必要时应该在《刑诉法》第26条第1款第2句规定的期限内)予以释明(Glaubhaftmachung),见《刑诉法》第26条第2款。《刑诉法》第25条第1条第2句规定的先决裁判程序,或者依据第25条第2款直到后来才申请法官回避的情形下,申请人还应该释明其申请回避的及时性。被申请回避的法官应该就申请其回避的理由发表正式意见,见《刑诉法》第26条第3款。

　　有权裁定之法院以何种方式查明重要的事实,取决于其合义务性的

---

*　所谓人别讯问(Vernehmung zur Person)系指就被告人的姓名、年龄、住所等个人信息加以讯问,以查验其人有无错误,如系错误,即应加以释放的讯问环节。参见王士帆:《不自证己罪原则》,春风煦日学术基金2007年版,第153页。——译者注

**　报告制作人类似于中国司法实务中的"承办法官",他的主要任务是为审判组织的评议和裁判作准备。通常他会制作一份审理报告,归纳案件的争议点和没有争议之处,随后开展法律评价,并指出哪些是关系裁判的争议性事实以及哪些还有待证明,最后报告会给出裁判的建议。审判长凭借审理报告主持庭审,合议庭的成员也根据报告采取其他措施或作出裁决。但是审理报告不拘束法庭成员的判断。当合议庭作出判决以后,报告制作人还要负责撰写书面判决理由。——译者注

***　最新版条文参见本书附录。——译者注

① BGHSt 21, 334, 339; BGH NStZ 2006, 644, 645.
② BGH StV 2004, 356 连同 *Kudlich* 的赞同性评论文章, JuS 2004, 834。

裁量。就回避申请不开展正式的法庭证据调查。①

（四）苟不遵守上述程序规定，导致延迟申请，没有或没有在第26条第1款第2句的合理期限内说明理由或释明的，或者明显借申请延宕诉讼或者追求诉讼外的目的的，则申请将被法院以违法为由**强制驳回**，见《刑诉法》第26a条第1款第1—3项②。被申请回避的法官**可以参与作出**是否回避的这种基于形式判断的决定，见《刑诉法》第26a条第2款第1句。被申请回避之法官可以参与此种程序性衡量之裁断。实务见解认为，申请回避中"完全不适当的"理由等同于没有理由。但是这必须非常限缩地去操作，理由是，待回避的法官参与作出是否回避的决定，这会违反《基本法》第101条第1款第2句禁止"成为自己案件的法官"的要求。③ 121

（五）反之，对于合法提出的申请，被申请回避的法官**不得参与裁断其合理性**，见《刑诉法》第27条第1款*。他应该被其他（法定之）法官所取代。此规定不仅适用于基层法院法官（《刑诉法》第27条第3款），对于职业法官亦然④。若同时申请同一个刑事庭的多名法官回避且主张理由相同的，则一并作出一项裁定决定之。⑤ 另外，参审员不得参与对回避申请的裁断（《刑诉法》第27条第2款连同《法院组织法》第76条第1款第2句以及《刑诉法》第27条第3款）。关于申请参审员回避参见《刑诉法》第31条。** 122

（六）**不服驳回申请回避之裁定的，得提起即时抗告**（die sofortige Beschwerde）（《刑诉法》第28条第2款第1句）。若驳回裁定由**负责审理的法官**（erkennender Richter）作出，则**仅能连同判决**一并声明不服，见《刑诉法》第28条第2款第2句。"负责审理"乃指依职权参与庭审活动的法 123

---

① BGH NStZ 2007, 51.
② Vgl. BGH NStZ 2011, 294; BGH StV 2018, 475.
③ BVerfG StV 2005, 478 连同 Meyer-Goßner 的裁判评释; BGHSt 50, 216 连同 Güntge 的评论文章，JR 2006, 363 以及 Kudlich 的评论文章，JA 2006, 253; BGH StV 2016, 271; 深入论述见 Gaede, HRRS 2005, 319; Röhling, JA 2009, 720。
* 最新版条文参见本书附录。——译者注
④ SK-StPO-Deiters, § 27 Rn 3 ff.
⑤ BGHSt 44, 26, 27 连同 Zieschang 的评释，StV 1999, 467; 深入论述见 Deiters, Tolksdorf-FS, S. 201。
** 根据《刑诉法》第31条，回避一节的规定准用于参审员（和书记员），参审员的回避由审判长决定。在大刑事庭或陪审法庭中，则由其他法官成员决定。——译者注

官，即在第一审程序中自作出开启审理裁定之后的所有法庭成员。①

124 （七）若法官发现可能引起绝对回避或申请回避的事实，有义务自行**报告**，见《刑诉法》第 30 条。但法官不享有直接的自行回避权。

125 （八）《刑诉法》第 29 条另规定，自法官被申请回避之后，审判程序至少还可以持续两周，因为庭审不得延后（《刑诉法》第 29 条第 2 款第 1 句前半句）②。若回避申请成功，必要时，申请回避后继续进行的庭审部分应该重新进行（《刑诉法》第 29 条第 4 款）。

126 **案例 10（边码 104）之解答：**

（a）依据《刑诉法》第 22 条第 1 项连同第 31 条第 1 款，参审员 G 可能要依法**绝对回避**履行法官职务，但这取决于，他自己是否被 A 的犯罪行为**直接**侵害。然而在本案中并不存在这种情形，因为直接被犯罪行为侵害的仅为有限责任公司 X 的财产，有限公司 X 依据《有限责任公司法》第 13 条第 1 款系法人且其财产依据《有限责任公司法》第 13 条第 2 款与其经营者相分离。G 因此不能构成犯罪行为直接的受害人，因为依据《有限责任公司法》第 35 条第 1 款，他作为有限责任公司 X 的经营者仅仅对外是公司的法人代表而已。所以《刑诉法》第 22 条第 1 项不适用于本案。然而，A 的犯罪行为的确间接减损了 G 的财产，这一事实足以令人不信任 G 的中立性，所以，A 可以以偏颇之虞为由申请 G 回避，见《刑诉法》第 24 条第 2 款连同第 31 条。

（b）G 作为有限责任合伙人在此被**直接**侵害，即 G 依据《刑诉法》第 22 条第 1 项连同第 31 条依法应绝对回避履行法官职权（详见前述边码 108）。

127 **案例 11（边码 105）之解答：**

若 R 应该绝对回避履行法官职务，那么 A 可以依据《刑诉法》第 24 条第 1 款申请 R 回避（《刑诉法》第 22 条及以下）。先前参与过案件审理的绝对回避事由不适用于此处，因为《刑诉法》第 23 条并没有规定法官曾经在同一审级裁判的情形。对于

---

① BGH NJW 1952, 234; OLG Hamm NStZ-RR 2002, 238; KG BeckRS 2018, 15143.

② BT-Drs. 19/14747, S. 22 ff；批评意见：*Schork*, NJW 2020, 1; *Kampmann*, HRRS 2020, 182.

依据《刑诉法》第 354 条第 2 款将案件发回重审的情形,立法不要求法官回避。实务见解主张,此种情形通常也不得适用《刑诉法》第 24 条第 2 款的偏见规则,因为一名理性思考的被告人没理由相信,法官会受到他先前参与的判决的影响。所以,立法者故意不将这种先前参与审理的情形列入《刑诉法》第 23 条规定的申请回避事由清单之中(BGHSt 21, 142, 145)。反之,学术文献中的主流观点认为此处存在《刑诉法》第 24 条第 2 款规定的**偏见**,因为站在一般理性观察者的角度,如果观察者处在被告人的地位,法官先前的作出判决的经历肯定会令人怀疑他能否不带成见地裁判(详见边码 116 及以下)。

第五章　检察官

128

案例 12：

a) 检察官 X 负责调查 A 涉嫌叛国罪（《刑法典》第 94 条）一案。该指控如果按照联邦最高法院的实务见解是可以成立的。但是 X 却不同意该见解，并认为 A 的行为是无罪的且打算终止刑事程序。X 的这种决定合法吗？

b) 他的上级可以阻止他这么做吗？（边码 156）

129

案例 13：

a) 检察官 S 的多年挚友 F 要求 S 绝不泄露秘密的前提下向其袒露心扉，他在一年前谋杀了自己的妻子，而他妻子至今仍被当作失踪处理。

b) 检察官 S 在闲暇时光临"狂欢之夜"酒吧，并且发现包间里面发生了《刑法典》第 180a 条规定的犯罪（性交易剥削罪）。

在上述两种情形下，S 都应该启动侦查程序吗？（边码 157）

130

案例 14：

检察官 X 在庭审中以证人身份接受讯问，以证实被追诉人 B 在侦查程序的讯问环节中曾向其陈述的内容。B 希望以 X 存有偏见为由申请其回避。这可以实现吗？（边码 158）

一、检察官的职权

131　检察官有三项主要的职能：它是**"侦查程序的主导者"**（Herrin des Ermittlungsverfahrens），中间程序和审判程序的**公诉代表人**（Anklagevertreter）以及**刑罚执行机关**（Strafvollstreckungsbehörde）。

（一）侦查程序之职权

132　《刑诉法》第 152 条第 1 款将**惟一的起诉权**（alleinige Anklagebefugnis）授予检察官。除非法律另有规定，只要存在充分的事实根据，检察官就有义务对一切能被追究的犯罪采取行动(《刑诉法》第152条第2款)。检察官通过接受刑事告发或刑事告诉的方式(《刑事诉讼法》第158条第1款)或通过其他方式,尤其是警察的通报来掌握犯罪嫌疑的资讯。为决断是否提起公诉,他应该(自行或借助警察)**调查案件事实**(《刑诉法》第160条第1款、第163条)。在调查案件事实的过程中,检察官不仅要查明有利于指控的情况,也要查明有利于被追诉人的情况[**客观义务**(Verpflichtung zur Objektivität)]并且确保收集到有灭失之虞的证据(《刑诉法》第160条第2款)。为此目的,当法律对检察官职权无其他特别规定时,检察官有权要求任何公务机关予以答复,并要么自行实施,要么透过警察机关和警员实施任何形式的侦查,见《刑诉法》第161条第1款第1句,此所谓**一般侦查条款**(Ermittlungsgeneralklausel)①。检察官应该遵守数据保护法的利用规定,见《刑诉法》第160条第4款、第161条第2款*。依据《刑诉法》第161a条,检察官出于侦查可以**讯问**证人和鉴定人**。在提起公诉之前,也应该讯问被追诉人(详见《刑诉法》第163a条)。如果检察官认为在提起公诉之前有必要由法官实施调查行为的,他可以向基层法院提出相应的申请,并由侦查法官作出决定(《刑诉法》第162条第1款》)。这尤指人搜查(《刑诉法》第102条及以下数条)、扣押(《刑诉法》第94条及以下数条)以及羁押(《刑诉法》第112条及以下数条)等**强制性措施**(Zwangsmaßnahmen)。当迟延会招致危险时,检察官有时也可以独自决定特定的强制性措施,如扣押(《刑诉法》第98条第1款第1句);或者先自行决定后再由法院批准,如电话监察(《刑诉法》第100e条第1款第2、3句)。依据《刑诉法》第153条及以下数条的规定,检察官可以基于裁量性的理由终止程序(见边码513及以下数段),这项职权源自于检察官作为**侦查程序主导者**的地位。② 检察官本身就肩负着法治、公平、依法践行刑

---

① 参见 *Hefendehl*, StV 2001, 700。

* 该款乃由2019年11月20日通过的《旨在刑事程序中转化(EU)2016/680号欧盟指令以及为了符合(EU)2016/679号欧盟规则中数据保护规定的法案》增订,并于11月26日生效。其规定"若本法明确规定删除个人相关数据的,不适用《联邦信息保护法》第58条第3款之规定"。——译者注

** 关于"讯问"的概念及其和我国"询问"概念的对应关系,参见本书译词说明相关部分。

② BGH NJW 2007, 2269, 2273;完整内容参见 *Carsten/Rautenberg*, Die Geschichte der Staatsanwaltschaft in Deutschland bis zur Gegenwart, 3. A. 2015; *Heghmanns*, GA 2003, 433; *Heghmanns/Scheffler-Jahn*, Ⅱ Rn 12; *Kretschmer*, Jura 2004, 452; *Theß*, Rn 26;案件正在进行法庭审理时的调查职权参见 *Mosbacher*, JuS 2020, 128 f.。

事程序的**总体责任**,在此范围内警察也应由其领导(**指挥权和监督权**)。①

若侦查为提起公诉提供了充足理由的,检察官应该通过向管辖法官呈递起诉书的方式提起公诉(《刑诉法》第 170 条第 1 款)或者申请核发处刑令(《刑诉法》第 407 条第 1 款)。若没有充足理由,他应该终止程序(《刑诉法》第 170 条第 2 款第 1 句)。

133 　　(二) 参与法庭审理与提起救济审之职权

依据《刑诉法》第 226 条第 1 款,检察官**在庭审活动中**应不间断在场。检察官首先应宣读起诉书(《刑诉法》第 243 条第 3 款)。在法庭证据调查阶段(Beweisaufnahme)他有发问权(《刑诉法》第 240 条第 2 款第 1 句)和证据申请权(Beweisantragsrecht)(《刑诉法》第 244 条及以下数条)②。依据《刑诉法》第 258 条第 1 款,检察官在法庭证据调查阶段结束以后发表他的总结陈述(最后陈词)。最后,检察官可以发动**救济审**(Rechtsmittel),甚至为被告人的利益而为之(《刑诉法》第 296 条)。

(三) 刑罚执行、案件登记系统、告知义务

134 　　依据《刑诉法》第 451 条,检察机关作为执行机关负责**刑罚的执行**(Strafvollstreckung)。

依据《刑诉法》第 492 条及以下数条,在所有对特定被追诉人实施的刑事程序中,程序的启动与程序的处理以及有关被追诉人和犯罪的重要数据都会被录入某个**全国性的检察机关案件登记系统**(SISY,检察机关信息系统)。③ 另外,依据 1997 年 6 月 18 日的《**司法告知法**》(JuMiG)④,检察官负有告知义务和报告义务。2015 年 8 月 1 日所颁布的《刑事案件告知规定》(MiStra)⑤中也有相应的行政性规定。关于联邦总检察长掌管的联邦中央登记系统,见边码 780。

---

① BGHSt 57, 1, 2; BGH NJW 2009, 2612; *Vogel/Brodowski*, StV 2009, 632.
② 关于起诉后检察官开展(庭外)调查,参见 KK-*Schneider*, § 202 Rn 9 f; 不同观点见 SK-StPO-*Weßlau/Deiters*, § 151 Rn 7.
③ 参见 *Kalf*, StV 1997, 610; *Kestel*, StV 1997, 266; *Lemke*, NStZ 1995, 484; *Schneider*, NJW 1996, 302.
④ BGBl 1997 I, S. 1430.
⑤ 刊载于 *Schönfelder*, Ergänzungsband Nr 90 c.

二、检察官的组织

检察官乃平行于法院而设置的组织。其组成和相应的事物管辖权适用《法院组织法》第141—142a条。检察机关的地域管辖权按照其所对应设置法院之地域管辖权来确定(见《法院组织法》第143条第1款)。

135

1.在联邦层面,平行于联邦最高法院设有**联邦检察署**(Bundesanwaltschaft),其首长为**联邦总检察长**(Generalbundesanwalt)(目前在任的是 *Peter Frank* 博士)(见《法院组织法》第142条第1款第1项),它位于检察系统的顶端,其他联邦检察官下属于他。

136

联邦检察官首先履行"检察官在联邦最高法院"的固有职责,即在所有到达联邦最高法院的诉讼程序中支持公诉(见《法院组织法》第135条和第121条第2款)。另外,《法院组织法》第142a条让联邦检察署对于**州高等法院管辖的第一审案件**(见《法院组织法》第120条第1、2款;参见边码80),尤其是国家安全和恐怖主义犯罪以及其他全国性严重犯罪有**特别管辖权**。当联邦总检察长依据《法院组织法》第142a条在州高等法院履行检察官职务时,刑事追究虽系联邦之事务,却仍由州法院对其裁判(《法院组织法》第120条第4款连同《基本法》第96条第5款)。对于"常规的"违法事件没有设置全国性履职的检察官,因为这些刑事追诉属于各州的事务。在联邦检察官和各州高等法院或地方法院设置的检察官之间没有上下级关系。

经过各州司法部长以及司法主管部门之间的协调,成立了两家全国性的机构:位于**路德维希堡市**的**负责调查和揭露纳粹暴行的中央局**。一旦该中央局的调查工作结束,中央局不是自行起诉,而是将刑事案件移送到管辖犯罪人住址地案件的法院所对应的检察署起诉。①

为打击《金融利益保护指令》(PIF-指令)规定的侵害欧盟经济利益的犯罪②,通过2017/1939号欧盟规则在欧盟层面设立的**欧盟检察署**(EuStA)③让内国的检察官增加了额外的任务和职权。在分散的内国层面,每个成

137

---

① *Rückerl, A.*, NS-Verbrechen vor Gericht, 2. A. 1984, S. 142; *Kuchenbauer*, NJW 2009, 14.
② 规定在《金融利益保护指令》(EU-Richtlinie 2017/1371)连同《在建立欧盟检察官方面贯彻加强合作的规则》(VO 2017/1939)第22条。
③ VO 2017/1939, ABl 2017 L 283/1; dazu *Brodowski*, StV 2017, 684; *Magnus*, HRRS 2018, 143.

员国应该任命至少两名授权的欧盟检察官,由他们在各自成员国内以欧盟检察署的名义且在欧盟检察署管辖的范围内领导侦查,且他们服从来自欧盟层面的欧盟检察署中央主管部门的指令(《欧盟规则》第 13 条)。如今,一名同时被任命为授权欧盟检察官的德国检察官根据程序的需要,既可以作为内国的检察官开展行动,但此时他要受制于内国的相应机关体制,也可以在追究侵害欧盟利益的(严重)犯罪且履行欧盟检察署管辖权时以一名授权欧盟检察官的身份出现。在后一种情形中,欧盟法规定优先于内国程序法。德国检察官便以授权欧盟检察官的相应特殊的职权和义务行事(《欧盟规则》第 28 条)并且服从欧盟检察署中央的指示。另外,每个成员国都应该派遣一名**欧盟检察官**在欧盟中央层面工作。这些中央欧盟检察官监督授权欧盟检察官在欧盟检察署的管辖范围内的侦查活动,并且在满足特定要件时,可以直接给他们下达指示(《欧盟规则》第 12 条第 3 款)。例外情形下,他享有某种职务收取权,即可以亲自办案(《欧盟规则》第 28 条第 4 款)。为了在德国刑事程序法制中落实欧盟检察署制度,除可在德国法秩序中直接适用欧盟规则以外,立法者还另行颁布了《欧盟检察署法》(EUStAG),并且在《法院组织法》中制定了新的管辖规范①。

138 2.各州层面的检察署按照下列方式设置:

(1)当联邦总检察长依据《法院组织法》第 142a 条第 2 款将案件交给州检察官办理时,此时,《法院组织法》第 120 条所规定的第一审国家安全犯罪案件由州**高等法院的总检察长**及其下辖的检察官(Generalstaatsanwalt beim OLG)负责。这些检察官被配置在对应的法院系统中。另外,州高等法院的总检察长还负责由州高等法院管辖的救济审案件,尤其是法律审上诉案件。

(2)在州地方法院设置的检察署,各自由一名检察长(Leitender Oberstaatsanwalt)领导,这些检察署的事物管辖权同样准照其对应设置的法院系统而定,即当州地方法院作为第一审或第二审刑事法院时,由这些检察署行使所有的检察职责(《法院组织法》第 142 条第 1 款第 2 项连同第 73 条及以下数条)。由于《法院组织法》第 74c 条第 3 款允许某一个州地方

---

① 《法院组织法》第 142b 条和第 143 条第 6 款的新条文被写入政府立法草案;参见 BR-Drs. 47/20; *Heger*, ZRP 2020, 115, 117 f.。

法院集中管辖数个州地方法院辖区内的经济犯罪案件，因此也可为了打击经济犯罪而设置**专门检察署**(Schwerpunktstaatsanwaltschaft)(《法院组织法》第143条第4款)。

(3) 在基层法院层级上设有**基层检察官**(Amtsanwaltschaft)，见《法院组织法》第142条第1款第3项。但是，按照州法规定，其所能处理的案件是非常有限的，仅限于归独任法官管辖的特定犯罪。按照《法院组织法》第142条第1款第3项的立法意旨，基层法院中大多数的检察职能是由州地方法院的检察官一并行使的。

三、检察官发挥功能的方式

检察官的首长制(monokratisch)与阶层制(hierarchisch)结构决定了其发挥功能的方式。

（一）每名检察官的法定代表权(gesetzliche Vertretung)

通常某个法院的检察署由多名公务员组成，那么每一名被检察署首长领导的检察官就以首长代表人的角色去工作。当他们代表首长时，他们无需证明其有特别的委托，便**有权**处理该首长的**所有职务事项**(《法院组织法》第144条)。因此，某名检察官的诉讼行为即使在"内部关系"中违反了某项有约束力的指示，但在"外部关系"上仍是完全有效的(例如，检察官依据《刑诉法》第153条及以下数条同意终止程序)。

（二）职务收取权与职务移转权

检察体系的首长制构造也表明，任何检察官对刑事案件都没有贯彻始终的管辖权，在检察官内部可以随时改变对案件的管辖权。

州高等法院检察署的首长(检察总长)与州地方法院检察署的首长(检察长)基于**职务收取权**(Devolutionsrecht)，可以在其辖区内的所有法院中**亲自接手**检察官的职务(《法院组织法》第145条第1款第1种情形)。司法部长因不具有检察官的身份，所以不享有这种职务替代权。①

---

① Roxin, 150 Jahre Staatsanwaltschaft Berlin, 1996, S. 27; 详见 Beulke, Hessisches Ministerium der Justiz (Hrsg), Staatsanwaltschaft, S. 55 und Markwardt, ebd., S. 23。

州高等法院检察署之首长(检察总长)与州地方法院检察署之首长(检察长)凭借**职务移转权**(Substitutionsrecht),可以在其辖区内的所有法院中**委托先管辖案件的公务员以外的另一名公务员履行职务**(《法院组织法》第145条第1款第2种情形)。甚至可以交由另一个检察署去办理。① 司法部长也享有这种职务移转权。②

(三)指令权

1. 原理

142　　检察机关的公务员应该遵守其上级领导的职务命令(《法院组织法》第146条)。③ 究竟哪位主管上级拥有指令权限,取决于《法院组织法》第147条对监督权和领导权的配置。根据该条,下列人员拥有指令权:

—联邦司法部长对联邦检察总长以及联邦检察官有指令权,见《法院组织法》第147条第1项　　　　所谓外部指令权(《法院组织法》第147条第1、2项
—州司法部长对所有该州的检察机关公务员有指令权,见《法院组织法》)第147条第2项

—联邦检察总长对联邦检察官有指令权,类推适用《法院组织法》第147条第3项
—检察总长对其他州高等法院的检察官以及其下属的州地方法院与基层法院的检察官有指令权,见《法院组织法》第147条第3项　　　所谓内部指令权(《法院组织法》第147条第3项)
—州地方法院检察署的检察长对其辖区内的检察署的公务员有指令权,见《法院组织法》第147条第3项

2. 指令权之界限

143　　尽管检察官依据《法院组织法》第146条要受到其上级领导**指令的约束**,但是,依据法治国原则(《基本法》第20条第3款),此处仅指**合法**的指令。对于违法的指令,尤其是违反法定原则(见边码47)或者法律禁止性规定的指令(如违反《刑法典》第344条之枉法追诉罪、第258a条之职务包庇罪),或者那些逾越裁量范围或错误裁量的指令,根据公务员法的一般性规定(参见《联邦公务员法》第63条第2款第1、2句;《公务员身份

---

① BGH NStZ 1998, 309.
② M-G/Schmitt, § 147 GVG Rn. 1.
③ 有关该原则的讨论见 *Dallmeyer*, Neumann-FS, S. 1287; *Magnus*, GA 2014, 390.

法》第36条第2款第1、2句），检察官不得自行判断指令的违法性或合法性，而是应该将其疑虑告知其直接主管领导。如果命令依旧被下达，但是检察官仍认为指令违法的，他应该求助于更高一级的领导。如果更高一级的领导还是认可该指令，那么他就**必须执行**，除非其执行任务的行为会构成**犯罪**、**触犯《秩序违反法》**或者会**侵犯人性尊严**。人性尊严的理由在刑事诉讼中颇具实际意义，它经常指威胁到受处分人生存的措施。所以，务必赋予每一位认为决定不能合乎其良知的检察官退还案件的权力。在这种情形下，上级领导的裁量权也仅限于《法院组织法》第145条规定的职务收取权和职务移转权。这样做也不会给检察官带来公务员法上的法律后果。这实际意味着任何指令都不得违背检察官凭借自主判断而产生的意志，这种**冲突惟有通过行使职务收取权和职务替代权去解决**。① 相反，文献中的通说却认为，只要指令合法，不仅可以作出任何指令，而且检察官必须承受该指令的后果。②

3.**法庭审理**的情形则比较特殊，因为检察官在庭审中会根据获取的直接印象作出许多决定。《刑诉法》第261条所体现的直接原则要求，出庭的检察官（Sitzungsstaatsanwalt）应该非常广泛地行使其自主决断权。因此，按照本书主张的方案（上述边码143），当上级领导凭借出庭检察官的事后报告了解情况以后，尽管他可以向出庭检察官发出指令，但是一旦与检察官的意志发生冲突，出庭的检察官有权不按照指令行事。必要时，上级领导可以行使职务收取权和职务移转权。如今已占支配地位的观点认为，不得对检察官如何具体总结陈述发出指令。③ 144

4.检察机关之构造与运行方式简要归纳于**图表2**： 145

---

① 同样的见解有 Kretschmer, Jura 2004, 452; 类似见解有 Roxin/Schünemann, § 9 Rn 13; Rüping, Rn 70; 亦见 Trentmann, JR 2015, 571; 2016, 229。
② 仅参见 Fezer, Fall 2 Rn 17 ff; LR-Franke, § 146 GVG Rn 33。
③ Roxin/Schünemann, § 9 Rn 13; Böhm, DRiZ 2000, 255。

图表 2：检察机关之构造与运行方式

构造	上级领导的权利
联邦司法与消费保障部 → 总检察长 → 联邦检察官 ；州司法部 → 总检察长 → 检察官	—职务监督，见《法院组织法》第147条 —外部指令权，见《法院组织法》第146条 —职务移转权，见《法院组织法》第145条
检察署：检察长 → 检察官 → 基层检察官	—职务监督，见《法院组织法》第147条 —内部指令权，见《法院组织法》第146条 —职务移转权，见《法院组织法》第145条 —职务收取权，见《法院组织法》第145条

四、检察官的地位

（一）徘徊于行政与司法之间的检察官

146　　一方面，阶层式的组织构造、指令对具体检察官的约束性，以及上级领导之职务收取权和职务移转权表明，检察机关属于**行政机关**（Organ der Exekutive）。① 另一方面，前述有关指令权约束力的限制、《法院组织法》

---

① 见 BVerfGE 103, 142, 156; BVerfG NJW 2002, 815; 批判观点见 *Schaefer*, Hamm-FS, S. 643。

第 150 条规定的检察官相对于法院的独立性、检察官在履行侦查任务时的客观义务(《刑诉法》第 160 条第 2 款),尤其还有依据《刑诉法》第 153 条及以下数条广泛享有的终止程序权,又成为将检察机关归入**司法机关**(Organ der Rechtspflege)①以及法律守护人(Wächter des Gesetzes)②的强烈理由。更为恰当的理解应该如学界通说那样,将检察机关界定为拥有双重属性的机关(Zwitterstellung)③,且更偏向于司法机关的成分。

司法部长的外部指令权以及由此产生的检察官受指令约束的地位伴随着欧盟层面司法合作的开展已引发问题。欧盟法院认为,由于德国检察官(或许间接地)屈从于司法部门行政权,所以他们(在政治上)不够独立,不能作为《欧盟成员国间欧盟逮捕令和移转程序框架决议》(2002/584/JI)第 6 条第 1 款规定的"司法机关"签发欧盟逮捕令(Europäischer Haftbefehl)。④ 姑且不论欧盟法院的实务见解,即便站在权力分立的应然法角度,也应该要求司法部长的外部指令权更加透明,甚至在某种程度上应该彻底禁止对个案下达指令。⑤

(二) 司法先例对检察机关的拘束效力

依据《刑诉法》第 152 条第 2 款,一旦有充分的事实依据表明有人实施了可以被追究的犯罪行为,则检察官**有义务采取行动**。如果犯罪嫌疑

---

① BGHSt 24, 170, 171; *Heghmanns/Herrmann*, Rn 4; *Lilie*, Mehle-FS, S. 359; *Rautenberg*, NJ 2003, 169.

② BVerfGE 133, 168, 220; *Fünfsinn*, Schlothauer-FS, S. 95.

③ *Kelker*, ZStW 118 (2006), 389; 另见 *Kühne*, Rn 133:"中间角色"; *Peters*, § 23 II: "双重角色"。

④ EuGH NJW 2019, 2145 (*OG* 和 *PI*) 连同 *Böhm* 的批判性评论,NZWiSt 2019, 325 以及 *Ambos* 的裁判评释,JZ 2019, 732; *Ruffert*, JuS 2019, 920。相反,尽管奥地利的司法部长也有类似的指令权,但是该国有关签发和送达欧盟逮捕令的制度却没有受到质疑,因为该国在签发欧盟逮捕令之前须先经过法院的审查和批准程序,即经过了真正独立司法机关的审查,EuGH NJW 2020, 203 (*NJ*)。为了因应欧盟法院的 *OG* 和 *PI* 判决,德国实务见解试图借助《刑诉法》第 131 条第 1 款去搭建法院签发欧盟逮捕令的管辖权,参见 OLG Frankfurt a. M. NStZ-RR 2019, 356; OLG Zweibrücken NJW 2019, 2869; 反对观点见 *Oehmichen/Schmid*, StraFo 2019, 397; *Trüg/Ulrich*, NJW 2019, 2811, 2182 ff. 完整内容参见 *Niedernhuber*, EuCLR 2020, 5 ff.

⑤ *Altvater*, Miebach-FS, S. 4; *Eisele/Trentmann*, NJW 2019, 2365, 2367 f; *Löbbert*, ZRP 2015, 161; *Reuter*, ZRP 2011, 104; 65. DJT Beschlüsse C VI.

已达到充足的程度，依据《刑诉法》第170条第1款应该提起公诉（**法定原则**）。然而，某个系争行为是否属于"可以被追究的犯罪行为"的法律问题究竟应由谁判断，对此尚无定论。于是就产生了一个问题：纵使法院的实务见解认为某个行为构成犯罪，检察官是否还可以坚持认为该行为不构成犯罪并不予起诉呢？这个问题也可以表现为：依据法院的实务见解某个行为只可能被判处无罪，检察官却坚持己见欲对之起诉。

后一种情形中，不应该禁止检察机关检视以往的法院实务见解，否则会因为没有起诉让法院完全失去纠正以往实务见解的机会。尽管从被追诉人的立场上看，这会增加其遭受审判程序的负担，这种负担不可谓不严重。① 但是，裁定开启审判程序的前提性要件（《刑诉法》第203条）却足以为他提供保障。

148　　相反，有争议的是当检察机关悖于法院实务见解而否定系争行为之刑事可罚性，即第一种情形。**在学术文献上几乎已成为通说的观点不承认最高法院的判例对检察官有拘束力。**② 其理由是，依据《法院组织法》第150条，检察官独立于法院，并且作为侦查阶段的主导者在其所被赋予的裁量范围内，他有权自行决定是否起诉以及是否终结刑事程序。所谓不得违反法定原则（《刑诉法》第152条第2款、第170条第1款）仅针对，按照起诉机关的见解也存在着可被追究的犯罪的情形。

然而，**实务见解**③以及相当一部分文献见解④正确地主张**法院判例对检察官有拘束效力**。依据《基本法》第92条，审判权由法院行使，如果某个案件被检察官查明案情以后，依据法院的观点应该被判决有罪，却任凭检察官终结程序，那么，法院对法律关系终局性裁判的原理与检察官起诉独占原则就会发生冲突，这也违反了《刑诉法》第170条第1款的意旨。因为根据该条规定，提起公诉的理由是有充分的盖然性会得到有罪判决。另外，这还会破坏法律面前一律平等原则（《基本法》第3条第1款），尤其是检察官屈从指令的属性可能会导致滥权。最后，本于权力分离原则，透

---

① 正确的意见参见 *Hillenkamp*, JuS 2003, 164; *Kühne*, Rn 143。
② SK-StPO-*Weßlau/Deiters*, § 152 Rn 18; *Hellmann*, Rn 66; *Kretschmer*, Jura 2004, 452; *Roxin/Schünemann*, § 9 Rn 14; *Rüping*, Rn 69.
③ BGHSt 15, 155; OLG Zweibrücken wistra 2007, 275 连同 *Jahn* 的评论文章, JuS 2007, 691。
④ 参见 KK-*Moldenhauer*, § 170 Rn 6; *Heinrich/Reinbacher*, Problem 8 Rn 19; *Kühne*, Rn 144。

过修法阻止既有的实务见解成为依据是立法者才有的责任。对案件事实问题的裁断已足以保证检察官独立性(《法院组织法》第 150 条)的存在空间。除此之外,检察官在审判阶段中可以发表其法律见解并在必要时基于法律上的理由请求判决无罪。

上述见解还涉及一个关联性问题:法院的见解应该**在何时被视为一个充分被固定的实务见解且产生拘束力**?这大可交给检察官去裁断,标准是最高法院判决应当明确或者级别较低的法院的判例已经达到持久地不可再争辩的状态。如果达不到这个要求,检察官可以自行判断行为是否构成犯罪。①

(三) 对"职务外"获知的犯罪有起诉义务吗?

还有一个基于法定原则而产生的问题:**职务外获取的犯罪资讯**(außerdienstliche Kenntniserlangung)是否会产生检察官的起诉义务?由于检察官一旦认为有"充分的事实根据"(zureichende Anhaltspunkte)表明存在犯罪时就应该开展侦查(《刑诉法》第 152 条第 2 款),并且一旦通过告发以外的其他途径获知犯罪嫌疑时就有调查义务(《刑诉法》第 160 条第 1 款),所以很多人认为,其他途径也包括在职务渠道以外获知的资讯。另外,按照当今对职业公务员制度的理解,公务员也应该享有受法律保障的私人空间。基于这一理由,部分文献原则上否定检察官有采取行动的义务。② 但是,考虑到追诉法定原则的优越位阶、国家刑罚请求权的落实、保护公众不受犯罪侵害的利益,尤其还有法律面前平等原则的要求,主流实务见解和学说主张此种情况下**个案权衡**显得更加合理。③ 一方面,要考量到该资讯与检察官**私人空间的联结紧密程度**,另一方面,也要考量**犯罪的严重程度**以及放弃追究会给社会大众所带来的不利程度。从结论上而言,起码对于"**严重触犯公众利益**"的重大犯罪(schwerwiegende Straftat)④,如谋杀、抢劫、贩毒等,部分文献主张,只有当私人获悉的犯罪

---

① BGHSt 15, 155, 158.
② SK-StGB-*Hoyer*, § 258a Rn 6; *Laubenthal*, Weber-FS, S. 109; *Pawlik*, ZStW 111 (1999), 354.
③ BGHSt 5, 225, 229; 12, 277, 280 f; *Fischer*, § 258a Rn 4a; *Lackner/Kühl*, § 258a Rn 4.
④ RGSt 70, 251 f.

属于《刑法典》第138条①以及《刑诉法》第100a条第2款、第100b条第2款或第100c条第1款第1项所列清单的犯罪②，或者不在清单之内，但属于《刑法典》第12条第1款所称之重罪的③，检察官才有起诉义务。这种采取行动的义务不仅适用于检察官，也适用于依据《刑诉法》第163条同样受到法定原则约束的警察。④

相关案例参见 Beulke, Klausurenkurs Ⅲ, 边码104。

（四）申请检察官回避

150　在过去，**检察官的偏颇**很少会被当作一个问题，因为当时的检察官多少都被当作不公正的职业。但是如今在刑事程序中已经确立了检察官独立且客观的形象。于是，当检察官在个案中偏离这种形象或者有迹象表明其对于被追诉人怀有偏见时，就应该考虑到检察官的回避问题。这里的问题是：被追诉人究竟是否有申请回避权？此外，该权利应当如何行使？

1. 申请回避权的实质理据

151　《刑诉法》第22条及以下数条有关绝对回避和申请回避的规定按照法条文义仅适用于法官（以及参审员，《刑诉法》第31条第1款）和鉴定人（《刑诉法》第74条）。其立意良善，因为**检察官**在履行职务时被赋予**单边性的特征**（Einseitigkeit），即使这种单边性受到《刑诉法》第160条第2款的限制*。检察官可以首先朝着对被追诉人可能不利的有罪方向开展工作。在法庭审理中，检察官应该宣读起诉书（《刑诉法》第243条第3款）并且凭此说明被告人被指控的特定犯罪。立法没有规定检察官有义务说明指控背后可能存在的疑点。

另一方面，检察官有真实义务和公正义务，即不得不计代价地证实犯罪人有罪，而应当在一个公正、符合法治国要求的程序中去证实罪责。因此，纵使检察官不需要成为在诉讼的任何阶段每天都要严守中立的诉讼

---

① MüKo-StGB-*Cramer*, § 258a Rn 7; LR-*Erb*, § 160 Rn 26; *Geppert*, Jura 1982, 139, 148; *Roxin/Schünemann*, § 39 Rn 3; *Volk/Engländer*, § 8 Rn 11.

② *Kramer*, Rn 177; S/S/W-StGB-*Jahn*, § 258a Rn 10.

③ *Hellmann*, Rn 52.

④ BGHSt 38, 388; BGH StV 1989, 16; BGH wistra 2000, 92; OLG Karlsruhe NStZ 1988, 503; OLG Koblenz StV 1999, 541; 亦见 *Wessels/Beulke/Satzger*, AT Rn 1185.

* 有利不利事实皆应调查。——译者注

单元,不必对任何犯罪嫌疑都要避免偏见④,但是,如果有嫌疑表明,**检察官仅仅关注被追诉人不利的一面或者有利的一面,面对侦查的结果他已经无法秉持客观评价的态度**,那就触碰到了底线。这种情形虽然不能直接比照法官判断,但是在很多方面还是相似的。⑤ 所以,可以援引《刑诉法》第 22 条及以下数条的**立法意旨**作为申请检察官回避权的根据。

《刑诉法》第 22 条规定的**绝对回避事由**在今天普遍被视为各种场合下认定偏见理由的浓缩版(见边码 107 及以下数段、边码 117)。就检察官而言,尤其包括以下情形:

——本身系犯罪行为之被害人的(《刑诉法》第 22 条第 1 项);
——系被追诉人之配偶或亲属的(《刑诉法》第 22 条第 2 和第 3 项);
——曾经担任本案之辩护人的(《刑诉法》第 22 条第 4 项第 4 种情形)。

相反,如果检察官曾经担任过本案的检察官或警察的,则可以继续参与本案的程序。《刑诉法》第 22 条第 4 项第 1 和第 2 种情形不能在此类推适用。⑥

另外,如果可以感知到检察官有上述"显在的偏见",即担忧检察官会偏离客观评价侦查结果之立场的,也可诉诸**偏见之(Besorgnis der Befangenheit)虞的申请回避事由**的立法意旨(《刑诉法》第 24 条)。

> 除主张限制类推《刑诉法》第 22 条及以下数条外,文献上还有其他禁止偏颇的检察官参与程序的教义学理由,例如:
> ——从未明文规定的"公平审判"的法治国程序原则⑦推导出的要求;
> ——引用巴登—符腾堡州《法院组织法施行法》第 11 条作为"一般性标准"⑧,它明确规定了检察官回避的理由(原先的萨克森州《法院组织法施行法》第 7 条及以下数条亦同);
> ——或者除《刑诉法》第 22 条及以下数条,利用联邦《行政诉讼法》第 20 条及以下数条的相关规定,即有关行政公务员的回

152

---

④ BVerfG NJW 2001, 1121, 1128 同此见解。
⑤ 亦见 *Schaefer*, Rieß-FS, S. 491。
⑥ 进一步的论述见 SK-StPO-*Weßlau/Deiters*, Vor § 22 Rn 35; *Pfeiffer*, Rebmann-FS, S. 359 ff。
⑦ 见 *Arloth*, NJW 1985, 417, 418; *Egon Müller*, JuS 1989, 311。
⑧ 例如,见 OLG Stuttgart NJW 1974, 1394, 1395; *Roxin/Schünemann*, § 9 Rn 15。

避事由的规定实现法的类推①*；

——或者还另外利用《刑诉法》第 138a、138b 条**开展法的类推。②

2. 证人检察官

联邦最高法院一直以来特别将检察官在同一程序中担任**证人**的情形认定为构成偏颇的重要理由(类推适用《刑诉法》第 22 条第 5 项)。③ 围绕证人检察官(Zeugenstaatsanwalt)的疑虑主要是如何保障检察官**评价自身证言的客观性**，例如，在法庭总结陈述之际。

但是，联邦最高法院如今愈加强调，不能任凭被告人依法提出具有适合性的证据申请***，就理所当然地让最初承办案件且特别熟悉案情的公诉代表人回避。因此，联邦最高法院第一审判庭就明确地质疑了有关检察官偏颇性的实务见解。④ 起码，曾经担任过证人的检察官不应一概不得继续参与诉讼，惟当**他的职务行为和作证行为构成无法分离的关系时**⑤，他才需要回避。这主要是指在检察官结辩活动中检察官所作的证言应该由其他检察官评价的情形。如果出庭检察官仅仅就技术性事项或者其他无关紧要的附带问题被问询过，无须由其他检察官总结陈述。⑥

---

① *Böttcher*, Roxin-FS, S. 1335.

* 在法学方法论上，法的类推(Rechtsanalogie)和法律类推(Gesetzesanalogie)是不同的漏洞填补方法，前者是从多个条款中发展出共同的基本思想并且将之运用到类似的情形之中；后者系指将某个具体的法律条文类推适用到相似的利益情形之中，如讯问被害人的要求应该类推适用讯问证人的规定。关于两者区别的更多内容请参见 Rolf Wank, Die Auslegung von Gesetzen, 2015, S. 87ff。——译者注

** 有关辩护人回避的规定。——译者注

② 见 Krey/Heinrich, Rn 280。

③ BGH NStZ 1983, 135; 1994, 194; BGH StV 1989, 240; BGH JR 2019, 160 连同 *Stuckenberg* 的批判性评释。

*** 此种情形是指被告人故意申请传唤熟悉案件的检察官到场作证，以达到排斥该检察官参与程序的目的。——译者注

④ BGH NStZ 1989, 583; StV 2008, S. 337 连同 *Kelker* 的批判性评论文章, StV 2008, 381。

⑤ BGH NStZ 2007, 419; BGH JR 2019, 160 连同 *Stuckenberg* 的批判性评释。

⑥ BGHSt 14, 265.

3. 行使申请回避权的程序合法性

由于《刑诉法》没有规定申请检察官回避权,因此也就相应地欠缺有关该权利行使的规定。

154

(1)被追诉人首先可向偏颇的检察官在职务上的领导提出请求,要求其依据《法院组织法》第145条另行委派其他检察官以替代偏颇的检察官。①

(2)文献上也有类推适用《刑诉法》第22条及以下数条有关程序规定的观点。② 但是,这得不出法院有权监督检察官的结论,这种监督权也是不合理的。

(3)门兴格拉德巴赫地方法院(das LG Mönchengladbach)曾经从公平审判原则中推导出法院有义务依据《法院组织法》第145条让相关检察官回避并且被替换。③ 但这种见解违反《法院组织法》第150条有关法院不得监督检察官的意旨,不能苟同。

(4)还有人④希望援用《法院组织法施行法》第23条*,他们将拒绝替换检察官的行为视为可以(向州高等法院)申请救济的司法行政行为。姑且不论这种观点将替换或不替换检察官的决定仅仅当作"机关内部措施"(innerbehördliche Maßnahme),而不是"会给当事人权利带来直接影响的规制"⑥是否恰当,这至少会造成诉讼程序不合理的延宕。即使类推适用《刑诉法》第29条第2款*,《法院组织法施行法》第23条的制度也难以适用,并且会让通过庭审作出的必要裁断失去意义。

---

① BGH NStZ <M> 1989, 14; OLG Zweibrücken NStZ-RR 2000, 348.
② *Frisch*, StV 1993, 613.
③ StV 1987, 333.
④ *Bottke*, StV 1986, 120, 123; *Hilgendorf*, StV 1996, 50; *Roxin/Schünemann*, § 9 Rn 15.
* 德国《法院组织法施行法》第23条乃对司法行政行为救济的规定,译者将其内容翻译如下:
(1)司法机关为了规制包括商法在内的民法领域的、民事诉讼领域的、非讼领域的和刑事司法领域的具体事项而作出的命令、决定或其他措施,其合法性由普通法院基于申请裁断之。此同样适用于执行机关在执行羁押或自由刑以及在司法执行以外被执行的保安处分时作出的命令、决定或其他措施。
(2)通过申请法院裁决,也可以要求课予司法机关或执行机关作出拒绝为之或不作为之行政行为的义务。
(3)若可以依据其他规定向普通法院提出上述请求的,则本条不适用。
⑥ Vgl. OLG Hamm NJW 1969, 808.
* 即为求不延宕诉讼,可以暂缓对司法行政行为的救济程序。——译者注

155　　(5)现行法的规定*仅有助于规避法律上诉审。实务见解①和学界通说②一致认为,若理应被回避的检察官继续参与案件的办理,应视为《刑诉法》第337条的法律审上诉事由,并且适用上也不应区分"绝对应回避的"检察官与"偏颇的"检察官。反之,行使申请回避权的期限可以类推适用《刑诉法》第25条的规定(尤其是应该尽速地行使申请回避权)。但是,赋予当事人法律审上诉权会导致不合理的局面:由于负责第一审的法院不具备准驳或审查申请检察官回避的权力,所以,在某些情形下第一审法院只能"眼睁睁"地作出某个有瑕疵的、一定会被上诉于法律审的判决。

156　　**案例12(边码156)之解答:**
　　a)检察官要遵守**法定原则**(《刑诉法》第152条第2款、第170条第1款)。他的起诉义务也应该受到最高法院实务见解的约束(BGHSt 15, 155 f;学界通说亦同)。因此,本案依据《刑诉法》第170条第2款终止刑事程序是不合法的(详见前述边码147及以下)。
　　b)如果检察官认为,最高法院的实务见解不能与他对法律的认知相一致,他应该将案件报告给他的上级领导。上级领导可以亲自对A开展侦查并且自行起诉,此即《法院组织法》第145条第1款第1种情形的"**职务收取权**"。另外,上级领导也可以将侦查程序转交给另一名检察官办理,即依据《法院组织法》第145条第1款第2种情形的"**职务转移权**"。最后,上级领导还可以发出起诉犯罪的指令(《刑诉法》第170条第1款连同《法院组织法》第146条)。如果X认为不能遵照该指令行事,他有权拒绝执行指令(非常有争议,实务和学界通说持不同观点)(详见前述边码143)。

157　　**案例13(边码157)之解答:**
　　检察官从私人渠道获悉的犯罪,惟当该犯罪属于特别触犯公共利益的严重犯罪的(属于下列条文犯罪清单之一的:《刑法

---

*　即法官无权决定检察官的回避。——译者注
①　BGH NStZ 1983, 135; 1991, 595.
②　*Heger/Pohlreich*, Rn 137; *Kretschmer*, Jura 2005, 452; *Pawlik*, NStZ 1995, 309; *Schlüchter/Duttge*, S. 24.

典》第138条、《刑事诉讼法》第100a条第2款、第100b条第2款或者第100c条第1款第1项①),才负有起诉义务。因此,在**案例(1)**中权衡的结论是:法律面前平等原则以及社会共同体惩罚最严重犯罪的需求应该优先于对S私人空间的保障,所以,S有义务启动对该犯罪的侦查。**案例(2)**的情形:联邦最高法院正确地否定了检察官采取行动的义务(BGH StV 1989,16——有关警察的情形)。在"**酒吧案**"中,帝国法院(RG)还曾作出过相反见解的判决(RGSt 70,251及以下)(详见边码149)。

案例14(边码158)之解答: 158

检察官X由于曾经以**证人身份接受讯问**,起码不得再以公诉代表人的身份继续参与评价自己证言的程序(BGH NStZ 1983,135)。这符合《刑诉法》第22条及以下数条的立法宗旨。但是,在程序上却不得类推适用《刑诉法》第22条及以下数条,不过**就申请回避的事项被应诉人有权上诉于法律审**。当X继续参与案件(也就是评价自己的证言)时,一旦该程序错误影响到判决,这便可以成为上诉法律审的理由(《刑诉法》第337条)(详见边码155)。

---

① 主张以《刑诉法》第100a第2款之清单为准的观点: *Kramer*, Rn 177;主张以《刑诉法》第100c第1款第1项连同第100b条第2款的清单为准的观点: S/S/W-StGB-*Jahn*, § 258a Rn 10。

第六章　警察：检察官的辅助者

案例 15：

劫匪 B 在银行挟持人质以掩护自己，并要求开辟通道让他带着人质和赃款离开。检察官 S 命令警员在 B 离开银行时将其击毙。该指令合法吗？（边码 168）

一、指挥权的原理

检察官可以自行开展《刑诉法》第 160 条规定的必要的侦查，但是，检察官的效能通常不堪此任。所以，检察官需要帮助其完成上述任务的公务员。但是，我们的刑事诉讼法却没有为检察机关设置自己的"检察警察"，而是让检察官依靠**一般警察系统中的警署和警员**开展工作（《刑诉法》第 161 条）。

依据《基本法》第 30 条、第 70 条及以下数条，警察的组织问题属于各州的事务（如《巴伐利亚州警察组织法》和《北威州警察组织法》）。但是，也可以例外地将警察任务托付给联邦机关。尤值一提的是**联邦刑事调查局**（Bundeskriminalamt），它是从事打击跨州以及国际性犯罪的部门（其法律依据：《联邦刑事调查局法》①）。联邦刑事调查局同时还兼为国际刑警组织在德国的国家中央办公室以及德国对接欧盟警察署的职能部门。联邦刑事调查局尤其可以汇总、评估犯罪资讯以及开展刑事技术调查和侦缉活动，包括应刑事追究机关的请求实施鉴定。联邦刑事调查局仅在例外的场合才会亲自对刑事追究担负起警察的任务，这尤其针对包括国际恐怖主义在内的国际性犯罪以及袭击宪法机关成员或外国外交人员的犯罪。德国安全部门（警察部

---

① 刊载于 *Sartorius I* Nr 450；更多内容见 Baum/Schantz, ZRP 2008, 137。

门和情报部门)的**信息系统**中的所有关于**国际恐怖主义**的资讯均会被汇总到联邦刑事调查局。① 除此之外,联邦刑事调查局的职责限于协调各州的警察;各州还设有自己的**州刑事调查局**,以促进联邦层面犯罪治理的合作。**联邦宪法保卫局**(das Bundesamt für Verfassungsschutz)则致力于打击破坏宪法的行径(法律依据:《联邦和州关于宪法保护事务合作法》②),但是该机构没有警察那样的干预性权力("分权要求"*),仅拥有资讯收集与评估的权力。一旦发现犯罪的迹象(该当《刑法典》第80条及以下数条的行为),该联邦机关应该将相关事件向有管辖权的刑事追究机关报告(如联邦刑事调查局或州刑事调查局)。另外,这方面任务中还值得一提的是**德国联邦警察**(Bundespolizei)(参见《德国联邦警察法》③)。各国警务机关也经常在申根信息系统(SIS)④以及欧盟警察署框架下开展国际合作(详见边码33)。

警察不似检察官那样隶属于司法部,而是隶属于**内政部**(Innenministerium)。这种划分乃出于对检察官权力的某种刻意限制。但是,为了不至过分削弱检察官惩罚犯罪的战斗力,乃赋予检察官对警察的**指令权**(Weisungsbefugnis)(《刑诉法》第161条第1款),检察官要对侦查程序负总责,为使侦查程序能践行法治国和公平的要求,他必须尽职尽责地行使指令权。⑤ 该指令权可以对**所有的**警员行使,但有以下差别:

特定的警员是所谓的检察官的**侦查人员**(Ermittlungsperson)(以前的

161

---

① Gemeinsame-Dateien-Gesetz (共享资料法案), BGBl I 2006, 3409; 参见 *Ruhmannseder*, StraFo 2007, 184。
② 刊载于 *Sartorius I* Nr 80。
* 宪法保卫局是德国三大情报组织之一,是二战后在西德境内成立的机关。当时在西德境内,前纳粹分子依然多如牛毛,而处在冷战前沿地区的西德,还需提防东德或苏联在其境内鼓动革命。虽然西德已经在西方盟国支持下建立了西方式的政治体制,但新生的西德政权,仍然存在被颠覆的可能,宪法保卫局在这种情况下于1950年11月成立,以收集和传递颠覆联邦政府行为的资讯。为了防止宪法保卫局重蹈"盖世太保"的覆辙,其本身不具备像警察一样采取干预性手段的权力。——译者注
③ 刊载于 *Sartorius I* Nr 90。
④ BGBl II 1993, S. 1010, 1061; 参见 *Wahl*, in Epiney/Theuerkauf, S. 79。
⑤ BGH NStZ 2009, 648 连同 *Grasnick* 的裁判评释, NStZ 2010, 158。

称谓是"**辅助公务员**"①)。依据《刑诉法》的规定,他们拥有一系列职权;在行使这些职权时要服从检察官的**命令**(Anordnung)(《法院组织法》第152条)。哪些警员属于检察机关的侦查人员,由州法规定(在巴伐利亚州参见 Ziegler/Tremel 所著的《巴伐利亚自由州法》第755号的第1条"检察机关对侦查人员之命令"规定:"'侦查人员'系拥有警士警衔以上的所有警员,但也包括如财政、林业、猎业以及渔业等行政系统的公务员")。《刑诉法》第161条第1款第2句则涉及检察官安排警察承担的各种(侦查)**任务**。

其他的警员同样有义务满足检察官的**请求**(Ersuchen),见《刑诉法》第161条第1款第2句。立法之所以使用"请求"这个措辞,乃因检察官与这类公务员之间不存在直接的上下隶属关系。

所有的警员均应遵守信息保护法有关信息利用的规定(《刑诉法》第161条第2款、第3款第1句*)

二、警察的角色

1.警察拥有预防犯罪与惩治犯罪的**双重职能**(Doppelfunktion):

——**预防性职能**是指防止扰乱公共安全(这也属于犯罪)和秩序,如巡逻、一般性监控等。这部分警察工作由**各州的警察法和安全法**加以规定。

——**惩治性职能**是指查清已经发生的犯罪。这关系到刑事诉讼法的规定(尤其是《**刑诉法**》《**法院组织法**》)。

检察官依据《刑诉法》第161条第1款连同《法院组织法》第152条对警察享有的指令权仅关系到警察的**预防性职能**(例如:命令逮捕犯罪人)。当惩治性职能和预防性职能的事项发生重叠时,两者之间的关系则引发争议。部分文献主张,一旦具备实施犯罪的初始嫌疑,便肯定不得再适用预防危险的规范。② 主流观点则认为,关键要看**警察干预活动的重心究竟**

---

① 经《第一次司法现代化法案》(BGBl I 2004, 2198) 修正;见 *Knauer/Wolf*, NJW 2004, 2932。

* 最新版条文参见本书附录。——译者注

② *Gubitz*, NStZ 2016, 128; KK-StPO-*Schoreit*, 6. Aufl. 2008, § 152 Rn 18c; *Rössner/Safferling*, Problem 9.

是危险预防事项(适用警察法),抑或属于惩治性活动(则适用刑事程序法)。① 在命令解救人质的情形中,通常有利于人质的保护性色彩更重,所以不得由检察官下命令开枪射击。② 同样的,为了让某个被推断实施了绑架儿童的人供出藏匿儿童的地点而采取某种讯问上的技巧,多半也应归入预防危险的领域(Gäfgen 案,参见边码 182、208、447、744)。但是,**联邦最高法院**却认可这样的观点:**两种职责事项彼此不分伯仲**,所以一旦遇到混合情形,采取的措施既可以从警察法,也可以从刑诉法得到授权依据。③ 但这实际上是赋予警察适用法律的选择权,潜藏着让警察规避掉旨在保护被追诉人且间接地保护所有公民的诉讼规范[如搜查时(边码399)依据《刑诉法》第 105 条的法官核准权(边码 402)]之风险。实务见解认为,如果滥权恣意地规避刑事诉讼要件或者贬损被追诉人权利,可以通过承认证据使用禁止的方式(边码 700)予以反制。然而,这种观点不宜苟同,因为它主张的那种模棱两可的权衡理论(边码 705)得出的结论,无论何者可能在刑事政策上都会被认为是适当的。

联邦最高法院裁判(BGHSt 62, 123)④ 的例子:A 因涉嫌买卖海洛因(按照《麻醉品管理法》构成犯罪)被警方调查。警察将 A 当作"被追诉人"开展了电话监听,并从电话中获知,A 可能会在某一天从荷兰往德国运输毒品。警方想利用该机会对 A 采取行动。在他们看来,有必要防止毒品在德国大范围流通,同时警察也希望保全对 A 开展刑事程序的证据。由于隐藏在摩洛哥的幕后人/共同被追诉人可能尚不知晓警方的调查,于是警方征召交警参与侦查,交警有权以监管交通为由对 A 安装着警用

---

① MüKo-StPO-*Kölbel*, § 160 Rn. 10.
② 同此结论的, B/H/K/M-*Heckmann*, 3. Teil, Rn 14; AK-*Achenbach*, § 163 Rn 11。
③ BGH NStZ-RR 2016, 176 连同 *Mosbacher* 的批评性评论文章, JuS 2016, 706; BGH NStZ 2018, 296 连同 *Jäger* 的评论, JA 2018, 551; BGH BeckRS 2018, 3121。
④ 连同 *Albrecht* 的评论文章, HRRS 2017, 446 ("归类错误"); *Brodowski* 的评论, JZ 2017, 1119 ("用葡萄干理论取代重心理论"); *Cerny/Fickentscher* 的评论, NStZ 2019, 697; *Löffelmann* 的评论, JR 2017, 588; *Mitsch* 的评论, NJW 2017, 3124 ("滥用的规避法律"); *Mosbacher* 的评论, JuS 2018, 129; *Schiemann* 的评论, NStZ 2017, 651; 亦见 *Altvater*, Schlothauer-FS, S. 3; *Börner*, StraFo 2018, 1; JZ 2018, 870; *Herzog*, Schlothauer-FS S. 37; *Nowrousian*, NStZ 2018, 254; S/S/W-StPO-*Ziegler*, § 161 Rn 28。联邦最高法院第二庭也在它的两项裁判(BGH NStZ 2018, 296 和 BGH NStZ-RR 2018, 146)中加以肯定。

追踪设备的车辆加以检查。警察认为,这种"实务平常操作的延续"不需要征得法官核准搜查。当A超速开车经过工地时,他被拦停,在刑警的协助下使用缉毒犬对其搜查。果然在车上找到了8公斤可卡因,A于是被暂时性逮捕。A在后续整个诉讼程序中均行使《刑诉法》第136条规定的拒绝陈述权(边码178)。那么,上述措施合法吗?被找到的毒品可以在刑事程序中作为指控A的证据吗?

答案: 按照几乎成为通说且值得采信之观点,究竟应该根据警察法抑或刑诉法去评价警察举措合法性,关键取决于**警察行动的重点何在**。尽管警察的行动或许阻止了毒品在德国境内大范围流转,但是行动毕竟**更**偏重于查明毒品犯罪。所以应适用刑事诉讼法规定(《刑诉法》第102条及以下数条)。根据《刑诉法》第105条,预先计划的搜查须征得法官的核准(参见边码402)。没有核准的,可能会构成证据使用禁止,从而影响到被扣押毒品作为证据去使用(边码700)。然而,联邦最高法院却将"**毕竟也**"用于防止当前危险的举措归入警察法(本案中系《黑森州公共安全和秩序法》第37条第1款第1、3项)授权的危险防止措施中,这些措施不适用法官保留。最高法院认为,A也系《刑诉法》规定的被追诉人,所以也可以适用包含法官保留的《刑诉法》第102、105条对之采取行动,但这不会影响这种具有双重功能之措施的合法性,**因为警察法和刑事诉讼法的干预授权应该具有同等的效力**。事实上,这种观点让警察可以选择他们希望的路径。本案中,为了让正在开展的侦查活动不被提早公开(所谓的"**伴称的监管**"),警方便选择了警察法的措施。联邦最高法院根据《刑诉法》第161条第3款第1句的特殊规定认为,依据预防属性的警察法**合法**取得的证据可以在刑事程序中使用。该特殊规定体现了"假设替代干预"原则(der Grundsatz des hypothetischen Ersatzeingriffs),即追究某些犯罪即便根据《刑诉法》也会核准这些调查措施的(具备严重犯罪的嫌疑),便不必恪守《刑诉法》规定的形式要件,可以在刑事程序中使用这些本于预防性目标取得的资料。就此而言,仅以证据收集的实体性要件为断(边码362)。本案不涉及(自主性)证据使用禁止

(边码704)的问题,因为警方并无出于规避法官保留而有意地采取危害防止法上的措施。所以,最高法院认为,本案中的搜查是合法的,找到的毒品亦可以用于证明犯罪。因此,联邦最高法院在结论上容忍了法官保留从结构上被规避掉,这种规避是立法者准许的。① 而且,本案中还一并违反了《刑诉法》第136条第1款第1句在第一次讯问中完全公开犯罪指控的要求,另还违反了卷宗真实记载和完全记载的原则(《刑诉法》第163条第1款、第168b条第1款*),这些也都被该结论所容忍。原则上,究竟实施了哪些具体的侦查措施以及这些措施究竟取得了哪些成果均应该体现在卷宗之中。该要求在本案中没有被贯彻,这是违反公平审判原则的操作。在最高法院看来,只要在适当的时间内将措施事后地补记进笔录,并且通知了辩护人与被追诉人,上述操作便不产生证据使用禁止的效果。

2.一旦警察机关的公务人员(检察机关的侦查人员以及其他警员)发现犯罪(通过私人渠道获悉犯罪的情形参见边码149),有时是警方直接接获告发(《刑诉法》第158条第1款),此时他们不是按照检察官的意愿去行动,而是自主地采取措施。依据《刑诉法》第163条第1款第1句,**主动地采取措施**是警察的任务。在此期间,他们应该不容迟疑地作出各项可能的决定,以防止案情陷入不明的状态(《刑诉法》第163条第1款第1句**)。

163

旧版《刑诉法》第163条规定的只是分配给警察相应的任务而没规定干预处分的权力,围绕警察为了完成任务究竟在何种程度上可以采取措施的问题争议颇久,因为缺乏明确的法律授权。

但是这个问题如今已经得到了显著缓解。因为大多数警察希望实施且曾经实施的措施均已经被特别规定下来了。例如,"栅格侦缉"(Rasterfahndung),即根据刑事犯罪的特征角

---

① 参见 BR-Drucks. 275/07, 148.
* 最新版条文参见本书附录。——译者注
** 最新版条文参见本书附录。——译者注

度,从特定的现有档案资料中进行自动化地比对(《刑诉法》第98a—98c 条)、通过拍照以及其他科技手段的**监视**(Observation)(《刑诉法》第 100h 条)、**长期监视**(längerfristige Beobachtung)(《刑诉法》第 163f 条)、**在线搜查**(Online-Durchsuchung)(《刑诉法》第 100b 条)、对不公开的谈话窃听并且进行录音的"**监听**"(Lauschangriff)(《刑诉法》第 100c、100e、100f 条)、**使用卧底警探**(《刑诉法》第 110a 条及以下数条);对边境检查站或关卡检查站依据《刑诉法》第 111 条收集的信息予以临时性存储和收集的**拖网式侦缉**(Schleppnetzfahndung)(《刑诉法》第 163d 条)以及建立并利用各州间检察机关程序登记资料库(《刑诉法》第 492 条及以下数条)。

立法者通过 1999 年的《刑诉法修正法案》(StVÄG),创设了**概括侦查条款**(《刑诉法》第 161 条第 1 款、第 163 条第 1 款)。尽管《刑诉法》对涉及基本权的侦查措施仍然坚持个别授权的原则,但是,鉴于犯罪表现形态持续多变以及查证手段不断翻新,不太可能对所有具体情形中采用的侦查措施予以穷尽式的立法列举和规范。因此,对于那些干预公民基本权程度不太严重的措施设置一项概括性条款是不可或缺的。于是,《刑诉法》第 161 条第 1 款、第 163 条第 1 款明确赋予了检察机关及其侦查人员**自行采取必要的侦查措施**(erforderliche Ermittlungsmaßnahmen)之权(他们是"**有权的**")。但是,这项规定没有取代宪法或者刑事诉讼法上对干预基本权程度"较深"的措施的必要的个别授权。因为立法机关的意图已经表明,对被追诉人长期监视、搜查、扣押是需要个别干预授权的。惟有那些在宪法和刑事诉讼法意义上处在这类侦查行为之门槛以下的侦查行为,才能被适用《刑诉法》第 161 条第 1 款、第 163 条第 1 款的基本权干预处分。例如,在所欲搜寻之人的社区内探听消息、短期监视被追诉人皆可归于此种措施。①

164　　究竟在何种法律界限内可以将警察基于**预防性**职能所获取

---

① BT-Drucks. 14/1484, S. 20, 23; *Lesch*, 3/29; *Lilie*, ZStW 111 (1999), 807; 批评观点见 *Hefendehl*, GA 2011, 209; 亦参见 BVerfG NJW 2009, 1405 (查询信用卡客户信息)。

的资料用于惩治性的刑事追究,这个问题迄今尚无定论。占支配地位的观点认为,原则上,将警察收集的资料概括转换到刑事程序之中是没有限制的。鉴于预防性活动和惩治性活动之间经常难分难解,这种观点基本上是可取的。但是从另一方面看,这种观点始终均须满足一个前提:《刑诉法》对干预处分设置的特别要件不得以"借道"警察法的方式被规避掉。① 这一精神已经体现在今天(部分的)立法规定之中。根据"假设替代干预"原则,即《刑诉法》第161条第3款第1句规定,依据**其他法律**收集的个人资料,苟未经受干预人同意,仅得用于证明某些特定的犯罪,即获取这些资料的措施纵使依据《刑诉法》的规定可以被用于查明该特定的犯罪(见边码362、415)。②《刑诉法》第161条第4款规定了,警察为了在非公开性调查活动中保护自我安全而使用技术措施,通过该措施获得的预防性警察资讯,惟当基层法院认可该措施的合法性的,始得用于刑事程序之中。③ 关于预防策略的详细内容见边码479。

立法规定的宗旨是,仅仅赋予警察**率先采取措施**(Erster Zugriff)并随后将调查进展**毫不迟延地告知检察官**的权力和义务,并且由检察官负责指挥侦查程序,见《刑诉法》第163条第1款、第2款第1句。但是,现实中的情况则相反,绝大多数案件(尤其是不太严重的案件)由警察自主地开展侦查,直到起诉条件成熟时才将案件转移给检察官。何况检察官经常既不掌握人力资源,也不了解案件相关的资讯,无法充分履行其作为"侦查程序主导者"的职责。④

三、警察的强制权

警察为了履行职责拥有以下重要的强制权:

---

① *Schnarr*, StraFo 1998, 217.

② BGHSt 62, 123 连同 *Ahlbrecht* 的评论文章, HRRS 2017, 446 以及 *Brodowski* 的评论文章, JZ 2017, 1119; *Löffelmann* 的评论, JR 2017, 588; *Mitsch* 的评论, NJW 2017, 3124; *Mosbacher* 的评论, JuS 2018, 129; *Schiemann* 的评论, NStZ 2017, 651, 657; 更深入的内容, 见 *Engelhardt*, Verwendung präventivpolizeilich erhobener Daten im Strafprozess, 2011。

③ 参见 SK-StPO-*Wolter*, §100c Rn 23 ff; *Brodersen*, NJW 2000, 2538; *Sinn*, Jura 2003, 812。

④ 相关批评见 *Ambos*, Jura 2003, 674; *Lilie*, ZStW 106 (1994), 625。

(一) 所有的警员均有权实施下列措施

——《刑诉法》第127条第1款第1句、第2款、第163b条第1款第2句规定的暂时性逮捕(vorläufige Festnahme);

——实施鉴识性措施(erkennungsdienstliche Maßnahmen)(《刑诉法》第81b条、第163b条第1款第3句);

——身份辨识(Identitätsfesfsfellung)(《刑诉法》第163b条);

——拍照以及使用其他科技手段(《刑诉法》第100h条);

——讯问(自愿地)到场且愿意陈述的被追诉人、证人和鉴定人(《刑诉法》第163条第1款、第3款第2句、第6款,第163a条第1、4款)。

167 (二) **仅检察官的侦查人员**(也包括"迟延会招致危险",即证据有灭失之虞时有优先管辖地位的检察官以及侦查法官)才有权**决定**下列措施:

——对被追诉人实施身体检查(包括验血)(《刑诉法》第81a条第2款;有关在道路交通中涉嫌醉驾被抽血的特别规定见《刑诉法》第81a条第2款第2句以及边码374);

——对证人实施身体检查(《刑诉法》第81c条);

——扣押(《刑诉法》第98条第1款)和搜查(《刑诉法》第105条第1款第1句);

——设置关卡检查站(《刑诉法》第111第2款);

——公告通缉(《刑诉法》第131条第1款);

——根据检察机关的委派,对有义务陈述的证人给予有约束力的传唤和开展讯问(《刑诉法》第163条第1、3—5款)。

168 **案例15(边码159)之解答:**

仅仅为了解救人质而采取的射击处分属于预防性警察措施。对此检察官不能发布命令(见 *M-G/Schmitt*, §161边码13)。需要说明的是,若劫匪在实施犯罪之后采取掩护措施,那么就仅涉及有关逮捕其本人的事项,此时检察官可以依据《刑诉法》第161条命令对其逮捕,按照正确的观点,甚至可以命令对其射击(*Roxin/Schünemann*, §9边码20同此见解)。本案中,这两个领域存在交错。一种观点主张,射击行为着重是为了解救

人质，所以应该属于**预防性功能**，因而检察官不能下达命令。近来，联邦最高法院认为这种情形下既有警察法，也有刑事诉讼法的功能，两种功能是同等的，如果按照这种"选择权"的观点，检察官似乎也有权命令开枪射击（但是目前尚无定论）（详见上述边码162）。

第七章　被追诉人、对其之讯问（原理）及其权利和义务

案例 16：

被追诉人在接受刑事警察第一次讯问时对罪行供认不讳,但是在该次讯问中他没有被晓谕沉默权。在庭审中,他不愿再对案件陈述。法院得依其之前的供述作出判决吗?（边码 198）

案例 17：

一家批发公司的企业主发现,钱柜里丢了大约 10,000 欧元并且报警,于是刑警 K 来到公司以查明事件真相。

(1) 如果 K 遇到了该公司秘书 P,P 在 K 尚未提问时就告诉他,钱是自己从钱柜里拿走的。

(2) K 询问了该公司的全部 30 名员工,他们是否知情。这期间 P 承认了是自己干的。

(3) E 在打电话报警的时候,就告发了 P,他怀疑是 P 干的。当 P 被 K 问话时,承认的确是他所为。

(4) 有企业员工匿名举报此事系 P 所为,于是,检察官命令搜查 P 的住宅。K 负责执行搜查,尽管他没有找到证据,但是,在搜查过程中当他跟 P 谈话时,P 承认了自己的罪行。

上述各种情形中,调查程序都是针对"行为人不详"而启动的,所以均未晓谕被追诉人权利。若 P 后来翻供,K 先前将 P 当作证人进行讯问而得到的陈述能否在刑事诉讼中被提出,并被用来作成判决呢?（边码 199）

一、被追诉人之概念

1.《刑诉法》将被开展刑事程序的人,按照程序阶段之不同,作以下不同称谓:

在整个程序中,他被称为**被追诉人**(Beschuldigter)①,但是:

若已经对他提起公诉(《刑诉法》第 157 条第 1 种情形),即起诉书已经被送达的(《刑诉法》第 170 条第 1 款),则称其为**被起诉人**(Angeschuldigter);

若已经被裁定开启审判程序(《刑诉法》第 157 条第 2 种情形),则称其为**被告人**(Angeklagter)。

在昔日普通法的刑事诉讼*中,被追诉人系程序之客体,如今其则系程序之主体(Verfahrenssubjekt),被赋予重要的权利,并能影响程序的进程。② 鉴于被追诉人拥有这种受**法律保障的地位**,有必要为被追诉人地位的形成制定可操作的标准,防止刑事追究机关向被怀疑者(Verdächtige)"隐瞒"其所具有的被追诉人身份,进而阴谋地侵害其享有的权利。③ 遗憾的是,无论是《刑诉法》第 157 条,还是该法其他条文中,均未定义被追诉人的概念。故该项任务被委诸实务见解与学术文献解决。

2.可能的方案是,是否拥有被追诉人的身份完全取决于客观上是否有针对他的犯罪嫌疑。④ 但是依据《刑诉法》第 55 条、第 60 条第 2 项,刑事诉讼中还存在具有犯罪嫌疑的证人,即单纯对某人持有犯罪嫌疑并不当然使其成为被追诉人。按照正确的且已成为绝对通说的见解,刑事追诉机关的**意志行为必须指向某个犯罪嫌疑,并且该行为表明,刑事追诉机关意图将受怀疑人当作被追诉人发动刑事程序**(主观—客观被追诉人理论)。⑤ 若某个人被当作被追诉人启动了**正式的刑事程序**(förmliches Verfahren),或者明确地将其作为被追诉人讯问的,这便毫无疑问地算作上述意志行为。若某个人的嫌疑已经强化到初始嫌疑的程度,**即存在具体的事实根据**,并结合刑事侦缉经验,受怀疑人可能参与了某起可被追究的罪

172

---

① BGHSt 26, 367, 371.

* 此处的普通法(Gemeines Recht)非指英美法(common law),而专指中世纪(16 世纪初)到近代(19 世纪中叶)之间的,因为罗马法继受运动而在欧洲大陆兴起的法典化编撰和法学注释的法制时期。普通法的德国刑事诉讼以 1532 年颁布的《加洛林那法典》为代表,实行非公开的纠问式诉讼模式。更多内容可参见 Schroeder/Verrel, Strafprozessrecht, 2011, S.15 ff.。——译者注

② BVerfG StV 2001, 601; BGHSt (GrS) 50, 40, 48.

③ 深入论述见 Gerson, Das Recht auf Beschuldigung, 2016。

④ 同此见解的有 Grünwald, S. 78;部分相同的见解见 Roxin, Schöch-FS, S. 823。

⑤ BGHSt 10, 8, 12 连同 Schumann 的评论文章, GA 2010, 699; BGHSt 37, 48, 51; Geppert, Schroeder-FS, S. 675; Rogall, Frisch-FS, S. 1199。

行的①，刑事追究机关便**有义务**晓谕受怀疑人，其已经正式成为被追诉人。依据今天的通说，刑事追究机关对初始嫌疑的判断有**裁量空间**（详见边码 311）。② 为了准备此种裁断，可以开展程度受到严格限定的"前侦查"（Vorermittlungen）（见边码 479）。

173 如今被普遍承认的是，被追诉人的身份得经**推断**方式体现。③ 此得参照《租税规则》第 397 条第 1 款的立法思路。④ 该观点主张，如果对某个受怀疑人决定实施或者申请实施**仅得加诸被追诉人的措施**，如羁押（《刑诉法》第 112 条及以下数条）⑤、暂时性逮捕（《刑诉法》第 127 条第 2 款）⑥、《刑诉法》第 81a、81b 规定的检查以及鉴识性处置⑦，或者申请本案的侦查法官讯问证人的⑧，则无论刑事追究机关意志若何，皆能推断受怀疑之人已经沦为被追诉人。

但是，上述判断准则却不足以解决尽管专就一个或多个人的犯罪嫌疑开展侦查，但却未采取特定强制措施，从而不足以推断被怀疑者成为被追诉人的情形。实务见解认为，若刑事追究机关旨在规避被追诉人行使权利，对受怀疑人**恣意地掩饰**其被追诉人的身份，则受怀疑人同样取得被追诉人之地位。⑨ 因此，但凡犯罪嫌疑已经超过了形成被追诉人地位的特定程度，刑事追究机关是否有意志行为不再重要，取而代之的乃立足客观标准的评价。为保障被追诉人的权利，这种修正意见非常可取。

作为侦查程序的主导者，检察官在其指挥权与监督权（见边码 132、

---

① BGH NStZ 2019,546 连同 Loeffelmann 的裁判评释；LR-Mavany，§ 152 Rn 28；*Jahn*，Institut für Kriminalwissenschaften und Rechtsphilosophie (Hrsg), S. 545；亦见 *Fischer*, Kühne-FS, S. 203, 212；BverfG NStZ 2020, 557 连同 Neuheuser 的裁判评释。

② BGHSt 38, 214, 228；*Beulke*, StV 1990, 180；具体内容见 *Kröpil*, Jura 2012, 833；*Roxin*, Schöch-FS, S. 823；SK-StPO-*Rogall*, Vor § 133 Rn 9 ff；SK-StPO-*Wohlers/Albrecht*, § 163a Rn 35；*Fincke*, ZStW 95 (1983), 918 f；*Steinberg*, JZ 2006, 1045；*Zabel*, ZIS 2014, 340。

③ BGH NStZ 2015, 291 连同 *Heintschel-Heinegg* 的裁判评释，JA 2015, 393；*Mosbacher*, JuS 2015, 701。

④ BGHSt 38, 214, 228；BGH NStZ 1997, 398 连同 *Rogall* 的赞同性评释；批评性评释见 *Bosch* JA 2020, 36, 41。

⑤ 参见 OLG Frankfurt StV 1988, 119。

⑥ 见 AG Hameln StV 1988, 382。

⑦ OLG Karlsruhe Justiz 1986, 143 f；KMR-StPO-*Pauckstadt-Maihold*, Vor § 133 Rn 4。

⑧ BGH NJW 2003, 3142。

⑨ BGHSt 10, 8, 12；BGH BeckRS 2019, 12765 (Rn 32)；OLG Nürnberg BeckRS 2014, 01452 连同 *Jahn* 的评论文章，JuS 2014, 563；亦见 BVerfG StV 2001, 257；LR-*Jahn* (27. A.)，§ 137 Rn 8, 15；批判见解：*Rogall*, S. 26。

16)的范围内,不得忽视警察侦查活动中的被讯问人的地位以及相应产生的晓谕义务。①

联邦最高法院判例(BGHSt 51, 367)②:已婚女士 G 和她的女儿 J 突然人间蒸发。警察经过几个月调查以后,逐渐对她的丈夫 A 产生怀疑,认为 A 可能杀害了这对母女。为查清这起"人口走失案",警察对 A 实施了持续将近 10 小时,中间仅短暂休息过片刻的"讯问证人"措施。其间,警察以严厉口吻训斥 A 前后回答"不能自圆其说",并且还要求其直接说出尸体究竟在哪里,并敦促其同意警察带猎犬对住宅搜寻尸体,A 皆应允之。

解答:由于警察显然希望利用 A 之前的不利供述迫使其就范,然后直接指控其犯杀人罪,鉴于犯罪嫌疑的严重程度以及与之相伴的讯问场景(搜寻尸体的警犬),可知隐瞒被追诉人身份乃刻意为之。故而,此讯问并非是对证人,而是"对被追诉人的讯问"。依据《刑诉法》第 136 条第 1 款,应当晓谕 A 指控的事实以及咨询辩护人等权利(关于证据使用禁止的问题,参见后述边码 179、210、237)。

其他案例参见 *Beulke*, Klausurenkurs Ⅲ,边码 331。

3. 经常遇到的一个问题是,面对刑事追究机关进行供述的人是否就应该被归为被追诉人?这个问题很难回答,因为有时候刑事追究机关也可能在侦查活动"之前的阶段"就实际讯问被追诉人:

在"**自发性陈述**"(Spontanäußerung)的情形中,即在某个刑事追究机关面前**不待其问询**就作出陈述,由于陈述人此时尚无"被追诉人的身份",这种情况不生对具体的被追诉人权利之干预。

在"**探听消息**"(informatorische Befragung)的情形中,刑事追究机关即便表现得很积极,但是他们没有怀疑任何具体的人,通常只是在抵达犯罪现场以后了解事实经过。由于还没有充分具体的初始嫌疑,这种调查不属于讯问被追诉人。③ 这种行为究竟在何种程度上会干预被追诉人的

174

---

① BGH NJW 2009, 2612.

② 该判例的评论文章见 *Deiters*, ZJS 2008, 93; *Jahn*, JuS 2007, 962; *Mitsch*, NStZ 2008, 49; *Roxin*, JR 2008, 16。

③ BGH NStZ 1983, 86; SK-StPO-*Rogall*, Vor § 133 Rn 42;更加紧缩的观点:AG Bayreuth StV 2004, 370; *Koch*, JA 2004, 558。

权利,在具体情形下尚有争议。

(例如,在探听消息的基础上)惟有产生**初始嫌疑**(详见边码479),刑事追究机关明确的或果决的意志行为方可奠定被追诉人的身份。这才适用关于被追诉人讯问的规定。①

175　　4.初始嫌疑[犯罪的**可能性**(Möglichkeit)*]不等同于《刑诉法》在别处要求的**更高的**(intensiv)嫌疑程度。

起诉的前提要件是具备**充足**的犯罪嫌疑(hinreichender Tatverdacht)(《刑诉法》第170条第1款连同第203款);充足的犯罪嫌疑系指被追诉人实施了某项可罚的犯罪行为且将被判处有罪的盖然性(Wahrscheinlichkeit)(见边码548)。

犯罪嫌疑**重大**(dringend)系许多具有深度干预性之强制措施的前提要件,如羁押(《刑诉法》第112条第1款第1句)。犯罪嫌疑重大系指根据当下侦查的情况,被追诉人有**高度盖然性**(hohe Wahrscheinlichkeit)会是某项犯罪的正犯或共犯(见边码210)。

所以,犯罪嫌疑程度可以呈现为以下梯度表(图表3)③:

图表3:犯罪嫌疑程度梯度表

推测	初始嫌疑	充足的犯罪嫌疑	重大的犯罪嫌疑
不允许发动侦查(参见Rn311)	可能实施了犯罪(有事实或者间接证据)　　有义务启动侦查程序,见《刑诉法》第152条第2款(有判断上的裁量权)	被追诉人实施了可刑事处罚的行为并被判决有罪的盖然性　　有义务起诉,见《刑诉法》第170条第1款	被追诉人实施了可刑事处罚的行为的高度盖然性　　可以采取特定的强制性措施,例如《刑诉法》第112条第1款第1句规定的羁押

---

① BGHSt 38, 214, 217 f; BayObLG wistra 2005, 239; *Herrmann*, Moos-FS, S. 229, 232.

* 德语中表述概率的词汇比中文更加丰富,在法学文献或法律文本中,结合不同的制度场景和其证明程度要求,从低到高依次(例如)有:可能性(Möglichkeit)、盖然性(Wahrscheinlichkeit)、高度盖然性(hohe Wahrscheinlichkeit)、近乎确定的可能性(in der Näher von Sicherheit)等不同的程度。——译者注

③ 深入内容见 *Schulz, L.*, Normiertes Misstrauen, 1998。

二、对被追诉人之讯问（原理）

（一）程序阶段

讯问被追诉人被规定在《刑诉法》第 133—136a 条。但这些条款却**仅**直接适用于**法官的讯问**。对于警察和检察官实施的讯问,这些规定须(部分地)**参照《刑诉法》第 163a 条第 3、4 款**适用,即在不同的程序阶段均得讯问被追诉人,尤其是：

——侦查程序中由警察讯问的,见《刑诉法》第 163a 条第 4 款第 2 句连同第 136 条;由检察官讯问的,见《刑诉法》第 163a 条第 3 款第 2 句连同第 136 条;由侦查法官讯问的,见《刑诉法》第 115 条第 2、3 款、第 128 条第 1 款第 2 句、第 136 条、第 162 条第 1 款(有关到场义务的范围,参见边码 481、484)。

——庭审中的讯问,见《刑诉法》第 243 条第 5 款*连同第 136 条第 2 款。

除非刑事程序被终结,否则应该最晚在侦查结束以前讯问被追诉人。案情简单的,给予被追诉人书面陈述意见的机会便已足,见《刑诉法》第 163a 条第 1 款。

（二）讯问之概念

讯问(Vernehmung)系指国家机关本于公务职能以获取某种陈述为目的的发问。① 根据这种**"形式讯问概念"**(der formelle Vernehmungsbegriff),如果发问人不向外界表明自己的公务身份,便不是讯问。例如私人接受警察的委托去进行调查(亦参见边码 730 及以下数段、边码 741)。②

> 与此相反,部分文献主张**实质讯问概念**。按照该概念,如果某个扮演特定诉讼角色的国家机关敦促某人报告其所知晓的情况,而该诉讼机关没有必要让外界知悉知晓其身份的,这种问话依然属于讯问。③ 但是,这种观念到目前为止尚未被践行。如此扩张的讯问概念必将使任何秘密的调查手段都要遵守《刑诉法》

---

* 最新版法条内容参见本书附录。——译者注
① BGHSt (GrS) 42, 139, 145; 55, 314.
② BGH NStZ 2011, 596; 赞同意见: *Sternberg-Lieben*, Jura 1995, 306。
③ 例如,LR-*Gless*, § 136 Rn 12; *Dencker*, StV 1994, 674。

第 136 条的严格要求,这又会让使用长期卧底线民在刑事政策上沦为不值得期待的措施。

其他案例参见 *Beulke*, Klausurenkurs Ⅲ, 边码 153;*Mansdörfer*, Klausurenkurs im Strafprozessrecht, Fall 3 边码 68。

(三) 讯问之流程

178 讯问应该始终按照《刑诉法》第 136 条所规定的模式进行:

1.首先应该告知被追诉人,**其被指控何罪**以及(警察讯问的,见《刑诉法》第 163a 条第 4 款①)适用**哪些刑法规定**(《刑诉法》第 136 条第 1 款第 1 句)。

2.再晓谕其**拒绝陈述权**(Aussageverweigerungsrecht)(《刑诉法》第 136 条第 1 款第 2 句的前半句)。未予晓谕的后果见边码 179。

3.另外,应该告知其可以**随时咨询他选任的辩护人**,包括在接受讯问之前(《刑诉法》第 136 条第 1 款第 2 句的后半句)。被追诉人意欲在讯问前咨询辩护人的,应向其提供方便他与辩护人取得联系的资讯。其间,应该告知他现有的值班律师服务站(《刑诉法》第 136 条第 1 款第 3、4 句)②。

4.再者,在某些适当的案件中应该在庭外晓谕其有权申请调取对其有利的具体证据(《刑诉法》第 136 条第 1 款第 5 句前半句)。

5.在必要辩护的案件中,还应该晓谕被追诉人有权申请**指派一名义务辩护人**(见边码 248 及以下数段),但是,一旦判处其有罪的,他将承担义务辩护人的费用(详见《刑诉法》第 136 条第 1 款第 5 句后半句)③。

6.真正的讯问开始于人别讯问(Vernehmung zur Person)。

7.在**对事实讯问**(Vernehmung zur Sache)时,应当给予被追诉人澄清自身嫌疑以及提出对自己有利的事实的机会,见《刑诉法》第 136 条第 2 款。

讯问活动应当制作笔录(法官笔录:《刑诉法》第 168 条;检察官和警察笔录④:《刑诉法》第 168b 条第 2 款第 1 句;关于庭审内讯问有限的制作笔录义务:《刑诉法》第 273 条,亦见边码

---

① BGHSt 62, 123 Rn 47.
② 见 BGH BeckRS 2019, 14505。
③ 参见 *Eisenberg*, JR 2013, 442, 448。
④ BGH NStZ 1995, 353; S/S/W-StPO-*Sing/Andrä*, § 168b Rn 2.

593)。若未就讯问被追诉人制作笔录，应在卷宗中载明被追诉人的辩护人参加了讯问活动，见《刑诉法》第168b条第2款。依据《刑诉法》第163a条，在讯问之前晓谕被追诉人的活动应该制作书面记录，见《刑诉法》第168b条第3款第1句。被追诉人关于是否在讯问前希望咨询其选任的辩护人的决定（见边码224及以下数段）以及《刑诉法》第141a条第1句规定的被追诉人同意（见边码256、262），均应适用书面记录的要求，见《刑诉法》第168b条第3款第2句。

自2020年1月1日起，一切对被追诉人的讯问均可以录像和录音（视讯录制/视频讯问）[《刑诉法》第136条第4款第1句（可以，意味着是任意性规定）]。在特别的案件中（尤其是杀人案件）"应该"对讯问被追诉人录像和录音：这项要求是强制性的（具体见《刑诉法》第136条第4款第2、3句）。违反《刑诉法》第136条第4款第2句之录制义务的法律后果没有定论。立足保护被追诉人权利的立场，不应该将其视作训示性规定，而应根据一般性原则产生证据使用禁止的效果（见下一段以及边码700及以下数段）。①

三、未依《刑诉法》第136条予以晓谕

（一）未依据《刑诉法》第136条第1款第2句阐明拒绝陈述权以及咨询辩护人的权利

曾经长期争议的是，苟未依《刑诉法》第136条第1款第2句之规定告知拒绝陈述权（出于故意或疏忽），获取的陈述之后是否还能被使用？

179

联邦最高法院②早前认为，《刑诉法》第136条纯粹是一项训示性规定（Ordnungsvorschrift），未遵守该规定的，不会妨碍后续使用被追诉人先前在没有被晓谕的情况下所作出的陈述。惟庭审中违反晓谕义务的（《刑诉法》第243条第5款第1句），始生证据使用禁止。③

---

① Weigend, StV 2019, 852, 858; Wickel, ZIS 2020, 311.
② BGHSt 22, 170, 173; 31, 395, 398.
③ BGHSt 25, 325, 331.

图表 4：侦查程序中的被追诉人和证人在讯问活动中的权利义务

内容见边码 176、178、188、197、237、292、293、296、299、301。

权利义务	被讯问的人	警察	检察官	法院
到场义务	被追诉人	《刑诉法》第163条第3款第1句（仅检察官的侦查人员+检察官委托其传唤时）	《刑诉法》第163a条第3款第1句	《刑诉法》第133条及以下数条
到场义务	证人	✕	《刑诉法》第161a条第1款、第2句	《刑诉法》第48条第1款、第51条
告知拒绝陈述权和拒绝回答权	被追诉人	《刑诉法》第163a条第4款第2句、第136条第1款第2句	《刑诉法》第163a条第3款第2句、第136条第1款第2句	《刑诉法》第136条第1款第2句 [第115条第2款第3款，第128条、第162条第1款]
告知拒绝陈述权和拒绝回答权	证人	《刑诉法》第163条第3款第2句、第52条第3款第1句/第55条第2款	《刑诉法》第161a条第1款第2句、第52条第3款第1句/第55条第2款	《刑诉法》第52条第3款第1句/第55条第2款
被追诉人的辩护人之在场义务	被追诉人	《刑诉法》第163a条第4款第3句、第168c条第1款	《刑诉法》第163a条第3款第1句第2句、第168c条第1款	《刑诉法》第168c条第1句
被追诉人的辩护人之在场义务	证人	✕	✕	《刑诉法》第168c条第2款第1句

反之，占绝对通说地位的、正确的且如今已被联邦最高法院采纳的见解则主张，被追诉人在未曾被晓谕的情况下作出的陈述至少具有下列情形者不得使用：该陈述系在被追诉人不知晓拒绝陈述权的前提下作出的。①

按照联邦最高法院的见解，尤其遇到下列情形之一的，不会妨碍使用经讯问获取的内容：

——不能明确是否完成了晓谕的（此值得商榷，亦见后述边码218）。②

——被追诉人已经知晓其权利③（但这并不免除晓谕义务④）的；是否知晓存疑时，应该视其不知晓。

——被追诉人有辩护人且在庭审中⑤明确地同意使用之前的陈述，或者，至少在讯问被告人结束以前（《刑诉法》第257条）未附具体理由对之提出异议的，即所谓"异议方案"（Widerspruchslösung）（此方案有争议⑥，亦见边码227、708）。

其他案例参见 *Beulke*, Klausurenkurs Ⅲ, Rn 151a；

就像没有向被追诉人晓谕沉默权的情形一样，**未晓谕其咨询辩护人的权利**（Verteidigerkonsultationsrecht）的，也会构成证据使用禁止⑦（见边码40和边码237、718）。

所以，若刻意向被追诉人隐瞒其被追诉人身份，当他被作为证人讯问时，纵使依据《刑诉法》第55条（见后述边码301）谕告其陈述的内容不会被用来指控他自己，如此得到的被追诉人陈述也不得使用。因为在这种晓谕中依旧没有向其阐明咨询辩护人的权利和申请指派义务辩护人的机会，所以不能替代《刑诉法》第136条的真正地晓谕被追诉人的要求（具体

---

① 持该见解的有 BGHSt 38, 214, 220; LG Detmold StV 2018, 649; s.a. S/S/W-StPO-*Eschelbach*, §136 Rn 67ff; *Hoven*, JA 2013, 368; *Roxin*, JZ 1992, 923。

② BGH StraFo 2012, 63; 反对见解：LR-*Gleß*, §136 Rn 78; BGH StV 2007, 65 也持限缩性观点。

③ 反对性意见：MüKo-StPO-*Schuhr*, §136 Rn 56。

④ BGHSt 47, 172, 173; BGH StV 2013, 485 连同 *Neuhaus* 的评论文章以及 *Jahn* 的评论文章, JuS 2012, 658 *Jäger* 的评论文章, JA 2013, 155; *Geppert*, Otto-FS, S. 913。

⑤ 关于侦查程序见后文边码708。

⑥ 深入论述见 BGH StV 2006, 396 连同 *Schlothauer* 的肯定性裁判评释；深入论述：*Eisenberg*, Rn 426 ff。

⑦ *M-G/Schmitt*, §136 Rn 21; S/S/W-StPO-*Eschelbach*, §136 Rn 71; 深入论述：*Beckemper*, Durchsetzung des Verteidigerkonsultationsrechts und die Eigenverantwortlichkeit des Beschuldigten, 2002, S. 63; 亦见 *v. Stetten*, Beulke-FS, S. 1053。

到长期卧底线民情形下的问题,见边码 734 及以下数段)。①

被追诉人的沉默权与咨询辩护人的权利之间有紧密的联系,并共同保证着被追诉人享有程序参与者的诉讼地位且不会沦为程序的客体。在履行完相应的晓谕以后,若被追诉人表达了希望咨询辩护人的意愿,并且决定在辩护人到场之前一定会行使其沉默权,便应立即中断讯问活动。一旦继续就案情对他发问,那么他的供述通常不可以被使用——惟当他改变主意且愿意在没有辩护人帮助下陈述的,始有例外。②

对于希望获得辩护人帮助却一时没有指明辩护人人选的被追诉人,苟未依《刑诉法》第 136 条第 1 款第 4 句之规定告知其有值班辩护人的,其法律效果应同上适用。③

苟未依《刑诉法》第 136 条第 1 款第 5 句前半句之规定晓谕被追诉人有权在法定列举情形下申请义务辩护人的,得否生证据使用禁止之效果,迄今仍争论激烈。其中,联邦最高法院不承认这种证据使用禁止④,但似乎于理无据,因为德国法中不名一文的被追诉人惟有通过义务辩护人方得实现其咨询辩护人的权利。相应的晓谕对于被追诉人的主体地位而言,其重要性与晓谕有权聘请辩护人以及可以咨询辩护人毫无分别。⑤

相反,若未依《刑诉法》第 136 条第 1 款第 5 句后半句之要求使被追诉人了解,一旦其被判决有罪便须自行承担义务辩护人之费用的,不适用证据使用禁止(见边码 237)。⑥

(二)指控事项的告知范围——《刑诉法》第 136 条第 1 款第 1 句

当警察、检察官或法官讯问时,依据《刑诉法》第 136 条第 1 款第 1

---

① BGHSt 51, 367.

② BGHSt 58, 301 连同 *Eisenberg* 的评论文章, StV 2013, 779; *Deiters*, ZJS 2014, 126; *Jäger*, JA 2013, 793; *Jahn*, JuS 2013, 1047; *Wohlers*, JR 2014, 128; 亦见 S/S/W- StPO-*Eschelbach*, § 136 Rn 71ff; KMR-StPO-*Pauckstadt-Maihold*, § 136 Rn 31。

③ 参见 BGH BeckRS 2019, 14505,以及本书边码 237。

④ BGH NStZ 2018, 671 连同 *Jäger* 的反对性评释; *Kudlich*, JA 2018, 792; *Ransiek*, StV 2019, 160; *Ahlbrecht/Fleckenstein*, StV 2019, 661; OLG Köln JR 2016, 264 连同 *Schuhr* 的批判性评释, M-G/Schmitt, § 136 Rn 21a; OK-StPO-*Monka*, § 136 Rn 24; *Mosbacher*, JuS 20, 128, 131。

⑤ S/S/W-StPO-*Eschelbach*, § 136 Rn 73; LR-*Jahn* (27. A.), § 137 Rn 60; *Heinrich/Reinbacher*, Problem 27 Rn 12; *Mosbacher*, JuS 2020, 128, 131; *Neuhaus*, Schlothauer-FS, S. 245; MüKo-StPO-*Schuhr*, § 136, Rn 38, 62。

⑥ KK-StPO, *Diemer*, § 136 Rn 26; 或许不同的见解: LR-*Jahn* (27. A.), § 137 Rn 60。

句，向被追诉人说明犯罪指控应该达到足以让其能合理地辩护的程度，但不能影响到查明案件事实且不能妨碍刑事追究的有效性（裁量性判断）。① 若逾越判断裁量的边界，即基本上告知了被追诉人刑事程序被启动的事实以及其享有拒绝陈述权[见上述（一）部分]，但是晓谕**具体的**犯罪指控的程度却不符合《刑诉法》第 136 条第 1 款第 1 句的要求，此将致生何种法律后果，迄今未获澄清。

> **案例（联邦最高法院判例 JuS 2012,658）**：A 曾因为经常对自己妻子实施身体伤害而被调查，如今又涉嫌打死妻子并且为了掩饰罪行、不被立即发现，将奄奄一息的妻子藏匿在自己汽车下面。在不知晓其妻子已经死去的情况下，A 被警察讯问了 5 个小时之久，尽管在讯问开始时他被依法晓谕了沉默权与咨询辩护人的权利。但是警察在知晓被害人已死亡的情形下，却一再地问 A，他妻子是否还活着，且一直没告诉他，其妻子已经死亡而他正面临着杀人罪的调查。A 仅知道，他"把老婆折腾得很惨"并且作为被追诉人就此接受讯问。
>
> **解答**：违反《刑诉法》第 136 条第 1 款第 1 句连同第 163a 条第 4 款第 1 句的情况，通常不太像违反《刑诉法》第 136 条第 1 款第 2 句的晓谕义务那样，前者对供述自由的影响没有那么大。因此，在这种情况下，既不能一概地承认②，也不能原则上否定证据使用禁止。③ 其实，应从具体情形中侵害供述自由的程度上去判断陈述的可使用性问题。联邦最高法院否定这种情形下的证据使用禁止，但许多人主张，A 知悉指控的不完整性已经影响到其供述行为（如是否求助辩护人），因为人身伤害的辩护根本不同于杀人罪的辩护④。更为严重的且没有被联邦最高法院关注到的情况是，警察存在故意诱导的行为，他们在知悉案情的前提下却隐瞒真实的犯罪程度长达 5 个小时且不断地提问。这共同

---

① BGHSt 62, 123 Rn 4749.
② 但是持这种意见的有 SK-*Wohlers/Albrecht*, § 163a Rn 64, 70; 亦见 *Albrecht*, ZStW 2019, 97, 118, 130。
③ 持该意见的 KK-StPO-*Diemer*, § 136 Rn 27。
④ 同此见解：*Jahn*, JuS 2012, 658。

构成了《刑诉法》第 163a 条被禁止的多种讯问方法(参见边码 130 及以下数段),将绝对导致证据使用禁止①。

(三) 自发性陈述与探听消息

181　　自发性陈述或**探听消息**(概念见边码 174)均属于暂时尚未确定谁是被追诉人的情形。既然没有讯问被追诉人,当然也**没有晓谕义务**。②

但是,与之相近的**自发性自白**(Spontangeständnis)情形却通常有晓谕义务。因为刑事追究机关听取陈述人对具体犯罪行为的汇报过程结束以前,有相当长的时间足以对其晓谕,如果依旧不晓谕陈述人,无异于故意规避晓谕义务③。

证据使用可能性(Verwertungsmöglichkeit)的问题应该与晓谕义务问题有所不同。

所有的未经问询,即在刑事追究机关面前**自发性**的陈述,都能**不受限制地被使用**。④

与之相反的是,在合法的**探听消息**过程中,被追诉人所作出的陈述应该适用讯问被追诉人的规定,因为被问话的人是应刑事追究机关的动议而作出反应。尽管警察探听消息时不承担晓谕义务,但是使用这种陈述依旧会构成自我归罪,某些情况下,潜在的被追诉人还以为自己对此有供述义务。所以,从受保障的利益基础上看,这种情形殆同于讯问被追诉人的情形,由此得来的供述**不得被使用**。⑤ 但**通说**主张**可以使用**。实务见解仅在极其例外的"等同于讯问的情形"中才承认证据使用禁止的效果(例如:警察偷听医生对被追诉人检查时的谈话。⑥)。

---

① LR-*Gleß*, § 136 Rn 103; SK-StPO-*Rogall*, § 136 Rn 99; *M-G/Schmitt*, § 163a Rn 4b.
② BGHSt 38, 214, 228; SK-StPO-*Rogall*, Vor § 133 Rn 46.
③ BGH NJW 2009, 3589 连同 *Meyer-Mews* 的裁判评释。
④ BGH StV 1990, 连同 *Fezer* 的反对性评释; OLG Köln StraFo 1998, 21.
⑤ LG Nürnberg StV 1994, 123; LG Heilbronn StV 2005, 380; AG München StV 1990, 104; AG Delmenhorst StV 1991, 254; SK-StPO-*Wohlers/Albrecht*, § 163a Rn 49; *Eisenberg*, Rn 509a; *Fezer*, Fall 3 Rn 52; *Schaal*, Beweisverwertungsverbot bei informatorischer Befragung im Strafverfahren, 2002; *Schlothauer*, Rn 59; 不同观点 BGHSt 38, 214, 228; BGH <D> MDR 1970, 14; SK-*Rogall*, Vor § 133 Rn 47; *Arloth*, S. 41; *Geppert*, Oehler-FS, S. 323 f; *Kindhäuser*, § 6 Rn 30; *Kramer*, Rn 28c; *Lesch*, 3/66; *Rüping*, Rn 100。
⑥ BGH NJW 2018, 1986; dazu unten Rn 467.

(四)"加重晓谕"(qualifizierte Belehrung)问题

如果刑事追究机关在第一次讯问时怠于告知,但在后面的讯问中却践行了告知,并且被追诉人也陈述了案件事实,那么,后续讯问中取得的陈述得否被使用呢?联邦最高法院早前对此持肯定意见①,但是,通说却一直主张"**加重晓谕**"的要求,即进行讯问的公职人员应该额外地向被讯问人说明:其先前作出的陈述不得被使用。② 如今,该通说已经被实务见解所采纳。③ 不过,值得注意的是,有违义务的情形有别于完全不晓谕被追诉人的情形。所以,实务见解对前一情形采取了有别于后一情形(见边码 179)的方案,即怠于加重晓谕的,实务见解没有一概承认证据使用禁止的效果,而是主张**在个案**中结合违反程序的严重程度和查明案情的利益进行**权衡**。如此缺乏诚意的解决方案没有得到认同。④ 两种程序违法有着相同的严重程度。怠于加重晓谕应一概产生证据**不得使用**的法律效果。因为不熟悉法律的人通常无法估计,他究竟在何种程度上会被其先前的陈述所"套牢"。另外,不仅仅在违反《刑诉法》第 136 条第 1 款第 2 句的情形中,但凡先前陈述系因为违反程序规范获取的(如违反《刑诉法》第 136a 条),欲使用后续之陈述,一概以履行加重晓谕义务为前提(亦见边码 217、745)。

四、被追诉人的其他权利

被追诉人在整个程序中的具体权利和义务,将在本书其他有实质联系的各章节中去说明,本处就其中最重要的权利和义务加以说明:

1.请求依法听审的权利

《基本法》第 103 条第 1 款体现的**依法听审**基本权(rechtliches Gehör)在《刑诉法》中有诸多特别法律体现,如《刑诉法》第 33 条第 1、3 款、第 136 条第 1 款、第 201 条第 1 款、第 243 条第 5 款、第 257 条第 1 款、

---

① BGHSt 22, 129, 134.
② *Geppert*, Meyer-GedSchr, S. 93; LR-*Gless*, § 136 Rn 106; *Schünemann*, MDR 1969, 101 ff.
③ BGHSt 53, 112; BGH NStZ 2019, 227 连同 *Arnoldi* 的赞同性评释。
④ 与本书相同意见:OLG München StraFo 2009, 206; HK-*Ahlbrecht*, § 136 Rn 23; *Gless/Wennekers*, JR 2009, 383; *Jahn*, JuS 2009, 468; *Neuhaus*, StV 2010, 45; *Roxin*, HRRS 2009, 186; **不同的意见**:*Hinderer*, JA 2012, 115; KK-StPO-*Diemer*, § 136 Rn 27a; *M-G/Schmitt*, § 163a Rn 4b; s.a. *Rogall*, Geppert-FS, S. 519; 案例见 *Engländer*, Rn 263。

第 258 条第 1、2 款、第 265、356a 条。原则上,法院在庭审活动内外所作出的任何不利于被追诉人的裁判,都应听取被追诉人的意见(《刑诉法》第 33 条第 1、3 款)。

185　　2.辩护权

依据《刑诉法》第 137 条第 1 款第 1 句,被追诉人**在刑事程序的任何阶段均有权聘请辩护人**(亦参见《刑诉法》第 136 条第 1 款第 2—5 句;关于证据使用禁止见边码 179、237、718)。依据《刑诉法》第 140 条及以下数条,在必要辩护的情形下,被追诉人甚至有权请求国家为他指派一名义务辩护人(详见边码 224 及以下数段)。

186　　3.在受逮捕时要求获得口译人员服务权

被逮捕的被追诉人不熟练掌握德语的,或者有听说障碍的,依据《刑诉法》第 114b 条第 2 款第 3 句,应该告知他有权依据《法院组织法》第 187 条第 1—3 款获得免费口译人员或翻译人员的服务。

187　　4.领事代表告知权——《刑诉法》第 114b 条第 2 款第 4 句连同《维也纳领事关系公约》第 36 条第 1 款第 b 项第 3 句。

当拥有外国国籍者被逮捕时,依据《刑诉法》第 114b 条第 2 款第 4 句连同《维也纳领事关系公约》第 36 条第 1 款第 b 项第 3 句,在逮捕他的时候便应该毫不延迟地晓谕其**有权要求告知所属国的领事代表**(Recht auf Unterrichtung der konsularischen Vertretung seines Heimatstaats),领事代表可以借此支持其有效地行使辩护权(详见边码 333 逮捕时的晓谕义务;关于其证据使用禁止的问题见边码 719)。①

188　　5.在场权

依据《刑诉法》第 230 条第 1 款,第一审的庭审活动惟当被告人在场时始得进行(事实上诉审的庭审活动适用《刑诉法》第 329 条,见 Rn843)。这表明,被告人既负有**在场义务**(Anwesenheitspflicht),也享有**在场权**(Anwesenheitsrecht)。② 被告人的庭审在场权乃是基于《基本法》第 103 条第 1 款规定的法治国程序原则的不可放弃的根本性权利(亦见《公民权利和政治权利国际公约》第 14 条第 3 款第 d 项)。虽然,作为例外规定的《刑诉法》第 231 条第 2 款、第 231a 条、第 231b 条、第 231c 条、第 232 条、第 247

---

① BVerfG NJW 2007, 499 连同 T. Walter 的赞同性评论文章, JR 2007, 99。
② BGH NJW 2019, 692; 深入论述: Beining, JuS 2016, 515; Beukelmann, NJW-Spezial 2018, 312。

条允许当被告人不在场时进行审理,以保障审理法院有某种裁量权,但务必要从严解释。①

例如,在讯问证人时,依据《刑诉法》第 247 条允许被告人离庭,但这不能理解成当证人即将离开法庭时被告人也可以不在场。此时应该让被告人重新回到法庭,以便能通过发问或提出证据申请的方式实现依法听证的权利(《刑诉法》第 248 条第 2 句)②。然而,实务见解却认为,纵使违反上述要求,但只要被告人在事后被告知证人陈述的内容(《刑诉法》第 247 条第 4 句)并且他表示,他不想再向证人提问,或者他有机会再次传唤证人提问的,则该程序瑕疵可以被治愈。③ 纵使在被告人不在场的情形下让证人接受讯问并同时辨认证物的,只要在事后告知被告人的环节再次向其出示了证物,则该瑕疵也可被治愈④。

尽管联邦最高法院第一庭对有关被告人不在场的例外规定作了限缩解释,但是它却不当地认为,被告人因主动自杀未遂导致自己丧失就审能力(Verhandlungsfähigkeit)的情形构成《刑诉法》第 231 条第 2 款的"自行离场"。⑤

侵犯被告人庭审在场权的,构成《刑诉法》第 338 条第 5 项的**绝对上诉法律审之理由**。⑥(亦见边码 582、854)

即使在侦查法官讯问证人和鉴定人时,依据《刑诉法》第 168c 条*第 3 款,原则上也应允许被追诉人在场,以确保控辩之

---

① BGHSt 59, 187, 192; 深入论述:*Laue*, JA 2010, 294; *Malek*, Rn 270 f; *Mosbacher*, JuS 2014, 705。

② BGH (GrS) 55, 87 连同 *Fezer* 的赞同性评论; *Mosbacher*, JuS 2011, 137; BGH StV 2012, 519; 相同意见:*Bung*, HRRS 2010, 50; *Eisenberg*, StV 2009, 344; *Schlothauer*, StV 2009, 228。

③ BGH NStZ 2011, 534。

④ BGHSt 54, 184; BGH NStZ 2014, 223。

⑤ BGHSt 56, 298 连同 *Mosbacher* 的评论文章,JuS 2012, 136; 反对性评释:*Putzke*, ZJS 2012, 383; *Trüg*, NJW 2011, 3256; 深入论述:*Eisenberg*, NStZ 2012, 63; 更具说服力的见解:LG München I StraFo 2011, 95 (以前往麦加朝圣为借口)。

⑥ OLG Köln StV 2014, 206。

* 最新版条文参见本书附录。——译者注

武器平等。不过,《刑诉法》第168c条第3、4款对此有例外规定。但是,即便符合《刑诉法》第168c条第3款之排除在场的理由,也不能省略通知被追诉人庭期(《刑诉法》第168c条第5款),因为除了让他有机会在场以外,通知还有利于保障他的其他权利。① 若违法剥夺在场的权利或违反通知义务的,按照正确的观点,会以下列方式产生证据使用禁止的效果,即依据《刑诉法》第251条,未经被告人或其辩护人同意的,既不得在庭审中出示讯问笔录(见边码632及以下数段),也不得通过在庭审中讯问侦查法官(的方式导入讯问笔录的内容)。② 但是,联邦最高法院却意见相左,它认为,侵犯被告人依据《欧洲人权公约》第6条第3款d项享有的与控方证人对质的权利的,完全可以通过谨慎评价证明力的方式去补偿。③

6.证据申请权

189　　被告人在庭审中有权提出**证据申请**(Beweisantrag)。惟有满足《刑诉法》第244条第3—5款、第245条规定的要件,始得驳回证据申请。在侦查程序和中间程序中也可以提出证据申请,参见《刑诉法》第166条第1款、第201条第1款(详见边码675及以下数段)。

　　但是实务见解却认为,被告人**无权要求法院以文书证据的形式宣读其自书的陈述**。④ 因为被告人的供述在法律技术意义上不属于证据(后述边码284),所以这种请求不具备《刑诉法》第244条第3款规定的证据申请的品质。依据《刑诉法》第243条第5款第2句、第136条第2款,被告人供述须经言词发问的法定形式,不得借此类要求规避(亦见边码310、571——辩护人

---

① BGH StV 2011, 336.
② BGHSt 26, 332, 334; 51, 150, 155 援引 EGMR JR 2006, 289, 291; MüKo-StPO-*Gaede*, Art. 6 EMRK Rn 262; 限缩性见解:OLG München NStZ 2015, 300 连同 *Mosbacher* 的赞同性评论。
③ BGH NStZ 2017, 602 并援引了 EGMR StV 2017, 213 (*Schatschaschwili/BRD*); BGH NStZ-RR 2019, 222 连同 *Jäger* 的评论文章, JA 2019, 870; 赞同性评论见 *Arnoldi*, NStZ 2018, 55; *Lohse*, JR 2018, 183; *M-G/Schmitt*, Art. 6 EMRK Rn 22f; 批判性意见: *Esser*, NStZ 2017, 604; *Schumann*, HRRS 2017, 354; *Swoboda*, Eisenberg-FS-Ⅱ, 2019, S. 359. 亦见本书边码237。
④ BGHSt 52, 175 连同 *Bosch* 的否定性评释, JA 2008, 825; *Mosbacher*, JuS 2009, 124。

为被追诉人发表意见的权利见边码240)。

7.发问权

《刑诉法》第240条第2款第1句连同第1款规定,被告人在庭审中有权向证人和鉴定人发问。相反,不允许共同被告人之间交互发问(《刑诉法》第240条第2款)。

依据《欧洲人权公约》第6条第3款d项,每一名被告人均有权向不利于己的证人发问或接受对方发问。此项**对质与发问权**(Konfrontations- und Fragerecht)在欧洲人权法院的判例中举足轻重。鉴于刑事程序的对抗性特征,为了能向控方证人发问或由辩护人发问,甚至必要时能质疑证人的信用性(Glaubwürdigkeit),被追诉人在程序过程中至少能和控方证人对质一次。既可以在庭审活动中,也可以在侦查程序中完成这种对质。[1] 若不能在庭审中对质,惟有遵守严格的要求,始得使用该证据。根据欧洲人权法院在 *Schatschaschwili* 诉德国案[2]中的最新见解,侵犯了对质权的刑事程序究竟能否在整体上仍被视为是公正的,应经过三阶段审查:

(1)首先,证人不在场或不公开证人身份须有充足的理由。
(2)其次,要判断该证言是否系举证的惟一或关键的依据。
(3)最后,应**整体考量程序的公正性**,其间关键要考虑,究竟有没有弥补无法对质发问的因素。

相较欧洲人权法院之前的审查标准,该三阶段审查在形式上更加灵活。不会因为证人不出庭没有令人信服的理由,或者有瑕疵的证人证言是有罪判决的重要依据,就当然地否定程序的整体公正性。三阶段要素彼此相互依存,互为条件且彼此影响。

关键是**第三阶审查中的整体考量**(Gesamtbetrachtung)。证人证言对

---

[1] EGMR StV 1997, 617 (*van Mechelen/NL*); BGH NStZ 2004, 505; S/S/W-StPO-*Satzger*, Art. 6 EMRK Rn 59.亦见 *Beulke*, Rieß-FS, S. 3; *Gaede*, in: 35. Strafverteidigertag, S. 299; *Renzikowski*, Mehle-FS, S. 529; *Satzger*, Gutachten, C47; *Weigend*, Wolter-FS, S. 1145。

[2] EGMR EuGRZ 2016, 511 = StV 2017, 213 连同 *Satzger* 的评论文章, Jura 2016, 1083; *Dionysopoulou*, ZIS 2017, 629; *Thörnich*, ZIS 2017, 39。

判决越重要，就越需要在整个事实审程序中对被告人所牺牲的庭审对质权作出总体弥补。欧洲人权法院承认的补偿要素有：在侦查程序中有对质的机会，对之前的讯问证人活动进行录音录像，审慎予以证据评价。基于此，德国联邦最高法院如今通常认为审慎地评价未经对质的证人证据即已足①。按照较早时期的**证据评价方案**（Beweiswürdigungslösung），一旦侵害了对质权，证人证言一定要在证言以外找到其他理由被证实，始得认为程序在整体上是公正的。如今，这一标准不再被坚守。如此笼统的证据规定违背了法官自由评价证据原则（《刑诉法》第261条，见边码754）。若最终证明仍有疑问的，应该依据"疑罪从无"原则宣告无罪（亦见边码15、218、426、656）。②

8."不自证己罪"原则

191　　被追诉人无论如何都没有协助为自己定罪的义务——**不自证己罪**（任何人都没有义务自我归罪）作为一项积极参与权，对于被追诉人之武器平等待遇至关重要。这项从被追诉人之一般人格权（《基本法》第2条第1款连同第1条第1款）和法治国原则（《基本法》第20条第3款）中推导而来的原则③主要体现为被追诉人有陈述或**拒绝供述**的选择权，见《刑诉法》第136条第1款第2句。该原则同时禁止国家机关强制被追诉人积极地自我归罪，参见本书后述《刑诉法》第136a条的部分（边码202及以下数段）。若被追诉人行使其沉默权的，即完全拒绝陈述的，不得因此在判决作出对他不利的推论（见边码760）。④ 这同样适用于被告人其他的与其沉默权密不可分的诉讼行为。例如，被追诉人得拒绝解除其医生或辩护人的缄默义务（《刑诉法》第53条第2款），不能以此作为指控成立

---

① BGH NStZ 2018, 51 连同 *Gaede* 的评论文章，StV 2018, 175；*Mosbacher*, JuS 2017, 746；批判观点 *Swoboda*, Eisenberg-FS-Ⅱ, S. 539。

② BGHSt 49, 112 (*Motassadeq*) 连同 *Müller* 的裁判评释，JZ 2004, 926；*Kudlich*, JuS 2004, 929。

③ 深入论述：EGMR NJW 2011, 201 (*Krumpholz/A*); BVerfGE 56, 37, 43; BGHSt 38, 214, 220; 52, 11; BGH NJW 2018, 1986; *Arslan*, ZStW 127 (2015), 1111; *Bosch*, S. 24; *Bung*, Schlothauer-FS, S. 29; *Epik*, ZStW 131 (2019), 131; *Esser*, JR 2004, 98; *Gleß*, Beulke-FS. S. 723; *Huber*, JuS 2007, 711; *Kasiske*, StV 2014, 423; *Kölbel*, S. 21 ff; *Matt*, Neumann-FS, S. 1325; *Nieto/Blumenberg*, Beulke-FS, S. 855; *Ransiek/Winsel*, GA 2015, 620; *Rogall*, S. 104; *ders.*, Beulke-FS, S. 973; SK-StPO-*Rogall*, Vor §133 Rn 130; *Torka*, Nachtatverhalten und Nemo tenetur, 2000; *Wohlers*, Küper-FS, S. 691。

④ BGHSt 20, 281, 282 f; OLG Brandenburg NStZ-RR 2015, 53。

的间接证据。①

即使被追诉人不行使沉默权,他也不负担讲真话的程序性义务。② 该自我庇护特权(selbstbegünstigungsprivileg)究竟应否被称作"**说谎权**"(Lüegerecht),不过是个语汇学上的问题。③ 总之,被追诉人说谎是**不受制裁的**。除非该谎言符合《刑法典》第 145d、164、185 及以下数条规定的犯罪构成,例如,他故意违背事实地指控某个毫无嫌疑的人犯罪(《刑法典》第 164 条第 1 款)。④ 这也不妨碍法院得知被追诉人说谎后质疑其整体信用性。⑤

9.资讯自我决定权

原则上,所有公民均有权自行决定其个人信息的利用。⑥ 干预**资讯自我决定基本权**(Grundrecht auf informationelle Selbstbestimmung)须有特别的干预授权,⑦如《刑诉法》第 152 条及以下规定授权警察和检察官整理刑事案卷以及《刑诉法》第 100h 条授权在监视时使用科技手段。收集和保存被追诉人的血液成分信息则被《刑诉法》第 81e—81g 条合法化,尤其是 DNA 检测、采集基因指纹的结果(见边码 375 及以下数段)。《刑诉法》第 32f 条*、第 474 条及以下数条就(要求其他法院、检察院、国际机关或者私人)提供报告和阅览案卷作出了规定,这些内容出于体系化的考虑没有规定在其他相关联法条中(《刑诉法》第 147 条仅规定了辩护人和被追诉人的阅卷权)。

《刑诉法》第 32f、483 条及以下数条则规定了在符合何种要件以及在何种限度内可以为了(未来的)刑事追究之目的,将曾经在刑事程序中采

---

① BGHSt 45, 363, 364; 45, 367; *Kühne*, JZ 2000, 684; 关于对不自证己罪原则的限缩性理解,参见 KMR-StPO-*Pauckstadt-Maihold*, § 136 Rn 27; *Böse*, GA 2002, 98; *Verrel*, NStZ 1997, 361, 415; 有关法人之保护,见 *Arzt*, JZ 2003, 456; *Queck*, Die Geltung des nemo-tenetur-Grundsatzes zugunsten von Unternehmen, 2005, S. 306; *von Freier*, ZStW 122 (2010), 117。
② BGHSt 3, 149, 152。
③ 此观点:*Fezer*, Stree/Wessels-FS, S. 681; *Rogall*, S. 54。
④ BGH JR 2015, 489 连同 *Löffelmann* 的批判性评释。
⑤ LR-*Hanack*, § 136 Rn 42 (25. A.);更为保守的观点:LR-*Gless*, § 136 Rn 65; 完全不同的见解:*Fezer*, Stree/Wessels-FS, S. 683。
⑥ BVerfGE 65, 1 (人口普查案); BVerfG StV 2007, 421。
⑦ 深入的论述:*Anders*, ZIS 2020, 70; *Hauck*, S. 299 ff; *Mansdörfer*, ZStW 123 (2011), 570; *Schneider, F.*, ZIS 2020, 79; *Wolter*, ZStW 107 (1995), 793。

* 最新版条文参见本书附录。——译者注

集到的个人信息编排成数据库,以及为了何种目的可以传输和利用这些数据。①

10.卷宗内容知悉权

193 《刑诉法》第 147 条第 4 款规定,没有辩护人的被追诉人有权阅卷以及有权查看官方保管的证据,前提是这些活动对于适当的辩护是必不可少的,也不会妨害本案或其他刑事案件的调查,并且不会侵犯更加值得保护的第三方利益(亦见边码 241)。

11.刑事诉讼之一般性权利滥用禁止对被追诉人权利之限制

194 《刑诉法》除了像第 26a 条第 1 款第 3 项、第 138a 条第 1 款第 2 项、第 241 条、第 244 条第 6 款第 2 句以外,没有仿照《民法典》第 242 条规定概括性的权利滥用条款。因此部分文献主张,除了特别规定的情形以外,不应该再承认一般性的、法律未作规定的禁止滥用受保障的诉讼权利之要求②。这种观点不能令人苟同。那些在《刑诉法》中已经被考虑到的情形其实就已经表明了立法者的意图,即一切权利惟在不滥用的前提下才可以被行使。③ 因此,对滥用行为的概括性禁止要求可以通过法官续造被具体化。由于被追诉人的权利在一定程度上隐含着各自对应的滥用可能性,所以长久以来最具争议的是,各种具体权利的滥用界限何在?④ 依照当今联邦最高法院的说辞:若某个程序参与人故意利用《刑诉法》所赋予的旨在保障其程序法利益的权利,以追求与程序无关的目的或违反程序的目的,便应认定其滥用诉讼权。⑤ 但是,也要防止出现"权利滥用控制之滥用"。所以,上述实务见解的表述通常不指向**被追诉人**自相矛盾的行

---

① 参见 BVerfG StV 2002, 577; *Hilger*, StraFo 2001, 109。

② *Eisenberg*, Rn 174; *Gaede*, StraFo 2007, 29; *Ignor*, Schlüchter-FS, S. 39; *Jahn/Schmitz*, wistra 2001, 328; *Kühne*, Rn 293; *Roxin/Schünemann*, § 19 Rn 13; SK-*Wohlers*, Vor § 137 Rn 63; *Weßlau*, Lüderssen-FS, S. 787; 亦见 LR-*Jahn* (27. A.), Vorbem. § 137 Rn 129。

③ BVerfG NJW 2009, 1469 Rn 47; BGHSt (GrS) 51, 298; 深入论述见 *Pfister/Beulke*, Jahn/Nack Ⅱ, S. 74; MüKo-StPO-*Kudlich*, Einl. Rn 342; *Kudlich/Oǧlakcioǧlu*, Yenisey-FS, S. 935。

④ *Beulke*, S. 203; *ders*., in: *Kühne/Miyazawa*, S. 143; *Eckhart Müller*, I. Roxin-FS, S. 629; *ders*., Beulke-FS, S. 889, 900; 亦见 *Landau*, in: Jahn/Nack Ⅱ, S. 71。

⑤ BGHSt 38, 111, 113; 51, 88, 93; OLG Oldenburg NJW 2018, 641; 类似见解: *Fahl*, S. 68 ff, 124 ff; *Kudlich*, Strafprozeß und allgemeines Mißbrauchsverbot, 1998; *M-G/Schmitt*, Einl. Rn 111; *Pfister*, StV 2009, 550; *Roxin*, Hanack-FS, S. 15; *Satzger/Hanft*, NStZ 2007, 185; s.a. *Hassemer*, Meyer-Goßner-FS, S. 127。

为,而专指狡诈的行为。① 鉴于辩护人在刑事程序中担负着特殊的地位和任务(有限的司法单元理论),恐怕仅有**阴谋阻扰诉讼**(Prozesssabotage)才能被当作非法行为。②

五、被追诉人的义务

被追诉人原则上不负担**积极**协助澄清案情的义务。③ 但另一方面,他却有义务忍受与刑事程序相关的必要干预,此处例举若干重要情形:

1.忍受强制性措施

例如,被追诉人有义务忍受《刑诉法》第112条及以下数条规定的羁押,或者《刑诉法》第58条第2款规定的指认(Gegenüberstellung)等强制性措施。④

2.到场义务

除出席庭审的义务(《刑诉法》第230条)外,被追诉人还有义务在侦查程序中**到场接受侦查法官**(《刑诉法》第133条第1款)**和检察官**(《刑诉法》第163a条第3款第1句)**的讯问**。可以依据《刑诉法》第134、135条(某些情况下连同《刑诉法》第163a条第3款第2句)强制**拘传其到场**。即使被追诉人已明确地表示,他不愿意陈述案情,这样做也是合法的(这有争议⑤)。因为法官和检察官不能失去在侦查程序中亲自获得对被追诉人个体印象的机会。另外,讯问的安排除了让被追诉人供述以外,也可以有其他目的,如用来指认。⑥ 但是,被追诉人却始终没有到达警察面前的义务(然而,2017年以后证人却有该义务:《刑诉法》第163条第3款第1句,见边码293)。⑦ 程序参与人(包括被告人)在事实审法庭里**不得完全或部分遮脸**,纵使宣告判决和裁定时亦然(《法院组织法》第176条第2

195

196

197

---

① OLG Hamm StraFo 2009, 287; *Beulke*, StV 1994, 572, 575; *ders.*, StV 2009, 554; 不同见解: BGH StV 2009, 169 连同 *Beulke/Witzigmann* 的批判性评论, StV 2009, 394; BGH NStZ 2012, 583 连同 *Knauer* 的评释。

② BGH NStZ 2009, 692; *Beulke*, Amelung-FS, S. 543; 类似见解:LR-*Jahn* (27. A.), Vor-bem. § 137 Rn 129; aA: *Roxin*, Hanack-FS, S. 1, 14。

③ BGHSt 45, 367, 368.

④ BGHSt 39, 96, 98 f; BGH JR 2011, 119 连同 *Eisenberg* 的裁判评释; *Odenthal, H.-J.*, Die Gegenüberstellung im Strafverfahren, 3. Aufl. 1999。

⑤ 见 *M-G/Schmitt*, § 133 Rn 7 以及进一步的说明。

⑥ BGHSt 39, 96, 98.

⑦ S/S/W-StPO-*Ziegler*, § 163a Rn 18.

款)。例如,穆斯林妇女佩戴面纱是被禁止的。被追诉人还必须忍受《刑诉法》第 81a 条第 1 款第 2 句规定的措施。但是,若无须通过识别面部的方式身体识别或评价证据时,审判长可以破例准许蒙面(《法院组织法》第 176 条第 2 款第 2 句)。①

198　　　**案例 16(边码 169)之解答:**

未遵守《刑诉法》第 136 条、第 163a 条第 4 款第 2 句规定的晓谕义务的,按照如今实务界和学界几乎一致的观点,在**警察讯问**的情形下应该产生**证据使用禁止**的后果(仅见 BGHSt 38, 214, 218)。该证据使用禁止乃基于《刑诉法》第 136 条第 1 款第 2 句的立法目的:被追诉人应当能自由决定,是否愿意自我归罪。如果 A 已经知悉了自己的沉默权,则可以不构成证据使用禁止。但是本案没有这种事实根据(详见边码 179)。

199　　　**案例 17(边码 170)之解答:**

(1)在自发性陈述的情形中,实际上是不可能晓谕被追诉人权利的(尤其是沉默权)。这种情况不属于《刑诉法》第 136 条、第 163a 条第 4 款第 2 句规定的讯问。一致的观点是,K 以证人身份被讯问时作出的自发性陈述可以在刑事程序中被提出且不受限制地被使用(参见 BGH NStZ 1990,43)。

(2)尽管该案所有被询问的员工在某种程度上都有作案嫌疑,但是还没有针对其中的一位或几位被怀疑对象开展侦查。应当首先询问所有的员工,才可能研究应该将谁当作被追诉人开展侦查。该案目前为止警察没有告知被问话人是被追诉人的意志行为,不告知也不是刻意的,因为这种问话不属于讯问被追诉人,而系向被怀疑者**探听消息**,此时警察不负《刑诉法》第 163a 条第 4 款第 2 句连同第 136 条第 1 款第 2 句规定的晓谕义务。被追诉人在这种没有被晓谕的情形下所作的陈述究竟后续还能否被使用,目前颇具争议。主流的实务见解和学说主张可以使用。更正确的见解却认为,从保护被追诉人利益的立场,不应该使用。否则,晓谕义务就会被轻易规避。之前被追诉人的

---

① *Mitsch*, KriPoZ 2020, 99.

陈述也不得通过讯问证人 K 的方式被引入刑事程序并用作判决根据。

（3）本处乃根据刑事告发去讯问 P 的情形。如果刑事追究机关是根据该项告发而发动侦查的，便可以推知，他们正在开展将被告发人当作被追诉人的刑事程序。告发的对象系被追诉人，并且其被强制地讯问（*M-G/Schmitt*, Einl. Rn 77；其他见解参见 *Kohlhaas*, NJW 1965, 1254, 1255；亦见本书边码 479）。如此便应该晓谕 P 他的权利，见《刑诉法》第 136 条、第 163a 条第 4 款第 2 句。如果 P 不知晓其沉默权，则未经晓谕而获得的陈述不得被使用。

（4）这种情形下的疑问是，P 究竟是不是被追诉人？结论上，和 K 之间的谈话不仅仅是探听消息的行为，还应该是依据《刑诉法》第 136 条伴有相应晓谕义务的讯问行为。P 凭借搜查令便可以推断自己已经身为被追诉人了。尽管依据《刑诉法》第 102 条，搜查也可以对尚不是被追诉人的受怀疑人（*M-G/Schmitt*, § 102 Rn 3）为之，依据《刑诉法》第 103 条也可以对未受怀疑的人为之。但是不能就此推导出，搜查令通常不能说明被搜查人有被追诉人地位之结论（但是 *Rogall, S. 25* 却持该观点）。个案的情形完全可以表明，刑事追究机关是否正在将被搜查人当作被追诉人实施刑事程序（BGHSt 38, 214, 228）。此处就是这种情况，因为匿名举报已经构成了 P 犯罪的具体事实根据，该事实根据也已成为发动强制性措施的起因。所以，K 应当晓谕 P 权利。苟未晓谕权利且 P 也不知晓这些权利的，其供述不得被使用。

（本案例问题的其他内容见边码 171—174、179 及以下数段）

第八章　禁止性讯问方法

案例 18：
被指控谋杀的 A 在自白前的 30 多个小时内没有机会睡觉。他的供述能够被使用吗？（边码 220）

案例 19：
A 有犯下谋杀罪的重大嫌疑。但是警方一直无法证实他的罪行。为了能证实 A 的罪行，警方招募了与 A 同时被关押的人 M，让他向 A 探听犯罪经过。M 被安插到 A 的监室中，并以拟定共同越狱计划为幌子，借此谋得了 A 的信任。在这种信赖的氛围下，A 向 M 坦言了自己的罪行。M 随即将这些信息转告给警方。在针对 A 的程序中，可以通过讯问 M 的方式去使用 A 的供述吗？（边码 221）

一、法律依据——《刑诉法》第 136a 条

（一）法治国原则和《欧洲人权公约》第 6 条第 1 款第 1 句推导而来的"公平审判"（fair trial）原则以及尊重人性尊严原则均要求，严禁不计代价地发现真实。① 我们已经不能再像几百年前那样信奉"为达目的，不择手段"的理念。纵使欲将一名穷凶极恶的犯罪人绳之以法，也不得使用暴力、欺骗和刑讯的手段（详见边码 208）。

依据《刑诉法》第 136a 条，被追诉人的**意志决定和意志活动自由**（Freiheit der Willensentschließung und der Willensbetätigung）不容侵犯。因此，《刑诉法》第 136a 条第 1 款有关禁止性讯问方法的列举不是穷尽式的。② 这些讯问方法一概被禁止，无论被追诉人对之是否同意，见《刑诉法》第 136a 条第 3 款第 1 句。既要保障被追诉人不作虚假的陈述（即"如

---

① BGHSt 5, 332, 333; 38, 215, 219; BGH NStZ 1993, 142.
② BGHSt 5, 332, 334.

何供述"——对此没有争议),还要保障他免于被迫向刑事追究机关陈述(即"是否供述"①)。

(二)《刑诉法》第 136a 条所列举的禁止性规定仅针对**讯问活动**(Vernehmungen,关于其概念,见边码 176)

这也包括侦查一开始实施的"探听消息"(对此见边码 174)。尽管它还算不上讯问被追诉人的活动,却准用《刑诉法》第 136a 条的规定②。纵使不公开宣称是讯问活动而采取秘密方式讯问的,也不得规避《刑诉法》第 136a 条的规定(见边码 739)。

作为私人的第三人(如被害人雇佣的私家侦探)**在没有官方委托**的情形下,采取强制、欺骗等手段获取被追诉人的自白不属于《刑诉法》第 136a 条规定的禁止性讯问方法。这些第三人可以被刑事追究机关讯问并回答他们所知晓的信息,从而让自白被间接地使用。惟当**侵犯人性尊严**(如刑讯)或者刑事追究机关**将私人当作工具**加以利用时,始得承认**全面的证据使用禁止**(亦见边码 177 和边码 479、730 及以下数段、边码 741)。③

(三)《刑诉法》第 136a 条的禁止性规定准用于对**证人**(《刑诉法》第 69 条第 3 款)和**鉴定人**的讯问(《刑诉法》第 72 条、第 69 条第 3 款)。

二、禁止性讯问的类型

下文进一步阐述《刑诉法》第 136a 条列举的禁止性讯问方法:

(一) 疲劳

在刑事侦查活动中,长期持续的带有**疲劳效果**(Ermüdungseffekt)的讯问系不可避免的,也是合法的警察策略性手段。惟当被追诉人因为讯问本身或者因为其他情形疲惫到意志自由受到侵害的程度,才会构成《刑

---

① *Lesch*, 3/85 对此有不同观点。
② 同此见解:AG Freising StV 1998, 121; *Joerden*, JuS 1993, 928;明显不同的观点:BGH <D> MDR 1970, 14。
③ BGHSt 34, 362, 363; VGH Rheinl-Pfalz NJW 2014, 1434; HK-StPO-*Ahlbrecht*, § 136a Rn 5; S/S/W-StPO-*Eschelbach*, § 136a Rn 13;更加严格的观点:AK-*Kühne*, § 136a Rn 13; 区分类型的见解: *Stoffer*, Rn 219 ff。

诉法》第136a条第1款第1句规定的情形。① 例如，被追诉人自白前30个小时(乃至更长的时间!)都没机会睡觉，便属于此种情形。② 构成疲劳讯问，不必要求讯问人故意造成疲劳状态，也不必以他完全知晓被讯问人的疲劳状态为前提。③ 倘若已经给予被追诉人睡觉的机会，只因他不能善用之(如因为兴奋)，则不适用《刑诉法》第136a条④。

（二）施用药物

206　　**施用药物**(Verabreichung von Mitteln)系指通过注射、服用、掺入食物等方式将固态、液态或气态物品输入体内的措施。《刑诉法》第136a条第1款规定的禁止性物品系成瘾性、麻醉性、兴奋性、催眠性物品，尤其是酒精和毒品。纵使被追诉人自行服用了这些药物，亦不得讯问。⑤ 反之，若系用于提神醒脑的咖啡、茶或香烟等物品，无论提供或不提供给被追诉人，原则上均不禁止。⑥

（三）折磨、胁迫

207　　**折磨**(Quälerei)系对肉体或精神施加长期连续的或反复的疼痛或痛苦，如幽禁、佯扣手枪扳机恐吓等。

胁迫(Drohung)也是程序法上的非法措施，见《刑诉法》第136a条第1款第3句。胁迫是一种在具体情境下，预告会采取诉讼上不容许的措施，并借此迫使受胁迫人尽快作出决定的强制状态。⑦

联邦最高法院判例(BGH StV 2004, 636)：法院对被告人说，如果他不招认，还按原计划提出证据申请导致庭审活动因此中断的话，那么他就会被羁押——联邦最高法院认为这构成《刑诉法》第136a条第1款第3句规定的非法胁迫。

联邦最高法院判例(BGHSt 15, 187)：被告人在与妻子以及

---

① BGHSt 1, 376, 379.
② BGHSt 13, 60, 61; BGHSt 60, 50 连同 Jäger 的评论文章, JA 2015, 312; Jahn, JuS 2015, 279.
③ BGHSt 1, 376, 379; 12, 332, 333.
④ BGHSt 38, 291, 292.
⑤ LG Marburg StV 1993, 238; 其他观点：Pluisch, NZV 1994, 52.
⑥ BGHSt 5, 290.
⑦ BGHSt 17, 14, 20 f; Eisenberg, JR 2013, 233.

岳父母发生争吵之后,一怒之下杀害了自己疼爱的年仅三岁的儿子。在讯问中,他被威胁道,若不招认究竟如何实施的犯罪,就会被领去面对孩子的尸体。被告人泪奔且哀求警察切莫这么做。警察不顾其反对,将其带到太平间的尸体前,被告人在此情绪崩溃,随即以书面形式彻底供认了自己的罪行——联邦最高法院认为这已符合《刑诉法》第136a条规定的情形。

反之,依据《刑诉法》第88条第2句,让被告人指认尸体或被害人的照片,但不会因此造成明显精神压力的,通常都是合法的。但是,在极端情形下,也可能会变相构成《刑诉法》第136a条第1款第1句规定的折磨。

*Gäfgen*案①引发了在例外情景下能否合法刑讯的讨论。负责讯问的警察威胁因勒索绑架而被暂时性逮捕的被告人,让他说出被其掳走的、警察相信仍还活着的小孩目前被关押的地点,否则会让其痛不欲生。若威胁采取刑讯主要以预防犯罪为目的,便是一个警察法上的问题(见边码162)。若刑讯对刑事追究机关而言主要为了查明犯罪,则其合法性单凭《刑诉法》第136a条为断。在这两种情形下,**威胁采取刑讯**均毫无疑问地构成违法讯问方法。然而,在特定的极端情形(如威胁海德堡的城市安全)下,此时拯救人命(除了预防性刑讯)已别无他法,便须权衡,究竟是否要为绝对禁止刑讯创设某种例外。对此,在论证上应指出法律价值漏洞。必须权衡相互冲突的基本权,从有利于受到严重威胁的人性尊严的立场对禁止刑讯的规范作目的性限缩,从而填补这种漏洞。② 其他的一些刑讯相对禁止论的支持者为了让办案公职人员不构成犯罪,以《刑法典》(第32、34条)规定的阻却违法构成要件为依据。③ 然而,从正确的立场出

208

---

① EGMR (GrK) NJW 2010, 3145 连同 *Weigend* 的批判性裁判评释, StV 2011, 325; 之前的见解: EGMR NStZ 2008, 699 连同 *Jäger* 的评论文章, JA 2008, 678; BVerfG NJW 2005, 656; LG Frankfurt/M StV 2003, 325 连同 *Weigend* 的裁判评释, StV 2003, 436; OLG Frankfurt/M BeckRS 2012, 15152 连同 *Jahn* 的评论文章, JuS 2013, 273。

② *Amelung*, JR 2012, 18; *Brugger*, JZ 2000, 165, 167; *Miehe*, NJW 2003, 1219。

③ *Erb*, Jura 2005, 24; *ders*., Seebode-FS, S. 99; *Jerouschek/Kölbel*, JZ 2003, 613; *Lackner/Kühl*, § 32 Rn 17a; 区分性见解: *Fahl*, JR 2004, 182; *Herzberg*, JZ 2005, 321, 主张宽恕罪责事由的观点: *Ambos*, ZStW 122 (2010), 504。

发,纵使在例外的场合下,也应该断然否定刑讯的合法性。姑且不论禁止刑讯的规范目的,一方面,从《基本法》(第104条第1款第2句)、警察法、《刑诉法》(第136a条)和国际法(如《欧洲人权公约》第3、15条;《联合国反酷刑公约》)文本就可以得出绝对的禁止立场。另一方面,人性尊严不可侵犯性的原则要求,人性尊严不得与任何其他的法益相权衡,即便在本案中面对生命利益,也概莫能外。① 命令刑讯和执行该刑讯的刑事追究机关的公务人员将构成犯罪(尤其构成强制罪)。② 参见边码162、447、744。

(四) 欺骗

209　**1. 概说**

与《刑诉法》第136a条第1款所列举的禁止讯问方法相比较,**欺骗**(Täuschung)不具有相同的"品质"。通常而言,欺骗未必侵害被追诉人(证人)的人性尊严,而且与"公平审判原则"相抵触的程度也不如《刑诉法》第136a条第1款规定的其他情形严重。尽管立法者表达出一种**绝对禁止欺骗**的意思,但禁止欺骗的要求会深刻影响刑事侦查活动的核心领域,所以必须作**限缩解释**。③

绝对要禁止的情形是**故意用虚假事实去诓骗**,例如,声称"其他的犯罪参与者已经都被拘捕了",或者"被追诉人作案被人看见了",或者"共犯已经自白了",或者声称控方手头掌握着足够的证据,被追诉人"已经没有机会了"。④ 如果侦查机关当下根本就没考虑过指控谋杀,却假称案件

---

① 同此见解: *Beutler, B.*, Strafbarkeit der Folter zu Vernehmungszwecken, 2006; HK-StPO-*Ahlbrecht*, § 136a Rn 31。另见 *Brodowski*, JuS 2012, 980, 983; *Gaede*, Camprubi (Hrsg), S. 155 ff; *Hamm*, NJW 2003, 946; *Jäger*, Herzberg-FS, S. 539; *Jeßberger*, Jura 2003, 711; *Kinzig*, ZStW 115 (2003), 791; *Kreuzer*, Nitschke (Hrsg), S. 35; *Lüderssen*, S. 283 ff; *Neuhaus*, GA 2004, 521; *Prittwitz*, Herzberg-FS, S. 515; *Roxin*, Eser-FS, S. 461; *Schaefer*, StV 2004, 212; *Schild*, in: Gehl, Folter, S. 59。

② LG Frankfurt/M NJW 2005, 692 (Fall *Daschner*) 连同 *Götz* 的否定性裁判评释, NJW 2005, 953; 亦见 *Saliger*, in: 29. Strafverteidigertag, S. 195; *Satzger*, Jura 2009, 759; *Roxin*, Nehm-FS, S. 205。

③ OLG Köln GA 1973, 119, 120; 区分见解: *Krack*, NStZ 2002, 120; *Nowrousian*, NStZ 2015, 625。

④ BGHSt 35, 328, 330; *Weigend*, Jura 2002, 207。

有足够的线索能指控谋杀的,这也构成违法。① 还有一项禁止性要求是不得**故意虚构法律依据**,例如,谎称缄默便是罪证。

2. 刑事侦查策略

反之,**刑事侦查策略**(kriminalistische List)却是被容许的,如诱导性问题。② 但切莫误解为,少量的欺骗是被允许的,只有严重的欺骗才是被禁止的。③ 学术文献中还有一种错误的观点,即采取策略性的操作尽管也是《刑诉法》第136a条的欺骗行为,但是通常不生证据禁止的效果,因为微量欺骗行为侵害意志程度不太明显。④ 其实,禁止欺骗是**绝对的要求**。⑤

联邦最高法院判例(BGHSt 37, 48):警察发现了一具无头尸体,并对被怀疑人以"财物失窃案"为名讯问。这种对被追诉人"**蓄意的误导**"逾越了被容许的刑事侦查策略的界限(亦见边码173)

联邦最高法院判例(BGHSt 34, 362):正处在羁押中的被追诉人和一名被警方委派充当"间谍"的监友被安排"共处一室"。在该名监友承诺保守秘密的情景下,被追诉人向他坦言了犯罪事实。该监友的这种谎称保密的行为构成一种**欺骗**,其因受国家指派,该行为须被归责给国家。联邦最高法院认为这种行为违反了《刑诉法》第136a条的立场⑥值得肯定。然而有待商榷的是,联邦最高法院将这种行为涵摄到《刑诉法》第136a条的"强制"概念中。毕竟,被告人打破沉默的原因不是合法的羁押,而恰是探子的欺诈行为。⑦

反之,若监友主动自愿充当探子,且谎称"一起蹲监狱的哥们儿"之间的内部谈话绝对保密,则不成立欺骗。侦查机关没有义务去阻止这种私人间的打探消息活动。如果他们的行为仅限

---

① BGH NStZ 2017, 241; 参见 *Weidemann*, JA 2018, 460, 462。

② 同此见解:*Erb*, Otto-FS, S. 876; KMR-StPO-*Pauckstadt-Maihold*, § 136a Rn 14; 否定性观点:*Lesch*, ZStW 111 (1999), 644。

③ 同此见解:AK-*Kühne*, § 136a Rn 41。

④ *Puppe*, GA 1978, 289; 基于案件类型的见解: *Soiné*, NStZ 2010, 596。

⑤ *Beulke*, StV 1990, 180, 182; MüKo-StPO-*Schuhr*, § 136a Rn 40; FG Mecklenburg-Vorpommern wistra 2003, 473。

⑥ AA *Lesch*, GA 2000, 365; *Schneider*, NStZ 2001, 8。

⑦ 同此见解:*Fezer*, JZ 1987, 937; 对此亦见 *Fahl*, JA 1998, 754; *Seebode*, JR 1988, 427。

于打听消息,则没有证据使用禁止的效果(详见边码 230 和边码 730 及以下数段)。①

3. 无意间的欺骗

211　　实务见解和学界通说认为,刑事追究机关**无意间**的行为不会构成《刑诉法》第 136a 条规定的欺骗。②

　　通说基本上一致认为,欺骗的概念包含着某种"内在的要素"。③ 正是基于这种内在的要素,认为无意间使人陷入错误的行为不符合《刑诉法》第 136a 条第 1 款第 1 项,便有了正当性理由。但这仅适用于因讯问人过失引起被追诉人错误,并且讯问人的确不知道该错误与供述行为有关的情形。倘若有意操弄这种已经产生的错误认识,则是非法的。参照刑法中不作为犯的法思维,此时,负责讯问的公务员应该因其先行行为承担说明的义务。④

4. 监听陷阱与骗取声音

212　　(1)同属非法欺骗的"**监听陷阱**"(Hörfalle)系指(被推断的)被追诉人处在被蒙骗中而不知不觉被讯问的情形。

　　案例:警察在讯问的间歇时间佯装离开讯问室,让被追诉人有机会"不被监视"地与第三人交谈。其实,讯问人员正靠着房门偷听能证实其有罪的谈话。此时的被追诉人便被蒙蔽了,不了解这种谈话具有讯问的本质。这种监听陷阱是一种被禁止的欺骗行为。⑤

　　联邦最高法院判例(BGHSt 33, 217):被追诉人的电话线路是可以被合法监听的。为促使 B 说出有利于指控的话语,警察打电

---

① BGH NStZ 2017, 593 连同 *Jäger* 的评论文章, JA 2017, 715。
② BGHSt 31, 395, 400; BGH StV 1989, 515 连同 *Achenbach* 的否定性裁判评释; BGH NStZ 2004, 631; 不同的观点: LG Regensburg StV 2012, 332; *Eisenberg*, Rn 662 ff; *Hellmann*, Rn 468; *Ransiek*, StV 1994, 345。
③ AA LR-*Gless*, § 136a Rn 49.
④ 同此见解: *Günther*, StV 1988, 421, 523。
⑤ 同此见解: *Eisenberg*, Rn 638; KK-StPO-*Diemer*, § 136a Rn 6; LR-*Gless*, § 136 Rn 93 u. § 136a Rn 44; 亦见 *Beulke*, StV 1990, 184。

话给他的妻子并且告知她,B 马上会被拘捕。于是,B 打电话给共犯 C 并且在电话中谈到了罪证。这不成立监听陷阱,因为这不是讯问,而是合法的电话监察。陈述可以被使用。

(2)"骗取声音"(Stimmenfalle)也是被禁止的,即通过欺骗让被追诉人说话,以利用他的声纹来证实其有罪。

联邦最高法院判例(BGHSt 34, 39 ff):被追诉人涉嫌曾在"汉莎航空劫机"事件中打过勒索电话,该电话内容被录制成录音带。被追诉人因其他案由被羁押,由于他拒绝说话以防止比对声纹,于是他被带到另一个看守所,当看守所领导与其开展入所谈话时,他的声音被记录下来。

答案:联邦最高法院正确地认为,声纹比对的结论不得被使用。但是,它引用的理由却是因为侵犯了自己语言承载着的受宪法保障之人格权。若能直接将之涵摄到《刑诉法》第 136a 条[①],似乎更为恰当。类似本案情形中的被追诉人的话语,如本案中的情形,乃因欺骗诱发而来,所以这种操作无法通过大监听或小监听的规定(《刑诉法》第 100c 条或第 100f 条——对此参见边码 414 及以下、701、722)被正当化[②]。

案例:F 女士控告 A 是曾经强奸过她的罪犯。由于 A 在作案时蒙面,故 F 只能辨别出其声音。于是,警方让 F 到警署,并于隔壁房间窥听 A 和警员 P 的谈话。若 F 识别出声音,她的表述可以作为判决的证据吗?

解答:本案中的讯问情势被其他的措施(所谓的"谈话"、将 F 隐蔽在隔壁房间)所掩盖,同样构成非法的"声纹骗取"情形,所以符合《刑诉法》第 136a 条的规定。[③]

---

① *Beulke*, StV 1990, 183; *Wolfslast*, NStZ 1987, 106; 亦见 SK-StPO-*Rogall*, § 58 Rn 46ff。
② *Jäger*, S. 45 f, 174 f.
③ 主张虽然构成误导,但实际却可以使用的观点:BGHSt 40, 66, 69; 与前面判例一致的观点:*Achenbach/Perschke*, StV 1994, 577; *Eisenberg*, NStZ 1994, 599; *Freund*, JuS 1995, 394; *Schneider*, GA 1997, 381; 不同的观点 *Sternberg-Lieben*, Jura 1995, 299. 有关该问题的完整论述:*Ackemann, U.*, Rechtmäßigkeit und Verwertbarkeit heimlicher Stimmvergleiche im Strafverfahren, 1997。

若证人出于其**私人**的动机(如证人假扮成代理商并与被追诉人开展"商业谈判")采取声纹比对措施的,便不存在可归责于国家的行为,这种行为不具备讯问的品质因而不成立得包含于《刑诉法》第136a条之下的欺骗(详见边码730)。

(3)刑事追究机关默默地旁听被追诉人于公开场合下的对话(如在购物时面对商贩的对话),因为不构成讯问措施,同样不适用《刑诉法》第136a条。纯粹从**被追诉人**角度而言,关键在于行为是否发生在讯问的情势中,若是,则须遵守《刑诉法》136a条;若否,则依据勘验证据的规定,由刑事追究机关根据自由裁量原则采取侦查行为(见边码311)。① 后一种情境下的特殊情形(例如,在警方策划下,让抢劫案被害人与被追诉人发生偶遇)究竟能否成为"可能的非法情形"(类推适用《刑诉法》第136a条),概无定论。②

5. 派遣长期卧底线民

213　　卧底警探单纯隐瞒公职身份不构成《刑诉法》第136a条第1款第1句的欺骗,因为《刑诉法》第110a条已经包含了这种举措。③ 其他基于《刑诉法》第163条第1款的正当的长期卧底线民措施(**V-Mann**),须参照其评价(有争议,见边码651)。④ 接受国家委派开展工作的卧底警探和长期卧底线民均不得"加重地"欺骗被追诉人⑤,这种欺骗已经不止于隐瞒官方身份而已(例如,通过狱友开展有针对性的刺探,见边码210)(有关长期卧底线民的问题,详见边码734及以下数段,彼处亦有关于"旁听情形"的进一步论述)。

(五)强制

214　　惟当刑事程序法提供了相应的干预规范(详见本书关于强制性措施的章节,第11章和第12章),针对被追诉人采取的**强制**(**Zwang**)才是合法的。除此之外禁止采取强制性手段。若强制措施**客观**上违法,但却非

---

① *M-G/Schmitt*, § 86 Rn 1 ff.
② 亦见 *Haas*, GA 1997, 368; *Lesch*, GA 2000, 361。
③ MüKo-StPO-*Schuhr*, § 136a Rn 77; 不同观点: *Kahlo*, Wolff-FS, S. 153。
④ BGHSt 44, 129, 133.
⑤ EGMR StV 2003, 257 *(Allan/GB)*; HK-StPO-*Ahlbrecht*, § 136 Rn 11, § 136a Rn 38; 不久前的判例:OLG Jena, StV 2020 455; 因此应该否定的判例: EGMR (GrK) NJW 2010, 213 *(Bykov/RUS)* 连同 *Esser/Gaede/Tsambikakis* 的批判性评价, NStZ 2011, 140, 143; 同样持批评意见的还有 *Jäger*, Wolter-FS, S. 949。

为获取供述而有意为之(例如,事实审上诉法院以不具有逃亡之虞为由撤销原先的羁押),实务见解认为,被追诉人于强制性措施期间作出的供述可以被使用。①

反之,为洗胃而强制性灌服药剂的措施因不属于讯问,故不涉及《刑诉法》第 136a 条,而系《刑诉法》第 81a 条的问题(见边码 374)。有关刑讯问题见边码 208。

(六) 承诺法律上未规定的利益

这种情形尤指,刑事追究机关为获取自白向被追诉人承诺后续刑事程序的走向(解除羁押②、保障宽大处理、终结程序等)。

1.说明供述行为**可能**带来的后果是被允许的,因为这不属于承诺(**Versprechen**),而系晓谕(**Belehrung**)。③ 例如,法院可以承诺,被追诉人如若自白,将被判处的自由刑不会超过 3 年之限(BGH StV 1999, 407)。

2.如果承诺者对于**承诺的利益不掌握最终决定权**(例如,警察承诺自白以后判缓刑),则绝对不得对后续程序进程作出**肯定的许诺**。

3.除此之外,承诺的合法性是有争议的。通说的观点是,**利益也可以被协商**。如今,这种法律见解已被《刑诉法》第 257c 条的协商规定所承认。被追诉人通过自己的陈述行为,尤其是自白赢得特定的优惠在我们的法制度中已完全不再陌生(另外参见《麻醉品管理法》第 31 条、《刑法典》第 46b 条;参见边码 528)。但凡保证的利益属于刑事追究机关的裁量范围内(如《刑诉法》第 153 条及以下数条规定的终结程序),便系"法律上规定的",纵使为了促使被追诉人自白策略性地行使裁量权,亦然。但这仅适用于检察机关没有逾越法律赋予他的操作空间的情形。例如,一旦被追诉人自白,对所有迄未被知晓的罪行的程序均将被终止(《刑诉法》第 154 条第 1 项,见边码 525),这种承诺便是违法的,因为迄今不被知晓的罪行的罪责范围,被追诉人从未对之有过陈述。④ 关于协商的内容界限参见边码 594 及以下数段。

---

① BGH StV 1996, 73 连同 *Fezer und Bung* 的否定性裁判评释, StV 2008, 495。
② OLG Köln StV 2014, 272.
③ BVerfG NStZ 1987, 419; BGHSt 1, 387, 388; 20, 268.
④ *Volk*, NJW 1996, 879: "法外的污点证人规则"。

（七）其他的禁止性讯问方法

216　　由于《刑诉法》第136a条未作出**穷尽式规定**，因此，但凡明显侵害意志决定和意志活动自由的其他讯问方法，也可以被归入非法方法之列。

　　由此可见，尤其当使用测谎仪（Lügendetektor/ Polygraphe）记录被讯问人的下意识反应时，因为其完全剥夺了受检测人的控制可能性，所以会侵犯人性尊严的核心领域。① 此外，这类科技辅助手段的运用还会与"不自证己罪原则"相抵触（边码191）。纵使被追诉人**同意**，亦**不得使用**测谎仪，否则，任何否认指控的被追诉人均会间接感到压力。② 在最新的实务见解中，尽管依然反对刑事程序中因为被追诉人的同意而实施测谎，但其理由出现了些许变化。起先，联邦宪法法院宣告该法律问题待定。③ 此后，联邦最高法院尽管批评测谎会有宪法上的疑虑以及可能类似违反《刑诉法》第136a条，但同时引用心理科学上的检讨声音质疑测谎结论的有效性。由于测谎无法提供任何有价值的证据，故相应的证据申请应当被法院依据《刑诉法》第244条第3款第3句第4项（原《刑诉法》第244条第3款第2句第4种情形）以证据**完全不具适合性**（völlige Ungeeignetheit）为由予以驳回。④

　　案例见 *Beulke*, Klausurenkurs Ⅲ, 边码552。

三、违反《刑诉法》第136a条的法律后果

217　　（一）违反《刑诉法》第136a条的禁止性规定获取的陈述，**将不得被使用**。这是一项一般性原则，构成《刑诉法》第136a条第3款第2句的前提。该规定的重要意义在于，**纵使被追诉人同意**，也禁止使用此类陈述。

　　尽管法律文本不存在任何歧义，但是部分学术文献仍考虑在一些情形中对《刑诉法》第136a条第3款进行目的性限缩。即主张，当仅为被告

---

① BGHSt 5, 332, 333; *Nestler*, JA 2017, 10: 亦见 MüKo-StPO-*Schuhr* §136a Rn 51。
② BVerfG NJW 1982, 375; OLG Karlsruhe StV 1998, 530; SK-StPO-*Rogall*, §136a Rn 86ff, 92; *Frister*, ZStW 106 (1994), 303。
③ BVerfG StraFo 1998, 16; BVerfG NStZ 1998, 523。
④ BGHSt 44, 308, 315 连同 *Amelung* 的裁判评释, JR 1999, 382; BGH NStZ 2011, 474 连同 *Putzke* 的否定性评论, ZJS 2010, 557; *Kargl/Kirsch*, JuS 2000, 537; KMR-StPO-*Pauckstadt-Maihold*, §136a Rn 21; 批评性观点 Meyer-Mews, NJW 2000, 916; *Stübinger*, ZIS 2008, 538;**其他观点**：AG Bautzen BeckRS 2017, 138, 202; *Putzke/Scheinfeld/Klein/Undeutsch*, ZStW 121 (2009), 607; *Putzke*, ZAP 2015, 279; 令人信服的见解：*Drohsel*, StV 2018, 827。

人利益且他通过证据申请的方式自愿、真诚地放弃了《刑诉法》第 136a 条的保护时,可以考虑使用这类证据。否则,他会因此失去有效的辩护。① 但是,联邦最高法院迄今未附和这种(有疑问的)见解。②

(二)惟有基于禁止性讯问方法得到的陈述才不得被使用。但凡可以推知所使用的讯问方法对供述有不可排除的影响的,被追诉人便不必再去证明该讯问方法和陈述之间的因果关系(关于假设替代干预问题,见边码 745)。③

应该与这种因果关系加以区别的是,由禁止性讯问方法得到的**供述和之后的判决之间**可能具有的**因果关系**。后一种因果关系乃法律上诉审胜诉的必要条件(《刑诉法》第 337 条第 1 款)。可以通过没有瑕疵的重新讯问消除这种因果关系。

第二次讯问内容得以被使用的前提是,被禁止的讯问方法不再继续发生影响,即被追诉人的意志自由不再受到侵害。④ 然而,通常惟当被追诉人在后续讯问中通过"**加重晓谕**"(qualifizierte Belehrung),知晓了其先前作出的陈述不得被使用时,违反《刑诉法》第 136a 条第 1 款的讯问方法才可能不再有影响(亦见边码 182、745)。⑤

(三)通说认为,使用禁止性讯问方法的事实须**由被追诉人通过自由证明的方式充分地证明**(见边码 285)。不适用"有疑惟利被告"原则。⑥ 由于被告人在许多情形下难以完成这种证明,所以不能设置太高的要求。被追诉人仅须证明讯问方法是否合法的问题有疑问(如身上有受虐待的痕迹),便足矣。⑦

---

① *Roxin/Schäfer/Widmaier*, Strauda-FS, S. 435;同样的见解:*Amelung*, Prinzipien, S. 54 f; *Erb*, GA 2017, 113;*Jahn*, Gutachten, C 113;不同见解:HK-StPO-*Ahlbrecht*, § 136a Rn. 51; S/S/W-StPO-*Eschelbach*, § 136a Rn 63。
② 予以搁置的判例:BGH StV 2008, 113 连同 *Roxin* 的裁判评释*; Jahn*, JuS 2008, 1121。
③ BGHSt 5, 290, 291; 13, 60, 61;因此应该否定的判例:BGHSt 55, 314, 318 ff 连同 *Heghmanns* 正确的批判性评论, ZIS 2011, 98, 99; *Mosbacher*, JuS 2011, 137, 141。
④ BGHSt 22, 129, 133 f; 37, 48, 53。
⑤ 对此搁置的判例:BGHSt 53, 112, 116;同此立场:BGHSt 52, 11, 24; OLG Frankfurt StV 1998, 119; LG Frankfurt aM StV 2003, 325 (*Gäfgen* 案)。
⑥ BGHSt 16, 164, 166 f; BGH NStZ 2008, 643; OLG Hamburg NJW 2005, 2326 (*Motassadeq* 案)。
⑦ 类似观点:*Ambos*, StV 2009, 151; *Jahn*, Gutachten, C 108; LR-*Gless*, § 136a Rn 78; *Paulus*, Seebode-FS, S. 277, 293; *Roxin/Schünemann*, § 45 Rn 63。

219　　（四）颇具争议的是，证据使用禁止究竟有无远程效力（Fernwirkung），即以被禁止使用的陈述为基础才能找到的证据，是否亦不得被使用，例如，为了找到指控性文件而逼人自白。美国的"**毒树之果**"理论（禁止的或有毒的果树上生出的果实）认可这种远程效力。德国通说则不承认这种理论，并且希望将使用禁止限定在通过禁止性讯问方法直接获取的证据（详见边码 744）。

220　　**案例 18（边码 200）之解答：**
　　本案中由于造成了被讯问人疲劳，依据《刑诉法》第 136a 条，自白不得被使用（BGHSt 13，60，61）（详见边码 205）。

221　　**案例 19（边码 201）之解答：**
　　M 假装成一名"普通的"狱友且看似特别值得信赖（见越狱计划），这是 M 对 A 实施的欺骗行为。若警察对 A 实施这种行为，会构成《刑诉法》第 136a 条、第 163a 条第 4 款第 2 句规定的欺骗。不能因为在侦查中派遣了一名私人，便规避掉《刑诉法》第 136a 条之规定，所以，M 的行为应该归咎到警方。故 A 的陈述**不得被使用**，该陈述也不得通过讯问证人 M 的方式被引进到程序之中（联邦最高法院判例 BGHSt 34, 362 ff 持相同的结论，但是却主张这构成《刑诉法》第 136a 条的"强制"）。若面对 M 作出的自白系本案惟一的证据（例如，A 在诉讼中沉默且不存在其他的间接证据），则 A 应该被宣告无罪（详见边码 210）。

第九章 辩护人

案例20：

(1) A女士被起诉在醉酒状态下驾驶自己的私家汽车撞死一位行人,并且擅自离开了事故现场。A女士告知了其辩护人V,其实真正的肇事者不是自己,是她的丈夫E及其朋友F在驾驶过程中发生的事故。A希望帮她丈夫"顶包",因为他是职业卡车司机,需要养家糊口。V在庭审中揭发了A的意图并且提出证据申请,要求将F作为证人加以讯问,以证明E曾驾驶汽车。他有权如此为之吗?(**边码279**)

(2) B涉嫌实施了某起加重抢劫案[《刑法典》第250条第2款第1项(至少判处5年自由刑)],但是目前的犯罪嫌疑尚不明确。在对他初次讯问以前,警察P晓谕他可以选一位律师进行咨询。B表示,他希望和他的律师谈话。P于是尝试打电话给B提名的律师,但却没有拨通。于是,P允许B打电话给他父亲,以便他父亲能够联系律师。随后P直接问B,是否愿意现在陈述案情。B一开始不承认犯罪。经过P的继续追问和展示侦查成果,B于是陈述了案情。根据哪一项规定,P应该晓谕B有权求助辩护人?纵使B在庭审中反对使用自己对P所作之陈述,是否仍可以将这段陈述作为宣告有罪的根据?

案例21：

当法学院学生A在将一本"Schönke/Schröder"(编写的刑法评注书)从大学图书馆偷偷地"顺出来"的时候,被当场抓住。A向他的辩护人坦白了盗窃的意图。

(1) V悖于事实地向法院表明,A曾向他保证,事发时只不过想借书并会隔日返还,自己对A的保证深信不疑。

(2) V在总结陈述时告知法院,A已经向他自白了,当时就是想将书占为己有。他恳请法院念及A还是少年,对之从轻判罚。

(3) V 给 A 支招，让他对法院说，自己只是写家庭作业想用书，计划两周之内便还回来。

(4) V 向 A 解释，对包括书在内的大部分动产而言，短暂性的无权占有不会构成犯罪(仅为盗用)；只有意图永久地剥夺他人占有的行为，始得成立盗窃罪。

(5) V 申请对 A 宣告无罪并给出正确的理由——起诉无法证明 A 具有占为己有的意图。

V 的上述操作是否合法？(边码 280)

一、作为被追诉人帮助者的辩护人

224　　每一名被追诉人都可以在程序的任何阶段获得**辩护人**(Verteidiger)的帮助，见《刑诉法》第 137 条第 1 款第 1 句。

被选任的辩护人的数量不得超过三人，见《刑诉法》第 137 条第 1 款第 2 句。德国法院许可其执业的律师可以担任辩护人。《高等教育基准法》(Hochschulrahmengesetz)规定的德国高等院校的法学教师(也包括高职院校教师)，若拥有法官任职资格(即通过候补法官考试)，也可以担任辩护人，见《刑诉法》第 138 条第 1 款。其他人等仅在例外情形下，经法院同意(由其进行合义务性裁量)后，始得担任辩护人，见《刑诉法》第 138 条第 2 款第 1 句。①

尽管法院和检察官须一并调查有利和不利于被追诉人的情况(《刑诉法》第 160 条第 2 款、第 244 条第 2 款)，但是，惟有一名专司辩护职责，在程序中有维护被追诉人利益之特别外观的诉讼参与者(**形式辩护**)，才能保证对被追诉人给予必要的保护(**实质辩护**)。这源于《基本法》第 2 条第 1 款连同第 20 条第 3 款从宪法意义上加以保障的被追诉人的公平、法治程序请求权。在法治国，被追诉人不仅是程序的客体，也是程序的主

---

① OLG Koblenz NStZ-RR 2008, 179; 更深入的内容: *Lehmann*, JR 2012, 287; *Egon Müller*, Rüßmann-FS, S. 1043; *Nestler*, Kohlmann-FS, S. 653.

体,即必须赋予他们实质影响程序的机会(见边码171)。不得不计代价地发现真实。①

《欧洲人权公约》第6条第3款第c项也保障每一名被告人"有获得其选择的辩护人帮助的权利,并且,当他无力支付且于司法利益有必要时,他可以免费得到义务辩护人(Pflichtverteidiger)的帮助。"

尽管德国刑事程序未按照当事人主义诉讼的规则构建,没有全盘地贯彻国家刑事追究机关和被追诉人之间的**武器平等要求**(Waffengleichheit),但原则上仍将之作为一项力争实现的程序目标。② 因被追诉人作为受干预者无法在程序中游刃有余,故其自身实力难以充分地与国家刑事追究机器相匹配。加之他通常不具备必要的法律知识,一旦被羁押,行动机会亦受限制。辩护人须对此加以弥补,例如,针对指控毫无保留地提出质疑,并且为被追诉人的利益彰显指控中的每一处薄弱环节。辩护人在大多数场合不可能成为民法意义上的"代理人",例如,被追诉人通常在第一审法庭审理中应该亲自到场,见《刑诉法》第230条。惟于某些法律规定的特殊情形下,始生代理关系(见《刑诉法》第145a条、第234条、第329条第2款、第350条第2款、第387条第1款、第411条第2款)。故辩护人非被追诉人之代理人,而系**帮助者**也。③

作为被追诉人的帮助人,辩护人有如下具体功能:
——为被追诉人提供有关实体法和形式法的咨询。
——为被追诉人发声(尤其是评价对其"好的一面")。
——行使由被追诉人和辩护人享有的诉讼权利(如提出证据申请的权利)。
——在能够代表的或法律规定的代理事项中代表被追诉人④。
——行使辩护人特有的权利。

---

① BGHSt 38, 215, 219.
② EGMR NJW 2000, 2883 (*Nicolova*诉保加利亚); BVerfGE 63, 45, 61; *Arnold*, StV 2015, 588, 590; *Beulke*, S. 37 ff; *Beulke/Ruhmannseder*, Rn 10 ff; LR-*Esser*, Art. 6 EMRK Rn 202 ff; *Safferling*, NStZ 2004, 181。
③ OLG Celle NStZ 1988, 426; 其他观点: *Spendel*, Kohlmann-FS, S. 683。
④ 更深入的内容见 *Schlothauer*, Beulke-FS, S. 1023。

这种特有的权利包括：法律规定的为被追诉人利益而行使的权利，如不受限制的阅卷权(《刑诉法》第147条第1款)；仅由辩护人享有而被追诉人自己不享有的程序权利规定在《刑诉法》第145条第3款(为准备辩护请求休庭的权利)、《刑诉法》第239条(轮替诘问权)以及《刑诉法》第240条第2款第2句(向共同被告人的发问权)等。

——澄清案件事实(如自行调查)。

——通过《刑诉法》第153a条及以下数条规定的程序终止，或依据《刑诉法》第257c条与检察官和法院达成"协商"，以及通过参加加害人—被害人和解的方式争取刑事程序的调解结果。

二、作为司法单元的辩护人

(一) 单元理论

227　　刑事辩护人的地位是有争议的。① 通说认为，刑事辩护人在作为(被追诉人的)帮助人之余，也承担着**公共职能**(不是国家职能)，若用《联邦律师法》第1条的套话来简单形容，辩护人是帮助者和"**司法的单元**"。②

公共职能源于辩护人在辩证的事实发现过程中扮演角色的重要性：至少在严重的控诉中，苟无辩护人参与，便无法实现法治国的程序，故辩护人捍卫着**法治国的刑事司法**。③ 但从外观上看，他专门与国家(追究)的利益作对。但实际上，这种单方面的

---

① 关于其介绍但非全部内容：Beulke, S. 50 ff, 143 ff, 258 ff; ders., Schlothauer-FS, S. 315; Bosch, Jura 2012, 938; Gercke, StV 2020, 201; Jahn, Bastille, S. 94; ders., StV 2014, 40。

② RG JW 1926, 2756; BVerfGE 34, 293, 300; BVerfG NJW 2006, 3197, 3198; BGHSt 9, 20, 22; 46, 36, 43 连同 Streng 的裁判评释，JZ 2001, 205; BGH NStZ 2006, 510; OLG Frankfurt NJW 2013, 1107 f; OLG München NStZ 2019, 172,174; SK-StPO-Rogall, Vor § 133 Rn 95; Bechtel, StV 2020, 266; Dahs, Rn 11; Dölling-Weiler, § 137 Rn 4; Fahl, JA 2004, 708; Geppert, Rudolphi-FS, S. 643; Gössel, ZStW 94 (1982), 5, 29 ff; Kato, in: Kühne/Miyazawa, S. 168; Kühne, Rn 178; Kudlich/Knauer, Handbuch Strafrecht § 16 Rn 2; Marxen, BT, S. 146; Egon Müller, NStZ-RR 1998, 65; Roxin, Hanack-FS, S. 1; Schroeder/Verrel, Rn 91; 基本原理亦见 Eckhart Müller, NJW 2009, 3745; Roxin/Schünemann, § 19 Rn 3 ff。

③ BGH NStZ 2011, 294, 295; 深入的论述见 Basdorf, StV 2010, 414; Beulke, S. 81; Hamm, StV 2010, 418; Ransiek, Fischer-FS, S. 765, 779; Walter, Strafverteidigung vor neuen Herausforderungen, 2008, S. 329, 342。

加持和由此实现的武器平等也同样造福于社会大众,因为公众既是民主共同体,也是潜在的被追诉人,他们希望看到程序的司法形塑性得到保障。若无熟谙法律的帮助人,便会将当事人的角色强加给法官。他不得不放弃坚持中立的角色以帮助被追诉人。如此会破坏职能分工原则,不利于保障结论的公正。

因此,学界通说正确地将辩护人视作如此的一种单元:虽然其行为带有片面性,但却通过坚持一切程序性规定,捍卫所有公民的利益,并且在公平诉讼中执着地追求实质真实。所以,纵使辩护具有偏向性,**也至少有利于公共利益**。

为使辩护人作为司法单元的品质不会成为削减被追诉人正当权利和受到帮助的借口,须从一开始便限定公益导向,即一方面不得牺牲**辩护的有效性**。另一方面仅限于**有效刑事司法的"核心领域"**(所谓"**有限的司法单元理论**"①;案例见 Beulke, Klausurenkurs Ⅲ,边码 241)。

> 根据(**有限的**)**司法单元理论**,最多只能要求辩护人做到以下事项:
> ——**积极面**:尽最大可能防御刑事追究机关(**辩护的有效性**)。
> ——**消极面**:不得"过分地""滥用"他的权利(界限:不得威胁**到司法的有效性**的核心领域;例如,辩护人不得说谎,见边码 276)。文献中有部分观点认为,这种要求非出自辩护人的司法单元角色,而系**一般禁止权利滥用原则**(allgemeines Missbrauchsprinzip)(参见边码 194)的要求。②
>
> 除此之外,辩护人不承担保障程序沿着"有利于查明真实"

---

① 深入的论述见 *Beulke, Strafverteidigertag 2019*, S. 9; *ders.*, in: *Kühne/Miyazawa*, S. 137; *Beulke/Ruhmannseder*, Rn 14; zust. OLG Frankfurt NStZ 1981, 144; *Arapidou, E.,* Die Rechtsstellung des Strafverteidigers, 1997, S. 137; *Dornach, M.,* Der Strafverteidiger als Mitgarant eines justizförmigen Strafverfahrens, 1994; *Kleszczewski*, Rn 124; *v. Stetten*, StV 1995, 609; 类似观点: *Hellmann*, Rn 490; 批判观点见 *Grüner*, S. 15 ff; *Wolf*, S. 19 ff; 对他的回应见 *Beulke*, StV 2007, 261.

② 尤其见 *Roxin*, Hanack-FS, S. 14; 与之反对的见解: *Beulke*, Roxin-FS, S. 1183; *ders.*, Amelung-FS, S. 543.

且"沿着诉讼轨道"顺利进行的**一般性**义务①,也不得违背其意愿,强迫其与其他程序参与者开展合作。甚至也没有一概性地禁止冲突型辩护的要求。② 故(有限的)单元理论认为,下列要求毫无正当性可言③:

——为了坚持程序的合法性,要求辩护人对法院负有**一般性的提示义务**④;

——将**法院的澄清义务嫁接**给辩护人。例如(多数观点反对的),当警察没有曾晓谕被追诉人权利的,证据使用禁止要取决于,辩护人是否在庭审中讯问被追诉人结束以前就证据使用问题提出了**异议**(有时甚至要求附具专门的理由)⑤(见边码179、708);

——要求辩护人对**其他程序参与人**,如对重新指派的义务辩护人,负有**提供信息的义务**⑥。

(二) 当事人利益代理人理论

228　　有部分文献彻底否定辩护人的司法单元属性,并且将之定位为纯粹的**当事人利益的代理人**。⑦ 他们认为,实质意义上的辩护就应当是惟被追诉人是从,被追诉人应当**自主地**决定其利益的内涵。辩护人仅须协助其实现而已。在此范围之外另设公益目的只会模糊诉讼天然对立的本质,且不公正地干预了被追诉人和辩护人的权利。

---

① KMR-StPO-*Hiebl*, Vor § 137 Rn 10; 不同观点见 BGH NStZ 2009, 207; OLG Hamburg NStZ 1998, 586 连同 *Kudlich* 的裁判评释。

② 与之相同的观点: *Arnold*, ZIS 2017, 621; MüKo-StPO-*Gaede*, Art. 6 EMRK Rn 171; *König*, StV 2017, 188; *Salditt*, AnwBl 2009, 805; 不同观点见 LG Wiesbaden StV 1995, 239; *Fischer*, StV 2010, 423。

③ 进一步的内容见 *Dornach*, NStZ 1995, 57。

④ BGH StV 2008, 227。

⑤ 不同观点见 BGHSt 38, 214, 220; 总结内容: KK-StPO-*Willnow*, vor § 137 Rn 6; 与本处一致的观点: LR-*Gleß*, § 136 Rn 82; SK-StPO-*Rogall*, Vor § 133 Rn 182; SK-*Wohlers/Albrecht*, § 163a Rn 69; *Fahl*, JA 1996, 749; *Gaede*, HRRS 2007, 405; *Heinrich*, ZStW 112 (2000), 398; *Roxin*, Hanack-FS, S. 21。

⑥ *Groß-Bölting*, Fischer-FS, S. 641; 不同观点见 KG JR 1981, 86; 参见 *Beulke*, JR 1982, 45。

⑦ *Bernsmann*, StraFo 1999, 226; *Ostendorf*, NJW 1978, 1349; *Wolf*, S. 426; s. auch *Thomas*, Müller-Symp, S. 39。

此种理论应予否定。由于被追诉人往往欠缺和刑事追究机关打交道的经验,让他们"自主地"厘定,甚至必要时违背辩护人的意志决断辩护策略,似乎强人所难。故未来仍应当坚持辩护人相对于被追诉人的独立性。为此,惟当辩护人亦认为决策是合理的,始得交由被追诉人行使决策权。① 纯粹的当事人利益代理人理论的另一个无法克服的谬论是,但凡被追诉人自身不受责罚之事项,辩护人亦可为之。换言之,辩护人也可以说谎和湮灭证据。然而,**真实义务**乃刑事辩护的"**根本**"要求。极端情形下,利益代理人理论将使辩护人沦为当事人的"**帮凶**"。

(三) 宪法性诉讼理论

近来蔚成风潮的一种思考方法强调由《基本法》第 2 条第 1 款连同法治国原则推导出的公平程序(见边码 59)构成的宪法性保障:任何一项以辩护为目的之诉讼行为,苟不违反法律明确的禁止性规定,便应被容许。② 但是,这种解决方案的说服力却极其薄弱。例如,《刑法典》第 258 条(阻扰刑罚罪)的可罚性界限究竟止于何处(辩护人的真实义务?)的问题会因为"诉讼行为"的概念而无法明确。即使是颇为谨慎的解决方案,即主张辩护人可以行使一切立法穷尽式列举的权利③也同样不可行,因为多数辩护人的权利都找不到立法上的显在根据,而须从一般原则中推导出来,如劝说证人行使拒绝作证权的权利。

229

(四) Lüderssen 和 Jahn 的契约理论

最早由 Lüderssen 提出的,如今由 Jahn 加以精细化且更加紧密地联结到宪法的契约理论系一种完全独立的理论。④ 该理论反对通说秉持的"父权主义的辩护观念"(paternalistisches Verteidigerkonzept)。从被追诉人的主体地位出发,他应该自己决定自己的命运,因此被追诉人和辩护人之间的关系应端视委托人的意志决定。故辩护人原则上系受当事人指示约束的契约之一

230

---

① Vgl. *Beulke*, Sieber-FS, S. 1, 3; *Wahle*, Hanack-FS, S. 11.
② 不全面的内容见 *Bernsmann*, StraFo 1999, 226; *ders., StV 2006, 342; Bosch*, Jura 2012, 938; *Paulus*, NStZ 1992, 305, 310; *Ziegert-Ignor/Danckert*, S. 17; 相似见解:Radtke/Hohmann-Reinhart, § 137 Rn 10; *Schnarr*, G. Schäfer-FS, S. 66; SK-StPO-*Wohlers*, Vor § 137 Rn 26 ff。
③ 如 *Wolf*, S. 294; dazu *Beulke*, StV 2007, 261 u. *Egon Müller*, JR 2003, 51。
④ LR-*Jahn* (27. A.), Vorbem. § 137 Rn 29—88; *Lüderssen*, StV 1999, 537; *Jahn*, JR 1999, 1; *ders.*, StV 2000, 431; 对此的详尽论述见 Widmaier-*Salditt*, § 1 Rn 1, 33 ff,赞成性观点:MüKO-StPO-*Thomas/Kämpfer*, § 137, Rn 137。

方。受约束的界限取决于有关事务管理契约(Geschäftsbesorgungsvertrag)的规定,见《民法典》第 611、675 条连同《民法典》第 134 条(导向刑法规定),《民法典》第 138 条(间接第三人效力下的《基本法》第 12 条)和《民法典》第 276 条(连同职业法的入口、寻找最安全的途径)。这种关系不否认辩护人负有真实义务,然而与第三人相比,他也没有被赋予更为特殊的角色。① 所以,这种被 Jahn 进一步发扬的观念特别吸引人之处在于,它其实赋予了受契约所约束的辩护人充分的源自于宪法的底气。然而,我们仍然会发现它在体系上割裂了现行法有关义务辩护人的规定。在必要时,纵使没有契约,甚至在极端情形下可以违背被追诉人的意志(见边码 248 及以下数段)去指派义务辩护人(哪怕被追诉人就是一名律师,他宁愿自行辩护的情形)。②

三、辩护人和当事人之间的信赖关系

(一) 事务管理契约和独立性

231　　选任辩护人和被追诉人是通过以事务管理(Geschäftsbesorgung)或提供服务为标的的契约联结到一起的。③ 尽管存在协商一致并由当事人支付酬劳,但是辩护人仍**独立于当事人**。④ 除非立法明确规定当事人意志优先(如《刑诉法》第 297 条规定的提起救济审;亦见《刑诉法》第 302 条第 2 款)。独立于当事人意志的体现有,辩护人可以**违背被追诉人的意愿**提出证据申请⑤,亦可以违反其意愿请求宣告无罪⑥。当被追诉人期待的辩护与辩护人愿意提供的辩护不同时,被追诉人仅有权解除辩护关系或者另委托一名律师。这种权利在选任辩护的情形下是不受限制的。但是,通常辩护人和当事人会就实施或不实施某个具体的诉讼行为的合目的性达成一致。⑦ 惟有两者之间达成紧密的信赖关系方能保证有效的辩护。

---

① LR-*Jahn* (27. A.), Vorbem. § 137 Rn 109, 111.
② 反对观点:LR-*Jahn* (27. A.), Vorbem. § 137 Rn. 62。
③ OLG Hamburg wistra 2004, 39; SK-StPO-*Wohlers*, § 137 Rn 4; Palandt-*Sprau*, § 675 Rn 23.
④ BGH StV 1993, 564.
⑤ BVerfG NJW 1995, 1952; OLG Celle NStZ 1988, 426; 这一点非常有争议。不同观点见 zB LR-*Jahn* (27. A.), § 137 Rn 27f; *Wolf*, S. 379。
⑥ 深入的论述:*Beulke*, S. 129 ff, 131。
⑦ 更多展开:*Rieß*, Müller-Symp, S. 1。

(二) 辩护人和被追诉人之间的保密范围

依据《刑诉法》第 53 条第 1 款第 2 项,被追诉人的辩护人有权拒绝就他因辩护人身份被告知的事项或获悉的事项作证。一旦他被解除了保密义务以后,该拒绝作证权也就基本消灭了,见《刑诉法》第 53 条第 2 款第 1 句。有必要从辩护内部性的角度,对该规范加以目的性限缩,参见边码 289。 232

禁止国家侦查措施获取保密范围内的资讯,该项禁止加强了拒绝作证权(见边码 357 及以下数段)。若对辩护人采取某种侦查措施,预计显然会取得的资讯属于辩护人按理有权拒绝作证的资讯,则该侦查措施是违法的,见《刑诉法》第 160a 条第 1 款第 1 句。即使取得了这种资讯,也不得被使用,见《刑诉法》第 160a 条第 1 款第 2 句。① 但是,倘若有特定的事实表明,辩护人涉嫌参与犯罪或犯有包庇得利罪、阻扰刑罚罪或赃物罪的,则不适用证据取得禁止和使用禁止,见《刑诉法》第 160a 条第 4 款第 1 句(亦参见边码 235)。②

(三) 联络权

惟当辩护人和被追诉人之间有不受限制的且尤不受外界干扰的联络机会,始可建立信赖关系。**联络权**(Kontaktrecht)堪称为立足法治国原则的辩护"**基本权**"。③ 所以,被追诉人有权在整个程序中自由地、不受监视地与他的辩护人开展言词和书面的沟通,无论他是处于羁押状态(《刑诉法》第 148 条第 1 款),抑或自由的状态,均无不同。后一种状态("同样")适用《刑诉法》第 148 条第 1 款。 233

在建立当事人关系之前开展的**初次接触性谈话**(Anbahnungsgespräche),但凡此种谈话是基于被追诉人真实的或可推知的意愿,亦适用《刑诉法》第 148 条。④ 不仅辩护人和被追诉 234

---

① BGH StV 2014, 388.
② 有关判决确定以后的保密问题见 *Beulke*, Fezer-FS, S. 3; *Beulke/Ruhmannseder*, StV 2011, 252, 254; *Bosbach*, Ungeschriebene strafprozessuale Zeugnisverweigerungsrechte im Bereich der Rechtsberatung, 2008。
③ BVerfG NJW 2012, 2790; *Beulke*, Jura 1986, 645.
④ BGH NStZ 2016, 740; HK-*Julius/Schiemann*, § 148 Rn 7; 批判性见解: OLG Hamm StV 2010, 586 连同 *Bung* 的裁判评释; *Joecks*, StPO, § 148 Rn 4。

人之间的直接联系须适用该规定,方便对当事人开展初次业务接触的的电话交谈,亦适用之。① 若被追诉人在法院的走廊里对他的辩护人大声讲话,因此被警察听闻到内容的,则不违反《刑诉法》第 148 条第 1 款。② 若被羁押人有《刑法典》第 129a 条(建立恐怖犯罪组织罪),第 129b 条(境外犯罪组织或恐怖组织罪)之重大犯罪嫌疑的,依据《刑诉法》第 148 条第 2 款,应该通过法官核发令状的方式限制该项通常不受限制的联络权。其他的特别规则被规定在《法院组织法施行法》第 31 条及以下数条中(**联络阻断机制**)。若无这些例外规定的情形,则仅能监督信件是否属于被追诉人与辩护人之间的文件。这种监督应凭借外部特征判断,而不应探知文件的内容。③ 一旦违反该要求,被非法公开的信件内容将不得在刑事诉讼中被用来指控被追诉人。④ 正如《刑诉法》第 119 条第 4 款第 1 句所言,被追诉人与其辩护人之间的通讯保护不因《刑诉法》第 119 条第 1 款受到限制,但是为了防止被羁押人的逃亡、灭证或再犯之危险,得对通讯作出不利于被羁押人的限制(见边码 344)。⑤

也不得通过**扣押文件**(如辩护人和被追诉人之间的信函、辩护人笔记本中的有关记录)的方式干预这种保密空间(《刑诉法》第 97 条第 1 款第 1 项)。⑥ 辩护文件,无论其产生于何时⑦,即便是由被追诉人而不是由辩护人保有的,也不得被扣押。⑧ 按照正确的(却颇具争议的)观点,所谓

---

① BGH NJW 2014, 1314 连同 *Roggan* 和 *Scharenberg* 的裁判评释, StV 2014, 391。
② BGH BeckRS 2018, 22950 连同 *Jäger* 的赞同性评论, JA 2019, 308, 以及 *Bünnigmann*. JR 2019, 206。
③ OLG Frankfurt/M StV 2005, 228; *Egon Müller/Schmidt*, NStZ 2007, 385; vgl. auch BVerfG StV 2010, 162。
④ LG München I StV 2005, 28。
⑤ BVerfG NJW 2012, 2790; vgl. auch BGH StV 2011, 744; LG Dresden StV 2011, 744。
⑥ BGH StV 2015, 339; 深入的论述见 *Beulke*, Lüderssen-FS, S. 693; *Beulke/Ruhmannseder*, StV 2011, 180, 182 f。
⑦ LG München NStZ 2019, 172。
⑧ BVerfG NJW 2002, 2458; BGHSt 44, 46, 48; SK-StPO-*Wohlers*, § 148 Rn 28; *Kudlich*, JuS 2005, 760。

(律师开展的)"内部调查"的结论,亦然(见边码 386、733)。① 遗憾的是,联邦宪法法院如今却在 Jones Day 案*中承认相反的见解合宪。② 然而,多数见解素来推导出的结论都是,当辩护人涉嫌参与犯罪或者涉嫌包庇得利罪、阻扰刑罚罪或赃物罪的,可以实施扣押。③ 本书先前的版本曾经根据《刑诉法》第 148 条的优先性推导出与之相反的见解④,如今却随着《刑诉法》第 160a 条的创设已不再合时宜。按照学界的通说,这个问题如今已经被规定了,令人遗憾!(见边码 232)。

若辩护人借辩护之际自己实施了犯罪[如《刑法典》第 185 条(侮辱罪)],他当然不得为自己主张旨在维护当事人关系的扣押禁止:《刑诉法》第 97 条第 1 款第 1 项、第 148 条仅适用于**针对当事人的刑事程序,或者为了当事人的利益适用**;当辩护人自己成为被追诉人时,它们不能为辩护人的利益被适用。⑤

但是,对辩护人和被追诉人之间的**电信通讯开展监察时的法律状态在评价上应该与采取扣押时有所不同**。在针对当事人

---

① LG Braunschweig NZWiSt 2016, 37 连同 *Jahn/Kirsch* 和 *Ballo* 的裁判评释, wistra 2016, 42; s.a. LG Mannheim wistra 2012, 400; *Gercke*, Wolter-FS, S. 933;不同观点见 LG Hamburg StV 2011, 148; LG Stuttgart becklink 2010, 426; LG Stuttgart StV 2019, 7 连同 *Jahn/Kirsch* 的裁判评释;深入的论述见 *Boerger/Grützner/Momsen*, CCZ 2018, 50; *Frank/Vogel*, NStZ 2017, 313; *Klengel/Buchert*, NStZ 2016, 383; *Stoffer*, passim。

* 2015 年,德国大众汽车集团因对柴油车的废气排放数据造假受到美国司法部的调查,大众集团也委托 Jones Day 国际律师事务所对企业内部开展合规性调查。由于这种内部合规调查可能会揭露大众公司高管的刑事犯罪,于是 2017 年 3 月 15 日,检察官对 Jones Day 国际律师事务所实施搜查,扣押了大量卷宗和电子数据。Jones Day 律师事务所以搜查扣押干预了律所和企业当事人之间的保密范围为由提起法律救济,最终上诉到德国联邦宪法法院。本案的特殊之处在于,Jones Day 律所只是受企业委托开展内部调查,此时并不具有刑诉法上辩护人的地位。——译者注

② BVerfG NStZ 2019, 161 连同 *Knauer* 的裁判评释,2388; dazu *Ignor*, StV 2019, 693; *Kempf/Corsten*, StV 2019, 59; *Kubiciel*, Der Betrieb, 2018, M 4; *Lilie-Hutz/Ihwas*, NZWiSt 2018, 349; *Momsen*, NJW 2018, 2362; *Rudolph*, StraFo 2019, 57; *Wohlers*, StV 2019, 712; *Wostry* NZWiSt 2018, 356。

③ BGH NJW 1982, 2508; *M-G/Schmitt*, § 97 Rn 38.

④ S.a. *Beulke*, S. 210; *ders.*, Jura 1986, 642, 645.

⑤ BGHSt 53, 257 以及对此表示赞同的 *Gössel* 的裁判评释 NStZ 2010, 288; *Ruhmannseder*, NJW 2009, 2647 u. *Wohlers*, JR 2009, 523; *Barton* 的批判性评论, JZ 2010, 102; *Kühne*, HRRS 2009, 547; *Mosbacher*, JuS 2010, 127; BVerfG StV 2010, 666 连同 *Norouzi* 的批判性裁判评释; SK-StPO-*Wohlers*, § 148 Rn 31;深入的论述见 *Beulke*, Lüderssen-FS, S. 693, 710; *Beulke/Ruhmannseder*, Rn 502; *Heinrich/Reinbacher*, Problem 15 Rn 16。

的刑事程序中，《刑诉法》第 100a 条规定的监听可能性不能超越《刑诉法》第 148 条规定的秘密保护。因为相对于书面表达的内容而言，以电话方式表达的言语在信赖方面具有更高的敏感性且更值得保护，从秘密事项不可侵犯性的角度而言，电话中的语言比书面表达内容理应得到更多的保护。这种被升高的保障已经体现在，惟有符合《刑诉法》第 100a 条规定的严格要件，尤其是须存在"清单犯罪"嫌疑（见边码 393），始得对被追诉人本人开展电话监听。但是，由于《刑诉法》第 148 条具有优先性，纵使存在清单犯罪嫌疑的，也不得监听辩护人和被追诉人之间的电话内容。纵使怀疑辩护人曾为被追诉人的利益犯有包庇得利罪、阻扰刑罚罪或赃物罪的，亦须同等适用。这种被联邦最高法院承认的①辩护人和被追诉人之间的口头联络在旧法状态下的优越性，即便依据《刑诉法》第 160a 条的新法（见边码 232）也不曾改变。② 最后，联邦宪法法院将辩护人和当事人之间的口头联系归入私人生活形成的核心领域③，故有《刑诉法》第 100d 条第 1、2 款所规定的取得禁止和使用禁止的诫命。纵使指控辩护人曾参与过犯罪的前行为（《刑诉法》第 160a 条第 4 款第 1 句第 1 种情形），按照正确且同样非常有争议的观点，也不足以正当化对手机的监听。④

四、辩护人的权利

236　在辩护人用来有效防卫国家刑事追究机关的各种权利之中，尤其应该强调的有如下几种：

---

① BGHSt 33, 347.
② Beulke, Fezer-FS, S. 3; *M-G/Schmitt*, § 100a Rn 21；类似见解：KK-StPO-*Griesbaum*, § 160a Rn 20; SK-StPO-*Wolter*, § 100a Rn 56; § 100c Rn 85; SK-StPO-*Wolter/Greco*, § 160a Rn 10; *Knierim*, StV 2008, 599; *Roxin/Schünemann*, § 36 Rn 12; 亦见 *Puschke/Singelnstein*, NJW 2008, 113, 117.
③ BVerfG 109, 279; 亦见 BVerfG NJW 2007, 2749 und 2752。
④ *Beulke/Ruhmannseder*, Rn 513; *dies.*, StV 2011, 180, 186; *Eisenberg*, Rn 377 ff, 2489; *Bosbach*, Rn 563; 不同观点见 BGHSt 33, 347, 348 f（以旧法为依据）；*M-G/Schmitt*, § 100a Rn 21。

(一) 在场权

任何**法官讯问被追诉人的活动**,辩护人均有权在场(《刑诉法》第 168c 条第 1 款)。这同样适用于**检察官**实施的**此类讯问**(《刑诉法》第 163a 条第 3 款第 2 句、第 168c 条第 1 款第 1 句)和自 2017 年以后**警察实施的此类讯问**(《刑诉法》第 163a 条第 4 款第 3 句、第 168c 条第 1 款第 1 句)。但是,当鉴定人实施勘察的时候,辩护人却没有在场权,即便有时这类活动也可能带有类似于讯问的特征。①

当**讯问证人**(Zeugenvernehmung)时,惟当**由法官为之**的,辩护人才享有在场权(《刑诉法》第 168c 条第 2 款第 1 句)。② 此规定准用于法官勘验时的在场(《刑诉法》第 168d 条第 1 款第 1 句)。按照正确的观点,在讯问**共同被追诉人**时,应该类推适用《刑诉法》第 168c 条第 2 款,即辩护人亦得在场。③

未遵守《刑诉法》第 168c 条第 5 款规定的将讯问期日通知在场权人之义务的,其法律后果则未作规定。考虑到规范保护目的以及法官讯问对未来证据提取的重要意义,**未作通知**应发生**证据使用禁止**的效果。④ 联邦最高法院同样要求这种使用禁止须以辩护人及时提出异议(边码 227、708)为前提。⑤ 但是,从保护目的上看(见边码 705),理应实行全面的证据禁止。因此,令人不能苟同的一种观点是,将讯问过程有瑕疵的法官所获取的证人证言视作**非法官的讯问**(取得的证据),并通过《刑诉法》第 251 条第 1 款第 3 项规定的宣读方式引进到庭审中[若证人此时已不再可得(见边码 637)],而事实审法官只要能意识到该证言证明价值较低且依据《刑诉法》第 265 条(见边码 584)告知了程序参与人,该讯问就可以被当作非法官讯问取得的证据去使用。⑥ 此外,证据使用禁止的效果不仅适

237

---

① BGH NStZ 2008, 229; BGH StV 2003, 537 连同 *Barton* 的裁判评释。
② 不同观点见 *Stoffers*, NJW 2013, 1495。
③ OLG Karlsruhe StV 1996, 302 连同 *Rieß* 的赞同性评释; *Küpper/Mosbacher*, JuS 1998, 690; *Larsen*, Müller-FS, S. 3 ff; 不同观点见 BGHSt 42, 391, 393 连同 *Theisen* 的赞同性评释, JR 1998, 168 连同 *Fezer* 的否定性评释, JZ 1997, 1019; BGH StV 2002, 584 连同 *Wohlers* 的裁判评释; OLG Köln NStZ 2012, 174; *Rüping*, Rn 131。
④ BGH NJW 2003, 3142; 亦见 OLG München NStZ 2015, 300 连同 *Mosbacher* 的裁判评释。
⑤ BGH NStZ 2017, 601; 对此参见 *Lohse*, JR 2018, 183; *Esser*, NStZ 2017, 604。
⑥ 但是 BGH NStZ 1998, 312 却持此见解;BGH NStZ-RR 2019, 222 连同 *Jäger* 的批判性评论, JA 2019, 870; *M-G/Schmitt* § 168c Rn 6; MüKo-StPO-*Kudlich/Schuhr*, § 251 Rn 14; 与此处观点一致的还有: HK *Zöller*, § 168c Rn 11; LR-*Erb*, § 168c Rn 59; *Roxin/Schünemann*, § 24 Rn 42; SK-StPO-*Wohlers/Albrecht* § 168c Rn 43。

用于那些没有辩护人在场便被侦查法官讯问的被追诉人,也适用于会受到该证言不利影响的共同被追诉人,即所谓的**第三者效力**(**Drittwirkung**)。①

辩护人**在庭审活动中**享有不受限制的在场权(依据系《刑诉法》第137、138a 条及以下数条),纵使在法庭上不服从指挥或有不当之言行,亦不得通过法警措施(如带离法庭或依《法院组织法》第 177、178 条科处秩序拘禁)折损其在场权。② 但除此之外,辩护人却应受到审判长基于《法院组织法》第 176 条第 1 款*享有的法警权的约束。③ 故为便于识别身份,作为程序参与人的辩护人肯定不得完全或局部蒙面。但这种要求是否适用于整个庭审期间,尚有争议,然鉴于辩护人的着袍义务,应该持肯定见解(详见《法院组织法》第 176 条第 2 款,亦见边码 247)。④

此外,有争议的是,为防止被羁押的被追诉人和第三人发生联系,可否以秩序警戒为理由禁止辩护人携带移动电话进入庭审?⑤

倘若刑事追究机关**拒绝了**被追诉人要求在讯问前或讯问期间与其选任之辩护人**建立联系**,则被追诉人之陈述**不得被使用**。⑥ 苟未告知或未充分晓谕被追诉人有咨询辩护人之权利,包括被指派义务辩护人(有可能须付费)之机会的(《刑诉法》第 136 条第 1 款第 5 句第 2 种情况)⑦,或者当被追诉人在与辩护人建立联系时,刑事追究机关未给予足够程度之"第

---

① Mosbacher, JuS 2009, 696; Weßlau, StV 2010, 43; 不同观点见 BGHSt 53, 191 连同 Fezer 的否定性评释, NStZ 2009, 524 u. Gless, NStZ 2010, 98; 批判性意见 Kudlich, JR 2009, 303 u. JA 2009, 660。

② OLG Hamm JZ 2004, 205 连同 Jahn 和 Leuze 的裁判评释, StV 2004, 101; AG Köln StV 2020, 463。

* 本条经 2019 年 12 月 10 日通过的《关于刑事程序现代化的法案》(BGBl. I S. 2121)被修改,并于 2019 年 12 月 13 日施行。鉴于现有中文译本均未反应本条最新版本,由译者翻译如下,供读者参考:

第 176 条【法庭秩序】

(1)审判长有维护庭审秩序之职责。

(2)¹ 参与案件审理的人在庭审期间中不得全部或部分蒙面。² 当且仅当核实身份以及证据评价均无须识别面部时,审判长得例外允许蒙面。——译者注

③ M-G/Schmitt, § 176 GVG Rn 10。

④ M-G/Schmitt, § 176 GVG Rn 19; 不同观点见 Mitsch, KriPoZ 2020, 99。

⑤ So OLG Stuttgart NJW 2011, 2899 连同 Michalke 和 Kühne 的否定性评释 StV 2012, 720; zust. Mosbacher, JuS 2012, 138。

⑥ BGHSt 38, 372, 373 m. zust. Anm. Roxin, JZ 1993, 426 und Rieß, JR 1993, 334。

⑦ BGHSt 47, 172, 174; 233, 235; Geppert, Otto-FS, S. 913; Widmaier, Schäfer-FS, S. 76。

一时间之帮助"的①,均会导致证据使用禁止的效果。例如,他们未依《刑诉法》第 136 条第 1 款第 3 句之要求提供方便被追诉人联系辩护人的资讯;或者,当希望获得辩护人帮助的被追诉人明显无法在缺少讯问机关帮助的前提下联系到律师时,讯问机关却未循《刑诉法》第 136 条第 1 款第 4 句之要求告知其现有的值班律师服务处。但是,最新的实务见解对此却持非常限缩的立场(详见边码 179)。未告知被追诉人一旦有罪便须承担指派义务辩护人的费用后果的(《刑诉法》第 136 条第 1 款第 5 句第 2 种情形的后半句*),不会导致证据使用禁止(亦边码 40、179、718)。②

(二) 证据申请

辩护人享有独立的证据申请权(Beweisantragsrecht)。③ 238

(三) 调查

辩护人有权在刑事追究机关调查之外独立地调查事实,如询问证人。④ 239

(四) 意见表达权

辩护人可以在程序的任何阶段为被追诉人表达意见,见《刑诉法》第 240
137 条。但为辩护之需,他也可以在诉讼发言中主张有损(被追诉人的)名誉的事实,即使他无法证明其为真,见《刑法典》第 193 条。⑤ 但是其他的诉讼参与人却无权发表没有根据的侮辱言论。⑥ 辩护人对客户以

---

① BGHSt 42, 15, 20; 47, 233, 235 连同 *Roxin* 的否定性评释, JZ 2002, 898; BGH NStZ 2006, 114 连同 *Bosch* 的否定性评释, JA 2006, 408 u. *Jahn*, JuS 2006, 272; BGH NStZ 2006, 236; 深入的论述见 KMR-StPO-*Pauckstadt-Maihold*, § 136 Rn 36 ff; *Beulke*, NStZ 1996, 257; *Beulke/Barisch*, StV 2006, 569; *Corell*, StraFo 2011, 34; *Heinrich/Reinbacher*, Problem 27 Rn 4; *Verrel*, S. 137。

* 《刑诉法》第 136 条第 1 款第 5 句中的此一要求系根据 2017 年 8 月 24 日生效的《关于促进刑事程序效能和合乎实用性的法案》新增。——译者注

② KK-StPO-*Diemer*, § 136 Rn 26。

③ BGH NStZ 2009, 581; *Jahn*, Hassemer-FS, S. 1029; *Schlothauer*, Beulke-FS, S. 1029。

④ BGHSt 46, 1, 4; BGH StV 2019, 798; *Beulke/Ruhmannseder*, Rn 84 ff; *Bockemühl*, JSt 2010, 59; *Hoffmann/Maurer*, NJW 2018, 257; *Rückel*, Strafverteidigung und Zeugenbeweis, 1988, Rn 8 ff。

⑤ BVerfG NJW 2000, 199; LG Düsseldorf StV 2002, 660 连同 *Fahl* 的裁判评释, JA 2003, 452。

⑥ OLG Jena NJW 2002, 1890; 亦见 Cramer/Cramer/*Krekeler*, A, Rn 42, S. 22; 有关名誉权保护与辩护活动之间的关系,深入的论述见: *Beulke*, Müller-FS, S. 45 ff; *Beulke/Ruhmannseder*, Rn 296 ff; *Klemke/Elbs*, Rn 195 f。

外的其他诉讼参与人也不得发表没有根据的有损名誉的陈述,因为客户和辩护人之间的信赖关系对于其它诉讼参与人而言绝对不会是"不构成侮辱"的理由。①

尚无定论的问题还有,被追诉人能否自愿地授权辩护人以自己的名义去陈述,从而代替代追诉人亲自陈述?实务见解至今对此仍颇有疑虑。② 但是,似乎可以接受的观点是,**由辩护人朗读**他以被追诉人名义提交的书面声明,被追诉人在朗读以后经过法院追问,同意将之当作自己供述的,那么至少应该将之评价为被追诉人的**言词供述**。③ 为了有效保障被追诉人的利益,法院甚至须"加重地"晓谕其同意会带来的程序性后果。④ 通常须于证据评价时注意的是,由辩护人宣读的被告人书面陈述也许只具有较弱的证明价值(有关法院宣读被追诉人陈述的问题见边码189)。⑤

辩护人有权**在庭审中**向被告人、证人和鉴定人**发问**(《刑诉法》第240条第2款)。在讯问被告人和每一次出示证据之后,应该给予辩护人要求陈述的机会(《刑诉法》第257条第2款)。⑥ 但是陈述不能提前完成总结陈述(《刑诉法》第257条第3款)。在州地方法院和州高等法院举行的涉案面特别广的案件(也可以是征得法院同意的其他案件)中,辩护人有机会申请在讯问被告人以前发表他的声明,即"**开头陈述**"(opening statement),作为对宣读起诉书的回应(具体见《刑诉法》第243条第5款第3句)。在证据调查结束时,辩护人将发表其总结陈述

---

① BGHSt 53, 257 (对此参见本书边码234); BVerfG StV 2010, 666; *Gaede*, I.-Roxin-FS, S. 569.

② BGH NStZ 2006, 408; BGH NStZ 2008, 349 连同 *Schlösser* 的否定性评释, NStZ 2008, 310; vgl. auch *Klemke/Elbs*, Rn 451.

③ BGH StV 2007, 620, 621; BGH StV 2009, 454; BGH NStZ 2019, 168; BGH StV 2020, 149; KMR-StPO-*Eschelbach*, § 243 Rn 12; *Miebach*, NStZ 2019, 168; *von der Meden*, NStZ 2018, 77; *Park*, StV 2001, 589; *Schäfer*, Dahs-FS, S. 455; *Schlothauer*, Beulke-FS, S. 1030.

④ 深入的论述见 *Beulke*, Strauda-FS, S. 87; 不同观点见 BVerfG BeckRS 2008, 40234; *Detter*, Rissing-van Saan-FS, S. 97, 105; *Pfister*, Miebach-FS, S. 25.

⑤ BGH NStZ 2008, 476; KG NStZ 2010, 533.

⑥ Vgl. dazu *Witting*, StraFo 2010, 133, 136 f.

(《刑诉法》第 258 条)。①

（五）阅卷权——《刑诉法》第 147 条*

《刑诉法》第 147 条规定的**阅卷权**(Akteneinsichtsrecht)系辩护人最为重要的权利之一。被追诉人自己只有有限的了解案卷的机会。所以,通常而言,有辩护人的被追诉人(见下文"1")和没有辩护人的被追诉人(见下文"2")应该加以区别:

1. 当被追诉人有辩护人时的阅卷

(1) 原则上,辩护人享有不受限制的阅卷权(《刑诉法》第 147 条第 1 款)。从对象的维度而言,阅卷权适用于所有已经呈交或者依据《刑诉法》第 199 条第 2 款第 2 句的要求在起诉时应当呈交给法院的卷宗和证据。所以,也包括故意留存(而没有提交)的文件在内(**实质卷宗概念**)。② 此外,但凡从事实或法律方面作为指控依据的**图像**、**影像记录**和**录音**连同据此制作的笔录也都属于卷宗。③

对于电子卷宗,通过将卷宗内容提供浏览的方式保障阅卷;阅览纸质形式的卷宗则通常(如卷宗在辩护人处,则不同)以在公务场所阅览的方式为之(具体见《刑诉法》第 32f 条)。有关阅卷**方式**的裁决是不予救济的,见《刑诉法》第 32f 条第 3 款(对有关阅卷**程度**的裁决之救济,见边码 244)。④

不得将阅卷局限于对罪责或法律后果具有明显重要性的卷宗。⑤ 辩护人对于**被调阅出来的文件**(beigezogene Akten)也有不受限制的阅卷权⑥。另外,由警察制作的迹证卷宗(Spurenak-

---

① *Barton/Jost/Jahn*, S. 343; *Jahn*, JuS 2002, 1212; *Kudlich*, JA 2006, 463.
* 最新版条文参见本书附录。——译者注
② BVerfG StV 2017, 361; LR-*Jahn* (27. A.), § 147 Rn 40; SK-StPO-*Wohlers*, § 147 Rn 24 ff.
③ BGH StV 2010, 228, 229 连同 *Stuckenberg* 的裁判评释以及 *Wohlers/Schlegel* 的评论,NStZ 2010, 486; OLG Celle NStZ 2016, 305 连同 *Knauer/Pretsch* 的裁判评释; *Wettley/Nöding*, NStZ 2016, 633; OLG S 不同观点见 rbrücken StV 2019, 179; 有关给予卷宗复制件的请求: OLG Karlsruhe StV 2013, 74 连同 *Beulke/Witzigmann* 批评性裁判评释。
④ HansOLG Hamburg wistra 2018, 229; *Gerson*, StraFo 2017, 402.
⑤ BGHSt 37, 204, 206.
⑥ BGHSt 42, 71, 73; HK-*Julius/Schiemann*, § 147 Rn 5.

ten），如公开通缉时民众举报的记录也属于《刑诉法》第147条规定的卷宗。实务见解却对此持不同观念，它反对将迹证卷宗归纳到《刑诉法》第147条之下。为了实现阅卷权，充其量只能在个案中提供《法院组织法施行法》第23条及以下数条规定的权利救济。① 这种观点是不正确的，应予坚决摒弃。②

机关或法院的文件（如警察的工作记录、检察官的内卷、法官的笔记）不属于卷宗。③

当今占绝对主流的观点认为，辩护人（在遵守《刑诉法》第32f条第5款之数据保护法的要求下）既可以采取口头方式，也可以采取传递卷宗照片或提供pdf电子文档的方式**全面地告知**其当事人卷宗的内容，只要这种传递不会构成一项新的罪行即可（参见边码278）。惟有可能采取的具有突袭效果（Überraschungseffekt）的强制性措施，不得告知当事人（颇有争议④）。通过阅卷方式了解的信息仅能用于辩护目的。

243　　（2）但是从**时间的维度观之**，阅卷权却有一项重要的界限：阅卷权原则上在侦查终结以后（依据《刑诉法》第169a条，须在卷宗上作标记）才**不受限制**（依据却是《刑诉法》第147条第2款）。纵使在中间程序（边码542）阶段，亦应该保障阅卷⑤。相反，在侦查程序中，若阅卷将有碍调查之目的，可禁止（《刑诉法》第147条第2款第1句）。

依据《刑诉法》第147条第2款第2句之规定，这种（侦查中）限制阅卷的情形有以下几种：

——被追诉人正处于羁押之中，或者其至少已经在暂时性逮捕中被申请羁押的，应该以适当的方式向辩护人提供有关剥夺人身自由合法性审

---

① BVerfGE 63, 45; BGHSt 30, 131.

② *Beulke*, Dünnebier-FS, S. 285; Radtke/Hohmann-*Hohmann*, § 147 Rn 10; *Kettner*, Der Informationsvorsprung der StA im Ermittlungsverfahren, 2002; *Velten*, Befugnisse der Ermittlungsbehörden zu Information und Geheimhaltung, 1995.

③ HK-*Julius/Schiemann*, § 147 Rn 7; LR-*Jahn* (27. A.), § 147 Rn 33; SK-StPO-*Wohlers*, § 147 Rn 32 ff.

④ 详尽的论述见 *Beulke*, S. 89 ff, 148 f; *ders.*, *StV* 1994, 575; *Beulke/Ruhmannseder*, Rn 42 ff; 不同观点：*Fezer*, Fall 4 Rn 29; *Kindhäuser*, § 7 Rn 14; *Roxin/Schünemann*, § 19 Rn 68; *Sommer*, Kapitel 3, Rn 669.

⑤ BGH StV 2018, 136.

查的重要资讯,**通常应该保障与此有关的阅卷**(即仅此范围内的资讯),见《刑诉法》第 147 条第 2 款第 2 句。此时辩护人知晓信息的程度至少须与羁押法官保持一致。若检察官以侦查策略为由不愿公开证据,基于武器平等的原则,不得以这些证据为基础核准羁押。

——身处羁押且没有辩护人的被追诉人(但见《刑诉法》第 140 条第 1 款第 4 项;边码 166)亦有权依据《刑诉法》第 147 条第 4 款(见下文"2")申请阅卷。有辩护人的被追诉人还可以依据《刑诉法》第 147 条第 1 款通过其辩护人去阅卷。依据《刑诉法》第 114b 条第 2 款第 1 句第 7 项、第 2 款第 2 句,应该告知被羁押人此两项权利。这些规定部分乃基于欧盟 2012/13 号法律指令①第 4 条第 2 款第 a 项的要求。伴随着这些规定的制定,立法者为多年来在欧洲人权法院和德国法院之间聚讼不已的被羁押被追诉人阅卷权问题画上了句点。②

——若已经核发了羁押,但被追诉人却仍然在逃,令人难以苟同的实务见解主张,如同以往的立法规定一样,可以依据《刑诉法》第 147 条第 2 款第 1 句拒绝辩护人阅卷。③

> 羁押情形下的这种权衡式立法如今已经被联邦宪法法院嫁接到其他的涉及基本权的干预措施之上。例如,当刑事追究机关采取搜查住宅(《刑诉法》第 102 条)或电话监听(《刑诉法》第 100a 条)措施,且被追诉人事后对之提出抗告的(见边码 500),惟有保障阅卷以后,始得对抗告作出裁决。④

---

① Vom 22.5.2012, ABl 2012 L 142/1; 此见 *Esser*, Wolter-FS, S. 1328。

② Vgl. EGMR StV 2001, 201 ff (*Lietzow/BRD; Schöps/BRD; Garcia Alva/BRD*); EGMR StV 2008, 475 (*Mooren/BRD*)连同 *Pauly* 的裁判评释; EGMR NStZ 2009, 164 (*Falk/BRD*); 深入的论述见 LR-*Esser*, Art. 5 EMRK Rn 340 ff; für die hieran anschließende deutsche Rspr s. BVerfG StV 2006, 281; OLG Hamm StV 2002, 318 连同 *Deckers* 的裁判评释; AG Halle StraFo 2018, 112; *Beulke/Witzigmann*, NStZ 2011, 254, 459; *Herrmann*, StRR 2010, 4, 8; *Jahn*, I.-Roxin-FS, S. 585; *Kempf*, StV 2001, 207。

③ BVerfG NStZ-RR 1998, 108; BGH NStZ 2019, 478 连同 *Börner* 和 *Mitsch* 的裁判评释, NJW 2019, 2105; OLG München StV 2009, 538 连同 *Wohlers* 的否定性评释; 不同观点见 *Beulke/Witzigmann*, NStZ 2011, 254, 257 f。

④ BVerfG NStZ 2007, 274; 相同见解: BVerfG NStZ-RR 2013, 379; LG Berlin StV 2010, 352 连同 *Mosbacher* 的裁判评释, JuS 2010, 693 f (住宅搜查的情形); BVerfG NStZ-RR 2008, 16 (电话监听的情形); 亦见 *Börner*, NStZ 2007, 680; *ders.*, NStZ 2010, 417; *Park*, StV 2009, 276。

在程序的任何阶段均不得禁止辩护人阅览**对被追诉人的讯问笔录**、特定法官的讯问以及鉴定人的报告(《刑诉法》第147条第3款)。

(3)侦查阶段由检察官**负责**对阅卷问题作出决定,在向法院提交起诉书之后,则由该法院审判长决断(《刑诉法》第147条第5款第1句)。

(4)不服**检察官驳回阅卷请求之决定**(《刑诉法》第147条第5款第1句前半段)的,按照《刑诉法》第147条第5款第2句,于下列三种情形中享有法定**异议权**:

——检察官已在卷宗中标记侦查终结的(参见《刑诉法》第169a条);

——相关内容涉及《刑诉法》第147条第3款规定的卷宗的特定部分的;

——被追诉人在本案①中正处在羁押中的。

根据《刑诉法》第147条第5款第2句后半句连同第162条第1款第1句、第3款第1句,于提起公诉(收到起诉书,见边码319)之前,由基层法院的侦查法官负责就异议作出裁决;提起公诉之后,则由负责审理案件的法院裁决之。若不服支持驳回阅卷要求的法院裁决,通说认为,得依《刑诉法》第304条提起抗告。②

通说认为,除《刑诉法》第147条第5款第2句特别规定的情形外,检察官拒绝阅卷的其他决定,不再提供权利救济。③ 按理对之也不得依据《法院组织法施行法》第23条申请法院裁决,因为上揭规定已经穷尽式地规定了申请法院裁决的情形。纵使恣意阻碍阅卷的,充其量可以类推《刑诉法》第147条第5款第2句提供权利救济。④ 许多学界的文献主张,检察机关的决定通常均可以受到法院的审查(亦见边码493及以下数段)。⑤

(5)反之,若**法官驳回阅卷请求的**(《刑诉法》第147条第5款第1句

---

① BGH StV 2012, 321 连同 *Tsambikakis* 的否定性评释; *M-G/Schmitt*, § 147 Rn 39; 不同观点见(正确的) LG München I, StV 2006, 11; LR-*Jahn* (27. A.), § 147 Rn 207。

② OLG Karlsruhe NStZ 2016, 126; LR-*Jahn* (27. A.), § 147 Rn 213 ff.

③ BGH NStZ-RR 2009, 145.

④ OLG S不同观点见 rbrücken NStZ-RR 2008, 48; 不同观点见 LG Neubrandenburg NStZ 2008, 655。

⑤ 例如,HK-*Julius/Schiemann*, § 147 Rn 27; 亦见 OLG Rostock NStZ 2016, 371, 373; *Schlothauer*, StV 2001, 192 und 614.

后半句),得依《刑诉法》第304条提出**抗告**。①

2. 被追诉人没有辩护人时的阅卷权

没有辩护人的被追诉人准照辩护人享有阅卷权(边码242及以下),在不妨碍其他刑事程序之调查目的,且不影响第三人更值得保障之利益的前提下,有权阅览卷宗,并有权受监督地检视证物(《刑诉法》第147条第4款第1句)。这是其资讯请求权的应有之意,该请求权被规定在《欧洲人权公约》第6条第3款。② 若卷宗非以电子形式制作,可以提供被追诉人卷宗的复印件,不必要求其到公务机关内阅卷(《刑诉法》第147条第4款第2句)。但不得将原始卷宗寄到被追诉人的住所③,这一点不同于辩护人(对其参见《刑诉法》第32f条第2款第3句)。

按照立法的设想,这种比以往的答复权更广,但却较辩护人阅卷权更窄的**自行阅卷权**(das eigene Akteneinsichtsrecht),只有没有辩护人的被追诉人才能享有。有辩护人的被追诉人通常始终**只能**通过辩护人实现全面的知悉权。这种设计其实已经不合时宜了。④ 正确的做法是,将自行阅卷权作为最基本的被追诉人权利也赋予有辩护人的被追诉人。根据通说的观点,当只有被追诉人自己才能理解卷宗内容的例外场合下,应该允许他会同辩护人实现完全的**共同阅卷**,司法实务中如今已有这种做法。⑤ 若被追诉人要求阅卷的请求因不符合《刑诉法》第147条第4款的特别规定而得不到满足,但辩护人提出相应的请求却很可能被满足,则构成《刑诉法》第140条第2款规定的必要辩护的情形(见边码250)。

(六) 提起救济审

辩护人可以为被追诉人提起**救济审**,但不得违背被追诉人的意志,见《刑诉法》第297条。

---

① OLG Brandenburg JR 1996, 169 连同 *Krack* 的否定性评释; 不同观点见 OLG Frankfurt StV 2004, 362 连同 *Lüderssen* 的否定性评释; OLG Hamm StraFo 2004, 419 连同 *Fischer* 的否定性评释。
② Vgl. EGMR NStZ 1998, 429 (*Foucher* 诉法国) 连同 *Deumeland* 的正确评释。
③ *M-G/Schmitt* § 147 Rn 32.
④ Knierim-*Knierim*, Kap 19 Rn 46.
⑤ OLG Köln StV 1999, 12.

五、辩护人的义务

247　　在辩护人与客户的关系中，辩护人应恪守的义务中尤值一提的当属**依法管理客户事务**的义务(《民法典》第675条连同第242条)、**保密义务**(《刑法典》第203条、《联邦律师法》第43a条第2款)和**忠诚义务**。相对于其他刑事程序参与人而言，辩护人有尊重**司法在其核心事项上能发挥功效**的义务(见边码150)，这尤其包括**真实义务**和**不得伪造证据**的义务。在庭审活动中，辩护人原则上还有在场义务(有足堪信服之理由者除外)①和穿着律师袍的义务②。

六、必要辩护——义务辩护

(一) 概念

248　　就特别严重的起诉(如重罪)或被追诉人具有严重缺陷(如精神残疾的)的案件，《刑诉法》规定这类刑事程序绝对要有辩护人参与，即所谓**必要辩护**(notwendige Verteidigung)。若这类案件中的被追诉人已选任辩护人，则已符合法律之要求。故**选任辩护人**(Wahlverteidiger)即为必要辩护人。反之，若被追诉人未为选任，此多半是因为缺乏经济条件或者他确实希望自行辩护(如身为律师③)，则将依职权为其指派一名辩护人(《刑诉法》第141条)，即是**义务辩护人**(Pflichtverteidiger)。"必要辩护人"和"义务辩护人"虽然概念外延不同，但"义务辩护人"必然同时系"必要辩护人"。④

(二) 必要辩护的范围

249　　必要辩护的规定分布在整个程序法之中(《刑诉法》第140条、第118a条第2款第3—5句；第364a、364b、408b条、第418条第4款，《少年法院法》第68条，《秩序违反法》第60条等)。如今，这些规定均须按照欧盟法的要求(尤其是2016年的《诉讼费用救助指令》，具体见边码251)被

---

① OLG Stuttgart StV 2020, 151 连同 *Theile* 的裁判评释。
② OLG München NStZ 2007, 120; LG Mannheim NJW 2009, 1094; 深入的论述见 *Beulke*, Hamm FS, S. 21。
③ EGMR NJW 2019, 3627.
④ 概览见 *Schlothauer*, Rn 191 ff; 关于改革: *Graalmann-Scheerer*, StV 2011, 696。

检视。①

1.实践中**最为重要的相关规范是**《**刑诉法**》**第 140 条**＊。其第 1 款详列了被追诉人具有辩护缺陷的情形。准此,案件符合下列情形的,必须有辩护人参与：

——可能在**州高等法院**、**州地方法院**或者在参审法庭举行第一审法庭审理的(第 1 项)；

——被追诉人被指控重罪的(第 2 项)；

——被追诉人依照《刑诉法》第 115、115a、第 128 条第 1 款或第 129 条之规定被拘传至法院以待裁断羁押或暂时性留置的(第 4 项)；

——法官命令或经法官同意,将被追诉人安置于收容机构的(第 5 项)；

——**被害人依照**《刑诉法》第 397a 条、第 406h 条第 3、4 款**被指派律师辅佐**的(第 9 项)；

——法官讯问时,若讯问的重要性表明,维护被追诉人权利需要辩护人参与的(第 10 项)。②

2.《刑诉法》第 140 条第 2 款的截堵性规定则适用于未被规定在《刑诉法》第 140 条第 1 款及其他特别条款中的刑事程序。据此,当**犯罪的严重性**、**可能判处法律后果的严苛性**或**案件在事实或法律方面的复杂性**表明需要有辩护人参与的,或者当被追诉人明显不能自我辩护的,属于必要辩护的情形。

(1)以前,犯罪的严重性不取决于法益侵害,而取决于**可能判处的刑罚**,但是新法已经将可能判处的刑罚规定成一项独立的类型[见(2)]。但是,这两方面却是相互交错而不宜独立评价的。③ 除了刑量以外,尤其还包括其他与刑罚相联系的严重不利后果,例如,可能会在其他案件中被撤销缓刑的效果。④

---

① Richtlinie über Prozesskostenhilfe für verdächtige und beschuldigte Personen im Strafverfahren v. 4.11.2016, ABl EU 2016 L 297/1; 对此不完全的内容参见 LR-*Jahn* (27. A.), Vorbem. § 137 Rn 3, § 140 Rn 30, § 141 Rn 5; *Jahn/Zink*, StraFo 2019, 318; *Schlothauer*, StV 2018, 169; *Spitzer*, StV 2020, 418。

＊ 最新版条文参见本书附录。——译者注

② Vgl. *Tully/Wenske*, NStZ 2019, 183.

③ LR-*Jahn* (27. A.), § 140 Rn 71.

④ OLG Saarbrücken StRR 2014, 145; s. auch LG Berlin StV 2005, 15 (不予延长居留许可的后果); LG Mainz NZV 2009, 404 (卡车司机一旦被剥夺驾驶资格将会失业的情形)。

（2）如今，**可能被判处法律后果的严苛性**显然已被证明是辩护具有必要性的理由。这也被规定在《诉讼费用救助指令》第 4 条第 4 款之中（参见边码 251）。德国多数意见相对僵化地将**可能被判处的自由刑的时长**作为判断严苛与否的标准。① 当前既定的实务见解认为，预期会判处约 1 **年自由**刑的即为严苛②。其实，更为适当的见解应当是，一旦完全可能会被判处自由刑，便符合了严苛性的标准。③ 一切可能在刑事程序中被决定的法律效果都应考虑在内。要对预期法律效果的严苛性作出合乎欧盟指令的解释，须以欧洲人权法院有关《欧洲人权公约》第 6 条第 3c 款的裁判见解为准，即应该结合个案从整体加以考量，关键取决于，究竟是否只有指派义务辩护人才能保障可能判处的刑罚的程序公正性（见边码 251）。④

（3）**案件在事实或法律方面的复杂情形**包括刑事案件的辩护非由辩护人全面阅卷不可的⑤；需要延揽辩护人参与的⑥；实务见解有分歧或者案件可能涉及有争议的法律问题⑦，或者检察官不服无罪判决，以事实或法律评价为由提起事实审上诉的情形⑧。在被告人不出庭的法律上诉审的庭审中，若无选任辩护人到场，则应该为其指派一名辩护人。⑨ 至于第 140 条第 2 款第 3 种情形规定的指派辩护人事由究竟是否包括围绕协商制度的谈判，实务见解尚无定论。⑩ 正确的观点是，倘若在个案中协商的法律后果会深刻影响被告人，便应被认定是《刑诉法》第 140 条第 2 款规

---

① *M-G/Schmitt*, § 140 Rn 23.

② OLG Frankfurt StV 2001, 106（包括缓刑）; OLG Naumburg StV 2018, 143; LG Stendal StV 2020, 164。

③ *Beulke*, Jugendverteidigung, S. 170 ff; *ders.*, Jugendverteidigung Ⅱ, S. 45; *Herrmann*, StV 1996, 400.

④ S/S/W-StPO-*Beulke*, § 140 Rn 38.

⑤ OLG Köln StV 2012, 719; LG Dortmund StV 2020, 165.

⑥ LG Osnabrück StV 2019, 185.

⑦ KG NJW 2008, 3449; OLG Brandenburg NJW 2009, 1287; LG Hannover StV 2018, 155.

⑧ OLG Dresden StV 2015, 541; OLG Hamm NStZ-RR 2018, 116; Fall bei *Putzke/Scheinfeld*, Rn 322.

⑨ BGH NStZ 2015, 47.

⑩ OLG Naumburg NStZ 2014, 116 连同 *Wenske* 以及 *Peglau* 的否定性裁判评释，jurisPR-StrafR 6/2014 Anm. 2; OLG Bamberg StV 2015, 539 连同 *König/Harrendorf* 的批判性裁判评释; *Ruhs*, NStZ 2016, 706; *Satzger*, Jura (JK) 2016, 327, § 140 Ⅱ StPO; *M-G/Schmitt*, § 257c Rn 24.

定的必要辩护情形。①

（4）最后一种必要辩护的情形是被追诉人显然**不能自行辩护的**。例如，当被告人患有生理或精神残疾②、被告人没有读写能力③、在指控中利益相互冲突的共同被告人拥有辩护人④、被害人在庭审中自费聘请了律师⑤等。

《法院组织法》第187条明文规定了《欧洲人权公约》第6条第3款第e项规定的权利，若被追诉人不通晓法庭使用的语言，无论其经济状况如何，都有权在整个程序中获得免费口译人员的帮助。在严重的犯罪指控中，如果缺少语言能力，通常也等同没有能力自我辩护。但是，仅仅不懂德语还不足以认定为缺乏语言能力，毕竟不懂德语可以通过口译人员去弥补。⑥

（三）指派义务辩护人

1. 欧盟于2016年颁布了《关于在刑事程序中对被怀疑人和被追究人以及在执行欧盟逮捕令程序对被请求执行人给予诉讼费用援助的指令》(Richtlinie über Prozesskostenhilfe für Verdächtige und beschuldigte Personen in Strafverfahren sowie für gesuchte Personen in Verfahren zur Vollstreckung eines Europäischen Haftbefehls)。⑦ 通常也被称作《**诉讼费用救助指令**》或《**法律援助指令**》(legal aid-Richtlinie)。德国立法者于2019年将该指令转

---

① S/S/W-StPO-*Beulke*, § 140 Rn 44; *Jahn/Müller*, NJW 2009, 2625, 2627; 持区分型见解的还有 *Schneider*, NStZ 2014, 252, 260 u. *Wenske*, NStZ 2014, 117, 118; *Theile*, NStZ 2012, 666, 670。

② OLG Düsseldorf StV 2002, 236 (麻醉品成瘾的情况); OLG Hamm NJW 2003, 3286 (年事较高需要辅导的情况); LG Hildesheim StV 2008, 132 (阅读障碍的情况)。

③ OLG Celle StV 1994, 8; LG Berlin StV 2020, 164。

④ LG Stendal StV 2020, 166。

⑤ KG StV 2012, 714; S/S/W-StPO-*Beulke*, § 140 Rn 33; LR-*Jahn* (27. A.), § 147 Rn 11; 更趋保守的见解: EGMR StV 2020, 142 (*D.L.*诉德国) 连同 *Esser* 的裁判评释; HansOLG Hamburg StV 2017, 149 连同 *Beulke/Sander* 的批判性裁判评释。

⑥ BGHSt 46, 178, 186 连同 *Tag* 的裁判评释, JR 2002, 124; 更令人信服的观点: LG Mainz StraFo 2018, 113; LG Koblenz StV 2020, 164; 深入的论述见 *Schmidt*, Rn 319 ff。

⑦ ABl I 297 vom 04.11.2016, S. 1; 对此不完全的内容参见: LR-*Jahn* (27. A.), Vorbem. § 137 Rn 3, § 140 Rn 30, § 141 Rn 5; *Jahn/Zink*, StraFo 2019, 318; *Schlothauer*, StV 2018, 169; *Spitzer*, StV 2020, 418。

换成内国法。① 指令明确强调,各成员国既可通过一般性**诉讼费用援助模式**,也可以通过**指派义务辩护人**的方式(正如德国传统模式那样)去实现合乎欧盟法的转换。无论哪种模式,最重要的是**实现这个结果**:《诉讼费用救助指令》第 4 条第 5 款规定,每一个成员国都要确保**毫不迟延地且最迟在警察、其他刑事追究机关或司法机关开展讯问以前**就批准诉讼费用援助。

252　　德国虽然坚持走指派义务辩护人的模式,但加以全面的改造,以区别于旧规定的**申请模式**。一部分文献认为,这种申请模式原则上是与欧盟法相抵触的,因为它不能满足《诉讼费用救助指令》(第 19 条权衡理由)所追求的,在所有欧盟成员国中平等地确保被追诉人享有最低保障的标准②。

　　在必要辩护的情形下,被追诉人已经知悉被指控犯罪且还没有辩护人的,如果他在被晓谕(见边码 178)以后明确表示**申请**义务辩护人,应该毫不迟延地为其指派(《刑诉法》第 141 条*第 1 款第 1 句)。最迟应该在讯问被追诉人或与其对质以前对申请作出决定(《刑诉法》第 141 条第 1 款第 2 句)。

253　　2. 在必要辩护的特定案件中,但凡被追诉人仍无辩护人的,**无论其是否申请**,均应**依职权**为其指派义务辩护人(《刑诉法》第 141 条第 2 款、第 142 条第 2 款)。

　　但是,为德不卒的是,在必要辩护的情形中,立法并没有在依职权指派的情形下绝对保证义务辩护人参与,而是在《刑诉法》第 141 条第 2 款、第 141a 条**中设置了非常混乱复杂的特别规定,其间既有一般要件,又有例外要件。

254　　(1)**依据《刑诉法》第 141 条第 2 款第 1 句**,具有下列情形之一的,在必要辩护案件中尚无辩护人的被追诉人,无论其是否申请,**一般**均应被依职权指派一名义务辩护人:

---

　　　① Gesetz zur Neuregelung der notwendigen Verteidigung v. 12.12.2019, BGBl. I, 2019, S. 2128.
　　　② OK-StPO-*Krawczyk*, § 141 Rn 5; DAV-Stellungnahme 36/2019; 积极反对的见解:*Barton*, Strafverteidigung 2020, S. 11。
　　　*　最新版条文参见本书附录。——译者注
　　　**　最新版条文参见本书附录。——译者注

——他应当**被拘传到法院面前**,就其羁押或暂时性留置问题作出裁判的(《刑诉法》第 141 条第 2 款第 1 句第 1 项);

—— 一旦获悉他因法院之裁判**被收容到某个机构**中的(详见《刑诉法》第 141 条第 2 款第 1 句第 2 项);

——他在侦查中,尤其是对其讯问或与其对质的活动中显然**不能自行辩护的**(《刑诉法》第 141 条第 2 款第 1 句第 3 项);

——在中间程序中,**按照《刑诉法》第 201 条之规定被要求就起诉书发表意见的**(《刑诉法》第 141 条第 2 款第 1 句第 4 项前半段);

——**后来的程序**(即随着中间程序、审判程序和执行程序的进一步开展)显示,有必要让辩护人参与的(《刑诉法》第 141 条第 2 款第 1 句第 4 项后半段)。

若直到**庭审**中才发现案件有必要辩护情形的,则庭审活动须在指派义务辩护人之后被停止以待重新进行,或者至少应重新进行其主要步骤(尤其是讯问被告人、法庭证据调查)(见《刑诉法》第 145 条第 2 款)①。

(2)下列情形不适用《刑诉法》第 141 条第 2 款第 1 句第 1—3 项之规定[见前述(1)],**而适用第 141 条第 2 款第 2 句之规定:**

——若第 141 条第 2 款第 1 句第 1 项(**羁押性拘传的情形**)规定的情形迭有《刑诉法》第 127b 条第 2 款、第 230 条第 2 款、第 329 条第 3 款之情形,且被追诉人经晓谕后**未明确申请者**,则纵使案件属于必要辩护之情形,也**无须**依职权指派义务辩护人(详见《刑诉法》第 141 条第 2 款第 2 句)。

——《刑诉法》第 141 条第 2 款第 1 句第 2 项和第 3 项规定的情形下(**收容情形、侦查中缺少辩护能力的情形**),若刑事追究机关**有意**随即终止程序且除查询登记报告或调阅判决或案卷以外,对案件无意再做其他调查活动的,则**不必**依职权指派义务辩护人(详见《刑诉法》第 141 条第 2 款第 3 句)。

(3)**在侦查程序中,有下列情形之一的**,不适用《刑诉法》第 141 条第 2 款第 1 句和第 2 句[即不适用(1)和(2)的内容],可依据《刑诉法》第 141a 条第 1 句第 1 种情形之规定,**在依职权指派义务辩护人以前讯问被追诉人或与其对质:**

---

① BGH NStZ 2009, 650.

——对**防止对人之身体、生命或自由的当前危险**有紧迫之必要的(第 1 项);

——为避免对刑事程序造成重大妨碍所必须的(第 2 项)。

(4)**在侦查程序中**,应被追诉人的申请指派义务辩护人之前,若案件具有前述(3)所言之相同要件者,经被追诉人**明确同意的**,**不适用《刑诉法》第 141 条第 1 款**,而适用第 141a 条第 1 句第 2 种情形之规定,在指派义务辩护人以前先讯问被追诉人或者与被追诉人对质。

257　3. 在解释上述规则方面还有许多**不明之处**,例如,适用《刑诉法》第 141 条第 2 款的必要辩护情形是否须在实体面上受制于第 140 条的规定? 抑或正如第 141 条之标题(而不是其内容)所显示的那样,其仅为指派义务辩护人**时点**之规定?① 尚有歧义。

258　4. 另有争议的是,在侦查阶段必要辩护的情形下,尤其当其**未申请**指派义务辩护人时,究竟被追诉人可否**放弃**被指派义务辩护人? 有些最近的学术文献对之持肯定见解。② 但这与欧盟法的要求不合。获得法律援助的权利从文义上是不容舍弃的。③

259　5. **在侦查程序对被追诉人的第一次讯问**[由警察为之(《刑诉法》第 163 条第 1 款第 1 句、第 3 款、第 163a 条第 4 款),或由检察官为之(《刑诉法》第 163a 条第 3 款),或由法官为之(《刑诉法》第 136、162 条,第 163a 条第 1 款)],这是有关指定义务辩护人之新规定的"阿喀琉斯之踵",因为此时对整个程序而言是岔路口。《诉讼费用救助指令》要求**在第一次讯问被追诉人以前**保障他咨询辩护人的权利。转换到德国法体系中,这意味着在侦查程序中必要辩护的情形下,必须**在警察/检察官/法官讯问被追诉人以前**就指派义务辩护人。但是,如今的《刑诉法》第 141 条第 2 款第 1 项却从文义上为没有辩护人的讯问打开了后门,因为尽管刑事追究机关已经对被追诉人实施了《**刑诉法**》**第 128、129 条规定的暂时性逮捕**,但也有可能尚未决定,**是否会申请羁押**。④ 这道后门不符合欧盟法的要求。⑤

---

① S/S/W-StPO-*Beulke*, § 141 Rn 58; 结论相似的见解: LR-*Jahn* (27. A.), § 141 Rn 18, 33 (并行化的义务)。
② *Claus*, juris PR-StrafR 3/ 2020 Anm. 1; *Moosbacher*, JuS 2020, 128, 131.
③ LR-*Jahn* (27. A.), § 141 Rn 4, 32.
④ *M-G/Schmitt* § 141 Rn 12.
⑤ LR-*Jahn* (27.A.), § 141 Rn 21.

6. 同样值得商榷的是《刑诉法》第 141 条第 2 款第 3 项的规定,即"当侦查程序中,尤其在必要辩护案件中讯问被追诉人或与被追诉人对质时,若被追诉人显然不能自行辩护,便应指派一名义务辩护人"。按照反面推论的解释可以得出,如果侦查程序中的被追诉人具备辩护能力,纵使是必要辩护的案件,只要没有辩护人的被追诉人不申请指派义务辩护人,便可以对其开展第一次讯问。这似乎就是立法者的本意。① 它试图通过营造不同的漏洞,让原先的法状态(在没有辩护人的条件下对被追诉人实施第一次讯问)在新的理念下暗渡陈仓。其结果是,侦查阶段仅在"**特别场景下**"才会依职权指派义务辩护人,依职权指派义务辩护人原则上只有在开始法院的程序时才会实现。② **本书认为这是违反欧盟法的**。在本书看来,由于《**诉讼费用救助指令**》作为《**欧洲人权公约**》第 6 条第 3 款第 c 项规定的咨询辩护人权的体现,应该对《刑诉法》第 141 条第 2 款第 1 句第 3 项作出符合欧盟法的解释。即一旦案件属于必要辩护的情形且被追诉人没有委托选任辩护人的,在第一次讯问被追诉人时,无论如何都绝对属于"被追诉人显然不能自行辩护"的情形,此时必须在侦查中为其指派一名义务辩护人(关于拘传到法官面前,也可参见边码 372)。③

260

7.《刑诉法》第 141 条第 2 款第 1 句第 3 项连同第**140 条第 1 款第 10 项**规定的指定辩护则与**法官的讯问活动**尤其相关。此时指派义务辩护人的必要性可以借以下事由推知,例如,当法官在侦查程序中已经讯问了**控方证人**,被追诉人对该证人虽享有对质权,但是若被追诉人因故须回避讯问证人时(《刑诉法》第 168c 条第 3 款,见边码 188),便仅能通过辩护人代替其行使证人发问权(见《刑诉法》第 240 条第 1 款;《欧洲人权公约》第 6 条第 3 款第 d 项)(有关欧洲人权法院的实务见解,见边码 15、190,*Schatschaschwili* 诉德国案)。同样的,由于在后续的庭审程序中,法官讯问的笔录系广义上可被宣读的对象(《刑诉法》第 254 条,见边码 641),故当法官在侦查阶段讯问被追诉人时(除了《刑诉法》第 141 条第 2 款第 1

261

---

① BT-Drs. 19/15151, S. 7 (也不完全确定); 赞同见解: *Mosbacher*, JuS 2020, 128, 131。
② *Böß*, NStZ 2020, 185, 188。
③ S/S/W-StPO-*Beulke*, § 141 Rn 53 f, 62 f; *Beulke*, Strafverteidigertag 2019, S. 9, 43 ff; s. auch EGMR StV 2019, 593 (Knox 诉意大利); S/S/W-StPO-*Eschelbach* § 136 Rn 63 ff; S/S/W-StPO-*Satzger*, Art. 6 EMRK Rn 56; LR-Jahn (27.A.), § 141 Rn 31 ff; 不同观点见 OK-StPO-*Krawczyk*, § 141 Rn. 6, 17, 他认为,纵使通过解释的方式也无法克服欧盟指令没有得到充分贯彻的现状, StV 2020, 418, 422。

项规定的情形以外），率多也理应指派辩护人。①

262　　8.《刑诉法》第141a条第1句第2种情形的规定也似乎有欠考虑。其规定，在该条文所列举的侦查阶段的情形中，即使被追诉人**已经提出指派申请，只要其随后明确表达同意对其讯问的**，便可以在没有指派义务辩护人的前提下对之实施第一次讯问。至少从《刑诉法》第141a条第2句可以反映出，这种立法设计（至少在严重妨害刑事程序的情形下）似乎也不符合《欧洲人权公约》第6条第3款第c项连同《诉讼费用救助指令》的精神。根据《刑诉法》第141a条第2句，被追诉人在讯问前随时询问其选任的辩护人的权利不受影响。于是，这一套规定适用下的具体场景还能否符合公平性的要求（《基本法》第20条第2款，见边码59）便令人怀疑：因为将辩护人排挤出第一次讯问将明显构成对被追诉人的苛求［"**我希望得到一名义务辩护人，但是我却要同意他在第一次讯问时不在场，可是我还想在第一次讯问前咨询（选任的或义务的）辩护人！**"岂有此理］。②

263　　9.最后一项有待明确的问题是，若被追诉人已经依据《刑诉法》第141条第1款提出了指派的申请，是否也应该受到《刑诉法》第141条第2款第2、3句规定的限制？③ 持肯定意见的观点认为，《刑诉法》第141条第2款第1句规定的依职权指派义务辩护人是"不依赖于"辩护人申请的。依据《刑诉法》第141条第2款第2句的规定，在依职权指派义务辩护人的特定情形中，当被追诉人没有"明确"地提出申请时，也是允许放弃义务辩护人的。故《刑诉法》第141条第1款便同第141条第2款第2句发生了"联结"，从而支持了肯定性的结论。《刑诉法》第141条第2款第2、3句和第141条第2款第1句第4项之间的关系也可同此解释：例如，根据第141条第2款第2句所列举的情形可以看出，第141条第2款第2、3句规定的限制也同样适用于中间程序和审判程序。

由于目前实践中还缺乏有关《刑诉法》第141、141a条的操作经验，故无法预测未来实务见解将如何看待这两条之间的适用关系。**图表5**仅视

---

① 深入的论述见 S/S/W-StPO-*Beulke*, § 141 Rn 17; *Burhoff*, Reform, Rn 109; Knierim-*Knierim/Oehmichen*, Kap. 17 Rn 101; *Schlothauer*, StV 2017, 557。

② *Beulke*, Editorial NStZ 10/2019; S/S/W-StPO-*Beulke*, § 141a Rn 9; *Schoeller*, StV 2019, 190, 194；猛烈批评意见：*Böß*, NStZ 2020, 185, 191；商榷见解还有 *M-G/Schmitt* und LR-*Jahn* (27. A.), § 141a Rn 14。

③ 明确持反对意见的：*M-G/Schmitt*, § 141 Rn 15; LR-*Jahn* (27.A.), § 141 Rn 22, 26。

第九章 辩护人 183

为某种初步的制度适用组合。

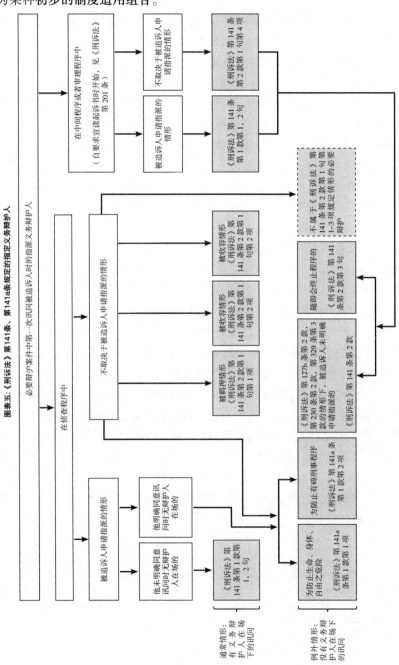

264　　10. 倘若法院应当指派辩护人却未予指派,究竟会产生何等法律后果,目前仍然相当不明确。早前的实务见解认为,如果被追诉人不能在侦查程序中参加讯问证人的活动,便有义务事先为其指派一名义务辩护人,但该见解却主张,怠忽该义务的,不产生证据使用禁止的效果(见边码700及以下数段),仅特别审查取得的证据为已足,即"证据评价方案"。① 然这一结论难以令人苟同。建立在必要辩护新制基础上的实务见解未来会朝向何方发展,目前尚难预料。但殆无异议的是,若故意违反《刑诉法》第141条第1款、第2款第1句,则适用证据使用禁止。至于其他违反《刑诉法》第140条及以下数条的情形究竟能否导致证据使用禁止,则取决于被违反规范的保护范围(见边码705)。倘若讯问被追诉人或与其对质时,确实应当指派义务辩护人却未予指派的,本书主张,通常会导致证据使用禁止。②

265　　11. 被追诉人依据《刑诉法》第141条第1款第1句**申请指派义务辩护人的**,应在提起公诉之前向警务机关、警员或者检察官提出,见《刑诉法》第142条*第1款第1句。检察官应毫不迟延地将申请连同意见呈递法院决定,见《刑诉法》第142条第1款第2句第1种情形。但是,遇到特别紧迫之情形的,检察官得自行决定指派义务辩护人,见《刑诉法》第142条第1款第2句第2种情形连同第142条第4款。《刑诉法》第142条第4款的规定作为一项例外规定须作严格解释。

266　　在侦查阶段,若根据《刑诉法》第141条第2款第1—3项之规定,应**依职权**为被追诉人指派义务辩护人的,则检察官应毫不迟延地为被追诉人申请指派,或者根据《刑诉法》第142条第4款规定的紧急决定权自行指派,见《刑诉法》第142条第2款。

　　12. **指派义务辩护人原则上是法院的义务**,无论是因被追诉人申请为之的或依职权为之的,均无不同。根据《刑诉法》第142条第3款,分别由下列法院负责指派:

---

① BGHSt 46, 93, 99; 对此参见 *Eisele*, JR 2004, 12; *Gless*, NJW 2001, 3606; *Hamm*, Lüderssen-FS, S. 717; *Schlothauer*, StV 2001, 127; *Sowada*, NStZ 2005, 1; *Walther*, GA 2003, 204; *Widmaier*, 50 Jahre BGH-Wiss-FG, S. 1043; 与本处观点一致的: AG Hamburg StV 2004, 370; *Fezer*, JZ 2007, 725; *Mehle, B.*, Zeitpunkt und Umfang notwendiger Verteidigung im Ermittlungsverfahren, 2006, S. 332。

② LR-*Jahn* (27. A.), § 141 Rn 41.

* 最新版条文参见本书附录。——译者注

——**侦查程序**中由**基层法院**为之(详见《刑诉法》第 142 条第 3 款第 1 项);

——**羁押情形**中由被追诉人被拘传面见的法院为之(详见《刑诉法》第 142 条第 3 款第 2 项);

——**提起公诉以后**,由案件系属的法院的**审判长**为之(《刑诉法》第 142 条第 3 款第 3 项)。

13. 无论是被追诉人自行申请指派抑或依职权为其指派辩护人,均应让被追诉人有机会在特定期限内**提名**一名辩护人(《刑诉法》第 142 条第 5 款第 1 句)。为了让他能行使**选择权**,应为其提供相关的信息,以方便他选择辩护人。此时,应该告知他现有的律师值班服务处(《刑诉法》第 142 条第 5 款第 2 句连同第 136 条第 1 款第 3、4 句)。苟无重要之相反理由,应该为被追诉人指派如他所期望的被提名的辩护人。无法指派或无法及时指派该名辩护人的,也是重要的相反理由(《刑诉法》第 142 条第 5 款第 3 句)。① 至于理由究竟是否重要,主管法院有裁量权,且仅在有限的范围内能被声明不服。裁量应权衡两方利益:一方面是被追诉人获得他信赖的熟谙法律之辩护人的权利,另一方面是公平且迅速进行程序的利益。后者会因为辩护人招惹冲突或身处外地受到妨害。②

> 被追诉人不享有要求指派自己提名辩护人的法律请求权。③ 同样地,居住在当地的辩护人也没有优先被指派的一般性权利。④

如果要为被追诉人指派一名未经其提名的义务辩护人,则应该**从联邦律师协会的全体名册中选择**。其间应当从该名册登记的律师中选择刑事专业律师,或者选择曾经向律协表明自己愿意承担义务辩护工作且适合担任辩护工作的其他律师(《刑诉法》第 142 条第 6 款)。

如今,在各个地方性律师协会的网络主页上都会看到它们制作的名单,其中列明了或能找到已登记并愿意承担义务辩护工作的律师。

---

① 旧法状态下的见解: BVerfGE 9, 36, 38; BGH NJW 2001, 237; LG Dessau StraFo 2019, 280。
② BGHSt 48, 170, 175; OLG Stuttgart StV 2018, 144; *Wohlers*, JR 2019, 615.
③ BGHSt 43, 153.
④ LG Dessau-Roßlau StV 2019, 164.

268　　14. 法院作出的有关义务辩护的决定通常①只能通过**即时抗告**声明不服（详见《刑诉法》第 142 条第 7 款）。若系法庭审理中所作之裁定，被追诉人**亦有抗告权**。《刑诉法》第 305 条第 1 句*因《刑诉法》第 142 条第 7 款之特别规定而不予适用。有关侦查程序中的权利保障，见边码 493 及以下数段。

269　　15. 有关**指派的期间和撤销**规定在《刑诉法》第 143 条**。准此，义务辩护人自案件终止时（《刑诉法》第 153 条及以下数条、第 170 条第 2 款第 1 句、第 206a、206b 条），或刑事程序确定终了时（《刑诉法》第 143 条第 1 款）结束指派。案件不再符合必要辩护之情形的，**得**（裁量！）撤销指派（《刑诉法》第 143 条第 2 款）。撤销指派之决定得通过即时抗告声明不服，见《刑诉法》第 143 条第 3 款。

（四）更换辩护人

270　　2019 年有关必要辩护制度改革以后，《刑诉法》第 143a 条***详尽地规定了更换辩护人（Verteidigerwechsel）制度。

1. 若被追诉人选定**一名其他辩护人**（即委托了**选任辩护人**）且该辩护人接受的，则**通常应撤销**义务辩护人的指派（详见《刑诉法》第 143a 条第 1 款）。

2.《刑诉法》第 143a 条第 2 款第 1 句第 1—3 项让**一名义务辩护人取代原先的义务辩护人**在特别列举的情形下变得更加容易。此规定乃由《诉讼费用救助指令》第 7 条第 4 款转换而来。

如同第一次指派时的规定（见边码 267），被追诉人在更换辩护人时同样有权提名某位被他期望的义务辩护人（详见《刑诉法》第 143a 条第 2 款第 2 句）。

尤为重要的是《刑诉法》第 143a 条第 2 款第 1 句第 3 项。它将既有的实务见解②上升为法律：**若辩护人和被追诉人之间的信赖关系已遭彻底破坏**，或基于其他理由已无法保证被追诉人能得到妥适辩护的，应该由另

---

① 关于适用《刑诉法》第 142 条第 7 款第 2 句毫无意义地逐出辩护人的情形见 LR-Jahn (27. A.), § 140 Rn 133。

* 该句规定："事实审法院在判决前所作之裁判，不得抗告。"——译者注

** 最新版条文参见本书附录。——译者注

*** 最新版条文参见本书附录。——译者注

② BVerfGE 39, 238, 244; OLG Frankfurt StV 1995, 11; Kett-Straub, NStZ 2006, 361.

一名义务辩护人替换现在的义务辩护人。

"其他理由"尤其是指存在**利益冲突**的情形。① **所谓当事人和辩护人之间的信赖关系**被破坏不能单凭宣称缺少信任为断,而应当令人信服地说明,从一名理性且清醒的被追诉人的角度观察,信赖关系已被彻底破坏。② 例如,辩护人根本不联系或怠于联系被羁押或被收容的被追诉人(如长期不去羁押场所)。③ 以前的司法实务对此解释得过于严格,但愿这种局面会因新的规定得到改观。若被追诉人和参与其案件的律师要求更换义务辩护人,而且更换既不会造成诉讼延宕,也不会增加国库费用负担的,应该予以准许。④ 若法院不批准申请,辩护人却声明不再继续参与案件的,就不是充分的辩护。⑤

颇滋疑义的是,法院认定辩护人**不适任**是否构成"重要的理由"?由于法院不得控制辩护人的策略,对义务辩护人而言亦无不同⑥,故不能以此为理由。相对于试图采取冲突辩护策略的辩护人而言,法官权力滥用带来的危害会更大(参见边码194、227、274)。尽管如此,实务见解仍认为,当已清楚地知晓辩护人不能为被告人提供适当的辩护的极端情形下,基于法官的照料义务仍应撤销对义务辩护人的指派。⑦ 此外,辩护人**没有辩护的意愿**,易言之,严肃明确地拒绝提供适当辩护的,实务见解认为也

---

① BGH NStZ 2016, 115; OLG Bremen StV 2019, 175 连同 *Pfordte/Horvat* 的评论, StV 2019, 200。
② BGHSt 39, 310, 315; BGH JR 1996, 124 连同 *A. Müller* 的裁判评释; 深入的论述见 *Busmann*, StraFo 2019, 235。
③ OLG Braunschweig StV 2012, 719; LG Köln StV 2015, 544; LG München I StV 2015, 27; AG Frankfurt StraFo 2019, 378.
④ OLG Karlsruhe NStZ 2017, 304; KG NStZ 2017, 305.
⑤ BGH NJW 1993, 340.
⑥ BGH StV 2000, 402 连同 *Stern* 的裁判评释。
⑦ KG StV 1993, 236; 2009, 572 连同 *Weigend* 的否定性评释; OLG Stuttgart StV 2002, 473; *Hilgendorf*, NStZ 1996, 4; *Meyer-Goßner*, 50 Jahre BGH-Prax-FS, S. 627; abw. *Barton*, S. 160, 218; *Beulke*, S. 129; *Seier*, Hirsch-FS, S. 992; 深入的论述见 MüKo-StPO-*Gaede*, Art. 6 EMRK Rn 218; *Theiß, Chr.*, Die Aufhebung der Pflichtverteidigerbestellung de lege lata und de lege ferenda, 2004; *Weigend*, Schlothauer-FS, S. 191。

可以免除其辩护义务。① 但是,不能单凭辩护人一时的沉默不言就推断其没有辩护的意愿。②

建立在旧法状态上的学界通说曾认为,基于"重要的理由"**撤回义务辩护人的指派**(Widerruf der Pflichtverteidigerbestellung)只能准用排除辩护人的规定,即《刑诉法》第138a条及以下数条(参见边码272)。③ 尽管原先的实务见解也认为,《刑诉法》第138a条及以下数条可以类推适用于义务辩护人,但同时认为《刑诉法》第143条也是撤回义务辩护人的法律依据。④ 如今,《刑诉法》第143a条第2款第3项绝对可以作为撤回指派义务辩护人的依据。但是,按照正确的理解,《刑诉法》第138a条及以下数条仅适用于选任辩护人而已。⑤

3. 在**法律上诉审**中,被追诉人可以在更为宽松的条件下更换义务辩护人。(具体见《刑诉法》第143a条第3款)。

4. 有关辩护人更换事项的裁定可经即时抗告声明不服(《刑诉法》第143a条第4款)。

因义务辩护人履行着独立的公共职能,故其亦有抗告权(颇有争议⑥)。

案例见 *Beulke*, Klausurenkurs Ⅲ,边码242。

(五)"保全性辩护人"

在必要辩护制度改革以前,《刑诉法》仅针对**选任辩护人不在庭**的情形规定了选任辩护和义务辩护并存的制度(《刑诉法》第145条第1款第1句)。然而,多数见解认为,依据旧法,纵使有选任辩护人,**若选任辩护人不能充分地保障程序顺利进行直至完结的**,也不必撤销义务辩护人的

---

① BGH NStZ-RR 2018, 84.
② OLG Oldenburg StV 2018, 148.
③ *Kett-Straub*, NStZ 2006, 363; *Roxin/Sch*ünemann, § 19 Rn 54; *Seier*, Hirsch-FS, S. 988.
④ BGHSt 42, 94, 95 f 连同 *Weigend* 的部分性批评评释, NStZ 1997, 47; OLG Hamburg NStZ 1998, 586。
⑤ 相同见解: BVerfGE 39, 238, 245。
⑥ 赞同的见解: HK-*Julius/Schiemann*, § 143 Rn 10;否定的见解: *M-G/Schmitt*, § 143 Rn 9; KG StraFo 2018, 432; OLG Frankfurt NStZ-RR 1996, 272(仅因恣意被更换才否定抗告权)。

指派(《刑诉法》第 143a 条第 1 款;见边码 270)①。按照如今的新法,**若有必要保障程序的顺利进行,尤其是考虑到案件范围及复杂性**,可以在选任的辩护人或者义务辩护人以外,再依法额外指派不超过两名的义务辩护人(即可能有三名义务辩护人!)(详见《刑诉法》第 144 条)。在个案中,也可以一开始就凭借此种所谓的"**保全性辩护人**"(Sicherungsverteidiger)制度实现上述"**多重性安排**"。

然而,在选任辩护人之外再为被追诉人强制安排一名义务辩护人,按理仅限于防止极端的权利滥用时,始得为之。

七、辩护人的逐出

立法通过《刑诉法》第 138a 条及以下数条规定了在一系列辩护人**滥用其帮助功能**②的情形中逐出辩护人(Ausschließung des Verteidigers)的可能性。《刑诉法》第 138a 条第 1 款第 3 项就规定,如辩护人有重大嫌疑,曾实施了一旦被追诉人被判有罪时他将构成**阻扰刑罚罪**(也可能通过辩护活动实现)的行为,应该排斥该辩护人参与程序。③ 联邦最高法院认为,此时应该尚未针对辩护人启动侦查程序。④ 一旦辩护人成为共同被追诉人,就不能再担任其他被追诉人的辩护人。故在庭审活动中不必再依据《刑诉法》第 138a 条逐出辩护人,否则与辩护人的法律地位不合。具有共同被追诉人身份的辩护人由事实审法院否决之(准用《刑诉法》第 146、146a 条)。⑤

《刑诉法》第 138c 条规定了**逐出的程序**。有关逐出的裁决原则上应该由**州高等法院**为之,例外时由联邦最高法院作出。见《刑诉法》第 138c 条第 1 款。有关逐出辩护人的申请权参见《刑诉法》第 138c 条第 2 款*;

---

① BVerfGE 39, 246; BGHSt 15, 306, 309; OLG Karlsruhe StV 2001, 557; OLG Düsseldorf NStZ 2010, 231; dazu *Beulke*, S. 239 ff; *ders., JR* 1982, 45; *ders., StV* 1990, 365; *Knell-Saller, I., Der Sicherungsverteidiger*, 1994; 一概予以否定的见解 *Fezer*, Fall 4 Rn 43。

② *Beulke/Ruhmannseder*, Rn 514 ff; *Burhoff*, StRR 2012, 404.

③ Vgl. BGH NStZ 2006, 510 (Fall *Zündel*).

④ BGH BeckRS 2018, 19983; 不同观点见 S/S/W-StPO-*Beulke*, § 138a Rn 15。

⑤ BGH StV 1996, 469; OLG Hamm NStZ-RR 2008, 252 (在侦查程序中则不同)。

* 依该规定,若案件已经被提起公诉且尚未判决确定的,应该由负责审理案件的法院提交;其他情形应该由检察官提出申请。——译者注

关于逐出决定的撤销见《刑诉法》第 138a 条第 3 款*。

八、共同辩护

依据《刑诉法》第 146 条，一名辩护人原则上不得接受多名被追诉人的委托(**禁止共同辩护**)。此旨在保护被追诉人免受辩护人利益冲突之不利，因为在程序中经常会出现多名犯罪参与人之间彼此分担罪责的危险。禁止的要求包括：

——**同时**对同一个程序意义上的多名犯罪参与者开展程序(在一个程序之中)的，不得实行共同辩护(gemeinschaftliche Verteidigung)，见《刑诉法》第 146 条第 1 句；

——对**同一个**犯罪(《刑诉法》第 264 条)的多名参与者**分别但却并行地**开展程序的(《刑诉法》第 146 条第 1 句)，即未予审查具体利益冲突的，不得实行共同辩护①；

——对多名被告人分别指控**不同**的程序意义上之**犯罪**，但却基于某种原因，始终在同一个程序中开展的，不得实行共同辩护，见《刑诉法》第 146 条第 2 句。

> 若同一个律师事务所的不同的律师代理同一个程序中的两名被追诉人，纵使他们协调了彼此之间的辩护活动(**配合性辩护**)，也不违反《刑诉法》第 146 条。② 同一个辩护人为同一个程序意义上的犯罪的多名参与人开展(彼此前后的)**接续性辩护**也同样合法。例如，某名辩护人为一名犯罪参与者在一审中辩护，在二审中却为另一名参与者辩护，而此时该辩护人与前一名参与者之间的当事人关系已经解除了的情形。③ 一名被辩护人

---

* 依据该款规定，具有下列情形之一的，应该撤销逐出之决定：
1.不再符合逐出之要件的；但被追诉人被释放不能是撤销逐出的惟一理由。
2.在针对被逐出的事实开启的审判程序中，辩护人被宣告无罪的；或者名誉或职业法庭的判决没有依该事实认定辩护人有责地违反了职业义务的。
3.据以被逐出的事实经过一年以后仍未开启刑事审判程序或者荣誉或职业法庭程序的，或者未被宣告处刑令的。——译者注

① *Beulke*, NStZ 1985, 289；具体见 KMR-StPO-*Wohlers*, § 146 Rn 1。
② LG Frankfurt NStZ-RR 2008, 205；深入的论述见 *Eckart Müller*, StV 2001, 649。
③ OLG Jena NJW 2008, 311。

提名的律师不能仅因为存在抽象的利益冲突的危险就拒绝指派他。① 但是应该注意的是,就同一个犯罪中的两名参与者而言,尽管在诉讼上允许接续性辩护,但如果为其中一人辩护将会抵触另一人之利益的,会在实体法上构成背弃当事人罪(《刑法典》第 356 条)。②

九、辩护人的刑事可罚性

(一) 阻扰刑罚罪

辩护活动经常是介乎合法行为和犯罪行为之间如同走钢丝般的冒险。若辩护人表现得格外成功,国家刑罚请求权就可能长久难以实现,甚至彻底不能实现。不过,这恰好是辩护人的任务(见边码 224)。若其运用的手段乃诉讼上合法的手段并因此侵害了国家刑罚请求权的,**不得被归为阻扰刑罚罪**(Strafvereitelung),即不符合《刑法典》第 258 条的构成要件。③ 反之,当辩护人阻扰了或者可能阻扰制裁被追诉人(当事人),且满足了犯罪构成的其他要件,尤其是前行为的故意要件的,则此种**非法阻扰刑罚**的行为可以导致辩护人依《刑法典》第 258 条被制裁。

在辩护活动中,究竟什么是当前可为的,什么是不可为的,究竟到什么程度构成"阻扰刑罚行为",这些问题其实不取决于《刑法典》第 258 条,该条反而应该参照诉讼法;它毋宁说是"从属性"的规定。④ 然而,求诸诉讼法却也差强人意,因为诉讼法中也没有关于辩护权边界的明文规定。只能对辩护人的任务和法律地位加以一般性权衡,才能推导其边界何在。⑤ 因此直至今日,仍有许多行为方式的合法性未臻明了。在此背景下,对于

---

① BGHSt 48, 170, 174 f.
② OLG Stuttgart NStZ 1990, 542 连同 *Geppert* 的赞同性评释;深入的论述见 *Beulke/Ruhmannseder*, Rn 203 ff.
③ 相同见解:OLG Düsseldorf StV 1998, 65 以及学界观点;主张违法阻却事由的观点:*Müller*, StV 1981, 95。
④ BGHSt 38, 345, 347 连同 *Beulke* 的裁判评释, JR 1994, 116;深入的论述见 *Beulke*, S. 98; *Beulke/Ruhmannseder*, Volk-FS, S. 45; 亦见 *Danckert/Bertheau*, Hanack-FS, S. 31; *Ignor*, Schlüchter-FS, S. 42; *Kempf*, StV 2003, 79。
⑤ 批判性见解:*Jahn*, ZRP 1998, 103; *Schnarr*, G. Schäfer-FS, S. 66 f。

徒具辩护外观的帮助行为，究竟是否有"禁止脱离辩护的行为之要求"？再或，究竟是否应禁止"冲突辩护"（通常涉及权利滥用，见边码194、227）？均有争议。①

275　　根据本书所主张的**有限的司法单元理论**(边码227)，辩护人特别要遵守下列节制：
　　——他所说的一切必须是真实的(**真实义务**)，但是他知道的不必都说。② 可能不利于他的当事人的情况，他有权且有义务隐瞒。③

276　　——禁止**毁灭或伪造证据和线索**。④
　　此外，实务见解和学术文献更倾向于罗列各种情形的清单，而非划定一般性的界限标准。⑤
　　例如，禁止为之的情形有：
　　——为被告人编造谎言或为其说谎出谋划策⑥；
　　——虚假地陈述由辩护人掌握的且不适用《刑诉法》第97条扣押禁止的证据之下落⑦；

---

① BGH NStZ 2006, 510 (Fall *Zündel*); BGH StraFo 2009, 158 连同 *Bockemüh* 的否定性评释; BGH NStZ-RR 2009, 207; *J. Heinrich*, Konfliktverteidigung im Strafprozess, 2. A. 2016; 批评见解: *Jahn*, JZ 2006, 1134。

② *Dahs*, StraFo 2000, 181; *Bockemühl*, NStZ 2019, 102; *Gercke* StV 2020, 201, 203; 亦见 *Beulke/Ruhmannseder*, Rn 17; *Satzger*, Jura 2007, 759。

③ 对此详尽内容: *Bottke*, ZStW 96 (1984), 726; *Herdegen*, StraFo 2008, 137。

④ RGSt 50, 346, 366; OLG Hamm DAR 1960, 19。

⑤ 概述见 LR-*Jahn* (27. A.), Vorbem. § 137 Rn 105 ff, § 138a Rn 30 ff; *Beulke*, S. 149 ff; *Beulke/Ruhmannseder*, Rn 622 ff; *Meyer-Goßner*, 50 Jahre BGH-Prax-FS, S. 636; *Müller-Dietz*, Jura 1979, 242 ff; *Müller/Gussmann*, Berufsrisiken; OK-StGB-*Ruhmannseder*, § 258 Rn 23.2; *Wolf*, S. 313; 亦见 *Paulus*, NStZ 1992, 305; *Winkler*, Die Strafbarkeit des Verteidigers jenseits von § 258 StGB, 2005; *Wohlers*, StV 2001, 420; *Zeifang*, Die eigene Strafbarkeit des Strafverteidigers im Spannungsfeld zwischen prozessualem und materiellem Recht, 2004。

⑥ BGHSt 2, 375, 378; BGH NStZ 1999, 188 连同 *Beulke* 的裁判评释, Roxin-FS, S. 1174 u. *Widmaier*, 50 Jahre BGH-Wiss-FG, S. 1051; OLG Frankfurt NStZ 1981, 144; OLG Nürnberg, NJW 2012, 1895 连同 *Ruhmannseder* 的裁判评释; *Dahs*, Rn 43; *Engländer*, Rn 71; *Roxin/Schünemann*, § 19 Rn 14; *Gercke*, StV 2020, 201, 203; *Salditt*, StV 1999, 61; 这种情况近来有争议; 持不同的意见如有 *Bernsmann*, StraFo 1999, 230; *Sommer*, Kapitel 1, Rn 181 ff; SK-StPO-*Wohlers*, Vor § 137 Rn 72, 74, 96; *Wohlers*, Beulke-FS, S. 1067; 亦见 LR-*Jahn* (27. A.), Vorbem. § 137 Rn 28, 33, 68ff,125。

⑦ BGH NJW 2018, 3261, 3262 连同 *Mitsch* 的裁判评释 和 *Jäger* 的评论, JA 2019, 154; *Beulke* StV 2019, 205。

——唆使证人说谎①；
——要求传唤决意作伪证的证人②；
——辩护人在庭审中就证据申请和说理的部分说谎③（有争议）；
——提出证据申请可能会构成犯罪的④。
容许为之的情形有，例如：
——阐明法律状态；
——建议被追诉人行使缄默权⑤；
——就各种被描述的事实版本究竟应在法律上如何评价提供咨询；
——就行使拒绝陈述权和拒绝作证权提供建议⑥；
——当辩护人认为犯罪未能在程序中得到证实时，为他自己相信有罪的被告人请求法庭宣告无罪⑦；
——与被害人就赔偿金达成一致，以促使被害人提供有利的证言，即使辩护人相信，该证言或许不是真实的⑧。

（二）洗钱

277

辩护人在个案中可能会遇到如此情形：当事人手头的钱基本上来自于曾经的犯罪。这便产生一个问题，一旦辩护人接受了酬劳，是否会构成《刑法典》第261条规定的洗钱罪呢？按照学界的通说，纵使钱款经银行支付给辩护人也可以符合《刑法典》第261条，并且《刑法典》第261条第5款于主观犯罪构成方面仅须轻率（Leichtfertigkeit）的罪过形态便可被符合，似乎一旦当事人被指控犯有《刑法典》第261条所列举的犯罪（如所有的重罪！）时，辩护人依据《刑法典》第261条成立犯罪的可能性就是一种典型的执业风险。于是，如何才能限制这种风险，便成为长期热烈讨论的

---

① BGHSt 31, 10, 12 f.
② BGHSt 29, 99, 107.
③ OLG Frankfurt NStZ 1981, 144; OLG Bamberg StV2014, 8; LG Augsburg StV 2014, 21 (Fall *Lucas*) 连同 *Tsambikakis* 的裁判评释和 *Fahl* 的评论, StV 2015, 51 连同 *Kempf* 的拓展, StV 2015, 55。
④ BGHSt 47, 238 sowie *Stegbauer*, JR 2003, 74.
⑤ BGH <H> MDR 1982, 970.
⑥ BGHSt 10, 393, 394.
⑦ RGSt 66, 316, 325.
⑧ BGHSt 46, 53, 54 连同 *Beulke* 的肯定性评释, Roxin-FS, S. 1176; *Cramer/Papadopoulos*, NStZ 2001, 148; *Widmaier*, 50 Jahre BGH-Wiss-FG, S. 1063; 检讨意见：*Fezer*, JZ 2007, 668; *Scheffler*, JR 2001, 294; 区分类型的见解：*Stoffer*, Rn 346 ff。

议题。毕竟，仅仅因为支付酬金方面有难处，就让特定的犯罪人群体不能得到有效刑事辩护，似乎也不太合理。

联邦最高法院先前的判例①认为，《刑法典》第261条原则上与《基本法》第12条无违且也应适用于辩护人。但如今，**联邦宪法法院判例**（BVerfGE 110, 226）②却承认，《刑法典》第261条事实上形成了对执业自由基本权（《基本法》第12条）的**重大干预**（schwerwiegender Eingriff），因为收受律师酬金可能构罪的风险**妨害了辩护人在合理范围内以经济为目的提供职业性服务的权利**。但是，这并不意味着辩护人绝对不应当有《刑法典》第261条第2款第1项的入罪风险。该条款其实应当作出以下的合宪性解释：惟当辩护人对金钱工具的犯罪来源有**积极的认知**（蓄意），始得符合洗钱之**主观犯罪构成**。相反，若仅具有未必故意（dolus eventualis）或者过失，则不符合洗钱罪的主观犯罪构成（因此《刑法典》第261条第5款便肯定无法适用）。所以，当检察官在审查可能存在的初始嫌疑时，须格外关注宪法所保障的权利。因此，接受了触犯《刑法典》第261条第1款第2句所列举清单犯罪的当事人的委托，原则上不足以证明**有洗钱的初始嫌疑**。

> 于此相关的初始嫌疑须以有事实基础的线索为前提，该线索须表明，辩护人接受酬金的那一时刻主观上是恶意的。**不同寻常的酬金数额或者满足酬金要求的方式和手段都可能说明这种恶意**。③
>
> **联邦宪法法院**认为，《刑法典》第261条第1款第1句也应当相应地被限缩解释（如要求此处也应具有特别的故意形态），否则将出现不能为宪法所容忍的戕害，即BVerfGE 110, 26号裁判所关切的辩护人的利益和特别处境就不能在权衡中得到充分的考量。④

（三）其他的犯罪构成

278　　辩护人当然也会受到其他刑法规定的约束，如他不得伪造文书，见

---

① BGHSt 47, 68.
② S. a. *Müssig*, wistra 2005, 201；*Wohlers*, JZ 2004, 678；*Matt*, GA 2002, 137.
③ BVerfG StV 2005, 195；完整的内容亦见 OK-StGB-*Ruhmannseder*, § 261 Rn 41 ff.
④ BVerfG StV 2016, 15.

《刑法典》第267条。然而一再出现的疑问是,究竟是否应该对各个有待适用的犯罪构成均限缩解释,才能保障正当的辩护活动。例如,一个有争议的问题是,当辩护人交给当事人儿童色情资料,以便让当事人去判断该资料是否系起诉所指称的图像以及是否需要延揽鉴定人审查这些材料,此时辩护人是否会构成《刑法典》第184条第1款第2、5项规定的犯罪呢? 尽管原则上的一致意见认为,辩护人有权向其当事人转达其通过阅卷了解的信息,并有权让执业助理去使用这些信息,但是实务见解却为了全面禁止传播儿童色情文件划定了严格的界限,并且会处罚转交行为。①

案例20(边码222)之解答: 279

(1)占绝对支配地位的观点主张,V作为辩护人(见《刑诉法》第137条)应独立于被追诉人的意愿。故V的证据申请(参见《刑诉法》第244条第3款第1句、第6款)系合法且有效的,纵然A女士对此不同意,亦然。然而,这种冲突在实践中几乎不会出现,因为辩护人有义务与其客户建立某种信赖关系。所以,V应该先行与A女士商议他的举动。不能达成一致的,应考虑解除委托为宜(详见边码231)。

(2)依据《刑诉法》第163a条第4款第2句、第136条第1款第2—5句检察官有晓谕义务。

首先,B对P所作的陈述可能导致证据使用禁止,因为P没有遵守《刑诉法》第141条第1款之规定,为B指派一名义务辩护人。无论是依据《刑诉法》第140条第1款第1项(可能在州地方法院以特别加重抢劫罪被起诉,见《法院组织法》第74条第1款第2句),还是依据《刑诉法》第140条第1款第2项(特别严重的抢劫属于重罪,见《刑法典》第250条第2款第1项、第12条第1款),均有提供辩护之必要性。B的要求,即"希望和他的律师谈话"应该被视作指派义务辩护人的申请,见《刑诉法》第141条第1款第1句、第142条第1款第1句。不属于《刑诉法》

---

① 具体见BGH NStZ 2014, 514 连同 Barton 正确的批判, StRR 2013, 347; Jahn, JuS 2014, 1046 u. Ziemann, StV 2014, 299; OLG Frankfurt NJW 2013, 1107; Fischer, § 184b Rn 43;辩护友好型见解: Beulke/Witzigmann, Schiller-FS, S. 49; Meyer-Lohkamp/Schwerdtfeger, StV 2014, 772。

第141a条第1句规定的"明确"同意在没有辩护人的前提下开展讯问的情形。此外,纵使检察官有义务"独立于"被追诉人的请求而指派义务辩护人,但这不意味着检察官可以无视B所要求的指派请求。在属于必要辩护的案件中,在侦查阶段,就算被追诉人申请指派的同时,也愿意接受没有义务辩护人参加下的第一次讯问,惟有满足《刑诉法》第141a条第1款的严格要件且有时还须满足第141条第2款第2、3句之严格要件(目前尚不够具体明确!)下,才能加以考虑。然而在本案中既不存在特别的时间紧迫和侦查压力(《刑诉法》第141a条第1句第1项),也无人身之危险(第141a条第1句第2项),也不属于为羁押而拘传的特殊形式(第141条第2款第2句),更不涉及即时终结程序的情形(第141条第2款第3句)。故有关义务辩护的新制度要求,本案不得在没有辩护人参加下开展讯问。依据《刑诉法》第142条第1款第2句,通过P得知情况的检察官应毫不迟延地将B的请求提交给基层法院的侦查法官[第142条第3款第1项(仅有抽象犯罪嫌疑尚不得羁押)],或者当案件遇到紧急情形时,应该亲自指派义务辩护人(《刑诉法》第142条第4款第1句)。

目前的问题是,这种程序违法是否会引起证据使用禁止。若考虑到《刑诉法》第141条的意义和目的,即对于必要辩护的案件在侦查程序中的第一次讯问以前被无缝隙地指派义务辩护人,借此全面保障不必自证己罪的权利,则应承认此类违法有证据使用禁止的效果。诉诸权衡理论也很可能会得出同样的结论。尽管加重抢劫罪系严重的罪行,故从有效刑事司法原则出发,或许会强调国家刑罚权的实现,本案还存在侵犯被追诉人权利的严重违法,即未使其得到被自己信赖的律师提供辩护的权利(《欧洲人权公约》地6条第3款第c项、《基本法》第20条第3款、《刑诉法》第137条),不能不计代价地去发现真实。

在原始案例中,联邦最高法院同样认为B的陈述有证据使用禁止的效果,但是却以违反了晓谕义务为理由。P在继续开展讯问以前,应该重新晓谕B咨询辩护人的权利,但P却舍此不为。要求这种反复晓谕的用意在于让被追诉人明白,他求助于辩护人的权利不会以他第一次联络辩护人失败的形式卒告实现（BGH BeckRS 2019, 14505 连同 *Mosbacher* 的赞同性评释，JuS 2020, 128, 130; 亦见 *Mosbacher*, JuS 2018, 767）。这种（尚不牵扯到《刑诉法》第 141 条及以下数条规定的强制辩护指派新制度的）论证也是令人信服的。

所以，最终的结论：B 面对 P 所作之陈述不得作为判决 B 有罪的证据。至于"异议方案"的争论（详见边码 708）与此无关，因为本案中已经提出了异议。

（详细内容见边码 251 及以下数段）

案例 21（边码 223）之解答：

（1）辩护人不得说假话（**禁止谎言**），故 V 不得声称 A 曾经向他说过，他并不想拥有这本书（有争议）。

（2）辩护人不能知道什么就说什么；对于一切可能不利于其客户且客户不希望公开的事项，他负有**保密义务**。所以 V 不该将 A 的坦白告知法院，甚至他因为侵害了私人秘密而已经构成了犯罪（《刑法典》第 203 条）。

（3）辩护人不得为被追诉人**编造谎言**（有争议）。所以，V 建议 A 说自己希望将书还回去的做法，违背了其应有的义务。

（4）V 有权向 A 解释，盗窃和不构成犯罪的无权使用之间的界限，只有意图永久地剥夺他人占有的行为才构成盗窃罪。辩护人进入诉讼也是为了以正当方式弥补被追诉人**法律知识**方面的缺陷。

（5）尽管 V 知晓 A 具有取得之意图，但仍可以罪证不足为由申请无罪判决。按照《刑诉法》的要求，"有罪的人"不得直接被判处有罪，除非他的罪责在一个法治程序中通过合乎诉讼法的方式在庭审中得到了**证实**。

（详见边码 274 及以下数段）

第十章 证 据

案例 22：

(1) 证据有哪些形式？

(2) 证明程序可以被区分为哪些形式？在庭审程序中究竟如何认定警察在讯问中使用了《刑诉法》第 136a 条规定的非法讯问方法？（边码 312）

案例 23：

A 因盗窃被起诉，A 可能系与其兄弟 B 一起实施的盗窃。B 一开始被作为共同被告人，但是后来却从 A 的诉讼程序中被分离出来。法院能够在 A 的刑事程序中将 B 作为证人讯问吗？（边码 313）

案例 24：

A 和 M 涉嫌一同实施某起盗窃罪。一开始在同一个侦查程序中对两人调查。后来 M 的程序被分离出来，并宣告其有罪确定且连带判处自由刑。在针对 A 的刑事程序中，M 的妻子 E 作为证人被讯问，要求其说明是否曾看到 A 和 M 带着盗窃工具离开家？此时 E 得主张拒绝作证权吗？（边码 314）

一、证据的形式

德国刑事程序法规定了下列证据[①]：

——证人证据（Zeugenbeweis）（《刑诉法》第 48 条及以下数条）

——鉴定证据（Sachverständigenbeweis）（《刑诉法》第 72 条及以下数条）

——文书证据（Urkundenbeweis）（《刑诉法》第 249 条及以下数条）

---

① 导入性内容：*Huber*, JuS 2010, 1056.

——勘验证据(Augenscheinsbeweis)(《刑诉法》第 86 条)

证人证据和鉴定证据被并称为**人的证据**或**人证**(das persönliche Beweismittel/Personalbeweis)*,勘验证据和文书证据被概括为**物的证据**或**物证**(das sachliche Beweismittel / Sachbeweis)。

被告人或共同被告人的陈述(Einlassung des Angeklagten)在真正严格意义上不是证据(参见《刑诉法》第 244 条第 1 款,依据该条,法庭证据调查是在讯问被告人之后才进行的)。但由于被告人的陈述系法官自由心证时需要注意的事项,因此被称为**广义的证据**。

《刑诉法》规定的证据形式系穷尽列举(所谓"**证据之数量限制条款**")。

二、严格证明程序和自由证明程序

《刑诉法》尤其在第 239 条及以下数条中,全面地规定了究竟如何运用上述证据去查明案件事实的方式和方法。

这种**严格证明程序**(Strengbeweisverfahren)的特征是,在庭审程序中利用有限的法律所承认的证据,且于在满足特定形式要求的证明程序中查明案件事实。严格证明程序仅适用于**罪责问题和法律后果问题**。其间,待证事实必须经法院完全确信,方可被认定(关于庭审活动中的法庭证据调查,详见边码 620 及以下数段)。

自由证明程序(Freibeweisverfahren)则与之不同,其适用于开启审判程序之前的罪责和法律后果问题(例如,检察官打电话给被追诉人女朋友,以确认他案发时不在现场),并主要用来查明**程序性问题**(如核实被告

---

* 或许有的中文读者会困惑,为何德国法将证人、鉴定人当作证据形式之一,甚至广义的证据形式包括被追诉人,而不是类似于中国刑诉法规定的那样,将证人证言、鉴定意见、犯罪嫌疑人或被告人的供述和辩解作为证据形式之一呢?为了避免中文读者将此误解成职权主义中诉讼主体地位客体化的标志,有必要在此聊作说明:德国法的上述证据形式概念其实更符合言词证据或者人的证据的审查判断。与物的证据不同,人的证据能否证明案件事实,首要标准在于其信用性(德语为 Glaubwürdigkeit,英语为 credibility)的有无,至于其所说的内容是否具有关联性是次要标准。在信用性判断中,既要考虑该人的主观实在性,还要考虑其言论的可靠性,某个作证的人员是否可信可靠,必须联系其前后陈述的一致性进行严格检验。纵使该人员前后提供了若干陈述(甚至彼此截然不同),均不妨碍法官经过整体信用性评价后,采信或不采信他的某段陈述。简言之,某人的话是否可信,不仅在其如何说,更在于其是否靠谱。所以归根结底,证明案件事实的是作证人员(证据评价的对象),而不是他在某个诉讼时点上提供的某段陈述(充其量只是证据采信的结论)。正是因为这个道理,所以拒绝作证权或缄默权/拒绝陈述权,均仅能整体行使,不能分段行使。——译者注

人的就审能力)。自由证明程序的特点是,不受法定证据形式限制,不适用《刑诉法》第 239 条及以下数条有关证明方式的规定,并且通常对法庭确信程度要求更低,仅须"达到盖然性"程度即可。法官对特定诉讼行为的前提要件究竟如何形成确信,端赖法官进行合义务性裁量。① 然而,纵使依循自由证明原则去证明,也不改变法院的澄清义务(《刑诉法》第 244 条第 2 款)。②

某个待证事实究竟是程序性问题还是罪责与刑罚问题,在具体情形中可能存有疑问;例如,是否使用了《刑诉法》第 136a 条规定的禁止性讯问方法(边码 202 及以下数段、边码 218)。实务见解和主流学说均认为此属于程序问题,应适用自由证明的规定③。值得重视之少数说却认为,这些核心规定具有法治国重要性④,且该类事实有"双重关联"的特征⑤(亦见边码 458),所以应该适用严格证明的规定。

三、证人证据——《刑诉法》第 48 条及以下数条

(一) 证人的概念

286 　《刑诉法》第 48 条规定的**证人**系指在某个不针对其自身的刑事案件中透过陈述的方式表达他**对案情的感知**(Wahrnehmung der Tatsachen)的人。⑥ 任何人都有**作证能力**(Zeugnisfähigkeit),幼儿和精神病人亦然。若某个人仅被观察(如观察他受到的伤害),则属于勘验的客体而非证人。证人究竟是能够说明案发经过还是他感到的其他案情,对证人的身份不生影响。哪怕是证人道听途说的事实也是案件事实,这被称作**传闻证人**(Zeugen vom Hörensagen)(更多内容见边码 648)。对于某人生活作风的描述同样属于感知的范畴[所谓**品格证人**(Leumundszeugen)]。至于法律见解和价值评判则不属于案件事实。任何人自然而然形成的推断,且这种推断和纯粹感知几乎自始就共同影响人们对事件的印象的,那么这种推断构成证人证据的内容,例如,"某人是否曾经烂醉如泥,马车夫当时

---

① BGHSt 16, 164, 166; 46, 349, 351.
② BGH StV 2012, 3.
③ BGHSt 16, 164, 167; SK-StPO-*Rogall*, § 136a Rn 101; 亦见 *Engländer*, Rn 208.
④ *Eisenberg*, Rn 707; *Kühne*, Rn 760; AK-*Schöch*, § 244 Rn 13.
⑤ OLG Hamm StV 1999, 360; LR-*Gleß*, § 136a Rn 80.
⑥ RGSt 52, 289.

是否快速驾驶"。①

（二）其他程序参与者作为证人？

1. **法官**一旦在同一案件中以证人身份接受质证的，则依法绝对回避之（《刑诉法》第22条第5项）。

> 若某名参与审理的法官依职务身份宣布，他不会就待证事实作证，那么为了避免权利滥用，可以驳回要求讯问该名法官的证据申请。② 于正在进行的庭审活动以及相关程序中因履行职务而知悉案情的，同样不会构成《刑诉法》第22条第5项的绝对回避。③

2. **检察官**也可以在同一案件中担任证人。当他作证以后，究竟能否以及在何种程度上继续参与诉讼，取决于他的证言究竟针对哪一部分事实。例如，若曾讯问过他与犯罪证明相关的问题，在总结陈述（Schlussplädoyer）环节就应该由另外一位检察官来评价其证言。④ "证人检察官"的具体内容见边码153。

3. **辩护人**在同一案件中也可以作证人。⑤ 即便是辩护人和当事人之间的内部保密事项，也可以成为刑事辩护人担任证人后被讯问的内容，然前提是被追诉人解除对其之保密义务（《刑诉法》第53条第2款第1句，见边码232、300)⑥。不得因辩护人担当证人角色而将其逐出程序，因为《刑诉法》第138a条已经穷尽式地列举逐出辩护人的全部事由，拥有证人身份不在其中（见边码272）。但是，鉴于辩护人具有独立之司法单元的地位，《刑诉法》第53条第2款第1句仍应该相应地加以目的性限

287

288

289

---

① RGSt 37, 371.
② BGHSt 7, 330, 331; BGH StV 2004, 355; *Beulke*, Amelung-FS, S. 543, 552; *Pauly*, DAV-FS, S. 731.
③ BGHSt 39, 239, 241; 44, 4, 9; 47, 270; 在庭审活动外获悉案情的则有所不同，AG Rudolstadt, StV 2020, 462。
④ BGH JR 2019, 160 连同 *Stuckenberg* 的裁判评释; BGH NStZ 2020, 180; *Mosbacher*, JuS 2019, 129, 131; MüKo-StPO-*Maier/Percic*, Vor § 48 Rn 14 ff。
⑤ BGH NStZ 1985, 514; 深入的论述：*Beulke/Ruhmannseder*, Rn 456 ff。
⑥ BGH StV 2010, 287 连同 *Bosbach* 的批判性评论，StraFo 2011, 172; 其他见解：BGH NStZ 2008, 115 连同 *Beulke/Ruhmannseder* 的否定性评释，StV 2008, 284。

缩，即不得强制辩护人报告他在代理工作中的对策和调查事项。①

290　　4. **共同被追诉人**——当然包括被追诉人本身不得在同一个案件中担任证人。

有疑问的是，如果某个犯罪的共同被追诉人，**针对他的刑事程序已经从本案中分离**开来，或者他自始就在另外**一个分离的刑事程序**中被追究，那么他是否可以在本案中充当证人呢？见《**刑诉法**》第2、4条。

(1)实务见解和部分文献主张**形式共同被追诉人**概念。他们认为，以上问题仅取决于共同被追诉人究竟是否在同一个程序中被追究。但凡各共同被追诉人的追究程序被彼此合并在一起(《刑诉法》第2、3、237条)，就绝对不得将共同被追诉人当作证人去讯问②。但是，一旦程序被分离，就不再妨碍他们取得证人角色。③

> 为了能让共同被告人(Mitangeklagte)临时充当证人，实务见解对**程序暂时分离**的情形加以进一步区分：
> ——身为曾经的共同被告人以及现在的证人，如果他知悉的情况与指控自己的犯罪不相干，便可被讯问。④
> ——反之，若是共同实施犯罪的情形，则共同被追诉人纵使在程序分离的情形下也不得作为证人被讯问，否则他就相当于指控自己的证人。⑤

(2)部分文献却主张**实质观察法**并认为，任何涉嫌实施同一个犯罪的人，无论他在程序中表面上是何角色，在诉讼意义上均系被追诉人。因此，均不得成为证人。⑥

(3)本书立场：实务见解不能令人信服，因为利益相关人究竟享有哪

---

① *Beulke*, ZIS 2011, 324; *Lammer*, Wolter-FS, S. 1031; *Matt*, Widmaier-FS, S. 851, 859; *Schäfer*, Hanack-FS, S. 77, 89; 主张应该赋予其独立的沉默权的观点: *Beulke*, I.-Roxin-FS, S. 555。

② BGHSt 27, 139, 141; BGH wistra 2011, 115.

③ BGH StV 1984, 361; 肯定性见解例如：*Hellmann*, Rn 720; HK-*Gercke*, Vor § 48 Rn 8; SK-*Rogall*, § 52 Rn 51 ff.

④ BGHSt 10, 8, 11; 38, 96, 98.

⑤ BGHSt 24, 257; BGH StV 1984, 186.

⑥ *Prittwitz, C.*, Der Mitbeschuldigte im Strafprozeß, 1984, S. 139 ff; *Roxin/Schünemann*, § 26 Rn 5 f.

些权利,不能任由刑事追究机关(凭借并案或分案)上下其手。实质被追诉人概念显与《刑诉法》第 55、60 条不协调,这两项规定都是以案件中的证人涉嫌(共同)实施犯罪为语境,凭借这两项规定,涉嫌共同作案的人就不会(有证人身份的同时)还被当作被追诉人。于是,就产生了所谓的**"形式—实质说"**①:该说以刑事追究机关旨在启动侦查程序的意志行为(=**形式**要件)为时点,在此一时点后,受怀疑人无论有何种形式上的程序角色,他只能是共同被追诉人,不得再作为证人(=**实质**要件)(见边码 172)。反之,若针对(原先的)共同被追诉人的程序已经终结了(尤其经过判决或有确定力的程序终止),那么他就失去了受特别保护的意义,便可以将其作为证人讯问。②

(4)**自诉人**(Privatkläger)不得作证人。 291

(5)**附加控诉人**(Nebenkläger)可以作证人(《刑诉法》第 397 条第 1 款第 1 句),依据《刑诉法》第 403 条及以下数条,附带民事诉讼(Adhäsionsverfahren)申请人也可以作证人。

(6)**鉴定人**同样可以作证人(《刑诉法》第 74 条第 1 款第 2 句)。担任证人的界限见边码 304。

(三)证人的义务

1.经依法传唤的证人面对**法官**(《刑诉法》第 48 条第 1 款第 1 句、第 51 292
条)、**检察官**(《刑诉法》第 161a 条第 1 款第 1 句、第 2 款)和**警察**(《刑诉法》第 163 条第 3 款)**必须到场**。但是,仅当警察系**检察官的侦查人员**(边码 161)或者警察乃应检察官之委托传唤证人的,证人才有到场义务,见《刑诉法》第 163 条第 3 款第 1 句。必要时,可以对证人科处秩序罚(Ordungsmittel)或者命令强制拘传(Vorführung)。

> 若检察官为了让侦查人员开展(警察的)讯问而亲自传唤证人,证人也有到场义务。只要讯问活动的指挥者系检察官的侦查人员便已足。若不符合《刑诉法》第 163 条第 3 款第 1 句规定的要件(检察官的侦查人员和应检察官委托而传唤),则警察让

---

① *Lenckner*, Peters-FS, S. 333, 336; *Lesch*, JA 1995, 157; *Schlüchter*, Rn 478 ff.
② 根据最高法院裁判(BGH NJW 2005, 2166)的见解,纵使有亲属关系的共同被追诉人仅被确定宣告有罪,但其量刑部分尚未确定的,也应消灭拒绝作证权;更深入的论述: *Mitsch*, Lenckner-FS, S. 721。

证人接受讯问的要求便不具有拘束力,证人永远不必服从。若证人应没有拘束力的警方传唤到场或自愿到场,则任何警员均有权讯问。若警察谎称自己系检察官的侦查人员或谎称受检察官委托传唤证人,导致证人在受欺骗下陈述的,是否适用证据使用禁止(边码704),迄未明了。①

293　2.此外,证人对于**法院**、**检察官**和**警察**[但此处仅系检察官的侦查人员(边码161)并受检察官委托而传唤]**有义务就讯问的对象予以陈述**,见《刑诉法》第48条第1款第2句、第70条,还可参见《刑诉法》第161a条第1款第1句、第2款、第163款。

其间,证人受到**真实义务**(Wahrheitspflicht)的约束。这体现在,依据《刑法典》第153条及以下数条,向法官提供虚假的证言将构成犯罪。② 除此之外,《刑诉法》也对此有第57条第1句、第64条的规定。

陈述义务的例外是证人负有拒绝作证义务或享有拒绝作证权(Zeugnisverweigerungsrecht)的情形(此见边码295及以下数段)。非属检察官之侦查人员的警察询问证人的,或者警察未经检察官委托而传唤证人问话的,均不得强制证人陈述(参见《刑诉法》第163条第3款)。

294　3.惟当法院认为证人证言具有至关重要性,或者法院经**裁量**认为,对确保获得真实证言有必要的,始得要求证人**宣誓**,见《刑诉法》第59条第1款第1句。

可见,德国证人不宣誓是常态。只要法庭审判长(der Vorsitzende)在其诉讼指挥事项(Sachleitungsbefugnis)的范围内循惯例默示地作成不需要证人宣誓的先决裁判(Vorabentscheidung),证人即可离去。如果有程序参与者对此不同意的,其可申请(整体意义的)法院复议,由法院依据《刑诉法》第238条第2款作出(是否宣誓的)裁定(见边码573、575)。按照目前最高法院的实务见解(在具体情形下有分歧),若被追诉人没有行使其申请复议权,则事后不得再以法院适用《刑诉法》第59条有错误为由提起法律审上诉(将关于宣誓之裁判记入笔录的

---

① 反对适用证据禁止的见解:*Soiné*, NStZ 2018, 141, 144。
② 详尽内容:Dölling-M. Heinrich, § 153 StGB Rn 11 ff.

义务,见边码 593)。①

《刑诉法》第 60 条规定了禁止宣誓(Vereidigungsverbote)的情形:
——**没有宣誓资格**之人,即不满 18 周岁或者不具有**宣誓能力**的人,其因为欠缺成熟理解力或理解力薄弱导致不能理解誓词内容及其意义的人(《刑诉法》第 60 条第 1 项)②;
——**涉嫌本案犯罪**或涉嫌实施与本案相关的包庇得利、赃物、阻扰刑罚等犯罪或者参与这些犯罪的人,或者因此被宣告有罪的人(《刑诉法》第 60 条第 2 项)③。

《刑诉法》第 52 条第 1 款规定的被追诉人亲属也有权拒绝宣誓(所谓的**拒绝宣誓权**)。应该晓谕他们该项权利(《刑诉法》第 61 条)④。

(四) 对法官、公务员等人员之作证义务的限制

1.法官不得说明有关秘密评议和表决的事项,即"**评议保密之义务**"(Beratungsgeheimnis)⑤(《德国法官法》第 43 条、第 45 条第 1 款第 2 句)。

2.若法官、公务员和其他公职人员被要求就其职务保密事项作证,须依据《公务员法》之规定取得**作证许可**(Aussagenehmigung)(《刑诉法》第 54 条第 1 款)。

尽管《刑诉法》第 54 条创设了一项证据取得禁止(Beweiserhebungsverbot),但是,若这种证人被讯问且在没有获得许可情况下作证的,该证言仍可以使用。惟当符合了《联邦公务员法》第 68 条、《公务员身份法》第 37 条第 4 款的前提条件,即作证将会导致联邦或州的利益受损害或者有严重威胁或明显妨碍公职任务之虞的,始得不准作证。在是否许可作证的问题上,公务机关也应适当地考虑该证言对于法院澄清真实进而实现正义的重

295

---

① BGHSt 50, 282 连同 *Kudlich* 的赞成性评论, JA 2006, 494; BGH NStZ 2009, 647; 限缩性见解: BGH NStZ 2009, 343; 深入的论述: *Diehm*, StV 2007, 444; *Klemke*, StV 2006, 158。
② 深入的论述: *Kett-Straub, G.*, Die Pflichten minderjähriger Zeugen in der Hauptverhandlung des Strafverfahrens, 2003, S. 172。
③ BGHSt 34, 68; BGH StV 1990, 484; 案例见 *Engländer*, Rn 83。
④ BGH StV 2008, 563。
⑤ 深入的论述: OLG Naumburg NJW 2008, 3585 (*Görgülü* 案) 连同 *Mandla* 的裁判评释, ZIS 2009, 143。

要性以及对被追诉人获得无罪判决的影响。① 如果不准作证的决定有误或理由不充分，法院应当根据异议亲自促成作证许可；这是法官澄清义务的要求。② 程序参与者还可以通过行政法途径对不许作证的决定寻求救济。③ 法院或检察官却无循此解决之途径（具体有争议；见边码508、655）。④

（五）拒绝作证权

296　　下列人员有**拒绝作证权**⑤：

1.被追诉人的**近亲属**，见《刑诉法》第52条第1款，即

——订婚人（Verlobte）。相当有争议的是，"仍"在婚姻关系内的人是否可以和另一个新的伴侣缔结《刑诉法》第52条第1款规定的订婚关系？大多数实务见解均持否定意见。⑥ 但是，从已婚者的角度而言，婚约关系在民法意义上的无效却并不影响可能享有的拒绝作证权，其关键在于此种情形下的作证仍然会造成心理情感冲突。长期未婚同居的情形可类推适用本规定（同样极具争议⑦）。

——配偶（Ehegatte），即便已离婚的夫妻也包括在内。但是，在德国境内依据伊斯兰法缔结的婚姻的人没有拒绝作证权（也不得类推适用《刑诉法》第52条第1款；另外，也不得将其变通解释为婚约关系）。⑧

——已经登记的生活伴侣（《生活伴侣法》第1条），即便不再维系生活伴侣关系者，亦包括在内。

——直系亲属以及三代以内旁系亲属（《民法典》第1589条）。

---

① BGHSt 32, 115, 124; BVerfGE 57, 250, 283 ff.
② BGHSt 33, 178, 180.
③ BVerwGE 66, 39; BGH NJW 2007, 3010.
④ 基本相同的见解：BGH NJW 2007, 3010, 3012; 不同观点：Ellbogen, NStZ 2007, 310。
⑤ 深入的论述：Eckstein, S. 100 ff。
⑥ BGH NStZ 1983, 564; S/S/W-StPO-Eschelbach, § 52 Rn 9; 不同见解：LG Heidelberg StV 1981, 616; HK-StPO-Gercke, § 52 Rn 5（主张一旦过了与原配的分居期便有该权利）；LR-Ignor/Bertheau, § 52 Rn 5; SK-StPO-Rogall, § 52 Rn 26（主张须作出第一审判决后才有该权利）。
⑦ 与此处一致的见解：Hillenkamp, JuS 1997, 821, 830; Hochmayer/Ligocki, ZIS 2019, 540; 不同见解：Bosch, Jura 2012, 33; HK-StPO-Gercke, § 52 Rn 10; J. Kretschmer, JR 2008, 55; 很好的案例见 Hellmann, Fallsammlung, Klausur Nr 6, Rn 417。
⑧ BGH NStZ-RR 2018, 20.

——直系姻亲和两代以内旁系姻亲(《民法典》第1590条)。

在针对多名**共同被追诉人**的同一个程序中,即便证人仅与其中某一名被追诉人有《刑诉法》第52条规定的亲属关系,然但凡作证的事实会牵涉其亲属的,证人便有权对所有被追诉人的事实拒绝作证。① 即证人可以整体性陈述,那么他就可以整体性行使拒绝作证权。即便将证人亲属的刑事程序与其他被追诉人的程序分离开,证人仍有可能虚假作证并可能影响其"家庭安宁"。只要多名被追诉人的程序曾经被短暂地合并过,便可同此适用。② 纵使证人亲属的刑事程序依据《刑诉法》第170条第2款被程序终止,由于该终止效果没有确定力(见边码490),亦不会解除证人拒绝作证权。③

以前的实务见解甚至认为,即便在讯问证人时他的亲属已经去世,或者针对该亲属所发动的刑事程序已经终了且发生确定力的,证人仍有拒绝作证权。④ 如今最高法院已经做出与之相反的裁判。如果共同被追诉人(证人的亲属)已经被宣告**无罪或有罪且发生确定力**的,拒绝作证权就基本上不存在了。⑤ 同此裁判结论的,还有身兼"证人亲属与共同被告人"的人死亡⑥,或者他的程序依《刑诉法》第154条被终止⑦的情形(见边码525)。但是,此种见解却并不合理,因为这些情形中一如既往地凸显着保护家庭内部安宁的利益,而这个利益可能要优于刑事程序顺利进行的利益。⑧

案例见*Beulke*, Klausurenkurs Ⅲ,边码605。

拒绝作证权不意味着不得将证人的外部形象作为形成判决的依据(如要求行使拒绝作证权的被害人证人,其脸庞上的淤青

297

298

---

① BGHSt 34, 215, 216.
② BGH StV 2012, 193 连同 *Kudlich* 的评论, JA 2012, 233 以及 *Schwan/Andrzejewski* 的评论, HRRS 2012, 507; 批判性见解: *Schmitt*, Kühne-FS, S. 333。
③ BGH NStZ 2012, 221; 有问题的情形见 BGH NStZ 1998, 469 连同 *Radtke* 的评论, NStZ 1999, 481。
④ BGHSt 34, 215, 216.
⑤ BGHSt 38, 96, 101.
⑥ BGH NStZ 1992, 291; *Schroeder/Meindl*, Fall 5, S. 74.
⑦ BGHSt 54, 1; dazu *Bertheau*, StV 2010, 611; *Bosch*, JA 2009, 826; *Satzger*, Schöch-FS, S. 913.
⑧ 基本与此处相同的观点: *Eisenberg*, Rn 1221a。

可以被作为勘验证据使用）。①

299　证人每次被讯问之前均应**晓谕**其拒绝作证权（《刑诉法》第 52 条第 3 款）。该项晓谕诫命不得转嫁鉴定人去完成。② **未予晓谕的，不得使用该证言**（见边码 709）。

300　2.另外，因开展业务而须保守秘密的人也享有拒绝作证权（"**职业秘密保守者**"，见《刑诉法》第 53 条）。立法列举了具体的职业群体，主要有：
——神职人员（《刑诉法》第 53 条第 1 款第 1 句第 1 项）
——辩护人（《刑诉法》第 53 条第 1 款第 1 句第 2 项）
——律师、税务咨询师、医生、心理治疗师（《刑诉法》第 53 条第 1 款第 1 句第 3 项）
——妊娠人士咨询处的成员（《刑诉法》第 53 条第 1 款第 1 句第 3a 项）
——麻醉品戒瘾咨询师（《刑诉法》第 53 条第 1 款第 1 句第 3b 项）
——议员（《刑诉法》第 53 条第 1 款第 1 句第 4 项）
——媒体或无线广播电台的工作人员（《刑诉法》第 53 条第 1 款第 1 句第 5 项）。这些人员自行收集的材料以及与职务相关的信息也包含在内（见《刑诉法》第 53 条第 1 款第 2 句和第 3 句）③。

依据《刑诉法》第 53a 条，职业秘密保守者的雇佣人员、学徒以及为他们业务活动提供其他辅助作业的人员享有与职业秘密保守者一样的地位。外包服务提供商（如外部的审计人员）有权接触这些秘密；但是职业秘密保守者有责任让"参与人员"负保密义务，否则会遭受刑事处罚（《刑法典》第 203 条第 3 款，亦见《联邦律师法》第 43e 条）。

此外，立法没有特别提到的一些职业群体也可能直接根据宪法，在严格划定的例外情形下享有拒绝作证权。④

---

① BGH NStZ-RR 2005, 257; *M-G/Schmitt*, § 52 Rn 23; Radtke/Hohmann-*Otte*, § 52 Rn 30; 不同见解：LR-*Ignor/Bertheau*, § 52 Rn 24; SK-StPO-*Rogall*, § 52 Rn 58。
② BGH NJW 1996, 206 连同 *Wohlers* 的裁判评释, StV 1996, 192; BGH StV 1997, 231。
③ 深入论述：*Heinrich*, Rengier-FS, S. 397; *Rogall*, Eisenberg-FS, S. 583; *Rotsch, F.*, Der Schutz der journalistischen Recherche im Strafprozeßrecht, 2000; *Ignor/Sättele*, ZRP 2011, 69; *Stefanopoulou*, JR 2012, 63。
④ BVerfG StV 1998, 355 连同 *Kühne* 的裁判评释。

例如，在强奸受害妇女救治所里工作的心理辅导员就属于这种情况①，但"哄孩子"的辅导员就不算②。在调解工作人员中，仅有能归入上述法定范围内的职业群体的部分人员才可享有拒绝作证权。③ 在企业里工作且拥有律师资格证的法务人员(所谓"**法律顾问**")由于缺乏独立性，依据与欧盟法院实务见解相一致的现有规定④不能享有拒绝作证权，见《刑诉法》第53条第1款第3项。

在具体案件中，若讯问证人的证明主题干预到私人生活核心领域，也承认证人享有直接基于宪法的拒绝作证权，见《基本法》第1条第1款连同第2条第1款。例如，当某个辩护律师受到刑事追究，却要求他以前的当事人报告他们委托关系期间的内部事务，就属于这种干预(亦见边码232)。⑤

《刑诉法》第53条**没有规定**对拒绝作证权的**晓谕义务**。医生等人经过权衡相互冲突的利益之后，是否愿意作证纯粹是他个人的事务。其中，禁止讯问和禁止使用证据是两个不同的问题，如果证人违反了其保密义务(《刑法典》第203条)，没有征得被追诉人同意(《刑诉法》第53条第2款第1句)便作证的，该证人证言不得被使用。实务见解对此则持相反的观点⑥，不足采信(详见边码710)。⑦

特定的职业秘密保守者，尤其是刑事辩护人和医生可以被其委托人或病人**解除**其保密义务。一旦解除，他们的拒绝作证权也就相应不存在了(《刑诉法》第53条第2款第1句)。

---

① LG Freiburg NJW 1997, 813; 批判性见解: *Baier*, JR 1999, 495; *Hecker*, JR 1999, 428。
② LG Köln JR 2002, 171 连同 *Neuheuser* 的赞同性评释; SK-StPO-*Rogall*, § 53 Rn 129; 不同观点: *Beulke*, Herzberg-FS, S. 622; *ders.*, Schünemann-FS, S. 85; *Riekenbrauk*, ZfJ 2003, 136。
③ Mediationsverfahren-*Eisele*, § 30 Rn 53; *Mühlfeld*, Mediation im Strafrecht, 2002, S. 192.
④ EuGH NJW 2010, 3557 *(Akzo Nobel Chemicals Ltd)* 连同 *Moosmayer* 的批判性评论，NJW 2010, 3548; 批判性见解: *Beulke/Lüdtke/Swoboda*, S. 31 ff; *Schemmel/Ruhmannseder/Witzigmann*, Kap. 7 Rn 9 ff。
⑤ *Beulke*, Fezer-FS, S. 3; 否定性观点: OLG Koblenz NStZ-RR 2008, 283 连同 *Bosbach* 的批判性评论，NStZ 2009, 177; 完整内容见 *Beulke/Ruhmannseder*, Rn 460 ff。
⑥ BGHSt 9, 59.
⑦ 关于《刑诉法》中的拒绝作证权的很好的概览见 *Kudlich/Roy*, JA 2003, 565。

保密**解除权**的归属问题通常在法律上都是清晰的，惟值一提的是资合公司（Kapitalgesellschaft）的情况，因为在犯罪发生之后，它们的总经理或董事会可能会被更换或者这些位置可能会被某个破产管理人取代。在这种情况下，究竟由谁对职业秘密保守者行使解除权？是前任还是后任公司管理者？该问题极具争议。更正确的方案是，让前后两任管理者共同解除职业秘密保守者的缄默义务才有效。理由是：现任的公司管理者要为公司的利益行事，而职业保密攸关公司的利益；前任管理者则有另一种值得保护的利益，即他曾经为公司工作时透露给职业保密者的信息不能被用来指控自己，这种信赖关系受《刑诉法》第53条保护。①

301　　3. 当证人一旦回答**某些问题**，可能会产生让自己或自己的亲属在国内外②因犯罪行为或违反秩序行为招致追究之危险的，则证人对这类问题享有**拒绝回答权**（Auskunftverweigerungsrecht），见《刑诉法》第55条第1款。对此有争议的是，能否扩及法人也享有该权利？③招致追究的危险系指，说真话能引起《刑诉法》第152条第2款规定的初始嫌疑，即至少能达到有具体事实依据的低程度犯罪嫌疑（见边码172）。④不能仅系单纯的推测或纯粹臆想出的可能性。⑤但是，若该回答可能成为"马赛克式证明构造中的一部分"，从而可能对针对自己或针对自己亲属的指控有间接贡献的（**马赛克理论**），便足以主张拒绝回答权。⑥即便如此，证人**仅能在例外情形下依**《刑诉法》第55条**一概拒绝答复**。⑦若证人作证行为本身已

---

①　OLG Düsseldorf wistra 1993, 120; *Beulke*, Achenbach-FS, S. 39; *Feigen/Livonius*, Wolter-FS, S. 891, 896 ff; *Krause*, NStZ 2012, 663; 不同观点：OLG Nürnberg StV 2011, 142 连同 *Dierlamm* 的否定性评释以及 *Peters/Klingberg* 的赞同性评释，ZWH 2012, 11; OLG Köln StV 2016, 8 连同 *Gatzweiler/Wölky* 的批判性评释；OLG Hamm NStZ 2018, 421 连同 *Bittmann* 的裁判评释; M-G/*Schmitt*, § 53 Rn 46a; SK-StPO-*Wohlers*, § 97 Rn 30; 深入的论述：*Städler*, Die Auswirkungen eines Personenwechsels bei Vertretungsorganen von GmbH und AG auf die Entbindungsberechtigung nach § 53 Abs. 2 S. 1 StPO, 2012。

②　BGH NStZ 2019, 539.

③　一概赞成的观点：*Schuler*, JR 2003, 265; 反对的观点：*Arzt*, JZ 2003, 456。

④　Vgl. BVerfG NJW 2002, 1411; SK-StPO-*Rogall*, § 55 Rn 37.

⑤　BGH NStZ 2017, 546.

⑥　LG Freiburg StV 2018, 811.

⑦　BVerfG wistra 2010, 299 (在具体情形下持否定见解)。

构成犯罪(例如:证人为被告人利益作假证的),则证人不得依《刑诉法》第 55 条主张拒绝回答权。① 应该晓谕证人其拒绝回答权(《刑诉法》第 55 条第 2 款)。未予晓谕的,仍然可使用证人证言,因为《刑诉法》第 55 条仅旨在保护证人而非保护被告人("**法律领域理论**"②,详见边码 712)。

如果明显存在违法阻却事由或责任阻却事由,或因已作出有确定力的裁判,绝对不会让证人(及其亲属)被再次追究的,他便不再享有拒绝回答权。③

(六) 证人讯问的过程

1.在讯问之前,应该告诫证人须如实作证,提示他作证可能需要宣誓,并晓谕他如若提供不实或不全的证言将会带来的刑事法律后果。在宣誓时,应该晓谕证人誓言的意义以及有权选择在誓言附上或不附具有宗教意义的保证,见《刑诉法》第 57 条。检察官及其侦查人员在侦查程序中讯问证人时,同样应告诫其真实义务,见《刑诉法》第 161a 条第 1 款第 2 句、第 163 条第 3 款第 2 句。但是,他们无权在讯问时要求证人宣誓,见《刑诉法》第 161a 条第 1 款第 3 句、第 163 条第 3 款第 3 句。即检察官及其侦查人员不得要求证人发誓,并且在检察官面前做出不实陈述的证人,也不构成《刑法典》第 153 条之罪。

若没有依据《刑诉法》第 57 条晓谕证人的,也不会导致证据使用禁止,因为晓谕义务仅为保障证人的利益。但是,不予晓谕却可能会违反《刑诉法》第 244 条第 2 款的澄清义务,因为如果践行了相应的告权,不排除证人之陈述会不一样,所以亦得以此为理由提起法律审上诉。④

只要证人可能享有拒绝作证权或拒绝回答权,就应该向他释明(《刑诉法》第 52 条第 3 款、第 55 条第 2 款)。

2.证人应该被单独地讯问,并且后续待讯问的证人不得在场(《刑诉法》第 58 条第 1 款)。

3.讯问证人应该先进行人别讯问(《刑诉法》第 68 条,尤其应该问姓

302

---

① BGH NStZ 2013, 238.
② BGHSt GrS 11, 213, 218.
③ BGH NStZ 2007, 278; *M-G/Schmitt*, § 55 Rn 8.
④ 反对性意见:KMR-*Neubeck*, § 57 Rn 6; KK-StPO-*Bader*, § 57 Rn 8.

名、年龄、职业、住址以及与被追诉人或被害人的关系；讯问长期卧底线民的限制性要求，见边码649及以下数段）

4.对证人围绕事实的讯问分为两部分：

——首先，应让证人就讯问内容前后连贯地陈述其所知悉的情况（《刑诉法》第69条第1款所称的**汇报部分**）。①

——然后，就证人所知悉的情况提出必要的问题，以进一步澄清和补足证言内容以及考察证言的依据（《刑诉法》第69条第2款的**诘问**）。

《刑诉法》第136a条有关禁止性讯问方法的规定准用于对证人之讯问（《刑诉法》第69条第3款）。

可能给证人或其亲属招致耻辱或者触及他们私人生活领域的事项，仅当有绝对的必要时才可加以问询（《刑诉法》第68a条第1款）。②

5.证人宣誓应个别地进行，即在讯问之后再进行**事后宣誓**(Nacheid)（《刑诉法》第59条第2款第1句）。苟无其他规定，宣誓仅得于庭审程序中为之（《刑诉法》第59条第2款第2句）。在侦查程序中，惟有满足《刑诉法》第62条规定的特殊要件，尤其是有延宕之虞的，始得采取宣誓。

尽管法律文本规定宣誓事项由"法院"决断，但宣誓主要由审判长决断。该事项也属于审判长依据《刑诉法》第238条第1款行使"**事务指挥权**"(Sachleitungsbefugnis)之内容。③若相关决定被认为违法而不服的，由法院裁定之，见《刑诉法》第238条第2款(关于事务指挥权，见边码572及以下数段)。

6.如果证人拒不陈述或拒不宣誓，以至于妨碍法院实现澄清义务（《刑诉法》第244条第2款）的，可对证人科处罚款、秩序拘禁或**压服性拘禁**(Beugehaft)，见《刑诉法》第70条。采取压服性拘禁尤需符合**比例原则**的限度。④

7.在事实审法院审理中，包括宣告判决和裁定在内，参加人员**不得完全或者局部地遮挡面部**（《法院组织法》第176条第2款第1句）。例如，穆斯林妇女也不得佩戴尼卡布*。但是，当不需要观察面部去识别身

---

① S. dazu BGH NStZ 2011, 422.
② 深入的内容：*Schöch*, Wolter-FS, S. 1095。
③ BGHSt 1, 216; BGH NStZ 2005, 340.
④ BGH NStZ-RR 2012, 114; KG NStZ 2011, 652.

* 穆斯林妇女在公共场所或成年男性面前用来覆盖面部的一种布制面纱。——译者注

份或评价证据时,审判长可以破例准许(《法院组织法》第 176 条第 2 款第 2 句)。如果女性证人行使《刑诉法》第 52 条规定的拒绝作证权的,仅当需要核实其身份时才应卸下面纱。①

8.证人依据《证人和鉴定人补偿法》补偿之(《刑诉法》第 71 条)。

(七) 证人保护

近来日趋普遍的一种观点认为,证人不仅是法庭证据调查的对象,还是程序的主体。他的权利,如生命权和身体完整权(《基本法》第 2 条第 2 款第 1 句)、人格权或资讯自我决定权(《基本法》第 2 条第 1 款连同《基本法》第 1 条第 1 款)等应受国家保护。② 这不仅是宪法上国家保障义务的要求,也是《刑诉法》第 223、251 条所导出之法院对证人负有照料义务的要求。另外,事实审法官也有义务审查,证人是否因为个人利益有难处,根本难以期待其出庭或作证。③ 尤其值得要保护的情形有:

——如果要求某些人履行作证义务,将会侵害他或与他亲近之人的法益,如长期卧底线人("冒险的证人");

——按照证人先前提供的证言,他系侵害性自主权犯罪的被害人("被害人证人");

——即便证人不是被害人,但却是暴力犯罪或侵害性自主权犯罪案件中的未成年证人(minderjährige Zeugen)*。

德国刑事诉讼法典没有设置证人保护专门章节,而是将相关规定穿插于各个程序章节,使之能够发挥实效。例如,《刑诉法》第 68 条第 1 款第 2 句、第 2 款规定,可以隐瞒证人住址;《刑诉法》第 68 条第 3 款规定可以不公开证人的身份并遮挡其面容(采取与其他的证人不同的对待,见边码 302)。在符合《刑诉法》第 247 条规定的要件下,可命被告人退庭;符合《法院组织法》第 171b、172 条规定的要件,可不公开审理。依据《刑诉法》第 241a 条第 1 款,未成年人证人由审判长单独讯问之。

随着 1998 年《证人保护法》的出台,德国开始运用视讯技术作为取得

---

① *Mitsch*, KriPoZ 2020, 99.
② BGH NStZ-RR 2009, 247; vgl. auch SK-StPO-*Rogall*, Vor § 48 Rn 71 ff; *Salditt*, Kohlmann-FS, S. 667.
③ BGH NStZ 1984, 31; *Franke*, StraFo 2000, 298.
* 即未满 18 周岁的人。——译者注

证据和讯问的手段①(参见《刑诉法》第58a、168e、247a、255a条;详见边码657及以下数段)。另外,该法建立了证人及被害人辅佐(Zeugen-Opferbeistand)制度,该制度在2009年7月29日颁布的《关于在刑事诉讼中强化被害人和证人权利的法案》(第2次证人改革法案)②得到了进一步扩充。《刑诉法》第68b条第1款第1句规定了这项自公平审判原则推导而来的且每位证人均享有的权利,即证人有权**自费聘请律师担任辅助人帮助自己**。③《刑诉法》第68b条第2款甚至规定,万一证人在讯问过程中不能自主行使其权利(如拒绝作证权和拒绝回陈述权)且别无他法照顾其值得保护之利益的,可为其指派**公费律师**(Rechtanwalt auf Staatskosten)(补充条款)。法律辅佐人不享有超出证人权利以外的权利。④ 因此,在讯问之前或之后,法律辅佐人无权申请调查证据和在场。在讯问证人过程中,没有事实依据表明他会明显干扰顺利举证的,其方可在场⑤(详见《刑诉法》第68b条第1款第2—4项)。通说认为,证人辅佐人除了依《刑诉法》第475条、第479条第1款可以查阅卷宗外,没有独立的阅卷权。⑥ 若证人同时身为犯罪被害人,则应该维护被害人特有的权利,这些权利通过2013年的《**加强被害人在刑事程序中的权利法案**》⑦以及2015年的**第3次被害人权利改革法案**⑧被多次扩充(参见《刑诉法》第397a条、第406g条第1款;参见边码892、898及以下数段)。此外还值得关注的是《刑诉法》第406e条对被害人阅卷权的扩充⑨以及2019年12月12日颁布的《刑事

---

① *Beulke*, ZStW 113 (2001), 709; *Wasserburg*, Richter Ⅱ-FS, S. 547。

② BGBl I 2009, S. 2280; 对此持拥护性立场的: *Böttcher*, Schöch-FS, S. 929; 批判立场的: *Bung*, StV 2009, 430; *Schroth*, NJW 2009, 2916; 亦见 *Bittmann*, JuS 2010, 219; *Hilger*, GA 2009, 657; *Weigend*, Schöch-FS, S. 947。

③ BVerfGE 38, 105, 112; BVerfG StraFo 2010, 243; *Gillmeister*, NStZ 2018, 561。

④ BVerfGE 38, 105, 116; 更多内容: *Dahs*, Puppe-FS, S. 1545; *Park*, Dencker-FS, S. 233。

⑤ AG Berlin-Tiergarten wistra 2011, 155; 对排斥其在场持批评意见的: *Matt/Dierlamm/Schmidt*, StV 2009, 715。

⑥ BGH NStZ-RR 2010, 246; KG StV 2010 连同 *Koch* 的否定性评释; *M-G/Schmitt*, § 68b Rn 5; *Roxin/Schünemann*, § 26 Rn 68; 反对与此处观点的: KK-*StPO-Bader*, § 68b Rn 8; *Schmidt*, Müller-FS Ⅱ, S. 663; s. auch *Bott*, StraFo 2018, 410。

⑦ BGBl I 2013, S. 1805; dazu *Deutscher*, StRR 2013, 324。

⑧ BGBl I 2015, S. 2525; dazu *Ferber*, NJW 2016, 279。

⑨ 关于被害人保护可以参见 *Beulke*, Schroeder-FS, S. 663; *Jung*, GA 1998, 313; *Kett-Straub*, ZIS 2017, 341; *Kölbel*, ZStW 119 (2007), 334; *Weigend*, Gutachten C zum 62. DJT 1998; *ders.*, Streng-FS, S. 781; *Buhlmann*, Die Berücksichtigung des Täter-Opfer-Ausgleichs als Verfahrensgrundsatz?, 2005; *Holz*, Justizgewähranspruch des Verbrechensopfers, 2007。

程序现代化法案》中新增的有关证人讯问方面的其他规定(尤其是《刑诉法》第 58a 条＊)。①

四、鉴定证据——《刑诉法》第 72 条及以下数条

(一) 概说

鉴定人就具体待证事实掌握着法官所欠缺的特殊专业知识。凭借这类知识,他可以解答案件事实或经验法则(Erfahrungssatz)或者判断具体的事态。他与**鉴定证人**(sachverständiger Zeuge)的区别在于是否经过委托。后者系指能够说明某个事实或状况的证人,但是感知这些事实或状况需要特别的专业知识,由于没有特别委托他们开展鉴定,所以鉴定证人适用《刑诉法》第 85 条有关证人证据的规定。鉴定证人不同于鉴定人的特征是,他们不得被替换,因为只有他才能说明自己观察到的内容。

举例:偶然出现在事发现场的医生在庭审中描述了被害人的伤情。尽管他掌握特别的专业知识,但是他没有经过委托,所以不是作为鉴定人而是作为证人接受讯问,见《刑诉法》第 85 条。②

鉴定人据以作成鉴定意见的事实,被称作**鉴定连结的事实**(Anknüpfungstatsache)。如果这类事实非由法院提供予鉴定人,则又可分为以下两类:

其一是仅能凭借鉴定人掌握的特别知识才能识别的事实。即所谓的**验出的事实**(Befundsache),这类事实以鉴定意见的形式于庭审中被出示。

举例:法医对尸检结果的报告或者精神科医生关于被告人脑结构异常的说明。

有别于**验出的事实**,那些尽管实际上完全是由鉴定人认定,但通常法院也能凭借自己掌握的知识查明的事实,这类事实即被称作**附带的事实**(Zusatztatsache),它们不构成鉴定人鉴定意见的组成内容,而以证人证据的方式被出示于诉讼中。

＊ 最新版条文参见本书附录。——译者注
① BGBl I 2019, S. 2121.
② Vert. SK-StPO-*Rogall*, § 85 Rn 17 ff.

举例：8岁的女童在接受精神检查的过程中向医生说出了其父亲对其曾实施的性行为。①

对于显而易见的事实或者法院已经通过其他方式确信其为真的事实，鉴定人无疑应该将其作为形成鉴定意见的根据。另外，如果鉴定人汇报的是附带事实，则应该像证人一样接受讯问。这种区分在个案中有时会很重要，例如，亲属证人向鉴定人说明了某个附带事实，随后却在诉讼中有效地行使了拒绝作证权。那么，被鉴定人所连带说出的该亲属之陈述不得被使用（亦见边码646）。②

（二）鉴定人的委任和指挥

306　　鉴定人是弥补法院专业知识之不足的人，故而《刑诉法》第73条要求鉴定人通常由**法院**委任。鉴定人因此亦被称为"**法院的辅佐人**"（Gehilfen des Gerichts），尽管这种措辞易生误解，毕竟鉴定人始终仅为证据而已。**在侦查程序中**，检察官亦可委托鉴定人（《刑诉法》第161a条第1款第2句、第73条）。法官以及侦查阶段的检察官认为有必要时，应引导鉴定人工作（《刑诉法》第78条）。③

可以适用申请法官回避相同的理由（见边码106及以下数段）**申请鉴定人回避**（《刑诉法》第74条第1款第1句）。对此准用《刑诉法》第22条第1—4项、第24条之规定（如在脸书上对案件发表情绪激动的帖子④）。应注意的是，当鉴定人出现《刑诉法》第22条规定的绝对回避事由时，仅能产生申请回避权而已。若申请回避成功，鉴定人仅仅不再在该案件中承担鉴定职能而已，而他"潜在的证人身份"却被"重新激活了"。这一点对其他程序参与人（如法官和检察官）也是一样的。⑤

---

① BGH NStZ 1992, 295.
② BGHSt 46, 189, 192; 深入的论述：*Toepel*, S. 374.
③ LG Kiel NStZ 2007, 169; 亦见 *Brüning*, StV 2008, 100; *Müller*, Lüke-FS, S. 493; *Ulrich*, Rn 149 ff; *Wolf*, ZWH 2012, 125; *Zwiehoff*, S. 18 ff. （这里的引导不是干扰鉴定人的自主判断之意，而系指对鉴定人的任务和范围提出明确的要求。——译者注）
④ LG Leipzig StV 2018, 277.
⑤ BGHSt 20, 222; BGH NStZ-RR 2010, 210; SK-StPO-*Rogall*, §85 Rn 32; *Fezer*, JR 1990, 397; 否定性见解：LR-*Krause*, §74 Rn 36; *Eisenberg*, Rn 1561 f.

委任鉴定人通常并非强制性要求,法院其实**可以裁量判断**,究竟自己是否掌握足够的专门知识(如对证人的信用性评价)。某些例外情形下,诉讼法强制规定鉴定人必须参与(《刑诉法》中仅见第 87 条第 1 款、第 231a 条第 3 款第 1 句、第 246a 条,第 415 条第 2、5 款,第 454 条第 2 款)。此外,**在个案中**,《刑诉法》第 244 条第 2 款规定的法院澄清义务要求延揽鉴定人参与,例如,怀疑被告人明显性变态①、比对文书②,或者当儿童或心理有缺陷的证人之陈述显得特别可疑时,需要判断其可信性的③场合。判断被告人的刑事责任能力,仅当存在特殊情形时,才需要委任鉴定人,即使是重大犯罪案件亦如此。④

哪位鉴定人具备足够的专业能力并因此被选中,也是法官所裁量判断的事项。⑤ 因此,为了判断非病理性情形下被告人的刑事责任能力,法官既可以委任一名精神科医师,也可以委任一名心理学专家⑥,但是精神疾病问题却只能委托精神科医师鉴定之⑦。

(三) 鉴定人鉴定意见之制作

鉴定人全权负责鉴识工作的专业性实施;在专业事项上,法院无权对鉴定人发号施令。⑧ 鉴定人有着和证人相同的义务(《刑诉法》第 72 条),即他必须应法院或检察官的传唤到场,**实事求是地完成鉴定**,必要时还有宣誓义务。但是,只有例外情形下,鉴定人才有义务接受鉴定委任(《刑诉法》第 75 条)。此外,比照证人的拒绝证言权,鉴定人亦享有拒绝鉴定权(《刑诉法》第 76 条)。

---

① BGHSt 23, 176, 188 (*Bartsch* 案)。
② KG StraFo 2009, 154.
③ BGH NStZ 2010, 100; 深入的论述:*Kett-Straub*, ZStW 117 (2005), 354; *Pfister*, in: *Deckers/Köhnken*, S. 102 ff; 完整内容: Schreiber/Rosenau, in: *Venzlaff/Foerster*, S. 154 ff。
④ BGH StV 2008, 245; BGH StV 2008, 618 连同 *Erb* 的裁判评释; BGH NStZ-RR 2009, 115。
⑤ 主张对该裁断有抗告权的观点:*Eisenberg*, Rn 1548 ff。
⑥ BGH NStZ 1990, 400; 深入的论述:*Tondorf/Tondorf*, Rn 214 ff。
⑦ BGH NJW 2002, 1813; 具体情形见 LR-*Krause*, § 73 Rn 9。
⑧ BGH NStZ 2003, 101; 深入的论述:*Foerster*, StV 2008, 217。

鉴定人其实无权讯问被告人或第三人，因为讯问权专属于刑事追究机关。精神病鉴定人也不得讯问被追诉人或者证人，充其量只能为了检查与他们进行谈话（对此有争论①）。

鉴定人的**晓谕义务**范围存在争议：

308　　鉴定人（作为法院的辅助人）应该向**被追诉人**释明，后者没有积极响应对话的义务（该晓谕义务乃类推适用《刑诉法》第136条第1款第2句的结果）。② 然而，迄今为止绝大多数实务见解却不承认鉴定人对被追诉人负有晓谕义务。③

《刑诉法》第81c条第3款第2句的后半句连同第52条第3款表明，鉴定人对**享有拒绝作证权的证人**应该负有告知义务。但是实务见解主张，该晓谕义务应该由决定身体检查的人去承担（见边码299）。

不得使用违法的讯问方法之规定（《刑诉法》第136a条——见边码202以下数段）也准用于鉴定人。④

在侦查程序中，鉴定意见可按侦查法官的要求以口头或书面形式报告（《刑诉法》第82条）。在庭审中，鉴定意见通常应该由鉴定人以言词方式报告。但是，在立法明确列举的例外情形中，也可以宣读鉴定意见（《刑诉法》第256条；见边码642）。

（四）鉴定意见的评价

309　　法院在自由心证基础上（《刑诉法》第261条；见边码754及以下数段）就鉴定意见开展证据评价。法院不得"自动地"采纳鉴定意见，而应该透过鉴定人了解专业知识并**本于自身职责**得出结论。⑤ 为了能让外界理解鉴定和评判其思维推理过程，若确有必要，应于判决理由中说明鉴定

---

① 与本处一致的观点：*M-G/Schmitt*, § 80 Rn 2；不同的观点：*Fincke*, ZStW 86 (1974), 656, 664。
② 同此结论的：*Roxin/Schünemann*, § 27 Rn 16; diff. *Steinberg/Kreuzner*, JuS 2011, 624。
③ BGH JZ 1969, 437; BGH StV 1995, 565.
④ BGHSt 11, 211, 212; *Dippel, K.*, Die Stellung des Sachverständigen im Strafprozeß, 1986, S. 163 ff; *Hellmann*, Rn 752; *Toepel*, S. 391.
⑤ BGHSt 7, 238, 239; BGH StV 2019, 226.

意见依据的主要事实以及鉴定人的推断过程。①

五、文书证据——《刑诉法》第249条以下数条

刑事诉讼意义上的文书系指具有可宣读性思想内容的书面文件。即 310
使是电子文件,但凡其可宣读的,也是文书,见《刑诉法》第249条第1款
第2句。② 所以,欠缺可读性的证据资料,纵然构成《刑法典》第267条中
的文书,亦不得称作文书证据。不过,诉讼上的文书概念比实体刑法的文
书概念外延更宽,因为前者不以能辨识签署者为限。原始文书的复印件
或拷贝件同样适用《刑诉法》第249条第1款且不必经过认证。③ **文书证
据体现为通过宣读的方式获悉书面文件或电子文件的思想内容**(《刑诉
法》第249条)。反之,如果仅仅通过文书的外观(=书面文件)去证明,则
系勘验的对象,如法官进行文书比对的情形。④ 立法并没有就何种情形下
文书证据具有**合法性**制定一般性规则。我们可以因此推知,**但凡未经立
法明确禁止**,文书证据便均系合法。⑤ 例如,在庭审程序中出示先前讯问
活动的笔录,其合法性便受到《刑诉法》第251条及以下数条的限制(见边
码631及以下数段)。案件中**需要多少文书证据以及是否有必要调查文
书证据**,取决于法官的澄清义务(《刑诉法》第244条第2款)。⑥《刑诉
法》第249条第1款第1句规定了出示文书证据的方式,通常应以宣读书
面文件或者电子文件的方式进行。根据联邦最高法院最新实务见解,如
果文书之思想内容几乎一目了然,也可以破例循勘验之规定(见边码
311)出示。⑦ 根据《刑诉法》第249条第2款的例外规定,根据《刑诉法》
第249条第2款颇具实务意义的例外规定,如果法官和参审员已经知晓
文书的文本内容,并且其他诉讼参与者也有机会知晓其内容的(所谓**自读**

---

① BGHSt 12, 311, 315;关于信用性鉴定的裁判理由见 BGHSt 45, 165, 167 连同 *H.E. Müller* 的裁判评释, JZ 2000, 267; BGH NStZ 2019, 240; *Beulke*, Strafverteidigertag 2019, S. 9, 24 ff; *Erb*, Stöckel-FS, S. 181; *Fischer*, Widmaier-FS, S. 191; *Jansen*, Rn 31 ff;关于其他心理学和精神病学鉴定的标准的裁判理由见 BGHSt 49, 347; *Boetticher/Nedopil/Bosinski/Saß*, NStZ 2005, 57; mit Entgegnung *Eisenberg*, NStZ 2005, 304; *Tondorf/Tondorf*, Rn 67。
② Dazu *Brodowski*, S. 83; *Jahn/Brodowski*, Rengier-FS, S. 409; *Weiß*, wistra 2018, 245.
③ BGH NStZ-RR 2019, 285.
④ BGH StV 1999, 359.
⑤ BGHSt 39, 305, 306.
⑥ BGHSt 52, 175.
⑦ BGH JR 2013, 380 连同 *Gössel* 和 *Mosbacher* 的裁判评释, JuS 2014, 702。

程序),则不必宣读文书。① 该例外规定在实践中经常被适用。

六、勘验证据——尤其是《刑诉法》第 86 条及以下数条、第 225 条

311　　勘验证据系指通过看、听、摸、尝、闻等手段对人或物获取的感官认知。② 如现场探访、查验凶器或者观看照片、影像——甚至包括被追诉人自己制作的视频,都属于勘验。③ 如果某个人仅需被观察,那么他也是勘验的对象。通说认为,辨听录音带也应被视为勘验。④

　　雷达监察设备的画面既包括司机的图像,也包括技术记录(时间、速度等参数),它们在庭审程序中不应作为文书证据去整体宣读,而应作为勘验证据借助于观察的方式被出示。⑤

　　《刑诉法》对于勘验证据的运用仅有少许特殊规定(参见《刑诉法》第 81a、81c、87 条及以下数条)。此外,诉讼法主要限于对勘验证据的程序加以规范(参见《刑诉法》第 86、168、249 条)。

　　在任何程序阶段,经由法院的裁量,均得采取勘验。由于勘验也可以由**勘验辅助人**承担,不必由法官亲历亲为,所以法庭证据调查中的**直接性原则**(der Grundsatz der Unmittelbarkeit)对此不适用。当勘验必须于某个难以进入的地点进行的,尤为如此。⑥ 勘验也可以由受命或受托法官(关于其概念见边码 570)为之,即便在庭审程序中亦然。⑦ 但是,这种情况下,程序参与者享有非常充分的在场权(《刑诉法》第 168d、225、224 条)。若符合《刑诉法》第 244 条第 5 款第 1 句规定的要件,可以驳回请求勘验的证据申请(参见后述边码 690)。⑧

312　　**案例 22(边码 281)之解答:**
　　(1)刑事诉讼中有以下证据:

---

① 深入的内容见 *Eisenberg*, Rn 2000 ff。
② BGHSt 18, 51, 53。
③ *Metz*, NStZ 2020, 9。
④ BGHSt 14, 339。
⑤ BayObLG NStZ 2002, 388 连同 *Keiser* 的评释, JR 2003, 77。
⑥ Vgl. *M-G/Schmitt*, § 86 Rn 4。
⑦ RGSt 47, 100, 104。
⑧ 关于更深入的内容:*Eisenberg*, Rn 2220 ff; *Geppert*, Jura 1996, 307。

——证人证据,《刑诉法》第 48 条以下;

——鉴定人证据,《刑诉法》第 72 条以下;

——文书证据,《刑诉法》第 249 条以下;

——勘验证据,尤其是《刑诉法》第 86 条以下;

被追诉人陈述为广义的证据。

(2)**在庭审中查明关于罪责和法律后果问题**的事实应适用**严格证明程序**。其他的事实适用**自由证明程序**,该程序尤其指证明活动不受法律所承认的证据种类(参见《刑诉法》第 239 条及以下数条)的约束。自由证明主要用于查明庭审程序内外的程序性问题。通说认为,查明究竟有无违反《刑诉法》第 136a 条的程序错误应适用自由证明规则。所以,法院希望如何确信案件是否发生了违法讯问方法,完全由法院合义务性地裁量。例如,法院可以要求警察出具书面官方说明(详见边码 285)。

案例 23(边码 282)之解答:

在程序分离之前,无疑不能将 B 作为证人去讯问,因为**共同被告人绝对不得在该程序中充当证人**。实务见解和部分学界主张认为,B 在刑事程序被确定分离之后,便失去共同被追诉人的属性并成为证人,此时起可以将他们作为证人去讯问,此乃形式化解决方案。反之,在学术文献中也有观点认为,某个犯罪的所有受怀疑人自动便取得(共同)被追诉人属性,且不得再充当证人,即实质化解决方案。惟当犯罪的受怀疑者根据刑事追究机关的意志活动已经被当成被追诉人时,实质化解决方案才是正确的,这种观点被称作形式—实质化解决方案。按照形式—实质化思路,(共同被告人和证人的)角色互换就不会被人为地上下其手。本书有别于实务见解,主张 B 不得被作为证人讯问(参见边码 290)。

案例 24(边码 283)之解答:

首先,依据《刑诉法》第 52 条第 1 款,E 享有拒绝作证权,因为共同被告人 M 是其丈夫,即使 E 陈述的是其他共同被告人的事实,然但凡该陈述涉及 M 的亲属,则须顾及家庭安宁之保障,这是《刑诉法》第 52 条第 1 款尤为注重的价值。此处便是这种情况。即便程序被分离,证人的拒绝作证权依然存在。

当针对"具有亲属关系的共同被告人"的刑事程序**被终结且发生确定力**之后,证人是否仍然还有拒绝作证权?存在争议。原先的且正确的实务见解主张,为了维护家庭安宁利益,《刑诉法》第52条第1款规定的拒绝作证权仍然存在。但是,联邦最高法院现今已抛弃了这种观点并认为针对"不具有证人亲属关系的共同被追诉人"的刑事追究更加重要(具体见前述边码297)。

第十一章 羁 押

案例 25：A 犯下背信罪且情节严重(《刑法典》第 266 条第 1 款、第 2 款连同第 263 条第 3 款)的重大嫌疑。检察官在侦查程序中申请核发羁押令状。A 除可能会被判处三至四年自由刑外,并无其他事实根据表明其会以逃跑躲避刑事程序。因此,管辖法院对核准羁押存有疑虑。试问羁押应由谁裁定以及如何裁定呢?(边码 348)

案例 26：在 1965 年,小镇居民 A 被发现其曾经在 1942 年作为党卫军成员参与在俄罗斯实施的屠杀战俘行径。检察官申请核发对 A 的羁押令状。该羁押令状可以被核发吗?边码 349

案例 27：A 涉嫌多次实施盗窃。当检察官起诉时,负责审理本案的基层法官核发了羁押令状,且该羁押令被立即实施。面对该羁押令状,被起诉人 A 能如之奈何?(边码 350)

一、羁押的目的

若某人在尚未被确定地判决有罪以前便被剥夺了自由,则德国法秩序中的两项基本立场:即被羁押公民在被确定判决有罪之前一直拥有的**自由请求权**(Freiheitsanspruch)与**有效刑事司法的需求**(Erfordnis der effektiven Strafrechtspflege)(确保被追诉人**在场**、**依法调查案件事实**以及**裁判的执行**)之间就会发生冲突。若欲平衡该两项背道而驰的利益,非仰赖宪法基本原则的指引不可,尤其是法治国原则及其推导出的比例原则。羁押不是预先的监禁刑。假使不羁押也不会妨碍国家刑事追究请求权的顺利实现,那么基于无罪推定原则,被追诉人应有在自由状态下等待判决确定的请求权①(关

---

① Vgl. BVerfG StV 2008, 25; OLG Oldenburg StV 2008, 84; s.a. *Eidam*, HRRS 2013, 292.

于**欧盟逮捕令**,见边码29①)。所以,在过去几十年间,德国的羁押数(每十万居民中的被羁押人数)持续下降被视为积极信号,尽管入户盗窃的数字增加了。②

二、核准羁押的实质要件

319 依据《刑诉法》第112条第1款,在刑事程序的任何阶段核发羁押令状均应同时符合下列条件:
——犯罪嫌疑重大,
——具备**羁押理由**。
另外,羁押与案件的重要程度以及可能被判处的刑罚或处分**不得不合比例**。

(一)犯罪嫌疑重大——《刑诉法》第112条第1款第1句第1种要件

320 犯罪嫌疑重大(dringender Tatverdacht)系指,根据侦查的实际情况,有**高度盖然性**(hohe Wahrscheinlichkeit)表明,被追诉人是某个犯罪行为的正犯或共犯。③

在某些情况下,在刑事程序很早的阶段就可能会适用羁押,但此时尚无法准确评估后续的程序走向,不能以后续有罪判决的盖然性作为判断嫌疑重大与否的标准。毋宁理解为,根据当下的侦查结论,有高度的盖然性表明被追诉人**曾经实施了犯罪便已足**(有争议)。④ 在个案中,嫌疑程度或许没有达到《刑诉法》第170条第1款规定的充足的犯罪嫌疑(将来被判处有罪的盖然性),但却可能已经达到了《刑诉法》第112条第1款第1句规定的犯罪嫌疑重大。但是在起诉的时点上,《刑诉法》第112条第1款第1句的犯罪嫌疑重大绝对要高于第170条第1款规

---

① 深入的论述见 *König*, Untersuchungshaft, 2011; *Münchhalffen/Gatzweiler*, Das Recht der Untersuchungshaft, 2009; *Schlothauer/Weider/Nobis*, Untersuchungshaft, 5. Aufl. 2016; 亦见 *Graf*, JA 2012, 262; *Huber*, JuS 2009, 994; *Schultheis*, NStZ 2011, 621 u. 682.

② *Heinz*, KIS Kriminalität und Kriminalitätskontrolle in Deutschland, Version 2017, S. 151; *Jehle*, Schöch-FS, S. 839; *Nobis*, StraFo 2012, 45; *Schöch*, I.-Roxin-FS, S. 697.

③ Vgl. *M-G/Schmitt*, § 112 Rn 5; HK-*Posthoff*, § 112 Rn 4; Radtke/Hohmann-*Tsambikakis*, § 112 Rn 21.

④ BGH <Pf> NStZ 1981, 94.

定的充足犯罪嫌疑的程度(参见边码 175 的图示)。

如有重大理由可以断定,某人系在**无责任能力**或降低责任能力状态下实施不法行为的(《刑法典》第 20、21 条),则可依据《刑诉法》第 126a 条采取临时性留置措施(einstweilige Unterbringung)。

(二) 羁押理由——《刑诉法》第 112 条第 1 款第 1 句第 2 种要件

在所有的刑事程序中,有下列四种**羁押理由**: 321
——逃跑或逃跑之虞,见《刑诉法》第 112 条第 2 款第 1、2 项;
——案情晦暗之虞,见《刑诉法》第 112 条第 2 款第 3 项;
——涉嫌重大犯罪,见《刑诉法》第 112 条第 3 款;
——再犯之虞,见《刑诉法》第 112a 条;
专适用于速审程序中的羁押理由:
——不到场之虞,见《刑诉法》第 127b 条第 2 款。

1. 逃跑或逃跑之虞

逃跑(Flucht)之羁押理由乃指有特定事实表明被追诉人已经逃跑或藏匿起来(《刑诉法》第 112 条第 2 款第 1 项)。 322

逃跑之虞系指根据特定的事实结合个案情形评估足以断定,被追诉人有逃避刑事程序的危险(《刑诉法》第 112 条第 2 款第 2 项)。值得注意的是,法律文本禁止将逃跑和逃跑之虞的羁押理由建立在纯粹臆测的基础上,而要求在两种情形中皆应具备**特定的**(相关的)**事实**(Tatsachen),足以让无偏见的观察者认可此种危险的存在。

法院在判断时应立足个案进行**整体权衡**,除了要考量指控的严重程度和具体可能被判处的刑罚幅度之外,还应该一并考虑其他角度,如被追诉人是否知晓对其不利的证据以及究竟知晓多少,或者是否他已经自白。[1] 另外,法院还应考量被追诉人的人格以及他的私人关系(过往经历、家庭联系、经济状况等)。[2] 例如,一名外国人纵使有逗留国外的意图,也

---

[1] OLG Koblenz StV 2003, 171; 深入的论述:Lind, StV 2019, 118。
[2] OLG Düsseldorf StV 1994, 85 u. 86; s.a. OLG München ZJS 2017, 246 连同 *Brüning* 的裁判评释。

绝不必然证明其有逃跑之虞。① 再如,可能被判处的刑罚与逃跑之间没有实证上的联系,所以不得**仅凭**可能被判处**长期**(如 4 年以上)**自由刑**,就得出被追诉人有逃跑之虞的结论。② 但这却是发生在许多侦查法官身上的实践操作。若要预测被追诉人有可能逃避刑事程序,那么逃跑的盖然性至少应高于不逃跑的概率。③ 逃跑之虞是最重要的羁押理由,以之为理由的羁押约占所有羁押令状的 90%。④

2. 案情晦暗之虞

323　　依据《刑诉法》第 112 条第 2 款第 3 项,**案情晦暗之虞**(Verdunkelungsgfahr)系指根据特定的事实,被追诉人有将要实施下列一种或数种行为的重大嫌疑,并有导致查明案件真相愈加困难之危险的情形⑤:

——湮灭、变造、隐匿、压制或者伪造证据;

——以不正当的方式影响被追诉人、证人或鉴定人;

——促使他人实施此类行为。

3. 涉嫌重大犯罪——《刑诉法》第 112 条第 3 款

324　　根据《刑诉法》第 112 条第 3 款的**文本**(Wortlaut),即使**不存在**《刑诉法》第 112 条第 2 款规定的羁押理由(即被追诉人既没有逃跑也不会逃跑或者制造案情晦暗的危险),但被追诉人有实施《刑诉法》第 112 条第 3 款所列**犯罪清单**(Katalogtat)之罪行的重大嫌疑者,也可核发羁押。

　　从法政策角度而言,《刑诉法》第 112 条第 3 款值得商榷。凭借该规范,只要被追诉人有犯罪的重大嫌疑,不必具备特定的羁押理由便可核准羁押。但是,这种情况下刑事追究和刑罚执行似乎并未受到威胁,所以这种羁押完全不是着眼于有效刑事司法的要求而为的。值得欣慰的是,联邦宪法法院⑥对该规范以

---

① OLG Dresden StV 2005, 224; LG Oldenburg StV 2011, 34; 不同观点:OLG Köln NStZ 2003, 219 连同 *Dahs/Riedel* 的批评性评释,StV 2003, 416; s.a. *Esser*, in: Joerden/Szwarc: Europäisierung des Strafrechts, S. 233。

② KG StV 2012, 350; OLG Hamm NStZ-RR 2010, 158; LR-*Hilger*, § 112 Rn 39; *Münchhalffen/Gatzweiler*, Rn 188 ff.

③ *M-G/Schmitt*, § 112 Rn 17; 主张更严格的要求:SK-StPO-*Paeffgen*, § 112 Rn 24 (高度盖然性)。

④ *Jehle*, Schöch-FS, S. 839, 844; *Schöch*, Lackner-FS, S. 1007.

⑤ OLG Frankfurt StV 2009, 652.

⑥ BVerfGE 19, 342, 350.

合宪性解释(die verfassungskonforme Auslegung)的方式予以了纠正,并作出不同于其文本的裁示:惟有当《刑诉法》第 112 条第 3 款所列清单犯罪的重大嫌疑程度强化了逃跑之虞或案情晦暗之虞的羁押理由时,始得依据《刑诉法》第 112 条第 3 款核准羁押。但是,对此种情形中的羁押,联邦宪法法院不要求对羁押理由的证明应达到如同《刑诉法》第 112 条第 2 款那么高的程度。所以,羁押理由的证明不必要有表明逃跑之虞或案情晦暗之虞的特定事实,**仅依个案中的具体情形无法排除逃跑之虞或案情晦暗之虞的**,抑或被追诉人再犯类似罪行实非多虑的,即已足。① 在具体情形下,纵使有重大犯罪的嫌疑但却不太可能逃跑的,得依据《刑诉法》第 116 条命令停止执行羁押(见后述边码 343)。②

4. 再犯之虞——《刑诉法》第 112a 条

针对范围越来越大的特定犯罪领域,如跟踪纠缠罪的结果加重犯情形③,立法在《刑诉法》第 112 条规定的羁押理由之外,还将**再犯之虞**(Wiederholungsgefahr)补充性地规定(参见《刑诉法》第 112a 条第 2 款)成一种羁押理由,见《刑诉法》第 112a 条。基于该理由核准的羁押不是保障程序的手段,而系旨在**保护法律共同体免受严重犯罪不断滋扰之预防性措施**。④ 因此,依据《刑诉法》第 112a 条第 1 款第 2 项判断再犯之虞时,应一并考量在**其他**已被终局确定的刑事程序中被当作客体的犯罪(见《刑诉法》第 112a 条第 1 款第 2 句)。但是,惟当被追诉人实施这些犯罪的嫌疑重大,并且这些犯罪体现了必要的严重程度以及**严重破坏法秩序**的,才应一并考量这些犯罪。⑤

---

① BGH NJW 2017, 341 连同 *Peglau* 的裁判评释; *M-G/Schmitt*, § 112 Rn 38; 亦见 LG Berlin StraFo 2010, 420 连同 *Eisenberg* 的正确的批判评释。
② OLG Frankfurt StV 2000, 374 (*Weimar*案); OLG Karlsruhe StV 2010, 30。
③ 关于所谓"降温式羁押"(Deeskalationshaft),参见: *Krüger*, NJ 2008, 150; *Knauer/Reinbacher*, StV 2008, 377。
④ BVerfGE 19, 342, 349 f; OLG Karlsruhe StraFo 2010, 198。
⑤ OLG Hamburg BeckRS 2017, 118720; OLG Hamm NStZ-RR 2015, 115。

5. 候审羁押——《刑诉法》第 127b 条

326 　　在速审程序（见边码 804 及以下数段）中，若庭审程序将于逮捕后一周内举行，并且有特定的事实表明，一旦释放被逮捕人，其在庭审时有不到场之虞的，则纵使不具备前述 1-4 项羁押理由，亦得依据《刑诉法》第 127b 条第 2 款签发羁押令。①

6. 被告人不到场——《刑诉法》第 230 条第 2 款

327 　　若被告人经过合法传唤，即提示了《刑诉法》第 230 条第 2 款规定的法律后果的传唤，却依然在庭审期间无正当理由不到场，且采取拘传不足以保证庭审顺利进行的，则法院可以依据《刑诉法》第 230 条第 2 款签发时长不超过庭审期间的羁押令，见《刑诉法》第 230 条第 2 款。② 这种情形下，也无需再具备第 1—4 项羁押理由。

328 　　（三）比例原则

　　依据《刑诉法》第 112 条第 1 款第 2 句，若较之案件的重要性以及预期可能判处的刑罚或改善与保安处分（Maßregel der Besserung und Sicherung），羁押被追诉人将会**不合乎比例的**，通常不得被核准。③ 但是，遵守比例原则**不是采取羁押的积极要件**（positive Voraussetzung）。毋宁说，（确定的）不合比例性系羁押阻却事由。不合比例性本身只有被积极确认时才有意义，倘若对是否合乎比例存疑，则无关紧要。《刑诉法》第 113 条针对轻微犯罪规定了适用比例原则的法定具体标准。

　　（四）自诉型犯罪

329 　　在**自诉型犯罪**（Privatklagedelikt）的追究过程中是否可以签发羁押令状存有争议。不容许签发羁押令状的主张更胜一筹，因为在刑事追究中既然不存在公共利益，就不得剥夺被追诉人的自由。④

　　（五）告诉乃论型犯罪

330 　　在追究**告诉乃论罪**的过程中，如在没有刑事告诉的情况下已经签发

---

① 对该制度的批判见 HK-*Posthoff*，§ 127b Rn 2；LR-*Hilger*，§ 127b Rn 7；*Hellmann*，NJW 1997, 2145；*Herzog*, StV 1997, 215；*Meyer-Goßner*, ZRP 2000, 348；*Stintzing/Hecker*, NStZ 1997, 569；*Wenske*, NStZ 2009, 63。
② 更详尽的论述：*Beining*, JuS 2016, 515。
③ 更深刻的论述：*Hellmann*, JuS 1999, 264；*Neumann*, I.-Roxin-FS, S. 659。
④ 同此见解：OLG Karlsruhe GA 1974, 221。

了羁押令状,则应该将签发羁押令状的事实立即通知告诉权人。同时应该告知他,在法官指定的期间内苟不提出刑事告诉的,将撤销羁押令状。该指定期间不得超过一周。告诉权人苟未在此期间内提出刑事告诉的,应该撤销羁押令状(《刑诉法》第130条)。

三、核准羁押的形式要件与羁押令的执行

(一) 书面的羁押令状

依据《刑诉法》第114条,羁押以**书面的羁押令**(schriftlicher Haftbefehl)的形式予以核准。① 羁押令中除了应当载明被追诉人以外,还应记载涉嫌的犯罪、羁押理由,通常还有据以认定犯罪嫌疑重大和羁押理由的案情事实(《刑诉法》第114条第2款)。

(二) 签发羁押令的管辖

原则上,羁押令仅能由**法官**签发(《基本法》第104条第2款第1句)。

1.**在提起公诉以前**,由案件审判籍所在辖区或者被追诉人所在辖区的**基层法院的法官**(Richter bei dem AG)**根据检察官的申请**签发羁押令(《刑诉法》第125条第1款,该规范还规定了其他具体情况下的签发)。在符合《刑诉法》第162条第1款第2句的要件下,检察官还可以向自己所在地辖区的基层法院申请羁押令状。这种基层法官被称作**侦查法官**(Ermittlungsrichter)。

2.**提起公诉之后**,由审理案件的法院管辖羁押令的签发事项,若案件被提起法律审上诉的,由作出被声明不服的判决的法院管辖(《刑诉法》第125条第2款第1句)。在紧急情形下,审判长也可自行签发羁押令(《刑诉法》第125条第2款第2句)。在起诉之后,签发羁押令不再以检察官申请为必要,但通常仍须听取其意见(《刑诉法》第33条)。

3.有关羁押的**其他事项**(如撤销羁押,羁押停止*等),在提起公诉前,由负责签发羁押令的法官决定;提起公诉后,通常由负责案件审理的法院决定(《刑诉法》第126条第2、3款)。

---

① **羁押令的样板格式**见 Haller/Conzen, Kap. 8 Rn 1153; Kroß/Neurauter, Nr. 30。

* 所谓羁押停止是为了避免剥夺人身自由而采取的一种临时性规避措施。在德国刑事诉讼法中系指被命令羁押人自愿地提供担保或者其他保证,以换取不签发羁押命令或不继续执行羁押命令。——译者注

4.依据《刑诉法》第457条,检察官负责在执行程序中签发**保全执行羁押令**(Vollstreckungshaftbefehl)。

(三) 拘捕被追诉人

333　　羁押令以**拘捕**(Verhaftung)被追诉人的方式执行之。拘捕则通过**抓获**(Ergreifung)完成。在拘捕时,应该向被追诉人出示羁押令副本,并应毫不迟延地以书面形式晓谕其权利(具体见《刑诉法》第114a、114b条)。通常由警察实施晓谕。苟不妨碍羁押之目的,应该尽速让受拘捕的被追诉人有机会通知其亲属或其信任的人,见《刑诉法》第114c条第1款。依据《刑诉法》第115条第1款,在被拘捕后,被追诉人应该**被毫不迟延地拘传至管辖法院**,纵使允许合理的延宕,但最迟不得晚于抓捕的第二天(《刑诉法》第115条第2款,《基本法》第104条第3款)。所谓管辖法院系指负责签发羁押令状的法庭(《刑诉法》第126条第1款)。① 若被追诉人不能在被抓捕的第二天前被拘传至管辖法院(如路途遥远),则依据《刑诉法》第115a条,应该将其带到距离最近的基层法院的法庭。②

(四) 羁押法院的其他事务

334　　依据《刑诉法》第115条第2款,**法院**应该尽速对被追诉人就其被指控的内容展开讯问,最迟不晚于被拘传到庭的第二天③。

　　最后,还应该由法院对羁押令的下一步走向做出裁判。检察官应该就此向法院说明真实案情,并且法官可以凭借案卷得知究竟采取了哪些侦查措施以及取得了怎样的成果。④ 被追诉人及其辩护人应该能得到与法院一样的信息(《刑诉法》第147条第2款第2句,参见边码243)。

　　法院有以下选择:

　　——**维持羁押令**。在此情形下,应该依据《刑诉法》第115条第4款,向被追诉人晓谕相关的权利救济事项(见边码336)并通知其亲属或者他所信任的人,见《刑诉法》第114c条第2款(关于必要辩护,见边码249)。

　　——**撤销羁押令**,见《刑诉法》第120条(见边码339)。

---

① 关于留待负责(广义的)抗告法院处理羁押事项或留置事项的特别情形,见 *Kütterer-Lang*, StV 2020, 65。
② 深入的论述:*Schröder*, StV 2005, 241;*Zieschang*, Uni-Würzburg-FS, S. 665。
③ 该规范同样适用于将留置令转换为羁押令的情形,OLG Celle BeckRS 2020, 2934。
④ BGHSt 62, 123; dazu *Mosbacher*, JuS 2018, 129, 131。

——停止执行羁押令状,见《刑诉法》第 116 条(见边码 343)。

(五) 重复羁押

如果被追诉人在签发羁押命令时已在**另外一个案件**中(即因为另外一起程序意义上的犯罪,见边码 50)被羁押或者被执行监禁刑(基于有确定力的判决),这被称为**重复羁押**(Überhaft)。① 335

四、羁押令状的救济

被拘捕人有权以**羁押抗告**(Haftbeschwerde)(《刑诉法》第 304 条及以下数条)②或者**申请羁押审查**(Antrag auf Haftpruefung)(《刑诉法》第 117 条第 1 款)的方式获得法律救济,以实现撤销羁押令或者羁押停止的效果。 336

(一) 羁押抗告

羁押抗告的程序应遵守《刑诉法》第 304 条及以下数条有关**抗告**的一般性规定(见边码 868 及以下数段)。法院可凭抗告加以纠正或者将抗告呈交**抗告法院**(**移转效**)。对抗告法院的裁判不服的,依据《刑诉法》第 310 条可以再抗告。 337

若已经申请了羁押审查(见边码 338),不得同时提出抗告,见《刑诉法》第 117 条第 2 款第 1 句。该项**羁押抗告的补充性原则**(Subsidiarität)同样适用于当羁押抗告被提交法院以后又提出羁押审查的情形。但是,若对羁押审查程序的裁定不服的,可以提出抗告。见《刑诉法》第 117 条第 2 款第 2 句。

(二) 申请羁押审查

但凡被追诉人身处羁押之中,他随时均有权就羁押是否应该被撤销或者羁押是否应该依据《刑诉法》第 116 条被中止执行再度申请法院审查(见《刑诉法》第 117 条第 1 款),即所谓**"羁押审查"**(Haftprüfung)。羁押审查乃根据被追诉人的申请或法院的裁量启动,并依据《刑诉法》第 118 条第 1 款之要求,应经由言词审理后予以裁决,言词审理可以采取视频讯 338

---

① *Schlothauer/Weider/Nobis*, Rn 738; s. auch KG NStZ-RR 2017, 287.
② 羁押抗告的格式样稿见 Barton/Jost/*Zwiehoff*, S. 401。

问的方式进行,视频讯问时被追诉人可以身处另外的地点(详见《刑诉法》第118a条第2款第2句)。① 依据《刑诉法》第117条第1款,审查的申请由**签发羁押令状的法院**裁决(见《刑诉法》第126条)。所以,申请羁押审查不会发生**移转效**。被追诉人有权随时且一再地提出审查申请。但是,被追诉人并非每次申请都能得到言词审理(见《刑诉法》第118条第3款)。

依据《刑诉法》第121条,当**羁押期间已经合计达到6个月**,**州高等法院**应该**依职权**审查得否继续实施羁押(见边码342)。另外,当作出开启审理裁定之时(《刑诉法》第207条第4款)或作出判决时(《刑诉法》第268b条),也应该依职权开展羁押审查。

五、撤销羁押令状

339　撤销羁押令的管辖权根据《刑诉法》第126条的标准判断(见边码332)。

(一) 依据《刑诉法》第120条第1款撤销羁押令

340　一旦羁押之**要件不再存在**,或者继续羁押将不合比例的,应该依据《刑诉法》第120条第1款撤销羁押令。

尤其是被追诉人被宣告无罪的,或者裁定**不予开启审判程序**的,或者程序非纯粹临时性被终止的,法律规定应撤销羁押(见《刑诉法》第120条第1款第2句)。上述宣告无罪不需要发生确定力(见《刑诉法》第120条第2款)。当庭撤销羁押令的,被告人应该被立即释放。②

(二) 依据《刑诉法》第120条第3款撤销羁押令

341　若**检察官**在提起公诉之前便**申请**撤销羁押令的,也应该依据《刑诉法》第120条第3款第1句撤销羁押令。该规则是合乎体系的,因为提起公诉之前,惟有经过检察官的申请,始得核发羁押令(见边码332)。由于法院仅需要单纯形式化的理由便可以作出撤销决定,所以检察官在申请

---

① Dazu *Schlothauer*, StV 2014, 55.
② LG Berlin NStZ 2002, 497.

撤销羁押令的同时，即可以依据《刑诉法》第 120 条第 3 款第 2 句释放被追诉人。

（三）依据《刑诉法》第 121 条撤销羁押令

最后，如果针对**同一犯罪**的羁押执行已经长达 **6 个月**①，无法中止羁押且案件没有法定例外情形的，应该依据《刑诉法》第 121 条第 2 款撤销羁押令。所谓例外情形包括：

——该案的事实**审判决**将会以自由刑或剥夺人身自由处分为内容（《刑诉法》第 121 条第 1 款第 1 种情形）；

——因为案件的**调查特别困难**，或者**调查范围特殊**，或者其他**更为重要的原因**导致尚不能判决且继续羁押有正当理由的（《刑诉法》第 121 条第 1 款第 2 种情形）。是否存在上述例外情形，通常由州**高等法院**裁断（《刑诉法》第 122 条）。若符合上述例外理由之一的，该法院即命令继续羁押，否则应撤销羁押令。

在如何解释《刑诉法》第 121 条第 1 款的问题上，人身自由基本权（《基本法》第 2 条第 2、3 款连同第 104 条）发挥着特别重要的作用。被追诉人的自由请求权应该制衡国家彻底澄清犯罪和快速惩治犯罪人的正当请求权。② 羁押持续时间越久，自由请求权所占的考量就越重。因此，宪法要求对《刑诉法》第 121 条第 1 款进行限缩性解释（有关程序迅速原则，见边码 56）。③ 在羁押时间较长的案件中，应该通过对继续羁押裁判的"论证深度提出更高的要求"的方式去考量对个人自由基本权的干预④。

有关限制性解释的要求，在此仅略为引述以下几种观点⑤：

342

---

① Dazu *Schwarz*, NStZ 2018, 187.
② BVerfGE 19, 342, 347; 20, 45, 49; BVerfG NJW 2006, 668 ff 连同 *Jahn* 的裁判评释，NJW 2006, 652.
③ BVerfG StV 2013, 640; 2014, 35; vgl. auch OLG Dresden NJW 2010, 952 连同 *Fahl* 的批判性评论，ZIS 2009, 452; KG StV 2015, 42.
④ BVerfGE 103, 21, 35; BGH JR 2013, 419; BGH NStZ-RR 2015, 221; *Scheinfeld*, GA 2010, 684.
⑤ *M-G/Schmitt*, § 121 Rn 17 ff; Radtke/Hohmann/*Tsambikakis*, § 121 Rn 17 ff.

有观点主张，在适用《刑诉法》第 121 条第 1 款时，被追诉人被指控的罪行之严重程度无足轻重。①

有观点主张，为了查明不属于羁押令对象的其他犯罪的重大嫌疑，不构成继续羁押的理由。②

有观点主张，在刑事追究机关管控领域内造成的且可以归咎于国家的**程序延宕**，如果客观上有严重违反义务的情形，则绝不能成为延长羁押期间的理由。③

还有观点主张，**法院或检察官工作负荷过重**的事实，只有当它属于既无法预见也无法避免的**短暂性现象**时，始得成为让羁押可以超过六个月的重要理由。④

六、停止执行羁押

343　　仅以**逃跑之虞**为理由签发的羁押令，若有足够理由可以期待用较为轻微的干预手段（如特定的**指示**、**保证金**）亦可实现羁押之目的的，法官应该停止执行羁押。见《刑诉法》第 116 条第 1 款第 1 句（**羁押停止**）。羁押停止的裁定**没有撤销**羁押令，仅不再关押被追诉人，羁押令却仍然存在。

有关案情晦暗之虞、再犯之虞以及重罪羁押等情形下的执行中止，参见《刑诉法》第 116 条第 2、3 款。

七、羁押之执行

（一）基本规范

344　　伴随着 2006 年德国联邦制改革，有关**羁押执行事项**的立法职能从**联邦**转移到了**各州**。自此以后，德意志联邦只能对诉讼程序事项（而不再能针对羁押执行事项）依据《基本法》74 条第 1 款第 1 项拥有（带有竞合性）的立法权了。所以，有必要于联邦法层面对羁押事项也制定一套新规

---

① OLG Thür. StraFo 2004, 318.
② BVerfG NStZ 2002, 100; OLG Bamberg StV 2002, 608.
③ BVerfG StV 2006, 703; 2007, 644; BVerfG JR 2014, 488; 限缩性的见解：*Krópil*, JR 2014, 724。
④ BVerfG BeckRS 2017, 136740; BGHSt 38, 43, 45; OLG Bremen StV 2016, 824.

定,而这套新规定已于 2010 年 1 月 1 日生效。① 在过去用于规范羁押场所之任务和职权的旧版《刑诉法》第 119 条,以及对该规范予以细化的《羁押执行法》(UVollzO)的绝大部分内容自此以后都将由各个州的**州法**去规定。②

但是,早前以一般性条款形式规定的,旨在**实现羁押目的而必须采取的限制性处分**(旧版《刑诉法》第 119 条第 3 款第 1 种情形),其相应的立法职能依旧保留给**联邦**。③ 所以,才有新版《刑诉法》**第 119 条**以非穷尽式的**限制性处分清单**的形式,对羁押的执行作出了一些规定(例如,从业禁止、数名被追诉人实行相互分开关押,或者不得与其他的被关押人接触等,见《刑诉法》第 119 条第 1 款第 2 句),(仅限于)为了防止逃跑、案情晦暗或者再犯的危险,才能决定采取这些限制性处分(《刑诉法》第 119 条第 1 款第 1 句)。④ 由《刑诉法》第 126 条所称之法院负责核准上开限制性处分。当羁押目的在当下受到妨碍时,检察官或羁押场所有(补充性的)紧急处分权,见《刑诉法》第 119 条第 1 款第 3 和 4 句。他们采取紧急处分措施后的三个工作日内应该提交法院核可。

在恐怖主义犯罪的刑事程序之中,除了《刑诉法》第 119 条规定的限制性处分以外,还可以适用所谓"联络阻断制度"(《法院组织法施行法》第 31 条及以下数条)的特别规定。

(二) 羁押执行中的权利保障

旨在实现羁押目的而必须采取限制性处分的决定(旧版《刑诉法》第 119 条第 3 款第 1 项),迄今仍作为联邦法事项被规定在《刑诉法》第 119 条。州法仅仅规定那些旨在维护羁押场所秩序和安全的限制性处分。因此,对两类处分的权利救济也应予以区别:

345

---

① 深入的论述: Bittmann, NStZ 2010, 13; ders., JuS 2010, 510; Brocke/Heller, StraFo 2011, 1; Michalke, NJW 2010, 17; SK-StPO-Paeffgen, § 119 Rn 1 ff; Weider, StV 2010, 102。
② Arloth, Strafvollzugsgesetze, 3. A. 2011; Köhne, JR 2012, 14。
③ BGH NJW 2012, 1158; Nestler, HRRS 2010, 546。
④ BVerfG NStZ-RR 2015, 79; OLG Düsseldorf NStZ-RR 2014, 218, 746; KG StV 2010, 370; König, NStZ 2010, 185; vert. Ostendorf-U-Haft/Schady, § 6 Rn 1 ff; Pohlreich, NStZ 2011, 560。

1. 新版《刑诉法》第119条规定(旨在实现羁押目的)的限制性处分

346 　　不服法院依据《刑诉法》第119条决定的限制性处分,通常可以通过向上一级法院抗告的方式获得法律救济(见《刑诉法》第304条)。倘在例外情形下不允许抗告的,比如限制性处分乃由州高等法院决定的或者联邦最高法院的侦查法官决定的(参见《刑诉法》第304条第4款第2句第1项、第5款),则可申请决定采取限制性处分的法院(《刑诉法》第126条)(重新)作出决定(见《刑诉法》第119条第5款)。

　　若限制性处分非由法院决定,而系检察官、侦查人员或羁押场所的执行措施(《刑诉法》第119条第2款第2句)决定,则在不服这些措施时,可以申请羁押法院(《刑诉法》第126条)裁判(见《刑诉法》第119条第5款)。对该法院裁判不服的,还可以再依据《刑诉法》第304条抗告。

2. 州法规定(旨在维护羁押场所秩序和安全)的限制处分

347 　　羁押场所的官方决定或措施的法律依据应该出自州法层面的羁押执行法,对这些决定或措施不服的,可以申请法院裁判,见《刑诉法》第119a条第1款第1句。① 该规范也适用于羁押场所罔顾相关申请,即在申请限制性处分已逾三周却仍不作出相关官方决定的场合(见《刑诉法》第119a条第1款第2句)。例如,受羁押人对羁押场所的用餐或放风时间有异议,但凡用餐或放风的时间限制不是明显地与羁押目的直接相关,均应允许其依据《刑诉法》第119a条第1款**申请法院裁判**。② 由核准羁押的法院负责裁判(见《刑诉法》第126条)。不服其裁决的,包括羁押场所在内的相关方得依《刑诉法》第304条提出抗告。(具体见《刑诉法》第119a条第3款)。

　　案例25(边码315)解答:

348 　　侦查程序中的(提起公诉以前)**羁押令由基层法院的侦查法官负责签发**(《刑诉法》第125条第1款)。究竟能否签发羁押令,取决于是否满足《刑诉法》第112条及以下数条的规定,即应该具备**犯罪嫌疑重大**以及某种**羁押理由**。另外,决定羁押不得与比例原则相抵触。本案中已经满足犯罪嫌疑重大(在决定采

---

① OLG Koblenz BeckRS 2017, 146280.
② BVerfG StV 2013, 521 连同 Morgenstern 的评论, StV 2013, 529;深入的论述:Grube, StV 2013, 534。

取羁押措施时,已有高度盖然性表明被追诉人实施了犯罪),而羁押理由只有逃跑之虞(《刑诉法》第 112 条第 2 款第 2 项)。这种危险只能凭借被追诉人预期会判处较重的刑罚(3 至 4 年徒刑)这一点作为理由。实践中通常凭此判断足已,无须再考虑其他情况。但应否定这种观点,因为立法一直要求对个案所有情况应进行**整体权衡**。因此,本案中不能签发羁押令(详见边码 322)。

案例 26(边码 316)解答:

本题涉及《刑诉法》第 112 条第 3 款(**重大犯罪**)为依据的羁押,因为本案没有其他事实足以表明逃跑之虞或案情晦暗之虞。本案中已经存在《刑法典》第 211/212 条的重大犯罪嫌疑。按照《刑诉法》第 112 条第 3 款的文本,针对 A 的犯罪指控已满足了羁押的条件,但却依然不得核准羁押,因为结合本案具体情况考量,A 并不会逃跑而摆脱刑事程序[根据联邦宪法法院裁判(BVerfGE19,342,350)对《刑诉法》第 112 条第 3 款的**合宪性解释**](具体见边码 324)。

349

案例 27(边码 317)解答:

A 有权向本案中的基层法院,即作出系争裁判(羁押令,见《刑诉法》第 114 条第 1 款)的法院提出**抗告**,见《刑诉法》第 306 条第 1 款。依据《刑诉法》第 306 条第 2 款,一旦基层法院不能自我纠正,就应该将抗告递交州地方法院,后者将成为抗告的管辖法院(《法院组织法》第 73 条)。一旦该抗告被驳回,依据《刑诉法》第 310 条第 1 款,A 就可以采取再抗告。A 也可以依据《刑诉法》第 117 条第 1 款申请**羁押审查**。

350

依据《刑诉法》第 126 条第 2 款第 1 句,对羁押的审查由签发羁押命令的法官自己审查,而对于抗告则由州地方法院裁决(移转效)。如果 A 选择了羁押审查,便不得提起抗告,见《刑诉法》第 117 条第 2 款第 1 句(具体见边码 336 及以下数段)。

第十二章　其他重要的强制性措施
（基本权干预）

案例 28：

（1）您能举例说明，有哪些最重要的旨在保障刑事程序顺利进行的强制措施吗？它们被规定在哪里？

（2）A 在热闹的步行街散步时，突然听到有人大喊"来人啊，抢劫！"，这时 B 从声音传出的位置带着一个包快步走过来，当他经过 A 时，A 推断 B 就是犯罪分子并将他当场擒住。实际上，B 和抢劫毫无关系，他其实是一名快递服务人员，故而行色匆匆。试问 A 构成犯罪吗？

（3）B 其实就是犯罪人，并且对 A 的抓捕行为负隅顽抗。为阻止 B 逃逸，A 别无他法，于是一拳将 B 打晕在地。A 构成犯罪吗？（边码 418）

案例 29：

A 涉嫌贩卖毒品。逮捕他的警官 P 发现，A 似乎吞下了什么东西。他推测 A 可能吞下了毒品，于是他要求 A 服用对健康无碍的催吐剂。A 拒绝，故 P 让医生透过胃管施用催吐剂。最终也的确借此方法获取到其吞下的袋装毒品。刑事追究机关的这种手段合法吗？（边码 419）

案例 30：

（1）警察在侦查一起强奸并杀害被害人的案件中发现，凶手是一名来自慕尼黑的驾驶着保时捷汽车的人。警察于是"请"总计约 750 名悬挂慕尼黑地区车牌的保时捷汽车的男性车主"自愿地"配合血液检测并与从被害人身上提取的精液进行 DNA 比对，并威胁道，拒绝者将依据《刑诉法》第 81a 条被强制抽血。A 对此表示拒绝，于是他被强制抽血并且对其血液进行了分子基因学检测。这种做法合法吗？（边码 420）

（2）A因涉嫌谋杀罪被侦查。他可能棒杀了被害人，可是他却否认指控。由于没有掌握其他的证据，于是在他住院的两周时间里，侦查机关在他的单人病房里用"窃听器"开展技术监察。他的电话通话也遭受了监听。某天晚上，A接到他的女性工友打来的电话，电话中该女工提到警察曾经盘问过自己，尤其是问"A是否性格暴戾并曾经亲手宰杀自己饲养的兔子"。A接完电话之后，紧接着非常狂躁地自言自语并且喊到："很暴！很暴！很暴！我应当朝他脑袋打，我应当朝他脑袋打……"法院凭借这段被录下的语音判决A有罪。这合法吗？（边码420）

案例31：警察在被追诉人处扣押了他和自己辩护人之间的往来书信，这种措施合法吗？（边码421）

案例32：E因涉嫌多起入室盗窃被侦查且正身处羁押之中。某天晚上（21:30），刑警K接获匿名电话举报，E获得的赃物藏在E的父母家中属于E的房间之地板下。预计在一小时后，同伙就会来取走赃物藏于别处。由于K晚上无法获得法院令状，且因所处城镇较小，未设有值班侦查法官，于是，K立即自行前往E的父母家并搜查E的房间。但是，E的父母拒绝搜查，并锁上了E的房间。K于是告知E的父母整个案件事实，并向他们说明，必要时他肯定会强行破门。由于E的父母拒不退让，K破开房门并且搜查了房间，起获了赃物。在派出所，K就整个行动制作了详尽的书面报告。该措施合法吗？（边码422）

一、概述

（一）其他重要强制措施一览

除羁押（《刑诉法》第112条及以下数条——参见边码318及以下数段）以外，值得叙述的还有下列重要强制性措施：

——长期监视（langerfristige Observation），见《刑诉法》第163f条、第101条（边码364）；

——暂时性逮捕（vorläufige Festnahme），见《刑诉法》第127、127b条（边码365）；

——对被追诉人留置观察（Unterbringung zur Beobachtung），见《刑诉

法》第81条(边码373);

——身体检查(Körperliche Untersuchung)、验血(Blutprobe),见《刑诉法》第81a条(边码374);

——DNA分析(DNA-Analyse),见《刑诉法》第81e—f条;DNA身份鉴识(DNA-Indentifitätsfeststellung)以及存储DNA鉴识样本,见《刑诉法》第81g条;群组性基因筛查(Reihengentest),见《刑诉法》第81h条(边码375);

——照相(Lichtbilder)和采集指纹(Fingerdrücke),见《刑诉法》第81b条(边码380);

——对第三人身体检查(Untersuchung von Dritten),见《刑诉法》第81c条(边码381);

——保全(扣押),见《刑诉法》第94条及以下数条、第111b条及以下数条(边码382);

——伴随电信通讯监察(Überwachung der Telekommunikation)(以对话为内容)的强制干预,见《刑诉法》第100a、100d、100e、101条(边码390及以下数条);

——查询电信通讯联络记录(Auskunft der Telekommunikationsverbindung)、收集通联信息(Erhebung von Verkehrsdaten)、对移动通讯设备的技术侦查(technische Ermittlungen bei Mobilfunkgeräten)、基础信息查询(Bestandsdatenauskunft)等,见《刑诉法》第100g、100i、100j、101条(边码394);

——线上搜查(Online-Durchsuchung),见《刑诉法》第100b、100d、101条(边码398);

——搜查(Durchsuchung),见《刑诉法》第102条及以下数条(边码399);

——身份辨识(Indentitätsfeststellung),见《刑诉法》第163b、163c条(边码407);

——通缉通报(Ausschreibung zur Fahndung),见《刑诉法》第131条及以下数条(边码408);

——网格化侦缉(Rasterfahndung),《刑诉法》第98a、98b、101条(边码411);

——运用科技手段(如摄像,见《刑诉法》第100h条第1款第1项,第101条)(边码412);

——专为监视目的而使用其他特定科技手段(如移动报警器),见《刑诉法》第100h条第1款第2项、第101条(边码413);

——小监听(kleiner Lauschangriffe),《刑诉法》第100f、101条(边码414);

——大监听,见《刑诉法》第100c、100d、100e、101条(边码415);

——使用卧底警探(Einsatz Verdeckter Ermittler),《刑诉法》第100a条及以下数条(边码417)。

虽然不同的强制措施可被**叠加**运用,但这又构成某种特殊类型的侵害,应该按照适用于所有强制措施的**比例原则**对这种侵害另行评估。所以,在个案中采取所谓的"**全方位监视**"(Totalüberwachung)＊是颇有问题的。①

尤其是**秘密侦查方法**的数量和强度与日俱增(见边码364、390及以下数段,394、398、411、412及以下数段,414、415、417),对这一现象的批评在学术文献中随处可见。这便要追问,究竟应为**秘密性侦查措施**配套哪些保障性制度(法官保留、提高干预要件、核心领域保护、强化侦查程序的辩护权),才能平衡国家资讯优势与保障公平程序。② 为了让受干预人在该领域内得到权利救济,《刑诉法》第101条第4—6款规定侦查机关在秘密侦查措施结束之后负有**告知义务**(Benachrichtigungspflicht)。告知的内容包括该措施的决定与执行情况以及提示受干预人有权依据《刑诉法》第101条第7款第2句在两周内提出**事后权利救济**(关于侦查程序中的权利救济,见边码493及以下数段)。

法律针对所有强制性措施均规定了**有权决定该措施的主体**。可能的主体包括:

＊ 为了打击网络儿童色情犯罪,欧盟理事会正在研议制定一部新的法律,以突破《欧洲电子通信法》和《欧盟通用数据保护条例》对网络用户基本权利保护的要求,让公权力机关有权对云端服务、社交软件,甚至加密网络消息都能实现全方位的监察。该立法计划虽然旨在监督儿童色情内容,但是注定会对所有网络用户的电子通信实现无死角监控,因此该计划遭致激烈反对。详见 https://www.startpage.com/nix-zu-verbergen/startpage-artikel/kommt-jetzt-die-totale-ueberwachung。——译者注

① BVerfG NJW 2005, 1338; BGHSt 46, 266, 277; *Steinmetz*, NStZ 2001, 344; 深入的论述: *Gercke*, Mehle-FS, S. 219; *Malek/Wohlers*, Rn 11 ff; *Puschke*, Die kumulative Anordnung von Informationsbeschaffungsmaßnahmen im Rahmen der Strafverfolgung, 2006; *Sinn*, Jura 2003, 812。

② 深入的论述: *Heghmanns*, Eisenberg-FS, S. 511; *Schünemann*, GA 2008, 314; *Zöller*, StraFo 2008, 15。

——**所有的警员**(见边码166);

——**检察官的侦查人员**,即特别的警员(见边码161、167)

——**检察官**(见边码131及以下数段)

——**法院**①,通常是侦查程序中的**侦查法官**(多半是基层法院的侦查法官,主要见《刑诉法》第162条第1款第1句,第125条第1款以及边码484),和提起公诉(即收到起诉书,见边码543)以后负责审理案件的法院(主要见《刑诉法》第162条第3款,第125条第2款)。

(二) 对拒绝作证权主体采取侦查措施

1. 职业秘密保守者——《刑诉法》第53条

357 《刑诉法》第53条规定的拒绝作证权受到《刑诉法》第160a条侧面加持:依据第160a条,**负有职业保密义务的人在其拒绝作证权**②的范围内,有免于遭受侦查措施的特别保障(见边码231及以下数段),立法者对此又有区别性规定:

——不得对**神职人员**、**辩护人**、**其他律师和议员**采取任何形式的侦查措施,见《刑诉法》第160a条第1款第1句。纵使已经采取的,也不得使用从中知悉的内容(依据《刑诉法》第160a条第1款第2句的**绝对证据取得禁止与使用禁止**)。证据使用禁止不仅要求不得直接使用证据,也不得将该证据用作发现其他证据的线索[**"禁止用作迹证"**(此效果有别于"普通的"证据使用禁止)],这种情形如扣押辩护人的资料文件(边码234)。③

——对于其他的职业秘密保守者,尤其是**医师和记者**(参见《刑诉法》第53条第1款第1句第3—3b、5项),凡是影响到其拒绝作证权的侦查措施,均应受到某种特别的比例性保留(Verhältnismäßigkeitsvorbehalt)的限制。这主要指,如果不存在情节严重之犯罪,便不得对其采取侦查措施(依据《刑诉法》第160a条第2款第1和3句的**相对证据取得禁止与使用禁止**)。

有些学术文献正确地主张,应当废除对不同的职业秘密保守者的差

---

① 关于法官保留的目的:*Lilie*, ZStW 111 (1999), 807; *Putzke*, StraFo 2016, 1。
② 深入的论述:hierzu *Bertheau*, StV 2012, 303。
③ BVerfG BeckRS 2018, 14189 (Rn 101); *M-G/Schmitt/Köhler*, § 160a Rn 4.

别化规定。① 但是,联邦宪法法院却认为目前的规定是合宪的。②

如果有特定的事实表明,职业秘密保守者涉嫌参与了被指控的犯罪或包庇得利罪、阻扰刑罚罪或者赃物罪的,那么就会**取消**对其的特别**保护**(见《刑诉法》第 160a 条第 4 款第 1 句。关于辩护人,见边码 234 及以下段)。

358

依据《刑诉法》第 160a 条第 5 款的明确规定,除对所有强制性措施均适用的第 160a 条以外,专门就**扣押**(见边码 382、385)、**线上搜查**(见边码 398、502)、**大监听**(见边码 382、385)以及局部场景下的**调阅通联信息**(见边码 394)所作的特别规定在适用上不受影响,即《刑诉法》第 97 条以及第 100d 条第 5 款(见边码 398、415)和第 100g 条第 4 款。

2. 家属证人——《刑诉法》第 52 条

《刑诉法》第 97 条第 1 款第 1 项规定了**禁止扣押家属证人**(angehörigen Zeugen)(《刑诉法》第 52 条,见边码 296)与被追诉人之间的往来书信。但是,对于亲属证人通常可以采取**线上搜查**(边码 398)和**大监听**(边码 415)(没有**证据取得禁止**)。但是,惟有经过个案考量后认为,亲属与被追诉人之间的信赖关系不会比查明案情或发现被追诉人所在位置的利益更为重要时,始得使用获悉的资讯(见《刑诉法》第 100d 条第 5 款第 2 句)。当然,若亲属证人涉嫌构成被追究的犯罪之共犯或包庇得利罪、阻扰刑罚罪、赃物罪的,则不适用前述**相对证据使用禁止**(见《刑诉法》第 100d 第 5 款第 3 句连同第 160a 条第 4 款)。③ 若利用特定的秘密侦查措施[如电信通讯监察(边码 390)、线上搜查(边码 398)、大监听(边码 414)]取得了关于**私人生活之核心领域**(Kernbereich privater Lebensgestaltung)的信息,则适用**普遍性证据收集与证据使用禁止**(即一概不得收集和使用证据)(见《刑诉法》第 100d 条第 1—4 款)。④

359

除此之外,对被追诉人的亲属证人(《刑诉法》第 52 条,见边码 296)采取的侦查措施的成果**原则**上都**可以被使用**(举例:刑警 K 暗地跟踪涉嫌抢劫银行的 A。A 在散步时向他的妻子描述了赃款的金额。可以

---

① J. Kretschmer, HRRS 2010, 551, 554; Müller-Jacobsen, NJW 2011, 257.
② BVerfG StV 2012, 257, 262 ff 连同 Gercke u. Sachs 的裁判评释,JuS 2012, 374。
③ 深入的论述:BGHSt 54, 69, 100。
④ M-G/Schmitt/Köhler, § 100d Rn 4 ff; Kudlich, Fischer-FS, S. 723。

在刑事程序中将 A 的妻子当作证人询问,让他说明听到的对话内容,并且将他的证言用来判决 A 有罪)。也不能从《刑诉法》第 160a 条推导出对亲属证人的特别保护。第 160a 条仅适用于立法者选取的职业秘密守护者(边码 357),而不适用于亲属证人。由于职业秘密守护者有特别的保护考量,所以不得将《刑诉法》第 160a 条类推适用于亲属证人。① 但是,若侦查措施侵犯了**私人生活核心领域**(前例中不涉及,参见 720 及以下数段)或**侦查机关故意规避拒绝作证权**的,依旧可成立证据使用禁止(边码 733 及以下数段)。

(三) 假设替代干预

360 　　一些强制干预处分惟有在涉嫌特定的严重犯罪的案件中,方可被使用。由于各种强制性措施干预强度不同,各自适用的"**清单犯罪**"(Katalogtaten)范围也就不同,即刑事追究机关侵犯受干预人基本权利程度越深,指控的犯罪就应该越严重。例如,窃听电话只能被用于涉嫌《刑诉法》第 100a 条第 2 款所列举的犯罪(见边码 393)。惟有涉嫌《刑诉法》第 100b 条第 2 款所列举的清单犯罪,始得采取线上搜查(见边码 398)。刑事程序法的理念在于,刑事追究机关应该尊重采取干预手段的界限。否则,具体干预措施所取得的证据就是违法取得的证据,并且需要判断,是否会因此导致证据使用禁止(具体见边码 700 及以下数段)。纵使立法通常未明确地规定此种证据使用禁止,但目前绝对主流的观点至少承认,若案件不涉嫌任何清单犯罪,刑事追究机关却采取了本应该受到清单限制的强制措施,便会产生证据使用禁止的效果(如采取电信通讯监察的情形中,此结论是毫无争议的,见边码 726)。② 这便意味着,在个案中获得的该种证据绝对不能再被用来证明犯罪。鉴于这种给追诉带来的风险,就会产生一个重要的问题:如果刑事追究机关在发动该强制干预之时,错误地将某个清单罪行作为调查目标,是否只要该案件还涉嫌其他某个清单犯罪,就足以让该调查措施成为合法化呢?即**假设的替代干预**(hypothetischer Ersatzeingriff)。

　　假设替代干预的概念还可能被用于描述其他的关联关系,即在某个强制性措施实施过程中被偶然发现的证据(所谓"**偶然发现**"),究竟在何

---

① BVerfG StV 2011, 261 连同 Jäger 的评释。
② BGHSt 31, 304, 309; 32, 68, 70; Leitner/Michalke, Rn 116.

等范围内可被使用? 此外,在刑事程序以外,通过**犯罪预防性措施收集到的资讯**(präventiv gewonnene Erkenntnisse)究竟能否在刑事程序中使用,也与该概念有关。上述两个问题的某些内容已被立法所规定。具体内容如下:

1.偶然发现情形下的假设替代干预条款

依据《刑诉法》,某些强制性措施仅得在涉嫌特定犯罪的案件中被采用。利用该强制性措施收集到的个人信息,苟未经受干预人同意的,在(针对被追诉人的或者针对第三人的)**其他的刑事案件**中,通常仅能被用来证明那些依据《刑诉法》的规定也可以被核准采取该强制性措施的犯罪(见《刑诉法》第479条第2款第1句连同第161条第3款)。① 除此以外,这种个人信息在特殊的情形下也可以被使用,例如,依据《刑诉法》第479条第2款第2句,为了避免身体、生命或人身自由方面的危险,或者为了防止对联邦或某个州的安全或存续方面的危险,或者为了防范重大财产价值损失的危险,如果从具体案件的信息中能识别出用于防范这些危险的征兆的,也可以使用之(其他的特别规定还有《刑诉法》第100e条第6款第1项)。

2.因预防性活动而发现情形下的假设替代干预条款

依据其他法律(例如在警察②或情报机构的犯罪预防活动中)采集的个人信息,若其源于仅能针对特定犯罪嫌疑方可采用的措施,苟未征得受干预人的同意的,通常仅能用来证明那些依据《刑诉法》的规定也可采取该类措施调查的犯罪,见《刑诉法》第161条第3款第1句、《刑诉法》第161条第3款第2句连同第100e条第6款第3项对特定的秘密干预基本权作了特别规定;亦见边码164)。

3.假设替代干预原则的普遍适用

除上述法律规定的特别情形(尤其是《刑诉法》第161条第3、4款,第100e条第6款第1项、第479条第2款第1项)外,如果刑事追究机关先前错误地认为具备了强制性措施的实质要件,从而发动了该措施,这类错误究竟能否完全凭借假设替代干预原则被普遍地"治愈"呢?该问题目前

361

362

363

---

① 深入的论述:BGHSt 53, 64, 67; KG NStZ 2019, 429; KMR-StPO-*Gemählich* [2020], § 479 Rn 3; *Reinbacher/Werkmeister*, ZStW 130 (2018), 1104; *Singelnstein*, ZStW 120 (2008), 854; *Zöller*, StV 2019, 419。

② BGHSt 62, 123 (dazu Rn 164).

尚无定论。联邦最高法院在一定程度上持肯定态度①，例如，其主张，在依据《刑诉法》第 100a 条采取电信通讯监察的情形中，即使负责核准监察的法院认为，该案件根本不涉嫌第 100a 条第 2 款列举的清单犯罪，但只要事后能发现，该案件涉嫌某个其他的清单犯罪，则通讯监察措施获取的资讯仍可使用（见边码 727）。② 惟当刑事追究机关"恣意地"或"肆意妄为"地行动③，或者以"无视法律"的态度不遵守核准管辖保留规定的（如《刑诉法》第 105 条关于搜查住宅的法官保留，见边码 402）④，实务见解才会反对假设性权衡。但是，扩大适用假设替代干预原则是有问题的，因为如此一来，立法者要求核准机关事前谨慎审查的义务就被规避了。⑤ 而这种义务在（除了上述 1 和 2 的法定特别情形以外的）具体的刑事程序中原本可以被遵守（具体见边码 404 及以下数段、727、745）。

二、长期监视——《刑诉法》第 163f 条连同第 101 条

364 　　如有足够的事实根据表明，被追诉人实施了情节严重之犯罪，则可有计划地监视他。这种监视要么连续不间断地长达 24 小时以上，要么实施超过两天以上（所谓**长期监视**，参见《刑诉法》第 163f 条第 1 款第 1 句）。采取长期监视必须具备的另一个前提是，若对受监视人采取较低干预程度的措施，将会收效甚微（补充性条款）。如果这种监视需要运用**科技手段**，还应该额外满足《刑诉法》第 100h 条第 1 款第 2 项、第 2 款第 2 项规定的要件（见边码 413）。依据《刑诉法》第 163f 条第 3 款第 1 句，法院有采取此种措施的决定权，紧急情形下，检察官及其侦查人员（见边码 161）也有权决定之。实施该措施最长不得超过三个月，见《刑诉法》第 163f

---

① Vgl. BGH NStZ 1989, 375; 2016, 551 连同 *Schneider* 的裁判评释；BGH StV 2017, 498; 不同观点：BGHSt 31, 304, 306（电信通讯监察未经法官核准的情形）；亦见 BGHSt 59, 292 连同 *Jäger* 的批判性评释，JA 2015, 72 以及 *Jahn* 的评释，JuS 2015, 180。

② BGHSt 48, 240; *Mosbacher*, JuS 2008, 126.

③ BGHSt 41, 30; 51, 285; BGH NStZ 2017, 367; OLG Düsseldorf NStZ 2017, 177 连同 *Radtke* 的裁判评释。

④ BGHSt 51, 285; 61, 266.

⑤ 所以 OLG Zweibrücken NStZ 2019, 301 的见解是错误的；与本书观点一致的见解：BGH NStZ 2012, 104, 105; *Jahn*, Gutachten, C 74 ff; HK-StPO-*Gercke*, Vor §§ 94 ff. Rn 32; MüKo-StPO-*Hauschild*, § 98 Rn 13; *Park*, Rn 384, 388; S/S/W-StPO-*Eschelbach*, § 98 Rn 47; 深入的论述：*Abraham*, ZIS 2020, 120; *Beulke*, ZStW 103 (1991), 657; *Kudlich*, Wolter-FS, S. 995。

条第 3 款第 3 句连同第 100e 条*第 1 款第 4 句。若评估该措施获取的侦查成果后认为，依旧存在采取该措施的要件，则可以延长措施的期限，见《刑诉法》第 163f 条第 3 款第 3 句连同第 100e 条第 1 款第 5 句。相对而言，《刑诉法》第 163f 条第 1 款第 3 句就长期监视**被追诉人以外的人**（Nichtbeschuldigte）的情形规定了更高的要求。依据《申根协定》第 40 条，还可以**在申根法律区域内采取跨境监视措施**。

若有事实根据可以推断，采取长期监视获取的将会完全是**私人生活核心领域**的资讯，则不得采取该措施，见《刑诉法》第 163f 条第 2 款第 2 句连同第 100d 条第 1 款。已经获取这类资讯的，则适用证据使用禁止，见《刑诉法》第 163f 条第 2 款第 2 句连同第 100d 条第 2 款第 1 句。

至于**短时间监视**被追诉人（kurzfristige Überwachung）的措施，因其干预程度轻微，故得将《刑诉法》第 161 条第 1 款、第 163 条第 1 款的一般侦查条款作为其法律依据（见边码 163）。

三、暂时性逮捕——《刑诉法》第 127 条、第 127b 条

对于来不及等待签发羁押令的情形，《刑诉法》第 127 条规定了**暂时逮捕权**。该项规定的意义尤在于，它构成剥夺人身自由相关犯罪（《刑法典》第 223 条、239 条、第 240 条）的违法阻却事由。 365

（一）"任何人"的逮捕权——《刑诉法》第 127 条第 1 款第 1 句

当某人被发现正在实施犯罪或因正在实施犯罪被追捕时，若他有可能逃匿或不能当即验证其身份的，纵使未经过法院决定逮捕，**任何人**（任何公民和任何公务人员）均有权将其暂时性逮捕，见《刑诉法》第 127 条第 1 款第 1 句。 366

1. 要件

（1）犯罪人必须"被发现正在实施犯罪或者因正在实施犯罪被追捕" 367

《刑诉法》第 127 条第 1 款第 1 句所称的犯罪系一种应当受刑事处罚的行为（也包括可罚的未遂），但不包括违反秩序的行为。纵使告诉乃论之罪没有被提出刑事告诉的，也不妨碍采取暂时性逮捕，见《刑诉法》第 127 条第 3 款第 1 句。

---

* 最新版条文参见本书附录。——译者注

所谓正在实施犯罪时被发现,系指在完成犯罪构成要件行为之际,或者已经既遂以后直接在犯罪现场,或者紧邻犯罪现场的区域被抓获的情形。因为正在实施犯罪而被追捕,乃指行为人已经逃离犯罪现场并凭借指向他的具体事证(如犯罪痕迹)立即追捕他的情形。

有争议的是,《刑诉法》第 127 条第 1 款第 1 句是否要求(被逮捕人)**实际**(至少符合构成要件该当性和违法性)**实施**了犯罪?① 抑或,凡已知的客观情势能够显示**重大的犯罪嫌疑**即已足?② 后一种观点的理由是,逮捕权非以用来维护个人自身利益,而是为实现刑事追究的公共利益。既然个人在逮捕时担负着公益任务,还要让他承担起判断罪责错误的风险,显然不妥。

但是,该观点应予驳斥,因为它剥夺了无辜的被逮捕人面对限制人身自由之侵害时的紧急防卫权。即使要求被逮捕人必须实际实施了犯罪才能被逮捕,实施逮捕者苟无过错,纵使误判,其风险也是有限的。但凡客观情势表明被逮捕人有实施犯罪的嫌疑,则对于实施逮捕的人而言,这种情况属于对违法阻却事由的前提事实不可避免的认识错误(**容许构成要件错误**),所以,他不会构成故意的罪责,也就不会受到《刑法典》第 239,240 条的处罚。③ 惟当他为了成功逮捕而弄伤了受逮捕人,则有构成过失犯罪的风险(《刑法典》第 299 条);但是,这种情形下,行为人往往没有违反谨慎义务。另外,对私人逮捕规定更为严格的责任也是合理的:实施逮捕之人不能自行确认他人是否实际实施了犯罪的,就理应交由官方去逮捕。④

案例见 *Beulke*, Klausurenkurs Ⅲ,边码 391。

---

① OLG Hamm NJW 1977, 590, 591; *M-G/Schmitt*, § 127 Rn 4; *Kühl*, § 9 Rn 86; *Otto*, Jura 2003, 685; *Roxin/Schünemann*, § 31 Rn 4; *Volk/Engländer*, § 10 Rn 67; 或许持此标准的还有:OLG Celle BeckRS 2015, 00003 连同 *Jahn* 的评论文章, JuS 2015, 565 和 *Satzger* 的评论文章, Jura 2015, 1261; 深入的论述: *Sickor*, JuS 2012, 1074。

② BGH NJW 1981, 745, 746; OLG Hamm NStZ 1998, 370; MüKo-StPO-*Böhm/Werner*, § 127 Rn 10; SK-StPO-*Paeffgen*, § 127 Rn 10; *Fincke*, GA 1971, 41; *Bülte*, ZStW 121 (2009), 377, 400; *Hellmann*, Rn 266; *Kargl*, NStZ 2000, 8; *Roxin/Greco*, AT Ⅰ, § 17 Rn 24 f.

③ Vgl. *Wessels/Beulke/Satzger*, AT, Rn 760 f.

④ 对整体性问题的论述: *Engländer*, Rn 129; *Hillenkamp/Cornelius*, AT, Problem 8, S. 67。

（2）另外，逮捕权还需要具备**逮捕事由**（Festnahmegrund），即必须要么有逃匿可能，要么不可能验明其身份。所谓**逃匿的嫌疑**系指：根据行为人已知的表现，经过理智的判断便能推知，苟不立即逮捕，他将逃脱刑事程序。反之，可能逃匿也**不必达到**《刑诉法》第 112 条第 2 款第 2 项规定的**逃亡之虞**（决定羁押的要件）的程度。因为如此困难棘手的判断也不可能在《刑诉法》第 127 条的瞬息场景下完成，此间迅速反应才是关键。①

368

至于验明其身份的逮捕事由则仅能交由个人去判断。若逮捕权人系公务人员的，应该循《刑诉法》第 163b 条第 1 款的要求行事，见《刑诉法》第 127 条第 1 款第 2 句（参见边码 407）。如果被逮捕对象可以证明自己身份的，便不存在此项逮捕事由。

2. 逮捕权的范围

《刑诉法》第 127 条第 1 款规定了逮捕权，因此根据文义解释，逮捕权仅能为剥夺行动自由（Freiheitsberaubung）和强制（Nötigung）阻却违法。但是，依据《刑诉法》第 127 条**也**可采取合比例性的且为逮捕目的必要的**心理强制**，例如，可以死死地将有关人员摁倒在地②，但却不得以危及生命的方式锁喉。③《刑诉法》第 127 条第 1 款不允许为了逮捕使用射击性武器，但例外时允许鸣枪示警。④

369

由于《刑诉法》第 127 条第 1 款容许严重干预被怀疑人的继续行动自由，所以该条款也就同时授权了如拿走其物品以供身份查验或者防止其逃跑等较为轻微的干预手段。⑤

（二）检察官和警察依据《刑诉法》第 127 条第 2 款的逮捕权

当迟延会招致危险时，检察官和**所有的**警员除有《刑诉法》第 127 条第 1 款规定的逮捕权外，还可依该条第 2 款行使逮捕权。这项逮捕权不

370

---

① BGH <D> MDR 1970, 197; LR-*Hilger*, §127 Rn 21.
② BGHSt 45, 378; *Börner*, GA 2002, 276; *Mitsch*, JuS 2000, 848; 亦见：*Schröder*, Jura 1999, 10。
③ BGHSt 45, 378, 381.
④ *Marxen*, Fall 11b, S. 95.
⑤ KK-StPO-*Schultheis*, §127 Rn 29; 批判性观点：*Wagner*, ZJS 2011, 465, 473.

可或缺的前提是,应满足签发羁押令或留置令的条件。所谓"迟延会招致危险"系指,若等待法官签发羁押或留置令,可能导致无法逮捕的情形。① 警察在逮捕时可否使用射击性武器,由各州警察法规定之。②

(三) 检察官和警察依据《刑诉法》第 127b 条第 1 款的逮捕权

371　　虽不具备《刑诉法》第 127 条第 1 款和第 2 款的(前述)要件,却很有可能在**速审程序**(参见边码 804 及以下数段)中尽快对被追诉人作出裁判且他有可能会在庭审时不到庭的,则检察官和警察也有逮捕权,见《刑诉法》第 127b 条第 1 款。实施此种逮捕以后,随即可对被追诉人决定**候审羁押**(Hauptverhandlungshaft)见《刑诉法》第 127b 条第 2 款(边码 325)。

(四) 拘传到法官面前

372　　实施逮捕之后,应该一律**毫不迟延地将被逮捕人拘传到法官面前**,**最迟不得晚于逮捕后的第二日**,否则,应该在此时限之前释放被逮捕人,见《刑诉法》第 128 条第 1 款第 1 句。联邦最高法院认为③,苟非为实现羁押令而实施的逮捕,在逮捕后的第二日期满前,侦查机关有权裁量,究竟何时适合实际拘传被追诉人到羁押法官面前。照此见解,警察苟不有意利用剥夺自由的状态迫使被逮捕人供述的,纵使没有辩护人在场,也有权在此阶段再次讯问被逮捕人。④ 这种观点有违宪法上的要求,即采取任何非经法官决定的剥夺人身自由措施,应该事后尽速提交法官裁断,见《基本法》第 104 条第 2 款第 2 句。⑤ 即使按照最新的法律规定,也无法接受该观点中规避《刑诉法》第 141 条第 2 款第 1 句第 1 项的成分(边码 254 及以下数段)。如果法官认为逮捕没有正当理由,他应该释放被逮捕人,否则应该对被逮捕人签发羁押令,见《刑诉法》第 128 条第 2 款。此时,法官羁押令乃侦查羁押的依据。

四、对被追诉人的留置观察——《刑诉法》第 81 条

373　　为准备对被追诉人开展精神状态鉴定,法院可于听取鉴定人和辩护

---

① *M-G/Schmitt*, § 127 Rn 19.
② BGH JR 2000, 297 连同 *Ingelfinger* 的裁判评释; OLG Karlsruhe Justiz 2011, 221。
③ BGH NStZ 2018, 734 连同 *Berghäuser* 的裁判评释。
④ BGHSt 34, 365.
⑤ *Meyer-Mews*, StV 2020, 223; HK-*Posthoff*, § 128 Rn 10f; *Schlothauer/Wieder/Nobis*, Rn 235.

人的意见后,将被追诉人带到**公立精神病医院**进行**观察**,见《刑诉法》第81条第1款。留置的期间合计不得超过六周,见《刑诉法》第81条第5款。尤为重要的是,该种干预措施的程度应遵守比例原则。① 例如,在某项计划由精神科鉴定人实施的检查中,如果被追诉人拒绝必要的配合,就不得对其留置。

鉴定旨在说明被追诉人的**责任能力**(Schuldfähigkeit)或**就审能力**(Verhandlungsfähigkeit),或者在针对未成年人或甫成年人的程序中说明其**成熟程度**(Reifegrad),见《少年法院法》第73条。相反,不得通过鉴定去测试被追诉人的信用性。②《刑诉法》第81条只能阻却以留置方式剥夺自由和观察行为的违法性。如果在留置后开展了进一步的必要检查,另须依据《刑诉法》第81a条专门决定之。③

五、身体检查、验血——《刑诉法》第81a条

为查明对刑事诉讼具有重要性的案件事实,可命令**检查被追诉人身体**(Körperliche Untersuchung)。为实现该目的,可不经被追诉人同意,由医生依据医学操作规程,对其采取以检查为目的的且不会损害其健康的抽血和其他身体干预处分,见《刑诉法》第81a条第1款。

374

具体情形中的身体干预处分究竟属于《刑诉法》第81a条规定的检查,抑或《刑诉法》第102条的搜查(见边码400),于判断上不无疑问。关键的区别在于,究竟是要查明**身体以及具体身体部位**(如血液、胃液)**的状态**(若是,即检查)?还是想在**身上**(am Köper)以及身体的自然入口(如嘴巴、阴道、肛门)里找到标的物(若是,即搜查)?④ 若欲找寻身体内(im Köper)的标的物

---

① BVerfG NJW 2002, 283; KMR-StPO-*Bosch*, § 81 Rn 23 ff; 亦见:*Eisenberg*, NStZ 2015, 433。
② BGH JR 1955, 472; Radtke/Hohmann-*Beukelmann*, § 81 Rn 6。
③ HK-*Brauer*, § 81 Rn 20; *Kühne*, Rn 473。
④ S. LR-*Krause*, § 81a Rn 19; 不同观点:*Bosch*, Jura 2014, 50 f; KMR-StPO-*Bosch*, § 81c Rn 10。

(如被吞下去的证据),且为了保护受干预人必须延揽医务人员操作的,则至少构成《刑诉法》第81a条的检查。①

有权决定检查的主体是**法官**,若迟延将有碍于侦查结果的,检察官以及顺位在其后的(见边码167)下属侦查人员(《法院组织法》第152条,见边码161)也有权检查,见《刑诉法》第81a条第2款第1句。若有特定事实表明,案件涉嫌特定道路交通犯罪的,身体检查处分可破例不由法官决定,见《刑诉法》第81a条第2款第2句。

当案件需抽血检验时,提早向法官申请便显得尤为重要(如今仅限《刑诉法》第81a条第2款第2句所列道路交通犯罪以外的犯罪),因为就如同搜查住宅一样(见后述边码402),受干预人实际上不可能对于警察或检察官迅速完成的措施获得同步的法官救济,通常只能让法院对措施的合法性开展事后性审查而已。② 鉴于身体检查处分严重干预基本权,在判断是否属于迟延会招致危险的情形时,应该设定**严格的要求**。通常而言,刑事追究机关应该在他自行决定抽血处分以前先行争取该管法官的核准(必要时可以电话申请,无需事前提交卷宗)③。在某些涉及酒精和毒品的犯罪中,伴随身体消化反应会让证实犯罪的证明变得愈发困难或者受到阻碍。但是,单凭这种**抽象的危险还不足以证实迟延将有碍调查成效之危险**。④ 毋宁应该以书面的形式在侦查卷宗中**结合具体情形去说明**,一旦请求法官裁决,究竟会怎样延宕干预处分。关于在夜间或当侦查法官"犹豫不决"的情形下设置紧急处分法官或值班法官的必要性问题(参见边码402)。有关不遵守法官保留情形下的证据使用禁止问题(见边码728)。

但是,惟当被追诉人**没有有效地同意**身体检查处分时,法官

---

① *Geppert*, JK 1997, StPO § 81a/2.
② BVerfG NJW 2007, 1345.
③ BVerfG NStZ 2011, 289; *Kudlich*, JA 2010, 752; 批评性见解: *Trück*, JZ 2010, 1106。
④ SchlHolstOLG StraFo 2010, 194; KG NStZ 2010, 468; OLG Bamberg DAR 2011, 268.

或警察才有必要依据《刑诉法》第 81a 条命令身体检查。① 当受干预人自愿忍受检查处分时,是否仍需晓谕其拒绝权,《刑诉法》第 81a 条对此没有明确规定,故有争议。一部分人认为,未经充分晓谕便不可能作出有效的同意,故仍应该晓谕其权利。② 若未晓谕受干预人权利的,应该得出证据使用禁止的效果。③

如果被追诉人不仅拒绝检查,而且还拒绝就医或者试图逃跑的,则可以依据《刑诉法》第 81a 条强制性地将其带到最近且最合适的医院或医生处。④ 占支配地位的观点认为,这种相应的紧急处分本身就包括后续的抽血处分,所以作出紧急处分的警员不必再联系侦查法官到场。⑤

(正如所有的强制性措施一样),被追诉人在《刑诉法》第 81a 条的情形下也**不承担积极配合的义务**,他仅应忍受(dulden)检查处分而已。⑥ 例如,尽管他应该忍受强制抽血,却没有义务向试管吹气而配合酒精测试。⑦ 同样的,被怀疑吞下袋装麻醉品的被追诉人也没有配合吞下催吐剂的义务。以插胃管的方式强制**施用催吐剂**是一种违反《欧洲人权公约》第 3 条的不人道待遇。⑧

---

① OLG Hamm StRR 2011, 198; 深入的论述: *Murmann*, in: Heghmanns/Scheffler, Ⅲ Rn 309 ff。

② AG Frankfurt/M. BA 2010, 435; *M-G/Schmitt*, § 81a Rn 4; 不同观点: LG Saarbrücken NStZ-RR 2009, 55。

③ *Böse*, JZ 2015, 653; S/S/W-StPO-*Bosch*, § 81a Rn 11, 34; *Geppert*, NStZ 2014, 481; 区分类型的见解: *Eisenberg*, Rn 162; *Cierniak/Herbst*, NZV 2012, 409。

④ OLG Dresden NJW 2001, 3643; 亦见: *Rogall*, JuS 1992, 551, 554。

⑤ KG NStZ 2010, 468; OLG Bamberg DAR 2011, 268; 不同观点: OLG Hamm NJW 2009, 242, 244; *Fickenscher/Dingelstadt*, NStZ 2009, 124, 126。

⑥ *Naucke*, Hamm-FS, S. 505; 不同观点: *Lesch*, 4/Rn 66 ff; 关于争论的情况: *Ransiek*, GA 2015, 620; *Rössner/Safferling*, Problem 5。

⑦ *Schöch*, BA 1997, 169; 对此持批评见解的: *Ransiek/Winsel*, GA 2015, 620。

⑧ EGMR NJW 2006, 3117 (*Jalloh/BRD*) 连同 *Safferling* 的评论文章, Jura 2008, 100; *Schumann*, StV 2006, 661 u. *Schuhr*, NJW 2006, 3538; MüKo-StPO-*Trück*, § 81a Rn 17; *Renzikowski*, Amelung-FS, S. 669; *Zaczyk*, StV 2002, 122; a.A. KG JR 2001, 163; *Fahl*, JuS 2001, 47; s. auch BGHSt 55, 121 连同 *Brüning* 的评论文章, ZJS 2010, 549; *Eidam*, NJW 2010, 2599; *Jansen*, ZIS 2020, 233; u. *Krüger/Kroke*, Jura 2011, 289; 深入的论述: *Rössner/Safferling*, Problem 6。

六、DNA 分析——《刑诉法》第 81e-f；DNA 身份辨识和存储 DNA 辨识样本——《刑诉法》第 81g 条；群组性基因筛查——《刑诉法》第 81h 条

(一) 问题状况

375　借助 DNA 分析(分子遗传学检查)更能相对确定地证明在犯罪现场或者在被害人身上找到的毛发、精液、皮肤组织等究竟来自于何人，法律已经规定了这种手段。其中，《刑诉法》第 81e、81f 条规定的是进行中的刑事程序为了查明具体犯罪采取的 DNA 分析；而《刑诉法》第 81g 条系适用于**将来的**刑事程序的特别规定。法官应该始终意识到 DNA 分析无非是一种统计学上高度盖然性判断，而在任何时候对案件情况加以全面评估都不会是多余的。① 另外，还应该注意的是，惟当能连带排除被追诉人的近亲属系犯罪人的可能性时，DNA 分析才能被视为达到了全面深入的程度。

(二) 适用于进行中刑事程序的规定

376　分子遗传学检查(molekulargenetische Untersuchung)的基础一定是刑事追究机关在刑事程序中通过各种渠道收集到的比对材料。相关检材通常是在检查被追诉人身体的过程中获取的，《刑诉法》第 81a 条为身体检查的合法性设定了标准(见边码 374)。《刑诉法》第 81e 第 1 款连同第 81f 条规定，若对查明案情有必要的，身体检查中获得的材料可由**鉴定人员进行分子遗传学检查**，以确定 DNA 辨识的样本、来源和性别并将确定的结论与比对材料相比较(通常用来查明其是否来自于被追诉人或被害人)。不得开展用于非法调查目的的其他分析。依据《刑诉法》第 81c 条检查第三人身体方式(边码 381)或者以其他方式获得的比对材料(比如烟头)，也可以供相关分子遗传学分析所用(具体见《刑诉法》第 81e 条第 2 款)。若不知晓迹证材料来自于何人，亦得就人的虹膜颜色、发色和肤色以及年龄加以分析(《刑诉法》第 81e 条第 2 款第 2 句)。

若受干预人**以书面形式**表达同意的，得无需任何核准便可开展 DNA 分析，否则该分析需由**法官核准**。迟延会遭致危险时(此见边码 402)，则

---

① BGHSt 38, 320 ff; 56, 72; BGH StraFo 2010, 343 连同 *Neuhaus* 的裁判评释; BGH StV 2014, 588 u. 591。

由检察官或其侦查人员(见边码161)决定之,见《刑诉法》第81f条第1款第1句。

这几年特别有争议的议题是实施**群组性基因筛查**(Reihengentest)的合法性与合宪性。在该类筛查中,表现出犯罪人潜在特征的人数众多的人群(如某个较大村子里的所有年轻男子)均被要求接受基因测试。通常是将满足待测特征(例如年龄、性别、头发或眼睛颜色)的人一概拉去进行唾液检测。 377

如今,《刑诉法》第81h条已对这个问题基本作出了规定。依据该规定,对于特定的犯罪(如杀人罪和性犯罪),具有查明迹证材料是否来自于待检测者之必要的,且基因检测措施(尤其是受干预群体的数量)与该犯罪合乎比例的,则可在**自愿**的前提下提取特定人群的体细胞并用于基因筛查,见《刑诉法》第81h条第1款。除被检测人的**书面同意**外(《刑诉法》第81h条第1款),该措施还需经**法院书面核准**,始得为之(《刑诉法》第81h条第2款)。被检测人拒不同意的,不得强制其接受筛查。①

若依据《刑诉法》第81h条实施了自愿性群组基因筛查后,没有发现与案件有关的信息,但却同时还有部分人拒绝接受筛查,此时刑事追究机关应该如何为之,目前尚无定论。严格意义上讲,若刑事追究机关能掌握强制性干预的替代手段,就谈不上自愿参加了。实践中的补救方式是,拒绝参加筛查的人会被当作被追诉人并且依据《刑诉法》第81a条提取其体细胞。但是,更为正确的观念是,苟无具体的犯罪嫌疑,便不得将特定的人当作被追诉人。单纯地反对被提取体细胞的表现,同样无法确立被追诉人的地位。②纵使受怀疑群体中的许多人自愿参加了筛查,被怀疑人群圈已经被缩小到少部分人,其理并无不同。③ 378

尽管如此,殆同"探听消息"情形的基因指纹采集措施却有强制性,因为《刑诉法》第81e条第1款第1句甚至准许采集分析被追诉人以外之人的血液(《刑诉法》第81c条第2款;见边码381)。受干预人不得引用《刑诉法》第55条的法律理念(不配合证实自己有罪;见边码301)对

---

① *M-G/Schmitt*, § 81h Rn 18.
② BVerfG NJW 1996, 3071; *Kerner/Trüg*, Weber-FS, S. 457; *Rogall*, NStZ 1997, 400.
③ LR-*Krause*, § 81h Rn 7; *J. Kretschmer*, HRRS 2012, 185, 187;不同观点:HK-*Brauer*, § 81h Rn 13。

抗之。① 参照如今《刑诉法》第 81h 条第 1 款的规定且根据法治国的理念，采集基因指纹涉及的相对人数量不得与欲调查之犯罪的严重程度不成比例，即在实际操作时，受检测的人员的范围应能被预计。② 至少在以下情形中符合预计性要求：若自愿的基础上开展了大范围基因筛查，并最终仅对那些"不自愿的人"才实施强制性检测（颇有争议）。③

2017 年以后，依据《刑诉法》第 81h 条第 1 款，在 DNA 群组筛查（海量筛查）中得到的"**准战利品**"（Beinahetreffer）也被允许使用。所谓"准战利品"，系指尽管迹证材料与被筛查的人员无关，但却偶然地发现，痕迹材料有极高的可能是来源于被筛查人员的亲属。于是在**对样本去匿名化处理**以后，可将该偶然发现的成果用作对被推测系真正致生痕迹的人启动进一步侦查的根据，并且当他涉嫌《刑诉法》第 81h 条第 1 款所列严重犯罪时，该偶然发现的成果也可在对其实施的刑事程序中被使用。因此，之前的《刑诉法》第 81h 条第 1 款规定的目的拘束原则，即用作海量筛查的样本仅能被用于调查迹证材料是否来源于被筛查者的要求已遭废除。④ 而且，《刑诉法》第 81h 条第 1 款也明确地允许将筛查中偶然发现的信息扩张使用至被筛查人的亲属，但是，仍仅限于直系血亲（父母、子女、祖父母、孙子女、曾祖父母、曾孙子女）和三代以内旁系亲属（兄弟姐妹、侄女、外甥、堂兄弟）。⑤ 作为一种补偿机制，对参加群组受筛查的人的晓谕义务也同时扩大了（《刑诉法》第 81h 条第 4 款）。

（三）适用于未来刑事程序的规定

379 　　《刑诉法》第 81g 条规定，若正在进行中的以"情节严重之犯罪"、"侵

---

① M-G/*Schmitt*, § 81c Rn 21; KK-StPO-*Hadamitzky*, § 81c Rn 10; 不同观点：*J. Kretschmer*, HRRS 2012, 185, 189; SK-StPO-*Rogall*, § 81c Rn 43 ff。

② *Pommer*, JA 2007, 621; 持一概反对的观点：KMR-StPO-*Bosch*, § 81g Rn 2; *Saliger/Ademi*, JuS 2008, 193; *Satzger*, JZ 2001, 639; 亦见 *Rössner/Safferling*, Problem 7; *Naucke*, Hamm-FS, S. 504。

③ 在结论上一致的：*Rogall*, Schroeder-FS, S. 709; 深入的论述：SK-StPO-*Rogall*, § 81h Rn 5; M-G/*Schmitt*, § 81h Rn 20; MüKo-StPO-*Trück*, § 81h Rn 13, 19。

④ 联邦最高法院对旧版《刑诉法》第 81h 条第 1 款的见解认为，若将搜集到的 DNA 的信息用作不利于亲属的证据，会违反明确的立法目的，并且由于干预处分缺少立法依据，会与《基本法》第 2 条第 1 款连同第 1 条第 1 款、第 6 条第 1 款有违。BGH NStZ 2013, 242; 赞同性观点：*Jahn*, JuS 2013, 470; *Löffelmann*, JR 2013, 277; *Swoboda*, StV 2013, 461; 反对性观点：*Magnus*, ZRP 2015, 13; *Rogall*, JZ 2013, 874; 亦见 *Bosch*, Jura 2015, 1260。

⑤ 深入的论述：Knierim-*Knierim*, Kap 18 Rn 51; *Niedernhuber*, JA 2018, 169。

犯性自主之犯罪"(《刑诉法》第 81g 条第 1 款第 1 句)或"其他犯罪之再犯"(《刑诉法》第 81g 条第 1 款第 2 句)为对象的刑事程序之被追诉人有再犯之危险(负面征兆)的,为使其他**未来的刑事程序**得以辨识其身份,得提取其体细胞而制作 DNA **辨识样本**(DNA-Identifizierungsmuster)。除正在进行中的刑事程序以外,《刑诉法》第 81g 条第 4 款还规定,犯第 81g 条第 1 款所称之罪而**被确定宣告有罪的**人,若表现出负面征兆,亦得被提取体细胞并作分子遗传学检查,以供未来身份辨识之用①。

制作完成的 DNA 辨识样本被保存在 **DNA 分析数据库**(DAD),该数据库系联邦刑事调查局设立的中心综合数据库(数据库的法律依据:《刑诉法》第 81g 条第 5 款连同《联邦刑事调查局法》第 2 条第 4 款)。如果被追诉人被确定宣告无罪的,则实施该措施所必要的**嫌疑条件**便不存在了,因此,被追诉人有权要求将 DNA 样本从 DNA 分析资料库中删除。②

七、照相和采集指纹——《刑诉法》第 81b 条

若对实施刑事程序或者开展鉴识工作**有必要的**,可以违背被追诉人之意志而对其**照相和采集指纹**,并对其采取测量以及其他类似的措施,见《刑诉法》第 81b 条。③

380

> 该规范具有双重定位:一方面它旨在实现惩治性目的,即实施刑事程序(第 1 种情形);另一方面它也服务预防性目的,即鉴识活动(第 2 种情形)。所以,两种情形下的权利保障有各自不同的设计(见边码 505)。

除《刑诉法》第 81a 条以外,为实施鉴识性措施采取直接强制手段的法律依据还有《刑诉法》第 81b 条。例如,该规范允许为了辨认(Gegenüberstellung)的目的强制改变受干预人的发型和胡须样式④。但是,这些措施始终应符合比例原则,例如,不得长达数小时之久地扣留受

---

① BVerfG StV 2017, 497; BGH NStZ 2016, 112 连同 Mosbacher 的评论文章, JuS 2016, 129; BGH StV 2017, 498; Fröba, StraFo 2010, 483。
② LG Oldenburg StV 2013, 145。
③ OVG Sachsen-Anhalt StV 2011, 391; LG Regensburg StV 2012, 8; Frister, Amelung-FS, S. 603。
④ BVerfGE 47, 239。

干预人①。

八、检查第三人——《刑诉法》第81c条

381　　（一）惟当（同时）满足下列条件，始得依据《刑诉法》第81c条第1款在未征得同意的前提下检查被追诉人以外的其他人：

该人必须可能系证人（证人原则）。

对此，仅足以期待该人作证便已足，他不必实际目击了案发过程（例如：昏迷的被害人）。甚至，那些尚不具备陈述能力的人，如婴儿，倘若有接受讯问能力（vernehmungsfähig），且有可能成为证人的，也可依据《刑诉法》第81c条第1款被检查，无须征得其同意或其法定代理人同意（《刑诉法》第81c条第3款第2句）。②

但是，依据《刑诉法》第52条（注意不包括《刑诉法》第53、53a、55条③）享有拒绝作证权的证人却拥有相应的**拒绝身体检查权**（Untersuchungsverweigerungsrecht）（《刑诉法》第81c条第3款第1句），并且刑事追究机关应该晓谕其该项权利（《刑诉法》第81c条第3款第1句连同第52条第3款第1句），即《刑诉法》第52条第3款第1句的晓谕拒绝作证权义务以外的一项独立晓谕义务。④

此种检查仅能用来发现证人身上的犯罪**迹证**和**犯罪后果**（迹证原则）。

迹证系指能够用来逆向推理出犯罪人和犯罪实行行为的身体变化。所谓犯罪后果系指一切无法实现这种逆向推理的因犯罪引起的身体变化。⑤

诚如《刑诉法》第81c条第1款使用的表述：惟为发现真实

---

① BVerfG StV 2011, 389.
② *Joecks*, StPO § 81c Rn 8.
③ M-G/*Schmitt*, § 81c Rn 23.
④ BGH NStZ 1996, 275 连同 *Dölling* 的裁判评释, NStZ 1997, 77。
⑤ LR-*Krause*, § 81c Rn 14 f.

而需要查明证人身"上"(am Körper)是否存在犯罪行为的特定迹证或后果的,始得检查证人。因此,仅能对潜在证人的身体表面和自然开口进行检查。所以,《刑诉法》第81c条第1款没有**授权**刑事追究机关**侵入身体内部**。例如,不得强制证人洗胃或者拍摄X光片。①

(二)在符合《刑诉法》第81c条第2款规定的要件下,可以无需考虑证人原则以及迹证原则,在不经第三人同意的前提下对其实施为了查明血缘关系的身体检查和**抽血处分**。

九、保全、扣押——《刑诉法》第94条及以下数条、第111b条及以下数条

（一）体系

《刑诉法》明定两种保全措施的适用领域,按照各自的规范目的可区分为:

——**证据的保全**(《刑诉法》第94条及以下数条),指为了防止证据灭失以及保障刑事诉讼法顺利进行采取的保全。

——**为确保没收或查封物品的扣押**(《刑诉法》第111b条及以下数条),其乃担保在判决中依据《刑法》第73条及以下数条可能作出的法律效果。

——**保全驾照**(《刑诉法》第94条第3款)适用的规定比较特殊。尽管它是通过扣押文件的方式担保未来依据《刑法典》第69条第3款第2句没收该文件。但是,这项扣押的依据却是《刑诉法》第94条及以下数条,而不是《刑诉法》第111b条及以下数条,这一点与其他物品没收中的扣押有所不同(具体见边码387)。这一例外也说明,对驾照的扣押毋宁是保全证书且有别于《刑诉法》第111b条及以下数条规定的扣押,后一种扣押旨在防止对物品的法律处分行为。②

---

① KK-StPO-*Hadamitzky*, § 81c Rn 4.
② *Roxin/Schünemann*, § 34 Rn 2; 深入的论述: *Hammer/Schuster/Weitner*, Rn 364, 366; *Huber*, JuS 2014, 215; *Park*, Rn 444。

(二) 主要以扣押方式完成的证据保全——《刑诉法》第 94 条及以下数条

383　　1.若物品①被某人持有(Gewahrsam)且自愿交出的,则通过保管(Inverwahrungsnahme)的方式便足以实现保全,这种保管乃任何刑事追究机关均得采取的事实行为(《刑诉法》第 94 条第 1 款)。

384　　2.若持有人无意自愿地交出物品,则须采取**正式的扣押**(der förmliche Beschlagnahme)(《刑诉法》第 94 条第 2 款),即该物品根据明确的命令被收走并通过其他措施实现保全,如查封、冻结或者发布不得出入房产或不动产的禁令等,也可扣押公务机关的档案。②

　　扣押由法官核发令状,迟延会招致危险时得由检察官或其侦查人员决定(见边码 161),见《刑诉法》第 98 条第 1 款第 1 句(亦见边码 402)。鉴于新闻自由(《基本法》第 5 条第 1 款第 2 句)有值得特别保护的价值,依据《刑诉法》第 98 条第 1 款第 2 句,扣押(新闻媒体的)编辑部适用绝对法官保留。

　　——若因未寻获扣押标的物并且持有人未交出物品而导致扣押意图没有实现的,得依据《刑诉法》第 95 条第 2 款,采取秩序措施(Ordnungsmittel)或强制性措施逼令其交出。但是,不得对享有拒绝作证权的主体采取此种措施(《刑诉法》第 95 条第 2 款第 2 句),对被追诉人亦不得采取(不自证己罪原则的要求)③。

　　——由国家保管物品而实现的保全,会产生公法上的保管关系(öffentlich-rechtliches Verwahrungsverhältnis),并受到《刑法典》第 133 条的保护。若是以扣押方式实现的保全,则会同时产生受到《刑法典》第 136 条保护的封存状态(Verstrickung)。

　　3.扣押禁止

385　　(1)卷宗或者其他由官方保管之文件,若经最高主管部门声明,一旦公开其内容将不利于联邦或者某个州之福祉的,会产生禁止扣押这些文

---

　　① Zur Beschlagnahme im EDV-Bereich vgl. *Beulke/Ruhmannseder*, Rn 505 ff; *Schnabl*, Jura 2004, 379;亦见本书 Rn 392。
　　② BGHSt 38, 237, 239; OLG Jena NJW 2001, 1290; SK-StPO-*Wohlers*, § 94 Rn 21 ff, 23。
　　③ 深入的论述:*Jahn*, Roxin Ⅱ-FS, S. 1358。

件之效果(《刑诉法》第 96 条,所谓**封存声明**)。在行政诉讼中①,官方单位可将其负有保密义务的文件转交具有保密义务的法院,文件相关人不得阅览(所谓**暗箱诉讼**),通过这种方式可以在克服封闭声明的效果(参见《行政法院法》第 99 条第 2 款)。但是,在刑事诉讼中却不得照此处理。②

(2)《刑诉法》第 97 条还规定了另一项**扣押禁止**,它关系到《刑诉法》第 52,53,53a 条规定的**拒绝作证权**,其目的在于防止规避该权利。因为,惟当依法有权拒绝陈述且国家追究机关无法取得该陈述的替代品时,才可能真正地保障拒绝作证权。③ 不得被扣押的情形有:

——被追诉人与拒绝作证权人之间的书面通讯(《刑诉法》第 97 条第 1 款第 1 项);这些有权拒绝作证的人包括《刑诉法》第 52 条规定的人(家属)或者第 53 条第 1 款第 1—3b 项规定的人(如神职人员、辩护人、律师、医师)。

——由《刑诉法》第 53 条第 1 款第 1—3b 项规定的受信赖人制作有关被追诉人向他们叙说内容的录音录像(《刑诉法》第 97 条第 1 款第 2 项第一种情形)。

——其他触及《刑诉法》第 53 条第 1 款第 1—3b 项规定的受信赖人拒绝作证权的事项(《刑诉法》第 97 条第 1 款第 2 项第 2 种情形)或物品(《刑诉法》第 97 条第 1 款第 2 项第 3 种情形)。

对于有数名共同被追诉人的刑事程序而言,不得故意分离程序,以图在针对部分被追诉人的程序中解除本来适用于其他共同被追诉人的扣押禁止(亦见边码 290、297)。④

适用《刑诉法》第 97 条之扣押禁止的条件是,物品在扣押的那一刻**正被拒绝作证权人持有**(《刑诉法》第 97 条第 2 款第 1 句前半句)。按照规范的文意,若**辩护人**的相关通讯内容此时正处于被追诉人持有状态下,则得被扣押。但是,占支配地位的观点

---

① S. BVerfGE 101, 106.
② BVerfG NStZ 2013, 379; BGH NJW 2000, 1661.
③ OLG Celle NStZ 1989, 385; *Beulke/Ruhmannseder*, Rn 491.
④ BGHSt 43, 300, 304 连同 *Rudolphi* 的裁判评释, NStZ 1998, 472; OLG München NStZ 2006, 300.

却正确地主张,这种通讯内容仍然不得扣押,因为《刑诉法》第97条第2款第1句后半句被第148条补充,后者保障被追诉人与辩护人之间的书面和口头交流不受监控①(见边码233及以下段;关于议员和媒体辅助人员免受扣押的特别保障,分别参见《刑诉法》第97条第4款②以及《刑诉法》第97条第5款)。

根据实务见解和学界通说,《刑诉法》第97条第1款的所有禁止扣押规定仅适用于对特定人的侦查程序,这些人对职业秘密保守者的信赖关系受到《刑诉法》第53条的法律保障。若某名律师的当事人不是扣押措施所在程序的追诉对象,当然可以扣押该律师持有的文件。与此相关的情形还有,当律师代理某个企业的事务时,该企业员工却被启动刑事程序。按照占支配地位(却应予否定)的观点,检察官有权扣押律师持有的文件(亦见边码234和边码733)。③

386　如果有特定的事实表明,有权拒绝作证的人涉嫌**参与犯罪**或犯有**包庇得利罪**、**阻扰刑罚罪**或**赃物罪**的情形,或者有待扣押的物品系犯罪工具(producta et instrumenta sceleris)的,则解除扣押禁止的效果,见《刑诉法》第97条第2款第2句(有关辩护人的情形,见边码234)。

(3)若特定的书面文件(或者数据)明显或外部可见地有证据使用禁止的要求(边码700及以下数段),则不得扣押之。④ 若须经检视文件(或数据)以后始得发现该要求的,应首先将之保全(为了检视文件或数据而扣押或者整体提取⑤),并随后交由检察官或经其决定交由其侦查人员检

---

① LG München I NStZ 2001, 612; *Beulke*, Lüderssen-FS, S. 693, 714; *Mehle/Mehle*, NJW 2011, 1639.

② 深入的论述:BVerfGE 108, 251;关于立法修正案的内容: *Rogall*, Miebach-FS, S. 37。

③ LG Hamburg StV 2011, 148 连同 *Jahn/Kirsch* 的裁判评释; *von Galen*, NJW 2011, 945 u. *Schuster*, NZWiSt 2012, 28; LG Bochum NStZ 2016, 500; LG Stuttgart StV 2019, 7 连同 *Jahn* 的批判性评释; LR-*Erb*, § 160a Rn 63; *ders.*, Kühne-FS S. 171; MüKo-StPO-*Hauschild*, § 97 Rn 8, 64; *Goeckenjan*, Samson-FS, S. 641, 654;认为该做法合宪的宪法法院裁判:BVerfG NStZ 2019, 159, 161 连同 *Knauer* 的裁判评释, *Chr.*;不同观点:LG Mannheim wistra 2012, 400; LG Braunschweig NZWiSt 2016, 37 连同 *Jahn/Kirsch* 的裁判评释; *Gercke*, Wolter-FS, S. 933; *Beulke*, Lüderssen-FS, S. 693, 705 f; *Schemmel/Ruhmannseder/Witzigmann*, 7. Kap. Rn 37; *Wessing*, ZWH 2012, 6, 10;亦见 *Schröder/Kroke*, wistra 2010, 466。

④ LG Saarbrücken NStZ 2016, 751.

⑤ *M-G/Schmitt/Köhler*, § 110 Rn 2, 2a.

视(《刑诉法》第 110 条第 1 款)。

(4)在立法所明确列举的情形以外,还可以基于**宪法上的理由**推导出扣押禁止的要求。如违反比例原则引发的扣押禁止①;因为使用扣押物会违反《基本法》第 1 和 2 条的情形,比如扣押记载有隐私内容的日记。② 同样,经类推适用《刑诉法》第 97 条连同适用《基本法》第 2 条第 1 款、第 20 条第 3 款可以推导出,为了保证有效辩护(亦参见《欧洲人权公约》第 6 条第 3 款)和保障免于自证已罪,不得扣押被追诉人在自己的刑事案件中准备自我辩护的资料,即使这些资料不属于《刑诉法》第 97 条第 1 款第 1 项规定的通讯资料,且不符合《刑诉法》第 97 条第 2 款第 1 句前半句(被拒绝作证权人持有),而是处在被追诉人持有之下。③ 但问题是,苟不阅读这些资料的内容,殊难判断其究竟能否使用(参见边码 700 及以下数段)。所以,对这些证据其实无关扣押禁止,仅有(自主性)证据使用禁止而已。④

4.扣押的特殊形式

(1)驾照。作为没收对象的驾照,同样可适用《刑诉法》第 94 条及以下数条被扣押(见《刑诉法》第 94 条第 3 款)。由于法官还有权依据《刑诉法》第 111a 条暂时性剥夺驾驶许可,所以应与之相区别:

依据《刑诉法》第 94 条第 3 款,**驾照**可以被当作文件**扣押**。迟延会招致危险时,例如,驾照持有人可能继续醉酒驾车⑤,得由检察官及其侦查人员(见边码 161)依据《刑诉法》第 98 条第 1 款第 1 句扣押其驾照。

驾驶许可作为一项官方授予的权利资格(behördliche Berechtigung),其仅能由法官**暂时性地剥夺**,见《刑诉法》第 111a 条;终局性地剥夺驾驶资格则须依《刑法》第 69 条第 3 款第 2 句以判决方式为之。法官暂时性地剥夺驾驶许可兼有决定或核准**扣押**之效果(《刑诉法》第 111a 条第 3 款)。

(2)**邮件扣押**。扣押被追诉人寄出或收取的**信件**、**邮寄品**和**电报**的,必须符合《刑诉法》第 99 条规定的前提要件,始得为之。但是,仅当待

---

① LR-*Schäfer*, § 94 Rn 35; *Fezer*, Fall 7 Rn 32; 亦见:BVerfG NStZ-RR 2004, 83, 84.
② 进一步的说明:*Roxin/Schünemann*, § 34 Rn 25。
③ BGHSt 44, 46, 48; OLG München JR 2007, 336 连同 *Satzger* 的裁判评释; *Engländer*, Rn 141。
④ *Satzger*, JA 1999, 632.
⑤ BGHSt 22, 385.

扣押的邮品尚处于邮政公司，即邮局的持有之下时，方得适用该规定。否则，就应该依据《刑诉法》第 94 条及以下数条采取扣押，邮局也没有要求事后被告知的权利。①

关于邮件扣押的**决定**关涉到基本权（《基本法》第 10 条），所以，首先应该由法官决定，迟延会招致危险时，也可由检察官决定，但绝对不可由检察官的侦查人员（见边码 161）决定（见《刑诉法》第 100 条第 1 款）。为确保其余通信往来的邮电秘密，邮政公司仅有义务将可能相关的邮寄物品**捡出**并移交给决定扣押的机关。② 被扣押邮件的**开启权**仍归法院，但紧急情形下，法院也可将开启权交由检察官行使，见《刑诉法》第 100 条第 3 款。

有关**电子邮件**的扣押（见边码 392）。

（三）没收对象的保全

389 　　适用没收（《刑法典》第 73 条及以下数条）的物品，依据《刑诉法》第 111b 条及以下数条之规定保全之。③

十、与电信通讯相关的强制干预——《刑诉法》第 100a、100d、100e、100g、100i、100j、101 条

（一）体系

390 　　《刑诉法》第 100a 条*授权刑事追究机关对电信通讯开展**监察**（Überwahrung）与**记录**（Aufzeichnung），因此，不仅让显著地干预受《基本法》第 10 条保障的被追诉人的私人空间有了正当性依据，还可以扩展干预到未参与犯罪的第三人的私人空间，尤其是被追诉人的通话对象。另外，若**第三人**被怀疑为被追诉人代为接收或转交消息（所谓的消息传递者），或者被追诉人使用其电信连结端口的，**也可监察该第三人**，见《刑

---

① BGH NStZ-RR 2019, 280.
② BGH StV 2008, 225.
③ 深入的论述：*Rönnau*, S. 116 ff; *Peters/Bröckers*, Vermögensabschöpfung im Strafverfahren, 2019.

* 最新版条文参见本书附录。——译者注

诉法》第 100a 条第 3 款。电信通讯的概念被《电信法》①第 3 条第 22 项定义为,一切通过电信通讯设备以信号、语言、图形或声音的形式发送、传播或接受消息的技术性过程。

如果证明的对象不是电话通话本身,而是"**室内对话**"(Raumgespräch),即当被监察者无意间保持了电信联结,导致某段对话被监听到的情形。例如,因被监听人没有挂好电话而让电话那一头的人继续窃听室内的交谈,则这段被听到的交谈不应被评价为电信通讯,有关监听的授权不能涵盖这段对话,由此获得的资讯也不得作为证据被使用。②

与室内对话相区别的是"**背景音和背景谈话**"(Hintergrundgeräusche und-gespräche),系指通话人打电话的同时又与第三人交谈,或者在电话里可以听到的其他室内声音。这种声音可被一并记录,且至少在针对打电话者的刑事程序中可以被作为证据使用。③ 但是,采取该措施原本就是为了规避大监听的启动条件(《刑诉法》第 100c 条,见边码 415),则另当别论。

(二) 现代通信方式所衍生的特殊问题

1. 语音留言

《刑诉法》第 100a 条的适用范围不仅包括传统上的电话和传真的形式,还包括一切电子化消息传播方式。④ 因此,依据《刑诉法》第 100a 条也可调阅在**电子邮箱系统**的某段被录入、储存并被最终读取的语音消息。⑤ 相反,若某段电信通话已经彻底结束,但通话消息却仍被存储在接受装置(电话录放应答器)中,这种情形则不适用《刑诉法》第 100a 条。欲保全或扣押该消息的,应该依据《刑诉法》第 94 条及以下数条为之(见边码 383 和边码 395)。⑥ 浏览和使用普遍公开阅览的网络社群,如脸书

391

---

① Abgedruckt unter Sartorius (Ergänzungsband) Nr 920.
② BVerfG NJW 2019, 584 (Rz 42) 连同 *Großmann* 的裁判评释, StV 2019, 369; BGHSt 31, 296; vgl. hierzu auch BGH StV 2018, 772; *Braum*, JZ 2004, 128; *Engländer*, Rn 148; *Gercke*, JR 2004, 347; *Koch*, JA 2004, 707。
③ BGH StV 2009, 398 连同. *Prittwitz* 的反对性评论, StV 2009, 437; BGH NStZ 2018, 550。
④ BGH StV 1997, 398 连同 *Kudlich* 的裁判评释, JuS 1998, 209; 批评性见解:*Gless*, StV 2018, 671; *Valerius*, Ermittlungen der Strafverfolgungsbehörden in den Kommunikationsdiensten des Internet, 2004, S. 95。
⑤ BGH StV 1997, 398; LG Mannheim StV 2002, 242 连同 *Jäger* 的裁判评释; *Gercke*, StraFo 2003, 76。
⑥ 延续 BVerfGE 115, 166 (*Bargatzky* 案)的观点, *Grözinger* GA 2019, 441, 447。

（Facebook）、**开放的网络论坛**（Internet-Chats）以及开放的新闻组（类似微信朋友圈），可以由《刑诉法》第 161、163 条的一般侦查条款（见边码 163）提供法律依据（**网络事实澄清措施/Internet-Aufklärung**）。但是，若其间须破解密码或者采用登录密匙的，则应适用《刑诉法》第 100a、100b 条有关电信通讯监察的规定。① 若需监测被追诉人的网络浏览习惯（Surfverhalten），应通过扩张解释电信通讯概念的方式适用《刑诉法》第 100a 条，这也被联邦宪法法院所肯定。②

2. 电子邮件

392　　监察电子邮件/多媒体信息等电子消息，依法可以分为五个阶段③：

（1）发件人电脑上的电邮草稿阶段。

（2）从邮件发出到进入邮箱运营企业（网络服务提供商）的存储器之间的阶段。

（3）邮件被静置于网络服务提供商的存储器的阶段。

（4）邮件被收件人查阅的阶段。

（5）之一：邮件被保存在收件人的电脑阶段。

（5）之二：在收件人知悉邮件内容以后，邮件被保留在服务商的服务器阶段。

若刑事追究机关在阶段(1)**以公然的调阅**干预收件人的终端设备，这毫无疑问地无关对电信通讯的保障，也就不能适用《刑诉法》第 100a、100b 条（见边码 390）。所以，可以在遵守比例原则的前提下④，根据《刑诉法》第 94 条及以下数条之规定，扣押数据存储介质及其中存储的数据（见边码 382）。⑤ 但这需要将扣押的相关规定类推适用到数据，毕竟数据不是这些规定中所称之"物品"（见边码 383）。⑥ 大多数情况下，可以扣押

---

①　*M-G/Schmitt/Köhler*, § 100a Rn 7; 深入的论述: *Neuhöfer*, JR 2015, 21; *Sönke*, ZJS 2015, 156。

②　BVerfG NJW 2016, 3508; *Singelnstein/Derin*, NJW 2017, 2646; 不同观点: *M-G/Schmitt/Köhler*, § 100a Rn 7e。

③　基本内容: KMR-StPO-*Bär*, § 100a Rn 27; OK-StPO-*Graf*, § 100a Rn 53; MüKo-StPO-*Günther*, § 100a Rn 128; *Hauck*, S. 391 ff; *Kleszcewski*, ZStW 123 (2011), S. 737, 744 ff; *Zimmermann*, JA 2014, 321。

④　BGH NStZ 2010, 345.

⑤　BVerfGE 115, 166 (*Bargatzky* 案); LG Hanau NJW 1999, 3647; *Kudlich*, JA 2000, 227; *Weßlau*, ZStW 113 (2001), 681; *Keiser*, JA 2001, 662。

⑥　LR-*Hauck*, § 100a Rn 73; *Jahn*, JuS 2009, 1048; SK-StPO-*Wolter*, § 100a Rn 32.

被追诉人的整个计算机。① 其间尤其应注意《基本法》第 13 条对住宅安宁权的保障(见边码 399 及以下数段)以及在获取私人信息情景下的信息自我决定权(《基本法》第 2 条第 1 款连同第 1 条第 1 款)。但是,如果在这个阶段的调阅措施乃采取**秘密方式**为之的,则属于《刑诉法》第 100b 条规定的线上搜查措施,应该适用特别之规定(对此见边码 398)。

在第(2)和第(4)阶段,无疑应该符合《刑诉法》第 100a 条规定的更为严格的干预要件,因为这绝对处在电信通讯的过程中。② 但有争议的是,这种升级的保障究竟是否适用于自己给自己发邮件的场合?③

反之,如果电子邮件已经处在收件人的数据存储介质中(第(5)之一阶段),则无论如何都不会是电信通讯的范畴了,也就不再涉及《基本法》第 10 条第 1 款的远程通讯秘密(Fernmeldegeheimnis)。

然而,真正引发高度争议的是阶段(3)的定位,即当收件人尚未查阅邮件以前,就**从邮件服务提供商的邮件服务器中调阅邮件**的情形。这种情形中,电子邮件的传递过程因储存行为被临时中断了,联邦最高法院认为此时不属于电信通讯的过程,应准用保全的规定(《刑诉法》第 94 条)连同邮寄品扣押的规定(《刑诉法》第 99 条),调阅在线邮箱内的电子邮件仅须符合这些规定的干预要件为已足。④ 如今,联邦宪法法院也在结论上附和了最高法院的法律评价:尽管这个电邮传输中的阶段也应受到《基本法》第 10 条第 1 款的保障,但是,因为第三人(服务提供商)的介入,《基本法》第 10 条第 1 款的基本权主体便失去了对电子邮件的支配,于是也失去了受到特别保障的必要性。所以,但凡符合了《刑诉法》第 94 条及以下数条规定的干预要件,便足以合宪地干预远程通讯秘密,至少在(对服务提供商)开展住所搜查过程中**公开地*调阅**电子邮箱的场景

---

① 深入的论述:Zerbes/El-Ghazi, NStZ 2015, 425。
② Brodowski, JR 2011, 533.
③ 肯定观点: Vassilaki, JR 2000, 446; 正确的否定性观点: Roxin/Schünemann, § 36 Rn 5。
④ BGH NStZ 2009, 397 连同 Bär 的赞成性评释以及 Gercke 的反对性评释, StV 2009, 624; LG Ravensburg NStZ 2003, 325; Löffelmann, AnwBl 2006, 600。
* 此处的"公开"的对象指接受干预人,即让措施的接受者或者其他受干预人知晓措施的状态,而不是指向社会大众公开之意。在德国刑诉法文献看来,传统的德国侦查措施(如扣押)均系一种对被追诉人或受调查人的公开措施,随着近年来德国科技侦查立法和实务见解的发展,不让相对人知晓的"秘密的"侦查措施才大行其道。Vgl. Greven, in: KK-StPO, § 94 Rn. 4a; Eschelbach, in: SSW-StPO, § 94 Rn. 1. ——译者注

下如此(参见边码399)①,但仍应以具体情形审查的方式检验其合比例性。② 联邦宪法法院的观点值得肯定之处在于:若将电子邮件的传递视作一个从发出到接受[第(2)—(4)阶段]的整体性电信通讯过程,那么惟有整体受到《基本法》第10条之保障,始能合乎宪法目的。由电邮服务商实施技术上不可或缺的中间存储阶段(3)是这个传输过程中不可分割的一环。因此,为了实现保护标准上的整体一致性,阶段(2)—(4)应该一致地适用《刑诉法》第100a条的高格干预门槛。③ 相反,实务见解(联邦宪法法院的见解是一种保守的变体)希望通过利用《刑诉法》第94条及以下数条寻找解决方案,试图在比较宽松的要件下干预电邮传输中必不可少的阶段,这可能会整体拉低电子邮件通讯的保障水平。所以,**秘密调阅措施必须符合《刑诉法》第100a条的标准,方才允当**。④

至于(5)之二阶段,根据实务见解以及学界的部分观点⑤(联邦宪法法院和占支配性的见解却有不同主张)⑥,应该准照阶段(1)和阶段(3)的原则,即准用《刑诉法》第94条及以下数条的规定。不同于本书前文对阶段(3)的立场,该观点对于阶段(5)之二的情形似乎合理,因为在这种情形下,有空间距离间隔的通讯不会再遭受特别的侵害:自收件人知晓电邮内容之时起,究竟是否保存以及如何保存或归档通讯内容,全凭收件人自行决定。所以,这个阶段已经不再处于《基本法》第10条第1款的保护领域。因此,(1)、(5)之一和(5)之二可同等处理。但是,联邦宪法法院却认为,这个阶段仍然受《基本法》第10条第1款的保护。

如何在法律上处理**云端服务**的情形也有疑问。争议在于,在云端数据的传输过程中,究竟可以依据哪项法律规定对之拦截。一种观点认

---

① *Kasiske*, StraFo 2010, 228; *Klein*, NJW 2009, 2996; *Krüger*, MMR 2009, 680; 亦见:*Bär*, ZIS 2011, 53.
② BVerfG StV 2009, 617; 赞同性观点:*Putzke/Scheinfeld*, Rn 274。
③ LG Hamburg StV 2009, 70 连同 *Gaede* 的赞同性评论, StV 2009, 96; SK-StPO-*Wolter*, § 100a Rn 38; *Beulke/Meininghaus*, Widmaier-FS, S. 63; *Jahn*, JuS 2009, 1048; *Kudlich*, GA 2011, 193, 203; *Meininghaus*, Der Zugriff auf E-Mails im strafrechtlichen Ermittlungsverfahren, 2007, S. 250。
④ BGHSt 62, 22 连同 *Löffelmann* 的裁判评释, JR 2018, 44; 不同观点:LG Mannheim StV 2011, 352。
⑤ VGH Kassel MMR 2009, 714; *Krüger*, MMR 2009, 680。
⑥ BVerfGE 124, 43, 56; LG Hamburg StV 2009, 70 连同 *Gaede* 的赞同性评释; *Jahn*, JuS 2009, 1048; *Zimmermann*, JA 2014, 321, 325。

为,以上传云端或者从云端下载的方式传输数据是一种电信通讯过程,应该适用《刑诉法》第100a条第1款。①另一种相反的观点认为,《刑诉法》第100a条通常仅适用于人与人之间的通讯,不应当适用于上传和下载数据时的纯粹数据流动。根据后一种观点,惟当符合线上搜查的要件,始得读取传输过程中的云端数据(《刑诉法》第100b条;对此见边码398),但是,利用这种措施完全可以干预云端用户的云端存储器和终端设备,即覆盖在云端存储的全部数据。②

(三)《刑诉法》第100a条中的要件

1.惟具备《刑诉法》第100a条第2款详尽列举的严重罪行,即**清单犯罪**(Katalogtaten)(如谋杀/杀人罪,抢劫罪)之**嫌疑**③,且惟当个案之犯罪情节亦严重时,始得对电信通讯加以监察,见《刑诉法》第100a条第1款第1和第2项。

2.另外,惟当以其他方法调查犯罪事实或探查被追诉人所在地毫无希望或有显著困难的,始得核准监察,即**辅助性原则**(Subsidiaritaetsgrundsatz)(《刑诉法》第100a条第1款第3项)。

3.**来源端电信通讯监察**(Quellen-Telekommunikationsüberwachung)则旨在解决当今常见通讯内容加密的问题,即借助于来源端电信通讯监察措施在通讯加密(发送时)之前或者在通讯解密(接受时)之后获知通讯内容。④《刑诉法》第100a条第1款第2句授权(刑事追究机关)利用国家监控软件(所谓"国家木马病毒")侵入计算机信息系统(后文称"IT系统")⑤,通常监察正在进行中的(即时)通讯。例外时,这种措施也可被用来监察和记录受干预人的信息技术系统中储存的内容和通讯的状况,但前提是,这类内容和状况在公共电信网络以加密方式进行的传输过程中原本就可以被监察和记录,且仅以监察措施被核准以后发生的通讯为限,见《刑诉法》第100a条第1款第3句、第5款第1句第1b项。无法被

---

① KK-StPO-*Bruns*, § 100a Rn 4.
② *Grözinger*, StV 2019, 406, 411; *Soiné*, NStZ 2018, 497, 499 ff; s. auch *Bell*, Strafverfolgung und die Cloud, 2019.
③ BGH JR 2011, 404 (不存在特定的嫌疑程度,但应该有充分的事实依据);深入的论述:*Eisenberg*, JA 2017, 462; *Fischer/Hoven* (Hrsg.), Verdacht, 2016。
④ *Goßmann*, JA 2019, 241; *Müller*, NZWiSt 2020, 96; *Niederhuber*, JA 2018, 169 f; Knierim-*Knierim/Oehmichen*, Kap 20 Rn 12.
⑤ Dazu *Freiling/Safferling/Rückert*, JR 2018, 9; *Roggan*, StV 2017, 821.

该规定覆盖的对通讯系统的干预,则适用更加严格的有关线上搜查的规定(边码398)。《联邦刑事调查局法》第 51 条第 2 款对犯罪预防警务领域中利用木马程序开展的来源端电信通讯监察措施提供了专门法律依据。①

4.若有事实根据表明,实施通讯监察仅能收集到**私人生活核心领域**的资讯,则不得实施该措施,见《刑诉法》第 100d 条第 1 款。纵使收集到的资讯,也会构成证据使用禁止,且应毫不迟延地删除相关记录,见《刑诉法》第 100d 条第 2 款。

在电信通讯监察过程中获悉的关于被追诉人或者第三人涉嫌**其他犯罪**(=诉讼意义中的犯罪,参见边码 785 及以下数段)②的个人信息(**偶然发现**),通常惟当该犯罪同属《刑诉法》第 100a 条第 2 款所列清单犯罪的,始得使用之,见《刑诉法》第 479 条第 2 款第 1 句、第 161 条第 3 款第 1 句(亦见边码 361 和边码 727)。

4.若被追诉人的**辩护人**可能沦为消息传递员等情形下,构成可对第三人采取监察措施的例外情形。否则,《刑诉法》第 148 条规定的辩护人和被追诉人之间的言词交流免遭监听的法律保障基本落空(具体见边码 235)。

5.在通话对象不知情的情形下,电信线路使用者同意警员旁听电话的,不构成《刑诉法》第 100a 条的电信通讯监察,因为这并不涉及远程通讯秘密(亦见边码 742)。③

6.电信通讯监察经检察官申请由法院核准,迟延会招致危险的,亦得由检察官决定之。但是,若在三个工作日内未取得法院批准的,该项急迫决定失其效力,见《刑诉法》第 100e 条第 1 款第 3 句。应该事后将监察措施告知受干预人,见《刑诉法》第 101 条*第 4—7 款。

（四）调取电信资料

394　如果刑事追究机关仅需要获取过去或未来(亦包括实时)的电信通讯联系信息,而不涉及通讯之内容,仅针对通讯过程中积累的**联通信息和基**

---

① 深入的论述:*Zabel*, JR 2009, 453;*Gercke*, StraFo 2014, 94, 95。
② OLG Hamm wistra 2014, 39。
③ BGHSt 39, 335;不同观点:*Eisenberg*, Rn 638;亦见:EGMR StV 2004, 1;*Gaede*, StV 2004, 46。

＊　最新版条文参见本书附录。——译者注

础信息(如拨打者的电话号码、手机的方位、通话的起始时间),那么刑事追究机关可于符合《刑诉法》第 100g*、100i** 和 100j 条规定的要件下进行相应的调取。联邦宪法法院曾经在2010 年 3 月 2 日关于**数据预存**①和2012 年 1 月 24 日有关 **IP 地址归类的基础性裁判**②中宣告之前的立法规定部分**违宪**。如今,立法者已在上述规定中落实了宪法要求。

如果有特定的事实表明,某人涉嫌在个案情节严重之犯罪中或者利用电信通讯实施的犯罪中构成正犯或共犯,但凡对查明案情或者探查被追诉人所在地有必要的,通常得于受干预人不知情下调取**通联信息**(《电信法》第 96 条第 1 款、第 113a—113g 条以及《关于设立联邦数字无线电管理局和具有安全任务的组织之法案》第 2a 条第 1 款)。惟有符合特别严格的要件,始得调取被储存的(回溯性的)位置信息(进一步的区分见《刑诉法》第 100g 条第 1—5 款)③。调取**电信通讯联通资料**措施主要包括回溯性地查询被存储的电信通讯通联信息、即时调取实时进行的电信通讯的通联信息或者打包调取今后累积的通联信息等方式。④ 在移动通讯场景下,主要包括**调查当前以及曾经的位置信息**,还包括调查是否曾拨打过电话。运用**IP 跟踪软件(IP-Tracking)**收集 IP 地址也属于这类措施。⑤

另外,刑事追究机关还利用**无线网单元查询系统(Funkzellenabfragen)**开展工作。他们可通过这种方式收集移动无线网络的相关单元格之间在特定时段内的所有通联资料,以找到有助于证实犯罪的信息(如在银行抢劫案发当时,案发地所在的无线电单元格内究竟有哪些移动电话的用户)。干预这种电信通信联通的法律依据是《刑诉法》第 100g 条第 3 款。⑥

---

* 最新版条文参见本书附录。——译者注
** 最新版条文参见本书附录。——译者注

① BVerfGE 125, 260 连同 *Gercke* 的评论文章, StV 2010, 281; *Klesczewski*, JZ 2010, 629; *Löffelmann*, JR 2010, 225; 亦见: *Hornung/Schnabel*, DVBl 2010, 824; *Roßnagel*, NJW 2010, 1238。

② BVerfGE 130, 151。

③ BVerfG NJW 2019, 584 连同 *Großmann* 的裁判评释, StV 2019, 369; *Bär*, NZWiSt 2017, 81。

④ S/S/W-StPO-*Eschelbach*, § 100g Rn 1; 另外参见 *Singelnstein*, NStZ 2012, 593。

⑤ BGH wistra 2015, 395; 不同观点: *Krause*, NStZ 2016, 139。

⑥ 深入的论述: *Roericht*, Kriminalistik 2017, 175; *Singelnstein*, JZ 2012, 601。

依据《刑诉法》第101a条第1款连同第100a条第4款以及《电信法》第113c条,电信服务提供商有配合提交通联信息的义务。

调取措施经检察官申请(《刑诉法》第101a条第1款连同第100e条第1款第1句)由法院负责核准(见边码356),迟延会招致危险的,根据待调取信息种类不同,紧急权主体亦有不同,见《刑诉法》第101a条第1款第2句连同第100g条第2款、第3款第2句。①

395　　若刑事追究机关仅希望调阅已经储存在通讯设备上的通联信息(而非通话的内容),即这些数据**已经存在于终端设备上**(例如,警察在被追诉人那里找到一部手机且按键调阅这部手机最后通话的十条联通记录),那么这种措施是否涉及《刑诉法》第100g条的保障范围呢?对此有争论。若持肯定见解,则实施这种措施须在实体要件上符合《刑诉法》第100g条规定的案件类型,尤其是案件系个案情节严重之犯罪或者涉嫌利用电信通讯实施犯罪(见《刑诉法》第100g条第1款第1句),形式要件上还需遵守由法院决定的规定以及当迟延会招致危险时有关检察官紧急权的区分性规定(见边码394)(警察不得自行决定查看手机)。然而,通说却主张,自接听方已经收到了讯息并且通讯传送结束的那一刻起,《基本法》第10条的保护射程原则上就到达了**终点**。② 从此以后,被储存的个人通联信息便不再受《基本法》第10条保障,而仅受资讯自我决定权(《基本法》第2条第1款连同第1条第1款)或者依据《基本法》第2条第1款、第1条第1款的信息技术系统不受侵犯和完整性之基本权(das Grundrecht auf Unverletzlichkeit und Integrität informationstechnischer Systeme)的保护。相应地,干预这类权利的措施也不再适用《刑诉法》中有关电信通讯联通的保障性规定。如果刑事追究机关意欲强制调取这些信息,可通过保全和扣押的方式为之(《刑诉法》第94条以下的规定;边码383)。若迟延会遭致危险,警察

---

① M-G/Schmitt/Köhler, § 101a Rn 4.
② BVerfGE 115, 166 连同 Jahn 的评论文章, JuS 2006, 491 和 Brüning 的评论, ZIS 2006, 237。

（检察官的辅助侦查人员，见边码 161）得自行扣押手机（见边码 384）并迳行查阅电话号码。

（五）使用国际移动设备识别码（IMSI）捕捉手机

依据《刑诉法》第 100i 条可以动用 I（国际）M（移动设备）S（数码）I（识别）捕捉设备，借助此种手段可以侦测某个正在开机运行的移动电话的设备号和卡号以及它所处的位置。当刑事追究机关并不知晓手机号码或者其他连线信号的情形下，该手段可使其为实施《刑诉法》第 100a 条电信通讯监察措施做准备或者为锁定目标人物的位置获取必要信息（如静默短消息）。① 联邦宪法法院认为，利用这项措施收集信息不涉及《基本法》第 10 条的保障范围，结合具体情形会涉及资讯自我决定权（《基本法》第 2 条第 1 款连同第 1 条第 1 款）和一般行为自由基本权（《基本法》第 2 条第 1 款）。②

396

（六）电信业务基础信息查询

依据《刑诉法》第 100j 条第 1 款第 1 句，在侦查被追诉人过程中（即案件具备初始嫌疑，见边码 175），可要求电信业务部门提供其依据《电信法》第 95 条和第 111 条采集的用于核算账单的信息。这类**基础信息**（Bestandsdaten）包括线路所有者的姓名和地址、其出生年月、用户移动无线设备的设备号以及固网服务中的线路服务地址。③ 在符合更加严格的要件下，也可查询如密码、PIN 码、PUK 码等**登录安全码**，见《刑诉法》第 100j 条第 1 款第 2 句。

397

关于查询**动态 IP 地址**（所谓电脑的电话号码）的核准，见《刑诉法》第 100j 条第 2 款。④

《刑诉法》第 100j 条第 3 款规定了该项措施决定权的归属。

十一、线上搜查——《刑诉法》第 100b、100d、100e、101 条

线上搜查（Online-Durchsuchung），系指国家机关为刑事追究、危害预

398

---

① BGH NStZ 2018, 611; S/S/W-StPO-*Eschelbach*, § 100i Rn 2 ff.; *Farthofer*, ZIS 2020, 190; *Krüger*, ZJS 2012, 606.
② BVerfG NJW 2007, 351 连同 *Heintschel-Heinegg* 的裁判评释，JA 2007, 75。
③ 深入的论述：*Hauck*, StV 2014, 360。
④ 深入的论述：S/S/W-StPO-*Eschelbach*, § 100j Rn 11。

防或者收集情报信息之目的,利用技术装置(如木马程序和后门程序)隐秘地对某个连结互联网的电脑开展搜查。它不是针对措施被核准以后发生的通讯(电信通讯监察和来源端通讯监察的适用情形,见边码393),而是对核准措施前的旧数据开展全面的调查。曾经很长一段时间,该项干预措施并无刑事诉讼法之授权,联邦最高法院在彼时曾经正确地要求,不得为了刑事追究的目的采取这种措施。① 另外,联邦宪法法院也曾经宣告北莱茵-韦斯特法伦州警察法的相关规定违宪。② 2017 年,在《刑诉法》第 100b 条*中为刑事追究机关创设相关的授权。依据该规定,在符合严格法定要件的前提下,可以利用科技手段在受干预人不知情的情况下,侵入其使用的信息技术系统并从中收集资料。③ 该措施针对特定目标人士,其他的人可能会被连带地干预到。但是,《刑诉法》第 100b 条却不包括为安装线上搜查的系统而进入受干预人住宅的附带授权。④ 目前,联邦立法机关已经在预防性警务领域创设了线上搜查的权限(《联邦刑事调查局法》第 20k 条)。《巴伐利亚警察行政法》也在第 34d 条中提供了相应授权规范。

惟当特定事实表明,某人涉嫌以正犯或共犯的方式实施了《刑诉法》第 100b 条第 2 款列举的特别严重的犯罪,即**清单犯罪**(如谋杀/杀人,结伙盗窃、抢劫)且个案犯罪情节特别严重的,始得采取线上搜查,见《刑诉法》第 100b 条第 1 款第 1 和 2 项。

另外,惟当以其他方法调查犯罪事实或探查被追诉人所在位置将毫无希望或有显著困难的,始得核准线上搜查,即**辅助性原则**(Subsidiaritaetsgrundsatz)(《刑诉法》第 100b 条第 1 款第 3 项)。

若有事实迹象表明,实施通讯监察**仅能**获悉到**私人生活核心领域**的资讯,则不得实施线上搜查,见《刑诉法》第 100d 条**第 1 款。纵使收集到

---

① BGHSt 51, 211 连同 *Cornelius* 的赞同性评释, JZ 2007, 798; dazu auch *Kudlich*, StV 2012, 564; *Valerius*, JR 2007, 275; 不同观点还有: BGH StV 2007, 60 连同 *Beulke/Meininghaus* 的批判性评释。

② BVerfGE 120, 274; *Wegener/Muth*, Jura 2010, 847; *Werkmeister/Pötters*, JuS 2012, 223.

* 最新版条文参见本书附录。——译者注

③ 深入的论述: *Freiling/Safferling/Rückert*, JR 2018, 9; *Soiné*, NStZ 2018, 497。

④ *Derin/Golla*, NJW 2019, 1111, 1112; *Soiné*, NStZ 2018, 497, 501; 基本性内容: *Ziemann*, ZStW 130 (2018), 762。

** 最新版条文参见本书附录。——译者注

了此种资讯,也会构成证据使用禁止,并且应该毫不迟延地删除相关记录,见《刑诉法》第 100d 条第 2 款。若有可能,通常应在技术上保证不会收集到与私人生活核心领域相关的信息,见《刑诉法》第 100d 条第 3 款第 1 句。纵使收集到了这类信息,亦会产生证据使用禁止的效果(《刑诉法》第 100d 条第 2 款第 1 句),且应该立即删除该类信息记录,或者由检察官呈报核准法院就信息的使用和删除事项作出裁决,见《刑诉法》第 100d 条第 3 款第 2 句。

依据《刑诉法》第 53 条享有拒绝作证权的人受到**绝对证据取得禁止和使用禁止**的保障;依据《刑诉法》第 52、53a 条享有拒绝作证权的人则适用受合比例性权衡限制的**证据使用禁止**(见《刑诉法》第 100d 条第 5 款第 1、2 句)。但是,若有特定案件事实表明,拒绝作证权人涉嫌参与被指控的犯罪或包庇得利罪、阻扰刑罚罪或者赃物罪的,上述两类证据禁止均会遭遇限制。至于该限制能否适用于刑事辩护人,实务见解和学术文献对此尚无定论(见边码 235)。

《刑诉法》第 100e 条第 6 款第 1 项、第 479 条第 2 款第 1 句(特别规定)为合法线上搜查措施收集到的信息**用在其他的刑事案件**提供了可能性。当其他的刑事案件调查的犯罪系本可能依据《刑诉法》第 100b 条核准采取线上搜查措施的犯罪时,可以使用这类信息。除此之外,还有许多其他**旨在防范危险**的使用可能性(具体见《刑诉法》第 100e 条第 6 款第 2 项、第 479 条第 2 款第 2 句第 1 项、第 3 项;对此见边码 361)。①

线上搜查可一并干预目标人士以外的其他人,惟当被追诉人的**辩护人**可能是消息传递者时,则有例外。若刑事追究机关知晓此情况的,应该立即停止相关线上搜查。否则,会基本架空《刑诉法》第 148 条规定的辩护人和被追诉人之间言词交流免遭监听的法律保障(具体见边码 235)。

线上搜查须经检察官申请并由检察官所在地对应辖区的州地方法院的**国家安全法庭**(《法院组织法》第 74a 条第 4 款)核准,迟延会遭致危险的,亦得由该法庭的审判长决定,见《刑诉法》第 100e 条第 2 款第 1、2 句。但是,若三个工作日之内未得到该法庭批准的,紧急决定失去效力,见《刑诉法》第 100e 条第 2 款第 3 句。应该事后将线上搜查措施告知目标人士以及连带遭受显著干预的人,见《刑诉法》第 101 条第 4 款第 1 句第 4 项。

---

① Vgl. hierzu BVerfGE 109, 279, 318.

应与线上搜查相区别的一种措施是,侦查机关在搜查过程中于检查**受干预人电脑时**可以调取远处计算机上的资料(所谓**远程调取**或**线上访问**)。《刑诉法》第110条第3款规定,若被寻找的数据以其他方式收集有灭失之虞的,得采取这种措施。① 当刑事追究机关于依据《刑诉法》第94条扣押电脑时(见边码382),若其拟利用电脑语音助手获取其他的信息,可以类推适用该规定,从而获取语音用户账号里的数据。②

关于住宅监听措施,见边码415。

十二、搜查——《刑诉法》第102条及以下数条

(一) 搜查的目标与客体

399　　搜查,找寻人、证据和可能成为没收对象的物品之谓也。搜查的客体既可以是住宅、其他的场所(所谓"抄家")③以及动产,也可以是人(关于线上搜查,参见边码398)。根据搜查究竟乃针对**被怀疑人**(Verdächtigt)抑或**未被怀疑人**(Unverdächtigt)之不同,搜查的合法性要求亦不同。

1. 搜查被怀疑人——《刑诉法》第102条

400　　对涉嫌以正犯或共犯方式实施犯罪的人(仅需具备初始嫌疑即可,相反却不得仅以莫须有的、有待搜查结论证实的推测④,见边码175),既可为抓捕之目的而搜查其住宅和其他场所以及他的人身和属于他的物品(**抓捕式搜查**-Ergreifungsdurchsuchung),也可在推测会发现证据时予以搜查(**调查式搜查**-Ermittlungsdurchsuchung),见《刑诉法》第102条。若仅仅为了打探,不得核准搜查。⑤

依据《刑诉法》第102条采取的搜查,其对象既包括被怀疑

---

① *Gercke*, StraFo 2009, 271; *Herrmann/Soiné*, NJW 2011, 2922, 2925; *Zerbes/El-Ghazi*, NStZ 2015, 425, 428; *Zimmermann*, JA 2014, 321, 322; 案例见 *Puschke* in: Coester-Waltjen IV, S. 192 ff。

② 深入的论述:*Gleß*, StV 2018, 671, 673。

③ 概览: *Heuchemer*, NZWiSt 2012, 137; *Hoffmann-Holland/Koranyi*, ZStW 125 (2014), 837; *Huber*, JuS 2013, 408; *Kraatz*, JA 2012, 510; *Walther*, JA 2010, 32。

④ BVerfG NJW 2018, 1240 连同 *Muckel* 的评论文章, JA 2018, 556; LG Bremen StV 2020, 163; LG Rostock StV 2019, 319。

⑤ LG Bremen StV 2002, 536; vgl. auch BVerG NJW 2007, 1117 (*Cicero* 案)连同 *Brüning* 的裁判评释, wistra 2007, 333。

人实际所有的住宅与其他场所,也包括属于他的,即其持有的物品。① 不得依据第102条搜查未受到怀疑的同住人员占有的可分割性场所。但是,犯罪人和第三人共用的场所通常也可以被搜查。② 惟当符合特别严格要件时,始得在夜间对场所开展搜查(具体见《刑诉法》第104条)。《刑诉法》第102条也允许搜查被追诉人的身体,尤其是其**身体表面以及自然开口或者他穿戴之衣物**。该项干预授权规范按理也包括为执行搜查必不可少的准备措施与伴随性措施。对搜查措施的受干预人采取直接强制时应该恪守谦抑要求(如上手铐)。③ 但是,如为搜查身体的自然开口,《刑诉法》第102条也允许使用强制手段,例如,强行撬开嘴巴。④ 对**体内**进行搜寻系检查措施,且仅能适用《刑诉法》第81a条及以下数条为之(见边码374)。

鉴于住宅的完整性具有尊高价值,搜查住宅时应该格外注意**比例原则**。若初始嫌疑(见边码175)的程度显著较低,则不得搜查住宅。而且,若待查明的事项借由其他方式可获澄清的,不得搜查。⑤ 调查活动究竟是否符合比例原则,由法官基于自我负责之态度下进行审查并采信之。⑥

2. 搜查其他人——《刑诉法》第103条

与搜查被怀疑人不同,这种搜查之目的须受限制,即采取**抓捕式搜查**仅得为抓捕被追诉人为之;而仅得为寻找**特定**的物品和迹证,始得开展**调查式搜查**,见《刑诉法》第103条第1款第1句。但凡根据**推测**,通过搜查将会发现所欲找寻之人或物,便可依据《刑诉法》第102条实施搜查。但是,依据《刑诉法》第103条第1款第1句的搜查,须具备支撑这种猜测的**具体事证**,始得为之。若仅概括相信会找到有关证据,尚不足以发动此种搜查。⑦

401

---

① Vgl. SK-StPO-*Wohlers*, § 102 Rn 7 ff.
② BVerfG NJW 2019, 3633, 3624.
③ BGH StV 2020, 145.
④ OLG Celle NStZ 1998, 87; 不同见解:SK-*Rogall*, § 81a Rn 25。
⑤ BVerfG NJW 2018, 1240; NStZ 2019, 351.
⑥ BVerfG wistra 2008, 339.
⑦ BVerfG wistra 2016, 149; BGH StV 2002, 62; *Beulke/Ruhmannseder*, Rn 472.

《刑诉法》第 103 条明确规定仅能对场所实施搜查。于是，能否依据《刑诉法》第 103 条搜查人身便存在疑问。其实，可以从《刑诉法》第 81c 条得出肯定性答案，因为《刑诉法》第 81c 条甚至允许对被追诉人以外的人实施身体检查处分，这种措施的干预强度显然比搜查严厉得多，故对其他人实施较为温和的搜查措施，理所当然。①

（二）搜查的决定与执行

402　　鉴于住宅干预措施的严重程度以及宪法保障室内私人领域的重要意义，《基本法》第 13 条第 2 款前半句将室内搜查的决定权和执行权原则上保留给法官行使。该法官通常为基层法院的侦查法官，见《刑诉法》第 162 条第 1 款第 1 句（见边码 484）。这种事前法官保留旨在由独立且中立的机关对搜查加以预防性监督。惟当迟延会遭致危险时，始得由法律规定的其他机关决定对住宅搜查，见《基本法》第 13 条第 2 款后半句。依据《刑诉法》规定，通常由法官核准搜查，当"迟延会导致危险"时，检察机关及其后顺位的侦查人员（《法院组织法》第 152 条，见边码 161）也可决定搜查，见《刑诉法》第 105 条第 1 款。鉴于该项法官保留具有宪法位阶，联邦宪法法院对紧急搜查的记录与说理提出了**更高要求**。根据该要求，那些脱离于案件事实的纯粹臆测、假设性想法或者仅靠犯罪侦缉日常经验形成的推测均不足以成为断定紧急情形的根据。② 刑事追究机关对于紧急情形也无权衡或裁量的余地。③ 刑事追究机关也不得将搜查的干预处分伪装成（不需要法官核准便可为之的）警务危险防范性措施，从而规避法官保留。例如，警察通过虚设交通检查站（legendierten Kontrolle）的方式搜查毒品犯罪嫌疑人的私家车，以寻获可能危害民众或可能用以实施犯罪或违反秩序行为的毒品（参见边码 162 及以下数段和 362）。④ 另外，刑事追究机关亦不得拖延向侦查法官申请核准搜查，直到出现证据灭失的危险，从而架空法官对搜查的正常决定权。⑤ 紧急搜查令在理由中也

---

① *M-G/Schmitt/Köhler*, § 103 Rn 3.
② BVerfGE 103, 142, 155; BVerfG wistra 2014, 266.
③ BVerfG NStZ 2003, 319; *Schoch*, Jura 2010, 22, 28.
④ 因此 BGHSt 62, 123 的观点是有问题的，连同 *Mosbacher* 对该裁判正确的批评见解，JuS 2018, 129; 亦见 *Herzog*, Schlothauer-FS, S. 37; *Mitsch*, NJW 2017, 3124; *Zöller*, StV 2019, 419, 425。
⑤ BGH StV 2012, 1 连同 *Mosbacher* 的评论文章，JuS 2012, 138; vgl. aber auch BGH wistra 2010, 231 连同 *Jahn* 的评论文章，JuS 2010, 653。

需清楚表明,是否侦查人员已经尝试了联系侦查法官。

相应地,法院也要通过各种方式,例如,设置紧急联系机构或值班机构,以保障其可被联络到,从而落实宪法上的义务。① 除正常上班时间以外,**侦查法官有义务保证自己全天都能被顺利联络到。所谓全天包括全年从早上 6 点到晚上 21 点之间的时间。**若存在着普遍而非例外的实务需求,必须设置夜间待命侦查法官。究竟是否以及在何种程度上设置夜间值班法官,**由法院院长本于自我负责的态度根据合义务性裁量决定。**至于判断需求的方式和方法,**他有权裁量决定。**②

若检察机关或其侦查人员在决定搜查之前未曾试图电话联系侦查法官的,纵使理论上可能构成"迟延会招致危险",亦不得承认这种紧急情况。③ 若主管法官已经开始处理案件或者**他能被联系上**,但却**不愿意或者不能**马上判断是否搜查可以避免证据灭失之虞(如"不了解案卷的前提下我不能签发")的,联邦宪法法院不承认这种情形算作迟延会导致危险的情形。④ 联邦宪法法院的判例就此还认为,惟有出现了新的情况或者经事后看来,当时确有必要迅速采取行动的,才可能破例承认"迟延会致生危险"的情形。

此外,联邦宪法法院主张,为实现有效的权利救济(具体见边码 494 及以下数段)⑤,在迟延会遭致危险时采取行动的公职人员必须解释并记录他认为情况紧急的理由。为保证用来推断"迟延会遭致危险"的理由能事后被检验,被搜查人有权要求办案机关出具完整的搜查令。⑥

法官保留也有规制搜查执行时限的目的。凭借一份搜查令

---

① BVerfG StV 2006, 676; Krehl, NStZ 2003, 461;《刑诉法》第 81a 条第 2 款却有不同: OLG Celle StraFo 2010, 463。

② BVerfG NJW 2019, 1428 连同 Krumm 的裁判评释以及 Jahn 的评论, JuS 2019, 822; Muckel, JA 2019, 471; Rabe/von Kühlewein, NStZ 2019, 501; M-G/Schmitt/Köhler, § 105 Rn 2a。

③ Brandenburgisches VerfG StV 2003, 207; LG Berlin StV 2008, 244; 更为保守的观点: OLG Bamberg NZV 2010, 310; 亦见:BayObLG JR 2003, 300 连同 Krehl 的批判性评释。

④ BVerfGE 139, 245 连同 Bittmann 的裁判评释, NJW 2015, 2794 和 Jahn 的评释, JuS 2015, 1135 以及 Putzke 的评释, ZJS 2015, 623; Ernst, Jura 2011, 94, 99; Grube, NStZ 2015, 534; Mosbacher, JuS 2010, 131; M-G/Schmitt/Köhler, § 105 Rn 2b; Park, StV 2016, 68; 不同观点:BGH NStZ 2006, 114; 区分类型的见解:SK-StPO-Wohlers, § 105 Rn 37。

⑤ BVerfG StV 2004, 633。

⑥ BGH NStZ 2003, 273。

究竟在多久时间内可以实施具体的搜查,是因案而异的,尤需考量犯罪嫌疑的类型、侦查活动的困难程度以及据以判断采取搜查措施理由的存续性等因素。一份搜查令最迟会在半年后失效(截至日期),在该时限之后采取搜查是违法的。①

根据《刑诉法》第 105 条的附带授权,刑事追究机关可为实施搜查采取预备性或附带性的权利干预(如强行开门)。但是,惟为防止被追诉人隐匿毁灭证据以及破坏财产价值,始得于搜查结束前预先性地拘捕被追诉人(**搜查羁押**-Durchsuchungshaft)。其实,通过《刑诉法》的其他干预依据也可采取这种羁押。② 若使用较轻手段也能防止被追诉人妨碍强制性措施(如隔离、切断电话等)的,则法官通常不能以案情晦暗之虞为由签发羁押被追诉人的令状(《刑诉法》第 112 条第 2 款第 3 项,见边码 323)。

1. 搜查决定的明确性

403　　在《基本法》第 13 条中,任何搜查的干预强度都堪称重大,因此,负责核准搜查的法官作为刑事追诉机关的监督者,有义务以适当的措辞撰写搜查令状,尽可能地确保基本权干预措施被限定在适度的范围内,且可以被评量与监督。通常应该以书面的搜查令③详尽记载犯罪指控及其依据的事实;尽可能地说明搜查指向的证据,至少要说明证据的种类以及被搜查的空间范围。④

2. 违反《刑诉法》第 105 条第 1 款第 1 句会导致证据使用禁止?

404　　若明显不属于迟延会招致危险的情形,通过**未经法官核准的搜查**收集到的证据究竟能否被使用?颇有争议。早前,联邦最高法院对这种情形下的证据使用禁止秉持疑虑的态度⑤,但如今,实务见解也承认,若检察官及其侦查人员**故意**或**客观恣意**(=重大过失)地规避法官的优先核准

---

① BVerfGE 96, 44, 52 ff.; *M-G/Schmitt/Köhler*, § 98 Rn 30a.
② LG Frankfurt NJW 2008, 2201 连同 *Jahn* 的赞同性评论, JuS 2008, 649。
③ LG Fulda NStZ 2019, 47.
④ BVerfGE 96, 44, 51; 103, 142, 151; BVerfG StV 2018, 133 u. 361; LG Limburg StV 2016, 350.
⑤ BGH NStZ 1989, 375 连同 *Roxin* 的基本赞同性评释; *Lesch*, 4/107。

权,则不得使用由此搜查取得之证据。① 另外,司法行政主体有必要设置紧急法官或值班法官机构却怠于设置(边码 402),导致搜查无法获得法官核准的,这种组织行政上的瑕疵也同样会让搜查违法且由此收集的证据不能被使用。② 总体而言,该实务见解值得赞赏。这种程序违法也无法通过假设替代干预原则而为"治愈",因为《刑诉法》第 105 条的意旨就是保障法官事前审查。但凡故意或重大恣意地违反法官保留要求,即使事后查明,由于情况改变,在搜查的那一刻的确偶然地出现了迟延会招致危险的情势,也绝对适用证据使用禁止的效果。③ (亦见边码 360 及以下数段、745)。

反之,若仅缺少**法官核准**的书面要件(即法官已口头同意搜查),则**不会妨碍**证据的使用。④ 负责本案事实审的法庭也不能单凭被告人没有请求法官对强制措施提供救济(类推适用《刑诉法》第 98 条第 2 款第 2 句,见边码 494 及以下数段),就免除他在庭审中对搜查所得证据的可使用性加以审查的义务。⑤ 就算被搜查人同意,也无法让非法的搜查合法化。除非将一切情况均告知受干预人且还要告知他,不会违背其意志实施搜查,若其拒不同意搜查,也不会给他带来任何不利的后果。⑥ 是否仍要求该证据使用禁止须以辩护人在庭审中及时提出异议为前提? 实务见解目前对此未臻明了(这个普遍性的问题见边码 708)。

3. 搜查禁止?
有关搜查的规定中并不包括类似于《刑诉法》第 97 条或者第 52 条及

---

① BVerfG NJW 2006, 2684; BGHSt 51, 285 连同 *Brüning* 的赞同性评释, HRRS 2007, 250 u. *Roxin*, NStZ 2007, 616; BGHSt 61, 266; BGH StV 2016, 539 连同 *Burhoff* 的裁判评释, StRR 2016, 11 u. *Jäger*, JA 2016, 710; BGH NStZ 2017, 367 连同 *Basdorf* 的裁判评释; BGH NStZ-RR 2019, 94; LG Köln StV 2020, 365; *Wohlers*, StV 2008, 434; 亦见: *Beulke*, ZStW 103 (1991), 673; 主张一概适用证据使用禁止的观点: *Hüls*, ZIS 2009, 160; *Ransiek*, StV 2002, 565。

② OLG Hamm NStZ 2010, 165 连同 *Rabe von Kühlwein* 的裁判评释以及 *Jahn* 的评论文章, JuS 2010, 83; AG Dortmund StV 2018, 812。

③ BGH NStZ 2017, 367; S/S/W-StPO-*Hadamitzky*, § 105 Rn 46; *Schneider*, Miebach-FS, S. 46.

④ BGH NStZ 2005, 392; OLG Bamberg StV 2010, 621 (zu § 81 Ⅱ StPO)。

⑤ BGH NStZ 2009, 648.

⑥ AG Kehl StV 2017, 23.

其以下数条的规范(见边码385)。所以,享有拒绝作证权的人也可被搜查。但是,有待扣押的物品却适用《刑诉法》第97条规定的扣押禁止,因此,已知不得被扣押的物品不得被搜查。①

4. 偶然发现

406　　在搜查过程中,如发现和本欲调查的事项无关但却表明实施了**其他犯罪**的物品,可依据《刑诉法》第108条暂时扣押该物品。如此可以避免仅因本次搜查系针对其他的刑事案件和其他证据,故执行公务的人员在面对犯罪行为的证据时只能视而不见的窘局。但是,《刑诉法》第108条不适用于禁止扣押的物品。如果物品本就是公职人员意欲(顺带)寻找的,同样不适用第108条,因为它已经丧失**偶然发现**(Zufallsfunde)之品质。② 原则上,被合法扣押的偶然发现物品得不受限制地被使用(《刑诉法》第108条第2款和第3款的例外规定)。若最初的搜查决定本身即属违法,则根据实务见解,偶然发现之物的可使用性应诉诸权衡理论,即在个案中权衡刑事追究利益和所影响的个人利益(见边码705)。原则上,惟当搜查之瑕疵构成重大程序违法或者系故意或恣意造成的,始有必要适用证据使用禁止。③ (违法电信通讯监察情形下的不同处理,见边码727)。

十三、身份辨识——《刑诉法》第163b、163c条

407　　《刑诉法》第163b、163c条授权检察官和警员为刑事追究可对被怀疑人和没有被怀疑的人开展**身份辨识**。其中,根据查验对象究系被怀疑的人抑或未受怀疑的人之不同,验证措施的合法性要求也有不同。为实施验证,受干预人可以被留置不超过12小时,见《刑诉法》第163c条第2款。

十四、通缉——《刑诉法》第131条及以下数条

408　　依据《刑诉法》第131条,得以逮捕之目的通缉被追诉人。如已签发羁押(《刑诉法》第114条)或留置(《刑诉法》第126a条)命令,或者因具备特定要件无法等待签发前述命令的,得**发布逮捕公告**(之前规定的是

---

① OLG Frankfurt/M NStZ-RR 2005, 270; KMR-StPO-*Hadamitzky*, § 103 Rn 7.
② *Beulke/Ruhmannseder*, Rn 478; 深入的论述:*Wolter*, Rudolphi-Symp. S. 49 ff.
③ BVerfG NJW 2009, 3225.

"通缉令")。由于该措施的执行要依据《刑诉法》第 131 条第 1 款,所以这种措施应该先于**机构系统内**发布逮捕公告。当犯罪情节严重时,也可依据《刑诉法》第 131 条第 3 款以"**公告通缉**"(Öffentlichkeitsfahndung)的方式(如通过电台、电视和网络①)实施。鉴于其干预强度和扩散效应显著,公告通缉还需受补充性条款限制(见《刑诉法》第 131 条第 3 款第 1 句之后半句)。

《刑诉法》第 131a 条规定为调查被追究人或证人所在位置的通缉,第 131b 条规定,可以通过公布画像的方式通缉被追诉人或证人。②

十五、设置关卡检查站——《刑诉法》第 111 条

在涉嫌特定严重犯罪案件中,若根据事实能合理推断,经由在公共街道和广场等位置**设置关卡检查站**,能够抓获犯罪人或者保全相关证据的,可采取这类措施,见《刑诉法》第 111 条第 1 款第 1 句。一旦设置关卡检查站,途径的**任何人**均有义务接受身份**查验**和搜查其物品,见《刑诉法》第 111 条第 1 款第 2 句。

> 正如我们能联想到的"**大搜捕**"(Rzzia)场景,《刑诉法》第 111 条既然授权检查某处的所有路人,也就可以借此实现普遍检查。但是除这种方式外,《刑诉法》再也没有任何专门授权大搜捕的规范。③

十六、拖网式侦缉——《刑诉法》第 163d 条

在边防警务检查站或依据《刑诉法》第 111 条实施的检查站检查中所发现的符合查找标准的**个人资料**(如男性犯罪人,金发、身高 1 米 8)等,无论这些人本身是否有犯罪嫌疑,均可依据《刑诉法》第 163d 条被**储存**且**在计算机的自动操作下**与刑事追究机关掌握的资料**进行比对**。借助这种比对,从未被怀疑的人群中筛选出嫌疑人。

---

① Dazu OLG Celle NJW-RR 2008, 1262 u. *Pätzel*, DRiZ 2001, 24, 31.
② 从宪法角度对整个规定的批评:*Ranft*, StV 2002, 38。
③ 具体见 *Kühne*, Rn 379 f。

十七、网格化侦缉——《刑诉法》第 98a、98b、101 条

411 　　《刑诉法》第 98a、98b 条规定的**网格化侦缉**系指一种按照个案化的犯罪审查标准(所谓"网格")而自动进行的个人信息比对。其中的个人信息系**为刑事追究以外之目的**被收集起来的,且被储存于刑事追究机关以外的**其他机构**的数据库里。该措施的目的是找到符合"**犯罪嫌疑特征**"(Verdaechtigenprofil)的人群。为保障资讯自我决定的基本权①,《刑诉法》第 98a 条规定,须具备《刑诉法》第 152 条第 2 款规定的初始嫌疑,且涉嫌的犯罪应系情节严重的《刑诉法》第 98 条第 1 款第 1 句规定的**清单犯罪**(如伤害身体和生命的犯罪),始得采取网格化侦缉。按照联邦宪法法院的见解,惟当高位阶的法益遭受具体的危险,始得采取网格化侦缉。②《刑诉法》第 98a 条第 1 款第 2 句还规定了一项**辅助性条款**,即欲采取任何网格化侦缉,均应审查是否"以其他方式调查案情或查明犯罪人的所在位置将收效甚微或有显著困难"。

　　　　但是,联邦宪法法院认为(值得商榷),若刑事追究机关故意向私立机构询问犯罪人的个人信息并获取犯罪人的**特殊信息资料**(具体情形:向信用卡机构询问,有哪些持卡人曾经向儿童色情网页运行商的账户汇过款),这种措施绝对不是《刑诉法》第 98a、98b 条允许的网格化侦缉。因为没有发生栅格侦缉情景中整体资料被交付给刑事追究机关,以便其进一步与其他现存资料相比对的典型操作。因此,鉴于这种措施的干预程度显著轻微,可将其归入一般侦查条款(《刑诉法》第 161 条)的授权范围。③

十八、运用科技手段——《刑诉法》第 100c—100f、100h、101 条

(一) 照相(《刑诉法》第 100h 条第 1 款第 1 句第 1 项)

412 　　1. 若以其他方式调查案情或查明犯罪人所在位置将收效不大或有困

---

① Vgl. BVerfGE 65, 1 ff.; S/S/W-StPO-*Jäger*, § 98a Rn 10.
② BVerfG NJW 2006, 1939 连同 *Bausback* 的评论文章, NJW 2006, 1922; *Kett-Straub*, ZIS 2006, 447。
③ BVerfG NJW 2009, 1405 (Mikado) 连同 *Jahn* 的评论文章, JuS 2009, 664。

难的,可于住宅外之地方,于被追诉人并不知晓的情况下**对其实施拍照**(如在其房门上安装电子眼),但是,《刑诉法》第 100h 条第 1 款第 1 句第 1 项肯定不是利用道路交通监控采集图像的法律依据。①

2.惟当以其他方式调查案情或查明犯罪人所在位置会收效**甚微**或有**显著困难**的,始得对第三人采取该措施,见《刑诉法》第 100h 条第 2 款第 2 句第 1 项。若拍照措施不可避免会牵涉第三人的,则无需其他限制即可实施,见《刑诉法》第 100h 条第 3 款。

(二) 专为监视采取的其他科技手段(《刑诉法》第 100h 条第 1 款第 1 句第 2 项)

1.若调查对象系**情节严重之犯罪**(Straftat von erheblicher Bedeutung)且以其他方式调查案情或查明犯罪人所在位置**会收效不大或有困难**的,可于住宅之外空间**对被追诉人使用专以监视为目的的其他特定科技手段**(如**移动传感器**、**定位发送器**、**夜视仪**),见《刑诉法》第 100h 条第 1 款第 1 句第 2 项,第 2 句。也可使用 **GPS 卫星定位系统**,无死角地掌握被监控的交通工具之实时速度、行驶轨迹、所在方位以及驻停时间。② 长期监视还需符合《刑诉法》第 163f 条规定的要件(见边码 364)。

2.若欲针对第三人实施该措施,尤其是被追诉人的联系人(如亲属、朋友),应当遵守《刑诉法》第 100h 条第 2 款第 2 句第 2 项规定的要件。

若实施该措施**不可避免地触及第三人**,只要符合《刑诉法》第 100h 条第 1 款第 1 句第 2 项,第 2 句对被追诉人设定的条件,便可以始终实施,见《刑诉法》第 100h 条第 3 款。

3.若有事实依据表明,实施该措施仅能知晓**有关私人核心领域**资讯,则不得为之,见《刑诉法》第 100h 条第 4 款连同第 100d 条第 1 款。纵使获取这类资讯,也会产生证据使用禁止(《刑诉法》第 100h 条第 4 款连同第 100d 条第 2 款第 1 句)。③

---

① BVerfG NJW 2010, 2717; OLG Jena NJW 2010, 1093; 批评性见解:*Roggan*, NJW 2010, 1042.

② EGMR NJW 2011, 1333 (*Uzun/BRD*); BVerfG NJW 2005, 1338; BGHSt 46, 266; 反对性观点:*Bernsmann*, StV 2001, 382; *Kühne*, JZ 2001, 1148。

③ 具体见 KMR-StPO-*Bär* [2020], § 100h Rn 23 ff.

(三) 窃听和记录非公开性谈话(《刑诉法》第100c＊、100d、100f 条)

1. "小"监听——《刑诉法》第100f、101 条

414　　小监听(Der kleine Lauschangriff)被规定在《刑诉法》第100f 条＊＊之中。它仅涉及**在住宅外**发生的非公开性谈话。欲对被追诉人实施"小"监听,除应符合补充性条款的要求(**以其他方式**调查将**毫无希望**或有显著困难)外,还应具备有特定事实依据的犯罪嫌疑,即某人涉嫌实施了《刑诉法》第100a 条第2款列举的**清单犯罪**(《刑诉法》第100f 条第1款)。因此,本项规定与《刑诉法》第100a 条的电信通讯监察措施有密切的衔接(对此见边码393),所以对本规定也可以按照《刑诉法》第100a 条已经发展出的原则进行解释。①

在羁押执行场所的会见室②和被追诉人的私家车内③实施的窃听措施也属于"小监听"的情形。

除了《刑诉法》第100f 条第1款的文意内容,还可以从该条推导出,可以实施与窃听必然联结的典型准备性措施、附带性措施或者微量干预被窃听人权利的措施,例如,打开私家车车门以安装窃听器。④

欲针对第三人实施小监听的,应符合《刑诉法》第100f 条第2款第2句的特别要件。若小监听将不可避免监听到第三人的,仅需满足适用被追诉人情形下较为宽松的要件(《刑诉法》第100f 条第1款)即可,见《刑诉法》第100f 条第3款。⑤

该项措施须经检察官申请由法院核准之(见边码402),迟延会招致危险的,亦得由检察官决定之,见《刑诉法》第100f 条第4款连同第100e 条第1款第1、2和3句。

＊ 最新版条文参见本书附录。
＊＊ 最新版条文参见本书附录。
① *Hilger*, NStZ 1992, 462.
② BGHSt 44, 138 (*Safwan Eid* 案) 连同 *Duttge* 的裁判评释, JZ 1999, 261 u. *Roxin*, NStZ 1999, 150。
③ BGH JR 1998, 162; BGH NStZ 2012, 277.
④ BGH JR 1998, 162 连同 *Heger* 的裁判评释; *Gropp*, JZ 1998, 501; *Martensen*, JuS 1999, 433; *Schneider*, NStZ 1999, 388; 其他的例子:*Lesch*, 4/116。
⑤ 主张类推《刑诉法》第97 条加以合宪性限缩: *Duttge*, JZ 1999, 264。

实施小监听措施最长不得超过三个月(《刑诉法》第100f条第4款连同第100e条第1款第4句);但是,联邦最高法院却认为,即使违反该项要求也不生证据使用禁止之效果。①

若有事实根据表明,采取小监听仅能知悉有关**私人生活核心领域**的资讯,则不得为之,见《刑诉法》第100f条第4款连同第100d条第1款。纵使获得了这类资讯,亦不得作为证据使用,见《刑诉法》第100f条第4款连同第100d条第2款第1句。②

不容忽视的是《刑诉法》第479条第2款第1句连同第161条宣示的**证据使用禁止**:依据《刑诉法》第100f条第1款实施监听措施获得的个人信息,除非经评估后表明,它们对查明《刑诉法》第100a条第2款所记载的犯罪(即电信通讯监察情形的清单犯罪,见边码393)有必要,始得**在其他的刑事案件**中被当作证据使用(亦见边码361)。

2. "大"监听——《刑诉法》第100c、100d、100e、101条

大监听(der große Lauschangriff)系指窃听和记录**在室内**进行的对话,见《刑诉法》第100c条第1款。《基本法》第13条第3-6款乃该条款的立法授权依据。*

联邦宪法法院曾经在**2004年3月3日的标竿性裁判**③中宣告先前的法律规定**部分违宪**。如今,立法机关已经将宪法性要

---

① BGHSt 44, 243, 248 连同 *Fezer* 正确的批评, JZ 1999, 526; *Malek/Wohlers*, Rn 567 u. *Wolters*, JR 1999, 524。

② 具体见 KMR-StPO-*Bär*, 2020, § 100f Rn 25 ff。

* 《德国基本法》第13条第3款规定:"依据有关事实怀疑某人犯有法律规定的某个特别严重的犯罪时,为了追究犯罪,若以其他手段对案情进行调查将会不合比例地困难或毫无希望时,得经法官核准后,对犯罪嫌疑人可能所处的住宅采取科技手段实现监听。该措施应有期限之限制。有关监听的决定由三名法官组成的审判组织作出。迟延会招致危险时,亦可由一名法官作出。"

同条第4款规定:"为防止公共安全的危险,特别是危及公众或生命安全的危险,惟经法官核准,始得采用科技手段监听住宅。延误会招致危险时,亦得由法律指定的机关决定;此种情况下,应事后立即补全法官之裁决。"——译者注

③ BVerfGE 109, 279 连同 *Lepsius* 的评论文章, Jura 2005, 433, 586; *Löffelmann*, ZStW 118 (2006), 358。

求贯彻进了《刑诉法》第100c、100d、100e条之中。①

依据《刑诉法》第100c条第1款，对住宅的窃听措施应该满足下列前提：某人涉嫌立法列举**特别严重的清单犯罪**（如谋杀、结伙盗窃、加重抢劫，参见《刑诉法》第100c条第1款第1项连同第100b条第2款），而且**具体案件**之犯罪情节亦特别严重，并且能预见，监听被追诉人的言谈对查明案情或者调查共同被追诉人之所在位置有重要意义，并且，若采取其他方式会导致调查任务遭受**不合比例的困难**或**毫无希望**。

依据《刑诉法》第100d条第4款第1句，惟当有事实依据，尤其是受监听之处所的类型和受监听人员彼此间之关系可以表明，监听**不会获悉**属于**私人生活核心领域**（《基本法》第13条连同《基本法》第1条第1款和第2条第1款）的谈话（消极的核心领域指标），始得核准住宅监听。

倘若**监听过程**中有事实依据表明，被窃听到的言谈涉及私人生活核心领域的，应该立**即中断**窃听和记录，《刑诉法》第100d条第4款第2句，并应立**即删除**相关记录，《刑诉法》第100d条第2款第2句。从该言谈中获取之资讯，不得使用，见《刑诉法》第100d条第2款第1句。另外，也不得将其作为寻找其他证据的迹证（见边码727）。②

> 受干预人的私人核心领域是否受有侵害，均应**逐一个案判断**。例如，**病房**虽然属于受《刑诉法》第100d条第1款保障的居住区域，但如果被追诉人在病房内与第三人谈论侵害他人法益的犯罪，该言论内容同样可以当作证据使用，因为该言论不涉及私人生活核心领域；反之，如果病人自言自语地描述与犯罪相关的细节，则不得将这种语言等同于与他人的对话，自言自语的内容应被视为不受侵犯的私人生活核心领域且禁止作为证据使用。③（关于医生检查中的旁听情形，见边码715；私家车内的喃喃自语的情形，见边码722）。

---

① Gesetz vom 24.6.2005, BGBl. I, S. 1841; hierzu *Krehl/Eidam*, Institut für Kriminalwissenschaften und Rechtsphilosophie, S. 140; *Löffelmann*, NJW 2005, 2033.
② BVerfGE 109, 279, 332; 亦见：*Haverkamp*, Jura 2010, 492。
③ BGHSt 50, 206 连同 *Ellbogen* 的裁判评释, NStZ 2006, 179 以及 *Lindemann* 的评释, JR 2006, 191; 深入的论述：*Traub*, Die Verwertung von Selbstgesprächen im Strafverfahren, 2015。

依据《刑诉法》第100e条第2款,"大"监听由州地方法院的**国家安全法庭**(Staatsschutzkammer)(《法院组织法》第74a条第4款)核准,迟延会招致危险的,由审判长核准。该措施的初始期限为一个月,但是可每次一个月的形式一再延长。

《刑诉法》第53条规定的拒绝作证权人应适用**绝对的证据收集和证据使用禁止**;依据《刑诉法》第52、53a条享有拒绝作证权的人则适用受合比例性权衡限制的**证据使用禁止**,见《刑诉法》第100d条第5款第1、2句。但是,若有特定的案件事实表明,拒绝作证权人涉嫌参与了被指控的犯罪或包庇得利罪、阻扰刑罚罪或者赃物罪的,上述两类证据禁止均会限制适用,见《刑诉法》第100d条第5款第3句连同第160a条第4款。至于该限制能否适用于刑事辩护人,实务见解和学术文献对此尚无定论(见边码235)。

合法的大监听措施获取的资讯能否被用于其他刑事案件,《刑诉法》第100e条第6款第1项、第479条第2款第1句对此作了特别规定。但凡其他刑事案件针对的犯罪也可能依据《刑诉法》第100c条被核准采取大监听措施的,则该资讯便可以被使用。另外,这些资讯还可以被广泛运用于**防止危害**的领域(具体见《刑诉法》第100e条第6款第2项、第479条第2、3款;参见边码260)。① 还需要注意的是,大多数州的警察法(如《巴伐利亚州警察行政法》第34条)**为预防性任务**也规定有权使用"大"监听手段。这些资料也可于**刑事程序**中被使用,但前提是该刑事程序指控的犯罪本身就可以依《刑诉法》第100c条被批准使用"大"监听措施(这与《刑诉法》第161条第3款第1句的一般性规定同理,见边码164),或者资料是用来查明该犯罪的被追诉者所在位置的(见《刑诉法》第100e条第6款第3项;亦见边码362)。② 此外还应注意的是,至少实务见解认为,这类资

---

① Vgl. hierzu BVerfGE 109, 279, 318.

② 深入的论述:BVerfGE 130, 1; BGHSt 54, 69, 87 以及 Wolter 的批评, Roxin Ⅱ-FS, S. 1245, 1260。

讯绝对可被当作开展进一步侦查的理由①(对这种远程效力问题的批评,见边码727、745)。②

十九、道路收费卫星探测系统

416　高速公路上的**道路收费卫星探测系统**(Mauterfassungsystem)中的信息只能用于道路收费事项,参见《联邦高速公路收费法》第4条第3款、第7条第2款。此系穷尽式目的拘束规定,未设任何例外,故也不得将资料用于刑事追究。③

二十、派遣卧底警探——《刑诉法》第110a条及其以下数条连同第101条

417　卧底警探系指长期更换身份(化名)从事侦查的(内国的④)警察人员,见《刑诉法》第110a条第2款第1句。

　　这一"长期"要素使卧底警探有别于"从事不公开侦查任务的警察/便衣警探"(NOEP),后者不适用《刑诉法》第110a条及以下数条的规定(此见边码651)。但是,长期性并非纯粹的时间标准,毋宁是根据各个案件的侦查任务去评价。结合是否不局限于少许、具体的侦查行为,是否对不特定的人隐瞒警务公职人员的身份,以及是否有必要在未来也要保密以保障其安全等整体情况去判断。⑤

---

① BGH StV 1996, 185 (Blockhüttenfall) 连同 *Köhler* 和 *Welp* 的反对性评释, NStZ 1995, 602。

② 深入的论述:SK-*Wolter*, § 100c Rn 51; *Eisenberg*, NStZ 2002, 638; *Krause*, Hanack-FS, S. 221; *Meyer/Hetzer*, NJW 1998, 1017, 1024; 批评意见: *Momsen*, ZRP 1998, 459; *Roxin/Schünemann*, § 36 Rn 49。

③ LG Magdeburg NJW 2006, 1073 连同 *Bosch* 的裁判评释, JA 2006, 747; AG Friedberg NStZ 2006, 517 (放弃保障的则例外); KMR-StPO-*Bär*, 2020, § 100g Rn 67; 不同观点: AG Gummersbach NStZ 2004, 168 连同 *Göres* 的反对性评释, NJW 2004, 195; 深入的论述: *Anders*, ZIS 2020, 70; *Kudlich*, in: Vieweg/Gerhäuser (Hrsg), Digitale Daten in Geräten und Systemen, 2010, S. 137, 146 ff。

④ BGH StV 2007, 561; *Barczak*, StV 2012, 182; KMR-StPO-*Bockemühl*, § 110a Rn 16。

⑤ BGHSt 41, 64, 65 连同 *Beulke/Rogat* 的裁判评释, JR 1996, 520; 深入的论述: *Schneider*, NStZ 2004, 359。

惟当案件符合《刑诉法》第 110a 条第 1 款规定的以下**情形**（之一）的，始得为侦查犯罪派遣卧底警探：

——有充分事实依据表明，某人实施了犯罪情节严重的被列举犯罪（**清单犯罪**），并且以其他方式调查案情将毫无希望或有显著困难；

——案件系**重罪案件**，且有特定事实表明，案件有**再犯之虞**，而且以其他方式调查案情将毫无希望或有显著困难的；

——案件系**重罪案件**，因为犯罪的严重影响而有必要派遣卧底警探，且以**其他方式调查案情将毫无希望**的。

警察在征得检察官同意的前提下有权派遣卧底警探，见《刑诉法》第 110b 条第 1 款。若系针对特定的被追诉人派遣卧底警探的，或者让卧底警探进入通常不得进入的住宅的，则应征得法院批准（见边码 356），见《刑诉法》第 110b 条第 2 款。①

卧底警探可以使用化名取得权利人的同意而进入住宅内（《刑诉法》第 110c 条第 1 句）。至于卧底警探能否实施"**形势所逼的犯罪**"（milieubedingte Straftat）以维系虚构的人设，迄今尚无定论。对此，《刑诉法》第 110c 条第 3 句仅规定卧底警探的权限以刑诉法与其他法律规定为准，可见，他们并无特权（亦见边码 444）。② 专为打击散布儿童色情内容犯罪（《刑法典》第 184b 条）派遣卧底警探的，须征得法院批准（具体见《刑诉法》第 110d 条）。

若有事实表明，实施该措施仅能知晓**有关私人核心领域**的资讯，则不得为之，见《刑诉法》第 100a 条第 1 款第 5 句连同第 100d 条第 1 款。纵使获取了这类资讯，亦会产生**证据使用禁止**（《刑诉法》第 100a 条第 1 款第 5 句连同第 100d 条第 2 款第 1 句）。

关于派遣广义的长期卧底线民的问题，见边码 649 及以下数段；卧底警探和长期卧底线民获悉资讯的可使用性，亦见边码 734 及其以下数段。

---

① 深入的论述：BGHSt 42, 103。
② *Gropp*, ZStW 105 (1993), 421; *Hettinger*, S. 87; *Lesch*, StV 1993, 94 ff; *Soiné*, NStZ 2003, 225。

案例 28(边码 351)之解答

418

（1）答案见边码 356 所列之清单。

（2）本处需考虑 A 是否会构成私行拘禁罪(《刑法典》第 239 条)和强制罪(《刑法典》第 240 条)。然而，他的行为可能具有正当性。由于 B 并未实施犯罪，所以按照正确的见解，本案不得**根据《刑诉法》第 127 条规定的逮捕权**阻却 A 行为的违法性[联邦最高法院裁判(BGH NJW 1981, 745)与学界通说持不同见解]。但是 A 的行为仍然不具有可罚性，因本案情形属于不可避免的容许构成要件错误，所以，A 不成立故意的罪责。*

（3）依据《刑诉法》第 127 条第 1 款，A 可能构成《刑法典》第 239，240 条之罪的行为具有正当性。但是，他在本案中实施的构成伤害罪(《刑法典》第 223 条)的行为却不能被《刑诉法》第 127 条排除违法性，因为《刑诉法》第 127 条仅仅容许与逮捕必然相关的程度较轻的伤害。然而，A 仍然可以依据**《刑法典》第 32 条**免责，因为 B 应忍受 A 依据《刑诉法》第 127 条采取的合法逮捕措施，他的抵抗实属违法的攻击行为，故 A 别无选择[参见杜塞尔多夫的州高等法院判例(OLG Düsseldorf NJW 1991, 2716)]。(具体见边码 365 及以下数段)。

案例 29(边码 352)之解答

419

该情形属于搜寻体内之物，为了保护受干预人，这种措施必须由医生执行，且该措施应该被归为《刑诉法》第 81a 条规定的**检查**，而非第 102 条规定的搜查。灌注催吐剂措施不要求 A 任何积极的配合(他也没有义务对此配合)，无非要求其忍受该措施。

尽管该措施系由医生操作，且在具体情形下也不会威胁健康，但是，占支配地位的观点认为，这项措施不得以《刑诉法》第 **81a 条**为依据，因为它违反了禁止非人道、有辱人格对待的要求(《欧洲人权公约》第 3 条)[见欧洲人权法院判例(EGMR NJW 2006, 3117) (*Jalloh* 诉德国)]。除此之外，结合具体案情，本案中仅仅为了证实贩毒数量较少的犯罪，使用催吐剂庶几不合比例

---

* 由于私行拘禁罪和强制罪不处罚过失，故而 A 的行为不罚。——译者注

(见 LR-*Krause*, § 81a 边码 52)(具体见边码 374)。

案例 30(边码 353)之解答

(1)依据《刑诉法》第 81a 条第 1 款连同第 81e 条第 1 款第 1 句,为进行 **DNA 分析**可对被追诉人抽血化验。本案并无认定 A 犯罪的具体事实依据,故 A 不是被追诉人,被追诉人的地位也不能仅凭他拒绝抽血即成立。所以,本案属警察错误的引用法律依据。由于被检测人非自愿,所以不能以《刑诉法》第 81h 条作为抽血的法律依据。但是,符合《刑诉法》第 81c 条第 2 款规定要件的前提下,可对被追诉人以外的其他人强制抽血。由于本案系情节严重之犯罪,且可以预测被抽血人群之数量,故能符合比例原则。所以,本案得依据《刑诉法》第 81c 条第 2 款连同第 81e 条第 1 款实施"探听消息型"基因指纹分析(具体见边码 375)。

(2)被录音的自言自语可能会适用证据使用禁止。供 A 在医院居住的单人病房视同《刑诉法》第 100c 条第 1 款规定的住宅。

这种住宅在功能上属于典型的私人生活保留空间,因此适用《基本法》第 13 条第 1 款,其核心领域应该受到绝对地保障[参见联邦宪法法院判例(BVerfGE 109, 279)]。因此,本案要恪守《刑诉法》第 100d 条第 1 款、第 4 款之特别限制。A 的自言自语不具备交流的品质,并且自言自语说出的讯息也并未被传递到通话对方,故属于**绝对应受保障的私人生活核心领域**,应直接适用《刑诉法》第 100d 条第 2 款第 1 句的证据使用禁止。所以,州地方法院不得在指控 A 的诉讼程序中采信这段录音认定其有罪(具体见边码 415)。

案例 31(边码 354)之解答:

原则上,被追诉人与其辩护人之间的往来文书依据《刑诉法》第 97 条第 1 款第 1 项、第 53 条第 1 款第 2 项**不得被扣押**。本案特殊之处在于,于扣押的那一刻,通信不处于享有拒绝作证权的人,即辩护人的支配之下。所以,依据《刑诉法》第 97 条第 2 款第 1 句前半句的文意,这种文件是可以被扣押的。尽管如此,占支配地位的学说仍主张,此情形仍应该适用扣押禁止,此乃《刑诉法》第148条之优先适用地位使然(详见边码385)。

案例 32(边码355)之解答：

422   依据《刑诉法》第102条(对被怀疑人的**搜查**)，这项措施可能是合法的。根据该规定，搜查**涉嫌犯罪人的住宅**既可为了抓捕他，也可出于可能会发现证据的推测。相反，若**搜查其他人**，则必要满足《刑诉法》第103条规定的严格要件，始得为之。本案中具备适用《刑诉法》第102条之情形，因为所有被怀疑人居住的的场所，无论其是独居还是与他人同居，皆属于《刑诉法》第102条规定的住宅和场所，所以，住宅系A与其父母共同所有的事实不能排除适用《刑诉法》第102条[联邦最高法院判例(BGH NStZ 1986, 84 f)]。依据《刑诉法》第105条第1款，搜查措施仅能由法官决定，迟延会招致危险的，可由检察官及其侦查人员决定。鉴于法官保留的宪法性位阶，联邦宪法法院对于迟延会导致危险的理由提出了更高的要求。通常在搜查以前至少要做到，尝试拨通负责令状之侦查法官的电话。惟当做不到的情形下，检察官及其侦查人员才可以自行决定搜查。本案中没有设置值班侦查法官，故K无法与法官取得联系。联邦宪法法院要求，侦查法官应该全天候(6—21点)能被联络到。若当地需要夜间联系侦查法官的情况绝非个案的，必须设置值班侦查法官。对此，法院院长应该根据合义务性裁量作出判断。由于本案的城市是一座小城，犯罪率明显很低，目前为止还没有必要设置值班法官，故没有院长错误裁量之情况。本案中，藏匿以及证据面临灭失的迹象非常具体，而父母值得关注的举动亦表明可能存在藏匿行为。惟有迅速进入室内才能消除证据灭失的危险。因此，鉴于迟延会招致危险，刑警K作为检察官的侦查人员有权决定搜查。故该搜查措施合法。正如其后对整个行动的记载那样，父母的吊诡之处也得到了印证。由于搜查决定也授权为实施搜查采取强制措施，所以破门行动是涵盖于搜查决定中的(详见边码399及以下数段)。

第十三章 诉讼要件

案例33：

(1) 您知道哪些诉讼要件？

(2) 若经证实,确定存在诉讼障碍的,应作出何种裁判？（边码453）

案例34：

A因醉态驾驶（《刑法典》第316条）被付法庭（独任刑事法官）审判。案件没有被作出开启审理裁定便进入审理阶段。独任刑事法官在庭审活动的法庭证据调查阶段才注意到此状况,爰宣告开启审理之裁定。A也未遵守传唤期间的规定（《刑诉法》第215条连同第217条第3款）。试问独任刑事法官得否继续审理并宣告判决？（边码454）

案例35：

卧底警探P对A已进行了6个月的卧底侦查,P让A从国外搞来可卡因。从未受过处罚的A尽管一开始表示拒绝,终究没经受住P承诺"巨额金钱回报"的持续诱惑。A构成非法进口毒品罪吗？（边码455）

一、概说

1. **诉讼要件**（Prozessvoraussetzung）,又名程序要件（Verfahrensvoraussetzung）,乃就案件本身作出判决,即**宣告有罪**或无罪（**实体判决**）的合法性前提。多数诉讼要件（对刑事程序而言）系必须积极存在的前提条件。故称**积极诉讼要件**（positive Prozessvoraussetzung）（如告诉乃论之罪中的刑事告诉）。反之,**消极诉讼要件**（negative Prozessvoraussetzung）系（对刑事程序而言）不得存在之事项（如案件已系属于其他法院的;具有阻碍再次诉讼的确定力）。消极诉讼要件经常被称作**程序障碍**（Verfahren-

shindernisse)或**诉讼障碍**(Prozesshindernisse)。①

2.诉讼要件的意义在于,其攸关整个刑事程序的**合法性**存在与否。若一个刑事程序欠缺积极诉讼要件或存在程序障碍的,不得作出实体裁决,程序毋宁以其他方式,即通常以程序终止的方式被终结,程序终止若以判决形式为之的,即"**程序判决**"(Prozessurteil)是也(见边码449及以下数段)。

3.原则上,刑事追究机关在程序的**任何阶段**,即自检察官或警察启动侦查程序直至程序确定终了,**均应该依职权审查程序要件**。例如,当无责任能力的孩童实施犯罪的,检察官便不得开展侦查程序。纵使侦查程序已被启动的,也应立即终结之(见边码449)。在法律救济审中,即便被告人没有提出相关的异议,法院也应审查诉讼要件(对此存在法定的例外,如《刑诉法》第16条第2段*)。②

4.对诉讼要件的审查通常本于**自由证明程序**为之,即不以《刑诉法》允许的证明手段为限(亦见边码285)。③

5.有争议的是,诉讼要件事项究竟是否适用"**疑罪从无**"原则? 早前的诉讼法学界对此持否定见解,如今则合理地肯定其适用,但还需取决于各项诉讼要件的特征而定。④

> **举例**:由于犯罪时点不能准确被查明,导致不能确定犯罪是否罹于时效的。此情形系诉讼障碍(《刑法典》第78条)的前提事实存疑。适用疑罪从无原则有助于维护法的安定性,即程序应该被终结。但是,联邦最高法院却提醒,不得将疑罪从无原则不加区分地适用到其他的诉讼要件上。⑤

---

① 深入论述:*Krack*, GA 2003, 536; *Meyer-Goßner*, S. 1 ff; SK-*Päffgen*, Anhang § 206a, Rn 1 ff; *Rieß*, 50 Jahre BGH-Wiss-FG, S. 809。

* 依据该条,在法院开启审判程序裁定之前,应依职权审查自己是否对案件有管辖权;此后,除非被告人提出管辖权异议,否则法院不再主动依职权审查是否拥有管辖权。——译者注

② 例如:BGH NStZ 2014, 664;限制性见解:*Meyer-Goßner*, NStZ 2003, 169。

③ BGHSt 46, 349, 351;批评性意见:*Roxin/Schünemann*, § 21 Rn 23。

④ BGHSt 46, 349, 352 连同 *Verrel* 的裁判评释, JR 2002, 212; BGH NStZ 2010, 160; LR-*Stuckenberg*, § 206a Rn 37 ff; MüKo-StPO-*Miebach*, § 261 Rn 346; KK-StPO-*Schneider*, § 206a Rn 10;深入的论述:*Meyer-Goßner*, S. 60 ff; *Schwabenbaür*, Der Zweifelssatz im Strafprozessrecht, 2012, S. 97 ff。

⑤ BGHSt 18, 274, 277; 47, 138, 147。

除此之外,疑罪从无原则还适用于是否另有诉讼系属、是否刑事起诉穷竭以及是否提起《刑法典》第 77 条及以下数条规定的刑事告诉等事项(参见边码 437)。

6.切勿将诉讼要件与下列概念混淆:

——实体法上的**客观处罚条件**(die objektiven Bedingungen der Strafbarkeit);

——仅关系到具体诉讼行为合法性与有效性的诉讼**行为**要件(Prozesshandlungsvoraussetzung)(见边码 458 及以下数段)。

二、重要的诉讼要件各论

(一) 德国拥有司法管辖权

《法院组织法》第 18—20 条列举之人(所谓**享有治外法权之人**-Exterritoriale),如外交人员等,得豁免于德国的司法管辖权(Gerichtsbarkeit)。不得对他们开展刑事程序。同此适用的还有《刑法典》第 3 条及以下数条规定的不适用德国刑法的犯罪。①   427

(二) 符合《法院组织法》第 13 条规定的诉讼途径

必须符合《法院组织法》第 13 条规定的诉讼途径(Rechtsweg),即必须系**刑事案件**。刑事程序也可以裁判与犯罪有关联的违反秩序行为(《秩序违反法》第 82 条)。   428

(三) 法院对案件的事物管辖权和地域管辖权

(详见本书前述边码 71 及以下数段)。   429

(四) 达到刑事责任年龄

根据《刑法典》第 19 条,14 周岁以下的儿童**没有承担罪责的能力**,因此没有刑事责任资格(Strafmündigkeit)。   430

(五) 就审能力

就审能力(Verhandlungsfähigkeit)不等于民事诉讼法中的诉讼行为能力(Prozessfähigkeit),并且不以民法中的法律行为能力(Geschäftsfähigkeit)为   431

---

① BGHSt 34, 1, 3; OLG Saarbrücken NJW 1975, 506, 509.

前提。① 它系指被追诉人在审理中或审理外理智地维护其利益、通过清醒且可以被理解的方式开展辩护以及发出和接受诉讼意思表示的能力。② 如果在侦查程序中出现被追诉人持续缺乏就审能力的情况，检察官可以启动《刑诉法》第 413 条及以下数条规定的**保安处分程序**（Sicherungsverfahren），从而让法院签发独立的改善和保安处分。若开启审判程序裁定后才出现持续不具备就审能力的情况，则应该终结程序并于必要时启动新的保安处分程序（对此有争议）。③

（六）不存在缓诉权*

432　　议员缓诉权（Immunität von Abgeordneten）通常会阻止对某人在担任议员期间开展刑事追究。《基本法》第 46 条第 2 款和第 4 款规定了联邦国会议员的缓诉权，州议会议员则由《刑诉法》第 152a 条连同各州宪法的相应条款规定之。但是需注意的是，为了保障议会的有效运作，议会可以批准刑事追究（《基本法》第 46 条第 2 款）。④

（七）案件没有系属在其他法院

433　　案件不得尚处在其他法院的诉讼系属中。案件的诉讼系属状态（Rechtshängigkeit）自被作出开启审理裁定时产生⑤，因为自此之后，检察官不得再撤回公诉，见《刑诉法》第 156 条。

（八）不存在阻碍性的确定力

犯罪（程序意义上的，见边码 785）应**未经确定性裁断**，否则可能会落入《基本法》第 103 条第 3 款规定的禁止双重处罚（**一事不再理**）的适用范围。案件也不能以其他方式产生过起诉穷竭（如《刑诉法》第 153a 条第 1

---

① BGH NStZ-RR 2004, 341.
② BGHSt 41, 16, 18; BGH NStZ-RR 2018, 320.
③ BGHSt 46, 345 m. zust. Anm. *Gössel*, JR 2001, 521; KK-StPO/*Schneider*, § 205 Rn 2; 亦见：OLG München StV 2014, 466 连同 *Bosbach/Eckstein* 的裁判见解；*Satzger*, Jura 2015, 115.
* 《基本法》第 46 条第 1 款和第 2 款分别规定了免责权和缓诉权，前者乃指议员在议会的投票和言论，除了侮辱诽谤性质的以外，不承担实体法上的刑事责任。后者乃议员的其他犯罪暂时不予发动刑事程序，以保证其正常履职功能之意。——译者注
④ LR-*Mavany*, § 152a Rn 3.
⑤ BGHSt 29, 341, 343; 不同的观点：*Roxin/Schünemann*, § 40 Rn 10: 应从起诉书送达之日起。

434

款第 5 段、第 211 条*)的效果(亦见边码 772 及以下;边码 777)①。

《基本法》第 103 条第 3 款保障曾经**在国外被判有罪**的,或者曾在当地受到刑事指控但却被确定地宣告无罪的德国人免于**在国内**(再一次地)被处罚(亦见《刑诉法》第 153c 条第 2 款)。但是,根据国际法协定,还可让外国法院的判决或者其他的**由外国法院作出的**裁决破例受到一事不再理原则的限制,如《欧盟基本权利宪章》第 50 条、《申根协定》第 54 条对欧盟成员国的适用(见边码 32)。

(九) 未罹于刑事追诉时效

未罹于刑事追诉时效(Strafverfolgungsverjährung)(《刑法典》第 78 条及以下数条)构成一项程序障碍(亦见边码 13)。②   435

(十) 案件未经赦免

案件赦免(Abolition)有两种形式:**个别赦免**仅限于特定的案件,这种赦免是违宪的;群体性赦免,亦称大赦(Amnestie),它指依据《刑罚免除法》对不特定的大量犯罪给予定罪不处罚的待遇。大赦既是一项实体法上的刑罚消灭事由,也是一项程序障碍事由(有争议)。③   436

(十一) 刑事告诉、授权和处罚请求(《刑法典》第 77 条及以下数条)

刑法中的一些犯罪构成规定将**刑事告诉**(详见边码 477)、授权追究或者将请求处罚当作刑事追究的前提条件,如《刑法典》第 104a 条、第 194 条第 4 款、第 248a 条**。   437

绝对(或纯粹)告诉乃论之罪的刑事追究永远以刑事告诉为

---

* 《刑诉法》第 153a 条规定的课予负担和指示的终止程序作出以后,一旦被追诉人履行了负担和指示,对该犯罪便不得再起诉;依第 211 条之规定,一旦法院拒绝开启审理,没有新的事实和证据,便不得再起诉。——译者注

① 关于禁止以平行同步侦查的方式规避全案追诉穷竭的问题: Lucke, HRRS 2014, 407。
② Vgl. S/S-*Sternberg-Lieben/Bosch*, Vorbem. § 78 Rn 3; *Meyer*, JA 2014, 342。
③ BGHSt 24, 262, 265。

** 例如,《刑法典》第 104a 条规定,对于侵害外国的犯罪,需该外国和德国有外交关系,而且存在犯罪时仍有效力的互惠待遇的协定,并经过该外国政府请求追究且已得到德国政府授权追究,始得追究。再如,第 248a 条规定,盗窃或侵占价值低微的物品,应告诉乃论。若刑事追诉机关因案件的追究涉及特别的公共利益而须依职权采取行动的除外。——译者注

前提(如《刑法典》第 247 条①、第 248b 条)。就相对告诉乃论之罪而言,若刑事追究机关认为追究具有**特别的公共利益**,应当依职权采取行动的(典型如《刑法典》第 223 条、229 条规定的身体伤害罪;但是,像《刑法典》第 248a 条、第 303c 条规定之罪亦然),则由检察官本着自我负责的态度作出决定;法院不必(在内容上)审查是否存在特别的公共利益。②

有关自诉犯罪中作为诉讼要件的"刑事追究存在着公共利益"(《刑诉法》第 376 条)的问题,见边码 887。

(十二) 有效的开启审理裁定

438　案件缺少书面作成的**开启审理裁定**(Eröffnungsbeschluss)(《刑诉法》第 203 条),或者该裁定因严重瑕疵而归于无效的,便构成诉讼障碍。原则上应终结程序。③ 疑问在于,究竟能否通过补作开启审理裁定或者消除裁定瑕疵的方式治愈该项程序错误?

1. 补作原本不存在的(或者有严重错误的)开启审理裁定

439　若在庭审**以前**就发现缺少裁定(或者裁定有严重瑕疵的)的情况,普遍的观点都认为,法院可以追加作出开启审理裁定。④ 但是,颇具争议的是,能否于庭审开始**后**才补作开启审理裁定呢? 由于对被追诉人值得保护利益有不同的考量,存在截然不同的主张。

联邦最高法院和部分学术文献认为,即便案件**已经在庭审中**,也可以补作开启审理裁定(通过庭审活动外的法庭组成方式,即参审员不得参加,见边码 77)。⑤ 但是,此操作不适用于救济审。⑥

但是,正确的是在学界几成通说的观点。⑦ 它反对这种情况

---

① 指导性见解:BGH NStZ-RR 2017, 211 连同 Jahn 的评论, JuS 2017, 472.《德国刑法典》第 247 条规定,家属或同居之人之间的盗窃和侵占,须告诉乃论。——译者注
② BGHSt 16, 225, 230; *Fischer*, § 230 Rn 3; 非常有争议,不同观点:LG München I StV 1990, 400; *Fezer*, Fall 1 Rn 67 f; *Mitsch*, JA 2014, 1, 3.
③ BGH NStZ 2018, 155.
④ OLG Düsseldorf MDR 1970, 783.
⑤ BGHSt 29, 224, 228; 50, 267, 269; BGH BeckRs 2015, 147778; BGH StV 2018, 776.
⑥ BGHSt 33, 167, 168; OLG Zweibrücken NStZ-RR 2009, 287.
⑦ *M-G/Schmitt*, § 203 Rn 4; HK-*Julius/Schmidt*, § 207 Rn 17; SK-StPO-*Päffgen*, § 203 Rn 4; Radtke/Hohmann-*Reinhart*, § 207 Rn 16.

下补作开启审理裁定,理由是,不得放弃立法明确规定的法治国保障,哪怕个案中没有这个需求。另需思考的是,由于这是一项在庭审中作出的判断,参审员其实本应该参与。但是,在决定是否开启审理的中间程序却没有参审员参加。**如果通说认为,对于这个问题可以休庭并在排斥参审员参与的条件下补作开启审理裁定的方式去解决的话**(即如果是基层法院/参审法庭的,就由一名职业法官去作成裁定;如果是州地方法院/大刑事庭的,那么就仅由三名职业法官去作成这种裁定,见边码77)①,那便规避了《法院组织法》第30条第2款、第76条第1款第2句的规定(见案例9以及边码103)。所以,按照正确的观点,应当依据《刑诉法》第260条第3款,以判决终结程序(见边码449)。但是,该程序障碍不是无法消灭的障碍,所以,终止程序的判决不生起诉穷竭的效果(见边码773),故检察官有权重新起诉。②

2. 消除开启审理裁定中的"轻度"错误

如果开启审理裁定仅表现出**较为轻度的**错误,则其仍然有效并有(初步的)约束力。得于庭审再治愈其错误(亦见边码553)。③   440

(十三) 有效的起诉

《刑诉法》第200条第1款要求,任何案件均应该被**有效地起诉**。此处应区分**无效**(Unwirksamkeit)和**单纯的瑕疵**(bloße Fehlerhaftigkeit)。是否无效,应以起诉书之功能为断: 441

——起诉书通过它的**圈定功能**(Umgrenzungsfunktion)明确诉讼对象。圈定功能是"一事不再理"原则的效果(《基本法》地103条第3款)。**若起诉针对何人或者针对何具体事实或者可能的有罪判决指向的范围不能明了,便构成无效的起诉。**④ 然而,即便有如此显著的瑕疵,部分观点却认

---

① BGHSt 60, 248; BGH StV 2019, 799.
② 完整论述: Rössner/Safferling, Problem 11。
③ OLG Karlsruhe JR 1991, 37.
④ BGHSt 57, 88 m. Anm Wenske, NStZ 2013, 351 u. Trück, ZHW 2012, 384; BGH NJW 2018, 878; LG Cottbus StV 2014, 332 连同 Eisenberg 的裁判评释, StV 2014, 724; Weitner/Schuster, JA 2014, 612。

为,仍可在第一审庭审活动中加以补正。① 但这种观点不值苟同,理由与开启审理裁定的情形殆同(边码438),即案件缺少一项无法补正的诉讼要件。②

——起诉书的**资讯功能**(Informationsfunktion)旨在向被追诉人和法院传达对辩护和践行程序必须的有关具体犯罪指控的信息以及检察官的法律评价。它确保被追诉人享有《基本法》第103条第1款规定的依法听审权。涉及资讯功能方面的瑕疵(如侦查基本结论不完整)**不会导致起诉无效**并构成诉讼障碍。通说认为,这类瑕疵可在庭审活动中通过《刑诉法》第265条规定的法官释明程序被治愈。③ 但是,若法院在中间程序就已发现这种错误,检察官却拒绝补正的,法院应当且有权作出不予开启审理的裁定(有争议)。④

废除"接续犯"(die fortgesetzte Tat)后,《刑诉法》第200条第1款便引发了特殊的问题,如今在指控多起罪状相同的犯罪时,应该逐一加以叙明。就**性领域的连续犯罪**而言,为避免刑事追究出现疏漏,早前的实务见解认为,如果被害人、犯罪实施方式及方法的基本特征、特定的犯罪时段以及指控所针对犯罪的数量皆已在起诉中被叙明的,**圈定功能便告完成**。⑤ 但是这种实务见解在废除了接续犯的法律形象以后便不合时宜了。⑥

至少在**经济类刑事程序**中,**联邦最高法院**2011年通过大法庭作成的裁决⑦**试图另辟蹊径**,为检察官和法院减负:在针对大量具有相同行为特征的犯罪或行为举止的刑事程序中,如果宣读起诉书在语言上足以叙明符合各项犯罪构成要件的相同犯罪

---

① M-G/*Schmitt*, § 200 Rn 26; *Pfeiffer*, § 200 Rn 10.
② OLG Oldenburg StV 2010, 511; LR-*Stuckenberg*, § 200 Rn 88; SK-*Päffgen*, § 200 Rn 29; *Geppert*, NStZ 1996, 62; *Schäpe, M.*, Die Mangelhaftigkeit von Anklage und Eröffnungsbeschluss und ihre Heilung im späteren Verfahren, 1997, S. 75 f.
③ BGHSt 56, 183, 185; aA OLG Schleswig NStZ-RR 1996, 111; *Klemke/Elbs*, Rn 581 f.
④ LR-*Stuckenberg*, § 200 Rn 86.
⑤ BGHSt 40, 44, 46.
⑥ BGH NStZ 2018, 347 (Rz 24).
⑦ BGH GS NStZ 2011, 297 连同 *Börner* 的评论, NStZ 2011, 436.

实行行为,并且足以明确犯罪的总数、犯罪时段以及财产犯罪中的损失总额,便满足了《刑诉法》第 243 条第 3 款第 1 句的在庭审中宣读起诉要旨的要求(见边码 571)。**在这类案件中,无需宣读各个犯罪或各个行为举止更为详尽具体的事实情状**。即仅对庭审宣读起诉书环节减负,而在书面撰写起诉书时,列明具体犯罪的各项个别化的事实情状或者列明犯罪人的具体犯罪举止仍被视为起诉要旨的必要组成部分。① 对于**性犯罪**,例如,性侵儿童的案件往往时隔较长时间始得发现,最新的实务见解认为,也可以通过事件的地点和时间、犯罪人的行为、犯罪的固有方向,即实施犯罪的方式和方法以及被害人让大量作案的情节被充分地具体化。②

(十四) 作为程序障碍的被告人死亡

通常认为,**被告人死亡**以后便不得再对案件作出实质裁判。但有争议的是,是否程序得自行终了③,抑或如通说主张的那样,此时仍需作出一道正式的,取效性的终止裁定(《刑诉法》第 206a 条)。④ 442

(十五) 诉讼程序过分冗长是诉讼障碍乎?

极端案件中,因为司法的过错导致**诉讼程序过分冗长**究竟能否构成一种**程序障碍**,尚有争议。联邦最高法院认为,通常不宜彻底终结程序,并且以**"执行方案"**去弥补冗长程序对被追诉人带来的不利(具体见边码 56 及以下)。 443

(十六) 以警察圈套实施犯罪挑唆构成程序障碍乎?

若犯罪人乃遭非法实施的**警察圈套(陷害教唆者)** 唆使下犯罪的,或者他们遭受持续施压才实施犯罪的(关于合法警察行为的界限见边码 651),理应追问,国家究竟能否通过亲自怂恿行为人犯罪的方式**实现国家刑罚请求权**呢? 如果通过这种方式宣告犯罪人有罪,可能有违禁止国 444

---

① BGH NStZ 2011, 420; 深入的论述:HK-*Julius/Schmidt*, § 200 Rn 22。
② BGH NStZ 2020, 308。
③ 联邦最高法院裁判(BGH NStZ 1983,179)便持这种观点。
④ BGHSt 45, 108, 110; BGH StraFo 2016, 25; *Kühl*, Meyer-Goßner-FS, S. 715; *Heger*, GA 2009, 45; vgl. auch *Mitsch*, NJW 2010, 3479。

家自我矛盾原则(das Verbot des venire contra factum proprium),即被当作一种前后矛盾,甚至违反法治的操作。所以,许多人主张,这种警察圈套构成诉讼障碍事由。① 联邦宪法法院②早前曾经承认,这类非常态情形构成一种从《基本法》第 1 条第 1 款和法治国原则中推导出的诉讼障碍。欧洲人权法院一贯的裁判见解也禁止国家处罚这类犯罪。③ 联邦最高法院在先前的一些裁判中也曾同样赞成此情况构成诉讼障碍。④

然而,联邦最高法院自一则裁判(BGHSt 32, 345)后转而认为,**警察的犯罪挑唆**(polizeiliche Tatprovokation)仅需在量刑层面作为**减轻处罚的理由**加以关注即可(**量刑方案**)。⑤ 联邦宪法法院基本赞成了这一见解,但附带地提到也可以通过证据禁止的效果去解决(见边码 700)。⑥

欧洲人权法院在 *Furcht* 诉德国一案的裁判中明确地宣告,德国联邦最高法院有关量刑方案的实务见解违反欧洲人权公约,并且要求德国采取**证据使用禁止或者与之等效的措施**以因应(关于欧洲人权法院判决对德国法院的拘束力,见边码 14)。⑦ 但是,联邦最高法院的因应性实务见解却呈现出分歧。例如,第一庭和第五庭针对违反人权的犯罪挑唆现象根据欧洲人权法院更新的见解仍抱持量刑方案⑧,反之,第二庭却认为,通过刑事追究机关成员或依靠第三人实施的违反法治国的犯罪挑唆通常会

---

① 例如:*Dencker*, Dünnebier-FS, S. 447; *Güntge*, Ostendorf-FS, S. 387; *Jahn/Kudlich*, JR 2016, 54; *Herzog*, StV 2003, 410; *Lüderssen*, 50 Jahre BGH-Wiss-FG, S. 883; *Meglalu*, JA 2018, 342; *Wolfslast, G*, Staatlicher Strafanspruch und Verwirkung, 1995, S. 216 ff.。

② BVerfG NJW 1995, 651.

③ EGMR StV 1999, 127 (*Teixeira de Castro* 诉葡萄牙)连同 *Kempf* 和 *Sommer* 的裁判评释, NStZ 1999, 48; EGMR NJW 2009, 3565 (*Ramanauskas* 诉立陶宛);亦见 *Esser/Gäde/Tsambikakis*, NStZ 2011, 140, 142; *Esser*, in: 35. Strafverteidigertag, S. 197; *Gäde/Bürmeyer*, HRRS 2008, 279; *Kinzig*, StV 1999, 288。

④ 联邦最高法院裁判(BGH NJW 1981, 1626)等。

⑤ 深入的论述例如:*M-G/Schmitt*, Einl. Rn 148a。

⑥ BVerfG NJW 2015, 1083 连同 *Jäger* 的裁判评释, JA 2015, 473; *Jahn*, JuS 2015, 659 以及 *Satzger*, Jura 2015, 660。

⑦ EGMR StV 2015, 405 (*Furcht* 诉德国)连同 *Pauly* 和 *Sinn/Maly* 的裁判评释, NStZ 2015, 379; *Petzsche*, JR 2015, 88 u. *Meyer/Wohlers*, JZ 2015, 761。

⑧ BGHSt 60, 238; BGH BeckRS 2018, 17767 连同 *Conen* 的评论文章, StV 2019, 358; BGH NStZ-RR 2020, 30; 亦参见 BGHSt 45, 321 连同 *Endriß/Kinzig* 的批评性评释, NStZ 2000, 271; *Kudlich*, JuS 2000, 951; *Roxin*, JZ 2000, 369; BGH NStZ 2014, 277 连同 *Jahn* 的裁判评释, JuS 2014, 371; *Eisenberg, Rn 1035*; *I. Roxin*, Neumann-FS, S. 1359;但是学界也有赞同的见解:*Lesch*, JR 2000, 43 和 *Gottschalk*, StudZR 2013, 49。

导致**程序障碍**(而不仅止证据使用禁止)的后果。① 至于未来的最高法院实务见解究竟会选择哪种方向目前未臻不明。② 令人遗憾的是,许多人却附和最高法院最新判例试图将第二庭的裁判视作"操作事故"的立场。该最新判例认为,无论案件的具体情况如何,程序障碍的解决方案绝对只能被当作"极端的破例"。③

拥护量刑方案阵营所持的理由是:

——被托付给国家保护的法益不能任由诱饵者去"处置"。程序障碍必须与(显然有待确定的)事实联系在一起,而不能是在本于庭审全面审查事实之后,经由整体评价犯罪事件才能被查明的事项。何从认定陷害教唆者施加的犯罪影响已达到程序障碍的严重程度,未见量刑方案的反对者提供足够清晰的界定。

——若从整体角度去判断陷害教唆能否基于法治国的理由就足以得出某种强制性的结论,或者它究竟是否背弃了法治国不容让渡的内容,就必须要把有效刑事司法的需求考虑在内。法治国原则不仅要保护被追诉人的利益,也要保障实现实体公正的刑事追究利益。

反对量刑方案的理由主要是:

——欧洲人权法院的判例已经明确表达,纵使对犯罪人显著地减轻处罚也不足以实现《欧洲人权公约》第41条规定的补偿。按照欧洲人权法院的解释(《欧洲人权公约》第1条、第19条),量刑方案不足以维系公约最低限度的标准。纵使将陷害教唆的法律后果限定在证据使用禁止或者只在刑事程序中舍弃掉陷害教唆者的陈述,也只能让单个证据失效。然而,违反《欧洲人权公约》第6条第1款第1段的不符合法治国要求的犯罪挑唆行为本身就涉嫌构成犯罪。尽管程序法未曾对程序障碍的法

---

① BGHSt 60, 276 连同 *Eisenberg* 的裁判评释, NJW 2016, 98; *Jäger*, JA 2016, 308; *Jahn/Kudlich*, JR 2016, 54; *Mitsch*, NStZ 2016, 66; *Mosbacher*, JuS 2016, 127; *Satzger*, Jura 2016, 574; s. auch *Eisenberg*, GA 2014, 107。

② *Schünemann*, GA 2018, 181, 192 主张对正犯和教唆犯一并处罚(同等对待方案);同此见解: *Roxin/Schünemann*, § 37 Rn 8。

③ BGH NStZ 2018, 355 连同 *Esser* 的裁判评释。

律图景下过定义,但它确系一项被承认的教义学范畴。在其他的程序要件或程序障碍中,也不乏须经整体判断者。相对告诉乃论之罪中,刑事追究具有公共利益的诉讼要件便是其中一例(见边码437)。

其实,不承认程序障碍事由不必然就意味着被教唆人会受到刑事处罚。即便犯罪挑唆通常可能仅被当作一项量刑的要素,但至少在极端情形下,也肯定会被视作有利于"犯罪实行者"的一项(超法规的)**罪责或刑罚排除事由**(Schuld - bzw Strafausschließungsgrund)。① 至于欧洲人权法院的见解如何从法技术上被转换成德国法制度的问题,这似乎是次要的。无论如何,苟非国家自己沦为犯罪的肇始人则被追诉人断不会实施犯罪的,自不得对其宣告有罪!

案例参见Beulke, Klausurenkurs Ⅲ,边码474。

(十七) 命不久已是诉讼障碍乎?

445　在 Honecker 案*中,柏林州宪法法院禁止庭审继续进行,理由是被告人活不到程序结束的那一天。② 但是,这并不构成程序障碍,因为法治社会共同体发现或澄清事实真相的利益也是值得保障的(见**案例**1和边码39)。③ 柏林州宪法法院也反对将他认可的这种诉讼障碍扩张适用到被追诉人年事已高(无法具体预计死期)的情形。④ 反之,若被追诉人健康状态不佳,一旦其遭受刑事程序有几近确定的盖然性会死亡,则根据《基本法》第2条第2款第1段可推导出诉讼障碍。⑤

---

① *Beulke*, StV 1990, 183; 亦见 SK-*Wolter*, § 110c Rn 9a ff; SK-StPO-*Päffgen*, Anhang zu § 206a Rn 25 ff; *Hellmann*, Rn 171; *Renzikowski*, Keller-GedSchr, S. 197; *Roxin*, Kreuzer-FS, S. 675; *I. Roxin*, S. 31 ff; *Wolter*, 50 Jahre BGH-Wiss-FG, S. 963, 980; Körner/Patzak/Volkmer/*Patzak*, Vorbem. §§ 29 ff Rn 166 ff; *Rössner/Safferling*, Problem 4.

* 东德最后一位领导人艾里希·昂纳克(*Erich Honecker*)在两德统一后,一度逃亡前苏联,苏联解体后曾被俄罗斯引渡到德国,作为柏林墙射杀案的凶手接受审判。1993年1月12日,柏林地方法院因其罹患癌症,不久于人世而决定终止审理此案,并撤销对其羁押。随后,昂纳克被准许飞赴智利与家人团聚,不久后在智利去世。——译者注

② BerlVerfGH NJW 1993, 515, 517.
③ 不同的观点: *Limbach, B.*, Der drohende Tod als Strafverfahrenshindernis, 1998。
④ JR 1994, 382.
⑤ BVerfG NJW 2002, 51; BVerfG EuGRZ 2009, 645.

（十八）因违反比例原则成立诉讼障碍乎？

在前东德公民为东德刺探情报的案件中，联邦宪法法院根据宪法上的比例原则，即法治国原则的固定内涵，在满足一定条件的前提下推导出诉讼障碍的结论。① 这种观点不能被苟同。程序障碍的存在与否应便于判断（见边码 444），但这种诉讼障碍不能满足这样的要求。若成立，岂非任何"不当的"刑事追究皆凭法院喜好而定。诚如持少数不协同意见的（宪法法院的）法官所言，此等诉讼障碍在效果上等同于赦免或大赦。然而，创设赦免的诉讼障碍应纯属立法者的事务。②

446

（十九）以刑讯相威胁成立诉讼障碍？

曾于警察讯问时对被追诉人以刑讯相威胁的，当然违反《基本法》第104 条第 1 款第 2 段与《欧洲人权公约》第 3 条。然而，这种违法情形能产生的效果仅系由《刑诉法》第 136a 条第 3 款第 2 段推导出的禁止使用此手段获得的供述，无从产生程序障碍的效果（见边码 208）。③

447

（二十）公平程序作为诉讼障碍的理由？

迄未获澄清的是，能否在绝对例外的情形下以违反**公平审判原则**（fair-trial-Grundsatz，见边码 59）为由推导出诉讼障碍？围绕该问题的讨论缘于一起案件，该案中一名公务员因涉嫌履行职务有关的犯罪遭起诉，依据公务员法，他没有被批准全面陈述案情，所以他作为被告人在法庭上仅能有限地辩解（见边码 295）。鉴于被告人无法全面辩护，柏林地方法院认定本案存在程序障碍。④ 尽管联邦最高法院以形式上的理由驳回了针对该判决提起的法律审上诉，却以傍言的形式＊就相关问题详尽地表达了意见。因禁言令致使**辩护权的核心内涵受限**且无法通过其他"补救措施"加以弥补的情形，最高法院认为，一方面可能会构成**程序障碍**；另

448

---

① BVerfGE 92, 277.
② 同此见解：*Lampe*, 50 Jahre BGH-Wiss-FG, S. 449; *Schlüchter/Duttge*, NStZ 1996, 457; *Volk*, NStZ 1995, 367; 巴伐利亚州高等法院裁判[BayObLG NJW 1996, 669]也持疑虑立场；有关基于宪法推导出的程序障碍事由问题，见 *Hillenkamp*, NJW 1989, 2841。
③ LG Frankfurt StV 2003, 327 (*Gäfgen* 案)；联邦最高法院裁判[BVerfG NJW 2005, 656]对此未予明确。
④ 赞同性意见：*Niehaus*, NStZ 2008, 355。
＊ 傍言指法院在裁判中就自己法律见解如何形成的前提性法律论述以及说理。——译者注

一方面它却点明，即使在这种极端的情形下，借助"**证据评价/自由心证方案**"（Beweiswürdigungslösung，见边码 264）亦足以补偿之。①

当案件适用**协商**（《《刑诉法》第 257 条》）时，若检察官不能遵守自己曾经作出的合法承诺，即他承诺会申请法院对部分犯罪终止程序（《刑诉法》第 154 条第 2 款）或者承诺放弃追究其他正在侦查的案件（《刑诉法》第 154 条第 1 款），也可能从公平审判原则的角度构成**程序障碍**（详见边码 610）。

三、欠缺诉讼要件的后果

449　　存在诉讼障碍或不具备诉讼要件会产生何种后果，一方面取决于程序目前所处的阶段，另一方面取决于诉讼障碍能否被移除。临时性的或者可移除的诉讼障碍，如缓诉权、某些时候的欠缺就审能力，以及被通说承认的不具备有效的开启审理的裁定等。

（一）侦查阶段

450　　若存在**不可移除**的诉讼障碍且被检察官在侦查中发现的，由检察官依《刑诉法》第 170 条第 2 款终结程序。若系暂时性程序障碍，可以**类推适用**《刑诉法》第 157f 条暂时性终结程序。

（二）中间程序阶段

451　　提起公诉（法院收到起诉书）**之后**，须经法院裁定，是否开启审判程序，见《刑诉法》第 199 条。此间法院应依职权审查诉讼要件。若存在**底定不变的程序障碍**，且检察官迄未撤回起诉（《刑诉法》第 156 条）并依《刑诉法》第 170 条第 2 款终结程序的，法院应裁定**不开启审判程序**（《刑诉法》第 204 条）。程序障碍系**临时性**的，法院得**直接适用**或**类推适用**《刑诉法》**第 205 条**暂时终止程序。* 倘若法院发现起诉书不符合圈定功能（边码 441）之要求的，应将起诉书退回检察官。② 欠缺管辖权的情形在处

---

① BGH NJW 2007, 3010 连同 *Wohlers* 的赞同性评释，JR 2008, 127; 亦见 *Jahn*, JuS 2007, 1058; *Laue*, ZStW 120 (2008), 246.

* 关于暂时终止程序的含义及其我国刑诉法制度类似制度的说明，参见译法说明。——译者注

② *M-G/Schmitt*, § 200 Rn 26.

理上有其特殊之处,适用《刑诉法》第 209 条、第 209a 条之规定。*

（三） 审判程序阶段

在审判程序中遇到**临时性**的明显可以被补救的诉讼障碍,可适用停止审理或休庭(《刑诉法》第 228 条),也可以类推适用《刑诉法》第 205 条的规定,暂时终结程序。①

当发现有**稳定不变**诉讼障碍时,究竟如何裁判,应取决于此时是否正处在庭审活动之中。

若此时系**庭审前**或**庭审活动之外**的,应该通过**裁定**方式终止程序(《刑诉法》第 206a 条)。

> **举例**:在开启审理裁定作出后,审判长在准备庭审活动过程中再次审核案卷并发现犯罪已罹于时效。此时审判长不得再安排庭审期日,应该依据《刑诉法》第 206a 条,以法院裁定方式终结程序。

若在**庭审中**发现上述障碍的,通常应该依据《刑诉法》第 260 条第 3 款,以判决形式终结案件(**程序判决**)。②

> **例外**:若此时已经确认,因缺乏罪证应当宣告被告人无罪的,原则上应该作出实质判决,而不是终止程序,惟有如此,才能终局性地驳回犯罪指控。③

至于发现不具备事物管辖权或职能管辖权的情形,依照特

---

* 依据《刑诉法》第 209 条之规定,接受到起诉书的法院如果认为案件应由本辖区的下级法院有管辖的,应该作出由该下级法院开启审理审判程序之裁定;如果认为上级法院有管辖权的,则应经由检察官将案卷转交该上级法院。

第 209a 条规定,若陪审法庭、经济刑事法庭、国家安全刑事法庭对案件有专属管辖权的(各自管辖范围参见《法院组织法》第 74a—74c 条),相对于普通刑事法庭而言,其地位相当于第 209 条规定的"上级法院"。至于专门法庭相互之间的顺位,《法院组织法》第 74e 条规定,陪审法庭、经济刑事法庭和国家安全法庭,前者相对于后者,其地位相当于第 209 条中的"上级法院"。同时该条还规定了少年法院一旦依法确定自己有管辖权的,相对于普通刑事案件的法院,其地位相当于第 209 条中的"上级法院"。——译者注

① KK-StPO-*Schneider*, § 205 Rn 2.
② BGH NStZ 2018, 347.
③ BGHSt 46, 131, 136 (该裁判中的情形也构成一种例外);更多的例子见 *Krack*, JR 2001, 424; *Sternberg-Lieben*, ZStW 108 (1996), 721;区分类型的观点参*Meyer-Goßner*, S. 27 ff.

殊规定处理,见《刑诉法》第225a条、第269条、第270条。

如果错误地认为**存在诉讼障碍**而终结程序的,便产生能否以及如何破除终结程序裁定或判决之确定力的问题。至少对于因被告人操纵导致终止程序**裁定**(如被告人诈死)的情形,联邦最高法院本着这种情形下可对被告人启动不利之再审的法律理念(《刑诉法》第362条;见边码879),主张原先的案件可回到被终结前的状态而被继续审理。① 学术文献也曾讨论破除错误作出的终结程序**判决**的确定力(具体观点有争议)。②

案例 33(边码423)**的解答:**

(1)格外重要的诉讼要件有(见边码426及以下数段)
——法院的事物管辖权和地域管辖权;
——达到刑事责任年龄;
——就审能力;
——案件未系属于其他法院;
——不存在相抵触的确定力;
——未罹于刑事追诉时效;
——对告诉乃论之罪被提出了有效的刑事告诉;
——有效的起诉和有效的开启审理裁定。

(2)若发现有稳定不变的诉讼障碍,按照案件所处阶段之不同,有下列不同的法律后果:
——**侦查阶段**依《刑诉法》第170条第2款终结程序。
——**中间程序阶段**不予核发开启审理的裁定,见《刑诉法》第204条。
——**审理阶段**在庭审活动外发现的,根据《刑诉法》第206a条以裁定方式终结案件,若在庭审中发现的,应根据《刑诉法》第260条第3款以判决方式终结程序。

(详见边码449及以下数段)。

案例 34(边码424)**之解答:**

首先,本案不具备有效的开启审理裁定这一诉讼要件(《刑

---

① BGHSt 52, 119 连同 *Kühl* 的肯定性评释, NJW 2008, 1009 以及 *Rieß* 的评释, NStZ 2008, 296; 批评性意见: *Jahn*, JuS 2008, 459 以及 *Ziemann*, HRRS 2008, 364。

② 深入的论述: SK-StPO-*Frister*, Vor § 359 Rn 16 ff.

诉法》第 207 条)。但是,联邦最高法院允许在第一审中**补作开启审理裁定**,所以独任刑事法院可以不遵守传唤期间的规定(《刑诉法》第 217 条)继续审理案件并作成判决。它认为,虽然法院直到庭审才裁定开启审理,但没有丧失其监督的职能,就算此时作出终止程序的判决,也不足以消除审理活动已有的瑕疵。何况被追诉人值得保护的利益也未受损,因为他已知晓了起诉书的内容。

上述理由不足为据。法院在已经开启的审理中注定会更倾向于决定开启审理(*Roxin/Schünemann*,§ 42 边码 13)。惟有让程序"倒流",始足实现开启审理裁定的保障功能。正确的见解是,应该通过判决方式终止程序(《刑诉法》第 260 条第 3 款)。检察官可以重新起诉(详见边码 438)。

案例 35(边码 425)之解答:

按照学术文献中的少数说和联邦最高法院第二庭的观点,通过**圈套诱饵者**实施犯罪挑唆的,构成一项程序障碍事由。反之,大多数的实务见解罔顾欧洲人权法院的裁判(*Furcht/Deutschland*),始终只承认**减轻处罚**的可能性,仅于极端场合才考虑适用排除罪责事由。鉴于 P 施加影响的强度,若本案仅有减轻处罚的后果,似乎令人难以接受。若国家自己惹起被追诉人实施原本不会实施的犯罪,不得对之作出有罪判决(见边码 444)。

455

第十四章　诉讼行为

案例 36：

（1）基层法院向 A 签发处刑令。于处刑令签发以后送达之前，法院的书记处收到了载有 A 声明的申请书："我本人现就对我已签发的或即将签发的处刑令提出异议。"当他随后被送达处刑令后，他不再有任何表示，他认为书面声明已经构成一项有效的异议。A 的理解对否？

（2）若处刑令签发于 A 的声明到达之后，又有何不同？（边码 470）

案例 37：

A 因涉嫌盗窃罪（《刑法典》第 242 条）被起诉到基层法院，他拒不承认犯行。在总结陈述时，A 恳请法院宣告其无罪，若法院认为他还应该提供证据的话，他申请法院讯问他的朋友 F，F 可以证明他案发时不在现场。该项证据申请合法否？（边码 471）

一、概念

"诉讼行为"（Prozesshandlung）至今还没有一项被普遍接受的定义。学界通说和实务见解将其定义为**与诉讼相关的一切形式的活动**。① 另有观点主张，仅有那些有意引起诉讼上之法律后果的表意行为始可归入诉讼行为。② 这种定义分歧对解决具体法律问题不生影响。关键在于诉讼行为的一般有效要件为何。③ 某些诉讼行为另有实体法意义（如合法的羁押构成《刑法典》第 239 条、第 240 条规定的违法阻却事由），故有"双重

---

① Vgl. BGHSt 26, 384, 386; *M-G/Schmitt*, Einl. Rn 95.
② *Roxin/Schünemann*, § 22 Rn 1.
③ 同此见解，*Ranft*, Rn 1322。

相关"或"双重功能"诉讼行为之概念。①

按照 Goldschmidt 于 1925 年撰写的《作为法律状态之诉讼》一书第 364 及以下数页中的观点,诉讼行为可分为**取效性行为**(Erwirkungshandlung)和**与效性行为**(Bewirkungshandlung)。前者不会直接产生法律效果,而旨在促使他人采取特定的诉讼行为(如证据申请);后者则直接产生法律效果(如放弃救济审)。这种区分其实不影响法律上的结论。②

二、有效要件

（一）诉讼主体方面的要件

1.**被追诉人**的**就审能力**(Verhandlungsfähigkeit)是其实施诉讼行为的有效要件。因此,就审能力既是诉讼行为要件,也是诉讼要件(参见边码 431)。

2.反之,若"公务性"诉讼主体(**法官**或**检察官**)欠缺就审能力的,出于法安定性的理由,其曾经实施的诉讼行为不会归于无效。惟当与法治国的基本原则显有未合时,始得认定无效。③

（二）诉讼行为的内容

除特别的法律规定外,诉讼行为的内容须遵守以下要求:

1.诉讼行为应具有**可供辨识的表达意涵**(erkennbarer Erklärungswert)。关键是客观的表达意涵,有时须经解释始得确定之。④ 依照《刑诉法》第 300 条*就提起救济审之特殊情形所制定的原则。⑤ 确定真意的关键不是根据偶尔会词不达意的语言,而应按照表达者在整体诉讼内的行为去判断其真正追求的意思为何。

2.出于法安定性的理由,诉讼行为原则上不得附条件(诉讼行为的**禁止**

---

① Niese, Doppelfunktionelle Prozeßhandlungen, 1950.
② Vgl. LR-Kühne, Einl. Abschn. K Rn 13; Grunst, S. 230.
③ Schlüchter, Rn 137 f.
④ BGHSt 46, 131, 134.
* 《刑诉法》第 300 条规定:"对合法救济手段称谓上的错误不生有害之影响。"——译者注
⑤ OLG Bamberg NStZ-RR 2018, 56.

附条件性)。刑事程序的公法特质要求意思表达不能存疑并使程序阶段可资确定。例如,提出法律审上诉的救济要求不得以检察官同样提起法律审上诉为条件。① 不合法的条件通常会导致相应的诉讼行为无效。②

但是,若意思表示所附条件系所谓**法前提**(Rechtsbedingung)或**诉讼内的条件**(innerprozessuale Bedingung)的,上述原则便有例外。由于是否满足所设置的条件将由法院在法律争议的过程中加以拘束性地认定,所以这种诉讼内条件带来的不确定性反而合乎法院与被告人的关切。根据这种理由,例如,"**未必调查的证据申请**"(Eventualbeweisantrag)*便是允许的。在总结陈述环节,检察官或辩护人因法院不会依其一开始的请求作出裁判(如宣告无罪),于是申请提出其他证据的,便是这种证据申请。由于条件能否成就(如宣告有罪)完全取决于法院,所以这种附条件的申请不会导致程序前途不明。③ 但为防止滥用证据申请权,待证的事实主张应该在内容上与作为证据申请之条件的裁判相关。例如,申请法院讯问某不在场证人的,就不能以法院驳回要求判处缓刑的请求为条件④,庶可将未宣告被告人无罪作为条件(亦见边码 694)。

(三) 诉讼行为的可撤回性

462　　诉讼行为的**可撤回性**或**不可撤回性**,要么在具体领域中有明确规定,要么取决于相关事项的性质⑤:

——**判决**或**与判决相似的裁决**(如处刑令)一般是不可撤回的。

——多数**法院裁定**可被撤回,见《刑诉法》第 306 条第 2 款;但是,可被即时抗告的法院裁定(《刑诉法》第 311 条第 3 款)以及开启审理裁定除外⑥。

——其他的**普通诉讼表意行为**或许是可以撤回的,例如,当法院未遵守送达传票与开庭之间间隔天数的要求,被告人申请停止审理的声明,见

---

① BGH NStZ 2014, 55; MüKo-StPO-*Allgayer*, § 296 Rn 37.
② LR-*Kühne*, Einl. Abschn. K Rn 29.
* 也可被译作备位性证据申请。例如,被告人向法院声明,若法院欲对其作有罪判决的,请传唤某不在场证人 Z 到庭作证;反之,若法院欲宣告其无罪的,便无需理会该项证据申请。——译者注
③ BGHSt 32, 10, 13; BGH NStZ 1995, 98.
④ BGHSt 40, 287, 289; *Ingelfinger, R.*, Rechtsprobleme bedingter Beweisanträge im Strafprozess, 2002.
⑤ 具体情形见:*M-G/Schmitt*, Einl. Rn 112 ff; *Bischoff*, JuS 2018, 670。
⑥ LR-*Stuckenberg*, § 207 Rn 45.

《刑诉法》第217条第2款。这种表意行为意思不明的,可以被撤回。

——其他的**具有承载诉讼功能的**或**终结诉讼功能的**表意行为或许是不可撤回的。例如,撤回救济审的声明就不得被撤回(有争议,见边码829)。① 放弃救济审②以及检察官同意法院协商建议(边码597)的意思表示③,亦不得撤回。

(四) 不存在表意瑕疵

何种程度的**表意瑕疵**会使诉讼行为无效,观点不一。

1.部分学术文献认为,**欺骗和胁迫**会导致相关诉讼行为无效。这种结论源自《刑诉法》第136a条,并认为该条款就此规定了一项具有普遍性的法理。④ 值得肯定的是,联邦最高法院否定了这种见解,且基于法安定性的理由,确立了表意瑕疵对诉讼行为效力不生影响的原则。但是实务见解承认该原则结合个案情况也有例外,⑤尤其是公正性要求高于法安定性的那些个别情形。⑥

2.其他的表意瑕疵(**错误**)对诉讼行为的有效性不生影响。《民法典》有关撤销意思表示(Anfechtung von Willenserklärung)的规定(见《民法典》第119条及以下条文)不适用于诉讼行为。⑦ 例如,放弃或撤回救济审的意思表示便不得以错误为由被撤销。⑧

因此,**法院**不得行使诉讼法上明确规定的或暗含的错误更正权以撤销其裁判。例如,法院不得在签发**开启审理裁定**(《刑诉法》第207条)以后,以它误认了犯罪嫌疑程度(《刑诉法》第203条)为由予以撤销。若原先认定的充分犯罪嫌疑基于新的认识被否定了,则应该宣告被告人无罪。⑨

---

① BGHSt 10, 245, 247; BGH NStZ-RR 2019, 351.
② BGHSt 45, 51, 53.
③ BGHSt 57, 273 连同 *Kudlich* 的裁判见解, NStZ 2013, 119。
④ *Roxin/Schünemann*, § 22 Rn 7 便持该看法。
⑤ BGHSt 45, 51, 53.
⑥ BGHSt 17, 14, 18; 部分文献持批评意见:SK-StPO-*Frisch*, § 302 Rn 25。
⑦ RGSt 57, 83.
⑧ BGH StV 1999, 411; BGH NStZ 2006, 351; vgl. auch *Eisenberg/Müller*, Jura 2006, 54。
⑨ OLG Frankfurt JR 1986, 470 连同 *Meyer-Goßner* 的裁判见解; SK-*Frisch*, Vor § 304 Rn 35; *Rieß*, Lüderssen-FS, S. 749; 其他相反见解:LG Nürnberg-Fürth NStZ 1983, 136; LG Kaiserslautern StV 1999, 13; LG Konstanz JR 2000, 306 连同 *Hecker* 的肯定性裁判见解; *Ulsenheimer*, NStZ 1984, 440。

但是，实务见解主张，尤其在实务中颇重要的放弃对裁判发动救济审的情形中①，若法院违反了其应负的**诉讼上的照料义务**，被告人具有意思瑕疵的诉讼行为会归于无效。源于"公平审判"要求的这种照料义务包括法院应该制止受到意思瑕疵影响的诉讼行为（见边码 583）。即使法院因客观不当的（可能也是错误的）表达让被追诉人误解了法院的意思，被追诉人由此实施的诉讼行为应归于无效。②

（五）诉讼行为之形式

464　　诉讼行为既可以作为也可以不作为方式为之，既得明示亦得默示方式③为之。明示的诉讼行为系以言词、书面或要求记入笔录的方式为之。究竟遵守何种**形式**，原则上以适用于各诉讼行为的法律规定为断。

若无特别规定者，庭审中的诉讼行为须以**言词**方式为之（言词原则）④，庭审外的诉讼行为须以**书面**方式为之。

依据《法院组织法》第 184 条，正确的意思表达须以作为法院用语的德语为之。

法律要求**书面形式**的，未必非经声明人亲笔签名不可⑤，这一点有别于《民法典》第 126 条第 1 款的规定。* 文件足资辨认其内容以及声明人之身份，便已满足要求。⑥ 通常而言，**传真、电报、数据通讯传真、远程打字或者即时通讯**均能满足书面形式。相反，**电话通知**纵使经接听一方书面记录的，亦**不能**满足书面的要求。⑦《刑诉法》第 32a 条第 1 款、第 3 款**规定文件**可以电子化方式加以传递**，前提是文件应附有符合要求的电

---

①　BGHSt 18, 257, 259; 45, 51; OLG Düsseldorf StraFo 2012, 105.

②　BGHSt 46, 257, 258 连同 *Hamm* 的肯定性裁判见解, NStZ 2001, 494; BGH wistra 2011, 236; OLG Köln StV 2014, 207。

③　BGH StV 2017, 791.

④　有时也可以通过推断性的方式为之，见最高法院裁判（BGH NStZ 2005, 47）（点头）；但是，汉堡州地方法院裁判（LG Hamburg StraFo 2018, 228）（忍受不代表同意）。

⑤　BVerfGE 15, 288, 291; BGH NStZ 2002, 558; OLG München NJW 2008, 1331.

*　《德国民法典》第 126 条第 1 款是对"法定书面形式"的定义性规定。它规定，若法律规定书面形式要求的，文书须由制作者以签名方式或经公证认证的画押方式亲手签署。——译者注

⑥　BGHSt 2, 77, 78; OLG Brandenburg NStZ-RR 2013, 288.

⑦　BGHSt 30, 64, 66 mwN; aA LG Münster NJW 2005, 166 连同 *Kudlich* 的裁判见解, JuS 2005, 660.

**　最新版条文参见本书附录。——译者注

子签名或者经负责人签署,并经可靠的传递途径到达。① 但是,不具备合格电子签章的**普通电子邮件**因无法对发件人予以充分可靠的认证,故不符合要求。②

三、期间

（一）概念和概说

期日(Termin)系指开始诉讼行为的特定**时点**(如《刑诉法》第 213 条规定的庭期)。反之,**期间**(Frist)乃须完成某个特定诉讼行为的特定**时间段**。期间包括法定期间和由法官确定的期间。期间原则上根据《刑诉法》第 42 条,第 43 条规定的方法加以计算。*

465

（二）期间耽误的后果

1.如果**耽误了"绝对除斥期间"**（absolute Ausschlussfrist）,不得补做相应的诉讼行为,程序不可能回复原状。

466

> **重要的例子**:耽误《刑法典》第 77b 条第 1 款第 1 句规定的刑事告诉期间;耽误《刑诉法》第 6a 条第 3 句规定的不服职能管辖的异议期间;耽误《刑诉法》第 16 条第 3 句规定的不服地域管辖的异议期间。

2.**耽误法定期间**且无绝对除斥期间的,在符合特定条件下,程序可以被回复原状(见后文(三))。程序于是将回到期间不曾被耽误时的状态。一旦就恢复原状申请给出肯定性裁断,便产生被耽误之诉讼行为犹如曾被及时完成一般的法律状态。

---

① Dazu HK-StPO-*Polähne*, Vor § 32 Rn 2 ff; KK-StPO-*Graf*, § 32a Rn 14.
② OLG Oldenburg NJW 2009, 536.
* 《刑诉法》第 42 条规定,期间以日为计算单位的,开始的时点或事件发生之日不计算在内;第 43 条规定,以星期或月作为期间计算单位的,以最后一周或最后一月里面与起算日在名称或数字上相同之日为期间届满之日;若最后一月没有对应于起算日的日期,以该月最后一日为期间届满之日。期间之最后一日系周日、普遍性节假日或者周六的,以其后的第一个工作日结束时为期间届满的时间。
但是,译者在此补充一点,第 42 条和第 43 条的规定并不是绝对的,如果某个时点对于期间的计算是极为重要的,那么这个时点所在的这一天也是可以被计入期间的。例如,《刑诉法》第 229 条有关休庭时间的计算,休庭之当日便须计入期间。参见 BGH StV 2020, 437 连同 Alten 的评释。当然这是极其例外的情形。——译者注

重要的例子：耽误《刑诉法》第 314 条第 1 款的事实审上诉期间；耽误了《刑诉法》第 314 条第 1 款的法律审上诉期间；耽误了《刑诉法》第 410 条第 1 款第 1 句的对处刑令的异议期间。

注意：纵使耽误《刑诉法》第 45 条第 1 款第 1 句规定的申请回复原状期间，也可以申请回复原状。

3.若法官期间被耽误（＝法院基于法定授权而得以自行确定的期间；例如,《刑诉法》第 123 条第 3 款、第 201 条第 1 款），一方面法院有权自行延长期间或者重新安排期间，另一方面亦得将程序回复原状。①

（三） 程序回复原状——《刑诉法》第 44 条及以下数条

467 　　《刑诉法》第 44 条第 1 句规定，因受妨碍未遵守期间且无过错的人提出申请的，应该准予程序**回复到原先的状态**（Wiedereinsetzung in den vorigen Stand）。司法实践中，有关程序回复原状的规定（《刑诉法》第 44—47 条），尤其对于耽误法律审上诉期间的情形颇为重要。②

1. 申请之合法性

468 　　（1）《刑诉法》第 45 条第 2 款第 2 句连同第 1 款规定，被耽误的行为须在障碍排除之后的一周内补做。

（2）**申请回复原状**应该在《刑诉法》第 45 条第 1 款第 1 句规定的**一周期间**内向原本应被遵守期间的法院提出，或者向负责裁断回复申请的法院提出，参见《刑诉法》第 45 条第 1 款第 2 句连同第 46 条第 1 款。

（3）最后，**妨碍事由**须充分可信。仅当穷尽其他查证之手段时，始得例外凭申请人之陈述为信。③

2. 申请须有理由

469 　　依据《刑诉法》第 44 条第 1 句，回复原状的实质要件系申请人对妨碍遵守期间**没有过错**。《刑诉法》第 44 条体现了《基本法》第 103 条第 1 款规定的依法听审请求权。④

---

① Vgl. M-G/Schmitt, Vor § 42 Rn 7, § 44 Rn 3.
② 概述：S/S/W-StPO-Tsambikakis, § 44 Rn 3 ff; AnwK-StPO/Rotsch, § 44 Rn 1 ff.
③ BVerfG NJW 1995, 2545; BGH NStZ 2006, 54.
④ BGH NStZ 2019, 625.

申请人对**邮件派送**导致的延宕并无过错。① 纵使在邮寄订单繁忙的时节(如节庆期间),公民也有权委托常规邮件投递②,也可选择使用传真接收。③ 出于公平审判(《欧洲人权公约》第 6 条第 1 款)的理由,符合《刑法典》第 20 条的精神病患者在适用《刑诉法》第 44 条第 1 句时,应该被确定为减轻的过错标准。④

辩护人及其律所工作人员的过错原则上不得归咎给被追诉人(关于**假象的辩护人**,参见边码 829)。⑤ 但是,当被追诉人已知晓辩护人不可信赖或者当他必定预料到辩护人将不遵守期间的,则被追诉人应例外担负共同过错。⑥ 但是,主流观点认为,被追诉人以外的程序参与人,如自诉人、附加控诉人以及强制起诉程序中的申请人应当承受其代理人的过错。⑦ 其理由系援引《民事诉讼法》第 85 条第 2 款*的一般诉讼原则。

对于介入诉讼的私人,如果被追诉人在选任和监督时已尽必要之谨慎的,该私人的过错不应由被追诉人承担。例如,配偶未遵守与被追诉人达成的约定为其提起救济审的,便得程序回复原状。⑧

若回复原状的理由中有应归咎于法院的过错(例如因违反了《刑诉法》第 145a 条第 3 款第 2 句,导致仅向被告人送达了裁判书,却未向辩护人履行法院通知,从而延误其提出法律审上诉的情形)⑨,从公平开展审理的原则(边码 59)出发,法院须告知

---

① BVerfGE 62, 334; BGH NJW 1978, 1488.
② BVerfG NJW 1992, 1952.
③ BVerfG NJW 1996, 2857; BGH NStZ 2008, 705.
④ BGH NStZ-RR 2017, 381, 382.
⑤ BGHSt 14, 306, 308; OLG Hamm NStZ-RR 2010, 245.
⑥ BGH NStZ 1997, 560; OLG Köln StraFo 2012, 224; LG Berlin NStZ 2005, 655; *Engländer*, Rn 313 f.
⑦ BGHSt 30, 309, 310.
* 《德国民事诉讼法》第 85 条第 2 款规定:"代理人的过错等同于当事人的过错。"——译者注
⑧ OLG Zweibrücken StV 1992, 360.
⑨ OLG München StV 2009, 401; 亦见 OLG Stuttgart StV 2011, 85; OLG München StV 2011, 86 连同 *Bockemühl* 的裁判见解。

受影响人该过错。①

案例 36(边码 456)之解答：

470 　　（1）按照一致的观点，被追诉人可在送达处刑令(《刑诉法》第 407 条)之前提出**异议**(《刑诉法》第 410 条)。有疑问的是,他在提出异议时所附的条件是否会导致异议声明无效？原则上,诉讼行为不得附**条件**,理由是不利于法安定性。反之,若从法院的角度认为,所附之条件不可能影响安定性的,则可以附条件。因为,该条件与法院知晓的情况有关(即法前提或诉讼内之条件)。本案中,法院已经签发处刑令,故条件系一项**诉讼内的条件**,通常认为该条件是被允许的。因此,异议是有效的。

　　（2）法院在被追诉人提出异议的时点尚未签发处刑令的,则评价须不同。因为不得对于一项未来才作出的裁判启动救济审或寻求法律救济,这种情况下必须重新提出法律救济,如若来不及,可考虑**程序回复原状**。本案不存在《刑诉法》第 44 条规定的过错,但是基于法官的照料义务,法官有义务告知被追诉人其"未雨绸缪"般提出的法律救济无效(详见边码 461、463)。

案例 37(边码 457)之解答：

471 　　**证据申请**(《刑诉法》第 244 条第 3 款第 1 句)**按理不得附条件**,故该证据申请无效。但是,本案中就法院看来,所附条件不会导致程序状态或状况不明,因为条件(＝A 被宣告有罪)乃一项诉讼内的事件,即一项法院的裁判。故这种形式的"附条件的"证据申请(所谓**未必调查的证据申请**)是被允许的,在实践中也不罕见(详见边码 461)。

---

① BVerfG wistra 2006, 15; 亦见 OLG Oldenburg NStZ 2012, 51。

第十五章　侦查程序

案例 38： 472
(1) 侦查程序由谁启动？
(2) 终结侦查程序的途径有哪些？（边码 509）

案例 39： 473
因为 A 对 B 实施了诈骗，正在对 A 开展侦查程序。检察官传唤 B 接受讯问。B 书面答复，他对追究 A 刑事责任不感兴趣，检察官 S 担心 B 不配合传唤，于是申请法院对 B 实施讯问。主管的侦查法官拒绝讯问 B，给出理由是，检察官完全可以亲自为之。（边码 510）

案例 40： 474
A 因为涉嫌阻扰刑罚罪被启动侦查程序。在侦查程序进行中，A 的住宅被命令搜查且已执行完毕。A 非常愤怒，因为他认为没有可资核准搜查的条件。当搜查分别有以下不同情形时，A 如何让搜查令的合法性接受审查？
——搜查令乃侦查法官签发；
——搜查令乃检察官及其侦查人员决定。（边码 511）

一、侦查程序的启动

刑事程序肇始于检察官主导的侦查程序（也称前端程序）。根据法定 475
原则，若存在充分事实根据，检察官有启动侦查程序的义务（《刑诉法》第 152 条第 2 款；详见边码 47、131）。启动侦查程序有如下方式：

（一）通过刑事告发或刑事告诉而启动

1.依据《刑诉法》第 158 条第 1 款，任何公民都有权（但没有义务）**告发** 476
犯罪。但是，当《刑法典》第 138 条规定的犯罪即将来临之际，公民可能有告发义务。* **告发**(Strafanzeige)系指告发人将其认为可供刑事追究的事实报告于刑事追究机关的行为。① 告发得以口头(亦可通过电话)或书面方式向检察官、警察或者基层法院提出(《刑诉法》第158条第1款第1句)。出于**善意**的刑事告发,即便事后不能证实被告发的犯罪,也不会引起损害赔偿义务。②

477　　2.另外,任何公民均得依据《刑诉法》第158条第1款提出**广义的刑事告诉**。与案件有利害关系的人在告发的同时还表示自己希望知晓犯罪是否得到追究的,便属于这类刑事告诉。** **狭义的刑事告诉**系对告诉乃论罪(《刑法典》第77—77d条)有刑事告诉权的人请求刑事追究之谓。③ 狭义的刑事告诉得向法院或者检察官以书面方式或记入笔录的方式提出,对于其他的公务机关,仅得以书面方式提出(《刑诉法》第158条第2款)。对告诉乃论之罪而言,**惟有狭义的刑事告诉**始能满足提出了刑事告诉的诉讼要件(参见边码437)。故须明确**区分**两类刑事告诉。此外,《刑诉法》第171条第2句、第172条第1款第1句也要求区分广义的刑事告诉(任何人要求刑事处罚的请求)和狭义的刑事告诉(告诉乃论之罪的被害人请求处罚犯罪人),这种区分可以说明提出告诉的人未必绝对是《刑法典》第77条及以下数条所规定的被害人(参见边码491和533)。

(二) 依职权启动侦查程序

478　　在很多既没有被告发也没有刑事告诉的案件中,刑事追究机关系通过**公务履职**行为获悉犯罪嫌疑的(见《刑诉法》第160条第1款规定的"其他途径")。即便是《刑法典》第77条及以下数条规定的告诉乃论之罪,在提起刑事告诉以前亦得先依职权启动程序。

其间可以凭借**检察官自己的察觉**。

---

* 德国《刑法典》第138条规定了"对被计划的犯罪不予告发罪",但是并非针对所有不告发犯罪的行为,主要是破坏和平国际秩序、危害国家安全、恐怖主义、会造成重大损失的经济犯罪或危害公共安全领域的极为严重的犯罪。——译者注

① Joecks, StPO, § 158 Rn 2; M-G/Schmitt/Köhler, § 158 Rn 2; Scheinfeld/Willenbacher, NJW 2019, 1357.

② BVerfGE 74, 257, 259 连同 Fahl 的评论文章, JuS 1995, 1067。

** 从比较法的角度,刑事告发类似中国刑事诉讼法中的报案。广义的刑事告诉类似中国刑事诉讼法中的控告。——译者注

③ Böhme/Lahmann, JuS 2016, 234; Bosch, Jura 2013, 368; Kett-Straub, JA 2011, 694; Loose/Hensler, JuS 2018, 346; Mitsch, JA 2014, 1; Ruppert, JA 2018, 107.

另一方面,依据《刑诉法》第 163 条*有职责主动调查犯罪的警察机关和**警员**应该毫不迟延地将其观察到的事实告知检察官(《刑诉法》第 163 条第 2 款第 1 句;有关警察作为刑事追究机关的其他具体内容,参见边码 160 及以下数段)。

依职权获知发生犯罪的**侦查法官**(见边码 484)也可能是最早知悉案件的人,例如,侦查法官在讯问证人的过程中获悉案情的。他同样要将案情转告检察官(《刑诉法》第 167 条)。惟当紧急情形下,他始得代替检察官(作为"**紧急检察官**")行动(《刑诉法》第 165 条)。

若上述公职人员乃**通过私人途径获悉**可能被刑事追究之行为的嫌疑,该行为苟非**严重的罪行**(schwerwiegende Straftat)的,不承担强制发动追究的义务(见边码 149、163)。

(三) 初始嫌疑

对一名特定的被追诉人启动侦查程序的实质要件是具备初始嫌疑(Anfangsverdacht)(见边码 172)。一旦有**事实根据**表明,**基于刑事侦查经验**,**被怀疑人可能参与了得追究刑事责任的行为**,便符合此等**初始嫌疑**。故须存在**具体的事实**(见《刑诉法》第 152 条第 2 款的"充分的事实根据"),而纯粹的**推定是不够的**。究竟何种嫌疑程度足以启动侦查程序,属于检察官的**裁量范围**。① 仅当"纵使充分考量刑事司法效能的利益,仍不能令人理解对被追诉人发动侦查的理由的",始堪裁量之逾越。② 若有其他事实迹象,实施犯罪的初始嫌疑也可以建立在合法行为的基础上(*Edathy* 案:合法地持有儿童色情照片是否就可以间接证明犯有儿童色情罪呢?)。③ 有关何种事实根据才能达到充分程度的讨论尚无定论。但可以肯定的是,单凭一般生活经验不足以怀疑来自某个阶层、某种环境或拥有某项消费习惯的人实施了某些常见的犯罪。④

479

---

* 最新版条文参见本书附录。——译者注

① BGHSt 38, 214, 228; 批评性观点: *Krtźpil*, Jura 2012, 833。

② BGH StV 1988, 441; OLG Dresden StV 2001, 581 连同 *Thode* 的裁判评释。

③ BVerfG NJW 2014, 3085 Rn 40; 关于案例还可以参见: *Eibach/Ruhs*, Jura 2015, 718; *Hoven*, NStZ 2014, 361; *Satzger*, Beulke-FS, S. 1009; *Treutmann*, ZStW 128 (2016), 446; 亦见 BVerfG NStZ-RR 2019, 118。

④ 堪称典范的裁判: AG Saalfeld NJW 2001, 3642; dazu *Kühne*, GA 2013, 39, 43。

总之，初始嫌疑具有下列的意义①：

——初始嫌疑和刑事追究机关与该嫌疑相关的行为影响着被追诉人的地位（详见边码172及以下数段）并因此产生被追诉人享有的权利（见边码183及以下数段）。

——大量的强制性措施与初始嫌疑相关（见边码356条及以下数段），有了初始嫌疑便可采取干预基本权的措施。

——须判断初始嫌疑的公务人员一旦误判，可能会受到刑事法制裁（《刑法典》第258a—344条、第164条）。

——根据初始嫌疑启动侦查也会对被追诉人的社会处境带来实际影响。

若有初始嫌疑，刑事追究机关便因此有行动的义务。实践中对社会关注度高的案件经常实施旨在确认是否需要启动侦查的**前侦查**（Vorermittlung），该活动与《刑诉法》无关。而且，这种措施应当限定在刑事追究机关完全找不到法律上或事实上的根据而无从认定初始嫌疑的情形。② 在这个阶段，警察、检察官或法官不得技巧式地讯问被追诉人（边码176及以下数段和边码481及以下数段）。所以，针对"被怀疑的人"，警察和检察官只能采取以自愿为前提的探听消息式的询问（见边码163、174、181）。但是，停留在前侦查阶段的策略可以架空被追诉人的权利，如《刑诉法》第136条第1款第2句、第137条规定的拒绝陈述权或咨询辩护人的权利（晓谕义务则被规定在第136条第1款第2—5句！）。所以，如果"犯罪嫌疑"足够具体，便须在第一次"听取"被怀疑人意见时，循《刑诉法》第136条第1款的要求完成晓谕义务。③ 此阶段一律不得采取基本权干预措施，故检察官既不得运用强制手段，也不能申请侦查法官依据《刑诉法》第162条（如针对有时"被怀疑的人"）实施讯问。④

---

① 进一步的说明：*Eisenberg/Conen*, NJW 1998, 2241; s. auch *Bockemühl*, StraFo 2016, 60。

② *M-G/Schmitt*, § 152 Rn 4b; KMR-StPO-*Eschelbach*, Vor § 213 Rn 35; LR-*Mavany*, § 152 Rn 4; *Böse*, ZStW 119 (2007), 848; *Jahn*, in: Institut für Kriminalw., S. 545; *Pfordte*, StraFo 2016, 53; *Rieß*, Otto-FS, S. 955, 964; *Senge*, Hamm-FS, S. 701; *Weßlau, E.,* Vorfeldermittlungen, 1989.

③ FG Mecklenburg-Vorpommern wistra 2003, 473.

④ *Wolfl*, JuS 2001, 478; 不同见解：LG Offenburg NStZ 1993, 506。

侦查程序亦得对"**未知的人**"开展。初始嫌疑未必要针对特定的人。①

二、侦查程序的实施

检察官领导侦查程序,故乃"**侦查程序主导者**"(Herrin des Vorverfahrens)也。为决定是否提起公诉,他应该**调查案件事实**(《刑诉法》第 160 条第 1 款)。为此,他不仅应该调查不利于被追诉人的情况,也应该调查有利于被追诉人的情况,并且注意调取有灭失之虞的证据(《刑诉法》第 160 条第 2 款)。② 480

(一) 讯问被追诉人——《刑诉法》第 163a 条

作为**被追诉人**享有依法听审权(见边码 61)的体现,苟非程序会被终止,则最迟应该在侦查结束之前**讯问被追诉人**(《刑诉法》第 163a 条第 1 款第 1 句)。在普通案件中,如果已经提供被追诉人亲自出具书面表达意见的机会,便已满足讯问的要求(《刑诉法》第 163a 条第 1 款第 2 句)。无论如何,应尽早告知被追诉人侦查程序已经启动的事实。③ 若被追诉人申请调取对其有利的证据,且该证据对案件有意义的,应予调取(《刑诉法》第 163a 条第 2 款)。是否有必要调取证据,由检察官裁量之。 481

被追诉人有应传唤**到达检察官面前的义务**(《刑诉法》第 163a 条第 3 款第 1 句)。他没有对案件陈述的义务,更应该晓谕其缄默权,参见《刑诉法》第 163a 条第 3 款第 2 句、第 136 条第 1 款第 2 句。④

被追诉人(无论是否被传唤)均**没有**面对警察的**到场义务**,因为《刑诉法》第 163a 条第 4 款第 2 段**没有参照**适用于检察官的第 163a 条第 3 款第 1 句之规定。⑤

(二) 讯问证人和鉴定人——《刑诉法》第 161a 条第 1 款、第 163 条第 3 款第 1 句、第 73 条

证人和鉴定人有义务应传唤**到达检察官面前并陈述案情**或制作鉴定(《刑诉法》第 161a 条第 1 款)。鉴定人在侦查程序中由检察官选任(《刑 482

---

① LG Baden-Baden NStZ-RR 2000, 52; *M-G/Schmitt*, § 152 Rn 5.
② 深入论述:SK-*Wohlers/Deiters*, § 160 Rn 27 ff。
③ *Egon Müller*, Koch-FS, S. 191 ff.
④ 深入的论述:SK-StPO-*Wohlers/Albrecht*, § 163a Rn 3 ff, 43 ff; *Kempf*, DAV-FS, S. 592。
⑤ S/S/W-StPO-*Ziegler*, § 163a Rn 18.

诉法》第 161a 条第 1 款第 2 句连同第 73 条）。2017 年规定了证人面对警察的部分到场义务（当警察系检察官的侦查人员或受检察官委托时），见《刑诉法》第 163 条第 3 款第 1 句（详见边码 292）。

  当警察根据检察官委托传唤时，《刑诉法》第 163 条第 4 款第 1 句规定，由检察官判断被传唤人是否享有拒绝作证权或拒绝回答权（第 163 条第 4 款第 1 句第 1 项）；是否须采取对证人匿名化的措施（第 163 条第 4 款第 1 句第 2 项）；是否须为证人安排辅佐人（第 163 条第 4 款第 1 句第 3 项）或者当证人无正当理由不到场时，是否对之依《刑诉法》第 51 条、第 70 条采取措施（第 163 条第 4 款第 1 句第 4 项；但是，羁押决定权专属于第 162 条规定的管辖法院）。《刑诉法》第 163 条第 4 款第 2 句规定，其他的裁断得由主导讯问的人员作出。对检察官或其侦查人员之裁断不服的，得依据《刑诉法》第 162 条向有管辖权的法院申请作出法院裁判（第 163 条第 5 款第 1 句）。《刑诉法》第 163 条第 3 款第 2 句规定，法律无特殊规定的，准用《刑诉法》第 48 条及以下数条有关证人的规定。必要时，被传唤人有权要求为讯问配备口译人员（《刑诉法》第 163 条第 7 款连同《法院组织法》第 185 条第 1 款、第 2 款）。第 163 条第 6 款还专门规定了讯问鉴定人时的告知事项（其他有关证人和鉴定人的具体内容参见边码 284 及以下数段）。

483   **（三）其他侦查的实施**

  检察官通常借助警察机关或警员实施**其他的侦查活动**（《刑诉法》第 161 条第 1 款第 1 句第 2 种情形；见边码 160 及以下数段）。尽管他也可以亲自为之（《刑诉法》第 161 条第 1 款第 1 句第 1 种情形），但多数情况下缓不济急。

  （四）侦查法官的介入

484   若检察官认为在提起公诉以前有必要**由法院实施调查**的，可以向其地址或负责为其提交申请的下属分支机构地址所在辖区的基层法院申请实施其期望的措施（《刑诉法》第 162 条第 1 款第 1 句）。检察官也可以在合义务性裁量的基础上，向调查活动实施位置所在辖区的法院申请开展法院的讯问和勘验(详见《刑诉法》第 162 条第 1 款第 3 句)。① 由**侦查法官**负责实施调查行为(见《法院组织法》第 21e 条第 1 款第 1 句)。

被追诉人面对法官有到场义务(必要时经书面传唤)(详见《刑诉法》第 133 条及以下数条)。**证人**面对**法官**同样有义务在确定的讯问日到场(见《刑诉法》第 48 条及以下数条)。

侦查法官的介入可能出于两种理由,即要么需要由其签发强制性措施的命令,要么需要保全证据:

1. 强制性措施

刑事程序法将许多侦查行为(即干预严重的**强制性措施**)的决定权从检察官身上挪给独立的法官去行使(详见边码 318 及以下数段)。②

> **注意**:在许多情形下,检察官,甚至经常也包括他的侦查人员(边码 161)却拥有"迟延会招致危险"的"紧急权限"(仅见《刑诉法》第 98 条第 1 款)。

刑事程序法穷尽式地列举了所有侦查法官应该介入的情形。此外尚有少许事项被分配给其他的裁判机构去决定,如线上搜查(《刑诉法》第 100b 条、第 100e 条第 2 款第 1 句)或者"大监听"(《刑诉法》第 100c 条、第 100e 条第 2 款第 1 句;见边码 398、415)。其余事项依据《刑诉法》第 160 条、第 161 条留给检察官基于一般侦查权去决定。

原则上须保留给侦查法官决定的措施中(检察官或侦查人员有时拥有紧急权限),最重要的有以下几种:

——对被追诉人的身体检查处分,DNA 分析处分,见《刑诉法》81a 条第 2 款第 1 句,第 81e 条,第 81f 条;

——扣押,见《刑诉法》第 94 条第 2 款,第 98 条;

——电信通讯监察,见《刑诉法》第 100a 条、第 100d 条、第 100e 条第 1 款;

——"小"监听,见《刑诉法》第 100f 条第 1、4 款,第 100e 条第

---

① LG Nürnberg NStZ-RR 2008, 313.
② 关于法官保留,参见: Amelung, K., Rechtsschutz gegen strafprozessuale Grundrechtseingriffe, 1976; Brüning, J., Der Richtervorbehalt im strafrechtlichen Ermittlungsverfahren, 2005; Nelles, U., Kompetenzen und Ausnahmekompetenzen in der StPO, 1980.

1 款；

——搜查，见《刑诉法》第 102 条及其以下数条，第 105 条；

——暂时吊销驾驶许可处分，见《刑诉法》第 111a 条；

——羁押，见《刑诉法》第 112 条及以下数条，第 125 条。

注意：若欲对特定犯罪嫌疑人或者以进入住宅方式安插**卧底警探**（见边码 417），惟有征得法院同意，始得为之，具体见《刑诉法》第 110b 条。

2. 证据保全

486　　除此之外，侦查法官尽可能提早的介入也会有利于检察官的工作，因为这种方式得到的证言对程序而言"**更为可靠**"。尤其当被侦查法官讯问过的被追诉人或证人未来在正式庭审时不能出庭时，这一点殊为重要。

例如，为使自白接受法庭证据调查，可以**宣读被告人**之前被法官讯问的内容，见《刑诉法》第 254 条。

在特定情形下，如当证人因路途遥远无法被苛求出庭时，亦得通过宣读先前法官讯问活动的记录替代对**证人**、鉴定人或共同被追诉人的讯问（《刑诉法》第 251 条第 2 款第 2 项）。

《刑诉法》第 252 条规定的在庭审中才行使其**拒绝作证权**的证人如果曾经被警察或检察官讯问过，实务见解在超越《刑诉法》第 252 条文义的基础上，肯定了一项不得将曾经的讯问人作为证人（传闻证人）在庭审中加以讯问的证据使用禁止。反之，如果该证人曾经被法官讯问过，则允许讯问（曾作为法官的）审问人，以了解曾经在其面前所做的证人证言（详见边码 643 及以下数段）。因此，在实践中，一旦亲属愿意提供加强指控力度的证言，检察官多半会立即邀请侦查法官介入。

3. 法官的审查权限

487　　对于规定有法官保留的**强制性措施**，如核发羁押令状，侦查法官审查的范围是**不受限**的。故所有对其判断重要的、迄今累积的侦查结论都应该告知侦查法官,以资其实现监督刑事追究机关的功能。① 不遵此办理的,侦查法官得拒不批准申请采取的措施。② 反之,若法官系经由本可独自采取措施的检察官邀请而介入,以期强化**保全证据**的,则其无须判断检察官所申请措施的必要性、妥当性和合目的性,理由是,检察官纵使邀请侦查法官介入,却仍身居侦查之主导者也。③ 此时侦查法官**仅须**结合个案情况**审查**被申请措施是否**合法**即可(《刑诉法》第 162 条第 2 款)。例如,当检察官申请法官讯问时,侦查法官不得仅因检察官依据《刑诉法》第161a 条第 1 款,第 163a 条第 3 款可以亲自为之便拒绝。④ 能予以拒绝的门槛是该措施将违反比例原则。⑤

三、侦查程序的终结

侦查程序或以提起公诉,或以终止程序的方式被终了。 488

（一）提起公诉

当侦查为公诉提供了足够的理由的(《刑诉法》第 170 条第 1 款),即预 489
计法院会开启审判程序时,根据法定原则的要求,检察官通常应该**提起公诉**。所以,公诉的前提是具备**充足的犯罪嫌疑**(hinreichender Tatverdacht)(《刑诉法》第 203 条;见边码 175)。提起公诉通常以向管辖法院**递交起诉书**的方式完成(《刑诉法》第 170 条第 1 款)。

起诉书须**在内容上需满足一定的要求**,让被追诉人知晓应何从辩护。这同时也是一项诉讼要件(边码 441)。根据《刑诉法》第 199 条第 2 款、第 200 条,起诉书须包括下列事项⑥:

---

① BGH StV 2010, 553, 554; *Schäfer*, Roxin Ⅱ-FS, S. 1299.
② BGHSt 42, 103.
③ KG JR 1965, 268.
④ LG Stuttgart NStZ-RR 2011, 279; *Geppert*, DRiZ 1992, 407; 不同的见解:LG Köln NStZ 1989, 41.
⑤ *Boetticher/Landau*, 50 Jahre BGH-Prax-FS, S. 559; *Brüning/Wenske*, ZIS 2008, 340.
⑥ **起诉书的样本**:*Bischoff/Janzen*, JA 2018, 57; *Brunner*, Rn 193a f; *Brunner/v. Heintschel-Heinegg*, 1. Kap. Rn 18; *Ernemann*, S. 4; *Graf*, Muster 59 ff; *Heller/Hagemeyer*, JA 2017, 535, 622, 703; *Hombrecher*, JA 2011, 57; *Kaiser/Bracker*, Rn 292; *Klesczewski/ Schößling*, Rn 49; *Kroß/ Neurauter*, Nr 36; *Kühne*, Rn 579; *Soyka*, Rn 226 ff; *Vollmer/Heidrich*, Rn 238 f; *Vordermayer/v. Heintschel-Heinegg-Eschelbach*, 4. Teil Kap. 1 Rn 82; *Wolters/Gubitz*, Rn 181。

→ 被起诉人 → 指控的犯罪行为，尤其应指明实施犯行的时间和地点 → 犯罪的法定构成要素 → 待适用的刑法规定	起诉要旨 （《刑诉法》第200条第1款第1句、第243条第3款第1句）

除递交起诉书的方式外，提起公诉亦得以**申请签发处刑令**的方式为之（《刑诉法》第407条第1款第4句）。

另外其他还有提起公诉的方式，如申请通过速审程序判决（《刑诉法》第417条）、申请简化的少年刑事程序（《少年法院法》第76条）①以及当被追诉人依据《刑法典》第20条不负刑事责任时，为了将其安置于精神病医院而申请的保安处分程序（《刑诉法》第413条）。

检察官考虑决定提起公诉的，应在案卷中标记侦查结束（《刑诉法》第169a条）。这种**对结束的标注**具有必须保障无限制阅卷的特殊效力（《刑诉法》第147条第2款第1句）。

（二）程序终止

490　程序可能终止的情形有：

1. 依据《刑诉法》第170条第2款的缺少犯罪嫌疑

491　若侦查不能为提起公诉供应足够的理由的，即不具备《刑诉法》第203条规定的**充足犯罪嫌疑**的，应该依据《刑诉法》第170条第2款终止程序。② 即《刑诉法》第170条第2款规定了遵守**法定原则**下的**程序终止**。

具有下列情形之一的，应该依照《刑诉法》第170条第2款终止程序：
——案件事实不符合广义的犯罪构成（构成要件符合性、违法性、有责性等）；
——无法得出特定被追诉人有充足的犯罪嫌疑（要么被追诉人已被证实无罪；要么不能证实被追诉人犯罪；要么没能找到犯罪人）；

---

① Diemer/Schatz/Sonnen-*Schatz*, § 76 Rn 1 ff; MüKo-StPO-*Kaspar*, § 76 JGG Rn 1 ff.
② OLG Bremen StV 2018, 268: Die Einstellung bedarf einer nachvollziehbaren Begründung.

——存在程序障碍或者缺少程序要件(见边码426及以下数段)。

《刑诉法》第170条第2款规定的终止程序**不生刑事起诉穷竭**的效果。由于没有确定力,故纵使对同样的事实和法律状态,亦得随时再次启动程序。①

《刑诉法》第170条第2款第2句规定,检察官应当告知被追诉人程序终止的结果。根据《刑诉法》第171条,还应该将程序终止的结果通知告诉人(见边码477)。②

2. 依据《刑诉法》第153条及以下数条规定的裁量性理由

具备充足犯罪嫌疑的,通常应该提起公诉。但是检察官也可以行使基于**裁量性理由**的程序终止权(见边码513及以下数条)。 492

(关于侦查程序的改革内容见边码613)。

四、侦查程序中的权利救济

(一) 针对侦查程序本身的权利救济

被追诉人对检察官作出的**启动**、**开展**和**终止**侦查程序的行为**没有权利救济的途径**(学界通说和实务见解)。③ 对此常见的理由是,这类行为是"**诉讼行为**",《刑诉法》对之未规定权利救济的问题,并且这类行为缺少规制(相对人)的属性,所以也不属于《法院组织法施行法》第23条＊规定的司法行政行为。这也符合先于终局判决前所作之裁决的法律状态,依据《刑诉法》第305条,这类裁决乃不得被撤销的。尽管单纯启动侦查程序也构成一项基本权干预,但是《基本法》第19条第4款却不保障"立即的",而仅是"适当时间内的"权利救济,即被追诉人可以在程序进 493

---

① 案例见 Mansdörfer, Fall 5 Rn 120。
② 依据《刑诉法》第170条第2款的终止程序样本:*Ernemann*, S. 13; *Heghmanns/Herrmann*, Rn 634 ff; *Kroß/Neurauter*, Nr 32。
③ BVerfG NStZ 2004, 447; OLG Frankfurt/M. NStZ-RR 2005, 13; *Kissel/Mayer*, § 23 EGGVG Rn 32; *Nelles*, NK 2006, 68; 批评性意见:*Kölbel*, JR 2006, 322。
＊ 译者将《法院组织法施行法》第23条翻译如下,供读者参考:
第23条 (1)[1] 司法机关用于规制民法领域(包括商法、民事诉讼、非诉事件的)具体事务而作出的命令、指示或其他措施之合法性由普通法院依申请加以裁断。[2] 执行机关在执行羁押及不交由司法执行的自由刑和保安与改善处分中采取命令、指示或其他措施,亦同。
(2)若司法机关或行政机关违反其义务拒不作出或不作出的某项行政行为的,亦得申请法院裁决之。
(3)若普通法院得依据其他规定寻求上述救济的,从其规定。——译者注

行中通过对不利的终局判决提起救济审的方式去实现。①

不能被撤销的行为例如有：开启或继续实施侦查程序②；拒不公布犯罪嫌疑的情况③；依据《刑诉法》第 153 条及以下数条（而非依据第 170 条第 2 款的）决定程序终止④；检察官拒绝依据《刑诉法》第 153 条及以下数条同意程序终止⑤；还包括检察官选择鉴定人的决定亦不得被撤销⑥。

在以往的法律实践中，被追诉人面对侦查程序的拖沓束手无策⑦，自《法院组织法》第 198 条第 3 款、第 199 条第 1 款、第 2 款＊设置了**拖延异议制度**（Verzögerungsrüge）以来，至少在一定程度上缓解了这种局面。尽管拖延异议并非一种法律救济，毋宁系被追诉人旨在保留赔偿请求权的一项强制性声明义务。但为了避免让被追诉人全然不受保护地身陷过分冗长的侦查程序，一旦他履行了强制声明异议，他便可以因不合理侦查时长对自己造成的实体性或非财产损害主张适当的赔偿（见边码 57）。

（二）针对侦查程序中强制性措施的权利救济

494　　对强制性措施不服的，在侦查程序中便可以得到救济。然而，《刑诉法》却没有一个足以涵盖所有可能情形的核心性条款。这导致法律状态条理不清晰⑧，联邦宪法法院认为这种状况违反了从《基本法》第 19 条第

---

① BVerfG NStZ 1985, 228；OLG Karlsruhe NStZ 1998, 315；不同的见解：*Beckemper*, NStZ 1999, 221；*Eisenberg/Conen*, NJW 1998, 2241, 2247 ff；*Heinrich*, NStZ 1996, 110。
② OLG Jena NStZ 2005, 343。
③ BVerfG NStZ 1984, 228。
④ KG StraFo 2010, 428。
⑤ OLG Hamm NStZ 1985, 472。
⑥ OLG Schleswig StV 2000, 543 连同 *Wagner* 的否定性裁判评释；不同见解：*Eisenberg*, Rn 1548 f。
⑦ OLG Hamm NStZ 1983, 38。
＊《法院组织法》第 199 条第 1 款和第 2 款明确规定包括准备公诉程序在内的刑事程序要准用第 198 条有关法院程序过分冗长的规定。该法第 198 条规定，程序参与人因法院程序过分冗长遭受（包括非财产损害在内）不利益的，有权要求赔偿（以每拖延一年赔偿 1200 欧元的标准计算）。根据第 198 条第 3 款，程序参与人有理由担心法院程序无法在合理期间内终了的，须向负责该案件审理之法院就程序时长问题声明不服，否则无法在拖延发生后获得赔偿。——译者注
⑧ 对其批评：*Bachmann, G.*, Probleme des Rechtsschutzes gegen Grundrechtseingriffe im strafrechtlichen Ermittlungsverfahren, 1993。

4款推导出的尽可能对刑事干预给予有效司法监督(**有效权利救济**)的要求,并敦促修法以因应。① 于是,实务见解着力解决监督的透明化和清晰化,这种努力可以被称为权利救济制度的简便化。但是在2008年,对**秘密侦查措施**(verdeckte Ermittlungsmaßnahmen)的权利救济问题又制定了特别规定(《刑诉法》第101条第7款),故有重述之必要(参见边码502)。②

1. 强制性措施尚未执行或正在执行的

根据决定具体强制性措施的主体之不同,有不同的救济途径： 495

(1)**由检察官及其侦查人员或警察决定的措施**。若有关强制性措施 496 的**命令本身**系根据检察官及其侦查人员(见边码161,167)或警察的自身权限或(补充性)紧急权限作成的,《刑诉法》仅明确规定在一些情形下可寻求法院救济,如第98条第2款第2句*、第161a条第3款第1句**。但长久以来都承认,基于《基本法》第19条第5款对权利救济的保障,所有非经法官决定的强制性措施均应受到法院监督。因此,但凡《刑诉法》对某个强制性措施未规定寻求法院救济者,均应类推适用**《刑诉法》第98条第2款第2句的规定**。③ 侦查中由侦查法官负责此等裁断,他们通常是基层法院的法官(《法院组织法》第21e条第1款第1句;参见边码484)。侦查法官驳回救济请求的,得依《刑诉法》第304条向州地方法院提出**抗告**(有关抗告的具体内容,参见边码868及以下数段)。④

受干预人对**执行强制性措施的方式或方法**不服的,同样得(类推)适用《刑诉法》第98条第2款第2句寻求法院救济,因为法官在监督这类决定的权限内,也有权规制这类决定的执行模式。⑤

(2)**由法官决定的措施**。对侦查法官在侦查程序中核发的**法官命令** 497 **不服的**,原则上得依《刑诉法》第304条提起抗告。若法官命令一并对强制性措施的执行提出要求的,同此适用。

---

① BVerfGE 96, 44 ff.
② 有关综述: *Amelung*, 50 Jahre BGH-Wiss-FG, S. 911; *Burghardt*, JuS 2010, 605; *Engländer*, Jura 2010, 414; HK-StPO-*Gercke*, Vor §§ 94 ff Rn 21 ff; SK-StPO-*Wohlers/Deiters*, § 160 Rn 53 ff.
* 迟延会招致危险时决定的扣押。——译者注
** 对证人或鉴定人拒不到场或拒绝作证或鉴定的惩戒处分决定。——译者注
③ OLG Oldenburg NStZ 1990, 504; OLG Braunschweig NStZ 1991, 551; *Fezer*, Rieß-FS, S. 93.
④ Vgl. *M-G/Schmitt/Köhler*, § 98 Rn 31; *Hellmann*, Rn 213.
⑤ BGHSt 28, 206, 209; OLG Karlsruhe NStZ 1995, 48.

受干预人对由法官命令的并由检察官(及警察)**执行的措施的方式或方法**有异议的,先前的主流见解认为,他得依《法院组织法施行法》第 23 条及以下数条向州高等法院寻求救济。按照更为合理的正确观点,这种情况同样应类推适用《刑诉法》第 98 条第 2 款第 2 句。① 这主要是为了避免割裂法律救济的途径。②

2. 强制性措施已被执行的

498　　许多强制性措施一经决定便被立即执行,受干预人不可能事前寻求法官救济。能否事后让法官审查措施的合法性,便对受干预人尤为重要。此处同样须区分谁是措施的决定者而有所不同:

499　　(1)**由检察官及其侦查人员或警察决定的措施**。由于检察官和警察属于《基本法》第 19 条第 4 款规定的"公权力",故纵使决定被执行完毕,也要保障权利得到救济。

受干预人对**命令本身**不服的,类推适用《刑诉法》第 98 条第 2 款第 2 句。③

即便他对**执行措施的方式和方法**不服,也应(类推)适用第 98 条第 2 款第 2 句。④

500　　(2)**由法官决定的措施**。对法官命令本身不服的合法救济途径原则上是依《刑诉法》第 304 条提起抗告。⑤

反之,以前的主流见解却主张,一旦法官的命令已经被执行了,便不得准许受干预人对命令本身再提出任何权利救济要求,因为该措施"在诉讼上已经翻篇了"。这种观点源自于《刑诉法》的体系,它从未规定对已执行完的措施须事后认定其合法性。《行政法院法》第 113 条第 1 款第 4 句和《法院组织法施行法》第 28 条第 1 款第 4 句的规定并不足以成为一般性的法律原理。⑥ 排除对

---

①　BVerfG NJW 2002, 1410.
②　Dazu *Laser*, NStZ 2001, 124.
③　这是自最高法院判例(BGHSt 28, 57, 58)的一贯实务见解。
④　BGHSt 44, 265, 270 连同 *Eisele* 的裁判评释, StV 1999, 298; OLG Karlsruhe BeckRS 2013, 07756; *M-G/Schmitt/Köhler*, § 98 Rn 23; *Murmann/Grassmann*, S. 10; *Radtke*, JR 1999, 436.
⑤　BVerfGE 96, 27, 41 连同 *Amelung* 的裁判评释, JR 1997, 384 以及 *Fezer* 的裁判评释, JZ 1997, 1062; BVerfG NJW 1998, 2131; *Achenbach*, JuS 2000, 27; *Roxin*, StV 1997, 654。
⑥　BGHSt 28, 57, 58; 37, 79, 84.

已经完成的强制性措施的抗告也不违反《基本法》,因为《基本法》第 19 条第 4 款不保障对司法行为的权利救济。① 但是,这种解答没有充分地考虑到被追诉人回复原有利益状态的利益。

受干预人对法官命令并由检察官(和警察)执行或已执行完毕的措施的**实施的方式和方法**不服,应该(**类推**)援用《刑诉法》第 98 条第 2 款第 2 句。②

鉴于"是否采取"措施和"如何采取"措施在判断上的交错难解,由作出命令的法官负责监督执行方式方法的效果不能被过高估计,因为他们在决定采取某个措施的同时,往往也指示了执行的流程。这意味着,对法院依据《刑诉法》第 98 条第 2 款第 2 句作出的(救济性)裁决不服的,还应该类推适用《刑诉法》第 304 条,允许再向州地方法院提出抗告。③ 通过这种方式,将强制性措施的整个审查管辖权最终集中到州地方法院。

(3)权利救济的利益。如果系争措施已执行完毕,事后的权利救济不能以撤销该措施的方式去实现,仅能确认该措施违法。因此,惟当受干预人对事后的违法性确认具有**特别的权利救济利益**(besonderes Rechtsschutzinteresse),始得申请这种合法性确认。

事后权利救济的该项基本要求来自《法院组织法施行法》第 28 条第 1 款第 4 句*体现的一般性法律原理。通说认为,即便在适用《刑诉法》第

---

① BVerfGE 49, 329, 340.

② BGHSt 45, 183, 186 连同 Amelung 的赞同性裁判评释, JR 2000, 479; BGH NJW 2000, 84; Bachmann, NJW 1999, 2415; Eisele, StV 1999, 298; Fezer, NStZ 1999, 151; 非常好的案例见 Hellmann, Fallsammlung, Klausur Nr 3 Rn 265 ff; **申请书模板见**Lemke-Küch, Rn 113。

③ 同此见解:Amelung, JR 2000, 481; Eisele, StV 1999, 298, 300; 最高法院裁判[BGHSt 45, 183, 186]对此未表态。

* 《法院组织法施行法》第三章(第 23—30a 条)系有关司法行政行为撤销的规定。译者将该法第 28 条第 1 款翻译如下,供读者参考:

若措施违法并侵害了申请人的权利,法院应撤销该措施;若先前曾经提起过抗告程序(第 24 条第 2 款)的,法院还应撤销对抗告之裁判。² 若措施已经执行的,法院亦得依申请要求司法机关或执行机关撤销执行以及如何撤销执行。³ 仅当有关机关有能力为之或该问题得以如此解决时,才可以作出这种要求。⁴ 若措施在此之前已经通过撤销或其他途径完结了,当申请人对认定措施违法有正当利益时,则法院应该基于申请宣告该措施曾经违法。——译者注

304 条和(类推)第 98 条第 2 款第 2 句时,也应重视该法律原理①,单凭断言某项基本权遭受了侵害尚不充分。② 这也适用于由法官决定的侦查措施,如上所述,联邦宪法法院认为,这类措施即使在执行结束后也可以要求事后权利救济(见边码 500)。③ 事后权利救济的需求在所有具有以下特征的强制性干预中均应被承认:即攻击性高权行为带给受干预人的直接负面影响等不到该措施得到有管辖权的法院加以裁判便会终了。④

根据最新的实务见解,下列情形尤值关注:

——如果已经结束的侦查措施是**深度干预基本权的处分**,且根据典型的程序流程,该措施对受干预人的直接负面影响只会发生在受干预人往往无法寻求法院裁判的这段时间内,那么受干预人将永远都有(事后确认措施违法的)权利救济利益。如对身体完整性的干预⑤和命令对住宅或经营场所开展搜查⑥的情形,尤其是涉及传媒公司的场合,这种措施还会牵涉对《基本权》第 5 条第 1 款第 2 句＊的干预⑦,但不包括扣押的情形。⑧ 另外,何种基本权干预可归此处的"深度性"干预,始终没有定论,而且联邦宪法法院迄今也没有对之最终澄清。起初的判断标准在于,若《基本法》将某种措施的决定权预防性地保留给法官去行使,则这种措施便是深度性干预处分。之后,又将剥夺人身自由的措施(《基本法》第 104 条第 2 款、第 3 款)⑨以及"大监听"(《基本法》第 13 条第 3 款)纳入其中。但是这种圈定没有意义。如今的标准更多考虑因基本权干预造成负面影响的具体程度⑩。有争议的

---

① Vgl. BGHSt 28, 57, 58; 不同的见解: *Burghardt*, StV 2010, 605, 606; SK-StPO-*Frisch*, § 304 Rn 55; *Roxin/Schünemann*, § 29 Rn 21 ff。
② BGHSt 37, 79, 83; 不同的见解: AK-*Maiwald*, § 100b Rn 10。
③ BVerfGE 96, 27.
④ Dazu SK-StPO-*Wohlers/Deiters*, § 160 Rn 69 f, 81 ff; *Bachmann*, NJW 1999, 2415.
⑤ BVerfG NJW 2007, 1117; OLG Celle StV 2012, 524.
⑥ BVerfGE 96, 27; BVerfG wistra 2008, 463.
＊ 该句规定:"国家保障新闻出版自由和广播、电视、电影的报道自由。对此不得进行内容审查。"——译者注
⑦ BVerfG NJW 1998, 2131; 2007, 1117 (Fall *Cicero*).
⑧ OLG Frankfurt/M NStZ-RR 2003, 175; vgl. aber auch AG Bremen StV 2012, 14.
⑨ Vgl. BGHSt 44, 171; s. aber auch OLG Hamm NJW 1999, 229.
⑩ *Fezer*, JR 1997, 1064; 亦见 *Burhoff*, Ermittlungsverfahren, Rn 1438 ff。

是,是否应该将任何出于恣意的决定都纳入其中。例如,恣意规避《刑诉法》第 81a 条的法官保留而采取的抽血措施(见边码 374)。①

——若能有根据地表明,这种违法有**再度发生的危险的情形**;但是,单凭抽象的担忧是不够的②。

——值得肯定的是,实务见解不承认违法措施会给被追诉人带来持续的歧视,从而否定被追诉人就违法措施拥有**回复到措施前状态的利益需求**(Rehabilitierungsinteresse)(除非这种措施构成对基本权的深度干预,参见前述内容)。理由是,随着程序的后续进行,这种需求可以通过程序终止、不开启审判程序或者宣告无罪的方式得到满足。③ 但是,那些不具有被追诉人地位的受干预人,若无其他的回复原状的可能性的,则另当别论。

——受干预人希望在未来的程序中向**公务机关主张赔偿请求权**的,不足以构成本处所谓的事后权利救济利益(有争议)。④

上述情形类似于行政诉讼法中的那些被要求说明**续行确认之诉**(Fortsetzungsfeststellungsklage)*具有确认违法性需求的情形,见《行政法院法》第 113 条第 1 款第 4 句。⑥ 联邦宪法法院最近指出,当受干预人过分迟延地(时间维度)或令人不解地(情状维度)怠于请求事后救济的,以致违反**诚实信用原则**的,权利救济利益可以基于失权效的理由归于消灭。⑦

3. 秘密性侦查措施场景下《刑诉法》第 101 条第 7 款的特别规定

在秘密侦查措施的特殊场景下(如电话监控、线上搜查、监听、使用卧底侦查人员,见《刑诉法》第 101 条第 1 款的穷尽式列举),《刑诉法》第 101 条第 7 款第 2 句为受干预人(其人员范围详见第 101 条第 4 款第 1 句)特别制定了一条事后审查侦查措施合法性的统一性规定。多数观点认为,该项规范产生了**阻断**类推适用《刑诉法》第 98 条第 2 款第 2 句和第

502

---

① BVerfG JR 2007, 516; OLG Celle StV 1997, 625.
② BGHSt 36, 30, 32; 37, 79, 82.
③ BGHSt 37, 79, 83.
④ KG NStZ 1997, 563.
* 即请求对已经不再产生法律效果的行政行为的违法性继续加以确认的诉讼——译者注
⑥ Siehe nur *Kopp/Schenke*, VwGO, § 113 Rn 136 ff.
⑦ BVerfG NStZ 2009, 166.

304条谋求通常法律救济(见边码494—501)的效果,无论寻求救济是对措施的决定不满,还是对措施的执行方式或方法不服。① 不同于一般性规定的是,在这种场景下,即使系争秘密措施已经执行完毕,也无需**被追诉人论证特别的权利救济利益**(见边码501),该需求乃由立法者以不容推翻的方式被推定出来的,因为第101条第1款第1段规定的秘密侦查方法经常伴随着深度的基本权干预效果。作为一种平衡,该法为权利救济请求规定了**为期两周的除斥期间**。该期间自刑事追究机关向受干预人告知秘密侦查措施时起算,见《刑诉法》第101条第4款、第7款第2句。(参见边码356)。未告知者,不计算期间(关于告知的具体内容,见《刑诉法》第101条第4款第3—5句、第5款、第6款)。

凡未将秘密措施告知受干预人的,无论是**在提起公诉前抑或在起诉后**,均由最初**负责决定秘密侦查措施的法院**对依据《刑诉法》第101条第7款第2句提出的申请**负责裁断**;未规定法官保留的秘密措施(如《刑诉法》第100h条),则由负责决定措施的检察机关地址所在辖区的法院负责就救济申请作出裁断,见《刑诉法》第101条第7款第1句。这通常系由**基层法院的侦查法官**负责处理救济申请。但是,依据《法院组织法》第100e条第2款第1句连同第74a条第4款,线上搜查和大监听的事后救济应该交由州地方法院的特别审判庭负责。**提起公诉以后且已履行告知的**,则交由负责案件审理的法院,即**事实审法院**负责,见《刑诉法》第101条第7款第4句。若在提起公诉以前便已申请救济,但目前尚未作出裁判的,则将处理管辖权转移给负责事实审的法院。②

受干预人如果不服法院对权利救济的裁判,有权在有限的期间内(《刑诉法》第311条第2款)提出**即时抗告**,见《刑诉法》第101条第7款第3句。通常是向州地方法院提出,如果系在线搜查(《刑诉法》第100b条)或大监听(《刑诉法》第100c条)且救济裁判乃由州地方法院作为事实审法院作出的(《刑诉法》第101条第7款第4句),则向州**高等法院**提出抗告(有关抗告的具体内容见边码868及以下数段)。这主要在下列情形中:提起公诉后,事实审法院已经对救济请求作出了裁决(《刑诉法》第101条第7款第4

---

① BGHSt 53, 1; *Eisenberg*, Rn 2552; *Engländer*, Jura 2010, 414, 417; 不同见解: *Löffelmann*, StV 2009, 379; *Burghardt*, HRRS 2009, 567; *ders.*, JuS 2010, 605, 608。

② BGHSt 53, 1, 4 f; 不同见解: HK-*Gercke*, § 101 Rn 18; SK-*Wolter/Jäger*, § 101 Rn 43。

句),该法院同时也对主要案件事实作出了判决,受干预人不服判决提起救济审之余,也同样可以对申请裁决提起即时抗告。①

由于最高法院没有明确《刑诉法》第 101 条第 7 款第 2 句的**适用范围**,那么,当受干预人在秘密措施的执行过程中知悉了该措施的存在并希望得到权利救济时,是否也可以适用该规范呢？换言之,是否《刑诉法》第 101 条第 7 款一定要以干预性措施的结束为适用前提？从《刑诉法》第 101 条第 7 款第 2 句的措辞表达("……亦得于措施结束后……"),似乎可以肯定,该规范与**措施执行完结以前的情形**也有关联。② 但是,《刑诉法》第 101 条第 4 款第 2 句却给出了明确的文义解释方案,即开展审查的可能性被明确地表述为"依据本条第 7 款的事后权利救济"。反对将尚未执行终了的秘密侦查措施纳入第 101 条第 7 款第 2 句的理由还能从该规范的历史和体系中找到:除斥期间和不容推翻的推定明确地体现了立法者将该规范定位成事后权利救济特殊规则的意志③,所以该规范必须被限定在这个意义上适用。所以,**尚在进行中的**秘密性侦查措施应被诉诸**一般性权利救济规则**去处理(见边码 494 及以下数段)。④

简而言之,学生在案例解析时应当注意下列**要诀**:

——所有侦查法官的命令均得通过《刑诉法》第 304 条的抗告声明不服。

——对所有检察官和检察官的侦查人员(边码 161)以及**警察的决定和行为举措**均得直接或类推地适用《刑诉法》第 98 条第 2 款第 2 句向侦查法官请求救济。对侦查法官的裁决不服的,还可以依据《刑诉法》第 304 条抗告。

——已经执行完毕的《刑诉法》第 101 条第 1 款规定的**秘密侦查措施**,根据《刑诉法》第 101 条第 7 款第 2 句有权向法院(起诉前通常是**侦查法官**)寻求救济,对救济法院裁决不服的,有权提起即时抗告。

有关侦查程序中权利救济体系的详尽图示见**表 6**

---

① BGHSt 54, 30; OLG Celle NStZ 2013, 60; *M-G/Schmitt/Köhler*, § 101 Rn 25e.
② HK-*Gercke*, § 101 Rn 16; *M-G/Schmitt/Köhler*, § 101 Rn 25; *Böse*, Amelung-FS, S. 565, 576 Fn 54.
③ BT-Drs. 16/5846, S. 62.
④ KK-StPO-*Bruns*, § 101 Rn 34; *Engländer*, Rn 179; *Glaser*, Der Rechtsschutz nach § 98 Ⅱ 2 StPO, 2008, S. 52 f; *Singelnstein*, NStZ 2009, 481.

图表6：侦查程序中的权利救济体系

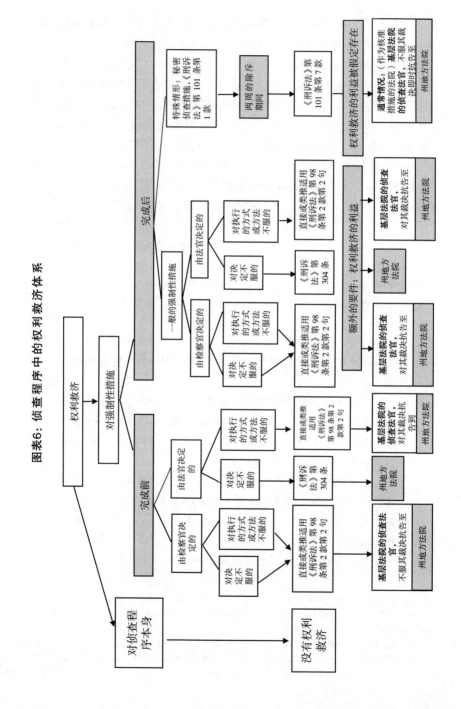

（三） 对其他措施的权利救济

侦查程序中还有许多其他的措施,尽管它们不能被称作"典型的"强制性措施,但是它们有别于诉讼行为,须适用一套完整性的规定。但凡这些措施属于《法院组织法》第 23 条的司法行政行为,便可以被相应地指摘。分述如下： 505

1. 检察机关的新闻发布行为

联邦最高法院和联邦行政法院认为,对检察机关新闻发布不服的应该寻求行政诉讼途径解决,因为检察机关面对媒体发布新闻的行为不是刑事司法领域的"专门性"业务。① 但是更为妥当的做法是,依据《法院组织法施行法》第 23 条及以下数条的规定,将其当作实体上更加接近民事诉讼而排斥行政诉讼的案件诉诸于州高等法院。② 506

2. 依据《刑诉法》第 81b 条的鉴识性措施

《刑诉法》第 81b 条第 2 种情形("为鉴识之目的")是《刑诉法》中的异类。本质上属于警察法的事项(见边码 380)。所以,对这种措施不服的只能通过行政诉讼去解决[见《行政法院法》第 40 条(有争议)]。③ 反之,如果旨在实现《刑诉法》第 81b 条第 1 种规定的开展(具体的)刑事程序的目的而采取的措施,则应类推适用《刑诉法》第 98 条第 2 款第 2 句(有争议)。④ 507

3.《刑诉法》第 96 条的封存要求

某些封存要求应被视作司法机关在刑事司法领域的措施,故被追诉人可以依据《法院组织法施行法》第 23 条寻求救济。⑤ 但是,由于封存要求不是刑事司法的"专门"行为并且以预防性目的为重,故将争议诉诸行 508

---

① BGH StV 2018, 208; BVerwG NStZ 1988, 513; VG Bremen StV 2019, 664; *Lehr*, NJW 2013, 728, 733.

② OLG Stuttgart NJW 2001, 3797; OLG Hamm NStZ 2017, 663; *Roxin/Schünemann*, § 18 Rn 23; 关于此种媒体发言的合法性的深入论述见: *Conrad/Brost*, StraFo 2018, 45; *Gounalakis*, NJW 2012, 1473; *Müller*, GA 2016, 702; *Raschke*, ZJS 2011, 38; *Rodenbeck*, StV 2018, 255; *Schnoor/Giesen/Addicks*, NStZ 2016, 256; *Weigend*, in: 30. Strafverteidigertag, S. 311; *Zabel*, GA 2011, 347.

③ BVerwG StV 2012, 7; OLG Celle wistra 2012, 363; *Waszczynski*, JA 2013, 60.

④ OLG Koblenz StV 2002, 127; *Krach*, JR 2003, 140.

⑤ OLG Celle NStZ 1991, 145; VG München NStZ 1992, 452; *Fezer*, 7 Rn 15.

政诉讼解决,更为妥当。①

案例38(边码472)解答

(1)根据《刑诉法》的理念,由检察官作为"**侦查程序之主**"启动侦查程序,即要么基于告发或刑事告诉(《刑诉法》第158条),要么依职权(《刑诉法》第160条第1款)发动。在紧急情形下,警察(《刑诉法》第163条)或者侦查法官(《刑诉法》第165条)也可以启动侦查程序。在实践中,侦查程序通常都是由警察发动的,待警察侦查结束以后才将案件转给检察官处理。

(2)侦查程序通过提起公诉(通常依据《刑诉法》第170条第1款或《刑诉法》第407条第1款),或者缺少充足犯罪嫌疑下的程序终止(《刑诉法》第170条第2款),以及基于裁量性理由的程序终止(《刑诉法》第153条及以下数条;《麻醉药品法》第31a条、第37条;《少年法院法》第45条)被终了。

(具体见边码475及以下数段,第488及以下数段)。

案例39(边码473)之解答

当检察官申请采取**法院调查行为**(《刑诉法》第162条第1款第1句)时,若检察官本身也可以采取此种侦查行为,则侦查法官仅得审查该措施的**合法性**,**不得审查其合目的性**,见《刑诉法》第162条第2款。本案中,讯问除法院以外,也可以由检察官为之。在这两种情形下,证人都有义务到场并陈述(一方面见《刑诉法》第48条、第51条;另一方面见第161a条)。尽管在本案中法官的介入不会额外有助于查明案情,但法官的讯问不会因此便不合法。即不得审查对法官调查活动的期待或评估是否不合理或有无错误。另外,在本案中侦查法官的介入并非明显不合比例,故法官不得拒绝讯问B。

(具体见边码487)。

案例40(边码474)之解答

住宅搜查系《刑诉法》第102条规定的**强制性措施**。决定搜

---

① BGHSt 44, 107, 116; BVerwGE 69, 192, 196 f; 75, 1; *M-G/Schmitt/Köhler*, § 96 Rn 14; KK-StPO-*Greven*, § 96 Rn 34; *Geppert*, Jura 1992, 241.

查的职权归属于法官,迟延会招致危险的,亦可由检察官及其侦查人员决定(《刑诉法》第105条第1款)。本案中该措施已经执行,即卒告终了。

若系**法官**命令**强制性措施的**,以往多数观点认为对该项决定本身**不能要求权利救济**,因为该措施在程序上已成为过往。如今,新的实务见解主张,同措施终了以前的待遇一样,A有权依据《刑诉法》第304条对之提起抗告。若系**检察官**或其侦查人员决定搜查的,则**类推适用**《**刑诉法**》**第98条第2款第2句**,即A随时可申请法院裁决。

但在两种情形下须注意的是,对已经执行完的措施,若还要确认其**违法性**的,须有**特殊的权利救济利益**。类似搜查住宅(《基本法》第13条)这种具有深刻干预基本权特征的强制性措施,若其产生的负面作用限于受干预人无法得到法院裁判的时间段的,就应该承认他有特殊的权利救济利益(具体见边码493及以下数段)。

第十六章　基于裁量性理由的程序终止

案例 41：

（1）向来品行端正的退休者 A，因为某月中旬无钱可用而到某超市偷了一袋固体汤料（《刑法典》第 242 条，被害人提出了《刑法典》248a 条规定的刑事告诉）。A 恳求检察官终止刑事程序。此事应该由谁以何种方式做出决断？

（2）若本案直至法庭审理中才被法院基于裁量性理由终止刑事程序，并且法院没有对被追诉人设置指示和负担。之后却发现，A 曾经接受过刑事处罚，并且在本次犯罪中还随身携带有枪支。检察官得否重新启动刑事程序呢？（边码 529）

一、概说

检察官和法院的程序终止权可以按照不同的标准被体系化。主要可以区分成基于**法定原则**的程序终止（《刑诉法》第 170 条第 2 款）和基于**裁量原则**的程序终止（《刑诉法》第 153 条及以下数条，《麻醉品管理法》第 31a 条、第 37 条，《少年法院法》第 45 条、第 47 条）。后者还可被分为**不伴随不利处分的程序终止**（die Einstellungen ohne belastende Maßnahme）（尤其见《刑诉法》第 153、154 条及以下数条，《少年法院法》第 45 条第 1 款、第 47 条第 1 款第 1 项）和**伴随不利处分**（后果）**的程序终止**（die Einstellungen mit belastenden Rechtsfolgen）（主要见《刑诉法》第 153a 条，《少年法》第 45 条第 3 款）。另外，也可以根据不同的便宜性理由考量进行区分，例如，因犯罪轻微或欠缺严重程度的终止（《刑诉法》第 153、153a 条），因其他犯罪更显重要的终止（《刑诉法》第 154 条、第 154a 条）或者因犯罪的特殊性必须让国家在刑事追究利益上作出妥协的终止（如《刑诉法》第 153c、154b、154c 条）。①

二、依据《刑诉法》第 153 条之程序终止：罪责轻微且不存在公共利益

（一）由检察官决定的程序终止——《刑诉法》第 153 条第 1 款

依据《刑诉法》第 153 条第 1 款，若行为人的**罪责**被认为**轻微**且刑事追究**无涉公共利益**的，则**检察官**可以终止以**轻罪**(Vergehen)为对象的刑事程序。

1.犯罪必须是**轻罪**(《刑法》第 12 条第 2 款：即起刑点系不到一年的自由刑或罚金的犯罪)。

2.行为人的**罪责应当被认为系轻微**。

重点是(虚拟语气词)"应当"(wäre)。它旨在表明，罪责不需要被证实，而刑事追究机关有权不再继续调查。所以，根据目前已有的侦查结论，犯罪的嫌疑程度应该达到定罪的盖然性(主流观点亦同②)。若进行到目前为止的侦查程序已经**否定**了初始嫌疑的，则不得依据《刑诉法》第 153 条第 1 款终止程序，而只能依据《刑诉法》第 170 条第 2 款为之。

若将犯罪**与相同类型的轻罪相比较**，被假定的罪责明显处在平均严重程度以下的，便系**轻微**(gering)。在判断罪责的严重程度时应该参照《刑法典》第 46 条第 2 款第 2 项规定的标准。③

3.必须(自始)不存在**追究犯罪的公共利益**(das öffentliche Verfolgungsinteresse)。该判断基本上应以**刑罚目的**为标准。④ 检察官应自我追问，继续开展刑事程序有无特殊预防与一般预防的意义或者平衡罪责之

---

① 深入的论述：LR-*Mavany*，§ 152 Rn 41；*Beulke*, v. Heintschel-Heinegg-FS, S. 33；*Brüning*, Ostendorf-FS, S. 123；*Duttge*, Beulke-FS, S. 689；*Deiters*, Legalitätsprinzip und Normgeltung, 2006；*Döhring, S.,* Ist das Strafverfahren vom Legalitätsprinzip beherrscht?, 1999；*Erb, V.,* Legalität und Opportunität, 1999；*Hein*, JuS 2013, 899；*Knauer*, ZStW 120 (2008), 826；*Kudlich*, ZRP 2015, 10；*Nestler*, JA 2012, 88；Widmaier/*Schlothauer*，§ 3 Rn 135 ff；*Trüg, G.,* Lösungskonvergenzen trotz Systemdivergenzen im deutschen und US-amerikanischen Strafverfahren, 2003；*Weigend*, ZStW 109 (1997), 103；SK-StPO-*Weßlau/Deiters*, Vor § § 151 ff Rn 7 ff。

② HK-*Gercke*，§ 153 Rn 4；SK-*Weßlau/Deiters*，§ 153 Rn 16；其他观点：*Kühne*, Rn 586, der die „Gewissheit der Verurteilung" verlangt。

③ 深入的论述：*Hoven*, JuS 2014, 975；*Jahn/Meinecke*, Schlothauer-FS, S. 129；*Puppe/Grosse-Wilde*, JZ 2019, 334。

④ 深入的论述：*Magnus*, GA 2012, 621；*Metzger*, Stöckel-FS, S. 287；*F.-C. Schroeder*, Amelung-FS, S. 125；*Wessels/Beulke/Satzger*, AT Rn 21 ff。

目的究竟有无必要？检察官对此拥有广泛的裁量空间。

提示：判断"罪责轻微"和"公共利益"这类不特定的法律概念是一种评价性行为，所以，不同于法条的文意（"可以"），检察官在这种评价行为以外没有裁量决定权，即一旦他认为符合了上述要素，**必须终止程序**①。

4.依据《刑诉法》第153条第1款第1句，检察官原则上应征得**法院的同意**，始得决定终止程序。但是，《刑诉法》第153条第2句却对此设置一项例外，即若犯罪系不会升高最低起刑点的轻罪且犯罪造成的后果轻微的，无须征得法院同意。

所谓"升高最低起刑点"，系指强制性地加重《刑法典》第38,40条规定的最低法定刑（法定最低自由刑：一个月；法定最低罚金刑：五日日额罚金）。这种情形如在永久性私人住宅内的入室盗窃的，《刑法典》第244条第1款第3项、第4款。

"犯罪后果轻微"系指犯罪造成的损失按照金额估算不超过50欧元左右的情形。②

5.终止程序不必**被追诉人同意**，甚至不必就此提前听取其意见。③

6.依据《刑诉法》第153条第1款作出的终止程序决定**没有确定力**（Rechtskraft），纵使该决定乃征得法院同意而作出的，亦然。因此，即使没有新的事实和证据，也可重新启动刑事程序。④

7.若犯罪涉及《刑诉法》第374条第1款规定的**自诉犯罪**（Privatklagedelikt），不得适用《刑诉法》第153条第1款。理由是，依据《刑诉法》第376条，惟当检察官事先认可追究该犯罪具有公共利益，他才可能主导程序。《刑诉法》第151条第1款恰恰是以不涉及公共利益为适用前提的，一旦认为没有公共利益，那么检察官就应该依据《刑诉法》第170条第2款终止程序，并指示被害人诉诸自诉途径（见边码887）。反之，若检察官认为有开展刑事追究的公共利益的（边码518），检察官便可依据《刑诉法》第376条提起公诉程序，但这并不妨碍检察官适用《刑诉法》第153a

---

① Siehe LR-*Mavany*，§153 Rn 41.
② OLG Zweibrücken NStZ 2000, 536; KK-*StPO-Diemer*，§153 Rn 22.
③ 批评观点：*Hawickhorst*, StraFo 2016, 141。
④ HK-*Gercke*，§153 Rn 25; *Engländer*, Rn 109; 其他观点：AG Verden StV 2011, 616; *Schott*, StV 2016, 450.

条,因为公共利益刚好可以通过适用第153a条的方式去抵消。①

若某个诉讼意义上的犯罪同时包括**自诉犯罪**和**公诉犯罪**的,则对公诉犯罪就可以依据《刑诉法》第153条第1款终止程序,这就导致自诉犯罪也被程序终止决定涵盖在内,从而不得再循自诉程序被继续追究(有争议)。② 造成这种必然结果的原因是:对某个诉讼意义上完整的犯罪(对此见边码785)只能整体性予以程序终止。惟当检察官依据《刑诉法》第170条第2款对公诉之罪终止程序的情形下,检察官才能指示被害人循自诉程序追究。③ 上述内容准用于依据《刑诉法》第153a条的程序终止。

案例见 *Beulke*, Klausurenkurs Ⅲ, Rn 514 f.

(二) 由法院决定的程序终止——《刑诉法》第153条第2款

1.一旦收到起诉书,公诉就已提起,程序主导权便转移至**法院**。自此,法院可在刑事程序的任何阶段(仅能在庭审活动中,在事实上诉审、法律上诉审或者再审程序中)终止程序,终止程序适用与之前检察官相同的要件。必须征得检察官和被起诉人的同意则作为进一步的生效要件(《刑诉法》第153条第2款第1句;有关例外情形,见第153条第2款第2句)。

2.法院以裁定方式决定程序终止的(《刑诉法》第153条第2款第3句),该裁定既不能由检察官,也不能由被告人声明不服(《刑诉法》第153条第2款第4句)。但是,若欠缺某种程序性要件的,例如,犯罪系重罪,或者未征得被起诉人和检察官同意的,得依据《刑诉法》第304条对该裁定提出抗告。④

3.与《刑诉法》第153条第1款不同的是,依据《刑诉法》第153条第2款作出的裁定有**相对的确定力**(die beschränkte Rechtskraft),但关于确定力的范围颇有争议。

> 这种相对的确定力如何体现,首先能想到的方案是,重启侦查程序应取决于能否发现**据以判处重罪**(Verbrechen)**的新的事实和证据**,即类推适用《刑诉法》第373a条。但是,若如此要

---

① HK-*Gercke*, § 153a Rn 9.
② LR-*Mavany*, § 153 Rn 13 f.
③ *M-G/Schmitt*, § 153 Rn 5.
④ BGHSt 47, 270 连同 *Radtke* 在结论上赞同的评释,JR 2003, 127; KG VRS 2014, 201; LG Limburg wistra 2012, 363; S/S/W-StPO-*Schnabl*, § 153 Rn 27。

求,会让被追诉人比在《刑诉法》第153a条的终止程序情形(参见下文三)下受到保障的程度更高,后一种终止程序裁定虽会带给被追诉人更多的负担,但重启侦查并不需要有新的事实和证据为前提。

于是,我们可以考虑援用第153a条第1款第5项并主张,依据第153条第2款裁定终止程序的相对确定力应体现为,犯罪本身可能构成**重罪**(Verbrechen)才可以再被侦查。① 其理由是基于法治国原则(《基本法》第20条第3款)推导而来的被追诉人信赖保护的要求,因为一个独立的、能够全面自由评价证据的法院在诉讼主体相互制衡(征得检察官和被告人同意)下所做的决定,足堪被追诉人信赖。另一个理由是,在个案中很难判断哪些事实是已知的,哪些事实是未知的。但是,依据第153a条的终止程序会给被追诉人带来负担,而第153条第2款的终止程序却没有这种负担,将两种终止情形同等对待,似乎并不妥当。

所以,似乎合理的方案是类推适用《刑诉法》第174条第2款,第211条,《少年法院法》第45条第3款第4句、第47条第3款的规定,若欲突破依据《刑诉法》第153条第2款作出的终止程序裁定的确定力,须有**新的事实或新证据**,足以证明不能将该行为的罪责视作轻微或者刑事追究可能关涉公共利益。无需另将犯罪行为从轻罪升格为重罪。不过,一旦某个犯罪被评价成重罪,纵使没有新的事实或新证据,也可以继续启动程序(应该纠正的不过是检察官或者法院之前犯下的**涵摄错误**而已),因为重罪无论如何都不能适用《刑诉法》第153条第2款。②

---

① BGHSt 48, 331 连同 *Beulke* 的批评性裁判评释, JR 2005, 37; *Heghmanns*, NStZ 2004, 633; *Kühne*, JZ 2004, 743; *Norouzi*, JA 2004, 434; OLG Thüringen BeckRS 2015, 05449; 同样的观点: *Heinrich/Reinbacher*, Problem 34 Rn 33; *Radtke, H.*, Zur Systematik des Strafklageverbrauchs verfahrenserledigender Entscheidungen im Strafprozeß, 1994, S. 174 ff; 亦见 *Rössner/Safferling*, Problem 29。

② 同样的观点:OLG Hamm GA 1993, 231; 深入的论述: Heghmanns/Scheffler-*Heghmanns*, VI Rn 219; LR-*Mavany*, § 153 Rn 95; SK-StPO-*Weßlau/Deiters*, § 153 Rn 57。

案例见 *Beulke*, Klausurenkurs Ⅲ, 边码 516。

4.在自诉程序中,《刑诉法》第 383 条第 2 款之特别规定排斥适用《刑诉法》第 153 条第 2 款(包括第 153a 条第 2 款),即法院若认为行为人罪责轻微,得不经自诉人或被追诉人同意径行终结程序。

三、依据《刑诉法》第 153a 条的程序终止:罪责不严重且就公益损失提供报偿的情形

《刑诉法》第 153a 条规定的程序终止有别于《刑诉法》第 153 条,这种差别尤其体现在刑事追究的**公共利益**方面。《刑诉法》第 153 条的情形中,自始就没有公共利益,在第 153a 条的情形中曾在一开始具有刑事追究的公共利益,但是却通过提供报偿的方式予以弥补。司法实践中,依据《刑诉法》第 153a 条的程序终止非常重要。《刑诉法》第 153a 条的情形也应区分为侦查程序中的终止(《刑诉法》第 153a 条第 1 款)与起诉后的终止(《刑诉法》第 153a 条第 2 款)两种类型。

(一) 检察官决定的程序终止——《刑诉法》第 153a 条第 1 款

在侦查程序中,检察官对同时符合下列要件的案件可终止程序:

1. 此类案件的犯罪必须是**轻罪**。
2. **罪责的严重程度不会对终止程序形成阻碍**。因此,立法将特定的罪责程度作为适用第 153a 条的前提。由于刑事程序没有被践行终了,所以"充足的犯罪嫌疑"(=宣告有罪的盖然性)便已足。① 不得因**法律状态不清**(Unklarheit der Rechtslage)便终止程序②,因为在案件法律状态存疑的情形下,并无起诉的足够理由,故也就没有有待弥补的刑事追究利益。③ 法条文本通过"**罪责的严重程度不会构成阻碍**"的反向性表述旨在清楚地表达,**中等严重程度的犯罪**(die mittlere Kriminalität)也包含在内。在著名的经济刑事案件中,这种终止程序的方式甚至被用于解决犯罪损

---

① *Deiters/Albrecht*, ZIS 2013, 483; 否定性观点: *Hellmann*, Rn 561。
② So jedoch das LG Bonn NStZ 2001, 375 (Fall *Kohl*) 连同 *Beulke/Fahl* 的批评性裁判评释, NStZ 2001, 426。
③ *Saliger*, GA 2005, 155。

害数额非常高的案件(如"Mannesmann"案* 和"Ecclestone"案**)①。

3.被告被科处的**负担**(Auflage)和**指示**(Weisung)应该能够抵消刑事追究的公共利益。

具体而言,检察官尤其可以科处被追诉人下列一项或多项(有名的负担)

——**填补损害**(den Schaden wiedergutzumachen)(《刑诉法》第153a条第1款第2句第1项);

——向公益设施或国库支付一定数额的**金钱**(第2项);

——提供其他的**公益给付**(gemeinnützige Leistung)(第3项);

——履行一定程度的**抚养义务**(Unterhaltspflicht)(第4项);

——真诚地努力达成**加害人-被害人和解**(Täter-Opfer-Ausgleich)(第5项);

---

* 2000年英国移动通讯企业Vodafone公司在收购德国老牌通讯企业Mannesmann公司的过程中,Vodafone公司支付了Mannesmann公司当时的经理和董事会成员5700万欧元的补偿金,以换取他们放弃公司高管职务。2003年2月杜塞尔多夫市的检察官对其中6名高管提起诉讼,指控他们犯有背信罪,侵害股民利益。但是高管们却认为,他们在兼并过程中尽全力捍卫了公司利益,使得曼内斯曼的股票值增值一倍,高管得到的补偿还不到股民增益的一个百分点,而且符合国际商业惯例。2006年11月,德国杜塞尔多夫检察院决定,在科处该案高层领导人缴纳580万欧元的负担后,终止该案的程序,并得到法院的同意。——译者注

** 英国人伯尼·埃克莱斯顿(Bernie Ecclestone)是著名商业大亨,曾任世界一级方程式锦标赛(F1)的首席执行官。在2013年7月,他被指控曾在2006年向德国巴伐利亚州立银行风控主管格哈德·格里布科夫斯基(Gerhard Gribkowsky)行贿3200万欧元,以便收购该银行持有的F1股份,为F1向私募公司CVC出售股权扫清障碍。Ecclestone受到指控以后,其不胜其烦,因为他必须频繁奔波于伦敦、方程式赛车场和慕尼黑法庭之间,每周两天搭进去。于是他的律师和检察官谈判,一开始慕尼黑的检察官要求Ecclestone缴纳一亿欧元,讨价还价后将金钱单位换成美元,其中9900美元缴纳给德国巴伐利亚的国库,100美元捐给一个儿童基金会。该方案最终得到法院的同意。2014年8月,慕尼黑地方法院宣布,终止该案程序。有趣的是,Ecclestone事后表示非常满意这种"德国资本主义式交钱了事的结案方式",因为他在德国没有犯罪记录,该案不会再被启动调查,终于可以全身心干他最拿手的商业工作了。但在德国,该终止裁定却遭受到猛烈抨击,因为受贿的银行家入狱了,行贿人却逍遥法外,让德国司法的公正性遭受"不可忍受"的损失。对此,慕尼黑地方法院的法官解释道,检察官对行贿的指控很大程度上没有被证明,纵使继续调查下去,证据情况也不会改变。所以这种交钱了案的方式是恰当的,也兼顾了公众对该案的关注。——译者注

① *Beulke*, in: Murmann, S. 45; *ders*., v. Heintschel-Heinegg-FS, S. 33; *Perron*, ZStrR 125 (2007), 180; *Ulsenheimer*, medstra 2017, 323; *Saliditt*, Müller-FS Ⅱ, S. 611; *Saliger/Sinner*, ZIS 2007, 476; *Scheinfeld*, Herzberg-FS, S. 843; *Wagner*, Eckert-GS, S. 939, 943; 批评观点: *Brüning*, Ostendorf-FS, S. 123; *Duttge*, Beulke-FS, S. 689; *Deiters*, GA 2015, 371; *Weßlau-GD-Weigend*, S. 413; s. auch *Fahl*, JR 2016, 241.

——参加社会培训课程(第6项);①

——若正处驾照实习期,参加法规培训班(《道路交通法》第2b条),或者在交通扣分系统(《道路交通法》第4条第8款第4句)内参加法规培训班(第7项)*。

《刑诉法》第153a条使用"尤其(可以科处以下一项或多项负担)"的措辞,意味着该条列举的目录**并非穷尽式**。检察官和法院也可"发明"其他的负担和指示(**无名的负担**)。② 但是,检察官或者法院的"负担发明权"(Auflagenerfindungsrecht)并非毫无限制。所以,尽管第153a条的负担具有一定开放性,但检察官(仍依旧)不能命令被追诉人去洗车或者锄草。负担和指示必须与被指摘的犯行之间具有内在的联系,不得被用来规避其他法领域的特别法规定,且最终应符合宪法要求。③ 可以累计性地科处多项负担。④ 其中,司法实践中最常见的负担是支付金钱(第2项)。

521

4.终止程序的决定须征得**法院同意**。但是,若案件符合《刑诉法》第153条第1款第2句规定的要件(参见前文二、(一)之4)且属于《刑诉法》第153a条第1款第2句第1至6项的情形时,也可不必征得法院同意(《刑诉法》第153a条第1款第7句连同第153条第1款第2句)。这意味着:惟当检察官命令被追诉人参加道路交通法规课(《刑诉法》第153a条第1款第2句第7项)或者无名负担时,才必须征得法院同意。根据这种制度体系,在实践中检察官在多数情况下均独立决定《刑诉法》第153a条的程序终止。尤其在许多经济犯罪案件中,侦查程序的显著特征就是检察官和辩护人围绕着适用《刑诉法》第153a条第1款展开拉锯战⑤。

522

---

① 深入的论述:*Busch*, JR 2013, 402。

* 2014年5月1日德国执行新的处罚政策和计分体系:驾照总分为八分,被扣1-3分被登记记录,扣到4-5分将被警告并自愿参加交规培训班,如果参加可以少扣1分。如果被扣6-7分,将被严重警告并自愿参加交规培训班,但参加培训班也不减少扣分。扣掉8分者直接吊销执照。——译者注

② 全面论述见:*Beulke*, Dahs-FS, S. 209;关于该制度在帕绍市的示范项目,参见 *Beulke*, Kaiser-FS, S. 1421; *Theerkorn, G.*, Gewalt im sozialen Nahraum, 1995; *Walther*, Vom Rechtsbruch zum Realkonflikt, 2000, S. 363, 366。

③ LR-*Mavany*, § 153a Rn 83; SK-*Weßlau/Deiters*, § 153a Rn 50; 亦见 *Treutmann*, ZStW 128 (2016), 446。

④ *M-G/Schmitt*, § 153a Rn 14。

⑤ Dazu *Dahs*, NJW 1996, 1192。

5.终止程序须征得**被追诉人同意**(见《刑诉法》第 153a 条第 1 款第 1 句)。但这种同意不意味着承认自己的罪责。①

6.程序被决定终止后,起初**仅系暂时性**终止状态(《刑诉法》第 153a 条第 1 款第 1 句)。② 无论被追诉人,抑或被害人,均不得对终止决定声明不服(关于强制起诉程序,见边码 532 及以下数段)。③ 若被追诉人不履行负担或指示,则可以继续开展刑事程序。反之,若被追诉人已经履行完负担或指示的,检察官应当明确宣告确定有效的终止决定④,且该决定即成为确定有效的**程序障碍事由**(Verfahrenshindernis),即《刑诉法》第 264 条规定的犯罪(对此参见边码 785 及以下数段)不得再被当作轻罪加以刑事追究,依据《刑诉法》第 153a 条第 1 款第 5 句产生**有限的刑事起诉穷竭**效果)。反之,若终止程序后发现该犯罪行为不是轻罪而系重罪的,得再次启动刑事程序。再次启动刑事程序后,被追诉人曾经履行的给付不会被退还,通常会在量刑时予以考虑。⑤

案例见 *Beulke*, Klausurenkurs Ⅲ,边码 516。

523 　　若被告人履行了负担,即支付了相应的金钱,随之使自己的财产进入了破产程序,一旦重新启动刑事程序,便产生一个问题:*破产管理人能否依据《破产法》第 133 条提出***破产异议**(Insolvenzanfechtung),向国库要求返还支付的金钱?联邦最高法院民事庭持肯定见解。⑥ 这种观点不能令人苟同:《刑诉法》第**153a 条第 1 款第 5 句**连同《基本法》第 20 条第 3 款、第 103 条第 3 款**的评价**应该优先于破产异议规定的适用,从而可以防止通过事后破产异议的方式额外突破有限的刑事起诉穷竭的效果。但是,检察官和法院在科处金钱性负担时,应当同时考察被追诉人的财政状况,防止陷于债务困境的被追诉人滥用负担去损害

---

① BVerfG StV 2008, 368; SächsVerfGH StraFo 2009, 108; OVG Bautzen, StV 2019, 79; LR-*Mavany*, § 153a Rn 47; *Hauck*, S. 40.

② 这种情况下有时甚至不作出正式的裁定: LG Kleve StraFo 2011, 93; LR-*Mavany*, § 153a Rn 9, 107 (有争议)。

③ BVerfG NJW 2002, 815; LR-*Mavany*, § 153a Rn 132.

④ *M-G/Schmitt*, § 153a Rn 45; **Muster einer endgültigen Einstellungsverfügung:***Göbel*, Rn 129.

⑤ LR-*Mavany*, § 153a Rn 104; *Krick*, NStZ 2003, 68.

⑥ BGH NJW 2008, 2506; 亦见 BGH StV 2011, 233 und 2015, 443 (罚金)。

破产债权人的利益。①

(二) 法院决定的程序终止——《刑诉法》第153a条第2款

1.**在起诉之后**,法院除可以依据《刑诉法》第153条第2款终止程序外,也可依据《刑诉法》第153a条为之。在所有的审级中均可以终止程序,包括法律上诉审。这种程序终止的实质要件与《刑诉法》第153a条第1款的要求一致。程序终止应该征得检察官和被起诉人的同意。法院通过裁定的方式作成附指示或负担的程序终止决定,且该裁定不得被声明不服(《刑诉法》第153a条第2款第3、4句)。

2.随着被追诉人完全履行了被科处的负担和指示,程序终止裁定自动转为阻断追究轻罪的确定有效的**程序障碍事由**(《刑诉法》第153a条第2款第2句连同第1款第5句;有关程序障碍的具体内容,参见边码426及以下数段)。② 法院应当签发一项终局有效的终止裁定,但该裁定仅有宣示性特征。

四、依据《刑诉法》第154条的程序终止或者存在多个犯罪时依据第154a条对刑事追究的限制

(一) 基本观念

若行为人实施了**多个犯罪**,按照法定原则的要求,对这些犯罪中的任何一个均应开展刑事程序。但是,基于诉讼经济的考量,当同一名犯罪人所犯主罪以外的其他罪行无足轻重时,《刑诉法》第154、154a条提供了不按法定原则处理的方式。③

其中,立法作了以下区分化的规定:

若符合不同犯罪构成的诸行为系**诉讼意义上各自独立的犯罪**(《刑诉法》第264条),则检察官与起诉后的法院(经检察官申请)得依据《刑诉法》**第154条**就可能判处明显无足轻重刑罚之犯罪,终止其程序。

---

① 深入的论述:Beulke/Edlbauer, Mehle-FS, S. 63; Bittmann, wistra 2011, 133; Janca/Schroeder/Baron, wistra 2015, 409; Eggers/Reuker, wistra 2011, 413; Pfordte, StV 2010, 591; Wilk, wistra 2011, 416。

② KG StV 2018, 401.

③ BGH StV 2020, 361; MüKo-StPO-Teßmer, § 154a Rn 5.

举例：A 首先在商场窃取了一件廉价的物品(《刑法典》第 242、248a 条)，并且在一个小时后又在大街上实施了一起抢劫(《刑法典》第 249 条)。本案中，可以依据《刑诉法》第 154 条终止针对盗窃罪的刑事程序，因为抢劫罪可能被判处(足够)高的刑罚。

若不同的犯罪实为诉讼意义上一个或同一个犯罪，则检察官或起诉后的法院(征得检察官之同意，即不得由法院单方面为之！[①])得依据《刑诉法》第 154a 条放弃追究该犯罪中明显无足轻重的部分。

举例：A 为实施谋杀(《刑法典》第 211 条)而非法侵入建筑物(《刑法典》第 123 条)。得依据《刑诉法》第 154a 条将刑事追究限定在谋杀部分。

另举一例：检察官起诉十万起诈骗(以电话方式诱骗他人转账)，经调查证人后发现，仅有一部分接电话的人曾受骗转账，法院出于诉讼经济考虑，(征得检察官同意的前提下)希望依据《刑诉法》第 154a 条第 2 款仅追究这些犯罪的未遂[*]。联邦最高法院最新的判例允许这种限制。[②] 但是，由于未遂既不是"犯罪中可分的部分"(第 1 款第 1 种情形)，也不是"多个违法情节中的某一个"(第 1 款第 2 种情形)，所以不得直接适用《刑诉法》第 154a 条。[③] 值得讨论的终止依据似乎惟有类推适用《刑诉法》第 154a 条[④]或者适用罪疑惟轻原则。[⑤]

依据《刑诉法》第 154 条第 2 款的部分终止程序决定会产生(有限的)确定力。[⑥] 因此，在制作裁定书时，必须明确被告人的哪些犯罪或者哪些被告人被终止程序。

反之，《刑诉法》第 154a 条第 2 款规定的部分程序终止不生确定力。

[①] BGH NJW 2013, 1545.
[*] 否则，逐一调查每一起诈骗中的被害人究竟有无受骗，庭审活动将旷日持久。——译者注
[②] BGHSt 58, 119; BGH NStZ 2019, 40, 43.
[③] *Heghmanns*, ZJS 2013, 423; 深入的论述：LR-*Mavany*, § 154a Rn 3 ff.
[④] *M-G/Schmitt*, § 154a Rn 7a.
[⑤] *Beulke/Bergh*äuser, Breidling-FS, S. 13.
[⑥] OLG Naumburg StV 2017, 662; OLG Brandenburg StV 2019, 832.

法院可在程序的任何阶段随时将终止的犯罪部分或违法部分重新合并到程序中处理(具体见《刑诉法》第154a条第3款)。

若法院故意将多个诉讼意义上的犯罪中的一些犯罪依据《刑诉法》第154条第2款终止其程序,纵使整个起诉指控的事实其实仅构成一个诉讼意义上的犯罪且**仅能适用《刑诉法》第154a条**予以部分终止程序的,终止程序的裁定仍有**确定力**。它构成应依职权主动遵守的程序障碍事由(见边码426)。①

(二) 排除追究的犯罪作为从重处罚的理由?

颇令人疑虑的是,当案件被宣告有罪时,究竟能否依据《刑诉法》第154、154a条将被排除追究的犯罪作为**从重处罚**的理由。

>联邦最高法院区分不同情形认为:
>
>若法院依据《刑诉法》第154、154a条无条件地终止程序,或者限定刑事追究的范围,或者按照检察官的相应操作允许限定范围的起诉的,则被追诉人可以信赖被放弃追究的部分不得再作为对其不利的依据(公平审判的思想)。
>
>另当别论的情形是,已经依据《刑诉法》第265条明确提示**被追诉人**:被排除刑事追诉的犯罪将在量刑时被考虑,还可能会据此从重处罚并且相关的犯罪事实将会被依法认定。② 欧洲人权法院也认为,这种加重处罚的做法不违反无罪推定原则。③

然而,主张一般不得作为从重处罚理由的少数说似乎更值得肯定。理由是,若国家相信,无法放弃对特定犯罪或特定犯罪部分予以刑事追究,那么按照公平审判原则的要求,就应不给被追诉人设置任何程序障碍,以毫无瑕疵的方式认定这些罪责。④

526

---

① Vgl. BGH JR 2015, 45 连同 *Löffelmann* 的评论, JR 2015, 15; *Mosbacher*, JuS 2014, 130。
② 这种实务见解中有关《刑诉法》第154a条的体现是BGHSt 30, 147, 148;有关《刑诉法》第154条的体现是BGHSt 30, 165, 166; BGH StV 2018, 776 zu § 154 StPO; BGH StV 2011, 399 连同 *Beulke/Stoffer* 的反对性评论, StV 2011, 442; *Stuckenberg*, StV 2007, 655;深入的论述: LR-*Mavany*, § 154 Rn 61 ff; KK-StPO-*Diemer*, § 154 Rn 38。
③ EGMR StV 2019, 440 (*Bikas* 诉德国) 连同 *Esser* 正确的批评性评释, StV 2019, 492。
④ 结论上同样的观点: *Eisenberg*, Rn 417; *Staudinger*, StV 2015, 553。

527

五、其他的程序终止的方式

另外,在下列情形中也可以终止刑事程序[①]:

—法院可能免除刑罚的情形(《刑诉法》第 153b 条),如依据《刑法典》第 46a 条可以实现加害人-被害人和解的情形;[②]

—特定的在国外实施的犯罪(《刑诉法》第 153c 条);[③]

—某些政治犯罪(《刑诉法》第 153d 条);

—危害国家安全犯罪中的特务"及时"坦白的(《刑诉法》第 153e 条);

—以其他方式更能保证追究《德国国际刑法典》规定之犯罪的(《刑诉法》第 153f 条;边码 37);

—有利于受强制罪和受勒索罪之被害人的(《刑诉法》第 154c 条);

—为了与刑事程序无关的目的而滥行追究的(《刑诉法》第 154d 条);

—微量毒品犯罪或"供自己吸食意图"的毒品犯罪(《麻醉品管理法》第 31a 条);

—因被追诉人接受戒毒治疗而不予追诉的麻醉品犯罪的(《麻醉品管理法》第 37 条)。

六、污点证人

528　英国刑事程序中的污点证人(Kronzeuge)系指在代表王国政府提起的诉讼中,尽管自己涉嫌或者被认定参与了指控被告人的犯罪,却充当控方证人的人。作为回报,**污点证人**将被保证不受指控或者仅受评价较轻罪名的指控。

在 1999 年 12 月 31 日以前,为了打击恐怖主义犯罪以及有组织犯罪,在德国刑事程序中曾经存在过有适用期限的**污点证人规则**,由于其在法学文献中一再被诟病[④],在适用期限届满以

---

① 详见 *Kühne*, Rn 583—600。

② 关于《刑法典》第 46a 条的加害人被害人和解制度与《刑诉法》第 153a 条第 1 款第 1 句第 5 种情形之间的关系见:LR-*Mavany*, § 153b Rn 11。

③ Dazu *Bock*, GA 2010, 589。

④ 有关争议的情况:*Hoyer*, JZ 1994, 233; *Jeßberger, F.*, Kooperation und Strafzumessung, 1999; *Kempf*, StV 1999, 67; *Gropp*, in: Hirsch, Erscheinungsformen, S. 459 ff。

后便未被延续。① 但是,为便于查明案情,立法却在更多的场景下,尤其是为了便于打击有组织犯罪,规定了对普遍适用的法定主义原则的突破,如违反**《麻醉品管理法》**(《麻醉品管理法》第 31 条)以及**危害国家安全犯罪**(《刑诉法》第 153e 条第 1 款)的情形。

2009 年 9 月 1 日起,出现一项被设计成一般性量刑条款的**"大污点证人规定"**,见《刑法典》第 46b 条,但却在 2013 年又对该规定作出部分限制。该条规定,若污点证人通过自愿坦白的方式,除说明自己对犯罪的贡献外,还揭发甚至阻止了**《刑诉法》第 100a 条第 2 款的清单犯罪**的,但凡污点证人的犯罪与被揭发或阻止之犯罪有关联的,则对于他所犯中等或严重程度的犯罪,得依据第 49 条第 1 款的量刑幅度升降档(Strafrahmenverschiebung)的规定减轻处罚,见《刑法典》第 46b 条第 1 款第 1 句。但是,他还必须在开启审判程序之前坦白,始得适用该规定,见《刑法典》第 46b 条第 3 款。② 届时,可能被判处无期徒刑的犯罪得被判处不少于 10 年的自由刑。对可能判处更低自由刑且最高不超过三年的犯罪甚至可能完全**免除处罚**,见《刑法典》第 46b 条第 1 款第 4 句。在这些情形中,《刑诉法》第 153b 条第 1 款还授权检察官在征得法院同意的前提下,终结针对协助调查者已经启动的侦查程序。如何保障《刑法典》第 46b 条规定的**任意性从轻处罚待遇**,由法院进行合义务性裁量。当法院于裁断时应该权衡以下两方面因素:污点证人对查明其所犯严重罪行的贡献程度和他在该犯罪中的罪责程度(见《刑法典》第 46b 条第 2 款)。

---

① *Fezer*, Lenckner-FS, S. 681; Kühne, Trechsel-FS, S. 719; *Paeffgen*, StV 1999, 627;详见 *Mehrens, St.*, Die Kronzeugenregelung als Instrument zur Bekämpfung organisierter Kriminalität, 2001。

② BGHSt 56, 191, 194 (若在开启庭审裁定后才坦白的:构成依据《刑法典》第 46 条的量刑理由)。

如今,该污点证人规定也遭受着猛烈的批判。① 除在法政策上质疑该规定的必要性外,人们还质疑,《刑诉法》第 100a 条第 2 款规定的犯罪清单究竟是否还包含着其他完全不同的目标,即能否被用来界定在哪些犯罪中可以让其犯罪人承担起协助调查的任务? 很多人担忧,围绕污点证人的刑事程序会让司法超负荷运转,因为法院为了能评价污点证人在辅助查明案情方面的贡献,还得勉为其难地(在被指控人的程序中)对案外的犯罪进行举证和证据评价。此外,尽管给予深陷苦局中的犯罪人特别优待,依然会造成糟糕的社会标签效应。除这种公正性方面的缺陷以外,污点证人供述的真实性以及刑事追诉机关权力的膨胀也饱受批评。实务见解也一直对污点证人情形下"言词证据相互对立"(Aussage gegen Aussage)的局面持批判态度且特别提醒,若仅靠某个共犯证人的供述作出有罪判决——尤其是该共犯还期盼凭借供述得到利益时,法院在证据评价时应该格外谨慎。②

案例 41(边码 512)之解答:

529　　(1)当犯罪人的罪责有可能被查明且系**轻微**,同时**不具备刑事追究的公共利益**的,检察官将依据《刑诉法》第 153 条第 1 款终止程序。由于《刑法典》第 242 条规定的系轻罪,该犯罪不可能被判处升高最低刑的刑罚,加之犯罪后果轻微,无须法院同意即可作出终结程序的决定(《刑诉法》第 153 条第 1 款第 2 句)(具体见边码 514)。

(2)依据《刑诉法》第 153 条第 2 款的程序终结裁定苟无确定力时,检察官可以根据出现的**新情况**重新起诉,即从新的角度,另构他罪的情况(尤其适用《刑法典》第 244 条第 1 款第 1a 项)。但是,尽管没有明确的法律规定,依据《刑诉法》第 153 条

---

① 非一概批评的观点:*Frank/Titz*, ZRP 2009, 137; *Kaspar/Wengenroth*, GA 2010, 453; *König*, NJW 2009, 2481; *Malek*, StV 2010, 200; *Roxin/Schünemann*, § 14 Rn 19 f; *Sahan/Berndt*, BB 2010, 647; *Salditt*, StV 2009, 375; 不太批评或者持支持立场的: *Heghmanns*, Dencker-FS, S. 155; *Peglau*, wistra 2009, 409; 关于较新的实务见解: *Oğlakcioğlu*, StraFo 2012, 89。

② BGHSt 48, 161; 52, 78 连同 *Stübinger* 的裁判评释, JZ 2008, 798; BGH NStZ-RR 2012, 52; 深入的论述: *Kölbel/Selter*, JR 2009, 447; *Weider*, Widmaier-FS, S. 599。

第2款作出的裁定毫无疑问仍具有确定力,争议仅限于该确定力的范围。有观点主张类推适用《刑诉法》第373a条第1款或者第153a条第1款第5句,若根据新情况观察,犯罪仍不构成重罪的(参见《刑法典》第244条第1款第1a项,第12条第1款),则仍在终止裁定的确定力范围内。但是按照正确的观点,但凡**新的事实或者证据**能表明犯罪的罪责不能被视为轻微或者有值得刑事追究的公共利益的,便足堪突破终止裁定的确定力,无须非要升高到重罪的程度不可(类推适用《刑诉法》第174条第2款、第211条,《少年法院法》第47条第3款)。因此,检察官可以根据本案中新的出现的严重情况重新起诉犯罪(具体见前述边码516)。

第十七章　强制起诉程序

530　　**案例 42**：M 告发自己的邻居 A，声称 A 偷了她 200 欧元并偷了某位女士价值 500 欧元的自行车一辆。检察官依据《刑诉法》第 170 条第 2 款终止了对两起犯罪的侦查程序。M 得提出异议乎？（边码 538）

531　　**案例 43**：O 系 A 实施的某起盗窃案的被害人。当 A 向某个公益设施捐款之后，检察官终止了对 A 的刑事程序，O 得反对乎？（边码 539）

一、强制起诉程序的任务

532　　若检察官依《刑诉法》第 170 条第 2 款终结侦查程序，但凡告诉人*兼有犯罪被害人身份的，得通过**强制起诉程序**对终止程序的决定声明不服（《刑诉法》第 172 条及以下数条）。① 强制起诉程序，一方面旨在(让法官)监督**法定原则**的贯彻（参见边码 47），另一方面旨在**保护被害人**，因为被害人有确保自己作为受害人的犯罪受到追究的利益。② 强制起诉程序通常系出于满足被害人意愿，而反对检察官的决定，以提起公诉的方式去运行（《刑诉法》第 175 条）。在例外情形下，它也可能被用于仅仅要求调查

---

*　德国刑事诉讼法中的告诉（Antrag）一词可以区分为广义的告诉和狭义的告诉，前者乃《刑诉法》第 158 条第 1 款中规定的告诉，其意味着告诉人与刑事追究具有特别的利害关系，有权要求刑事追究机关告知其不予追究的结果（见《刑诉法》第 171 条），若告诉人身为犯罪之被害人，得提起强制起诉程序（见《刑诉法》第 172 条）。后者乃《刑诉法》第 158 条第 2 款规定之告诉，即作为告诉乃论之罪的一种诉讼要件（见《刑诉法》第 152 条第 2 款、《刑法典》第 77 条及以下数条）。具体可参见本书边码 477。本章所谓的告诉，若无特别交代，均指广义之告诉。——译者注

① 关于该制度的概览，见 *Preuß*, Jura 2016, 762。
② 参见 OLG Bremen StV 2018, 268 连同 *Zöller* 的裁判评释。

案件,但检察官却拒绝调查的情形("**侦查强制**")。① 强制起诉程序在实务中虽应用不多,但是该制度的存在却会发挥一定的预防性效果。

二、要件

(一) 申请

依据《刑诉法》第 172 条,仅有那些曾经依据《刑诉法》第 171 条对案件申请提起公诉的人,始得发动强制起诉程序。不过,若相关人员在告发犯罪之余明确地表示,他希望犯罪得到追究,便也已足(见边码 475)。②

(二) 被害人的身份

另外,《刑诉法》第 172 条规定,告诉人应该同时系被害人(Verletzter)。

《刑诉法》第 172 条第 1 款规定的**被害人**应至少具有以下特征:若其声称的犯罪真实发生,其法益将**受到直接侵害**。③ 因此,被害人在这里应该被扩大理解,尤其不限于《刑法典》第 77 条第 1 款规定的刑事告诉权人。尽管如此,例如,在侵犯有限责任公司的犯罪中,除该公司外,企业主不具有被害人的身份。④

正是由于法益侵害的直接性标准,无法囊括所有理应依据《刑诉法》第 172 条享有告诉权的情形(例如,无法包括谋杀案被害者的家属),如今被视为被害人的人,还包括那些因被指摘的犯罪侵害到下列程度的人员:他们要求追究犯罪的利益符合他们理应**被补偿的利益**(报应需求)。⑤

近来则更加强调**被违反规范的保护领域**,即根据行为人实现的犯罪构成为断。⑥ 例如,破坏环境罪(如《刑法典》第 326 条)保护的就不仅仅是社会公众,也保护受影响的群体,那么他们就对犯罪人享有因遭受具体

---

① KG JZ 1991, 46 连同 *Eisenberg* und *Wohlers* 的赞同性评释, NStZ 1991, 300; OLG Hamm StV 2002, 128 连同 *Lilie* 的裁判评释;反对性观点见 OLG München StraFo 2014, 422; KK-StPO-*Moldenhauer*, § 175 Rn 3。
② 但若申请职务惩戒法的审查,则不够: OLG Koblenz NStZ-RR 2012, 317。
③ OLG Stuttgart NJW 2002, 2893; OLG Celle NJW 2008, 1463; 亦见 *Peglau*, JA 1999, 55; *Tiedemann*, Mehle-FS, S. 625。
④ OLG Frankfurt NJW 2011, 691; SK-StPO-*Wohlers*, § 172 Rn 27。
⑤ OLG Bremen NJW 1950, 960; *Maiwald*, GA 1970, 52; 反对性观点见 OLG Düsseldorf StraFo 2000, 21。
⑥ KG JR 2001, 480; OLG Celle, NStZ 2007, 483; OLG Stuttgart NStZ-RR 2012, 116; MüKo-StPO-*Kölbel*, § 172 Rn 15; SK-StPO-*Wohlers*, § 172 Rn 27; S/S/W-StPO-*Sing/Andrä*, § 172 Rn 12; *Hefendehl*, GA 1999, 584; *Satzger*, JA 1997, 624, 625。

侵害的损害赔偿请求权。①

由于每一项犯罪构成会涉及完全不同的利益状态，所以，最适当的标准似乎应该综合以上所有的标准。

（三）限制

535　若程序专以某一个犯罪为对象且该犯罪得由被害人通过自诉方式追究②（见边码 886 及以下数段），或者该犯罪可依据《刑诉法》第 153 条及以下数条规定根据**裁量性理由被终止程序**的（见边码 513 及以下数段）的③，则依据《刑诉法》第 172 条第 3 款，不得告诉之。

三、程序

536　强制起诉程序分三个阶段进行：

——若检察官就"提起公诉的告诉"（边码 533）无动于衷或者终止侦查程序的，则检察官应通知告诉人终止程序的决定[见《刑诉法》第 171 条（第一步）]。

——告诉人对此决定不服的，得依据《刑诉法》第 172 条第 1 款，向上级检察官提出形式性抗告，即向总检察官提出（《法院组织法》第 147 条第 3 项）"**终止（或上级的）抗告**"（第二步）。④

——若上级检察官驳回抗告，被害人得依据《刑诉法》第 172 条第 2 款第 1 句，于一个月之内**申请法院作出裁判**，该申请须满足《刑诉法》第 172 条第 3 款规定的要求。⑤ 根据《刑诉法》第 172 条第 4 款，该申请应由州高等法院裁决之（第三步）。纵使检察官在该裁决前重新恢复侦查，也不会

---

① *M-G/Schmitt*, § 172 Rn 10; LR-*Graalmann-Scheerer*, § 172 Rn 98; *Schall*, NStZ 2020, Heft 10; **其他观点**：OLG Karlsruhe NJW 2019, 2951; MüKo-StPO-*Kölbel*, § 172 Rn 22; SK-StPO-*Wohlers*, § 172 Rn 28。

② 若系即得发动公诉，亦得提起自诉追究的犯罪，则有所不同：OLG Frankfurt NStZ-RR 2006, 47。

③ OLG Stuttgart NStZ 2006, 117; 批评观点见 *Roxin/Schünemann*, § 41 Rn 7; 关于例外情形：OLG Bamberg, NStZ 2011, 534; HK-*Zöller*, § 172 Rn 11。

④ 具体见：*Hütwohl*, JuS 2014, 30。

⑤ BVerfG NStZ 2007, 272; BVerfG AnwBl. 2018, 684（没有提出过分的要求，遗憾的是，实践中没有实现，仅见 Hamm 州高等法院的裁判[OLG Hamm NStZ 2019, 487); *Krumm*, StraFo 2011, 205]; **裁判样本见**KMR-StPO-*Plöd*, § 172 Rn 64。

影响该申请的处理。①

四、职务监督的抗告

除发动强制起诉程序外,被害人还有权提起一般性**职务监督的抗告** (Dienstaufsichtsbeschwerde)。该项抗告权完全独立于《刑诉法》第 172 条的形式抗告。通过这种抗告,被害人可诉诸上级检察机关,要求它审查被指摘的检察官的职务行为。职务监督抗告既无期限限制,也无特定形式要求。不仅被害人可以提出,第三人亦得提出。

537

> **案例 42**(边码 530)之解答:
>
> 本题要审查的是,M 是否可依据《刑诉法》第 172 条通过**强制起诉程序**对终止 A 的两起盗窃案件的侦查程序声明不服。这种方式合法性的前提是,M 系《刑诉法》第 172 条第 1 款规定的**被害人**。对于被偷 200 欧元的部分,M 的被害人身份应无疑问。至于盗窃自行车的部分,M 明显没有值得保护的利益,她不可能受到侵害,即不属于《刑诉法》第 172 条第 1 款的被害人。就此部分而言,不得提起强制起诉程序(具体见边码 534)。

538

> **案例 43**(边码 531)之解答:
>
> A 的刑事程序乃依据《刑诉法》第 153a 条第 1 款规定的**裁量性理由而被终止**。按照《刑诉法》第 153a 条第 1 款第 7 句连同第 153 条第 1 款第 2 句,这种程序终止无需征得法院同意。O 既不得自行反对该终止决定,也不得发起**强制起诉程序**(《刑诉法》第 172 条第 2 款第 3 句)(具体见边码 518、535)。

539

---

① OLG Bamberg NStZ 1989, 543; HK-*Zöller*, § 172 Rn 25; aA OLG Bamberg NStZ 2010, 590.

第十八章　中间程序

案例 44：
1. 中间程序是如何启动的？
2. 中间程序是如何终结的？（边码 560）

案例 45： A 因为在私人停车场对一辆摩托车猛烈超车并强迫其紧急刹车。检察官以强制罪*起诉 A。法官 X 参考了新近实务见解后，以裁定方式不予开启针对 A 的审判程序，因为他认为 A 的行为不构成犯罪。当 X 退休以后，检察官再次起诉。管辖法官 Z 根据有关《刑法典》第 240 条第 1 款的最新实务判决认为该行为已经构罪。Z 可以开启审判程序吗？（边码 561）

一、中间程序的意义和目的

根据《刑诉法》的程序设计，当检察官以通过送达起诉书的方式提起公诉后，起诉不会径直进入庭审而被裁决。而是先由**独立于起诉机关的法院**在不公开的（《刑诉法》第 199—211 条规定的）中间程序（Zwischenverfahren）中审查，起诉究竟有无**充足的嫌疑理由**（hinreichende Verdachtsgründe）。惟当具备这样的嫌疑，被追诉人才会遭受公开审理带来的对个人之不利影响。另外，被追诉人应当得到进一步辩护的机会，因为他在被告知起诉书之后，可以通过异议或者证据申请对程序的进一步发展施加影响。在具体

---

* 德国《刑法典》第 240 条【强制罪】规定：
　1. 使用暴力或者通过可感受之恶害的胁迫，违法地强制他人作为、忍受或不作为者，处三年以下自由刑或罚金。
　2. 若使用暴力或威胁恶害乃追求应受责难之目的者，该行为系违法。
　3. 未遂犯罚之。
　4.[1] 犯罪特别严重的，处 6 个月以上五年以下自由刑。[2] 犯罪特别严重，通常指行为人具有下列情形之一者：
　　（1）强制孕妇流产者；
　　（2）滥用职权或公职人员地位者。——译者注

的案件中,他或许还希望由独立的法官开展额外的调查。

反对中间程序的观点认为,一旦法院开启审判程序便会产生**预断**,因为法院已经在中间程序中宣告被告人有充足的犯罪嫌疑,因此,在某种程度上它已经认同起诉。于是,法院会认为犯罪指控有其道理的。这种批判一度升级到呼吁废除中间程序。① 然而值得肯定的是,这种诉求未能得逞。尽管上述批判有其道理,但若废除中间程序,便会彻底牺牲被追诉人免遭不公正庭审的(并非停留在理论上的)保障。反之,将开启审理的法庭和负责审理的法庭从人事上相互分离的方案似乎更值得考虑。②

二、中间程序的过程

(一)中间程序以检察官通过**提起公诉**的方式**启动**之,即以起诉书送达管辖法院的方式为之(《刑诉法》第170条第1款)。被追诉人自此应被称作"**被起诉人**"(Angeschuldigter)(《刑诉法》第157条)。倘若检察官以申请核发处刑令的方式提起公诉(《刑诉法》第407条及以下数条),则不启动中间程序(有关起诉的其他方式,参见边码488)。

543

在最终决定开启审判程序以前,也就是在中间程序的过程中,检察官仍得撤回起诉(对《刑诉法》第156条的反向推论;"公诉不变更主义"/ Immutabilitätsprinzip*)。③

(二)起诉书的**内容必须符合特定要求**,足以让被追诉人知晓,他应该在哪些方面辩护(《刑诉法》第199条第2款,第200条)。有效的起诉书

544

---

① *Schmidt*, I Rn 161 Fn 285.
② SK-*Paeffgen*, Vor § 198 Rn 16; *Roxin/Schünemann*, § 42 Rn 3; LR-*Stuckenberg*, Vor § 198 Rn 20; *Traut/Nickolaus*, StraFo 2012, 51.
* "公诉不变更主义"源自控审分离原则和起诉法定原则,即一旦法院决定开启对案件的审理,检察官自此便不得撤回公诉。检察官的起诉要旨从时间和地点上限定被告人被指摘的罪行,由此明确了刑事诉讼的审理对象,法院也仅能对起诉书描述的生活事实下判。若扩张起诉的范围,须征得被告人的同意,始得为之。法院改变起诉的法律意见时,也必须告知被告人。——译者注
③ 深入的论述: *F.C. Schroeder*, GA 2011, 501。

是一项应该由法院依职权审查的**诉讼要件**。起诉究竟系无效或系单纯有错误,取决于瑕疵的类别和严重程度。起诉通过明确的诉讼客体(=诉讼上的犯罪)实现其圈定功能(Umgrenzungsfunktion)。**苟不能明确起诉针对何人和何项具体的事实,即未来相应有罪判决的确定力范围不清,即属无效起诉**。检察官苟不愿"补正"的,法院应该拒绝作出开启审理的裁定。反之,若起诉书瑕疵仅涉及**资讯功能**(Informationsfunktion)(如侦查的主要结论不完整)的,则**不会导致起诉无效**。这种瑕疵不会妨碍裁定开启审理。在实务中,有时法院会要求检察官予以补充(详见边码441、489)。①

545　　(三)《刑诉法》第 201 条和第 202 条规定了法院最终决定开启审判程序以前的其他程序步骤:

　　——审判长将起诉书送达被起诉人(《刑诉法》第 201 条第 1 款第 1 句前半句)并督促其于特定期限内说明,是否希望提出证据申请或发表反对意见(《刑诉法》第 201 条第 1 款第 1 句后半句)。若附加控诉人以及有权提起附加控诉的人申请送达起诉书的,亦应送达之(《刑诉法》第 201 条第 1 款第 2 句)。

　　——符合必要辩护情形的案件(《刑诉法》第 140 条第 1 款、第 2 款),被追诉人未选任辩护人且尚未申请指派义务辩护人的,应该通过送达起诉书的同时,告知其该项申请权,见《刑诉法》第 141 条第 1 款第 1 句。被追诉人不予行使该申请权的,审判长应该依职权为被敦促就起诉书发表意见的被起诉人指派一名义务辩护人,见《刑诉法》第 141 条第 2 款第 1 句第 4 项。

　　——被起诉人提出的证据申请和异议此后便由法院裁断(《刑诉法》第 201 条第 2 款第 1 句)。为了更好地澄清事实,法院亦得自行决定收集具体的证据(《刑诉法》第 202 条第 1 句)。但是,若这种取证相当于为检察官不尽职的侦查程序补漏的,法院也可以舍此不为。② 所有此等法院决定均不得被声明不服(《刑

---

①　深入的论述: MüKo-StPO-*Wenske*, § 22 Rn 15; S/S/W-StPO-*Rosenau*, § 200 Rn 19; LR-*Stuckenberg*, § 200 Rn 91。

②　LG Berlin NStZ 2003, 504 连同 *Lilie* 的赞成性裁判评释, NStZ 2003, 568; 亦见 OLG Nürnberg StraFo 2011, 150。

诉法》第 201 条第 2 款第 2 句和第 202 条第 2 句）。

——检察官是否有义务服从法院的取证命令,尚有争论。①

三、中间程序中的确定性裁判

法院以不公开庭审（nichtöffentliche Sitzung）的方式,就是否开启审判程序或者终止程序作出确定性裁判,见《刑诉法》第 203 条,第 204 条。 546

（一）管辖

中间程序原则上由负责实施后续开庭审判活动的法院为之（《刑诉法》第 199 条第 1 款；例外见第 209 条、第 209a 条）。由于此种裁判系法院于庭审以外作出的,故**外行法官(参审员)不参加**,完全由职业法官（州地方法院的大刑事庭：三名职业法官,见边码 77)②参与作成（《法院组织法》第 30 条第 2 款、第 76 条第 1 款第 2 句）。 547

（二）开启审理裁定的作成——《刑诉法》第 203 条及以下数条

1. 开启审理的要件

从当下程序的结论来看,如果表明被起诉人有"**充足的犯罪嫌疑**",法院应**裁定开启审判程序**（《刑诉法》第 203 条）。法院除对充足犯罪嫌疑拥有裁量判断的空间外,并无自由决断是否开启程序的权力。被追诉人有实施犯罪的充足嫌疑,意味着他**曾经实施犯罪且被宣告有罪的概率达到盖然性**（Wahrscheinlichkeit）的程度（有关具体的嫌疑程度,参见边码 175 下的表 3)。③ 若证据可能会禁止使用的（见边码 700）,即便无人就证据的使用性提出异议（见边码 708）,法院亦须注意禁止性要求,因为有罪判决的盖然性通常都取决于证据状况。④ 548

依据《刑诉法》第 206 条,法院作出裁定时,不受检察官申请的约束。

---

① 支持性见解：*Rieß*, Jura 2003, 735, 739; SK-*Paeffgen*, § 202 Rn 7（职务协助行为）；反对性见解：*M-G/Schmitt*, § 202 Rn 3。

② BGHSt 60, 248.

③ OLG Bremen StV 2018, 268; MüKo-StPO-*Wenske*, § 203 Rn 6 ff; *Eisenberg*, JZ 2011, 672.

④ BGH NJW 2018, 1828, 1829 连同 *Meyer-Mews*; *Berg*, StraFo 2018, 327, 330 的裁判评释。

2. 开启审理裁定的内容

549

在开启审理裁定中，法院准许为庭审而提起的诉讼，并且载明开展庭审活动的法庭（《刑诉法》第 207 条第 1 款）。①

若法院准许起诉并附加变更的，例如，对犯罪的评价有别于起诉书的，那么它应该在开启审理裁定中加以说明（详见《刑诉法》第 207 条第 2 款）。

举例：检察官起诉盗窃罪（《刑法典》第 242 条第 1 款）。但是，法院认为被指控的犯罪有构成诈骗罪的充足嫌疑（《刑法典》第 263 条第 1 款），那么依据《刑诉法》第 207 条第 2 款第 3 项，法院须说明，会适用《刑法典》中哪些其他的规定。还应该说明，哪些事实符合了其他的犯罪构成的法定要素。②

法院应同步依职权裁定核准或延长羁押以及临时性留置事项，见《刑诉法》第 207 条第 4 款。

3. 开启审理裁定的救济

550

《刑诉法》第 210 条第 1 款明确规定，被告人不得对开启审理裁定声明不服。理由在于，开启审理裁定不过是一项**暂时性的犯罪评价**。该项评价在庭审活动中以及通过对确定裁判的救济审中足以被审查。即使在法律上诉审中，也不会审查开启审理的裁定（《刑诉法》第 336 条第 2 句）。但是不排除法律上诉审法院应该依职权审查是否有效的开启审理裁定具备诉讼要件（边码 438），这是任何程序阶段的法院均应审查的事项。③

无效的或者带有严重瑕疵的开启审理裁定可通过检察官抗告的方式被声明不服。④ 是否这种情形也可以构成《刑诉法》第 210 条第 1 款的例外，即允许被告人提起抗告，颇具争议。⑤

---

① 关于其内容见 Eschelbach, Richter Ⅱ-FS, S. 113。

② BGHSt 23, 304, 305。

③ BGHSt 29, 224; BGH BeckRS 2015, 14778; KK-StPO-*Gericke*, § 336 Rn 6; S/S/W-StPO-*Momsen/Momsen-Pflanz*, § 336 Rn 11; BeckOK StPO-*Wiedner*, § 336 Rn 15。

④ LG Göttingen NStZ 1989, 88; 反对性观点见 OLG Frankfurt NStZ-RR 2003, 81; LR-*Stuckenberg*, § 210 Rn 9。

⑤ 正确地主张被告人不得抗告：MüKo-StPO-*Wenske*, § 210 Rn 12; KMR-StPO-*Seidl*, § 210 Rn 8; 区分类型的观点：HK-*Julius/Schmitt*, § 210 Rn 3 f。

4. 开启审理裁定的拘束效力

原则上，一旦开启审判程序，被起诉人就有权在公开审理中对犯罪指控开展辩护并恢复名誉。故开启审理裁定不得随意被撤回。 551

如果在开启审理以后才出现程序障碍的，法院可以依据《刑诉法》第206条不经庭审终止程序。另外，《刑诉法》第206b条还规定了一种终止审理的可能性，即犯罪行为终了时适用的刑法规定在裁判以前发生了变更，导致作为刑事程序客体的犯罪依据旧法是犯罪，依据新法却不再是犯罪的情形。

开启审理裁定的**拘束效力**尤其体现在，不能因为法院在开启审判程序以后对充足犯罪嫌疑的判断发生了变化，即法院**不认为有充足的犯罪嫌疑**，便撤销开启审理的裁定（参见边码463）。

5. 欠缺开启审理裁定

根本没有开启审理裁定的，会构成一项**诉讼障碍**（见边码438）。缺少的开启审理裁定能否被**补正**，颇具争议。主流的实务见解认为，可以在第一审庭审活动（且没有参审员的参与下，见边码547）中补正。反之，有力说却认为，这种情况必须重新起诉，故应该依据《刑诉法》第260条第3款，在庭审活动中作出程序终止的判决（详见边码439）。 552

6. 开启审理裁定有瑕疵

即使有开启审理裁定，但裁定却有瑕疵的，则需要区分严重瑕疵和不严重的瑕疵。**区分瑕疵严重与否的标准是，究竟能否凭借开启审理裁定及其包含的信息良好地开展辩护**。① 553

严重的瑕疵会导致开启审理裁定**无效**，即准用缺少开启审理裁定的法律规定（见边码552）。

不甚严重的瑕疵不会导致开启审理裁定无效，故不会欠缺诉讼要件。这种瑕疵其实**没有法律后果**。若在庭审中发现这种瑕疵的，可以补正。② 严重的瑕疵和不甚严重的瑕疵普遍需要结合个案去区分且颇有争议。例

---

① BGH StV 1996, 362.
② BGH GA 1980, 108, 109.

如,完全以口头方式作成的开启审判程序裁定通常是无效的①;相反,裁定没有法官签名②,或者经是在**被绝对回避的**(如依据《刑诉法》第22条第2项)法官参与下作出的,便不构成严重的瑕疵。③ 但是,后一种见解因为违反《基本法》第101条第1款第2句的基本法规范,不能令人苟同。④

(三) 不予开启审判程序——《刑诉法》第204条

1. 要件

554　　根据《刑诉法》第204条第1款连同第203条,法院认为案件有下列情形之一的,裁定**不予开启**审判程序:
　　——被起诉人受到指控的行为不构成犯罪的;
　　——缺少诉讼要件或者存在诉讼障碍的;
　　——有事实根据表明,被追诉人明显没有被定罪的盖然性(对此仅作盖然性判断)。

555　**2. 不予开启裁定的内容**

　　法院不予开启审理的裁定应该表明,裁定是否有法律或事实上的理由,见《刑诉法》第204条第1款。

556　**3. 不予开启裁定的救济**

　　如果法院裁定不予开启审理,检察官可以提出即时抗告(《刑诉法》第210条第2款第1种情形)。

　　有争议的是,如果法院根本就不对开启审理作出决断,检察官如之奈何?当迟延裁断会导致程序终结的*,例如,被指控的犯罪可能会罹于时效的且因此会产生程序障碍的,检察官可以例外地提出"**不作为抗告**"

---

① BGH StV 2013, 132 连同 *Stuckenberg* 对此部分的赞成性裁判评释;BGH NStZ 2018, 155。

② BGH wistra 2012, 157; OLG Stuttgart NStZ-RR 2010, 157; S/S/W-StPO-*Rosenau*, § 207 Rn 16;其他观点:OLG Zweibrücken StraFo 2008, 470; HK-*Julius/Schmidt*, § 207 Rn 18。

③ BGHSt 29, 351, 355。

④ 同样的观点见 LR-*Stuckenberg*, § 207 Rn 67; *Nelles*, NStZ 1982, 96, 102; *Peters*, § 58 Ⅲ 1c。

* 根据德国《刑法典》第78c条第1款和第3款第1句,尽管导致追诉时效中断的事由很多,如侦查中第一次讯问被追诉人、起诉或开启审理裁定等,但是中断追诉时效不意味着不受追诉时效的限制,仅产生追诉时效重新计算的效果。此外,依据该条第3款第2句,若已经超过法定追诉时效期间双倍时间,或者若追诉时效依据特别法规定短于三年且目前时间至少已经超过三年的,追诉时效仍然会届满。——译者注

（见边码868）。① 但是，单纯迟延作出裁断不得通过抗告方式声明不服。关于法院不作为情形下**被追诉人的延宕异议权**（见本书前述边码57、493）。

4. 不予开启裁定的确定力

通过不得救济的裁定拒绝开启审判程序的案件，依据《刑诉法》第211条，**苟无新的事实或者新的证据**，不得再次被起诉。

举例②：A因为谋杀罪被起诉。州地方法院裁定不予开启审判程序，理由是：A拒不认罪且不利于他的间接证据不能证实其有充足的犯罪嫌疑。一个月后，A向证人Z承认了犯罪。Z向警方报案。由此产生了一项以证人Z为形态的新证据，便可以重新起诉。

《刑诉法》第211条规定的"新的事实和证据"不包括一项新的**法律见解**。除非依据《刑诉法》第211条提起再审，否则就像无罪判决一样，产生**刑事起诉穷竭**（Strafklageverbrauch）的效果。③

（四）暂时终止刑事程序

根据《刑诉法》第205条第1句，如果被起诉人缺席或者他身体上的其他固有障碍导致在较长时间无法开展庭审的，法院得通过裁定**暂时终止程序**。必要时，审判长得保全证据（《刑诉法》第205条第2句）。例如，若被追诉人失去诉讼行为能力且至少在无法预见的时间里得以恢复的，便可以暂时终止程序。④

遇有其他仅系临时性诉讼障碍的，也应类推适用《刑诉法》第205条暂时终止程序，如案件缺少必要的但仍可以补正的刑事起诉的情形（有争议）。⑤ 另外，苟无特别之规定，《刑诉法》第205条不仅适用于中间程序，也应类推适用于其他程序阶段（参见边码449及以下数段）。

---

① OLG Frankfurt NJW 2002, 453; OLG Dresden NStZ 2005, 652; *Kolleck-Fezer*, Verfahrensverzögerungen im Strafverfahren und die Untätigkeitsbeschwerde der Staatsanwaltschaft, 2015, S. 315.
② BGH NStZ 2017, 593 (s. auch Rn 136).
③ BGHSt 18, 225 ff; OLG Jena NStZ-RR 1998, 20.
④ *Eisenberg*, Ostendorf-FS, S. 289.
⑤ 持赞同性意见：*Roxin/Schünemann*, § 42 Rn 15。

由于被告人在开启审判程序后，有权要求刑事程序被实际开展或终了，因此，暂时不能证实其犯罪的情形，例如，一名重要的证人在可预见的时间内无法到案的，则既不得适用，也不得类推适用《刑诉法》第205条。①

（五）基于裁量性的理由终止程序

559 当检察官和被起诉人达成一致时，在中间程序中也可**基于裁量性的理由**(Opportunitätsgründen)（尤其是《刑诉法》第153条及以下数条）终止程序（见边码513及以下数段）。

案例44（边码540）**之解答：**

560 1.中间程序（《刑诉法》第199—211条）系检察官通过**将起诉书送达管辖法院的方式**提起公诉而启动的，见《刑诉法》第170条第1款、第199条第2款。具体见边码543及以下数段。

2.中间程序通过下列方式之一终了：

——法院裁定开启审理的，见《刑诉法》第203条、第207条；

——若案件不具有充足的犯罪嫌疑或者存在确定的诉讼障碍，法院裁定不予开启审理，见《刑诉法》第204条；

——因临时性诉讼障碍而终止程序的，直接或类推适用《刑诉法》第205条；

——因为裁量性理由而终止程序的，见《刑诉法》第153条及以下数条等。

（具体见边码546及以下数段）

561 **案例45**（边码541）**之解答：**

通过不得声明不服的裁定拒绝开启审判程序的案件，惟有新的事实或证据，始得被重新起诉，见《刑诉法》第211条。变动的法律见解非属新的事实或新的证据。所以，依据《刑诉法》第211条，后面的法院在裁断是否开启审理程序时，应受到被如今认为不当的先前法院之法律见解的约束。故有**刑事起诉穷竭**的效果。法官Z应该再次拒绝开启审判程序（具体见边码551、557）。

---

① BGH NStZ 1985, 230; OLG Hamm NJW 1998, 1088; LG Cottbus NStZ-RR 2009, 246; Radtke/Hohmann-*Reinhart*, § 205 Rn 4; 其他观点 AK-*Loos*, § 205 Rn 9。

第十九章 第一审庭审活动的准备与进行

案例 46：
(1) 刑事案件的第一审庭审活动流程是怎样的？
(2) 庭审最长可以休庭多久？（边码 614）

案例 47：
被告人 A 在庭审活动中对控方主要证人 Z 的证言做笔记，但被合议庭审判长制止。辩护人 V 认为这种制止是违法的，但却没有采取任何表示。A 最后被判决有罪。辩护人以合议庭审判长的制止行为违法为由，提出法律审上诉。他能成功吗？（边码 615）

案例 48：
A 被起诉到参审法庭。在持续超过两天的庭审活动中，第一天的 15 时到 21 时 15 分期间，由于法院外大门被无意中锁住了，导致旁听人员无法进入法院。尽管一开始就进场的旁听者一直在场，但是 Z 作为希望下午 16 时旁听的民众，却无法找到进入法院的方式。A 之后以此为由提起法律审上诉，可以吗？（边码 616）

案例 49：
A 因为两起独立的盗窃犯罪被侦查。他对两起犯罪均不承认。
(1) 如果两起犯罪被合并起诉。在庭审活动中，程序参与人（合议庭、检察官、A 及其辩护人）就以下方案达成一致：只要 A 对第一起犯罪认罪，那么就依据《刑诉法》第 154 条第 2 款对第二起犯罪终止程序。这项方案被记入了庭审笔录。于是，A 就第一起犯罪作出全面且可信的有罪供述。但是，检察官却对原先的协议反悔，并未依据《刑诉法》第 154 条第 2 款申请对第二起盗窃罪终止程序。

(2)当对第一起犯罪宣告处刑令时,A 与检察官达成一致,只要 A 不对处刑令提出异议,检察官会依据《刑诉法》第 154 条第 1 款终止针对第二项犯罪的侦查程序。当处刑令发生确定力后,检察官却并未遵守承诺,并且向独任刑事法官起诉了第二项盗窃罪。A 若主张,该诉讼程序不得进行,有何法律依据?(边码 617、618)

一、庭审的准备——《刑诉法》第 212 条及以下规定

(一)确定开庭期日——《刑诉法》第 213 条

566 依据《刑诉法》第 213 条由合议庭的审判长**确定言词庭审的期日**①,他对此有裁量空间。②

州地方法院或州高等法院审理涉案面广的第一审案件,如能够预见庭审活动将持续超过十天的,审判长应当在确定开庭期日之前,先行与辩护人、检察官以及附加控诉人的代理人商定庭审活动之外部流程(der äußere Ablauf der Hauptsverhandlung)*,见《刑诉法》第 213 条第 2 款。

审判长确定开庭日期时,必须照顾到辩护人的其他刻不容缓的职责,即在可能的范围内,审判长应该和辩护人商定日程。个案中,如果侵害被告人依靠其信任的律师去实现的有效辩护权(《欧洲人权公约》第 6 条第 3 款第 c 项),在不影响审判组织的整体工作负担和其他程序参与人的法定利益,尤其不抵触程序迅速原则(见边码 56)时,可以因为辩护人不便履职而更改开庭日期。③

---

① 关于对目前庭审活动形式的批评:König, AnwBl 2010, 382; Schünemann, StraFo 2010, 90。

② OLG Frankfurt StV 1998, 13。

* 所谓庭审的外部流程,包括选定期日、期间、通知、送达、开闭期日及诉讼程序的指挥等事项。——译者注

③ BGH NStZ 2018, 607; BGH JR 2018, 527 连同 Wohlers 的赞同性裁判评释; OLG Oldenburg StV 2019, 833; Bernsmann, Fischer-FS, S. 613; Krumm NJW 2019, 326, 329; Egon Müller, Widmaier-FS, S. 357。

（二）签发传票——《刑诉法》第 214 条第 1 款

依据《刑诉法》第 214 条第 1 款第 1 句，审判长有权为庭审之需要**签发传票**(Ladung)。传唤期间（从传唤到开庭之间的时间间隔）依据《刑诉法》第 217 条第 1 款确定之，并且最短不得少于 1 周。检察官负责**提交被当作证据使用的物品**，某些情形下，法庭也有权调取，见《刑诉法》第 214 条第 4 款第 2 句、第 221 条。

（三）送达开启审理之裁定

开启审理的裁定(Eröffnungsbeschluss)最迟应该随同开庭传票一起送达给被起诉人（见《刑诉法》第 215 条第 1 句）。

（四）对法庭组成的异议

在州地方法院或州高等法院进行的第一审庭审活动，最迟应该于庭审活动一开始便告知程序参与人**法庭的人员组成**(Besetzung des Greichts)，见《刑诉法》第 222a 条。若依据第 222a 条告知人员组成的，则主张合议庭组成违法的异议仅能在该通知被送达后的一周内提出，若未送达的，异议应该自庭审中宣布法庭组成后的一周内为之。在庭审活动外提出异议的，应以书面形式为之；由法庭对该异议作出裁断，但其组成人员应该符合庭审活动外裁判的要求。若法庭认为异议有理由的，应该认定法庭组成不合法。若法庭认为异议无理由的，则最迟应该在三日内将异议提交负责法律上诉审的法院裁决。法律上诉审法院不经言词审理对异议作出裁断。若它认为异议有理由的，应该认定法庭组成不合法（具体见《刑诉法》第 222b 条）。被告人苟未提出法庭组成异议的，事后不得再以法庭组成错误为由提出法律审上诉（具体见《刑诉法》第 338 条第 1 项）。

（五）嘱托讯问、勘验

原本应该归属于庭审事项的举证活动(Beweiserhebung)可以破例提前进行。这主要指证人或鉴定人囿于疾病或者其他无法克服的原因无法参与审理的情形(《刑诉法》第 223 条第 1 款)，但这不适用于因证人的居住地距离法院路途遥远，鉴于案件的审理范围不能苛求他们到场的情形(《刑诉法》第 223 条第 2 款)。

依据《刑诉法》第 223 条第 1 款，嘱托讯问(kommissarische Vernehmung)由受命法官或受托法官实施。**受命法官**(beauftragter Richter)是负

责审理的合议庭的成员,他们可以是一名或多名职业法官。**受托法官**(ersuchter Richter)是其他基层法院辖区的基层法官,他根据**司法协助请求**(Rechtshilfeersuchen)执行在当地的受托职务行为(《法院组织法》第157条)。

二、庭审流程概览

571　　第一审庭审活动的各个具体程序阶段主要由《刑诉法》第243、244条第1款规定[1]:

首先依据《刑诉法》第243条第1款第1句,庭审从**宣读案由**(Aufruf der Sache)开始。

尔后,审判长确认被告人、辩护人以及被提出的证据,也就是被传唤的证人和鉴定人到场,即**"确认到庭"**(Präsenzfeststellung)(见《刑诉法》第243条第1款第2句)。检察机关的代表莅庭理所当然地被立法规定为庭审活动的前提,见《刑诉法》第226条第1款。

司法实务中,证人和鉴定人苟非在时间上被错开传唤的,如今仅需一并**晓谕他们权利**为已足(《刑诉法》第57条、第72条)。被晓谕权利之后,证人应该离开法庭,见《刑诉法》第243条第2款第1句。因为依据《刑诉法》第58条第1款,应该单独地且在后序待质证的证人不在场的情况下讯问证人。[2]

在此之后,依据《刑诉法》第243条第2款第2句**对被告人开展人别讯问**。

再之后,**由检察官依据《刑诉法》第243条第3款第1句宣读起诉要旨**(Anklagesatz)(《刑诉法》第200条第1款;见边码489)。

　　　　不得省略宣读起诉要旨[3]。在那些起诉**大量的且以相同形式实施的犯罪**的诉讼中,如连续实施诈骗的案件,单是逐一宣读全部被起诉的事实或者部分文书就需持续几个小时甚至几天,这将明显加重所有程序参与人的负担。但这个问题也不能

---

[1] 概览性介绍:Nestler/Bächer, JA 2019, 727.
[2] 联邦最高法院判例(BGH NStZ 2019, 293)认为:案件经救济审法院被发回后,也应该晓谕证人。
[3] BGH NStZ 2018, 614.

通过限缩解释《刑诉法》第 200 条第 1 款第 1 句的方式去化解,否则将无法发挥起诉书的限定功能和通知功能(见前述边码 441)。① 然而,**联邦最高法院大刑事庭**却认为,《刑诉法》第 243 条第 3 款第 1 句之"宣读"(Verlesen)的概念可以进行**目的性限缩**:即在上述情形的程序中,如果起诉要旨记载了**以相同方式该当犯罪成立要件的实行行为**,并且也能特定化行为总数、行为时间段以及财产犯罪中的**整体损害**,那么只要该起诉要旨在庭审中被**一字不差地宣读**了,便已足! 在这类案件中,不必就每个案件更为详尽的个别化事实情节或者每一份文书都要宣读。②

依据《刑诉法》第 243 条第 4 款,合议庭的审判长应说明,是否曾经举行过协商谈判,如果举行过,又得出过何种协商成果(具体见边码 596 及以下数段、600)。

接下来**晓谕被告人,他有陈述与否的自由**,即让他知晓,他有权自由决定,是否对指控发表意见或者陈述案情,见《刑诉法》第 243 条第 5 款第 1 句。

在州地方法院或者州高等法院审理的涉案面特别广的,庭审明显将超过十天的第一审案件中,辩护人经申请或者与法院协商后(见边码 240)③,可以在法庭讯问被告人之前对起诉发表意见,即"**开头陈述**"(opening statement),但不能提前进行总结陈述(见《刑诉法》第 243 条第 5 款第 3 句)。此外,如开头陈述将会造成审理显著延宕的,审判长可以要求辩护人以书面形式提交更为详尽的陈述,见《刑诉法》第 243 条第 5 款第 4 句。

若被告人愿意就案情进行陈述的,接下来便进入**对被告人就事实展开讯问**(Vernehmung des Angeklagten zur Sache)的环节,见《刑诉法》第 243 条第 5 款第 2 句。其间,首先应给予被告人就指控罪行连贯发表意见的机会。实务见解认为,这种法定陈述方式不能通过以下方式被规避,即

---

① 其他的观点:BGH NStZ 2009, 703 (问询); BGH NStZ-RR 2010, 313 连同 Lesch 的批评性裁判评释(请示)。

② BGHSt 56, 109 连同 Gössel 的赞同性裁判评释, JR 2011, 546 以及 Mosbacher 的裁判评释, JuS 2011, 710; BGH NStZ 2011, 420; 批评观点:Börner, NStZ 2011, 436; Ziegert, Schöch-FS, S. 879。

③ KMR-StPO-Eschelbach, § 243 Rn 10.

被告人拟定好自己的意见,并将其交给法院,要求法院按照文书证据的质证方式(见边码 189、310)去宣读。① 但是,法院通常有义务将被告人起草的声明当作被告人的口头陈述。② 另外,被告人也可以在发表言词陈述时使用笔记或打草稿。③ 关于辩护人代被追诉人发表意见的权利,参见边码 240。

再往后就是**法庭证据调查**(Beweisaufnahme)④,见《刑诉法》第 244—257 条。

在依职权开展的法庭证据调查结束以后,审判长可以指定程序参与人**提出证据申请的合理期间**,《刑诉法》第 244 条第 6 款第 3 句(参见边码 680、694)。

若法庭证据调查确定结束,则先由检察官、再由被告人及其辩护人阐述各自意见和请求(**总结陈述**/Plädoyer),见《刑诉法》第 258 条第 1 款(有关事实上诉审的庭审活动,见《刑诉法》第 326 条第 1 句)。

依据《刑诉法》第 258 条第 2 款后半句、第 3 款,被告人最后陈述(letzte Wort)不可剥夺。

评议(Beratung)**和表决**(Abstimmung)是不公开的(《法官法》第 43、45 条),且仅允许负责裁判的职业法官以及经审判长许可的正在该法院进行法律职业训练的人参加,见《法院组织法》第 193 条。已经在法院结束实习的法学专业学生不得参与(见边码 764)。⑤

最后,庭审活动随着评议之后的**宣判**(Verkündung des Urteils)而结束,见《刑诉法》第 260 条第 1 款。依据《刑诉法》第 268 条第 2 款,宣告判决以宣读判决书主文以及公开判决理由的方式完成。通常情况下,宣判紧接着评议和表决进行,见《刑诉法》第 268 条第 3 款第 1 句。最迟不得晚于审理结束后的第 11 天宣判,否则须重新开始庭审活动,见《刑诉法》第 268 条第 3 款第 2 句。(例外情形见《刑诉法》第 268 条第 3 款第 3 句连同第 229 条第 3 款、第 4 款第 2 句、第 5 款)。

---

① BGHSt 52, 175 连同 *Bosch* 的否定性裁判评释, JA 2008, 825; *Mehle*, DAV-FS, S. 655; *Mosbacher*, JuS 2009, 124; 持质疑立场的见解:Heghmanns/Scheffler-*Scheffler*, Ⅶ Rn 250。

② BGH NStZ 2019, 168。

③ BGH NStZ 2015, 418。

④ 关于"扩张式"查明案情的措施,见 BGH NStZ 2010, 53 连同 *Schneider* 不值得信服的批评。

⑤ BGHSt 41, 119, 120。

三、庭审活动进行的若干问题

（一）审判长的诉讼指挥权

1. 初步裁决权

依据《刑诉法》第 238 条第 1 款,由合议庭的**审判长**负责**指挥审判**,讯问被告人以及开展法庭证据调查。

对于一些特别重要的裁判事项,立法规定由**整个法庭享有即时管辖权**(sofortige Zuständigkeit),如申请法官回避(《刑诉法》第 27 条第 1 款)、停止审理或时间较长的休庭(《刑诉法》第 228 条第 1 款第 1 句)以及驳回证据申请(《刑诉法》第 244 条第 6 款第 1 句)的裁定。

2. 请求法庭复议

若参与审理活动的人指摘审判长所作决定违法的("中间法律救济"/Zwischenrechtsbehelf),则由法庭裁决之(《刑诉法》第 238 条第 2 款)。

传统上须区分下列两种诉讼指挥权：

——**形式上的指挥**,它仅仅涉及庭审活动的**外在形态**,如庭审的开始和结束、较短的休庭、命令证人退庭等；

——**实质上的指挥**,它包括所有能直接影响终局裁判的命令,即所有可以想象到的构成判决基础的命令。其中尤为重要的是讯问被告人以及法庭证据调查(见《刑诉法》第 238 条第 1 款)。

按理来说,仅就后者不服的,始得向合议庭申请复议。但是在实务中,以上两个领域并未被区分开来,以至于如今基本上无法把握其间的差异,所有的决定都被视属于《刑诉法》第 238 条第 2 款意义上的诉讼指挥,如安排法庭的座位顺序。①

即使是由独任刑事法官审理的情形,也适用《刑诉法》第 238 条第 2 款的规定:即对诉讼指挥事项的复议要求,由独任法官自行重新决定

---

① BGH NStZ 2019, 297 连同 *Börner* 的裁判评释；深入的论述：*M-G/Schmitt*, § 238 Rn 12 f; *Volk/Engländer*, § 19 Rn 24。

之,只不过是以裁定的方式重新决定。①

574 若依据《刑诉法》第 238 条第 2 款被异议的措施经法庭裁定被维持,倘若对该裁定依旧不服,通常不得**提出抗告**(《刑诉法》第 305 条)。惟一的救济可能性乃以违反现行程序法之规定为由提出法律审上诉(《刑诉法》第 337、338 条)。惟当法院的裁决**没有体现出与判决的内在联系**时,始得对该裁决抗告(见边码 869)。

575 被告人通常须当机立断,究竟是否愿意忍受审判长的违法决定,若他怠于依据《刑诉法》第 238 条第 2 款请求合议庭复议,通常也就失去提出法律审上诉的机会;因为依据《刑诉法》第 338 条第 8 项明确的表述,惟当辩护权的不当限制系法庭裁定所致(不能是审判长的决定),不当限制辩护权始得被当作**法律审上诉的绝对理由**。

未依《刑诉法》第 238 条第 2 款行使复议权的人通常还会丧失以命令违法为由提出法律审上诉的权利,这是一贯的实务见解。除了这种特殊失权情形外,通说还主张,纵使这些人将不当限制辩护权作为《刑诉法》第 337 条规定的法律审上诉的相对理由,从效果上而言依旧是徒劳的②,甚至有观点否定这种情形下法律审上诉的合法性。③ 尤其是根据(迄今为止)实务见解,即便没有辩护人的被告人不知晓其有权依据《刑诉法》第 238 条第 2 款请求中间救济(法庭的照料义务,见边码 583)④,或者审判长对某项依职权应该强制实施的行为采取不作为,或者他违反某项不得任由其裁量的强制性程序法规定时(如宣读起诉要旨,见《刑诉法》第 243 条第 3 款第 1 句⑤),也会产生"**异议遮断效**"(Rügepräklusion)的后果。上述有关异议遮断效的实务见解应予摒弃,因为没有请求法庭复议的事实不能

---

① OLG Düsseldorf StV 1996, 252; KK-StPO-*Schneider*, § 238 Rn 15; 不同见解:BayObLGSt 1962, 267。

② BVerfG JR 2007, 390; BGHSt 1, 322, 325; 55, 65 连同 *Kudlich* 的裁判评论, JA 2010, 669; *Ladiges*, JuS 2011, 226; *Mosbacher*, JuS 2010, 689; BGH StV 2011, 458 连同 *Lindemann* 的否定性裁判评释; BGH NStZ 2013, 608。

③ BGHSt 51, 144, 147 连同 *Mosbacher* 的裁判评释, JR 2007, 387 和 *Widmaier* 的裁判评释, NStZ 2007, 234。

④ OLG Düsseldorf NStZ 1997, 565 连同 *Ebert* 的裁判评释;深入的论述:*Bischoff*, NStZ 2010, 77。

⑤ BGH NStZ 2020, 307。

得出放弃行使权利的意涵,①通常也不得因此剥夺被告人诉诸救济审的权利。因为剥夺救济审除应具备单纯没有要求法庭复议的事实之外,还必须有恶意或失信的诉讼表现。② 例如,被告人纯粹希望为自己的法律审诉求"积攒"瑕疵而不请求法庭复议的情形。③

(二) 庭审活动的公开性——《法院组织法》第 169 条

1. 原则

事实审法庭的审理活动,包括宣告判决和裁定在内,均应公开,见《法院组织法》第 169 条第 1 句,亦参见《欧洲人权公约》第 6 条第 1 款第 1、2 句。公开性原则在以前主要是保障监督以及防止国家权力的恣意性,如今则偏重社会大众的知悉利益。④ 公开性系指,无论属于公众中的哪一个特定群体,也无论有何种特定的人格身份,任何人均有权作为听众参加法院的庭审活动。⑤

举例:某基层法院的庭审时间是从 9:00 开到 13:35。在法院大门上有告示,"法院每周五下午 13:00 以后关门"。即使当天法院的门其实是开着的,但这种情形也违反了《法院组织法》第 169 条,因为访客完全有可能对告示的内容信以为真。⑥

2. 限制

(1)但是,这项入场权却自始就附有限制。未成年人以及那些会有碍法庭庄严的人不得进入法庭(《法院组织法》第 175 条第 1 款)。这里的"未成年人"系尚未年满 18 岁且自外表观之,缺乏参与庭审活动必要成熟

---

① *Beulke*, 43. Strafverteidigertag 2019, S. 9, 42; *Bauer*, NStZ 2012, 191; *Ignor/Bertheau*, NStZ 2013, 188; *Lindemann*, StV 2010, 379; *Gaede*, wistra 2010, 210; *Widmaier*, NStZ 2011, 305; 批评观点还包括:HK-StPO-*Julius* § 238 Rn 12; **不同的观点**: *Mosbacher*, Widmaier-FS, S. 339; *ders.*, NStZ 2011, 606 (kein Rechtsschutzbedürfnis); KK-StPO-*Schneider*, § 238 Rn 36。

② LR-*Becker*, § 238 Rn 44; s.a. *Hendrik Schneider*, JuS 2003, 176。

③ AK-*Schöch*, § 238 Rn 43。

④ 进一步的论述: *Bosch*, Jura 2016, 45; *Gierhake*, JZ 2013, 1030; *Heger*, Handbuch Strafrecht, Bd.7 § 13 Rn 1 ff。

⑤ BGHSt 28, 341, 343 ff; 深入的论述: *Laue*, in: 33. Strafverteidigertag, S. 135。

⑥ OLG Zweibrücken StV 1996, 138; 亦见 OLG Celle NStZ 2012, 654 连同 *Mosbacher* 的裁判评论, JuS 2013, 133。

度的人。① 因为参与被审理的犯罪而正在接受侦查的人或者在当前程序中可能会担任证人的人也可以被拒绝入庭或者被带出法庭（基于《刑诉法》第 58 条第 1 款）。② **参加审理的人员**在庭审中不得**全部或部分地遮挡自己的面部**。当且仅当辨识面部对身份认定和证据评价均无必要时，审判长才可以破例允许（《法院组织法》第 176 条第 2 款）。③ 但被告人、证人或者其他程序参加人基于宗教原因佩戴头巾不被禁止。④ **扰乱庭审活动进行的听众**可以被带离法庭，见《法院组织法》第 177 条。

（2）除这些直接的限制以外，审判长的**法庭法警措施**（《法院组织法》第 176 条及以下数条）以及法院院长根据**官舍管理权**（Hausarecht）*作出的**命令**，可以管控潜在的参访者（如查验证件、搜查随身武器，甚至对听众实行登记等方式），这也会间**接限制**公开审理原则。⑤ 然而，若这些管控措施对于庭审安全及其有序进行确有必要的，当被允许。⑥ 另外，公开性始终都是在**法庭空间容量**允许的前提下才有贯彻之可能。⑦ 此外，还值得遵守的一项合理限制是，在庭外法官勘验时，勘验所在地的官舍管理权人虽然应允许程序参与人进入，但有权禁止旁观人员进入。⑧

3. 公开之例外

578 （1）对**少年被追诉人**的庭审**不予公开**（《少年法院法》第 48 条第 1 款）。甫成年人案件，为维护其利益，也可以不公开（《少年法院法》第 109 条第 1 款第 5 句）。

---

① RGSt 47, 374, 376.
② BGH NStZ 2001, 163 连同 *Fahl* 的裁判评释，JA 2001, 455; BGH StV 2003, 659。
③ *Nestler*, HRRS 2016, 126; *Löffler*, „Freies Gesicht im Strafverfahren", Die Zulässigkeit der Vollverschleierung muslimischer Frauen in der strafrechtlichen Hauptverhandlung am Beispiel der Zeugin, Diss 2019。
④ BVerfG NJW 2007, 56; *M-G/Schmitt*, § 176 GVG Rn 17.
* 官舍管理权又称"家主权"或者"厅舍管理权"，系指机关首长为了维护办公场所的安全与秩序，允许或阻止相关人员进入或命令其退出行政公用建筑物的权力。关于法院院长的官舍管理权与审判长法庭警察权的关系，可参见占善刚：《法庭警察权研究》，载《中外法学》2022 年第 1 期，第 157-158 页。——译者注
⑤ VG Wiesbaden StV 2010, 514 连同 *Klotz* 的否定性评论，NJW 2011, 1186（无缘由地采取视频监控的情形）；深入的论述：*Milger*, NStZ 2006, 121。
⑥ BVerfG NJW 2012, 1863; BGHSt 27, 13, 15; 29, 258, 259 ff.
⑦ BGHSt 21, 72, 73; 27, 13, 14; BGH NJW 2006, 1220.
⑧ BGHSt 40, 191, 192.

(2)《法院组织法》第 171a、171b、172 条还规定了其他的不公开的情形。尤其是考虑到某些值得保护的私人利益或者公益而不应该要求公开的情形。例如，**为了保护证人的隐私而不公开**。①

宣告判决应绝对公开进行(《法院组织法》第 173 条第 1 款)。但是，通过特别裁定的方式，可以不公开宣告**判决理由**(参见《法院组织法》第 173 条第 2 款)。

4. 录音、录像以及笔录

实际上，较之于个人直接旁听庭审，**媒体新闻报道**作为间接地实现庭审公开的方式，在今天无疑显得更为重要。② 苟无此种媒体传播方式，宪法上的公开原则便无法充分实现。所以，允许媒体代表进入法庭具有特别重要的宪法意义。③ 根据联邦宪法法院判例，在公开进行的诉讼程序中，可以在法庭内为媒体代表预留一定的**座位份额**④。倘如此安排仍无法充分满足媒体代表入场需求的，则应该实行**公平的筛选程序**，在特定情况下，应该以区分媒体形式的方式筛选(如根据案件相应的因素安排电视、纸媒、外国媒体代表)。⑤

庭审活动不允许由无线传媒(电台/电视)转播，其他以报道为目的之**录音**或**录像**亦被禁止的(《法院组织法》第 169 条第 1 款第 2 句)。该项禁止性规定是合宪的，并且从人格保护以及程序公正的角度，于法政策上亦富有意义。⑥

自 2018 年开始，法庭允许在审判庭以外的**另一个房间**为**媒体代表进行语音转播**，见《法院组织法》第 169 条第 1 款第

---

① Siehe auch *Beulke*, JR 1982, 309.
② 深入的论述：LR/*Wickern*, Vor § 169 GVG Rn 14 ff; 亦见 *Hassemer*, ZRP 2013, 149; *Heger*, Beulke-FS, S. 759; *Jung*, GA 2014, 257。
③ BVerwG NJW 2015, 807, 809; 深入的论述：*Bosch*, Jura 2016, 45; *Kindhäuser*, Wolter-FS, S. 979。
④ BVerfG NJW 1993, 915.
⑤ EGMR NJW 2013, 521; BVerfG NJW 2013, 1293 连同 *Zuck* 的裁判评释; *Frenz*, DVBl. 2013, 721 u. *Kühne*, StV 2013, 417; 深入的论述：*von Coelln*, DÖV 2006, 804。
⑥ BVerfGE 103, 44, 59; *Lilie*, AE-StuM, S. 116; 不同见解：*Kaulbach*, JR 2011, 51; 亦见 *Hegmann*, DRiZ 2014, 202; *Kühl*, Müller-Dietz-FS, S. 401; *Fink, M.*, Bild- und Tonaufnahmen im Umfeld der strafgerichtlichen Hauptverhandlung, 2007; zu Live-Berichterstattungen aus der strafrechtlichen Hauptverhandlung *Rieker*, 2019。

3—5句。① 若是刑事程序对于德意志联邦共和国的当代历史卓为重要的，则法庭可以**为了实现学术以及历史之目的**（为了保存在联邦或州的档案馆），对包括宣告判决和裁定在内的庭审活动**录音**，见《法院组织法》第169条第2款第1、4句。但是，为了值得保护的诉讼参与人或第三人的利益，或者为了保障诉讼的依法进行，可以禁止对部分内容的录音（见《法院组织法》第169条第1款第4句，第2款第2句）。录音不得载入案卷且既不得出版，也不得作为证据用于现在进行的诉讼或其他的诉讼，见《法院组织法》第169条第2款第3句。**在特殊的案件中**，为了公开播放或出版裁判内容，可以**对联邦最高法院的裁判宣告环节由电台或电视进行无线录制或录音和录像**，见《法院组织法》第169条第3款第1句。②

审判长凭借其法庭警察权可以允许对开庭审理以前或结束以及**休庭**期间的场景（《法院组织法》第176条）录音。③ 审判长在裁量决断法庭警察命令时，应当在权衡不同冲突性利益的前提下（尤其是《基本法》第5条第1款第2句与第2条第2款连同第1条第1款）遵守比例原则。④ 联邦宪法法院认可媒体于休庭期间在法庭录像的权利。⑤ 另外，电视台在庭审活动每一天的开始和结尾可以对包括被告人在内的出庭程序参与人摄像以及拍摄合议庭成员到庭的场景。

在媒体播放的影片中不得暴露被告人的脸部画面，除非被摄像人同意公布其画面。⑥ 在宣读案由以前（边码571），被告人

---

① 关于法政策上的讨论: *von Coelln*, AfP 2014, 194; *Exner*, Jura 2017, 770; *Feldmann*, GA 2016, 20; *Kreicker*, ZIS 2017, 85; *Mitsch*, ZRP 2014, 137; *Norouzi*, StV 2016, 590; *Wick*, Demokratische Legitimation von Strafverfahren, 2018.

② BGH NStZ 2019, 45; *Saliger*, JZ 2016, 824.

③ BGHSt 23, 123, 125; 亦见 LG Augsburg StV 2013, 202。

④ BVerfGE 119, 309; BVerfG NStZ 1995, 40; BVerfG JR 2014, 491 连同 *Schäfer* 的裁判评释; *Eisenberg*, StraFo 2007, 286。

⑤ BVerfGE 91, 125 (*Honecker, Mielke* 等案); 正确的批评意见: *Ranft*, Jura 1995, 573, 580。

⑥ BVerfG NJW 2000, 2890 u. 2008, 977 连同 *Schäfer* 的否定性裁判评释, JR 2008, 119; BVerfG NJW 2009, 350 (Holzklotz案) 连同 *Muckel* 的赞同性评论, JA 2009, 829; BVerfG wistra 2012, 145。

及其辩护人没有出席法庭的义务。①

照相(Fotographie)不适用《法院组织法》第169条第1款第2句。是否可以照相系肖像权问题(《艺术作品著作权法》第22条及以下的规定)。在涉及特别公共利益的诉讼中通常应当准许照相。审判长凭借其法庭警察权通常会在审判期日过程中完全禁止录音,并且会对休庭期间的录音给予一些相关的限制(例如"模糊画面处理")。②

法庭可以仅允许特定的摄制组进行电台录音或照相,这些摄制组必须书面保证,其图像资料不会用于其他相竞合的事业,即禁止"多用途方案"。③

法庭有权为实现司法系统内的目的**录音和录像**。④ 尤其是出于制作法庭笔录之目的,可以临时用**录音设备**将整个庭审流程记录下来(《刑诉法》第168a条第2款第1句),包括证人的异议在内。⑤ 目前正激烈讨论的法政策议题是,立法者是否应当在州高等法院或州地方法院审理的第一审案件中引入视听化记录方式。⑥

法庭审判长凭借其诉讼指挥权可准许**辩护人和检察官录音**(《刑诉法》第238条,见边码572及以下)。⑦

无论是程序参与人,还是旁听人员都可做**笔记和画图**;惟当迫不得已时,始得基于庭审警务的理由破例制止之。一般不得禁止被告人在庭审中自行记录证人证言。⑧ 为防止有人在庭审过程中违反禁止录音录像的规定,审判长有权禁止媒体代表使

---

① VerfGH Berlin StraFo 2018, 109.
② BVerfG NStZ 2004, 161; OLG Bremen StV 2016, 549; KK-StPO-*Diemer*, §169 GVG Rn 13.
③ BVerfG NJW 2001, 1633, NJW 2002, 2021;关于该学说的完整介绍:Dahs-Dona Scripta, S. 267。
④ OLG Bremen NStZ 2007, 481;具体见:*M-G/Schmitt*, §169 GVG Rn 11, 13。
⑤ BGHSt 34, 39, 52; *M-G/Schmitt*, §168a Rn 4;不同的观点:OLG Schleswig NStZ 1992, 399 连同 *Molketin* 赞同性裁判评释, NStZ 1993, 145; *Kühne*, StV 1991, 103, 104。
⑥ 关于其介绍:*Mosbacher*, StV 2018, 182; *Serbest*, StraFo 2018, 94;有关侦查程序中对讯问被追诉人活动的记录,参见本书边码178。
⑦ *M-G/Schmitt*, §169 GVG Rn 12; *Burhoff*, Hauptverhandlung, Rn 2669.
⑧ BGHSt 1, 322, 323.

用便携式电脑。①

近来日益普遍的观念认为,对审判长限制媒体新闻报道的法庭警察命令可通过**抗告的方式**(《刑诉法》第 304 条)声明不服。②

5. 违反有关审理公开规定的法律后果

580　不合法地限制庭审的公开性将构成《刑诉法》第 338 条第 6 项之绝对上诉法律审的理由。③ 相反地,**不合法地扩张**公开性的情形,则参见边码 866。至于法庭就这些操作是否有**过错**(schuldhaft),在所不论(这一点很有争议④)。

581　（三）休庭与停止审理

庭审活动应当尽可能在预见的时间段内进行,尤其不应当较长地被间断(**集中原则/Konzentrationsmaxime**),惟有如此,"言词审理的印象才不会被淡忘,并且不会有损对庭审过程的记忆可靠性"。⑤

重要的是**休庭**(Unterbrechung)(《刑诉法》第 228 条第 1 款第 1 句第 2 种情形、第 229 条第 1 款)与**停止审理**(Aussetzung)(《刑诉法》第 228 条第 1 款第 1 句第 1 种情形、第 229 条第 4 款)之间的区别:

休庭不得超过三周(《刑诉法》第 229 条第 1 款)。⑥ 休庭时,原先已经被审理的对象继续留存着。对于涉案面较大的诉讼适用特殊的规定,在满足特定要件的前提下,可以休庭达一个月(《刑诉法》第 229 条第 2 款)。

---

① BVerfG NJW 2009, 352; 批评观点: *Rath*, DRiZ 2014, 8; 深入的论述: *Rieks*, LIVE-Berichterstattung aus der strafrechtlichen Hauptverhandlung, 2019, S. 191 ff。

② BVerfG HRRS 2015 Nr. 427; OLG München NStZ 2007, 120; *M-G/Schmitt*, § 176 GVG Rn 24; *Hillenbrand*, StRR 2013, 244; 但是联邦宪法法院裁判(BVerfGE 119, 309, 317)却持反对意见,理由是根据《法院组织法》第 181 条第 1 款的反向推论解释; OLG Hamm NStZ-RR 2012, 118; 联邦最高法院判例(BGHSt 44, 23)对此未澄清。

③ 有的实务见解主张,若仅形式上违反了不予公开情形下的说理义务的(如《法院组织法》第 174 条第 1 款第 3 句),应该限制提起法律审上诉,见 BGH NStZ-RR 2019, 321 连同 *Fahl* 的裁判评释和 *Kudlich* 的裁判评论, JA 2019, 708。

④ 与此处意见一致的有: *Fezer*, 14 Rn 80; 不同见解: BGHSt 21, 72, 74; 完整内容见: *Kudlich*, JA 2000, 970; *Tag, B.*, Die Öffentlichkeit der Hauptverhandlung, 1999。

⑤ BGHSt 23, 224, 226; 对此提出指导的判例: BGH StV 2014, 2, 3。

⑥ 批评观点: *Mandla*, NStZ 2011, 1; 关于如何计算的实务见解: BGH StV 2020, 437 连同 *von Alten* 的裁判评释。

若庭审活动已经至少进行了十日之久,当(被告人和法官)患病或者遇到法官休产假或育儿假的,则适用《刑诉法》第 229 条第 3 款的特殊规定;若有临时性的技术障碍,则适用其他特别性规定(《刑诉法》第 229 条第 5 款)。根据《法院组织法施行法》第 10 条第 1 款。① 若为了防止新冠肺炎病毒感染传播,导致庭审活动无法践行的,《刑诉法》第 229 条第 1、2 款规定的休庭期限不再受庭审持续时间的影响,但是休庭最长不得超过两个月。纯粹的"**拖延性期日**"(Schiebetermin),即没有开展实质审理活动的期日(故被称作"**拖延性期日**"*)不被认可,因此不会产生一个新的期限(如仅仅部分朗读一下信函或记录的内容)。②

如果休庭已逾三周或者一个月,则应**停止审理**(《刑诉法》第 228 条第 1 款第 1 句第 1 种情形)。在计算期限时,作出休庭决定的当天不被计入,重开庭审的当天也不被计入③。一旦停止审理,庭审活动必须要**完全地重新开始**(《刑诉法》第 229 条第 4 款),即所有先前已经被审理过的内容,都被视为从未审理过。

有疑问的是,若法院本来就欲停止审理,故逾越《刑诉法》第 229 条规定的休庭期限,那么法庭的决定究竟是停止审理的决定,还是休庭的决定呢?④ 其实,在休庭期限内,法庭的决定既可以是休庭(通常情况应该如此),也可以是停止审理(如法庭不遵守《刑诉法》第 217 条第 2 款规定的传唤期间)。到底是何种

---

① BGBl. I 2020, S. 569; s. auch VerfGH Sachsen NStZ 2020, 364; OLG Karlsruhe NStZ 2020, 375; *Deutscher*, NStZ 2020, 317; *Wagner*, ZIS 2020, 223.

* 德国刑事诉讼中的拖延期日系指一种特别短的庭审期日,安排这种期日主要是为了保证庭审活动在《刑诉法》第 229 条规定的期限内能继续进行。例如,《刑诉法》第 229 条第 1 款规定,休庭最多不得超过三周。根据该条第 2 款,若休庭前曾最少审理过 10 日的,休庭也可以最长达到一个月。但是,在实践中,如果因为无法预见的原因休庭,在这段期限内经常会找不到对所有程序参与者均适合的可以共同继续开庭审理的期日。若庭审不能在法定休庭期限届满前的第一日继续举行,则庭审须整体重新开始(《刑诉法》第 229 条第 4 款第 1 句),即所有的诉讼资料须被重新审理一遍,如重新讯问大量的证人。为了防止出现这种状况,于是指定一个拖延期日,在该期日中审理经常只需要持续几分钟,读读证据文书。旨在通过这种方式满足《刑诉法》第 229 条第 1 款的形式性要求,并且之后可以继续休庭一定的时限(如三周的时间)。但是,如今这种操作不被认可。——译者注

② BGH JR 2009, 347; BGH NStZ 2018, 297 连同 *Gubitz* 的裁判评释。

③ BGH NStZ 2017, 424.

④ RGSt 58, 357, 358.

决定不取决于法庭怎么称呼自己的行为,而是通过解释去探知法庭声明的意义。①

(四) 诉讼参与人的必要在场

582　　庭审活动中所有**法官**(包括参审员在内)都必须**不间断地在场**(《刑诉法》第 226 条第 1 款)。一旦某个法官退出审理,则庭审活动必须重新举行。作出裁判时,仅限法律规定数量内的法官(见边码 74 及以下数段)可以参与(《法院组织法》第 192 条第 1 款)。在持续时间较长的庭审活动中,审判长可以延揽备位法官(或备位参审员)(Ergänzungsrichter-schöffe)②出席庭审,一旦某位法官(参审员)无法审理,便可替代补位(《法院组织法》第 192 条第 2、3 款)。

代表检察机关的公务员以及通常还有一位法院书记处的书记员应该不间断地在场(《刑诉法》第 226 条第 1 款),但不必始终是同一个人。依据《刑诉法》第 226 条第 2 款,独任刑事法官可以放弃征召书记员到庭。

惟有必要辩护情形下,才会强制要求**辩护人**在场(见前述边码 248 及以下)。

被告人于整个庭审活动中,即从宣读案由到宣告判决期间,原则上均负有在场义务。《刑诉法》第 230 条第 1 款规定,不得对未到庭的被告人进行庭审,且依据《刑诉法》第 231 条,已经到庭的被告人不得自行离庭。在场系指精神和肉体在场,被告人待在法庭隔壁的房间通过视频转播的方式到庭不符合在场的要求③(关于以视频会议方式讯问证人的情形,见边码 658)。合议庭尤其应当凭借被告人在场去获得对被告人本人、举止态度以及他陈述的直接印象,并由此探知真实的案情。④

但是,《刑诉法》在规定被告人原则上应负在场义务的同时,也规定了许多**限制和例外**,参见《刑诉法》第 231 条第 2 款至第 233 条、第 247 条、第 329 条第 1 款、第 350 条第 2 款、第 387 条第 1 款、第 411 条第 2 款、第

---

① BGH NStZ 2008, 113; *Mosbacher*, JuS 2008, 127.
② 关于延揽的期限:BGH JR 2017, 38 连同 *Börner* 的裁判评论, JR 2017, 16。
③ BGH StV 2019, 517.
④ BGHSt 26, 84, 90.

415 条(见边码 188)。①

(五) 法庭的照料义务

刑事程序法规定的各项法庭的具体义务不过是**刑事追究机关的普遍照料义务**(allgemeine Fürsorgepflicht der Strafverfolgungsorgane)在法庭中的特殊表现形式而已②,即**法庭的照料义务**。该义务植根于保障公平刑事程序的法治国原则(《基本法》第 20 条第 3 款)。若法庭关注到,没有获得帮助的被告人不能充分地知晓自己的权利,因此无法充分地利用他在刑事程序中被赋予的机会,此时法庭的照料义务就尤为重要。所以,法庭对于**没有辩护人的被告人**须格外遵守照料义务。《刑诉法》第 265 条第 4 款对法庭照料义务有特别的体现:依据该条规定,一旦"案件情况发生了变动"(因此也意味着诉讼情况发生了改变),如果停止审理显然适合让辩护进行充分准备的,法庭应当停止审理。此外还值得注意是,《刑诉法》第 244 条第 2 款的职权澄清义务(Amtsaufklärungspflicht)。

583

值得举例说明的作为照料义务的后果有:当开庭之际选任辩护人未到庭时,法庭有义务等待 15 分钟左右③;若在庭审进行中须另行指定义务辩护人,且该义务辩护人需要较长的时间熟悉案情时,法庭有义务停止审理④;尽可能地治愈程序瑕疵的义务;以及让被告人免于草率放弃上诉审的义务(亦见边码 463、601)。⑤

(六) 《刑诉法》第 265 条第 1、2 款规定的释明/《刑诉法》第 266 条规定的补充起诉

1. 法庭不得适用合法起诉中引用的刑法条文以外的条文去判决被告人有罪,除非之前已经就**法律见解的变动**向被告人特别**释明**过,见《刑诉

584

---

① 关于被追诉人缺席审理是否符合《欧洲人权公约》第 6 条的问题,见欧洲人权法院裁判[EGMR (*Krombach*) NJW 2001, 2387]连同 *Gundel* 的裁判评释, NJW 2002, 2380。
② BGH NStZ 2013, 604 (侦查法官的情形)。
③ Vgl. nur BGH wistra 1992, 67; OLG Hamm NStZ 2010, 471.
④ BGHSt 58, 296, 299; BGH JR 1998, 251 连同 *Rogat* 的裁判评释。
⑤ OLG München StV 1998, 646; 限缩性观点: OLG Hamburg StV 1998, 641 连同 *Rogall* 的裁判评释; 深入的论述: LR-*Kühne*, Einl. Abschn. I Rn 121 ff; *Maiwald*, Lange-FS, S. 745 ff。

法》第 265 条第 1 款(**例如**:以故意犯替换过失犯、正犯取代共犯、单独正犯代以共同正犯、谋杀罪替换杀人罪、作为替换不作为)。这也同样适用于随着审理的进行而出现新的刑罚加重事由的情形,参见《刑诉法》第 265 条第 2 款第 1 项(**例如**:将《刑法典》第 239 条第 1 款的剥夺人身自由行为的犯罪情状替换成第 239 条第 3 款第 1 项的长期剥夺人身自由行为*)①。纵使法庭欲偏离曾经在审理中说明的暂时性事实评价或法律评价,也应该予以法律释明,见《刑诉法》第 265 条第 2 款第 2 项(如违背协商的情形,见边码 606)。若释明事实状况的变化对充分辩护有必要的,也应该同样为之。见《刑诉法》第 265 条第 2 款第 3 项。后一种情况系指犯罪的形象,如犯罪时间、犯罪地点、犯罪对象、犯罪的攻击方向,参与犯罪的人员或者描述起诉要旨的不准确事实版本等方面发生了重要变化②,如包庇得利罪的违犯方式(《刑法典》第 257 条)不是窝藏赃物,而是加工赃物的情形③。

释明法律见解改变的义务,来源于法庭照料义务,并且是依法听审权(《基本法》第 103 条第 1 款)的具体化。若被告人辩称不能对新出现的情况进行充分的准备,则根据其申请应该停止审理,法庭不得对此裁量(具体见《刑诉法》第 265 条第 3 款④;关于停止审理和休庭的区别,见边码 581)。

除法律文本明定的释明义务外,其他针对起诉的实质性变更也被认为会发生释明义务,⑤尤其是:在**同一个犯罪构成**范围内由一类违犯方式转为另一类违犯形式,如当构成《刑法典》第 211 条之谋杀罪时,从出于卑

---

* 依据《德国刑法典》,剥夺人身自由处五年以下有期徒刑。但依据第 239 条第 3 款,如果剥夺被害人自由超过一周的或者在剥夺行为时或行为持续期间致使被害人健康遭受重大损害,则处一年以上十年以下有期徒刑。——译者注

① 若起诉书描述的事实情状表明,一旦构成犯罪会产生《刑法典》第 73、73c 条规定的强制没收的效果,但是起诉书和开启审理裁定书中却对该法律效果以及剥夺财产的范围未作说明,是否法庭也有对此释明的义务,目前有争议;肯定有释明义务的观点:BGH (1 StR) NStZ 2020, 747; 不同的见解:BGH (5. StR), NStZ 2929, 748 连同 *Börner* 的否定性裁判评释;批评观点还有:*Abraham*, HRRS 2020, 51。

② BGH NStZ 2020, 97; 深入的论述:*Ceffinato*, JA 2020, 6。

③ Vgl. BGHSt 11, 88, 90。

④ 深入的论述:BGHSt 48, 183, 186 连同 *Kudlich* 的裁判评论, JA 2004, 108; *Schlosser*, NStZ 2020, 267。

⑤ 详尽的论述:KMR-StPO-*Stuckenberg*, § 265 Rn 27, 55。

劣动机杀人转为阴险地杀人。① 或者当构成《刑法典》第 224 条的伤害罪时,从"使用凶器"变成"采取危害生命的方式为之"的情形。②

毫无疑问的是,当应该适用更加轻缓的法律规定时,亦须依据《刑诉法》第 265 条第 1 款践行释明。③

2.但是,根据控审原则要求(见边码 48),惟当起诉依旧还是被开启审理裁定(《刑诉法》第 207 条)准许的那个起诉(《刑诉法》第 170 条第 1 款),法律释明始足当之。因此产生下列制度:

若改变仅发生在诉讼意义上已**被起诉**的犯罪内,那么法院可根据在审理中查明的事实和法律情况下判,见《刑诉法》第 264 条第 1 款。尤其是,法院不受开启审理裁定中的法律评价约束,见《刑诉法》第 264 条第 2 款。但是,若**见解**或**法律见解**发生了变化,为了保护被告人,须进行**释明**,见《刑诉法》第 265 条第 1、2 款,以便他拟定相应的辩护。

若新发现的角度表明,需要处罚诉讼意义上(起诉外)的**其他犯罪**,则仅依据《刑诉法》第 265 条第 1、2 款践行释明便不足为当,尚需一项专门的起诉始得追究。这便可以通过《刑诉法》第 266 条规定的**补充起诉**(Nachtragsanklage)去完成。但是,补充起诉的前提是,法院对新的犯罪有管辖权且须征得被告人同意。是否拒绝同意悉听被告人决定,绝对不得将拒绝同意视为权利滥用而不予考虑。④ 尤其是不得借由程序合并制度(《刑诉法》第 4 条第 1 款)去规避补充起诉(《刑诉法》第 266 条)。⑤

所谓**诉讼意义上的犯罪**,系指在起诉和开启审理裁定中被记载的,**根据生活观念构成的某个整体性的历史经过**(详见边码 785 及以下数段)。

欲辨明新查明的历史性经过是否严重偏离原初的记载,以至于其不再是同一个犯罪的变体,而系《刑诉法》第 264 条规定的另一个犯罪,这在许多情形中难免困惑。判断是否属于实质性偏离,关键在于,是否犯罪还是原先那个独特的、明白无误的事件,尤其应从事件的**地点和时间**、行为

---

① BGH StV 2012, 70.
② BGH NStZ 2018, 557.
③ BGH NStZ 2018, 159; *M-G/Schmitt*, § 265 Rn 9; *Kudlich/Kraemer*, JA 2004, 108.
④ BGH StraFo 2010, 337; *Jahn/Schmitz*, wistra 2001, 333.
⑤ BGHSt 53, 108 连同 *Jahn* 的赞同性评论, JuS 2009, 563; BGH wistra 2008, 193 却体现出背离该要求的趋势。

人的举止、他内心的行动方向以及**对象**去重新识别(见边码786)。

范例:以谋杀罪去替代清运尸体方式实施的阻扰刑罚罪:这**是一个新的犯罪**,仅能以补充起诉的方式并入现有的诉讼。①

将性侵儿童的发生时间从七月替换成五月:这仍旧是诉讼意义上的同一个犯罪,因此仅需要依据《刑诉法》第265条第1款予以**法律释明**即可(问题具体见边码793及以下)。②

(七)发问权

587　**1. 原理**

审判长应陪席法官的要求,应该准许他们向被告人、证人和鉴定人提问(《刑诉法》第240条第1款)。③ 同样还应该准许主诉检察官、被告人和辩护人以及参审员发问(《刑诉法》第240条第2款第1句)。

被告人也可向证人直接提问,审判长不得允许被告人通过辩护人间接地向证人提问(亦见前述边码190)。④

共同被告人不得向被告人直接提问(《刑诉法》第240条第2款第2句)⑤。若被告人欲向共同被告人发问,要么通过辩护人间接提问,要么由他向审判长提出问题,尔后再由审判长向共同被告人代问且审判长必须为其代问。

588　**2. 具体问题的驳回**

(检察官、被告人、辩护人和参审员,但是**不包括陪席法官**)在依据《刑诉法》第240条第2款提问时,审判长可以**驳回不妥当的或与案件无关的问题**(《刑诉法》第241条第2款)。

提问具备下列情形之一的,具有**不妥当性**:

---

① BGHSt 32, 215, 220.
② BGHSt 19, 88, 89;但是 BGH StV 2015, 675 持限缩性见解。
③ 基本原理见:*Gaede*, StV 2012, 51。
④ BGH NStZ 1985, 205.
⑤ 关于其合宪性: BVerfG NJW 1996, 3408。

——重复提问的,以及明确回答后又提问的①;
——诱导性提问的②;
——问题容易给证人或其亲属带来羞耻感的以及依据《刑诉法》第 68a 条不应当提出的问题③。

3. 整体剥夺发问权

既然《刑诉法》并未规定**整体上剥夺发问权**,与此相应的,也就**不允许**这么做。当且仅当提出的问题有很多因违反规定已被驳回且有重大嫌疑,还会再犯这种错误时,法庭审判长也仅得要求提前告知意欲提出的问题。④

4. 交叉诘问

当讯问由检察官和被告人提请的证人和鉴定人时,可以应检察官和辩护人的一致申请,由审判长交由检察官和辩护人去讯问(《刑诉法》第239 条第 1 款第 1 句)。此时,每一方应首先讯问"他的"证人(《刑诉法》第 239 条第 1 款第 2 句)。这种在英美法系发挥重要功能的**交叉诘问**(Kreuzverhör)却没有被应用在德国的司法实践中。

(八) 发表意见权

在讯问完每一名共同被告后以及出示完每一项具体证据后,均应当问被告人是否要就此**发表意见**(《刑诉法》第 257 条第 1 款)。在讯问完被告人和出示每一项单个证据以后,检察官和辩护人也可以要求得到就此发表意见的机会(《刑诉法》第 257 条第 2 款)。但是,不得在发表意见时提前进行总结陈述(《刑诉法》第 257 条第 3 款)。

(九) 总结陈述

在法庭证据调查结束后,首先由检察官,然后由附加控诉人(如果有的话),最后由被告人及其辩护人进行结辩(Plädoyer)发言(《刑诉法》第 258 条第 1 款;关于第二审庭审活动中的结辩顺序,参见《刑诉法》第 326 条第 1 句。针对结辩,检察官享有答复权;被告人则有权最后陈述(das

---

① BGHSt 2, 284, 289.
② LR-*Becker*, § 241 Rn 14.
③ BGHSt 21, 334, 360.
④ BGH NStZ 1982, 158, 159.

letzte Wort)(《刑诉法》第 258 条第 2 款以及第 326 条第 2 句)。这同样适用于被告人有辩护人代理的场合,因为被告人最后陈述是具有高度人格专属性且不能被让渡的权利,见《刑诉法》第 258 条第 3 款。在被告人"最后陈述"以后,若法庭再次启动庭审的,在新的程序阶段结束以后,仍应该让被告人重新最后陈述。如果没有保障最后陈述权,则构成程序违法,尽管这不是《刑诉法》第 338 条规定的绝对上诉法律审事由,但由于只有在特别例外的情形下,才能排除判决受到这种程序违法影响的可能性①,故以此为理由而提出的法律审上诉通常都会成功(见边码 853)。

(十)庭审笔录

593　　庭审活动应该制作**笔录**并且由审判长和法院书记处的书记官(如果在场的话)签名,见《刑诉法》第 271 条第 1 条第 1 款。《刑诉法》第 272、273 条规定了笔录必须具备的内容。② 由基层法院(独任刑事法官或参审法庭)审理的程序中,审判长可以命令以录音方式记录具体的讯问内容并附入笔录,以代替将重要的讯问结果记载于笔录之中,见《刑诉法》第 273 条第 2 款第 2 句。庭审究竟是否**遵守**了立法对庭审活动的**形塑性**③规定,**只能依靠笔录予以证明**,见《刑诉法》第 274 条第 1 句。所谓重要的形塑性要求,系指所有能对程序合法性起到重要意义的经过。欲否定笔录中有关合形塑性的记载内容,惟有证明笔录系伪造,方能实现,见《刑诉法》第 274 条第 2 句。一贯的实务见解认为,《刑诉法》第 274 条规定了一项例外,当笔录不全且内容自相矛盾的,则第《刑诉法》第 274 条所规定的笔录证明效力会被排除。④ 同样的情形还有:记录人员从**有利于被告人**的立场,事后站出来否定笔录记载的内容。⑤

《刑诉法》第 274 条第 1 句的意义在于,减轻管辖法律上诉审的法院

---

① BGHSt 22, 278, 281; BGH NJW 2018, 414;深入的论述:*Bock*, ZStW 129 (2017), 745。
② 关于笔录改革倡议:*Bartel*, StV 2018, 678; S. *Brauneisen/Nack/Park*, NStZ 2011, 310; *Eser u.a.*, GA 2014, 1; *Neuhaus*, StV 2015, 185; *Mosbacher*, StV 2018, 182; *Nestler*, Lüderssen-FS, S. 727; *Pfordte*, 50 Jahre DAI-FS, S. 528; *Schmitt*, NStZ 2019, 1; *von Galen*, StraFo 2019, 309; *Wehowsky*, StV 2018, 685。
③ 具体见:SK-StPO-*Frister*, § 273, Rn 5 ff。
④ BGH NStZ 2006, 714; OLG Hamburg StV 2004, 298 连同 *Ventzke* 的裁判评释; OLG Bamberg NJW 2013, 1251; *Fezer*, Otto-FS, S. 901, 905;最高法院如今持限缩性的观点:BGHSt 55, 31。
⑤ BGHSt (GrS) 51, 298, 308; BGH StV 2015, 100 连同 *Wollschläger* 的裁判评释。

在审查程序性异议时的负担。① 即在法律上诉审程序中,若要证明有违反"法定形塑性"的情形,如依法晓谕权利、宣读起诉要旨或《刑诉法》第226条所列之程序参与人在场等事项,只能依靠惟一的证据:庭审笔录(Sitzungsprotokoll)。因此《刑诉法》第274条第1句是一项法定证据规则(见后述边码852)。该法定证据规则为法律上诉审设定的**证明力**是:

——如果庭审笔录体现了实质形塑性,那么就视其存在,即便其并不存在(**积极证明力**)。

——如果庭审笔录没有记载实质形塑性,则其没有发生,即使其实际被遵守了(**消极证明力**)。②

有争议的是,是否有关证人宣誓或不宣誓的裁定(《刑诉法》第59条)也关系到《刑诉法》第274条第1句的实质形塑性?——结论是:若是庭审笔录没有对该经过予以记载,在法律上诉审中,的确可以据此认定不具备实质形塑性。尽管依据新版《刑诉法》第59条,法律上诉审法院仍然肯定这种观点③,即使证人不宣誓已是一种常态(见前述边码294),但如今似乎越来越多的法院对此持否定性态度。因此,对于通常的不宣誓情形而言,无须再作出明确裁定,当审判长命不宣誓的证人离庭时,便应当理解为,推定审判长裁定证人不宣誓。较新的实务见解相应地认为,与破例要求证人宣誓的情形不同,对于通常的不宣誓的情形不再有笔录记载义务。只有当某个程序参与人申请了证人宣誓,才需要将不予宣誓的裁定记入笔录④。若被告人在庭审活动中没有提出这种申请,没有宣誓的证人证言又成为判决的依据的,以法庭没有裁定证人不宣誓为由发动法律审上诉的申辩不会被接受。

依据《刑诉法》第273条第4款,在笔录没有被制作完成以前,不得送达判决。这项规则旨在保障:伴随着判决的送达,通常就意味着提出法律审上诉理由的期间的开启(见后述边码850),此时笔录就可以成为决定是否提出程序性异议的独立理由,在整个提交法律审上诉理由的期间

---

① BGH NJW 1976, 977, 978.
② BGH StV 2004, 297; 深入的论述:*Stuckenberg*, D-F-T S. 135 ff。
③ BGH NStZ 2005, 340; BGH StraFo 2005, 244; BT-Drs. 15/1508, S. 23; *M-G*/Schmitt § 59 Rn 12.
④ BGHSt 50, 282; BGH NStZ 2006, 114; BGH NStZ 2009, 647.

内，可以供有救济权的人自由把握。①

（有关庭审笔录的事后更正见边码852）

四、刑事程序中的协商

（一）原理

594　　2009年8月4日《关于规范刑事程序中的协商法案》生效②，该法案在《刑诉法》第257c条中专门规定了刑事追究机关和被追诉人之间围绕程序形态或者程序终结进行的"**合意**"(Absprach)。但是，这项改革其实是持续几十年之久的发展进程的暂时句点。一直以来，以这种方式达成合意（新法文本中称之为"**协商**"，也有称其为"**交易**"的）的重要性被持续提升；如今，尽管有相当多来自于学界的批评，但它已然成为位列刑事程序法的独立制度，并且在实务中有着不容小觑的影响。③ 协商的内容多半是通过法庭对从宽处罚以及相对确定刑度的承诺去换取被告人的全部或者部分认罪。④ 被告人不享有协商的主观性权利。⑤ 尤其是在案情复杂的案件中，协商带来的程序加速效果受到很多人青睐。

然而，这种突破法律发展而来的诉讼方式，一直以来遭受着法治国精神的质疑。它不仅为程序的参与者带来明显的好处，同时也潜藏着巨大的风险（见边码595）。因此，它一再被要求有一套法定的规则。⑥ 在各种草案版本被激烈讨论以后⑦，最终完成了对它的规定。

尤其在当今的*经济犯罪*的刑事程序中，协商在实务中发挥

---

① BGH wistra 2013, 324.
② BGBl I 2009, S. 2353.
③ 比较法资料：*Brodowski*, ZStW 124 (2012), 733; *Trüg*, ZStW 120 (2008), 331 和 *Rosenau*, Puppe-FS, S. 1597（美国）; *Jehle/Peters*, in: *Murmann*, S. 59 ff（英国/法国/波兰）; *González Navarro*, ZStW 123 (2011), 163（西班牙）; *Kato*, in: Rosenau/Kim, S. 31（日本）; *Maiwald*, Einführung, S. 226（意大利）; *Salditt*, Mehle-FS, S. 581 和 *B. Vogel*, GA 2011, 520（英国）; *Seiler*, Rn 404（奥地利）; *Wohlers*, StV 2011, 567（瑞士）。
④ *Hauck*, S. 375 ff 对此作了专门的批评。
⑤ BGH NStZ 2015, 537, 539.
⑥ BGHSt (GrS) 50, 40; *Beulke/Satzger*, JuS 1997, 1072, 1080; 批评观点：*Haas*, Keller-GedSchr, S. 45, 74; *Wehnert*, StV 2002, 222。
⑦ *Huttenlocher, P.*, Dealen wird Gesetz-die Urteilsabsprache im Strafprozess und ihre Kodifizierung, 2007.

着重要作用。① 但是,大量的**学术文献**②对协商秉持质疑的态度,即使它适用法定规则达成,而**实务工作者**③却一如既往地强调其不可或缺性。

所以,参加德国国家考试的考生无论如何都应花费相当精力去关注反对协商的主要意见(下文第(二)部分)以及新协商规定的核心内容(下文(三)、(四)、(五)部分)。

(二) 反对协商的理由

随着《关于规范刑事程序中的协商法案》的出台,立法者应认识到,以协商的方式去终结刑事程序不能毫无障碍地与传承已久的诉讼原则(前述边码45及以下数段)和谐一致。④ 对其批判的理由来自多个维度:

刑事诉讼中的协商潜藏着这样一种危险:即被追诉人以及**被告人不过是被当作法官、检察官和辩护人之间的程序"客体"而被处置**。⑤ 如果在某些具体案件中,刑事追究机关的妥协可能伴随着出卖不容让渡的国家刑罚请求权,则会违反**法定原则**(Legalitätsprinzip)。**另外**,若超出裁量原则的界限(《刑诉法》地153条及以下数条),为严重的犯罪承诺明显与指控不成比例的(轻缓)法律后果,也颇令人疑虑。这会违反**刑罚与罪责相当的要求**(《刑法典》第46条)。

在协商中有这样的危险:法庭更倾向于相信自白,以省却没完没了的法庭证据调查,即使它经常会对被告人究竟是否成立正犯或者应负何等罪责仍存疑。这可能会违反旨在发现实体真实的法庭澄清义务(**调查原则**)。

由于协商谈判往往发生在庭审之前或之外,即使协商合法化后,也是

---

① *Altenhain/ua*, S. 70 ff; *Jahn*, JZ 2011, 340; *ders.,* in: *Kempf/ua*, S. 157.

② 不全的文献列举: *Bernsmann*, in: Goldbach, S. 21; *Börner*, ZIS 2018, 178; *Eisenberg*, Rn 42 ff; *Erb*, Blomeyer-GedSchr, S. 743; *Herzog*, GA 2014, 688; HK-StPO-*Gercke/Temming*, Einl. Rn 120; *Hettinger*, JZ 2011, 292; *Kreß*, ZStW 116 (2004), S. 172; *Murmann*, in: 35. Strafverteidigertag, S. 81 ff; *Ransiek*, ZIS 2008, 116; *Rönnau*, JuS 2018, 114; *ders.*, ZIS 2018, 167; *Schünemann*, StraFo 2015, 177; *ders.*, GA 2018, 181; *Weigend*, 50 Jahre BGH-Wiss-FG, S. 1011; 来自实务的观点: *Kier/Bockemühl*, ÖAnwBl 2010, 402。

③ Vgl. ua *Fromm*, ZWH 2015, 4; *M-G/Schmitt*, Einl. Rn 119a.

④ BT-Drs. 16/12310, S. 1; 概览性介绍见 *Landau*, NStZ 2014, 425, 426; *Weigend*, in: Leblois-Happe/Stuckenberg, S. 199, 204。

⑤ *König*, NJW 2012, 1915.

这样的状况。① 这种操作令人对**公开**、**言词**和**直接原则**产生担忧。(用协商的结果)提前约束法庭会违反法官自由心证原则(《刑诉法》第261条)。

在庭审之外达成合意有侵害程序参与人之在场权和参与权之虞,尤其并非全部程序参与人参加谈判的情形下。

推定被告人有罪是达成合意的出发点。被告人同时会陷于自我归罪的压力之下(这违反**无罪推定原则**、**不自证己罪原则**、**有疑惟利被告原则**)。经常还被讨论的是,被告人的认罪究竟是不是一种压力之下的合作意愿,能否适用《刑诉法》**第136a条**而禁止使用这种自白呢?

最后,除了违反上述程序原则外,尤遭诟病的是**偏见之虞**(《刑诉法》第24条第2项),因为法官在合意的基础之上很容易产生预断并有可能形成不客观的形象。这种危险尤其会出现在无法达成合意或者与"污点证人"就共同被告人的指控开展协商的情景中。②

(三) 协商的立法规制

1. 立法者的制度决定与合宪性

596　　(1)尽管协商有前述反对意见(甚至有的来自于联邦总检察署和最高法院),但立法者还是承认了判决协商(Urteilsabsprache)作为形塑程序的合法方式。然而,立法者没有为协商创制一套独立的诉讼法,使之适用与传统有所不同的崭新诉讼目的和原则,而是**将协商整合到现有的《刑事诉讼法》规范体系之中**。按照立法者的意图,所有传统的诉讼原则,包括**依据《刑诉法》第244条第2款**的法庭澄清义务(gerichtliche Aufklärungspflicht)(见边码51)均应当在该领域继续不受限制地发挥效力(《刑诉法》第257c条第1款第2句)。所以,合意达成的判决必须继续以探究实体真实诉讼目标,绝对**不能实行任由诉讼两造处分判决所依据的事实的所谓"合意原则"**(Konsensprinzip)。③ 这尤其是指,当被告人认罪时,法庭不得未通过

---

① Vgl. nur *Gierhake*, JZ 2013, 1029; *Malek*, Rn 336; *Marxen*, GA 2013, 99, 104.
② 进一步的案例:BGH NStZ 2019, 223。
③ 深入的论述:*Jahn/Kett-Straub*, StV 2010, 271; *Jahn/Schmitt-Leonardy*, Hruschka-GS, S. 571; *Kudlich*, Schlothauer-FS, S. 335; *Theile*, NStZ 2012, 666;批评观点:*Greco*, GA 2016, 1; SK-StPO-*Frister*, § 244 Rn 27 ff; SK-StPO-*Velten*, § 257c Rn 34 ff; *Weßlau*, Das Konsensprinzip im Strafverfahren, 2002。

其他证据先行检验起诉,便草率地进入判决协商。① 审查被告人自白时,纯粹地按卷宗情况进行比对是不够的。② 批评协商制度的人对实务能否满足这样的前提持怀疑态度。③ 在案件真实与着眼于诉讼经济的迅速审理之间的张力不会因为立法就得到化解,而是将这项带有后果风险((违法操作)的任务转嫁给实务。④

(2)新制定的立法旨在满足那些迄今为止由**联邦最高法院实务见解**⑤发展出来的有关容许程序协商的**最低限度要求**。因此,先前有关该议题的实务见解继续有其重要性。然而,自协商法案生效以来,最高法院还是作出了大量有关新规范下具体操作的判例。⑥

联邦宪法法院在 2013 年 3 月 19 日作成的**具有原则意义的裁判**(Grundsatzentscheidung)中宣告了该项立法规定合宪。⑦ 只要有充分的防护措施保障程序法的要求被遵守,宪法不会阻止立法者以程序简化为目标在刑事诉讼中规定协商。然而,法官在司法实务的执行中却发现了一项显著缺陷。尽管"现在还不至于"导致协商规定违宪,但是立法者却有责任通过适当的措施去防堵该缺陷蔓延,避免协商制度陷入违宪之境。联邦宪法法院在它的判决中明确表达了不允许程序参与者在法定规则框架以外达成"**非正式协商**"(informelle Verständigung)。对此,检察官的监督具有特别重要的意义:作为"法律守护人",检察官应该拒绝同意违法的协商;既不得认可先前不知道的违法协商,还应该对以违法协商为基础的判

---

① BVerfGE 133, 168, 204; 亦见 BGH StV 2013, 194 u. 197; BGH NStZ 2014, 53; KG wistra 2015, 288。

② 但是仍持这种观点的还有:BGHSt (GrS) 50, 40, 49; 坚持这样操作的观点:*Schneider*, NStZ 2014, 192, 195。

③ 非全部列举的文献:*Fischer*, StraFo 2009, 177, 181; *Kühne*, Rn 749.3 u 749.8; *Murmann*, ZIS 2009, 526, 532; *Roxin/Schünemann*, § 44 Rn 63; *Theile*, MschrKrim 93 (2010), 147, 158; *Trüg*, StV 2010, 528; s. aber auch: *Kröpil*, JR 2010, 96。

④ *Stuckenberg*, ZIS 2013, 212, 218。

⑤ 基本原理部分:BGHSt 43, 195; BGHSt (GrS) 50, 40; *Altvater*, Rissing-van Saan-FS, S. 1 ff.; *Meyer*, StV 2015, 790; *Sauer/Münkel*, Absprachen im Strafprozess, 2. A. 2015。

⑥ 概述:S/S/W-StPO-*Ignor/Wegner*, § 257c Rn 33 ff。

⑦ BVerfGE 133, 168 连同 *Beulke/Stoffer* 的裁判评论, JZ 2013, 662; *Becker*, JA 2017, 641, 642 f; *Fischer*, Kühne-FS, S. 203; *Jahn*, JuS 2013, 659; *Knauer*, NStZ 2013, 433; *Kudlich*, ZRP 2013, 162; *ders.*, NStZ 2013, 379; *Löffelmann*, JR 2013, 333; *Mosbacher*, NZWiSt 2013, 201; *Rönnau*, JuS 2018, 114, 117 f; *Scheinfeld*, ZJS 2013, 296; *Schmitt*, Tolksdorf-FS, S. 399; *Stuckenberg*, ZIS 2013, 212; *Trück*, ZWH 2013, 169; *Weigend*, StV 2013, 424。

决发起救济审("检察官的守护人功能"①)。

欧洲人权法院也认为,刑事程序中的协商与《欧洲人权公约》第 6 条基本相容。②

597　**2. 协商的核心规则——《刑诉法》第 257c 条**

(1)《刑诉法》第 257c 条是规范协商的**核心条款**。该规范明确承认了协商作为终结程序方式的合法性(《刑诉法》第 257c 条第 1 款第 1 句)并且规定了其适用范围(《刑诉法》第 257c 条第 2、3 款)。但是,协商性谈判(das verständigungsbezogene Gespräch)基本上应有别于其他的程序参与人之间有助于促进诉讼的商讨(Erörterung)。商讨不是为了达成合意性的诉讼解决,而是试图交流有关事实评价和法律评价的观点。在不涉及协商的前提下,法院可将这种没有拘束力的商讨当作一种透明沟通型审理风格的体现,如就法律问题进行对谈,释明法庭对证据情况的暂时性评价或者解释自白对从轻处罚的影响。除此之外,法院说明在诉讼当前状态下可能判处刑罚的上限和下限,这也是一种开放且合适地开展诉讼的范例。③

—合法协商的基本要件是,在被要求的行为和被承诺的待遇之间**不得有不适当的联结**,即在付出与报偿之间必须保证**对价关联性**(Konnexität)。因此,若被告人就另一个刑事程序的对象提供回报,刑事追究机关不得对他承诺从轻处罚。④ 同样不允许的情形是,以承诺缓刑的方式换取被告人放弃提供不在场的证人。⑤ 根据立法资料,法庭也不得承诺特定的幅度刑以换取被告人概括性地放弃其他证据申请。⑥ 后一种禁止情形是值得商榷的,因为对程序性处分进行协商通常都是被容许的。

---

① BVerfGE 133, 168, 220; 批评观点:*Stuckenberg*, ZIS 2013, 212, 217; 深入的论述:OK-StPO-*Bartel*, RiStBV 147 Rn 20, 26 ff; KK-StPO-*Moldenhauer/Wenske*, § 257c Rn 5b, 41; *Schmitt*, Tolksdorf-FS, S. 399, 410; *Hamm*, StV 2013, 652; *Kühne*, Rn 750 f; *Landau*, NStZ 2014, 425; KK-StPO-*Moldenhauer/Wenske*, § 257c Rn 5e; *Tsambikakis*, ZWH 2013, 209.

② EGMR (*Natsvlishvili* 和 *Togonidze* 诉格鲁吉亚) NJW 2015, 1745。

③ BGH NStZ 2019, 684 连同 *Bittmann* 的裁判评释。

④ BGHSt 49, 84, 87; dazu *Beulke/Swoboda*, JZ 2005, 67; 案例参见 *Ceffinato*, Jura 2013, 873, 876; *Nistler*, JuS 2009, 916, 917。

⑤ BGHSt 40, 287, 290。

⑥ BT-Drs. 16/12310, S. 13; 与此处一致观点: *Schlothauer*, Beulke-FS, S. 1023, 1034。

——协商常见的和典型的组成内容是被追诉人的认罪(自白),但是《刑诉法》第257c条第2款第2句仅规定,认罪"应当"(soll)是每个协商的组成内容。立法者通过这种方式表达,被追诉人未必一定要认罪才能从协商中获益。可另一方面,司法实务未来仍会一直要求被追诉人认罪。立法者有意对刑事追究机关要求"**加重认罪**"的现象采取放任态度,使得事实审法院的裁量空间不会受到其他的限制性标准的过分限制,如具体情形的完整性或者可证实性等。但是,法庭的澄清义务(见边码596)要求,**单凭内容空洞的形式上的认罪以及某种"单薄的认罪"不能成为宣告有罪的充分理由**。① 所以,联邦宪法法院要求,所有作为协商基础的认罪均应该经过**法庭证据调查**的检验,**即必须核实其真实性**。②

——**有罪宣告以及改善与保安处分不得成为**协商的对象,见《刑诉法》第257c条第2款第3句。这意味着,如究竟是否存在案件事实或者加重构成要件要素的事实(如携带武器、结伙),均不得由当事人自行处分(禁止就**事实讨价还价**)。③

——相反,在协商法案生效以后,**犯罪规定中例示性情节**(Regelbeispiele)*可以被当作"谈判的筹码",因为众所周知,这些事实都属于量刑时依法要考虑的事实。鉴于例示性事实和加重犯罪构成或减轻犯罪构成在实体法上近乎等值的功能,而加重犯罪构成或减轻犯罪构成事实是宣告有罪的要素,故毫无疑问不得被协商。于是联邦宪法法院作出裁决,基于对《刑诉法》第257c条第2款第1句的合宪法,合目的性解释,例示性情节以及其他的量刑幅度升降档情节(Strafrahmenverschiebung),即

---

① *Eschelbach*, Rissing-van Saan-FS, S. 115, 134; OK-StPO-*Eschelbach*, § 261 Rn 15.
② BVerfGE 133, 168, 209; 同样的见解:BGH NStZ 2017, 173; OK-StPO-*Eschelbach*, § 257c Rn 24.
③ HK-StPO-*Temming*, § 257c Rn 26.
* 德国刑法中的"例示性情节"指的是犯罪的一些典型情状,一旦出现这些典型情状,就构成需加重处罚的"特别严重情形"或者需从轻处罚的"较轻的情形"。加重犯与"例示性情节"不同,前者系代表基本犯罪构成的一种特殊犯罪构成,后者却仅仅影响量刑,故亦被称作"量刑规定"(Strafzumessungsregel)。例如,德国《刑法典》第243条规定,"盗窃具有下列特别严重情形之一的,处三个月以上十年以下有期徒刑:1.破门、爬入、用假钥匙或者其他非法开锁工具侵入或隐匿于建筑物、办公或经营场所或者其他密闭场所实行犯罪的;2……3……"这些1、2、3中规定的情节就是例示性情节。——译者注

量刑中的特别严重情形或较轻情形，也不得由程序参与人处分。① 但是，针对犯罪较轻情形能否被协商，联邦宪法法院的立场遭到了联邦最高法院的质疑。②

——**财产剥夺**（Vermögensabschöpfung）中的强制性处分（如《刑法典》第 73 条规定的犯罪所得没收）不得被协商。③

——反之，可能成为**判决和判决附随性裁定之内容**的法律后果可以被协商。

· 法院可以在协商谈判中给出刑罚的**上限和下限**（《刑诉法》第 257c 条第 3 款第 2 句），但是不得提出精确的刑度（**点刑罚**）。④ 在确定建议的刑罚幅度时，应适用刑罚裁量的一般性原则（《刑法典》第 46 条）。法院承诺的刑罚幅度绝对不得降低到背离其罪责的程度，否则便构成承诺法律未规定的利益（《刑诉法》第 136a 条第 1 款第 3 句第 2 种情形）。⑤ 另外，法院不得利用相较于认罪的轻缓处罚程度不合比例严厉的"**制裁式剪刀差**"（Sanktionsschere）去威胁被告人（如达成协商就是三到五年的事，达不成协商就要判个七到八年）。⑥ 就被告而言，他既不能要求未来判处的刑罚自动地吻合预告刑罚幅度的下限⑦，也不能要求法院就协商落空后可能判处的刑罚上限给出承诺。⑧ 另外，有争议的实务见解是，若依据诉讼法足以认定诉讼程序过分冗长的，应当通过刑罚执行方案去补偿（见边码 56），有关补偿的额度也可通过合法协商的方式去解决。⑨

· 依照新的法律规定，**缓刑交付考验**的决定（《刑法典》第 56 条）系"判决的内容"（《刑诉法》第 267 条第 3 款第 4 句）和"与判决相关裁定之

---

① BVerfGE 133, 168, 210 ff; 同此见解：OK-StPO-*Eschelbach* § 257c Rn 11.1; *Rössner/Safferling*, Problem Nr. 12; 批评观点：*Schuster*, StV 2014, 109; 联邦最高法院判例[BGH (NStZ 2013, 540)]主张构成有限的违法；赞成该意见的：KK-StPO-*Moldenhauer/Wenske*, § 257c Rn 18a, b; *Schneider*, NStZ 2014, 192, 195; 深入的论述：*Schmitt*, Tolksdorf-FS, S. 399, 403。

② BGH NStZ 2017, 363, 365; s. auch HK-StPO-*Temming*, § 257c Rn 26; MüKo-StPO-*Jahn/Kudlich*, § 257c Rn 98.

③ BGH NStZ 2018, 366。

④ BGHSt 51, 84, 86。

⑤ BGH StV 2002, 637。

⑥ BGH StV 2007, 619; *Kempf*, StV 2009, 269, 270。

⑦ BGH NStZ 2012, 584; 2013, 417。

⑧ BGH NStZ 2015, 358, 359; 2013, 671 连同 *Trück* 赞同性裁判评释, ZWH 2014, 86。

⑨ BGHSt 61, 43。

内容"(《刑诉法》第 268a 条第 1 款),可以被当作协商的谈判筹码。① 如果协商的对象是判处自由刑缓刑并交付考验,按照公平审判原则(《基本法》第 20 条第 3 款;《欧洲人权公约》第 6 条第 1 款)的要求,法院在被告人就协商表达有拘束力的同意之前,应向他释明具体需承担的**考验期内的负担**(Bewährungsauflage)(《刑法典》第 56b 条第 1 款第 1 句)。② 如果没有履行相应的释明并且随后又判处缓刑考验负担的,该项裁定得被有效地提起抗告程序。③ 但是,联邦最高法院的见解④却认为,若法院的裁定内容系《刑法典》第 56c 条规定的指示(Weisung),这种情况下便不得抗告,因为指示不同于考验期负担,前者没有制裁属性,仅系一种特别预防的方式去积极干预罪犯未来生活的措施,参见《刑法典》第 56 条第 1 款第 1 句。

· 法院对**继续羁押**的决定(《刑诉法》第 268b 条)也是《刑诉法》第 257c 条第 2 款第 1 句规定的"判决附随性裁定",也可以成为协商的对象。⑤ 但是,不得协商**刑罚执行**的方式或方法,否则事实审法院便属僭越职权。⑥

— 在作为裁判基础的事实查明程序(Erkenntnisverfahren)＊中,**其他的程序性处分**也可以成为协商的内容,见《刑诉法》第 257c 条第 2 款第 1 句。例如,可以就举证方式(视频讯问方式等)达成一致。⑤ 但凡在法院自己裁量范围之内的,无论依据《刑诉法》第 154 条第 2 款部分终止同一个程序之一部,抑或依照《刑诉法》第 154a 条第 2 款限制追究范围

---

① *Burhoff*, Hauptverhandlung, Rn 192; *M-G/Schmitt*, § 257c Rn 12; Niemöller/Schlothauer/Weider- *Niemöller*, Teil B § 257c Rn 57; 批评观点: *Murmann*, StPO, Rn 275。
② BGH NStZ 2018, 420。
③ BGHSt 59, 172 连同 *Bachmann* 赞同性裁判评释, JR 2014, 357; BGH NStZ-RR 2016, 379; 主张一律不得声明不服的观点: OLG Rostock NStZ 2015, 663 连同 *Peglau* 赞同性裁判评释, jurisPR-StrafR 13/2015 Anm. 2。
④ BGH NStZ 2015, 179; 同此观点: *Schneider*, NStZ 2014, 192, 196。
⑤ BGH NStZ 2014, 219; 亦见 BGH NStZ 2015, 294, 295。
⑥ BGH NJW 1995, 2568; BT-Drs. 16/12310, S. 13。
＊ "事实查明程序"系指一切为法院判决服务的查明重要事实活动的统称,具体包括侦查程序、中间程序和审判程序。在德国刑事诉讼法中,与事实查明程序对应的概念是执行程序。——译者注
⑤ *Burhoff*, Hauptverhandlung, Rn 176。

的,均得作为《刑诉法》第257c条合法的协商内容。① 若法庭逾越了裁量权限,并以违法方式"过于慷慨"地限制追究的,便会在个案中导致与罪责不相适应的过分从轻处罚,这属于违法规避《刑诉法》第257c条第2款第3句的禁止性规定(有罪宣告以及改善与保安处分不得成为协商的对象)。② 但是,《刑诉法》第154条第1款的情形(见边码525)却尤为不同:联邦宪法法院在它的原则性裁判中,通过援引《刑诉法》第257c条第1款的文本("围绕嗣后的程序进行和程序结果"协商)和第257c条第2款第1句的文本("作为裁判基础的事实查明程序")的方式反对之前被认为系合法的**"整体解决方案"**(Gesamtlösungen)。在整体解决方案中,其他的诉讼程序也可以成为协商谈判的对象,尤其是检察官得承诺,将其承办的其他案件依据《刑诉法》第154条第1款终止侦查程序。让检察官就**其他案件的侦查程序给出的承诺不是**《刑诉法》第257c条容许的协商对象。因此,这种承诺不仅不能产生《刑诉法》第257c条第4、5款的约束效力,也不能成为值得保护的信赖理由。③ 但是,检察官为了达成协商,可以单纯地向被追诉人预告,由他承办的其他侦查程序会依照《刑诉法》第154条第1款终结,不过前提是,他不能唤起被追诉人这样一种印象,这种预告是有拘束力的协商之组成部分。④ 上述要求同样适用于法庭的裁判:法院也可以根据具体的侦查审理程序的实际状况在协商谈判中作出承诺。⑤ 但是,法院能否通过从轻处罚被告人换取被告人在其他刑事程序中的某个诉讼行为(撤回事实审上诉)呢? 这个问题还有待商榷。⑥

另外,程序参与人的**诉讼行为**(如放弃具体的证据申请、承诺赔偿损失)也可以成为协商的对象,见《刑诉法》第257c条第2款第1句的最后。

---

① BVerfG NStZ 2016, 422; BGH StV 2018, 8, 9; OK-StPO-*Eschelbach*, § 257c Rn 16; KK-StPO-*Moldenhauer/Wenske*, § 257c Rn 14; 不同见解:BGH NStZ 2017, 244 (依据《刑诉法》第154a条第1款对犯罪之主要部分终止程序的情形)。

② BVerfG NStZ 2016, 422, 425.

③ BVerfGE 133, 168, 214.

④ BGH NStZ 2017, 56 连同 *Bittmann* 的裁判评释; s. auch *F. Eckstein*, NStZ 2017, 609。

⑤ OLG Nürnberg NStZ-RR 2017, 350; *Schneider*, NStZ 2014, 192, 196 f; *Trück*, ZWH 2013, 169, 173.

⑥ 但是仍肯定这种操作的见解:OLG Hamburg NStZ 2017, 307, 309; KG NStZ 2015, 236 连同 *Knauer/Pretsch* 的否定性裁判评释; 正确的批评观点还有:*Mosbacher*, JuS 2015, 701, 702; 联邦最高法院判例(BGH NStZ 2016, 177)对此未表态; s. auch OLG Jena StV 2019, 838。

但这可能产生不具有对价关联性的问题(见前文)。①

(2)当**被告人**和**检察官明确地**②**同意了法院**③的建议时,协商(才会)对法庭产生**拘束效力**(《刑诉法》第257c条第3款第4句)。表示同意作为一种形塑程序的诉讼意思表示是不得被撤销或被撤回的(见边码462)。④

598

附加控告人尽管也是《刑诉法》第257c条第1款第1句规定的程序参与人,并且本身也可以参加协商谈判,但是他不能阻止协商的达成,辩护人也是如此。正如立法资料表明的那样⑤,协商仅对**负责审理事实的法庭**有拘束力,**却不能**拘束**救济审法院**(事实上诉审和法律上诉审法庭)以及判决被撤销发回后的法庭(《刑诉法》第354条第2、3款)。但是,是否仅告知被追诉人,法院将会受到禁止不利益变更原则(《刑诉法》第331条第款、第358条第2款)的约束,便足以保障被追诉人呢?这是有疑问的,因为一旦检察官单方面或同步提起救济审,被追诉人就得不到充分的保障。⑥ 协商立法的规则体系表明,《刑诉法》第257c条第4款的拘束力不及于检察官曾经承诺过的好处。⑦

(3)若被告人不愿意认罪或出于其他原因**没有达成协商**,被告人通常也不能再信赖协商中承诺的量刑幅度,并且法院也不必遵守曾经承诺的量刑幅度。⑧ 但有所不同的情况是,尽管没有达成协商,但法院却创设了一项独立的信赖事实(例如,法院之所以拒绝协商,理由是被告人"本来

---

① 批评观点:Murmann, Roxin Ⅱ-FS, S. 1385, 1394 f; *M-G/Schmitt*, § 257c Rn 14; *Wenske*, DRiZ 2011, 393, 397。

② BGH NStZ 2019, 688.

③ BGH NStZ 2011, 592 (要求所有的法官必须参与)。

④ BGHSt 57, 273 连同 *Kudlich* 的裁判评释, NStZ 2013, 119。

⑤ BT-Drs. 16/12310, S. 15; 不同见解:*Kuhn*, StV 2012, 10。

⑥ 关于司法实践中,检察官在协商后提起"拦截性事实审上诉"(Sperrberufung)的问题: StA Nürnberg-Fürth StraFo 2014, 426 连同 *Schlothauer* 的批评性评释;亦见 *Wenske*, NStZ 2015, 137, 141。所谓"拦截性事实审上诉",是指检察官利用《刑诉法》第335条第3款之规定(若判决被一名程序参与人提起法律上诉的同时,又被另一名程序参与人提起事实上诉的,但凡事实上诉未经撤回或者未被指摘违法的,及时提出的且符合法定形式的法律审上诉将被视为事实审上诉),通过提起事实上诉的方式"拦截"辩方对判决提出"飞跃上诉"。依据德国司法部的行政规章《刑事程序和罚金程序指令》第147条第1款,检察官不得提起拦截式事实审上诉,但对此未规定处罚。——译者注

⑦ BT-Drs. 16/12310, S. 13; HK-StPO-*Temming*, § 257c Rn 31.

⑧ BGH NStZ 2018, 232 连同 *Schneider* 的裁判评释; BGH NStZ 2018, 419。

就应判处缓刑"①),则法院仍然应该遵守自己的承诺。若法院不想受到该项承诺的约束,就应该依据《刑诉法》第265条向被告人释明(见边码584)。但是,法庭不能通过单边性的、会产生义务的意思表示便规避掉检察官参与《刑诉法》第257c条规定的协商。在个案的具体情形中,有时很难辨明法院透明开放式审理风格(开示自己对事实和法律的暂时性评估)与撇开检察官搞非正式性协商之间的区别。②

599   **3. 围绕刑事程序状态的商讨——《刑诉法》第160b、202a、212、257b条**

立法者在《刑诉法》中额外地设置了一项规范,它规定**在刑事程序的任何阶段**,均可与程序参与人"**商讨刑事程序的状态**",见《刑诉法》第160b、202a、212、257b条。立法者之所以**强调这种沟通性成分**,应系为了促进程序的透明和迅速,但是,并没有赋予被追诉人请求开展这种谈判的权利。这种商讨与协商(《刑诉法》第257c条)的区别是,前者**没有拘束力**。商讨也**不必一定要像协商**(《刑诉法》第257c条)那样,**旨在达成某项合意式程序解决方案**。这种法律对谈不用遵循《刑诉法》第243条第4款第2句的透明性要求(见边码600)。③

同时,立法采取"可以"型表述方式,这意味着,是否商讨以及和谁商讨的问题完全交由检察官(《刑诉法》第160b条)和法院(《刑诉法》第202a、212、257b条)进行合义务性裁量,即程序参与人无权要求进行或参与这种商讨。④ 在庭审活动外搞协商性谈话,尤其是其他共同被告人不在场的这种谈话有时会造成法院偏颇的印象,恐怕惟有让所有程序参与人在场才能杜绝这种印象。⑤

4. 告知义务和记录义务

立法者规定了一系列的**程序透明义务和记录义务**(Transparenz-und Dokumentationspflicht),这些规定肯定不能被理解成纯粹的训示性规定

---

① Vgl. BGH StV 2012, 135; s.a. OLG Celle StV 2012, 394 连同 *Schlothauer* 的裁判评释。

② 深入的论述:OLG München StV 2014, 523 连同 *Wenske* 的否定性裁判评释;对此否定的意见还可见:*Hillenbrand*, StRR 2014, 105; 亦见 BGH StV 2014, 518; KG StRR 2014, 306 连同 *Hillenbrand* 赞同性裁判评释。

③ BGH StV 2016, 87 连同 *Kudlich* 的批评性裁判评释; s. auch *Fromm*, ZWH 2015, 4, 6; *Isfen*, ZStW 125 (2013), 325; *Salditt*, I. Roxin-FS, S. 687。

④ Vgl. BGH StV 2014, 513; BGH StV 2013, 432; 深入的论述:*Salditt*, Tolksdorf-FS, S. 377; *Schneider*, NStZ 2014, 252, 261。

⑤ BGH StV 2011, 72 (判决傍论部分)。

(Ordnungsvorschrift)*,根据其意旨,这些规定应该属于"实现立法规制理念的核心规定"。① 程序参与人之间专门围绕庭审活动的组织、技术性准备和实施等事项进行的对谈(如确定开庭期日),只要不涉及程序结果,不适用通报义务和记录义务。但是,可以被视为旨在达成合意性程序解决方案的准备性对话,即当诉讼行为的问题触及了程序的结果时,则应该通报和记录②:在庭审活动中,法庭依据《刑诉法》第 243 条第 4 款第 1 句**有义务通报**诉讼参与人,在庭审前究竟有无举行过商讨,以讨论达成《刑诉法》第 257c 条之协商的可能性(即《刑诉法》第 202a、212 条的商讨;不是第 160b 条的商讨),若举行过,还有义务通报商讨的实质内容,包括参与商讨的人(尤其是检察官和辩护方)的陈述,有何观点以及法庭是否对此表态。③ 若结合足够明显的语境,一旦诉讼参与人在谈话中的诉讼行为出现了或明或暗的可能指向诉讼结论的问题,便构成与协商相关的商讨。这种商讨应该有别于旨在推进诉讼但非以合意式诉讼解决为目标的谈话(亦见边码 597),在前者中,诉讼结果和被告人的诉讼行为处于一种负担与报偿式的对向关系。④ 法庭除了应通报上述或成功或失败的⑤商讨以外,《刑诉法》第 243 条第 4 款还规定了他须对不存在上述商讨的情况予以通报("**反向通报**")。⑥ 仅仅发生在检察官和辩护人之间的对话,原则上不适用《刑诉法》第 243 条第 4 款规定的通报义务。⑦ 但是,纵使立法未作特别规定,法庭基于程序透明性的理由还是理应公开这种协商性质的

---

* 德国实务见解中,将法律规定分为效力性规定和训示性规定。前者系指法律及行政法规明确规定,违反了这些禁止性规定将导致诉讼行为无效或者不成立的规定。后者系那些正常应该遵守,若不遵守却最终也不产生后果的规定。——译者注

① BVerfGE 133, 168, 222 f; BVerfG StV 2020, 357.

② BVerfGE 133, 168, 216; 深入的论述:*Pfister*, StraFo 2016, 187。

③ BGH StV 2019, 375.

④ S. BGH NStZ 2020, 237; 深入的论述:*M-G/Schmitt* § 243 Rn 18a; KK-StPO-*Schneider*, § 243 Rn 38 ff。

⑤ BGH NStZ 2016, 228, 229 ; 2013, 722 连同 *Mosbacher* 的裁判评论, JuS 2014, 128; OLG München StV 2014, 520。

⑥ BVerfG NStZ 2014, 592 连同 *Hunsmann* 的赞同性裁判评释和 *Klotz* 的批评性裁判评释, StV 2015, 1; BVerfG NJW 2014, 3504; KG StV 2014, 522; 之前就持这种观点的: *Schlothauer*, StV 2013, 679; LR-*Becker*, § 243 Rn 57; SK-StPO-*Frister*, § 243 Rn 43; *Mosbacher*, NZWiSt 2013, 2201, 206; 最高法院裁判 [BGHSt 58, 315 *Schlothauer* 对此的否定性评释, StV 2013, 679)] 曾持相反的观点,但联邦宪法法院批评其违反了恣意禁止原则; 总结性内容: *Satzger*, Jura (JK) 2015, 222 § 257c StPO。

⑦ BVerfG NStZ 2014, 592, 594; BGH StV 2018, 1; s. auch BGH StraFo 2018, 198.

对谈。① 若法庭在庭审开始时依据《刑诉法》第 243 条第 4 款第 1 句已通报了与协商有关的商讨，但是随着庭审活动的继续进行，这种商讨较之前曾经通报的内容发生了变化，依据《刑诉法》第 243 条第 4 款第 2 句，法院还有义务再行通报。② 若程序参与人曾经在庭审活动外商讨过依据《刑诉法》第 154 条第 2 款的部分性终止程序的问题，则不必通报之。③

在庭审之外进行的每一次商讨，其实质内容都应该**被记入案卷**(《刑诉法》第 160b、202a、212 条)，除非商讨或者协商的实际过程和实质内容均已**被载入笔录**(《刑诉法》第 273 条第 1 款第 2 句、第 1a 款第 1 句)。根据《刑诉法》第 273 条第 1a 款第 2 句，是否遵守通报义务的情况也应被记入笔录。苟未在笔录中记载的，仅能证明未践行通报，而不能证明庭审外未发生过商讨。④ 因为，依据《刑诉法》第 273 条第 1a 款第 3 句的规定，纵使未予协商，亦须将该事实载入笔录("**反向检验**"⑤)。如果庭审笔录既没有从正面，也没有从反面去记载究竟有无协商，便丧失了对该事项的证明力。因此，曾经有无协商过的疑问将在法律上诉审中**通过自由证明的方式被澄清**，即由法律审法庭要求程序参与人依职务说明的方式去解决。⑥ 联邦宪法法院基于**公平审判原则**指出，若事实经过自由证明程序之后仍然存疑的，不得作为不利于被告人的认定，因为这种疑问是因为违反法定记录义务招致的。⑦

若判决系根据《刑诉法》第 257c 条规定的协商作成的，须在**判决理由中记载协商的达成**(《刑诉法》第 267 条第 3 款第 5 句)，由此，救济审法庭才可能适当地履行其监督义务。但是，联邦最高法院却曾认为，在判决中说明协商的**内容**以及协商达成的情况是无关紧要的⑧，这显然有违救济审

---

① BGH NStZ 2012, 347; OLG München StV 2014, 520; *Pauly*, Rissing-van Saan-FS, S. 425, 431.

② S. BGH StV 2018, 6; NStZ 2018, 49.

③ BGH NStZ 2018, 49.

④ BVerfGE 133, 168, 217; *M-G/Schmitt* § 243 Rn 18b.

⑤ BGH NStZ 2016, 118 连同 *Bittmann* 的裁判评释；批评观点：*Niemöller*, Rissing-van Saan-FS, S. 393 ff.

⑥ BGHSt 56, 3 连同 *W. Bauer* 的批评性裁判评释, StV 2011, 340; OLG Zweibrücken NJW 2012, 3193。

⑦ BVerfG StV 2012, 385 连同 *Niemöller* 和 *Knauer/Lickleder* 的裁判评释, ZWH 2012, 300; 亦见 *Ladiges*, JR 2012, 371。

⑧ BGHSt 58, 184; BGH NStZ 2011, 170; *M-G/Schmitt*, § 267 Rn 23a.

之制度目的。

联邦宪法法院故意将违反协商制度中的透明义务和记录义务**提升到近乎绝对上诉于法律审之事由的地位**①，旨在彻底禁绝"非正式的合意"。联邦最高法院改变了早前的实务见解②进而认为，违反《刑诉法》第243条第4款第1句规定的（反向）通报义务，通常可以诉诸法律审，因为按照宪法法院的观点，这种情形至少无法排除《刑诉法》第337条规定的上诉法律审的理由——判决违法，即判决违反了《刑诉法》第257c条。③ 同样地，纵使曾经没有达成《刑诉法》第257c条的协商，苟未在笔录中得到《刑诉法》第273条第1a款第3句的必要反向检查的，也应该适用宪法法院的上述实务见解。除非发生这种程序违法时已兼顾到透明公开的监督功能，始得破例地认为，这种程序违法对判决不生影响。④ 这种破例排除影响的情形有：若能毫无疑问地认定，不可能发生过有机会达成协商的对谈，或者对谈的内容明确且无意达成违法的协商，或者被告人显然知晓对谈带给正式且合法之协商的风险。⑤ 以违反《刑诉法》第243条第4款为由提起异议，并不以辩护人曾经提起《刑诉法》第238条第2款规定的中间救济手段为前提。⑥

5. 放弃救济审

（1）早在协商的法定规则出台以前便认为，若法院仅仅依据旧版《刑诉法》第35a条告知协商相对人有权寻求救济，被告人基于判决的合意而**声明放弃救济审的行为是无效的**。这是为了防止将被告人放弃救济审作为协商的对象，避免两造合意而规避上诉审法院的任何审查。联邦最高法院大法庭却认为，但凡被告人曾经被法院**通过加重晓谕的方式**知晓，尽管围绕放弃救济审进行协商，但他仍然有权提起救济审的，在这种情况下，他才可以声明放弃救济审。⑦ 学术文献对这种解决方式普遍持质疑

---

① BVerfGE 133, 168; BVerfG NStZ 2014, 528, 5293; MüKo-StPO-*Jahn/Kudlich*, § 257c Rn 188; 批评观点：*Niemöller*, NStZ 2015, 489; *Walther*, NStZ 2015, 383。
② 如 BGH NStZ 2014, 221。
③ BGH NStZ 2019, 483 (Rz 11)。
④ BVerfG StV 2020, 357。
⑤ BVerfGE 133, 168, 223; BVerfG NJW 2014, 3504; BGH NStZ 2020, 93。
⑥ BGHSt 59, 252 连同 *Grube* 的否定性裁判评释, NStZ 2014, 603; BGH StV 2016, 94。
⑦ BGHSt GrS 50, 40。

态度。①

（2）如今，立法已化解了这种质疑。尽管《刑诉法》第35a条第3句对协商明确规定了由实务见解发展而来的附带晓谕（**加重晓谕**）规则，即应晓谕被追诉人，纵使已达成协商，他依然可以自由决定是否提起救济审。通过这种方式，他应当能被再一次明确提醒摆在眼前的救济选择权。不过，新的协商规则较之实务见解所建构的保护标准更进一步，即在达成协商的情形下，**通常不允许另行放弃救济审**（《刑诉法》第302条第1款第2句）。即使被告人已经被加重晓谕，他仍**不得**在"合意的判决"中**有效地放弃救济审**，即在法律规定的期限内，他原则上有权**不受限制地**提起救济审；所以不能仅仅因为判决系协商的产物，便认为被告人发动救济审系自相矛盾的（所以是不被允许的）行为。② 立法对救济权未作任何限制。③ 关于非正式协商情形下如何适用《刑诉法》第302条第1款第2句，参见边码611。

但是，放弃救济审声明的无效性却被司法实践通过下列方式规避掉，并得到联邦最高法院的许可④，即先让被告人提出救济审，然后再让被告人按照之前的约定迅速地将该救济审撤回（联邦最高法院裁判中的情形：上诉以后54分钟便撤回上诉）。检察官也同此操作。透过这种方式可以让裁判在救济审期限届满前便迅速产生确定力。这种对《刑诉法》第302条第1款第2句的规避是一种权利滥用行为，因为将两种声明组合（提起救济审和立即撤回）起来，在功能上便等同于舍弃救济，根据正确的见解，这种组合同样是无效的。⑤

6. 少年刑事程序

尽管《刑诉法》第257c条同样可以适用**于少年刑事程序中**，但是立法

---

① 不完全的文献列举：Fahl, ZStW 117 (2005), 605; Satzger, JA 2005, 684。

② BGHSt 57, 3 连同 *Jahn* 的裁判评论，JuS 2012, 470; 批评性意见：*Kudlich*, Gutachten, C55; *F-C Schroeder*, JR 2012, 266; 不同见解还有：BGH StV 2009, 169 连同 *Beulke/Witzigmann* 的否定性裁判评释，StV 2009, 394。

③ *M-G/Schmitt*，§257c Rn 32a。

④ BGHSt 55, 82; 另外，批评观点：*Altvater*, StraFo 2014, 221, 222; *Fischer*, StraFo 2010, 329, 331; *Frisch*, Dencker-FS, S. 95 ff; *Jahn*, JuS 2010, 742; *Malek*, StraFo 2010, 251; *Niemöller*, NStZ 2013, 19, 24 f; *Scheffler/Lehmann*, StV 2015, 123, 128; s. auch OLG Köln StV 2018, 803。

⑤ OLG München StV 2014, 79; Niemöller/Schlothauer/Weider-*Niemöller*, Teil B §302 Rn 16。

者认为,在承载着教育思想的少年法庭面前实施协商显得不合适。① 早前的实务见解认为,对甫成年人适用少年刑法不得作为协商的内容。② 目前这种实务见解是否仍然适用尚待明确,但是从教育思想出发,仍然不应允许这种协商。③

7. 为指控第三人的协商

为指控第三人的协商系指,在本案诉讼程序之前或之外另有针对主要控方证人开展的刑事诉讼,这种刑事程序的参与人为回报主要控方证人在本案诉讼中作出有罪的陈述,故达成协商,给予该控方证人较为宽缓的刑罚。若证人在针对第三人的程序中作证,负责该第三人事实审的法庭通常有义务通过严格证明的方式出示该先前的协商,并且在评价控方证言真实性时一并考量该协商。判决时尤其应该清楚地考虑,证人是否会误以为,自己说出对第三人不利的假证词相较于说出有利于第三人的真话会得到更多的利益。④

(四) 协商的拘束力——《刑诉法》第 257c 条第 4 款

1. 几十年前的协商实践中,当时的被告人和刑事追究机关都不受协商的约束。⑤ **不遵守协商的风险完全都由被告人承担**。⑥ 但随着时间的推移,在协商的法律新制出台以前,联邦最高法院的实务见解根据公平审判原则就已承认(合法的)协商对事实审法院的拘束力,除非出现了"重大的新情况"(schwerwiegende neue Umstände)⑦,或者协商"忽略了案件现有事实面或法律面的相关情况"。⑧

2. 与此有关的规定是《刑诉法》第 257c 条第 4 款第 1 句,其规定:一旦**忽略了或新出现了法律上或事实上的具有重要性的情况,并且法院(不仅**

---

① BT-Drs. 16/12310, S. 10; BGH Beck RS 2018, 3836; *Fahl*, NStZ 2009, 613; *Knauer*, ZJJ 2010, 25; 不同见解: *Nowak*, JR 2010, 248。
② BGH StV 2001, 555.
③ *Burhoff*, Hauptverhandlung, Rn 193; 不同见解: *Artkämper/ua*, Teil 16 Rn 31; HK-StPO-*Temming*, § 257c Rn 23; *M-G/Schmitt*, § 257c Rn 7。
④ Vgl. BGHSt 58, 184; BGH StV 2014, 392.
⑤ BGH NJW 1994, 1293.
⑥ 最高法院裁判 (BGH StV 2000, 556) 中提到的事实审法院就是如此。
⑦ BGHSt 43, 195, 210; 批评观点: *Satzger*, JA 1998, 98。
⑧ BGHSt 50, 40, 50.

是检察官①)确信先前承诺的**量刑幅度已不再与犯罪行为和罪责相适应**的,则该协商对事实审法院就**不会产生**《刑诉法》第 257c 条第 3 款第 4 句规定的**拘束力**。该条款主要适用于法院起初对案件的事实或法律状况作了不适当的评价,且预先承诺了不合适的刑罚幅度,但后来又发现这些错误的情形。立法者的本意是,确保法院不必视而不见地作成错误或不适当的判决。遗憾的是,解除拘束力的要件规定得如此模糊,以至于很容易牺牲被告人对协商有效性以及他(预先)所付努力之意义的信赖。另外,另一种背离协商的可能性也会加剧被告人的这种忐忑:根据《刑诉法》第 257c 条第 4 款第 2 句,**若被告人的后续诉讼行为与法院对他表现的预测不一致时,也会解除协商的拘束力**。尽管该规定主要适用于被告人没有践行其承诺等确实值得注意的情形,如他未完全坦白罪行,而仅仅部分坦白。反之,那些在协商中没有被明确约定的被告人的诉讼行为是否属于上述会消除拘束力的后续诉讼行为,则语焉不详,如依据《刑诉法》第 238 条第 2 款对法庭提出异议(见边码 573 及以下数段),或者依据《刑诉法》第 240 条第 2 款第 1 句向证人发问的方式(见前述边码 587)。法院把持着如此显著的压迫手段,足以对被告人的辩护行为施加影响。②

606   3.《刑诉法》第 257c 条第 5 款规定,应该**晓谕**被告人法院违背之前承诺的**要件与后果**。此种晓谕是一项重要的程序性要求,依据《刑诉法》第 273 条第 1a 条第 2 句,晓谕的情况须被记入庭审笔录。晓谕须随同协商的建议同步为之,即在被告人同意协商以前,便须告知他法庭背弃协商方案的前提和后果。③

      苟未晓谕被追诉人或者晓谕过分迟延的(即在被追诉人已经同意协商以后才晓谕的),与先前的实务见解④不同,如今通常认为,该项程序错误会影响判决,故得上诉于法律审(《刑诉法》第 377 条)。⑤ 但若法律审法院结合具体情况认定,纵使依

---

    ①   BGH NStZ 2017, 373.
    ②   批评观点还有:*Fahl/Geraats*, JA 2009, 791, 796。
    ③   BGH NStZ-RR 2019, 27; vgl. ferner zur fehlenden Protokollierung der Belehrung: BGHSt 59, 130 连同 *Kudlich* 的裁判评释, NStZ 2014, 285。
    ④   BGH wistra 2011, 73, 74 u. 75, 76.
    ⑤   BVerfGE 133, 168, 238; BVerfG NJW 2014, 3506, 3507; 2012, 1058, 1071; BGH NJW-Spezial 2015, 217; StV 2014, 518; 2013, 611; OLG München StV 2014, 79; OLG Köln StV 2014, 80.

法践行晓谕,被追诉人仍会自白的,则破例不产生前述效果。① 另外,一旦忽视晓谕义务,基于协商作出的自白会产生证据使用禁止的效果。②

一旦法院作出背弃协商的决定,应**毫无迟延地告知**被告人,见《刑诉法》第257c条第4款第4句。若裁定依法不予解除协商拘束力的③,须须由法院通过客观事证说明理由,因为该裁定也受到法律审法院的监督④。在具体个案中,因法院对犯罪事实的法律评价发生了改变,依据《刑诉法》第265条第2款第2项,法院应该负有释明义务。纵使法院无意违背对刑罚幅度的先前承诺,亦须履行该项释明义务,这与《刑诉法》第257c条第4款无关⑤。

(五) 协商落空或滥行协商的后果

1.《刑诉法》第257c条第4款第1句规定的撤回

法律惟一规定的协商落空情形,系依据《刑诉法》第257c条第4款第1句和第2句的法院**撤回协商**(Widerruf)(见前述边码604及以下数段)。当协商拘束力在个案中被解除后,究竟会产生哪些**后果**,一直以来规定不明。⑥ 无论如何,立法者的决定还是值得肯定,当法院不再受协商约束时,规定对被告人曾经所做的**自白**适用**证据使用禁止**,参见《刑诉法》第257c条第4款第3句。惟有如此,程序的公平才能得到妥适保障。⑦ 联邦最高法院主张,惟当符合《刑诉法》第257c条第4款第1、2句规定的要件而导致协商落空以后,未再重新协商,或者重新协商被告人无意再给出内

---

① BVerfG NJW 2014, 3506, 3507; BVerfG StV 2013, 674; BGH NStZ 2013, 728 连同 *Radtke* 和 *Eisenberg* 的裁判评释, StV 2014, 69; *Jahn*, StV 2011, 497, 501; s. auch BGH NStZ-RR 2017, 120; 151。

② OLG Rostock StV 2014, 81; OLG München StV 2014, 79; 仍有持不同观点的裁判: BGH StV 2011, 76, 78。

③ BGHSt 57, 273。

④ *Burhoff*, Hauptverhandlung, Rn 214; *Jahn/Müller*, NJW 2009, 2625, 2629; Niemöller/Schlothauer/Weider-*Niemöller*, Teil B § 257c Rn 113。

⑤ BGHSt 56, 235; vgl. auch BGH StV 2013, 193。

⑥ 深入的论述:HK-StPO-*Temming*, § 257c Rn 29 ff.; S/S/W-StPO-*Ignor/Wegner*, § 257c Rn 81 ff。

⑦ 对此详尽的论述:Beulke/Swoboda, JZ 2005, 67, 73; *Gless*, Schlothauer-FS, S. 433。

容一致之自白,始得适用上述证据使用禁止。① 因此,若重新达成一项协商,被告人可以且按理也会重回其先前的自白。自白的证据使用禁止无须以辩方对使用自白提出异议为前提(见边码179、227以及边码708),因为**依法**已经产生了禁止使用的效果。②

究竟是否应承认以及在多大程度上承认《刑诉法》第257c条第4款第1句规定的证据使用禁止有**远程效力**(见边码219)?立法对此未作规定。相应的担忧在于,实务见解延续着他们创设出的迹证法则(见边码415、727、744),故所有基于自白获取的证据都可被用于对被告人之定罪。然而,若欲实现公平审判的理念,至少于协商拘束力的丧失应归咎于司法的情形中(如法院忽视了相关事实状况或法律状况的情形,见《刑诉法》第257c条第4款第1句第1种情形),凭借自白而间接取得的证据应该适用证据使用禁止。③

被告人因执行协商付出的**其他负担以及诉讼意思表示**(如撤回证据调查申请、同意宣读笔录),在协商落空之后究竟应该如何处理呢?同样规定不明,尤其是,此时究竟是否应该回到**协商前的状态**④,从而让所有的诉讼意思表示均归于失效并应重新作出意思表示?抑或在**目前的状态下可以继续进行审理?**⑤但无论如何,之前按照协商而不作为的诉讼行为此时是可以补行的(如提出证据申请)。⑥ 法院不得以提出过迟为由而拒绝。

2. 事实上诉审/法律上诉审

608　在协商法制的背景下,救济审程序也会产生诸多亟待解决的问题,因为第一次事实审中的协商通常无法约束上一审级的和发回重审后的法院(见边码598)。⑦

---

① BGH StV 2018, 10.
② OK-StPO-*Eschelbach*, § 257c Rn 36; *Velten*, StV 2012, 172, 176.
③ *Jahn/Müller*, NJW 2009, 2625, 2629; *Murmann*, ZIS 2009, 526, 538; *Rogall*, Rengier-FS, S. 435, 442; *Schlothauer/Weider*, StV 2009, 600, 605;不同见解:*Bittmann*, wistra 2009, 414, 416; *M-G/Schmitt*, § 257c Rn 28; speziell zum Jugendstrafverfahren: *Knauer*, ZJJ 2012, 260。
④ Hierfür: Niemöller/Schlothauer/Weider-*Weider*, Teil C Rn 78 ff; *Wenske*, DRiZ 2012, 123, 125 f.
⑤ 赞成这种方案的见解:Niemöller/Schlothauer/Weider-*Niemöller*, Teil B § 257c Rn 130 ff。
⑥ OK-StPO-*Eschelbach*, § 257c Rn 39.1.
⑦ 例如,参见 BGH NStZ-RR 2013, 373; 深入的论述:KK-StPO-*Moldenhauer/Wenske*, § 257 Rn 37 ff。

所以，犯罪指控必然会被重新审理，即便双方曾经协商一致。这在检察官提起事实审上诉的情形中尤其值得商榷。纵使提起救济审的一方曾经在第一审中参与过协商，最后也有权发动救济审（见边码 601）。大多数实务见解中的限缩性解释趋向①并不符合《刑诉法》第 257c 条第 4 款第 3 句的立法意旨，该条作为**公平审判**原则的具体体现，具有由此及彼的**普遍适用能力**：若追诉人实现（协商）的利益"落空"，即他最后没有得到原先被法院承诺之刑度的"对价"，则就应适用撤回协商"交易"的效果，即曾经的自白必须适用证据使用禁止。② 事实上诉审法院应该加重晓谕被告人该项**证据使用禁止**。③ 惟有同时满足下列条件，始得破例承认在事实上诉审中使用之前自白的适当性：(1) 事实上诉审法院在开始事实上诉审的庭审活动之际已毫不迟延地**告知**被告人，法院将使用其自白的意图；(2) 作为对价，事实上诉审法院将**遵守**在第一审中达成的**协商**；(3) 第一审的协商系**以合法方式达成的**。④

当被告人曾在协商中表示会部分地撤回事实审上诉的⑤，若事实上诉审法院一方面要求被告人遵守这样的有效承诺（=将事实审上诉限于刑度问题）且被告人为履行协商已作出这样的诉讼行为后，事实上诉审法院另一方面却利用《刑诉法》第 257c 条第 4 款第 1 句的规定，有效地从协商拘束力中解套，这种操作似乎同样值得商榷。从公平审判的角度来看，一旦解除协商的拘束力，被告人应该被视为从未表示限缩事实审上诉的范围。⑥ 同此适用的还有，若被告人限定事实审上诉范围的承诺系协商内容之一部，该协商虽有程序违法，但却不能确凿表明，法院违反协商中的

---

① 例如，参见 OLG Nürnberg wistra 2012, 243；不同的见解：OLG Düsseldorf StV 2011, 80。

② SK-*Velten*, § 257c Rn 48; S/S/W-StPO-*Ignor/Wegner*, § 257c Rn 116; MüKo-StPO-*Jahn/Kudlich*, § 257c Rn 179; *Kudlich*, JA 2011, 634; *Schlothauer*, StV 2013, 195, 197.

③ OLG Karlsruhe NStZ 2014, 294, 295 连同 *Moldenhauer* 的赞同性裁判评释, NStZ 2014, 493 连同 *Norouzi* 的批评性裁判评释, StV 2014, 661; OLG Düsseldorf StV 2011, 80 连同 *Kuhn* 的批评性裁判评释, StV 2012, 10 u. *Moldenhauer/Wenske*, NStZ 2012, 184; 赞同性裁判评论：*Mosbacher*, JuS 2011, 708; 否定性意见：OLG Nürnberg wistra 2012, 243; 深入的论述：*Altvater*, StraFo 2014, 221, 222; *El-Ghazi*, JR 2012, 406; *Schneider*, NZWiSt 2015, 1, 4 f; *Wenske*, NStZ 2015, 137, 141 ff;KK-StPO-*Moldenhauer/Wenske*, § 257c Rn 42a, 42c。

④ Vgl. OLG Karlsruhe NStZ 2014, 294.

⑤ 将事实审上诉作为协商对象的容许性参见 OLG Karlsruhe NStZ 2014, 536。

⑥ OLG Hamburg NStZ 2014, 534, 536（傍论部分）；认为这种情形构成违法合意的：KG StV 2012, 654。

义务(例如,违反记录和透明化义务①,或者违反《刑诉法》第257c条的晓谕义务②)绝对不会影响被告人限缩上诉意思表示的情形。承诺在另一个案件中撤回救济审被认为并非是合适的协商对象③*。但是,若在围绕程序问题的协商过程中撤回了其他案件的救济审,这种撤回本身作为一种不附条件的诉讼行为(bedingungsfeindliche Prozesserklärung)则是有效的。④

最后,还有一种完全不适合排除协商拘束力的情形。例如,由于事实审法院违法撤回了原本合法的协商,于是该事实审判决被法律上诉审的法院撤销并发回重审:此时,重新负责事实审的法院仍应受到原先协商的约束。⑤

3. 未达成合意

609　　当协商无法达成一致,并且各参与者关于协商的内容的意见相互有分歧时,协商可能失败,即"**未达成合意**"(Dissens)。但凡曾经发生过商讨或协商,法院均有义务将其实质要点载入案卷和笔录化(见前述边码600)。所以,被告人自白的同时未达成合意的情形很少见,或者起码说,被告人很难有证明未达成合意的情形。尤其是,除了案卷记录的内容,秘密协商的拘束力是不被承认的(见后述边码611)。但在此前提下,公平审判原则仍然要求在未达成合意的情形下承认被告人的自白适用证据使用禁止。纵使依据其他证据依然可以判决被告人有罪的,实务见解主张,应当考虑对其额外从轻处罚。⑥

610　　如果存在着合法的且在范围上完全**明确**的协商,但**法院**却不遵守约定的(如不存在《刑诉法》第257c条第4款第1句或第2句规定的条件,却超出承诺判罚得更重),那么被告人有权根据在笔录中以往全部经过的书面记录,以法院非法背弃协商为由发动救济审程序主张不服。

若系检察官违背合法协商的约定,则被追诉人便很难获得保障,因为

---

① OLG Stuttgart StV 2014, 397; 不同见解:OLG Hamburg NStZ 2014, 534; *Wenske*, NStZ 2015, 137, 138。
② 布伦瑞克的州高等法院裁判(OLG Braunschweig NStZ 2016, 563)称这种情形影响诉讼行为系"通常的推定"。
③ 参见本书边码597。
* 因为这种撤回救济审的诉讼行为是不得附条件的。——译者注
④ BGH NStZ 2016, 177 连同 *Ventzke* 的裁判评释; OLG Hamburg NStZ 2017, 307。
⑤ Niemöller/Schlothauer/Weider-*Weider*, Teil C Rn 57。
⑥ BGHSt 42, 191, 194, dazu *Beulke/Satzger*, JuS 1997, 1077, 1079。

《刑诉法》第257c条第4款规定的拘束力并非针对检察官的承诺(见边码598)。例如,可能的情况是:当检察官在当前的诉讼中,基于诉讼参与人之间达成的协商,原先答应会依据《刑诉法》第154条第2款终止程序之一部,但是当他得到了自白后,却拒绝就部分终结程序提出必要的申请。这种情况惟有诉诸**公平程序原则**(见边码59):按照检察官遵守其承诺的状态去处置被告人。① 由于依据《刑诉法》第154条第2款,检察官的申请是不能被替代的,所以受到该协商拘束的法院应该破例承认,于正在进行的诉讼中,那些检察官曾经同意终止程序的犯罪部分出现了**程序障碍事由**(Verfahrenshindernis)(参见边码448、451及以下数段)。② 实务见解原则上也认可这种方案,但是在个案中更倾向于用**量刑方案**去解决,即可以给予被告人从轻处罚的待遇。③

4. 私下(非正式地)达成合意

立法者希望杜绝可能会裹挟着违法内容的**秘密(非正式的)合意**(heimliche Absprache)④,从而宣告这种协商系**非法**的且**不具备法律上的拘束力**,这是协商规定的重要目标。联邦宪法法院也在其有关协商法案的原则性判决中强调了此点⑤:无论是从法院的角度,还是从被追诉人的角度,违法达成的承诺没有明显值得保护的利益。因此,从**公平审判**角度,被追诉人和法院一样,违法承诺中有关被追诉人自己的部分也无法约束他:一旦有私下交易的情形,《刑诉法》第257c条第4款第3句和第302条第1款第2句也应从有利于被告人的角度类推适用,即被告人约定的自白不得被使用⑥,并且他放弃救济审的声明同样应该被视作

611

---

① MüKo-StPO-*Jahn/Kudlich*, § 257c Rn 153; SK-*Velten*, § 257c Rn 30; *Lindemann*, JR 2009, 82; *Sauer*, wistra 2009, 141;; s. auch KK-StPO-*Moldenhauer/Wenske*, § 257c Rn 36.
② *Eisenberg*, NStZ 2008, 698 Niemöller/Schlothauer/Weider-*Schlothauer*, Teil B § 160b Rn 25 ff u *Niemöller*, Teil B § 257c Rn 39; S/S/W-StPO-*Ignor/Wegner*, § 257c Rn 92; *Lindemann*, JR 2009, 82.
③ BGHSt 37, 10; 52, 165, 172 f.
④ 关于实践中的情况: *Neumann*, NJ 2013, 240; *Schmuck*, SVR 2013, 90。
⑤ BVerfGE 133, 168, 212 ff; 更详尽的内容: *Beulke/Stoffer*, JZ 2013, 662, 671 f; 亦见 BGH StV 2015, 153。
⑥ OLG Düsseldorf StV 2011, 80; KG StV 2012, 654; SK-StPO-*Velten*, § 257c Rn 32, 49; OK-StPO-*Eschelbach*, § 257c Rn 36.4; 不同见解: BGH NStZ 2014, 353 m. insoweit abl. Anm. *Kudlich*; BGH StV 2010, 673 连同 F. *Meyer* 的否定性评论, HRRS 2011, 17; *Jahn*, StV 2011, 497, 500 f。

无效。① 否则，私下的合意将会逃避法律上诉审法院的监督，或者因获得可供使用的自白，至少会被（从事这种违法谈判）的刑事追究机关视为是"无害"的。实务见解主张，若非正式的协商不是在法院的参与下达成的，由于不存在违反立法目的的规则漏洞，所以绝对不能类推适用《刑诉法》第302条第1款第2句。②

慕尼黑的州高等法院与联邦宪法法院的裁判相呼应，也宣告了一项根据非正式合意作出的判决无效，因为它完全无视立法有关协商的要求③；法院不仅违反了公开、书面、释明等所有的义务，还罔顾进一步查明事实的明显必要性，仅凭显然不充分的被告人供述就作出裁判，而没有在事实准确性的基础上作出自己的"独立判决"。

另外，无视法定规则的形式和实质要求而私下达成合意的程序参与人④还会有涉嫌枉法裁判罪（《刑法典》第339条），甚至阻扰刑法罪（《刑法典》第258、258a条）的刑事处罚风险。⑤ 不过这在具体案件中还有待厘清。

5. 为达成协商而施加不容许的压力

若被追诉人在协商谈判中被施加了**非法的压力**（unzulässiger Druck），有权在救济审中以刑事追究机关违反了《刑诉法》**第136a条**为由声明不服。在此背景下非常值得讨论的问题是，如果所有的共同被告人都一致地同意建议方案，尤其当共同被告人相互间具有近亲属关系（父

---

① BVerfGE 133, 168, 213 f; BGHSt 59, 21, 26 连同 *Deiters* 的赞同性裁判评释，ZJS 2014, 583, *Jäger*, JA 2014, 394；*Kudlich*, JZ 2014, 471 u. *Norouzi*, NJW 2014, 874；*Trück* 的批评性评论, ZWH 2014, 179; 亦见 OLG Köln NStZ 2014, 727 连同 *Schneider* 的否定性裁判评释, NStZ 2015, 53; OLG München StV 2013, 493; OLG Celle StV 2012, 141 连同 *Meyer-Goßner* 的赞同性裁判评释; *Schlothauer*, StraFo 2011, 487, 496; *Knauer/Lickleder*, NStZ 2012, 366, 377; *Kudlich*, Gutachten, C56; 不同见解：*Bittmann*, NStZ-RR 2011, 102, 104; *Kirsch*, StraFo 2010, 96, 101。

② OLG Hamm NStZ 2017, 725.

③ OLG München NJW 2013, 2371 连同 *Förschner* 的赞同性裁判评释, StV 2013, 502; *Meyer-Goßner* 的否定性裁判评释, StV 2013, 613；其他持否定性的观点：*Beulke*, Schlothauer-FS, S. 315; MüKo-StPO-*Jahn/Kudlich*, § 257c Rn 207。

④ 实践中这种现象的说明：*Hamm*, Dencker-FS, S. 147; *Nobis*, StRR 2012, 84。

⑤ Dazu *Beulke*, Schlothauer-FS, S. 315; *Beulke/Ruhmannseder*, Rn 120 ff; *Dießner*, StV 2011, 43; *Erb*, StV 2014, 103; *Eschelbach*, Paeffgen-FS, S. 637; *Fischer*, Kühne-FS, S. 203, 212; FA-Strafrecht-*Satzger*, 8. Teil Kap 3 Rn 72 ff; Niemöller/Schlothauer/Weider-*Schlothauer*, Teil D Rn 47 ff.

亲、母亲、女儿)而出于家庭纽带关系可能彼此为对方承担责任的情形下,法院究竟能否在所不问地达成协商呢?① 然而,实务见解对于如何证明协商中存在非法压力设置了极高的要求:庭审笔录必须能体现出存在压力的相应依据。若期待一名被告人就他认为非法的协商之内容立即提出异议并且能设法将异议记入笔录,或者将这种情况作为申请相关刑事司法人员回避的理由,这种要求无论如何都过于苛刻。②

五、庭审活动的新形态——庭审在侦查程序中的前置

早在百年以前,重新规划庭审活动就已经是一项重要的诉求。尤其是为了更好地保护被告人的人格以及仿照英美模式去强化法官的客观性,应当引入庭审活动的**二分法**,即"定罪或罪责的中间裁判"(Tat-oder Schuld-interlokut)。在庭审的第一部分将仅查明被告人是否曾经犯罪的事实,这个问题可以在法院的中间裁断中明确下来,直到在庭审的第二部分再去探讨被告人的以往经历、其特别的人际关系以及未来可供考虑的制裁。③

但是,这种深刻的改革理念最近却被偏离了,并且人们试图在维持整体架构不变的基础上,追求刑事诉讼法的现代化和进一步发展。④ 许多草案,尤其是前政府的议会党团和司法部在 2004 年提出的改革刑事程序的讨论草案⑤,其结果都是为中间程序以及尤其为审理程序减负。如为了有利于加速、缩短庭审活动,希望提高庭审活动的效率,主张应当将证据调查程序的实质性要素前置到侦查程序中。那些事先得到的证明结论应当借助于案卷和视频记录被"转运"⑥到庭审中来。与之平行的改革路径则

613

---

① 但是 BGH NStZ 2015, 537 却主张这种情况合法。
② BGH StV 2010, 293.
③ 参见相关的立法建议稿: Novelle zur Strafprozeßordnung, Reform der Hauptverhandlung, bearb. von *J. Baumann* ua, 1985; *Eckstein*, 39. Strafverteidigertag, S. 107;关于法庭证据调查的立法建议:GA 2014, 1; *Jahn*, StV 2015, 778; *Kröpil*, Jura 2015, 611;关于直接性原则的立法建议:*Freund*, D-F-T, S. 65; *Jahn*, Wolter-FS, S. 963; *Stuckenberg*, D-F-T, S. 135;关于法治国下程序简化的立法建议:GA 2019, 1- dazu *Schmoller*, GA 2019, 270。
④ 深入的论述:*Pollähne*, StV 2015, 784;亦见 *Albrecht*, S. 8 ff。
⑤ StV 2004, 228;亦见 Entwurf für die Reform des strafrechtlichen Ermittlungsverfahrens des DAV, AnwBl. 2006, 24。
⑥ 对此批评的观点:*Walther*, JZ 2004, 1107;深入的论述:*Beulke*, Rieß-FS, S. 6; *Eschelbach*, 39. Strafverteidigertag, S. 37; *Heghmanns*, JA 2002, 985; *Pollähne*, 39. Strafverteidigertag, S. 45; *Nack/Park/Brauneisen*, NStZ 2011, 310; *Satzger*, Gutachten, C47; *Schöch*, Schlüchter-GS, S. 29; *Weigend*, ZStW 113 (2001), 271; *ders.*, Eisenberg-FS, S. 657; *Wohlers*, GA 2005, 11。

主张应当在一种参与式的侦查程序中去强化辩护权。①

应当通过某种新的能够提升刑事程序透明度的"沟通文化"全面扩充刑事诉讼的**合致性要素**②。

2013 年，联邦司法部组建了专家团队以研拟"契合实务且有效率的刑事程序"（praxistauglichen und effektiven Strafverfahrens）改革。③ 专家最终报告的许多内容成为了 2017 年 8 月 17 日通过的《旨在更加有效且更适合实践地设计刑事程序的法案》④的基础。但是，并没有因此改变刑事程序的基本架构。

最近，刑事诉讼中的程序规定经历了各式各样的修改，这些修法如有 2019 年 11 月 20 日通过的《关于在刑事程序中转化欧盟指令 2016/680 以及为了符合 2019 年 11 月 20 日出台的欧盟规定 2016/679 的法案》，还有《关于刑事程序的现代化法案》⑤以及《关于重新规制必要辩护权法案》⑥，其他的局部性改革也已经作了规划⑦。另外在联邦司法与消费者保护部 2020 年 4 月 22 日起草的《旨在强化经济统一性的立法建议稿》（社团制裁法立法建议稿）中，也会给刑事诉讼法带来深刻的修改。⑧

614　　　**案例 46**（边码 562）**之解答：**
　　（1）答案见边码 571 所罗列的内容。
　　（2）庭审通常可以最长休庭三周（《刑诉法》地 228 条第 1 款第 1 句第 2 种情形、第 229 条第 1 款），随后可以继续进行。若休庭超过了三周的最高期限（《刑诉法》第 229 条第 2、3、5 款是例外规定），则应**停止审理**（《刑诉法》第 228 条第 1 款第 1 句第 1

---

① Deckers, StraFo 2006, 269; Freyschmidt/Ignor, NStZ 2004, 465; Schlothauer/Weider, StV 2004, 504.

② 深入的论述：Duttge, ZStW 115 (2003), 539; Jahn, ZStW 118 (2006), 427; Salditt, ZStW 115 (2003), 570; Ignor/Matt, StV 2002, 102; E. Müller, DAV-FS, S. 681; Sommer, StraFo 2017, 481; Schünemann, GA 2008, 314; Nestler, ZIS 2014, 594; Roxin/Schünemann, § 69 Rn 1 ff.

③ Dazu Gössel, Streng-FS, S. 703; Löffelmann, StV 2018, 536; Momsen, 40. Strafverteidigertag, S. 83; Nobis, StV 2015, 56; Schlothauer, StV 2016, 607; Schünemann, StraFo 2016, 45.

④ BGBl I 2017, S. 3202; dazu Basar, StraFo 2016, 226; Kudlich, JR 2016, 514.

⑤ BGBl I 2019, S. 2121; 对此不全的文献列举：Claus, NStZ 2020, 57。

⑥ BGBl. I, 2019, S. 2128.

⑦ S/S/W-StPO-Beulke, Einl. Rn 357; Löffelmann, StV 2018, 536.

⑧ 不全的文献列举：Compliance-Beulke/Witzigmann, § 1 Rn 73; Bittmann/Brockhaus/von Coelln/Heuking, NZWiSt 2019, 1; Wimmer, KriPoZ 2020, 155; 也可参见本书边码 234。

种情形)。一旦停止审理,应该彻底重新审理(《刑诉法》第229条第4款)(具体见边码581)。

案例47(边码563)**之解答**：

若审判长制止被告人对证人证言做记录,该行为系《刑诉法》第238条第1款规定的庭审指挥措施之一。审判长在本案中违法行使了**实质上的指挥权**,因为一律禁止被告人书面记录会不合理地妨害他为辩护作准备之权益。但是A不能依据《刑诉法》第338条第8项提起法律审上诉,因为他(或者他的辩护人)已错过了依据《刑诉法》第238条第2款围绕审判长的决定获得一项**法庭裁定**的机会,该裁定是《刑诉法》第338条第8项对提出法律上诉审明确要求的前提。按照通说,A亦不能依据《刑诉法》第337条(以判决违法为由)上诉于法律审,因为A没有向法庭声明,所以已经丧失对程序不服的机会。但是,按照正确的观点应该认为,不能以这种方式产生异议遮断效,剥夺他声明不服的机会(详见边码575)。

615

案例48(边码564)**之解答**：

事实审法庭的审理活动应该是**公开的**,见《法院组织法》第169条。若判决系通过不公开的庭审活动作成的,构成《刑诉法》第338条第6项的绝对上诉于法律审的理由。但是,诉讼公开的保障并非毫无限制,例如,当法庭因为坐席满员而关闭,就不违反《法院组织法》第169条。实务见解认为,该案中的情况也应该同等处理,即法院既没有意识到,也无法意识到诉讼公开受到了限制(BGHSt 21, 72, 74)。但是这种解释似乎仍有问题,因为《法院组织法》第169条不关注法院是否具有过错。若人们进入法庭受到不属显著轻微的阻碍,无论法院是否知晓此情况,都应允许依据《刑诉法》第338条第6项提出法律上诉审(详见边码576、580)。

616

案例49(边码565)**之解答**：

(1)程序参与者在庭审中开展了《刑诉法》第257c条规定的**协商**。这种合意是合法的,且该案中并无事后可以背弃约定的理由(《刑诉法》第257c条第4款第1和第2句),所以该协商对法院具有拘束力。然而,检察官却不受此拘束。根据公平程序

617

原则,被告人仍然应该享受当检察官履行其承诺时的待遇。根据《刑诉法》第154条第2款(有关审理阶段终止程序之一部的规定),检察官向法院提出请求是必经且不可替代的步骤,于是法院应该认定原先计划终止的部分犯罪存在程序障碍事由,即通过判决终结对该部分犯罪的程序(《刑诉法》第260条第3款)。但是,这种解决方案迄今为止还未被实务见解接受。尽管实务见解认为这种形式的程序障碍事由可以作为"最后的手段",但另一方面它仅将实质性从轻处罚优先作为从公平审判原则中提炼出的方案。然而,面对其他程序参与者对新型的合意性权利的滥权操作,这种方案带给被追诉人的保障属实孱弱(详见边码449及以下、594及以下数段)。

618　　(2)本案中检察官和被追诉人之间的联系被界定为《刑诉法》第160b条规定的"商讨"。商讨达成的成果没有协商的法定拘束力(《刑诉法》第257c条第4款)。但是,当诉讼参与人背弃商谈成果时,应该被视为违反公平程序原则(《基本法》第20条第3款)并带来穷竭刑事起诉的法律后果。所以,独任刑事法官应该裁定,不开启第二项盗窃案的审判程序(《刑诉法》第204条)。但是,正如在本案例第(1)问的解答中所说的那样,实务见解对这种情形只愿意接受从轻处罚的方案。另外,A也可以不再接受原先关于第一项盗窃案的处刑令程序,事后不再承认对处刑令放弃异议,而且,由于此时声明异议的期间已经届满,他可以提出程序回复原状,即诉讼声明原则上不能因为意志有瑕疵就被认定无效(详见边码462及以下、594及以下数段)。

第二十章　法庭证据调查（一般原则）

案例 50：

（1）A 被州地方法院的大刑事庭宣告成立加重盗窃罪（《刑法典》第 249、250 条）。参审员 S 曾在此案庭审过程中短暂地打盹，以此为由的法律审上诉能成功吗？

（2）参审员 S 在庭审中帮助坐在其身边的被截肢过的法官翻阅案卷。其间 S 也时不时地一道阅读了起诉书，以判断"侦查的结论"和 A 的陈述以及证人证言是否一致。以此为由上诉于法律审，成功机会又如何？（边码 627）

一、证据调查的一般原则

1. 紧接着讯问被告人以后的**法庭证据调查**（Beweisaufnahme），旨在查明对法院裁判有意义的案件事实和经验定则（Erfahrungssätze），见《刑诉法》第 244 条第 2 款。* 它既包括外部事实（如窃取），也包括内部事实（如据为己有的意图）。所有对裁判具有显著影响的事实均应在庭审活动中（通常系重新地）被调查，之所以有此必要，乃因依据《刑诉法》第 261 条，法院应凭借法庭证据调查的结论，根据**全部审理的内容**（Inbegriff der Verhandlung）而自由形成的内心确信去裁判。

2. 依据《刑诉法》第 244—256 条、第 261 条，法庭证据调查受到以下原则规制：

---

* 在德国诉讼法文献中，经验定则（Erfahrungssätze）和经验法则（Erfahrungsgrundsätze）二词在涵义上有所区别，前者系一般生活经验的具体规则，包括交易习惯、行业管理等。后者是间接证据过程中用作推论的抽象生活定律，旨在让法院对某个被推论的事实之真实性产生确信，例如，冬季早上五点左右没有阳光就是一种经验法则，故证人说五点时看到天亮于是起床的表述不可信。——译者注

——法院澄清义务的原则(见边码 624)
——言词原则(见边码 625)
——直接原则(见边码 631 及以下数段)
——法官自由心证原则(见边码 754 及以下数段)
——证据种类法定原则(见边码 284)

但是,这些原则仅旨在实现**严格证明程序**,即它们仅适用于有关罪责和法律后果的事项。反之,对于程序问题(如是否提起了刑事告诉),则适用**自由证明程序**(对此见边码 285)。

3.显而易见的事实不需要证明

622　显而易见的事实要么系**众所周知的事实**,要么系**法院已知晓的事实**。

众所周知(Allgemeinkundig)的事实系指通常能够被理智人所知晓的事实,或者理智的人无需具备特别的专业知识,肯定能通过可靠的来源了解到的事实。① 如史料和物理学定律。②

法院已知晓的事实系指法院曾经凭借其职务身份,尤其是从其他诉讼程序中了解到的事实。③

623　**4.对裁判有意义的事实可以分为:**

主要事实(Haupttatsachen),即可以直接被涵摄到实体法规定下的事实(如 A 开枪打死了 B);

间接事实(Indiztatsachen),系指推断主要事实的事实(例如:拿着左轮手枪的 A 仓惶逃离犯罪现场)。"证明不在场"(Alibibeweis)也是间接证明(例如:在案发当时,A 身处他地)。

辅助事实(Hilfstatsachen)则将证据的证明力当作事实内容(例如:控方的主要证人是不可信的)。间接事实和辅助事实的概念经常被混用。

二、法官澄清义务原则——《刑诉法》第 244 条第 2 款

624　法院**依职权**探究事实真相,应该将法庭证据调查覆盖到所有对裁判具有重要性的事实和证据(**调查原则**或**职权探知原则**),见《刑诉法》第

---

① BGHSt 26, 56, 59.
② S. auch BGH JR 2018, 579 连同 *Eisenberg* 的裁判评释; *Keller*, ZStW 101 (1989), 381。
③ BGHSt 26, 56, 59; 亦见 BGH NStZ 2016, 123。

244 条第 2 款(见边码 51)。

职权澄清义务系程序参与人有权申请调取证据(Anspruch auf Beweiserhebung)的理由。法院为获得尽可能可靠的证据基础,应该采取一切行动,除非该行动注定毫无斩获。《刑诉法》第 244 条第 2 款也表明,法院应努力获取**尽可能最佳的证据**(bestmögliche Beweise),包括获取间接证据。① 另外,根据《刑诉法》第 244 条第 2 款,法院应该敦促程序参与人提出有利于查明案件事实的证据申请,并且当其提出证据申请时应该给予支持。② 因此,当法院料想到提出证据申请的人因为法律知识生疏或主观疏忽等原因,未能准确或完整地表达其申请时,法院负有问询义务。③ 纵使证据申请人系检察官,法院亦负该义务。④ 联邦最高法院认为,法院在庭审过程中还应主动开展补充调查,且无须通知辩方。⑤ 惟已履行澄清义务,才有《刑诉法》第 261 条规定的自由心证可言,始得适用疑罪从无原则以及选择认定制度。⑥

在许多程序中都会遇到法官澄清义务的范围究竟多大的疑问,即何时才算已经穷尽了其他可能的证据。联邦最高法院一贯的实务见解主张,当法院知道或者应当知道某个情况,且他必须使用或者能预想到须使用其他的特定证据去证明该情况的,法院便负有全面澄清事实的义务。⑦ 纵使法院相信,根据现已完成的法庭证据调查,它已获得了对案件事实的内心确信,其他有待审查的证据**不太可能改变它在现有调查基础上形成的对案件事实的印象**,其却仍不得对这些证据置之不理。⑧ 对于*海量诈骗案件*,即由简单案件累积而成的标准化、海量化的测算程序,联邦最高法院对**估算错误率**(Schätzung einer Irrtumsquote)的方案不持异

---

① BVerfGE 57, 250, 277; BVerfG JR 2004, 37 连同 *Böse* 的裁判评释; BGH StV 2003, 485。
② BGHSt 22, 118, 122.
③ Vgl. BGH <Pf/M> NStZ 1985, 205, 206.
④ *M-G/Schmitt*, § 244 Rn 38.
⑤ BGH BeckRS 2019, 10440 连同 *Mosbacher* 的赞同性评论, JuS 2020, 128; 值得采信的还有联邦最高法院的相反见解:BGH NStZ 2010, 53 连同 *Schneider* 的否定性裁判; s. auch *Eisenberg*, JR 2011, 119。
⑥ 关于此参见 *Wessels/Beulke/Satzger*, AT, Rn 1300 ff。
⑦ BGH StV 1981, 164; BGH NStZ 2013, 725; 亦见 GH wistra 2013, 322。
⑧ BGHSt 23, 176, 188; 30, 131, 143; BGH StV 1993, 194。

议，尤其是各个案件数额较小的情形。① 因事实审法官违反《刑诉法》第244条第2款规定的澄清义务而提起的法律审上诉被称作"**澄清抗辩**"（Aufklärungsrüge），它是一种针对程序错误的抗辩（见边码850、852）。②

三、言词原则——《刑诉法》第261条

625　　1.言词原则要求，惟有通过**言词方式朗读**或陈述的诉讼资料始得作为判决的基础（见《刑诉法》第261、264条；亦见边码53）。准此，为实现举证，**文书**应该通过**宣读**的方式被获知其内容，见《刑诉法》第249条第1款第1句。但凡可被宣读的电子文件，便属于文书证据，见《刑诉法》第249条第1款第2句。

《刑诉法》第249条第2款规定文书得由法院"**自行阅读**"（Selbstlesung）③，由此创设了一种言词原则的例外情形。即职业法官和参审员必须已实际阅读了文书，并也保障了其他的程序参与人获悉文书内容的同等机会。④ 自读程序**由审判长决定**，检察官、被告人或者辩护人有权对之提出异议。法庭对异议以裁定方式决断之，该裁定依据《刑诉法》第305条第1句（参见边码869）不得以抗告方式声明不服。⑤ 另外，实务见解一向认为，若参与诉讼的各方均同意并且在不妨碍澄清义务的前下，可以通过审判长通告文书内容的方式替代宣读文书。⑥

显而易见的事实（见边码622）和经验定则（见边码756）也应该在庭审中以语言方式予以表达。除非是诸如众所周知的事

---

① BGH NStZ-RR 2017, 375; *Ullenboom*, NZWiSt 2018, 317, 318; s. auch *Beulke/Bergmann*, Breidling-FS, S. 13.
② BGH NStZ 2011, 471; *Huber*, JuS 2009, 614, 618.
③ 深入的论述：*Feldmann*, wistra 2020, 1; *Kirchner*, StraFo 2015, 52; *Knierim/Rettenmaier*, StV 2006, 155。
④ BGH NStZ 2005, 160 连同 *Kudlich* 的裁判评释，JuS 2005, 381; BGH NJW 2010, 3382 连同 *Mosbacher* 的裁判评论，JuS 2011, 137, 141; BGH StraFo 2012, 101 连同 *Albrecht* 的裁判评论，ZIS 2012, 163。
⑤ BGHSt 57, 306, 308 连同 *Gössel* 的裁判评论，JR 2013, 380 和 *Kudlich* 的裁判评论，JA 2012, 954; S/S/W-StPO-*Kudlich/Schuhr*, § 249 StPO Rn 35 f。
⑥ BGHSt 1, 94, 96。

实那样属于不言自明的内容,始得省却其陈述。①

2.另一方面,言词原则和直接原则一样,都可以从中推导出法官必须具备**就审能力**(Verhandlungsfähigkeit)的要求。

通说认为,若由**失聪**的法官参与审理,则法庭的组成是不合法的,故会构成《刑诉法》第 388 条第 1 项前半句规定的绝对上诉于法律审的理由。② **法官睡着**的情形却有所不同。惟当法官在某个重要的时段中睡着了,从而错过了在这个时段内所发生的庭审经过,始当构成《刑诉法》第 388 条第 1 项前半句规定的法律审上诉理由(法庭组成违法)。③ 但是,这种情况下适用《刑诉法》第 337 条(判决违法)似乎更为适当。④ 若负责事实审的法庭中有**失明**的法官,便会产生如此疑问:法官的视觉印象是否也属于《刑诉法》第 261 条规定的"经审理所得"呢？新近实务见解对此持肯定见解,并且认为这种情况违反了直接原则或者(构成《刑诉法》第 338 条第 1 项前半句的)法庭组成不合法。⑤ 反之,早前的实务见解却认为,失明的法官在庭审活动中仅不得采纳勘验而已。⑥

3.从言词原则和直接原则之中也可以推导出,**参审员**应仅得本于庭审活动去建构自己的内心确信,所以**不得阅览法院的案卷**。⑦ 如今,联邦最高法院似乎欲摈弃该见解,主张对职业法官和参审法官应一视同仁,并认为将部分案卷(具体案情:电话监听的录音带记录稿)交由参审员查阅乃有利于他们更好地理解法庭证据调查之辅助手段,故符合言词原则和直接原则。⑧

案例 50(边码 627)**之解答**:
(1)睡觉的法官不能满足庭审活动的言词原则和直接原则

---

① OLG Thür. StV 2007, 26; KK-StPO-*Krehl*, § 244 Rn 132; A/N/M-*Güntge*, Rn 1116.
② *M-G/Schmitt*, § 338 Rn 13.
③ BGHSt 2, 14, 15; SK-StPO-*Frisch*, § 338 Rn 50.
④ 主张两者皆可适用的观点: *Roxin/Schünemann*, § 46 Rn 38。
⑤ BVerfG NJW 2004, 2150; BGHSt 34, 236, 238; 35, 164, 166 f.
⑥ BGHSt 4, 191; 5, 354; 18, 51; 亦见 *Lesch*, 2/84 f.。
⑦ RGSt 69, 120; BGHSt 13, 73, 75; KMR-StPO-*Stuckenberg*, § 261 Rn 15; *Schünemann*, StV 2000, 164; 批评意见: *Ellbogen*, DRiZ 2010, 136; *Hillenkamp*, Kaiser-FS, S. 1437; *Kühne*, Rn 116.1; *Schreiber*, Welzel-FS, S. 941。
⑧ BGHSt 43, 36, 39 连同 *Katholnigg* 的批评性裁判评释, NStZ 1997, 507。

(《刑诉法》第261条)的要求。所以,若法官确实长时间地睡着了,导致他不能把握庭审的实质经过的,构成《刑诉法》第337条规定的相对的法律审上诉理由(通说甚至主张构成《刑诉法》第338条第1项前半句的法庭组成不合法事由)。但是,按照一般生活经验,在冗长且复杂的庭审活动中,并不是每个法官都把握每一个细节的,所以,如果只是很短暂地点头打瞌睡不构成显著的程序违法[最高法院判例(BGHSt 2, 14, 15)亦同此见解]。所以,A的法律审上诉不会成功。

(2)迄今为止的通说认为,提供参审法官阅卷有违庭审活动的直接原则和言词原则(BGHSt 13, 73, 75)。新近的判例认为,应当允许把案卷交由参审员阅览。但是,能否依据新的实务见解就本案形成不同的结论,似乎还有疑问。惟当两名参审员均能同等地阅览,才可谓依法保障了参审员的阅卷。故A的法律审上诉会成功。(详见边码626)。

第二十一章　法庭证据调查的直接性

案例51：弗伦斯堡人F在巴伐利亚州的森林里度假期间被偷了一部价值70欧元的相机。侦查法官讯问F时，坚决认定是服务员A偷了相机。A却矢口否认。该案除了F的证词以外，就没有其他证据了。当传唤F出席针对A的庭审时，F却书面声明他无意出庭，理由是，他觉得为这事不值得跑这么远一趟。在围绕犯罪经过的法庭证据调查中，即便A不同意，法庭可以宣读之前侦查法官的讯问笔录吗？（边码671）

案例52：A被起诉，指控他与自己的17岁女儿T发生性交（《刑法典》第173条第1款）。T曾经被侦查法官R讯问过，并且R也依法告知T享有拒绝作证权。但是R却没有明确地释明：若T在庭审中拒绝作证，她在侦查法官讯问中的证言也可以在庭审中被用来指控A。T此时严厉地指控了A的犯行，在后续的庭审活动中T却拒绝作证。即便如此，法院仍可以基于T之证言作出有罪判决吗？在诉讼中又应该如何去使用该证言呢？（边码672）

案例53：

（1）A作为被追诉人在面对警察P的讯问中供认了某起诈骗犯罪（《刑法典》第263条）。但是，在庭审中他却拒绝陈述。于是法庭欲当庭宣读警察讯问笔录，是否合法？是否还有其他的可能性，能援用警讯得到的自白作成判决呢？

（2）若P现在过世了，法庭还能宣读警察制作的讯问笔录吗？

（3）有兄弟两人A和B被指控，他们曾一道实施多起盗窃。他两人被分别起诉。在对A进行的程序中，A被依法告知其诉讼权利以后，全面地供认了他的犯罪事实。而他在针对他兄弟B的程序中，作为证人却行使了《刑诉法》第52条第1款第3项

规定的拒绝作证权。那么 A 先前的供述可以在针对 B 的诉讼中被当作证据吗？（边码 673）

一、原则

631　法庭证据调查的直接原则的主要法律依据是《刑诉法》第 226 条第 1 款，第 250 条及以下数条（见边码 54），其要求：

——事实审法院通常应该自行实施法庭证据调查（**形式直接性**）；

——证据不得通过**证据替代品**（Beweissurrogate）被代替（**实质直接性**）。①

《刑诉法》对使用先前的**证人讯问笔录**抱持格外的疑虑。所以，《刑诉法》第 250 条及以下数条对以**文书证据**形式引入先前的讯问笔录（通过《刑诉法》第 249 条*第 1 款第 1 句规定的宣读方式）作出了详尽的规定：若案件事实的证明出自人的感知，则应该在庭审中讯问感知事实的人员，见《刑诉法》第 250 条第 1 句。直接讯问证人不得被替代为宣读先前的讯问笔录或者宣读某个证人制作的声明，见《刑诉法》第 250 条第 2 句（**人证优先于书证**）。

二、法院亲自讯问原则的突破

632　《刑诉法》规定了一些法院亲自讯问原则的**例外情形**，这些情形允许在符合特定要件的前提下，可以通过文书证据代替法院的亲自讯问，否则将使案件事实的认定沦为不可能或极为困难。②

（一）宣读对证人、鉴定人或共同被追诉人的讯问笔录——《刑诉法》第 251 条**

633　《刑诉法》第 251 条穷尽式地列举了当有待讯问的人缺席庭审活动时，得使用**先前的讯问笔录**或者记载该人陈述之文书的情形。对此，法律

---

① 深入的论述：*Bürger*, ZStW 128 (2016), 518；*Krüger*, Unmittelbarkeit und materielles Recht, 2014；*ders.*, Rengier-FS, S. 423；*Radtke*, Graf-Schlicker-FS, S. 549；*Zerbes*, Schlothauer-FS, S. 299.

*　最新版条文参见本书附录。——译者注

② 深入的论述：*Mosbacher*, NStZ 2014, 1。

**　最新版条文参见本书附录。——译者注

分别就**法官讯问**和**非法官讯问**的情形作出不同的规定。但是,无论何种宣读笔录的情形,绝对必须具备的共同要件是:在先前的讯问中依法晓谕了**拒绝作证权**或**拒绝陈述权**。①

先前讯问被追诉人的笔录不能适用《刑诉法》第 251 条(共同被追诉人则当别论)。宣读这种笔录的情形已经由《刑诉法》第 254 条(对此见边码 641)作了穷尽式的专门规定。② 634

《刑诉法》第 251 条第 1 款规定的基本情形不仅适用于"普通"笔录,即**非法官讯问**的笔录,也适用于法官讯问的笔录。专门就**法官讯问**笔录作出规范的是《刑诉法》第 251 条**第 2 款**。按照这种基本情形与特殊情形的关系,若系法官讯问笔录,既能适用第 2 款之规定,**也能适用第 1 款**之规定。 635

1.符合下列情形之一的,无论是**法官的**还是**非法官的**讯问证人、鉴定人和共同被追诉人的笔录,以及记载作证人陈述的文书均得被宣读: 636

——被告人有辩护人,并且**检察官**、(到庭的③)**辩护人和被告人同意宣读的**(《刑诉法》第 251 条第 1 款第 1 项、第 2 款第 3 项)。

——被告人没有辩护人,并且**没有辩护人的被告人和检察官**此时均同意宣读;但是,**惟当宣读笔录或文书仅仅旨在证实被告人的自白(而不是因为被告人撤回自白!**④)的前提下,始得在没有辩护人参与的情形下达成这种宣读笔录的合意(《刑诉法》第 251 条第 1 款第 2 项)。

实务见解主张,该项同意应该能以**默示**的方式作出⑤,例如,当辩护人同意宣读时、被告人对此默不作声的情形。⑥ 该见解理应被批评,因为如果这样的话,同意的必要性实际上被转换成提出异议的义务。⑦ 这种瑕疵可以通过被告人事后同意的方式去治愈。

---

① BGHSt 10, 186, 190; 概述见:*Park*, StV 2000, 218; SK-StPO- *Velten*, § 251 Rn 2 ff。
② OLG Köln StV 1983, 97; *Ransiek*, Beulke-FS, S. 949.
③ BGH StraFo 2017, 24.
④ S/S/W- StPO-*Kudlich/Schuhr*, § 251 Rn 24.
⑤ BGHSt 9, 230, 232; BGH StV 1983, 319; vgl. aber auch: BGH StV 2015, 533.
⑥ BayObLGSt 1978, 17; *M-G/Schmitt*, § 251 Rn 27.
⑦ Radtke/Hohmann/*Pauly*, § 251 Rn 21; *Schlothauer*, StV 1983, 320.

637　　2.符合下列情形之一的,**非法官讯问的或法官讯问的笔录**以及**记载证人、鉴定人或共同被追诉人陈述的文书**,可以被宣读:

——当证人、鉴定人或共同被告人死亡,或者基于其他的原因在可以预见的时间内无法接受法院讯问的(《刑诉法》第251条第1款第3项*)。

在可预见的时间内无法对其讯问的情形仅指**事实上的障碍**而不包括**法律上的障碍**。因此,当证人行使了《刑诉法》第55条第1款规定的权利(拒绝作证权),便不得再宣读其笔录。① 该结论能否适用下列问题,则有争议:若法官讯问证人时违反了《刑诉法》第168c条(通知在场权人,见边码236)导致讯问内容无法被作为证据使用,但是,由于少年局明确拒绝,从而无法重新讯问(未成年的)证人,于是便须判断,究竟能否将之前的讯问当作一种非法官的讯问而依据《刑诉法》第251条第1款第3项使用该证人证言?(参见边码236)。同样有争议的情形还有:若一名下落不明的亲属证人可能会在庭审中依据《刑诉法》第252条行使其拒绝证言权的(见边码643),能否宣读他之前的笔录或书面陈述呢?②

——有关财产损害或损害额度的笔录或文书(《刑诉法》第251条第1款第4项)。

638　　3.先前的**法官讯问笔录**除了符合以上规定的要件外,具有下列情形之一的,**也可以宣读**:

——证人、鉴定人或共同被追诉人因为患病、羸弱或其他无法克服的障碍将在较长或不确定的时间内无法出庭的(《刑诉法》第251条第2款第1项);

——结合对证人或鉴定人的证言重要性的考虑,因为证人或鉴定人距

＊ 最新版条文参见本书附录。——译者注

① BGHSt 51, 325 连同 *Jahn* 的批判性评论,JuS 2007, 868; 赞同性评论见 *Gubitz/Bock*, NJW 2008, 958 u. *M-G/Schmitt*, § 251 Rn 11; 质疑的立场: BGHSt 51, 280, 281 f; *Hecker*, JR 2008, 121 对此也持批评意见; *Murmann*, StV 2008, 339; 深入的论述: *Orend, V.*, Die rechtliche Unmöglichkeit iSd § 251 I Nr 2 StPO am Beispiel dreier Sonderkonstellationen, 2010, S. 61 ff。

② 肯定见解: OLG Koblenz StV 2014, 330 连同 *Jäger* 令人信服的批评性裁判评释, JA 2014, 712。

离法院路途遥远,无法苛求他们出庭的(《刑诉法》第 252 条第 2 款第 2 项)。

对此应该衡量待证事实对全案的影响、证言的重要性和程序迅速进行的必要性以及作证人员不能到庭的利益(地理位置、个人因素和交通因素)。①

是否依据《刑诉法》第 251 条第 1、2 款宣读讯问笔录,由法庭(非审判长)**以裁定**方式决定之(《刑诉法》第 251 条第 4 款第 1 句)。欠缺这种裁定的,通常构成法律审上诉的理由。② 639

(二) 证人或鉴定人作证情形下的支持回忆与消除前后矛盾——《刑诉法》第 253 条

若**证人或鉴定人**声称,他对案件事实记不清楚了,为**支持其回忆**,可以宣读之前对其讯问所制作之笔录的相应部分。为了**消除**他在之前讯问和当下讯问时的**前后矛盾**,也可以采取这种宣读方式(《刑诉法》第 253 条)。 640

在这种宣读之前笔录的情形下,纵使证人或鉴定人在场,也属于将人证转换成了**书证**(文书证据)③,即证据不再仅仅是证人和鉴定人面对宣读的回应性陈述,还包括笔录。这不是有关对证(Vorhalt)的特别规定(有争议)④,对证的规定及其在讯问中特别重要的地位将于后文再讨论(见边码 647)。⑤

惟当被支持回忆的证人和被宣读的笔录中的证言提供者系同一人时,始得适用该规定。反之,那些在庭审中陈述他人曾如何在自己面前作证的**审问人员**(Verhörsperson),不适用该规定。

案例(最高法院裁判[BGH StV 2013, 545]):当警察 P 讯问被追诉人 A 时,(被充分晓谕权利的)A 指控他的兄弟 B 是共同正

---

① BGH StV 1989, 468; OLG Düsseldorf StV 2000, 8.
② BGH NJW 2010, 3383 连同 *Krüger* 的赞同性裁判评释, NStZ 2011, 594; BGH NStZ 2011, 356; BGH NStZ 2015, 476。
③ BGHSt 11, 338, 341; *Artkämper*, Jura 2008, 579.
④ 不同观点的比较见 *Rössner/Safferling*, Problem 16 sowie *Schmidt*, Ⅱ § 253 Rn 5 ff; § 254 Rn 10。
⑤ BGH NStZ 2002, 46.

犯。在专门对B发动的刑事程序中，A作为B的近亲属却依据《刑诉法》第52条第1款第3句拒绝作证（见边码296）。于是，P在庭审中作为传闻证人（见边码648）被讯问。当P表示，自己记不得讯问的内容了，为帮助其回忆，依据《刑诉法》第253条第1款宣读了由P制作的讯问笔录。这是违法的。当审问人员记忆有瑕疵时，笔录不可以被用作补充性的文书证据。笔录仅能被用来进行另外的对证（见边码647）。因为《刑诉法》第253条是一项专门性的规定（有争议），也不得依据《刑诉法》第249条（关于宣读文书证据）的规定宣读笔录。①

（三）对被告人宣读自白与消除前后矛盾——《刑诉法》第254条 *

641　　法官制作的笔录中记载的**被告人陈述**，或（无论是否由法官实施的）② **讯问录音录像中的被告人陈述**，为了实现法庭证据调查，可以宣读或播放其中的自白，见《刑诉法》第254条第1款。这种操作也可用来消除被告人当庭陈述与先前陈述之间的**前后矛盾**，见《刑诉法》第254条第2款。

　　但是，这种情形下的宣读笔录，必须具备的前提要件是，笔录仅限于**法官讯问**被告人的笔录（而不得是讯问证人或共同被告人的笔录）。因此，若系**警察讯问的**笔录，其中记载了被追诉人向警察坦白的犯罪经过，但凡该被追诉人在法庭上行使缄默权，便不得被宣读。③ 但是，实务见解却认为，非法官制作的笔录苟非被当作书证使用的，也可以被宣读，即笔录本身不是证据，它只是被用于诉讼中的对证活动，仅被告人对宣读该笔录的反应才有证明价值（见边码647）。④

　　值得注意的是，（绝对的通说认为）《刑诉法》第254条仅规定了**宣读**

---

① Kölbel, NStZ 2005, 220, 221; 不同见解：Mosbacher, NStZ 2014, 1, 4 f; ders., JuS 2014, 701.
* 最新版条文参见本书附录。——译者注
② S/S/W-StPO-*Kudlich/Schuhr*, § 254 Rn 8.
③ BGH NStZ 2019, 106.
④ *M-G/Schmitt*, § 254 Rn 6 f.

被追诉人的先前陈述的合法性,却**没有规定证据使用禁止**,即先前实施讯问的公务人员可以作为**证人**被讯问。尤其对于在庭审中不能被宣读的先前在警察或检察官面前所做的自白,这种操作颇为重要。这种操作让被告人根本无法通过在庭审中行使拒绝陈述权(规定于《刑诉法》第 243 条第 5 款第 1 句)的方式去"废除"之前的自白。享有拒绝作证权的证人却有废除之前证言的机会(《刑诉法》第 252 条,参见边码 643)。

(四) 官方证明和鉴定报告、医生诊断证明——《刑诉法》第 256 条第 1 款

依据《刑诉法》第 256 条第 1 款,公务机关和医生的声明有更多的宣读可能性。这种例外的正当理由在于,公务机关和医生具有的特殊的权威性。

例如,依据《刑诉法》第 256 条第 1 款第 1b 项,一般宣誓过的鉴定人所作的鉴定报告可以被宣读,但不包括私营实验室制作的分子遗传学溯源鉴定报告书。① 《刑诉法》第 256 条第 1 款第 2 项允许在任何犯罪指控中均可以宣读人身伤害的医学诊断书②,《刑诉法》第 256 条第 1 款第 3 项则允许宣读有关抽血检测的医学报告。《刑诉法》第 256 条第 1 款第 5 项规定,可以宣读记载在笔录或文书中的刑事追究机关有关侦查行为的说明,前提是不得宣读讯问的内容。③ 这些规定在很大程度上限缩了程序参与人的发问权。因此,法院苟不希望冒着违反《刑诉法》第 244 条第 2 款体现的澄清义务之风险,应该克制适用这些规定。④

三、在庭审活动中才行使拒绝作证权的证人的证言——《刑诉法》第 252 条

1.在庭审活动中才行使拒绝作证权的证人,在庭审活动之前经讯问所作的证言,依据《刑诉法》第 252 条**不得宣读**。《刑诉法》第 252 条适用

---

① BGH NJW 2019, 3736.
② *Krüger*, StV 2018, 316.
③ 有判例主张可以宣读警察针对第三人侦查程序的案件经过报告: BGH StV 2015, 535; 不同见解: SK-StPO-*Velten*, § 256 Rn 33。
④ OLG Düsseldorf NStZ 2008, 358; SK-*Velten*, § 256 Rn 33; *Krüger*, StV 2015, 546 ff; 另参见柏林州地方法院的判例见解[LG Berlin StV 2015, 544]:《刑诉法》第 244 条第 2 款要求另行讯问。

的情形是,享有拒绝作证权(通说主张:仅涉及《刑诉法》第 52—53a 条的情形,不包括《刑诉法》第 55 条,参见边码 714)的证人作了证并且被记入了笔录,该证人却在庭审中行使他的**拒绝作证权**。

644　　2.根据立法文义,此处仅规定了**宣读禁止**,所以,不妨考虑将原先负责讯问的人员作为证人传唤到庭审中接受讯问,从而免于宣读笔录。然而,今天多数实务见解和学术文献普遍认同,应从《刑诉法》第 252 条引申出对之前的证人证言适用普遍的**使用禁止**。① 该使用禁止的效果并不取决于,是否有程序参与者在庭审中就证据的使用提出了异议。② 该使用禁止也同样适用于证人作证时一并提交的与证言相关的文件和录音记录。③ 若证人在庭审中一开始便放弃行使拒绝作证权,嗣后却又行使该权利,则他行使拒绝作证权之时点前所做的证言可以被使用。④

645　　3.但是,实务见解和文献中的少数说却主张,从《刑诉法》第 252 条推导出来的证据使用禁止应当仅限于之前的讯问系由**警察**或**检察官**所为的情形,反之,若系**法官讯问**的情形,则**不**应当适用。

　　但凡法官在当时讯问时依法晓谕了证人(必须以该身份而不得以被追诉人的身份接受讯问⑤!)的权利,且证人也理解该晓谕的内容,那么这种法官讯问情形下提供的证言,纵使证人嗣后行使拒绝作证权,也不产生证据使用禁止的效果。⑥ 这种区分的理由一开始主要基于检察官讯问或警察讯问没有晓谕义务。然而,1964 年 12 月 19 日通过了《关于修订刑事诉讼法和法院组织法之法案》以后,《刑诉法》已经增订了警察和检察官的晓谕义务(《刑诉法》第 161a 条第 1 款第 2 句、第 163 条第 3 款第 2 句),于是这种见解的理由又转为强调法官讯问具有更高的品质。⑦ 所以,曾经在法官面前所作的证人证言,可以通过将该法官当作证人进行讯

---

① BVerfG NStZ-RR 2004, 18; BGHSt 2, 99, 101; *Braun*, JuS 2016, 406; *El-Ghazi/Merold*, JA 2012, 44; *Mosbacher*, JuS 2013, 132; 批评意见:*Rogall*, Otto-FS, S. 973; Fall bei *Mitsch*, Jura 1998, 306。

② BGH NStZ 2007, 353 连同 *Jahn* 的评论, JuS 2007, 485; BGH StV 2012, 706; *Eichel*, JA 2008, 631。

③ BGH NStZ 2013, 247 连同 *Böse* 的评论, GA 2014, 266; *Engländer*, Rn 321。

④ BGH NStZ 2015, 656。

⑤ BGH BeckRS 2017, 136201; S/S/W-StPO-*Kudlich/Schuhr*, § 252 Rn 22。

⑥ BGHSt 2, 99, 106; MüKo-StPO-*Ellbogen*, § 252 Rn 49 (但前提是已经加重晓谕其权利)。

⑦ BGHSt 21, 218, 219; 49, 72, 77。

问的方式用于判决。实务见解认为,依据《刑诉法》第 255a 条*当庭播放由法官制作的讯问证人的音像记录,也适用上述结论。①

应该摈弃上述对《刑诉法》第 252 条半推半就式的解读。因为警察、检察官和法官都有同样的晓谕义务,并且各自对于一套依法进行的讯问流程均提供同样保障,故所有的讯问均应该被同等对待。**一种全面的证据禁止**应当在所有的讯问情形下均被承认。纵使系侦查程序中的法官讯问,也不存在所谓的"特殊品质"。② 所以,学术文献中占绝对主流地位的观点主张应毫无例外地适用证据使用禁止,一旦证人在庭审中主张拒绝作证权,便不得将任何曾经讯问证人的审问人员作为证人加以讯问,包括法官在内。③

之前曾经听取过证人汇报的鉴定人,同样不得被讯问,无论证人曾经向鉴定人陈述的事实系验出的事实,抑或附带的事实(见边码 305),概莫能外。④

有观点主张,若证人知晓拒绝作证权之后仍进行陈述的,殆同放弃证据使用禁止。⑤ 这种观点会引发的效果是,证人被依法晓谕权利后提供的证言,纵使嗣后(因其行使拒绝作证权)不得被宣读,但是当初的审问人却可以充当传闻证人接受讯问,无论当初的审问人员是否具有法官身份,皆然。若循这种观点,《刑诉法》第 52 条和第 252 条旨在保障现实家庭处境的立法意图便无法充分地实现。

如今讨论热烈的是,证人**在法官**(通常系侦查法官)**面前**所作的证言,是否惟当满足了以下条件,才能通过讯问传闻证人(法官)的方式被使用:证人在接受先前讯问时,曾经被法官**加重地晓谕**,即法官不仅依据《刑诉法》第 52 条第 3 款第 1 句晓谕他亲属拒绝作证权(见边码 299),还额外地提示他,无论他将来如何作证,均得将其证言用来指控被追诉人,而不会适用《刑诉法》第 252 条规定的证据使用禁止。由此让证人完全知

646

---

* 最新版条文参见本书附录。——译者注
① BGH NStZ 2020, 181; dazu *Börner*, NStZ 2020, 369; Kudlich, JA 2020, 229, 230.
② 同此见解:*Eisenberg*, Rn 128 ff;不同见解:*Lesch*, JA 1995, 695; 1997, 364。
③ Vgl. nur AK-*Meier*, § 252 Rn 11; *Kudlich/Roy*, JA 2003, 565; *Roxin/Schünemann*, § 46 Rn 29; SK-*Velten*, § 252 Rn 4;深入的论述:*El-Ghazi/Merold*, StV 2012, 250。
④ 主张附带事实同样适用的裁判:BGHSt 46, 189, 193;主张验出的事实应有所不同的观点:BGHSt 36, 217, 219;深入的论述:*Geppert*, Jura 1988, 365。
⑤ *Schlüchter*, Kernwissen, S. 192.

晓，他将丧失在法官面前所述言论的"支配权"，覆水不再能收。这其实就是晓谕联邦最高法院对《刑诉法》第252条的实务见解，因为多数外行人对此不知晓。

联邦最高法院第二刑事庭主张这种加重晓谕必不可少并且依据《法院组织法》第132条第2、第4款，将案件提交给刑事大法庭（Große Senat für Strafsachen）裁决。① 然而，**刑事大法庭**却反对这种加重晓谕方案并认为，仅依据《刑诉法》第52条第3款第1句践行普通的晓谕便已足。② 理由是加重晓谕义务没有法律依据。因为对德国刑事诉讼法而言，明确晓谕诉讼参与人的陈述可能在嗣后的程序被作为呈堂证供，这是其他国家才有的制度。纵使晓谕被追诉人没有陈述的义务（《刑诉法》第136条第1款第2句，参见边码178），其仍不可能知晓：一旦他陈述，即使嗣后行使拒绝陈述权，他曾经的陈述仍会被作为不利于他的呈堂证供（何况证人乎）。《欧洲人权法院》第6条第1款和第3款第d项也未要求这种加重晓谕，但凡被追诉人或被告人有足够的机会能质疑（通过传闻证人方式展现的）证人证言便已足。③ 然而，（最高法院刑事大法庭）否定加重晓谕方案不免令人遗憾，因为这种额外的保障机制对于缓和有关《刑诉法》第252条的错误的实务见解最起码"聊胜于无"。当然，更为妥当的方案是，享有拒绝作证权的证人一旦撤回了自己的陈述，该陈述就应绝对不得作为证据使用。④

下列情形应该分别按不同的解决方案处理：

（1）证人接受警察讯问时，没有依据《刑诉法》第52条第3款的规定被晓谕权利的。在庭审活动中，他不愿意就犯罪经过接受被告人的对质。于是行使其拒绝作证权，但却同意通过讯问审问人的方式使用他曾经提供给警察的证言。这种情形下，为保护其家庭关系，不得通过证人放弃的方式规避《刑诉法》第252条赋予他的权利。直接原则要求，证人在庭审

---

① BGH NStZ 2015, 710；同样见解：AE-Beweisaufnahme GA 2014, 1, 28; MüKo-StPO-*Ellbogen*, § 252 Rn 54; *Jahn*, JuS 2014, 1138; s. auch *Neumann*, ZIS 2016, 121。

② BGHSt [GrS] 61, 221 连同 *Brand* 的裁判评释, NJW 2017, 100; *Satzger* 的裁判评释, Jura 2017, 605 和 *Schumann* 的裁判评释, JR 2017, 373; 亦见 *Mosbacher* 的裁判评释, JuS 2015, 704; 2017, 127, 131。

③ S. auch EMGR NJW 2013, 3225, 3226。

④ 因此持批评意见：*Beining*, ZJS 2017, 258; *Bosch*, Jura 2015, 220; *El-Ghazi*, JR 2015, 343; *Meyer*, StV 2015, 319。

活动中应该通过言词陈述的方式自行决定行使或不行使拒绝作证权。至于证人免于和被告人对质的保障,可以通过视频讯问的方式被充分实现(见边码657及以下数段)。①

(2)证人在接受侦查法官讯问时,未按照《刑诉法》第52条第3款的规定被依法晓谕权利的。他在证言中指控了被追诉人。庭审活动一开始,他先行使了自己的拒绝作证权,但当他意识到,法庭欲判处被追诉人有罪时,他又决定提供有利于被告人的证言。于是便产生一个问题:法庭能否不采信他在庭审中的证言,而通过讯问侦查程序审问人的方式,采用他之前不利于被告人的证言呢? 即便证人现在不希望如此。这种回溯性地评价证人先前的证言是允许的,因为但凡证人在庭审作出陈述,该证人便会成为一项证据,自然包括他之前所作的证言在内。换言之,证人仅能选择作证或彻底拒绝作证,除此之外,无权对诉讼施加进一步的影响。②

注意:如果在警察、检察官或法官讯问之后才出现《刑诉法》第52条规定的拒绝作证权(如证人和被告人在讯问后结婚了),倘若证人**在庭审活动中**行使其拒绝作证权的,该证言仍然不得被使用。因为之前的讯问活动中不存在拒绝作证权,故没有晓谕证人该权利,证人因此也就不可能放弃该项权利(亦参见边码709)。③

相反,下列情形与《刑诉法》第252条无关:在侦查程序中,某位依据《刑诉法》第53条享有拒绝作证权的职业秘密保守者(如医生)向审问人员(如警察)提供了证言(如汇报某位受到刑事追究之病人的疾病史),他之所以这么做,乃因他的拒绝作证义务依据《刑诉法》第53条第2款已被有效解除(见边码300)。

若该义务的解除嗣后又遭撤回,尽管职业秘密保守者不得亲自在庭审中作证,但是,他先前提供的证言却可以通过间接性证明的方式(即边码648所述的传闻证人),即通过讯问之前的审问人的方式,到庭审中被

---

① 但是却有偏离此见解的判例[BGHSt 45, 203, 205; 57, 254] 连同 *Joecks* 的评论文章, StPO § 252 Rn 14; *Heinrich/Reinbacher*, Problem 38 Rn 13; *Kudlich*, JA 2012, 873; *Mosbacher*, JuS 2013, 131; 同本书此处见解; SK-StPO-*Rogall*, § 52 Rn 92; *Beulke*, Gollwitzer-Kolloq, S. 1; *Kraatz*, JA 2014, 773; *Roxin*, Rieß-FS, S. 451; *Schmitt*, NStZ 2013, 213; *Sieker, St.,* Ausgewählte rechtliche Probleme des § 252 StPO, 2004, S. 189; *Theile*, ZJS 2013, 128; *Volk*, JuS 2001, 133。

② BGHSt 48, 294; *Beulke*, Gollwitzer-Kolloq, S. 1; 批评意见:*Eisenberg/Zötsch*, NJW 2003, 3676。

③ BGHSt 22, 219, 220; 27, 231。

举证并用作判决之证据。① 其理由是,《刑诉法》第53条规定的拒绝作证权仅为保护职业秘密保守者而设,该等人员在面对审问人作证时,由于保密义务被解除,故未曾陷入两难境地。再查《刑诉法》第252条之其他解释,亦可得出相同之结论:若被追诉人向刑事追诉机关表明其保密义务已被解除,此举意味着他同意刑事追究机关知悉其职业秘密,这就像他自己曾经向讯问人员陈述一样,不得事后再"撤回"(见边码641)。

有争议的是,若亲属身份被有意用来阻扰调查真相时,如被告人在庭审过程中动机不纯地娶了控方证人("**歪门邪道式操作诉讼**"),究竟能否适用《刑诉法》第252条规定的证据禁止呢?鉴于《刑诉法》第52、252条均按照纯形式化的标准将家庭利益纳入它们的保护范围,甚至缔结婚姻、分居甚至离婚的情形亦包括在内,故任何个案皆不得权衡。既然立法者已经先行作出权衡并且已决定不得宣读该证言,故这种情形亦应禁止使用该证言。②

另值得注意的是,虽然本项证据使用禁止仅适用于**之前的讯问**③,但是,不仅包括刑事程序中的正式讯问,而且还包括与讯问类似的场景,如在子女抚养权诉讼④中少年法院帮助人(Jugendgerichtshilfe)的讯问⑤;夜晚突然出现在家门口的警察盘问⑥,或者**警察的探听消息行为**⑦。哪怕是证人在法庭之外被被告人的辩护人"讯问",亦适用《刑诉法》第252条,即一旦证人在庭审中行使拒绝作证权,则其对辩护人的陈述亦不得提出于诉讼中。⑧

之前的讯问还包括,当证人曾经在**追究自己**的刑事程序中供述,现在却主张拒绝作证权的场景。依据《刑诉法》第252条,不得将其之前的陈

---

① BGH NStZ 2012, 281 连同 *Geppert* 否定性的裁判评释; *Jäger*, JA 2012, 472; *Mitsch*, JR 2012, 431; LR-*Ignor/Bertheau*, § 53 Rn 83; HK-*Julius/Bär*, § 252 Rn 4。

② *Kretschmer*, Jura 2000, 461; 不同观点:BGHSt 45, 342, 350 连同 *Eckstein* 的赞同性裁判评释, JA 2002, 124。

③ BGHSt 40, 211, 213 (*Sedlmayr* 案)。

④ BGHSt 36, 384, 388; BGH NJW 1998, 2229; vgl. hierzu auch *Ranft*, StV 2000, 520。

⑤ BGH NJW 2005, 765。

⑥ OLG Frankfurt StV 1994, 117。

⑦ BGHSt 29, 230, 231; OLG Bamberg NStZ-RR 2012, 83。

⑧ BGHSt 46, 1, 4 连同 *Schittenhelm* 的批评性裁判评释, NStZ 2001, 50; *Baier*, JA 2000, 833; *Hammer/Schuster/Weitner*, Rn 136 f; *Volk*, JuS 2001, 130; 批评意见:*Roxin*, Rieß-FS, S. 459。

述用来指控其**亲属**。①

反之,若证人曾对警察**出于己愿而陈述的**,则不适用证据使用禁止。② 此种**自发性陈述**的情形包括妻子打电话求助于警察并声称其丈夫正在奸淫其11岁的女儿,纵使妻子嗣后主张拒绝作证权,该证言亦得被使用。③ 同等的情形还包括未成年证人在诊所未经询问,便自行述说其遭受父亲的死亡威胁,纵使该证人嗣后行使拒绝作证权,亦得将医生作为证人讯问之(关于被追诉人在上述类似情形中的比较,参见边码174、181)。④

派遣长期卧底线民的情形下可能产生的特殊问题,参见边码649、734及以下数段。

四、对证

通说主张,为了对证(Vorhalt)之目的,可以将之前讯问笔录或文书中有关讯问被告人、证人或鉴定人的内容摘要性地宣读,尽管《刑诉法》没有破例准许朗读之前讯问的笔录。⑤ 这种情形不属于利用文书证据的证明,毋宁仅系某种**辅助讯问**(Vernehmungsbehelf)的形式,与《刑诉法》第251条及以下数条无关。对证还应该与《刑诉法》第253条规定的笔录宣读可能性(为恢复记忆时的宣读笔录)相区别,后者适用文书证据的规则(参见边码640)。对证不至于侵害直接原则,因为**判决的根据**不是被宣读的讯问笔录内容,而是被发问人**在对证情形下的反应**。⑥ 由于对证系超法规的讯问辅助措施,所以必须恪守的要求是,仅得将之前讯问笔录的节录用来对证(作为讯问活动的补充),反之,**不得完整地复述对证的对象**(**以替代讯问**),纵使法院保证这种复述仅为观察证人的反应,亦不得

647

---

① BGH NStZ-RR 2005, 268.
② BGH bei *Miebach*, NStZ 1989, 15; OLG Saarbrücken NStZ 2008, 585 连同 *Mitsch* 的裁判评释, NStZ 2009, 287; *Kraatz*, Jura 2011, 170, 171 f.
③ BGH NStZ 1986, 232 连同 *Geppert* 的肯定性评论, Jura 1986, 366; 也可以参见 OLG Hamm NStZ 2012, 53 连同 *Jahn* 的评论文章, JuS 2012, 369; *Mosbacher*, JuS 2012, 134; *Putzke*, ZJS 2012, 838; 不同见解:*Eisenberg*, Rn 1275; *Roxin/Schünemann*, § 46 Rn 30。
④ BGH NStZ 1992, 247.
⑤ BGHSt 34, 231, 235; BGH NJW 2006, 1529 连同 *Krehl* 的裁判评释, ZIS 2006, 168。
⑥ BGHSt 3, 281, 283; BGH HRRS 2012, Nr 413; OLG Karlsruhe StV 2007, 630。

为之。①

　　实务中有关对证的见解似乎颇有问题，因为即便身为职业法官，多数人料难区分（诉讼中不允许的）宣读和（作为惟一相关证据的）被发问人的反应，至于外行法官自不待言。由于无法区分对证和宣读文书，故有学术文献正确地主张，纵使为了对证而宣读笔录或文书，亦应仅限于《刑诉法》第251条及以下数条规定的情形。若需深入地对证，法官不得照字面宣读笔录，而应尽量以不定型的方式转述案卷内容。② 但是在司法实践中，对证显然是一种无法舍弃的制度。

五、传闻证人

648　　直接原则仅在《刑诉法》第250条及以下数条中，有关人证和书证竞争关系的领域有非常详尽地规定。但是，《刑诉法》却**未明确地规定"近端"**（直接的）证人较**"远端"**（间接的）证人具有优先性。相应地，不是仅有亲自经历犯罪经过的人才能成为证人，从其他（直接的）证人处获悉事实描述的人也可以成为证人，即**"传闻证人"**（Zeuge vom Hörensagen）。例如本书边码631及以下数段所叙禁止宣读笔录的场景中，被告人或证人先前有关犯罪经过的陈述苟不适用证据使用禁止的（主要的情形：《刑诉法》第252条），便得将审问人员当作传闻证人讯问之。**关于其他证人先前究竟如何向传闻证人陈述的，传闻证人便是直接的证据**。所以依靠传闻证人的证明不违反公平程序原则。③

　　用传闻证人替代直接证人的惟一合法性界限是**法官负澄清义务的**原则，见《刑诉法》第244条第2款④。（关于该原则，见边码624）。若法院分明能够讯问直接证人，却仅传讯间接证人，则法院可能会违反全面查明

---

① BGHSt 52, 148 连同 *Mosbacher* 的评论文章, JuS 2008, 688, 689。
② *Eisenberg*, Rn 868 ff; SK-StPO-*Velten*, § 253 Rn 5 f.
③ BVerfG NStZ 1991, 445.
④ BVerfGE 57, 250, 277; BGHSt 6, 209, 210; 36, 159, 162; BGH NStZ 2004, 50 连同 *Winkler*, JA 2004, 276 的评论文章; *Geppert*, Jura 1991, 538 和 *Wetzel*, Jura 2017, 1024 对此做了很好的说明。

事实原则。① 在自由心证(证据评价)时,法院也须特别关注到,间接证人证言的证明力较低。② 由于传闻证人的证明价值具有不确定性,故要求,证明的结论通常应该借助证言以外的其他重要书证(Beweiszeichen)＊加以印证。③ 大量的"二道贩子"将增加误判可能性,故法院应该清醒对待这种证明距离。④

上述立场遭受到部分学术文献批评⑤。它们主张,但凡有直接证人,便不得讯问传闻证人。此种见解的理由乃依据《刑诉法》第 250 条第 1 句,从该规定可推导出应当讯问最接近案件事实之证人的一般原则。但是,该观点与法律的体系性有违。因《刑诉法》第 250 条第 1 句和第 2 句应一并理解,故依循该规定,仅能得出人证对于文书证据的优先性,却无法得出间接证人对于直接证人的补充性。

特别的法律状况是,若重要的**控方证人**不能在审理期日到庭,则必须依靠传闻证人。故欧洲人权法院的判例采取"**三阶段审查法**"(**Dreistufenprüfung**)对程序的公平性予以整体评断。⑥ 即第 1 步审查,证人不到场是否有重要充分的理由;之后再作第 2 步的判断,该证言是否系证明有罪的惟一或关键依据;并作第 3 步之判断,借助其他因素能否充分地弥补无法对质诘问带来的不利,即**整体考量**(Gesamtbetrachtung),程序可否还称得上**总体公正**(insgesamt fair)。所谓补偿性因素,尤指主要的指控证人能在侦查程序中接受对质讯问(见《刑诉法》第 168c 条第

---

① BGHSt GrS 32, 115, 123; BGH StV 2002, 635; *Detter*, NStZ 2003, 1.
② BGHSt 17, 382, 385; 34, 15, 18.
＊ Beweiszeichen,也可以翻译成证明符号,是那些能够表达人类思想且能体现制作者的书证(不限于书面形式,亦包括其他能体现制作者思想内容的载体),参见 Hinrische Wilhelm Laufhütte(ed.) et al, Strafgesetz-Lepziger Kommentar Band 9/2 : § § 267-283D, De Gruyter Recht, 2009, Rn 88 ff. 由于其含义与书证近似,故采取书证的译法。——译者注
③ BVerfG NJW 2001, 2245; BGHSt 42, 15, 25; BGH StV 2016, 774; BGH NStZ-RR 2018, 21.
④ BGHSt 34, 15, 20.
⑤ *Grünwald*, S. 119; *Peters*, § 39 Ⅱ; *Seebode*, JZ 1980, 506.
⑥ EGMR, StV 2017, 213 (*Schatschaschwili/BRD*)连同 *Satzger* 的评论文章, Jura 2016, 1083; vgl. auch BGH JR 2018, 205。

2—5款),以及法院在自由心证中是否将不能对质之证言的证明力评价较低,且是否还有能印证不到场证人之证言的独立性证据(具体见边码 190)。

其他案例参见 *Beulke*, Klausurenkurs Ⅲ,边码 476。

六、长期卧底线民的问题

649 　　收集情报并将情报转交给侦查机关的警员或侦查机关的其他协助人员,其证言究竟能否被作为证据使用,直接原则对该问题颇具影响。

（一）概念

650 　　协助侦查的人员可以分为:

一般线民(Informant)系指在个案中愿意向刑事追究机关提供信息,而刑事追究机关承诺为其保密的人(对此有《司法部和内政部关于使用一般线民和采取卧底警探之指令》)。①

长期卧底线民(V-Leute = Vertrauensperson = V-Mann)系指不隶属于某个刑事追究机关,却愿意长久且秘密地襄助该刑事追究机关查明犯罪,且刑事追究机关原则上对其身份予以保密的人(见前揭《指令》之第一部分第2.2项)。②

卧底警探(Verdeckte Ermittler = VE)系指长期使用变造(虚构的)身份隐匿自己并从事侦查活动的**警察机关公务员**(《刑诉法》第110a条第2款)。

便衣警探(Nichtöffentlich ermittelnde Polizeibeamte = NOEP)系指临时切换成其他身份从事隐秘侦查的警员,并非长期扮演虚假身份从事。例如《麻醉品管理法》中冒充买家的情形。

（二）使用之合法性

651 　　依《刑诉法》第110a条第1款,若有充分的事实根据表明,发生了**犯罪目录中的情节严重之犯罪**(如禁止的麻醉品运输领域的犯罪),或者为查明有特定事实表明**具有再犯危险的重罪**(Verbrechen),得派遣**卧底警探**(《刑诉法》第110a条第1款第1、2句),但是上述派遣,须运用其他方法

---

① 刊载于 *M-G/Schmitt*, Anh. 12, RiStBV Anl. D Teil I Nr 2.1。
② 联邦最高法院大刑事庭判例[BGHSt GrS 32, 115, 121]持广义概念,故也包括卧底警探。

调查犯罪事实毫无希望或有显著困难时,始得为之(《刑诉法》第 110a 条第 1 款第 3 句)。

此外,若考虑到**案件的特殊影响**需要使用卧底警探,并且运用其他方法调查犯罪事实毫无希望的,对**重罪案件**通常也可以派遣(《刑诉法》第 110a 条第 1 款第 4 句,亦参见边码 417、444)。

反之,立法者未规定可以使用**长期卧底线民**、**一般线民**或者其他隐秘从事的侦查人员。但是,也不能因为立法规定可以派遣卧底警探,就从反面推出不得派遣长期卧底线民和一般线人收集信息的解释(Umkehrschluss),因为立法者乃有意对此不作规定。

于是,围绕派遣长期卧底线民的合法性,争议了上十年。德国占主流地位的观点主张,《**刑诉法**》**第 161 条第 1 款第 1 句连同第 163 条第 1 款第 2 句的一般侦查条款**(见边码 1163)业已包括派遣长期卧底线民的措施。① 但是,长期卧底线民的陈述仅具有限的证明价值,故其证明力充其量只能谨慎且保守地评价,且须通过陈述外的其他重要的书证(Beweiszeichen)加以印证。② 相反,有论者则将派遣长期卧底线民视为不当干预资讯自我决定基本权的措施(《基本法》第 2 条第 1 款连同第 1 条第 1 款;除此之外,还违反了《基本法》第 6、13 条,第 20 条第 3 款),故主张,应具备**特别**的法律授权,始得为之。③ 从《欧洲人权公约》的角度,派遣长期卧底线民的合法性亦颇滋疑义。对此,欧洲人权法院较之德国的实务见解,其立场更为保守。④

苟无充分明确的实质性立法授权,使用长期卧底线民干预私人生活方式取得证据的,被视为违反《欧洲人权法院》第 8 条第 1 款。《欧洲人权法院》第 8 条第 1 款规定之"私人生活"宜作广义解释。凡可以任凭个人选择而生活,并自由拓展和发育其

---

① BGHSt 32, 115, 121 ff; 45, 321, 324; *M-G/*Schmitt/Köhler, § 163 Rn 34a; *Heghmanns*, in: Murmann, S. 33, 34 f; *Heinrich/Reinbacher*, Problem 21 Rn 23; *Lesch*, JA 2000, 725.

② BGH StV 2018, 787.

③ *Gercke*, StV 2017, 615; LR-*Gless*, § 136a Rn 44; KMR-StPO-*Bockemü*hl, § 110a Rn 5, 9; *Hefendehl*, StV 2001, 704; *Murmann/Grassmann*, S. 5; Heghmanns/Scheffler-*Murmann*, Ⅲ Rn 442; *Duttge*, JZ 1996, 556; S/S/W-StPO-*Eschelbach*, § 136 Rn 23; *Lilie*, in: Hirsch, Erscheinungsformen, S. 499 ff; *Malek/Wohlers*, Rn 481; diff. LR-*Erb*, § 163 Rn 65; SK-*Wohlers/Deiters*, § 161 Rn 17.

④ S. nur EGMR NJW 2010, 213, 214.

人格的空间理应受到保障。私人生活亦包括发展社会联系的事项，如社团生活。国家若欲干预上述领域，应循《欧洲人权公约》第8条第2款以法律的形式规定之。此类规定尤其应该事先明确，因何种目的、满足何种要件且于何种范围内始得派遣长期卧底线民获取资讯以及获取的资料会被如何使用。

德国司法实务也将于不久的未来处理长期卧底线民的议题，并将基于宪法、《欧洲人权公约》的规范以及德国刑事诉讼法的基本思想推导出具体情形下的法治界限。长远来看，德国或许也会贯彻苟无预先的特别法律规定，则不得派遣长期卧底线民的立场。故应呼吁立法者创制此类详尽的法律根据。

然而，就目前的法律状况而言，或许仍始终值得注意的是，我们的刑事程序法是对国家犯罪追究利益与公民自由权作精打细算式权衡的成果。所以，警察、检察官和法官的干预职权以及强制性措施受到了各式各样地限制。若任凭刑事追究机关在这些职权和措施之外随意采取非国家性的手段调查案情，立法对合法侦查干预措施所作的详尽规定恐将徒劳枉然。因此，法治国原则(《基本法》第20条第3款)应就国家遁入"私人方式"收集资讯的行为划定界限。最起码的界限是，除为了打击和查明有特别危害的且调查困难的犯罪，如毒品交易犯罪或者有组织犯罪之外，不得派遣长期卧底线民。① 另外，尤其应该限制派遣**陷阱施诱者**（Lockspitzel）②，即有意引诱他人实施犯罪行为的长期卧底线民。如本书先前所述，有关违法陷害教唆导致何种法律后果的问题，欧洲人权法院于2004年在 *Furcht* 诉德国一案中宣告先前的德国实务见解违反了《欧洲人权公约》，然而，如今德国最高联邦法院应对该裁判的调整性见解却依旧不符合《欧洲人权公约》，故无法预测其未来在德国的前途（具体见边码444）。关于何时会绝对构成一项违法的陷害教唆的问题，亦有同等的窘况。或许毫无疑义的底线是，一个法治国家不得自行实施依据宪法有义务打击

---

① BVerfGE 57, 250, 284; BVerfG StV 1995, 561; BGHSt GrS 32, 115, 122; BGHSt 41, 42, 43.
② Vertiefend *Eisenberg*, Rn 1036a; SK-StPO-*Wolter/Jäger*, § 110c Rn 9a ff; *Jahn/Hübner*, StV 2020, 207; *Kreutzer*, Schreiber-FS, S 255; 关于《欧洲人权公约》视野下的陷阱施诱者：*Esser*, in: 35. Strafverteidigertag, S. 197; *Greco*, StraFo 2010, 52; *Gaede/Buermeyer*, HRRS 2008, 279; *Renzikowski*, S. 97, 108 ff.

的犯罪(见边码7及以下)。所以,惟当某人具备《刑诉法》第160条规定的**具体犯罪嫌疑**,其正在策划或参与**有特别危害的且难以查证的犯罪**,始得刻意对其派遣长期卧底线民。① 若引诱某个毫无犯罪嫌疑且起初无意犯罪的人实施犯罪,以便国家未来对其予以追究的,将抵触公平原则(《基本法》第20条第3款;《欧洲人权公约》第6条第1款,见边码59)。即便该人有初始的犯罪嫌疑,亦不得对其施加"不可承受的压力"迫使其犯罪。应该权衡受干预人的嫌疑程度、干预措施的方式、强度及其目的以及受干预人不受外界操控的自身行为去判断是否存在这种压力。② 欧洲人权法院与德国联邦最高法院看似相近的观点主张,侦查人员苟未恪守"基本消极"的立场侦查犯罪的,或者他们对犯罪积极"施压"的,便构成违反《欧洲人权公约》第6条的陷害教唆。③

囿于措施品质的不同(不具备可以比拟之利害状况),不得援引《刑诉法》第110a条及以下数条有关卧底警探的现行规定,类推适用于其他的长期卧底人员。尤其是《刑诉法》第110a条及以下数条规定的形式要件**不得类推适用**于长期卧底线民的情形。④

联邦最高法院判例(BGH NJW 1997, 1516):警员P冒充买家并进入毒品交易商R的住所,由于这种乔装派遣的时间较短故P不宜被当作卧底警探,其间P购买了价值90欧元的哈吸息*。这种措施合法吗?

解答:若P系一名卧底警探,因其被派遣至他人的住所内,故须征得法院的同意后始得为之,见《刑诉法》第110b条第2款第1句第2项。尽管《刑诉法》第110a条及以下数条不得类推适用于长期卧底线民或者便衣警探,却断不可由此认为,这些措施当然合法且证据当然可用,理由是,任何乔装的购买者都伴有诱导性的成分(见边码212),故其更易于侵入受《基本法》第

---

① BGHSt 47, 44, 48; BGH NStZ 1995, 506; *M-G/Schmitt/Köhler*, § 163 Rn 34b; 考试案例解题:*Meglalu*, JA 2018, 342。

② BGHSt 60, 276; BGH NStZ 2016, 232。

③ 具体见 BGH NStZ, 2018, 355 连同 *Esser* 的裁判评释。

④ BGHSt 41, 42, 45 连同 *Lilie* 的裁判评释, NStZ 1995, 514;有观点持更加严格的见解:*Zaczyk*, StV 1993, 493。

* 一种浓缩型大麻,据称有四分之一的德国青少年都尝试过。——译者注

13条第1款保障的住所，干预程度因此愈加严重。所以，基于法治国的理由，这类措施似有必要事前获得法官的同意（联邦最高法院却对此阙而不论）。① 若警察舍此而抢先行动的，为免产生违反《欧洲人权公约》的疑虑，应当适用证据使用禁止。

案例参见 Beulke, Klausurenkurs Ⅲ, 边码 475。

（三）保密利益与直接原则

652　派遣长期卧底线民帮助自己收集情报的机关，因其须维护此类人员的信赖，或者因其欲继续派遣此类人员实现任务，自须对这类人员加以保护，隐瞒这类人员的身份亦攸关该机关的利益，于是便产生影响直接原则的问题。是否可能既在法庭中出示一般线民、卧底线民或卧底警探的证言，又不必曝露其真实身份？对此问题，迄今尚无一般性的规定。但是，《刑诉法》第110b条第3款承认了卧底警探的保密性利益，而且《刑诉法》第68条的一般性证人保护条款也提供了某些保障机制（如真实身份缄默权，见《刑诉法》第68条第3款第1-3句*；亦见《法院组织法》第176条第2款第2句**）。此外，尚得依《刑诉法》第58a、168e、247a、255a条对长期卧底线民采取视频方式讯问，其间得于例外情形下，以令人无法辨识其音容的方式为之。②

（四）官方封存

653　《刑诉法》第54、68、96条以及第110b条第3款承认了国家的保密需求，所以，公务机关应该有权将侦查协助人员**"封存"**（Sperrung）在司法程序之外（见边码295、385）。有权决定封存的机关是（各州的）内政部长③。封存引起的效果是，公务机关将不透露被保护人之身份和所在地，并且依据

---

① Vgl. *Frister*, JZ 1997, 1130; *Krey*, Miyazawa-FS, S. 595, 606; *Roxin*, StV 1998, 43.

* 最新版条文参见本书附录。——译者注

** 《法院组织法》第176条系根据2019年12月10日通过的《刑事程序现代化法案》（BGBl. I S. 2121）新增的条文，并于2019年12月13日生效。鉴于暂无本条的中文译本，由译者翻译如下，供读者参考：
(1)审判长有义务维持法庭秩序。
(2)[1]参加审理的人员在庭审中不得全部或部分地遮挡自己的面部。[2]且仅当辨识面部对身份认定和证据评价均无必要时，审判长才可以破例性允许。——译者注

② BGHSt 51, 232, 235; BGH NStZ 2005, 43 连同 *Ellbogen* 的裁判评释, JA 2005, 334; *Beulke*, ZStW 113 (2001), 726; *Detter*, StV 2006, 544; *Norouzi*, JuS 2003, 434; *Soiné*, NStZ 2007, 247; *Valerius*, GA 2005, 460; *Walter*, StraFo 2004, 224; 不同见解：*Renzikowski*, JZ 1999, 605, 607。

③ BGHSt 41, 36, 39.

《刑诉法》第54条第1款连同《联邦公务员法》第67条第3款、《公务员身份法》第37条第3款，该机关的官员必要时可以拒绝批准相关人员提供公务性陈述。通过这种方式，通常可阻挡法院的传唤。依据《刑诉法》第110b条第3款第3句连同《刑诉法》第96条，在刑事程序中，若有理由担心，一旦暴露身份将威胁下列两项利益之一的，尤其可以为卧底警探的身份保密：

——卧底警探以及其他人员的生命、身体或自由；

——继续派遣卧底警探的可能性。

一般线民和**长期卧底线民**则不适用《刑诉法》第110b条第3款第3句，欲封存这类侦查协助人员，仅得继续类推适用《刑诉法》第96条（有关证人的身份保密规定）为准。但更为正确的方案是，扩大解释《刑诉法》第110b条第3款第3句并适用于这类人员。[①]

（五）庭审中的侦查协助人员

1.立法虽然规定了封存措施，但却并未说明封存的界限何在？法院得于何种程度上审查公务封存声明？是否还有其他满足国家保密需求的可能性？公务机关须满足特定的**条件**，始得封存受保护人员，于是实务见解按照下列体系提出了**阶层理论**[②]：

第1层：法院讯问侦查协助人员的**外部限制**。

> **举例**：隐瞒住址信息，见《刑诉法》第68条第2款；对（匿名证人）的身份保密，见《刑诉法》第68条第3款和第110b条第3款第3句、第96条[③]；不公开审理，见《法院组织法》第172条第1a项规定*；视频直播，见《刑诉法》第247a条第1款第1句（对

---

① Hilger, NStZ 1992, 524 Fn 154; vgl. aber auch BGH StV 2012, 5; VGH Kassel NJW 2014, 240.

② BGHSt GrS 32, 115; BGHSt 33, 83; 34, 15; 36, 159.

③ 该规定的相关问题参见 Krey/Haubrich, JR 1992, 311; Lesch, StV 1995, 542。

* 《法院组织法》第172条：
遇有下列情形之一的，法院得命令审理活动不公开或者部分审理活动不公开：
1.有危害国家安全、公共秩序或者伦理之虞的；
1a.有危害证人或其他人员的生命、身体或自由之虞的；
2.需要讨论重要的商业秘密、运营秘密、发明秘密或者税务秘密，若公开讨论这些秘密，将侵害更值得保护的利益；
3.需要讨论私人秘密，但证人或鉴定人员未经授权披露该秘密将可能被判处刑罚的；
4.需要讯问不满18周岁的人员的。——译者注

此参见边码652和边码657及以下数段)。

第 2 层：由**受命法官**(beauftragter Richter)或**受托法官**(ersuchter Richter)(其概念见边码570)对侦查协助人员讯问,见《刑诉法》第223f条及以下,第251条第2款第1项。

第 3 层：放弃讯问侦查协助人员,并**宣读警讯笔录**(见《刑诉法》第251条第1款),或者当运用音像媒介不必担心泄露证人之身份时,播放先前的讯问录像(尤见《刑诉法》第58a条第1款第2句第2项;第168e条第4句;第255a条);或令审问人员(警察占多数)作为**传闻证人**接受讯问。

其间,应该尽可能按照立法规定的常态讯问方式开展法庭证据调查,如被追诉人有权向长期卧底线民递交书面的发问清单。①

案例参见 Beulke, Klausurenkurs Ⅲ, 边码474。

655　2.官方封存的范围,基于保密需求的不同而有所不同。公务机关仅得选择对发现案件真实的司法利益影响最小的封存层级。② 在不影响保密的前提下,公务机关应该说明其决定之理由,俾使法院至少有机会审查就其明显的错误。③ 若有需要,法院也有义务(依《刑诉法》第244条第2款)**要求审查**公务机关**作出的机关决定**。④ 首先应向法院提交最高职权机关的决定,用以解释拒绝披露的根本性理由何在。⑤ 若封存理由陈述不够充分,法院应该表达反对,除非,此种非正式的救济根本不会成功。⑥

3.若作为证人的侦查协助人员被封存,且法院无法凭借自身努力探究长期卧底线民之身份的⑦,此属于《刑诉法》第244条第3款第5项规定的证人"**无法被调查**"(unerreichbar)的情形。⑧ 至于法院是否认为公务机关

---

① BGH StV 1993, 171.
② BVerfGE 57, 250; VGH Kassel StV 2013, 685.
③ BVerfGE 57, 250, 288.
④ BGHSt GrS 32, 115, 126; BGHSt 29, 109, 112.
⑤ 案例见 BGHSt 42, 175, 177 连同 Geerds 的裁判评释, NStZ 1996, 609。
⑥ BGHSt 36, 159, 161 f.
⑦ BGHSt 39, 141 ff 连同 Beulke/Satzger 的批评性裁判评释, JZ 1993, 1012; BGH StV 1993, 113。
⑧ BGHSt GrS 32, 115, 126.

的封存决定妥当，对构成该情形不生影响。① 这种情形下可以使用该证据的替代品（如传讯审问人员，或者依《刑诉法》第251条第1款第2项宣读之前的讯问笔录）。德国联邦最高法院没有附和欧洲人权法院较为保守的见解②，但它却强调，若受保护人员的身份不为法院所知晓，则他们的陈述通常惟有经受了特别严格的审查且经其他书证印证后，始得成为定罪的根据（见边码444）。③ 不能满足该要求的，应依疑罪从无原则宣告无罪。④ 若封存声明**乃恣意作出的或明显具有法律瑕疵的**，则证人证言将适用举证禁止和使用禁止，也绝对不得使用证人证言的替代品。⑤ 关于传闻证人的证据价值（见边码648）。

七、证人讯问中的录像

为保护需要保护之证人，尤其为避免曾经遭受暴力犯罪和性犯罪侵害的未成年证人被反复地讯问，立法者为使用视频技术开展证人讯问提供了法律依据。对此应区别以下不同的法定情形⑥：

——对庭审中讯问证人的活动进行音像**直播**的情形（《刑诉法》第247a条第1款第1、2、3句），见后文第（一）部分。

——在原先讯问证人的笔录之外，进行补充性的**录音录像**，并在庭审中使用这种录音录像的情形（《刑诉法》第58a条、第168e条第4句、第247a条第1款第4和5句、第255a条），见后文第（二）部分。

657

（一）庭审中证人讯问之视频直播（视频会议）

1. 依据《刑诉法》第247a条第1款第1、3句，证人**于庭审过程中**，可以身处庭外的**其他地点接受讯问**（必要时由其辅佐人陪同），并以音像方

658

---

① BGHSt 36, 159, 162; 早期的实务见解持不同观点：BGHSt 31, 148, 154 ff; 33, 83, 92。
② EGMR (van Mechelen 诉荷兰) StV 1997, 617 连同 Wattenberg/Violet 的裁判评释；也可参见 Renzikowski, JZ 1999, 605; Safferling, NStZ 2006, 75。
③ BGHSt 49, 112, 118 (Motassedeq 案)；深入的论述：Wohlers, StV 2014, 563。
④ BGHSt 45, 321, 340; 47, 44, 47; Wohlers, Trechsel-FS, S. 822。
⑤ BGHSt 36, 159, 163; 批评观点仅见 KMR-StPO-Lesch, § 247a Rn 21; Eisenberg, Rn 1046; Geppert, Jura 1992, 244; Schroeder/Meindl, Fall 10, S. 161。
⑥ 概述见：Barton/Keiser, Verfahrensgerechtigkeit, S. 165; Beulke, ZStW 113 (2001), 709; Diemer, NJW 1999, 1667; Kretschmer, JR 2006, 453; Leitner, Videotechnik im Strafverfahren, 2012; Meyer-Goßner, Fezer-FS, S. 135 ff; Swoboda, Videotechnik im Strafverfahren, 2002; 亦见 Norouzi, Die Audiovisuelle Vernehmung von Auslandszeugen, 2010。

式在法庭上**直播**其讯问。其间,包括审判长在内的全体法官以及其他程序参与人在法庭上向证人提问("英国模式")①。其他的视频讯问证人的方式一概不被容许,尤其不允许法庭的审判长和证人身处法庭外并在彼处对证人发问("美因茨模式")。②《刑诉法》第 247a 条与规定宣读笔录的《刑诉法》第 251 条一样,均系法官在法庭中**直接**亲自讯问的要求(《刑诉法》第 250 条第 1 句)提供了替代方式,并且在法体系上均位列《刑诉法》第 250 条的例外规则群之中(见边码 631 及以下数段)。

重要的是,证人在讯问过程中可以身处法庭以外的**其他地点**(如在法院的其他房间或者在自己的住所)。按照正确的见解,他甚至都可以在国外接通视频连线。③ 未来的庭审活动可以对特定表现形式的犯罪(如黑手党)采取国际视讯会议的模式进行。④

2.依据《刑诉法》第 247a 条,法院(有关视频讯问)的决定应该符合两项**要件之一**:

659 (1)其一,若证人在讯问中面对庭审的在场人员,有令其**身心遭受严重侵害的重大危险**的,得视频讯问之,见《刑诉法》第 247a 条第 1 款第 1 句前半句。

无论是《刑诉法》第 247 条规定的命被告人离庭,抑或以视频方式讯问身处庭外的证人,均系同一位阶的法院保护证人的待选方案。⑤ 通常而言,《刑诉法》第 247a 条的(视频)方式比命令被告人离席的方式更为妥当。惟当(未成年的)证人惧怕镜头,例如,他曾经以拍摄色情录像的方式

---

① Dazu *Bohlander*, ZStW 107 (1995), 82 ff.
② BGH JR 2017, 174 连同 *Kretschmer* 的裁判评释;有关"美因茨模式"参见 LG Mainz NJW 1996, 208; *Geppert*, Jura 1996, 550。
③ BGHSt 45, 188 连同 *Duttge* 的裁判评释, NStZ 2000, 158; *Schlothauer*, StV 2000, 180 u. *Vassilaki*, JZ 2000, 474; BGHSt 46, 73 连同 *Albrecht* 的批评性裁判评释, StV 2001, 364;一概予以批评的观点: *Malek*, Rn 491。
④ 国际司法协助中的视讯会议参见《国际刑事法院罗马规约》第 61c 条,通常还包括针对欧盟领域事务的第 91c 条第 1 款, 第 91h 条。这些规定乃基于《关于欧盟侦查令的指令》(2014/41/EU)而制定。
⑤ 深入的论述:*Beulke*, ZStW 113 (2001), 717; *Schmoll, D.*, Videovernehmung kindlicher Opfer im Strafprozeß, 2000, S. 176 ff;关于两种方案组合运用的可能性: BGH NStZ 2006, 648 连同 *Schuster* 的裁判评释, StV 2007, 507;有关欧盟法的标准参见 EuGH StV 2006, 1。

遭受犯罪侵害的,始得适用《刑诉法》第 247 条(带被告人离席)。① 纵使在这种情形下,《刑诉法》第 247 条第 4 句有关告知暂时离席的被告人(其不在场时的他人陈述)之规定,也可以通过让其收看作证视频转播的方式去实现。② 联邦最高法院第一庭甚至认为,只要直播讯问的方式具体可行,应当优先采用(对《刑诉法》第 247 条第 4 句的目的性解释)。③

(2)其二,若符合《刑诉法》**第 251 条第 2 款**规定的要件且视频讯问对发现真实系属必要的,也可以对证人采取视频讯问,见《刑诉法》第 247a 条第 1 句后半句。 660

这种情形系指,证人出庭有特殊的障碍或者不应苛求证人出庭的情形(参见边码 638)。此亦适用于检察官、辩护人和被告人均同意的场合。后半句中的必要性条款是对职权澄清义务(《刑诉法》第 244 条第 2 款;见边码 624)的提示性规定并指出,法院有义务审查,依据《刑诉法》第 255a 条播放先前讯问的录音录像(见边码 668)或者宣读先前制作的讯问笔录究竟是否足以发现真实。④

(3)即使符合法定要件,实施视频讯问通常仍应由法庭在庭审活动中,并且在参审法官的参与下,通过合义务性裁量的方式决定之(见前述边码 81)。⑤ 其间,应综合衡量证人保护、法官澄清义务和被追诉人的利益。⑥ 令人疑虑的是,同受《刑诉法》第 250 条第 1 句之直接原则保障的发现真实原则,也要求法官通过观察证人的举止表现而获得对证人的整体印象,但在视频播放中,有时很难观察这种举止表现。被告人的辩护利益,尤其他的依法听证权和发问权(《基本法》第 103 条第 1 款,《欧洲人权公约》第 6 条第 3 款第 d 项)同样亦不得被视频方式所削弱。若有上述疑虑时,应于法庭讯问证人。⑦ 661

(4)有关讯问的视频直播命令,依《刑诉法》第 247a 条第 1 款第 2 句

---

① *M-G/Schmitt*, § 247a Rn 4; SK-*Frister*, § 247 Rn 13.
② BGHSt 51, 180, 182.
③ BGH NStZ 2018, 128; 批评意见:*Metz*, NStZ 2017, 446; *Mosbacher*, JuS 2018, 132; *Schneider*, NStZ 2018, 128.
④ BGHSt 46, 73, 76 连同 *Sinn* 的批评性裁判评释, JZ 2001, 51。
⑤ 不同见解:BGH StV 2012, 65 m. zu Recht krit. Anm. *Eisenberg*。
⑥ 深入的论述:BVerfG medstra 2015, 34 连同 *Eisenberg* 和 *Hamm* 的裁判评释, StV 2015, 139。
⑦ *Diemer*, NStZ 2001, 395; *Fischer*, JZ 1998, 816.

不能声明不服。立法者希望利用这种排除救济的条款,避免法不安定性和程序的延宕。但是,这种排除法律审上诉或不得声明不服(《刑诉法》第336条第2句)的规定难免会对澄清义务(《刑诉法》第244条第2款)和《刑诉法》第250条第1句的直接原则造成影响。因此,若事实审法院决定采取视频讯问的理由不合法(如证人在庭上接受讯问可能不说实话),或者依据《刑诉法》第247a条第1款第1句后半句作出这种决定时,没有事先采取其他的保护证人的措施,通常应该允许法律审上诉。此外,法院循《刑诉法》第247a条第1款第1句后半句作出视频讯问命令的同时,必须符合《刑诉法》第251条第2款的要求,否则可以依据第247a条第1款第1句以外的规范被声明不服。所以,不得对视频决定声明不服的情形,基本上仅限于法院的裁量性判断,亦即,当视频讯问符合所有要件的前提下,究竟如何始能谓视频讯问对查明案情乃必要、适当且充分,仅该判断不得声明不服。①

(二) 讯问证人的录像及其使用

662　　当前,除视频直播讯问以外,也通过引入**录像**(Videoaufzeichnung)的方式完善证人保护。即在刑事程序的早期阶段,例如,第一次警察讯问之际,便可以对证人证言加以音像固定,并可以用这种**视频制品**替代庭审中法官对证人的**直接**亲自讯问。

663　　1.录制法庭以外的讯问应符合《刑诉法》第58a条第1款的规定;录制侦查程序中的法官讯问应循《刑诉法》第168e条第4句连同第58a条第1款的规定;庭审中的录制则适用《刑诉法》第247a条第1款第4、5句的规定。

664　　(1)**任何庭审活动外的证人讯问均可以录音录像**,见《刑诉法》第58a条第1款第1句。

适用该规定不限于未成年证人或特定犯罪或值得保护的证人的情形。《刑诉法》第58a条对法官、检察官的讯问(《刑诉法》第161a条第1款第2句)以及警察的讯问(《刑诉法》第163条第3款第2句)均适用。为保证证明力和证据的可使用性,应尽可能地录制距离案发时间最近的,**由法官进行的第一次讯问**(《刑诉法》第255a条第1款连同第251条第2款、第255a条第2款;见边码668及其以下数段)。但是,除非可以对

---

① 详见 M-G/Schmitt, § 247a Rn 13.

值得保护的证人进行穷尽式发问并且录音录像,从而确保充分地调查案情,否则,基于澄清事实以及防止可能限缩被追诉人利益的理由,证人不能被免除多次讯问或被传唤出庭。①

依据《刑诉法》第58a条第1款第2句,具备下列情形之一者,应当录像:

——不满18周岁的因犯罪受害的未成年证人(具体见第1项);

——证人有可能在庭审活动中无法被讯问,如患病、或者受到威胁(见边码303)、或者身处国外等,且为发现真实有必要录像的(第2项)。

依据《刑诉法》第58a条第1款第3句,在侵犯性自主的犯罪(《刑法典》第174-184条)中,经过评估相关重要的情况,若能更好地保护受害人值得保护的利益且证人同意对讯问录音录像的,必须录音录像且由法官实施讯问。

但是,惟当《刑诉法》第52条规定的拒绝作证权人事前被晓谕权利后声明其不愿行使该权利的,才能录音录像。另外,若运转中的摄像头拍下的是勘验证据,纵使证人行使了拒绝作证权,该勘验证据仍得被用来指控被追诉人。② 在《刑诉法》第252条规定的证人嗣后在庭审中行使拒绝作证权的情形中(见边码643及以下数段、边码713),则不得播放录像(《刑诉法》第255a条第1款)。尽管实务见解认为,若先前的讯问系法官讯问的,应该限制适用《刑诉法》第252条的证据使用禁止,并在庭审活动中可以将审问的法官作为传闻证人讯问之,但也不得播放该录音录像。③

(2)另外,在**侦查法官讯问**的情形下,法官也有权将其他在场权利人隔离,使其不与证人处在同一空间,并以录像方式向其他程序参与人直播讯问的过程,见《刑诉法》第168e条第1、2、3句。从而避免让证人面对被怀疑犯罪之人。这种视频直播讯问之特殊方式也可以**被录制下来长期保存**,见《刑诉法》第168e条第4句连同第58a条。但是,为了保证其嗣后能作为证据使用(参见《刑诉法》第255a条第2款,边码669及以下),应注意保障此间辩护人和被追诉人的在场权、受通知权以及参与权(《刑诉

---

① *Weigend*, Gutachten C zum 62. DJT Fn 204.

② KK-StPO-*Bader*, § 58a Rn 8; *Eisenberg*, Rn 1311a;不同见解:*M-G/Schmitt*, § 58a Rn 7a。

③ BGHSt 49, 75 连同 *Norouzi* 的赞同性裁判评释, JA 2004, 599; *Volk/Engländer*, § 27 Rn 10;批评意见:*Mitsch*, JuS 2005, 102。

法》第 147 条、第 168c 条第 2 款、第 168e 条第 3 句)。

666　　(3)若证人可能在嗣后的庭审活动中,例如,在事实上诉审的庭审中无法接受讯问,且为了发现真实有必要对其证言录音录像的,应当**在庭审中将直播的讯问内容加以录制**(见边码 658),见《刑诉法》第 247a 条第 1 款第 4 句。

> 通过对《刑诉法》第 247a 条第 1 款第 4 句进行文义解释和体系解释,可以发现,该规定包含了所有庭审中进行音像录制的前提要件,并因此构成《刑诉法》第 58a 条第 1 款的专门性特别规定。①

667　　2.录音录像制品在庭审活动中究竟该如何**使用**的问题,《刑诉法》第 255a 条已经给出了答案。但《刑诉法》第 255a 条不影响播放录音录像用作勘验的对象,以证明本身无涉证言内容的案件事实,或被用来对证(关于对证,见边码 647)。②

668　　(1)依《刑诉法》第 251、253 条可以宣读笔录的情形下,均可以播放相关录音录像,见《刑诉法》第 255a 条第 1 款。所以,音像录制品**与讯问笔录被同等视之**(关于后者的宣读,参见边码 632 及以下数段)。《刑诉法》第 255a 条与第 247a 条、第 251 条及以下数条,均系《刑诉法》第 250 条(直接原则)的例外规定。

669　　(2)在针对**妨害性自主**、**侵害生命**、**虐待受保护人员的犯罪**或者《刑法典》第 232 条及以下数条规定的侵犯个人自由犯罪的程序中,得经审判长作成相关决定后③,**18 周岁之下**的证人的证言可以通过播放该证人先前**被法官**讯问的录音录像的方式代替传唤其到庭作证,前提是在讯问被录音录像之后,证人未直接反对在庭审中播放录音录像代替到庭接受讯问(具体见《刑诉法》第 255a 条第 2 款)。④ 由于《刑诉法》第 255a 条第 2 款与《刑诉法》第 251、253 条无关,故在其固然称得上严格的适用范围内,**进**

---

① *M-G/Schmitt*, § 247a Rn 11; 不同见解:KMR-StPO-*Lesch*, § 247a Rn 5。
② KK-*Diemer*, § 255a Rn 3, 9。
③ BGH NJW 2011, 3382 连同 *Lickleder/Sturm* 的否定性评论, HRRS 2012, 74; *Malek*, Rn 631 f。
④ BGHSt 49, 68, 71 连同 *Kölbel* 的裁判评释, NStZ 2005, 220 (必要时,由法庭亲自讯问作为补充)。

一步突破了直接原则。① 所以，不宜再去压缩《刑诉法》第 252 条对亲属的保护（见边码 643 及以下数段），尤其还考虑到，相较于传讯具有法官身份的审问人员作证（本应作为一项备选方案），讯问的录音录像应作为一项优先性的证据。② 但是，是否用播放代替传讯的决定权不属于审判长而属于法庭，见《刑诉法》第 255a 条第 2 款第 3 句（亦见边码 639）。③

付出如此代价的目的在于避免未成年人证人遭受压迫式和侵犯式的轮番讯问。④ 但前提是，被告人及其辩护人曾经有机会参加对该证人之前的讯问，见《刑诉法》第 255a 条第 2 款第 1 句。为保护无法对指控刨根问底的被追诉人，通过对《刑诉法》第 255a 条第 2 款进行合宪性解释，援引法治国原则（《基本法》第 20 条第 3 款）的要求，若有罪判决可能完全或者主要凭借被追诉人无法发问的证人证言作成⑤，则被追诉人及其辩护人务必实际参加过对证人的先前讯问，始得播放视频代替当庭讯问。⑥ 在实际参与讯问以前，还必须保证辩护人已经提前阅卷，如此其才能提出有实际意义的问题。⑦ 按照澄清义务之标准，法庭得对证人再行补充性讯问（参见《刑诉法》第 255a 条第 2 款第 4 句）。

(3)《刑诉法》第 255a 经《刑诉法》第 58a 条第 2 款第 1 句获得补充⑧（有时会连同《刑诉法》第 168e 条第 4 句或第 247a 条第 1 款第 5

670

---

① *Eisenberg*, Rn 1315; *Rieß*, StraFo 1999, 4.

② BGH BeckRS 2019, 32169 连同 *Kudlich* 的评论文章, JA 2020, 229 和 *Börner* 的评论文章, NStZ 2020, 369。

③ BGH NStZ-RR 2019, 27.

④ *Eisenberg*, JGG, §§ 33—33b Rn 45 ff; *Hagendorn, N.*, Schutz der Opfer von Gewaltdelikten durch Ausschluß der Öffentlichkeit im Strafverfahren, 1999; *Laubenthal*, JZ 1996, 335; *Laubenthal/Nevermann-Jaskolla*, JA 2005, 294; *Mildenberger, E.*, Schutz kindlicher Zeugen im Strafverfahren durch audio-visuelle Medien, 1995, S. 37 ff.

⑤ 就此应该适用欧洲人权法院的三阶审查法, 见 EGMR StV 2017, 213（*Schatschaschwili* 诉德国）连同 *Satzger* 的评论文章, Jura 2016, 1083（亦见本书边码 190、648）。

⑥ *Beulke*, ZStW 113 (2001), 713; *Schlothauer*, StV 1999, 47; in diesem Sinne auch der EGMR StV 2002, 289 连同 *Satzger* 的赞同性裁判评释, JA 2002, 838。

⑦ *Beulke*, Gollwitzer-Kolloq, S. 1; *Schlothauer*, StV 2003, 650; 不同的观点：BGHSt 48, 268 连同 *Vogel/Norouzi* 对此的批评性裁判评释, JR 2004, 215。

⑧ *M-G/Schmitt*, § 255a Rn 5.

句），即仅能为了刑事追究（也包括经分案后，在其他刑事案件中追究原先的共同被追诉人）且为查明真实有必要时，始得嗣后使用录音录像。法院应该根据其澄清义务去审查，究竟是否使用录音录像比宣读讯问笔录更有实益（亦见有关《刑诉法》第247a条第1款后半句的边码660）。其实多数情况下应该就是如此。若为了刑事程序法以外的目的，例如，为了在矫治或损害赔偿或者在亲权诉讼中使用录音录像，须事先取得证人的同意。①

案例51之解答：

671   基于法庭证据调查的直接原则而来的**人证优先于书证**的要求（《刑诉法》第250条），通常会禁止通过宣读证人先前讯问笔录的方式代替当庭讯问证人。然而，《刑诉法》第251条却针对特定情形规定了若干重要的例外，即在这些情形中证人不再被当作直接证据。对此须区分，先前制作的笔录究竟出于**法官的讯问**（《刑诉法》第251条第1、2款），抑或**非法官的讯问**（《刑诉法》第251条第1款）。本案中的笔录属于法官讯问笔录。《刑诉法》第251条第2款第3项规定的合意性宣读会因被告人的反对而不能实现。但是，若证人因为路途遥远，并考量其证言之重要性后，得不苛求其出庭的，也可以依《刑诉法》第251条第2款第2项宣读讯问笔录。然而，F系本案惟一的证据，故法庭有亲自讯问F的义务。

另一方面，鉴于长途奔波为F所带来的不便，通过宣读之前的法官讯问内容替代F亲自作证，实乃两权相害取其轻（因为已经向法官提供过证言，若按照《刑诉法》第223条再行委托讯问，同样没有意义），似乎也说得过去。但是，1998年12月1日《证人保护法》生效后，根据《刑诉法》第247a条第1款第1句后半句、第251条第2款第2项的规定，法庭还应该考虑，能否通过庭审中音像直播（视讯会议）的形式去实现《刑诉法》第244条第3款的证据之"广义的可获得性"（erweiterte Erreichbarkeit）。惟法庭担保，就案情澄清价值而言，采视频讯问与宣读先前制作

---

① HK-*Gercke*, § 58a Rn 15.

之法官讯问笔录并无二致,亦即,视讯会议于"发现真实"无必要者,法院也可以仅宣读笔录(具体见边码635及以下数段以及边码658)。

案例52之解答:

若证人在庭审中才主张其拒绝作证权的,其先前的证言不得宣读之,见《刑诉法》第252条。学界绝对的通说主张,从该项规定中不仅得出**宣读禁止**,毋宁乃全面的**证据使用禁止**。故先前的审问人员亦不得作为证人讯问之。然而,实务见解却将上述要求限定适用于警察或检察官讯问的情形,相反,对于先前的**法官**讯问,但凡其间依法晓谕了证人其权利的,便可以将法官作为证人讯问之。故根据实务见解,A可以依据R的证言被判决有罪。这种见解应该被摈弃,盖因法律并不认为法官的讯问与非法官的讯问分别有不同的品质,且着眼于紧密家庭关系而对家庭之保护,纵使先前的讯问系法官讯问,拒绝作证权仍应优先于刑事追究的利益。**联邦最高法院刑事大法庭**则认为,以下理由也不会妨碍使用在R面前作过的证言:R在讯问之前没有对T"**加重**"**晓谕**,故T并不知晓,若其在针对A的庭审中行使了拒绝作证权,她的证言将通过讯问R的方式被引入对A的诉讼之中并得作为判决A有罪的根据(具体见边码643及以下数条)。

672

案例53之解答:

1.因对被告人A先前所进行的讯问非由法官为之,故**不得在庭审中宣读**讯问笔录(《刑诉法》第254条第1款)。纵然当下A得行使其拒绝陈述权(《刑诉法》第243条第5款第1句),相关的警讯笔录却不生**使用禁止**之效果(此不同于《刑诉法》第252条的情形,见案例52)。故警察P得作为证人讯问之,并得将被告人先前的自白通过该证言汇入判决。

673

2.《刑诉法》第254条明文规定,即使在P死亡之后,亦不得宣读**警察**讯问笔录。因《刑诉法》第251条第1款仅适用于证人、鉴定人以及共同被追诉人的讯问,与讯问**被追诉人无关**,尤其是《刑诉法》第254条系穷尽式规定,故亦不得类适援用第251条第1款。故科隆的州高等法院判例(StV 1983, 97)正确地表明,不得宣读警察讯问笔录。由于警察P现已亡故,且不得再以证人身份传讯他,已无可能在庭审中代替自白(具体见边码632—638、641)。

3.本书认为,依据《刑诉法》第252条,一旦被告人A此时在针对B的庭审中行使拒绝作证权,所有被告人A先前所作的陈述既不得被宣读,亦不得被使用。即使主流见解主张,先前讯问由法官为之的情形下,证言可以使用(见案例52),但针对本案情形却主张全面使用禁止。理由是,A先前虽系于法官面前作证,但当时的他仅具有《刑诉法》第243条第5款、第136条规定的被告人身份,由于其当时不具有证人身份,故未曾依据《刑诉法》第52条第1款第3项、第3款第1句被晓谕权利(具体见边码645)。

第二十二章　庭审活动中的证据申请

案例54: A被指控,其曾到访"Kakadu"迪吧并豪饮,在醉酒状态下打倒了某路人并致其重伤(见《刑法典》第223条及以下数条)。随后他逃离现场,嗣后为被害人认出。A拒不承认罪行。在庭审中A提出了以下证据申请:

1.为了证明他在当晚案发前一小时已经离开迪吧,请求传讯当晚曾与其并坐于吧台旁的爱尔兰籍红发男子(名字与住址不详)作证。法院却不愿这么做。

2.为了证明他于被指控的案发时间正身处电影院,请求将当时曾见过他的"林荫剧场"(一家位于帕绍市的著名电影院)的女收银员K作为证人予以传讯。法院欲驳回该证据申请,因为被指控的案发时间距今已逾半年,女收银员殊无可能还记得住一名具体的顾客。

3.另外,他或许当时根本没有醉酒,因其在案发当晚之状态,犹如未饮酒一般。为了证明他当晚仅喝了三瓶啤酒,他提议让迪吧老板W担任证人。法院认为传讯W乃多此一举,理由是,三名出庭的证人足以证明A曾大量饮酒。

就上述证据申请应如何决断之?(见边码695)

一、导论

根据《刑诉法》第244条第2款的规定,法院的职权澄清义务不排斥其他的程序参与人对法庭证据调查施加影响,其中最重要的一项制度是**证据申请**(Beweisantrag)。不仅证据申请应由法院在其通常的澄清义务范围内加以注意,立法者还在《刑诉法》第244条*第3—6款、第245条**、第246

---

* 最新版条文参见本书附录。——译者注
** 最新版条文参见本书附录。——译者注

条中设置了严格的规定以解决申请的处理。法院一旦违反这些规定,通常会导致其判决在法律上诉审中被撤销。故证据申请权自然对被告人及其辩护人格外重要。但是,检察官、附加控诉人和自诉人也有权提出证据申请。①

二、"证据申请"的概念及其与取证申请概念的区别

676　　(一)当申请人申请调取某项具体指明的证据,以证明其主张的、涉及罪责或者法律后果问题的特定事实,且该申请能表明该指明的证据能证明其主张之事实的,便构成一项**证据申请**,见《刑诉法》第 244 条第 3 款第 1 句。证据申请惟符合《刑诉法》第 244 条第 3 款第 2、3 句,第 4 款,第 5 款,第 245 条第 2 款第 2、3 句穷尽式规定的拒绝事由的,法院始得驳回该证据申请(具体见边码 681 及以下数段)。

　　　　(抽象的)**取证申请**(Beweisermittelungsantrag)乃申请人敦促法院以特定的方式开展调查之谓也。但是,这类申请不具备证据申请的一项或多项必要要件。

　　　　证据建议(Beweisanregung)与(抽象的)取证申请的惟一区别是请求强度有所不同。证据建议乃"提议"或"委托"法院取证之意。

　　　　无论是单纯的(抽象的)**取证申请**,还是**证据提议**,法院皆须在其**澄清义务**范围内(见《刑诉法》第 244 条第 2 款)作出决定。② 故不受《刑诉法》第 244 条第 3 款第 2、3 句,第 4 款,第 5 款,第 245 条第 2 款第 2、3 句所规定的拒绝理由之限制,这一点不同于证据申请。但是,在上述情形中,**审判长可以且必须驳回申请**,对驳回决定不服的,得依《刑诉法》第 238 条第 2 款之规定救济。③

---

　　① 有关更深入的内容,参见 Beulke, JuS 2006, 597; Börner, StraFo 2014, 133; 2015, 46; Eisenberg, Rn 138 ff; Fezer, 50 Jahre BGH-Wiss-FG, S. 847 ff; Gössel, Gollwitzer-Kolloq, S. 47; Hamm/Hassemer/Pauly, Beweisantragsrecht, 23 A., 2019; Huber, JuS 2017, 634; Jahn, Hassemer-FS, S. 1029; Krell, Jura 2012, 355; Perron, W., Das Beweisantragsrecht des Beschuldigten im deutschen Strafprozeß, 1995; Schellenberg, S. 149 ff。

　　② BGH NStZ 2012, 280.

　　③ BGH NStZ 2008, 109; 2009, 401; Joecks, StPO, § 244 Rn 34; M-G/Schmitt, § 244 Rn 27; 持批评观点的:Radtke/Hohmann-Kelnhofer, § 244 Rn 91。

（二）任何一项证据申请均应该同时具备三项要素：

——**具体的事实主张**(bestimmte Tatsachenbehauptung)；

——具体的且受《刑诉法》承认的证据；

——对两者关联性的说明，即为什么具体指明的证据可以证明被主张的事实。

1. 事实主张

申请人须提出某个具体的**证明主张**(Beweisbehauptung)。该证明主张应该针对**事实**，而不能仅为纯粹的评价。例如，声称证人将证明其他证人"不具可信性"，这就不是一项事实主张，而仅系一种评价。①

实务见解认为，若申请者仅表明其期待的某个"证明目标"，但该目标却有待讯问后才能实现(如被告人无罪)，此即不构成一项**具体的**事实主张。② 因此，事实主张不能是抽象地重叙法律文本，毋宁必须说明，证人可以结合自己的感知就哪些具体的情况和事件作证。③

能称之为事实主张的，系由申请人**确定性**地描述的待证事实，纵使该事实出自申请人的主观推测或仅被认为有可能存在，亦然。反之，若申请人声称的事实显属**凭空的推断**，申请人希望通过他申请的(具体的)取证活动去证实这种推断的，则仅构成一项(抽象的)**取证申请**。④ 要判断是否属于这种情形，应采用一名理性申请者的视角。⑤ 但是，若申请人要求证明的事实客观上不合常理或系不具盖然性之事，或事情更可能向其他方向表现的，则这种证明主张只能被称作"**不假思索/信口开河**"。⑥

2. 具体指明的证据

申请者须在证据申请中提出某项具体的**证据**。该证据应该系**严格证明要求**的某种证据之一，即要么属于勘验、文书或鉴定证据，要么是证人证据(见边码284)。若提出的是有待寻找的证据，则仅构成(抽象的)取

677

678

---

① BGHSt 37, 162, 164.

② BGH NStZ 2019, 628 连同 *Ventzke* 的裁判评释。

③ BGHSt 39, 251, 253 f 连同 *Hamm* 的裁判评释, StV 1993, 455 和 *Widmaier* 的裁判评释, NStZ 1993, 602; BGHSt 43, 321, 329 (*Wienand* 案); BayObLG JR 2003, 294 连同 *Ingelfinger* 的赞成性裁判评释；否定性观点：KK-StPO-*Krehl*, § 244 Rn 74。

④ BGH NJW 2012, 2212 连同 *Mosbacher* 的裁判评论, JuS 2012, 707; BGH BecKRS 2018, 9796; 深入论述：*Bach*, Breidling-FS, S. 1。

⑤ BGH NStZ 2009, 226; BGH StV 2014, 264.

⑥ BGH NStZ 2008, 474; BGH StV 2013, 374.

证申请。① 但是，申请者一旦陈述了**某个能够使法院发现且识别证据的案件事实**，便足以构成一项证据申请。② 最后，还须加以注意的是：证据申请中指明的证据必须是**新证据**。申请重新开展法庭证据调查仅是一项（抽象的）证据调查申请。③

679 **3. 关联性**

另外，《刑诉法》第244条第3款第1句的新修文本接受了之前联邦最高法院的实务见解，要求待证事实和证据之间必须具有联系（**关联性**），亦即，被指明的证据应当能证明被主张的事实。④ 不具有关联性不是额外的驳回证据申请的事由（参见边码681及以下数段），毋宁说该情报根本就不成立证据申请。例如，根据关联性的要求，证据申请应该表明证人能够对证明主题作证，因为他在特定的时间、特定的地点阅读了文件。申请者不必确信证据能证明自己的证明主张。只要他有事实根据地认为或者推测该证据可能证明便已足。⑤

新近的联邦最高法院的实务见解更主张（尽管其各庭之间对此有争议）⑥，随着法庭证据调查的进行，还应当不断强化对证据申请的关联性要求。⑦ 这种主张其实部分地限制了禁止法官证明预断的要求，因为相较于被申请调查的证据，法院更加重视已经调查完的证据。⑧ 故对《刑诉法》第244条第3款第1句的新规定应该**加以批评**，该规定为证据申请者设定了一项抵触法院澄清义务的论证义务。⑨ 当申请人不能说明关联性时，任何

---

① Vgl. BGHSt 30, 131, 142.
② 关于证人证据情形下的具体争议，参见 BGHSt StV 2010, 556; BGH JR 2010, 456 连同 *Popp* 的批判性裁判评释。
③ BGH StV 2001, 98 连同 *Fahl* 的裁判评释。
④ 详见：*M-G/Schmitt* § 244 Rn 21a ff.
⑤ BGH NStZ 2018, 362, 363.
⑥ BGH NStZ 2008, 708 (Rn 8); BGH NStZ 2014, 351 连同 *Ferber* 的裁判评释。
⑦ BGHSt 52, 284 连同 *Beulke/Witzigmann* 的否定性裁判评释, StV 2009, 58; BGH StV 2013, 65 连同 *Trüg* 的批判性裁判评释；批评意见还可以参见 *M-G/Schmitt*, § 244 Rn 21c。
⑧ *Eidam*, JR 2008, 520, 521; *Eisenberg*, ZIS 2008, 469, 470; ; *Trüg*, StraFo 2010, 139, 143 f; *Ventzke*, StV 2009, 655, 658; 引人思考的还有：BGH StV 2015, 82。
⑨ *Dallmeyer*, StV 2018, 533; *Jahn*, StV 2009, 663; *Rose*, NStZ 2014, 128.

时候法院都应对驳回证据申请保持最大程度的克制。①

三、提出证据申请的时点和方式

《刑诉法》第 244 条、第 245 条仅论及**庭审活动中**的法庭证据调查。② 这意味着,甚至在法庭证据调查结束以后、开始宣告判决以前也可以不受限制地提出证据申请。③ 依据《刑诉法》第 246 条第 1 款,不得以迟延提出为由驳回证据申请,否则将有违发现实质真实的原则。所以,与民事诉讼不同,刑事诉讼法不承认**遮断效**(Präklusion)*。④ 即使根据 2017 年修法新增的规定,在依职权进行正式的法庭证据调查结束之后,审判长有权指定提出证据申请的适当期间,见《刑诉法》第 244 条第 6 款第 3 句(参见边码 694),上述表述也不受影响。依照现行法,被告人还可以根据法庭证据调查的走向,调整其提出证据申请的时间。⑤ 纵使判决宣告已开始,在宣告结束以前仍可以提出合法的证据申请。⑥

言词原则要求,证据申请**应该在庭审中以言词方式**提出,法院依据《刑诉法》第 257a 条命令其以书面形式提出的除外。⑦ 被告人应该向法庭审判长提出证据申请,见《刑诉法》第 219 条第 1 款第 1 句。证据申请得附加"**诉讼内的条件**"(innerprozessualen Bedingung)(参见边码 461 和 694)。

实务见解主张,若被告人以极端方式滥用证据申请权,意图阻碍庭审合法终了的,法院有权在庭审中命令被追诉人将来仅

680

---

① *M-G/Schmitt*, § 244 Rn 21e.
② KG NStZ 2019, 488.
③ BGHSt 21, 118, 123; BGH NStZ 1992, 346.
* 将德文 Präklusion 一词翻译成遮断效,不是译者的初创,乃日本民事诉讼法学者新堂幸司教授的贡献。该术语之意义在于,当事人于本次诉讼事实审言词辩论终结以前,须将与本案诉讼标的有利害关系的攻击防御方法尽数提出,否则在二次诉讼中,不能再提出之前没有主张的事实作为支持或反对同一诉讼标的理由。但是,遮断效不宜和争点效的概念相混同,遮断效不反对将之前没有主张的事实在其他诉讼中作为诉讼标的,仅意味着不能将该事实作为攻击防御曾经的诉讼标的之理由而已。争点效则意味,特定的事实主张经审理以后,未来不能作出相反之主张。参见民事诉讼法研究基金会汇编:《民事诉讼法之研讨(二)》(陈荣宗教授发言部分),台湾元照出版公司 2002 年版,第 153 页。——译者注
④ Vgl. auch BVerfG StV 1992, 307; OLG Köln StV 2002, 238.
⑤ *M-G/Schmitt*, § 244 Rn 95.
⑥ BGH NStZ 2007, 112; *Scheffler*, MDR 1993, 3 ff.
⑦ Vgl. OLG Frankfurt NStZ-RR 1998, 210; OLG München StV 2011, 401.

可通过其辩护人提出证据申请①(对该主张的批评见边码227)。

四、证据申请的驳回

(一) 驳回理由的体系化

681　　法律区别了**在庭的证据**(präsente Beweismitteln,其概念见边码691)和**不在庭的证据**(unpräsente Beweismitteln)。《刑诉法》第245条的适用情形是利用在庭的证据开展的法庭证据调查。根据在庭的证据表现形式和提交证据的程序参与人之不同,法律对之作了进一步的区分(《刑诉法》第245条第1—2款)。《刑诉法》第244条第3款第2句至第6款仅适用于不在庭的证据,其中第244条第3款第2、3句规定的驳回理由适用于所有证据种类,第244条第4—6款则规定了其他的驳回可能性(尤其针对要求鉴定和勘验的证据申请)(对此参见**图表7**,边码691)。

(二)《刑诉法》第244条第3款第2、3句规定的驳回理由

682　　1. 证据的取得不合法

依据《刑诉法》第244条第3款第2句,若证据的取得(Beweiserhebung)不合法,法院应该驳回证据申请。该驳回理由的特点在于,其一旦存在,法院便**必须驳回**证据申请,而第244条第3款第3句规定的其他驳回理由存在时,究竟是否要驳回证据申请,则属于法院**裁量**的事项。证据的取得不合法主要系指特定的证据存在着证据资料禁止或证据使用禁止的情形。② 证据申请恳请传讯享有拒绝作证权的证人,纵使该证人依据《刑法典》第203条,一旦作证会构成犯罪,该证据申请也不是非法的③,因为证人乃自行决定作证,且(不妥当的)通说认为,该证言是可以被使用的(见边码710)。

2. 待证事实众所周知

683　　若待证事实系众所周知或已被法院知晓的,依《刑诉法》第244条第3款第3句第1项,因不言自明,调查(具体的)证据纯属多余(见边码622)。

3. 待证事实没有重要性

684　　《刑诉法》第244条第3款第3句第2项规定的待证事实没有重要性

---

① BGHSt 38, 111, 114.
② BGH HRRS 2011 Nr 130; 有关其他的案例见 AK-*Schöch*, § 244 Rn 77 ff。
③ BGH NStZ 2018, 362.

的情形(Bedeutungslosigkeit),系指该事实与待裁判的事件显无关联,或纵有某种关联却无法通过证实该事实而影响裁判。① 若事实审法院预计证人无法证实待证的主张②或证人不足为信③,因此不会改变当前的证据状况,这种预计是一种非法的证明预测,不得以没有重要性为由驳回证据申请。一旦以事实不具重要性为由驳回证据申请,除非法院在判断之际的意见交换中提前告知了被告人,否则,相关的事实不得被用来指控被告人。④

4. 事实已获证实

惟当待证事实已被**正向肯定地**证实了,才符合《刑诉法》第244条第3款第3句第3项规定的本项驳回理由。绝对不得以待证事实的**反面**已被证实为由驳回一项证据申请。⑤ 这将违反**禁止证明预断**(Verbot der Beweisantizipation)的要求,根据该项要求,不得提前进行证据评价⑥。另外,就传讯其他鉴定人提出证据申请的,还必须遵守其他的规定(见边码689)。《刑诉法》第244条第4款第2句规定,若先前的鉴定报告已经证实了事实主张的**相反面**,便无须再延揽其他的鉴定人。这项规定的反面解释是:如果证据申请针对的是证人证据,则仅待证事实本身(而不是其反面)已获证明的,始得驳回该证据申请。

685

5. 证据完全不合适

若法院完全不考虑任何目前已有的证明结论便足以断言,按照可靠的生活经验,证据申请所期待的结论断无可能利用该证据获得,得以**完全不合适**(völlig ungeeignet)为由驳回。⑦

686

关键在于,证据要么是"本质上"完全不适当,要么是事实审法院通过自由证明或参考卷宗内容而认定其不合适。证明价值较小或存疑的,不属于这种情形,⑧否则也会构成不合法的预先证据评价。故完全不适当的判断须建立在证据与证明主张之间

---

① BGH NStZ 2018, 111; 2019, 294; A/N/M-*Güntge*, Rn 1130.
② BGH StV 2001, 95; wistra 2014, 280.
③ BGH StV 2008, 288.
④ BGH StV 1992, 147.
⑤ BGH StraFo 2010, 152; *Mosbacher*, JuS 2008, 127.
⑥ *M-G/Schmitt*, § 244 Rn 86.
⑦ BGH NStZ 2019, 103 连同 *Schneider* 的裁判评释; BGH JR 2019, 579 连同 *Eisenberg* 的裁判评释; Radtke/Hohmann-*Kelnhofer*, § 244 Rn 132。
⑧ BGH StV 2002, 352; StraFo 2012, 63.

的关系上,而不是依靠现有的证明结论得出。例如,不得以证人因为事隔久远而可能想不起有关事件为理由便驳回证据申请,①或者借口证人证实不了证据主张就驳回。② 关于"测谎仪"不适合作为证据的争论(参见边码216)。

依据《刑诉法》第52条第1款享有**拒绝作证权**的证人,惟当其向事实审法院、即**通常在庭审中**行使其权利时,才是一项完全不适合的证据(另有观点认为属于不合法或不可得的证据)。③ 相反,一贯的实务见解却主张,证人以打电话的方式行使拒绝作证权便已属于这种情形,且仅于例外时,才有必要额外传唤其到庭行使权利。④ 通常此亦适用于证人依据《刑诉法》第55条享有**拒绝回答权**的情形⑤[亦见边码876(案例69)]。

6. 证据无法得到

687 《刑诉法》第244条第3款第3句第5项之**得不到的**(unerreichtbar)证据系指,一方面法院已穷尽一切与证据重要性相称的努力仍无法找到,且另一方面无法合理地期待在可预见的时间内能得到的证据⑥(申请讯问须**在外国**实施传唤的证人,见边码690⑦)。判断该项理由时,须就案件的严重程度、证据对诉讼的重要性以及程序顺畅快速进行的利益之间加以权衡。⑧ 但是,若可能对证人实施《刑诉法》第247a条规定的视频讯问,则不属于得不到证人的情形⑨(亦参见边码662及以下数段)。

警察拒绝透露长期卧底线民之身份的情形中会产生特殊的问题。若长期卧底线民被封存且无明显瑕疵,该线民可以被视作《刑诉法》第244条第3款第3句第5项规定的无法得到的

---

① BGH NStZ 2010, 52; StV 2013, 70;因此 BGH NStZ 1993, 295 持反对意见。
② BGH StV 1999, 303。
③ BGH StV 2019, 808; *M-G/Schmitt*, § 244 Rn 59b。
④ Vgl. BGH NStZ 1982, 126; KK-StPO-*Krehl*, § 244 Rn 152;关于争议的情况,参见 LR-*Becker*, § 244 Rn 236。
⑤ BGH StV 1986, 282。
⑥ EGMR JR 2015, 95 (S诉德国)连同 *Lohse* 的裁判评论, JR 2015, 60; BGH StV 1987, 45; OLG München StV 2009, 9。
⑦ 深入论述:BGHSt 55, 11, 21; BGH StV 2010, 561; *Rose*, NStZ 2012, 18。
⑧ BGHSt 22, 118, 120; 32, 68, 73。
⑨ BGH StV 2000, 345。

证据①(详见边码 655 及以下)。

7. 待证事实被假定为真

若明显有利于被告人的事实**可以被假定为真**,(具体的)证据调查便属多余,见《刑诉法》第 244 条第 3 款第 3 句第 6 项。根据法院的全面澄清义务,**惟当案件事实无法再继续调查之际**,方得如此。② 此类事实只能系**有利于被告人**的事实,因为,举凡应当作为判决根据的不利事实均必须被证实。③ 辅助事实或者间接事实也可以被假定为真。只要不会推导出不利于被告人的结论,法院可以自由地评价被假定为真的间接事实。④ 但是,基于澄清义务的优先性,若待证事实将会影响**控方证人的信用性**,则通常不得假定该事实为真(Wahrunterstellung),亦即,法院必须就该事实调查具体的证据,获得对该证人的正确印象。⑤

688

(三) 鉴定人证据申请的其他特殊驳回事由——《刑诉法》第 244 条第 4 款

依据《刑诉法》第 244 条第 4 款第 1 句,若法院本身就具备必要的专门性知识,可以拒绝传讯**鉴定人**。该项规定不仅适用于第一次的鉴定人,亦适用于后续的鉴定人。例如,当法院听取了第一位鉴定人的意见以后[在严格证明程序之中⑥(参见边码 285)],它自己便掌握了专门性知识,便有权拒绝再听取其他鉴定人的意见。⑦ 在合议制的场合下,合议庭成员具备专门知识即为已足,因为该成员可以将其专门性知识向其他成员介绍说明。⑧

689

此外,如果通过先前的鉴定意见(而不是依靠其他证据⑨)已经证实了**主张事实的相反面**,则法院也可以依据《刑诉法》第 244 条第 4 款第 2 句拒绝再传讯**其他鉴定人**。与《刑诉法》第 244 条第 3 款第 3 句第 3 项规定的证

---

① BGHSt 32, 115, 126.
② BGH NStZ 2011, 106; 深入论述:KK-StPO-*Krehl*, § 244 Rn 184, 194。
③ BGH StV 2007, 512.
④ *M-G/Schmitt*, § 244 Rn 70; 反对性意见:SK-StPO-*Frister*, § 244 Rn 190。
⑤ BGH StV 2005, 653; *Malek*, Rn 479.
⑥ BGH StV 2015, 84 连同 *Niemöller* 的裁判评释, NStZ 2015, 16。
⑦ BGHSt 55, 5; BGH NStZ 2010, 586; *Deckers*, Rissing-van Saan-FS, S. 87; *Eisenberg*, JZ 2010, 474.
⑧ BGHSt 12, 18, 19.
⑨ BGHSt 39, 49, 52; BGH StV 2014, 265.

人证据的情形不同(见边码685)，**此处明确允许证据预断**。而且,《刑诉法》第244条第4款第2句规定的先前鉴定意见也包括《刑诉法》第256条第1款第2项规定的被宣读的医师报告(ärztliches Attest)(见边码642)。①

依据《刑诉法》第244条第4款第2句后半段,具有下列情形之一的,不适用本规定②：
——先前的鉴定人的专门知识受到质疑；
——鉴定报告系根据错误的关联事实作出的；
——先前的鉴定报告自相矛盾；
——新的鉴定人掌握更具优势的研究方法(关于特定精神病学和心理学鉴定报告的最低标准,见边码309)。

(四) 勘验证据/身处外国的证人/源文件的宣读

690　　依据《刑诉法》第244条第5款第1句,驳回请求**勘验**的证据申请属于法院合义务性裁量的事项。③ 在符合相同的要件下,当需要在国外传唤证人时,法院也可以驳回**请求传讯证人**的证据申请(《刑诉法》第244条第5款第2句)。④ 对于**电子化方式制作的案卷**,若法院经过合义务性裁量,认为没有理由怀疑源文件与被传送的文件在内容上不一致,根据《刑诉法》第244条第5款第3句,也可以拒绝请求宣读源文件的证据申请。

故此处也允许法院进行证据预断,所以法院得以事实主张的相反面已获证实为理由,驳回该证据申请。⑤

(五) 在庭的证据

691　**1. 在庭证据的概念**
《刑诉法》第245条规定的**在庭的证据**(Präsente Beweismittel),系指业

---

① BGHSt 52, 323.
② 进一步的论述：*Zwiehoff*, S. 79 ff；*Trück*, NStZ 2007, 377。
③ Dazu BGH NZV 2014, 532；OLG Koblenz StV 2013, 553。
④ *Gerst*, StV 2018, 755.
⑤ BGHSt 40, 60, 62 连同 *Perron* 的裁判评释, JZ 1995, 210；BGH NJW 2005, 2322 (*Mzoudi* 案)；NStZ 2014, 51 u. 531；关于这种解释的合宪性,参见 BVerfG StV 1997, 1, 2；批评意见：*Gless*, Eisenberg-FS, S. 499；*Johnigk*, Rieß-FS, S. 197。

经传唤(见《刑诉法》第 214 条第 1 款、第 3 款,第 220 条第 1 款,第 38 条)且**已到庭**的证人与鉴定人,以及法院手头的文书与勘验之对象。

图表 7：驳回证据申请体系图

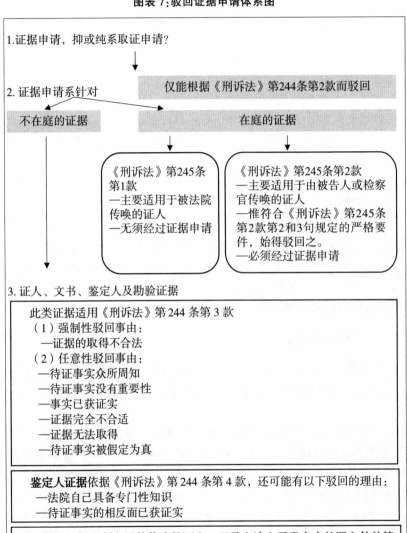

未经传唤而被程序参与人带到法庭的证人或鉴定人,则适用**不在庭**的规定。因此,欲对这类证据开展法庭证据调查,应由程序参与人提出证据申请,且法院可以根据《刑诉法》第 244 条第 3 款第 2—3 句、第 4—6 款规定的事由驳回该申请(见边码 682 及其以下数段)。

692　**2.《刑诉法》第 245 条第 1 款**

　　经法院传唤到庭的**证人**和**鉴定人**,以及经**法院**或**检察机关**调取的**其他证据**,纵使未被提出相关的**证据申请**,依据《刑诉法》第 245 条第 1 款第 1 句,也应该将其纳入庭审证据调查。

　　该项规定不适用于依法不得开展庭审证据调查(《刑诉法》第 245 条第 1 款第 1 句),或被告人、辩护人与检察机关一致同意放弃提出该项证据(《刑诉法》第 245 条第 1 款第 2 句)的情形。其中,同意亦得明确地作成之。

　　3.《刑诉法》第 245 条第 2 款

693　　经**被告人**或**检察官**传唤到场的**证人**或**鉴定人**(见《刑诉法》第 220 条第 1 款、第 214 条第 3 款)以及由被告人调取的其他证据,惟当已经就其提出**证据申请**的,始得被纳入法庭证据调查范围(见《刑诉法》第 245 条第 2 款第 1 句)。惟当存在《刑诉法》第 245 条第 2 款第 2 句或第 3 句规定之事由的,始得驳回证据申请。

　　五、证据申请的裁定

694　　依据《刑诉法》第 244 条第 6 款第 1 句,驳回证据申请须以**法院裁定**的方式为之(《刑诉法》第 34 条要求须在该裁定中附理由,而不是在判决中说理)。①

　　此规定亦适用于依《刑诉法》第 245 条第 2 款所提出的证据申请。因驳回理由一般均彼此排斥,故驳回申请通常只能以一种理由说明之,而不得预备性地附上多项理由。② 用作驳回的裁定通常最迟应于法庭证据调查结束前宣告之。反之,对于"**辅助性证据申请**"(Hilfsbeweisantrag),即申请者明确表示,惟当法院根据当下的法庭调查结论已经判断被

---

① BGH StV 2019, 807; KG StV 2019, 834; *Malek*, Rn 462.
② BGH NStZ 2004, 51.

告人有罪时，才希望加以处理的证据申请*，则可以在**判决理由**中再予裁定③（对此亦见边码461）。

自2020年出台新规定以后，以申请人意图拖延诉讼为由驳回证据申请不再通过法院裁定形式明确驳回，审判长首先可以运用《刑诉法》第238条第1款规定的诉讼指挥权驳回。被追诉人不服该驳回决定的，可以依据《刑诉法》第238条第2款向合议庭复议（对此参见边码573及以下数段）。另外，也可以在判决中加以驳回。这项新制度也适用于《刑诉法》第245条第2款的在庭的证据（边码693）。

所谓意图拖延诉讼（Verschleppungsabsicht），惟有尽数符合下列要件者，始足当之：④

——法院认为证据调查殊无为被告人带来实益之可能的；

——申请者明知此种情况；

——申请者通过提出要求意图延宕程序或追求诉讼外的目标不排斥延宕诉讼的目的。

被告人若未在事实审中行使《刑诉法》第238条第2款规定的权利（请求合议庭复议的权利），便不得就相关判决提起法律审上诉（异认遮断效，见边码575），并且法律上诉审对此仅审查，法院是否逾越了其裁判权的范围。⑤这项规定来源于几十年前的法官造法，是极其有问题的，并且侵蚀了被追诉人的证据申请权。⑥

另外，2017年以后，法律允许对证据申请设定期限：**审判长**得（裁量！）在依职权进行的法庭调查活动结束以后（即不得在某个庭审期日开始或结束之际），**就提出证据申请指定某个**（根据具体情况判断的）⑦适当的期间，见《刑诉法》第244条第6款第3句。于期间届满后提出的证据

---

* 辅助性证据申请就是附着于主要证据申请的申请。例如，辩护人申请法院认定被告人无罪的同时又提出，若被告人不能被判无罪，则请求再对其他证人进行讯问。由于这类申请通常是在庭审调查结束以后，在总结陈述中才被提出的。所以，如果其被驳回，法院通常在判决中才说明理由。——译者注

③ BGHSt 32, 10, 13; BGH StV 2008, 121; HK-StPO-*Julius*, § 244 Rn 59; *M-G/Schmitt*, § 244 Rn 90a.

④ 深入论述：*M-G/Schmitt* § 244 Rn 93 ff; MüKo-StPO-*Trüg/Habetha*, § 244 Rn 317 ff.

⑤ *Claus*, NStZ 2020, 58, 60.

⑥ 正确的观点：*M-G/Schmitt*, § 244 Rn 93g und 103a。

⑦ *M-G/Schmitt*, § 244 Rn 95b.

申请，得在判决中加以决断；无法在期间届满前提出证据申请的，则不适用该规定，见《刑诉法》第244条第6款第4句。① 期间设定权并非对**证据申请额外增加了一项驳回的理由**，而是与所有已经讨论过的驳回情形都相关。②

该规定取代了联邦最高法院之前的实务见解，根据后者，若证据申请完全是为了**延宕诉讼**且程序已经受到极度延宕，通常在**第十个审理日之后**③，始得为程序参与人的其他证据申请**设定期间**，并对期间届满后提出的申请不再通过法院裁定的形式作出决定，而**在判决说理中作出决定**。④ 该实务见解如今已经过时了，但作为一种对新规定进行限缩性解释的支持性理由，可被援引。《刑诉法》第244条第6款第3句并没有规定裁量的具体界限何在。但是，期间的设定无论如何都不能成为一种常态，而应当限于以下例外的情形：在因涉案面广而须开庭多日（10天或更多）的程序中，有具体事实根据表明，继续提出证据申请将会导致程序延宕，足以让法院认为，依据《刑诉法》第244条第6款第3句完全不必通过裁定方式对申请作出决定——这尤其可以从申请人一再提出始终不会为其带来任何实质性赢面的证据申请的表现中推知。⑤ 但是，也有人主张对《刑诉法》第244条第6款第3句作适当宽松的解释，并且认为，**如果设定期间的审判长希望通过依职权开展法庭调查之后集中处理证据申请的方式明显加快程序，于是根据案件的情况设置申请期限的，这种期限的设定则是被允许的**。⑥ 审判长也可以在法庭调查结束以前，"预告"会后续设定提出证据申请的区间（但是没有确定），以便程序参与人因之。

---

① 深入论述：*Mosbacher*, NStZ 2018, 9; *Börner*, StV 2016, 681; *ders.*, JZ 2018, 232; *Hamm*, StV 2018, 525。

② S/S/W-StPO-*Sättele*, § 44 Rn 129.

③ BGH StV 2009, 581.

④ BGHSt 51, 333 连同 *Beulke/Ruhmannseder* 的裁判评论, NStZ 2008, 300 u. v. *Heintschel-Heinegg*, JA 2008, 75; BGHSt 52, 355; BGH NStZ 2010, 161; *Mosbacher*, Miebach-FS, S. 20, 23.

⑤ 深入论述：*Hamm*, StV 2018, 525; *Krehl*, Fischer-FS, S. 705; *Singelnstein/Derin*, NJW 2017, 2646, 2651; *M-G/Schmitt*, § 244 Rn 95a; *Schlothauer*, Fischer-FS, S. 819; S/S/W-StPO-*Sättele*, § 244 Rn 129。

⑥ *Schneider*, NStZ 2019, 489, 494; A/N/M-*Güntge*, Rn 1471.

案例 54（边码 674）之解答：

1. A 有关讯问爱尔兰籍红发男子的申请，可能被归入**证据申请**，并仅当其具备《刑诉法》第 244 条第 3—6 款、第 245 条规定的严格要件时，始得驳回之。依据《刑诉法》第 244 条第 3 款第 1 句，证据申请需要同时包括：

（1）某个具体的**事实主张**；

（2）某个具体指明的且被《刑诉法》承认的**证据**；

（3）对两者关联性的说明，即为什么具体指明的证据可以证明被声称的事实。

假使申请不满足这些要求的，可以被归为**取证申请**，并得以《刑诉法》第 244 条第 2 款（法官的澄清义务）为准据而驳回之。关于 A 在案发前一个小时就离开了迪吧的主张，构成此处所要求的事实主张。有疑问的是，此处的证据是否已被充分地指明。因为红发爱尔兰籍男子的身份和住址均不明确。如果证人信息不够充分，则属于证据表述不明确，仅能构成一项取证申请。本案中，法官的澄清义务不要求寻找一名爱尔兰籍男子。取证申请可以不拘形式地被驳回（见边码 676 及以下数段）。

2. 该问题中要考量的是，法院是否有权因证据**完全不具有适合性**（《刑诉法》第 244 条第 3 款第 3 句第 4 项）而驳回证据申请。答案是否定的。认为女收银员不可能记住具体某个顾客，构成了法所不容许的预先性证据评价。该证据申请应该被同意（详见边码 686）。

3. 此处的待证事实是，"A 的状态如同没有喝过酒一样"。法院以**饮用酒精量已被证实超标**为由，拒绝讯问 W，亦即，法院认为待证事实的反面事实已被证实。

依《刑诉法》第 244 条第 3 款第 3 句，这是法所不容许的，因为这属于证据预断。依《刑诉法》第 244 条第 3 款第 3 句第 2 项，以证据申请**不具备重要性**为由而驳回证据申请的，也是一种不合法的证据预断。所以，应该同意该证据申请。同意申请得不拘形式作成之，如由审判长命令进行法庭调查。仅当驳回某项证据申请时，须以法院裁定方式为之，见《刑诉法》第 244 条第 6 款第 1 句（详见边码 685、694）。

第二十三章　证据使用禁止

案例 55：

A 因虐待自己的妻子 E（《刑法典》第 223 条及以下数条）而遭起诉。侦查法官传讯 E 时没有告知她享有拒绝作证权，E 证实了针对其丈夫的指控。但是在庭审中 E 却拒绝作证。如果本案除了 E 先前所作的证言外没有其他证据，A 能否被宣告有罪？（见边码 746）

案例 56：

（1）警察怀疑 A 曾向妓女 P 贩卖过毒品（《麻醉品管理法》第 29a 条第 1 款第 2 项）。P 作为证人被警察讯问并且承认，她曾经向 A 购买过毒品（依据《麻醉品管理法》构成犯罪）。此时她未被晓谕享有拒绝回答权。在针对 A 的庭审活动中，P 行使了拒绝回答权。P 在警察面前所作的证言可被作为判决的依据吗？

（2）如果 P 之后也被起诉，她先前在针对 A 的侦查程序中提供的证言能否在针对她自己的刑事程序中使用呢？

（3）如果从一开始就将 P 当作被追诉人进行讯问，却没有依据《刑诉法》第 136 条第 1 款第 2 句告知其享有缄默权。如果她向警察承认了其购买毒品的事实，该项陈述能否被用于针对 A 的刑事程序？（见边码 747）

案例 57：

A 涉嫌谋杀了一名女子。A 的日记是本案的关键性证据，在日记中他透露了当他见到这名女子时便萌发了实施性犯罪乃至故意杀人的欲望。能否凭借该日记内容判决 A 有罪？（见边码 748）

案例 58：

A 可能强奸并谋杀了一名儿童。在历经 24 小时无间断讯问之后，精疲力竭的 A 合盘招认了所犯的罪行。并且 A 还供认了他藏匿尸体的地点，尸体上有他的指纹。之后 A 拒绝陈述。A 的自白以及尸体上的指纹能否作为证据呢？（参见边码 749）

一、基本原理

（一）证据禁止的功能

适用于刑事诉讼法的职权调查原则（《刑诉法》第 244 条第 2 款）要求全面调查与判决有关联的事实。因此所有可以获取的证据均应被收集。与这种全面的澄清义务相互呼应的是《刑诉法》第 261 条明确要求的证据全面评价原则（Grundsatz der umfassenden Beweiswürdigung）。它要求，所有依据《刑诉法》第 244 条第 2 款在庭审活动中提出的证据，均应该成为证据评价（自由心证）的对象。① 但另一方面，《刑诉法》却从未规定应不计代价地发现真实。② 发现真实毋宁必须与《基本法》所确立的价值秩序相一致。尤其是，基本权为国家行为划定的界限应该被刑事追究机关所遵守，首要的界限当属从《基本法》第 2 条第 1 款、第 20 条第 3 款推导出来的法治国程序的要求。这便要求职权调查原则和证据全面评价原则在特定情形下，为了维护更高位阶的法益或价值，应该被证据禁止制度所突破。故证据禁止乃保障个人权利的制度。至于避免不利于发现真实和惩戒刑事追究机关，充其量只是其次要的功能而已。③

---

① LR-*Gollwitzer*, § 261 Rn 56; *M-G/Schmitt*, § 261 Rn 6.
② BVerfG JZ 2011, 249, 250; BGHSt 14, 358, 365; 52, 11, 17; *Jahn*, StraFo 2011, 117.
③ 深入的论述：*Ambos*, Beweisverwertungsverbote, 2010; *Amelung*, Prinzipien strafprozessualer Beweisverwertungsverbote, 2011; *Beulke*, StV 1990, 180; *Dallmeyer, J.*, Beweisführung im Strengbeweisverfahren, 2002; *Dencker, F.*, Verwertungsverbote im Strafprozeß, 1977; *ders.*, Meyer-Goßner-FS, S. 237; *Eisenberg*, Rn 356; *Gössel*, Hanack-FS, S. 277; *Hauck*, S. 536 ff, 553; *Jahn*, Gutachten, C 66; *Jäger, Chr.*, Beweisverwertung und Beweisverwertungsverbote im Strafprozess, 2003; *Kudlich*, Wolter-FS, S. 995; *Löffelmann*, Die normativen Grenzen der Wahrheitserforschung im Strafverfahren, 2008, S. 292; *Popp*, Grundlagen der Fehlerkorrektur im Strafverfahren, 2005; *Rogall*, ZStW 91 (1979), 1, 16 ff; *Weichbrodt*, Der verbotene Beweis im Straf- und Zivilprozess, 2012; *Wolter*, 50 Jahre BGH-Wiss-FG, S. 963; *Zong, Yukun*, Beweisverwertungsverbote im Strafverfahren, Rechtsvergleichende Untersuchung zum deutschen, US-amerikanischen und chinesischen Recht, 2018.

(二) 分类

701　**1. 证据取得禁止**(Beweiserhebungsverbote)

证据主题禁止(Beweisthemaverbote)：即禁止查明特定的案件事实，例如在采取《刑诉法》第100a至第100c条规定的措施时[（来源端）电信通讯监察、线上搜查、住宅监听（大监听），另外同等适用的还包括采取小监听（见《刑诉法》第100f条第4款）以及其他住宅外措施（《刑诉法》第100h第4款），还有卧底警探措施（《刑诉法》第110a条第1款第5句）]，见《刑诉法》第100d条第1款*规定的有关私人生活核心领域的事项。

证据资料禁止(Beweismittelverbote)：即禁止使用特定的证据，而只允许用其他的证据查明案情。例如，依据《刑诉法》第52条、第53条、第54条、第55条和第81c条第3款享有拒绝陈述权或拒绝被调查权的人，行使了自己的拒绝权的情形。

证据收集手段禁止(Beweismethodenverbote)：即禁止使用特定方法得到证据。例如，禁止运用非法的讯问方法(《刑诉法》第136a条第1、2款)。

2. 证据使用禁止

702　证据使用禁止(Beweisverwertungsverbote)系指排除特定的证据成果作为判决的考量依据。如果仍将该证据用于定罪，则会违反法官自由心证原则(《刑诉法》第261条，见边码758)。这种情形可能是因为在侦查程序中发生了不当的取证行为，如警察在第一次讯问被追诉人的时候没有依法晓谕其享有拒绝陈述权(《刑诉法》第163a条第4款第2句连同第136条第1款第2句)，但却将这种陈述作为有罪判决的根据(见边码179)。① 一旦对某个证据适用了证据使用禁止，就应该**全面**禁止，也不能借助于其他替代性证据来规避。例如，若**被追诉人**面对警察所作的**陈述**应适用证据使用禁止，纵使警察**以证人身份**接受讯问，旨在证明被追诉人当时曾经向他供认的内容，这同样是违法的(关于远程效力以及假设的替代干预等特殊问题，参见边码745)。

(三) 法定的证据使用禁止

703　《刑诉法》规定了许多法定的证据使用禁止(Gesetzliche Beweisverwer-

---

* 本条最新版条文参见本书附录。——译者注

① 深入的论述：*Hombrecher*, JA 2016, 457.

tungsverbote);尤其是《刑诉法》第 100d 条第 2 款第 1 句(电话监控、线上搜查以及大监听场景下的私密谈话记录);第 108 条第 2—3 款、第 160a 条第 1 款第 2 句、第 161 条第 3 款第 1 句(利用某侦查干预措施偶然获取的信息仅能用于证明同样可以被采取该侦查干预措施的犯罪),见第 479 条* 第 2 款第 1、2 句;《刑诉法》第 257c 条第 4 款第 3 句则规定,如果达成协商之后法院不再遵守协商之约定的,不得使用被告人在协商中曾经作出的自白。尤其重要的是《刑诉法》第 136a 条第 3 款第 2 句针对使用**禁止性讯问手段**规定的证据使用禁止,依据《刑诉法》第 69 条第 3 款,它同样适用于对证人的讯问,并准用于鉴定人(见边码 202 及以下数段)。

《刑诉法》以外的其他法律也规定了证据使用禁止,如《民法典》第 630c 条第 2 款第 3 句、《法院组织法》第 169 条第 2 款第 3 句、《中央登记法》第 51 条第 1 款、《租税通则》第 393 条第 2 款第 1 句、《破产法》第 97 条第 1 款第 3 句、《斯塔西记录法》第 4 条及以下数条、《联邦公路收费法》第 3a 条第 8 句和第 5a 条第 2 句、第 7 条第 2 款第 3 句、《基本法》第 13 条第 5 款第 2 句以及《联合国反酷刑公约》第 15 条等等。

(四)非法定的证据使用禁止

1. 基本原理

公认的是,是否**构成证据使用禁止**不取决于是否对其有**明确的规范**。通常违反证据**取得禁止**,随之会带来证据**使用禁止**。但是这个法律效果却不是绝对的。**不是每一项有瑕疵的取证都会导致取得的证据不能被使用**①。反之,证据取得的违法性也不是证据使用禁止的绝对前提。取证过程中没有违法瑕疵的证据也可能不得被使用,如通过合法的电话监控获取的特定信息被禁止使用的情形(《刑诉法》第 100d 条第 2 款第 1 句,第 161 条第 3 款第 1 句,第 479 条第 2 款第 1、2 句)。因为证据取得禁止导致的证据使用禁止被称作非**自主性证据使用禁止**(unselbstständiges Beweisverwertungsverbote);反之,如果证据的取得是合法的,只不过禁止使用该证据,则被称作**自主性证据使用禁止**(selbstständiges Beweisverwer-

---

* 本条最新版条文参见本书附录。——译者注

① BVerfG JZ 2011, 249; BVerfG NJW 2011, 2783 连同 *v. Heintschel-Heinegg* 的裁判评论, JA 2011, 871; BGHSt 38, 372; 不同观点:*Kühne*, Rn 907.4; 也持限缩性观点的:*Wolter*, Feigen-FS, S. 383, 390。

tungsverbote)。①

至少对于多数情形而言,证据禁止的内涵主要是**禁止将特定证据作为指控被追诉人的工具,即禁止指控的效果**(Belastungsverbote)。反之,如果某个证据显示被追诉人无罪,则不得因为该证据有严重的程序违法便对其视若罔闻。②

迄今为止,还没有发展出一套能解决何种违反证据取得禁止的情形会产生证据使用禁止效果的问题的普遍性规则。

2. 确定证据使用禁止的标准

若证据取得的方式违反了相关的程序性规定,究竟由此取得的证据能否被用于判决的作成,均应通过个案判断始得确定。有争议的是,究竟有哪些关键性标准可资判断:

一部分观点认为,应该以各个被违反的证据取得规范的**保护目的**为标准。③ 反之,"**权衡理论**"(Abwägungslehre)主张,应该在个案中对刑事追究的国家利益和公民捍卫权利的个人利益加以衡量,其中尤其应该考虑被追究之犯罪的危害程度以及违反程序的严重程度。④

> 在折衷主义权衡理论内部,郝克(*Hauck*)从法治国原则中推导出一种"规范性错误结果理论"(normative Fehlerfolgenlehre):如果某项证据一经使用将会意味着"国家刑罚请求权失去正当性",便不得使用该证据。特别严重的违法导致相关证据绝对不可使用;对于不太严重的违法,则应当权衡取证中的瑕疵严重程

---

① Dazu *Duttge*, v. Heintschel-Heinegg-FS, S. 103; *Küpper*, JZ 1990, 416; *Finger*, JA 2006, 529; *Paul*, NStZ 2013, 489.

② *Brandis, T.*, Beweisverbote als Belastungsverbote aus der Sicht des Beschuldigten, 2001, S. 305; *Erb*, GA 2017, 113; LR-*Gössel*, Einl. Abschn. L Rn 170; *Roxin/Schäfer/Widmaier*, Strauda-FS, S. 435.

③ BGHSt 46, 189, 195; MüKo-StPO-*Kudlich*, Einl. Rn 453; 464; KMR-StPO-*Paulus*, § 244, Rn 516 ff; *Frisch*, Rudolphi-Symp, S. 182 ff; *Grünwald*, S. 155; *Rudolphi*, MDR 1970, 93, 97 ff.

④ BVerfGE 130,1 = JR 2012, 211, 213 连同 *Löffelmann* 的裁判评释; BGHSt 47, 172, 179; 51, 285; 54, 69, 87; BGH NJW 2015, 2594; NStZ 2016, 112; StV 2018, 72; VGH Rheinl-Pfalz NJW 2014, 1434; S/S/W-StPO-*Eschelbach*, § 136 Rn 85; KK-StPO-*Greven*, Vor § 94 Rn 10; *Neuber*, NStZ 2019, 113; Radtke/Hohmann-*Radtke*, Einl. Rn 76. 84; *M-G/Schmitt*, Einl. Rn 55a; *Rogall*, Hanack-FS, S. 293.

度和澄清犯罪嫌疑的公共利益以决定。①

保护目的理论和权衡理论在某种程度上会根据(论证的)需求彼此结合。②

在权衡理论发展过程中,雅恩(Jahn)提出了具有宪法性特征的**证明权限理论**(die verfassungsrechtliche geprägte Beweisbefugnislehre),该学说将《刑诉法》第 244 条第 2 款视作使用一切证据的授权基础。在此范围内,再用比例原则加以审查:为了实现某个特定的证明目标,使用某个特定的证据是否是适合的、必要的,并且从相互影响学说(Wechselwirkungslehre)＊的角度看,这种证据使用对于保障被追诉人的基本权而言也是适当的。③

本书见解：如果取证活动违反的规定是刑事诉讼法的规定,如在非自主性证据使用禁止(die unselbstständigen Beweisverwertungsverboten)的通常情形下,权衡理论是不正确的,因为**立法者**此时已经做出了权衡的判断。此时是否禁止使用某个证据,关键只在于**被违反规范的保护范围**究竟是什么。反之,如果违反的证据限制性规定乃基于宪法推导而来,如自主性证据使用禁止的(die selbstständigen Beweisverwertungsverboten)通常情形,当立法者没有对这种情形给予评价时,便须借助**权衡理论**去解决。④

3. 权利领域理论

某种程度上而言,联邦最高法院的"**权利领域理论**"(Rechtskreistheorie)也可被视作概括性解决问题的一种尝试。该理论最初是为了解决违反

---

① *Hauck*, S. 536, 553.
② BGHSt 46, 189, 195 f; 58, 84, 94, 96; 深入的论述：LR-*Gössel*, Einl. Abschn. L Rn 155。
＊ 联邦宪法法院在吕特案(Lüth-Urteil)中认为,普通法律对于基本权之效力的限制不是单向的,而是相互发生影响的,即法律要在已经受到保护的法益和将要受到保护的法益之间作利益衡量。这被称作"相互作用学说"。参见 Jörn Ipsen, Staatsrecht Ⅱ Grundrechte, 18.Aufl.,München: Vahlen, 2015, Rn.487f。——译者注
③ *Jahn*, Gutachten, C 66; 关于批评：*Beulke*, Jura 2008, 653, 656; *Jäger*, GA 2008, 437; *Rogall*, JZ 2008, 818; 亦见 *Amelung*, Informationsbeherrschungsrechte im Strafprozess, 1990; ders., Hilger-FG, S. 327。
④ *Beulke*, ZStW 103 (1991), 657, 663 f; S/S/W-StPO-*Beulke*, Einl. Rn 264, 274; *Eisenberg*, Rn 370; *Sternberg-Lieben*, JZ 1995, 848; 实质相似的观点：*Fezer*, 16 Rn 5 ff, 29 ff.; vgl auch *Wolter*, in: *Wolter/Riedel/Taupitz*, S. 319。

《刑诉法》第55条第2款规定的晓谕义务的情形,其后得到了发展,根据该理论,违反证据取得禁止(并在案件结论中使用了该证据)能否成为法律审上诉的理由,取决于"这种违法是否与抗告人的权利领域有关,或者说,这种违法对他的权利领域是否仅生次要影响或不生影响"①。然而,权利领域理论一开始就遭受到猛烈的抨击②,并且今天已经**不再**适合将其视为确定证据使用禁止的**一般性标准**了,因为它只考虑到了问题的**部分角度**③(尤其见边码712)。

有关案例参见 *Beulke*, Klausurenkurs Ⅲ,边码149; *Mansdörfer* 所著书,案例7边码172;案例8边码205;案例9边码247。

但是,最新的实务见解又再度与权利领域理论发生了共鸣,例如,有判例认为,如果某人被警察讯问并在陈述以前,其被阻扰行使咨询辩护人的权利,那么这项陈述不得对该名被讯问人使用(见边码179),但却允许将该项陈述用于对**共同被追诉人**定罪。④ 类似的情形还有,当被追诉人在侦查法官面前供述的时候,没有同时传唤其辩护人到场(见边码236),但判例却认为,该项陈述可以作为其他共同被追诉人被宣告有罪的证据。⑤

4. 联邦最高法院判例所发展出的证据使用禁止的重要类型一览:⑥

707 ——被告人的家属在庭审中行使拒绝作证权的,见《刑诉法》第252条(详见边码643及以下数段);

——未晓谕被追诉人拒绝陈述权或律师咨询权的,见《刑诉法》第136条第1款第2句(详见边码178及以下数段,边码227);

——非法采取电信通讯监察的,见《刑诉法》第100a条《刑诉法》第100d条第2款第1句,详见边码393、726);

——非法采取住宅监听的,见《刑诉法》第100c条《刑诉法》第100d条第2款第1句,详见边码415、722);

---

① BGHSt (GrS) 11, 213, 215; 38, 214, 220.
② Siehe *Rudolphi*, MDR 1970, 93, 95 ff; *Fezer*, JuS 1978, 325, 327 ff.
③ 同样的观点:BGHSt 42, 73, 77; LG Dresden StV 2012, 331; 深入的论述:*Neuhaus*, Herzberg-FS, S. 879; *Schwaben, S.*, Die personelle Reichweite von Beweisverwertungsverboten, 2005。
④ BGH NStZ-RR 2016, 377 连同 *Jäger* 正确的批判性裁判评论, JA 2017, 74。
⑤ BGHSt 53, 191 连同 *Gless* 的批判性裁判评释, NStZ 2010, 98; 不同观点:*Roxin*, Kühne-FS, S. 317; S/S/W-StPO-*Beulke*, Einl Rn 264。
⑥ *Schroth*, JuS 1998, 969 一文中有好的概括; *Rose/Witt*, JA 1998, 400。

——对被追诉人受基本权保障的私人或私密空间、日记记载、私人的磁带录音采取干预处分的(详见边码720及以下数段);

——未遵守《刑诉法》第81a条第2款第1句规定的法官保留的(详见边码374、728);

——未遵守《刑诉法》第105条规定的法官保留的(详见边码162及以下数段,边码402及以下数段)。

5. 异议方案

1992年联邦最高法院采纳了之前多数学术文献中的见解:如果在第一次讯问以前,刑事追究机关没有履行《刑诉法》第136条第1款第2句规定的对被追诉人的晓谕义务的,应该产生证据使用禁止的法律后果(参见前述边码179)。① 但是,联邦最高法院却对之设定了一项重要的限制:惟当被告人不同意使用未履行晓谕义务获取的供述,或者至少对这种使用表达了大致的异议时,始须禁止该供述作为判决的根据。尽管不宜将该判例标志成"异议方案"(Widerspruchlösung)的"诞生"②,但可以肯定的是,即便学术文献从未间断对其批评,该判例明显对异议方案及其传播起到了推波助澜的作用。自此以后,联邦最高法院**越来越多地**要求证据使用禁止以被告人及时提出证据使用异议为前提。

有辩护人的被告人须向法院及时表达他对证据使用的反对意见。另外,即便是没有辩护人的被告人,如果法院之前已经晓谕他有权对证据使用提出异议,他同样应该遵守及时提出异议的要求。提出异议的**及时性**系指不能晚于(即应该早于③)《刑诉法》第257条所规定的时点,即一旦证据被在法庭上提出,被告人便须紧接着表达异议,在此之后提出的异议就不发生效力了。异议是一种诉讼形成权,一有可能被行使时便须行使。在此之后,尤其是在事实上诉审中再去主张就来不及了。④ 根据联邦最高法院第一刑事庭的见解,甚至还应当课予被告人最迟在该时点以前更详尽地就异议之**攻击方向**(Angriffsrichtung)加以说理的义务(异议的"特定

708

---

① BGHSt 38, 214; 相关概述见: *M-G/Schmitt*, § 136 Rn 25; *Krtöpil*, JR 2012, 451; *Kuhn*, JA 2010, 891。

② RGSt 50, 364, 365; 58, 100, 101。

③ BGHSt 60, 38; *Radtke*, Schlothauer-FS, S. 453。

④ Vgl. zB OLG Celle NStZ 2014, 118。

化"，即说明何项证据为何不能用？）。① 部分观点主张，所有**因为取证过程中违反了保护被追诉人的规定而产生的证据使用禁止**，应该一律适用异议方案。② 但是，如果被告人对证据的使用不曾有过支配力，尤其是曾经发生过禁止性讯问手段的情形，则绝对不适用异议方案（《刑诉法》第136a条第3款第2句）。哪怕这其中侵害的是第三人的权利，例如，没有依据《刑诉法》第52条第3款第1句晓谕亲属证人的权利（拒绝作证权）的情形，也不得适用异议方案。③ 在联邦最高法院第二刑事庭2016年裁判的一起案件中，对住宅进行搜查时没有遵守搜查通常应由法官核准的要求（《刑诉法》第102条、第105条第1款第1句，见边码402）。关于该搜查获取的证据能否被使用，第二刑事庭放弃了异议的要求。④ 然而，第二刑事庭的这种谨慎立场如今已经和第五刑事庭之间发生了冲突。⑤ 但无论如何，实务见解都认为**异议方案是不适用于侦查程序的**，纵使程序瑕疵本属于被追诉人可以放弃的范畴，亦无不同。⑥ 中间程序亦是如此。⑦

异议方案在学术文献中理所当然地遭遇到了猛烈的**批判**⑧：它将法院的澄清义务和照料义务转嫁给了辩护人，导致在没有法律根据的前提下法院可以无视严重的程序违法，并因此侵害了被告人获得公平审判的权利。它不符合辩护人独立于当事人意志的司法单元地位。⑨ 这种错误的观念产生的不良后果还在于：但凡可能适用异议方案的违法取得的证据

---

① BGHSt 52, 38 和 *Gaede* 的批判性评释，HRRS 2007, 402；紧随其后的裁判：OLG Frankfurt StV 2011, 611；合理的批判性观点见 *Bauer*, StV 2011, 635。

② *Radtke*, Schlothauer-FS, S. 453, 468。

③ BGHSt 45, 203, 205。

④ BGHSt 61, 266 和 *Basdorf* 的评释，NStZ 2017, 367；*Heghmanns*, ZJS 2017, 499；*Kudlich*, JA 2017, 390；*Ladiges*, wistra 2017, 323；*Mosbacher*, JuS 2017, 742；*Zopfs*, NJW 2017, 1335。

⑤ BGH StV 2018, 772 连同 Schäuble 的裁判评释。

⑥ BGHSt 64, 89 连同 *Gierhake* 的裁判评释，NJW 2019, 2635；*Kulhanek*, NStZ 2019, 544 连同 *Jahn* 的裁判评论，JuS 2019, 1030；*Kudlich*, JR 2020, 81。

⑦ BGH NJW 2017, 1828。

⑧ Vgl. statt aller *Beulke*, Strafverteidigertag 2019, S. 9, 42；KMR-StPO-*Bockemühl*, Rn 21；*Fahl*, S. 171；*El-Ghazi*, HRRS 2013, 412；MüKo-StPO-*Ciermiak/Neuhaus*, § 257 Rn 19ff；S/S/W-StPO-*Eschelbach*, § 136 Rn 73, 99 ff；*Heinrich/Reinbacher*, Problem 26 Rn 25；*Jahn*, Gutachten, C 109 ff；*Roxin/Schünemann*, § 24 Rn 34；*Satzger*, in: *Jahn/Nack*, S. 29；*von Schlieffen*, DAV-FS, S. 801；深入的论述：Maiberg, K., Zur Widerspruchsabhängigkeit von strafprozessualen Verwertungsverboten, 2003；*Mosbacher*, Rissing-van Saan-FS, S. 357。

⑨ *Kudlich*, Beulke-FS, S. 831。

在没有被提出异议以前，法院还有"心存悬念地"对它们加以考虑的义务。① 尽管如此，联邦宪法法院却认为异议方案是合宪的②。于是，异议方案在实践中得以大行其道，几无间断，甚至对刑事追究机关的过错起到了"加装弹簧"的效果，未尝不令人遗憾。以往的实务见解主要是以被告人有处分权作为异议方案的理由，现如今它们转向以节约司法资源为理由，即通过异议方案敦促当事人尽可能早地主张证据使用禁止。③ 个别观点还试图将异议方案当作《刑诉法》第238条第2款（当事人不服审判长诉讼指挥的，参见边码573）的适用条件。④ 甚至有这么一种悖论，如果参与诉讼的人没有提出异议，事实审法院有将违法取得的证据作为判决根据的义务。⑤ 这种荒谬的结论来自于这样的一种假想：如果辩护人没有就非法取得的证据发表反对使用的异议，就意味着他已经"放弃"了因为取证/使用证据受到侵害的被追诉人的权利。但是，这种虚构的（权利）"处分"不能产生法院使用（证据）的义务。另外，辩护人究竟能否真正及时地知晓侵权的事实并有意地放弃主张权利，也是令人怀疑的。尤其当辩护人实际表达了不服，但却搞错了"在法律上的攻击方向"，从而未成功地完成异议的情形便更谈不上放弃之说了。

下列证据使用禁止的情形也是适用异议方案**最常见的场景**：⑥

——未依《刑诉法》第136条第1款第2—4句的规定履行晓谕义务⑦（见边码178、179、227——违反《刑诉法》第136条第1款第5句规定的晓谕义务的，至少联邦最高法院不承认其会有证据使用禁止的效果，对此有争议，见边码179）；

——违反《刑诉法》第168c条第5款规定的通知义务的⑧（参见边码

---

① LR-*Erb*, § 160 Rn 39a; Mü-Ko-StPO-*Kölbel*, § 160 Rn 37; *Schlothauer*, Lüderssen-FS 2002, S. 768; 就此不同的观点：MüKo-StPO-*Wenske*, § 203 Rn 30。

② BVerfG JR 2012, 211。

③ BGH NJW 2018, 2279 连同 *Börner* 的裁判评释，NStZ 2018, 737; *Burhoff*, StHRR 2018, 5; *Jäger*, JA 2018, 711 连同 *Mosbacher* 的裁判评论，JuS 2019, 129。

④ *Berg* StraFo 2018, 327; *Mosbacher*, NStZ 2011, 606。

⑤ OLG Frankfurt NStZ-RR 2011, 46 连同 *Kudlich* 的批判性评论，JA 2011, 392 u. HRRS 2011, 114。

⑥ 详尽的一览：*Burhoff*, Hauptverhandlung, Rn 3438。

⑦ BGHSt 38, 214; 42, 15, 22; 关于加重晓谕的问题（边码182）参见 *Rogall*, Geppert-FS, S. 545。

⑧ BGHSt 26, 332, 334; BGH NJW 2003, 3142。

188、237）；

——不符合使用卧底警探（《刑诉法》第 110a 条①，见边码 734 及以下数段）或者发动通讯电信监察（《刑诉法》第 100a 条②，见边码 726）的要件；

——违反《刑诉法》第 81a 条第 2 款规定③的法官保留的要求（见边码 374 和边码 728）；

——侵害《欧洲人权公约》第 6 条第 3 条第 d 项规定的对质权④（见边码 190）。

二、与拒绝作证权和拒绝回答权有关的证据使用禁止——《刑诉法》第 52 条及以下数条、第 252 条

709

（一）未依《刑诉法》第 52 条第 3 款晓谕亲属拒绝作证权

《刑诉法》第 52—55 条（见边码 296 及以下数段）为证人规定了较为全面的保护，赋予了他们对特定事项享有的**拒绝作证权**（Zeugnisverweigerungsrecht）。对此，《刑诉法》第 52 条第 1 款向**亲属**（Angehörige）提供了全面保护。例如，配偶、有婚约的人或者子女有权拒绝作证，即便他们是惟一的目击证人（有时也可能是被害人），因为缺少其他证据而必须宣告被追诉人无罪时，亦无不同。《刑诉法》第 52 条第 3 款第 1 句规定，在每次讯问之前均须向有拒绝作证权的人晓谕权利。

《刑诉法》第 52 条第 3 款第 1 句规定的**晓谕义务**（Belehrungspflicht）经由《刑诉法》第 161a 条第 1 款第 2 句、第 163 条第 3 款第 2 句的规定，同样也适用于检察官或警察讯问证人的场合。若**违反**了该晓谕义务，基于规范保护目的（"关怀家庭纽带"⑤），所取得的证言**不得被使用**。⑥ 纵使法院讯问证人当时不知晓被讯问人具有亲属身份，例如，证人自己错误地声称"与被告人既非血亲，亦非姻亲"的情形，也适用相同的法律效

---

① BGH NStZ-RR 2001, 260.
② BGH StV 2008, 63.
③ OLG Hamburg NJW 2008, 2597 连同 *Prittwitz* 的否定性评论, StV 2008, 486; OLG Celle, StV 2011, 82; 亦见 OLG Hamm NJW 2011, 468; OLG Frankfurt StV 2011, 611 (专门性异议)。
④ BGH NStZ 2017, 602 (颇有争议)。
⑤ BGHSt GrS 11, 213, 216.
⑥ BGHSt 14, 159, 160; s. auch *Deiters*, Wolter-FS, S. 861 ff.

果。① 有争议的是,该法律效果是否也适用于故意隐瞒婚约的情形。②

但是,未晓谕证人权利导致的证据使用禁止却有一项**实质性的限制**:惟当未晓谕权利与证人作出陈述之间有**因果关系**时,始得适用证据使用禁止。若能确定,证人已知晓了自己的拒绝陈述权,且纵使依法晓谕其权利,他仍会选择陈述的,不适用使用禁止。理由是,此时证人作证与未晓谕其权利无关,凭借该证言的判决也就不违反《刑诉法》第 52 条第 3 款。③

颇具争议的是,如果证人在生前接受讯问,当时却未依法晓谕其权利,讯问后证人随即去世,是否仍发生证据使用禁止呢?由于《刑诉法》第 52 条不仅保护证人自己,也保护包括被追诉人在内的整个家庭,故纵使证人死亡,仍应有证据使用禁止的效果。④

有别于因违反《刑诉法》第 136 条第 1 款第 2 句(见边码 717)而产生的证据使用禁止,因违反《刑诉法》第 252 条导致的证据使用禁止,实务见解认为,不取决于有辩护人的被告人在法庭审理中对证据使用提出了异议。⑤

(二) 享有拒绝作证权人(《刑诉法》第 53 条)触犯刑法(《刑法典》第 203 条)

包括职业辅助人在内的**特定职业群体的拒绝作证权**(《刑诉法》第 53 条、第 53a 条)在受保护程度上与亲属的拒绝作证权相似。但是,《刑诉法》第 53 条却不像第 52 条第 3 款一样规定法院有晓谕义务。不过,当证人显然不知晓其享有拒绝作证权时,仍可以基于照料义务(Fürsorgepflicht)得出法院应负相应晓谕义务的结论。⑥

如果享有拒绝作证权的职业秘密保守者向法院作证,从而触犯《刑法

710

---

① BGH StV 2002, 3.
② 可能更偏向于否定的观点:BGHSt 48, 294。
③ BGHSt 38, 214, 225; BGH NStZ-RR 2004, 212.
④ 同此见解: *Peters*, JR 1969, 428 f; 不同观点:BGHSt 22, 35; *Geppert*, Jura 1988, 305, 310。
⑤ BGHSt 45, 203, 205.
⑥ *M-G/Schmitt*, § 53 Rn 44.

典》第 203 条第 1 款时,根据实务和学界多数见解,尽管该证人因此构成犯罪,却**不会产生禁止使用该证言的效果**。① 其理由在于,《刑法典》第 203 条第 1 款规定的作证行为的刑事可罚性纯属证人自己的风险事项,故不能限制法院基于《刑诉法》第 244 条第 2 款负有的澄清义务(Aufklärungspflicht)。然而,该解释没有足够地考虑到对利害关系人的保护需求。惟当利害关系人能够相信,国家设立的法院不会听信"背信弃义的谈话人"时,《刑诉法》第 53 条希望保障的所有程序参与人的信赖利益才可能实现。因此,基于**规范保护目的**,作证行为的实体刑事违法性也会产生程序上证据使用禁止的法律后果。②

但是,实务见解也认为,如果法院有意或无意地错误地告知证人,他已经被解除了缄默义务,那么该证人所作的证言仍应该在诉讼中被禁止使用。③

(三) 违反《刑诉法》第 97 条第 1 款规定的扣押禁止

711 另值一提的是**《刑诉法》第 97 条第 1 款规定的扣押禁止**,该项禁止旨在防止规避《刑诉法》第 52 条、第 53 条以及第 53a 条。一旦违反《刑诉法》第 97 条第 1 款而对物品实施扣押,且符合《刑诉法》第 97 条第 2 款第 1 句规定的前提条件的,将产生证据使用禁止的效果。④

(四) 未依《刑诉法》第 55 条晓谕拒绝回答权

712 依据《刑诉法》第 55 条第 1 款,任何一名**证人**均有权拒绝回答那些一旦回答便会使自己或其亲属陷于**刑事**(或秩序罚)**追诉**之危险的问题。证人应该被晓谕这项权利(《刑诉法》第 55 条第 2 款)。检察官和警察同样负有该项晓谕义务(《刑诉法》第 161a 条第 1 款第 2 句、第 163 条第 3 款第 2 句)。

---

① BGHSt 9, 59; 15, 200, 202; BGH NStZ 2018, 362 连同 Jäger 的裁判评论, JA 2018, 632 和 Kudlich 的裁判评论, JA 2018, 632; Hellmann, Rn 729; 进一步的论述:SK-Rogall, § 53 Rn 20, 220; Kudlich/Roy, JA 2003, 569。

② Beulke, S. 46; Freund, GA 1993, 49; Haffke, GA 1973, 65; Klesczewski, Rn 454; Rüping, Rn 490; 亦见 Rössner/Safferling, Problem 20。

③ BGHSt 42, 73, 76 连同 Welp 的裁判评释, JR 1997, 35。

④ BGHSt 18, 227, 229; OLG München NStZ 2006, 300; OLG Frankfurt/M. NStZ 2006, 302; KK-StPO-Greven, § 97 Rn 9。

有力的少数说认为,一旦违反该项晓谕义务,也会导致证据使用禁止,因为不自我冲突、具有真实性的证人证言同样是值得《刑诉法》第55条保护的被告人的利益。①

相反,通说与实务见解**否定了**此种情形下的证据使用禁止,因为《刑诉法》第55条第1款仅旨在让证人免于自我归罪或免于将自己的近亲属归罪,故违反该项晓谕义务不会影响到被告人的权利领域("**权利领域理论**",见边码706)。②

相关案例参阅 Beulke, Klausurenkurs Ⅲ, 边码607。

假如证人后续变成了**被追诉人**,则应**另当别论**。在针对该证人发起**的诉讼程序**中,违反上述晓谕义务将会导致证人证言被禁止使用,因为《刑诉法》第55条就是为了保护证人免受刑事追究③。但是,较新的实务见解却认为,正如《刑诉法》第136条第1款第2-4句所规定的那样,仅当被追诉人之前不知晓其缄默权(而陈述),且于庭审中反对使用该陈述,始生证据使用禁止之效果④("**异议方案**"请参阅边码179、227、708)。

(五) 庭审中的拒绝作证权——《刑诉法》第252条

1.《刑诉法》第52—53a条

证人在庭审之前的讯问中已经提供了证言,但他却直到庭审时才行使拒绝作证的权利(《刑诉法》第52—53a条)的,则不得在庭审中**宣读该证言**(《刑诉法》第252条)。于是,实务见解和学术文献根据《刑诉法》第252条推导出该审前证言应该**被禁止使用**。争议之处仅在于禁止的范围。实务见解认为,该禁止仅及于警察或检察官讯问活动所取得的证言,(侦查)法官讯问所得到的证言(借由法官充当证人的陈述)尚且可用⑤(详见边码643及以下数段)。

713

2.《刑诉法》第55条

极具争议的问题是,如果《刑诉法》第55条规定的享有拒绝回答权的

714

---

① *Gössel*, § 25 D Vc ua.
② BGHSt GrS 11, 213, 218; *M-G/Schmitt*, § 55 Rn 17; *Meurer*, § 32 Ⅳ 2c.
③ *M-G/Schmitt*, § 55 Rn 17; SK-StPO-*Rogall*, Vor § 133 Rn 192.
④ BGH NZV 2001, 527; OLG Celle NStZ 2002, 386; 关于依据《刑法典》第153条之规定对怠于晓谕权利行为进行刑事处罚的可能性,参见 OLG Karlsruhe StV 2003, 505 连同 H. *Müller* 值得信服的否定性裁判评释; OLG Jena NStZ-RR 2011, 279。
⑤ BGHSt 2, 99 ff; 值得一读的案例:*Schroeder/Meindl*, Fall 6, S. 71 ff。

证人被依法晓谕之后，他在审前阶段作了证，之后却在庭审时行使其**拒绝回答权**（Auskunftsverweigerungsrecht），此时能否适用《刑诉法》第252条？① 答案应该是否定的。因为《刑诉法》第252条仅适用于行使拒绝**作证权**的情形，而此处是行使拒绝**回答权**的情形。由于两种情形不具有相似的利益状态，不能在此处类推适用《刑诉法》第252条。《刑诉法》第55条保护的对象只有证人。一旦依法被晓谕了证人权利，若他还选择继续陈述，便意味着他确定有效地放弃了该项保护。如果该证言可能会立即发动针对该证人的刑事程序，法院越发可以在原先被追诉人的诉讼程序中使用该证言。② 同此适用的情形还有，证人在警察或检察官的讯问即将结束之前行使《刑诉法》第55条规定的拒绝证言权，在此之前他作证的内容可以在诉讼中被使用。③

究竟怎样使用证据才符合程序的问题，须遵守下列要求：通常而言，《刑诉法》第250条禁止**宣读讯问笔录**。也不能适用《刑诉法》第251条第1款第3项规定的例外，因为该项例外不包括**法定的**讯问障碍事由（见前述边码637）。故欲使用先前的证言，必须**讯问先前的诘问人**方能实现（有争议）。④ 依据《刑诉法》第251条第1款第1项、第2款第3项，惟当全体程序参与人均同意时，宣读讯问笔录才是合法的（见边码636）。⑤

三、保护被追诉人不被强制自我指控——"不自证己罪"原则

715　不得强迫被追诉人去协助证实他自己的罪行是德国刑事程序法中植根于宪法的原则（"**不自证己罪原则**"/nemo-tenetur-prinzip，见边码191）。⑥ 鉴于该原则的突出重要性，一旦刑事追究机关违反了它，必然招致证据禁止的法律效果。⑦

---

① 对此持肯定观点的：*Eisenberg*, Rn 1129；*Geppert*, Jura 1988, 305, 313 ua。
② 同此观点的：BGHSt 6, 209, 211；337, 350；BGH NStZ 1998, 46 连同 *Rengier* 的赞同性裁判评释；KK-StPO-*Diemer*, § 252 Rn 7；*Dölling*, NStZ 1988, 6, 8 ff。
③ BGH NStZ 1998, 312.
④ BGH NStZ 1996, 96.
⑤ BGH NJW 2002, 309.
⑥ S. BVerfGE 56, 37, 49；BGH NStZ 2013, 604 连同 *Eisenberg* 的裁判评论, StV 2013, 779；详尽内容：*Rogall, K.*, Der Beschuldigte als Beweismittel gegen sich selbst, 1977。
⑦ BGHSt 38, 214, 218 ff, 220；关于具体的情形：SK-*Rogall*, Vor §§ 133 ff Rn 130 ff；*Verrel*, S. 119 ff。

联邦最高法院判例（BGH NJW 2018, 1986）：R 女士家中着火，身着便衣的女警 K 将火场中的 R 女士送到了医院。K 表明了自己女警察的身份。R 则涉嫌对房屋纵火。其他警察按照《刑诉法》第 136 条的要求对 R 履行了晓谕义务。R 明确地表明，她欲行使缄默权。当 R 女士在接受治疗期间，K 询问她，是否同意让 K 留在身边。服用了精神药物的 R 对此没有表态。K 于是留在了重症治疗室并且后来一直坐在 K 的床边，其间 R 必然会向医生说明究竟发生了什么事。此时 R 说出，她"把所有东西都点着了"。在诉讼中，R 行使她的拒绝陈述权。K 对 R 言论的描述可否成为宣告 R 有罪的依据呢？

联邦最高法院对此持否定态度，这是正确的。因为本案违反了禁止自我归罪的要求，此要求源自于法治国原则并因此具有宪法的位阶。处在健康危急状态下的 R 无法自我负责地作出决定。当 K 询问 R 自己可否留下时，R 的缄默不应视作同意，因为 R 先前就已经主张了自己的拒绝陈述权。①

（一）《刑诉法》第 136a 条

从要言不烦的原则出发，不自证己罪原则就是被追诉人的陈述自由，他有权选择是否供述或是否拒绝答辩。被追诉人的陈述既不能运用暴力逼迫取得，亦不得通过欺骗诱导而来。否则，依据《刑诉法》第 136a 条第 1 款、第 3 款第 2 句，将导致证据使用禁止（见前述边码 217 及以下数段）。

（二）未依《刑诉法》第 136 条第 1 款第 2 句晓谕权利

《刑诉法》第 136 条第 1 款第 2 句有关晓谕拒绝陈述权（Aussageverweigerungsrecht）的规定也是不自证己罪原则的核心要求。然而法律却未规定，**未予晓谕**将发生何种法律效果。若在庭审**之外**开展讯问，未晓谕权利能否导致证据使用禁止，曾长期争讼不已。当时，实务也附和多数说，即**任何讯问活动**，苟未在讯问之前晓谕上述权利的，均会发生证据使

716

717

---

① BGH NJW 2018, 1986 连同 *Jahn* 仅就此表达肯定的裁判评释；dazu *Bosch*, Jura 2018, 1061；*Engländer*, Rn 250；*Eisenberg*, StV 2018, 767；*Mosbacher*, JuS 2018, 767；*Wagner*, ZJS 2018, 485。

用禁止。但是实务见解认为，惟当有辩护人的被告人在《刑诉法》第257条规定的时点以前就证据的使用提出了**异议**，始得适用该项**证据使用禁止**①（见边码179、227、708）。

该证据使用禁止不适用于针对第三人的刑事诉讼，因为在该诉讼之中"未被晓谕权利的人"仅有证人身份，未晓谕权利**不涉及**该诉讼中的被追诉人的**权利领域**②（亦参见边码706、712）。

（三）未允许咨询律师

718　　若被追诉人在初次讯问以前完全没有被晓谕有权聘请辩护人的，则违反了《刑诉法》第136条第1款第2句第2种情形的规定，并会导致证据使用禁止。③若**阻扰他**依其意愿**咨询**选任的**辩护人**的，应视为违反了《刑诉法》第136条第1款第2句之后半句、第137条和《欧洲人权公约》第6条第3款第c项之规定并抵触公平审判原则，同样会导致证据使用禁止。④ 同此结论的还有刑事追究机关有过错地未履行协助被追诉人咨询律师义务（《刑诉法》第136条第1款第3、4句）的情形（详见边码40、179；也包括未晓谕被追诉人有权被指派义务辩护人的情形）。实务见解就该项证据使用禁止同样坚持"**异议方案**"⑤（参见边码179、227、708）。

（四）未依《刑诉法》第114b条第2款第4句连同《维也纳领事关系公约》第36条第1款b项第3句的规定晓谕权利

719　　拘捕外国国民的，须依据《刑诉法》第114b条第2款第4句连同《维也纳领事关系公约》第36条第1款b项第3句之规定，毫不迟延地晓谕其**有权要求通知其所属国的领事代表机构**⑥（见边码187、333）。《维也纳领事关系公约》未就不履行晓谕义务的情形规定法律后果，而国际刑事法院则将未

---

① BGHSt 38, 214, 218.
② BGH StV 1995, 231 连同 *Dencker* 的否定性裁判评释；BayObLGSt 1993, 207, 208；反对观点还有：*Roxin/Schünemann*, § 24 Rn 32。
③ BGHSt 47, 172, 174（因为相对人了解法律而反对证据禁止的观点）连同 *Beckemper* 的裁判评释，JA 2002, 634 亦即 *Wohlers* 的裁判评释，JR 2002, 294；LR-*Gless*, § 136 Rn 96。
④ EGMR NJOZ 2017, 514（*Dvorski* 诉克罗地亚）；BGHSt 38, 372, 373；BGH NStZ 2008, 643。
⑤ BGHSt 42, 15, 22；BGH StV 2004, 57；BGH BeckRS 2019, 14505；批判性观点：*Geppert*, Otto-FS, S. 913。
⑥ BVerfG NJW 2007, 499 连同 *Burchard* 的裁判评论，JZ 2007, 891；*Kreß*, GA 2007, 396；*T. Walter*, JR 2007, 99。

晓谕权利的法律后果交给负责刑事追究的国家在保证晓谕义务整体充分有效的前提下去规定。① 直到几年前，联邦最高法院不同的审判庭之间就采取何种内国方案还存在着激烈分歧。第一审判庭对于能否适用证据使用禁止的问题未置可否②，第三审判庭和第五审判庭则主张对相互冲突的利益进行(抽象)权衡，并认为这种情形一般不适用证据使用禁止。③ 但是第五审判庭建议通过"**执行方案**"(Vollstrechkungslösung)的形式给予补偿，即将对其宣告之刑罚的一部分宣告为已执行(见边码 56)。反之，**联邦宪法法院**再次明确主张，执行方案不能满足适当补偿未晓谕权利所带来的不利益的要求，故无论如何都不能始终排除适用证据使用禁止的可能，但也无须适用于每个案件。它认为德国实务见解的方案是合宪的且符合国际法院(在 Lagrand 案和 Avena 案)的立场，正如所有的证据使用禁止的情形那样(边码 705)，未晓谕被追诉人的通知祖国领事权而获取的证据能否被使用也须**综合衡量个案的全部情形加以判断**。④ 第一庭主张，禁止使用证据须提出**专门性异议**且附有具体程序违法的理由(见边码 708)，这一要求至少在未晓谕权利且也未嗣后补正的情形下，不被其他庭所采纳。⑤

四、私密领域的保护——有关基本权的证据使用禁止

（一）联邦宪法法院的领域理论及其在刑事诉讼法中的贯彻

侦查的过程中可能发生各式各样地对被追诉人**私人或私密领域的干预**(Eingriff)。最典型的例子如隐秘录音、隐秘拍照或摄像以及扣押日记。然而，依据《基本法》第 2 条第 1 款连同第 1 条第 1 款的规定，人之私密领域作为一般人格权的组成部分受到基本法的保护。人格的开展可以分成以下三个不同的领域，刑事追究机关通过干预处分获得的证据资料能否在诉讼中被使用，取决于干预处分究竟发生在哪一个层级。⑥

720

---

① 深入的论述：LR-*Esser*, EMRK Art. 6 Rn 618。
② BGHSt 52, 38, 41。
③ BGHSt 52, 48, 55; 52, 110, 116 连同 *Deiters* 的裁判评论, ZJS 2008, 212; *Esser*, JR 2008, 271; *Mosbacher*, JuS 2008, 688, 691; *Paulus/Müller*, StV 2009, 495; *Schomburg/Schuster*, NStZ 2008, 593; *Weigend*, StV 2008, 39。
④ BVerfG StV 2011, 329; BVerfG NJW 2014, 532。
⑤ BGHSt 52, 48, 53; 52, 110, 113 f; BGH StV 2011, 603, 604。
⑥ BVerfGE 34, 238, 245 ff; 109, 279 (大监听); 关于核心领域保障的深入论述: *Gercke*, GA 2015, 339; *Roxin*, Wolter-FS, S. 1058。

1."社会领域"(如业务性对话);

2."单纯私人领域"(如散步中进行的私人间对话);

3."私密领域"(如配偶之间在卧室里的私生活)。

第一层级的社会交往不值得特别保护,而发生在第二层级"单纯私人领域"的干预则需要权衡刑事追究利益和私权保障,反之,第三层次则是任何公民**开展私人生活之不可侵犯的核心领域**(unantastbarer Kernbereich privater Lebensgestaltung),受到《基本法》第 2 条第 1 款连同第 1 条第 1 款的保障且任何公权力不得对之干预。对之不得与刑事追究利益相互权衡。

721 　　在刑诉法上贯彻这种"领域理论或三阶层理论"(Sphären-oder Dreistufentheorie)显有困难。① 目前立**法仅对部分素材作了规定**,比如在《刑诉法》第 100d 条一并对电信通讯监察(边码 393)、线上搜查(边码 398)、大监听(边码 415)所作的规定。另外,这些规定也可以准用于小监听(见《刑诉法》第 100f 条第 4 款、边码 414)、住宅以外的其他措施(《刑诉法》第 100h 条第 4 款、边码 412)以及使用卧底警探(《刑诉法》第 110a 条第 1 款第 5 句、边码 734)的情形。根据这些规定,不得使用干预私人生活之核心领域的手段获取资讯,见《刑诉法》第 100d 条第 2 款第 1 句。其他合法获取的证据可以在**符合干预事由的刑事程序**(Anlassstrafverfahren)中被无限使用。在**因侦查成果而触发的其他刑事案件**(Folgestrafverfahren)中,根据《刑诉法》第 479 条第 2 款第 1 句之规定*,符合**假设替代**干预(hypothetischer Ersatzeingriff)原则的证据可以被使用。对此,在大监听的情形下尚有特

---

① Wolter, NStZ 1993, 1; Lindemann, JR 2006, 191; Rogall, Fezer-FS, S. 61.

* 该条文自 2017 年以来经过三次大幅度修改,最近一次于 2019 年 11 月 20 日经《关于在刑事程序中转化欧盟指令(EU)2016/680 以及根据欧盟规则(EU)2016/679 调整数据保护规定之法案》(BGBl. I S. 1724)修订,并于 2019 年 11 月 26 日施行。鉴于暂无最新版的中文译本,由译者翻译如下,供读者参考:

第 477 条【依职权传递资料】

1. 刑事追究机关和刑事法庭为了刑事追究之目的,或者主管机关或法院为了追究秩序违反行为之目的,但凡移交机关认为有必要的,得依职权移交刑事程序中获取的个人信息。

2. 若移交机关认为,移交刑事程序中的个人信息对于完成以下事项有必要的,亦得依职权移交:

(1)为了执行刑罚或者《刑法典》第 11 条第 2 款第 8 项规定之措施,或者为了执行或者完成《少年法院法》规定的教育处分或惩戒处分的;

(2)为了执行剥夺人身自由的措施的;

(3)为了在刑事案件中作出裁判,尤其是决定、撤销缓刑交付考验的裁判,或者为了在罚金案件或者赦免案件中作出裁判。——译者注

别规定(见《刑诉法》第 100e 条第 6 款第 1 项连同第 479 条第 3 款)。反之,若不具备干预之发动要件的,纵使立法未作明确规定,通常亦**不得使用所获取的证据**。① 即使违反干预的形式性要求也同样可能导致证据使用禁止,关键取决于被违反规范的保护目的。

在立法迄今尚未规范的领域,仍继续适用由实务见解发展出来的旧原则,须就被追诉人的基本权和刑事追究需求**相互权衡**。尤其须考量论证支持使用系争证据的**指控严重程度**和**证据的不可舍弃性**,以及旨在反对使用系争证据的受干预基本权的**位阶**和具体干预的**严重性**。②

在私人或私密领域格外重要的干预处分有以下几种:

(二) 监听

遵守《刑诉法》第 100c 条第 1 款(大监听)和第 100f 条(小监听)的规定前提下制作的录音通常可以不受限制地在**符合干预事由的刑事程序中**被使用。**因侦查结果而触发的其他刑事案件**则应该适用《刑诉法》第 479 条第 2 款第 1 句的一般性规定(见边码 721)。若仅符合发动小监听的条件(《刑诉法》第 100f 条),却窃听《基本法》第 13 条规定的住宅内对话的(大监听,见《刑诉法》第 100c 条),由此得到的资讯不得被使用。③ 另外,若违反《刑诉法》第 100e 条第 2 款第 1 句之规定未经国家安全案件法庭核准而实施大监听的,亦生证据使用禁止之效果。④

正如本书边码 721 段所论及的,《刑诉法》第 110d 条第 2 款第 1 句、第 100f 条第 4 款、第 100h 条第 4 款规定,电信通讯监察(边码 726)、线上搜查(边码 398)、大监听(边码 415)、小监听(边码 414)以及其他住宅外措施(边码 412)获取的属于私人生活核心领域的话语不得被使用。

小监听情形下(自主性)证据使用禁止的范例:联邦最高法院判例(BGHSt 57, 71):在《刑诉法》第 100f 条第 4 款连同第 100d 条第 1 款的证据使用禁止被规定以前,遵守《刑诉法》第 100f 条的要

---

① Vgl. *M-G/Schmitt/Köhler*, § 100c Rn 15.
② Vgl. nur BGH JR 1994, 430 连同 *Lorenz* 的裁判评释; BGH NStZ 2019, 36 连同 *Vogler* 的裁判评释。
③ Vgl. BGHSt 42, 372, 377; 赞成性意见: *Wollweber*, NStZ 1997, 351。
④ Vgl. *Bludowsky, O.*, Rechtliche Probleme bei der Beweiserhebung und Beweisverwertung im Zusammenhang mit dem Lauschangriff nach § 100c Abs. 1 Nr 3 StPO, 2002, S. 308.

求而窃听到的私人汽车上的自言自语(Selbstgespräch)就已经适用依宪法产生的自主性证据使用禁止了。因为这种话语不再仅属于相对受保护的一般人格权内容,而是绝对应受保护的展现人格的核心领域。此种言论有别于在日记中固定的思想内容(边码724将立即谈到),也不同于和第三人的对话,它关键不在于思想表达的内容,而在于**表达思想的地点具有非公开性特征以及言论的瞬息性特征**。① 反之,与第三人商讨犯罪的对话本身并不属于私人生活核心领域。②

与监听有关的其他证据使用禁止,见边码414及以下。

(三) 长期监视——《刑诉法》第163f条

723   不遵守《刑诉法》第163f条就长期监视(längerfristige Observation)列举的**形式要件和实质要件**会导致何种法律后果,迄今仍无定论(见边码364)。至少对于故意规避法官保留的情形(《刑诉法》第163f条第3款;监视措施延长超过三个月的,见《刑诉法》第163f条第3款第3句连同第100e条第1款第4、5句),妥当的观点应该是,由此获得的证据不得被使用(《刑诉法》第105条第1款第1句中的不同解决方案,见边码402)。③

724   ### (四) 日记的记载

日记的记载(Tagebuchaufzeichnung)能否在诉讼中被使用,须对日记撰写者的人格领域保障需求和刑事追究中的国家利益加以权衡后才能判断。由于私密方式的记录往往不是为了让他人知晓,故多数情况下不得作为刑事程序的证据。另一方面,若仅仅声称为"日记",还不足以形成一般性的证据使用禁止,否则将开启滥用之门;毋宁须按照三阶领域理论

---

① BGHSt 57, 71 连同 *Ernst/Sturm* 的裁判评论, HRRS 2012, 374; *v. Heintschel-Heinegg*, JA 2012, 395; *Habetha*, ZWH 2012, 165; *Jahn/Geck*, JZ 2012, 561; *Ladiges*, StV 2012, 517; *Mitsch*, NJW 2012, 1486; *Mosbacher*, JuS 2012, 705; *Warg*, NStZ 2012, 237; *Wohlers*, JR 2012, 386; *Zabel*, ZJS 2012, 563; 批判性观点: *Zimmermann*, GA 2013, 162; vgl. auch BGHSt 50, 206 (病房案-参见 Rn 415); 完整内容: *Eschelbach/Wasserburg*, Wolter-FS, S. 877 ff; *Hauck*, S. 334 ff。

② BGH BeckRS 2019, 5424。

③ AG Frankfurt/M. StV 2013, 380; 持限缩性的观点 (权衡方案) HansOLG Hamburg StV 2007, 628。

的标准去判断内容的私密程度以断。①

联邦最高法院判例(BGHSt 19, 325):A 因**虚假宣誓**而被起诉。欲证其罪,只能出示其日记。得判定其有罪乎?

解答:联邦最高法院**否定**了日记的可用性,值得赞同。但凡日记不是纯粹的数字记载,它便属于私人生活的紧密领域(第2阶)。因此须在国家有关刑事追究的利益和受到基本权保障的个人隐私利益之间加以权衡。本案中,鉴行为的不法程度不甚重大,故权衡的结论是**否定证据的可用性**。

联邦最高法院判例(BGHSt 34, 397):某名凶手**多次谋杀女性**,并在其日记中倾诉其杀人的欲望。被扣押的日记可以被使用吗?

答案:若将记载杀人欲望的内容视为不得被侵犯的私人生活核心领域,则不得将日记作为证据使用。② 反之,若将记载内容归为纯粹私人领域将更有意义,如此便得开展权衡,鉴于本案指控罪行严重,应该赞成日记的可用性。③

(五) 拍照、摄像、录影

刑事追究机关依据《刑诉法》第100h 条第 1 款采取科技手段**拍摄的照片、影像以及其他监视资料**可以被用于符合干预事由的刑事程序中(见边码412及以下数段)。倘若不具备该条非常宽松的干预要件的,则上述资料也会适用证据使用禁止。关于这些记录能否被用于**其他刑事案件**程序以及**通过其他途径获取的记录**[如警方为了建筑和公共场所的安保而安装的摄像头(预防性措施!)]能否在刑事诉讼中被使用的问题,《刑诉法》一直未作规定(见《刑诉法》第161条第 3 款、第 479 条第 2 款的特别规定与本处无关,参见边码164、361、362)。故这些问题须适用一般原则

725

---

① BVerfG StraFo 2008, 421; VerfGH Berlin JR 2010, 339; LG Koblenz NJW 2010, 2227 (遗嘱)。

② 同此结论:*Lorenz*, GA 1992, 254 ff; 亦见 *Amelung*, NJW 1990, 1753 ff。

③ 一致的结论:BGHSt 34, 397; 得到 BVerfGE 80, 367 的肯定; 在结论上同样肯定可使用性的观点:*Geppert*, JR 1988, 471; *Heinrich/Reinbacher*, Problem 29 Rn 18; *Rogall*, ZStW 103 (1991), 931 Fn 147; 另外参见:BGH NStZ 2000, 383 连同 *Jahn* 的裁判评释; *Schroeder/Meindl*, Fall 5, Rn 39; *Ellbogen*, NStZ 2001, 460。

解决,尤其应在措施对私密空间的干预强度和刑事追究利益之间加以权衡。①

五、电信通讯监察——《刑诉法》第100a、100d、100e、101条

(一)不具备核发要件(清单列举之犯罪/形式核准)

726　　倘若不具备电信通讯监察的**实质要件**(尤其是《刑诉法》第100a条的规定),如缺少清单列举之犯罪的嫌疑、没有遵守辅助性原则或者存在其他禁止电信通讯监察的理由,如监察被追诉人与其辩护人之间的谈话将违反《刑诉法》第148条,则经由**电信通讯监察**获悉的资讯不得被使用。② 当判断是否具备**实质要件**时,决定者拥有**裁量的空间**。实务见解认为,惟当决定者存在客观恣意或重大误判时,始生证据使用禁止的效果。③ 此外,实务见解还主张,纵使措施针对的犯罪不在电信通讯监察规范列举的犯罪清单之内,从而违反监察之实质要件的,但凡案件也同时存在着其他属于清单内犯罪的嫌疑且按理也会被核准措施的,则此等违法情形也可以被治愈。④ 这种观点值得商榷,因为事后的假设因果流程(hypothetische Kausalität)不能代替事前的审慎检验(见边码363和边码745)。⑤

　　反之,若违反的是《刑诉法》第100e条规定的核发电信监察的**形式要件**,如核发令状没有遵守必要的书面形式(《刑诉法》第100e条第3款第1句)、或者没有遵守《刑诉法》第101条第4款的要求践行通告的,则**不会导致证据使用禁止**。⑥ 但是,若根本没有遵守《刑诉法》第100e条第1款的规定,即非由法官或检察官核发令状的,则法律后果完全不同。这种违法将导致证据

---

① Vgl. *Kett-Straub*, ZStW 123 (2011), 110, 118 ff; *Seeber*, StraFo 2010, 265.
② BGHSt 31, 304, 309; 32, 68, 70; *Joecks*, StPO, § 100a Rn 25 ff; *Meyer-Mews*, StraFo 2016, 133, 177.
③ BGHSt 41, 30, 34 连同 *Bernsmann* 的批判性裁判评释, NStZ 1995, 512; *Küpper*, JR 1996, 214; BGHSt 47, 362, 366 连同 *Schlothauer* 的裁判评释, StV 2003, 208; vgl. auch *Landau/Sander*, StraFo 1998, 397: "基于宪法上的可理解性"标准。
④ BGHSt 48, 240 连同 *Arloth* 的裁判评释, NStZ 2003, 609; *Kudlich*, JR 2003, 453。
⑤ 也持批评性的观点:*Bernsmann/Sotelsek*, StV 2004, 113; *Kinzig*, StV 2004, 560, 565。
⑥ *Schlüchter*, Rn 354; 未置可否的裁判:BGHSt 31, 304, 308。

使用禁止。① 同此效果的还有经不具有管辖权的法官核发令状的情形。②

按照实务见解,以通讯监察违法为由的证据使用禁止,须以在庭审中提出异议为前提。③ 此种应该被普遍否定的"**异议方案**"(Widerspuchslösung)(对此见边码 179、227、708、718)还有违反《基本法》第 10 条的问题。④

(二) 偶然发现

与《刑诉法》第 100a 条之规定特别相关的是"**偶然发现**"(Zufallsfunde)的问题。偶然发现的资讯尽管与被采取电信通讯监察的犯罪无关,但却能证明行为人实施了其他犯罪。首先须确定的一点是:若最初采取的电信通讯监察措施本身就是违法决定的,那么纵使偶然发现与清单犯罪有关,也不得在诉讼中使用。⑤ 反之,若电信通讯监察本身是合法的,则适用《刑诉法》第 479 条第 2 款第 1 句之规定,在针对受电信通讯监察之人的诉讼中,偶然发现的资讯只能用来证明他曾实施的属于《刑诉法》第 100a 条第 2 款列举的清单犯罪或者与通讯监察令状记载的清单犯罪有直接关联的其他非清单罪行。⑥ 除此之外的情形,均须适用不以违法取证为理由的证据使用禁止。实务见解认为,以偶然发现得到的资讯为线索顺藤摸瓜获得的其他证据,即"**迹证**"(Spurenansatz)也不能排除证据使用禁止的效果。⑦ 但是按照证据使用禁止远程效力的通常规则,应该否定这种结论(亦见边码 744)。⑧

---

① BGHSt 31, 304, 308 f; 不同观点:LG Mannheim StV 2002, 242 连同 Jäger 正确的批评性裁判评释; vgl. auch OLG Saarbrücken NStZ 1991, 386 连同 Krehl 的裁判评释。
② Malek/Wohlers, Rn 446.
③ BGHSt 51, 1, 3; BGH StV 2001, 545 连同 Ventzke 的否定性裁判评释。
④ Wollweber, wistra 2001, 182.
⑤ BGH NStZ 2003, 499.
⑥ BFH wistra 2013, 402; 不同的观点:Kretschmer, StV 1999, 221。
⑦ Vgl. BGHSt 27, 355, 358; OLG München wistra 2006, 472; LG Landshut NStZ 1999, 635; 更加限缩的见解:OLG Karlsruhe NJW 2004, 2687 连同 Allgayer 的赞同性评论, NStZ 2006, 603; Kudlich, JuS 2004, 1019。
⑧ SK-StPO-Wolter/Greco, § 100a Rn 59; ders., Küper-FS, S. 709; Reinbacher/Werkmeister, ZStW 2018, 1104, 1144.

六、身体检查——《刑诉法》第 81a 条

728 极富争议的是,没有完全遵守《刑诉法》第 81a 条的有关规定实施的**身体检查**(körperliche Untersuchungen)究竟会产生何种法律后果的问题。该问题在《刑诉法》第 81a 条第 1 款第 2 句规定的抽血情形下尤为严重。

可能违反《刑诉法》第 81a 条的情形例如:受检察官指挥的侦查人员以外的警察决定的抽血处分,或者由医生以外的人员采集血液。① 绝大多数的观点认为,对这些情形没有证据使用禁止的效果。② 其主要的理由是,《刑诉法》第 81a 条仅仅旨在保障受处分人的健康不受损害,在前述情形中,单凭采血的医生或护士没有执业资格,还不足以认定被采血人的健康受到了损害。③

如今讨论热烈的一种情形是,当**没有急迫理由**且被处分人也未自愿同意的情形下,警察或检察官不遵守《刑诉法》第 81a 条第 1 款第 1 句之规定,**不经法官核准**便擅自实施抽血处分(对此详见边码 374)。然而,这种在快速查明案情和受干预人人格保护之间的冲突已经在很大程度上于 2017 年被立法者所调和。根据今天《刑诉法》第 81a 条第 2 款第 2 句的规定,若根据特定事实有理由怀疑行为人实施了《刑法典》第 315a 条第 1 款第 1 项、第 2、3 款,第 315c 条第 1 款第 1a、2、3 项或者《刑法典》第 316 条规定之罪的,得作为例外情形**不再要求法官核发令状**。

但是,在上述涉嫌醉态驾驶情形以外的情形,目前仍可能导致证据使用禁止。尽管联邦宪法法院强调了《刑诉法》第 81a 条第 2 款第 1 句规定的法官保留的要求④,但是普通刑事法院系统迄今为止仍在适用权衡理论并得出该类抽血检测**原则上可以被使用**的结论。理由是,《刑诉法》第 81a 条第 2 款第 1 句规定的部门法上的法官保留与搜查住宅措施要求的法官保留(《刑诉法》第 105 条)有所不同,前者不具有宪法层次的链

---

① 关于其他的情形:LR-*Krause*,§ 81a Rn 38 ff。
② BGHSt 24, 125, 128; OLG Karlsruhe StV 2005, 376 连同 *Dallmeyer* 的否定性裁判评释; *Fahl*, JuS 2001, 53;不同观点例如:*Eb. Schmidt*, MDR 1970, 461, 464。
③ 亦见 *Beulke*, ZStW 103 (1991), 657, 672。
④ BVerfG NJW 2007, 1345。

接,故不宜当作法治国最低限度的要求。① 但是,如果决定检查或者抽血处分的人**故意地**违反《刑诉法》第 81a 条第 2 款第 1 句的规定,例如,警察完全不在乎抽血是否得到法官核准的情形,则另当别论。② 此等**客观恣意**的操作方式或者同等程度的**法律状况重大疏忽**破坏了从《基本法》第 20 条第 3 款规定的法治国原则中推导出来的"公平审判"要求。被告人及时地就证据使用提出了(专门性)异议的(此见边码 708),由此取得的**证据不能被使用**。③

反之,在《刑诉法》第 81a 条第 2 款第 2 句规定的情形下,故意漠视检察官决定权相对于警察权的优先地位,则不会产生证据使用禁止的效果,因为这仅涉及行政内部组织问题,与法官保留无关。④

七、DNA 身份辨识——《刑诉法》第 81g 条

适用《刑诉法》第 81g 条发生的违误也可能导致被储存的 DNA 辨识样本不能在将来的针对被追诉人的刑事程序中作不利于被追诉人的使用。尤其是,作为储存 DNA 数据的法律依据的构成要件(如存在严重之犯罪、负面征兆,见边码 375 及以下数段)嗣后被认定不存在的,更须采取此等使用禁止。但是,适用《刑诉法》第 81g 条的不特定法律概念时发生的纯粹评价错误则不足以禁止。仅当采取措施凭借的事实根据须与当初有所不同,才产生禁止使用的效果。⑤

729

八、私人以违法方式取得证据之效果

(一)《刑诉法》中旨在规定证据取得的规定仅适用于刑事追究机关,不包括**私人**。故私人以违法方式或方法,如盗窃或《刑诉法》第 136a

730

---

① OLG Bamberg NJW 2009, 2146; KG NStZ 2010, 468; OLG Düsseldorf NZV 2010, 306; LG Itzehoe StV 2008, 457 连同 *Mosbacher* 的裁判评论, JuS 2009, 124; 深入的论述: *Metz*, NStZ-RR 2014, 329; *Weinhold*, SVR 2010, 13。

② OLG Naumburg, StraFo 2016, 22.

③ BGHSt 24, 125, 131; OLG Köln StV 2012, 6; OLG Nürnberg StV 2010, 624; OLG Dresden JR 2010, 87.

④ 堪为例子的: OLG Nürnberg NStZ-RR 2017, 286 连同 *Kulhanek* 的裁判评释; OLG Rostock NStZ-RR 2018, 114 连同 *Kudlich* 的裁判评论, JA 2018, 392。

⑤ *Eisenberg*, Meyer-Goßner-FS, S. 293, 303 ff.

条描述之方法收集证据的,原则上可以使用之。①

(二) 但是,此原则尚有一些重要的例外:

1.私人通过明显**侵犯人性尊严**的方式取得的证据不得被使用,如死者的丈夫用刑求的方式逼迫行为人所作的自白(此乃绝对的通说②,亦见边码203)。

最高法院判例(BGHSt 44, 129):A因涉嫌谋杀罪在刑事程序进行中被羁押。共同被关押人S系一名**女巫**,她假称自己拥有超能力,只要A告知其犯罪经过,她便能影响法官轻判。A经过轮番交谈,并且在吸食了药物以后,承认了自己的犯罪人身份。正如S曾经在其他案件中的表现那样,她将这一信息转告给侦查机关,争取在执行方面获得好处。

联邦最高法院在本案中正确地承认了证据使用禁止。纵使假定S的操作非受侦查机关默示指使的(关于这种情形见边码210和边码732),这种情形也应该类推适用《刑诉法》第136a条,因为S所运用的方法(威胁、欺骗、施用药物)已严重违反法治国原则且有损人性尊严。③

最新的实务见解认为,该原则也适用于由外国公民实施讯问的情形(例如,被外国情报机构施加酷刑)。④

---

① KK-StPO-*Bader*, Vor § 48 Rn 52; 批判性观点:*Eisenberg*, Rn 395; *Rogall*, ZStW 91 (1979), 1, 41 f; 完整内容:*Bockemühl, J.,* Private Ermittlungen im Strafprozeß, 1996; *Brunhöber,* GA 2010, 571; *Godenzi, G.,* Private Beweisbeschaffung im Strafprozess, 2008; *Stoffer,* passim。

② M-G/*Schmitt*, § 136a Rn 3; *Brodag*, Rn 93; 持区分型观点:KK-StPO-*Bader*, Vor § 48 Rn 52; *Mende, B.,* Grenzen privater Ermittlungen durch den Verletzten einer Straftat, 2001, S. 244; *Wölfl,* JA 2001, 504; Radtke/Homann-*Radtke,* Einl. Rn 84; 不同观点:KMR-StPO-*Lesch*, § 136a Rn 11。

③ 同此结论的:*Eckhardt, S.,* Private Ermittlungsbeiträge im Rahmen der staatlichen Strafverfolgung, 2009, S. 60 ff; *Fahl,* JA 1999, 102; *Hanack,* JR 1999, 348; *Jahn,* JuS 2000, 441; *Mitsch,* NJW 2008, 2295, 2299; *Roxin,* NStZ 1999, 149; 不同的观点:*Lesch,* 3/133; 案例见 *Hellmann,* Fallsammlung, Hausarbeit Nr 1, Rn 1 ff。

④ OLG Hamburg NJW 2005, 2327 (*Motassadeq* 案); 亦见 EGMR ZIS 2013, 245; *Ambos,* StV 2009, 151, 158; *Barczak,* StV 2012, 182; *Gless,* JR 2008, 317; 325; 通过司法协助方式由外国取得证据的使用禁止概述:BGH StV 2014, 193; *Bülte,* ZHW 2013, 219; *Nagler,* StV 2013, 324; *Schuster,* Verwertbarkeit im Ausland gewonnener Beweise im deutschen Strafprozess, 2006, 221。

2.当干预涉及私密领域时,如采取**录音**或利用**日记**的情形下,干预究竟是由刑事追究机关抑或由私人采取同样是无关紧要的。① 此时能否使用由此干预获取的证据的问题,须以联邦宪法法院所秉持的领域理论②为断(亦参见前述边码720)。由于在庭审中播放录音带或朗读日记将再度违法,故将(私人的行为)与刑事追究机关之相应的措施同等对待,乃理所当然。③

利用**私人行车记录仪**(记录下其他道路行驶者行为的车载摄像头)收集证据的合法性也应遵照该规则去判断。当记录还涉及个人信息时,这种措施可以构成对被录制人员依据《基本法》第2条第1款连同第1条第1款享有的且外观上表现为信息自决权的一般人格权之干预。无论如何,持续且毫无缘由地录像通常会违反《联邦个人信息保护法》第4条第1句第3项和《欧盟通用数据保护条例》第5条第1b款和第6条第1f款,会因为其秩序违反性而受到追究并被科处高额罚金(《联邦个人信息保护法》第41条第1款连同《欧盟通用数据保护条例》第83条第1款、第5a条)。④ 尽管联邦最高法院认为,行车记录仪的记录可以被用于证明民事诉讼中的事故过程。⑤ 但证据使用禁止按理不属于数据保护规定的目的。况且被记录的交通过程发生在所有人皆得清楚观察的公共交通领域,不涉及私密领域或私人的空间,故不应视作对一般人格权的侵害。实务见解也认为,由此取得的证据有可能在刑事程序中被使用。就此而言,须根据联邦宪法法院的**领域理论**(Sphärentheorie)的规则开展基本权权衡⑥。但是,堪称为通说的观点却主张,对此应适用**一般权衡理论**(allgemeine Abwägungslehre)(见边码705)。尤其是,记录交通过程以及循着车牌间接识别交通参与人的身份不属于对人格权的重大干预,无须与公众澄清和追究犯罪之利益(此处充其量仅存在有效追究严重道路交

---

① Vgl. BGHSt 14, 358, 359 (录音带); BGHSt 19, 325, 331 (日记)。

② Dazu LG Zweibrücken NJW 2004, 85; 亦见 *Eisenberg*, Rn 387 ff。

③ 详见 *Wölfl, B.,* Die Verwertbarkeit heimlicher privater Ton-und Bildaufnahmen im Strafverfahren, 1997, S. 107 ff。

④ OLG Celle NZV 2018, 146。

⑤ BGH JR 2018, 628 连同 *Löffelmann* 的裁判评释和 *Schumann* 的裁判评论,Jura 2019, 3。

⑥ AG Nienburg DAR 2015, 280 连同 *Satzger* 的裁判评论,Jura 2015, 1394; *Günter*, ZJS 2016, 756, 769; *Cornelius*, NJW 2016, 2282; *Eisenberg*, Rn 402; *Niehaus*, NZV 2016, 551; *Wölky*, StV 2017, 20; s. auch BVerfGE 120, 378 (自动登记车牌的情形)。

通过失行为的公众利益）相互权衡，故通说赞成在刑事（或者秩序违反案件）程序中通过勘验（《刑诉法》第 86 条，见边码 311）将此等录像作为证据使用。至于录像人开启摄像头究竟是为了在自己通常可能会遇到的交通事故中提供证据，抑或他是否有可能想告发其他交通案件的交通参与者，概非所问。①

若第三人**有正当理由**干预相关人的私人领域，如秘密录音不属于《刑法典》第 201 条第 1 款规定的无故为之的情形，但凡该正当理由于庭审出示证据时仍然存在，证据的使用便肯定是合法的。② 典型的例子如勒索电话被私下录音，或者（如当自己发生交通事故或急刹车时被传感器控制造成的）场景化地使用行车记录仪的场合。

732   3. 私人因接受**刑事追究机关有意安排的任务**而违法获得的证据也不得被使用，亦即，当刑事追究机关自己实现此等违法时，便生证据禁止的效果。绝对的通说认为，刑事追究机关不得通过唆使第三人使用《刑诉法》第 136 条禁止的方法去获得被追诉人或证人的陈述，从而规避《刑诉法》和《欧洲人权公约》有关保护被追诉人的规定。③

733   在"**列支敦士登税务事件**"（以及类似的一些后续案件）*中，**将数据资料使用在涉嫌推定逃税的案件中**是有问题的，因为一般线民在国家的委托下，非法收集了大量的投资海外却不纳税的德国公民的数据。如果德国刑法可以适用，一般线民会因为收集数据（《商业秘密保护法》第 23 条第 1 款第 1 项，《刑法典》第 202a 条）和利用或公开数据（《商业秘密保

---

① OLG Stuttgart NJW 2016, 2280 连同 *Löffelmann* 的赞同性裁判评释，JR 2016, 661; Jansen, StV 2019, 578; *M-G/Schmitt/Köhler*, § 100h Rn 1a; 主张一概允许的观点: *Bäumerich*, JuS 2016, 803; s. auch *Nestler*, Jura 2018, 1184。

② LR-*Gless*, § 136a Rn 12; *Beckemper/Wegner*, JA 2003, 510; *Otto*, Kleinknecht-FS, S. 319, 332; *Tenckhoff*, JR 1981, 255, 258; 部分不同的观点: BayObLGSt 1994, 6, 8; 亦见 *Gropp*, StV 1989, 216, 222; *Kramer*, NJW 1990, 1760。

③ EGMR (*M.M.*诉荷兰) StV 2004, 1; dazu *Gaede*, StV 2004, 46; BGHSt 34, 362, 364; OLG Stuttgart NJW 2016, 2280 (Rn 20); MüKo-StPO-*Schuhr*, § 136a Rn 67ff。

* 列支敦士登曾被经济合作与发展组织认定为最不合作的避税天堂之一。2008 年，一些国家怀疑自己的公民可能利用了位于列支敦士登的银行与信托机构逃避缴税义务，这些税收丑闻最先是因发生在德国的逃税调查事件而开始爆发的。——译者注

护法》第 23 条第 1 款第 2 项）而构成犯罪。① 但是，实务见解却认为，违反《反不正当竞争法》第 17 条第 2 款第 1 项和第 2 项原先的规范（2019 年废除）*而取得的证据可以在税务刑事程序（依据《租税通则》第 369 条及以下数条构成犯罪的案件）中使用。② 这是值得商榷的。数据提供者的违法的私人行为应该被归咎到刑事追究机关，因为是它们收购了用于掌握所有联系的数据。盱衡有关刑事诉讼中取证权的封闭式立法体系，不仅从未规定花钱取得证据的方式，而且也绝对禁止为取证而参与到犯罪行为中（前述这种普遍性的收购需求目前甚至催生出国家买家为犯罪提供心理帮助的现象），故应反对使用这类数据资料。③ 违反程序的手段不会因为保护国家财政利益就能被洗白。

为了揭露和查明公司的制度性过错行为，越来越多的公司**内部调查**（Internal Investigaition）乃由非国家性机构去实施。其间，公司的职员将被公司的首席合规官或者受其委托的律师予以问询。④ 苟非公司具有类似于被追诉人的程序地位（例如，依据《秩序违反法》第 30 条课予社团罚款的案件中作为附带参与者），通说均不认为需要依据《刑诉法》第 160a 条给予公司任何

---

① 有关旧版《德国反不正当竞争法》第 17 条的内容：*Spernath*, NStZ 2010, 307; 不同观点：*Satzger*, Achenbach-FS, S. 447; 案例见 *Fahl*, ZJS 2009, 63。

* 原先的《德国反不正当竞争法》第 17 条系有关披露商业秘密和企业秘密的规定，其中第 2 款规定，任何人出于商业竞争、谋取私利、为第三人谋取利益或者让企业所有人遭受损害之目的，利用科技手段、复制秘密、窃取包含秘密之物等手段，未经授权获取、使用或向第三人透露商业秘密的，应该加以处罚。——译者注

② BVerfG JZ 2011, 249 连同 *Wohlers* 的裁判评释；*v. Heintschel-Heinegg*, JA 2011, 312; VerfGH Rheinl.-Pf. NJW 2014, 1434 连同 *Wicklein* 的裁判评释, StV 2014, 469; LG Düsseldorf wistra 2011, 37; FG Köln ZWH 2011, 33; 赞同性观点：*Erb*, Roxin Ⅱ-FS, S. 1103; *Kaiser*, NStZ 2011, 383; *Kelnhofer/Krug*, StV 2008, 660; *Kölbel*, NStZ 2008, 241; *Satzger*, I.-Roxin-FS, S. 421; 亦见 *Pawlik*, JZ 2010, 693; *Stoffer*, Rn 321 ff.

③ *Beulke*, Jura 2008, 653, 664; *Gössel*, Puppe-FS, S. 1377; *Hellmann*, Samson-FS, S. 661; *Heine*, Roxin Ⅱ-FS, S. 1087; *Jahn*, Stöckel-FS, S. 259; *Kauffmann*, JA 2010, 597; *Kühne*, Roxin Ⅱ-FS, S. 1268; *Ostendorf*, ZIS 2010, 301; *Pitsch, Ch.*, Strafprozessuale Beweisverbote, 2009, 341; *Schünemann*, NStZ 2008, 305; *Sieber*, NJW 2008, 881; *Trüg*, StV 2011, 111.

④ 深入的论述：*Beulke/Ruhmannseder*, Compliance aktuell, 12010; *Bung*, ZStW 125 (2013), 536; *Hamm*, NJW 2010, 1332; *Ignor*, CCZ 2011, 143; *Knauer*, ZWH 2012, 41 u. 81; *Moosmayer*, in: Moosmayer/Hartwig, S. 1 ff; *Ruhmannseder*, I.-Roxin-FS, S. 501; *Sarhan*, wistra 2015, 449; *Theile*, ZStW 126 (2014), 803.

的保护(关于扣押的问题,见边码385);一旦公司取得这种法律地位后,内部调查获悉的情况便不得被作为对公司不利的证据,见《刑诉法》第160a条第1款第2句。①但是,这些信息却可以用于指控其他人。于是,公司员工被置于升高的刑事追究风险之下。这又再度影响到他们配合问询的意愿。这种意愿不单单取决于,这些员工就不利于自己的陈述是否会被免于制裁,公司方面也会经常对他们加以的劳动法制裁或民法制裁(**特赦性计划**)宣告普遍免除。② 然而,在刑事追究中,这种自我归罪的陈述究竟能在多大程度上发挥作用却仍有疑问。正确的观点应该是,倘若这种陈述乃履行劳动法上能被强制履行的配合义务的结果,则在刑事程序中使用此等陈述肯定会抵触**不自证己罪原则**。另外,被追诉人在刑事诉讼中的缄默权也将被贬低到令人难以接受的程度。③ 同样,若公司员工被欺骗,以为自己负有此等配合义务的,也会招致**证据使用禁止**(类推适用《刑诉法》**第136a条**)。④ 反之,若他得以在非由国家开展的调查中自由决定陈述与否的,则他的陈述就可以被使用。

九、秘密侦查方法中的具体证据使用禁止

(一) 派遣卧底警探的证据使用禁止

1. 不具备派遣卧底警探的一般性要件

卧底警探的派遣要件被规定在《刑诉法》第110a条及以下数条(见边码417)。若不具备此等派遣的**实质**要件,尤其是不存在清单犯罪之嫌疑

---

① BVerfG NJW 2018, 2385 (Rz 101 ff).
② 深入的论述:*Schwinn/Kahlenberg*, CCZ 2012, 81; *Göpfert/Drägert/Woyte*, ZWH 2012, 132; *Gottwald*, Das Amnestieprogramm 2014; *Weiße*, in: Moosmayer/Hartwig, S. 58 ff.
③ BVerfGE 56, 37, 51 (整体债权人决议的情形); LAG Hamm CCZ 2010, 237; *Bittmann/Molkenbur*, wistra 2009, 373, 377 f; *Knauer*, NStZ 2013, 192; *Knauer/Buhlmann*, AnwBl 2010, 387, 390; *Momsen*, ZIS 2011, 508, 516; *Pfordte*, DAV-FS, S. 740, 754; *I. Roxin*, StV 2012, 116, 120; 主张有证据使用禁止且带远程效力的观点:*Böhm*, WM 2009, 1923, 1929; *Gerst*, CCZ 2012, 1; *Theile*, StV 2011, 381, 385 f; diff.: *Anders*, wistra 2014, 329; *Greco*, NStZ 2015, 7; *Momsen-Rössner*, Rössner-FS, S. 871; 不同观点:*Wimmer*, I.-Roxin-FS, S. 537; 亦见 *Schall*, Samson-FS, S. 483.
④ *Jahn*, StV 2009, 41, 45.

的,须承认证据使用禁止的后果。① 但是,实务见解却认为,惟有认为存在客观恣意或决定不合理时,尤如通信电信监察中的情形一样,才会发生证据使用禁止。②

反之,若违反的系**程序性规定**(如《刑诉法》第 110b 条第 1 款第 3 款的书面性要求),则不会影响证据的可用性。③ 但是,**若没有整体上获得检察官或法官的同意**,便还是会发生证据使用禁止。④

在须由法院同意的向住宅内派遣卧底警探的措施下,尽管迟延即生危险的情形下得先由检察官同意而为之,但是,苟法院未在三日内同意的,该措施便须停止,见《刑诉法》第 110b 条第 2 款第 4 句。若法官嗣后不同意,甚至根本没有收到申请的,派遣卧底警探的形式要件**在头三天仍被满足了**。因此,在头三天获得的证据通常还是可以被使用的。⑤

若合法地对特定的被追诉人派遣卧底警探也在法院同意的范围之内(《刑诉法》第 110b 条第 2 款第 1 句第 1 项),若卧底警探需要对与自己会面的其他人施加干预,这种干预也在该同意的覆盖范围之内。证据究竟能否被用在针对这些第三人的程序之中则取决于,从假设替代干预的角度看,是否派遣卧底警探措施的要件按理对他们也可以被满足,见《刑诉法》第 479 条第 2 款。⑥

因《刑诉法》第 110a 条及以下数条规定的措施所获悉的私人生活核心领域内容适用证据使用禁止(《刑诉法》第 110a 条第 1 款第 5 句连同第 100d 条第 2 款第 1 句)。

---

① AG Koblenz StV 1995, 518; *M-G/Schmitt/Köhler*, § 110b Rn 11; *Beulke/Rogat*, JR 1996, 520; *v. Stetten, A.*, Beweisverwertung beim Einsatz Verdeckter Ermittler, 1999, S. 179.

② BGHSt 42, 103, 104 连同 *Bernsmann* 的批判性裁判评释, NStZ 1997, 250; *Weßlau*, StV 1996, 579。

③ BGH StV 1995, 398。

④ *Pfeiffer*, § 110b Rn 5; *M-G/Schmitt/Köhler*, § 110b Rn 11; 不同的观点:*Jähnke*, Odersky-FS, S. 427, 434 f; *Zaczyk*, StV 1993, 496。

⑤ BGHSt 41, 64, 66; 赞同性观点:*Beulke/Rogat*, JR 1996, 520; *Rogall*, JZ 1996, 260; 不同观点:SK-StPO-*Wolter*, § 100d Rn 6a; *Weßlau*, StV 1995, 506。

⑥ BGH NStZ 1997, 294。

2. 派遣卧底警探的偶然发现

736 尤其是《刑诉法》第 479 条第 2 款对**其他的**刑事案件,规定了一项有关派遣卧底警探的**法定证据使用禁止**。依据该规定,由卧底警探收集的个人数据,惟当运用该数据对查明《刑诉法》第 110a 条第 1 款列举的清单犯罪必不可少时,始得在其他刑事案件中为证明之目的加以使用。

3. 卧底警探之具体调查措施中的错误

737 运用卧底警探时经常须加以平衡的利益冲突在于,一方面,为了揭露特别严重的罪行可以在特定范围内派遣这类人员,但另一方面,刑事追究机关却通过"秘密的"或"私人的"讯问手段无意间架空了旨在保障被追诉人及其家庭的规范(尤其是《刑诉法》第 136 条、第 136a 条、第 52 条和第 252 条)。由于对卧底警探的职权缺少明确的法律规定(见边码 417),故此议题几乎毫无定论,实务见解也未找到最终的出路。具体而言,此议题可以分为下列几个问题领域:

738 (1)**违反《刑诉法》第 136 条的问题**。当卧底警探开展调查时,他未向被问话人告知其公务任务的,**不违反**《刑诉法》第 163a 条第 4 款第 2 句连同第 136 条所规定的那些晓谕义务。因为,卧底警探未将自己彰显为带有**官方身份**的审问者,故问话不具有**讯问**(Vernehmung)的特征(见边码 176),自不可能直接违反上述规定。① 面对一名以"私人"形象出现的人,被追诉人肯定明白,他没有义务向他道出于己不利的事。所以,在此并不存在晓谕义务赖以存在的冲突情境。当卧底警探进入这种"场景"之中并被告知了所犯的罪行的,便可以在诉讼中使用这些知晓的内容。对于他在犯罪实施过程中所观察到的一切,也当然同此适用。理由是,任何人无权要求犯罪时不被看到。

739 (2)**违反《刑诉法》第 136a 条的问题**。不同于纯属私人行为的第三人(见边码 730),《刑诉法》第 136a 条的规定应当毫无保留地类推适用于卧底警探。同时,应该记住的是,隐瞒官方任务本身不构成《刑诉法》第 136a 条规定的欺骗(见边码 212)。但是,在国家庇护下履职的卧底警探一旦通过强制、欺骗或胁迫等手段获取嫌疑人口供的,却会与法治国原则相悖。②

---

① BGHSt GrS 42, 139, 145; 不同观点如: Müssig, GA 2004, 87。
② OLG Jena BeckRS 2019, 24214 连同 Jäger 令人信服的赞成性观点, JA 2020, 231。

(3)抵触《刑诉法》第 52 条、第 252 条的问题。依据《刑诉法》第 252　740
条,享有拒绝作证权的证人,尤其是《刑诉法》第 52 条规定的家属,有权在
庭审中撤销他在先前的讯问中曾经提供的证言(见边码 643 及以下数
段,边码 713)。纵使派遣卧底警探,也不得违反以《刑诉法》第 252 条为
依据的使用禁止。但是,亲属等人告知卧底警探的内容也不会因此就始
终不可用,如同《刑诉法》第 136 条规定的情形,由于此时不存在狭义的
"讯问",故《刑诉法》第 252 条不能被直接适用。甚至也不符合类似讯问
的情境,因为向卧底警探控诉自己家属的人应始终明白,自己没有义务去
说这些。正因缺少类似的利益状态,不能将《刑诉法》第 252 条一概地类
推适用到卧底警探—家属的情形中。最后,这种情境通常也不符合《刑诉
法》第 136a 条中的欺骗,因为亲属的谈话对象从未说过自己不是卧底警
探。所以,家属面对卧底警探陈述的内容通常可以通过在庭审中讯问卧
底警探的方式被使用。①

(二) 派遣长期卧底线人的证据使用禁止

除了卧底警探以外,有一种完全不同的借助于非公职形象人员从事　741
事实调查的形式(对此已经在边码 651 有详细叙述)。

迄今为止,对长期卧底线人(V-Männern)的实质要求和形式要求均无
专门的法律规定。所以,究竟是否适用以及在何种限度上适用**证据使用
禁止**,毫无定论,例如,仅为了揭露罪责轻微的犯罪或者为了规避卧底警
探的派遣限制而使用了长期卧底线人的情形。这种法律状态数十年间被
争讼不已。最近,欧洲人权法院的限缩性裁判见解似乎为德国法的发展
提供了新的契机(详见边码 444)。

在德国,对派遣长期卧底线人的通常见解认为,《刑诉法》第 161 条、
第 163 条规定的一般侦查条款(见边码 163)是其法律依据(见边码 651)。
准此,让长期卧底线人在刑事程序中提供资讯以证实犯罪指控,通常被认
为是合法的②(但是,由长期卧底线人实施的陷害教唆却被欧洲人权法院
宣告禁止,对此见边码 444、651)。反之,**大多数的学术文献却不承认**(非

---

① BGHSt 40, 211, 216 (*Sedlmayr* 案);在结论上持肯定性观点的还有:*Gollwitzer*, JR 1995, 473; *Hammer/Schuster/Weitner*, Rn 232 f; *Sternberg-Lieben*, JZ 1995, 844;批判性观点: *Ranft*, Rn 1753; *Widmaier*, StV 1995, 621。

② BGH NJW 1981, 1719; *M-G/Schmitt/Köhler*, § 163 Rn 34a; s. auch LG Kiel bei *Sickor*, StV 2015, 516。

以单纯预防犯罪为目的的)派遣长期卧底线人的合法性,主要依据是法治国原则(《基本法》第 20 条第 3 款)以及《欧洲人权公约》。由长期卧底线人获取的资讯被认为不得为证实罪责所用(但不能使用的程度却极富争议)。①

或许能达成统一的认识是,《刑诉法》第 136 条、第 136a 条以及其他保护性规范既不得通过卧底警探,也不容通过长期卧底线人被有意地规避掉。倘若刑事追究机关为了查明之前已经发生的特定犯罪,对被怀疑的人"安插"长期卧底线人,便属于此种有意的规避。这种线人的行为应该被归咎成刑事追究机关自己的行为,对之得类推适用《刑诉法》第 136 条、第 136a 条。②

联邦宪法法院在**塞德梅尔案**(Sedlmayr-Fall)中通过附带意见(傍论)的方式主张,由长期卧底线人对某名有拒绝陈述权的证人开展隐秘式问话,苟无法律授权,该措施是不合法的并违反了公平审判原则;但是,它对是否会因此产生证据使用禁止的效果的问题却没有表态。③ 反之,若国家故意选择"作为私人的"长期卧底线人或者卧底警探"曲线救国",以取代对家属开展直接讯问的方式,按照上述《刑诉法》第 136 条的法状态,类推适用《刑诉法》第 252 条便是合理的,也就是说,证人到目前为止尚未明确行使过他的拒绝作证权。④ 为了规避《刑诉法》第 52 条第 3 款规定的晓谕义务而有意地让第三人去承担调查任务,必然会使第三人的行为被归咎为国家追究机关自己的行为。⑤

以下的"**马略卡**"案(„Mallorca"-Fall)也与此有关(联邦最高法院的判例 BGHSt 52, 11) :⑥

A 涉嫌在马略卡岛上杀害了一名 15 岁的小女生。警察 P 在

---

① 举例但不代表全部:S/S/W-StPO-*Eschelbach*, § 136 Rn 26 ff; *Eisenberg*, Rn 636 ff。
② *Beulke*, StV 1990, 180; LR-*Erb*, § 163 Rn 65; HK-StPO-*Ahlbrecht*, § 136 Rn 10 ff; *Stoffer*, Rn 186 ff, 480 ff; 亦见 SK-StPO-*Wohlers/Albrecht*, § 163a Rn 41。
③ BVerfG NStZ 2000, 489 以及 *Rogall* 的批判性评释; *Lesch*, JR 2000, 334。
④ 不同观点见 *Arloth*, S. 131。
⑤ *Engländer*, Rn 232; *Hilger*, Hanack-FS, S. 215。
⑥ 完全类似的观点: BGH NStZ 2009, 343 连同 *Mosbacher* 的裁判评论, JuS 2009, 696, 699; BGHSt 55, 138 连同 *Bosch* 的裁判评论, JA 2010, 754; *Jahn*, JuS 2010, 832; *Kretschmer*, HRRS 2010, 343; OLG Zweibrücken NStZ 2011, 113 (Cold-Case-Technik); 案例见 *Satzger*, Jura 2009, 759, 767。

审问 A 的时候,他明确主张了自己的拒绝陈述权。由于警方没有掌握到任何其他的证据,于是就对 A 派遣了卧底警探。在设计好的运送在押人员的途中,让卧底警探和因其他案件被羁押的 A 得以相遇。之后,在羁押期间,卧底警探便多次造访 A,并且在 A 被释放以后,又向他提供住处,和 A 成为好友。当卧底警探向 A 提到了他们之间特别的信赖关系并要求 A 告诉他谋杀案的真相时,A 自白了自己的罪行。

答案:尽管此处不构成讯问,也应该将卧底警探之行为归咎为国家自己的行为,因为国家乃为规避缄默权而故意对 A 派遣卧底警探。此等(骇人听闻的)操作必须发生证据使用禁止的后果。这是类推适用《刑诉法》第 136 条的结果,无须再(像联邦最高法院那样)引用不自证己罪原则,因为《刑诉法》第 136 条已经蕴涵了这一思想。①

(三) 其他的旁听情形

742

德国的实务见解也经常会回应尽管没有派遣卧底警探/长期卧底线人,但是却利用了作为私人的第三人的情形。尤其是警察"旁听"(Mithören)作为私人的第三人与被怀疑人之间的对话。这些情形也应该遵照本书边码 734—740 诸段所论述的原则去处置,即当国家通过使用第三人故意架空那些保护性规范时,得类推适用《刑诉法》第 136 条、第 136a 条、第 52 条、第 252 条之规定。

联邦最高法院判例(BGHSt GrS 42, 139):警察 P 怀疑 D 系银行劫案的匪徒,于是寻求 P 的朋友 F 协助调查。F 愿意配合,并给 D 打电话,其间提到银行劫案。D 于是告诉 F 自己做过的一切,而 P 经 F 同意,偷听了该次电话交谈。

由于 F 已经同意了旁听活动,故不会发生因违反有关电信

---

① 合理的批评见 Bosch, JA 2007, 903; Duttge, JZ 2008, 261; Verrel, Puppe-FS, S. 1629; 在结论上持肯定性的观点:Engländer, Rn 250; Heinrich/Reinbacher, Problem 33 Rn 7; Ostendorf, Roxin II-FS, S. 1329, 1337 f; Renzikowski, JR 2008, 164; Rogall, NStZ 2008, 110; Roxin, Miebach-FS, S. 41; Sowada, Geppert-FS, S. 689; 结论上持不同观点:Mitsch, Jura 2008, 211; 亦见 LR-Gless, § 136a Rn 44。

通讯监察条款(《刑诉法》第 110a 条及以下数条)导致的证据使用禁止(详见边码 393)。但是,却可能不得(通过讯问 F 或讯问 P 的方式)使用 D 的陈述,因为 D 没有循《刑诉法》第 163a 条第 4 款第 2 句、第 136 条第 1 款第 2 句之要求被晓谕权利。尽管因为不存在形式讯问而不能直接适用这些规定。当 D 在电话中坦陈那些他不会公之于众的内容时,原则上应由其自担风险。即他不能被保证,F 不会将这一切告诉其他人。本案应该殆同于 F 自愿让第三人旁听电话的情形去处理。但另一方面,刑事追究机关不得**故意地**通过邀请"作为私人的"讯问人的方式去**架空**《刑诉法》第 136 条第 1 款第 2-5 句规定的晓谕义务。一旦将**具体的调查任务委派给 F** 时,便构成这种违法的规避,便应类推适用《刑诉法》第 136 条第 1 款致令 D 的陈述不堪用。按照欧洲人权法院近来的实务见解①,这属于违反《欧洲人权公约》第 6 条的"唆使自证己罪"(Selbstbelastungsprovokation)。②

本案无须类推适用《刑诉法》第 136a 条,因为电话的另一方没有明确地欺骗说没有其他人旁听。反之,倘如有人实施了这种(明确的)欺骗手法,那就构成了所谓的"监听陷阱"(见边码 212),得以类推适用《刑诉法》第 136a 条的规定得出证据使用禁止,电话谈话不得被使用的结论并无不同。然而,该案的解决方案却引起激烈争论。学术文献中的主流观点坚持证据使用禁止。③ 联邦最高法院判例(BGHSt GrS 42, 139, 149)却反对证据使用禁止,理由是采取这种措施旨在澄清情节严重的犯罪,且利用其他侦查方法对查明真相会成效甚微或者有显著困难。④

联邦最高法院判例(BGH StV 2012, 129):被告人因为违反

---

① EGMR StV 2003, 257 (*Allan* 诉英国)连同 *Gaede* 的裁判评释; EGMR StV 2004, 1 连同 *Gaede* 的裁判评论, StV 2004, 46。

② Wolter, ZIS 2012, 238; S/S/W-StPO-*Eschelbach*, § 110a Rn 11.

③ Ua auch *Eisenberg*, Rn 638; LR-*Gless*, § 136a Rn 44; *Bernsmann*, StV 1997, 116; *Bosch*, Jura 1998, 236; *Dencker*, StV 1994, 671; *Jäger*, Wolter-FS, S. 947; *Murmann*, StPO, Rn 115; *Jung*, JuS 1994, 618; *Renzikowski*, JZ 1997, 710; *Roxin*, NStZ 1997, 18; *Weßlau*, ZStW 110 (1998), 1.

④ 结论上一致的观点: *Engländer*, Rn 250; *Heinrich/Reinbacher*, Problem 31 Rn 16; KMR-StPO-*Lesch*, § 136 Rn 30; *Popp*, NStZ 1998, 95; *Rieß*, NStZ 1996, 505; *Seitz*, NStZ 1995, 519。

《麻醉品管理法》被起诉,他的妻子为了确保他获得《毒品防制法》第 31 条规定的利益*,主动向警察表示,愿意去和正被羁押的共同被告人套话,并将谈话的内容录下来。随后,相应的管辖法官依据《刑诉法》第 100f 条核准对谈话的监听和录音,该被告人之妻在羁押场所探访了共同被告人。她向共同被告人佯称,其丈夫已经私下向她说了共同被告人在犯罪中扮演的角色,并向他询问犯罪的经过以及向其承诺保密。她用警方之前交给她的窃听设备偷偷将对话录音下来。本案理应被视作**有意规避了《刑诉法》第 136 条第 1 款第 2 句**,应该类推适用该规范并肯定证据使用禁止。① 然而,联邦最高法院却认为共同被告人的供述可以被使用。

其他案例参见 Beulke, Klausurenkurs Ⅲ,边码 154。

（四）整体考察(公平审判)

743

若证据系通过秘密侦查措施被取得的,联邦最高法院追随欧洲人权法院的实务见解②,越来越诉诸**公平审判权**(《基本法》第 20 条连同第 2 条第 1 款、《欧洲人权公约》第 6 条第 1 款,详见边码 59)去确定证据使用禁止。③

案例(BGHSt 53, 294):摩洛哥公民 A 涉嫌因为吃醋杀害了自

---

* 兹将《麻醉药品法》第 37 条【酌轻或免除处罚】翻译如下：
¹ 当行为人具有下列情形之一时,法院得依《刑法典》第 49 条第 1 款酌轻处罚;若其未被判处三年以上有期徒刑时,得免除处罚：
（1）自愿说出其所知晓的事实,明显有助于揭露与其犯行相关联之本法第 29 至 30a 条规定之罪行的；
（2）及时向主管机关自愿说出其所知晓的事实,致使与其犯行相关联的且他知晓实施计划的本法第 29 条第 3 款、第 29a 条第 1 款、第 30a 条第 1 款规定之罪行得以被制止的。
² 若行为人曾参与犯罪的,本条第 1 句第 1 项规定的他对查明犯罪的贡献须超出其自身对犯罪的贡献。³《刑法典》第 46b 条第 2 款和第 3 款之规定准用之。——译者注

① 同此见解: Eisenberg, JR 2011, 409; Roxin, StV 2012, 131; Schumann, JZ 2012, 265; Wolter, ZIS 2012, 238; 亦见 Knauer, JuS 2012, 711, 715; Kühne, Wolter-FS, S. 1010, 1014 ff; Mahlstedt, Die verdeckte Befragung des Beschuldigten im Auftrag der Polizei, 2011, S. 101 ff。
② 例如,参见欧洲人权法院裁判 EGMR (Bykov 诉俄罗斯), JR 2009, 514 连同 Gaede 的裁判评论, JR 2009, 493; 亦见 Bock, D-F-T, S. 99; Esser, 35. Strafverteidigertag, S. 197。
③ 深入的论述: Jäger, Wolter-FS, S. 947。

己的情人。他作为被追诉人被逮捕。当他的夫人探视他的时候，追诉机关为了向他们伪装出一种谈话被保障私密性的假象，这对夫妻被安排到一间独立的探视间，并不安排通常会在场的监所人员。实际上，谈话在他们不知情的前提下被技术设施窃听，并且由一名摩洛哥的口译员在隔壁房间予以翻译。A 在谈话中向他夫人坦诚自己就是罪犯。A 的辩护人在庭审中就使用该段被录音的谈话提出了异议。

解决方案：尽管本案可能满足了对羁押探视房间开展小监听(《刑诉法》第 100f 条)的要件，并且从谈话的内容(犯罪)来看，可能也不影响私人生活核心领域。联邦最高法院进一步认为，无论是**不自证己罪原则**，还是《刑诉法》第 136a 条的禁止欺骗要求，均不至于被违反到足以证成证据使用禁止的程度。但是，联邦最高法院考虑到羁押带来的特殊境遇(类似于强制)，权衡了正常功能之刑事司法的需求，经过对被追诉人的受影响的法律地位的**整体观察**，认为**公平程序原则**受到了侵害并由此肯定了**证据使用禁止**。该结论无疑是正确的。①

十、证据使用禁止的射程范围(毒树之果理论)

744　(一)迄今仍激烈争论的问题是，是否应赋予证据使用禁止以**远程效力**(Fernwirkung)，即源自禁止使用的证据所获得的其他侦查成果是否也须适用证据使用禁止？(**例如**：被追诉人遭受刑求而供出商业文件的秘密储存地点，该商业文件的可用性问题，或者在刑求后说出被绑架人质的藏匿地点的情形②)。对此观点纷杂，莫衷一是。

联邦最高法院曾经仅对《有关基本法第 10 条的法律》(G-10 法)第 7 条第 3 款当时规定的证据禁止(如今规定在该法第 6

---

① Engländer, JZ 2009, 1179; Jahn, JuS 2009, 861; Klesczewski, StV 2010, 462; Roxin, Geppert-FS, S. 549; Zuck, JR 2010, 17; 批判性观点：Hauck, NStZ 2010, 17; Rogall, HRRS 2010, 289; 案例见 Zimmermann, JuS 2011, 629, 634。

② LG Frankfurt StV 2003, 325 (Gäfgen 案)。

条第2款第3句连同第7条第6款*)承认过远程效力①,但对其他的违法情形,却**不承认**远程效力(关于**迹证**,见边码727)。② 其理由谓,不能因为**一项程序违法**便瘫痪整个刑事程序,况且很难每次都能辨明,一旦警察没有先前的程序违法,便不可能找到其他的证据。近来的实务见解更具有弹性,并且反对一概地排斥对远程效力的考量。③ 其解决问题的方式在于,**逐案地权衡**原始程序违法的严重性和被追究罪行的危害程度。④

对此持强烈反对意见的观点却凭借美国的"毒树之果"法则(fruit of the poisonous tree doctrine)主张,因程序违法而间接获得的证据亦不得被使用,否则便会架空证据使用禁止的意义和目的。⑤ 至少对于法定证据使用禁止(见边码703)而言,这种观点值得肯定。⑥

正确的思路是,一切源自《刑诉法》的证据禁止均应首先以**被违反的刑事程序程序规范的保护领域**为准。由于以"被禁止的证据"为基础间接得到的证据一旦被考虑,通常都会进一步加剧程序违法的影响,所以一般应承认远程效力。这种思路尤其要贯彻到实践中颇为重要的《刑诉法》第136a条规定之禁止使

---

* 该法的正式名称为《关于限制信件、邮件和电信秘密的法律》,也称 G-10 法。其中第 6 条规定的是【审查、标注和删除义务以及目的拘束要求】;兹将其中第 2 款翻译如下:
"应该将(除经过审查后依法被删除的数据以外的)余下的数据加以标注。数据在被传递以后,标记应该由接收方予以维护。数据仅得因本法第 5 条第 1 款第 3 句规定的目的或者因本法第 7 条第 1-4a 款和第 7a 条规定的移送被利用。"
该法第 7 条乃【由联邦情报局移交数据】兹将其中第 6 款翻译如下:
"接收方仅得按照数据之所以会被移送给自己的目的去使用数据。他应毫不迟延地且在最长不超过 6 个月的时间内审查,是否被移送的数据为实现此目的必不可少的。本法第 4 条第 6 款第 4 句和第 6 条第 1 款第 2、3 句之规定准用之。"——译者注

① BGHSt 29, 244, 247.
② BVerfG NStZ 2006, 46; BGHSt 27, 355, 358; 32, 68, 71; BGH NJW 2006, 1361.
③ OLG Koblenz StraFo 2017, 333; s. auch BGHSt 50, 206.
④ Vgl. BVerfGE 130, 1; BGHSt 51, 1; LG Frankfurt/M. StV 2003, 325 连同 Weigend 的批判性裁判评释, StV 2003, 436; HK-StPO-*Gercke/Temming*, Einl. Rn 114; KK-StPO-*Bader*, Vor § 48 Rn 45 ff; LR-*Gless*, § 136a Rn 75; *Hellmann*, Rn 484。
⑤ Vgl. zB *Otto*, GA 1970, 289, 294; 关于更深入的内容: SK-*Rogall*, § 136a Rn 108 ff; *Eisenberg*, Rn 403; *Fahl*, JuS 1996, 1013 ff; *Gössel*, NStZ 1998, 126; *Wohlers*, Wolter-FS, S. 1181。
⑥ *Rogall*, Rengier-FS, S. 435.

用的讯问方法的领域,对之务必适用远程效力。只有源自宪法的证据使用禁止,方能凭借整体权衡解决其远程效力问题。①

(二)就此方面还有争论的是,能否以刑事追究机关通过合法作业可能也会取得该证据为由,让一项"本身"违法的证据使用被正当化呢?此等**假设合法使用干预**(hypothetischer rechtmäßige Ersatzeingriff)的问题(对此已在边码 360 有论述)也应该首先借助被违反的刑事程序规范的**保护目的**去解决②(就法定的以及由《刑诉法》推导而来的证据使用禁止而言)。即**直接**靠《刑诉法》第 136a 条规定的禁止使用的讯问方法取得的证据(例如刑求取得的证言),纵使借助假设性权衡(例如:"犯罪人原本就会自白")也不能被正当化;反之,若刑事追究机关原本利用合法途径就能找到的**间接取得的**证据,则可以在诉讼中使用。从宪法推导而来的证据限制说则认为,假设合法使用干预的理由仅系整体权衡中的角度之一。③

在违反《刑诉法》第 136a 条导致被追诉人供述、证人证言或鉴定人意见不能被使用的情形下,惟有提前予以**加重晓谕**(qualifizierte Belehrung),即明确提示先前的陈述不能被使用,否则,此等程序违法必生继续效力(见边码 182、217)。④

案例 55(边码 696)之解答:
E 按理应当被侦查法官晓谕其享有拒绝作证权,见《刑诉法》第 52 条第 3 款第 1 句。本案没有履行该项晓谕义务,故通说认为,但凡证人不知晓其享有拒绝作证权的(本案假设是如此),便会导致**证据使用禁止**(BGHSt 14, 159, 160)。亦即,在庭审中既不能宣读法官制作的证人讯问笔录,也不得将侦查法官作为证人加以讯问。由于本案没有其他证据,所以 A 应该被宣

---

① 详见 *Beulke*, ZStW 103 (1991), 657 ff.
② 关于其问题:OLG Hamm StV 2007, 69; OLG Celle NStZ 1989, 385; LG Bremen StV 2006, 571; 深入的论述:*Wohlers*, Wolter-FS, S. 1181.
③ 详见 *Beulke*, ZStW 103 (1991), 657 ff; *Jäger*, Wolter-FS, S. 947, 958; *Jahn*, Gutachten, C 74 ff; *Ransiek*, Beulke-FS, S. 949;关于深入的内容:*Kelnhofer, E.*, Hypothetische Ermittlungsverläufe im System der Beweisverbote, 1994; *Schröder, S.*, Beweisverwertungsverbote und die Hypothese rechtmäßiger Beweiserlangung im Strafprozeß, 1992; *Weiler*, NStZ 1995, 98; Fall bei *Steinberg/Schwenke*, JuS 2020, 430, 433.
④ Vgl. LG Frankfurt StV 2003, 325.

告无罪(详见边码709)。

案例56(边码697)之解答:

(1) P以合法的方式行使了她依《刑诉法》第55条规定享有的拒绝陈述权。若仍然要依赖她的陈述去对A定罪,惟有将她曾经在警方面前所作的证言以合乎程序的方式在庭审中出示,始得可能。有两种途径可以实现这种对证言的使用,即要么**宣读**警察制作的讯问笔录,要么将曾经讯问的公务员当作证人去讯问:

由于《刑诉法》第250条的存在,所以不能**宣读**警察制作的笔录。尽管《刑诉法》第251条第1款第2项作为例外规定,允许在特殊情形下通过宣读讯问笔录取代证人亲自被讯问,却不能适用于本案,因为这里不存在**法定**的讯问障碍(见边码637)。

通过**讯问审问人员**的方式使用证言可能会因为《刑诉法》第55条不合法。因为在本案中没有依据《刑诉法》第55条第2款的规定晓谕证人权利。但是,通说以"**权利领域理论**"为根据正确地主张,违反《刑诉法》第55条第2款不会在针对被追诉人的诉讼中发生证据使用禁止的效果。《刑诉法》第55条仅旨在保护证人,而非被追诉人。而《刑诉法》第252条也不会让先前的证言不能被使用,因为该条仅仅规定在拒绝**作**证权的情形下才有权回溯性地撤销先前的证人证言,却没有规定拒绝回答权的情形也可如此操作。因此,实施讯问的警察得以证人身份被诘问,并以这种方式使用P的证言(详见边码712、714)。

(2) 若P自己随后也被起诉了,则她先前的陈述不得**在自己的刑事诉讼中被使用**。就此而言,未依《刑诉法》第55条第2款之规定晓谕权利等同于未依第136条第1款第2句向被追诉人晓谕权利(详见边码712)。

(3) 在针对A的程序中,纵使对P没有履行《刑诉法》第136条第1款第2句的晓谕权利,P的陈述仍然可以被使用,因为违反晓谕义务不涉及A的权利领域(见边码717)。

案例57(见边码698)之解答:

对A的私人领域加以干预的合法性以联邦宪法法院所谓的"领域理论"(BVerfGE 34, 238, 245 ff)为准。本案不存在对不容侵犯的私人生活核心领域的干预,无非是对私人领域开展的其他干预,对此须就保护个人隐私的利益和刑事追究的利益加以权衡。鉴于本案罪责指控的严重程度以及证据的关键重要性,应该肯定日记的可用性(详见边码724)。

749　　**案例 58(见边码 699)之解答:**

自白系运用禁止的讯问方法获取的,见《刑诉法》第 136a 条,故不得被使用。实务见解认为,这种证据使用禁止没有**远程效力**,至少在重大犯罪中查明真相的利益优先,故尸体和指纹可以被用作证据。与之相反,按照本书为本案提供的方案,间接来自于禁止性讯问手段的证据应适用证据使用禁止。法院不应当将尸体和指纹用于犯罪的证明(详见边码744)。

第二十四章　判决的作成与效力

案例59：W涉嫌接受A的指派贩卖海洛因。在对W开展的刑事程序中，A援引《刑诉法》第55条拒绝回答问题。而在针对A自己的程序中，A却否认他曾经指派过W贩毒。法院判决A有罪并在判决理由中说明，A在针对W的诉讼中拒绝回答的表现足以证明其有罪，理由是，若A确实没有交易海洛因，那么他在对W之诉讼中可以证人身份陈述。如此判决可以吗？（见边码781）

一、判决的概念

判决是事实审法院以庭审为基础作成的，用来结束某个诉讼阶段或诉讼案件之一部的，有固定形式且具备特殊效力的决定。① 即判决具有终结诉讼的效力。

程序判决（Prozessurteil）宣告程序不得继续进行（如当欠缺诉讼要件或存在程序障碍之际，依据《刑诉法》第260条第3款作成的程序终止之判决），而实质判决（Sachurteil）则就实体性指控表明立场，作无罪或有罪的宣告。

　　有别于判决的决定有：
　　——裁定（Beschluss）（其中，程序伴随性裁定，如有关法官回避的判断，参见《刑诉法》第28条；程序终结性裁定，例如《刑诉法》第153条第2款之程序终止裁定）。
　　——指令（Verfügung）（审判长作出的程序伴随性的具体命令，如依据《刑诉法》第241条第2款剥夺发言）。

---

① Peters, § 52 I 1; 亦见 Ellbogen, JA 2010, 137.

二、作成判决的原则

752 事实审法院在作成判决时,应受到特定原则的拘束:

(一) 判决受到起诉与开启审理裁定的限制

753 判决(Urteilsfindung)的对象是在起诉中被描述的并经审理结论认定的犯罪,见《刑诉法》第 264 条第 1 款。所谓**起诉**(Anklage),系指经**开启审理裁定**(Eroeffnungsbeschluss),见《刑诉法》第 207 条,边码 548 及以下数段)许可的**起诉要旨**,参见《刑诉法》第 200 条第 1 款第 1 句。《刑诉法》第 264 条规定的犯罪(Tat)系指被追诉人的某个完整的举动,该完整的举动借助于刑事追究机关(在起诉、开启审理裁定中)指明的事件,按照生活观念构成一项单一的事件经过(详见边码 785 及以下数段)。对犯罪的评价是开启审理裁定的依据,但不拘束法院,见《刑诉法》第 264 条第 2 款。

若法院在作出**有罪判决**时,希望援引的法律**不同于**经法院准许之起诉所援引的**刑法规定**(调整刑事起诉的情形),亦即,法院对案件事实作出了不同于开启审理裁定的实体法评价,它应该向被告人就此**释明**并且向其提供辩护的机会,见《刑诉法》第 265 条第 1 款。

若法院欲裁判的犯罪不同于被开启审理裁定容许进入庭审的犯罪,亦即,欲对**其他诉讼意义上的犯罪**加以判决的,须有依据《刑诉法》第 266 条规定的**补充起诉**,始得为之(详见边码 584 及以下数段)。

(二) 法官自由证据评价原则

754 **1. 原理**

《刑诉法》第 261 条规定,法院根据其自由形成的、基于**审理活动全部内容**(Inbegriff)所获得的确信作出法庭证据调查的结论,即所谓**法官自由评价证据原则/自由心证原则**(Grundsatz der freien richterlichen Beweiswürdigung)①。因

---

① 其原理见:BVerfG JR 2004, 37 连同 Böse 的裁判评释; Alexy-Engländer, S. 85; BGHSt 58, 212; BGH NStZ-RR 2018, 118; Frisch, ZIS 2016, 707; Geipel, Die Notwendigkeit der Objektivierung der Beweiswürdigung, 2008; Geppert, Jura 2004, 105。

此,法官对于被告人罪责的是否系亲自确信至关重要。这取决于,是否事实审法官在没有证据评价规则的拘束下,就特定的案件事实获得了**确信**(Überzeugung)。这种亲自的确认既是判决有罪的必要条件,也是充足条件。因为人类认知在本质上难以达到对犯罪历程绝对确定的知晓程度,所以,如果法院的认知**单纯在理论上可能会偏离事件流程的**,**不妨碍其作出有罪判决**。① 即使在协商的案件中②,对被告人的自白也须予以追问,是否自白与侦查结论相吻合?是否供述本身协调一致并且符合已经认定的结论(见边码 594)③?如果法官对被告人的犯罪经过有**合理的怀疑**(Vernünftige Zweifel),按疑罪从无的要求,便不得判决有罪。④

疑罪从无原则(der Grundsatz in dubio pro reo)在判决中的作用,并非针对证据评价中某个具体的元素,如单个证明罪轻的表征事实。**其仅适用于,当法院完成自由心证之际**,根据自己在自由心证中得到的结论对被告人的罪责尚有疑虑的情形。**法院须对所有的对认定犯罪有利和不利的状况加以整体性考量**。⑤ 疑罪从无不是一项证据评价规则(Beweisregeln),而是一项裁判规则。⑥

2. 法官自由评价证据(自由心证)的界限

(1)事实审法官受到逻辑的形式界限之约束。法官对判决的论证必须清晰、前后融贯且不自相矛盾⑦。

(2)**具有普遍性的和自然科学意义的经验定律**(Erfahrungssatz)也对法官有强制性限定作用。经验定律系指从一般生活经验或科学认知中得来的,不容存有例外的,且在内容上具有几近确定之盖然性的规则⑧。一旦某项事实遵循这种经验定律被认定,法官自然再无形成其他确信之

755

756

---

① BGHSt 10, 208, 211; 51, 324 f; BGH StV 1999, 5 (Weimar 案); BGH NStZ 2010, 292。
② BGH StV 2012, 653。
③ BGH StV 2013, 197 u. 684; 2018, 199 连同 *Eisenberg* 正确的批评性裁判评释; *Eisenberg*, StV 2013, 779; *Kudlich*, JA 2013, 775。
④ BGH NJW 1999, 1562 (开心果冰淇淋案) 连同 *Fahl* 的裁判评释, JA 1999, 925; 亦见 KMR-StPO-*Stuckenberg*, § 261 Rn 17, 89 f; *Bender/Nack/Treuer*, Rn 536 ff; *Erb*, Rieß-FS, S. 76; *Freund*, Meyer-Goßner-FS, S. 409; *Jerouschek*, GA 1992, 493, 504; *Stein*, Rudolphi-Symp, S. 233 ff。
⑤ BGH StV 2014, 720; BGH NStZ-RR 2015, 83。
⑥ BGH NStZ 2010, 102; BGH NStZ-RR 2013, 20; *Joecks*, StPO, § 261 Rn 24。
⑦ BGH BeckRS 2018, 2169; BeckRS 2020, 415。
⑧ BGH StV 2000, 69。

余地。① 所以,事实审法官否定生父的身份应该以特定的血型为根据;② 类似地,当血液酒精浓度达到 1.1‰,就必须认定行为人绝对不能安全驾驶。③

另一方面,若经验不具有普适性的,法官亦得不遵循之。这种经验例如有,乘坐轻轨逃票的行为通常都是故意为之④;或者,圣诞节期间父母不会把 6 岁大的孩子留在祖父母家⑤。

757 　　(3) 另外,《刑诉法》第 261 条尚要求,事实审法官尽可能地评价所有在庭审中审理过的证据资料(**穷尽式自由心证原则——Gebot der erschöpfenden Beweiswürdigung**)。这尤其适用于言词证据相互对立⑥、以及出现了颠覆以往认识的问题⑦,或者存在表征性(间接)证据⑧的场合。如果事实审法院通过排除法的方式确信被告人是犯罪人,就必须评估其他所有可能的选项并且加以否定。⑨

758 　　(4) 刑事程序法和刑法都于例外情形下规定了**证据评价规则**,如《刑诉法》第 274 条、《刑法》第 190 条以及《联邦中央登记法》第 51 条第 1 款。

759 　　(5) 适用**证据使用禁止**的证据不得于在判决时被考量(参见边码 700 及以下数段)

760 　　(6) 不得因为被追诉人行使了自己的权利,就对其作不利的推断,否则会间接地妨碍其主张自己的权利。

　　　　值得举例的情形⑩:
　　　　被追诉人拒绝积极配合唾液核酸检测,这一表现不得被评价为证明被告人有罪,理由是,没有人应被强迫自我归罪(不自

---

① BGHSt 10, 209, 211.
② BGHSt 6, 70, 73 ff.
③ BGHSt 37, 89, 91;更深入的论述:*Keller*, GA 1999, 255。
④ KG StV 2002, 412.
⑤ BGH StV 1993, 116.
⑥ BGHSt 44, 256; BGH StV 2018, 193; BGH NStZ-RR 2018, 23; *Barton*, Ostendorf-FS, S. 41; *Deckers*, StraFo 2010, 372.
⑦ BVerfG StV 2003, 593; BGH StV 2013, 546.
⑧ 更深入的论述:*Huber*, JuS 2016, 218。
⑨ BGH StV 2018, 700.
⑩ Einzelheiten s. *Eisenberg*, Rn 899 ff; *Schneider*, Jura 1990, 572 ff.

证己罪原则,见边码 191)。①

被追诉人**全面**拒绝在庭审中陈述的,不得以此对他作不利的推论。② 表情和手势也不得用来对其进行不利的评价③(亦见边码 191)。同样的,如果被告人在法庭中默认其他人提供对其有利的虚假证言,也不得因此对其加重处罚。④

被追诉人先作**间断式**(如在侦查程序的某个时候)缄默,却在庭审中又作有利自己的陈述,在形成心证时不得就此作不利于其的推断。⑤

但是,与之不同的情形是,如果被告人原则上就案件事实选择陈述,但他却拒绝回答单个犯罪或附带情节,或者不回答具体的问题或仅作部分回答的。由于被告人选择就案件事实作原则性陈述,也已自愿地成为了证据,自应接受法官的证据评价。所以,根据"**部分缄默**"这一事实,法官可以对被告人作不利的推断。⑥ 这也适用于**被追诉人**曾经在侦查阶段全面自白,但却在庭审中翻供的情形。⑦

若被告人仅选择就**全部犯罪指控**中的一项或几项陈述,而对其他部分予以缄默的,联邦最高法院主张,这种情形不构成部分缄默,不得以此作出推断。⑧

被告人在诉讼进行甚久之际,方才提出旨在证明自己无罪的证据申请,即使该证据申请依托的事实是被告人自始就知晓的或者其不可能不知晓的,也不能据此就推断其有罪。⑨ 同此适

---

① BGHSt 49, 56, 59 连同 *Dallmeyer* 对此持肯定的评论, JA 2004, 789 u. *Martin*, JuS 2004, 448。
② BGHSt 25, 365, 368; 34, 324, 326; BGH NStZ 2018, 229。
③ BGH StV 1993, 458; Radtke/Hohmann-*Pegel*, § 261 Rn 48。
④ BGH NStZ 2019, 537 连同 *Arnoldi* 的赞成性裁判评释。
⑤ BGHSt 20, 281, 282 f; BGH NStZ 2016, 59。
⑥ BGHSt 20, 298, 300; BGH JR 2003, 165 连同 *Jäger* 和 *Widmaier* 的裁判评释, JR 2004, 85; 不同的观点:SK-StPO-*Rogall*, § 52 Rn 56; Park, StV 2001, 591 f; 详见 Schneider, NStZ 2017, 73, 126。
⑦ BGH NStZ 1998, 209。
⑧ Vgl. BGH JR 2001, 79; BGHSt 32, 140, 145; dazu *Kühl*, JuS 1986, 115, 119; 否定性观点:*Rüping*, Rn 102。
⑨ BGH NStZ 2002, 161。

用的,还有被告人对强制性措施放弃寻求救济的情形。① 即使被追诉人**故意提供不真实**的陈述并露馅的,按照联邦最高法院的见解,也仅能有限地证明被告人有罪,其理由在于,一位无辜的人也可能在法院面前借谎言以求自保。② 甚至**试图逃跑**也不得被用来间接地证明其犯罪人的身份或者罪责,因为无辜的人也可能期望摆脱掉刑事程序而铤而走险。③

761　　(7)判断**证人的信用性**(Glaubwürdigkeit)及其证言的可信性(Glaubhaftigkeit)也属于事实审法院的"固有任务"。其间,法院应该查明个人的信用性程度:证人究竟是以何种方式感知案件事实的,以及他们与事实究竟有着何种利益纠葛,或者他们是否会扭曲对案件事实的感知,或者他们对案情的回忆是否被篡改。来自美国的研究表明,证人证言是容易出错的证据。④ 证言的可信性则依靠一系列现实性标准去判定,如事实描述的具体性和形象性、证言的详尽程度、证人的回答以及对复杂经过、行为过程的片段以及突发复杂状况的描述的内部一致性和融贯性等。证言的形成和后续状况同样非常重要＊。⑤ 以有证据表明证人曾经在其他问题上故意说谎为由,要求该证人证言一概不得采信的有拘束力的证据评价规则是不存在的。⑥

若**证人**选择缄默,则根据其能否行使拒绝作证权之不同,作出不同的证据评价:

如果证人**无权拒绝作证**,则法院可以将此情节纳入证据评价中一并考量,即便如此也要求法院"须谨慎为之"。⑦

---

① OLG Karlsruhe StV 2003, 609.
② BGH StV 2001, 439; BGH NStZ-RR 2011, 118.
③ BGH StV 2008, 235; BGH BeckRS 2019, 3308.
④ 更深入的论述:*Velten*, GA 2015, 387 连同相关说明;关于证人为证言作准备的问题:BGH StV 2015, 92 连同 *Eisenberg* 的裁判评释。
＊ 所谓证言的形成状况(Aussageentstehung)系指,证人于何时、在何种条件下、基于何种动机以及向谁就系争事实进行了表述。所谓证言的后续状况系指,对于待证事件是否进行了询问以及由谁、以何种形式进行的询问。——译者注
⑤ BGH BeckRS 2019, 33556; BGH NStZ-RR 2019, 226; BGH NStZ 2020, 240 连同 *Miebach* 的裁判评释;有关评价的因素:*Eisenberg*, Rn 1426 ff; *Jahn*, Jura 2001, 450; *Sander*, StV 2000, 45; *Miebach*, GS Joecks 2018, 133, 137.
⑥ BGH NStZ 2002, 495.
⑦ BGH NJW 1966, 211.

如果证人乃基于《刑诉法》第 52—53a 条规定之**拒绝作证权**而缄默的,这种情形不得纳入法官的证据评价。被告人不得因证人的缄默而遭受不利的影响(亦见边码 191)。①

援引《刑诉法》第 55 条而拒绝回答问题的证人,其表现是可受证据评价的②;反之,如果该证人未来成为被告人,**在对其开展的程序中**,不得据其表现(曾主张《刑诉法》第 55 条)作出对其不利的推论③。

如果证人仅作**部分地**陈述,参照适用前述有关部分陈述之被告人的原则,亦即,这种表现可以成为自由心证(证据评价)的对象。④

(8) **已发生确定力的判决**(rechtskräftiger Strafurteil)就之前的犯罪事件或量刑所完成的事实认定,包括其对在后的诉讼中重要的待证事实的认定,**不拘束裁判在后诉讼的事实审法院**。⑤ 这部分事实认定即便得以文书证据的形式(《刑诉法》第 249 条第 1 款第 2 句)进入在后诉讼的法庭活动(见边码 310),但却不得不经过审查而迳由事实审法院承认之。

3. 先决问题的权限

依据《刑诉法》第 262 条,民事法律关系的裁判作为刑事诉讼先决问题的,原则上应该由刑事法官裁判之。⑥ 其间相关的程序与证据问题,则适用《刑诉法》的规定,尤其是《刑诉法》第 261 条规定的法官自由心证原则。先决问题来自于其他法律领域的,尤其是公法问题,《刑诉法》第 262 条同样适用。

三、评议和表决

判决作成前的最后一步系法院的评议(Beratung)与表决(Abstimmung),见《刑诉法》第 260 条第 1 款(见边码 571)。有关法院评议的法定规则除了《刑诉法》第 260 条第 1 款以外,还有《法院组织法》第

---

① BGHSt 22, 113; 34, 324, 327; BGH StV 2016, 418.
② BGHSt 47, 220, 223; BGH StV 2009, 174; 不同的观点:KMR-StPO-*Neubeck*, § 55 Rn 12; *Rüping*, Rn 179。
③ BGHSt 38, 302, 303 连同 *Dahs*、*Langkeit* 的裁判评释, NStZ 1993, 213; *Rogall*, JR 1993, 380。
④ BGHSt 32, 140, 142; 不同的观点:*Kühl*, JuS 1986, 115, 121; 案例见 *Schroeder/Meindl*, Fall 4, S. 40。
⑤ BGHSt 43, 106, 107; 更深入的论述:*Welp*, Müller-FS Ⅱ, S. 765。
⑥ 关于例外,参见 *M-G/Schmitt*, § 262 Rn 3 f; 关于"相反的"情形: *Foerster*, Transfer der Ergebnisse von Strafverfahren in nachfolgende Zivilverfahren, 2008。

192条及以下数条和《法官法》第43条、第45条。若法院在结辩陈词和评议之后再次回到审理阶段的，如为了循《刑诉法》第265条践行释明，则应该在判决宣告之前重新评议。①

除法律另有规定外，法院按评议者**绝对多数**为断，见《法院组织法》第196条第1款，如有关证据申请的表决。其中最重要的例外是关乎**罪责**（如被告人之正犯身份）和**法律后果**问题（如自由刑之刑度）的决断，对此须由评议者三分之二之多数为断，见《刑诉法》第263条第1款。②

四、宣告判决

765　依据《刑诉法》第268条，判决在审理结束时由审判长（《刑诉法》第238条第1款）"以人民的名义"宣告之。其间，应朗读判决的主文，并按照实质内容公布判决的理由。判决宣告以后，应该依据《刑诉法》第35a条的要求，晓谕被告人合法的救济途径。

五、刑事判决的内容

766　因宣读判决主文之后，口头说明判决理由难免仓促且不全，故判决书尤为重要。法律对其内容之各部分均有规定。③ 判决书包括下列内容：④

（一）摘要

767　**判决首部**（判决导入语、摘要，用红体拉丁字母书写，因为之前就系红体书写）标明作为判决之文书。判决以"以人民之名义"作为起始语，见《刑诉法》第268条第1款。接着标明被告人的姓名与履历（《刑事程序与罚金程序指令》第141条、第110条第2款）。依据《刑诉法》第275条第3款，开庭日期和参与庭审人员的名单亦应记载之。

---

① BGHSt 24, 170, 171; BGH NStZ 2010, 650; Radtke/Hohmann-*Gorka*, § 260 Rn 22.
② 更深入的论述：KMR-StPO-*Stuckenberg*, § 263 Rn 5.
③ 判决的模板：Brunner/Kunner/Reiher, S. 114; *Ernemann*, S. 116; *Georgy/Kretschmer/Lorenz*, JA 2013, 623, 691; *Graf*, Muster 87 ff; *Huber/Hofer*, S. 25 ff; *Klesczewski/Schößling*, Rn 78; *Kroß/Neurauter*, Nr 39; *Kühne*, Rn 1004; *Ludwig/Martini*, JA 2015, 61; *Meyer-Goßner/Appl*, S. 353 ff; *Stegbauer*, S. 25 ff; 亦见 *Mansdörfer/Timmerbeil*, JuS 2001, 1102; 结构图见 *Ziegler*, Rn 27 ff.
④ 具体内容见 *Huber, M.*, S. 26 ff; *Melzer*, JuS 2008, 878; *Schäfer*, Rn 1381 ff; *Vollmer/Heidrich/Neher*, Rn 407 ff.

（二）主文

主文（Tenor）是判决最为重要的部分，并以简要的形式体现为法院对被告人罪与非罪以及法律后果的结论。判决主文被记载在判决书之中，其内容与宣判时按《刑诉法》第268条第2款被宣读的内容相一致（见《刑诉法》第260条第2—4款）。法定量刑规则，如例示性规定（的量刑情节），不属于《刑诉法》第260条第4款第1段所规定的犯罪的法律表述（罪名），故不得被记载到判决主文中（联邦最高法院却对《刑法典》第177条第2款第2句第1项之强奸罪创设了例外①）。反之，本身符合加重要件而实现的犯罪构成（如使用武器实施的加重抢劫，见《刑法典》第250条第2款第1项），应该记入判决主文。②

（三）判决理由

判决理由（Urteilsgründe）旨在说明，开启审理裁定所指摘的特定行为是否业经证实，且其是否构成一项犯罪。《刑诉法》第267条规定了判决理由必须具备之内容。③ 纵然被告人被宣告无罪或针对其之程序被终结，仍须于判决中记载相关事实和/或法律上的理由，记载应该以方便救济审审查的方式为之。④

（四）签名

参与裁判的职业法官须在判决上**签名**。参审员不需要签名，见《刑诉法》第275条第2款第1、3句。

六、判决的确定力

（一）形式确定力与实质确定力

判决的确定力（Rechtskraft）系指**作成的裁断所具有的终局性**（Endgültigkeit）和准据性（Maßgeblichkeit）。当确定力产生之后，诉讼调查

---

① BGH NJW 1998, 2987.
② BGH NStZ 2010, 101; *M-G/Schmitt*, § 260 Rn 25a.
③ 更深入的论述：*Appl*, Rissing-van Saan-FS, S. 35; *Rieß*, Rissing-van Saan-FS, S. 492; *Steinberg/M. Rüping*, JZ 2012, 182; 关于判决理由中不得引述电子存储介质所存储的信息的问题：BGHSt 57, 53; *Wollschläger*, StV 2013, 106. 主张犯罪构成应该简明扼要：BGH NStZ 2020, 102.
④ BGH NJW 2011, 547; BGH NStZ 2012, 227.

的结论原则上就不能再被撤销或发生拘束效力。

772　　1.若**判决**不得在同一程序中被撤销者,即产生**形式确定力**,具体情形如下:

——**申请救济期间届满**,无法再有效地提出救济。尤其见《刑诉法》第314、319 条有关事实审上诉以及第 341、346 条有关法律审上诉的规定;

——所有有权提起救济审的人均**有效地放弃**救济,或者已提起的救济**被有效地撤回**(见《刑诉法》第 302 条)。

——**法律上诉审法院**业已作出裁判的,见《刑诉法》第 354 条第 1 款。

形式确定力的效力有二:

——判决得以被**执行**,见《刑诉法》第 449 条;

——引发**实质确定力**(遮断效)(见下文 2)。

773　　2.**实质确定力**以形式确定力为前提。其着重于**裁判的内容**并宣示,就经实体裁判被终结的程序而言,曾作为其对象的诉讼意义上的犯罪(见《刑诉法》第 264 条)不能再成为刑事程序和实体判决的对象,即产生了**"遮断效"**(Sperrwirkung)。**一事不再理原则**(Grundsatz des ne bis in idem)甚至具有宪法位阶,见《基本法》第 103 条第 3 款。有确定力的裁判对在后的刑事程序构成一项**程序障碍事由**①(见边码 434)。不仅有罪判决如此,无罪判决亦然。按照通说的见解,如果没有**可撤销**的诉讼障碍,如罹于时效等,纯为程序性判决的程序终止判决(《刑诉法》第 260 条第 3 款)同样会发生刑事起诉穷竭的效果。②

惟有裁判的主文有确定力,不包括裁判的理由。

　　示例:A 就盗窃名贵油画之指控(《刑法典》第 242 条)被宣告无罪。曾负责驾驶三轮机动车转运赃物的 B 于后来的程序中因其行为触犯《刑法典》第 242 条、第 27 条被判决有罪。于该判决理由中,法院认为,A 系盗窃罪之正犯,B 系 A 之帮助犯。

3.确定力的本质颇滋争议。

774　　早前具有代表性的**实体法之确定力理论**主张,具有确定力的判决创设了新的实体性权利,此时对无辜的受有罪判决人产生了一项实体性的

---

① BVerfGE 3, 248, 251; BGHSt 5, 323, 328.
② 不同的观点:*M-G/Schmitt*, Einl. Rn 172; BGHSt 32, 209, 210 不置可否。

刑罚请求权。①

直至今日还有人主张,尽管无辜的受有罪判决人没有实体上的刑事可罚性,但却取得了有罪的受判决人的地位(继 Goldschmidt 首倡②后发展出的**形成理论**)。

按照当今绝对通说的观点,判决仅具有诉讼上的影响,即它有诉讼法上的拘束性(被称为"**诉讼法之确定力理论**")。③ 根据这种观点,尽管执行错误的判决具有违法性,但无辜的受有罪判决人却没有正当防卫权。

4.判决依法被部分地撤销或多名被告人中仅有部分人提起救济的,得产生**部分的确定力**(见边码 826 及以下数段)。 775

（二）确定力的消灭

判决之确定力尤其在遇到下列情形时,得消灭之: 776

——再审,见《刑诉法》第 359 条及以下数条(参见边码 878 及以下数段);

——程序回复原状,见《刑诉法》第 44 条及以下数条(参见边码 467 及其以下数段);

——法律上诉审法院为有利于案件的共同被告人而撤销原判,见《刑诉法》第 357 条(参见边码 865);

——联邦宪法法院在宪法诉讼取得成功之际撤销原判④(《联邦宪法法院法》第 95 条第 2 款)。

（三）无效之判决和非判决

纵然判决内容错误,或判决在程序上存有瑕疵,甚至因此违反欧盟法的,判决仍会产生确定力。⑤ 被指控人应该通过法律救济审方式防御这种判决。此亦适用于严重违反程序的情形。但是,实务见解和学界通说却基于法治国的理由,承认在极端情形下有其例外。亦即,基于对法安定性 777

---

① Vgl. *Birkmeyer*, Deutsches Strafprozeßrecht, 1898, S. 680.
② Der Prozeß als Rechtslage, 1925, S. 211 ff; dazu vertiefend *Popp, A.,* Verfahrenstheoretische Grundlagen der Fehlerkorrektur im Strafverfahren, 2005, S. 267; 亦见 *Roxin/Schünemann*, § 52 Rn 9。
③ Vgl. *Ranft*, Rn 1875.
④ 更深入的论述:*Jahn*, ZIS 2009, 511。
⑤ *Satzger*, S. 670 ff.

和正义视角下的法和平性价值的考量,不接受法院裁判为有效。①

判决无效(Nichtig)主要见于如下情形:

——判处了法律未规定的制裁的判决(如杖刑);
——对无刑事责任能力者(如12岁的孩子)作成的判决;
——对代替被告人出庭的人作成的判决(有争议);②
——某个新的独立的程序中,违反一事不再理原则而作成的判决(有争议);③
——对已亡故者作成的判决;④
——不经公开审理,由不具属地管辖权的法官通过不合法的委托讯问而作成的判决;⑤
——按照慕尼黑州高等法院的见解:基于违反《刑诉法》第257c条(见边码594)所达成的非正式协商而作成的判决(极富争议)。⑥

非判决(Nicht-Urteile)系指,据其外形无法被视为判决的裁判,例如,由书记员签发的判决,或者尚且为草稿的判决。

(四)判决之更正

778　对所有程序参与人而言,明显的**撰写错误或制作错误**,得于事后更正之。

---

① BGHSt 47, 270 连同 *Radtke* 批评性的裁判评释, JR 2003, 127。
② 更深入的论述:BVerfG HRRS 2010, Nr 1129 连同 *Jahn* 的裁判评论, JuS 2011, 83; *Heinrich/Reinbacher*, Problem 41 Rn 25; *Roxin/Schünemann*, § 52 Rn 26 f; *Rössner*, 30 Probleme aus dem Strafprozessrecht 2007, Problem 23; *Roxin/Achenbach/Jäger/Heinrich*, PdW Fall Nr 432; 批评观点:*Meyer-Goßner*, Schlothauer-FS, S. 1349; 亦见 BGH NStZ-RR 1996, 9 (对被告人正确但写错了名字的情形: 有效)。
③ BGH NStZ 1984, 279; 亦见 OLG Hamm NStZ-RR 2008, 383 连同 *Mosbacher* 的裁判评论, JuS 2009, 124, 126; *Fahl*, JuS 1996, 63。
④ OLG Schleswig NJW 1978, 1016。
⑤ Vgl. OLG Köln NZV 2003, 46。
⑥ OLG München NJW 2013, 2371 连同 *Förschner* 的赞成性裁判评释, StV 2013, 502 连同 *Meyer-Goßner* 的否定性评论, StV 2013, 613; 否定性意见还可以参见 *Beulke*, Schlothauer-FS, S. 315, 317; *Leitmeier*, NStZ 2014, 690; s. auch *Jahn*, JuS 2013, 659 u. *Kudlich*, NStZ 2013, 379。

（五）不再补行起诉

在特殊情形下，案件会在最终的事实审理活动之后又出现崭新的事态发展（例如：犯罪被害人于故意伤害判决发生确定力以后才死亡），有个别学者主张，此时可以再提出"**补充起诉**"（Ergänzungsklage）或"**完备性起诉**"（Vervollständigungsklage）。① 这种观点是不正确的，因为后续结果仍然属于诉讼意义上犯罪的一部分（见边码785），故判决确定力自应包含其在内。确定力中断仅存在于少许被立法者所承认的情形中（尤以《刑诉法》第359条及其下数条规定的再审制度最为典型，见边码878），但不包括本处所称的情形在内，且因确定力中断有例外的特征，不得类推适用之。②

779

七、《联邦中央登记法》

联邦中央登记系统（Bundeszentralregister）是由（位于波恩的）联邦司法局（Bundesamt für Justiz）负责运行的资料库（见《联邦中央登记法》第1条③）。另外，德国法院对违法行为作成的确定裁判，但凡其内容包含科处刑罚，被命以改善与保安处分或附保留刑罚的警告（Verwarnung mit Strafvorbehalt）的 *，或者根据《少年法院法》第27条，认定了少年人或甫成年人的罪责的（《联邦中央登记法》第4条）**，均应记录之。其他有记录义务的事实，参见《联邦中央登记法》第5—19条。

780

按照《联邦中央登记法》第20条，法院和国家机关有义务将待记录的

---

① Roxin (25.A.), § 50 Rn 17.
② BVerfGE 65, 377, 381; Achenbach, ZStW 87 (1975), 95; Roxin/Schünemann, § 52 Rn 15; 更深入的论述：Rössner/Safferling, Problem 25.
③ 刊印于 Schönfelder Nr 92.

* 德国《刑法典》第59条规定的"附保留刑罚之警告"属于罚金刑的一种特别执行方式，即对于行为人被宣告180天以下日额罚金刑的案件，在确定其具体罚金额度以后，暂时不予以宣告，而是先给予行为人1—3年的考核期。如果通过了考核，则仅须对其警告，不会将其行为登载于中央记录簿，行为人被视为无前科。若通不过考核或发现考核自始不适当者，将对行为人科处被保留之罚金，并将其行为登载于中央记录簿。参见 Hans-Jürgen Kerner：《德国刑事追诉与制裁》，许泽天、薛智仁译，元照出版公司2008年版，第12—13页。——译者注

** 德国《少年法院法》第27条规定，"若穷尽一切侦查手段仍无法确定辨明，少年的犯罪行为是否凸显出必须被判处少年刑罚之破坏性倾向者，法院得认定少年之罪责，但得为判处少年刑罚之裁判设定具体考验时间。"——译者注

裁判和其他事实告知记录机关。有罪判决的记录经过特定期间后，将消灭之(《联邦中央登记法》第 45 条)。**消灭期间的时长主要按刑度高低决定之**(《联邦中央登记法》第 46 条)。

若有罪判决的记录已消灭或应当消灭的，则于法律交往中，不得再以该罪行以及有罪判决责难被记录人，且不得作对其不利的使用(见《联邦中央登记法》第 51 条，相关例外情形规定于《联邦中央登记法》第 52 条)。①

任何年满 14 周岁的人有权通过申请方式查询中央记录簿中与自身相关的内容，见《联邦中央登记法》第 30 条，亦即"**犯罪记录证明**"(Führungszeugnis)。另外，国家机关为执行其官方任务，得依据《联邦中央登记法》第 31 条，要求出具犯罪记录证明。按照《联邦中央登记法》第 32 条第 2 款之要求，某些特定的登记内容不得记入犯罪记录证明中(例如：判处不超过 90 天日额罚金的有罪判决，如果在登记系统中没有其他登载的刑罚，则不予记入犯罪记录证明)。如果符合《联邦中央登记法》第 41 条的要求，即使某项记录不应被记载入犯罪记录证明，仍可以将该记录告知法院、检察官以及特定的国家机关(不受限的查询)。

781 　　**案例 59(边码 750)的解答：**

任何人均不得被要求在针对他自己的刑事程序中作证的原则(不自证己罪原则，见边码 191)，亦即，任何人均享有缄默权(《刑诉法》第 136 条)甚至具有宪法的位阶。被追诉人行使其缄默权的表现，不得用于对其不利的判决。据此而言，法官自由心证原则(《刑诉法》第 261 条)有其界限。这种限制不仅包括在当前的诉讼中主张拒绝陈述权的情形，还包括被追诉人在其他人的诉讼中作为证人被传讯时，其依据《刑诉法》第 55 条行使拒绝回答权的情形。因此，不得因为 A 在针对 W 的程序中拒绝回答，就让他遭受不利的指控。故判决不合法(详见边码 760 及以下)。

---

① Guter Überblick bei *Krumm*, StraFo 2012, 165; *Kuhn*, JA 2011, 855.

第二十五章　诉讼中的犯罪概念

案例60：A驾驶私家车于公路上行驶时被查出其血液酒精浓度高达1.5‰，其间他曾在超车过程中威胁到摩托车驾驶员M的安全。于是，A因为触犯《刑法典》第315c条【危害道路交通安全罪】被起诉。在庭审中发现，M因为A的超车行为而摔倒并臀部骨折，A当时对M摔倒视而不见并继续驶离。若欲对A判处过失致人伤害罪（《刑法典》第229条）和擅自离开事故现场罪（《刑法典》第142条），应该满足哪些条件？（见边码796）

案例61：A于1998年被发现使用射击性武器，因其构成《武器法》第53条规定的非法持有与使用武器罪被判处罚金。在判决产生确定力以后又发现，A曾于1998年使用该武器抢劫，试问该抢劫行为还能否被追究？（见边码797）

案例62：A涉嫌曾参与一起抢劫案，因为该抢劫案发生后的第九天从他身上找到抢劫赃物中的钞票，但却无法证实其曾参与抢劫。于是，A被起诉涉嫌与现金相关的赃物罪并被宣告有罪。在判决发生确定力以后，出现了他参与抢劫的证据材料。检察官对他以抢劫罪为由提出起诉（《刑法典》第249条），法院应该如何裁判？（见边码798）

一、刑事诉讼法中犯罪概念的意义

诉讼意义上的犯罪概念决定着诉讼的客体。它规定了被追诉人究竟因何事被指控，以及刑事追究机关究竟能在何等范围内对其进行处理。

犯罪概念的意义主要有以下几点：

——界定**审理的内容**（Verhandlungsstoff）：根据控诉原则，法院仅能针对**被起诉的犯罪**进行裁判（见《刑诉法》第151条、第155条第1款），例如，开启审理裁定（Eröffnungsbeschluss）仅针对被追诉人在起诉书中受到指控的举止作出。

——区隔《刑诉法》第 265 条和第 266 条的适用:只有被开启审理裁定(见《刑诉法》第 207 条)记载的犯罪才是**法院判决的对象**(Gegenstand der Urteilsfindung)(《刑诉法》第 264 条第 1 款)。若在审理过程中发现,出于合目的性的考量,应当在同一个程序中一并处理**其他的犯罪**,则必须**补充起诉**(Nachtragsanklage)(《刑诉法》第 266 条)。相反,如果仅系言词审理过程中法院对法律上的或事实上①的思考方法与起诉书的或开启审理裁定的评价有所不同,或者与它之前在审理中表达的对事实状况或法律状况的评价有所不同,或者为了保障被告人充分地辩护,有必要释明改变的事实状况的,则仅须依据《刑诉法》第 265 条第 1、2 款加以**释明**(Hinweis)即可。这种被改变的思考方法不得超出**被起诉的犯罪**之范围。

——明确**确定力**(Rechtskraft)的范围:根据一事不再理原则(ne bis in idem)(见《基本法》第 103 条第 3 款),犯罪的概念也界定了确定力的范围。当针对某个犯罪的刑事程序被确定之判决或者相当于确定之判决的处刑令(《刑诉法》第 410 条第 3 款,见边码 803)②所终结以后,便对重新启动程序构成一道诉讼障碍(Prozesshindernis)[关于补充起诉(Ergängzungsklage)见边码 779]

二、概念界定

786 **一个诉讼中的犯罪**是指符合下列特征的被追诉人的完整举止:凭借刑事追究机关(在起诉书、开启审理裁定或者判决书中)描述的**历史经过**,被追诉人的完整举止**从生活观念上看构成一个具有单一性的事件**(einheitlich Vorgang)。③

> 其实也可以这样去定义:"在行为人的若干具体的举止之间必须存在着某种内在的连结,这种连结令人感觉到,倘若将这些

---

① Siehe M-G/Schmitt, § 265 Rn 23.
② BGH StV 2013, 141 连同 Kudlich 的裁判评论, JA 2012, 710 以及 Mitsch 的裁判评论, NZV 2013, 63。
③ BVerfGE 56, 22, 28; BGHSt 35, 60, 62; 45, 211, 212; BGH NStZ 2006, 350 连同 Mosbacher 的裁判评论, JuS 2007, 126; BGH NStZ 2020, 46; OLG Oldenburg, StraFo 2006, 412 连同 Kudlich 的裁判评论, JA 2006, 902; 概览参见 Huber, JuS 2012, 208; Steinberg/Stam, Jura 2010, 907。

举止置于不同的第一审程序中分别地作出裁判,就会让一个单一的生活事件被不自然地切割。"①

重要的是,按照这种定义,历史经过(das geschichtliche Vorkommnis)不仅仅是指某个被刑事追究机关列明的被追诉人的活动,而且包括所有与该活动相关的被追诉人的举止,只要这些举止从一名旁观者的角度看是一个整体便已足。②

怎样判断是否构成一个单一的历史事件(einheitlicher geschichtlicher Vorgang),其关键性的标准是:

——犯罪地点(Tatort);

——犯罪时间(Tatzeit);

——犯罪对象(Tatobjekt,即事情的对象);

——侵害方向(Angrffsrichtung)(考量范围极有争议)。

这种犯罪概念不同于**实体法上的犯罪概念**。《刑法典》第52、53条中的"犯罪"是实体法上的犯罪概念,它是用来区分犯罪单数(或法律单数)与犯罪复数的。诉讼法意义上的犯罪可以被称为更广泛的犯罪概念。③

诚如明显相关的实务见解所言,如此定义的诉讼中的犯罪概念是模棱两可的。联邦最高法院也公开坦承,目前还没有可以毫无疑问地适用于一切可能情形的犯罪概念定义④,并且一切具体的情形都值得从正义的角度继续追问⑤。因此,就法学训练而言,惟有借助于对最重要的案件类型的解析,始能掌握该议题之要领。⑥

三、具体案件类型

(一) 想像竞合时构成《刑诉法》第264条规定的一个犯罪

尽管应该将实体法的想像竞合(Idealkonkurrenz)以及实质竞合(Realkonkurrenz)概念(犯罪单数以及犯罪复数,见《刑法典》第52、53

---

① BGHSt 41, 385, 388; 49, 359, 362; BGH wistra 2008, 22.
② Vgl. RGSt 56, 324, 325; BGH HRRS 2012, Nr 324; LR-*Gollwitzer*, § 264 Rn 3.
③ 详细内容见:*Beulke*, 50 Jahre BGH-Wiss-FG, S. 781 ff; *Kretschmer*, JA 2017, 139。
④ BGH StV 1985, 181.
⑤ BGHSt 43, 252, 255.
⑥ 全面的内容见:KMR-StPO-*Stuckenberg*, § 264 Rn 14 ff。

条)与程序法的犯罪概念严格地作出区分,然而,通常两者间仍有以下的一致性:若在实体法上构成一个行为(**想象竞合**)的,也就是《刑诉法》第264条规定的同一个犯罪。①

示例:A向警察P的头部投掷彩色抗议弹,抗议弹的填充物溅入P的眼睛并导致其眼睛严重酸痛。P提出了一项涵盖全部罪行的刑事告诉。在起诉和开启审理裁定中,仅以身体伤害罪(《刑法典》第223条)作为指控。然而,法院在依据《刑诉法》第265条第1款践行了相应的法律释明以后,仍得以犯罪单数的方式一并判处身体伤害罪和侮辱罪(《刑法典》第223、185、52条),因为这是程序意义上的一个犯罪。

(二) 实质竞合时构成《刑诉法》第264条规定的多个独立的犯罪

788 相反,一旦构成**实质竞合**,便**间接地表明**,这种情况也同时是《刑诉法》第264条规定的多个犯罪。②

示例:A因涉嫌抢劫罪(《刑法典》第249条)被起诉。在审理中查明,他在被指控的犯罪发生后的第三天曾经醉酒驾驶(《刑法典》第316条)。这两个犯罪行为彼此构成实质竞合,并且也是程序意义上两个独立的犯罪。惟有根据《刑诉法》第266条补充起诉,始得将之纳入正在进行的程序中合并审理。另外,还必须以A同意该合并审理为前提。

(三) 尽管实质竞合却仍构成《刑诉法》第264条规定的一个犯罪

789 从实体法上的实质竞合得出《刑诉法》第264条规定的多个独立的犯罪,这个规则有一些重要的例外。③ 尤其值得注意的是**醉态驾驶肇事并且随后"司机逃逸"**的情形。这种情形一方面在实体法上构成《刑法典》第

---

① BVerfGE 45, 434, 435; BGHSt 26, 284, 285; BGH NStZ 2019, 695.
② BGHSt 43, 96, 99; BGHSt 44, 91, 94 连同 *Beulke* 的裁判评释, NStZ 1999, 26; BGH NStZ 2012, 461.
③ Vgl. *Beulke*, 50 Jahre BGH-Wiss-FG, S. 784 ff; 亦见 BGH NStZ 2012, 85 连同 *Kudlich* 的裁判评论, JA 2012, 310; OLG Brandenburg ZWH 2012, 166 连同 *Schuhr* 的裁判评释。

315c条【危害道路交通安全罪】与《刑法典》第142条【擅自离开事故现场罪】的**实质竞合**。① 另一方面,实务见解却认为《刑法典》第315c条和《刑法典》第142条之间构成《刑诉法》第264条的"**犯罪同一性**"(Tatidentität)。② 于是就导致,纵使仅依据《刑法典》第315c条以危险驾驶罪起诉,一旦在审理中查明有擅自离开事故现场的行为,在遵守《刑诉法》第265条第1款之规定给予法律释明以后,也可以将其依据《刑法典》第142条予以一并判决。

联邦最高法院判例(BGH NStZ 1996, 243):由于超车,两方当事人在路边发生争端,经过持续一两分钟的群殴以后,X被打死,Y被打伤。后来,A因为杀害X、B因为打伤Y遭到起诉。法院经过审理后认为,Y的受伤也应该算在A的头上。那么A能就此部分被宣告有罪吗?

解答:尽管本案在实体法上构成数个侵害高度个人专属性法益(höchstpersönliche Rechtgüter)的犯罪,应该按照实质竞合(《刑法典》第53条)处理③,但是,按照自然的日常生活观念,本案属于《刑诉法》第264条规定的一件事("一次混战")。法院在遵守《刑诉法》第265条第1款践行法律释明(见边码584及以下)以后,也可就A针对Y的身体伤害作出有罪判决。

联邦最高法院判例(BGH NJW 2010, 166)④:在一次集体野炊后,T和U开车载着被害人F回家,途中T和U将车停在某个森路公园的深处,在没有杀人故意的主观心态下,二人将F打晕并趁机偷走了他身上的11,000欧元的现金。之后,他们将明显受伤的F留在寒冷冬夜的森林之中,并相信,F很快就会被他人发现。

第二天T向U提议开车回森林查看一下,F会不会被冻死了。T说,随他去吧。

之后不久,被冻僵却一息尚存的F被一位晨跑者发现。该

---

① BGHSt 21, 203.
② BGHSt 23, 141, 147; Saarl. OLG NStZ 2005, 117; s. auch KG StV 2018, 401.
③ Vgl. *Wessels/Beulke/Satzger*, AT, Rn 1255.
④ 裁判全文刊印于NStZ-RR 2009, 289; 亦见BGH NStZ 2009, 705。

案一开始只起诉了 T。州地方法院对其作出了与起诉时指控相一致的判决——以犯罪单数的方式一并判处加重抢劫罪（schwerer Raub）和危险伤害罪（gefährliche Körperverletzung）（《刑法典》第 250、224、52 条）。检察官提起法律审上诉，指摘原判决没有对 T 另外构成杀人未遂的部分宣告有罪。

解答：由于本案一开始并无杀人故意，所以 T 在第一天的所作所为依法仅能被判处加重抢劫罪和危险伤害罪之想象竞合。直到第二天他才萌生杀人故意，于是，自此才以不作为方式构成杀人未遂。后者与先前发生的加重抢劫罪（以及与之相关联的身体伤害罪）在实体法上构成实质竞合（《刑法典》第 53 条）。如果这部分事实已经被写入起诉书，则在践行了《刑诉法》第 265 条要求的相应释明以后，按理可以对这部分犯罪作出判决。理由是，这前后两部分的犯罪有着相同的侵害方向、时间上具有密接性，并且因为先前不法行为产生的保证义务让它们之间具有法律上的关联性，这些特征使得 T 的全部举止表现为一个历史事件，按照生活观念，其构成一个单一的事件。所以，法院本应该基于它们是诉讼上的一个犯罪事实而对 T 与加重抢劫具有实质竞合关系的杀人未遂进行定罪处罚。

同样可以被当做"同一个犯罪"的情形尚有，被追诉人以保险诈骗（《刑法典》第 263 条第 1 款、第 3 款第 2 句第 5 项）为目的而毁坏或烧毁财物（《刑法典》第 306 条及以下数条）的情形。在这种情形下，按照通说构成实体法上数个独立的行为（有争议），却彼此间无论如何都有内在的关联，亦即，某一个行为的不法与罪责内涵一旦脱离了另一个行为所创设的情景，就无法得到准确地评价。① 所以，尽管对立仅以诈骗罪起诉，在依据《刑诉法》第 265 条践行了释明之后，仍可以判处纵火罪（Brandstiftung）。②

---

① BGHSt 45, 211, 213 连同 *Kudlich* 的裁判评释, JA 2000, 361; zust. *Ranft*, JuS 2003, 417, 421。

② BGH wistra 2002, 154; BGH StV 2007, 286（相反的情形）。

(四) 不法内涵完全误判时仍构成一个犯罪？

若特定的事实不为法院所知晓，从而让法院对事件的**不法内涵**（Unwertgehalt des Geschehens）**完全误判**，例如依据先前的法律，行为人被判以"朝居住场所射击罪"（Schießen an bewohnten Orten）（见旧版《刑法典》第367条第1款第8项），并且事后才发现，他实施的其实是谋杀罪。这种情况是否仍属于诉讼上的一个犯罪？这是刑事诉讼法上的经典争议问题之一。

1. **先前的实务见解**一直认为，这种情形仍然构成诉讼上的一个犯罪，因此刑事起诉权已经穷竭，理由是，这是一个"统一的故事经过"，至于该故事经过究竟符合哪一个罪名，对于诉讼上犯罪的界定影响不大。① 这种情形恰恰是刑事起诉穷竭理论（die Lehre vom Verbrauch der Strafklage）不时发挥效用的典范，而该理论理应尊重法安定性（Rechtsfrieden）的价值。

2. **新近的实务见解**则持相反的见解并允许在这种情形下重新作出有罪判决。首先，当行为人先被判处《刑法典》129条之罪【建立犯罪组织罪（Bildung krimineller Vereinigungen）】，嗣后因为担任该组织成员期间犯下的重罪而又遭起诉的，此时将不承认起诉权穷竭。② 其次，在一些本质上属于不法维度（Unrechtsdimension）误判的案件中，如第一次被判非法持有武器罪（Unerlaubter Waffenbesitz），然后发现行为人其实触犯的是重罪（Kapitaldelikt），那么下列公式"想象竞合=《刑诉法》第264条规定的一个犯罪"将被例外地改写，此即"**诉讼法的解决方案**"（Prozessrechtliche Lösung）。③ 联邦最高法院后来也在一定程度上得出相同的结论，它认为在状态犯（Zustandsdelikt）和继续犯（Dauerdelikt）之间构成的是实质竞合关系，如此，认为它们在诉讼上系两个犯罪的结论就相对没有什么问题，这是所谓的"**实体法解决方案**"（materiellrechtliche Lösung）。④

3. 值得赞同的是诉讼法的解决方案，因为《刑诉法》第264条规定的犯

---

① RGSt 70, 26, 30 f；同此结论的：LG Freiburg StV 1991, 16。
② BGHSt 29, 288, 289; 48, 153, 161。
③ OLG Hamm JR 1986, 203; 批评性意见：Mitsch, MDR 1988, 1005; Puppe, JR 1986, 205; Rackow, JA 2011, 23, 27; Werle, NJW 1980, 2671。
④ BGHSt 36, 151, 153 连同 Mitsch 在结论上表示赞同的评释, JR 1990, 161; BGH StV 1999, 643。

罪概念已经通过规范标准被形塑了。惟有将犯罪人的**侵害方向**一并纳入考量，才能正确地把握历史事件。这一点在持有武器的情形下体现得尤为明显。尽管存在着时间上的平行性，即便是法盲，也会把持有某武器和使用该武器谋杀自己的岳母看作是两件事情。若犯罪人凭借自己曾被判处非法持有武器罪，就换取了他在曾经利用该武器犯下种种恶行上享有的免刑待遇，则难以令人信服。尽管通过考量侵害方向未必会让每一个能变更法律评价的新发现的事实均成为《刑诉法》第264条规定的新犯罪（如认定行为构成《刑法典》第242条的窃取以后又发现了第263条规定的诈骗），但是，如果某个案件中新认定的侵害方向，足以使其法律特征**完全迥异于之前认定的罪名**，通过侵害方向的考量是可以将这种情形被识别出来的。因此，若继续犯已经受处罚，则可以免除对该犯罪其他部分行为的处罚①，但却不能免除对与它有想象竞合关系的相对较严重之**状态犯**的追究。②

（五）行为历程的择一性

793　于明确诉讼意义上的犯罪时，究竟应该在何种程度上将犯罪人的（主观的）侵害方向一并纳入考量？这个问题也存在于"**择一型情形**"中，亦即，行为人要么触犯的是此罪，要么是彼罪，如他要么是盗窃犯（Dieb）、要么是赃物犯（Hehler）的情形，或者要么是抢劫犯（Räuber）、要么是包庇得利犯（Begünstiger）的情形。

早前的实务见解认为，这种案件类型应该纯粹立足**事实方面的考虑角度**去解决，不应考虑被指控的是什么犯罪和行为的内在层面。判断的关键仅仅在于，不同的事实版本是否足够紧密，以至于如果将它们放在不同的刑事程序中去处理，如同将契合的事情进行不自然地切割。按照这种观点，但凡本案中的被追诉人实际实施的财产犯罪和被指控的犯罪**有相同的犯罪对象**，那么两项犯罪之间就绝对具有同一性。于是，任何对起诉指控的偏离都属于"非本质性"的，例如，将盗窃罪改为对同一物品的赃

---

① OLG Stuttgart NZV 1997, 243.
② Erb, GA 1994, 265; ders., JR 1995, 169; Schlehofer, GA 1997, 114; problematisch BGH NStZ 1996, 41 连同 Müller-Christmann 的批评性评论，JuS 1996, 726; 具体内容见 Beulke, 50 Jahre BGH-Wiss-FG, S. 796; Paeffgen, NStZ 2002, 281; 亦见 Hellmann, Fallsammlung, Klausur Nr 8, Rn 491 ff.

物罪。① 甚至有较新的实务见解在税法中引入这种观点,将两个在时间上相隔很远的犯罪可能性版本,如要么是虚假税务申报行为、要么是嗣后不更正原先提交的税务申报行为,见《租税通则》第 370 条第 1 款第 1 项或第 2 项,联结在一起并认为构成诉讼上的一个犯罪。②

相反,当今占绝对多数的实务见解和学界观点均强烈要求诉诸**规范性**标准,亦即,将不同犯罪版本的"**目的指向**"(Zielrichtung des handelns)作为犯罪同一性的重要判断指标。③

早前惟犯罪对象为断的观点让彼此相隔很远的事情(取得赃物与使用赃物)被恣意地夹结成一个整体。这不符合犯罪被视为一个完整的历史事件的认识。即使在择一犯罪版本的情形下,也不能单凭**犯罪对象同一性**为断,还要考虑**时间和空间的紧密联系**以及**行为指向的同等性**。如果犯罪表现出**彼此间"完全不同的法律特征"**,则应该认为"行为的目的指向"不相同。如果已经作出了具有确定力的裁判,而且根据新出现的事实又有另一个"举止选项"(Verhaltens-Alternative),并且该举止被评价为《刑诉法》第 264 条规定新的犯罪,那么在作出新的判决时,应该将原先已经宣告的刑罚作为从轻处罚的(刑罚折抵)考虑因素。④

联邦最高法院判例(BGHSt 32 35, 315):根据起诉,X 谋杀了 Y,A 则协助他清理了尸体。于是,A 依据《刑法典》第 258 条【阻扰刑罚罪】之规定被起诉。经陪审法庭查明,其实是 A 自己实施了谋杀,故依据《刑法典》第 211 条宣告 A 有罪。联邦最高法院正确地指出该判决违法。该案构成诉讼上不同的犯罪,理由是,阻扰刑罚罪(Strafvereitelung)的目标指向(帮助前行为人)与谋杀罪(剥夺生命)完全不同。由于没有相应的起诉,所以 A 暂时不能按《刑法典》第 211 条被宣告有罪。⑤

联邦最高法院判例(BGHSt 35, 80):A 因为盗窃珠宝(《刑法

---

① RGSt 8, 135, 139 ff; BGH MDR 1954, 17.
② BGH NStZ 2008, 411 连同 *Leplow* 的赞同性评论, wistra 2008, 384; 批评性意见:*Bauer*, wistra 2008, 374。
③ BGHSt 35, 60, 64; 深入的内容:*Otto*, JR 1988, 27; *Paeffgen*, Heinze-GS, S. 615; *Roxin*, JZ 1988, 260; *Wolter*, NStZ 1988, 456。
④ BGHSt 35, 60, 66; 更多内容见:*Meyer-Goßner*, Salger-FS, S. 345。
⑤ 在结论上持赞同的:*Roxin*, JR 1984, 346。

典》第242条)被起诉,州地方法院因 A 保有该珠宝而判处其包庇得利罪(Begünstugung)(《刑法典》第257条)。联邦最高法院正确地撤销了该判决。理由同样是,本案中犯罪人的不同举止版本的"侵害目的"是不同的,《刑法典》第242条是自我图利型犯罪,而《刑法典》257条则旨在图利他人。① 当盗窃罪和赃物罪(Hehlerei)存在择一关系时,亦同此理。②*

诉讼应按如下顺序进行:如果包庇得利罪没有受到起诉,但是第一审判决却认定了该事实,此时应该通过判决的方式终止程序(见《刑诉法》第260条第3款),因为此时欠缺合法的起诉这一诉讼要件。③ 嗣后,可以再重新针对该犯罪选项起诉。关于盗窃珠宝的部分则应该宣告无罪,并产生确定力。若检察官不欲出现这种有确定力的无罪判决,但凡可以适用选择认定(Wahlfeststellung)的情形,如可能构成盗窃罪和包庇得利罪的,他一开始就应该针对这两个犯罪版本提出**选择性起诉**。④

有关案例参见 *Beulke*, Klausurenkurs Ⅲ,边码554。

(六) 接续犯

795　　实务见解主张,**接续行为**(die fortgesetzte Handlung)应该被当作程序上的一个犯罪事实(如同实体法一样)。但是,该法律形象经过联邦最高

---

① 同此见解:OLG Frankfurt GA 1988, 374, 376; *Rüping*, Rn 565; 限缩性的观点:OLG Köln NJW 1990, 587; 反对性观点:*Roxin*, JZ 1988, 260, 261。

② OLG Düsseldorf NStZ-RR 1999, 304; OLG Celle NJW 1988, 1225 连同 *Krüpil* 赞成性的评论, NJW 1988, 1188 ff; 但是持不同意见的有:BGHSt 35, 172, 174; BGH NStZ 1999, 523。

* 德国《刑法典》第257条的包庇得利罪是为了确保他人犯罪利益的犯罪,亦即,为了确保实施违法行为的他人获取因违法行为创设的不法利益而提供协助。多数学者和实务见解认为,包庇得利罪的刑罚理由是妨碍回复请求权,即妨碍通过国家机关追诉行为可以实现的法律状态的回复。Vgl. Lackner/Kühl, Strafgesetzbuch Kommentar, 26. Aufl., 2010, § 257 Rn.1。德国《刑法典》第259条的赃物罪,则是从第257条包庇得利罪中分离出来的罪名,在犯罪意图上不再是"确保他人不法行为的利益",而是为了让"自己或他人得利",行为方式也不包括隐匿赃物,而是运输、买卖、利用赃物。而且不同于包庇得利罪中受帮助的前行为类型没有限制,赃物罪的前行为必须是财产犯罪。Vgl. Wessels/Hillenkamp, Strafrecht Besonder Teil 2, 31.Aufl., 2008, Rn. 823。——译者注

③ 该观点亦见 BGHSt 35, 80; 38, 172, 173。

④ 深入的论述:*Beulke/Fahl*, Jura 1998, 262; *Dreyer, U.*, Wahlfeststellung und prozessualer Tatbegriff, 1999。

法院大法庭的裁定①,事实上已经不具有任何意义了②。

不过在较新的实务见解中,接续犯的法律形象再次以新的面貌局部复活,亦即,那些不可分割的反复实施的举止方式构成"评价上的整体"(Bewertungseinheiten)(例如,行为人按照具体约定的毒品总额连续地运送毒品),这在实体法上构成一个犯罪。③ 于是,有一些判例也相应地将其视为诉讼意义上的一个犯罪。④ 但是,联邦最高法院另一方面认为,若结论显得更为公正,也可以将实体法上的一个评价单位划为诉讼法上的不同犯罪。⑤ 总而言之,究竟在何种程度上可以将"一连串的犯罪"概括成一个整体,如今依旧标准不明。如果当真欲废除接续犯,只怕也会产生难解的诉讼法问题,例如,究竟应该怎样在起诉和开启审理裁定中充分地将每个犯罪特定化的问题(对此参见边码439及以下数段)。⑥

案例60(边码782)之解答:

如果符合《刑法典》第229条(臂部骨折成立过失伤害罪)和《刑法典》第142条(擅自离开事故现场罪)规定的犯罪成立要件的行为是《刑诉法》第264条所规定的被起诉涵盖的犯罪,仅须循《刑诉法》第265条第1款之规定释明新的法律见解后,便得在正在进行的程序中一并宣告《刑法典》第229、142条的有罪判决。反之,若系一个新的犯罪事实,则必须经过《刑诉法》第266条规定的补充起诉,且补充起诉还必须征得A的同意,始得照此判决。诉讼意义上的一个犯罪系被告人的完整举止,其借助于刑事追究机关(在起诉或开启审理裁定中)所描绘的**历史经过**,依照生活之观念构成一个具有单一性的事件。关键的判断规则是,所有彼此具有想象竞合关系的犯罪,也同时构成诉讼上的一个犯罪。反之,实质竞合的数个犯罪通常成为诉讼上的数

---

① BGHSt 40, 138.
② S. dazu *Wessels/Beulke/Satzger*, AT, Rn 1262 f.
③ BGHSt 41, 385, 394; BGH NStZ 1999, 192.
④ Vgl. BGH StV 2002, 235.
⑤ BGHSt 43, 252, 258 连同 *Erb* 的裁判评释, NStZ 1998, 253 和 *Fürstenau* 的裁判评论, StV 1998, 282。
⑥ 深入的内容: *Geppert*, NStZ 1996, 57 ff, 118 ff; *Gubitz*, JR 1998, 491; *Wesemann/Voigt*, StraFo 2010, 452。

个犯罪。

　　上述触犯《刑法典》第 229 条和《刑法典》第 315c 条规定之行为成立想象竞合。危害道路交通安全行为与过失伤害行为便相应地构成诉讼上的一个犯罪，亦即，醉酒驾车和其间产生的身体伤害构成一个单一的历史经过。其结果是，与《刑法典》第 315c 条构成想象竞合关系的身体伤害行为作为诉讼上的犯罪之一部分可以被一并判决。惟一必要的前提条件是依据《刑诉法》第 265 条第 1 款践行法律释明。

　　从实体法的角度看，被起诉的危害道路交通安全行为（《刑法典》第 315c 条）和擅自离开事故现场行为（《刑法典》第 142 条）之间，因为事故引起的举止停顿效应以及另起犯意的缘故，实务见解认为它们系实质竞合关系。这意味着它们在诉讼上系数个独立的犯罪。但是，联邦最高法院判例（BGHSt 23, 141, 147）却认为它们是诉讼上的一个犯罪，因为分离处理会令人感觉像是"对一个单一的生活事件作了不自然的切割"。因此，法院在依据《刑诉法》第 265 条第 1 款履行相应的释明以后，擅自离开事故现场行为也应由法院进行评价，无须补充起诉（具体参见边码 786 及以下数段）。

　　案例 61（边码 783）之解答：

797　　第 2 个有罪判决会因为起诉穷竭的诉讼障碍（一事不再理，见《基本法》第 103 条第 3 款）而受到阻碍。若抢劫罪属于《刑诉法》第 264 条规定的同一个犯罪，且该犯罪已经以非法持有和使用武器罪被判决有罪并且定谳，便属于这种情况。由于持有或使用武器罪与抢劫罪之间构成想象竞合，所以，之前的实务见解，自然会认为两者是一个完整的历史事件。故本案中会发生刑事起诉穷竭的效果。

　　但是，现今占支配地位的实务见解和学界通说均主张，界定《刑诉法》第 264 条规定的犯罪同一性不得仅取决于**犯罪地点、犯罪时间和犯罪对象**，还应该关注**侵害方向**。若新查明的举止的侵害方向显示出完全不同于原先所认定举止的法律特征，那么应该当作一个诉讼上新的犯罪。抢劫作为一种本质上比非法持有枪支更加强烈的犯罪举止，其侵害方向体现出完全不同法律特征,故构成诉讼意义上的新犯罪事实,可以被再次追究[相同的结论亦见最高法院判例(BGHSt 36, 151, 154)](具体内容见边码790及以下数段)。

案例 62(边码 784)之解答:

如果抢劫罪和赃物罪是《刑诉法》第264条规定的同一个犯罪,那么**刑事起诉权穷竭**之诉讼障碍会阻扰重新起诉(一事不再理,见《基本法》第103条第3款)。问题在于,两项举止表现究竟能否归为一个统一的历史经过呢?本案的特殊性在于,A要么实施了盗窃罪,要么实施了赃物罪。对于这种"**二选一的情形**",早前观点认为,如果犯罪对象具有同一性(本案就是这种情况),就构成《刑诉法》第264条规定的同一个犯罪。但是,联邦最高法院正确地否定了盗窃罪和赃物罪之间的同一性,尽管它们的犯罪对象是一致的,并且对此特别说明,不能仅仅根据犯罪对象去判断,否则会导致彼此相距遥远的事情(本罪行为和使用行为)被恣意地夹结成一个整体[联邦最高法院判例(BGHSt 35, 60, 64)]。亦即,除了犯罪对象以外,在评价上还应该纳入犯罪地点、犯罪时点以及犯罪之侵害方向(即行为的目的指向)的标准,由此得出,佩带武器抢劫是一个完全不同于其后一天保存钞票行为的全新历史事件。因此对抢劫作出新的判决不抵触一事不再理原则。但是,由于抢劫犯不可能是赃物罪的行为人,所以不可能同时对一个人判处两个罪,在对抢劫罪量刑时,应该将原先针对赃物罪宣告的刑罚作为从宽处罚事由加以考虑(具体内容见边码794)。

798

第二十六章　特别程序

案例 63：

（1）商人 A 在驾车行驶途中，因被检出酒测值为 1.1‰而被警察逮捕。该主管检察官向基层法院法官申请处刑令，理由是，A 触犯了《刑法典》第 316 条【醉态驾驶罪】，建议对之科处 80 天并每日 60 欧元的日额罚金，同时剥夺其驾驶许可并宣告一年之内不得重新被授予驾驶许可（《刑法典》第 69a 条第 1 款第 1 项）。法官签发了处刑令。本案能签发处刑令吗？苟 A 不服处刑令，他得如何为之？

（2）事后发现，A 在该次驾驶途中因过失致生意外事故，并造成严重的财产损失。检察官能否对该事件重新处置？（见边码 812）

一、处刑令程序

（一）合法性

处刑令程序（Strafbefehlsverfahren）系一种简化的程序，其意义主要在于，它能使犯罪严重程度较轻的案件被快速且简便地处置。① 依据《刑诉法》第 407 条第 1 款第 1 句第 1 种情形，但凡案件系独任刑事法官审理的**轻罪**（Vergehen），亦即《刑法典》第 12 条第 2 款规定的罪行，便可以签发处刑令。由于《法院组织法》第 25 条扩充了独任刑事法官的刑罚权*，所以，所有处刑令所能实现的法律后果，如今均可以由独任刑事法官裁断。原本旨在将处刑令覆盖到参审法庭管辖之轻罪的《刑诉法》第 407 条第 1

---

① 概述见 Dinter/David, JA 2012, 281; Preuß, ZJS 2017, 176。

*《法院组织法》第 25 条规定，基层法院法官作为独任刑事法官负责裁判下列轻罪案件：(1)案件通过自诉方式追究责任的案件；(2)预计将判处两年以下自由刑的案件。——译者注

款第 1 句第 2 种情形,如今已成具文。

若被追诉人就上述犯罪已具备了《刑诉法》第 170 条第 1 款规定的充足的犯罪嫌疑(对此参见边码 175),检察官便可以向有管辖权之法官申请签发处刑令。申请时应指明特定的法律后果,见《刑诉法》第 407 条第 1 款第 3 句。依据《刑诉法》第 407 条第 2 款,处刑令仅得单处或并处以下法律效果:

——**罚金**、暂缓科处刑罚的警告、禁止驾驶、没收、销毁、查封、公告有罪判决、对法人或社团罚款;

——剥夺驾驶许可,并在总计不超过两年的期限内停发驾驶许可;

——在一至三年的期间内,禁止饲养或照顾所有的动物或某特定种类的动物,或者禁止其对上述动物**开展交易**或**其他业务性处置**;

——**免除刑罚**;

——若被起诉人**有辩护人的**(《刑诉法》第 407 条第 2 款第 2 句,第 408b 条*),得科处一年以下的自由刑**并付暂缓执行**(《刑法典》第 56 条及以下数条)。①

申请处刑令等于提起公诉(否则须提交起诉书,见《刑诉法》第 170 条第 1 款,边码 489),见《刑诉法》第 407 条第 1 款第 4 句。

法院在处刑令程序中有权作出下列裁判之一:

1. 法官认为犯罪嫌疑不充足而拒绝签发处刑令,见《刑诉法》第 408 条第 2 款第 1 句。

2. 法官对案件没有任何疑虑的,应签发处刑令,见《刑诉法》第 408 条第 3 款第 1 句。亦即,法官认为案件**已具备了充足的犯罪嫌疑**、且制裁允当的情形。② 处刑令不得在内容上与处刑令申请不一致。

3. 法官指定开庭审理的期日,见《刑诉法》第 408 条第 3 款第 2 句。

若案件已经开启了审判程序,惟当符合《刑诉法》第 408a 条规定的前

---

* 本条最新版条文参见本书附录。——译者注

① Zur Diskussion über eine Erweiterung des Sanktionsrahmens: *Leipold/Wojtech*, ZRP 2010, 243.

② 同样观点见:BerlVerfGH StV 2001, 324; *M-G/Schmitt*, Vor § 407 Rn 1;有观点认为,除了充足的犯罪嫌疑以外,法官还需要对构成犯罪和制裁的正确性形成"凭借案卷达成的确信",参见 *Ebert, A.*, Der Tatverdacht im Strafverfahren, 1999; *Fezer*, ZStW 106 (1994), 21; *Schäfer*, Rn 1175;折衷的观点:SK-StPO-*Weßlau*, Vor § 407 Rn 16。

提条件时＊,始得签发处刑令(必要时也可以由参审法庭签发)。处刑令的必备内容规定于《刑诉法》第409条＊＊。①

(二) 救济与确定力

802　　1.被告人对签发处刑令不服的,有权自处刑令送达之日后的**两周内**以书面或由书记处记入笔录的方式提出**异议**,见《刑诉法》第410条第1款。异议得针对特定的不服事项为之(《刑诉法》第410条第2款,见边码826),例如,仅对宣告刑或剥夺驾驶资格表达不服。可以通过三种方式对异议作出裁判:

(1)逾期或以其他**不合法**方式提出异议的,得不经开庭迳行**以裁定驳回**,见《刑诉法》第411条第1款第1句。

(2)于其他情形下,指定**庭审**之期日,见《刑诉法》第411条第1款第2句。一旦提出异议,处刑令便承载起**开启审判程序之裁定**的功能。② 案件随即进入审判程序,并依通常程序的一般性规定(见《刑诉法》第212条及以下数条)践行之。但是,依据《刑诉法》第411条第2款第2句＊＊＊、第420条第1—3款＊＊＊＊,**法庭证据调查的直接性**会受到限制;并且依据《刑诉法》第411条第2款第2句、第420条第4款之规定,若处刑令系由独任刑事法官签发的,**证据申请权**亦受限制。庭审结束时,法官将在异议的范围内作成判决,并完全不受处刑令的约束,见《刑诉法》第411条第4款。

除了由法定代理人声明异议的情形以外,异议后的审理不适用《刑诉法》第331条、第358条第2款规定的**禁止不利益变更原则**(见边码824)。③ 若**在判决前**检察官撤回起诉或者被追诉人撤回异议的,不予判

＊ 《刑诉法》第408a条第1款规定,若审判程序已经开启,此时欲签发处刑令的,除须具备处刑令之嫌疑要件与制裁范围要件外,尚须存在被告人缺席或不在场或其他阻碍庭审顺利进行之重要事由。——译者注

＊＊ 本条最新版条文参见本书附录。——译者注

① **处刑令的样本**: *Kroß/Neurauter*, Nr 35; *Graf*, Muster 55; *Haller/Conzen*, Kap. 6, Rn 832; *Soyka*, Rn 285。即使当事人提起了附加控诉或者申请了附带诉讼,也不妨碍法官签发处刑令; *Metz*, JR 2019, 67。

② OLG Düsseldorf StV 1989, 473.

＊＊＊ 依据《刑诉法》第411条第2款规定:被告人得由持有其全权委托书之辩护人代理出庭。——译者注

＊＊＊＊ 本条最新版条文参见本书附录。——译者注

③ LR-*Gössel*, § 410 Rn 4. 限缩性的观点: *Roxin/Schünemann*, § 68 Rn 12;更深入的内容: *Rössner/Safferling*, Problem 25.

决。撤回须在第一审判决宣告以前为之(《刑诉法》第 411 条第 3 款),一旦庭审开始以后,则须取得被告人或者检察官的同意后,始得撤回(《刑诉法》第 411 条第 3 款第 2 句连同第 303 条第 1 句)*。①

(3)若被告人仅对处刑令确定的罚金日数有异议,法院在征得所有诉讼参与人同意的前提下,得不经庭审迳行以裁定方式决之;但在处刑令所确定日数的基础上,不得作不利于被告人之裁定。对该裁定不服的,有权提出即时抗告,见《刑诉法》第 411 条第 1 款第 3 句。

2.处刑令未经及时提出异议的,其效力等同于确定之判决(依据《刑诉法》第 410 条第 3 款,**处刑令有确定力**)。

处刑令一旦产生确定力,除非基于**再审的观点**,不得嗣后再对《刑诉法》第 264 条规定的犯罪(判决对象)重新裁判。按照早前的实务见解,《刑诉法》第 373a 条还**额外地规定了一项不利于被告人的再审理由**,内容如下:

——存在**新的事实或新证据**,且
——犯罪经此等事实或证据被升格成了**重罪**。

二、速审程序

(一) 要件

速审程序(Das beschleunigte Verfahren)系指在案情简单的情形下,为使裁判能尽速惩处犯罪而设置的一种特别程序形式。②

该程序遭受了来自学界的以法治国为理由的猛烈抨击。尤其是,一旦适用"特殊"的速审程序,可能会在 24 小时内便作成判决。③

---

* 《刑诉法》第 303 条规定,若救济须本于言词审理方可裁判的,庭审开始之后,非经对方之同意,不得撤回。规范撤回处刑令异议的《刑诉法》第 411 条准用此规定。同理,若检察机关在裁判前撤回起诉的,亦须征得被告人的同意。——译者注

① Lehrreich *Fahl*, JuS 1997, 261.
② 具体见:*Gössel*, Stöckel-FS, S. 245; *Loos/Radtke*, NStZ 1995, 569; 1996, 7; *Ranft*, Jura 2003, 382; *Schröer, E.*, Das beschleunigte Strafverfahren gem. § § 417 ff StPO, 1998; *Wieneck*, JuS 2018, 249。
③ 案例参见:*Bielefeld*, DRiZ 1998, 429; 关于批评意见:*Ambos*, Jura 1998, 281, 289; *Scheffler*, Meurer-GedSchr, S. 437。

开展速审程序须符合《刑诉法》第 417 条之规定,其要件有四:

1. 系基层法院第一审管辖的案件(亦即独任刑事法官管辖的案件,见《法院组织法》第 25 条;或者是参审法庭的案件,见《法院组织法》第 24 条)。

2. 检察官以书面或口头方式**申请**按照速审程序裁判("速裁申请")的。

当案件满足其他要件时,检察官**有义务**提出速裁申请。这种速裁申请是一项程序要件,并得由检察官撤回之。根据有争议的观点,纵使在法庭证据调查结束以后,仍可以撤回速裁申请。①

3. 因为案情简单或证明状态清楚,案件适合被迅速办理的。

该程序之立法宗旨是让庭审得以迅速地了结,或使其在明显短于通常程序预计耗费的期限内了结。故庭审活动应当在一至两周内终了。②

4. 被追诉人必须是**成年人**或**甫成年人**(包括在实体法方面可能对后者适用少年刑法的情形,见《少年法院法》第 109 条第 1 款第 1 句与第 2 款第 1 句③)。根据《少年法院法》第 79 条第 2 款,不得对少年适用速审程序。

(二)速审程序的特点

805 **1. 省略中间程序(包括开启审理的裁定)**

若检察官决定申请对被追诉人按照速审程序判决,依据《刑诉法》第 418 条第 1 款之规定,法院应立即或在较快时间内开庭审理,无须再作开启审判程序的裁定,故彻底免除了中间程序(加速效果)。

2. 无须书面的起诉

806 依据《刑诉法》第 418 条第 3 款第 1 句,速审程序无须提交起诉书。于庭审活动开始时以口头方式起诉并在庭审笔录中记载其主要内容便已足。

---

① BayObLG NJW 1998, 2152 连同 *Schröer* 的否定性裁判评释, NStZ 1999, 213; 肯定性裁判评释: *Fülber/Putzke*, DRiZ 1999, 196。

② Vgl. OLG Düsseldorf StV 1999, 202; OLG Stuttgart NJW 1999, 3784 连同 *Radtke* 的裁判评释, JR 2001, 133 和 *Scheffler* 的裁判评释, NStZ 1999, 268; 具体内容见: KMR-StPO-*Metzger*, § 418 Rn 15。

③ *Beulke/Swoboda*, Rn 858.

3. 有限的法律后果决定权

依据《刑诉法》第 419 条第 1 款第 2 句之规定,速审程序在立刑方面仅能判处罚金和一年以下的自由刑。虽不得判处改善与保安处分,但于例外时可以剥夺驾驶许可(《刑法典》第 69 条,《刑诉法》第 419 条第 1 款第 2、3 句)。

807

4. 毋庸传唤被追诉人到庭且缩短传唤的期限

《刑诉法》第 418 条第 2 款第 1 句规定,惟当被追诉人不愿出庭或者没有被带到法院面前时,始得传唤被追诉人。务必需要传唤的,依据《刑诉法》第 418 条第 2 款第 3 句,传唤的期间不超过 24 小时。

808

5. 庭审活动的特殊性

《刑诉法》第 420 条第 1、2 款扩张了宣读证据的可能性(限缩了直接原则)。若案件是由独任刑事法官审理的,法官可以驳回证据申请,并不受《刑诉法》第 244 条第 3 款第 2、3 句,第 4、5 款规定的驳回理由(见边码 682 及以下数段)的限制。

809

6. 暂时性逮捕/候审羁押

相较于《刑诉法》第 127 条第 2 款规定的暂时性逮捕(见边码 370),《刑诉法》第 127b 条第 1 款降低了其适用的门槛。并且《刑诉法》第 127b 条第 2 款在《刑诉法》第 112 条之外创设了一项被冠以"**候审羁押**"(Hauptverhandlungshaft)之名的新羁押理由(见边码 325)。

810

7. 速审程序中的必要辩护

为了确保被告人在速审程序中获得妥善的辩护,《刑诉法》第 418 条第 4 款规定,若案件可能被判处六个月以上的自由刑的,属于必要辩护的情形。① 违反《刑诉法》第 418 条第 4 款之规定的,构成《刑诉法》第 338 条第 5 项规定的绝对上诉法律审的理由。②

811

案例 63(边码 799)之解答:

(1)依据《刑诉法》第 407 条第 1 款,本案可由独任刑事法官(《法院组织法》第 24 条第 1 款、第 25 条第 2 项)签发处刑令。理由是,本案中 A 的酒测值为 1.1‰,已处在绝对不能安全驾驶的状态[联邦最高法院判例(BGHSt 37, 89 ff)],A 已经具备了

812

---

① 关于预判的时点:OLG Braunschweig StV 2006, 519。
② OLG Frankfurt StV 2001, 342.

《刑法典》第 316 条之轻罪的**充足的犯罪嫌疑**。故可以经处刑令判处他法律规定的后果（罚金、剥夺驾驶许可、驾驶隔离期），见《刑诉法》第 407 条第 2 款。

处刑令签发以后，A 有权以及时**提出异议的方式**（《刑诉法》第 410 条第 1 款），将处刑令程序转为普通审理程序，见《刑诉法》411 条第 1 款第 2 句。若 A 舍此不为，处刑令即发生**确定力**，见《刑诉法》410 条第 3 款。

（2）若该事件嗣后出现了法律上的其他特征，如本案情形（从《刑法典》第 316 条的醉态驾驶罪转为了第 315c 条的危害道路交通安全罪，甚至还可能出现第 142 条规定的擅自离开事故现场罪），便会引发是否能重新追究的问题。由于整段驾驶过程构成诉讼意义上的一个犯罪（《刑诉法》第 264 条，见边码 789），重新追究将会与处刑令有确定力（《刑诉法》第 410 条第 3 款）的宗旨不合。惟一有待检验的是，确定力是否能因为新知晓的状况被突破。如今，这个问题完全是**再审制度**的规范事项，见《刑诉法》第 373a 条。尽管本案出现了**新的事实**，但是却无法据此作出重罪的有罪判决（无论是《刑法典》第 315c 条，还是第 142 条，均属于轻罪），故不得启动再审。亦即，检察官不得重新处理此案（具体见边码 800、803）。

第二十七章　救济审总论

案例 64：
(1) 您知道哪些法律救济的形式？
(2) 何谓救济审？救济审包含哪些效力？
(3) 如何从审查范围角度区分救济审？（见边码 830）

案例 65：A 因诈骗罪（《刑法典》第 263 条）被起诉。法院宣告其无罪。法院未在判决的理由中说明究竟是否有符合犯罪构成的违法行为，但指出，由于 A 欠缺《刑法典》第 20 条规定的罪责能力，所以绝对不会承担刑事责任。A 对该判决提出法律审上诉，因为他希望得到确证其无罪的判决。该法律审上诉合法乎？（见边码 831）

案例 66：A 因过失伤害罪被参审法庭依据《刑法典》第 229 条宣告有罪并判处罚金。在他提起事实审上诉以后，刑事庭认定其构成《刑法典》第 226 条第 1 款的加重伤害罪并以第一次定罪的数额确定罚金。这合法吗？（见边码 832）

一、概述

（一）法律救济的形式

法律救济素来可以分为两类，即通常救济和非常救济。后者的特征是，它可以突破确定力。

属于**通常法律救济**(der ordentliche Rechtsbehelf)的有：
——事实审上诉(Berufung)，见《刑诉法》第 312—332 条；
——法律审上诉(Revision)，见《刑诉法》第 333—358 条；
——抗告(Beschwerde)，见《刑诉法》第 304—311a 条。

以上被称作**救济审**（Rechtsmittel）(《刑诉法》第 296 条及以下数条）
就处刑令提出**异议**(Einspruch)也属于通常的法律救济（见《刑诉法》第 410 条，见边码 802）。

属于**非常法律救济**(der außerordentliche Rechtsbehelf)的有：

——程序回复原状(《刑诉法》第 44—47 条，见边码 467 及以下数段）

——再审(《刑诉法》第 359—373a 条，见边码 878 及以下数段）

——依据《基本法》第 93 条第 1 款第 4a 项、《联邦宪法法院法》第 90 条及以下数条提起的宪法诉讼。

另值得一提的还有依据《欧洲人权公约》第 34 条及其以下的规定而提起的个人诉讼（见边码 14 及以下数段）。

（二）移审效与阻断效

817　　有别于其他的法律救济，《刑诉法》规定的**救济审**的共通之处在于将程序移交到更高的审级去处置，即**移审效**（Devolutiveffekt）。除了抗告以外(《刑诉法》第 307 条第 1 款），所有的救济审还有**阻断效**（Suspensiveffekt）。但凡及时提出了事实审上诉或法律审上诉，依据《刑诉法》第 316 条以及第 343 条，判决就不会产生确定力，亦即，判决无法被执行。

（三）救济审的功能①

818　　三类救济审的要件和目标有着显著的差异：

——**事实审上诉**(《刑诉法》第 312—332 条）会让第一审作出的**判决从事实和法律层面上被审查**。事实上诉审就是**第二次事实审**，其间也可以提出新的事实和证据。

——**法律审上诉**(《刑诉法》第 333—358 条）针对的是第一审和第二审作出的**判决**。但是，它仅能以被指摘的判决在法律层面上有错误为理由（见《刑诉法》第 337 条、第 338 条）。

——**抗告**(《刑诉法》第 304—311a 条）将导致**裁定**和**指令**于法律和事实层面上被审查。

---

① 关于其体系：Lesch, JA 2004, 679；有关救济审改革问题的部分文献：Dahs, NStZ 1999, 321；Hauck, in: Gropp/ua, S. 201；Laufhütte, NStZ 2000, 449；Lilie, Gutachten D zum 63. DJT；Rieß, JZ 2000, 813。

二、救济审的共通原则

《刑诉法》第 296—303 条规定了救济审所具有的一些共通性。

(一) 通常的合法要件

1. 容许性(Statthaftigkeit)

事实审上诉的救济审被容许针对独任法官或参审法庭作成的(第一审)判决为之,见《刑诉法》第 312 条。

法律审上诉的救济审被容许针对除法律上诉审本身所作判决以外的所有判决为之,见《刑诉法》第 333、335 条。

抗告按照《刑诉法》第 304、305 条的标准,乃针对法院的裁定或审判长所作的指令为之。

> 纵使裁判的**形式有误**(如应为裁定的却作出判决的情形或者相反的情形),通说认为,有权提起救济审的人只能按照**与该裁判的合法形式相匹配的救济审方式**去声明不服。① 其理由是参照《刑诉法》第 300 条,该条明确指出,对合法的救济审称呼有误的,不会产生有害的影响。然而,因为法院在选择裁判方式上犯下错误,却因此让救济权人在选择救济审方式上遭受不利,这似乎是不合理的。所以,在这种情形下,理应允许其选择一种他希望提起的救济审方式。②

2. 不服的利益

(1) 所有救济审的共同合法要件是,必须有**权利救济的利益**(Rechtsschutzinteresse):为自己或为第三人提起救济审的人应该声明,他或第三人有**不服的利益**(Beschwer)。

若对被追诉人作出了**不利于他的裁判**,如宣告他有罪的,则被追诉人(及其法定代理人或辩护人)当然有不服的利益。

检察官既可为被追诉人利益提起救济审,也可以发动不利于被追诉人的救济审,见《刑诉法》第 296 条第 2 款。若检察官主张裁判有错误

---

① BGHSt 8, 383, 384; 25, 242; *Kühne*, Rn 1026; 亦见 LR-*Jesse*, Vor § 296 Rn 43。
② 明显持此见解的:KG NJW 1993, 673 u. 947;不同观点:*Volk/Engländer*, § 34 Rn 8 (主张对被告人意图进行解读)。

的,则他当然有不服的利益。

相反,自诉人和附加控诉人不得提起有利于被追诉人的救济审(亦见边码 888、892)。

(2)究竟是否存在不服的利益,全凭判决主文为断。倘若仅在判决的理由中责难了被追诉人,还不足以对此下判断。① 因此,若在判决理由中强调被告人仅因证据不足而被宣告无罪,被告人就不得针对该无罪判决提起救济审。② 同样的,因为被告人在行为当时肯定没有责任能力,于是判决没有提及被告人究竟是否曾实施合乎犯罪构成的违法行为,被告人对这样的判决也不得提起救济审。③

(3)苟无不服的利益,应以不合法为由(不得以理由未备为由)驳回救济审。④

以**权利滥用**的方式发动救济审的,属于没有正当的救济利益的情形。⑤ 此种**丧失异议权**的效果正越来越受到实务见解的青睐,但却应该坚决地反对这种趋势。在认定违法行使权力时,应该尽可能地秉持谦抑的态度,以免非法剥夺程序参与人的权利⑥(具体见边码 194)。

3. 声明不服的权属

822　有权提起救济之人主要包括:

——**检察官**,他也有权为被追诉人利益提起救济审,见《刑诉法》第 296 条第 1 款和第 2 款;

——**被追诉人**,见《刑诉法》第 296 条第 1 款;

——**辩护人**,但以不违背被追诉人的明确意志者为前提,见《刑诉法》第 297 条;

——**法定代理人**,他也可以违背被追诉人的意志提起救济审,见《刑诉

---

① BGH NJW 2016, 728 (Mollath 案) 连同 *Michalke* 的裁判评释以及 *Jahn* 的裁判评论, JuS 2016, 180; *Satzger*, Jura 2016, 956 (亦见边码 55)。

② BGHSt 7, 153; 不同观点: *Krack*, S. 180; 同样持限缩性的观点: EGMR StV 2016, 1 (Cleve 诉德国) 连同 *Stuckenberg* 的裁判评释以及 *Satzger* 的裁判评论, Jura 2016, 111。

③ BGHSt 16, 374; 关于程序性判决中的抗告问题: BGH NStZ 2011, 2310。

④ BGHSt 16, 374, 376; 28, 327, 330; 部分观点持不同看法: KMR-StPO-*Albrecht*, Vor § 296 Rn 14; *Ranft*, Rn 1918。

⑤ BGH NStZ-RR 2008, 85; BGH StV 2008, 123 连同 *Ventzke* 的否定性评释; BGH StV 2009, 169。

⑥ M-G/Schmitt/Köhler, § 337 Rn 47; *Beulke/Witzigmann*, StV 2009, 394; 亦见 BGH NJW 2012, 468; 深入的内容: *Fahl*, S. 624 ff。

法》第 298 条;

——按照自诉途径追究犯罪的**自诉人**(替代检察官),见《刑诉法》第 390 条第 1 款;

——但凡因裁判而遭受不利益的**附加控诉人**,见《刑诉法》第 395 条第 4 款第 2 句、第 400 条、第 401 条第 1 款第 1 句。

4. 提起救济审的其他合法要件

即时抗告(《刑诉法》第 311 条第 2 款)、事实审上诉(《刑诉法》第 314 条)以及法律审上诉(《刑诉法》第 341 条)应该于(告知裁判后的)**一周之内**提出。提出普通抗告没有期间的限制。

所有的救济审均应向作成系争裁判的法院(即原审法院,而不得向救济审法院)提起,即应该由**书记处记入笔录**或以**书面形式**为之①,见《刑诉法》第 306 条第 1 款、第 314 条、第 341 条。

事实审上诉可以说明"**正当的理由**"(加以说明),见《刑诉法》第 317 条,但是却没有说理的义务。相反,法律审上诉则应该说明理由,见《刑诉法》第 344 条(具体见边码 850)。就抗告而言,也没有说理的义务。

(二) 禁止不利益变更

1. 原则

具备下列情形之一的,被事实审上诉或法律审上诉指摘的判决,不得在犯罪之法律后果②的种类和严重程度方面作不利于被告人的变更(**禁止不利益变更**-Verbot der reformatio in peius):

——仅有被告人提起救济审;

——仅有检察官为被告人利益提起救济审;

——仅有被告人的法定代理人提出救济审。

见《刑诉法》第 331 条第 1 款、第 358 条第 2 款第 1 段。

被告人在决定是否提起救济审时,不会因为担心可能会遭受不利后果而受到损害。③ 若**检察官**提起不利于被告人的救济审,则系争裁判既可作不利于被告人、也可作有利于被告人的变更或撤销,见《刑诉法》第

---

① 关于"书面"的涵义:OK-StPO-*Eschelbach*,§ 314 Rn 8 ff。
② 也包括保安处分和没收的裁判,BGH NStZ-RR 2019, 228。
③ BGHSt 11, 319, 323;详尽论述:*Hamm*, Hanack-FS, S. 369 ff; SK-StPO-*Frisch*,§ 331 Rn 1。

301条。

2. 限制

825　禁止不利益变更原则有以下两项重要的限制：

不得作不利变更的事项，仅系"犯罪之**法律后果**的种类和严重程度"(《刑诉法》第 331 条第 1 款、第 358 条第 2 款第 1 句)，亦即，有罪宣告方面的变更是允许的。① 例如，被告人因盗窃罪被判处了 20 天日额罚金，并且只有他提出了事实审上诉，那么法院尽管仍可以改判为抢劫罪，但是量刑上却不得超过 20 天的日额罚金。

禁止不利益变更原则不影响作出**安置精神病医院**或**戒瘾机构**的处分，见《刑诉法》第 331 条第 2 款、第 358 条第 2 款。②

3. 部分声明不服

(1) 区分公式

826　事实审上诉(《刑诉法》第 318 条)，抑或法律审上诉(《刑诉法》第 344 条)，抑或对处刑令声明异议(《刑诉法》第 410 条第 2 款)，皆得以特定的争执点为限而声明不服(部分不服)。但是，惟当"声明不服的对象系裁判之一部且它可以**摆脱**未被声明不服的部分且与之分离而接受独立**地检验和裁断**"，始得部分不服("区分公式"③)。

依据《刑诉法》第 318 条第 2 句，若未对事实审上诉作限制性说明，则上诉将导致判决的全部内容被审查。虽然仅对判决之一部提起事实审上诉，但该限制却无效的，则视同对全部判决声明不服。《刑诉法》第 318 条第 2 句对法律审上诉以及针对处刑令声明的异议，均同等适用。

(2) 被实务见解承认的可以部分不服的重要示例

827　——但凡被告人有权独立于其他共同被告人提起救济审的情形；

——但凡被告人可以将其提出的救济审限定在程序意义上的单个犯罪的情形("垂直限定")；

---

① BGHSt 14, 5, 7; HK-*Rautenberg/Reichenbach*, § 331 Rn 10; 反对性观点：OK-StPO-*Eschelbach*, § 331 Rn 17 ff; vgl. auch *Brand/Reschke*, JZ 2011, 1102。

② 深入的内容：*Kretschmer, J.*, StV 2010, 161; *Wohlers*, GA 2001, 196。

③ BGHSt 10, 100; BGH StV 2018, 265, 400; BGH StraFo 2020, 72; *Altmann*, JuS 2008, 790。

——事实审上诉和法律审上诉可以仅针对刑量为之(**有关刑量的事实审上诉、有关刑量的法律审上诉**),其理由是,罪责问题通常可以与量刑问题区分("水平限定"①)。

——即使在宣告的法律后果的内部,也可以部分声明不服。典型的例子如实践中十分常见的仅针对交付考验以暂缓执行刑罚的法律审上诉。②

(3)部分发生确定力

有效的部分声明不服将导致未声明不服的判决部分发生**部分的确定力**。③

828

示例:因为交通肇事被判处过失杀人罪的 A 提起了事实审上诉,并将上诉限定在量刑部分。他认为,自己被判处的短期自由刑是不合法的。即使他在事实上诉审的庭审中声称,案发时他不是司机,根本与此事无关。但是,有罪宣告仍然已经确定了。负责事实上诉审的法院仅需在遵守不利益变更禁止原则的前提下对法律后果作出裁判。

(4)救济审的撤回与放弃

829

依据《刑诉法》第 302 条第 1 款第 1 句,在提起救济期间届满以前,可以有效地**撤回**救济审或者**放弃**提起救济审。④ 但是,检察官为了被追诉人的利益而发动的救济审,未经被追诉人的同意,不得被撤回,见《刑诉法》第 302 条第 1 款第 2 句。如果救济审的裁判必须经过言词审理才能作出,一旦庭审开始以后,惟有征得诉讼对造的同意,始得撤回之,见《刑诉法》第 303 条第 1 句。

撤回与放弃作为诉讼行为不得附条件或者被撤销。⑤ 在必要辩护的案件中(见边码 248),苟无辩护人的参与,被告人单方面声明**放弃救济审**

---

① BGHSt 29, 359; 62, 155; S/S/W-StPO-*Momsen/Momsen-Pflanz*, § 344 Rn 6;深入的内容:*Dreyer*, NStZ 2018, 312; *Fischer*, in: 33. Strafverteidigertag, S. 87。

② BGHSt 24, 164, 165; 47, 32, 35。

③ BayObLG NStZ 2000, 275 以及 *Kudlich* 的裁判评释;亦见 BGHSt 54, 135, 137 以及 *Maier* 的裁判评释, NStZ 2010, 650。

④ 对此的批评:*Erb*, GA 2000, 511。

⑤ BGHSt 10, 245, 247; KG NStZ 2007, 541 (例外); *Bischoff*, JuS 2018, 670;不同的观点:*Niemöller*, StV 2010, 598 u. StV 2011, 54;对该观点的反对意见:*Meyer-Goßner*, StV 2011, 53;具体有争议。

是无效的。① 同此适用的还包括即使有律师参与但该律师却被吊销执照的情形,即所谓"假象的辩护人"情形。② 但是,没有晓谕有权提起救济审不会影响放弃救济审的效力。③ 有关诉讼行为的有效性、不服或放弃等问题的进一步论述见边码458及以下数段、边码601。

830　　案例64(边码813)之解答:
(1)法律救济可分为通常救济和非常救济,**通常救济**有:
——**事实审上诉**(《刑诉法》第312—332条)
——**法律审上诉**(《刑诉法》第333—358条)
——**抗告**(《刑诉法》第304—311a条)
——**对处刑令声明异议**(《刑诉法》第410条)
以下属于突破确定力的**非常救济**:
——**程序回复原状**(《刑诉法》第44—47条)
——**再审**(《刑诉法》第359—373a条)
——**宪法诉讼**(《基本法》第93条第1款第4a项,《联邦宪法法院法》第90条及以下数条)。

(2)法律救济中的事实审上诉、法律审上诉以及抗告从属于上位概念"救济审"(Rechtsmittel)之下。所有的救济审都表现出**"移审效"**,即程序会移交到更高的审级。另外,事实审上诉和法律审上诉还表现出**阻断效**的特征,即阻止裁判发生确定力(《刑诉法》第316条、第343条),反之,抗告没有阻断效(《刑诉法》第307条第1款)。

(3)**事实审上诉**导致系争判决从**事实和法律**方面均受到审查(第二次事实审)。**法律审上诉**却仅就**法律**方面审查系争判决。针对裁定和指令而为的抗告也会引起**法律和事实**方面的审查(详见边码817及以下)。

831　　案例65(边码814)之解答:
A的法律审上诉是不合法的,因为他没有**不服的利益**。尽

---

① OLG Naumburg, StraFo 2011, 517; 主张撤回的情形应与此不同的观点: OLG Koblenz NStZ 2007, 55; s. auch BGH NStZ 2019, 692。
② BGHSt 47, 238, 240 连同 *Beulke/Angerer* 的赞同性评释, NStZ 2002, 443。
③ BGH NStZ 2006, 351。

管判决理由中含有控诉 A 的表述，但也不能对一项无罪判决发动救济审。即使被告人有获得确证无罪判决的利益，但刑事程序的任务仅在于澄清被告人是否曾经有责地实施过犯罪以及适用何种刑罚的问题。一旦确定被告人基于某种原因不得被宣告有罪，殊无必要为了查明是否还有其他的理由宣告其有罪而绵绵不休地开展法庭证据调查(具体内容见边码 821)。

案例 66(边码 815)之解答： 832

此案仅有 A 一人提起事实审上诉，所以，一旦对其加重变更定罪(初判：过失伤害罪；事实审上诉判决：加重伤害罪)便可能会违反**不利益变更禁止原则**(见《刑诉法》第 331 条第 1 款)。但是，事实上诉审法院在本案中仅仅改变了罪责问题，而对量刑保持不变。即便 A 在第二审中被科处了《刑法典》第 226 条根本未曾规定的刑罚，这也是合法的(具体见边码 824 及以下数段)。

第二十八章　事实审上诉

833　　　　案例 67：A 被独任刑事法官宣告有罪并判处 20 天的日额罚金。判决宣告后的一周之内，A 以书面方式声明："我对判决不服。"之后他就不再作任何表述。试问他究竟发起了哪一种救济审？（边码 845）

834　　一、事实审上诉的容许性及其功能

依据《刑诉法》第 312 条，事实审上诉可以针对（一定是第一审的）**基层法院**的判决为之，亦即**独任刑事法官**或**参审法庭**作出的判决。州地方法院（刑事庭）或州高等法院（刑事审判庭）所作的第一审判决不得被提起事实审上诉，只能通过法律审上诉获得救济。

与法律审上诉不同，事实审上诉会导致系争裁判在法律**和**事实方面上均被审查。即事实审上诉的审级系**第二次事实审**，其间不仅审查第一审判决在事实和法律方面是否正确，也可以提出新的事实和证据，见《刑诉法》第 323 条第 3 款。

二、事实审上诉的例外

835　　依据《刑诉法》第 313 条，具备下列情形之一的，**事实审上诉必须先行获得法院的受理**（Annahme durch das Gericht）：

——被认定的法律后果系 **15 天以下的日额罚金**，或者暂缓处刑的警告（《刑法典》第 59 条），或者（依据《秩序违反法》的）罚金，见《刑诉法》第 313 条第 1 款第 1 句。事实审上诉需要先经过法院受理的规定，对被告人和检察官同等适用。

——检察官申请判处 30 天以下日额罚金，但却被**宣告无罪或程序终止**的案件，见《刑诉法》第 313 条第 1 款第 2 句。如果检察官在第一审的庭审过程中曾申请改判无罪，如今却又基于新的证据欲提起事实审上

的,则《刑诉法》第 313 条第 1 款第 2 句不适用于检察官提起的事实审上诉。①

苟非**显无理由**的情形,事实审上诉应该被受理,见《刑诉法》第 313 条第 2 款第 1 句。② 负责事实上诉审的法院通过裁定方式决定是否受理,上诉人对该裁定原则上不得声明不服,见《刑诉法》第 322a 条第 1、2 句。但是,如果该裁定的理由是,案件完全不具有需要先经过受理才能上诉的情形,如以被告人因被判处高于 15 天的日额罚金、故不符合《刑诉法》第 313 条第 1 款的要件为由的裁定,这种裁定可以通过即时抗告的方式被声明不服(类推适用《刑诉法》第 322 条第 2 款)。③ 当决定受理时,裁定无须附理由,见《刑诉法》第 322a 条第 3 句。若事实审上诉未被受理,应视作**不合法**的上诉,以裁定方式**驳回**,见《刑诉法》第 313 条第 2 款第 2 句。

三、管辖

职能上负责事实审上诉裁判的是州地方法院的小刑事庭,其由审判长和两名参审员所组成,见《法院组织法》第 74 条第 3 款、第 76 条第 1 款第 1 句。若被提起事实审上诉的是扩大参审庭所作的判决(《法院组织法》第 29 条第 2 款),则必须加入第二名职业法官,见《法院组织法》第 76 条第 3 款第 1 句。

四、提起事实审上诉

事实审上诉须于判决宣告后一周内向**原审法院**(iudex a quo)以书面方式④或由书记处记入笔录的方式提起,见《刑诉法》第 314 条第 1 款。被告人于宣告判决时不在场的,上诉期间自对其送达时起算,见《刑诉法》第 314 条第 2 款。⑤ 一旦及时提起事实审上诉,则判断之确定力在判决被指摘的范围内被阻断,见《刑诉法》第 316 条第 1 款——**阻断效**。事实审上

836

837

---

① OLG Karlsruhe StV 1997, 69; KMR-StPO-*Brunner*, § 313 Rn 4; LR-*Gössel*, § 313 Rn 36; HK-*Rautenberg/Reichenbach*, § 313 Rn 6; 不同观点: *M-G/Schmitt*, § 313 Rn 4a f; *Ebert*, JR 1998, 265。
② 具体内容见 *Fezer*, NStZ 1995, 265; 关于其合宪性解释:BVerfG NJW 1996, 2785。
③ OLG Hamburg JR 1999, 479 连同 *Gössel* 赞同性裁判评释; SK-StPO-*Frisch*, § 322a Rn 11。
④ 有关书面性要求的范围,参见 OK-StPO-*Eschelbach*, § 314 Rn 8 ff。
⑤ 具体见 SK-*Frisch*, § 314 Rn 26 ff。

诉可以**仅就判决的特定事项声明不服**，见《刑诉法》第318条（亦见边码826）。苟未就上诉对象加以限制或有效限制的，应对整个判决进行审查。在刑事诉讼中，事实审上诉不以附理由为必要，但也可以附理由，见《刑诉法》第317条。

上诉无须一开始就表明系事实审上诉。联邦最高法院的实务见解认为，为避免上诉罹于期限、保全未来选择救济的机会，得先行对判决声明不服。① 苟未在（《刑诉法》第345条规定的）**提出法律审上诉理由期限**届满之前说明上诉的名称，救济审就应被视作**事实审上诉**，非如此无法实现全面的救济。② 此外，在提出法律审上诉理由的期间内，纵使声明不服的人于开始时提出事实审上诉，亦可再跳向法律审③或再转为事实审上诉④。正因为这种选择权的存在，所以事实审上诉程序不得在提出法律审上诉理由的期间届满之前被开启。⑤

五、裁定

838　（一）第一审法院对上诉及时性的审查

第一审法院须审查事实审上诉是否及时为之。若系迟延提起者，应以不合法为由驳回（《刑诉法》第319条第1款）。除及时性以外的其他上诉合法性问题不由第一审法院审查。

（二）事实上诉审法院的预审

839　依据《刑诉法》第322条第1款第1句，若事实审上诉审法院认为**上诉不具备合法性要件**（尤其不具有容许性、方式、期间、不服的利益等）的，得不经庭审程序以不合法为由径行通过裁定方式驳回上诉。

（三）受理事实审上诉的裁定

840　如果事实上诉审法院认为上诉具备了通常的合法要件，亦得依据《刑诉法》第313条、第322a条裁定受理事实审上诉。

---

① BGHSt 2, 63, 66.
② BGHSt 2, 63, 71; vgl. auch OLG Bamberg NStZ-RR 2018, 56.
③ BGHSt 5, 338, 340; 具体内容见 *M-G/Schmitt*, § 335 Rn 2 ff.
④ OLG München wistra 2010, 240.
⑤ OLG Frankfurt NStZ 1991, 506; 不同观点：OLG Oldenburg NStZ 2012, 54。

(四)(于庭审前的)终止程序

若于庭审外查明有程序障碍的,事实上诉审法院可通过裁定方式终止程序。其法律依据系《刑诉法》第206a条,该条适用于任何程序阶段,也适用于事实审上诉程序。① 事实上诉审法院也有权根据(《刑诉法》第153条及以下数条规定)裁量性理由终止程序,前提是检察官和被告人对此均同意(具体见边码513及以下数段)。

841

(五)事实审上诉之庭审程序

庭审的过程基本上与第一审的庭审程序是一致的(《刑诉法》第323、324、325、326条)。

842

(六)被告人和/或其辩护人不在场——《刑诉法》第329条

《刑诉法》第329条规定了**被告人和/或其辩护人不在场**的法律后果。在传唤被告人时,应该告知其不到场的法律后果,见《刑诉法》第323条第1款第2句。

843

1.按照2015年以前的规定,如果被告人不亲自出席事实上诉审的庭审程序,而委由持其全权授权书的辩护人出庭的,法院可不经庭审程序迳行驳回上诉。该规定自欧洲人权法院宣布其违反了《欧洲人权公约》(与该公约第6条第1款和第3c款有违)②之后便遭废止。如今,**但凡被告人不必出庭,并且已由一名经证实(!)可全权代理他的辩护人**③**代表时,便应开庭审理**,见《刑诉法》第329条第2款第1句的第1种情形。辩护人原则上必须愿意代表(不到庭的)被追诉人,该意愿不以辩护人明示表达为必要。④ 究竟在何种情形下,即使全权代表的辩护人在场,事实上诉审法院仍可以或仍应当以"必须在场"为由要求被告人出庭呢?该问题迄今尚

---

① BGHSt 24, 208, 212; 32, 275, 290; LG Oldenburg StV 2018, 480; LR-*Stuckenberg*, § 206a Rn 17; aA OLG Celle NStZ 2008, 118; *M-G/Schmitt*, § 206a Rn 6 f; 深入的论述:KK-*Schneider*, § 206a Rn 4.

② EGMR NStZ 2013, 350 (*Neziraj*诉德国):关于该裁判的不完整列举的文献:*Ast*, JZ 2013, 780; *Engel*, ZJS 2013, 339; *Esser*, StV 2013, 331; *Hüls/Reichling*, StV 2014, 242; *Mosbacher*, NStZ 2013, 312; *Zehetgruber*, HRRS 2013, 397.

③ KG StraFo 2018, 71 (未经辩护人本人签名的情形);批评:*Franzke*, StV 2019, 363, 365 f.

④ OLG Hamm StV 2018, 150.

无定论。① 汉堡州高等法院主张,惟当案件绝对没有或绝不再有关于罪责或量刑的问题时,事实上诉审始得免除被告人在场。②

2. 作为弥补性措施,立法也扩大了不经开庭审理迳行驳回事实审上诉的可能性。立法一如既往地按照上诉是由被告人亲自提起抑或由检察官提起,而作出不同的规定。但是,立法如今对具体的情形却规定得颇为混乱。其中需要留意的**特别重要的情形**有以下几种:

——若系**被告人提起的事实审上诉**,于庭审期日开始之际(包括庭审续行期日开始之际),被告人及**经证实可全权代理之辩护人皆不到场**,且无不到庭之充足正当理由的③,法院应不经事实审理(即通过**程序判决**)驳回事实审上诉,见《刑诉法》第329条第1款第1句。驳回上诉本质上是一种判决的形式,殆同于民事诉讼中的缺席判决(Versäumnisurteil)。④ 纵使被告人有辩护人代理,当法院认为他仍有必要出席上诉审的庭审活动时,被告人经传唤或经出庭命令于后续的庭审期日中无正当理由仍不出庭的,法院应该通过程序判决的方式驳回被告人的事实审上诉,见《刑诉法》第329条第4款。⑤

——若系**检察官提起的事实审上诉**,被告人无正当理由于庭审开始时不到庭,且被告人无到庭之必要的,则可以在被告人和经证实全权代表他的辩护人均不在场的前提下进行审理,见《刑诉法》第329条第2款第1句第2种情形、第5款。在这种情形下,检察官的事实审上诉通常得不经

---

① 关于依据《欧洲人权公约》判断"必要"的观点: *Böhm*, NJW 2015, 3132, 3133; *Sommer*, StV 2016, 55; *Weißer/Göhler*, JuS 2016, 532, 536 ff。

② OLG Hamburg NStZ 2017, 607 连同 *Gerson* 的反对性裁判评释, StraFo 2016, 522 以及 *Hüls* 的评释, StV 2018, 146。

③ 对此参见 BayObLG JR 2000, 80 连同 *Rosenau* 和 *Kudlich* 的裁判评释, JA 2000, 588; OLG Bamberg SVR 2013, 238; OLG Hamm NStZ 2014, 421。

④ *Kindhäuser/Schumann*, § 30 Rn 26; *Roxin/Schünemann*, § 54 Rn 22 ff; *Schroeder/Verrel*, Rn 315。

⑤ 《刑诉法》第329条第4款第2句仅适用于后续的庭审期日,但不适用于庭审停止审理后重新指定的庭审期日,参见勃兰登堡州高等法院裁判(OLG Brandenburg StV 2020, 158)。另外,该规定也不适用于被告人在后续的庭审期日中一开始到庭,但却在庭审中离开法庭的情形,参见汉堡州高等法院裁判(OLG Hamburg NStZ 2018, 559)。

《刑诉法》第329条第4款第2句将驳回事实审上诉规定成被告人不到庭的强制性法律后果,并且不允许法院采取其他措施应对(如通过强制措施让被告人到庭),根据欧洲人权法院在 *Neziraj* 案中的裁判见解,这显然有违反《欧洲人权公约》第6条第3c款的疑虑,参见 *Jansen*, StV 2020, 59, 62 ff。

被告人同意便被撤回,见《刑诉法》第 329 条第 5 款第 2 句(有关其他的规定,见《刑诉法》第 302 条第 1 款、第 303 条和边码 829)。

——**无论是何方提起的事实审上诉**,辩护人和/或被告人**无充足正当的理由退庭的**,或辩护人无意继续代理的,应不经庭审迳行驳回事实审上诉,具体见《刑诉法》第 329 条第 1 款第 2 句第 1—3 项。

(七)事实上诉审法院在庭审基础上作出的裁判

若直至庭审进行中才发现上诉不具备合法之要件的,事实上诉审法院应**以上诉不合法为由**通过判决方式驳回上诉。

若事实审上诉是合法的、且在**庭审中才发现其欠缺诉讼要件**的,应以判决方式终止程序,见《刑诉法》第 260 条第 3 款。①

如果事实审上诉是合法的且**有理由**的,事实审上诉法院应该撤销第一审判决并**就该案自行裁判**,见《刑诉法》第 328 条第 1 款。② 事实审上诉有理由系指事实审上诉法院认为系争裁判有错误,并且在有关罪责或法律后果方面必须作出不同于第一审法院的决定。事实审上诉也可能部分有理由。此时,判决应该被部分地撤销。

若事实上诉审法院撤销第一审判决,其效力仅及于那些提起事实审上诉的被告人或(检察官)为其利益提起事实审上诉的那部分被告人。事实审上诉的裁判**对于其他共同被告人不生影响**。③

如果发现,第一审法院依法不享有对案件的管辖权的,则由事实上诉审法院撤销第一审判决,并将案件发还给有管辖权的法院审理,见《刑诉法》第 328 条第 2 款。

反之,若事实上诉审法院认为第一审判决是正确的,应以**上诉无理由**为由驳回合法的事实审上诉。④

案例 67(边码 833)之解答:

A 在判决被宣告后的一周内(依据《刑诉法》第 314 条、第 341 条)已经提出了上诉审,其或系(《刑诉法》第 312 条及以下

844

845

---

① 不合法的事实审上诉情形下又存在诉讼障碍的情形,参见 BGHSt 16, 115, 117; 22, 213, 215。
② OLG Karlsruhe NStZ-RR 2014, 17; 文书样本:*Kroiß/Neurauter*, Nr 41。
③ *Mitsch*, BrandOLG-FS, S. 379。
④ 深入的论述:*Mansdörfer/Timmerbeil*, JuS 2001, 1209。

数条规定的)**事实审上诉**,或系以"飞跃上诉"方式提出的**法律审上诉**(《刑诉法》第 335 条)。由于本案中 A 被判处有罪且被宣告的日额罚金已超出 15 天,所以事实审上诉的合法性不以法院受理为前提(《刑诉法》第 313 条第 1 款第 1 句)。A 一开始并没有在两种救济形式中作出选择,但这是无妨的,因为他有权在**法律审上诉说理的期限**(通常是判决被送达后的一个月,见《刑诉法》第 345 条)届满前再作决定[联邦最高法院裁判(BGHSt 2, 63, 66)]。这种规定的正当性尤其在于,被判决人多半需凭借书面的判决理由才得以判断判决究竟存在哪些瑕疵。特别是程序违法经常通过书面的判决理由才能被彰显。如果 A 届时仍不加确定,则救济审应该被作为**事实审上诉**处理。若 A 在**法律审上诉理由期限**内将上诉审具体表示为"法律审上诉"并附上理由,则应视其以合法方式提出了法律审上诉(具体见边码 835、837)。

第二十九章　法律审上诉

案例68：A因谋杀了她的两个孩子而遭起诉至大刑事庭,该大刑事庭由刑事陪审法庭召集。在庭审活动中法庭举行了一次现场开庭*,许多媒体记者到场报道且采集音频、制作电视和广播节目,法庭对此也不加阻拦。A最终被宣告有罪并处以终身监禁。她希望了解,她可以如何对判决提出异议,且能否以受到媒体"侵害"为由请求救济(见边码866)。

一、法律审上诉的容许性及其功能①

依据《刑诉法》第333、335条,(由基层法院、州地方法院和州高等法院作成的)所有的第一审判决以及(由州地方法院小刑事庭作成的)对事实审上诉的判决,均可以被提起法律审上诉。因对基层法院作成的第一审判决也可选择事实审上诉,故对该判决所作的法律审上诉被称作"飞跃上诉"(Sprungrevision)(《刑诉法》第335条)。

---

* 现场开庭(Ortstermin)系指法院所在地址以外的地方举行的庭审。现场开庭一般是为了便于在审理程序中由法官对某特定地点(如犯罪地、事发地等)开展勘验。举行现场开庭须具备特殊的要件。如果诉讼之一造出于诉讼技巧,迫使法院颇费周折地举行此种开庭,法庭得直接拒绝这种形式的证据调查请求。——译者注

① 概览：*Basdorfer*, NStZ 2013, 186; *Bock*, JA 2011, 134; *Huber*, JuS 2009, 521 u. 614; *Wolters/Janko*, JuS 2004, 584 u. 684; 深入论述：*Kunnes*, Strafprozessuale Revision, 10 A. 2018; *Dahs/Dahs*, Rn 1 ff; *Detter*, Revision im Strafverfahren, 2011; *Hamm*, Die Revision in Strafsachen, 7. A. 2010; *Hombrecher*, JA 2015, 140; *Kempf/Schilling*, NJW 2012, 1849; *Knauer*, NStZ 2016, 1; *Krause, D.*, Die Revision im Strafverfahren, 5. A. 2001; *Kroß/Neurauter*, Nr 42; *Norouzi*, StV 2015, 773; *Russack*, Die Revision in der strafrechtlichen Assessorklausur, 13. A. 2019; *Schlothauer/Weider/Wollschläger*, Verteidigung in Revisionsverfahren, 3. A. 2018; *Vollmer/Heidrich/Neher*, Rn 565 ff; *Weidemann/Scherf*, Die Revision im Strafrecht, 3. A. 2017; *Westphal*, Strafrechtliche Musterklausuren für die Assessorprüfung, 7. A. 2015 以及 *Barton*, Fezer-FS, S. 333; *Meyer-Goßner/Cierniak*, StV 2000, 696; *Neuhaus*, Herzberg-FS, S. 871; *Rosenau*, Fischer-FS, S. 791; *Walter*, ZStW 128 (2016), 824; *Weidemann*, JA 2016, 774; 2017, 380, 938; 2019, 222; *Weitner/Schuster*, JA 2016, 60 u. 142。

事实审上诉是否被受理不影响飞跃上诉的合法性,亦即,纵使对于轻微犯罪而言,《刑诉法》第 313 条规定了事实审上诉必须被受理的要件,其上诉人也不必一直等到事实审上诉被决定受理之后才提出法律审上诉。因为法律问题无论如何都可以借助飞跃上诉立即得到澄清。①

事实审上诉开启了第二次事实审,而法律上诉审不审查事实认定问题。法律上诉审法院仅就**判决是否遵守程序法被作成**以及**实体法是否被正确适用**加以审查。法律上诉审的目的既是为了确保法统一性,也是为了实现个案之正义。

二、管辖

848 针对下列判决之一所提起的法律审上诉,由州**高等法院**组成三名职业法官的法庭(《法院组织法》第 116 条第 1 款、第 122 条第 1 款)行使裁判之职能:

——州地方法院作出的事实上诉审判决,见《法院组织法》第 121 条第 1 款第 1b 项;

——基层法院作出的第一审判决(飞跃上诉),见《刑诉法》第 335 条第 2 款,《法院组织法》第 74 条第 3 款、第 121 条第 1 款第 1b 项;

——州地方法院作出的第一审判决,前提是法律审上诉仅以其违反某州法规范为理由,见《法院组织法》第 121 条第 1 款第 1c 项。

曾经被废除的巴伐利亚最高地方法院(das Bayerische Oberste Landesgericht)如今再次被设立,自 2019 年 2 月 1 日起,该法院在巴伐利亚州开始行使有所不同的管辖权。由巴伐利亚州**最高地方法院**,而不是由州高等法院负责裁判上述刑事案件的法律审上诉,而不是由州高等法院,见《法院组织法施行法》第 9 条连同《巴伐利亚州关于执行联邦法院组织法和程序法的法案》第 12 条第 1 项。②

反之,对州地方法院作成的第一审判决(除了前述由州高等法院裁决

---

① KG JR 1999, 125; OLG Hamm NJW 2003, 3286; *Roxin/Achenbach/Jäger/Heinrich*, PdW, Fall Nr 393, 405; SK-StPO-*Frisch*, § 335 Rn 27; HK-*Temming*, § 335 Rn 2; 不同观点: M-G/*Schmitt*, § 335 Rn 21; *Lesch*, 2/76。

② Bayerisches GVBl. 2018, S. 545。

其法律审的以外)和州高等法院作成的第一审判决不服而提出的法律审上诉,由**联邦最高法院**组成由五名职业法官构成的法庭(《法院组织法》第 130 条、第 139 条第 1 款)负责裁判之(《法院组织法》第 135 条第 1 款)。此外,依据《法院组织法》第 121 条第 2 款,联邦最高法院还负责裁判州高等法院所提交的案件*。

三、提起法律审上诉

法律审上诉应该在受指摘的判决被宣告后的一周之内向作出该判决的法院(**原审法院**)提出,由书记处记入笔录或由本人以书面方式①为之,见《刑诉法》第 341 条第 1 款。宣告判决时被告人未到场的,上诉期间通常自判决送达时起算,见《刑诉法》第 341 条第 2 款。判决之确定力因及时提出了法律审上诉而被阻断,见《刑诉法》第 343 条第 1 款——**阻断效**。

849

四、法律审上诉的说理

法律审上诉人应该提出上诉申请并说明理由,见《刑诉法》第 344 条第 1 款。**法律审上诉的说理**应该在法律审上诉期限届满后的一个月内向原审法院为之,见《刑诉法》第 345 条第 1 款第 1 句。若届时判决尚未送达的——实践中这很有可能是常态——则于**送达时起算说理期间**,见《刑诉法》第 345 条第 1 款第 2 句。于涉案面广的诉讼中,实有必要为各种冗长的判决书制作期(《刑诉法》第 275 条第 1 款②)统一规定法律审上诉说理期限,否则无法实现公平程序原则。法律审说理要么由书记处制作笔录,要么由被告人以书面方式提交。若采后一种方式,则必须由一名律师

850

---

* 《德国法院组织法》第 121 条第 2 款规定:符合下列情形之一的,州高等法院应将案件提交至联邦最高法院:

(1)州高等法院依据本条第 1 款第 1 项 a 种或第 b 种情形欲作出的裁判将与其他州高等法院或联邦最高法院于 1950 年 4 月 1 日之后所作之裁判发生冲突的;

(2)州高等法院依据本条第 1 款第 3 项欲作出的裁判将与其他州高等法院或联邦最高法院于 1977 年 1 月 1 日之后所作之裁判发生冲突的;

(3)州高等法院依据本条第 1 款第 2 项之规定欲作出的有关保安拘禁或精神病院留置医疗之处分或关于其后续执行问题的裁判将与其他州高等法院或联邦最高法院于 2010 年 1 月 1 日之后所作之裁判发生冲突的。——译者注

① 有关书面性要求的范围参见 S/S/W-StPO-*Momsen/Momsen-Pflanz*, § 341 Rn 25 f。

② S. *Hillenkamp*, S. 68; *Jahn/Schott/Krug*, KriPoZ 2020, 152; s. auch ÖstVerfGH NStZ 2000, 668 连同 *Hillenkamp* 的裁判评释; *Grabenwarter*, NJW 2002, 109;持反对性观点的通说:*M-G/Schmitt*, § 345 Rn 2, Vor § 42 Rn 5。

在法律审书状上**签名**,见《刑诉法》第 345 条第 2 款①。实务见解认为,惟当辩护人对文书内容承担全责②,如他对文书内容不持异议时③,始符合签名之要求。

上诉人须在法律审申请书中说明,他究竟对判决的哪些部分不服并期望在何等范围内撤销判决,见《刑诉法》第 344 条第 1 款,亦即,上诉申请书应该体现出法律审上诉的范围。另外,法律审上诉的说理中应该表明,不服判决是否因为判决**违反了程序性法规范**或者因其违反了其他规范所致,见《刑诉法》第 344 条第 2 款第 1 句。**因程序问题而声明不服的**,应该叙明**该程序瑕疵依据的事实**,见《刑诉法》第 344 条第 2 款第 2 句。这种叙明应达到充分和准确的程度,以至于法律上诉审法院仅凭上诉理由书便可审查,假设该事实被证实存在,是否会构成程序错误。④ 作为一份详尽的叙述,其间也应该描述可能妨碍声明不服的那些程序性事实。⑤ 若事实叙述可能指向多种程序瑕疵的,应指明所欲指摘的程序违法究竟为何,即明确**攻击方向**(**Angriffsrichtung**)。⑥ 若对程序瑕疵的说理无法自洽,则法律审上诉系不合法。⑦ 因此,在实务中,合法的法律审上诉说理的要求是非常高的。⑧ 然而,联邦宪法法院却认为,不足以从宪法角度指责这种对被追诉人不太友好的实务见解,尤其是,这不违反《基本法》第 2 条第 1 款(一般人格自由)、第 19 条第 4 款(权利受侵害时,人人皆得提起诉讼)和第 20 条第 3 款(司法权应受立法权和法律之限制)之规定。⑨ 至于判决是否建立在所主张的程序错误之上(见边码 853),则不必在上诉理由中说理。⑩

---

① OLG Nürnberg NStZ-RR 2007, 151 (仅画个波浪线的签名是不足的)。
② BGHSt 25, 272, 273; BGH NJW 2014, 2664; 反对观点:*Beulke*, S. 138 ff。
③ BVerfG StV 2016, 769.
④ BGH StV 2011, 207; BGH wistra 2014, 39, 40; 深入的论述:*El-Ghazi*, ZStW 125 (2014), 862; *Widmaier*, StraFo 2006,437。
⑤ BGH StV 2015, 87 连同 *Ventzke* 的裁判评论; BGH NStZ 2015, 98; 批评性见解:*Neuhaus*, StV 2019, 843, 847。
⑥ *Norouzi*, NStZ 2013, 203.
⑦ BGH NJW 1998, 2229; 深入的论述:*Cirener*, NStZ-RR 2012, 65 u. 103。
⑧ *Park,* StV 2018, 814, 817. 关于《刑事程序和罚金程序指令》对检察官提起法律审上诉的其他限制,参见 *Graalmann-Scheerer*, Schlothauer-FS, S. 485, 487 f。
⑨ BVerfGE 112, 185 ff; *Dallmeyer*, JA 2005, 768; *Güntge*, JR 2005, 496; *Kuckein*, NStZ 2005, 697.
⑩ BGH StV 2011, 462.

合法制作的法律审上诉状将被送达给上诉人的对造,后者得于一周之内提交答辩说明。如果判决乃因为程序瑕疵被指摘且借助答辩说明将有利于审查的,检察官应提交答辩说明,见《刑诉法》第347条第1款。

五、法律审上诉的理由

(一) 判决违法

惟当判决系违法作成时,始得提起法律审上诉,见《刑诉法》第337条第1款。这意味着,仅有法律问题可诉诸法律审,事实问题则不可为也。因此,法律审上诉人声称自己未曾犯罪,故不负刑事责任,或者他主张,法院不应该相信控方证人且对辩方证人采信得太少,这些均将徒劳无功。纵使事实审法院对讯问证人或被追诉人的过程进行了录音录像①,上诉人也不得要求对由此完成的事实认定进行审查。原则上,证据评价是事实审法院的事务。② 即便是新的证据,如有其他的证人,亦不得在法律上诉审程序中被提出。法律上诉审法院不质疑已经被事实审法院所认定的事实,不会重新启动或补充开展法庭证据调查(**禁止重构心证**)。③

所谓违反法律,系指未适用或未正确适用法规范,见《刑诉法》第337条第2款。《刑诉法》第337条所称之"**法律**"(Gesctz)指任何一项法规范,见《刑诉法施行法》第7条。它不仅包括德意志联邦和各州的程序法和实体法,也包括已成为内国法一部分的国际法中的习惯法、一般法律原则以及国与国之间的协定(故《欧洲人权公约》亦在内,见边码14)。反之,内部事务性规程和行政命令不属于法规范。

由于被提起法律审上诉的违法事由既可能涉及程序法,也可能涉及实体法。相应地可分为**程序不服**(Verfahrensrüge)和**实体不服**(Sachrüge),见《刑诉法》第344条第2款第1句。

---

① 关于禁止重构心证:*Wollschläger*, Schlothauer-FS, S. 517;. *Wehowsky*, NStZ 2018, 177。

② BGH NJW 2016, 262; 深入的论述:*Erb*, GA 2012, 79; HK-*Temming*, vor §§ 333 ff Rn 9 ff。

③ BGHSt 43, 212, 214; BGH NStZ 2012, 344; OLG Hamburg StV 2012, 74 连同 *Wilhelm* 的裁判评释, 亦见 *Fischer*, Paulus-FS, S. 53; *Norouzi*, in: 34. Strafverteidigertag, S. 215; *Rieß*, Fezer-FS, S. 455; *Rosenau*, Widmaier-FS, S. 521; *Ventzke*, HRRS 2010, 461; 关于可以提起法律审上诉的范围之示例,见 *Karl*, Die Bedeutung der Abgrenzung von Tat- und Rechtsfrage in der strafprozessualen Revision, 2016, S. 185 ff。

(二) 程序不服

1. 程序违法

852　法律审上诉人指摘判决系经由违反诉讼法的形式或方式作成的，构成**程序不服**。一切事关法官作成其判决应遵循途径的规定，无论它们被规定在何处，均属于程序法，除此之外的一切其他规定则属于实体法。① 实体不服和程序不服的具体区分是有争议的。② 若不为或错为某项法律所要求的行为，或行为系法所彻底不容许的，就构成程序违法。③ 在法律审上诉说理时，应该指明构成程序瑕疵的事实，见《刑诉法》第 344 条第 2 款第 2 句，见边码 850。对判决的审查延伸至这些事实为止，见《刑诉法》第 352 条第 1 款。惟当被指摘的事实能够被证实且不必重构原先庭审中已经形成的心证内容(**重构禁止**)，程序不服始可成功。④

程序瑕疵须**被证实**。究竟是否遵循了**庭审活动的法定形式性要求，惟有凭借笔录证实之**，见《刑诉法》第 274 条 (具体见边码 593)。⑤ 惟当笔录不存在(如笔录遗失)或难以理解时⑥，或者涉及庭审以外的程序瑕疵(例如：在庭审中被提出并被用于判决之中的自白，系在侦查程序中利用《刑诉法》第 136a 条规定的 "欺骗" 手段获取的)，方得采取自由证明⑦。对此**绝不得适用存疑则利于被告人的原则**。倘若最终仍无法判断是否存在违反程序之情形的，应该推定程序合法⑧ (但亦参见边码 218、285)。

按照早前联邦最高法院的实务见解，事后更正的笔录不足以抵销(合法的)程序不服的依据。⑨ 故纵使嗣后更正了笔录，仍应该以原先的笔录状况作为审查的依据(**禁止摆脱不服/Verbot der Rügeverkümmerung**)。这种见解会导致在极端情形下，即使法律上诉审法院明知被指摘的判决没

---

① BGHSt 19, 273, 275.
② BGH NJW 2005, 518; *Barton*, JuS 2007, 977; *El-Ghazi*, HRRS 2014, 350; *Hamm*, Rissing-van Saan-FS, S. 195; *Schäfer*, Rieß-FS, S. 477.
③ *M-G/Schmitt*, § 337 Rn 9.
④ *Mosbacher*, JuS 2014, 702.
⑤ *Schäfer*, 50 Jahre BGH-Prax-FS, S. 707; *Kahlo*, Meyer-Goßner-FS, S. 447.
⑥ BGH StV 1999, 189 连同 *Ventzke* 的裁判评释; BGH StV 2002, 525 连同 *Köberer* 的批评性裁判评释.
⑦ BGH NStZ 2009, 105; BGH NStZ-RR 2019, 284; 亦见 OLG München StV 2010, 126。
⑧ BGHSt 16, 164, 167; BGH StV 2008, 567.
⑨ BGHSt 2, 125; 10, 145; 有关更正笔录的完整论述；*M-G/Schmitt*, § 271 Rn 21 ff.

有违反程序,仅因庭审笔录记载有缺陷,却仍须撤销案件并发回重审。实际上,这种重新审理通常只会确认原先的判决内容。

如今,联邦最高法院大法庭的判例①对此已经作出了裁断,亦即,鉴于法律上诉审法院仍应该服膺发现真实的义务,并且为了避免不合理的程序延宕,如果嗣后更正庭审笔录足以消除程序不服的依据,也应该考虑运用这种更正措施。但是,运用这种更正措施的前提是,原审法院已遵守了由大法庭规定的**更正程序**(**Berichtigungsverfahren**):笔录按照书记人员确定的回忆被加以更正,为了保障依法听证,法院须向上诉人转达记录人员的正式说明。如果上诉人反对更正且有事实依据的,必要时应该询问其他程序参与人,并应在说理的基础上作成更正的裁定。法律上诉审法院通过自由证明程序去考量通过更正笔录方式处理程序不服的可能性。事实存疑时,以原先的笔录文本为准。②

尽管联邦宪法法院认可了上述实务观点的合宪性③,但仍不应该遵循这种观点④。因为此种见解会造成《刑诉法》第274条的功能被相对化,惟恐如决堤效应一般,会使庭审笔录失去证明力。上诉人有权信赖,自己曾声明不服的状态不会遭受变动(亦参见后文边码853有关故意对笔录作虚假的不服和边码854有关绝对法律审上诉理由相对化的内容)。所以,联邦最高法院通常都会正确地维护笔录的证明力,尤其当未遵守大法庭所要求的嗣后更正笔录的程序时,更应如此。⑤

2. 法律审上诉理由的相对化

除了认定违反程序的事实以外,有理由的法律审上诉还必须以**判决**

---

① BGHSt (GrS) 51, 298 连同 *Hamm* 的批评性裁判评释, NJW 2007, 3166; *Kudlich*, JA 2007, 822; *Leitner*, StraFo 2008, 51; *Schumann*, JZ 2007, 927 und *Wagner*, GA 2008, 442; 亦见 *Bosch*, JA 2006, 578; *Fezer*, StV 2006, 290; *Gemählich*, Stöckel-FS, S. 225; *Jahn/Widmaier*, JR 2006, 166; *Park*, StV 2005, 257。

② BGHSt 51, 298, 315 f; BGH StV 2010, 675; BGH StraFo 2011, 356 连同 *Ventzke* 的批评性评论, HRRS 2011, 338; BGH StV 2011, 267; LG Köln, StV 2011, 405。

③ BVerfGE 122, 248 (尤其值得注意的是 *Voßkuhle*、*Osterloh*、*Di Fabio* 三位法官的不协调意见书); 赞同性观点: *Fahl*, JR 2009, 259; *Globke*, GA 2010, 399; 批评性观点: *Jahn*, JuS 2009, 564; *Kudlich/Christensen*, JZ 2009, 943。

④ *Bertheau*, NJW 2010, 973; *Beulke*, Böttcher-FS, S. 17; *Ignor*, NJW 2011, 1537, 1541; *Schlothauer*, Hamm-FS, S. 655; *Schünemann*, StV 2010, 538。

⑤ BGHSt 54, 37 连同 *F.C. Schroeder* 的批评性裁判评释, JR 2010, 135; BGHSt 55, 31 连同 *Güntge* 的裁判评释, JR 2010, 540; vgl. auch *Dehne-Niemann*, JA 2012, 59; *Ziegert*, Volk-FS, S. 901, 914。

系在违法的基础上作成的为根据,见《刑诉法》第337条第1款。亦即,在违法和判决之间必须有因果联系。① 这种情形系指**不能排除**因为程序的错误而使被告人被宣告有罪的可能性。② 这种联系意味着仅需存在正确适用法律便会作成其他判决的**可能性**,无需加以证明。③ 但该可能性不能仅是"纯粹理论上的可能性"④。

值得提醒的是,按照实务见解和学界通说,因审判长诉讼指挥导致的程序违法,在某些情况下,惟当被告人曾经在庭审中依据《刑诉法》第238条第2款提出过异议并获得了法院裁定的,始得提起法律审上诉⑤(见边码575,彼处亦有本书所持相反的主张)。同样不合法的法律审上诉还有"**笔录不服**"(Protokollrüge)。即单凭指出笔录记载方面的程序错误,还不足以满足法律审上诉的说理要求,毋宁应该声称确实已经发生了程序违法,因为判决只可能建立在程序错误的基础上,而不可能因为错误的庭审记录而产生*。⑥ 但是,实务见解却认为,若辩护人知道或通常能证明其知道,实际未发生违反程序的事实,但他却以庭审笔录的证明力为据,批评曾发生过某种程序违法并坚持提出程序不服的,构成**权利滥用**并应当被视作违法上诉。⑦ 这种观点值得商榷。⑧ 庭审笔录本身就生成了一种程序真实。错误的实务见解外加嗣后更正笔录的可能性(见前述边码852)会导致被告人在很大程度上被剥夺了声明不服的机会。

---

① BGH NStZ 2018, 111.
② BGHSt 51, 367; 57, 306, 309; BGH NJW 2018, 414.
③ BGHSt 1, 346, 350; 22, 278, 280; *Ostendorf*, Rn 426.
④ BGHSt 14, 265, 268; 18, 290, 295; 深入的论述:SK-StPO-*Frisch*, § 337 Rn 186 ff。
⑤ BGH NStZ 2009, 51; 2013, 608.
* 此处的话语背景是,根据直接言词原则和集中审理原则的要求,德国的判决应在法庭审理活动中形成,法院不可能凭借庭审笔录去作成判决,庭审笔录的功能主要是为了上级审的审查和监督之用。请读者不要以我国普遍存在却非正常的实务状况去想象。——译者注
⑥ BGHSt 7, 162, 163; BGH StV 2012, 73 连同 *Beckemper* 的裁判评释, ZJS 2012, 286。
⑦ BGHSt 51, 88 连同 *Fahl* 的赞成性评论, JR 2007, 34; *Satzger/Hanft*, NStZ 2007, 185; *Valerius*, Paulus-FS, S. 175; *Winkler*, Tolksdorf-FS S. 425; 有关辩护人涉嫌(未遂的)阻扰刑罚罪的入罪风险(《刑诉法》第258条):LG Augsburg NJW 2012, 93; *Beulke*, in: 36. Strafverteidigertag Hannover, 16.18. März 2012, Berlin, 2013, S. 171; *Jahn/Ebner*, NJW 2012, 30。
⑧ *Beulke*, S. 157; *ders.*, Amelung-FS, S. 543, 557; *Dahs*, NStZ 2007, 241; *Gaede*, StraFo 2007, 29; *Jahn*, JuS 2007, 91; *Kempf*, Hassemer-FS, S. 1052; *Kudlich*, in: Gesetzlichkeit und Strafrecht, S. 233, 254; *Lindemann*, StV 2007, 152。

3. 绝对的法律审上诉理由

在《刑诉法》第 338 条中,立法者针对一些特别严重的程序瑕疵,**推定**了违法和判决之间具有**不可推翻的因果联系**(eine unwiderlegliche Vermutung für den Kausalzusammenhang)。这种被称为"**绝对的法律审上诉理由**"(absolute Revisionsgründen)免除了有因性的审查,亦即,立法列举的程序违法绝对会导致法律审上诉有理由,见《刑诉法》第 338 条第 1-8 项。因为这些违法致使程序已不再具有"法治的体征"(das Signum der Rechtsstaatlichkeit)①。

> **格外重要的绝对的法律审上诉理由**②包括:审判庭组成不符合规定(第 1 项)③;依法应绝对回避或因为偏颇之虞理应被申请回避的法官参与了判决的作成(第 2、3 项);对案件不具有管辖权(第 4 项);庭审中必须到场的程序参与人,如检察官、被告人、必要辩护人、参审员④缺席的(第 5 项);违反公开审判的要求(第 6 项);裁判未具理由的;在此基础上,实务见解又归纳出多名法官中有人未签名的情形⑤(第 7 项);辩护受到法院裁定的限制的,如《刑诉法》第 238 条第 2 款第 8 项规定的情形*。

但是,实务见解却对绝对的法律审上诉理由不断采取相对化的处理。① 尤其是《刑诉法》第 338 条第 5、6 和 8 项规定的上诉事由,其效力领

---

① *Schünemann*, JA 1982, 128.
② 全面的论述:*Barton*, Mehle-FS, S. 17; *Kudlich*, Fezer-FS, S. 435; SK-StPO-*Frisch*, § 338 Rn 9 ff。
③ 对此值得一提的是《刑诉法》第 222b 条第 2 和 3 款的规定,其要求法院应该对最迟不晚于庭审开始时提出的法庭组成不合法之异议作出裁判。如果负责裁判的法院认为异议没有理由的,则应该在三日之内将异议提交给有管辖权的法律审上诉法院。州高等法院依据《法院组织法》第 121 条第 1 款第 4 项对此有管辖权,或者联邦最高法院依据《法院组织法》第 135 条第 2 款第 3 项也有相应的管辖权。惟当原先无法提出这种法庭组成异议程序或者尽管已经提出了、但法律审上诉法院却因为各种不同的原因未对之作出裁判的,始得在法律审上诉中提出这种有关法庭组成的异议,因为按理说这种异议应该已经被审查过了。全面批评的观点:*Claus*, NStZ 2020, 57, 58 f.; *Kampmann*, HRRS 2020, 182, 186 ff。
④ BGH NStZ 2019, 106.
⑤ BGHSt 46, 204; BGH StV 2010, 618; 亦见 OLG Hamm NStZ-RR 2009, 24; OLG Köln NStZ-RR 2011, 348 (没有签名或者没有依法签名的情形构成实体不服)。
* 这里指审判长利用诉讼指挥权对辩护人的异议作出不当裁定的情形。——译者注
① 亦见 *Baier*, JA 2004, 16; *Neuhaus*, StV 2019, 843, 847 f.

域已经被这些实务见解显著地限缩。例如,《刑诉法》第 338 条第 5 项的规定,被理解必须到场的程序参与人在庭审的重要环节缺席。① 若要符合《刑诉法》第 338 条第 6 项,则必须要把对公开性的不当限制归咎到法院的责任领域才行(见边码 616)。② 第 8 项的效力领域更遭受到格外严重的限缩,犹如被当成了一项相对的法律审上诉事由。从"对裁判有实质性影响(的辩论)"的措辞中推导出,法院的实体裁判必须和辩护权遭受的违法限制之间有联系,即实体判决必须"出自于"这种限制才可以提起法律审上诉。③

(三) 实体不服

855　　一旦存在适用实体法方面的错误,必然意味着判决的结论建立在错误的法见解之上。故立法仅要求法律审上诉人在上诉理由中表明,他就违反实体法声明不服,见《刑诉法》第 344 条第 2 款第 1 句。负责法律审上诉的法院自当就法律问题全面审查,也包括与此相关的依据性问题。实务中通常的表述是"就违反实体法表达不服"。

　　由于实体不服没有说理义务,即便说理有误,也不会导致法律审上诉违法。④

　　声明实体不服的,法院将重点审查⑤下列事项(亦参见边码 911 中的审查表):

1. 自由心证的可靠性["对事实阐释不服"(Darstellungsrüge)],尤其包括以下方面:

---

① BGHSt 26, 84, 91; 51, 81 连同 *H.E. Müller* 的赞成性裁判评释, JR 2007, 79; BGH StV 2011, 211 连同 *Kudlich* 的批评性裁判评释; BGH NStZ 2020, 242; 亦见 KMR-StPO-*Eschelbach*, § 226 Rn 35 ff.

② 另外,根据实务见解,不是任何纯粹形式上的程序违法都能构成《刑诉法》第 338 条第 6 项的绝对的法律审上诉事由,如没有根据《法院组织法》第 171b 条第 3 款第 2 句作出裁定的情形,见 BGHSt 64, 64 连同 *Kudlich* 的评论, JA 2019, 708 以及 *Fahl* 的反对性裁判评释, NStZ-RR 2019, 321; *Heuser*, HRRS 2019, 392, 396 ff.

③ BGHSt 30, 131, 135; BGH StV 2008, 123 连同 *Ventzke* 的批评性裁判评释; BGH NStZ 2010, 530。

④ OLG Oldenburg StV 2009, 69 连同 *Jahn* 在结论上表示赞同的评论, JuS 2009, 270; *Momsen*, GA 1998, 488; 通说持不同观点: RGSt 40, 99。

⑤ 具体内容见 M-G/*Schmitt*, § 337 Rn 20 ff; HK-*Temming*, § 337 Rn 16 ff; *Schmidt-Hieber*, JuS 1988, 710 ff.

——是否判决的事实认定自相矛盾、模糊不清或留有遗漏①；
——是否违反论理法则和可靠的经验法则；
——是否存在循环论证（根据陈述本身就得出该陈述是可信的结论②）；
——是否能从整体评价上得出令人信服的结论③。

2.对所认定的事实在适用实体法方面的正确性（法律解释/涵摄），包括：

——有关罪责的问题（包括构成要件符合性、违法性、罪责、解除刑罚事由与排除刑罚事由*、免责特权、加重犯等）；

——有关法律效果，尤其是刑罚裁量的问题③（例如，是否对自由刑的久暂或不予判处缓刑交付考验进行了正确地说理）。

六、裁判④

（一）原审法院的预审

原审法院应该审查，上诉是否遵守了法定的期间和形式。若否，由原审法院**以不合法为由**通过裁定方式驳回法律审上诉，见《刑诉法》第346条第1款。若法律审上诉因具有《刑诉法》第346条所列的其他违法事由应予驳回的（如通过有效的声明放弃救济审的），全交由法律上诉审的法院去处理。⑤ 856

（二）法律审上诉法院的预审

1.对不合法救济审的裁判

当法律上诉审法院接获案卷之后，它会再次审查上诉的合法性要件。苟未遵守有关法律审上诉的提起或说理方面的规定的，法律上诉审法院 857

---

① BGH NStZ 2010, 407; BGH NStZ 2011, 302; BGH NStZ-RR 2018, 120.
② BGH StV 2005, 487.
③ BGH NStZ-RR 2018, 20, 21; BGH StV 2018, 787; *Barton*, in: 28. Strafverteidigertag, S. 195; *Gericke*, Tolksdorf-FS, S. 243.
* 个人解除刑罚事由系指根据犯罪行为之后所发生的行为人个人的状况，而回溯性地消除本来已经存在的国家刑罚权，如行为人因中止犯而被免除处罚的情形；个人排除刑罚事由则指从犯罪行为发生那一刻便存在的排除国家刑罚权的理由，如民意代表在民意机关正常履职时的发言和表决不受追究。详见林钰雄：《新刑法总则》，元照出版有限公司2018年第6版，第327—329页。——译者注
③ BGH NJW 2009, 1979, 1983 f.
④ 有关法律上诉审裁判主文的深入的论述：*Martini*, JA 2014, 137。
⑤ BGH wistra 2009, 201; 2011, 314; NStZ-RR 2016, 24.

应以不合法为由通过裁定方式驳回救济审,见《刑诉法》第 349 条第 1 款。但是,它也并非只能通过这种方式,亦得通过(在庭审的基础之上的)判决方式决定之,见《刑诉法》第 349 条第 5 款。对此准用有关事实审上诉的规定。

2. 因为显无理由被驳回——《刑诉法》第 349 条第 2 款

858 　　当检察官向法律上诉审法院提出声请时,后者有权以法律审上诉**显然无理由**为由,通过全体一致的裁定驳回上诉审,见《刑诉法》第 349 条第 2 款。这种做法有别于事实上诉审法院的做法(《刑诉法》第 313 条第 2 款是例外,见前述边码 835)。此种**裁定驳回**的方式旨在迅速处置毫无胜算的法律审上诉,以减轻法院的负担。这一备受批判的规定①**被联邦宪法法院宣告没有违反宪法之虞**②,并被欧洲人权法院宣告与公约无违③。若任何一名专业人士在须臾之间即能辨判,法律审上诉人不可能说明救济之理由,法律上诉审法院便得以显无理由为由驳回上诉。④ 典型的情形是,联邦最高法院的实务见解对上诉所提出的法律问题已作出过明确的解释,没有更为崭新的见解,答案也没有疑难的情形。激烈争议的问题是,究竟需要多少法官详尽地了解案件后,才可以裁定驳回起诉?[有的观点主张,汇报法官加审判长即可(四眼原则),有的观点则认为应该经过全部五名法庭成员共同判断(十眼原则)才行]。⑤

859 　　**3. 以裁定方式撤销判决**

　　若负责法律审上诉的法庭**一致地认为**,为被告人利益提起的法律审上诉**确有理由**的,得以裁定方式**撤销**被指摘的判决,见《刑诉法》第 349 条第 4 款。

　　4. 终止程序

860 　　如同事实上诉审的法院一样,当案件具备《刑诉法》第 153 条第 2 款、第 153a 条第 2 款、第 154 条第 2 款、第 154a 条第 2 款规定的条件时,法律

---

① 有关正确的批评观点的不完全列举:Wohlers, Schlothauer-FS, S. 505。
② BVerfG JR 2015, 92 连同 *Allgayer* 的裁判评释, JR 2015, 64。
③ EGMR JR 2015, 95.
④ BGH StV 2005, 3; *Meyer-Goßner*, DAV-FS, S. 668; *Rosenau*, ZIS 2012, 195.
⑤ BGH NJW 2016, 343: 没有要求十眼原则; dazu insbes. *Brodowski*, HRRS 2013, 409; *Fischer*, NStZ 2013, 425; *ders.*, Beulke-FS, S. 709; *Fischer/Eschelbach/Krehl*, StV 2013, 395; *Meyer-Goßner*, Tolksdorf-FS, S. 323; *Mosbacher*, NJW 2014, 124; *Wohlers*, Schlothauer-FS, S. 505。

上诉审法院随时可以**终止程序**。① 若出现诉讼障碍的,法院也可以依据《刑诉法》第206a条,于庭审外终止程序。②

(三) 法律上诉审法院的庭审活动

没有通过裁定方式了结的法律审上诉程序,便进入**庭审**(Hauptverhandlung),其组成形态遵照《刑诉法》第350、351条之规定。③

861

(四) 法律审上诉法院根据庭审作成的裁判

如果上诉人没有遵守法律审上诉提出方式方面的规定,法律审上诉法院应以上诉**不合法**为由,通过判决驳回上诉。

862

若法律审上诉合法且在庭审过程中发现案件**欠缺诉讼要件**的,应通过判决的方式**终止程序**,见《刑诉法》第260条第3款。若既不符合法律审上诉的合法要件,又存在着诉讼障碍事由,是否仍应该终止程序?对此颇有争议。④

如果法律审上诉审法院认为被指摘的判决适用法律没有错误的,应该以上诉**无理由为由**驳回上诉。⑤

反之,若法律审上诉审法院认为上诉**有理由**时,只要绝对的或相对的法律审上诉理由可能会对判决发生影响的,就应**撤销被指摘的判决**,见《刑诉法》第353条第1款。⑥ 另外,作为判决基础的事实认定也应被撤销,但是,也不是所有的事实认定都应该被撤销,仅撤销其中涉及违法的部分即可,见《刑诉法》第353条第2款。

(五) 上诉有理由时的发回重审

法律上诉审法院原则上应该将案件**发回到原审法院**重新裁判,见《刑诉法》第354条第2款。亦即,发回到原审同一法院的其他审判组织或者同级别的其他法院。法律上诉审法院的法律意见构成撤销判决之理由的,下级法院应受该意见的拘束,见《刑诉法》第358条第1款。⑦ 有关先

863

---

① 关于第154a条第2款:Heghmanns, Beulke-FS, S. 771。
② BGHSt 24, 208, 212.
③ 深入的论述:Rissing-van Saan, StraFo 2010, 359。
④ S. dazu BGHSt 16, 115, 117; 深入的论述:SK-StPO-Paeffgen, § 206a Rn 8。
⑤ Zur Urteilsbegründung;深入的论述:Fezer, HRRS 2010, 281; Wohlers, JZ 2011, 78。
⑥ BGH NJW 2003, 597.
⑦ 深入的论述:Zehetgruber, JZ 2020, 397, 398 ff。

前曾经参与判决的法官能否再参与重新裁判的问题,见边码 116 及以下。

例外时,法律上诉审法院也可以**自行作出裁判**。重要的例外情形规定在《刑诉法》第 354 条第 1 款中。根据该规定,具备以下情形之一的,必须自为裁判:

——因为实体法适用错误或者存在程序障碍事由而撤销判决的;

——无须进一步探究事实,便可断定应宣告无罪或判处绝对确定刑或(因程序障碍)终止程序的;

——经检察官声请,检法一致同意判处法定最低刑或免除刑罚的。

864　　另一种可能的自为裁判是"**更正的有罪判决**"(Schuldspruchberichtigung)(如从普通故意伤害罪更正为故意伤害致人死亡罪)。尽管立法没有明定这种自为裁判的权力,但是实务见解和学界通说却准用《刑诉法》第 354 条第 1 款承认这种裁判。①

《刑诉法》第 354 条第 1a 款第 1 句规定,若系争判决对所判决法律后果的裁量违法,但该法律后果却适当的,则亦得无理由为由驳回法律审上诉。② 另外,根据《刑诉法》第 354 条第 1a 款第 2 句,法律上诉审法院经检察官声请,并且给予了被告人表达意见的机会,亦得亲自适当地降低刑罚。③ 对此,法院应在庭审的基础上以判决方式为之,见《刑诉法》第 349 条第 5 款。④ 当事实审法院因程序过于冗长在给予补偿方面有错误的(见边码 56),实务见解认为,应该准用《刑诉法》第 354 条第 1a 款第 2 句,由法律上诉审法院自行认定补偿的正确幅度,而不应再发回重审,以避免一再延宕。⑤ 根据《刑诉法》第 354 条第 1a 款,法律上诉审法院不得在(准用《刑诉法》第 354 条第 1 款之规定)作出更正的有罪判决的同时,**一并作出量刑裁判**。这一禁止性要求是对《刑诉法》第 354 条第 1a 款加以**合宪性解释**的结论。否则这意味着法律上诉审法院对案件开展了全面

---

① BGH NJW 1993, 2188;具体内容见 *Beulke*, Schöch-FS, S. 963;限缩性的观点:SK-StPO-*Wohlers*, § 354 Rn 30 ff.

② BGHSt 49, 371; BGH JR 2011, 177; StV 2011, 136 连同 *Gaede* 的批评性裁判评释; Leipold, StraFo 2006, 305; *Paster/Sättele*, NStZ 2007, 609;亦见 OLG Köln NStZ-RR 2016, 181。

③ *Huber*, JuS 2004, 970; *Maier/Paul*, NStZ 2006, 82。

④ BGH NStZ 2005, 705;不同观点:BGH NStZ 2006, 465(依据《刑诉法》第 349 条第 4 款作出裁定)。

⑤ BGH StV 2009, 692。

的重新裁判,然而,它是不能自行审核案件事实的。①

(六) 法律上诉审对共同被告人的扩张——《刑诉法》第 357 条

判决被法律上诉审法院为被告人利益而撤销的,若同时具备下列条件的,其效力及于没有提出法律审上诉的**共同被告人**: 865

—未提出法律上诉的人经同一**判决**被宣告有罪的;

—构成诉讼法上同一**犯罪行为**的;

—因判决适用**实体法错误**导致法律审上诉成功的,或案件欠缺应依职权加以注意的诉讼要件,且该诉讼要件对未上诉人可能有影响的。②

共同被告人应该被视为同样提起了法律审上诉的人。对其产生嗣后**中断确定力的效果**(nachträgliche Rechtskraftdurchbrechung)。反之,若法律上诉审法院乃因其他程序违法事由撤销判决的,则不生上述效果,见《刑诉法》第 357 条。③ 有关违反法治国要求的程序延宕之补偿事项(边码 56),亦不适用《刑诉法》第 357 条。④

案例 68(边码 846)之解答

州地方法院的刑事陪审法庭宣告被告人 A 有罪并判处终身监禁,被告人 A 仅能对判决提起法律审上诉(《刑诉法》第 333 条)。法律审上诉由联邦最高法院裁判之(《法院组织法》第 135 条第 1 款)。A 应该在一周之内向州地方法院提起法律审上诉(《刑诉法》第 341 条),并且应在(通常是判决被送达后的)一个月之内说明理由(《刑诉法》第 345 条第 1 款),要么提交附辩护人签名的书状,要么由法院书记处制作笔录(《刑诉法》第 345 条第 2 款)。 866

本案中,被告人提出了**程序不服**。这必须反映在法律审上诉理由之中(《刑诉法》第 344 条第 2 款第 1 句"因违反程序法被

---

① BVerfGE 118, 212 以及 *Ignor*, Dahs-FS, S. 281, 308; BGH StV 2008, 176; 赞同性意见: *Beulke*, Schöch-FS, S. 963, 972 ff; *Gaede*, GA 2008, 394; *Hamm*, StV 2008, 205; *Schuhr*, Stöckel-FS, S. 323, 331。

② BGHSt 10, 137, 141.

③ *Zopfs*, GA 1999, 482 ff; 深入的论述: SK-StPO-*Wohlers*, § 357 Rn 20; KMR-StPO-*Momsen*, § 357 Rn 4 ff; *Basdorf*, Meyer-Goßner-FS, S. 665; *Meyer-Goßner*, Roxin-FS, S. 1345。

④ BGH StV 2009, 682.

声明不服")。此外，还应叙明构成违反程序法规范的**事实**(《刑诉法》第344条第2款第2句)。本案中，被告人应该声明，原审违反了**庭审公开性的规定**，州地方法院应该对这些庭审活动中发生的违法加以制止，具体而言，包括在勘验、庭审的声音、视频和广播录制环节发生的违法，这可能违反了《法院组织法》第169条第2句的规定。因此法律审上诉总体而言是**合法的**。

当案件存在《刑诉法》第337、338条规定的法律审上诉事由时，法律审上诉是**有理由的**。本案首先可能存在《刑诉法》第**338条第6项规定的绝对的法律审上诉事由**。一旦符合，就可以省略论证判决是否源于程序错误的问题。依据《刑诉法》第337条，这对于其他的法律审上诉事由而言是必不可少的检验任务。本案中，法院没有注意到，依据《法院组织法》第169条第2句，不得为了公开报道在庭审中录音、摄像和录制广播节目。可能会违反有关程序公开的规定。但是，实务见解却认为，这种情形**不符合**《刑诉法》第338条第6项，因为《法院组织法》第169条之宗旨不过是防止"法院的活动沦为暗箱操作并引发社会误解和猜疑"[见帝国法院刑事裁判(RGSt 70,109,112)]。但是，本案不涉及限制审判公开，而是对审判公开性的扩张，这种扩张受到《法院组织法》第169条第2句的禁止。扩大审判的公开性对于刑事司法的合法性而言，其影响不如限制公开性那般重要。所以，违法扩大公开性不能成为《刑诉法》第338条第6项规定的法律审上诉的理由 [联邦最高法院裁判(BGHSt 36, 119, 122)(Weimar案);联邦最高法院裁判(BGH StV 2016, 788);持赞同见解的还有 Bosch, Jura 2016, 45, 50]。

值得肯定的是，占支配地位的学术文献否定了这种见解。理由是，《法院组织法》第169条第2句规定的禁止在庭审中录音录像的要求与禁止不当限制审判公开的要求有着一样的重要性，因为这两种情形都有**干扰法官的危险**，亦即，不公开会带来国家机关干扰法官的危险，"公开范围太广"也会导致大众传媒干扰法官之虞。因此，正确的观点应当是，依据《刑诉法》第338条第6项，法律审上诉是有理由的 [同此见解的还有 Roxin/Schünemann, § 47 边码 26; Alwart, JZ 1990, 883, 895;详细的论述见 KMR-StPO-*Momsen*, § 338 边码 73; 亦见联邦宪法法院裁判(BVerfG NJW 2001, 1633); *Rössner/Safferling*, 问题 26]。州地方法院的判决应当被撤销(《刑诉法》第 353 条第 1 款),并应将案件发回到曾经作出该判决法院的其他法庭重审(《刑诉法》第 354 条第 2 款)。

纵使追随实务见解而否定本案存在《刑诉法》第 338 条第 6 项规定的事由的人,也应当认为,违反《法院组织法》第 169 条第 2 句的,构成《刑诉法》**第 337 条**规定的违反法律。上述情形究竟是否会成为相对的法律审上诉事由,就完全取决于,判决是否受到了违法报道的影响。联邦最高法院在 Weimar 案中曾对此持否定见解(BGH, aaO)(具体见边码 866)。

第三十章 抗 告

案例 69：A 因涉嫌入室盗窃(《刑法典》第 244 条)而被起诉到参审法庭。在庭审过程中，他申请传唤他的邻居 N 到庭作证，证明案发时自己不在现场，只有 N 在场，因此只有 N 才可能是犯罪人。法庭以证据完全不适合为由拒绝讯问 N，因为 N 曾在电话问询中表示，他不愿意作证。A 对法庭的这项裁决提起了抗告。请问应该由谁对抗告作出裁决？(见边码 876)

一、抗告的容许性、功能和抗告权

下列事项可以被抗告(《刑诉法》第 304—311a 条)。

——由第一审法院作出的或在事实审上诉程序中作出的一切**裁定**；

——由审判长、侦查阶段的法官以及受命法官或者受托法官作出的一切**指令**。

法律明确规定不得对上述裁定或指令声明不服，除外，见《刑诉法》第 304 条第 1 款。

抗告分为：

——**普通的**(无期限的)抗告(《刑诉法》第 304 条)；

——**即时的**(有期限的)抗告(《刑诉法》第 311 条)；

——**再抗告**(《刑诉法》第 310 条)。

抗告人通过抗告的方式寻求撤销或作成某个裁决。抗告导致受指摘的裁决受到法律和事实角度的审查。苟非法律明确规定，抗告**不适用禁止不利益变更要求**(Verbot der reformatio in peius)。① 抗告会使案件被移送到更高的审级(**移审效**)。但有别于法律审上诉和事实审上诉的是，抗

---

① 不同的观点：BVerfG wistra 2006, 57 (针对羁押停止裁定的抗告)。

告原则上不生**阻断效**,见《刑诉法》第 307 条第 1 款,例外情形见《刑诉法》第 81 条第 4 款第 2 句。但是,作成受指摘的裁决的法院(原审法官)或抗告法院(救济法官)均有权命令**停止执行该裁决**,见《刑诉法》第 307 条第 2 款。

纯粹的**不作为抗告**(Untätigkeitsbeschwerde)通常不会出现在刑事诉讼法中。① 惟有在例外情形下,始得对**不作出法所要求的裁决**声明不服,亦即,刑事追究机关应该依职权作出某种裁决却不作为的情形。② 前提是,没有作出的裁决本身是可以被声明不服的,且不作为在重要性上等同于一项终局驳回诉求的实质裁判(亦见边码 554)。除了现今已经被立法规定下来的针对程序延宕的异议(《法院组织法》第 198 条第 3 款,边码 57),被追诉人究竟还可以提出哪些不作为抗告?答案尚不清楚③。

除了检察官、被追诉人等主体以外,根据《刑诉法》第 304 条第 2 款,证人、鉴定人以及其他"受干预人",亦即,那些在行使受保障的权利和利益时受到法官裁决限制的人,也有权提起抗告。④

二、不得抗告的裁决

事实审法院(其概念见边码 123)**先于判决作成的裁决不得被抗告**,见《刑诉法》第 305 条第 1 句。

但是,有关羁押⑤、临时性留置、扣押、暂时剥夺驾驶许可、暂时性从业禁止或者采取秩序措施或强制性措施以及所有干预到第三人的裁决均不适用该抗告限制,见《刑诉法》第 305 条第 2 句。**第 2 句规定的是非穷尽式的列举**。例如,没有在第 2 句中被提到的由法院依据《刑诉法》第 81a 条决定的措施(身体检查处分)也可以通过抗告方式被声明不服。但是,占支配地位的观点主张,这类措施应该和第 2 句所列举的强制性措施

---

① BGH NJW 1993, 1279; HK-*Rautenberg/Reichenbach*, § 304 Rn 1; 不同观点: *Hoffmann*, NStZ 2006, 256; 亦见 EMRK (*Kudla* 诉波兰) NJW 2006, 2389 (涉及民事程序)。
② *OLG Hamburg* StraFo 2012, 37; *M-G/Schmitt*, § 304 Rn 3.
③ 主张不作为抗告没有容许性: OLG Düsseldorf, Beschl. v. 15.2.2012-Ⅱ-8 WF 21/12, 8 WF 21/12; OLG Brandenburg, Beschl. v. 6.1.2012-13 WF 235/11 und *Graf*, NZWiSt 2012, 121, 123; 不同观点: *Kotz*, StRR 2012, 207; *Kolleck-Feser*, Verfahrensverzögerungen im Strafverfahren und die Untätigkeitsbeschwerde der Staatsanwaltschaft, 2015, S. 145 ff。
④ BGHSt 27, 175; 辩护人自己的权利也可能会被侵害,所以他也可以成为独立的抗告权人, BGH NJW 2020, 1534。
⑤ 深入的论述: *M. Vormbaum*, Dencker-FS, S. 343。

在干预强度方面具有等同性。① 依据《刑诉法》第 142 条第 7 款，法院有关指派义务辩护人的任何决断也可以通过即时抗告的方式被声明不服，但被追诉人仅能依据《刑诉法》第 143a 条第 2 款第 1 句第 1 项申请更换辩护人的除外。②

负责事实审的法院在判决前所为之裁决，但凡和判决的作成有**内在实质联系**的，专为准备判决而为之的，可以在事实上诉审或法律上诉审中被加以审查的，且最终不会产生其他程序性影响的，根据《刑诉法》第 305 条，均不得被提起抗告。③ 法庭审判长所为之裁决，若符合上述同等条件的，亦不得被声明不服。④ **驳回证据申请**（Zurückweisung eines Beweisantrags）**的决定**是否属于上述《刑诉法》第 305 条第 1 句所规定的裁决，尚有争议。本书认为，该驳回决定随同判决一并救济即可，没有即时开展额外监督的必要。

但是，判断系争裁决是否有《刑诉法》第 305 条第 1 句规定的"和作成判决之间的内在联系"，却在很多情形下颇滋争议。尽管对此在实务见解之间也有争论，但是按照正确的见解，如果法院在庭审时拒绝了以下申请事项的，申请人应当有权提出抗告。

——申请庭审延期的，前提是事实根据表明审判长违法行使裁量权的⑤；

——辩护人申请阅卷的（参见边码 244）。

不得对联邦最高法院的裁定和指令提出抗告，州高等法院所作的裁定和指令基本上亦不得被抗告（具体见《刑诉法》第 304 条第 4 款）。⑥ 同样仅于例外情形下才能被抗告的还有联邦最高法院或州高等法院的侦查法官所作的指令（《法院组织法》第 304 条第 5 款）。其他不得提起抗告的情形还有依据《刑诉法》第 28 条第 1 款、第 46 条第 2 款、第 153 条第 2 款

---

① OLG Düsseldorf StraFo 2011, 505; SK-StPO-*Rogall*, § 81a Rn 155; *Weidemann*, S. 168.

② 法院有关更换辩护人的裁决本身也可以依据《刑诉法》第 143a 条第 4 款通过即时抗告的方式被救济。当法院驳回解除义务辩护人的申请时，如果义务辩护人也因该决定遭受不利益的，他自己也可以提出即时抗告，参见 BGH NJW 2020, 1534。

③ OLG Köln StV 1991, 552 连同 *Müller* 的批评性裁判评释；*M-G/Schmitt*, § 305 Rn 1。

④ *M-G/Schmitt*, § 305 Rn 3; HK-*Rautenberg/Reichenbach*, § 305 Rn 4; str.

⑤ LG Braunschweig StV 2014, 335; *M-G/Schmitt*, § 213 Rn 8.

⑥ 关于公平性的问题，参见 *Lang*, Breidling-FS, S. 199。

第 4 句、第 201 条第 2 款第 2 句、第 301 条第 2 款作成的裁断。

三、抗告的管辖

对抗告行使管辖权的法院既可以是依据《法院组织法》第 73 条第 1 款的州地方法院,依据《法院组织法》第 76 条第 1 款,应该由它的**大刑事庭**审理①;也可以是依据《法院组织法》第 120 条第 3、4 款,第 121 条第 1 款第 2 项的州**高等法院**;还可以是依据《法院组织法》第 135 条第 2 款的**联邦最高法院**。

870

四、抗告的提出

抗告以书面方式②或由书记处记入笔录的方式,向作出受指摘决定的法院(原审法官)提出,见《刑诉法》第 306 条第 1 款。立法不要求对抗告说理。与即时抗告不同的是,普通抗告没有期限的限制。

871

五、裁决

(一) 原审法官的裁决

若作成系争决定的法院认为普通抗告**有理由**,它应该纠正其决定,见《刑诉法》第 306 条第 2 款前半句。否则,它应该立即将抗告提交有管辖权的抗告法院,最迟不得超过三天,见《刑诉法》第 306 条第 2 款后半句。纵使抗告不合法,原审法官也不得以不合法为由驳回抗告③,它应该将抗告当作一种反对意见加以审查。④

872

(二) 抗告法院的裁决

抗告不具备合法要件的,救济法官应**以不合法为由驳回抗告**。抗告法院认为**抗告合法且有理由**的,原则上应该**对该事项自为裁决**,见《刑诉法》第 309 条第 2 款,即便争议属于裁量问题,亦无不同。⑤ 苟非供裁决之

873

---

① OLG Köln StV 1993, 462.
② 关于书面性的范围,参见 S/S/W-StPO-*Hoch*, § 306 Rn 7。
③ RGSt 43, 179, 180; Radtke/Hohmann-*Merz*, § 306 Rn 6; 深入的论述:*Park*, Schlothauer-FS, S. 143。
④ *M-G/Schmitt*, § 306 Rn 12.
⑤ KG StV 2016, 171; *M-G/Schmitt*, § 309 Rn 4; LR-*Matt*, § 309 Rn 7。

事实发生改变的,该裁决具有拘束力。① 惟例外情形下,抗告法院才应将系争事项发回,例如,系争决定非由法定审判组织所为的、且该瑕疵无法在抗告程序中被弥补的。②

六、即时抗告

874 即时抗告区别于普通抗告之处在于它**有期限的限制**。它必须在一周之内向原审法官提出,见《刑诉法》第 311 条第 2 款。有别于普通抗告的是,即时抗告仅于例外时才能由原审法官加以纠正,亦即,仅违反了依法听审要求且不利于抗告人的情形,见《刑诉法》第 311 条第 3 款。

通常情况下的抗告属于普通抗告。惟当法律有明确要求的(如《刑诉法》第 28 条第 2 款第 1 句),才属于即时抗告。

七、再抗告——《刑诉法》第 310 条

875 再抗告(Die weitere Beschwerde)系针对抗告法院之裁决的救济手段,仅于例外情形下始得为之。它仅得依《刑诉法》第 310 条第 1 款针对州地方法院的抗告裁决,或者依《法院组织法》第 120 条第 3 款针对有管辖权的州高等法院的抗告裁决为之,前提是上述抗告裁决作出了**羁押**或**临时性留置**等特别严重的干预措施。其他因为抗告而作出的裁决,不得以再抗告方式被声明不服,见《刑诉法》第 310 条第 2 款。

876 **案例 69(边码 867)之解答:**

驳回在庭审中提出的证据申请的方式是**裁定**(《刑诉法》第 244 条第 6 款第 1 句)。原则上,裁定可以通过抗告的方式被救济(《刑诉法》第 304 条第 1 款)。但是,驳回证据申请属于《刑诉法》第 305 条第 1 款规定的事实审法院**在判决形成前作出的**裁决,即不得提起抗告的裁决,不过这个结论有争议。州地方法院应该**以不合法为由驳回抗告**。

事实审法院在本案中可以继续开展庭审活动,必要时甚至也可以作出判决(《刑诉法》第 307 条第 1 款)。A 也并非就得不

---

① OLG Braunschweig StV 2016, 102 连同 *Weidemann* 的赞同性裁判评释。
② BGHSt 28, 312, 313;深入的论述:AnwK-StPO-*Rotsch/Gasa*, § 309 Rn 7。

到保障。例如,他可以提起事实审上诉(《刑诉法》第 312 条)并在事实上诉审的庭审中再度提出他的证据申请。根据《刑诉法》第 244 条第 3 款,这种证据申请也应该被准许,即便 N 已通过电话方式表达了其欲行使《刑诉法》第 55 条第 1 款规定的拒绝回答权,但是这不足以使其成为《刑诉法》第 244 条第 2 款第 3 句第 4 项所称的完全不合适的证据。惟有通过在庭审活动中对 N 问话的方式才能彻底明确,证人是否希望对所有问题拒绝陈述,抑或仅仅针对某个具体的问题缄默。A 也可以根据这种程序错误立即对判决提起飞跃上诉(《刑诉法》第 335 条),因为判决系在违反了《刑诉法》第 244 条第 3 款第 2 句的基础上被作成的,所以飞跃法律审上诉也能成功(《刑诉法》第 337 条)(具体见边码 869、686)。

第三十一章 再 审

877 **案例 70**：R 女士因为谋杀罪被判处终身监禁并且判决确定。判决认定她杀害了其丈夫，并将其头颅切下放在厨房炉具中彻底焚毁。数年后，涉案头骨在某处干涸的池塘里被发现。R 女士能如之奈何？（*Maria Rohrbach* 案）（见边码 884）

一、意义

878 再审（Wiederaufnahme des Verfahrens）是突破实质确定力最为重要的制度之一。欲维护**法和平**（Rechtsfrieden），离不开判决的实质确定力。另一方面，从同为法治国原则内涵的**公正性**①的角度，如果已经确定的判决存在难以容忍的错误，以致于无人会苟同继续维持已作成的判决的，那么法和平或法安定性的观念即应例外地退居其次。② 与之相应的，仅**在极其严格约束的界限内**才有启动再审之可能。故立法者以穷尽列举的方式（尤其是《刑诉法》第 359 条、第 362 条）规定了再审的理由。立法仅规定了针对**判决**的再审；可否将《刑诉法》第 359 条及以下数条类推适用于裁定，则有争议③（亦见边码 452）。

---

① BVerfGE 33, 367, 383; 38, 105, 115.
② 关于错案的各种类型，参见 *Brinkmann*, Zum Anwendungsbereich der §§ 359 ff StPO, 2017.
③ 支持类推的观点：LG Hannover JR 1997, 123 连同 *H.E. Müller* 的裁判评释; *Schall*, Stree/Wessels-FS, S. 735; *Hellmann*, Rn 955; LR-*Matt*, Vor § 304 Rn 62; *Bayer, S.*, Die strafrechtliche Wiederaufnahme im deutschen, französischen und englischen Recht, 2018, S. 311; 反对类推的观点：OLG Hamburg StV 2000, 568; LR-*Gössel*, Vor § 359 Rn 58; SK-StPO-*Frisch*, Vor § 304 Rn 28; 当依据《刑诉法》第 153、153a 条之规定终止程序时肯定不能类推，因为此时不具备必要的不服的利益，LG Baden-Baden NStZ 2004, 513; 不同的观点：*Böse*, JR 2005, 12。

二、再审理由

被穷尽列举的(见边码12)再审理由可以分为有利于被告人的和不利于被告人的理由。① **有利于被判决人的**再审仅当具备《刑诉法》第359条第1-6项规定的理由时,始得为之。在实务中尤其重要的情形除了曾提供伪造或变造的书证的情形外(《刑诉法》第359条第1项)②,还有第359条第5项规定的容许再审的情形,即提出了**新的事实或新的证据**,它们单独或结合其他曾经被提出过的证据能够成为宣告被告人无罪,或者能使其被适用较轻的刑法规定而得到更轻的处罚,或者使其被宣告完全不同的改善与保安处分的理由。

《刑诉法》第359条第5项规定的"**事实**"系指可以被证明的现在或过去的具体事件。但不包括案件适用的法律或实务见解发生了变更的情况。③ **证据**系指《刑诉法》规定的正式的证据(参见边码284)。无论是判决后才出现的,或者事实审法院原先不知晓的,或者事实审法院原先没有斟酌的事实或证据,均属于**新**的事实或证据。④ 构成新事实的,例如,某位新的证明无罪的证人,即使被告人在庭审时就可能已知道有这名证人存在⑤,第三人供认犯罪或者记载着新验出的事实的新鉴定意见⑥等。被追诉人撤回原先的自白也应该被视作新的证据事实⑦,但是它会带来一项扩大的说明义务,被追诉人应该就虚假自白说明其合情合理的动机。⑧

仅当符合《刑诉法》第362条规定的严格条件时,才可以启动不利于

879

---

① 具体内容见: *Eschelbach*, Stöckel-FS, S. 199; *Eschelbach/Geipel/Meller*, GA 2018, 238; *Hanne, N.*, Rechtskraftdurchbrechung von Strafentscheidungen im Wechsel der politischen Systeme, 2005, S. 161; *Marxen/Tiemann*, Die Wiederaufnahme in Strafsachen, 3. Aufl. 2014; *Noak*, JA 2005, 539; Beck'sches Formularbuch-*Strate*, Kap. X; *Waßmer*, Jura 2002, 454。

② 参见 OLG Nürnberg (Fall *Mollath*) NJW 2013, 2692 连同 *Mosbacher* 的裁判评论, JuS 2014, 127。

③ BVerfGE 12, 338, 340; BGHSt 39, 75, 79 f (*v. Ossietzky* 案); hierzu *Gössel*, NStZ 1993, 565; *Joerden*, JZ 1994, 582 und *Brauns*, JZ 1995, 492。

④ BVerfG StV 2003, 225; BVerfG SVR 2015, 36; OLG Stuttgart NStZ-RR 2012, 290。

⑤ OLG Düsseldorf NStZ 1993, 504。

⑥ OLG Hamm StV 2003, 231。

⑦ BGH NJW 1977, 59; KMR-StPO-*Eschelbach*, § 359 Rn 13; AnwK-StPO-*Rotsch*, § 359 Rn 24。

⑧ BGH NStZ 2006, 468; 详尽的论述: *Eisenberg*, JR 2007, 360; *Hellebrand*, NStZ 2008, 374。

被告人的再审。此处尤其应当强调《刑诉法》第 362 条第 4 项规定的再审事由，即如果已经被宣告无罪的人又可信地供认（自白）了犯罪的，可以启动新的诉讼程序。此外，尤值注意的是，《刑诉法》第 359 条第 5 项规定的**提出新的事实和证据**，这一可以发动有利于被判决人之再审的事由（见前文）却**没有被规定在不利于被告人的再审事由之中**。有一种改革建言主张，倘若嗣后有新的（特别可信的）证据可以证实犯罪的，在符合特别的条件下，应该突破判决的确定力以追究曾被宣告无罪的人。但是该建言目前尚未被采纳。①

《刑诉法》第 362 条第 2 项的再审事由存在着漏洞，按照该项规定，若证人有罪责地为了被告人的利益**故意作伪证的**，就可以重新开展诉讼程序。依《刑诉法》第 364 条第 1 句，纵使存在这种事由，只能当该犯罪曾被作出确定的有罪判决时，才能启动再审。所以该规定其实保护了这么一群被告人，他们通过给证人施加巨大的压力（如死亡威胁）的方式获取了对他们有利的证言从而被宣告无罪。* 但是对证人而言，依据《刑法典》第 35 条第 1 款第 1 句，他构成**免除罪责的紧急避险**，故意虚假作证的行为因此就不能被处罚。由于再审权的规定不能被类推适用（见边码 878），所以这项弊端惟有通过修法才能被克服。③

就处刑令程序的特殊情形而言，还额外地存在着依《刑诉法》第 373a 条**为被判决人利益发动再审的可能性**（参见边码 803）。④ 还有一项依据《联邦宪法法院法》第 79 条第 1 款的再审理由则主要针对判决所依据的规范被宣告违宪的情形（如联邦宪法法院作出的有关《刑法典》第 240 条的"静坐示威裁判"⑤便与此处的情形有关）。

---

① Vgl. Bundesratsentwurf BR-Drs. 655/07; *Letzgus*, Geppert-FS, S. 785; 反对观点：*Bohn*, Die Wiederaufnahme des Strafverfahrens zuungunsten des Angeklagten vor dem Hintergrund neuer Beweise, 2016; *Frister/Müller*, ZRP 2019, 101 以及进一步的说明; OK-StPO-*Singelnstein*, § 362 Rn 11; *Zehetgruber*, JR 2020, 157, 161 ff.; 比较法上的观察: *Swoboda*, HRRS 2009, 188, 193 ff.

* 因为对该犯罪作了确定的无罪判决，所以纵使证人曾有责地作伪证，依据《刑诉法》第 364 条，也不能为了改判有罪而启动再审。——译者注

③ KG JZ 1997, 629 连同 *Marxen*, LR-*Gössel* 的裁判评释，§ 362 Rn 6。

④ *Weber-Klatt, K.*, Die Wiederaufnahme von Verfahren zu Ungunsten des Angeklagten, 1997, S. 322; *Possienke*, Die Regelung des § 373a StPO im Lichte des Grundgesetzes; 关于实证情况: *Kemme/Dunkel*, StV 2020, 52, 56 ff.

⑤ BVerfGE 92, 1; 关于再审申请中进行必要的说明: KG NStZ 2013, 125。

三、再审程序

负责对再审程序裁判的法院通常是作出被申请再审之判决的法院以外的享有相同事物管辖权的法院(《刑诉法》第367条第1款第1句连同《法院组织法》第140a条)。

(一) 依据《刑诉法》第366—368条审查再审申请的合法性

再审法院首先应依据《刑诉法》第368条在"**附加程序**"(Additionsverfahren)之中就再审申请的合法性开展审查(《刑诉法》第366条),合法性审查对象包括申请的方式、有关法定再审理由的说明以及申请的说服力。在这一阶段究竟应该在何种程度内开展预先性的证据评价,存在着很大的争议。占支配地位的观点认为,首先应该就申请的说服力进行审查,即如果事实审法院考量了新的证据以后,再次作出的裁判是否会有别于原先的判断?而此时再审法院只能在非正式自由心证所能实现的范围内去评价新提出来的证据①。其间不适用罪疑惟轻原则。② 尽管如此,一旦对有罪判决的事实准确性产生了"严肃的疑虑"(ernsthafte Zweifel),便足以符合《刑诉法》第359条第5项规定的情形,也就是说,判决中认定有罪所凭借的事实被"动摇"了,再审申请的说服力便已足够。③ 部分学术文献主张,判断再审申请说服力的关键在于,是否有实现某种合法的再审目标的"具体可能性"。④ 但毫无争议的是,典型的自由心证(证据评价活动),如对证人证言信用性的判断,无论如何都应保留到再审程序的后续阶段始得为之。⑤ 再审申请也可以在刑罚被执行完毕以后,甚至被判决人死亡以后再被提出(《刑诉法》第361条)。⑥

以下的限制性规定对于再审的合法性尤其重要:

——旨在依据相同的刑法规定**另行量刑**的再审,无论凭借哪种再审理

880

881

---

① OLG Karlsruhe NStZ-RR 2005, 179; OLG Koblenz NStZ-RR 2005, 272.
② BGHSt 39, 75, 85; BGH NStZ 2000, 218.
③ OLG Rostock NStZ 2007, 357; KK-*Schmidt*, § 368 Rn 9; SK-StPO-*Frister*, § 359 Rn 57.
④ KMR-StPO-*Eschelbach*, § 359 Rn 33 f; *Wasserburg/Eschelbach*, GA 2003, 335, 350.
⑤ BVerfG NStZ 1995, 43; OLG München StRR 2010, 386.
⑥ S. zB LG Köln NJW 1998, 2688 (*Beck* 案)连同 *Gribbohm* 的裁判评释, NStZ 1999, 99。

由都是不合法的(《刑诉法》第 363 条第 1 款)。①

——旨在以**减轻的**罪责能力为由(《刑法典》第 21 条)实现从宽处罚的再审,同样也是不合法的(《刑诉法》第 363 条第 2 款)。

若申请不合法,再审法院应该依据《刑诉法》第 368 条第 1 款驳回之;若合法,则应该作出"**准许裁定**"(Zulassungsbeschluss)。②

(二) 依据《刑诉法》第 369、370 条审查再审申请是否有理由

882　　如果对再审申请作出了准许裁定,则进入"**察看程序**"(Probationsverfahren)对申请**有无理由**进行审查。必要时,再审法院可以任命一名法官围绕着再审事由举行法庭证据调查(《刑诉法》第 369 条)。③ 再由再审法院自行裁决申请是否有理由。若申请中提出的主张不足以被证实的,法院将依据《刑诉法》第 370 条第 1 款以无理由为由驳回申请。**如果有"充分的盖然性"**(类推适用《刑诉法》第 170 条第 1 款)**表明,一旦提起再审,新的庭审将会作出一项对被判决人有利的裁决**,那么就达到了《刑诉法》第 395 条第 5 款规定的"足以被证实"的标准。④

进行这项判断时,不可直接适用"存疑惟利于被告"原则。不能单纯因怀疑原先判决不正确就启动再审。但是,也不能就此推导出,纵使有怀疑也要维持判决的确定力。如果这种怀疑是经过新的庭审活动才得出的判断,此时"存疑惟利于被告"原则其实就已经被间接地遵守了。⑤ 例如,当一名鉴定人无法排除被判决人在犯罪当时可能具有《刑法典》第 20 条规定的生物特征,他实施的可能是无责任的行为,那么再审申请就已经具备了足够的理由。⑥ 一旦再审法院认为申请有理由的,就应该命令重新启动程序并且重新举行庭审(《刑诉法》第 370 条第 2 款)。该项裁定一旦

---

① S. dazu BGHSt 48, 153, 156 连同 *Ziemann* 的批评性评论, JR 2006, 409; *Marxen/Tiemann*, StV 1992, 534; *Rieß*, Gössel-FS, S. 657。

② 在实践中,再审的合法性被极度地限缩;相关数据见 *Arnemann*, Defizite der Wiederaufnahme in Strafsachen, 2019, S. 186 ff.; 批评性观点:*Eschelbach/Geipel/Hettinger/Meller/Wille*, GA 2018, 238。

③ Dazu BVerfG StV 2003, 223。

④ OLG Frankfurt StV 1996, 138 (*Weimar* 案); *M-G/Schmitt*, § 370 Rn 4; *Wasserburg*, Die Wiederaufnahme des Strafverfahrens, 1983, S. 196 f。

⑤ LR-*Gössel*, § 370 Rn 23; *Kühne*, Rn 1122; 相关问题还可以参见 *Peters*, § 76 V 3b bb; *Roxin/Schünemann*, § 57 Rn 15 und *Schünemann*, ZStW 84 (1972), 870, 876 ff。

⑥ OLG Stuttgart StV 1990, 539; 赞成性观点:*Stern*, NStZ 1993, 414。

发生确定力,案件将回到诉讼系属的状态。故此时不得继续执行原先的判决。

(三) 依据《刑诉法》第 370 条第 2 款、第 373 条重新开庭审理

一项积极的再审裁定通常会让根据《法院组织法》第 140a 条享有案件管辖权的法院举行**新的庭审**。若被判决人已经死亡的,则不再举行庭审。遇到这种情形,再审程序只能作成彻底的无罪判决,若不能如此判决的,应当驳回再审申请,见《刑诉法》第 371 条第 1 款。若有足够的证据得以立即宣告无罪的,也可以免于重新开庭,见《刑诉法》第 371 条第 2 款。其他情形下应该彻底重新作出判决,其间应该直接适用"存疑惟利被告"原则。还应注意的是,依据《刑诉法》第 373 条第 2 款,再审程序也应该适用禁止不利益变更的要求。这意味着,若仅为被追诉人利益而申请的再审,判决不得作不利于他的变更。但是,安置于精神病医院或教育机构的处分则可以作不利的变动,见《刑诉法》第 373 条第 2 款第 2 句。

883

案例 70(边码 877)之解答:

被判决人 R 可以依据《刑诉法》第 359 条第 5 项申请再审。本案中不仅出现了一项**新的事实**(头颅并没有在炉子里被焚毁),也产生了一项**新的证据**(头颅是勘验的对象)。这显示出**有充分的盖然性**,可能在新的庭审中会使法院对被判决人作出有利的裁判。这足以使再审申请具有合法性(《刑诉法》第 366 条及以下数条)并被视为有理由(《刑诉法》第 369、370 条)。但是,绝对不能因此就预先得出需要经过重新审理才能得出的实际结论(《刑诉法》第 370 条第 2 款、第 373 条),因为即使头颅重现,也不排除法院在会新的庭审中再次得出 R 女士杀害其亲夫的结论。在真实的个案中(Maria Rohrbach 案,详见 Peters, K., Fehlerquellen im Strafprozeß, Bd. 1, 1970, S. 105 ff),被告人在新的审理中根据疑罪从无原则被宣告无罪了)具体内容见边码 878 及以下数段)。

884

第三十二章　自诉程序、附加控诉程序和附带民事程序以及被害人的其他权利

案例 71：

885　　（1）A 开着自己的私家车载着交往多年的女友 B 回家。他在停车场泊车后，纠缠不休地逼迫 B 与之性交。出租车司机 T 赶来营救了 B。A 则试图驾车逃离现场，其间无意中撞到了 T，T 被伤得不轻。检察官以强制性交罪和过失伤害罪起诉了 A。B 希望自己能积极参加诉讼程序。试问其应如何为之？

　　（2）庭审中，A 被判处十二个月的自由刑并付缓刑考验。B 此时作为独立的程序参与人却认为，A 应当被宣告无罪。她可以为实现这个目标而发动救济审吗？（见边码 902）

一、自诉程序

（一）自诉之罪

886　　不同于依职权进行的刑事程序，在**自诉**（Privatklage）案件中，自诉人可以追究犯罪。若自诉之罪涉及公共利益的，由检察官对之提起公诉（《刑诉法》第 376 条）。《刑诉法》第 374 条第 1 款列明了自诉之罪。①

　　只有《刑诉法》第 374 条规定的**被害人**（Verletzte）才有权提起自诉。被害人系指假定其所声称的犯罪发生时，自己法益遭受直接侵害，且该法益恰为立法在该自诉犯罪中所欲保障之法益的那些人（例外：《刑诉法》第 374 条第 2 款、有关被害人的概念见边码 534）。

（二）自诉的发动和进行

887　　1.如果存在自诉之罪的嫌疑，有以下两种可能的处理方式：

---

①　深入的论述：Bartsch, ZJS 2017, 40, 167; SK-*Velten*, § 376 Rn 3; *Schöch*, Rieß-FS, S. 507; *Schroth/Schroth.*, Die Rechte des Verletzten im Strafprozess, .3. A. 2018; *Schünemann*, Hamm-FS, S. 687.

——通常而言，被害人一开始只能告发自诉之罪，并于必要时提出刑事告诉。之后检察官会审查，**是否存在依职权追究犯罪的公共利益**（见《刑诉法》第 376 条）。通常而言，如果犯罪不止侵扰到被害人的生活事项，而且还扰动了法和平，并且追究犯罪成为社会大众当下的关切时，便存在这种公共利益（见《刑事程序和罚金程序指令》第 86 条第 2 款）。一旦检察官认为刑事追究存在公共利益的，便会提起公诉，见《刑诉法》第 376 条。否则他将依据《**刑诉法**》**第 170 条第 2 款**，**以存在着阻碍依职权追究犯罪的程序障碍为由**，终止程序并告知被害人循自诉途径解决之。① 但是，由于自诉人会担负经济上的风险（《刑诉法》第 379 条、第 379a 条），所以被害人也很少诉诸自诉途径。②

——被害人及《刑诉法》第 374 条第 2、3 款规定之人也可以不求助于检察官，迳行向有管辖权之法院（《刑诉法》第 374 条第 1 款）提起自诉。

2.一个诉讼意义上的犯罪，如果它既涉及自诉之罪，也涉及**公诉之罪**，则不能被提起自诉。如果自诉之罪不涉及公益的，它应该连同公诉之罪被一并追究。

> **示例**：销售代表 A 为了能继续推销他的商品，用脚顶住 F 的房门，将 F 推回门厅并违背 F 的意志踏入 F 家的门厅。F 就此提起刑事告诉。与作为公诉之罪的强制罪（《刑法典》第 240 条）具有想象竞合关系的侵入住宅罪是一种自诉之罪（《刑法典》第 123 条），检察官不必再审查侵入住宅罪是否具备《刑诉法》第 376 条规定的公共利益，就应该（依职权）予以追究。

3.自诉人在刑事程序中承担着几乎和**检察官**一样的工作。但是检察官却没有被排斥于刑事程序之外，他们可以在判决确定前的**任何程序阶段**，以明示的方式**承接刑事追究的工作**（《刑诉法》第 377 条第 2 款第 1 句）。

4.遇到《刑诉法》第 380 条第 1 款规定的情形*，惟当州司法行政机关规定的调解机构**无法促成加害人赎罪**时，始得提起自诉。

---

① Joachimski/Haumer, S. 100; Radtke/Hohmann/Merz, § 376 Rn 5.
② Heger/Pohlreich, Rn 164.
* 即非法侵入住宅、侮辱、妨害通信秘密、伤害人身健康（即《刑法典》第 223-229 条规定的各类伤害罪）、恐吓、毁损财物等案件以及行为人在自醉状态下实施的轻罪案件。——译者注

5.《刑诉法》第 385 条第 3 款对自诉人的阅卷权作出了新规定*，并于 2018 年 1 月 1 日起实施。

6.检察官提起公诉时享有的提起救济审的权利（《刑诉法》第 390 条第 1 款第 1 句），自诉人同等地享有之，但是**仅能朝着不利于被告人的方向为之**，而不能有利于被告人。①

二、附加控诉程序

（一）概念和功能

889 　《刑诉法》第 395 条所列之犯罪的被害人有权在检察官提起的公诉之外**附加控诉**（Nebenklage）（《刑诉法》第 395—402 条）。被害人不能自行发动刑事程序。他充其量只能加入被提起的公诉程序，就此而言，附加控诉**依附于公诉**。② 但是，**附加控诉人**（Nebenkläger）独立于检察官行使自己的权利。通过这种加入方式，被害人转变成了附加控诉人，从而取得了广泛的程序参与权，如发问权和证据申请权（《刑诉法》第 397 条第 1 款第 3 句）。③

首先，附加控诉旨在满足被害人个人的**补偿和修复利益**（persönlichen Genugtuungs-und Restitutionsinteresse），针对让其感受格外强烈的犯罪，他获得了加入该罪刑事追究的权利。这是附加控诉与自诉（《刑诉法》第 374 条及以下数条）的关键区别，后者至少在实然面上主要着眼于司法减负。但是被害人却可以通过附加控诉追求弥补创伤的利益和应报需求，并且与检察官一道推动惩罚被追究人。④

附加控诉制度同时兼有类似于强制起诉程序的**监督功能**和**澄清犯罪的功能**：立法者通过附加控诉制度，提供给被害人某种指控犯罪的手

---

* 该款之旧法版本规定为"自诉仅得通过律师行使阅卷权"。2018 年以后的新版规定规定自诉人的律师代理人不仅有权查阅被提交到法院的卷宗，而且只要不妨害其他刑事案件的调查和被追诉人更值得保护的利益，还可以查阅官方保管的（其他案件的）证据。没有律师代理人的自诉人也有权自行阅卷，并在监视下查阅官方保管的证据。如果卷宗没有被电子化的，可以将卷宗的复印件提供给没有律师代理人的自诉人。——译者注

① OLG Hamburg NJW 1958, 1313; KMR-StPO-*Kulhanek*, § 390 Rn 5.
② Vgl. *Gollwitzer*, Schäfer-FS, S. 65.
③ BGH NStZ 2011, 713；主张限缩的观点：BGH NStZ 2010, 714 连同 *Bock* 正确的反对性裁判评释, HRRS 2011, 119; vgl. auch *Senge*, Rissing-van Saan-FS, S. 657, 664 ff.
④ *Fabricius*, NStZ 1994, 260.

段,最终还可以防止外界批评检察官追究犯罪不力。① 故附加控诉也有让检察官的业务接受私人监督之目的。

近年来,刑事司法**为被害人提供保障**的理念方兴未艾,②这也是落实 2012 年 10 月 25 日颁布的《欧盟有关犯罪被害人权利与保护最低标准的指令》③以及许多被害人权利改革法案(见边码 303)的结果。

(二) 加入权

1.(可能)④成为《刑诉法》第 395 条所列之罪之被害人的人,均有加入权(Anschlussbefugnis)。**被害人的概念**应与强制起诉程序中的被害人概念(见边码 534)作相同的理解。尤其应让那些曾经遭受到侵害性自主犯罪(第 1 款第 1 项)或(故意)伤害罪(第 1 款第 3 项)伤害的被害人有机会作为附加控诉人加入刑事程序。被害人因不法行为死亡的,《刑诉法》第 395 条第 2 款第 1 项赋予了其父母、子女、兄弟姐妹和妻子以及登记的生活伴侣附加控诉权。

890

根据《第二次被害人权利改革法案》的要求,为了保护在具体案件中遭受特别严重犯罪侵害的被害人,《刑诉法》第 395 条第 3 款被改造成一项一般性**兜底条款**:尤其是过失伤害罪(《刑法典》第 229 条)、侮辱罪(《刑法典》第 185 条)、侵入住宅盗窃罪(《刑法典》第 244 条第 1 款第 3 项、第 4 项)和抢劫罪(《刑法典》第 249 条)的被害人也可以提起附加控诉。如今,其他犯罪的被害人,但凡有**特别的理由**,即因为犯罪后果严重、显有必要维护其利益的,便可以提起附加控诉。⑤

2.《刑诉法》第 395 条第 1 款规定,被害人可以选择**在程序的任何阶段**加入。甚至是判决已经作出后,他也可以**为了提起救济审**而加入程序,见《刑诉法》第 395 条第 4 款第 2 句。纵使他之前没有提出过刑事告诉,也

891

---

① *Gollwitzer*, Schäfer-FS, S. 65.

② *Jahn*, Lüderssen.-Symp., S. 143; *Safferling*, ZStW 122 (2010), 87, 95; *Schünemann*, NStZ 1986, 193 ff.

③ ABl. EU 2012, L 315/57; dazu *Göhler*, Strafprozessuale Rechte des Verletzten in der Europäischen Union, 2019, S. 112 ff.

④ BGH NStZ-RR 2008, 352; LG Hamburg StraFo 2018, 484.

⑤ BGH JR 2012, 392 连同 *Schiemann* 的裁判评释;批评意见:*Barton*, JA 2009, 753, 755; *Bung*, StV 2009, 430, 435; *Jahn*, Lüderssen-Symp., S. 143; *Jahn/Bung*, StV 2012, 754; *Herrmann*, ZIS 2010, 236, 241 f; LR-*Wenske*, § 395 Nachtr. Rn 9 f; *Wenske*, JR 2014, 169。

可以声明加入程序。① 加入程序应该通过书面的加入声明的方式为之,见《刑诉法》第 396 条第 1 款。被害人声明加入程序以后,由案件当时系属的法院审查声明人是否具有形式上的加入权(以提起救济审方式加入程序的,由救济审法院审查②)。

被告人以《刑诉法》第 395 条第 3 款为依据声明加入程序的,法院还应该审查,是否存在该款所规定的可以加入程序的理由,见《刑诉法》第 396 条第 2 款第 2 句。所以,法院对此实际上作出了**两项裁定**。一方面,如同所有其他犯罪一样,法院应先审查形式意义上的加入权。如果法院认为不存在这种权利而不允许被害人加入的,被害人同样有权依据《刑诉法》第 304 条第 1 款提起抗告。③ 另一方面,根据《刑诉法》第 396 条第 3 款第 2 句,法院对是否具备《刑诉法》第 395 条第 3 款规定的"特殊理由"作出认定,该认定结论不得被声明不服。实践中,这两项裁定通常都被制作成一个整体。即便被害人加入程序的申请在第一审程序中被驳回,在救济审中,他仍有新的申请提起附加控诉的权利。④

(三) 附加控诉人的权利

892　　1. 即使附加控诉人作为证人需要接受讯问的,依据《刑诉法》第 397 条第 1 款第 1 句,他也同样享有**庭审在场权**(Recht auf Anwesenheit in der Hauptverhandlung)。所以,《刑诉法》第 58 条第 1 款、第 243 条第 2 款第 1 句规定的有关限制证人庭审在场权的一般性规定,对他们是不适用的。附加控诉人其他的权利被穷尽式地列举在《刑诉法》第 397 条第 1 款第 3—4 句中*。

2. 附加控诉人独立地享有阅卷权,其阅卷的范围和程度由《刑诉法》第 406e 条规定之。

3.《刑诉法》第 397a 条第 1 款规定,在特别严重的附加控诉的犯罪中,被害人除了可以基于经济条件请求诉讼费用救助制度(《刑诉法》第

---

① BGH NStZ 1992, 452.
② Vgl. *M-G/Schmitt*, § 396 Rn 8; HK-*Weißer*, § 396 Rn 7.
③ 主流观点参见 *M-G/Schmitt*, § 396 Rn 19。
④ *Beulke*, DAR 1988, 118; vgl. auch KMR-StPO-*Kulhanek*, § 396 Rn 14; 不同的观点: OLG Düsseldorf NStZ-RR 1996, 310。

* 具体有申请法官或鉴定人回避权、发问权、对审判长命令表达异议权、对问题的异议权、证据申请权和陈述意见权。——译者注

397a条第2款)以外,还有权要求指派"**国家付费的被害人律师**"(Opferanwalts auf Staatskosten)。

这同样适用于已死亡被害人的家属,见《刑诉法》第395条第2款第1项。《刑诉法》第397a条第1款在适用上优先于《刑诉法》第68b条(见边码303)。在检察官提起公诉以前,纵使被害人还没有表示将以附加控诉人的身份加入诉讼,律师也可以代理有权提起附加控诉的被害人(或者死者家属),见《刑诉法》第406f条第1款(参见边码900)。① 如今,在德国已经出现了在一个诉讼中有超过80名附加控诉人的现象。为数众多的附加控诉人还可能会委托为数众多的律师,从而导致庭审难以有效地组织并顺畅地进行。为了因应这种困难,立法机关制定了《刑诉法》第397b条。依据该条规定,法院可以为利益诉求相同的多名附加控诉人指派一名联合律师(**共同附加控诉的代表**或附加控诉的集合体)。② 如果附加控诉人已经被指派或聘请了一名联合律师的,应该撤销原先已有的指派和委托。

4.附加控诉人有权独立于检察官**提起救济审**,见《刑诉法》第401条第1款。但是他不得以要求判处被告人更高的刑罚或其他的法律效果为由对判决声明不服,见《刑诉法》第400条第1款第1种情形。如果附加控诉人谋求宣告被告人有罪,但就这种(他主张的)罪行而言,他无权以附加控诉人的身份加入程序,则不得启动救济审③,见《刑诉法》第400条第1款第2种情形。由于被害人对被追诉人被采取羁押或羁押被延长的决定没有不服的利益,所以他不得对这类裁判声明不服④,他也不能为了被告人的利益而提起救济审(这一点不同于检察官,参见《刑诉法》第296条第2款)。⑤

---

① 深入的论述:*Barton*, StraFo 2011, 161。
② 部分持批评的意见:*Claus*, NStZ 2020, 57, 60 f.。
③ 因此认为应该限缩审查范围的观点:BGHSt 43, 15; OLG Hamm NStZ-RR 2012, 22 连同 *Wenske* 的批评性裁判评释, JR 2014, 170; LR-*Hilger*, § 400 Rn 18 ff; *Kampf*, JuS 2012, 521; HK-*Weßer*, § 400 Rn 17 ff; *Schmid*, NStZ 2011, 611, 612。
④ OLG München StV 2014, 28。
⑤ BGHSt 37, 136, 137; OLG Rostock NStZ 2013, 126;不同观点:*Altenhain*, JZ 2001, 799; *Bock*, JR 2013, 428; *Heidemeier, J.*, Sinn und Zweck der Nebenklage, 1985, S. 299; *Noack*, ZIS 2014, 189;关于附加控诉人之法律审上诉的概述:*Eicker*, JA 2018, 298。

三、附带民事程序

(一) 概念和意义

893 **附带民事程序或者附属程序**(Das Adhäsions- oder Anhangsverfahren)使犯罪被害人有机会在刑事程序中实现他的因为犯罪而产生的且理应在民事法庭上去主张的民法请求权(见《刑诉法》第 403—406c 条)。①

(二) 附带民事程序的要件——《刑诉法》第 403 条

894 在附带民事诉讼中,**被害人只能**主张因犯罪而产生的且**尚未与其他法院发生诉讼系属**的**财产请求权**,见《刑诉法》第 403 条。例如,《民法典》第 823 条及以下数条连同第 253 条第 2 款所规定的各种损害赔偿(Schadensersatz)和痛苦抚慰金(Schmerzensgeld)请求权。请求权事项必须属于**普通法院**的**管辖范围**。但是,专属劳动法院管辖的请求权事项(《劳动法院法》第 2 条第 1 款第 3d 项)不能在附带民事程序中解决。② 无论诉讼标的价值几何,均可以在基层法院的刑事程序中去主张,见《刑诉法》第 403 条后半句。

附带民事程序的前提是,必须在刑事程序中提出一项相应的申请,见《刑诉法》第 404 条。该申请在内容上应该符合民事程序对起诉的要求,见《民诉法》第 253 条第 2 款第 2 项。③ 因犯罪而受害的人④及其继承**人有申请权**,见《刑诉法》第 403 条。申请应该直接**以被追诉人**为对象。

所以,在交通事故案件中,不能向依据《保险合同法》第 115 条承担共同责任的第三人强制责任险保险人主张权利。

(三) 诉讼效力/程序

895 《刑诉法》第 404 条第 2 款第 1 句规定,提出申请的效力等同于在民事争议中的起诉行为。随着申请到达法院,即根据《刑诉法》第 404 条第 2

---

① 详见:*H. Feigen*, Otto-FS, S. 879; *J. Ph. Feigen*, Adhäsionsverfahren in Wirtschaftsstrafsachen, 2012; *Greiner*, ZRP 2011, 132; *Haller*, NJW 2011, 970; *Krey/Wilhelmi*, Otto-FS, S. 933; *Weiner/Ferber*, Handbuch des Adhäsionsverfahrens, 2008。
② KMR-*Stöckel*, § 403 Rn 10.
③ 对此参见: *Meier/Dürre*, JZ 2006, 18, 20。
④ 关于被害人的概念: OLG Jena NJW 2012, 547; *M-G/Schmitt*, § 403 Rn 2; *Grau/Blechschmidt/Frick*, NStZ 2010, 662, 664。

款第 2 句,案件产生**诉讼系属**(Rechtshängigkeit)的效力。① 附带民事程序除了适用《刑诉法》的规定以外,还适用《民事诉讼法》的特定规定。如自认(Anerkenntnis)②(《刑诉法》第 406 条第 2 款)、假执行(vorläufige Vollstreckbarkeit)(《刑诉法》第 406 条第 3 款第 1 句)和特殊的民事诉讼证明责任和事实主张具体化的规定(如《民事诉讼法》第 287 条)。③ 但是法庭证据调查却应该以《刑诉法》第 226—276 条的规定为准。尤其是,依职权查明全案事实(参见《刑诉法》第 244 条第 2 款)的制度对犯罪被害人大有裨益。

(四) 法院的裁判

1. 不予裁判

有下列情形之一者,法院不予裁判:

——申请**不合法的**(如已有其他的诉讼系属),见《刑诉法》第 406 条第 1 款第 3 句第 1 种情形;

——被告人**既未被宣告有罪,也未被判处改善与保安处分的**,见《刑诉法》第 406 条第 1 款第 1 句;

——申请被认为完全或部分**没有理由的**,见《刑诉法》第 406 条第 1 款第 3 句第 2 种情形;

——申请**不适合**在刑事程序中被裁判的,见《刑诉法》第 406 条第 1 款第 4 句。尤其继续审查申请将导致程序严重延宕的,便不适合在刑事程序中处理,见《刑诉法》第 406 条第 1 款第 5 句。④ 但是,关于痛苦抚慰金的申请,纵使不适合,也应该作出裁判,见《刑诉法》第 406 条第 1 款第 6 句。对于这种申请,仅得适用《刑诉法》第 406 条第 1 款第 3 句规定的理由驳回之。

上述情形中的"不予裁判"意味着,法院既没有否定申请,也没有驳回申请。不予裁判产生终结诉讼系属的效果,**但不是对请求权作出的具有**

---

① 依据《刑诉法》第 404 条第 2 款、《民法典》第 291 条第 1 句连同类推适用《民法典》第 187 条第 1 款,被害人要求支付利息的请求权自支付请求发生诉讼系属后的第二天开始计算。参见 BGH NStZ-RR 2019, 96 连同 *Dehne-Niemann* 的赞成性评释。

② BGH StraFo 2005, 381;关于无罪判决情形下的民事自认,参见 *Heger*, GA 2018, 684, 689。

③ 批评意见:*Arz*, JR 2019, 280 ff。

④ OLG Celle StV 2007, 293。

确定力的裁判。被害人可以通过其他途径主张请求权,见《刑诉法》第406条第3款第3句。这里的另行主张请求权,不仅指通过单独的民事程序去主张,也可以在尚在继续进行的刑事程序中再一次地提出主张,即可以在事实上诉审中或者经法律上诉审发回重审的程序中再次提出。①

2. 认可性裁判

897　若根据庭审后得出的结论,附带民事请求系**有理由**的,法院应该在**刑事判决**中对之加以认可,见《刑诉法》第406条第1款第1句。依据《刑诉法》第406条第1款第2句,法院也可以仅就所主张的请求权的**理由**或**一部分**作出裁判。《德国民事诉讼法》第318条准用之。② 因此,法院可以仅限于认定被告人的损害赔偿义务,并且依据《刑诉法》第406条第1款第4句,不对赔偿数额作出裁判。③ 围绕具体赔偿数额的审理可以依据《民事诉讼法》第304条第2款再到有管辖权的民事法庭去审理,见《刑诉法》第406条第3款第4句。

《刑诉法》第406条第3款第1句规定,附带民事申请的裁判等同于对民事争讼所作出的判决。其如何**发生确定力**适用《刑诉法》的规定,反之,确定力的效果应适用《民诉法》之规定。④

四、被害人的其他权利

(一) 概述

898　根据《刑诉法》第406d—406h条,受到犯罪侵害的人即便没有以附加控告人或者附带民事程序申请人的身份参与刑事诉讼,也是**独立的诉讼参与人**。《刑诉法》第406d条及以下数条规定的被害人,其概念应与《刑法》第172条规定的强制起诉程序中的概念作相同的理解(见边码534)。⑤

---

① BGH NStZ-RR 2019, 320;认为该方案缩短了审级的批评:*Arz*, JR 2019, 280, 282 f。
② 见 BGHSt 47, 378, 379 连同 *Groß* 的赞成性裁判评释, JR 2003, 258。
③ 参见 HK-*Pollähne*, § 406 Rn 4。
④ Vgl. BGH NJW 2015, 1252; KMR-StPO-*Stöckel*, § 406 Rn 23; *Foerster*, JZ 2013, 1143。
⑤ OLG Koblenz StV 1988, 332 连同 *Schlothauer* 的裁判评释;不同观点: HansOLG Hamburg wistra 2012, 397; OLG Stuttgart ZWH 2014, 40; KMR-StPO-*Stöckel*, Vor § 406d Rn 10;深入的论述: SK-StPO-*Velten*, Vor § § 406d-406h Rn 5; *Walther*, JR 2008, 405。

(二) 被害人最重要的特别权利

1.被害人最重要的却也是最受争议的权利①是他的**阅卷权**②,他可以通过律师行使该权利(参见《刑诉法》第406e条第1款第1句),或者当他没有代理律师时,也可以自己阅卷(参见《刑诉法》第406e条第3款第1、2句)。原则上,被害人(参见边码534)须说明自己阅卷的**正当利益**(berechtigtes Interesse),始得享有该阅卷权。《刑诉法》第406e条第2款第1句规定,被追诉人或其他人拥有更值得保护的优越利益时,应该绝对拒绝被害人阅卷。③ 若被害人阅卷可能会妨害当前案件或其他案件之**调查**的,根据《刑诉法》第406e条第2款第1句的规定,可以拒绝其阅卷。同样可以拒绝的情形还有,如果阅卷可能会导致程序严重延宕的,或者在《刑诉法》第395条所列举的情形中,检察官尚未在案卷中标注侦查完结的情形。所谓妨碍调查,通常是指被害人是证人且法庭须在庭审中听其陈述的情形。故绝对要防止其照着案卷内容去陈述的可能性。由于证人值得保障的程度和被告人的应受保障性本不相当,所以被告人及其辩护人依据《刑诉法》第147条享有更多的阅卷权(参见边码193和241)系理所当然。④

侦查程序中有关阅卷权的保障问题,由检察官负责,见《刑诉法》第406e条第4款第1句第1种情形。但凡对检察官决定不服的,均可向侦查法官申诉,见《刑诉法》第406e条第4款第2句、第162条第1款。《刑诉法》第406e条第4款第4句规定,只要侦查程序尚未结束,侦查法官的裁判便不可被撤销(见边码488)。待到侦查程序结束以后,侦查法官之裁决始得通过抗告方式,见《刑诉法》第304条及以下数条(边码868及以下数段)被撤销。中间程序或审判程序中的被害人阅卷权保障问题由负责案件审理的审判长负责,见《刑诉法》第406e条第4款第1句第2种情

899

---

① 其他人员或机构的阅卷权适用《刑诉法》第475条。
② 深入的论述: *Asholt*, ZStW 126 (2014), 925; *Baumhöfener/Daber/Wenske*, NStZ 2017, 562; *Esser*, GA 2010, 65; *Hellmann*, NStZ 1996, 556; *Lauterwein*, Akteneinsichtsrecht und-auskünfte für den Verletzten, Privatpersonen und sonstige Stellen, §§ 406e und 475 StPO, 2011; *Schöch*, Streng-FS, S. 743。
③ Dazu BVerfG NJW 2007, 1052; BVerfG NJW 2017, 1164; BGH StV 2012, 327; OLG Braunschweig NStZ 2016, 629 连同 *Schöch* 的裁判评释; *Koch*, Hamm-FS, S. 289。
④ 和本处见解一致的: AG Saalfeld NStZ 2005, 656; 持更加紧缩的观点: OLG Hamburg StV 2015, 484。

形。对其裁决不服的,均可以依《刑诉法》第 304 条及以下数条抗告之。① 若犯罪被害人希望对被告人不受限制地阅卷表达反对的,他可以主张类推适用《刑诉法》第 147 条第 5 款第 2 句,请求法院依据《刑诉法》第 162 条加以裁断。②

900　　2. 只要**程序的终止、开庭的地点和时间和对被告人提出的指控**以及**审理程序的结论**与被害人相关,**他都有权申请得到通知**,见《刑诉法》第 406d 条第 1 款。案件如果构成特定的性犯罪或暴力犯罪或有其他涉及被害人正当利益的情形的,依被害人申请,应该告知其剥夺人身自由措施的核准或撤销的情况、被追诉人或受有罪判决人从剥夺自由措施中脱逃的情况以及必要时为了保护被害人已采取相关措施的情况、第一次保障罪犯宽松执行刑罚待遇或假期的情况。宣告判决或程序终止以后应该晓谕被害人有上述事项的知情权。在被害人报案时便可预料到会核准羁押被追诉人的情形下,应该在报案时便晓谕被害人享有知情权,具体见《刑诉法》第 406d 条第 2—4 款。

3.《刑诉法》第 406f 条规定,被害人有权在刑事程序中得到**律师的辅佐**(Beistand eines Rechtsanwalts)。律师辅佐人(如同被追诉人的辩护人一样,见边码 237),当警察讯问其当事人时有权在场,见《刑诉法》第 406f 条第 1 款第 2 句。

4. 依据《刑诉法》第 406f 条第 2 款,被害人以证人身份被讯问的,他有权申请**一名他所信赖的人于讯问时在场**。《刑诉法》第 406g 条第 1 款第 1 句规定,被害人可以获得心理专业诉讼陪护人(psychosozialer Prozessbegleiter)的帮助。③

5.《刑诉法》第 406h 条赋予了**享有附加控诉权的被害人**及其继承人(《刑诉法》第 395 条第 2 款第 1 项)延揽**法律辅佐人**(Rechtsbeistand)的权利,这类法律辅佐人比其他的律师辅佐人享有更多的权利。④ 这些权利与被害人未来是否会实际成为附加控诉人无关。

---

① BT-Drs. 16/12098, S. 35 f; OK-StPO-*Weiner*, § 406e Rn 14.
② OLG Stuttgart NJW 2006, 2565.
③ 批评意见:*Neuhaus*, StV 2017, 55;有关落实欧盟指令[2012/29/EU]的不足之处,参见 *Bock*, Eisenberg-FS Ⅱ, 363, 368 ff。
④ Vgl. *Beulke*, DAR 1988, 114, 118;批评意见:*Kempf*, StV 1987, 215, 218; *Weider*, StV 1987, 317, 318。

6.在刑事程序的内外还广泛地规定了**告知**被害人他所享有的权利的**义务**,见《刑诉法》第 406i 条、第 406j 条。①

（三） 其他的平复损害制度

——《**被害人损害赔偿法**》(Opferentschädigungsgesetz)②对暴力犯罪被害人的赔偿问题作出了规定,根据该法第 1 条,特定犯罪的被害人遭受健康或经济危害后果的,将依据《联邦照料法》(Bundesversorgungsgesetz) 获得给付。

——《**被害人请求保全法**》(Opferanspruchssicherungsgesetz)③规定,为了保全《刑诉法》第 172 条第 1 款规定的被害人对犯罪参与人的损害赔偿请求权,他对犯罪参与人销赃后得到的收益享有法定留置权。④

案例 71(边码 885)之解答:

(1)为了满足自己的损害填补利益和加入对 A 的惩处,B 可以作为**附加控诉人**表达加入刑事程序的意愿(《刑诉法》第 395、396 条)。《刑法典》第 177 条【性侵犯、性强制、强奸罪】在《刑诉法》第 395 条第 1 款规定的犯罪清单之内(即第 1 项)(详见边码 890)。

(2)通说认为,附加控诉人绝对不得为被告人的利益而发动救济审,因为他们不具备与此相关的**声明不服的利益** (Beschwer)(详见边码 892)。

---

① 对改革争议的进一步说明参见前述边码 303 的注释 76 及以下内容。
② BGBl I 1985, 1.
③ BGBl I 1998, 905.
④ 更多说明:*Nowotsch*, NJW 1998, 1831; *Lüderssen*, StV 1999, 65。

第三十三章　诉讼费用

案例 72：

(1) A 因过失造成了一场交通事故，导致两人丧命。警察对 A 实施酒精检测后发现，A 在事故当时的酒精血液浓度是 1.1%。A 被基层法院宣告有罪并判处两年自由刑。针对该判决，A 提出法律审上诉并附具了正确的理由，即在整个庭审活动期间，因为法院的重大过错，法庭没有向公众开放旁听（见《刑诉法》第 338 条第 6 项）。于是，法律上诉审法院撤销了第一审判决并发回重审。基层法院的另一个法庭通过判决方式维持了原先的裁判且判决发生了确定力。本案中都有哪些诉讼费用？并且应当由谁承担？

(2) 由谁支付辩护人的费用？（见边码 908）

一、费用的概念

依据《刑诉法》第 464a 条第 1 款第 1 句，费用（Kosten）系规费（Gebühren）和国库开支（Auslagen der Staatskasse）的上位概念。

规费应当以包干的方式偿付各项程序产生的费用。在刑事案件中，法院规费按照发生确定力的宣告刑去计算，见《法院费用法》引言第 3.1 条附件 1。在《法院费用法》附件 1 的第 3110 项及以下数项中列举了具体收费项目的费额或费率。例如，目前被判决两年以下自由刑的案件的第一审庭审活动收取的规费是 420 欧元，见《法院费用法》附件 1 第 3112 项。

国库开支按照实际开销金额计算。它只能在《法院费用法》附件 1 第 9000 项及以下数项的法定情形中才能被收取。例如，邮寄送达费用（附件 1 第 9002 项），补偿证人与鉴定人的费用（第 9005 项）就属于国库支出款。酒精测试的费用也属于国库开支。

程序参与人的**必要开支**不属于真正意义上的诉讼费用。如《刑诉法》第 464a 条第 2 款所列举的程序参与人支付（证人）的时间补**偿费**和**律师费**。① 有关程序参与人必要开支的各项特别规定明确了费用承担的确定方法（《刑诉法》第 467 条第 1 款）。

二、费用承担者

（一）被判决有罪的人作为费用承担者

《刑诉法》第 465 条规定，因犯罪被判处有罪的人或者被采取改善与保安处分的人通常应承担刑事程序的费用。他的必要开支也应该由他自付（尤其包括辩护费，纵使适用义务辩护亦然）。②

将费用负担分配给被判决有罪的人的正当性部分是根据过错责任原则（Verschuldensprinzip），部分则基于肇因原则（Veranlassungsgrundsatz），还有部分源于纯粹财政上的必要考量。③ 通说认为，因为被判决有罪的人客观地不法地实现了犯罪构成，从而引发了针对他的刑事追究并且由此催生了程序的费用。④ 对这种观点持批判意见的人主张应当免除这一费用承担义务，尤其是基于有利于被判刑人再社会化的理由。⑤ 但这种主张目前还实现不了。

（二）国家作为费用承担者

《刑诉法》第 467 条第 1 款规定，当案件**被宣告无罪**、**被拒绝启动审判**或者**程序被终止**时，诉讼费用（《刑诉法》第 464a 条第 1 款）和被起诉人的必要开支（《刑诉法》第 464a 条第 2 款）由**国库**负担。⑥

无罪推定不影响被起诉人免费原则，但是该原则有例外：

例如，作为**绝对**的例外情形：依据《刑诉法》第 153a 条（终局性）终止程序时，国库不承担被起诉人的必要开支，见《刑诉法》

---

① 深入的论述：Mertens/Stuff/Mück, Verteidigervergütung, 2. A. 2016。
② KK-Gieg, § 465 Rn 3.
③ 深入的论述：SK-Degener, Vor § 464 Rn 8。
④ BVerfGE 18, 302, 304; BGHSt 25, 109, 118.
⑤ Hassemer, ZStW 85 (1973), 651; Magold, Die Kostentragungspflicht des Verurteilten, 2009, S. 185.
⑥ 不可以用支付给义务辩护人的酬金去抵消当事人选任辩护人的支出：BVerfG StraFo 2009, 274 连同 Beulke、Edlbauer 的赞同性评论，Mehle-FS, S. 63, 72。

第 467 条第 5 款。

例如，作为**任意**的例外情形：如果法院依据授予其裁量权的条款而终结程序的（如《刑诉法》第 153 条），那么它可以免于让国库去承担被起诉人的必要开支，见《刑诉法》第 467 条第 4 款。①

(三) 救济审程序的费用

907　依据《刑诉法》第 473 条第 1 款第 1 句，救济审程序被撤回或者失败的，救济审的费用由提起救济审的人承担。若救济审被认为是不合法的或者没有理由的，或者救济审结论与第一审相同或基本相同的，即属于**救济审失败**。②

案例 72（边码 903）解答：

908　(1) 因为 A 最终**被宣告有罪**并判决确定，依据《刑诉法》第 465 条第 1 款第 1 句之规定，由其承担**诉讼费用**。诉讼费用包括规费和国库开支，见《刑诉法》第 464a 条第 1 款第 1 句。法律上诉审前后的事实审程序在费用法上是一个整体。依据《刑诉法》第 464a 条第 1 款第 2 句，准备公诉所产生的开支也属于诉讼费用。在本案中，如验血酒精测试的费用即属于诉讼费用。

由于事实审法院在结论上确认了原先的刑罚，尽管法律上诉审法院撤销了第一审判决，依据《刑诉法》第 473 条第 1 款，被告人也应承担**法律上诉审程序的费用**，即 A 应该承担所有（法院的）费用（BGHSt 18, 231, 233; *M-G/Schmitt*, § 473 Rn 8; 批判性观点参见 *Roxin/Schünemann*, § 59 Rn 7; *Warburg*, NJW 1973, 23)。

(2) A 为其辩护人支付的开销不是《刑诉法》第 464 条及以下数条规定的诉讼费用，而系所谓的"必要开支"，见《刑诉法》第 464a 条第 2 款第 2 项。这同样也要由被判决人 A 去承担（详见边码 904 及以下数段）。

---

① 关于宪法上的疑问，参见 BVerfGE 82, 106 连同 *Paulus* 的否定性裁判评释，NStZ 1990, 600; BVerfG StV 1993, 138。
② BGHSt 18, 231, 234.

第三十四章 刑事诉讼案例研习指导

在第一次国家司法考试中,刑事诉讼案例多半仅以考察范围更广泛的实体法部分的附加题形式出现。普遍适用的建构规则对此而言似乎用处不大,因为在案例交代具体的任务之前,考生根本就不知道应当讨论什么问题。在我看来,本书中的72个问题及其答案可以作为各种解题套路的例子。例如,下列案例是考试中特别常见的:①

——"(基于非法方式取得的)证据可以使用吗?"参见**案例**2(边码40)、16(边码198)、17(边码199)、19(边码221)、56(边码747)、57(边码748);

——"证人可以行使拒绝作证权吗?"参见**案例**24(边码314);

——"先前(如警察、检察官或侦查法官)讯问的笔录可以在庭审中被宣读吗?"参见**案例**51(边码671),53(边码673)。

在有关**救济审**的检验中,能否制定一套普遍有效的架构方案,我对此是持怀疑态度的。但是至少有一点是可以肯定的,学生们在所有的救济审情景中都会遇到类似的问题,但是这些问题多数没有固定的检验顺序(除了区分救济审的合法性和说理性)。在具体情形中究竟应该如何处理,**案例**67(边码845)、68(边码866)和69(边码867)就此而言表现得很直观。对考试而言,不妨记住下列检验清单:②

一、法律审上诉

(一) 合法性

1. 容许性

(1)《刑诉法》第333条
(2)《刑诉法》第335条[飞跃上诉] } 边码820,847

---

① 亦见 Arzt, S. 142; Fahl, JA 2006, 34; Murmann/Grassmann, S. 1; Norouzi, JuS 2007, 98。
② 特别具有教学启发性的案例: Klesczewski/Knaupe, JA 2017, 434。

2.声明不服的权利
—被告人(《刑诉法》第 296 条第 1 款)
—检察官(《刑诉法》第 296 条第 1 款)
—辩护人(《刑诉法》第 297 条)   } 边码 822
—法定代理人(《刑诉法》第 298 条第 1 款)
—自诉人(《刑诉法》第 390 条第 1 款)
—附加控诉人(《刑诉法》第 401 条第 1 款)
—教育权人(《刑诉法》第 437 条第 1 款)

3.不服的利益　　　　　　　　　　边码 821

4.法律审上诉的方式和期限(向原审法院提出)
(1)方式(《刑诉法》第 341 条)
—由书记处记入笔录;或者
—书面形式;或者   } 边码 823,849
—特殊情形[处在羁押之中的被追诉人]
　(《刑诉法》第 299 条)
(2)期限[一周](《刑诉法》第 341 条)

5.既没有撤回,也没有放弃　　　　　边码 829

6.法律审上诉说理的方式和期间
(1)方式(《刑诉法》第 345 条第 2 款)
—由书记处记入笔录;或者
—书面形式;被追诉人应该附具律师之签名;或者   } 边码 850
—特殊情形(《刑诉法》第 299 条)
(2)期间(《刑诉法》第 345 条第 1 款):一个月

7.对法律审上诉说理的内容性要求(《刑诉法》
　第 344 条)
(1)声明不服的范围,有时也可以请求部分撤   } 边码 826, 850
　销并指明所期待的裁决
(=《刑诉法》第 344 条第 1 款规定的申请)

(2) 程序不服

—针对合法性：说明被违反的法规范（《刑诉法》第 344 条第 2 款第 1 段）

—说明事实（《刑诉法》第 344 条第 2 款第 2 段）：事实根据必须能够被审查

(3) 实体不服（《刑诉法》第 344 条第 2 款第 1 段）（通常是"对实体普遍不服"）

} 任何一项以合法方式提出的不服，便已经满足法律审上诉的合法性　边码 850

(二) 说理性

1. 符合所有诉讼要件（依职权审查），尤其是　　　　　　　　　　　911

—没有相冲突的确定力

—有效的起诉

—有效的开启审理裁定

—告诉

—未罹于时效

} 边码 426 及以下数段

2. 进一步审查的范围（仅旨在明确审查对象，有时亦得省略之）

—重新说明申请事项（《刑诉法》第 352 条）

—罗列被合法提出的且有待审查的不服事项

} 边码 851 及以下数段

3. 程序不服　　　　　　　　　　　　　　　　　　边码 852

(1) 起始点：不服之事实（《刑诉法》第 352 条第 1 款）　边码 850

　　a. 绝对的法律审上诉事由（《刑诉法》第 338 条）

　　（绝对构成理由的事项）

—法庭组成违法；(第 1 项)

—绝对应回避的或偏颇的法官参与审理；(第 2 项和第 3 项)

—法院不具备管辖权的；(第 4 项)

—程序参与人缺席的；(第 5 项)

—违反公开性原则；(第 6 项)

—制作判决超过期限；(第 7 项)

—对辩护人施加违法的限制；(第 8 项)

} 边码 854

b.相对的法律审上诉事由(《刑诉法》第 337 条) ┐
　(需要积极认定判决建立在违法的基础上)　　 ├ 边码 853
　违反下列条文的情况在检验中尤其常见(纯为主观选取)：┘

—《基本法》第 20 条第 3 款、《欧洲人权公约》 ┐
　　第 6 条第 1 款　　　　　　　　　　　　　├ 诉讼原则
—《基本法》第 101 条　　　　　　　　　　　　┘
—《基本法》第 103 条第 1 款　　　　边码 4,45,60 以下
—《欧洲人权公约》第 6 条第 1)-第 5)项；边码 183 及以下数段
—《刑诉法》第 52 条　　　　　　　边码 299,713
—《刑诉法》第 53 条　　　　　　　边码 300
—《刑诉法》第 55 条　　　　　　　边码 301,714
—《刑诉法》第 60 条　　　　　　　边码 292 及以下数段
—《刑诉法》第 81a 条　　　　　　　边码 374
—《刑诉法》第 100a 条　　　　　　边码 390,393
—《刑诉法》第 136 条　　　　　　　边码 179 及以下,227,717
—《刑诉法》第 136a 条　　　　　　边码 217,715 及以下
—《刑诉法》第 140 条　　　　　　　边码 248 及以下
—《刑诉法》第 161 条　　　　　　　边码 131,162 及以下,651,
　　　　　　　　　　　　　　　　　703 及以下数段,733
—《刑诉法》第 161a 条　　　　　　边码 292 及以下
—《刑诉法》第 163 条　　　　　　　边码 162,167,292 及以下,
　　　　　　　　　　　　　　　　　边码 651,边码 733
—《刑诉法》第 163a 条　　　　　　边码 176 及以下
—《刑诉法》第 136a 条　　　　　　边码 142,467
—《刑诉法》第 200 条　　　　　　　边码 441,544
—《刑诉法》第 207 条　　　　　　　边码 438,549,552 及以下
—《刑诉法》第 244 条第 2 款　　　 边码 624
—《刑诉法》第 244 条第 3-6 款　　 边码 675 及以下数段
—《刑诉法》第 250 条　　　　　　　边码 631 及以下数段
—《刑诉法》第 252 条　　　　　　　边码 643 及以下数段；
　　　　　　　　　　　　　　　　　边码 713
—《刑诉法》第 257c 条　　　　　　边码 597 及以下数段

—《刑诉法》第 261 条　　　　　　　　边码 754 及以下数段
—《刑诉法》第 264 条　　　　　　　　边码 785 及以下数段
—《刑诉法》第 265 条　　　　　　　　边码 584 及以下数段。

4. 实体不服(包括违法性基础检验),尤指:

(1)证据评价中的法律错误

a.事实认定和评价中的法律错误,尤指:

—自相矛盾;

—事实阐述不完整或不明确;

—事实认定有遗漏;

—令人不解

—违反论理法则

—循环论证(有时也属于违反论理法则)

—违反经验法则

—忽略了明显可能的事实版本

—证明出的事实也符合其他的事实假设

—达成确信的标准不合理

b. 因为错误的整体评价,从而认为有罪判决建立在可靠的证据基础之上,并错误地以为客观上具有高度盖然性从而认为证明结论是正确的

(2)对认定的案件事实加以错误的法律涵摄(包括忽略了疑罪从无)

(3)量刑不当

a.确定刑档错误

b.厘定具体刑罚错误(狭义的量刑)

c.裁断缓刑交付考验、改善与保安处分等有错误(广义的量刑)

⎫边码 855

(三) 附带问题

有时还会进一步设问:"由谁且如何作出裁判?"于是还有特别处理以下事项:

1.法律上诉审裁判的管辖

—由原审法官负责预先审查,见《刑诉法》第 346 条(见边码 568)

——负责法律上诉审的法院(上级法官,见边码 560)
2. **裁判方式**(以下列举没有穷尽,参见边码 569 及以下数段):
——以不合法或者没有理由为由驳回上诉;或者
——撤销判决并自为裁判,见《刑诉法》第 354 条第 1 款(见边码 573);或者
——撤销判决并发回重审,见《刑诉法》第 354 条第 2、3 款(见边码 573);或者
——依据《刑诉法》第 354 条第 1a 款第 2 段作出更正的有罪判决或者自行量刑(见边码 574)

最终的裁判应遵守《刑诉法》第 358 条第 2 款之禁止不利益变更原则(见边码 540 及以下)

3. **裁判形式**:判决或者裁定(见边码 290 及以下数段、569 及以下数段)

二、其他救济途径的特殊性

913　　在考试中,极少会要求考生去检验其他的救济途径(事实上诉审和抗告)的成功可能性。除了法律上诉审的立法特点以外,前述第一节的检验表可供对应参照。应该另加注意的主要有:

在**事实上诉审**的救济途径中,对于轻微犯罪规定了**受理事实审上诉**的特殊的合法性要件,见《刑诉法》第 313 条(见边码 549)。

抗告经常会因为特别规定而**被禁止**。《刑诉法》第 305 条对此格外重要,根据其规定,**事实审法院在判决前所为的裁判**多半都不能被抗告(见边码 578)。

事实上诉审和**抗告**的救济审会对案件从事实到法律加以全面重新审查(见边码 535、548、581)。所以,提起救济审的人声明对什么部分不服其实无关紧要。但是,解题人仍须对之加以分析,自不待言。

三、进阶训练案例索引

(一) 第一次国家考试的案例练习书

914　　*Arzt*, Die Strafrechtsklausur, 7. A. 2006, S. 154 ff.
Beulke, Klausurenkurs im Strafrecht Ⅲ, 5. A. 2018.
Engländer, Examens-Repetitorium Strafprozessrecht, 10. A. 2020.
Heger/Pohlreich, Strafprozessrecht, 2. A 2018, Teil 4.
Heinrich/Reinbacher, Examinatorium Strafprozessrecht, 2. A. 2017.

Hellmann (Hrsg), Fallsammlung zum Strafprozessrecht, 3. A. 2008.
Mitsch/Ellbogen, Fälle zum Strafprozessrecht, 2. A. 2020.
Murmann, Prüfungswissen Strafprozessrecht, 4. A. 2019.
Rössner/Safferling, 30 Probleme aus dem Strafprozessrecht, 3. A. 2017.
Roxin/Achenbach, Prüfe dein Wissen, Strafprozessrecht, 17. A. 2019.
Schuster/Weitner, StPO-Fallrepetitorium, 8. A. 2019.
Tofahrn, Strafprozessrecht, 4. A, 2019.

（二）期刊论文（略）

参考文献（缩写表）

30. Strafverteidigertag   Wieviel Sicherheit braucht die Freiheit?
30. Strafverteidigertag Frankfurt/Main, 24.-26. März 2006, 2007
33. Strafverteidigertag   Strafverteidigung vor neuen Aufgaben,
33. Strafverteidigertag Köln, 26. Februar-1. März 2009, 2010
35. Strafverteidigertag   Abschied von der Wahrheitssuche,
35. Strafverteidigertag Berlin, 25.-27. März 2011, 2012
37. Strafverteidigertag   Die Akzeptanz des Rechtsstaats in der Justiz,
37. Strafverteidigertag Freiburg, 8.-10. März 2013, 2014
38. Strafverteidigertag   Vom Bedeutungsverlust der Hauptverhandlung,
38. Strafverteidigertag Dresden, 21.-23. März, 2015
39. Strafverteidigertag   Welche Reform braucht das Strafverfahren?
39. Strafverteidigertag Lübeck, 6.-8. März 2015
40. Strafverteidigertag   Bild und Selbstbild der Strafverteidigung,
40. Strafverteidigertag Frankfurt/M, 4.-6. März 2016
41. Strafverteidigertag   Der Schrei nach Strafe,
41. Strafverteidigertag Bremen, 24.-26. März 2017
42. Strafverteidigertag   Räume der Unfreiheit
42. Strafverteidigertag Münster, 2.-4. März 2018
43. Strafverteidigertag   Psychologie des Strafverfahrens
43. Strafverteidigertag Regensburg, 22.-24. März 2019
50 Jahre BGH-Prax-FS   Festschrift aus Anlaß des fünfzigjährigen Bestehens von Bundesgerichtshof, Bundesanwaltschaft und Rechtsanwaltschaft beim Bundesgerichtshof, 2000
50 Jahre BGH-Wiss-FG 50 Jahre Bundesgerichtshof-Festgabe aus der Wissenschaft Bd. IV Strafrecht und
Strafprozeßrecht, 2000
50 Jahre DAI-FS   Festschrift 50 Jahre Deutsches Anwaltsinstitut eV, 2003
Achenbach-FS   Festschrift für Hans Achenbach, 2011

AE-StuM   *Bannenberg, Britta, ua,* Alternativ-Entwurf Strafjustiz und Medien (AE-StuM)-Entwurf eines Arbeitskreises deutscher, österreichischer und schweizerischer Strafrechtslehrer, 2004

Ahlbrecht/ua   Ahlbrecht, Heiko/Böhm, Klaus-Michael/Esser, Robert/Eckelmans, Franziska, Internationales Strafrecht in der Praxis, 2. A. 2018.

AK   Reihe Alternativkommentare (Hrsg Wassermann), Kommentar zur Strafprozeßordnung, Band 1 (1988); Band 2, Teilband 1 (1992), Teilband 2 (1993); Band 3 (1996).

Albrecht   Albrecht, Hans Jörg, Rechtstatsachenforschung zum Strafverfahren, 2005

Alexy   Alexy, Robert (Hrsg), Tagung der Deutschen Sektion der Internationalen Vereinigung für Rechts- und Sozialphilosophie (IVR), 2005

Alsberg   Der Beweisantrag im Strafprozess, 7. A. 2019.

Altenhain/ua   Altenhain, Karsten/Hagemeier, Ina/Hainerl, Michael/Stammen, Karl-Heinz, Die Praxis
der Absprachen in Wirtschaftsstrafverfahren, 2007.

Ambos   Ambos, Kai (Hrsg), Europäisches Strafrecht post-Lissabon, 2011

Amelung-FS   Festschrift für Knut Amelung zum 70. Geburtstag, 2009

A/N/M   *Alsberg, Max/Nüse, Karl-Heinz/Meyer, Karlheinz,* Der Beweisantrag im Strafprozeß, bearbeitet von Dallmeyer, Jens/Güntge, Georg Friedrich/Tsambikakis, Michael. 7. A. 2019.

AnwK-StPO   *Krekeler, Wilhelm/Löffelmann, Markus* (Hrsg), StPO-Strafprozessordnung, Kommentar, 2. A. 2010.

Arloth   Arloth, Frank, Strafprozeßrecht, 1995

Artkämper/ua   Artkämper, Heiko/Esders, Rudolf/Jakobs, Carola/Sotelsek, Marc, Praxiswissen
Strafverfahren bei Tötungsdelikten, 2012.

Arzt   Arzt, Gunther, Die Strafrechtsklausur, 7. A. 2006.

Barton   Barton, Stephan, Mindeststandards der Strafverteidigung, 1994

Barton/Hähnchen/Jost   Barton, Stephan/Hähnchen, Susanne/Jost, Fritz (Hrsg), Anwaltsorientierung im rechtswissenschaftlichen Studium, 2016.

Barton, Strafverteidi-   Barton, Stephan (Hrsg), Strafverteidigung 2020-Aktuelle Probleme, grundsätzliche gung 2020 Fragen-und ein Blick in die Zukunft, 2020.

Barton, Verfahrens-   Barton, Stephan (Hrsg), Verfahrensgerechtigkeit und Zeugenbeweis, 2002.
gerechtigkeit

Bastille *Gaier/Wolf* (Hrsg), 25 Jahre Bastille-Entscheidungen, 2015

Baumann Baumann, Jürgen, Grundbegriffe und Verfahrensprinzipien des Strafprozeßrechts, 3. A. 1979

B/H/K/M Becker, Ulrich/Heckmann, Dirk /Kempen, Bernhard/Manssen, Gerrit, Öffentliches Recht in Bayern, 7. A. 2017

Beck'sches Formular- Hamm, Rainer/Leipold, Klaus, Beck'sches Formularbuch für den Strafverteidiger, 6.

buch A. 2018

Bemmann-FS Festschrift für Günter Bemmann, 1997

Bender/Nack/Treuer Bender, Rolf/Nack, Armin/Treuer, Wolf-Dieters, Tatsachenfeststellung vor Gericht,

4. A. 2014.

Beulke Beulke, Werner, Der Verteidiger im Strafverfahren, Funktion und Rechtsstellung, 1980

Beulke, Jugendverteidi- Beulke, Werner, Die gerichtliche Bestellung eines Verteidigers, Interpretation der §§ gung 140 ff StPO unter jugendrechtlichen Gesichtspunkten, in: Verteidigung in

Jugendstrafsachen, hrsg. v. Bundesministerium der Justiz, 1987, S. 170 ff

Beulke, Jugendverteidi- Beulke, Werner, Die notwendige Verteidigung in der rechtlichen Entwicklung, in:

gung II Walter, M. (Hrsg), Strafverteidigung für junge Beschuldigte, 1997, S. 37 ff

Beulke, Klausurenkurs Beulke, Werner, Klausurenkurs im Strafrecht III. Ein Fall- und Repetitionsbuch

III für Examenskandidaten, 5. A. 2018

Beulke, Strafverteidiger-*Beulke*, Werner, Psychologie des Strafverfahrens-Eröffnungsvortrag des

tag Strafverteidigertags Regensburg 2019 in: Schriftenreihe der Strafverteidigervereinigungen, Band 43 Psychologie des Strafverfahrens, 43. Strafverteidigertag Regensburg, 22.-24. März 2019, Berlin, 2020, S. 9

Beulke/Lüdke/Swoboda Beulke, Werner/Lüdke, Inka/Swoboda, Sabine, Unternehmen im Fadenkreuz, 2009

Beulke/Ruhmannseder Beulke, Werner/Ruhmannseder, Felix, Die Strafbarkeit des Verteidigers, 2. A. 2010

Beulke/ Swoboda Beulke, Werner/ Swoboda, Sabine, Jugendstrafrecht, Eine systematische Darstellung,

16. A. 2020

Beulke-FS   Festschrift für Werner Beulke zum 70. Geburtstag, 2015

Blomeyer-GedSchr   Gedächtnisschrift für Wolfgang Blomeyer, 2004

Bludowski   *Bludwoski, Dominik,* Die Beweisführung mit digitalen Spuren und das Unmittelbarkeitsprinzip, in: Buschmann, Almuth/u.a., Digitalisierung der gerichtlichen Verfahren und das Prozessrecht, 2018

Bohnert   *Bohnert, Joachim,* Die Abschlußentscheidung des Staatsanwalts, 1992

Borchardt   *Borchardt, Klaus-Dieter,* Die rechtlichen Grundlagen der Europäischen Union, 6. A.2015

Bosbach   *Bosbach, Jens,* Verteidigung im Ermittlungsverfahren, 8. A. 2015

Bosch   *Bosch, Nikolaus,* Aspekte des nemo-tenetur-Prinzips aus verfassungsrechtlicher und strafprozessualer Sicht, 1998

Böttcher-FS   Festschrift für Reinhard Böttcher zum 70. Geburtstag, 2007

BRAK/Strauda   Strafrechtsausschuss der Bundesrechtsanwaltskammer, Reform der Verteidigung im Ermittlungsverfahren, Thesen mit Begründung, 2004

BrandOLG-FS   10 Jahre Brandenburgisches Oberlandesgericht-Festschrift zum 10-jährigen Bestehen, 2003

Breidling-FS   Festschrift für Ottmar Breidling zum 70. Geburtstag, 2017

Brodag   *Brodag, Wolf-Dietrich,* Strafverfahrensrecht, 13. A. 2014

Brunner   *Brunner, Raimund,* Abschlussverfügung der Staatsanwaltschaft, 14. A. 2019

Brunner/Kunnes/Reiher   *Brunner, Raimond/Kunnes, Christian/Reiher, Jürgen,* Strafrechtliche Assessorklausuren mit Erläuterungen, 10. A. 2018

Brunner/v. Heintschel-Heinegg   Brunner, Raimund/v. Heintschel-Heinegg, Bernd, Staatsanwaltschaftlicher Sitzungsdienst, 15. A. 2018.

Brüssow ua   *Brüssow, Rainer/Gatzweiler, Norbert/Krekeler, Wilhelm/Mehle, Volkmar* (Hrsg), Strafverteidigung in der Praxis, 4. A. 2007, Band I.

Büllesbach-FG   Freundesgabe für Alfred Büllesbach, 2002

Burhoff, Ermittlungsverfahren   *Burhoff, Detlef,* Handbuch für das strafrechtliche Ermittlungsverfahren, 8. A. 2019

Burhoff, Hauptverhandlung   *Burhoff, Detlef,* Handbuch für die strafrechtliche Hauptverhandlung, 9. A. 2019

lung

Burhoff, Reform Burhoff, Detlef, Effektivere und praxistauglichere Ausgestaltung des Strafverfahrens? Die Änderungen in der StPO 2017-ein erster Überblick, 2017, ebook.

Camprubi Camprubi, Madeleine (Hrsg), Angst und Streben nach Sicherheit in Gesetzgebung und Praxis, 2004

Coester-Waltjen II Coester-Waltjen, Dagmar/Ehlers, Dirk/Geppert, Klaus/Otto, Harro/Petersen, Jens/Schoch, Friedrich/Schreiber, Klaus (Hrsg), Examensklausurenkurs, 2. A. 2004

Coester-Waltjen IV Coester-Waltjen, Dagmer/Ehlers, Dirk/Geppert, Klaus/Petersen, Jens/Satzger, Helmut/Schoch, Friedrich/Schreiber, Klaus (Hrsg), Examensklausurenkurs, 4. A. 2011

Compliance Moosmeyer, Klaus (Hrsg), Compliance-Risikoanalyse, 2. A. 2020

Compliance aktuell Ruhmannseder, Felix/Lehner, Dieter/Beukelmann, Stephan (Hrsg), Compliance aktuell, Loseblattsammlung, 2018

Cramer/Cramer Cramer, Peter/Cramer, Steffen (Hrsg), Anwaltshandbuch Strafrecht, 2002

Dahs Dahs, Hans, Handbuch des Strafverteidigers, 8. A. 2015.

Dahs/Dahs Dahs, Hans, Die Revision im Strafprozess, 9. A. 2017.

Dahs-Dona Scripta Dona Scripta der Kanzlei RSDS, Hans Dahs gewidmet, 2000

Dahs-FS Festschrift für Hans Dahs, 2005 DAV-FS Strafverteidigung im Rechtsstaat, Festschrift 25 Jahre Arbeitsgemeinschaft Strafrecht des Deutschen Anwaltsvereins, 2009

Deckers/Köhnken Deckers, Rüdiger/Köhnken, Günter (Hrsg), Die Erhebung und Bewertung von Zeugenaussagen im Strafprozess, 2. A. 2014

Deiters Deiters, Mark, Legalitätsprinzip und Normgeltung, 2006

Dencker-FS Festschrift für Friedrich Dencker zum 70. Geburtstag, 2012

D-F-T *Leblois-Happe, Jocelyne* (Hrsg), Was wird aus der Hauptverhandlung? 4. Dt.-französiche Strafrechtstagung, 2014

Diemer/Schatz/Sonnen Diemer, Herbert/Schatz, Holger/Sonnen, Bernd-Rüdeger, JGG, Kommentar, 8. A. 2020.

DJT-FS Festschrift 150 Jahre Deutscher Juristentag, 2010

Dölling Dölling, Dieter/Duttge, Gunnar/Rössner, Dieter (Hrsg), Gesamtes Strafrecht, Kommentar, 4. A. 2017

Dünnebier-FS   Festschrift für Hanns Dünnebier, 1982

Duttge/Tadaki   Duttge, Gunnar/Tadaki, Makoto (Hrsg.), Aktuelle Entwicklungslinien des japanischen Strafrechts im 21. Jahrhundert, 2017

Eberth/Müller/   Eberth, Alexander/Müller, Eckhart/Schütrumpf, Matthias, Verteidigung
Schütrumpf   Betäubungsmittelsachen, 7. A. 2018

Eckert-GS   Gedächtnisschrift für Jörn Eckert, 2008

Eckstein   Ermittlungen zu Lasten Dritter, 2013

Eisenberg   Eisenberg, Ulrich, Beweisrecht der StPO, 10. A. 2017

Eisenberg-FS   Festschrift für Ulrich Eisenberg zum 70. Geburtstag, 2009

Eisenberg-FS II   Festschrift für Ulrich Eisenberg zum 80. Geburtstag, 2019

Eisenberg/Kölbel, JGG   Eisenberg, Ulrich/Kölbel, Ralf, Jugendgerichtsgesetz, 21. A. 2020

Engländer   Engländer, Armin, Examens-Repetitorium Strafprozessrecht, 10. A. 2020

Epiney/Theuerkauf   Epiney, Astrid/Theuerkauf, Sarah (Hrsg), Datenschutz in Europa und der Schweiz, 2006

Erb   Erb, Volker, Legalität und Opportunität, 1999

Ernemann   Ernemann, Andreas/Fuhse, Ekkehard/Johannsen, Jens/Kraak, Ove-Jens/Palder, Helmut/Pfordte, Thilo/Westphal, Karsten, Die Station in Strafsachen, 8. A. 2011.

Eser   Eser, Albin, Einführung in das Strafprozeßrecht, 1983

Eser-FS   Festschrift für Albin Eser, 2005

Eser II-FS   Burkhardt, Björn/Koch, Hans-Georg/Gropp, Walter et al. (Hrsg), Scripta amicitiae Freundschaftsgabe für Albin Eser zum 80. Geburtstag am 26. Januar 2015

Esser, Europäisch   Esser, Robert, Europäisches und Internationales Strafrecht, 2. A. 2018

FA-Strafrecht   Bockemühl, Jan (Hrsg), Handbuch des Fachanwalts Strafrecht, 7. A. 2018

Fahl   Fahl, Christian, Rechtsmißbrauch im Strafprozeß, 2004

Fezer   Fezer, Gerhard, Strafprozeßrecht, Juristischer Studienkurs, 2. A. 1995

Fezer-FG HRRS   HRRS Festgabe für Gerhard Fezer, 2008

Fezer-FS   Festschrift für Gerhard Fezer zum 70. Geburtstag, 2008

Fischer   Fischer, Thomas, Strafgesetzbuch mit Nebengesetzen, 67. A. 2020

Fischer-FS   Festschrift für Thomas Fischer zum 65. Geburtstag, 2018

Fischer   Fischer, Klemens H., Der Vertrag von Lissabon, 2. A. 2010

Friebertshäuser-FG   Festgabe für den Strafverteidiger Heino Friebertshäuser, 1997
Gaede   Gaede, Karsten, Fairness als Teilhabe-Das Recht auf konkrete und wirksame Teilhabe durch Verteidigung gemäß Art. 6 EMRK, 2007
Geerds   Geerds, Friedrich, Übungen im Strafprozeßrecht, 1989
Gehl, Folter   Gehl, Günter (Hrsg), Folter-Zulässiges Instrument im Strafrecht?, 2005
Geppert-FS   Festschrift für Klaus Geppert zum 70. Geburtstag, 2011
Göbel   Göbel, Klaus, Strafprozess, 8. A. 2013
Gesetzlichkeit und   Kudlich, Hans/Montiel, Juan Pablo/Schuhr, Jan C. (Hrsg), Gesetzlichkeit und Strafrecht   Strafrecht, 2012.
Goldbach   Goldbach, Michael (Hrsg), Der Deal mit dem Recht, 2004
Gollwitzer-Kolloq   Kolloquium für Walter Gollwitzer zum 80. Geburtstag, 2004
Gössel   Gössel, Karl Heinz, Strafverfahrensrecht, 1977
Gössel-FS   Festschrift für Karl Heinz Gössel zum 70. Geburtstag, 2002
Grabenwarter/Pabel   Grabenwarter, Christoph/Pabel, Katharina, Europäische Menschenrechtskonvention, 6. A. 2016
Graf   Graf, Jürgen-Peter, Mustertexte zum Strafprozess, 9. A. 2015
Graf-Schlicker-FS   Festschrift zu Ehren von Marie Luise Graf-Schlicker, 2018
Gropp/ua   Gropp, Walter/Öztürk, Bahri/Sözüer, Adem/Wörner, Liane (Hrsg), Beiträge zum deutschen und türkischen Strafrecht und Strafprozessrecht, 2010
Grüner Grüner,   Gerhard, Über den Mißbrauch von Mitwirkungsrechten und die Mitwirkungspflichten des Verteidigers im Strafprozeß, 2000
Grunst   Grunst, Bettina, Prozeßhandlungen im Strafprozess, 2002
Grünwald   Grünwald, Gerald, Das Beweisrecht der Strafprozeßordnung, 1993
Grünwald-FS   Festschrift für Gerald Grünwald zum 70. Geburtstag, 1999
Grützner-FS   Aktuelle Probleme des Internationalen Strafrechts. Beiträge zur Gestaltung des
Internationalen und eines supranationalen Strafrechts. Heinrich Grützner zum 65. Geburtstag, 1970
Haas   Haas, Volker, Strafbegriff, Staatsverständnis und Prozessstruktur, 2008
Haller/Conzen   Haller, Klaus/Conzen, Klaus, Das Strafverfahren, 8. A. 2018
Hamm-FS   Festschrift für Rainer Hamm zum 65. Geburtstag, 2008
Hanack-FS   Festschrift für Ernst-Walter Hanack zum 70. Geburtstag, 1999
Handbuch Strafrecht   Kudlich, Hans/Hilgendorf, Eric/Valerius, Brian (Hrsg), Handbuch des Strafrechts Bd. 1, 2019; Bd. 7, 2020

Handbuch Mediation   *Haft, Fritjof/Gräfin von Schlieffen, Katharina* (Hrsg), Handbuch Mediation, 3. A. 2016.

Hartmann/Schmidt   Hartmann, Arthur/Schmidt, Rolf, Strafprozessrecht, 6. A. 2016.

Hassemer-FS   Festschrift für Winfried Hassemer zum 70. Geburtstag, 2010

Hauck   Hauck, Pierre, Heimliche Strafverfolgung und Schutz der Privatheit, 2014

Hecker   Hecker, Bernd, Europäisches Strafrecht, 5. A. 2015

Heger/Pohlreich   Heger, Martin/Pohlreich, Erol, Strafprozessrecht, 2. A 2018

Heghmanns/Herrmann   Heghmanns, Michael/Herrmann, Gunnar, Das Arbeitsgebiet des Staatsanwalts, 5. A. 2017

Heghmanns/Scheffler   Heghmanns, Michael/Scheffler, Uwe, Handbuch zum Strafverfahren, 2008

Heinrich/Reinbacher   Heinrich, Bernd/Reinbacher, Tobias, Examinatorium Strafprozessrecht, 2. A. 2017

v. Heintschel-Heinegg-FS   Festschrift für Bernd von Heintschel-Heinegg zum 70. Geburtstag, 2015

Heinz   Heinz, Wolfgang, KIS, Kriminalität und Kriminalitätskontrolle in Deutschland-Berichtsjahr 2015/Version 2017 (online)

Heinz-FS   Festschrift für Wolfgang Heinz, 2012

Heinze-GedSchr   Gedächtnisschrift für Meinhard Heinze, 2005

Hellmann   Hellmann, Uwe, Strafprozeßrecht, 2. A. 2006

Hellmann, Fallsammlung   Hellmann, Uwe (Hrsg), Fallsammlung zum Strafprozessrecht, 3. A. 2008

Henkel   Henkel, Heinrich, Strafverfahrensrecht, 2. A. 1968

Herzberg-FS   Festschrift für Rolf Dietrich Herzberg zum 70. Geburtstag, 2008

Hessisches Ministerium der Justiz (Hrsg)   Staatsanwaltschaft und Rechtsstaat, 2004

Hettinger   Hettinger, Michael, Entwicklungen im Strafrecht und Strafverfahrensrecht der Gegenwart, 1997

H. Mayer-FS   Beiträge zur gesamten Strafrechtswissenschaft. Festschrift für Hellmuth Mayer zum 70. Geburtstag, 1966

Hilger-FG   Datenübermittlungen und Vorermittlungen, Festgabe für Hans Hilger, 2003

Hillenkamp   Hillenkamp, Thomas, Die Urteilsabsetzungs- und die Revisionsbegründungsfrist im

deutschen Strafprozeß, 1998
Hillenkamp/Cornelius, Hillenkamp, Thomas/Cornelius, Kai, 32 Probleme aus dem Strafrecht AT, 15. A.
AT 2017
Hinterhofer Hinterhofer, Hubert, Zeugenschutz und Zeugnisverweigerungsrechte im österreichischen Strafprozess, 2004
Hirsch Hirsch/Hofmanski/Plywaszewski/Roxin (Hrsg), Neue Erscheinungsformen der Kriminalität in ihrer Auswirkung auf das Straf- und Strafprozeßrecht, 1996
Hirsch-FS Festschrift für Hans Joachim Hirsch zum 70. Geburtstag, 1999
HK Heidelberger Kommentar zur Strafprozessordnung, hrsg. von Gercke ua, 6. A. 2019
Höland Höland, Armin (Hrsg), Wirkungen der Rechtsprechung des Europäischen Gerichtshofs für Menschenrechte im deutschen Recht, 2012
Honig-FS Festschrift für Richard M. Honig zum 80. Geburtstag, 1970
Hruschka-GD Gedächtnisschrift für Joachim Hruschka, 2019
Huber/Hofer Huber, Michael/Hofer, Johannes, Das Strafurteil, 3. A. 2016
Institut für Kriminal- Institut für Kriminalwissenschaften und Rechtsphilosophie, Frankfurt a.M. (Hrsg), wissenschaften Jenseits des rechtstaatlichen Strafrechts, 2007 und Rechtsphilosophie
Jaeger-FS Grundrechte und Solidarität: Durchsetzung und Verfahren. Festschrift für Renate Jaeger, 2011
Jäger Jäger, Christian, Beweisverwertung und Beweisverwertungsverbote im Strafprozess, 2003
Jähnke/Schramm, Jähnke, Burkhard/Schramm, Edward, Europäisches Strafrecht, 2017
Europäisch
Jahn, Gutachten Jahn, Matthias, Beweiserhebungs- und Beweisverwertungsverbote im Spannungsfeld zwischen den Garantien des Rechtsstaates und der effektiven Bekämpfung von Kriminalität und Terrorismus, Gutachten C zum 67. Deutschen Juristentag, 2008
Jahn/Nack Jahn, Matthias/Nack, Armin (Hrsg), Strafprozessrechtspraxis und Rechtswissenschaft-getrennte Welten? 1. Karlsruher Strafrechtsdialog 2007, 2008
Jahn/Nack II Jahn, Matthias/Nack, Armin (Hrsg), Rechtsprechung, Gesetzgebung, Lehre: Wer regelt das Strafrecht? 2. Karlsruher Strafrechtsdialog 2009, 2010
Jahn/Nack III Jahn, Matthias/Nack, Armin (Hrsg), Gegenwartsfragen des europäischen und deutschen Strafrechts, 3. Karlsruher Strafrechtsdialog 2011, 2012

Jahn/Nack IV Jahn, Matthias/Nack, Armin (Hrsg), Rechtsprechung in Strafsachen zwischen Theorie und Praxis-zwei Seiten einer Medaille?, 4. Karlsruher Strafrechtsdialog, 2013, 2014.

Jansen Jansen, *Gabriele*, Zeuge und Aussagepsychologie, 2. A. 2012

Joachimski/Haumer Joachimski, *Jupp/Haumer, Christine,* Strafverfahrensrecht, 7. A. 2015

Joecks, StPO Joecks, *Wolfgang,* Strafprozessordnung-Studienkommentar, 4. A. 2015

Joerden/Szwarc Joerden, *Jan C./Szwarc, Andrzej J.* (Hrsg), Europäisierung des Strafrechts in Polen und Deutschland-rechtsstaatliche Grundlagen, 2007

Jung-FS Festschrift für Heike Jung zum 65. Geburtstag, 2007

Kaiser-FS Festschrift für Günther Kaiser zum 70. Geburtstag, 1998 (Halbband 1 u. 2)

Kaiser/Bracker Kaiser, *Horst/Bracker, Ronald,* Die Staatsanwaltsklausur im Assessorexamen 6.A. 2018

Karpenstein/Mayer Karpenstein, *Ulrich/Mayer, Franz C.,* EMRK, 2. A. 2015

Katholnigg Katholnigg, *Oskar,* Strafgerichtsverfassungsrecht, Kommentar, 3. A. 1999

Keller-GedSchr Gedächtnisschrift für Rolf Keller, 2003

Kempf/ua Kempf, *Eberhard/Lüderssen, Klaus/Volk, Klaus* (Hrsg), Ökonomie versus Recht im Finanzmarkt, 2011

Kindhäuser-FS Festschrift für Urs Kindhäuser zum 70. Geburtstag, 2019

Kindhäuser/Schumann Kindhäuser, *Urs/Schumann, Kay H.,* Strafprozessrecht, 5. A. 2019

Kissel/Mayer Kissel, *Otto Rudolf/Mayer, Herbert,* Gerichtsverfassungs- gesetz, Kommentar, 9. A. 2018

KK-StPO Karlsruher Kommentar zur Strafprozessordnung, hrsg. von *Hannich, Rolf,* 8. A. 2019

Klemke/Elbs Klemke, *Olaf/Elbs, Hansjörg,* Einführung in die Praxis der Strafverteidigung, 3. A. 2013

Klesczewski Klesczewski, *Diethelm,* Strafprozessrecht, 2. A. 2013

Klesczewski/Schößling Klesczewski, *Diethelm/Schößling, Christian, Strafakte,* Von der Strafanzeige bis zur Revisionsentscheidung, 2004

KMR-StPO Loseblattkommentar zur Strafprozeßordnung, begründet von *Kleinknecht/ Müller/Reitberger,* hrsg. von *Fezer/Paulus,* ab 81. Lieferung von *v. Heintschel-Heinegg/Böckemühl,* jeweils mit Ergänzungslieferungen, 8. A. ab 1990.

Knierim Knierim, *Thomas/Oehmichen, Anna/Beck, Susanne/Geisler, Claudius,* Gesamtes Strafrecht aktuell, 2018

Koch-FG Festgabe für Ludwig Koch, 1989
Kohlmann-FS Festschrift für Günter Kohlmann zum 70. Geburtstag, 2003
KOM Veröffentlichungen der Kommission der Europäischen Union
Kopp/Schenke Verwaltungsgerichtsordnung. Kommentar, 25. A. 2019
Kölbel Kölbel, Ralf, Selbstbelastungsfreiheiten. Der nemo-tenetur-Satz im materiellen Recht, 2006
Krack Krack, Ralf, Die Rehabilitierung des Beschuldigten im Strafverfahren, 2002
Kramer Kramer, Bernhard, Grundbegriffe des Strafverfahrensrechts, 8. A. 2014
Krey/Heinrich Krey, Volker/Heinrich, Manfred, Deutsches Strafverfahrensrecht, 2. A. 2019
Krey-FS Festschrift für Volker Krey zum 70. Geburtstag, 2010
Kroiß/Neurauter Kroiß, Ludwig/Neurauter, Irene, Formularsammlung für Rechtspflege und Verwaltung, 27. A. 2019
Kudlich, Gutachten Kudlich, Hans, Erfordert das Beschleunigungsgebot eine Umgestaltung des Strafverfahrens? Gutachten C zum 68. Deutschen Juristentag, 2010
Kühl Kühl, Kristian, Strafrecht AT, 8. A. 2017
Kühne Kühne, Hans-Heiner, Strafprozessrecht, 9. A. 2015
Kühne/Miyazawa Kühne, Hans-Heiner/Miyazawa, Koichi, Alte Strafrechtsstrukturen und neue gesellschaftliche Herausforderungen in Japan und Deutschland, 2000
Küper-FS Festschrift für Wilfried Küper zum 70. Geburtstag, 2007
Lackner-FS Festschrift für Karl Lackner, 1987
Lackner/Kühl Lackner/Kühl, Strafgesetzbuch mit Erläuterungen, 29. A. 2018
Lampe-FS Festschrift für Ernst-Joachim Lampe, 2003
Lange-FS Festschrift für Richard Lange zum 70. Geburtstag, 1976
Leblois-Happe/ Leblois-Happe, Jocelyne/Stuckenberg, Carl-Friedrich (Hrsg), Was wird aus der
Stuckenberg Hauptverhandlung? 4. Deutsch-französische Strafrechtstagung 2013, 2014
Leitner/Michalke Leitner, Werner/Michalke, Reinhart, Strafprozessuale Zwangsmaßnahmen, 2007
Lemke-Küch Lemke-Küch, Harald, Verteidigung im Strafverfahren, 2. A. 2009
Lenckner-FS Festschrift für Theodor Lenckner zum 70. Geburtstag, 1998
Lesch Lesch, Heiko Hartmut, Strafprozeßrecht, 2. A. 2001
LK Leipziger Kommentar, Strafgesetzbuch, Großkommentar, hrsg. von *Heinrich Wilhelm Laufhütte* u.a. 12. A. 2007, 13. A. 2019 ff
LR *Löwe/Rosenberg,* Die Strafprozeßordnung und das Gerichtsverfassungsgesetz mit

Nebengesetzen, Großkommentar, 26. A. 2006 ff, 27. A. 2016 ff

Lüderssen   *Lüderssen, Klaus,* Rechtsfreie Räume, 2012

Lüderssen-FS   Festschrift für Klaus Lüderssen zum 70. Geburtstag, 2002

Lüderssen-Symp   *Prittwitz/Baurmann ua.* (Hrsg), Rationalität und Empathie, Kriminalwissenschaftliches Symposion für K. Lüderssen zum 80. Geburtstag, 2014

Lüke-FS   Festschrift für Gerhard Lüke zum 70. Geburtstag, 1997

Maihofer-FS   Rechtsstaat und Menschenwürde, Festschrift für Werner Maihofer zum 70. Geburtstag, 1988

Maiwald, Einführung   Einführung in das italienische Strafrecht und Strafprozessrecht, 2009

Malek   *Malek, Klaus,* Verteidigung in der Hauptverhandlung, 5. A. 2017

Malek/Wohlers   *Malek, Klaus/Wohlers, Wolfgang,* Zwangsmaßnahmen und Grundrechtseingriffe im Ermittlungsverfahren, 2. A. 2001

Mansdörfer   *Mansdörfer, Marco,* Klausurenkurs im Strafprozessrecht, 2020

Marxen   *Marxen, Klaus,* Kompaktkurs Strafrecht, Allgemeiner Teil, 2003

Marxen-BT   *Marxen, Klaus,* Kompaktkurs Strafrecht, Besonderer Teil, 2004

M/D   *Maunz, Theodor/Dürig Günter,* Grundgesetz, Loseblattsammlung, Stand: 81. Lieferung September 2017

Mediationsverfahren   *Pelikan, Christa* (Hrsg), Mediationsverfahren, 1999

Mehle-FS   Festschrift für Volkmar Mehle zum 65. Geburtstag, 2009

Meurer   *Meurer, Dieter,* Strafprozeßrecht, Band 4, 3. A. 1991

Meurer-GedSchr   Gedächtnisschrift für Dieter Meurer, 2002

M-G/Schmitt   *Meyer-Goßner, Lutz/Schmitt,* Bertram (unter Mitarbeit von *Köhler, Marcus*), Strafprozessordnung, 63. A. 2020

MüKo-StGB   Münchener Kommentar zum Strafgesetzbuch, Band 4, 3. A. 2017

MüKo-StPO   Münchener Kommentar, Strafprozessordnung, 2014 ff

Meyer/Hölscheidt   *Meyer, Jürgen/Hölscheidt, Sven* (Hrsg), Charta der Grundrechte der Europäischen Union, 5. A. 2019. Zitiert Meyer/Hölscheidt, GRC

Meyer-GedSchr   Gedächtnisschrift für Karlheinz Meyer, 1990

Meyer-Goßner   *Meyer-Goßner, Lutz,* Prozessvoraussetzungen und Prozesshindernisse, 2011

Meyer-Goßner/Appl   *Meyer-Goßner, Lutz/Appl, Ekkehard,* Die Urteile in Strafsachen, 29. A. 2014

Meyer-Goßner-FS   Festschrift für Lutz Meyer-Goßner zum 65. Geburtstag, 2001

Meyer-Ladewig/ua   *Meyer-Ladewig, Jens/Nettesheim, Martin/von Raumer, Stefan,* EMRK, 4. A. 2017

Miebach-FS   NStZ-Sonderheft zum Eintritt in den Ruhestand für Dr. Klaus Miebach, 2009

Mitsch/Ellbogen   Fälle zum Strafprozessrecht, 2. A. 2020

Miyazawa-FS   Festschrift für Koichi Miyazawa, 1995

Moos-FS   Festschrift für Reinhard Moos zum 65. Geburtstag, 1997

Moosmayer/Hartwig   *Moosmayer, Klaus/Hartwig, Niels* (Hrsg), Interne Untersuchungen, 2. A. 2018

Müller-Dietz-FS   Festschrift für Heinz Müller-Dietz zum 70. Geburtstag, 2001

Müller-FS   Opuscula honoraria. Egon Müller zum 65. Geburtstag, 2003

Müller-FS II   Festschrift für Egon Müller zum 70. Geburtstag, 2008

Müller/Gussmann   *Müller, Eckhart/Gussman, Klaus,* Berufsrisiken des Strafverteidigers, 2007

Müller-Symp   Symposium für Egon Müller, Schriftenreihe der Bundesrechtsanwaltskammer Bd. 12, Redaktion: E. Wahle, 2000

Münchhalffen/   *Münchhalffen, Gaby/Gatzweiler, Norbert,* Das Recht der Untersuchungshaft, 3. A.

Gatzweiler   2009

Murmann   *Murmann, Uwe* (Hrsg), Recht ohne Regeln? Die Entformalisierung des Strafrechts, 2011

Murmann, StPO   *Murmann, Uwe,* Prüfungswissen Strafprozessrecht 3. A. 2015

Murmann/Grassmann   *Murmann, Uwe/Grassmann, Nils,* Die strafprozessuale Zusatzfrage in der ersten

Prüfung, Beilage zu Heft 11/2007 der JuS

Nehm-FS   Festschrift für Kay Nehm zum 65. Geburtstag, 2006

Neubacher   *Neubacher, Frank,* Kriminologische Grundlagen einer internationalen Strafgerichtsbarkeit, 2005

Neubacher/Klein   *Neubacher, Frank/Klein, Anne* (Hrsg), Vom Recht der Macht zur Macht des Rechts?, 2006

Niemöller/Schlothauer   *Niemöller, Martin/Schlothauer, Reinhold/Weider, Hans-Joachim, Gesetz zur/Weider* Verständigung im Strafverfahren, 2010

Nitschke   *Nitschke, Peter* (Hrsg), Rettungsfolter im modernen Rechtsstaat?, 2005

Odersky-FS   Festschrift für Walter Odersky zum 75. Geburtstag, 1996

Oehler-FS   Festschrift für Dietrich Oehler zum 70. Geburtstag, 1985

OK-StGB   Beck'scher Online-Kommentar, von *Heintschel-Heinegg* (Hrsg), StGB, Edition 38, Stand: 1.5.2018

OK-StPO   Beck'scher Online-Kommentar, von *Graf* (Hrsg), StPO, 36. Edition, Stand: 1.1.2020. *Ostendorf* *Ostendorf, Heribert,* Strafprozessrecht, 3. A. 2018

Ostendorf, U-Haft   *Ostendorf, Heribert* (Hrsg), Untersuchungshaft und Abschiebehaft, 2. A. 2018 Ostendorf-FS   Festschrift für Heribert Ostendorf zum 70. Geburtstag, 2015

Otto-FS   Festschrift für Harro Otto zum 70. Geburtstag, 2007

Kreuzer-FS   Festschrift für Arthur Kreuzer zum 70. Geburtstag, 2. A. 2009

Paeffgen-FS   Festschrift für Hans-Ullrich Paeffgen zum 70. Geburtstag, 2015

Palandt   *Palandt,* Bürgerliches Gesetzbuch, 79. A. 2020

Park   *Park, Tido,* Durchsuchung und Beschlagnahme, 4. A. 2018

Paulus-FS   Festgabe des Instituts für Strafrecht und Kriminologie der Juristischen Fakultät der

Julius-Maximilians-Universität Würzburg für Rainer Paulus zum 70. Geburtstag, 2009

Peters   *Peters, Karl,* Strafprozeß. Ein Lehrbuch, 4. A. 1985

Pfeiffer   *Pfeiffer, Gerd,* Strafprozeßordnung, Kommentar, 5. A. 2005

Pfordte/Degenhard   *Pfordte, Thilo/Degenhard, Karl,* Der Anwalt im Strafrecht, 2005

Puppe-FS   Strafrechtswissenschaft als Analyse und Konstruktion, Festschrift für Ingeborg Puppe zum 70. Geburtstag, 2011

Putzke/Scheinfeld   *Putzke, Holm/Scheinfeld, Jörg,* Strafprozessrecht, 7. A. 2017

Radtke/Hohmann   *Radtke, Henning/Hohmann, Olaf* (Hrsg), Strafprozessordnung, Kommentar, 2011

Rebmann-FS   Festschrift für Kurt Rebmann zum 65. Geburtstag, 1989

Rengier-FS   Festschrift für Rudolf Rengier zum 70. Geburtstag, 2018

Richter II-FS   Festschrift für Christian Richter II, 2006

Rieß-FS   Festschrift für Peter Rieß zum 70. Geburtstag, 2002

Rissing-van Saan-FS   Festschrift für Ruth Rissing-van Saan zum 65. Geburtstag, 2011

Rönnau   *Rönnau, Thomas,* Vermögensabschöpfung in der Praxis, 2. A. 2015 *Rösch/Stegbauer*   *Rösch, Bernd/Stegbauer, Andreas,* Die Erstellung des Urteils in Straf- und Bußgeldsachen, 4. A. 2019

Rössner/Safferling   *Rössner, Dieter/Safferling, Christoph,* 30 Probleme aus dem Strafprozessrecht, 3. 1.2016

Rössner-FS   Festschrift für Dieter Rössner, 2015
Rogall   Rogall, Klaus, Der Beschuldigte als Beweismittel gegen sich selbst, 1977
Rogall-FS   Festschrift für Klaus Rogall zum 70. Geburtstag, 2018
Rosenau/Kim   Rosenau, Henning/Kim, Sangyun (Hrsg), Straftheorie und Strafgerechtigkeit, Deutsch-Japanischer Strafrechtsdialog, 2010 Roth Roth, Herbert (Hrsg),
Europäisierung des Rechts, 2010
Roxin AT   Roxin, Claus, Strafrecht Allgemeiner Teil, Band I, 4. A. 2006
Roxin/Schünemann   Roxin, Claus/Schünemann, Bernd, Strafverfahrensrecht. Ein Studienbuch, 29. A. 2017
Roxin/Achenbach/Jäger/   Roxin, Claus/Achenbach, Hans/Jäger, Christian/Heinrich, Manfred, Prüfe dein Heinrich, PdW   Wissen, Rechtsfälle in Frage und Antwort, Strafprozessrecht, 17. A. 2019
Roxin/Arzt/Tiedemann   Roxin, Claus/Arzt, Gunther/Tiedemann, Klaus, Einführung in das Strafrecht und Strafprozessrecht, 6. A. 2014
Roxin-FS   Festschrift für Claus Roxin zum 70. Geburtstag, 2001
Roxin II-FS   Festschrift für Claus Roxin zum 80. Geburtstag, 2011
Roxin, Imme   Roxin, Imme, Die Rechtsfolgen schwerwiegender Rechtsstaatsverstöße in der Strafrechtspflege, 4. A. 2004
I.-Roxin-FS   Festschrift für Imme Roxin, 2012
Rudolphi-FS   Festschrift für Hans-Joachim Rudolphi zum 70. Geburtstag, 2004
Rudolphi-Symp   Wolter, J. (Hrsg), Zur Theorie und Systematik des Strafprozeßrechts, Symposium zu Ehren von H.-J. Rudolphi, 1995
Rüping   Rüping, Hinrich, Das Strafverfahren, 3. A. 1997
Rüßmann-FS   Festschrift für Helmut Rüßmann, 2012
Russack   Russack, Marc, Die Revision in der strafrechtlichen Assessorklausur, 13. A. 2019 Safferling   Safferling, Christoph, Internationales Strafrecht, 2011
Salger-FS   Festschrift für Hannskarl Salger, 1995
Samson-FS   Recht-Wirtschaft-Strafe. Festschrift für Erich Samson zum 70. Geburtstag, 2010
Sanchez-Hermosilla/   Sanchez-Hermosilla, Fernando/Schweikart, Peter, Die StPO in Fällen, 2009
Schweikart
Satzger   Satzger, Helmut, Die Europäisierung des Strafrechts. Eine Untersuchung zum

Einfluß des Europäischen Gemeinschaftsrechts auf das deutsche Strafrecht, 2001

Satzger, Gutachten   *Satzger, Helmut,* Chancen und Risiken einer Reform des strafrechtlichen Ermittlungsverfahrens, Gutachten C zum 65. Deutschen Juristentag, 2004

Satzger, International   *Satzger, Helmut,* Internationales und Europäisches Strafrecht, 9. A. 2020

Schäfer   *Schäfer, Gerhard,* Die Praxis des Strafverfahrens, 7. A. 2007

G. Schäfer-FS   NJW-Sonderheft für Gerhard Schäfer zum 65. Geburtstag, 2002

Schäfer-FS   Festschrift für Karl Schäfer zum 80. Geburtstag, 1980

Schellenberg   *Schellenberg, Frank,* Die Hauptverhandlung im Strafverfahren, 2. A. 2000

Schemmel/Ruhmanns-   Hinweisgebersysteme. Implementierung im Unternehmen. 2012.

eder/Witzigmann

Schenke-FS   Staat, Verwaltung und Rechtsschutz. Festschrift für Wolf-Rüdiger Schenke zum 70. Geburtstag, 2011

Schlothauer   *Schlothauer, Reinhold,* Vorbereitung der Hauptverhandlung durch den Verteidiger, 2. A. 1998

Schlothauer-FS   Festschrift für Reinhold Schlothauer zum 70. Geburtstag, 2018

Schlothauer/Weider/   *Schlothauer, Reinhold/Weider, Hans-Joachim/Nobis, Frank,* Untersuchungshaft, 5.

Nobis   A. 2016

Schlüchter   *Schlüchter, Ellen,* Das Strafverfahren, 2. A. 1983

Schlüchter/Duttge   *Schlüchter, Ellen/Duttge, Gunnar,* Strafprozeßrecht in aller Kürze, 3. A. 2004 Schlüchter-FS Freiheit und Verantwortung in schwieriger Zeit, Kritische Studien aus vorwiegend straf(prozeß-)rechtlicher Sicht zum 60. Geburtstag von Ellen Schlüchter, 1998 Schlüchter-GedSchr Gedächtnisschrift für Ellen Schlüchter, 2002

Schlüchter, Kernwissen   *Schlüchter, Ellen,* Strafprozeßrecht, Kernwissen, 3. A. 1999

Schmid/Krzymia-   *Schmid, Harald/Krzymianowska, Justyna* (Hrsg), Politische Erinnerungen, 2007

nowska

Schmid-FS   Festschrift für Niklaus Schmid zum 65. Geburtstag, 2001

Schmidt-Leichner-FS   Festschrift für Erich Schmidt-Leichner zum 65. Geburtstag,

1977

Schmidt Schmidt, Eberhard, Lehrkommentar zur Strafprozeßordnung und zum Gerichtsverfassungsgesetz, Band I (2. A.) 1964; Band II 1957; Band III 1960. *Schmidt Vert.* Schmidt, Jens, Verteidigung von Ausländern, 4. A. 2016

Schöch-FS Verbrechen-Strafe-Resozialisierung. Festschrift für Heinz Schöch zum 70. Geburtstag, 2010

Schreiber-FS Strafrecht, Biorecht, Rechtsphilosophie, Festschrift für Hans- Ludwig Schreiber zum 70. Geburtstag, 2003

Schroeder/Verrel Schroeder, Friedrich-Christian/Verrel, Torsten, Strafprozessrecht, 7. A. 2017

Schroeder-FS Festschrift für Friedrich-Christian Schroeder zum 70. Geburtstag, 2006

Schroeder/Meindl Schroeder, Friedrich-Christian/Meindl, Wolfhard, Fallrepetitorium zum Strafverfahrensrecht nach höchstrichterlichen Entscheidungen, 4. A. 2004

Schulz Schulz, Lorenz, Normiertes Misstrauen, 2001

Schuster/Weitner Schuster, Thomas/Weitner, Friedrich, StPO-Fallrepetitorium, 8. A. 2019

Schweitzer/Dederer Schweitzer, Michael/Dederer, Hans-Georg, Staatsrecht III, 12. A. 2020

Seebode-FS Festschrift für Manfred Seebode zum 70. Geburtstag, 2008

Seiler Seiler, Stefan, Strafprozessrecht, 16. A. 2017

Sickor Sickor, Jens Andreas, Das Geständnis, 2014

Sieber-FS Festschrift für Ulrich Sieber zum 70. Geburtstag, 2020

Sieber/ua Sieber, Ulrich/ Satzger, Helmut/von Heintschel-Heinegg, Bernd, Europäisches Strafrecht, 2. A. 2014

SK-StPO Systematischer Kommentar zur Strafprozessordnung mit GVG und EMRK, Loseblattkommentar, 3. A. 2003 ff; gebundene Ausgabe, 4. A. 2010 ff, 5. A. 2016 ff

SK-StGB Systematischer Kommentar zum Strafgesetzbuch, 9. A. 2016 ff.

Sommer Sommer, Ulrich, Effektive Strafverteidigung, 3. A. 2016

Sowada Sowada, Christoph, Der gesetzliche Richter im Strafverfahren, 2002

Soyka Soyka, Martin, Die Referendarstation bei der Staatsanwaltschaft, 5. A. 2020

Spendel-FS Festschrift für Günter Spendel zum 70. Geburtstag, 1992

Spindler/Schuster Recht der elektronischen Medien, 4. A. 2019

S/S *Schönke/Schröder*, Strafgesetzbuch, bearbeitet von *Eser/Perron/ Sternberg-Lieben/Eis-*

ele/Hecker/Kinzig/Bosch/Schuster/Weißer; 30. A. 2019

S/S/W-StGB *Satzger, Helmut/Schluckebier, Wilhelm/Widmaier,* Gunter, Strafgesetzbuch, 3. A. 2017

S/S/W-StPO *Satzger, Helmut/Schluckebier, Wilhelm/Widmaier, Gunter,* Strafprozessordnung, 4. A. 2020

Stöckel-FS Festschrift für Heinz Stöckel zum 70. Geburtstag, 2010

Stoffer *Stoffer, Hannah,* Wie viel Privatisierung „vertägt" das strafprozessuale Ermittlungsverfahren?, 2016

Strafverteidigung *Weigend, Thomas/Walther, Susanne/Grunewald, Barbara* (Hrsg), Strafverteidigung vor neuen Herausforderungen, 2008

Strauda-FS Festschrift zu Ehren des Strafrechtsausschusses der Bundesrechtsanwaltskammer, 2006

Stree/Wessels-FS Festschrift für Walter Stree und Johannes Wessels zum 70. Geburtstag, 1993

Streinz *Streinz, Rudolf,* EUV/AUEV, 3. A. 2018

Streinz-LB *Streinz, Rudolf,* Europarecht, 11. A. 2019

Theiß *Theiß, Christian,* Sitzungsdienst des Staatsanwalts, 8. A. 2019

Toepel *Toepel, Friedrich,* Grundstrukturen des Sachverständigenbeweises im Strafprozeßrecht, 2002

Tofahrn *Tofahrn, Sabine,* Strafprozessrecht, 4. A. 2019

Tolksdorf-FS Festschrift für Klaus Tolksdorf, 2014

Tondorf/Tondorf *Tondorf, Günter/Tondorf, Babette,* Der psychologische und psychiatrische Sachverständige im Strafverfahren, 3. A. 2011

Trechsel-FS Strafrecht, Strafprozessrecht und Menschenrechte. Festschrift für Stefan Trechsel zum 65. Geburtstag, 2002

Triffterer/Ambos *Triffterer, Otto/Ambos, Kai* (Hrsg), The Rome Statute of the International Criminal Court, 3. A. 2016

Tröndle-FS Festschrift für Herbert Tröndle zum 70. Geburtstag, 1989

Ulrich *Ulrich, Jürgen,* Der gerichtliche Sachverständige, 13. A. 2019

Uni-Würzburg-FS Raum und Recht, Festschrift 600 Jahre Würzburger Juristenfakultät, 2002

Venzlaff/Foerster *Foerster, Klaus/Habermayer, Elmar* (Hrsg), Psychiatrische Begutachtung, 6. 1.2015.

Verdeckte Ermittler *Claudius Geisler* (Hrsg), Verdeckte Ermittler und V-Personen im

Strafverfahren, 2001

Verrel Verrel, Torsten, Die Selbstbelastungsfreiheit im Strafverfahren, 2001

Volk/Engländer Volk, Klaus/Engländer, Armin, Grundkurs StPO, 9. A. 2018

Volk-FS Festschrift für Klaus Volk, 2009

Vollmer/Heidrich/Neher Vollmer, Walter/Heidrich, Andreas/Neher, Ivo, Die Assessorklausur im Strafprozess, 12. A. 2019

Vordermayer/v. Heint- *Vordermayer/v. Heintschel-Heinegg* (Hrsg), Handbuch für den Staatsanwalt, schel-Heinegg 6. A. 2019

Weber-FS Festschrift für Friedrich Weber zum 70. Geburtstag, 2004

Weidemann Weidemann, Jürgen, Die Stellung der Beschwerde im funktionalen Zusammenhang der Rechtsmittel des Strafprozesses, 1999

Weidemann/Scherf Weidemann, Jürgen/Scherf, Fabian, Die Revision im Strafrecht, 2010 Weiland Weiland, Bernd, Einführung in die Praxis des Strafverfahrens, 2. A. 1996 Welzel-FS Festschrift für Hans Welzel zum 70. Geburtstag, 1974

Wessels/Beulke/Satzger Wessels, Johannes/Beulke, Werner/Satzger, Helmut, Strafrecht-Allgemeiner AT Teil, 50. A. 2020

Weßlau Weßlau, Edda, Das Konsensprinzip im Strafverfahren-Leitidee einer Gesamtreform, 2002

Weßlau-GedSchr Gedächtnisschrift für Edda Weßlau, 2016

Widmaier-FS Festschrift für Gunter Widmaier zum 70. Geburtstag, 2008

Wolf Wolf, Gerhard, Das System des Rechts der Strafverteidigung, 2000

Wolff-FS Festschrift für E.A. Wolff zum 70. Geburtstag, 1999

Wolter-FS Gesamte Strafrechtswissenschaft in internationaler Dimension, Festschrift für Jürgen Wolter zum 70. Geburtstag am 7. September 2013, 2013

Wolter/Riedel/Taupitz Wolter, Jürgen/Riedel, Eibe/Taupitz, Jochen, Einwirkungen der Grundrechte auf das Zivilrecht, öffentliche Recht und Strafrecht, 1999

Wolter/Schenke Wolter, Jürgen/Schenke, Wolf-Rüdiger (Hrsg), Zeugnisverweigerungsrechte bei (verdeckten) Ermittlungsmaßnahmen, 2002

Wolters/Gubitz Wolters, Gereon/Gubitz, Michael, Strafrecht im Assessorexamen, 8. A. 2017

Yenisey-FS Festschrift für Feridun Yenisey, 2014

Ziegert Ziegert, Ulrich (Hrsg), Grundlagen der Strafverteidigung, 2000

Ziegler Ziegler, Theo, Das Strafurteil, 8. A. 2019

Zwiehoff Zwiehoff, Gabriele, Das Recht auf den Sachverständigen, 2000

附录：2017年以来《德国刑事诉讼法》修正条文选译

德国刑事诉讼法典迄今为止的中文译本均出版于2017年以前[①]。自2017年以来，德国刑事诉讼法典通过多部法案不断地局部修正，尽管重要的修法内容都在本书中有所论述，但难免有省略之处。为了方便读者查阅和补充了解，译者将部分更新幅度较大的且较为重要的条文选译如下，供读者参考。承蒙台北大学法学院王士帆教授惠予授权，第100a、100b、100c、100d、100e、100f、100h、100i、101、101b条转载了他所著《德国科技侦查规定释义》一文（载《法学丛刊》2021年4月总第262期）中的译本（译者仅结合最新立法变动细微修改），特此申表谢忱。

第25条【申请回避的时点】[②]

1. ¹以偏见之虞为由申请审理法官的回避得于开始就第一名被告人的身份关系开展讯问之前提出，在事实上诉审或法律上诉审的庭审中得在报告制作人发言前提出。²若法庭之组成依本法第222a条第1款第2句已于庭审前被告知的，则回避请求应毫不迟延地提出。³所有申请回避的理由应同时提出。

2. ¹除此之外，仅当同时符合下列情形时，始得申请法官回避
   （1）据以申请回避的情况直至后来才出现的或者有权申请回避的人直至后来才知悉的
   （2）毫不迟延地申请回避
   ²被告人最后陈述以后不得再申请回避。

---

① 本书译者比较推荐的法典译本是《德国刑事诉讼法——附德国法院组织法选译》，连孟琦译，台北元照出版公司2016年9月版。

② 本条系根据2019年12月10日通过的《刑事程序现代化法案》(BGBl. I S. 2121)新增的条文，并于2019年12月13日生效。

第 26 条【申请回避的程序】①

1. ¹回避请求向法官所属法院提出;请求可以向书记处声明以记入笔录。²法院可以要求申请人,就庭审中提出的回避请求在合理的期限内书面说明理由。

2. ¹回避的根据以及依据第 25 条第 1 款第 2 句和第 2 款的请求及时性应该予以释明。²宣誓不得作为释明的方式。³为了释明可以参考被申请回避法官的证言

3. 被申请回避的法官应该就申请回避的理由发表正式意见。

第 29 条【申请法官回避后的程序】②

1. 在回避申请被处理以前,被申请回避的法官仅得从事无法延后的行为。

2. ¹庭审的践行不得延后;故回避申请被裁决以前,庭审在被申请回避之法官参与下进行。² 倘若裁判不得延后且可以不经庭审作出的,惟有让被申请回避之法官参与裁判。

3. ¹ 对回避申请最迟应在两周内且不得晚于宣告判决前作出裁决。²两周的裁决期限按下列方式起算:

(1)法官在庭审之前或庭审之中被申请回避的,以提出回避请求之日起算;

(2)法院依据本法第 26 条第 1 款第 2 句要求回避申请人在法院指定的期限内书面说明理由的,自收到书面理由之日起算。

(3)若下一个审理期日在两周后才举行的,最迟不晚于该期日开始前对申请回避作出裁决。

(4)¹若宣告申请回避有理由且庭审不必中断的,则回避请求提出以后的庭审部分应该重新进行。² 此不适用于不可能重新进行的或重新进行须耗费不合理代价的庭审部分。

---

① 本条系根据 2019 年 12 月 10 日通过的《刑事程序现代化法案》(BGBl. I S. 2121)新增的条文,并于 2019 年 12 月 13 日生效。

② 本条系 2017 年 8 月通过的《旨在更加有效且更合乎实践地建构刑事程序之法案》(BGBl. I S. 3202)新增的条文,并经 2019 年 12 月 10 日通过的《刑事程序现代化法案》(BGBl. I S. 2121)修正,并于 2019 年 12 月 13 日生效。

第 32a 条【与刑事追究机关和法院的电子化法律往来;指令制定权】①

1. 电子文件得依以下各款之要求提交于刑事追究机关和法院。

2. 电子文件应适合刑事追究机关或法院处理。联邦政府在征得联邦参议院同意的前提下,以法规形式制定适合传递和处理电子文献传递之技术性框架要求。

3. 应以书面形式制作、签名或盖章之文件,作为电子文件须附有负责人的合格电子签名或由负责人签署并经安全传递途径提交。

4. 安全的传递途径应符合下列条件之一:

(1)当发件人于发送消息时已经依据《德国电子政务通讯服务法》第 4 条第 1 款第 2 句予以安全注册并且依据该法第 5 条第 2 款确认了安全注册的 De-Mail(德国电子政务通讯邮箱)账户的电子邮箱和通信服务;

(2)符合《联邦律师法》第 31a 条规定的特殊电子律师信箱或类似的依法开设的电子邮箱与公务机关或法院的电子邮局之间的传递;

(3)在经过认证程序以后设立的机关邮箱或公法人邮箱与公务机关或法院的电子邮局之间的传递;更多要求由本条第 2 款第 2 句之法规规定之;

(4)其他统一适用于联邦的传递途径由联邦政府征得联邦参议院同意后,以法规形式规定之,并保障数据的真实性、完整性和可访问性。

5. 电子文件自被存储于机关或法院专为收件而设置的设施之中时到达。应向寄件人发送收件时间的自动确认;

6. ¹若电子文件不适合供机关或法院处理者,须通知发件人收件无效并立即告知其有效的技术框架要求。² 若发件人立即以适合机关或法院处理的形式再度发送电子文件且足以相信该文件与先前到达的文件在内容上一致的,则以其先前的到达时点为准。

第 32f 条【保障阅卷的方式;法规命令的授权】②

1. ¹通过将卷宗内容提供浏览,或者通过安全传输途径传输卷宗内容的方式阅览电子卷宗。² 经特别之申请,可以通过在办公场所阅览电子卷

---

① 该项规定系根据 2018 年 12 月 17 日通过的《关于强化被告人的审理活动在场权的法案》(BGBl. I S. 2571)的新增内容,于 2018 年 12 月 21 日正式生效。

② 本条自 2017 年到 2021 年历经两次修正,最后一次由 2021 年 6 月 25 日通过的《旨在进一步完善〈刑事诉讼法〉以及修正其他规定之法案》(BGBl. I S. 2099)修正,新版内容于 2021 年 7 月 1 日生效。

宗的方式行使阅卷权。³传递卷宗的影本或存储有电子卷宗内容的数据介质,须提出附具特别理由之申请且能表明申请人对此有正当之利益,始得为之。⁴有重要理由表明,不便以本款第1句规定之方式阅卷的,亦得不经申请,以第2和3句规定之方式阅卷。

2. ¹纸质形式的卷宗通过在办公场所查阅卷宗的方式阅卷。²若无重要相反之理由的,亦得通过将卷宗内容提供浏览,或者通过安全传输途径传输卷宗内容,或者提供卷宗复印件以便带走的方式实现阅卷。³经辩护人或律师提出申请,若无重要相反之理由,卷宗亦得被其带回业务场所或家中查阅。

3. 本条第1款和第2款有关阅卷之方式的裁决,不得救济之。

4. ¹应该采取技术性或组织性的措施,确保在阅卷中第三人无法知悉卷宗之内容。²根据科技发展水平,应当采取技术性措施,以长久地在被浏览的卷宗或被传输的电子文件上显示被允许阅卷人的名字。

5. ¹被允许阅卷的人不得将依据本条第1款或第2款交付其的卷宗、文件、影本或副本完全或部分地 公开散布,或者为了诉讼以外的目的交付给第三人或者让第三人知悉。²他仅得为实现阅卷之目的使用依据本条第1款或第2款取得的个人信息。³不得为其他目的使用该类信息的,允许为此目的咨询或开放阅卷的除外。⁴须将阅卷目的之限制告知允许阅卷的人。

6. ¹在征得联邦参议院同意的前提下,联邦政府得通过法规命令规定阅览电子卷宗的适用标准。²联邦政府得通过法律命令将授权转移给联邦主管政府部门行使,无须征得联邦参议院同意。

第58条【讯问;对质】①

1.证人应该被单独讯问,且在其后陈述的证人不得在场。

2.¹若对后续程序显有必要的,得在侦查程序中安排证人与其他证人或与被追诉人对质。²证人与被追诉人对质时,辩护人可以在场。³应该提前通知辩护人对质的时间。⁴辩护人无权以到场有困难为由要求改期。⁵被追诉人没有辩护人的,应该告知他有权在本法第140条规定的情形下,申请按照本法第141条第1款和第142条第1款之规定为其指派一名义务

---

① 本条经2019年12月10日通过的《重新规制必要辩护权法案》(BGBl. I S. 2128)修正,并于2019年12月13日生效。

辩护人。

第 58a 条【讯问的录音和录像】①

1. ¹讯问证人得录音与录像。²有下列情形之一的,讯问证人应当考量各种相关情况予以录音录像,并以法官讯问的方式为之:

(1)为了更好地能保障未满 18 周岁的人以及受到本法第 255a 条第 2 款规定之犯罪侵害的儿童或少年的值得保护的利益;

(2)证人可能不能在庭审中被讯问且为了发现真实有必要录音录像的。

³若能更好地保护受到性自主犯罪(《刑法典》第 174—184j 条)侵害之人的值得保护的利益,且证人在讯问前同意对讯问录音录像的,应该在考量各种相关情况后予以录音录像,并以法官讯问的方式为之。

2. ¹惟当对发现真实有必要的,始得为刑事追究之目的使用录音录像。²本法第 101 条第 8 款准用之。³若将录音录像之复制件交付有权阅卷之人时,准用本法第 147、406e 条之规定。⁴复制件不得被拷贝或转交他人。⁵若无正当利益需继续使用的,应该立即交还给检察官。⁶向上述机构以外的任何人交付录音录像或提交复制件的,须征得证人之同意。

3. ¹证人反对本条第 2 款第 3 句规定的交付有关其讯问的录音录像复制件的,则应该按照本法第 147、406e 条之规定向有权阅卷的人交付笔录以替代。²依据本法第 147、406e 条之规定检视录音录像的权利不受影响。³应该向证人释明本款第 1 句的反对权。

第 68 条【人别讯问;(个人信息的)有限说明,证人保护】②

1. ¹讯问证人从其名字、姓氏、出生名、年龄、职业和完整的住址信息开始发问。²于被追诉人在场的法官讯问活动中或者庭审活动中,苟非证人身份存疑的,不对证人的完整地址发问,仅回答住址或逗留地址即可。³以公职身份了解案情的证人得不提供完整的地址,仅提供工作地址即可。

2. ¹此外,若有理由担心,交代完整地址将损害证人或者其他人员之法

---

① 本条自 2017 年到 2021 年历经三次修正,最后一次由 2021 年 6 月 25 日通过的《旨在进一步完善〈刑事诉讼法〉以及修正其他规定之法案》(BGBl. I S. 2099)修正,新版内容于 2021 年 7 月 1 日生效。

② 该条文自 2017 年以来经过两次大幅度修正,最近一次经 2021 年 6 月 25 日通过的《旨在进一步完善〈刑事诉讼法〉以及修正其他规定之法案》(BGBl. I S. 2099),并于 2021 年 7 月 1 日生效。

益的,或者将使证人或其他人员遭受不正当之干扰的,证人有权提供营业地址或工作地址或者其他足可被传唤的地址以代替完整的地址。² 于被追诉人在场的法官讯问活动中或者庭审活动中,若证人提供地址,会构成本款第 1 句之要件的,证人有权不提供住址或逗留地址。

3. ¹若有理由担心,公开证人的身份或者披露其住址或逗留地址将会危害其生命、身体或者自由的,证人有权不说明其人别信息或仅报告其之前的身份。² 但是,在庭审中他必须应答,究竟是以何种身份了解到他汇报的案情。³ 若符合本款第 1 句之要件,证人有权不说明其人别信息或仅报告其之前的身份的,得不适用《法院组织法》第 176 条第 2 款第 1 句,证人可以全部或部分地遮挡自己的面部。

4. ¹若有根据表明,存在本条第 2 款或者第 3 款的要件,应该告知证人该处规定的权利。²第 2 款的情形下,应当协助证人提供一项可被传唤的地址。³足堪确认证人住址或逗留地址、完整地址或者身份的资料由检察官保管。⁴苟无危害之虞的,始得载入卷宗。⁵依据本条第 2 款第 1 句,证人有权加以有限说明(其个人信息)的,经过证人同意后,检察官得依职权要求登记机关根据《联邦登记法》第 51 条第 1 款封闭查询相关信息。

5. ¹纵使讯问证人结束以后,本条第 2—4 款亦适用。²若证人有权不提供资料的,于查询或者阅卷时须确保相关资料不被其他人知晓,除非本条第 2 和 3 款中的风险已经被排除。

第 95a 条【延后通知被追诉人;禁止公开】①

1. 由被追诉人以外的人持有的物品被法院命令或许可扣押时,若同时具备以下条件者,可以延后通知与扣押相关的被追诉人,直至他不会威胁调查之目的。

(1)有特定的事实表明,被追诉人涉嫌作为正犯或参与犯实施了个案中情节重大的犯罪,尤其是本法第 100a 条第 2 款规定的犯罪,或者当这些犯罪处罚未遂时涉嫌构成犯罪未遂,或者涉嫌通过犯罪行为预备此等犯罪的;

(2)以其他方式调查案件事实或查明被追诉人所在地会显有困难或者毫无希望的。

---

① 该条系 2021 年 6 月 25 日通过的《旨在进一步完善〈刑事诉讼法〉以及修正其他规定之法案》(BGBl. I S. 2099)新增,并于 2021 年 7 月 1 日生效。

2.¹ 根据第 1 款得延后通知被追诉人仅得由法院决定之。² 延后通知以六个月为限。³ 继续存在延后通知命令之要件者，得由法院以每次不超三个月的方式延长命令。

3.¹ 由犯罪嫌疑人以外的人持有的物品由法院以外的机关采取扣押的，若在扣押之后的三日内申请法院许可扣押以及本条第 1 款规定的延后通知被追诉人的，得免于依据第 98 条第 2 款告知与扣押有关的被追诉人。² 在第 98 条第 2 款规定的程序中，无须由法院（第 33 条第 2 款）事前听取被追诉人的意见。

4.¹ 苟无威胁调查目的之可能时，应按本条第 1 款对被追诉人完成被延后的通知。² 在通知时，须向被追诉人告知依据本条第 5 款享有的事后救济权以及对该权利规定的期限。

5.¹ 当被延后的通知依据第 4 款被完成的两周之内，被追诉人亦得向负责决定措施的法院申请审查扣押的合法性、执行扣押的方式和方法以及通知的延后。² 对法院裁决不服的有权提出即时抗告。³ 若已经提起公诉且已经通知被告人的，则由负责案件审理的法院在终结案件的裁判中，对申请一并作出裁断。

6.¹ 若依据本条第 1 款决定延后通知被追诉人的，在评估所有的情况以及权衡程序参与者的利益的前提下，得同时命令，相关人员在延后通知的期间内不得向被追诉人和第三人透露扣押，以及依据第 103 条和第 110 条在扣押前采取的搜查，或依据第 95 条的上交命令。² 若依据第 3 款免于告知并申请法院准许扣押且延后告知被追诉人的，检察官及其侦查人员（《法院组织法》第 152 条）在迟延将生危险之际得作出第 1 句之决定，第 2 款的规定对之准用。³ 若检察官及其侦查人员作出此等决定者，须在三日之内申请法院准许。

7.违反第 6 款之禁止透露要求的，准用第 95 条第 2 款之规定。

第 100a 条【电信通讯监察】①

1.¹ 有下列情形时，即使受干预人不知情，仍得监察与记录电信通讯：

（1）有事实怀疑成立第 2 款所称严重犯罪之正犯、共犯、未遂犯或预备犯；

---

① 该条文自 2017 年以来经过十一次修正，最近一次经 2021 年 8 月 12 日通过的《旨在修正刑法典的-运营从事犯罪活动的网络商事交易平台入罪的法案》（BGBl. I S. 3544)修正，并于 2021 年 10 月 1 日生效。

（2）个案中犯罪情节重大，并且以其他方法调查犯罪事实或探查被告所在地有显著困难或预期无结果。

（3）[2] 当为了尤其得以依未加密方式进行监察与记录而有必要时，亦得以科技方法侵入受干预人所使用之资讯科技系统，进行电信通讯之监察与记录。[3] 储存于受干预人资讯科技系统之通讯内容与状态亦得监察与记录，当其在公共电信线路以加密方式所进行之传输过程原本即可监察与记录者。

2. 第1款第1款之严重犯罪，为下列之罪：

（1）《刑法》：

a) 第80a条至第82条、第84条至第86条、第87条至第89a条、第89c条第1款至第4款、第94条至第100a条违反和平罪、内乱罪、危害民主法治国罪与叛国罪、外患罪。

b) 第108e条民意代表贪渎罪。

c) 第109d条至第109h条妨害国防罪。

d) 第127条第3、4款至第130条妨害公共秩序罪。

e) 第146条及第151条伪造货币及有价证券罪，及其各结合第152条，与第152a条第3款及第152b条第1款至第4款之罪。

f) 第176、176c、176d条之妨害性自主罪以及符合第177条第6款第2句第2项之要件的第177条之妨害性自主罪

g) 第184b条、第184c条第2款散布、购买及持有儿童及青少年色情内容罪。

h) 第211条与第212条谋杀及杀人罪。

i) 第232条、第232a条第1款至第5款、第232b条、第233条第2款、第233a条、第234条、第234a条、第239a条与第239b条妨害人身自由罪。

j) 第244条第1款第2款结伙窃盗、第244条侵入住宅窃盗与第244a条加重结伙窃盗罪。

k) 第249条至第255条强盗与恐吓取财罪。

l) 第260条及第260a条常业赃物、集团赃物与常业集团赃物罪。

m) 第261条洗钱，但以前置犯罪属于第1项至第11项所称之严重犯罪为限。

n) 第 263 条第 3 款第 2 句要件与第 263 条第 5 款之诈欺与电脑诈欺罪,以及各结合第 263a 条第 2 款之罪。

o) 第 264 条第 2 款第 2 句要件与第 264 条第 3 款结合第 263 条第 5 款之补助款诈欺罪。

p) 第 265e 条第 2 句之运动比赛诈欺罪与操控职业运动比赛罪。

q) 第 266a 条第 4 款第 2 句第 4 项所称条件之扣留与挪用工作薪资。

r) 第 267 条第 3 款第 2 句要件与第 267 条第 4 款之伪造文书罪,以及各结合第 268 条第 5 款或第 269 条第 3 款,以及第 275 条第 2 款及第 276 条第 2 款之罪。

s) 第 283a 条第 2 句破产罪。

t) 第 298 条、第 300 条第 2 句以及第 299 条不正竞争罪。

u) 第 306 条至第 306c 条、第 307 条第 1 款至第 3 款、第 308 条第 1 款至第 3 款、第 309 条第 1 款至第 4 款、第 310 条第 1 款、第 313 条、第 314 条、第 315 条第 3 款、第 315b 条第 3 款以及第 316a 条、第 316c 条公共危险罪。

v) 第 332 条与第 334 条受贿及行贿罪。

(2)《租税通则》:

a) 符合第 370 条第 3 款第 2 句第 1 项之要件的逃漏税罪,前提是犯罪人系旨在持续实施第 370 条第 1 款之犯罪而结伙的成员,或者符合第 370 条第 3 款第 2 句第 5 项规定的要件。

b) 第 373 条常业性、暴力性及集团性走私罪。

c) 第 374 条第 2 款税赃物罪。

(3)《对抗禁药法》:第 4 条第 4 款第 2 项字母 b 之犯罪。

(4)《难民法》:

a) 第 84 条第 3 款诱使滥用难民申请罪。

b) 第 84a 条常业性及集团性诱使滥用难民申请罪。

(5)《居留法》:

a) 第 96 条第 2 款外国人偷渡罪。

b) 第 97 条偷渡致死罪以及常业性与集团性偷渡罪。

(5a)《爆炸物原料法》:

第 13 条第 3 款的犯罪

(6)《对外贸易法》:第 17 条与第 18 条之故意犯罪。

(7)《麻醉药品法》：

a) 与第 29 条第 3 款第 2 句第 1 款有关且符合该款要件之犯罪。

b) 第 29a 条、第 30 条第 1 款第 1 款、第 2 款与第 4 款，以及第 30a 条及第 30b 条之犯罪。

(8)《麻醉药品原料监管法》：

符合第 19 条第 3 款第 2 句要件之第 19 条第 1 款之犯罪。

(9)《战争武器管制法》：

a) 第 19 条第 1 款至第 3 款、第 20 条第 1 款及第 2 款与第 20a 条第 1 款至第 3 款之犯罪，以及各结合第 21 条之犯罪。

b) 第 22a 条第 1 款至第 3 款之犯罪。

(9a)《新兴精神活性物质法》：第 4 条第 3 款第 1 项字母 a 之犯罪。

(10)《国际刑法》：

a) 第 6 条灭绝种族罪。

b) 第 7 条危害人类罪。

c) 第 8 条至第 12 条战争罪。

d) 第 13 条侵略罪。

(11)《武器法》：

a) 第 51 条第 1 款至第 3 款之犯罪。

b) 第 52 条第 1 款第 1 款及第 2 款字母 c 及 d，以及第 5 款与第 6 款之犯罪。

3. 电信监察命令只得对被告为之，如有一定事实认为接收或转达给予被告或源于被告之讯息之人或被告使用其通讯线路或资讯设备之人，亦得对其命令电信监察。

4. 根据电信监察之监察与记录命令，任何提供或参与电信通讯业务之人应协助法院、检察官及其执行警察职务之侦查人员(法院组织法第 152 条)实施本条文之措施，并应立即提供必要之回复。是否与在如何范围之内采取防护措施，由《电信通讯法》(Telekommunikationsgesetz)及《电信通讯监察规则》(Telekommunikations-Überwachungsverordnung)定之。第 95 条第 2 款之规定准用之。

5. 实施第 1 款第 2 句与第 3 句措施时，技术上应确保：

(1) 只可监察与记录

a) 进行中之电信通讯(第 1 款第 2 句)，或

b)依第100e条第1款核准对于在公共电信线路以加密方式进行传输时亦得监察与记录之通讯内容与纪录,自核准时点开始之通讯内容与状态(第1款第3句)。

(2)在资讯科技系统只可进行为取得资料所必须之变更。

(3)措施结束时,技术上应尽可能使所进行之变更自动回复。所采用之方法应依科技状态防止他人无权使用。所复制之资料应依科技状态保护免于变更、无权删除或无权知悉。

6.每次使用科技方法时,应书面记录:

(1)科技方法之名称以及使用的时点;

(2)资讯技术系统的识别资料以及所采取非暂时性的变更;

(3)说明得调查取得之资料;

(4)执行措施之机关单位。

第100b条【线上搜索】①

1.有下列情形时,即使受干预人不知情,仍得以科技方法入侵受干预人使用之资讯科技系统,并得由该系统取得资料(线上搜索),

(1)有事实怀疑成立第2款所称严重犯罪之正犯、共犯或未遂犯;

(2)个案中犯罪情节重大,并且

(3)以其他方法调查犯罪事实或探查被告所在地有显著困难或预期无结果。

2.第1款第1项之严重犯罪,为下列之罪:

(1)《刑法》:

a)第81条、第82条、第89a条、第89c条第1款至第4款、第94条、第95条第3款与第96条第1款,以及各结合第97b条,与第97a条、第98条第1款第2句、第99条第2款、第100条及第100a条第4款违反和平罪、内乱罪、危害民主法治国罪与叛国罪、外患罪。

b)第127条第3款和第4款规定的运营从事犯罪活动的互联网商业平台罪,前提是互联网商业平台旨在方便或者促进本项字母a和字母c到o以及第2项到第10项规定的特别严重的犯罪。

c)第129条第1款连结第5款第3句成立组织犯罪,以及第129a条

---

① 该条文自2017年以来经过六次修正,最近一次经2021年8月12日通过的《旨在修正刑法典的-运营从事犯罪活动的网络商事交易平台入罪的法案》(BGBl. I S. 3544)修正,并于2021年10月1日生效。

第 1 款、第 2 款、第 4 款、第 5 款第 1 句第 1 选款之成立恐怖组织罪。

d) 第 146 条及第 151 条伪造货币及有价证券罪，及其各结合第 152 条、第 152a 条第 3 款及第 152b 条第 1 款至第 4 款之罪。

e) 第 176 条第 1 款和第 176c,176d 条妨害性自主罪，以及符合第 177 条第 6 款第 2 句第 2 项的第 177 条之妨害性自主罪。

f) 第 184b 条第 1 款第 1 句和第 2 款的散布、购买及持有儿童及青少年色情内容罪。

g) 第 211 条与第 212 条谋杀及杀人罪。

h) 第 232 条第 2 款和第 3 款，第 232a 条第 1 款、第 3 款、第 4 款及第 5 款后半句，第 232b 条第 1 款和第 3 款以及第 4 款连同第 232a 条第 4 款和第 5 款后半句，第 233 条第 2 款，第 233a 条第 1 款、第 3 款和第 4 款后半句，第 234 条和第 234a 条第 1 款和第 2 款以及第 239a 条与第 239b 条妨害人身自由罪。

i) 第 244 条第 1 款第 2 项结伙窃盗与第 244a 条加重结伙窃盗罪。

j) 第 250 条第 1 款或第 2 款、第 251 条加重强盗致死罪。

k) 第 255 条强盗式恐吓取财罪，与符合第 253 条第 4 款第 2 句要件之第 253 条严重恐吓取财罪。

l) 第 260 条及第 260a 条常业赃物、集团赃物与常业集团赃物罪。

m) 第 263a 条第 2 款连同第 263 条第 5 款电脑诈骗罪

n) 符合第 261 条第 5 款第 2 句要件之第 261 条严重洗钱，但前置犯罪属于第 1 项至第 7 项所称之严重犯罪为限。

o) 符合第 335 条第 2 款第 1 项至第 3 项要件之第 335 条第 1 款的严重贿赂罪。

(2)《难民法》：

a) 第 84 条第 3 款诱使滥用难民申请罪。

b) 第 84a 条常业性及集团性诱使滥用难民申请罪。

(3)《居留法》：

a) 第 96 条第 2 款外国人偷渡罪。

b) 第 97 条偷渡致死罪以及常业性与集团性偷渡罪。

(4)《对外贸易法》

a) 第 17 条第 1 款、第 2 款和第 3 款各自连同第 6 款或者第 7 款之犯罪

b) 第 18 条第 7 款和第 8 款各自连同第 10 款之犯罪。

（5）《麻醉药品法》：

a) 符合第 29 条第 3 款第 2 句第 1 项要件之第 29 条第 1 款第 1 句第 1 项、第 5 项、第 6 项、第 10 项、第 11 项或第 13 项之严重犯罪。

b) 第 29a 条、第 30 条第 1 款第 1 项、第 2 项与第 4 项，以及第 30a 条之犯罪。

（6）《战争武器管制法》：

a) 第 19 条第 2 款或第 20 条第 1 款之犯罪，以及各结合第 21 条之犯罪。

b) 第 22a 条第 1 款连结第 2 款之犯罪。

（7）《原材料监管法》：

第 19 条第 3 款规定之犯罪

（8）《新型精神作用性物质法》：

第 4 条第 3 款第 1 项的犯罪

（9）《国际刑法》：

a) 第 6 条灭绝种族罪。

b) 第 7 条危害人类罪。

c) 第 8 条至第 12 条战争罪。

d) 第 13 条侵略罪。

（10）《武器法》：

a) 第 51 条第 1 款连结第 2 款之严重犯罪。

b) 第 52 条第 1 款第 1 项连结第 5 款之严重犯罪。

3. [1]线上搜索只得对被告为之。[2] 但基于一定事实认有以下情形，亦得入侵他人之资讯科技系统：

（1）第 100e 条第 3 款令状上记载之被告，其所使用之他人资讯科技系统；

（2）如只入侵被告资讯科技系统，将无法调查犯罪事实或探查共同被告之所在地。

[3]执行线上搜索使其他人不可避免被干预时，亦得为之。

4. 第 100a 条第 5 款与第 6 款，除第 5 款第 1 句第 1 项外，于线上搜索准用之。

第 100c 条【住宅监听】①

1. 有下列情形时,即使受干预人不知情,仍得以科技方法监听和记录住宅内非公开之谈话,

(1)有事实怀疑成立第 100b 条第 2 款所称特别严重犯罪之正犯、共犯或未遂犯;

(2)个案中犯罪情节重大;

(3)有事实认为监察可取得对调查犯罪事实或探查共同被告所在地具有重要性之被告谈话,而且

(4)以其他方法调查犯罪事实或探查共同被告所在地有显著困难或预期无结果。

2. ¹住宅监听仅得对被告为之,而且仅限于被告住宅内执行。²但基于一定事实认有以下情形,亦得在他人住宅为之:

(1)第 100e 条第 3 款令状上记载之被告处于他人住宅者;

(2)如只在被告住宅监听,将无法调查犯罪事实或探查共同被告之所在地。

³执行住宅监听将使其他人不可避免被干预时,亦得为之。

第 100d 条【私人生活的核心领域;拒绝作证权主体】②

1. 若有事实根据能表明,通过本法第 100a 到 100c 条规定的措施将获知纯属私人生活核心领域的事项,则该措施系违法。

2. ¹通过本法第 100a 到 100c 条规定的措施收集到的私人生活核心领域的信息不得被使用。²有关此等信息的收集和删除情况应制成文件。

3. ¹本法第 100b 规定的措施,应该尽可能从技术上确保不提取有关私人生活核心领域的数据。²通过第 100b 条规定的措施取得的,且涉及私人生活核心领域的信息,应该被毫不延迟地删除或者由检察官呈请决定该措施的法院就该数据的使用和删除问题作出裁决。³法院有关该数据可用性之裁决对后续程序具有拘束力。

4. ¹惟有依据事实根据推断,监控不会采集到应归入私人生活核心领域的言论,始得决定本法第 100c 条规定的措施。²假若在监控的过程中有

---

① 本条经 2017 年 8 月 17 日通过的《旨在更加有效且更合乎实践地建构刑事程序之法案》(BGBl. I S. 3202)修正,并于 2017 年 8 月 24 日施行。

② 本条经 2017 年 8 月 17 日通过的《旨在更加有效且更合乎实践地建构刑事程序之法案》(BGBl. I S. 3202)修正,并于 2017 年 8 月 24 日施行。

事实根据表明,应归入私人生活核心领域的言论被收集的,应该毫不迟延地中断收听和记录。³被中断的措施在满足本条第 1 句规定的条件后得继续执行。⁴检察官就是否中断或继续执行措施存疑时,应毫不迟延地请求法院裁断;本法第 100e 条第 5 款的规定准用之。⁵但凡已经收集到的信息依据本条第 2 款可能产生证据禁止之效果者,检察官应毫不迟延地请求法院裁断之。⁶本条第 3 款第 3 句的规定准用之。

5.¹本法第 53 条规定之情形下不得使用本法第 100b 条和第 100c 条规定之措施;若在措施的执行过程中或执行完毕后,始发现有本法第 53 条规定之情形者,准用本条第 2 款之规定。²具有本法第 52 条和第 53a 条规定之情形者,惟当经过考量后认为潜在信赖关系的保护需求与发现案件真实或确定被追诉人下落之利益不成比例时,始得使用本法第 100b 条和第 100c 条规定措施所获取的信息。³本法第 160 条第 4 款之规定准用之。

第 100e 条【第 100a 条至第 100c 条措施之程序】①

1. 第 100a 条之措施,只得依检察官声请,由法院核准。迟延即生危险时,得由检察官核准之。检察官之核准,未于 3 个工作日内经法院补正认可者,失其效力。核准之执行期间,不得逾 3 个月。当核准之要件在考量所取得之侦查结果后认为继续存在时,得延长执行之,但每次延长不得逾 3 个月。

2. 第 100b 条及第 100c 条之措施,只得依检察官声请,由其所属辖区之《法院组织法》第 74a 条第 4 款规定之邦地方法院合议庭核准之。迟延即生危险时,得由该合议庭之审判长核准。审判长之核准,未于 3 个工作日内经合议庭补正认可者,失其效力。核准之执行期间,不得逾 1 个月。当核准之要件在考量所取得之侦查结果后认为继续存在时,得延长执行之,但每次延长不得逾 1 个月。延长执行期间整体已达 6 个月时,其后续之延长应由邦高等法院决定。

3. 核准命令以书面为之。核准命令之主文应记载:

(1)尽可能叙述措施受干预人之姓名与地址,

(2)核准执行措施之犯罪事实,

---

① 本条经 2017 年 8 月 17 日通过的《旨在更加有效且更合乎实践地建构刑事程序之法案》(BGBl. I S. 3202)修正,并于 2017 年 8 月 24 日施行。

(3) 措施之方法、范围、持续期间与截止时间,

(4) 措施应取得之资讯类型及其对刑事程序之意义,

(5) 在执行第100a条之措施,应记载电话号码或应监察之通讯线路或终端设备之其他识别码,若无法从一定事实得知此识别码同时属于其他终端设备者;在第100a条第1款第2句及第3句之情形,尽可能明确标示入侵之资讯科技系统名称,

(6) 在第100b条之措施,尽可能明确标示应从中取得资料之资讯科技系统名称,

(7) 在第100c条之措施,被监察之住宅或被监察之房间。

4. 在第100a条至第100c条措施之核准命令或延长命令,其理由应叙述核准要件与重要之考量因素。尤其应叙述与个案相关之以下事项:

(1) 构成犯罪嫌疑之特定事实;

(2) 措施必要性及比例原则之重要考量;

(3) 在第100c条之措施,应记载第100c条第4款第1句规定之事实依据。

5. 核准之要件消灭时,应立即停止所核准之措施。措施停止后,应将执行结果报告核准之法院。于第100b条与第100c条之措施,并应向核准之法院报告执行过程。核准之要件消灭,检察官未停止执行措施者,法院必须命令停止执行。停止执行第100b条与第100c条措施之命令,亦得由审判长为之。

6. 由第100b条与第100c条取得且可使用之个人资料,得依下列规定作为其他目的使用:

(1) 为了调查第100b条或第100c条措施所针对之犯罪,或调查此类犯罪之被告所在地时,得不经受监察人同意而使用于其他刑事程序。

(2) 个人资料,亦包括依第100d条第5款第1句后半句所取得之个人资料,只为预防个案之生命危险,或预防对个人身体、人身自由或国家安全或存续之急迫危险,或预防对供应国民需求具有重要价值之物、具文化重大价值之物或《刑法》第305条所称物品之急迫危险,始得为预防危险之目的而使用。为预防个案中对其他重要财产价值之急迫危险,亦得使用个人资料。资料对于预防危险如不再有必要性,或对于先于法院或法院本身审查预防危险所作成处分不再有必要性,预防危险之主管机关应立即删除资料之纪录。删除应在卷宗予以记录。仅因可能有先于法院或

法院本身之审查而暂缓删除之个人资料,其只得使用于此目的;该个人资料应封锁,不得用于其他目的。

(3)由相关之警察法措施取得可使用之个人资料,为了调查第100b条或第100c条措施所针对之犯罪,或调查此类犯罪之被告所在地时,得不经受监察人同意而于刑事程序使用。

第100f条【住宅外声音监听】①

1. 有事实怀疑成立第100a条第2款所列犯罪之正犯、共犯或未遂犯,个案中犯罪情节重大,以其他方法调查犯罪事实或探查被告所在地预期无结果或有显著困难时,即使受干预人不知情,亦得使用科技方法监听与记录住宅外之非公开谈话。

2. 措施仅对被告为之。措施对其他人为之者,仅在有事实认为其与被告有联系或将建立联系,且预期此措施可调查犯罪事实或探查被告所在地,而以其他方法将无结果或有显著困难时,始得命令。

3. 措施将无可避免干预他人者,亦得执行之。

4. 第100d第1款、第2款与第100e条第1款、第3款、第5款第1句之规定准用之。

第100h条【住宅外之其他科技方法】②

1. 即使受干预人不知情,若以其他方法调查犯罪事实或探查被告所在地成效不大或有困难者,得于住宅外

(1)记录图像,

(2)使用其他特别为监视目的所设计之科技方法。第1句第2款之措施,仅限针对重大犯罪为之。

2. 措施仅可对被告为之。针对其他人,

(1)第1项第1款之措施,以其他方法调查犯罪事实或探查被告所在地成效不大或显有困难者,始得为之。

(2)第1项第2款之措施,仅在有事实认为其与被告有联系或将联

---

① 本条文自2017年以来经过两次修正,最近一次经2019年11月20日通过的《旨在刑事程序中转化(EU)2016/680号欧盟指令以及符合(EU)2016/679号欧盟规则的有关数据保护规定之法案》(BGBl. I S. 1724)修正,并于2019年11月26日生效。

② 本条文经2019年11月20日通过的《旨在刑事程序中转化(EU)2016/680号欧盟指令以及符合(EU)2016/679号欧盟规则的有关数据保护规定之法案》(BGBl. I S. 1724)修正,并于2019年11月26日生效。

系，且预期可调查犯罪事实或探查被告所在地，而以其他方法将无结果或有显著困难时，始得命令。

3. 措施无可避免连带干预第三人时，亦得执行之。

4. 第100d条第1项和第2项之规定准用之。

第100i条【对行动通讯设备之科技侦查措施】①

1. 有事实怀疑以正犯、共犯、未遂犯或预备犯之地位，犯个案中犯罪情节重大之犯罪，尤其是第100a条第2款所列犯罪，为调查犯罪事实或探查被告所在地有必要时，得使用科技方法调查

(1) 行动通讯设备之设备序号或所使用卡片之卡号

(2) 行动通讯设备之位置。

2. 为达成第1款目的而基于技术原因无可避免者，始得于措施执行期间取得第三人之个人资料。除为调查所寻找之设备序号及卡号而对比资料外，不得使用第三人之个人资料，且应在措施结束后立即删除。

3. 第100a条第3款、第100e条第1款第1句至第3句、第3款第1句及第5款第1句之规定准用之。命令最长期限为6个月。当第1款要件持续存在时，得延长之，每次延长不超过6个月。

第101条【秘密措施之程序规定】②

1. 依第98a条、第99条、第100a条至第100f条、第100h条、第100i条、第110a条、第163d条至第163g条所为之措施，除有特别规定外，适用以下规定。

2. ¹关于第100b条、第100c条、第100f条、第100h条第1款第2款与第110a条措施之裁判及其他文件，由检察官保管。² 第5款之通知要件完成后，始应编入卷宗。

3. ¹第1款所称措施取得之个人资料，应制作相关标示。² 传递与其他单位后，应由其维持标示。

4. ¹第1款所称措施之应受通知人如下：

(1) 于第98a条，资料分析后受到进一步侦查之受干预人。

---

① 本条经2017年8月17日通过的《旨在更加有效且更合乎实践地建构刑事程序之法案》(BGBl. I S. 3202)修正，并于2017年8月24日施行。

② 本条自2017年到2021年历经三次修正，最后一次由2021年6月25日通过的《旨在进一步完善〈刑事诉讼法〉以及修正其他规定之法案》(BGBl. I S. 2099)修正，新版内容于2021年7月1日生效。

(2)于第 99 条,邮件之寄件人与收件人。

(3)于第 100a 条,被监察之电信通讯参与人。

(4)于第 100b 条,被锁定之人与重大连带受干预之人。

(5)于第 100c 条,

a) 措施所针对之被告。

b) 其他受监察人。

c) 执行措施处分时,受监察住宅之所有权人或居住人。

(6)于第 100f 条,被锁定之人与重大连带受干预之人。

(7)于第 100h 条第 1 款,被锁定之人与重大连带受干预之人。

(8)于第 100i 条,被锁定之人。

(9)于第 110a 条,

a) 被锁定之人。

b) 重大连带受干预之人。

c) 卧底侦查人员进入非供公共出入之住宅者,该住宅之所有人。

(10)于第 163d 条,资料分析后受到进一步侦查之受干预人。

(11)于第 163e 条,被锁定之人与个人资料被登记之人。

(12)于第 163f 条,被锁定之人与重大连带受干预之人。

(13)于第 163g 条被锁定之人

[2]通知时,应告知第 7 款事后权利保护之可能性与救济期间。[3]当通知与受干预人之优势值得保护利益相抵触,不予通知。[4]此外,第 1 句第 2 项及第 3 项所称之人,而非该措施所针对者,如所受干预非属重大,且可认为其对通知无利益时,得不予通知。[5]对第 1 句所称之人进行确认身分之调查,只在考虑措施对其干预强度、确认身分之耗费与由此对该人或他人产生之损害而有必要时,始得为之。

5. 通知可能不危及调查目的、个人生命、身体之不可侵犯性与人身自由,以及重要之财产价值时,在第 110a 条情形还包括不危及继续使用卧底侦查人员之可能性时,应为通知。依第 1 句规定暂缓通知时,应在卷宗记录理由。

6. 依第 5 款暂缓之通知,未于措施结束后 12 个月内补行通知者,必须法院同意始可继续暂缓通知。法院决定继续暂缓通知之期间。通知之要件有几近确定之可能性在未来也不会成立时,法院得为终局免除通知之同意。数项措施在紧密时间关连性内执行时,第 1 句之期间以最后措施结束之时起算。在第 100b 条和第 100c 条之情形,第 1 句之期间为 6 个月。

7. 第 6 款之法院裁判,由核准措施之管辖法院为之,除此之外由该管检察官所在地之法院为之。第 4 款第 1 句所称之人,亦得自措施结束后至收到通知后之 2 周内,向第 1 句之管辖法院声请审查措施及其执行种类和方式之合法性。对于法院之裁判,得提起立即抗告。已提起公诉且被告已获通知时,本案审理法院于终局裁判对该声请作出决定。

8. 由措施取得之个人资料,如不再为刑事追诉和可能发生之法院审查措施所需要时,应立即删除。删除应在卷宗予以记录。当仅为可能发生之法院措施审查而暂缓删除时,资料在未经受干预人同意时仅得为该目的而使用;个人资料之处理应予以相应限制。

第 101b 条【统计调查;报告义务】①

1. [1]各邦与联邦检察总长应于每年 6 月 30 日以前,向联邦司法局报告前一年度于其管辖范围内所核准之第 100a 条、第 100b 条、第 100c 条,第 100g 条与第 100k 条第 1 款之措施。[2]联邦司法局应就报告年度中全国核准之措施制作概要,并在网络公开。[3]对于前一年度之第 100c 条核准之措施,联邦政府于网络公开前,应向德国联邦国会报告。

2. 第 100a 条措施之概要,应记载:

(1)有核准第 100a 条措施之案件量。

(2)依第 100a 条核准监察命令之数量,并区分第一次核准与延长核准。

(3)对第 100a 条第 2 款犯罪类型之各监察数量。

(4)有核准第 100a 条第 1 款第 2 句和第 3 句入侵受干预人所使用资讯科技系统之案件量,并区分:

a) 已有法官裁定命令。

b) 实际执行。

3. 第 100b 条措施之概要,应记载:

(1)有核准第 100b 条第 1 款措施之案件量。

(2)依第 100b 条第 1 款核准监察命令之数量,并区分第一次核准与延长核准。

---

① 本条自 2017 年到 2021 年历经三次修正,最后一次由 2021 年 3 月 30 日通过的《旨在使电信业务基础数据查询规定符合联邦宪法法院 2020 年 5 月 27 日之要求的法案》(BGBl. I S. 448, ber. S. 1380)修正,新版内容于 2021 年 4 月 2 日生效。

(3) 对第100b条第2款犯罪类型之各监察数量。
(4) 实际入侵受干预人所使用资讯科技系统之案件量。
4. 第100c条措施之报告,应记载:
(1) 有核准第100c条第1款措施之案件量。
(2) 对依第100b条第2款规定之原因犯罪,其各监听数量。
(3) 程序是否显示和追诉组织犯罪有关。
(4) 依私人住宅和其他住所以及被告住所和第三人住所区分,各受监听之数量。
(5) 依被告和非被告区分,各被监听之人数。
(6) 依核准监听期间、延长监听期间和整体监听期间区分,以上各个监听期间。
(7) 依第100d第4款、第100e第5款5停止或取消措施之频率。
(8) 是否已通知受干预人(第101条第4款至第6款),或由于什么原因不予通知。
(9) 监听取得之结果是否对程序有重要性或预期有重要性。
(10) 监听取得之结果是否对其他刑事程序有重要性或预期有重要性。
(11) 监听若未取得重要结果,依技术因素或其他理由之说明。
(12) 措施之成本,依翻译服务和其他成本作区分。
5. 第100g条措施之报告,应记载:
(1) 依第100g条第1款、第2款和第3款区分:
a) 实施这些措施之案件量。
b) 初次核准这些措施之数量。
c) 延长这些措施之核准数量。
(2) 以核准取得通信纪录之过去周数作区分,各依核准时点计算:
a) 第100g条第1款之核准数量。
b) 第100g条第2款之核准数量。
c) 第100g条第3款之核准数量。
d) 声请调取之资料有部分无法取得,以致部分无成果之核准数量。
e) 因无资料以致没有成果的核准数量。
6. 第100k条第1款措施之报告,应记载:
(1) 有核准第100k条第1款措施之案件量。

(2)第 100k 条第 2 款之核准数量,并区分初次核准和延长核准。
(3)以核准取得使用纪录之过去周数作区分,各依核准时点计算:
a)声请调取之资料有部分无法取得,以致部分无成果之核准数量。
b)因无资料以致没有成果的核准数量。

第 114b 条【晓谕被拘押的被追诉人】①

1. ¹应毫不迟延地且使用能令其理解的语言并以书面形式向被羁押的被追诉人晓谕其权利。² 若书面谕告不足以使其明了的,另须以口头方式晓谕。³苟不能以书面方式晓谕的,准用前句之程序为之;之后若能以合理方式书面晓谕的,仍应补行之。⁴被追诉人应就其已受晓谕之事实书面确认;苟拒绝确认的,应记入案卷。

2. ¹在第 1 款规定的晓谕中,应该向被追诉人释明以下事项:
(1)他将被尽速,最迟在拘捕的次日拘传到法院,由法院对其讯问就是否进一步决定是否继续关押;
(2)有权对指控发表意见或者拒绝陈述案情;
(3)可以就对其有利的事项申请调取具体的证据;
(4)可以随时,包括在被讯问之前,向他选任的辩护人咨询;其间须向其提供方便其联络辩护人的资讯;其间应该向其指明现有的值班律师服务处。
(4a)在本法第 140 条规定的情形下,可以按照本法第 141 条第 1 款和第 142 条第 1 款之规定申请指派一名义务辩护人;其间应该向其释明本法第 465 条规定的可能带来的费用后果。
(5)有权要求由一名他选任的男性或女性医生进行检查;
(6)在不会严重妨害调查目的的前提下,可以通知一名家属或某位他信任的人;
(7)若其没有辩护人,可以申请按照本法第 147 条第 4 款之规定查阅卷宗,并在受监督下检视由官方保管的证物;
(8)若被拘传到主管法官后被延续羁押的,则有下列权利:
a)可以对羁押令提出抗告或者可以申请对羁押开展审查(本法第 117 条第 1 和第 2 款)以及进行言词审理(本法第 118 条第 1 和第 2 款);

---

① 《刑诉法》第 114b 条自 2017 年到 2021 年历经四次修正,最后一次由 2021 年 6 月 25 日通过的《旨在进一步完善〈刑事诉讼法〉以及修正其他规定之法案》(BGBl. I S. 2099)修正,新版内容于 2021 年 7 月 1 日生效。

b) 若抗告不被容许的,得依据本法第119条第5款申请法院裁判;

c) 可以依据本法第119a条第1款,就羁押执行中的官方决定与措施申请法院裁判。

²应该向被追诉人释明本法第147条规定的辩护人阅卷权。³不能熟练掌握德语的被追诉人,应该使用其能理解的语言向其说明,依据《法院组织法》第187条第1至3款之规定,他有权请求为其在整个刑事程序中免费提供的口译员或翻译人员;应该向有听或说障碍的被追诉人释明《法院组织法》第186条第1和第2款规定的选任权。⁴拥有外国国籍的人应该被晓谕有权要求告知其本国的领事代表并向领事通报消息。

第136条【初次讯问】①

1. ¹开始初次讯问以前应该告知被追诉人被指控之行为及其可能适用的刑法法条。²应该让他知晓,他依法有权决定是否对指控进行陈述或对案件保持缄默,并可以随时,包括在对他的讯问前咨询他选任的辩护人。³若被追诉人希望在对他讯问以前咨询辩护人的,应该为他提供资讯,以方便他联系辩护人。⁴此间应告知他已有的值班律师服务处。⁵另外还应该告知他有权申请调取有利于他的具体证据,并在符合本法第140条规定的条件下,有权申请指派义务辩护人,且指派须符合本法第141条第1款和第142条第1款规定的要求。关于后一事项中应同时让他知晓本法第465条的费用后果。⁶在适合的情形下,还应当让被追诉人知晓其有权书面陈述以及达成加害人—被害人和解的机会。

2. 讯问时应该让被追诉人有机会消除其已有的嫌疑根据和主张对其有利的事实。

3. 初次讯问被追诉人时,应同时注意其个人状况。

4. ¹讯问被追诉人可以录音和录像。²有下列情形之一者,应该录音录像:

(1) 针对故意实施杀人犯罪的程序,且录音录像对讯问的外部环境或紧迫性均不构成妨碍的;

(2) 录音录像能更好地保障明显有智力缺陷或严重心神障碍的被追诉人值得保护的利益的。

---

① 本条在2017和2019年经过四次修正,最后一次由2019年12月9日通过的《加强少年被告人在刑事诉讼中程序权利的法案》(BGBl. I S. 2146)修正,新法内容于2020年1月1日生效。

§140【必要辩护】①

1. 具有下列情形之一的,构成必要辩护之情形:

（1）案件可能由州高等法院、地方法院或参审法庭负责第一审之庭审活动;

（2）被追诉人被指控为重罪的(Verbrechen);

（3）案件可能会被宣告职业禁止的;

（4）被追诉人依据第115条、第115a条、第128条第1款或第129条应该被传唤至负责决定羁押或暂时性留置的法院的;

（5）被追诉人因法官之命令或征得法院之同意而被安置某场所的;

（6）为准备被追诉人的精神状态鉴定而可能依据第81条对其留置的;

（7）有可能会被执行保安处分程序的;

（8）先前的辩护人因为决定而被排除其参与诉讼的;

（9）被害人根据本法第397a条和第406h条第3款和第4款被指派律师帮助的;

（10）当法官讯问时,因讯问对维护被追诉人权利意义重大而显有辩护人参与之必要的;

（11）盲、聋、哑被追诉人申请指定辩护人的。

2. 若因为犯罪严重、可能判处较重的法律后果,或者因为事实或法律状态上的复杂程度,显有必要辩护人参与的,或者案件表现出被追诉人不能自行辩护的,也属于必要辩护之情形。

第141条【指派义务辩护人的时点】②

1. ¹在符合必要辩护的情形下,当被追诉人已经被晓谕犯罪指控且尚无辩护人的,一旦他在被晓谕权利以后明确申请指派义务辩护人的,应毫不延迟地为其指派。²最迟应该在对被追诉人讯问或与其对质以前对该申请作出决定。

2. ¹在符合必要辩护的情形下,具有下列情形之一的,无论被追诉人是否提出申请,但凡其尚无辩护人的,均应为其指派一名义务辩护人:

---

① 本条经2019年12月10日通过的《重新规制必要辩护权法案》(BGBl. I S. 2128)修正,并于2019年12月13日生效。

② 本条经2019年12月10日通过的《重新规制必要辩护权法案》(BGBl. I S. 2128)修正,并于2019年12月13日生效。

（1）被追诉人将被拘传到法院面前，就其羁押或暂时性留置问题作出裁判的；

（2）当发现，知晓犯罪指控的被追诉人正因法院之命令或经法院之批准被收容在某个机构之中的；

（3）在侦查程序中，尤其是在讯问被追诉人或与其对质的活动中，被追诉人明显不能自行辩护的；

（4）在中间程序中，依据本法第201条要求被追诉人对起诉书发表意见的；若后续发现有必要让辩护人参与的，则应立即为其指派。

²若本款第1句第1项规定之拘传旨在核发本法第127b条第2款规定之羁押令状，或者旨在决定第230条第2款或第329条第3款规定的执行羁押令状事项的，惟当被追诉人在被晓谕权利以后明确申请指派义务辩护人的，始为其指派。³在本款第1句第2和3项的情形中，若有意随即终止程序，且除征询登记机关报告以及调阅判决或案件之外，无意再开展其他调查行为者，得不予指派。

第141a条【指派义务辩护人之前的讯问和对质】①

¹在侦查程序中，具有下列情形之一的，得不适用第141条第2款之规定，在指派义务辩护人之前即可讯问被追诉人或与被追诉人对质；若经被追诉人明确同意的，亦得不适用第141条第1款之规定，在指派义务辩护人之前即可讯问被追诉人或与被追诉人对质：

1. 对防止人的身体或生命或自由面临当前的危险有紧迫之必要的；

2. 为避免对刑事程序造成重大妨害所必须的。

²被追诉人在讯问前随时咨询其选任的辩护人的权利不受影响。

第142条【指定的主管和程序】②

1. ¹在起诉以前，被追诉人依据本法第141条第2款第1句提出的申请，应向警察机关或警员或检察官提出。²苟非检察官依本条第4款规定处置者，应该毫不迟延地将申请连同自己的意见一并提交给法院裁决。³在案件被起诉以后，被追诉人的申请应向本条第3款第3项规定的管辖法院提出。

---

① 本条经2019年12月10日通过的《重新规制必要辩护权法案》（BGBl. I S. 2128）新增，并于2019年12月13日生效。

② 本条经2019年12月10日通过的《重新规制必要辩护权法案》（BGBl. I S. 2128）修正，并于2019年12月13日生效。

2. 依据本法第 141 条第 2 款第 1 句第 1 至 3 项之规定,被追诉人须在侦查程序中被指派义务辩护人的,苟非检察官依本条第 4 款处置者,他应毫不迟延地请求为被追诉人指派辩护人。

3. 下列法院负责决定指派辩护人:

(1)检察机关及其分支机构之住所所在辖区的基层法院,或者依据第 162 条第 1 款第 3 句负责的法院';

(2)在第 140 条第 1 款第 4 项的情形下,将被追诉人拘传至其面前的法院

(3)提起公诉以后,案件系属的法院的审判长。

4. ¹确有紧急之必要时,得由检察官决定指派。² 在其作出指派或拒绝指派的决定后,最迟不超过一周的时间内,他应该毫不迟延地申请法院加以追认。³ 被追诉人随时可以申请法院加以裁决。

5. ¹在指派义务辩护人之前,应该给予被追诉人在一定期限之内提名辩护人的机会。² 本法第 136 条第 1 款第 3 和 4 句之规定准用之。³ 苟无重要反对之理由,应该指派被追诉人在期限内提名的辩护人;若辩护人不能或不能及时履职的,也属于重要的理由。

6. ¹若为被追诉人指派未经其提名的辩护人,须在联邦律师协会的总名册(《联邦律师法》第 31 条)中选择。² 应当在登记的律师中要么选择刑事专业律师,要么选择曾经向律师协会表明其有兴趣接受义务辩护工作且适合从事辩护的律师。

7. ¹有关指派义务辩护人的法院裁决得通过即时抗告救济之。² 若被追诉人得依第 143a 条第 2 款第 1 句提出申请者,则不得抗告。

第 143 条【指派的期间和撤销】①

1. 随着程序的终止,或者包括依据本法 423 条或第 460 条在内的刑事程序确定完结之际,义务辩护人的指派随即告终。

2. ¹当案件不再具有必要辩护之情形时,得撤销指派。² 在本法第 140 条第 1 款第 5 项的情形下,惟当被追诉人至少在开庭前两周前被释放出收容机构的,始得撤销指派。³ 若第 140 条第 1 款第 5 项之剥夺自由状态乃因 127b 条第 2 款,第 230 条第 2 款或第 329 条第 3 款之羁押令造成

---

① 本条经 2019 年 12 月 10 日通过的《重新规制必要辩护权法案》(BGBl. I S. 2128)修正,并于 2019 年 12 月 13 日生效。

的,一旦羁押被撤销或被停止执行,则指派最迟到庭审结束时被撤销。⁴在第 140 条第 1 款第 4 项的情形中,一旦被追诉人被释放,指派随着拘传的结束而被撤销。

3. 本条第 2 款之裁定得经即时抗告救济之。

第 143a 条【更换辩护人】①

1. ¹当被追诉人选任了其他的辩护人并且该辩护人接受了其选任时,应该撤销对义务辩护人的指派。²若有理由担心新任辩护人不久后将拒绝委托并且他会被申请作为义务辩护人而被指派的,或者基于第 144 条的理由有必要继续维持指派的,则不予撤销指派。

2. ¹具有以下情形之一者,应该撤销义务辩护人的指派,并重新指派一名义务辩护人:

(1)在第 142 条第 5 款第 1 句规定的特定期间内,被追诉人虽然提名了辩护人,却仍被指派了另外一名辩护人的,或者仅给予被追诉人较为短促的选任辩护人期限的,该被追诉人在法院宣布有关指派之决定后的三周之内,申请指派另一名由其提名的辩护人,且无重要反对之理由的;

(2)依据第 115a 条将被追诉人拘传至距离其最近之法官面前,此时为被追诉人指派的辩护人基于重要的理由申请解除委派,尤其是因为他距离被追诉人未来的逗留地过于遥远的理由;该类申请须在第 115a 条规定的程序结束以后毫无迟延地被提出;

(3)辩护人和被追诉人之间的信赖关系已破坏殆尽,或者基于其他的理由无法保障被追诉人得到合适的辩护的。

²第 2 项和第 3 项的情形下,准用第 142 条第 5 款和第 6 款之规定。

3. ¹当被追诉人在法律审说理期间开始后的一周之内提出了申请且无重要反对之理由的,应该为了法律审撤销其以往的义务辩护人,并为其重新指派一名由其提名的义务辩护人。²申请应该向作出被上诉判决的法院提出。

4. 本条第 1 至 3 款之裁定得经即时抗告救济之。

第 147 条【阅卷权,检视权;被追诉人的查询权】②

1. 辩护人有权阅览存在于法院的或者一旦提起公诉将提交给法院的

---

① 本条经 2019 年 12 月 10 日通过的《重新规制必要辩护权法案》(BGBl. I S. 2128)新增,并于 2019 年 12 月 13 日施行。

② 本条经 2017 年 07 月 05 日通过的《关于在司法中实行电子卷宗以及进一步推进法律往来电子化的法案》(BGBl. I S. 2208)修正,并于 2018 年 01 月 01 日施行。

卷宗,并有权检视由官方保管的证物。

2.¹若卷宗未标注侦查结束,且阅卷或检视可能妨害调查之目的的,得禁止辩护人阅卷或阅览案卷某具体的部分或检视官方保管之证物。²如符合第1句之要件且被追诉人身处羁押中或在暂时性拘捕中被申请羁押的,应以适当之方式向辩护人提供用以判断剥夺人身自由处分之合法性的重要资讯;其间通常应允许阅卷。

3. 在程序的任何阶段不得禁止辩护人阅览讯问被追诉人的笔录,准许或本应准许辩护人在场的法官调查活动之笔录以及鉴定人的鉴定意见。

4.¹苟无妨害包括其他刑事程序在内之调查目的,亦不抵触更值得保障的第三人之利益的,没有辩护人的被追诉人有权准用本条第1至3款之规定阅卷以及在受监督下检视官方保存之证物。²若卷宗未经电子化的,得向其提供卷宗之副本代替安排其阅卷。

5.¹侦查程序中以及程序确定终结之后,由检察官就准许阅卷之事项作出裁断,其余则由负责案件审理之法院得审判长裁断之。²若检察官禁止阅卷的,或者当他已经在卷宗上标注侦查结束之后,仍不允许依据本法第2款阅卷的,或者被追诉人行动不自由的,得申请本法第162条规定管辖之法院裁断之。³本法第297至300条、第302条、第306至309条、第311a和473a条准用之。⁴若有妨害调查目的之虞的,上述裁判得不附理由。

6.¹若禁止阅卷之理由并未先行消失的,检察官应在侦查结束之前撤销该禁止命令。²一旦阅卷权不再受到限制,应该告知辩护人或没有辩护人之被追诉人。

第 161 条【检察机关的一般侦查权】①

1.¹为实现本法第160条第1至3款规定之目的,苟无其他法律对检察机关职权有特别规定的,检察机关有权要求一切公务机关提供答复,并且自行或通过警察机关和警员开展一切形式之侦查。²警察机关和警员有义务满足检察机关的请求或委托,并在此种情形下,有权要求一切公务机关提供答复。

---

① 《刑诉法》第161条经2019年11月20日通过的《旨在刑事程序中转化(EU)2016/680号欧盟指令以及符合(EU)2016/679号欧盟规则的有关数据保护规定之法案》(BGBl. I S. 1724)修正,该条新版内容于2019年11月26日生效。

2. 若本法明确要求删除个人信息的,不得适用《联邦数据保护法》第58条第3款。

3. ¹依据其他法律实施某种措施取得了个人信息,但依据本法惟有具备特定犯罪嫌疑始得为之的,苟未征得该措施受干预人之同意,该个人信息仅得用于查明依据本法准许采取该措施的犯罪。² 本法第100e条第6款第3项之规定不受影响。

4. 为了在以警察法为依据采取的非公开性调查过程中维护警察的自我安全而使用技术措施,通过该技术措施获得的住宅内或来自于住宅的个人信息,在遵守比例原则的前提下(《基本法》第13条第5款),惟经采取措施之单位所在地的基层法院(第163条第1款)确认该措施之合法性后,始得为证明目的利用之;若迟延将招致危险的,应事后尽速由法官补行裁决。——译者注

第163条【警察在侦查程序中的任务】①

1. ¹警察机关和警察公务人员为防止案情晦暗不明,应该对犯罪开展调查并作出一切不容迟延之决定。² 为达此目的,苟无其他法律对其职权有特别规定的,他们有权要求一切公务机关提供答复,以及开展一切形式之侦查。

2. ¹警察机关和警察公务人员应及时地将其侦查材料提交检察机关。² 若表明,有必要尽快由法官开展调查的,可以直接提交基层法院。

3. ¹若检察机关委托检察机关侦查人员传唤的,证人有根据传唤到场并就案情加以陈述的义务。² 苟无其他规定的,本法第1编第6章之规定准用之。³ 法院有权要求讯问时宣誓。

4. ¹下列事项,由检察机关决断之:

(1)是否具有证人资格,或是否享有拒绝作证权或拒绝回答权的事项存疑或者在讯问中出现疑问的;

(2)是否依据本法第68条第3款第1句规定,允许证人不告知个人信息或者仅告知之前的身份;

(3)是否依据本法第68b条第2款指派证人辅佐人;

(4)当证人无法定理由而不到场或者无法定理由拒绝作证时,是否对

---

① 《刑诉法》第163条由2017年8月17日通过的《旨在更加有效且更合乎实践地建构刑事程序之法案》(BGBl. I S. 3202)修正,新版内容于2017年8月24日生效。

之科处本法第 51 条或第 70 条规定的措施;欲科处拘押的,须经本法第 162 条规定之管辖法院决定之。

²另外,主持讯问的人员得作出必要的决定。

5. ¹对警察机关公务人员依本法第 68b 条第 1 款第 3 句所作决定不服的,或者对检察机关依本条第 4 款第 1 句第 3 和 4 项所作决定不服的,得向本法第 162 条规定的管辖法院申请裁决之。²本法第 297 至 300 条、第 302 条、第 306 至 309 条、第 311a 条、第 473a 条分别准用之。³依本款第 1 句所作之裁决不得救济之。

6. ¹关于警察机关公务员告知鉴定人的事项,准用本法第 52 条第 3 款和第 55 条第 2 款。²第 81c 条第 3 款第 1 和 2 句规定的情形下,警察机关公务人员之调查亦参照适用第 52 条第 3 款。

7.《法院组织法》第 185 条第 1 款和第 2 款准用之。

第 163a 条【讯问被追诉人】①

1. ¹除非程序被终止,否则,被追诉人最迟应该在侦查结束以前被讯问。²案情简单的,给予他书面陈述之机会即已足。

2. 被追诉人申请调查对其有利之证据的,若证据有重要性的,应该调取。

3. ¹被追诉人有义务应检察机关之传唤而到场。²本法第 133 至 136a 条以及第 168c 条第 1 和 5 款准用之。³依据本法第 162 条有管辖权之法院应被追诉人之申请,负责裁决拘传之合法性。⁴本法第 297 至 300 条,第 302 条,第 306 至 309 条,第 311a 条和第 473a 条准用之。⁵该项法院裁决不得声明不服。

4. ¹警察机关公务员于讯问被追诉人时,应让其知晓被指控之犯罪。²由警察机关公务员讯问被追诉人的,还应适用本法第 136 条第 1 款第 2 至 6 句,第 2 至 5 款以及第 136a 条之规定。³本法第 168c 条第 1 款和第 5 款对辩护人准用之。

5.《法院组织法》第 186 条,第 187 条第 1—3 款以及第 189 条第 4 款准用之。

---

① 《刑诉法》第 163a 条自 2017 年到 2021 年历经三次修正,最后一次由 2021 年 6 月 25 日通过的《旨在进一步完善〈刑事诉讼法〉以及修正其他规定之法案》(BGBl. I S. 2099)修正,新版内容于 2021 年 7 月 1 日生效。

第 163f 条【长期监视】①

1. 若有足够事实依据显示发生重大犯罪,得对被告进行下列计划性监视(长期监视):

(1)持续逾 24 小时,或

(2)超过 2 日。

只有当查清案情或调查犯罪行为人所在地采用其他方式可能收效甚微或非常困难时,才得命令此处分。处分针对其他人者,仅当根据一定事实可认为,该人与犯罪行为人有联系或正建立此种联系,而此处分能查清案情或调查犯罪行为人所在地,并且为此采用其他方式可能收效甚微或非常困难时,方得为之。

2. 措施即使将无可避免地干预第三人,亦得执行之。第 100d 第 1 项和第 2 项之规定准用之。

3. 措施仅得由法院,迟延即有危险时亦得由检察官及检察机关之侦查人员(《法院组织法》第 152 条)命令。检察官及检察机关之侦查人员之命令,若未于 3 个工作日内取得法院确认,失其效力。第 100e 条第 1 项第 4 句及第 5 句、第 3 项第 1 句之规定准用之。

第 168b 条【对侦查机关调查活动的记载】②

1. 侦查机关的调查活动的结论应该记入案卷。

2. ¹苟非可能造成侦查显著延宕的,应当将对被追诉人、证人和鉴定人的讯问依据本法第 168a 条记入笔录。² 讯问被追诉人苟未制作笔录的,应将辩护人参与讯问的情况记入案卷。

3. ¹本法第 163a 条规定的在讯问被追诉人之前的告知事项以及第 58 条第 2 款第 5 句规定的对质之前的告知事项应该制作笔录。² 该要求同样适用于被追诉人有关讯问前他是否希望询问其选任的辩护人的决定,以及他依据本法第 141a 条第 1 款所作之同意。

---

① 2019 年 11 月 26 日施行版本,引自王士帆:《德国科技侦查规定释义》,载《法学丛刊》2021 年 4 月总第 262 期,第 85-132 页。

② 《刑诉法》第 168b 条自 2017 年到 2021 年历经四次修正,最后一次由 2021 年 6 月 25 日通过的《旨在进一步完善〈刑事诉讼法〉以及修正其他规定之法案》(BGBl. I S. 2099)修正,新版内容于 2021 年 7 月 1 日生效。

第 168c 条【法官讯问时的在场权】①

1. ¹当法官讯问被追诉人时,检察官和辩护人有权在场。²讯问之后,应给予他们对讯问活动发表意见和向被追诉人提问的机会。³不适当的或者与案件无关的提问或发言可以被驳回。

2. ¹当法官讯问证人或鉴定人时,被追诉人、辩护人和检察官有权在场。²讯问之后,应给予他们对讯问活动发表意见和向被讯问人提问的机会。³不适当的或者与案件无关的提问或发言可以被驳回。⁴本法第 241a 条的规定准用之。

3. ¹若被追诉人在场将妨害调查之目的的,法官得禁止被追诉人在审理时在场。²此尤其适用于,担心证人面对被追诉人将不说实情的情形。

4. 非自由状态的被追诉人有辩护人的,惟当在其被羁押之地的法院举行讯问的,他才有权要求在场。

5. ¹讯问期日应提前通知有在场权之人。²本条第 2 款规定之情形下,通知将妨害调查成效的,得不予通知。³有权到场之人不得因受阻碍为由要求改期。

第 222b 条【不服法庭组成的异议】②

1. ¹已经依据本法第 222a 条告知法庭组成之后,若认为法庭组成违法,只能在送达法庭组成告知书后的一周内提出异议,若未送达法庭组成告知书的,则应该在庭审中告知法庭组成后的一周内提出异议²。提出异议的同时须同时说明法庭组成违法的事实根据。³所有的异议应一并提出。⁴异议应该在庭审外以书面方式提出;本法第 345 条第 2 款以及适用于附加控诉人的第 390 条第 3 款准用之。

2. ¹异议由依据不经庭审作成裁判之规定而组成的法庭裁判之。²如果认为异议有理由,确认法庭组成违法。³因异议而改变法庭组成的,重新组建法庭时不适用本法第 222a 条之规定。

3. ¹法庭认为异议理由不成立的,应最迟不超过三天将异议提交救济审法院。²由救济审法院不经言词审理作出裁决。³裁决前应该给予程序

---

① 《刑诉法》第 168c 条自 2017 年到 2021 年历经两次修正,最后一次由 2021 年 6 月 25 日通过的《旨在进一步完善〈刑事诉讼法〉以及修正其他规定之法案》(BGBl. I S. 2099)修正,新版内容于 2021 年 7 月 1 日生效。

② 2019 年 12 月 10 日的《刑事程序现代化法案》(BGBl. I S. 2121)的新修正版本,于 2019 年 12 月 13 日生效。

参与人发表意见的机会。⁴ 救济审法院认为异议有理由的,确认法庭组成违法。

第 243 条【庭审的流程】①

1. ¹法庭审理自宣读案由开始。² 由审判长确认被告人和辩护人是否已经在场并且证据已经就位,尤其是被传唤的证人和鉴定人是否已经到庭。

2. ¹证人离开法庭。²审判长对被告人开展人别讯问。

3. ¹随后检察官宣读起诉要旨。²其间遇有本法第 207 条第 3 款规定之情形的,起诉要旨以新起诉书为准。³遇有第 207 条第 2 款第 3 项之情形的,检察官宣读起诉要旨的同时,应一并宣读以开启审理裁定为依据的法律评价;此外,他可以表达与之不同的法律见解。⁴遇有第 207 条第 2 款第 4 项之情形的,检察官应该注意法院于准许起诉进入庭审之际所作之变更。

4. ¹若本法第 202a、212 条规定之讨论有可能以协商(第 257c 条)为对象的,由审判长告知,是否举行此等讨论以及举行讨论时的实质内容。²若庭审开始时告知之内容在嗣后庭审中发生变化的,该告知义务同样适用。

5. ¹然后再告知被告人,其有权自由决定是否就起诉发表意见以及是否不陈述事实。² 若被告人愿意陈述的,则依据本法第 136 条第 2 款之要求围绕案件事实对其讯问。³ 在州地方法院或州高等法院审理的涉案面特别广的第一审案件中,若预计庭审将超过十天的,辩护人经过申请,应有机会在讯问被告人之前代表其就起诉书发表陈述,不得利用该陈述提前作结辩陈词。⁴若会造成程序显著延宕的,审判长得要求辩护人以书面方式提交其他陈述;本法第 249 条第 2 款第 1 句准用之。⁵被告人之前科惟有对裁判有影响的才应予以认定。⁶前科何时被认定,由审判长决定之。

第 244 条【法庭证据调查;调查原则;驳回证明申请】②

1. 讯问被告人之后,进行法庭证据调查。

2. 法院为发现真实应该依职权将法庭证据调查覆盖一切对裁判有意义的事实和证据。

---

① 《刑诉法》第 243 条由 2017 年 8 月 17 日通过的《旨在更加有效且更合乎实践地建构刑事程序之法案》(BGBl. I S. 3202)修正,新版内容于 2017 年 8 月 24 日生效。

② 该条文第 3、4、5 款自 2017 年以来经过三次大幅度修正,最近一次经 2019 年 12 月 10 日的《刑事程序现代化法案》(BGBl. I S. 2121)修正,并于 2019 年 12 月 13 日施行。

3. ¹若申请人恳请调取某个特别指明的证据,以证明其主张的涉及罪责或者法律后果问题的特定事实,且该申请能表明该指明的证据能证明其主张之事实的,则构成一项证据申请;² 若(具体的)证据的取得系非法的,则应驳回证据申请。³ 除此之外,惟当遇到下列情形之一,始得驳回证据申请:

(1)由于(需要证明的事实)众所皆知,调查证据系多余的;
(2)需要证明的事实对裁判没有意义的;
(3)需要证明的事实已获证实的;
(4)证据完全不适合证明的;
(5)证据无法得到的;
(6)需要证明的有利于被告人的重要事实主张能够被视作真实的。

4. ¹苟无其他特别之规定,若法院本身具备必要的专门性知识,亦得驳回要求讯问鉴定人的证据申请。² 若主张的事实之对立事实版本已被先前的鉴定报告所证实的,亦得不再听取其他鉴定人的意见;但是,若先前的鉴定人的专业性存疑、他的报告乃根据不正确的事实前提作出的、鉴定报告自相矛盾的,或者新鉴定人运用的研究方法似乎比之前的鉴定人更为先进的,则不得如此拒绝。

5. ¹若经过法院的合义务性裁量,勘验对于发现真实没有必要性的,得驳回要求采取勘验的证据申请。² 在符合相同的前提下,亦得驳回要求传唤在国外的证人接受讯问的证据申请。³ 若经过法院的合义务性裁量,没有理由怀疑被传输文件的内容与原始文件不一致的,得驳回要求宣读原始文件的证据申请。

6. ¹驳回证据申请须作出法院裁定。² 若申请人明知申请调取(具体的)证据与自己的利益无关却为了延宕程序而申请的,无需按照第1句规定的方式驳回;追求程序以外的目的不影响延宕程序的意图。³ 在法院依职权践行的正式法庭证据调查结束以后,审判长得规定提出证据申请的适当期间。⁴ 逾期提出的证据申请得在判决中裁决之;但于期间届满前无法提出证据申请的除外。⁵ 逾期提出证据申请的,须在申请时一并说明无法遵守期间的事实理由。

第 245 条【法庭证据调查的范围；在庭的证据】①

1. ¹法庭证据调查应该覆盖所有经法院传唤且到场的证人和鉴定人以及依据本法第 214 条第 4 款由法院或者检察官调取的证据,除非证据的取得系非法的。² 若检察官、辩护人和被告人同意的,得免于对具体证据举证。

2. ¹惟当被告人或者检察官提出证据申请的,法院始有义务将法庭证据调查覆盖于经被告人或者检察官通知且到场的证人和鉴定人以及由他们提取的其他证据。² 若证据的取得系违法的,应驳回证据申请。³ 除此之外,惟当需要证明的事实已获证实或者系众所周知、该事实存否与判决无关的或者证据完全不适合证明的,始得驳回证据申请。

第 249 条【通过宣读方式出示文书证据；自读程序】②

1. ¹为了出示证据,可以在庭审中宣读文书的内容。² 具有可宣读性的电子文件是文书。

2. ¹若法官和参审员已经知晓文书的文本,并且其他的程序参与人也有机会对此知晓的,得免于宣读文书,但本法第 253 和 254 条规定的情形除外。² 若审判长决定依本款第 1 句进行程序,却遭检察官、被告人或者辩护人即时反对的,由法庭决断之。³ 审判长之决定、确认相关人员知晓和有机会知晓文书的情况以及异议情况须记入笔录。

第 251 条【通过宣读笔录的文书证明】③

1. 具有下列情形之一的,得通过宣读讯问笔录或者记载有证人、鉴定人或者共同被追诉人所作声明的文书的方式代替对这些人员的讯问:

(1)被告人有辩护人,且检察官、辩护人和被告人均同意宣读的;

(2)仅为了印证被告人的自白而宣读的,且没有辩护人的被告人以及检察官同意宣读的;

(3)若证人、鉴定人或者共同被追诉人死亡的,或者出于其他理由在可以预见的时间内无法由法院对其讯问的;

---

① 该条文经 2019 年 12 月 10 日的《刑事程序现代化法案》(BGBl. I S. 2121)修正,并于 2019 年 12 月 13 日施行。

② 本条经 2017 年 7 月 5 日通过的《关于在司法中实行电子卷宗以及进一步推进法律往来电子化的法案》(BGBl. I S. 2208)修正,并于 2018 年 01 月 01 日施行。

③ 本条经 2017 年 7 月 5 日通过的《关于在司法中实行电子卷宗以及进一步促进法律往来电子化的法案》(BGBl. I S. 2208)修正,并于 2018 年 01 月 01 日施行。

(4) 有关财产损害之有无与数额的笔录或者文书。

2. 具有下列情形之一的,也可以通过宣读先前法官讯问笔录的方式代替讯问证人、鉴定人和共同被追诉人:

(1) 证人、鉴定人或者共同被追诉人因为患病、羸弱或者其他无法克服的障碍导致其在较长时间或者不确定的时间内不能出庭的;

(2) 证人或者鉴定人距离法院路途遥远,考虑其证言的重要性,不能苛求其出庭的;

(3) 检察官、辩护人和被告人同意宣读的。

3. 苟非直接为了形成判决,尤其是为了准备裁断究竟是否传唤或者讯问某人时,亦得宣读笔录和文书。

4. ¹在本条第 1 款和第 2 款规定的情形下,由法庭决定是否宣读。²应该公布宣读的理由。³若宣读法官制作的讯问笔录,则应确认,被讯问人是否曾经宣誓。⁴若法院认为有必要且可行的,得补行宣誓。

第 254 条【自白或前后矛盾时宣读法官制作的笔录】①

1. 为了对被告人自白开展法庭证据调查,可以宣读或者出示在法官制作的笔录或者讯问的录音录像中记载的被告人陈述。

2. 若在法庭讯问中出现与先前陈述不一致的表述,除休庭无法确认或克服该矛盾的,得依前款为之。

第 255a 条【播放讯问证人的录音录像】②

1. 播放讯问证人的录音录像,准用本法第 251、252、253 和 255 条有关宣读讯问笔录的规定。

2. ¹在针对侵犯性自主犯罪(刑法典第 174 到 184k 条)或者侵害生命犯罪(《刑法典》第 211 到 222 条)、虐待受保护人员的犯罪(《刑法典》第 225 条)或者刑法典第 232 到 233a 条的侵犯个人自由犯罪的程序中,若 18 周岁以下的证人先前曾经被法官讯问过并且依据本法第 58a 条第 1 款第 3 句对该讯问录音录像的,但凡被告人及其辩护人曾有机会参与本次讯问活动,且在本次讯问活动后此证人不曾直接反对在庭审中播放该录音录像以代替传讯自己的,则可以播放该录音录像以代替讯问。²证人系上述犯罪之被害人

---

① 《刑诉法》第 163 条由 2017 年 8 月 17 日通过的《旨在更加有效且更合乎实践地建构刑事程序之法案》(BGBl. I S. 3202)修正,新版内容于 2017 年 8 月 24 日生效。

② 本条经 2020 年 10 月 9 日通过的《第九十五次〈刑法典〉修正法案——改善拍照时的人格保护》(BGBl. I S.2075)修正,并于 2021 年 1 月 1 日施行。

且在犯罪当时未满18周岁的,或者系侵犯性自主犯罪(《刑法典》第174到184k条)之被害人的,亦适用该规定。³法院在作此决定时,应考虑证人值得保护的利益并公布播放的理由。⁴得对证人进行补充性讯问。

第408b条【申请科处自由刑时指派辩护人】①

当法官考虑按照检察官之申请,核发处刑令并科处本法第407条第2款第2句规定的法律后果时,他应该为没有辩护人的被起诉人指派一名义务辩护人。

第409条【处刑令的内容】②

1.¹处刑令包括下列内容:

(1)被告人和可能的附加诉讼参与人的身份信息;

(2)辩护人的姓名;

(3)被告人受指控的罪名、实施犯罪的时间和地点以及法定的构成要件要素;

(4)被适用条文的条、款、项、字母及其法律的名称;

(5)证据;

(6)法律后果的确定;

(7)晓谕异议权以及提出异议的期限和方式,并提示,未依本法第410条提出异议者,处刑令将确定并得执行之。

²若被告人被判处自由刑,在保留执行刑罚而对其警告时或者对其剥夺驾驶许可时,应同时循本法第268a条第3款或者第268c条第1句之规定晓谕之。³本法第267条第6款第2句之规定准用之。

2. 处刑令也应该告知被告人之法定代理人。

第411条【因不合法而驳回异议;庭审的期日】③

1.¹若异议被迟延提出或者有其他不合法之情形,应不经庭审迳行以裁定方式驳回之;驳回之裁定得被提出及时抗告。²其他情形下应指定庭审之期日。³若被告人仅就被科处罚金之日额数提出异议的,法院在征得

---

① 本条经2019年12月10日通过的《重新规制必要辩护权法案》(BGBl. I S. 2128)新增,并于2019年12月13日生效。

② 本条由2017年4月13日通过的《刑法财产剥夺改革法案》(BGBl. I S. 8729)修正,并于2017年7月1日生效。

③ 本条经2017年7月5日通过的《关于在司法中实行电子卷宗以及进一步促进法律往来电子化的法案》(BGBl. I S. 2208)修正,并于2018年1月1日施行。

被告人、辩护人和检察官同意的前提下，得不经庭审通过裁定方式作出决定；不能朝被告人不利的方向改变处刑令中被确定的事项；对该裁定不服的，得提出即时抗告。

2.¹ 被告人得由一名辩护人以能证明得到其全权授权的方式代为出席庭审。² 此时应适用本法第 420 条之规定。

3.¹ 在宣告第一审判决以前可以撤回起诉和异议。² 本法第 303 条准用之。³ 若处刑令乃依据第 408a 条之程序核发的，则不得撤回起诉。

4. 当处刑令被提出异议时，法院在判决时不受处刑令中被宣告内容的约束。

第 420 条【法庭证据调查】①

1. 可以通过宣读对证人、鉴定人或者共同被追诉人的先前讯问的笔录或者记载其所作陈述的文书的方式，代替对他们当庭讯问。

2. 公务机关以及其他机构就本单位及其职员有关职务履行、调查或知悉的情况作出的说明，纵使不符合《刑诉法》第 256 条规定的要件，亦得宣读之。

3. 若被告人、辩护人或检察官出庭的，依据上述第 1、2 款践行的程序，须征得他们的同意。

4. 由独任刑事法官主持的程序中，法庭证据调查的范围在不违反《刑诉法》第 242 条第 2 款的前提下，由法官决定之。

第 477 条【依职权传递资料】②

1. 刑事追究机关和刑事法庭为了刑事追究之目的，或者主管机关或法院为了追究秩序违反行为之目的，但凡移交机关认为有必要的，得依职权移交刑事程序中的个人信息。

2. 若移交机关认为，移交刑事程序中的个人信息对于完成以下事项有必要的，亦得依职权移交：

（1）为了执行刑罚或者《刑法典》第 11 条第 2 款第 8 项规定之措施，或者为了执行或者完成《少年法院法》规定的教育处分或惩戒处分的；

---

① 本条经 2017 年 7 月 5 日通过的《关于在司法中实行电子卷宗以及进一步促进法律往来电子化的法案》(BGBl. I S. 2208) 修正，并于 2018 年 1 月 1 日施行。

② 该条文自 2017 年以来经过三次大幅度修正，最近一次经 2019 年 11 月 20 日的《旨在刑事程序中转化 (EU) 2016/680 号欧盟指令以及符合 (EU) 2016/679 号欧盟规则的有关数据保护规定之法案》(BGBl. I S. 1724) 修正，并于 2019 年 11 月 26 日施行。

（2）为了执行剥夺人身自由的措施的；

（3）为了在刑事案件中作出裁判，尤其是决定、撤销缓刑交付考验的裁判，或者为了在罚金案件或者赦免案件中作出裁判。

第479条【资料传递禁止和使用限制】①

1. 依据本法第474至476条的答询和依据本法第477条的依职权传递资料，若会有碍刑事程序之目的的，包括妨碍其他刑事程序的调查目的，或者有违联邦特别法和州法中有关资料使用之规定的，应予以拒绝。

2. [1]依据本法之规定，惟有特定犯罪之嫌疑始得采用的措施，欲在其他刑事程序中使用利用该措施取得的资料，准用本法第161条第3款之规定。[2]除此之外，通过本款第1句所述方式取得的个人资料，在未征得受干预人同意的前提下，惟当具有以下条件之一的，始得被使用：

（1）为了防止危险，且依据适用于主管机关的法律，个人资料亦得采取相同之措施取得的；

（2）为了防止对身体、生命或者人身自由之危险，或者为了捍卫德意志联邦或者某个州的安全和存续，或者为了保护重要的财产价值，且从个案资料中可以知晓如何具体着手防止这些危险的；

（3）为了实现依据《联邦宪法保护法》第18条允许为之传递资料之目的的；

（4）依据本法第476条之规定

[3]本法第100i条第2款第2句和第108条第2、3款之规定不受影响。

3. 在本法第474至476的情形中，如果非公共机构确有了解案件信息的法律利益且拒绝披露对于原先的被追诉人而言已没有值得保护的利益，若符合以下两种情形之一的，始得向非公共机构就案卷内容予以答复或者让其查阅案卷：

（1）被告人被宣告无罪，不予开启审理程序或者程序被终止了。

（2）有罪宣告没有被记载在机关的犯罪证明中，并且自裁判生效后已超越两年的。

4. [1]资料传递合法性的责任由传递资料的机构承担。[2]在本法第474至476条规定的情形下，若接收资料方系公共机构或者律师的，则由资料接

---

① 该条文自2017年以来经过三次大幅度修正，最近一次经2021年6月25日的《旨在进一步完善〈刑事诉讼法〉以及修正其它规定之法案》(BGBl. I S. 2099)，并于2021年7月1日生效。

受方就传递的合法性承担责任。[3] 传递资料的机构在这种情形下仅需审查,是否传递资料的请求系本于接受方的职责,但其就传递的合法性有开展进一步审查之特殊理由的除外。

5. 本法第32f条第5款第2、3句准用之,并适用以下规定:

(1)若为了其他的目的可以提供答询或者阅卷的,且征得本法第475条情形下有权被答询或阅卷的机关之同意的,得为实现该目而使用第474条和第475条取得的个人资料;

(2)若为了其他目的可以依据第477条传递资料的,得为实现该目的使用依据第477条取得的个人资料。

中德词条对照索引

注：关键词索引按照德语字母排序，数字对应为边码(不是页码)。例如："Abhörgeräte/窃听装置 356, 414"指窃听装置的相关问题可以查阅本书边码356,414的内容。

Abhörgeräte	窃听装置 356, 414
Ablehnung	驳回
–der Klageerhebung	–驳回起诉 532 及以下
–des Eröffnungsbeschlusses	–不予开启审理 554
–des Sachverständigen	–对鉴定人的申请回避 306
–des StA	–对检察官的申请回避 150 及以下
–von Beweisanträgen	–驳回证据申请 681, 695
–von Richtern	–对法官的申请回避 111 及以下
Abolition	赦免 436
Abschluss der Ermittelungen	侦查程序的终结 489
Abschluss des Zwischenverfahren	中间程序的终结 548, 560
Abschlussvermerk	对结束的标注 489
Absehen von der Verfolgung bei Drogentherapie	因接受戒毒治疗而不予追诉 527
Absehen von Strafe und Einstellung	免除刑罚和程序终止 513 及以下
Absolute Antragsdelikte	绝对告诉乃论之罪 46, 437, 477
Absolute Revisionsgründe	绝对的法律审上诉事由 854
Absprachen	合意 215, 594 及以下, 604, 777

Absprachen über Hauptverhandlungstermin	商定开庭日程　566
Abstimmung bei Urteilsfindung	对作出判决的表决　571
Abstimmung des Gerichts	法院的表决　571, 764
Abwägungslehre (Beweisverwertungsverbote)	权衡理论（证据使用禁止）　705
Abwesenheit des Angeklagten in der Hauptverhandlung	庭审中的被告人在场　188
Abwesenheit des Beschuldigten	被追诉人在场　188, 326, 558, 843
Adhäsionsverfahren	附带民事诉讼　893 及以下
Aditionsverfahren (Wiederaufnahme)	附加程序（再审）　881
Agent provocateur	陷害教唆者　44
Akkusationsprinzip	不告不理原则
s. Anklagegrundsatz	同时参见控审原则
Akten	卷宗
– Auskunft	– 阅览　192, 899
– Beschlagnahmefreiheit	– 禁止扣押　385
Akten, Begriff	卷宗之概念　242
Akteneinsichtsrecht	阅卷权
– Anfechtung der Nichtgewährung	– 未受保障的救济　244, 899
– bei Grundrechtseingriff	– 基本权受干预时的　243
– bei Untersuchungshaft	– 羁押中的　243
– bei Vernehmungsprokotollen des Beschuldigten	– 对被追诉人的讯问笔录的　243
– des Beschuldigten	– 被追诉人的　193, 241 及后段

–des Nebenklägers	–附加控诉人的　892
–des unverteidigten Beschuldigten	–没有辩护人的被追诉人的　245
–des Verletzten	–被害人的　899 及后段
–des Verteidigers	–辩护人的　59, 192 及后段, 241 及以下
–des Zeugenbeistandes	–证人之辅助人的　303
–Entscheidung über Gewährung	–如何保障的裁决　242
Akteneinsichtsrecht des Beschuldigten	被追诉人的阅卷权　192
Aktenkenntnis der Schöffen	参审员对卷宗的知悉　626
Allgemeingültige Erfahrungen	具有普遍性的经验　756
Allgemeinkundig	众所周知　622
Alternativität von Handlungsabläufen und Tatbegriff	行为历程的择一性和犯罪概念　793
Amnestie	大赦　436, 733
Amtsanwaltschaft	基层检察官　138
Amtsermittlungsgrundsatz	职权调查原则
–als Verfahrensgrundsatz	–作为程序原则的　51
–bei Prozessvoraussetzungen	–对诉讼要件的　426
Amtsgericht	基层法院　74, 76
Anbahnungsverhältnis	初次接触性谈话　233
Andere Strafverfahren, Verwendung von Daten	其他的刑事程序、信息的使用　361
Änderung der Tatsachengrundlage	事实基础的变更　584
Anfangsverdacht	初始嫌疑　172, 174 及以下, 301, 479
Anfechtung	救济
–des Eröffnungsbeschlusses	–对开启审理裁定的　550

-von Ermittlungshandlungen	-对侦查行为的　493 及后段, 496
-von Urteilen und Beschlüssen	-对判决和裁定的　83 及以下, 816 及以下
Anfechtungsberechtigung	救济权
s. Rechtsmittel	同时参见救济审
Anfragen über Taterdaten	查询犯罪人信息　411
Angehörige	亲属
s.auch Zeugnisverweigerungsrechte	同时参见拒绝作证权
-DNA-Test	-对亲属的 DNA 检测　378
Angehörigenzeuge	亲属证人　296 及后段, 359, 643 及以下, 669, 709, 740
Angeklagter	被告人
-Erklärungsrechte	-发表意见权　591
-Fragerechte	-发问权　587
-in der Hauptverhandlung	-庭审中的　571
-letztes Wort	-最后陈述　592
Angeklagter(Begriff)	被告人（概念）　171
Angeschuldigter (Begriff)	被起诉人（概念）　171
Angriffsrichtung (Tatbegriff)	攻击方向（犯罪概念）　786 及以下
Anhangsverfahren	附属程序
s. Adhäsionsverfahren	同时参见附带民事程序
Anhörung des Beschuldigten	听取被追诉人的意见　61, 184
Anhörungsrüge	听证异议　61
Anklage	起诉　48, 752
Anklagebefugnis	起诉权　132

Anklageerhebung	起诉 175
Anklagegrundsatz	控审分离原则 48, 585
Anklagesatz	起诉要旨 49, 489, 571
Anklageschrift	起诉书 49, 441, 489, 544 及后段, 806
−Bestimmtheit	−明确性 489
−Informationsfunktion	−资讯功能 441, 544
−inhaltliche Anforderungen	−内容上的要求 489
−Umgrenzungsfunktion	−圈定功能 441, 544
−Vielzahl gleichförmiger Taten	−大量具有相同行为特征的犯罪 441
Anklagezwang	起诉强制主义 47, 147 及以下
Anknüpfungstatsachen	鉴定连接的事实 305
Annahme der Berufung	事实审上诉的受理 835, 847
Annexkompetenz	附带性权限
−bei Zwangsmaßnahmen	−强制措施中的 369, 400, 402, 414
−der EU	−欧盟的 20, 23
Anordnungsbefugnis bei Zwangsmaßnahmen	强制措施的决定权 356
Anrufung des Gerichts	请求法庭复议
− gegen Verhandlungsleitung in der Hauptverhandlung	−不服庭审指挥的 573 及以下
Anschlussbefugnis (Nebenklage)	加入权（附加控诉） 890 及后段
Anspruch auf Strafverfolgung	刑事追究请求权 47, 532 及以下
Antizipierte Rechtshilfe	预先司法协助 37
Antrag des Beschuldigten	被追诉人的申请
−auf Pflichtverteidigerbestellung	−指派义务辩护人 252

Antragsdelikte	告诉乃论之罪	9, 46, 330, 437, 477
Anwaltlicher Notdienst	值班律师	40, 178 及后段
Anwalts-GmbH	律师-有限责任公司	273
Anwaltskonsultationsrecht	咨询律师权	179 及后段
Anwesenheit der Prozessbeteiligten	诉讼参与人在场	54, 571, 582, 595
Anwesenheitsrechte	在场权	
–des Beschuldigten	–被追诉人的	188, 318, 582
–des Nebenklägers	–附加控诉人的	892
–des Verteidigers	–辩护人的	237, 582
–des Zeugenbeistands	–证人辅助人的	303
Anzeige	告发	132, 476 及后段
Arglist des Beschuldigten	被告人恶意行权	194
Ärztliche Atteste	医生诊断证明	642
Audio-visuelle Vernehmung	视频讯问	
–des Beschuldigten	–对被追诉人	178
–des Zeugen	–对证人	657, 671 及后段
Audiovisuelle Aufzeichnung	录音录像	178, 579
Aufenthaltsort (Gerichtsstand)	居所（审判籍）	94
Aufgaben des Strafprozessrechts	刑事诉讼法的任务	7, 9 及后段, 39
Aufhebung der Pflichtverteidigerbestellung	撤销对义务辩护人的指派	269
Aufhebung des Haftbefehls	撤销羁押令状	339 及后段, 342
Aufklärungspflicht	澄清义务	
–bei Verständigung	–协商中的	596
–der StA	–检察官的	480 及以下

−richterliche	−法官的	227, 624, 648, 676
Aufklärungsrüge	澄清抗辩	624
Auflagen (§ 153a StPO)	负担(《刑诉法》第153a条)	520, 524
Aufruf der Sache	宣读案由	571
Augenschein	勘验	188, 284
−als Beweismittel	−作为证据的	212, 311
−bei präsenten Beweismitteln	−在庭证据中的	681
−in der Hauptverhandlung (Öffentlichkeit)	−庭审中的(公开性)	577
−und Beweisantrag	−和证据申请	690
−Zeugnisverweigerungsrecht	−与拒绝作证权	298
Augenschein als Beweismittel	作为证据的勘验	310
Augenscheinsgehilfe	勘验辅助人	311
Ausbleiben des Angeklagten	被告人不到场	
−bei Berufungshauptverhandlung	−在事实上诉审的庭审中的	843
−bei der Vernehmung	−讯问时的	197
−in der Hauptverhandlung	−庭审中的	326, 582
Ausgelagerte Aufklärungsmaßnahmen	扩充的澄清事实的措施	571
Auskünfte über Strafverfahren	对刑事程序情况的查询	192
Auskünfte über Täterdaten	对犯罪人之信息的查询	411
Auskunftsverweigerungsrecht	拒绝回答权	301
−Belehrungspflicht	−晓谕义务	301
−in der Hauptverhandlung	−庭审中的	643, 714
−Rechtskreistheorie	−权利领域理论下的	706

-Verwertbarkeit bei Nichtbelehrung	-未予晓谕而取得证据的可使用性 712
Auslagen der Staatskasse	国库开支 904
Auslandszeuge	身处国外的证人 658, 690
Ausnahmegerichte	特别法庭 60
Aussage gegen Aussage	言词证据相互对立 528, 757
Aussagegenehmigung	作证许可 295
Aussagepflicht	陈述义务 293, 295 及以下
Aussageverweigerungsrecht	拒绝陈述权
s. auch Auskunftsverweigerungsrecht	同时参见拒绝回答权
-Anraten durch Verteidiger	-辩护人建议下的 276
-Belehrungspflicht	-晓谕义务 178, 571
-Beweiswürdigung	-自由心证 52, 191, 760, 781
-Verwertbarkeit bei Nichtbelehrung	-未予晓谕而取得证据的可使用性 179, 717
Ausschließung von Richtern	法官的绝对回避 107 及以下
Ausschluss	排除
-der Beschwerde	-不得抗告 869
-der Öffentlichkeit	-排除公开性 577 及以下, 654
-des Verteidigers	-逐出辩护人 272
Ausschlussfrist	除斥期间 466
Ausschlussmethode	排除法 757
Außerdienstliche Kenntniserlangung und Anklagezwang	职务外获取的犯罪资讯 149
Außerordentliche Gerichtsstände	特别审判籍 99

Äußerungsrechte	发表意见权
–des Beschuldigten	–被追诉人的　61, 184, 571
–des Verteidigers	–辩护人的　189, 240
Aussetzung	停止
–der Hauptverhandlung	–停止审理　56, 581, 614
–des Vollzugs der U-Haft	–停止执行羁押　343
Auswahlrecht des Beschuldigten bzgl Pflichtverteidiger	被追诉人对义务辩护人的选择权　267
Autonomie des Beschuldigten	被追诉人的自主性　228
Bargatzky	巴伽茨基案　391 及后段
Bayerisches Oberstes Landesgericht	巴伐利亚州最高法院　80
Beauftragter Richter	受托法官　311, 570
Bedeutungslosigkeit beim Beweisantrag	待证事实没有重要性　684
Bedingungen bei Prozesserklärungen	诉讼意思表示中的条件　461
Beendigung des Zwischenverfahrens	中间程序的终结　548, 560
Befangenheit	偏颇　111 及以下
Befundtatsachen	验出的事实　305
Begründung	说理
–der Berufung	–事实审上诉的　823, 837
–der Rechtsmittel	–救济审的　823
–der Revision	–法律审上诉的　593, 823, 850
Behördliche Sperrung	机关的封存
–Anfechtung	–救济　508
–beim Angeklagten	–身为被告人时的　448

-der Akten	-卷宗的　385
-des Zeugen	-作证时的　295
Behördliche Zeugnisse	官方证明　642
Beinahetreffer	准战利品　378
Beistand des Beschuldigten	被追诉人的辅助人　224 及后段
Belehrung	晓谕
-des Beschuldigten	-对被追诉人的　179, 227, 571, 702, 737, 742
-durch den Sachverständigen	-由鉴定人　299, 308
-qualifizierte Belehrung	-加重晓谕　182, 208, 217, 601, 745
-über das Recht auf Unterrichtung der konsularischen Vertretung	-对告知所属国的领事代表请求权的　187, 719
-über Pflichtverteidigung	-对义务辩护的　237
-über Wahrheitspflicht beim Zeugen	-对证人的真实义务的　302
-über Zeugnisverweigerungsrechte	-对拒绝作证权的　296 及后段, 299, 571, 633, 645, 733, 746 及后段
Belehrung des Beschuldigten	对被追诉人晓谕　178, 180
Belehrungspflichten	晓谕义务　738
Benachrichtigung	告知
-über richterliche Zeugenvernehmung	-对法官讯问证人的情况的　188
Benachrichtigungspflicht	告知义务
-bei U-Haft	-羁押时的　334
-bei verdeckten Ermittlungsmaßnahmen	-秘密侦查措施的　356
-konsularische Vertretung	-对领事代表的　187, 719
Beratung des Gerichts	法院的评议　571, 764

Bereitschaftsdienst	值班职
–richterlicher	–值班法官　402, 422
Berichtigung	更正
–Hauptverhandlungsprotokoll	–对庭审笔录的　852
–Urteil	–对判决的　778
Berufung	事实上诉审　83, 819, 821 及后段, 834
Beruhen beim Verfahrensfehler	以程序违法为基础而作成　853
Beschlagnahme	扣押　132, 167, 356, 382 及以下
–im Telekommunikationsverkehr	–电信通讯往来中的　390, 393 及后段
–von Verteidigerunterlagen	–对辩护人的文件的　234
Beschlagnahmefreie Gegenstände	免受扣押的物品　385, 405
Beschlagnahmeverbote	扣押禁止　385 及后段
–und Verwertbarkeit	–与证据使用禁止　711
Beschleunigtes Verfahren	速审程序　371, 489, 804 及后段, 812
Beschleunigungsgebot	程序迅速原则　56 及后段
Beschlüsse	裁定
–Anfechtung	–救济　819, 868
–außerhalb der Hauptverhandlung	–庭审外的　76 及后段, 81
–Definition	–定义　751
–Rechtskraft	–确定力　452, 557, 878
Beschlussverwerfung	裁定驳回
–bei der Revision	–法律上诉审中的　857
–Nichtannahme der Berufung	–不受理事实审上诉的　835

Beschränkte Rechtskraft	有限的确定力
–der Ablehnung des Eröffnungsbeschlusses	–驳回开启审理裁定的 557
–des Strafbefehls	–处刑令的 803
–gerichtlicher Einstellungen	–法院裁定程序终止的 515 及后段, 522, 529
Beschränkung des Rechtsmittels	救济审的限制 826
Beschuldigtenvernehmung	对被追诉人的讯问
s. Vernehmung des Beschuldigten	同时参见讯问被追诉人
Beschuldigter	被追诉人 171 及以下, 481, 484
Beschwer	不服的利益 821
Beschwerde	抗告 84, 88, 91, 263, 496, 816 及以下, 868 及以下
Besetzung des Gerichts (Einwendungen)	法庭的人员组成（异议） 77, 80, 87, 91, 569
Besetzungseinwand	对法庭组成的异议 569
Besondere (große) Strafkammer	特殊（大）刑庭 79
Besonderes öffentliches Interesse	特别的公共利益
s. öffentliches Interesse	同时参见公共利益
Besonderes Rechtsschutzinteresse	特别的权利救济利益 501 及后段
Besorgnis der Befangenheit	偏颇之虞 111 及以下, 151, 854
Bestandsdaten	基础信息 397
Bestandsdatenauskunft	基础信息查询 396
Bestimmtheit der Durchsuchungsanordnung	搜查令状的明确性 402
Betrachten	考量 212

Beugehaft	压服性拘禁 302
Beurteilungsspielraum	判断上的裁量 172
Bewegliche Zuständigkeit	机动管辖 81
Bewegungsmelder	移动传感器 413
Beweisanordnungen durch Gericht	法院的取证命令
–und StA	–与检察官 545
Beweisanregung	证据建议 676
Beweisantizipation	证明预测 684 及后段, 689 及后段
Beweisantrag	证据申请 189, 238, 461, 481, 675 及以下, 695
–Ablehnung	–驳回 681 及以下
–Augenschein	–勘验 690
–Auslandszeugen	–身处国外之证人 690
–Bedeutungslosigkeit	–待证事实没有重要性 684
–Bedingung	–附条件 461, 694
–Begriff	–概念 676
–Fristsetzung	–指定期间 571, 680, 694
–Konnexität	–关联性 679
–Offenkundigkeit	–众所周知 683
–präsente Beweismittel	–在庭之证据 691, 693
–Sachverständige	–鉴定人 689
–Stellung über den Verteidiger	–通过辩护人提出 227, 680
–Tatsache erwiesen	–事实已获证实 685
–Unerreichbarkeit des Beweismittels	–证据无法得到 687
–Unzulässigkeit der Beweiserhebung	–证据的取得不合法 682

−Verbescheidung	−决定	694
−Verschleppungsabsicht	−意图拖延诉讼	694
−völlige Ungeeignetheit des Beweismittels	−证据完全不合适	686
−vom Gericht fehlende Zeugen und Sachverständige	−不在法庭的证人和鉴定人	692
−vor der Hauptverhandlung	−开庭以前的	178, 481, 545
−vorgeladene Beweismittel	−业经传唤的证据	691, 693
−Wahrunterstellung	−待证事实被假定为真	688
−Zeitpunkt der Stellung	−提出的时点	680
Beweisaufnahme	法庭证据调查	571, 620 及以下, 631
Beweisbefugnislehre	证明权限理论	705
Beweisbehauptung	证明主张	677
Beweiserhebungsverbote	证据取得禁止	357, 701
Beweisermittlungsantrag	（抽象的）取证申请	676
Beweismethodenverbote	证据(收集)手段禁止	701
Beweismittel	证据	284 及以下
−Arten	−种类	284
−beim Beweisantrag	−证据申请中的	678
−Strengbeweis/Freibeweis	−严格证明/自由证明	285
−Wiederaufnahmeverfahren	−再审程序	879, 881 及后段
Beweismittelverbote	证据禁止	701
Beweisregeln	证据规则	52, 758
Beweisstücke	证据(物件)	193
Beweissurrogate	证据替代品	631 及以下

Beweisthemaverbote	证据主题禁止 701
Beweisverbote, Beweisverwertungsverbote	证据禁止、证据使用禁止 52, 357 及以下, 607, 700 及后段, 703, 746, 759
s. auch hypothetischer Ersatzeingriff	同时参见见假设替代干预
-absichtlicher Verstoß gegen Richtervorbehalt	-故意违反法官保留 404
-Abwägungslehre	-权衡理论 705
-Auskunftsverweigerungsrecht	-拒绝回答权 712 及以下
-bei Angehörigenzeugen	-亲属证人情形的 645
-bei Lockspitzel	-警察圈套情形的 444
-bei rechtswidriger Durchsuchung	-非法搜查情形的 406
-bei Tatprovokation	-犯罪挑唆 444
-beim VE	-卧底警探情形的 417
-Berufsgchcimnisträger	-职业秘密保守者 357 及以下
-Beschlagnahmeverbote	-扣押禁止 711
-Beweisbefugnislehre	-证明权限理论 705
-Beweiswürdigungslösung	-自由心证方案 237
-Durchsuchungsanordnung	-搜查令状 402
-Fallgruppen	-情形类型 707
-Foto, Film, Video	-拍照、摄像、录影 725
-Funktion	-功能 700
-gesetzliche	-法定的 703
-hypothetischer Ersatzeingriff	-假设替代干预
s. dort	同时参见彼处
-Informationsberherrschungsrecht	-信息支配权 705

– keine Belehrung über Pflichtverteidigung	– 未晓谕义务辩护　237
– keine Benachrichtigung über richterliche Zeugenvernehmung	– 未告知法官对证人讯问的情况　237
– keine Pflichtverteidigerbestellung	– 未指派义务辩护人　264
– körperliche Untersuchung	– 身体检查　728
– Kriterien	– 标准　704 及后段
– Lauschangriff	– 监听　414 及后段
– Privatpersonen	– 私人　730 及后段
– Rechtskreistheorie	– 权利领域理论　706, 712
– Reichweite	– 射程范围　744
– Schutz der Intimsphäre	– 私密领域的保护　720
– Schutzzwecklehre	– 保护目的理论　705
– Steuerdaten-CDs	– 税务数据光碟　733
– Tagebuch	– 日记　724, 731
– Telefonüberwachung	– 电话监听　726
– Tonbandaufnahmen	– 录音带　722
– unterbliebene Belehrung des Beschuldigten	– 未对被告人晓谕权利　179, 717
– unterbliebene Belehrung des Zeugen	– 未对证人晓谕权利　299, 709
– unzulässige Vernehmungsmethoden	– 非法讯问方法　715
– V-Mann	– 长期卧底线民　734 及后段, 737, 741
– Verdeckte Ermittlungen	– 秘密侦查　734 及后段, 737
– Verständigung	– 协商　607

–Verstoß gegen Richtervorbehalt bei Durchsuchung	–搜查时违反法官保留　404
–Verstoß gegen Richtervorbehalt bei körperlicher Untersuchung	–身体检查时违反法官保留　374
–verweigerte Verteidigerbefragung/kontakt	–不许咨询或联系辩护人　40, 237, 264, 718
–Widerspruchslösung	–异议方案　708
–Zeugnisverweigerungsrechte	–拒绝作证权　709 及以下
Beweisverwertungsverbot	证据使用禁止　386, 398, 608
Beweisverwertungsverbote	证据使用禁止　702
Beweiswürdigung	法官自由心证　52, 754 及以下
Beweiswürdigungslösung	自由心证方案　448
–bei Verstoß gegen fair trial	–违反公平审判时的　190, 448
–bei Verstoß gegen Gebot der Verteidigerbestellung	–未按要求指派辩护人的　264
Bewertungseinheit	评价上的整体　795
Bildaufnahmen	照相
–als Ermittlungshandlung	–作为侦查行为的　166, 356, 412
–in der Hauptverhandlung	–庭审中的　579
Bindung	拘束效力
–an eine Verständigung	–基于协商的　598, 604, 617
–der StA an Präjudizien	–司法先例对检察官的　147 及后段
Binnendivergenzen, BGH-Senat	内部划分，联邦最高法院各审判庭　94
Blinder Richter	失明的法官　626
Blockhüttenfall	小木屋案　415

Blutprobe	验血	356, 374, 381, 728
Brechmittel	催吐剂	374, 419
Briefbeschlagnahme	信件扣押	388
Bundesamt für Verfassungsschutz	联邦宪法保卫局	160
Bundesanwaltschaft	联邦检察署	136
Bundesgerichtshof	联邦最高法院	90 及以下
Bundeskriminalamt	联邦刑事调查局	160, 414
Bundeszentralregister	联邦中央登记系统	780
Bürgerliche Rechtsstreitigkeiten	民事法律争议	763
Charta der Grundrechte der EU	欧盟基本权宪章	20
Cicero	西塞罗案	400, 501
Cloud	云端	392
Clouddienste	云端服务	392
Cold-Case-Technik	悬案技术	741
Covid-19-Pandemie	新冠肺炎大流行	581
Darstellungsrüge	对事实阐释不服	855
Dashcam	行车记录仪	731
Datei	信息	
-Abgleich	-比对	411
-Bundeszentralregister	-联邦中央登记系统	780
-DNA	-DNA	378
-NS-Taten	-关于纳粹罪行的	136
-staatsanwaltschaftliches Register	-检察机关程序登记资料库的	163
-Terrorismus	-关于恐怖主义的	160

-Verwertung in anderen Strafverfahren	-在其他刑事程序中的使用　361
Datenabgleich	信息比对　411
Datenkauf	信息收购　733
Deal	交易
s. Absprachen	同时参见协商
Deeskalationshaft	降温式羁押　325
Den Haag	海牙　35 及后段
Deutsche Gerichtsbarkeit	德国的司法管辖权　427
Devolutionsrecht	职务收取权　141
Devolutiveffekt	移审效　817
DNA-AnalyseDNA	分析　375 及后段, 380
DNA-Analyse-Datei	DNA 分析资料　379
DNA-Identitätsfeststellung	DNA 身份辨识　375, 729
Dokumentation	书面化
-der Durchsuchungsanordnung	-搜查令状的　404
-der Vernehmung	-讯问活动的　178
-der Verständigung	-协商的　600
Dokumente	文件
-elektronische	-电子文件　310
Dolmetscher	口译人员　186, 250
Doppelbestrafung	双重处罚　434
Doppelrelevante (doppelfunktionelle) Tatsachen	双重关联性(双重功能)的事实　285, 458
Drei-Stufen bei Verletzung des Konfrontationsrechts	侵害对质权的三阶段审查　190

Dreistufentheorie des BVerfG	联邦宪法法院的三阶层理论	720 及以下
Dringender Tatverdacht	犯罪嫌疑重大	175, 320, 367
Drohung	胁迫	207
Durchbrechung der Rechtskraft	突破确定力	12, 776, 878 及后段
Durchsicht von Papieren	检视文件	386
Durchsuchung	搜查	132, 199, 356, 399 及以下, 422, 485
–bei anderen Personen	–对其他人的	401
–beim Verdächtigen	–对被怀疑人的	400
–Nachtzeit	–夜晚的	402
–richterlicher Bereitschaftsdienst	–值班法官	402
–Tageszeit	–全天的	402
Durchsuchung von Wohn- und Geschäftsräumen	–对住宅或经营场所搜查	501
Durchsuchungsanordnung	搜查令状	403
Durchsuchungshaft	搜查羁押	402
Durchsuchungsverbote	搜查禁止	402, 405
Dynamische IP-Adressen	动态 IP 地址	397
E-Mail	电子邮件	392, 464
Ecclestone	埃克莱斯顿	519
Edathy	埃达西	479
Effektivität der Strafrechtspflege	刑事司法的有效性	7, 9 及后段
Effektivität der Strafverfolgung	刑事追究的有效性	180
Ehrenrührige Tatsachen	有损名誉的事实	240
Eidespflicht	宣誓义务	294

Eidesunmündigkeit	没有宣誓资格	294
Eidesverweigerungsrechte	拒绝宣誓权	294
Einfache Beschwerde	普通的抗告	868, 874
Eingeschränkte Organtheorie	有限的司法单元理论	194, 227, 275
Eingetragene Lebenspartner	登记的生活伴侣	109, 296, 890
Eingriffsbefugnis für Polizei	警察的干预权	163
Einigung *s. Absprachen*	达成一致,同时参见协商	
Einlassung des Angeklagten	被告人的陈述	189, 284, 571
–durch Verteidiger	–由辩护人为之的	240
Einreichen der Anklageschrift	送达起诉书	542, 560
Einreichung einer Anklageschrift	递交起诉书	489
Einspruch	异议	802
Einstellung	终止程序	860
–aus Opportunitätsgründen	–基于裁量性理由的	116, 492, 513 及以下, 559
–bei Verfahrenshindernissen	–遇到程序障碍的	451 及后段
–durch StA im Ermittlungsverfahren	–由检察官在侦查程序中作出的	132, 491 及以下
–durch Urteil	–通过判决作出的	452, 544, 751 及后段, 754
–im Berufungsverfahren	–在事实上诉审程序中作出的	841, 843
–im Hauptverfahren	–在审判程序中作出的	452, 515, 524
–im Revisionsverfahren	–在法律上诉审程序中作出的	860, 862

-im Zwischenverfahren　　　　　-在中间程序中作出的　451, 558 及后段

-nach dem Legalitätsprinzip　　-基于法定原则作出的　491

-Rechtskraft　　　　　　　　　-确定力　514

-Strafschärfung durch ausgeschiedene Delikte　　-被排除追究的犯罪作为从重处罚的理由　526

-und Insolvenzanfechtung　　　-破产异议　523

-Verfahrenskosten　　　　　　-诉讼费用　906

-Zustimmung des Gerichts　　　-法院的同意　522

Einstellung des Verfahrens　　　程序终止　490

Einstellungsurteil　　　　　　　程序终止的判决　452, 544, 751

Einvernehmen mit Protokollverlesung　　同意宣读笔录　636

Einverständnis auf Verteidigerverzicht　　同意放弃辩护人　178

Einwände gegen Verständigung　对协商的反对　595

Einwilligung des Beschuldigten in verbotene Vernehmungsverbote　被追诉人同意被采取禁止的讯问方法　202

Einzelrichter　　　　　　　　　独任刑事法官　74

Einziehungsgegenstände　　　　没收的对象　389

Elektronische Akte　　　　　　电子卷宗　242 及以下, 310, 593

Englisches Modell　　　　　　英国模式　658

Entbindung von der Schweigepflicht　解除保密义务　191, 289

Entfernung des Angeklagten aus der Hauptverhandlung　被告人离庭　188, 659

Entschädigung bei überlanger Verfahrensdauer　补偿因程序过长造成的损害　57

Entschädigung des Opfers　　　对被害人补偿　9, 901

Entscheidung außerhalb der Hauptverhandlung	庭审外作出的裁判 439
Entscheidung ohne Schöffen	排除参审员参与下作出的裁判 439
Entziehung der Fahrerlaubnis	剥夺驾驶许可 387
Entziehung des Fragerechts	剥夺发问权 589
Erfahrungssätze	经验定则 625, 756
Erfolglosigkeit eines Rechtsmittels	救济审失败 907
Ergänzung der Anklageschrift	起诉书的补充 544
Ergänzungsklage	补充起诉 779
Ergänzungsrichter	备位法官 582
Ergänzungsschöffe	备位参审员 582
Ergreifung	抓获 333
Ergreifungsdurchsuchung	抓获式搜查 400
Ergreifungsort	抓获地 94
Erhebung der öffentlichen Klage	提起公诉 489, 542 f, 560
Erkennender Richter	负责审理的法官 123
Erkennungsdienstliche Maßnahmen	鉴识性措施 166, 380, 507
Erlaubnistatbestandsirrtum	容许构成要件错误 367
Ermächtigung	授权 437
Ermächtigungsdelikte	授权乃论之罪 46
Ermittlungen	侦查
–bei Berufsgeheimnisträger	–对职业秘密保守者采取的 357 及以下
–durch Polizei	–由警察为之的 163, 483
–durch StA	–由检察官为之的 483

–durch Verteidiger	–由辩护人为之的　226, 239
Ermittlungsdurchsuchung	侦查中的搜查　400 及后段
Ermittlungserzwingungsverfahren	侦查强制程序　47, 532
Ermittlungsgeneralklausel	一般侦查条款　132, 163, 741
Ermittlungsgrundsatz	调查原则　51
Ermittlungspersonen der StA	检察官的侦查人员　161, 167, 374, 383 及后段
Ermittlungsrichter	侦查法官　332
–Anordnung von Zwangsmitteln	–决定强制性措施　485
–Anwesenheit des Verteidigers bei Vernehmung	–开展讯问时辩护人在场　237
–bei Durchsuchung	–搜查中的　402, 422
–bei körperlicher Untersuchung	–身体检察中的　374
–Beweissicherung	–证据保全中的　486 f
–Einleitung des Verfahrens	–启动程序的　478
–Entscheidung über Akteneinsicht	–对阅卷事项作出裁决　244
–gerichtliche Untersuchungshandlungen	–由法院实施的调查行为　484
–Pflichtverteidigerbestellung	–指派义务辩护人　279
–Prüfungskompetenz	–审查权限　487
–und Vernehmung der Sachverständigen	–和讯问鉴定人　188
–und Vorermittlungen	–和前侦查　479
–und Zeugenvernehmung	–和讯问证人　188
–und Zwangsmaßnahmen	–和强制性措施　356
–Vernehmung des Beschuldigten	–讯问被追诉人　176

−Vernehmungen	−讯问　484
−Zeugenverwendung	−运用证人　173
Ermittlungsverfahren	−侦查程序　5, 132, 172 ff, 189, 434, 450, 475, 478 及以下, 532 及以下
−und Pflichtverteidigung	−和义务辩护　254
Ermüdung	−疲劳　205
Eröffnung des Hauptverfahrens	审理程序的开启　171
Eröffnungsbeschluss	开启审理裁定　546, 752, 805
−als Abschluss des Zwischenverfahrens	−作为中间程序的终结　5, 548
−als Prozessvoraussetzung	−作为诉讼要件　438
−Anfechtung	−救济　550
−Anfechtung der Ablehnung	−不予开启审理裁定的救济　556
−Fehler	−瑕疵　438, 552 及后段
−Folgen bei Fehlen	−瑕疵的后果　452
−Folgen bei Fehlern	−多种下次的后果　438 及以下
−Inhalt	−内容　549
−Irrtum bei Erlass	−签发时的错误　463, 551
−Mitwirkung der Laienrichter	−外行法官的参与　547
−Rücknahme	−撤回　463, 551
−zuständiges Gericht	−管辖法院　547
Erörterung	商讨　599
Erpresseranrufe	勒索电话　731
Ersatzverteidiger	替代性辩护人　271
Erscheinungspflicht des Beschuldigten	被追诉人的到场义务

–bei Ermittlungsrichter	–面对侦查法官面的　197
–bei Polizei	–面对警察面的　197, 481
–bei richterlicher Vernehmung	–为了法官讯问的　484
–bei StA	–面对检察官的　197, 481
Erscheinungspflicht des Sachverständigen	鉴定人的到场义务　482
Erscheinungspflicht des Zeugen	证人的到场义务
–bei Polizei	–面对警察的　292, 482
–bei richterliche Vernehmung	–为了法官讯问的　292, 484
–bei StA	–面对检察官的　292, 482
Erste Hilfe bei der Verteidigerkonsultation	第一时间获得律师咨询　40, 237
Erster Zugriff durch Polizei	率先采取措施　165
Ersuchter Richter	受托法官　311, 570
Erweitertes Schöffengericht	扩大参审庭　76
Erwiesenheit der Tatsache beim Beweisantrag	证据申请中的事实已获证实性　685
Eurojust	欧盟司法合作组织　33
Europäische GemeinschaftUnion	欧洲共同体欧盟　20
Europäische Menschenrechtskonvention (EMRK)	欧洲保障人权和基本自由公约　4, 14
–Akteneinsichtsrecht	–阅卷权　243
–Beistand eines Verteidigers	–获得辩护人帮助权　15, 224
–Dolmetscher	–口译人员　15, 250
Europäische Staatsanwaltschaft	欧盟检察署　33, 137

Europäischer Gerichtshof für Menschenrechte	欧洲人权法院	14, 18
Europäischer Haftbefehl	欧盟逮捕令	29, 146
Europol	欧盟警察署	33, 160
Eventualbeweisantrag	未必调查的证据申请	461, 694
Externes Weisungsrecht	外部指令权	142
Exterritoriale	享有治外法权之人	427
Facebook	脸书	391
−Benutzerkonto	−用户账号	391
Fact bargaining	就事实讨价还价	597
Fahndung	通缉	408
Fahrerlaubnis	驾驶许可	387
Faires Verfahren (fair trial)	公平程序(公平审判)	15 及后段, 59, 152, 154, 202, 209, 229, 302, 448, 526, 595, 600, 611, 648, 728, 743
Fairnessgebot	公平原则	190
Fangfragen	诱导性问题	210
Fehler (Fehlen)	瑕疵(欠缺)	
−der Anklage	−起诉中的	441, 544
−des Eröffnungsbeschlusses	−开启审理裁定的	439, 552 及后段
−des Urteils	−判决的	778
Fehlerhafte Gerichtsbesetzung	有瑕疵的法庭组成	569
Fernsehaufnahmen in der Hauptverhandlung	庭审中的电视录制	579

Fernwirkungen der Beweisverwertungsverbote	证据使用禁止的远程效力 219, 607, 744
Fernzugriff bei Online-Durchsuchung	线上搜查中的远程调取 398
Fertigstellung des Protokolls	笔录的制作完成 593
Fesselung	手铐束缚 400
Festnahme	逮捕 365 及以下
Festnahmerecht	逮捕权 418
Filmaufnahmen	录像
–als Beweismittel	–作为证据的 311
–des Beschuldigten	–对被追诉人的 356, 412
–durch Gericht	–由法院为之的 579
–im Verhandlungsraum	–在审判区域内的 579
–in der Hauptverhandlung	–庭审中的 579
–Verkündung von BGH-Entscheidungen	–联邦最高法院的裁判之宣告 579
–Verwertbarkeit	–可使用性 725
Fingerabdrücke	采集指纹 356, 380
Fluchtgefahr (U-Haft)	逃跑之虞（羁押） 321 及后段
Fluchtverdacht (Festnahme)	逃跑的嫌疑（逮捕） 368
Folter	刑讯 203, 208, 447
Formelle Rechtskraft	形式确定力 772
Formelle Verteidigung	形式辩护 224
Formeller Vernehmungsbegriff	形式讯问概念 176
Fortgesetzte Tat und Tatbegriff	接续犯和犯罪概念 441, 795
Fotografien	照相

–in der Hauptverhandlung	–庭审活动中的照相 579
–Verwertbarkeit	–可使用性 725
–Zulässigkeit als Beweismittel	–作为证据的合法性 412
Fragerechte	发问权 190, 587
Freibeweis	自由证明 218, 285, 426, 621, 852
Freie richterliche Beweiswürdigung	法官自由心证 52, 754, 763
Fristen	期间
–Begriff	–概念 465
–Berufung	–提起事实审上诉的 837
–Beschwerde	–抗告的 871, 874
–Besetzungsrüge	–对法庭组成提出异议的 569
–Beweisantrag	–证据申请的 571, 680, 694
–Rechtsmittel	–救济审的 823
–Revision	–法律上诉审的 849
–Richterablehnung	–申请法官回避的 118
–Strafbefehl	–对处刑令的 802
Wiedereinsetzung in den vorigen Stand	回复到原先的状态 467 及后段
Früchte des verbotenen Baumes (Fruit of the poisonous tree)	毒树之果 219, 744
Führerschein	驾照 387
Führerschein (Sicherstellung)	驾照（保全） 382
Führungszeugnis	犯罪记录证明 780
Funktionelle Zuständigkeit	功能管辖 60, 73
Funktionen des Strafprozessrechts	刑事诉讼法的功能 7, 9 及后段, 39

Funktionstüchtige Strafrechtspflege	功能良善(有效)的刑事司法 7, 47
Funktionsweise der StA	检察官发挥功能的方式 139, 141 及后段
Funkzellenabfrage	无线网单元查询系统 394
Furcht	–Rspr EGMR 欧洲人权法院福尔希特案裁判 444, 455, 651
Fürsorgepflicht	照料义务 463, 583
Gäfgen	加夫根 162, 182, 208, 447
Gebühren	规费 904 及以下
Gedächtnisunterstützung durch Protokollverlesung	宣读笔录用于回忆 640
Gefahr für PersonenStrafverfahren	对人刑事程序造成危险 256
Gefahr im Verzug	迟延会招致危险 167, 370, 374, 384, 388, 393, 402
Gefährdeter Zeuge	身处危险中的证人 303, 664
Gegenüberstellung	指认 196 f, 757
Geheimhaltungsinteresse (V–Mann)	保密的利益(长期卧底线民) 652
Geheimnissphäre des Verteidigers	辩护人的保密范围 232
Geldwäsche	洗钱 277
Gemeinschaftliche Nebenklagevertretung	共同附加控诉的代表 892
Gemeinschaftliche Verteidigung	共同辩护 273
Gemengelage	混合情形 162
Generalbundesanwalt	联邦总检察长 81, 136
Generalermittlungsklausel	一般侦查条款 132, 163
Generalstaatsanwalt	总检察长 138

Genetischer Fingerabdruck	采集基因指纹	375, 379, 420
Genomanalyse	基因组分析	375
Gerichtliche Bestimmung der Zuständigkeit	法院指定管辖	100
Gerichtliche Fürsorgepflicht	法院的照料义务	463, 583
Gerichtsaufbau	法院的架构	69 ff, 93
Gerichtsbesetzung	法庭组成	74, 76 f, 848
Gerichtskundig	法院已经知晓的	622
Gerichtssprache	法庭使用的语言	250, 464
Gerichtsstände	审判籍	94, 99
Geringe Schuld	罪责轻微	514
Gesamtbetrachtung	整体考量	190
−bei Fairness	−对公平性的	648
Gesamtlösungen	整体解决方案	597
Geschäftsbesorgungsvertrag 230 f		
Geschäftsbesorgung	事务管理	247
Geschworene	陪审员	77
Gesetzesverletzung bei der Revision	法律审上诉理由中的违法	851
Gesetzliche Beweisverwertungsverbote	法定证据使用禁止	703
Gesetzlicher Richter	法定法官	60, 69 及后段
Gesichtsverhüllung s. Verhüllung	遮面	
Gestaltungstheorie (Rechtskraft)	形成理论(确定力)	774
Geständnis	口供(自白)	
−bei Absprache	−在协商中的	597

−Verlesung	−宣读 641
Gewohnheitsrecht	习惯法 851
Glaubhaftmachung	释明 118, 285
Glaubwürdigkeit	信用性
−des Beschuldigten	−被追诉人的 191
−eines Zeugen	−证人的 761
Glaubwürdigkeitsgutachten	信用性评价 306, 309
Gorch Fock	−Fall 戈尔希・福克案 47
GPS (satellitengestütztes Ortungssystem)	GPS（卫星定位系统） 413
Große Strafkammer	大刑事庭 77 ff
Großer Lauschangriff	大监听 356, 390, 415, 485, 501, 701, 703, 721 及后段
s. auch Lauschangriff	同时参见：亦见监听
Großer Senat	大法庭 92
Grünbuch	绿皮书 31
Grundrechtscharta der EU	欧盟基本权宪章 20, 29
Grundrechtseingriffe	基本权干预
−Akteneinsicht	−阅卷 243
−informationelle Selbstbestimmung	−资讯自我决定 192
−nach EMRK	−依据欧洲人权公约的 15
−Rechtsschutz	−权利救济 501, 506
Haas, Monika	哈斯・莫妮卡 15
Haftbefehl	羁押令 331
−Aufhebung	−撤销 334, 339 及后段, 342

Haftbeschwerde	羁押抗告	337
Haftgründe	羁押理由	321 及以下
Haftprüfung	羁押审查	338
Haftrichter	羁押法官	332, 334, 338
Haftverschonung	羁押停止	332, 343
Hamburger Telefonfall	汉堡市的电话案	40, 718
Handakten	内卷	242
Handy	手机	393 及以下
Haupttatsachen	主要事实	623
Hauptverfahren	审理程序	5, 452
Hauptverfahren und Pflichtverteidigung	审理程序和义务辩护	254
Hauptverhandlung	开庭审理	133, 144
–Anwesenheitsrecht des Angcklagten	–被告人的在场权	188
–Berufung	–事实上诉审的	842
–Entscheidungen innerhalb und außerhalb der Hauptverhandlung	–庭审内外的裁判	81
–erstinstanzliche	–第一审的	571 及以下
–Gang	–流程	571
–gegen Jugendliche	–对未成年人的	578
–Neugestaltung	–新形态	613
–nicht öffentliche	–不公开的	578
–Protokoll	–笔录	593
–Revision	–法律审上诉	861
–Vorbereitung	–准备	566, 569 及后段

Hauptverhandlungshaft	候审羁押	326, 370 及后段
Hauptverhandlungsprotokoll	庭审笔录	
s. Protokoll	同时参见：见笔录	
Hausrecht des Gerichtsvorsitzenden	法庭审判长的官舍管理权	577
Haussuchung	抄家	399
Heilung von Verfahrensmängeln	程序瑕疵的治愈	439, 553
Heimliche Absprachen	私下达成的合意	611
Heimliche Ermittlungsmethoden	隐秘侦查手段	237, 356, 390 及以下, 398, 502, 649, 720, 722, 734
Herbeischaffen der als Beweismittel dienenden Gegenstände	提交被当作证据使用的物品	567
Herbeischaffen der Beweismittel	提交证据	567, 691 及以下
Herrin des Ermittlungsverfahrens	侦查程序的主导者	131
Herrin des Vorverfahrens	审前程序的主导者	480
Hilfsbeamte der StA	检察官的辅助公务员	161
s. auch Ermittlungspersonen der StA	同时参见：检察官的侦查人员	
Hilfsbeweisantrag	辅助性证据申请	461, 694
Hilfstatsachen	辅助事实	623
Hinreichender Tatverdacht	充足的犯罪事实	175, 489, 491 及后段, 542, 548, 801, 882
Hintergrundgespräche	背景谈话	390
Hinweis	释明	
-auf Aussageverweigerungsrecht	-对拒绝陈述权	178
-auf Pflichtverteidigung	-对义务辩护	178
Hinweis, rechtlicher	释明，法律上的	584, 785
Hinzuziehung des Verteidigers	延揽辩护人	185

Hohe Wahrscheinlichkeit der Tatbegehung	实施犯罪的高度盖然性　175
Holzklotzfall	霍尔兹·克罗茨案　579
Hörensagen, Zeugen vom	传闻, 传闻证人　648
Hörfalle	监听陷阱　212, 742
Hörfunk in der Hauptverhandlung	庭审中的电台　579
Hypothetische Kausalität bei Beweisverwertungsverboten	证据使用禁止中的假设因果流程　217, 360, 726, 745
Hypothetischer Ersatzeingriff	假设替代干预　162, 164, 360 及以下, 393, 402, 701, 721, 726, 745
Idealkonkurrenz und Tatbegriff	想象竞合与犯罪概念　787
Identitätsfeststellung	身份辨识　166, 356, 368, 407
Immunität	缓诉权　432
Immutabilitätsprinzip	公诉不变更主义　543
IMSI-Catcher	国际移动设备识别码捕捉设备　396
In camera-Verfahren	暗箱诉讼　385
In dubio pro reo	疑罪从无（有疑惟利被告）　179, 190, 624, 754
－als Prozessrechtsgrundsatz	－作为诉讼原则　55
－bei Nachweis verbotener Vernehmungsmethoden	－证明禁止讯问方法的适用　218
－bei Prozessvoraussetzungen	－在诉讼要件中的适用　426
－bei Verfahrensrüge	－在程序违法方面的适用　852
－bei Wiederaufnahme	－在再审中的适用　882, 884
Indiztatsachen	间接事实　623
－Beweis	－证明　757

-Wahrunterstellung　　　　　　　　　-被假定为真　688

Informanten　　　　　　　　　　　　一般线民　649, 651, 733, 737

Information über Akteninhalt　　　　　对案卷内容的知悉　194, 242

Informationelle Selbstbestimmung　　　信息的自我决定　192, 303, 378, 410 及后段, 651

Informationen über Verteidiger　　　　辩护人的资讯　178

Informationsbeherrschungsrecht　　　　信息支配权　705

Informationsfunktion der Anklage　　　资讯功能　441, 544

Informationssysteme　　　　　　　　　资讯系统　134, 160, 780

Informatorische Befragung　　　　　　探听消息　174, 181, 199, 203, 646

Informatorische Systeme　　　　　　　信息系统　391, 393

Informatorischer Fingerabdruck　　　　资讯性指纹采集　378, 420

Informelle Verständigung　　　　　　　非正式协商　596

Inkulpationsakt　　　　　　　　　　　刑事追究行为　172

Innerprozessuale Bedingung　　　　　　诉讼内的条件　461

Inquisitionsprinzip　　　　　　　　　　纠问原则　48, 51

Insolvenzanfechtung　　　　　　　　　破产异议　523

Instruktionsprinzip　　　　　　　　　　审问原则　51

Integrität informationstechnischer Systeme　信息技术系统的完整性　395

Internal Investigations　　　　　　　　内部调查　234, 385, 733

Internationaler Pakt über bürgerliche und politische Rechte　公民权利与政治权利国际公约　38, 191

Internationaler Strafgerichtshof　　　　国际刑事法院　35 及后段

Internationaler Terrorismus　　　　　　国际恐怖主义　160

Internes Weisungsrecht　　　　　　　　内部指令权　142

Internet	互联网	391, 393, 398
Intimsphäre des Beschuldigten	被追诉人的隐私	720
Intimsphäre des Zeugen	证人的隐私	58, 578
Inverwahrnahme	保管	383
IP-Adresse	IP 地址	394 f
IP-Tracking	IP 跟踪	394
Irrtum über Verfahrenshindernisse	程序障碍认识错误	452
Iudex a quoiudex ad quem	原审法院救济审法院	823, 837, 849, 856, 872
Jugendstrafverfahren	少年刑事程序	602
Justizgewährleistungsanspruch	司法保障请求权	7
Justizminister	司法部长	141 及后段
Katalogtaten	清单犯罪	
–bei Online-Durchsuchung	–在线搜查中的	398
–bei Rasterfahndung	–网格化侦缉中的	411
–bei Telefonüberwachung	–电信通讯监察中的	393, 726 及后段
–bei V-Mann-Einsatz	–长期卧底线民中的	649
–bei VE	–卧底警探中的	417
–beim großen Lauschangriff	–大监听中的	415
–beim kleinen Lauschangriff	–小监听中的	414
–beim VE-Einsatz	–派遣卧底警探时的	651
–und hypothetischer Ersatzeingriff	–假设替代干预下的	360
Kauf von Daten	买卖个人信息	733
Kausalität	因果性	

–bei Beweisverwertungsverboten	–证据使用禁止的	726, 745
– bei unterbliebener Beschuldigtenbelehrung	–未践行晓谕被追诉人权利的	179
–bei verbotenen Vernehmungsmethoden	–禁止讯问方法的	217
–in der Revision	–法律审上诉中的	853
Kenntnis des Beschuldigten	被追诉人知悉	
–des Aussageverweigerungsrechts	–对拒绝陈述权的	179
Kernbereich	核心领域	
– der Funktionstüchtigkeit der Rechtspflege	–司法效能发挥的	247
–privater Lebensgestaltung	–私人生活的	364, 413 及后段, 720
Kernbereich privater Lebensgestaltung	私人生活核心领域	393, 398, 415, 417, 420, 720 及以下, 724, 735, 743, 748
Kinderpornographie	儿童色情内容	278, 417
Klageerhebung	起诉	489, 543, 560
Klageerzwingungsverfahren	强制起诉程序	48, 532 及以下
–und Dienstaufsichtsbeschwerde	–职务监督的抗告	537
–Verfahrensablauf	–程序流程	536
Kleine Strafkammer	小刑事庭	83
Kleiner Lauschangriff	小监听	167, 356, 414, 701, 722
s. auch Lauschangriff	同时参见：监听	
Kombinierter Zusammenhang bei Verbindung	合并管辖中的组合型关联性	82
Kommissarische Vernehmung	嘱托讯问	570

Kompetenzkonflikte	职权冲突	100
Komplementarität	补充性原则	35, 37
Konfliktverteidigung	冲突辩护	227, 274
Konfrontationsrecht des Beschuldigten mit Belastungszeugen	被追诉人与对己不利证人对质的权利	15, 59, 188, 190, 261, 648, 708
Konkludente Verfahrenseinleitung	以推断方式呈现的程序启动	173
Konnexität	（对价）关联性	597
–beim Beweisantrag	证据申请中的关联性	679
Konsens	–合意	596, 613
Konsensprinzip	合意原则	613
Konsularische Vertretung	领事代表	719
Kontaktrecht de Verteidigers	辩护人的联络权	233
Kontaktrecht zum Verteidiger	联络辩护人的权利	179
Kontaktsperre	联络阻断	233
Kontrollstellen	关卡检查站	163, 167, 356, 409
Konzentrationsmaxime	集中审理原则	56
Kopftuch	头巾	577
s. auch Verhüllung	同时参见：遮面	
Körperliche Untersuchung	身体检查	
– Anordnung durch Ermittlungspersonen der StA	–经由检察官之侦查人员所决定的	167
–Beschwerde	–抗告	869
–des Beschuldigten	–对被追诉人的	356, 374
–Verwertbarkeit	–（证据的）可使用性	728
–von Dritten	–对第三人的	356, 381

–Zulässigkeit	–合法性 374
Körperöffnungen	身体开口 400
Korruption	腐败 733
Kosten der Pflichtverteidigung	义务辩护的费用 178 及后段, 237
Kosten des Verfahrens	程序的费用 904 及以下
Krankenzimmerfall	病房案 415, 722
Kreuzverhör	交叉诘问 590
Kriminalistische List	刑事侦查策略 210
Kronzeuge	污点证人 528
Kumulation von Zwangsmitteln	强制性措施的叠加运用 356
Kunduz	昆都士案 7
Ladung	传唤
–im beschleunigten Verfahren	–在速审程序中的 808
–von Auslandszeugen	–对身处国外的证人 690
–zur Hauptverhandlung	–为了庭审的 567 及后段
Laienrichter	外行法官
–und Eröffnungsbeschluss	–和开启审理裁定 547
Länderübergreifendes Verfahrensregister	跨州案件登记系统 134, 163
Landgericht	州地方法院 77 ff, 83 及后段
Längerfristige Observation	长期监视 163, 364, 723
Laptop	便携式电脑 579
Lauschangriff	监听 163, 235, 414 及后段, 502, 722
Lebensgemeinschaft, nichteheliche und Zeugnisverweigerungsrecht	同居、未婚同居与拒绝作证权 296

s. auch eingetragene Lebenspartner	同时参见：登记的生活伴侣
Legal aid-Richtlinie	法律援助指令　251
Legalitätsprinzip	法定主义原则　47, 149, 475, 491, 513
Legendierte Maßnahmen	预防性措施　162, 402
Leitender Oberstaatsanwalt	检察长　138, 141
Leitung des Sachverständigen	对鉴定人的指挥　306
Leitungs-und Kontrollbefugnis	指挥权与监督权　132, 161, 173
Letztes Wort	最后陈述　571, 592
Leumundszeuge	品格证人　286
Lichtbilder	照相　166, 356, 380, 412
Liechtenstein	列支敦士登　733
Lissabon, Vertrag von	里斯本条约　20 ff
Lockspitzel	警察圈套　444, 651, 733
Lügen des Verteidigers	辩护人的谎言　275 及后段
Lügendetektor	测谎仪　216
Lügerecht des Beschuldigten	被追诉人的说谎权　191
Mailbox	邮箱　391
Mainzer Modell	美因茨模式　658
Mallorca	-Fall 摩洛哥案　741
Mängel s. Fehler	瑕疵 参见错误
Mannesmann	曼内斯曼　519
Marokkaner	-Fall 摩纳哥人案　743
Massenscreening,	-test 海量筛查, 检测　378
Materielle Rechtskraft	实质确定力　773

Materielle Verteidigung	实质辩护	224
Materielle Wahrheit	实质真实	51
Materieller Vernehmungsbegriff	实质讯问概念	176
Materielles Recht	实体法	13
Mauterfassungssystem	道路收费卫星探测系统	416
Mehrfachverteidigung	多重辩护	
s. gemeinschaftliche Verteidigung	同时参见：共同辩护	
Menschenrechtskonvention	人权公约	
s. Europäische Menschenrechtskonvention	同时参见：欧洲保障人权公约	
Menschenwürde	人性尊严	203, 730
Mikado-Fall	天皇案	411
Milieubedingte Straftaten des VE	卧底警探所实施的形势所逼的犯罪	417
Missbrauchsverbot	滥用禁止	194, 227
Mitbeschuldigte	共同被追诉人	290, 297
-Anwesenheitsrecht des Verteidigers	-辩护人的在场权	237
-Berufungserstreckung	-事实审上诉的扩张	844
-Fragerecht	-发问权	190, 587
-Protokollverlesung	-宣读庭审笔录	632 及以下
-Revisionserstreckung	-法律审上诉的扩张	865
-Verlesung früherer Vernehmungen	-宣读之前的讯问内容	632 及以下
-Zeugenvernehmung	-讯问证人	290
-Zeugnis verweigerungsrechte	-拒绝作证权	297
Mithäftlingsfall	牢友案	210, 732

Mithörfälle	旁听情形	212, 742
Mitteilung über Gerichtsbesetzung	告知法庭的组成	569
Mitteilungspflichten	告知义务	134, 600, 606
Mittelbarer Zeuge	间接证人	54
Mittlere Kriminalität	中等严重程度的犯罪	
−bei Einstellung	−关于程序终止的	519
Mitwirkungsbefugnisse des Opfers	被害人的参与权	
s. Opferrechte	同时参见：被害人的权利	
Mitwirkungsrechte be der Videovernehmung	视频讯问中的参与权	670
MMS	多媒体信息	392
Mobilfunkgeräte	移动无线设备	397
Mobiltelefon in der Hauptverhandlung	庭审中的移动电话	237
Möglichkeit der Tatbegehung	实施犯罪的可能性	175
Mollath	−Fall 莫拉斯案	55, 821, 879
Monika Haas	莫妮卡·哈斯	15
Mosaiktheorie	马赛克理论	301
Motassadeq	莫塔萨德克	190, 218, 656
Mühlenteichtheorie	磨池理论	704
Mundhöhle	口腔	400
Mündlichkeitsprinzip	言词原则	53, 625
Nachbesserung der Anklageschrift	补正	441, 544
Nacheid	誓言	302
Nachermittlungen	补充性调查	624

Nachholung de Eröffnungsbeschlusses	开启审理裁定的补作 439, 454, 552
Nachrichtendienste	情报部门 160, 415
Nachtdienst s. Notdienst	夜间值班人员,同时参见值班人员
Nachtragsanklage	补充起诉 584 及以下, 752, 785
Nachtsichtgeräte	夜视仪 13
Naturwissenschaftliche Erfahrungen	自然科学意义上的经验 756
Ne bis in idem	一事不再理 32, 434, 441, 777, 785
Nebenklage	附加控诉 6, 9, 291, 592, 889 及以下
−BegriffFunktion	−概念功能 889
− Gemeinschaftliche Nebenklagevertretung	−共同附加控诉的代表 892
−Rechte des Nebenklägers	−附加控诉人的权利 822, 892
Negativattest	反向检验 600
Negative Prognose	负面征兆 379, 431
Nemo tenetur se ipsum accusare	不自证己罪 191, 216, 384, 715, 781
Neutralität des Richtersweltanschaulich-religiöse	法官在意识形态和宗教信仰上的中立 68
Nichteheliche Lebensgemeinschaft (Zeugnisverweigerungsrecht)	非婚同居(拒绝作证权) 296
Nichtige Urteile	无效的判决 777
Nichtigkeit eines Urteils	判决的无效性 611
Nichtöffentlich ermittelnde Polizeibeamte (NOEP)	从事不公开侦查任务的警察(便衣) 417, 649
Nichturteile	非判决 777

Niederschlagung des Verfahrens	案件赦免　436
Niqab	面纱　577
s. auch Verhüllung	同时参见遮面
Notdienst	值班人员
−anwaltlicher	−值班律师　40, 178 及后段
−richterlicher	−值班法官　374, 402
Notstaatsanwalt	紧急检察官　478
Notwendige Auslagen eines Beteiligten	程序参与人的必要开支　904
Notwendige Verteidigung	必要辩护　248 及以下, 372, 545
−bei Verständigung	−协商时的　250
Numerus clausus der Beweismittel	证据之数量限制条款　284
Nutzerkonto	用户账号　398
Oberlandesgericht	州高等法院　80, 85 及后段, 88
Oberstaatsanwalt	高级检察官　138, 141
Objektive Bedingungen der Strafbarkeit	客观处罚条件　426
Observation des Beschuldigten	被追诉人的监视　163, 364, 412 及后段, 723
Offenkundigkeit	显而易见的事实　622, 625
−bei Begründetheit der Revision	−法律审上诉说理中的　858
−Beweisantrag	−证据申请中的　683
Öffentliche Klage	公诉　132
Öffentliches Interesse an der Strafverfolgung	刑事追究上的公共利益
−bei Antragsdelikten	−告诉乃论之罪的　46, 437

-bei Einstellung	-适用程序终止的　514, 518, 529
-bei Privatklagedelikten	-自诉犯罪中的　46, 887
Öffentlichkeit der Hauptverhandlung	庭审活动的公开性　58, 576 及以下, 580, 616
Öffentlichkeitsfahndung	公告通缉　408
Offizialdelikte	公诉之罪　887
Offizialmaxime	职权原则　46
OLAF	欧盟欺诈犯罪防制局　33
On-Board	-Camera 车载摄像头　731
Online-Durchsuchung	线上搜查　356, 398, 485, 502
Onlinesichtung	线上访问　398
Opening statement	开头陈述　240, 571
Opferbeistand	被害人的辅佐人　892, 900
Opferrechte	被害人的权利　9
-Entschädigung	-损害赔偿　901
-Klageerzwingungsverfahren	-强制起诉程序　532 及以下
-Nebenklage	-附加控诉　889 及以下
-Opferanwalt	-被害人的律师　892
-Opferzeuge	-被害人证人　303, 664
-Privatklage	-自诉　886 及以下
-Rechtsbeistand	-法律辅佐人　303
-Sonstige Verfahrensrechte	-其他的程序性权利　898 及以下
-Video on Zeugenvernehmung	-视频讯问证人　662, 664
Opferrechtsreformgesetz	被害人权利改革法案　303, 593, 889 及后段

Opportunitätsgründe	裁量性理由 513 及以下, 539
Opportunitätsprinzip	裁量原则 47, 132, 513, 535
Ordentliche Gerichtsstände	固有审判籍 94
Ordnungsmittel gegen den Verteidiger	对辩护人的秩序罚 577
Ordnungsvorschrift	训示性规定 178 及后段, 606
Organtheorie	（司法）单元理论 194, 227
Organtheorie (Verteidiger)	（司法）单元理论（辩护人） 227
Örtliche Zuständigkeit	地域管辖 60, 72, 94, 99 及后段
Ortungssystem GPSGPS	卫星定位系统 413
Parteiinteressenvertretertheorie	当事人利益代理人理论 228
Peilsender	追踪设备 413
Personalbeweis	人证 54, 284, 631
Personenbezogene Date	个人信息 192
Persönlicher Zusammenhang bei Verbindung	合并管辖中人的关联性 82
Pflicht zur Anklageerhebung	起诉的义务 175
Pflichten de Beschuldigten	被追诉人的义务 195
Pflichtverteidiger	义务辩护 59, 178, 185, 248, 250 及后段, 257, 545
－Abwehr und Gefahren für Personen	－对人身的防范和危险的情形 256
－Anstaltsfälle	－被收容的情形 254
－Antragsstelle	－提出申请的情形 265
－Auswahlrecht	－选择权 267
－Beschwerderecht bei Wechsel	－对更换事项的抗告权 270
－Dauer und Aufhebung der Bestellung	－指派的期间和撤销 269

−Entscheidung des Gerichts	−法院的裁决　266
−Erstvernehmung des Beschuldigten	−被追诉人的第一次讯问情形　259 及后段
−Festnahme des Beschuldigten	−被追诉人逮捕情形　259
−Gefährdung des Strafverfahrens	−对程序造成妨害的情形　256
−Haftvorführungsfälle	−羁押性拘传的情形　254
−im Hauptverfahren	−在审判程序中的　263
−im Zwischenverfahren	−在中间程序中的　263
−in Haftfällen	−在羁押情形下的　263
− polizeiliche Beschuldigtenvernehmung	−警察讯问被追诉人情形下的　259
− richterliche Beschuldigtenvernehmung	−法官讯问被追诉人情形下的　260
−StA Beschuldigten vernehmung	−检察官讯问被追诉人情形下的　259
−Unfähigkeit de Verteidigers	−辩护人的不适任　270
−Unfähigkeit zur Selbstverteidigung	−没有能力自行辩护的情形　260
− Verwertungsverbot bei Nichtbestellung	−未予指派而导致的证据使用禁止　264
− Verzeichnis der Bundesrechtsanwaltskammer	−联邦律师协会的名册　267
−Verzicht auf	−放弃　256, 258, 260, 262 及后段
−von Amts wegen	−依职权指派　253, 263
−vor Befragung durch Polizei	−警察开展讯问以前　251
−Wechsel	−更换　270
−Widerruf	−撤回　270
Pflichtverteidigung	义务辩护　178 及后段

PINPIN	码 397
Pistazieneis	-Fall 开心果冰淇淋案 754
PKH	-Richtlinie 诉讼费用援助指令 251
Pkw	-Fall (Selbstgespräch) 私家车(喃喃自语)案 722
Plädoyer *s. Schlussplädoyer*	结辩陈词, 同时参见总结陈述
Politische Beamte	政治性公务员 146
Polizei	警察 160 及以下
-Präventive Erkenntniss	-预防性活动而发现(犯罪嫌疑)时的 162, 164, 415
Polizeiliche Ermittlungen	警察的侦查活动 173
Polizeiliche Protokolle	警察制作的笔录
-bei V-Mann	-对于长期卧底人员 654
-und Verlesung in der Hauptverhandlung	-庭审中的宣读 633 及以下
Polizeiliche und Justizielle Zusammenarbeit in Strafsachen	刑事案件的警务和司法合作 22, 25
Polizeiliche Vernehmung	警察的讯问
-des Beschuldigten	-对被追诉人的 176, 237
Polygraph	测谎仪 216
Pool-Lösung	多用途方案 579
Postsendungen (Beschlagnahme)	邮件(扣押) 388
Präjudizien	司法先例 147 及后段
Präklusion	遮断效
-beim Beweisantrag	-证据申请下的 571, 680, 694

−der Rüge gem. § 229 II StPO	−依据《刑诉法》第 229 条第 2 款的异议 575
Präsente Beweismittel	在庭的证据 681, 691 及以下
Präsenzfeststellung	确认到庭 571
Präventive Tätigkeit der Polizei	警察的预防性职能 162, 164, 415
−Verwertung im Strafprozess	−证据在刑事诉讼中的使用 164, 362, 415
Presseerklärung der StA	检察官的新闻发布行为 506
Prioritätsgrundsatz	优先原则 94
Private Erkenntnisse der StAPolizei	检察官或警察私人途径获悉的（犯罪资讯） 149, 163, 478
Private Vernehmungen	私人讯问 203, 212, 730
Privatklage	自诉 6, 9, 46, 74, 291, 329, 886 及以下
−EinleitungDurchführung	−启动或实施 887
−Einstellung	−程序终止 517
−Rechte des Privatklägers	−自诉人的权利 822
Privatklagedelikt	自诉之罪
−bei der Einstellung aus Opportunitätsgründen	−基于裁量性理由的程序终止 514
Privatpersonen	私人
−Einschaltung durch Strafverfolgungsorgane	−经由刑事追究机关延揽进来的 732, 737, 739 及以下
− und rechtswidrige Beweismittelgewinnung	−与非法获取证据 730 及后段
Probationsverfahren (Wiederaufnahme)	察看程序（再审） 882

Producta et instrumenta sceleris	犯罪工具 386	
Protokoll	笔录	
−Absprache	−关于协商的 600	
−als Beweis von Verfahrensverstößen	−作为违反程序之证据的 852	
−als Gedächtnisunterstützung	−用于支持回忆的 640	
−Berichtigung	−更正 852	
−Beschuldigtenvernehmung	−讯问被追诉人 178	
−der Hauptverhandlung	−庭审活动的 593	
−der Vernehmung des Beschuldigten	−讯问被追诉人的 178	
−richterlicher Vernehmungen Verlesungsproblematik	−法官讯问的宣读方面的问题 635, 640 及后段	
−Rügeverkümmerung	−摆脱不服 852	
−Vereidigung des Zeugen	−证人的宣誓 593	
−Verständigung	−协商的 600	
Protokollrüge	笔录不服 853	
Provider	服务提供商 392	
Prozesshandlungen	诉讼行为 229, 458 及以下, 493	
Prozesshandlungsvoraussetzungen	诉讼行为的要件 426	
Prozesshindernisse s.Prozessvoraussetzungen	诉讼障碍 同时参见诉讼要件	
Prozesskostenhilfe	诉讼费用救助 251	
Prozessmaximen	诉讼原则 45 及以下	
Prozesssabotage	阴谋阻扰诉讼	
−des Verteidigers	−辩护人实施的 194	

Prozesssubjekt	诉讼主体 6
Prozessuale Fürsorgepflicht s. Fürsorgepflicht	诉讼中的照料义务 同时参见照料义务
Prozessurteil	程序判决 426, 452, 751
Prozessvoraussetzungen	诉讼要件 56, 426 及以下, 544, 558, 751
−Arten	−种类 427 及后段, 430
−Fehlen	−欠缺 449 及以下, 491
−Rechtskraft	−确定力 773
Prüfungskompetenz	审查权限
−des Ermittlungsrichters	−侦查法官的 487
Psychosoziale Prozessbegleitung	心理专业诉讼陪护人 900
PUKPUK	码 397
Punktstrafe	点刑罚 597
Quälerei	折磨 207
Qualifizierte Belehrung	加重晓谕 182, 217, 646, 745
Quellen-TKÜ	来源端电信通讯监察 393
Rasterfahndung	网格化侦缉 163, 356, 411
Raumgespräch	室内对话 390
Razzia	大搜捕 409
Realkonkurrenz und Tatbegriff	实质竞合和犯罪概念 788 及后段
Rechte de Beschuldigten	被追诉人的权利 183
Rechtliche Hindernisse bei Zeugenvernehmung	讯问证人在法律上的障碍 637
Rechtlicher Hinweis	法律释明 584, 785

Rechtliches Gehör	依法听审	61, 184, 188
Rechtsanwaltskosten	律师费	904
Rechtsbehelfe	法律救济	816 及以下
– gegen Entscheidungen des erkennenden Gerichts	–对事实审法院裁决的	869
–gegen Eröffnungsbeschluss	–对开启审理裁定的	550
–gegen Haftbefehl	–对羁押令的	336
–gegen Urteile und Beschlüsse	–对判决和裁定的	83 及以下, 816 及以下, 834 及以下, 847 及以下
–gegen verdeckte Ermittlungsmaßnahmen	–对秘密侦查措施的	502
– gegen Zwangsmaßnahmen im Ermittlungsverfahren	–对侦查程序中的强制性措施的	494, 496 及后段
Rechtsbeugung	枉法裁判罪	604, 611
Rechtsextremistische Taten	极右翼主义犯罪	80
Rechtsfrieden als Verfahrensziel	法和平程序目的	11 及后段
Rechtshängigkeit	诉讼系属	433
Rechtskraft	确定力	11 及后段, 434
–Adhäsionsurteil	–附带民事程序判决的	897
–als Prozessziel	–作为诉讼目的	11
–Beseitigung	–消灭	12, 776
–der Einstellung	–程序终止	491, 516, 524, 529
–des Strafbefehls	–处刑令的	803
–des Urteils	–判决的	771 及以下
–formelle	–形式的	772
–materielle	–实质的	773

−Tatbegriff	−犯罪概念 785
−von Beschlüssen	−裁定的 452, 878
−Wesen	−本质 774
Rechtskraft der Ablehnung de Eröffnungsbeschlusses	不予开启裁定的确定力 557
Rechtskraft der Einstellung	程序终止的确定力 514
Rechtskreistheorie	权利领域理论 301, 706, 712, 747
Rechtsmissbrauch	权利滥用 194, 227
Rechtsmittel	救济审 83 及以下, 816 及以下
Rechtsmitteleinlegung	提起救济审 460 及后段
−durch Verteidiger	−经由辩护人的 246
Rechtsmittelverzicht	放弃救济审 463, 583, 601, 772, 829
Rechtsquellen de Strafverfahrensrechts	刑事程序法的法源 4
Rechtsschutz	权利救济
s. auch Rechtsbehelfe	同时参见法律救济
−gegen Ablehnung der Pflichtverteidigerbestellung	−不服拒绝指派义务辩护人的 268
−gegen Aufhebung der Pflichtverteidigerbestellung	−不服撤销指派义务辩护人的 269
−gegen Ermittlungsverfahren	−针对侦查程序的 493
−gegen LichtbilderFingerabdrücke	−针对照相采集指纹的 380
−gegen Versagung der Akteneinsicht	−不服检察官驳回阅卷请求的 244
−im Ermittlungsverfahren	−侦查程序中的 493 及后段, 496
Rechtsschutzinteresse	权利救济的利益

－bei Anfechtung im Ermittlungsverfahren	－在侦查程序中声明不服的	501
－bei Rechtsmitteln allgemein	－在救济审中通常普遍的	821
Rechtsstaatliches Verfahren	法治国程序 10, 700	
Rechtsstaatsprinzip	法治国原则 4, 55 及后段, 58, 202	
Reform Strafprozessrecht	刑事诉讼法改革 613	
Reformatio in peius	禁止不利益变更原则 802, 824, 882	
Rehabilitierungsinteresse	回复采取措施前状态的利益需求	
－bei Anfechtung im Ermittlungsverfahren	－在侦查程序中声明不服的	501
Reihengentest	群组性基因筛查 377	
Rekonstruktionsverbot	禁止重构心证 851	
Relative Antragsdelikte	相对告诉乃论之罪 46, 437, 477	
Relative Revisionsgründe	相对的法律审上诉事由 853	
Repressive Tätigkeit der Polizei	警察的惩治性职能 162	
Retrograde Standortdaten	回溯性位置信息 394	
Revision	法律上诉审 85 及后段, 91, 250, 593, 816, 847 及以下, 910 及以下	
Richter	法官	
－als Zeuge	－作为证人 287	
－Einschränkung der Aussagepflicht	－作证义务的限制 295	
Richterliche Aufklärungspflicht	法官的澄清义务 51, 54, 624	
－bei Zeugen vom Hörensagen	－针对传闻证人的 648	
Richterliche Beweiswürdigung	法官的自由心证	
s. Beweiswürdigung	同时参见自由心证	

Richterliche Fürsorgepflicht	法官的照料义务 463, 583
Richterliche Untersuchungshandlungen	由法官实施的调查行为 132
Richterliche Vernehmungen	法官的讯问
-bei Zeugnisverweigerungsrecht	-针对拒绝作证权的 645
-des Beschuldigten	-针对被追诉人的 176, 237, 261
-in der Hauptverhandlung	-在庭审中的 571
-Verlesung in der Hauptverhandlung	-在庭审中的宣读 632 及以下, 637
-von Zeugen	-针对证人的 486
Richterlicher Notdienst	值班法官 402
Richtervorbehalt	法官保留 374, 384, 402, 728
Richtervorführung	拘传到法官面前 72
Richtlinien	(欧盟)指令 20 及以下, 31
RiStBV	刑事程序与罚金程序指令 649, 767, 887
Römisches Statut	国际刑事法院罗马规约 35
Rubrum	摘要 767
Rücknahme	撤回
-der Klage beim Strafbefehl	-针对处刑令中的起诉的 802
-der Pflichtverteidigerbestellung	-针对义务辩护人的指派的 270
-des Einspruches beim Strafbefehl	-针对对处刑令之异议的 802
-des Eröffnungsbeschlusses	-针对开启审理裁定的 463, 551
Rückwirkungsrecht	回溯法 41
Rückwirkungsverbot	回溯禁止 13, 728
Rügepräklusion	异议遮断 575, 853

Rügeverkümmerung	摆脱不服	852
Sachleitung durch Vorsitzenden	审判长的诉讼指挥	302, 572 及后段, 615
Sachliche BeweismittelSachbeweis	物证	284
Sachliche Zuständigkeit	事物管辖	60, 71
Sachlicher Zusammenhang bei Verbindung	合并管辖中的事物关联性	82
Sachrüge	实体不服	855, 911
Sachurteil	实体判决	426, 751
Sachverständige	鉴定人	
-Ablehnung	-回避	123
-als Beweismittel	-作为证据	284, 304 及以下
-als präsentes Beweismittel	-作为在庭的证据	681
-als Zeuge	-作为证人	291
-Beweisantrag	-证据申请	689
-und Belehrung	-和晓谕	299, 308, 645
-und Protokollverlesung	-和宣读笔录	633
-und Zeugnisverweigerungsrecht	-和拒绝作证权	645
-verboten Vernehmungsmethoden	-禁止性讯问方法	203
Sachverständiger Zeuge	鉴定证人	304
Sanktionsschere	制裁式剪刀差	597
Schatschaschwili	萨卡什维利	261
Schatschaschwili Rspr. EGMR	欧洲人权法院在萨卡什维利案中的实务见解	15, 59, 188, 190
Scheinaufkäufer	冒充买家	649, 651
Scheinverteidiger		469, 829

Schengener Abkommen	申根公约　32
Schengener Durchführungsübereinkommen	申根协定　434
Schengener Informationssystem	申根信息系统　160
Schiebetermine	拖延性期日　581
Schlafende Richter	睡觉的法官　626 及后段
Schleier	面巾
s. Verhüllung	同时参见遮面
Schleppnetzfahndung	拖网式侦缉　163, 356, 410
Schleyer-Entführung	施莱尔劫持（汉莎航空）事件　212
Schlussplädoyer, Schluss vortrag	总结陈述，总结性发言　133, 571, 592
Schnellantrag	速裁申请　804
Schöffen	参审员
−Aktenkenntnis	−阅卷　626 及后段
− Entscheidung außerhalb der Hauptverhandlung	−庭审外的裁决　81
Schöffengericht	参审法庭　76
Schriftform	书面形式　464
Schriftliche Erklärungen in der Hauptverhandlung	庭审中的书面声明　631
Schuldinterlokut	关于罪责的中间裁判　613
Schuldspruch	有罪宣告
−und Verständigung	−与协商　597
Schuldspruchberichtigung	更正的有罪判决　864

Schutzzwecklehre (Beweisverwertungsverbote)	保护目的理论（证据使用禁止） 705
Schweigen	缄默
–des Beschuldigten	–被追诉人的 59, 191, 760, 781
–des Zeugen	–证人的 643 及以下, 761
Schweigepflicht	缄默义务
–Beweisverwertungsverbot bei Verstoß	–违反时的证据使用禁止 710
–des Arztes	–医生的 191
–des Verteidigers	–辩护人的 247
–Entbindung von	–解除 191, 289
Schweigerecht des Beschuldigten	被追诉人的缄默权 179
Schwellentheorie	门槛理论 163
Schwere der Schuld	罪责严重程度
–bei Einstellung	–程序终止时 519
Schwere der Tat	犯罪的严重性 250
Schwere der zu erwartenden Rechtsfolge	可能判处法律后果的严苛性 250
Schwerpunktstaatsanwaltschaften	专门检察署 138
Schwierigkeit der Sach- oder Rechtslage	案件在事实或法律方面的复杂性 250
Schwurgericht	陪审法庭 79
Selbstablehnungsrecht	自行回避权 123
Selbstbelastung	自我归罪
–des Beschuldigten	–被追诉人的 179
–des Zeugen	–证人的 179
Selbstbelastungsfreiheit	不强迫自我归罪

s. nemo tenetur	同时参见不自证己罪
Selbstbelastungsprovokation	唆使自证己罪 742
Selbstgesprächsfälle	喃喃自语案
-Krankenzimmer	-病房内 415, 722
-Pkw	-私家车内 722
Selbstlesung	自行阅读 625
Selbstständiges Beweisverwertungsverbot	自主的证据使用禁止 704
Selbstverteidigung	自行辩护 250
Senate	审判庭 80, 85, 90
Sich – Entfernen aus der Hauptverhandlung	从庭审中自行离场 188
Sicherstellung	保全 356, 382 及以下
Sicherstellung von Einziehungsgegenständen	没收对象的保全 389
Sicherungsverfahren	保安处分程序 431, 488
Sicherungsverteidiger	保全性辩护人 271
Sitzungspolizeiliche Maßnahmen	法庭法警措施 237, 577
Sitzungsprotokoll	庭审笔录 52, 593
SMS	短消息 396
Sofortige Beschwerde	即时抗告 868, 874
Sozialstaatsprinzip	社会国原则 4, 59
Sperre, behördliche	封存, 官方
-Anfechtung	-声明不服 508
-beim V-Mann	-针对长期卧底线的 653 及以下.
-der Akten	-卷宗 385

−des Richters und Beamten als Zeugen	−法官和公务员作证时的　295, 448
Sperrwirkung der Rechtskraft	确定力的遮断效　773
Spontanäußerungen	自发性陈述　174, 181, 199, 646
Sprachassistenten	语音助手　398
Sprachnachricht	语音留言　391
Sprungrevision	飞跃上诉　86, 847 及后段
Spurenakten	迹证卷宗　242
Spurenansatz	迹证　357, 415, 607, 727, 744
Spurengrundsatz	迹证原则　381
Staatlicher Strafanspruch	国家刑罚请求权　7, 39
Staatsanwalt als Zeuge	担任证人的检察官　153, 288
Staatsanwaltliche Vernehmung (des Beschuldigten)	检察官（对被追诉人）的讯问　176, 237
Staatsanwaltschaft	检察官　46 及以下, 132, 136, 138
−Herrin des Ermittlungsverfahrens	−侦查程序的主导者　173
−Wächterfunktion	−守护人功能　596
Staatsanwaltschaftliches Verfahrensregister	检察机关案件登记系统　163
Staatsanwaltspolizei	检察警察　160
Staatsschutzdelikte	危害国家安全犯罪　79 及后段
Staatsschutzkammer	国家安全法庭　398
Staatssicherheit	国家安全　58
Standortdaten	位置信息　394
Statthaftigkeit	容许性
−Berufung	−事实审上诉的　819, 834

−Beschwerde	−抗告的 819
−Rechtsmittel	−救济审的 819
−Revision	−法律审上诉的 819, 847
Steckbrief	通缉令 408
Steuer CD	纳税人信息光碟 733
Stille SMS	静默短消息 396
Stimmenfalle, Stimmvergleich	骗取声音，声纹比对 212
Strafantrag	刑事告诉 9, 132, 437, 477
Strafanzeige	刑事告发 476
Strafbefehl	处刑令 800 及以下
−Einspruch	−声明异议 802
−Rechtskraft	−确定力 803
−Rücknahme	−撤回 802
−Wiederaufnahme	−重审 879
−Zulässigkeit	−合法性 800
Strafbefehlsantrag	核发处刑令的申请 489
Strafkammer	刑事庭 77 及以下
Strafklageverbrauch	刑事起诉穷竭 434, 515 及后段, 529
−durch Ablehnung des Eröffnungsbeschlusses	−经由驳回开启审理裁定 561
Strafmaßberufung	−revision 有关刑量的事实审上诉、法律审上诉 827
Strafmonopol	对刑罚权的独占 7
Strafmündigkeit	刑事责任能力 430
Strafrichter	独任刑事法官 74

Strafvereitelung	阻扰刑罚罪
-bei Absprachen	-在协商中　604, 611
-durch Verteidiger	-经由辩护人为之　274, 386
Strafverfolgungsverjährung	刑事追诉时效　435
Strafverlangen	刑事处罚请求　437
Strafverteidiger	刑事辩护人
-Geldwäsche	-洗钱　277
- verfassungsrechtlich - prozessuale Theorie	-宪法性诉讼理论　229
-Vertragstheorie	-契约理论　230
Strafverteidiger, Strafverteidigung	刑事辩护人、刑事辩护
-Strafbarkeit wegen Pornographie	-因为色情图片而遭遇刑事处罚　278
Strafvollstreckung	刑罚执　5, 134
Strafvorschriften	刑法规定　178
Strafzumessungslösung	量刑方案　444, 610
-bei unzulässiger Tatprovokation	-基于非法犯罪挑唆　444
Strengbeweis	严格证明　285, 621
-und Beweisantrag	-和证据申请　678
Substitutionsrecht	职务移转权　141
Suche im Körper	体内搜索　374, 400
Suggestivfragen	诱导性问题　588
Sühneversuch (Privatklage)	赎罪不成（自诉）　888
Suizidversuch	自杀未遂　188
Sukzessive Verteidigung	接续性辩护　273

Surfverhalten	网络浏览举止　391
Suspensiveffekt	阻断效　817, 837, 868
Syndikusanwälte	法律顾问　300
Tagebuch	日记　386, 724, 731
Tat im prozessualen Sinn	程序意义上的犯罪　48, 50, 585 及后段, 752, 785 及以下
−Abgrenzung Nachtragsanklage	−与补充起诉的区隔　584 及以下
−Alternativität von Handlungsabläufen	−行为历程的择一性　793 及后段
−Begriff−概念	50, 585, 786 及以下
−fortgesetzte Tat	−接续犯　795
−Idealkonkurrenz	−想象竞合　787
−Realkonkurrenz	−实质竞合　788 及后段
−SDÜ	−《申根协定》　33
−und Einstellung	−和程序终止　525
−Verkennung des Unwertgehalts	−不法内涵完全误判　790 及以下
Täter−Opfer−Ausgleich 加害人	−被害人和解　520, 527
Tatinterlokut	定罪的中间裁判　613
Tatort	犯罪地　94
Tatprovokation	犯罪挑唆　444, 651, 741
Tatsachenbehauptung	事实主张
− bei der Revisionsbegründung (Verfahrensrüge)	−在法律审上诉说理中的（因程序问题而声明不服）　852
−bei Wiederaufnahme	−再审中的　879
−beim Beweisantrag	−证据申请中的　677

Tatsachliche Hindernisse bei Zeugenvernehmung	讯问证人时事实上的障碍　637
Tatverdacht	犯罪嫌疑　172 及以下, 402, 479, 491, 548
Tatvorwurf	犯罪指控　178, 180
Täuschung	欺骗　209 及以下, 463, 739 及后段, 742
Technische Mittel (Zwangsmittel)	科技手段（强制性措施）　166, 356, 413
Teilanfechtung	部分声明不服　826
Teilnahme des Verteidigers bei Vernehmung	辩护人对讯问活动的部分参与
-aktenkundig	-补记进笔录　178
Teilrechtskraft	部分发生确定力　775, 828
Telefonüberwachung	电话监听　356
-Akteneinsicht	-阅卷　243
-des Beschuldigten	-对被追诉人的　390, 393
-des Verteidigers	-对辩护人的　235, 393
-Verwertbarkeit	-（证据的）可使用性　726
-Zulässigkeit	-合法性　390, 393
Telegramm (Beschlagnahme)	电报（扣押）　388
Telekommunikationsverbindungsdaten	电信通讯联通资料　394
Tenor	主文　768, 773
Termin	期日　465
Terminbestimmung	确定开庭日期　566
Terrorismus	恐怖主义　136, 160, 528

Tiefgreifende Grundrechtseingriffe im Ermittlungsverfahren	侦查程序中对基本权的深度干预 501
Tod	死亡
–des Angeklagten	–被告人的 442
–des Mitbeschuldigten	–共同被追诉人的 637
–des Zeugen und Protokollverlesung	–证人的死亡和宣读笔录 637
Tonbandaufnahmen	录音 356, 414
–als Aktenbestandteil	–作为卷宗之内容 242
–als Beweismittel	–作为证据 311
–Beweisverwertungsverbote	–证据使用禁止 722, 731
–des Verteidigers	–辩护人的 579
–durch Private	–私人为之的 731
–heimliche als Beweismittel	–秘密为之作为证据的 722
–in der Hauptverhandlung	–庭审中的 579
Trennbarkeitsformel	区分公式 826
Trennungsgebot	分权要求 160
Treu und Glauben	诚实信用 501
Trojaner	木马病毒 398
Überhaft	重复羁押 334
Überlange Verfahrensdauer	诉讼程序过分冗长 56 及后段, 443, 868
Übermittlung von Daten	信息的传输 192, 361
Überwachung der Telekommunikation	电信通讯的监察 485
s. Telefonüberwachung	同时参见电话监听
Überwachung des Beschuldigten	对被追诉人的监察

s. *Observation*	同时参见监视
Überwachung von E	-Mails 监察邮件 392
Umgrenzungsfunktion der Anklage	起诉的圈定功能 441, 544
Unabhängigkeit	独立性
-des Richters	-法官的 68
-des Verteidigers	-辩护人的 231
Unbenannte Auflagen (§ 153a StPO)	无名的负担（《刑诉法》第 153a 条） 521
Unerreichbarkeit des Beweismittels	证据无法得到 687
Unerreichbarkeit des Zeugen	证人无法得到
-bei behördlicher Sperre	-因为官方封存 656
-für Aussage in der Hauptverhandlung	-庭审中的程序 632 及以下
Unfähigkeit der Selbstverteidigung	没有能力自我辩护 250
Unfähigkeit des Verteidigers	辩护人不适任 270
Ungeeignete Fragen	不妥当的问题 588
Ungeeignetheit des Beweismittels	证据不合适 686
Unionsrechts -/europarechtskonforme Auslegung	合乎欧盟法或欧洲法之解释 23 f, 31
Unmittelbarer Zeuge	直接证人 54
Unmittelbarkeit	直接性 54, 311, 595
-formelle und materielle	-形式的和实质的 631
Unmittelbarkeit der Beweisaufnahme	法庭证据调查的直接性 631
-bei Videovernehmungen	-视频讯问情形的 658
-beim V-Mann	-对于长期卧底线民的 652

Unmittelbarkeitsgrundsatz	直接原则 646	
Unparteilichkeit des Richters	法官的不偏不倚性 68	
Unschuldsvermutung	无罪推定 55	
Unselbstständiges Beweisverwertungsverbot	非自主性证据使用禁止 704	
Untätigkeitsbeschwerde	不作为抗告 56, 556, 868	
Unterbrechung der Hauptverhandlung	休庭 56, 81, 581, 614	
Unterbringung des Beschuldigten zur Beobachtung	对被追诉人的留置观察 356, 373	
Unternehmensinterne Untersuchungen	公司内部调查 733	
Unterrichtung (s.a. Benachrichtigung)	告知 (亦见告知)	
–der konsularischen Vertretung	–告知领事代表 719	
–des Angeklagten nach Abwesenheit	–告知（暂时）离席的被告人 659	
Untersuchung	检查	
s. körperliche Untersuchung	同时参见身体检查	
Untersuchungsgrundsatz	调查原则 51	
Untersuchungshaft	羁押 132, 175, 196, 318 及以下, 402, 485	
–und Akteneinsichtsrecht	–和阅卷权 243	
Untersuchungshaftsfälle	羁押的情形	
–Abhören des Besuchsraums	–会见室的窃听 414, 743	
–Ehefrau des Mitangeklagten	–共同被告人的妻子 742	
–Mithäftling als Spitzel	–充当间谍的牢友 210, 732	
Untersuchungsverweigerungsrecht	拒绝身体检查权 381	
Unwilliger Richter	不情愿的法官 374, 402	
Unzulässige Vernehmungsmethoden	不合法的讯问方法	

s. verbotene Vernehmungsmethoden	同时参见禁止性讯问方法
Unzulässigkeit der Beweiserhebung	证据的取得不合法　682
Urkundenbeweis	文书证据　53, 189, 284, 310, 625, 631, 640
Urteil	判决　751 及后段, 754
−Nichtigkeit	−无效　611
Urteilsgründe	判决理由　765, 769, 773
V−Mann	长期卧底线民　213, 444, 646, 649, 651 及后段, 741
−Begriff	−概念　649
−behördliche Sperre	−官方封存　508, 653 及以下
−Täuschung iSv § 136a StPO	−《刑诉法》第 136a 条的欺骗　212
−Verwertbarkeit	−证据的可使用性　444, 651 及以下, 741
−Zulässigkeit des Einsatzes	−采取的合法性　649, 651 及后段
Verabreichen von Mitteln	施用药物　206
Veränderung des rechtlichen Gesichtspunktes	法律见解的改变　584
Veranlassungsgrundsatz	肇因原则　905
Verbandssanktionengesetz	社团制裁法　613
Verbindung	合并　82
Verbindungsdaten	联通资料　395
Verbot der Beweisantizipation	禁止证明预断　624, 685
Verbot der reformatio in peius	禁止不利益变更　802, 824, 882 及后段
Verbotene Vernehmungsmethoden	禁止性讯问方法

－Beschuldigter	－对被追诉人的　178, 202 及后段, 205, 703
－Geltung für den Sachverständigen	－对鉴定人的效力　308
－Verwertbarkeit	证据的可使用性　217, 715, 739 及后段, 742
－Zeuge	－对证人的　302
Verbrechen	重罪　78
Verdacht	嫌疑
s. Tatverdacht	同时参见犯罪嫌疑
Verdachtsgrade	嫌疑程度　175
Verdeckte Erimittlungsmaßnahmen	秘密侦查措施　502
Verdeckte Ermittlungsmethoden	秘密侦查方法
s. heimliche Ermittlungsmethoden	同时参见隐秘侦查手段
Verdeckter Ermittler	卧底警探　163, 213, 356, 417, 485, 649, 701, 734 及后段, 737
Verdunklungsgefahr	案情晦暗之虞　321, 323, 343
Vereidigung	宣誓　294, 593
Vereidigung des Zeugen	证人的宣誓　593
Vereinbarungen im Strafverfahren	在刑事程序达成一致
s. Absprachen	同时参见合意
Vereinigte Große Senate	联合大法庭　93
Verfahren	程序
－wegen Besorgnis der Befangenheit	－有关偏颇之虞的　118
Verfahrensbeteiligte	程序参与人　6
Verfahrensdauer	程序的持续时间　56, 443
Verfahrensgrundsätze	诉讼原则　45 及以下

Verfahrenshindernis	诉讼障碍 426
–bei begrenzter Lebenserwartung	–命不久矣的 445
–bei Tatprovokation	–犯罪挑唆情形下的 444
–bei Verstoß gegen fair trial	–违反公平审判的 448
–bei Verstoß gegen Verhältnismäßigkeitsprinzip	–违反比例原则的 446
Verfahrenshindernisse	程序障碍
s. Prozessvoraussetzungen	同时参见诉讼障碍
Verfahrensirrtum	诉讼认识错误 70
Verfahrenskosten	诉讼费用 904 及以下
Verfahrensmanipulation	诉讼操弄
–bei Angehörigenzeugen	–在亲属证人的情形下 646
Verfahrensregister	案件登记系统 134, 163
Verfahrensrüge	程序不服 852 及以下
Verfahrenssubjekt	程序主体 171
Verfahrensverzögerung	程序延宕 56 及后段, 493, 556, 868
Verfassungsbeschwerde	宪法诉讼 776, 816
Verfassungsrechtlich – prozessuale Theorie der Strafverteidigung	刑事辩护的宪法性诉讼理论 229
Verfassungsschutz	宪法保卫局 160
Verfügungen	指令
–Begriff	–概念 751
–Rechtsmittel	–救济 868
Vergehen	轻罪 78
Vergleich (Adhäsionsverfahren)	调解（附带民事程序） 897

Verhältnismäßigkeitsgrundsatz (bei der U-Haft)	比例原则（羁押中） 328
Verhältnismäßigkeitsprinzip	比例原则 446
Verhandlungsfähigkeit	就审能力
-als Prozessvoraussetzung	-作为诉讼要件的 431
-bei Prozesshandlungen	-诉讼行为中的 459
-der Richter	-法官的 626
-Unterbringung zur Beobachtung	-留置观察 373
Verhandlungsleitung	审理指挥 572 及以下
Verhandlungsmaxime	程序的原则 51
Verhandlungsunfähigkeit	缺乏就审能力 188
Verhüllung	遮审 68, 197, 237, 302, 577, 652
Verjährung	罹于时效 13, 34, 41, 435
Verkehrsdaten	通联信息 394
Verkennung des Unwertgehalts und Tatbegriff	不法内涵误认和犯罪概念 790 及后段
Verkündung des Urteils	宣判 571, 765
Verlesen von Urkunden	宣读文书 310, 631 及以下
Verlesung des Anklagesatzes in der Hauptverhandlung	庭审中宣读起诉要旨 441
Verlesung von Protokellen	宣读卷宗 747
Verlesung von Protokollen früherer Vernehmungen in der Hauptverhandlung	庭审中宣读先前的讯问笔录 632 及以下, 639
Verletzter	被害人
-Klageerzwingung	-强制起诉 534, 538

–Nebenklage	–附加控诉	890
–Privatklage	–自诉	886
–Richterablehnung	–申请法官回避	108 及后段
–sonstige Rechte	–其他权利	898 及以下
Vermisstensache	人口走失案	173
Vernehmung	讯问	176
–des Beschuldigten	–讯问被告人	176, 178 及后段, 203, 237, 259, 307, 334, 481, 571, 717, 734 及后段, 737 及后段
–des Zeugen/Sachverständigen	–讯问证人/鉴定人	132, 482
–durch Polizeibeamte	–由警察为之的	166, 259
–zur Person	–人别讯问	178
–zur Sache	–对事实讯问	178
Vernehmungsähnliche Situation	与讯问类似的场景	181, 646
Versäumung von Fristen	耽误期间	466 及以下
Verschlechterungsverbot	不利益变更禁止	802, 824, 882 及后段
Verschleierung	遮脸	
–der Beschuldigten	被追诉人为之的	197
Verschleppungsabsicht (Beweisantrag)	意图拖延诉讼（证据申请）	694
Verschulden	过错	
–bei Fristversäumnis	–耽误期间的	469
–des Verteidigers	–辩护人的	469
Verschwiegenheitpflicht des Verteidigers	辩护人的保密义务	247
Verspäteter Beweisantrag	迟延提出证据申请	680

Versprechen eines gesetzlich nicht vorgesehenen Vorteils　承诺法律上未规定的利益　215

Verständigung　协商　215, 250, 448, 594 及以下, 604, 608, 777

-Abgrenzung zu Erörterungen　-与商讨的区别　599, 618

-Abweichungen　-违背　610

-Belehrung　-晓谕　610, 606

-Bindung　-拘束力　598

-Bindungswirkung　-拘束效力　604, 610, 617

-Dissens　-未达成合意　609

-Dokumentation　-记录　600

-Informelle　-非正式的　611

-Jugendstrafverfahren　-少年刑事程序的　602

-Mitteilungspflichten　-告知义务　600

-Rechtsmittel　-救济审　608

-Rechtsmittelverzicht　-放弃救济审　601

-Scheitern　-落空　598, 604, 607 及后段

-über Schuldspruch　-关于宣告有罪的　597

-unzulässiger Druck　-非法的压力　612

-zu Lasten Dritter　-为指控第三人的　603

Verteidiger　辩护人

-Vertretung des Beschuldigten　-被追诉人的代理人　225

Verteidiger, Verteidigung　辩护人, 辩护　59, 115, 185, 224 及以下, 251, 257, 270, 300, 385 及后段, 448, 566, 822

−als Mitbeschuldigter	−作为共同被追诉人　234 及后段, 272
−als Zeuge	−作为证人　289
−Antrag auf Pflichtverteidigerbestellung	−申请指派义务辩护人　251, 257, 270
−Antragsmodell	−申请模式　252
−Belehrung über Konsultationsrecht	−晓谕咨询律师权　176, 237, 718
−Bestellung von Amts wegen	−依职权指派　253 及以下
−Einlassung für den Angeklagten	−为被告人代为陈述　240
−erste Hilfe bei der Verteidigerkonsultation	−第一时间获得律师咨询　40, 237
−Geldwäsche	−洗钱　277
−Kostentragungspflicht	−费用承担义务　905
−Lügeverbot	−禁止说谎　275
−Notdienst	−值班的　40, 178 及后段
−Online-Durchsuchung	−线上搜查　398
−opening statement	−开头陈述　240
−Organ der Rechtspflege	−司法单元　289
−Pflichtverteidiger auf Antrag	−申请义务辩护人　252
−Pflichtverteidiger im Ermittlungsverfahren	−侦查程序中的义务辩护人　254
−Pflichtverteidigung im Zwischen- und Hauptverfahren	−中间程序和审理程序中的义务辩护　254
−Robenpflicht	−着袍义务　237
−Stellung von Beweisanträgen	−提出证据申请　680
−Strafbarkeit	−刑事可罚性　274

－Syndikusanwälte	－法律顾问　300
－Terminabsprachen	－期日的商定　566
－Unfähigkeit	－不适任　270
－Verhüllung	－遮面　237
－Vertrauensbeziehung zum Mandanten	－和当事人之间的信赖关系　233, 270, 385, 393
－Vertretung des Beschuldigten	－被追诉人的代理人　226
－Wahrheitspflicht	－真实义务　275
－Wechsel	－更换　270
Verteidigerkonsultationsrecht	咨询辩护人的权利　179
Vertrag von Lissabon	里斯本条约　20
Vertragstheorie	契约理论　230
Verwertungsverbot	使用禁止
－Geständnis	－自白（口供）　641
－kein Hinweis auf Pflichtverteidigerkosten	－未提示辩护人费用　179
－kein Hinweis auf Verteidiger	－未提示咨询辩护人　179
－Nichtbelehrung des Beschuldigten	－未向被追诉人晓谕权利　40, 179, 181 及后段, 198 及后段, 237, 717 及后段
－Nichtbelehrung über Pflichtverteidigung	－未晓谕义务辩护事项　179, 237
－nichtermöglichte Verteidigerkonsultation	－未允许咨询律师　179
－unrechtmäßige Beschlagnahme	－不合法的扣押　711
－unrechtmäßige Überwachung der Verteidigerkontakte	－对辩护人的联络进行非法监察　726

–Unterbindung der Verteidigerkonsultation	–阻扰咨询律师　40, 237, 718
–verbotene Vernehmungsmethoden	–禁止性讯问方法　217, 715
–Zeugnisverweigerungsrecht	–拒绝作证权　644
–Zeugnisverweigerungsrecht, spätere Geltendmachung	–拒绝作证权、嗣后行权　713
Verwirkung von Verfahrensrügen	程序性异议的丧失　575
s. auch Rechtsmissbrauch	同时参见权利滥用
Verzicht	放弃
–auf Beweisverwertungsverbot	–对证据使用禁止　646
–auf Rechtsmittel	–对救济审　601, 829
–auf Verfahrensrügen	–对程序性异议　575
Verzögerungsrüge	–针对程序延宕的异议　57, 493, 556, 868
Videoaufnahmen	录像
–als Bestandteil der Akten	–作为卷宗的内容　242
–Beweisverwertungsverbot	–证据使用禁止　725
–der Vernehmung des Beschuldigten	–针对讯问被告人的　178, 582
–des Beschuldigten	–被追诉人的　164, 178, 412, 582
Videoaufnahmen von Zeugenvernehmungen	讯问证人的录像　303, 657, 671 及后段, 687
–Aufzeichnungen	–录制　662 及以下
–Simultanübertragung	–直播　658 及以下
–und V-Mann-Problematik	–和长期卧底线人的问题　654
Verwertung	使用　668 及以下
Videoaufzeichnung	录像　190

Videokonserve	视频制品	665 及后段, 669
Videosimultanvernehmung	视频直播讯问	665 及后段
Videoüberwachung	视频监控	164, 412, 725
Videovernehmung	视频讯问	178, 303, 577, 582, 597, 613, 851
Vier-Augen-Prinzip	四眼原则	858
Völkerstrafgesetzbuch	国际刑法典	37
Völkerstrafrecht	国际刑法	35
Vollstreckung des Urteils	判决的执行	772
Vollstreckungshaftbefehl	保全执行羁押令	332
Vollstreckungslösung	执行方案	56, 443
Vollstreckungsverfahren	执行程序	5, 332
Vollverschleierung s. Verhüllung	完全蒙面 同时参见遮面	
Vollzug der U-Haft	羁押的执行	344
Von Ossietzky-Fall	冯·奥西茨基案	879
Vorabentscheidungsverfahren	先决裁判程序	77, 80, 87, 91
-zum EuGH	-欧盟法院的	26 及后段
Vorbefassung	参与过先前判决	110, 116
Vorbereitung der Hauptverhandlung	庭审的准备	5, 566 及以下
Vorermittlungen	前侦查	163 及后段, 172, 479
Vorfragenkompetenz	先决问题的权限	763
Vorführung bei U-Haft	羁押中的拘传	333
Vorführung des Beschuldigten	拘传被追诉人	197
Vorhalt	对证	640, 647

Vorlagepflicht	提交义务 89
Vorläufige Einstellung des Verfahrens	暂时终止刑事程序 558
Vorläufige Entziehung der Fahrerlaubnis	暂时剥夺驾驶许可 485
Vorläufige Festnahme	暂时性逮捕 166, 173, 243, 259, 356, 359, 365 及以下, 418, 810
Vorratsdatenspeicherung	数据预存 394
Vorteilsversprechungen	承诺利益 215
Vorübergehende Prozesshindernisse	临时性的诉讼障碍 558
Vorübergehende Verfahrenshindernisse	临时性的程序障碍 451 及后段
Vorverfahren	审前程序
s. Ermittlungsverfahren	同时参见侦查程序
Wächterfunktion der StA	检察官的守护人功能 596
Waffengleichheit	武器平等 225
Wahlfeststellung	选择认定 794
Wahlverteidiger	选任辩护人 248
Wahrheitspflicht	真实义务
–des Beschuldigten	–被追诉人的 191
–des Sachverständigen	–鉴定人的 307
–des Verteidigers	–辩护人的 228, 230, 247, 275 及后段
–des Zeugen	–证人的 293
Wahrsagerinfall	女巫案 730
Wahrscheinlichkeit der Tatbegehung	实施犯罪的盖然性 175
Wahrunterstellung beim Beweisantrag	被假定为真 688
Wanzen	窃听器 414

Wechsel des Pflichtverteidigers	更换义务辩护人 270
Weisungen bei §153a StPO	《刑诉法》第153a条的指示 520
Weisungsrecht innerhalb der StA	检察系统内部的指令权 142及以下
Weisungsrecht StA -Polizei	检察官对警察的指令权 161
Weitere Beschwerde	再抗告 868, 875
Widerruf der Pflichtverteidigerbestellung	撤回义务辩护人的指派 270
Widerruf von Prozesshandlungen	诉讼行为的撤回 462
Widersprüche	前后矛盾
−bei Zeugenaussage	−证人证言前后矛盾 640
−in der Aussage des Angeklagten und Protokollverlesung	−被告人的陈述前后矛盾与宣读笔录 641
Widerspruchslösung	异议方案 179, 227, 644, 708, 717 及后段, 720
Wiederaufnahme des Verfahrens	再审 12, 17, 776, 878及以下
Wiedereinsetzung in den vorigen Stand	程序回复原状 466及以下, 776
Wiedererkennen	颠覆以往认识 757
Wiederholungsgefahr	再犯之虞
−als Haftgrund	−作为羁押事由 321, 325
−bei Anfechtung von Ermittlungsmaßnahmen	−对侦查行为的救济 501
Willensmängel	表意瑕疵 463
Willkür	恣意 173, 179, 199, 242, 244, 271, 363, 404, 406, 501, 576, 600, 656, 726, 728, 734
Willkürliches Vorenthalten der Beschuldigteneigenschaft	恣意地掩饰其被追诉人的身份 173, 179

Wirtschaftsstrafsachen, Wirtschaftsstrafkammer	经济犯罪案件,经济刑事法庭 79
Wohnort	住址
-örtliche Zuständigkeit	-地域管辖 94
-Verschweigen bei V-Mann	-隐瞒长期卧底线民的 654
Wohnsitz	住所 94
WÜK	维也纳领事关系公约 187, 719
Zehn-Augen-Prinzip	十眼原则 858
Zentralstelle in Ludwigsburg	位于路德维希堡市的中央局 136
Zeugen	证人 632
-und Protokollverlesung	-和宣读笔录 632 及以下
-vom Hörensagen	-关于传闻的 54, 648
-Widersprüche der Aussage	-陈述前后不一 640
Zeugen vom Hörensagen	传闻证人 286
Zeugenbefragung	向证人发问
-Entfernung des Angeklagten	-被告人离庭时的 188
Zeugenbeistand	证人辅佐人 303
Zeugenbelehrung	对证人的晓谕 179
-Beweisverwertung	-证据使用禁止 709
-Folgen des Unterbleibens	-未予晓谕的后果 299, 709
-in der Hauptverhandlung	-庭审中的 571
-qualifizierte	-加重的 646
-Verlesung	-宣读 633
Zeugenbenennung durch Verteidiger	由辩护人传唤证人 276
Zeugenbeweis	证人证据 284, 286 及以下

Zeugengrundsatz	证人原则 381
Zeugenschutz	证人保护 303, 657, 671 及后段
Zeugenstaatsanwalt	证人检察官 153
Zeugenvernehmung	讯问证人 173
-Aussagepflicht	-陈述义务 293
-Beweisantrag	-证据申请 687
-Erscheinungspflicht	-到场义务 292, 482, 284
-Gang	-过程 302
-Unmittelbarkeit	-直接性 631 及以下
-Videoaufnahmen	-录像 657
-Wahrheitspflicht	-真实义务 293
Zeugnisse, behördliche	证言,公务机关的 642
Zeugnisverweigerungsrechte	拒绝作证权 179, 296 及后段, 299, 357 及以下, 381, 385, 486
-Ableitung aus Verfassung	-基于宪法的推导 300
-äußeres Erscheinungsbild	-外部形象 298
-Belehrungspflicht	-晓谕义务 299 及后段, 709, 733
-bestimmter Berufsgruppen	-特定的职业群体 300, 357, 710
-Beweiswürdigung	-自由心证 761
-der Angehörigen	-亲属 296, 356, 643 及以下, 709, 713
-der Hilfspersonen von Berufsgeheimnisträgern	-为职业秘密保守者提供辅助作业的人员 300
-des Verteidigers	-辩护人 232, 300
-Entbindung von Schweigepflicht	-解除缄默义务 300
-Ermittlungsmaßnahmen	-侦查措施 357 及以下

–Geltendmachung in der Hauptverhandlung	–在庭审中主张 643, 713
–Verwertbarkeit bei Nichtbelehrung	–未予晓谕时的证据可使用性 709, 733, 740
–Verzicht	–放弃 645 及后段
Ziele des Strafverfahrens	刑事程序的目的 7, 9 及后段, 39
Zufallsfunde	偶然发现
–bei Durchsuchung	–搜查时 406
–bei Einsatz technischer Mittel	–使用科技手段时 415
–bei Telefonüberwachung	–电信通讯监察时 393, 727
–bei V-Mann-Einsatz	–派遣长期卧底线民时 656
–beim VE	–派遣卧底警探时 736
–und hypothetische Ermittlungen	–与假设性侦查 360, 703
–Verwertung für andere Strafverfahren	–在其他刑事案件中的使用 361
Zuhörer	听众 577
Zulassung	准许
–der Wiederaufnahme	–对再审的 881
Zurückverweisung	发回重审
–Berufung	–事实上诉审的 843
–Beschwerde	–抗告的 872
–Revision	–法律上诉审的 863
Zurückweisung	驳回
–von Fragen	–针对问题的 588 及后段
Zusatztatsachen	附带的事实 305
Zuständigkeit	管辖 60, 69 及以下

-Berufung	-事实上诉审的 836
-Beschwerde	-抗告的 870
-funktionelle	-功能的 73, 83 及以下
-örtliche	-地域的 72, 94, 99 及后段
-Revision	-法律上诉审的 848
-sachliche	-事物的 71, 74, 76 及后段
Zustellung der Anklageschrift	送达起诉书 545
Zustellung des Eröffnungsbeschlusses	送达开启审理之裁定 568
Zustellung des Urteils	送达判决 593, 850
Zustimmung zur Protokollverlesung	同意宣读笔录 636
Zwang	强制 214
Zwangsmaßnahmen	强制性措施 132, 175, 196, 318 及以下, 356, 359, 365, 494, 496 及后段
-Rechtsschutz	-权利救济 494, 496 及后段
-sonstige	-其他 356, 359, 365
-U-Haft	-羁押 318 及以下
Zwangsrechte der Polizei	警察的强制权 166 及后段
Zwangsverteidiger	强制辩护 271
Zwischenentscheidungen und Befangenheit	中间裁判与偏颇之虞 117
Zwischenrechtsbehelf (§ 238 II StPO)	中间法律救济(《刑诉法》第 238 条第 2 款) 575, 853
Zwischenverfahren	中间程序 5, 189, 451, 542 及以下
-und Pflichtverteidigung	-和义务辩护 254